Klassiker der Parapsychologie

Der Jenseitige Mensch

Eine Einführung in die Metapsychologie der mystischen Erfahrung

von

Dr. Emil Mattiesen

1987
Walter de Gruyter · Berlin · New York

Unveränderter photomechanischer Nachdruck der Ausgabe 1925

Abbildung auf dem Einband: Die hl. Teresa in der Verzückung. Marmorkopie von Josef Klàzar nach Gianlorenzo Bernini

CIP-Kurztitelaufnahme der Deutschen Bibliothek

Mattiesen, Emil:
Der Jenseitige Mensch: e. Einf. in d. Metapsychologie d. myst. Erfahrung / von Emil Mattiesen. — Unveränd. photomechan. Nachdr. d. Ausg. 1925. — Berlin ; New York : de Gruyter, 1987.
ISBN 3-11-011333-3

Einbandgestaltung: Rudolf Hübler, Berlin
Druck: Bosch-Druck, Landshut
Bindearbeiten: Lüderitz & Bauer, Berlin

Vorwort.

Dieses Buch versucht über den herrschenden Psychologismus und Naturalismus der Religionswissenschaft hinauszuführen durch theoretische Nutzbarmachung jener Tatsachen, die unter dem Namen der para- oder (besser) metapsychischen sich gegenwärtig die Anerkennung unserer akademischen Wissenschaft erkämpfen. Über ihre Verfehmung und Unterdrückung innerhalb der deutschen Gelehrtenwelt während der letzten Jahrzehnte will ich hier kein Wort verlieren: die Tage dieses wenig rühmlichen Verhaltens sind augenscheinlich gezählt. Jedenfalls ist die Stellung der Metapsychologie in Deutschland schon heute sehr günstig verändert gegenüber der Zeit, da ich — in der uns hierin fortschrittlich überlegenen Umgebung englischer Forschung — die Arbeit an diesem Buche begann; ja selbst gegenüber der Zeit, da ich seine erste Niederschrift abschloß. Dies war im Jahre 1914: mit der gegenwärtigen 'mystisch-okkultistischen Welle' in Deutschland steht dieses Buch demnach in keinerlei ursächlichem Zusammenhang.

Ich zweifle nicht, daß auch heute noch diese Nutzbarmachung der metapsychischen Tatsachen für die Deutung religiösen Erlebens nicht nur Bedenken, sondern auch heftigem Widerstande begegnen wird — selbst bei denen, die jene Tatsachen an sich nicht leugnen mögen. Zur ausführlichen Verteidigung meines Unternehmens wird es an der Zeit sein, wenn solcher Widerstand sich im einzelnen äußert. Bis dahin mag der Versuch für sich selber werben: bedeutet doch entschlossene positive Arbeit jederzeit mehr als abstrakte methodologische Erörterung, die als solche vor Irrtümern weder der Tatsachenfeststellung noch der Schlußfolgerung aus Tatsachen bewahren kann. Nur so viel sei zur Vermeidung gröblichen Mißverstehens schon hier vorweg gesagt: daß die Einführung der Metapsychik in die Religionspsychologie natürlich nicht ihre Einführung in die Religion bedeuten soll. Mit Recht mag man die Zeiten, in denen 'Zauberei' und jede Art des Geheim- und Geisterwesens überhandgenommen, als Zeiten religiösen Niedergangs betrachten: der Mensch von starkem religiösem Fluge bedarf jener Krücken sicherlich nicht. Wohl aber mag ihrer das wissenschaftliche Denken bedürfen, um den Kreis der Meinungen zu durchbrechen, die ein Verständnis des religiösen Erlebens behindern. Unsere Wissenschaft vom Menschen befindet sich — davon bin ich überzeugt — trotz aller schon im Winzigsten versandenden Einzelarbeit doch noch in ihren ersten Anfängen; nichts aber wird ihren Fortschritt binnen kurzem so epochal beeinflussen wie eben die Anerkennung und theoretische Verarbeitung der metapsychischen Tatsachen. In der Inangriffnahme dieser theoretischen Verarbeitung, in ihrer Fortführung über frühere, mich nicht befriedigende Versuche hinaus zu einer Durchlichtung der neuartigen Rätsel vermittels bestimmter Grundbegriffe, unter deren Schein sie in eine gewisse natürliche Ordnung fallen — habe ich eine der wichtigsten Aufgaben meiner Arbeit gesucht. Die Deutung des räumlichen und zeitlichen Hellsehens durch die Annahme übergreifender psychischer (oder quasi-psychischer) Zusammenhänge; die Theorie der fluktuierenden Ich-Synthesen innerhalb dieses Gesamtpsychischen und ihres Beharrungsvermögens auf der Grundlage von etwas, was die Möglichkeit von 'Phantomen' darbietet; in Verbindung damit die vielgestaltige Darlegung des Tatbestandes der 'Exkursion', d. i. der Hinausversetzung des Ich, selbst (so seltsam es klingen mag) eines abgespaltenen Teil-Ich — diese Begriffsmittel, die der Leser im Mittelteil des Buches[1] dargestellt finden wird, liefern meines Erachtens nicht nur die Mindestvoraussetzungen für das Verständnis des metapsychologisch Beobachteten, sondern verheißen auch mancherlei Aufklärung für die Probleme der normalen, der pathologischen und der angewandten Psychologie. Für die voraussetzungslose Religionspsychologie vollends ist mit der Einführung dieser Begriffe eine entscheidende Erweiterung des Gesichtsfeldes verbunden, indem für zahlreiche Erfahrungen des mystischen Lebens, die ohne sie rettungslos rein pathologischen Deutungen verfallen schienen, die Möglichkeit einer Erklärung aus induktiv gewonnenen übersinnlichen Voraussetzungen auftaucht, — wie der Schlußteil des Buches glaubhaft zu machen strebt. Die jüngste Zeit hat mancherlei Analysen des religiösen Erlebens geliefert, die ohne jede Verwendung metapsychischer Forschung mehr oder minder offen zu transzendenten Ergebnissen heranzuführen suchen. Trotzdem dürfte es keinen in naturalistischer Wissenschaft Verwurzelten geben, der sich nicht zutraute, jene Ergebnisse durch irgendeine psychologistische Deutung zu beseitigen. Die zahlreichen Leser von W. James' Gifford-Vorlesungen zB. werden sich entsinnen, wie dieser feinfühlige Feuilletonist der Religionspsychologie die Frage nach dem Wahrheitsgehalt der religiösen Erfahrung immer wieder hinausschiebt, um sie schließlich, im Abschnitt über die mystischen 'Erkenntnis'-Erlebnisse, in einer Form zu erledigen, die neben der durchaus zweideutigen Anerkennung 'unterschwelliger Erweiterungen' des Ich eigentlich nur den Ausdruck persönlicher Glaubensneigungen enthält und somit dem gewißheitlüsternen Leser eine schwere Enttäuschung bereiten muß. James begnügt sich mit einer flüchtigen Erwähnung der metapsychischen Forschung (und zwar

1) Kap. XXXVII—LXII und LXXV.

bloß ihrer Bemühungen um das 'spiritistische' Problem, deren günstige Ergebnisse 'nicht ohne Eindruck auf ihn geblieben' seien). Meiner Ansicht nach legt er damit die einzige Tatsachenwaffe aus der Hand, die uns instandsetzen könnte, den Vertreter des Naturalismus schließlich zur Aufgabe seines Standpunktes zu zwingen, und damit auch zur Freigabe des Weges für Überlegungen, die zwar nicht mit der Sicherheit von Erfahrungswissenschaft auftreten können, aber doch auf dem neugewonnenen Standpunkt an Wahrscheinlichkeit und Natürlichkeit gewinnen. —

Soviel einstweilen über die Ziele des Buches. Daß es bei ihrer Verfolgung nur wenig über Anregungen und Grundlinien hinausgelangt; daß es auch soviel nur um den Preis beträchtlicher Schematisierung erreicht; daß es an vielen Stellen mehr Fragen aufregt als löst — das alles glaube ich kaum betonen zu müssen angesichts der heutigen Lage der behandelten Probleme. Auch die Metapsychologie steht ja in ihren allerersten Anfängen; die Zeit der sicheren Schritte und bestimmten Ausdrücke liegt noch ferne vor uns, und ich habe mir und dem Leser keine größere Gewißheit vorzutäuschen gesucht, als wir in der Tat besitzen. Hierdurch bestimmt sich nicht nur der vielfach hypothetische Ausdruck der Darstellung, sondern auch die gesamte Anlage des Buches: in Form einer stetig fortlaufenden Kette von Überlegungen, an denen der zunächst skeptische Leser von 'modern-wissenschaftlicher' Denkart aufgefordert wird, sich zu beteiligen. Dieser Weg führt, nach einer kurzen Beschreibung der wichtigsten Arten mystisch-religiösen Erlebens, durch ihre möglichen naturalistischen Deutungen hindurch allmählich zu Tatsachen des religiösen Lebens selbst, die jenseits solcher Deutungen liegen; und in Form einer tastenden Theorie dieser Tatsachen werden sodann jene Grundbegriffe erarbeitet, in denen die Überwindung oder richtiger: Ergänzung der naturalistischen Deutungen der herkömmlichen Religionspsychologie versucht werden kann. Dieser Aufbau des Buches bringt es freilich mit sich, daß es nur bei zusammenhängender Lesung richtig verstanden werden kann, und das Maß von Anspannung und Geduld, das damit dem Leser zugemutet wird, mag kein ganz geringes sein; selbst vom Fachmann, der natürlich vieles Einzelne zu überschlagen berechtigt ist, muß ich mindestens ein fortlaufendes Verfolgen des in sich geschlossenen 'Argumentes' fordern. Aber sind es die schlechtesten Bücher, die auf die wertvollsten Kräfte und Gewohnheiten von Lesern ihre Hoffnung setzen müssen? Jedenfalls habe ich um des Nichtfachmanns willen nicht nur fremde Kunstausdrücke möglichst zu vermeiden gesucht, sondern auch beinahe jeden Denkschritt mit Anführungen von Beobachtungen versehen, die ihm eine möglichst lebendige Anschauung der behandelten Tatsachen sichern sollen. Dabei habe ich freilich schon aus Rücksicht auf den Raum sehr starke Beschränkung üben müssen; wie denn überhaupt die ständige Beobachtung der gebotenen Kürze, bei der großen Ausdehnung des durchlaufenen Fragengebiets, zu den beklemmendsten Schwierigkeiten meiner Arbeit gehört hat. Es ist kaum ein Kapitel in diesem Buche, das sich nicht leicht zu einem Buche hätte erweitern lassen, und ich kann nur hoffen, daß dieser unvermeidliche Ausfall an ausführlicher Genauigkeit durch die Vorteile umfassender Zusammenschau aufgewogen werde. Daß ich im übrigen auch in wesentlichen Aufstellungen des Buches der Anregung von Vorgängern und der Zeit, in der ich lebe, viel und vielleicht mehr verdanke, als mir bewußt ist, halte ich für eine Selbstverständlichkeit, die auszusprechen mir nicht bloß die herkömmliche Bescheidenheit der Vorreden gebietet. Soweit mein Bewußtsein hiervon reicht, findet es sich in den Hinweisen der Fußnoten angedeutet, die über die nötigen Belege hinaus dem ernsthaft Interessierten auch die Wege zu weiterem Eindringen in das Schrifttum zu weisen suchen. Gewisse Lücken in seiner Ausnützung werden dem Fachmanne nicht entgehen; sie sind in Schwierigkeiten begründet, über die der Verfasser, in diesen letzten schweren Zeiten, keine Macht besaß.

Inhalt.

I.

Einleitung.

Was ein diesseitiger Mensch sei, darüber wird auch ohne weitläufige Beschreibung und Zergliederung leidliche Klarheit herrschen. Diesseitig ist der Mensch, dessen Lebenstriebe — seien sie ihm bewußt oder nicht — auf Wachstum und Genuß, auf Erfolg im Schaffen und Erwerb, auf Sieg in jeder Art von Wettstreit innerhalb der Sinnenwelt und ihrer unmittelbaren seelischen Grenzgebiete gerichtet sind. Er hat seine Geistigkeit; er hat seine Sittlichkeit; er hat auch seine Magie und Religion. Aber diese alle dienen erstlich und letztlich seinem Drang, in der Sinnenwelt unter Seinesgleichen gesund zu gedeihen und zu diesem Zwecke die Welt auch geistig zu beherrschen und selbst geglaubte unsichtbare Mächte sich dienstbar zu machen. Seine Kunst erhöht, verfeinert, klärt und verklärt sein irdisches Lebensgefühl; sein soziales und politisches Wesen erweitert sein Ich zu wachsenden Kreisen der Gemeinschaft, zuletzt zum Staate des einheitlichen Machtwillens. Aber auch soweit er in diesen Gemeinschaften bis zum Selbstopfer fortschreitet, gerät er nie in Widerspruch mit dem Wesen der Triebe und Ziele, die von Anfang an sein engstes Ich beherrschten. Ja selbst soweit Vorstellungen einer jenseitigen Welt in ihm mächtig werden und er um jener Welt willen sogar irdische Opfer bringt, bejaht und erstrebt er damit immer nur größere Glut oder längere Dauer erdenhaften Glückes.[1]

Nun denn: der jenseitige Mensch soll uns ein Sammelbegriff für alle Gruppen und Typen von Menschen sein, die von dem eben bezeichneten abweichen. Ich sage: ein Sammelbegriff; denn es ist meine Meinung, daß nicht alle Jenseitigen Einer Art sind; so viele gemeinsame Eigenschaften in ihnen auch zu finden sein mögen, wenn jene erste negative Begriffsbestimmung in eine positive übergeführt wird. In formaler Hinsicht ist ihnen allen doch wohl gemeinsam, daß das Verhältnis der leidlichen 'Deckung' von Innenleben und äußerer Umgebung und Betätigung, welches den Diesseitigen auszeichnet, bei ihnen durchbrochen ist. Es finden Binnenbildungen des seeli-

---

[In den Fußnoten bedeuten, soweit nicht anders angegeben, römische Ziffern stets Bände; arabische, denen kein Komma vorangeht, Seiten; WW = Werke; T., p. = Teil; B., l. = Buch; K., c., ch. = Kapitel; St. = Stück. Ein Verzeichnis der Titelabkürzungen findet man am Ende des Werks.]

1) Beispiele: Söderblom 25. 35. 37; G. Runze, Psychol. d. Unsterblichkeitsgl. (Berl. 1894) 137. Umgekehrt: Beklagen d. Bewohner des geglaubten Jens.: Homer, Od. XI 488ff.; iran.: Söderblom 10f.; hebr.: W. Baudissin in Theol. Lit.-Ztg. 1899 105; germ.: Edda, Hawamal Zl. 68f.

schen Lebens statt, deren Betonung die des äußeren Lebens außerordentlich überwiegt; Träume, Sehnsüchte, Tiefenstrebungen erwachen, die von der Welt der Sinne und ihrem in sich selber ruhenden und befriedigenden Sinn hinwegführen.

In zahllosen Fällen entspricht diese Abkehr von der Welt augenscheinlich und eindeutig einer Unterwertigkeit derjenigen Kräfte, auf denen die normale Anpassung ans Leben beruht. Das Leiden an ihm überwiegt so sehr, daß es nicht mehr, als unvermeidliche Beigabe des Lebens — oder gar als Form der Lebenssteigerung — durch den Schwung und Mut der Gesundheit überwunden werden kann. Dem Druck der Umgebung, unter dem alle Wesen stehen, entsprechen nicht mehr genügende Spannkräfte des Organismus, und die Lage verschlimmert sich durch den inneren Druck, den seine einzelnen Betätigungen gegeneinander ausüben. Nach allen Richtungen hin ist das einheitliche seelische Kräftespiel herabgemindert oder verschroben: Klarheit, Schärfe, Reichtum, Beweglichkeit des Vorstellens, Erinnerns und Denkens; Lebhaftigkeit, Lebensdienlichkeit, Ausgeglichenheit und überwiegende Freudigkeit des Fühlens; Spannung, Ausdauer, Gleichmaß des Wollens — alle solche Voraussetzungen des gesund anpassungsfähigen Lebens sind nicht mehr in genügendem Maße erfüllt.[1]

Es wäre nun keineswegs im Sinne unseres Sprachgebrauches, jedes Opfer des so entstehenden seelischen Druckes als Jenseitigen zu bezeichnen. Der Kranke, der sich im Verlangen nach Gesundheit, der Mensch des geringen Kalibers, der sich in Sehnsucht nach Kraft und Größe verzehrt; der Schwächling, der die kleine Münze der Weltlichkeit spielend durch die Finger gleiten läßt; der Ästhet, der — außerstande zu leben — doch die bunten Lichter des Lebens liebend betrachtet, — sie alle entscheiden sich eben durch ihr Sehnen und Spielen für das Diesseits, auch wenn sie zeitlebens nur als Schmarotzer oder als Ausgebeutete im Troß des Lebens sich zu erhalten vermögen. Erst wenn die innerliche Bejahung des verlorenen Diesseits aufhört und die Vorstellung einer andern Welt auf Stimmung, Wunsch und innere Lebenshaltung entsprechend einzuwirken beginnt, können wir eine aus Unterwertigkeit entspringende Jenseitigkeit feststellen. Die allbekannte Kümmerlichkeit, wenn nicht Krankhaftigkeit Zahlloser innerhalb der großen Gefolgschaft der Religionen[2] beweist über allen Zweifel, daß hier ein wirklicher Zusammenhang ins Auge gefaßt wird. Unterwertigkeit — Leiden am Leben — Pessimismus — Religion, in einem Sinn zum mindesten bilden sie eine natürliche Kette. Man betrachte beispielsweise die großen Fluchtbewegungen, welche in Zeiten verstärkten äußeren Drucks gewaltige Massen von Opfern der Lebensangst

1) Zur Analyse d. seelischen Unterwertigkeit vgl. zB. Kräpelin, Üb. psych. Schwäche, APN XIII 422ff., Janet, Obs. 264—397; Nietzsche, WW (kl. 8) XV 71ff.; A. Horneffer, Das klass. Ideal (Leipzig 1906); A. Adler, Stud. üb. Minderwertigkeit d. Organe (Wien 1907).
2) Von Religiösen selbst betont zB. in Pascals berühmtem Wort (Pensées, ed. Lef... [Par. 1853] 34); von F. W. Robertson, in St. A. Brooke, Life and letters of the Rev. F. W. R. I 29: religious people.. are generally — at least, the so-called religious — the weakest of mankind.

in den Hafen religiöser Vorstellungen und vollendeter Weltabkehr hineinschwemmten: wie etwa die geradezu als Volkskrankheiten bezeichneten Erscheinungen des Mittelalters im Zeichen der großen Pest und steigenden Satansfurcht.[1] War doch Angst von jeher ein wesentlicher Bestandteil der Religion der Massen,[2] und hat doch unter Druckgeneigten — und schon darum sich 'sündhaft' Fühlenden[3] — die angsterregende und gleichzeitig hoffnungweckende Vorstellung eines nahen Weltendes von jeher größte Volkstümlichkeit besessen.

Dem Ausgleich einer solchen 'religiös' gewendeten Unterwertigkeit dienen mannigfache Mittel, deren Eigenart durchweg die negative Entstehung jenes Wesens bestätigt. Ist doch die Therapie ein Spiegel der Pathologie. Die wichtigsten jener Mittel bestehen in einer Einschränkung und Vereinfachung der Umwelt in jedem Betracht, und der Abgabe des eigenen Willens an irgendwelche anerkannte Mächte. Unterwerfung des Denkens unter Autoritäten; Selbstbeschränkung auf geringe Mengen herangelassener Wahrnehmungen oder zugestandener Begriffe, an die zu glauben man sich überdies als Verdienst anrechnet; Selbsteinordnung in eine Umwelt Gleichdenkender, Nichtfragender, aber auch Gleichgestimmter und Wohlwollender, mithin behaglich Angriffsloser; unbedingte Unterwerfung des Willens unter den eines Vorgesetzten oder unter eine Regel, oder unter den Willen eines vorgestellten Gottes, der diesen seinen Willen durch alles zu erkennen gibt, was eben geschieht;[4] Unterwerfung also selbst unter den unverstandenen Weltlauf; Preisgabe jeder Art von Auflehnung; Preisgabe oder äußerste Einschränkung auch allen Besitzes, mithin der Anspannung in Erwerb und Behauptung; Ablehnung also aller Sorge, Ungewißheit und Gefahr — dies sind die quietistischen Maßnahmen, zu deren Verwirklichung Viele das Kloster oder die Einsiedelei aufsuchen, die aber Zahllose auch in mannigfachen anderen Formen des Winkel- und Schattendaseins durchzuführen wissen.[5]

Diese Maßnahmen werden bedeutsam ergänzt durch gewisse Kunstgriffe vorstellungsmäßiger Illusionierung, welche man allgemein als eine 'Vergoldung des Lebensdrucks' bezeichnen kann: der Unterwertige gibt dem Leiden einen Sinn (erhöht also dessen seelische Ertragbarkeit), indem er es als Gabe Gottes deutet, deren willige Übernahme, selbst ohne jedes Begreifen im Einzelnen, ein Verdienst darstelle; ja geradezu als eine Auszeichnung durch Gott, der sich am willigen und unschuldigen Leiden seiner Kinder

1) Vgl. J. F. K. Hecker, Die großen Volkskrankheiten des Mittelalters, her. v. A. Hirsch (Berl. 1865); Stoll 371ff. 2) Vgl. W. D. Wallis, The element of fear in religion, AJRP V (1912) 257ff. 3) So Nietzsche, WW XV 92. 4) Vgl. hierzu Mme de Chantal, bei Barthélemy II 68; M. du Guet bei Leclerc I 405; Pascal aaO. 107. 5) Vgl. hierzu Th. Kappstein in ZRP III (1909) 181ff.; Moll, Holländ. Kirchengesch. II 246ff. 253ff. Glück der Willensabgabe: Upham 157. 223f. 275. 378; bei Losziehen, Däumeln u. dgl.: A. Ritschl, Gesch. des Pietismus (Bonn 1880—86) III 393; Vergleich der Willensabgabe mit müdem Zubettgehen u. ä.: H. W. S., The Christians Secret of a happy Life (Lond. 1906, 72. Tausend!) 42. Ähnlich a Kempis, De Imit. Chr. l. III c. 15 § 4. Die Belege ließen sich verhundertfachen.

erfreue, — hat er doch selber unschuldig gelitten —; oder aber im Gegenteil als eine Strafe für eigene Sündhaftigkeit, mithin aber auch als Entsündigung, die als solche bessere Aussichten auf ein glückliches Leben im künftigen Jenseits eröffne. Die Vorstellung dieses glücklichen Jenseits wirft damit nicht nur ihren vergoldenden Schein auf das diesseitige Leid, sondern lenkt auch von der quälenden Beschäftigung mit diesem ab; ja sie ermöglicht Manchem zudem die beglückend ergänzende Vorstellung einer Rache an denen, die ihm hinieden Leid zufügten.[1]

Alle angedeuteten seelischen Vorgänge ließen sich nicht nur ohne Mühe reichlich belegen, sondern auch in zahlreiche Verästelungen und Schattierungen hinein verfolgen. Indessen sollen uns diese Aufgaben für diesmal nicht aufhalten, alle Arten von unzweideutig negativ, d. i. quietistisch begründeter Jenseitigkeit vielmehr in diesem Buche beiseitegelassen werden. Seine Aufgaben beginnen erst, wo solche Begründung fragwürdig wird. Denn höchst bemerkenswerterweise treten viele Bestandstücke des quietistischen Wesens, also negativer Jenseitigkeit, in gleichlautender Formulierung auch innerhalb der seelischen Ökonomie von Menschen auf, deren Ansprüche auf Höherwertigkeit man wenigstens nicht mit derselben Selbstverständlichkeit als Illusion beiseiteschieben kann, wie die der bisher bezeichneten Gruppen. Selbst unter den Gewaltigen und Helden des irdischen Erfolges treffen wir solche, denen zB. das Ruhen in einem Jenseitsglauben und die Abgabe (in letzter Instanz) ihrer Willensanstrengung an eine göttliche Vorsehung durchaus Bedingungen seelischen Gleichgewichts gegenüber dem Druck der Welt darstellen.[2]

Anderseits sehen wir starke und anscheinend diesseitsfähige Naturen zuweilen unter dem Einfluß jenseitiger Vorstellungen oder einer gewissen Hypertrophie weltdienlicher Eigenschaften ein Wesen von ausgesprochener Jenseitigkeit entwickeln. Der erstere Zusammenhang spannt zuweilen gerade die tiefsten Kräfte der Lebensbewährung, gewissermaßen durch eine bloße Umkehrung ihrer Richtung, in den Dienst einer gründlichen Lebensabkehr. So hat zB. der soz. 'äußerliche' Glaube an einen leidenden Erlöser gewisse hochgespannte und ritterliche Naturen von leidenschaftlicher Hingabefähigkeit zu einer Askese getrieben, die, einmal aufgegriffen, sich nie genug tun konnte und jede erreichte Selbstzerfleischung heldenhaft wieder zu überbieten suchte.[3]

1) Leiden als 'Gabe Gottes', obwohl unbegreiflich: zB. Reitz, I 9ff.; Pascal, Prières pour les Maladies § XIIIf.; S. François de Sales, Traité de l'amour de Dieu l. IX ch. 2; Barthélemy II 64ff.; als Jenseitsglück verbürgend: a Kempis, Imit. l. III c. 12 § 2; l. III c. 19 § 3; Bernières-Louvigni 24; Sabatier 130f.; als Auszeichnung: Molinos 84; Mystères 32. 43.

2) Man vergegenwärtige sich zB. Cromwell, Stein, Bismarck, Gladstone, Gen. Gordon.

3) Beispiele bei Zöckler 237. 240. 445. 457f. 473; W. E. H. Lecky, Hist. of European Morals (Lond. 1890) II 108ff.; Kremer 57. 62; Grass 568ff.; Westermarck II 355ff. Vgl. die mittelalterlichen Begriffe der Dei oder Christi militia (zB. S. Bernhard in Migne, P. L. CLXXXII; Vacandard I 233—253). S. die Zugeständnisse bei Nietzsche, WW XV 149; Gobineau, Histoire d'Ottar Jarl (Par. 1879) 293.

Wichtiger noch ist der zweite der eben bezeichneten Zusammenhänge. In sehr vielen Menschen wächst zB. der altruistische Bestandteil des moralischen Charakters zu Ausmaßen an, die jenes Ausgleichsverhältnis von Selbstsucht und Selbstopfer zerstören, welches die Diesseitsfähigkeit des moralischen Wesens erfordert. Vor allem aber erscheint diese Überbetonung des Liebe-Bestandteils fast immer in engster Verschlingung mit religiösen Vorstellungen und Trieben: der im gesteigerten Sinne selbstlos Moralische (oder der innig so zu sein Begehrende) empfindet sein sittliches Ideal als Auswirkung eines 'Gottes', den er sich wenigstens teilweise eben diesem Ideal entsprechend vorstellt. Gott ist 'heilig' und fordert auch vom Menschen Heiligkeit; er fordert sie nicht bloß, sondern flößt sie ihm auch ein, soweit der Mensch sich zur Aufnahme dieser Einflüsse bereitet; diese Heiligkeit aber erscheint im Menschen vor allem in der Form einer Abkehr vom 'Selbst' und allen seinen Süchten, als Gegnern der liebenden Hingabe an Gott und den Nächsten. Diese Selbstsüchte wiederum wurzeln größtenteils in der 'sinnlich-fleischlichen' Natur des Menschen, als deren stärkster Exponent der Geschlechtstrieb im engeren Sinne erscheint, der daher von dieser Art sittlich-religiöser Instinkte meist als gefährlichster Gegner empfunden und bekämpft wird.

Denn in der Mehrzahl der Menschen, die diesen Instinkten unterworfen sind, bahnt sich damit ein Drang zur Vereinheitlichung des Wesens an, der über kurz oder lang die Formen heftigsten Kampfes gegen die eine Hälfte der eigenen Natur annimmt. Die recht eigentlich tragischen Ausgleiche des diesseitigen Menschen zwischen Ichsucht und Ichopfer genügen diesen Naturen nicht, werden von ihnen vielmehr als Schuld empfunden. Sie fühlen sich berufen, ihr 'höheres Selbst' gegen ihr 'niederes' nicht nur zu behaupten, sondern bis zur Vernichtung des Genossen durchzusetzen.[1]

Die Geschichte dieses Kampfes füllt die eine Hälfte aller religiösen Lebensbeschreibung und praktisch-erbaulichen Schriftstellerei: sie umgreift den größten Teil dessen, was wir als Auswirkung asketischer Ideale beobachten. Die Methodik dieses Kampfes hat jedes Mittel profaner Selbsterziehung aufgegriffen, gesteigert und verfeinert, und zahlreiche andere hinzugefügt. Abschließung von der Welt und ihren Versuchungen; Ausfüllung mit ablenkender Arbeit einer jeden Stunde, die nicht geistlicher Übung gehört; Niederhaltung des Leibes als Quells der Ichsucht durch schmale Kost, Kälte, dürftigen Schlaf; Ablenkung von und Unterdrückung jeder geschlechtlichen Regung zumal; genaueste Buchführung über jeden geringsten Erfolg oder aber Fehltritt; Schweigsamkeit zur Verhütung jedes Vergehens selbst in Worten; häufige und gründliche Beichte zur Reinigung des Innern; Selbstdemütigung in jeder Form, auch in der einer Unterwerfung unter den Willen Anderer; vor allem natürlich alle Arten geistlicher Übung, d. h. der Idealverstärkung

1) 'Das ganze Joch des Herrn tragen' macht 'vollkommen' (Apostellehre Kap. 6 § 2). Vgl. Hebr. 12, 4: Widerstand 'bis aufs Blut'.

durch innere Gymnastik der Vorstellungen, Gefühle und Motive: Gebet, Meditation, Übung der 'Gegenwart Gottes', u. dgl. m.[1]

In diesen Übungen erreicht das religiöse Element des Kampfes um Selbstvereinheitlichung — die 'Benutzung Gottes' — vielleicht die schärfste Ausprägung. Der Betende versetzt sich in seines Gottes Gegenwart, trägt seine äußern und innern Schwierigkeiten in die innerste Atmosphäre seines Ideals hinein, um in ihrem Licht eine Lösung zu finden; oder er sucht die idealgewerteten Gefühle oder Vorstellungen aufs stärkste zu erleben und in enger Verschlingung tiefer Wurzel schlagen zu lassen. Der Meditierende sucht zumeist den religiösen Vorstellungen und Bildern sinnliche Deutlichkeit zu geben, um sie mit der persönlichen Lebendigkeit starker Gefühle und deshalb erhöhter Kraft der Motivierung in seinem innern Kampfe zu erfüllen.[2]

Wo die Ausgestaltung bildlicher theologischer Vorstellungen dürftig ist, wie etwa im ältern und reinern Buddhismus, da vergegenwärtigt sich der Meditierende unmittelbar die menschlichen Verhältnisse, in denen die erstrebte Heiligkeit des Wesens ihre Anwendung findet, und ruft in Verbindung damit die Gefühle auf, die er künftig in solchen Verhältnissen betätigen will. So gedenkt zB. in der 'Meditation der Liebe' (metta-bhāvanā) der Mönch aller Wesen und sehnt auf ein jedes Glück herab, nur ihrer guten Taten gedenkend. In der 'Meditation des Mitleids' (karunā-bhāvanā) gedenkt er aller Bedrängten, soweit möglich ihr Unglück nachempfindend und so in sich die Gefühle des Mitleids und Schmerzes über die Schmerzen Andrer erweckend; usw.[3]

Und wie das Gebet als ständig wiederholtes Stoßgebet,[4] so soll sich auch die Meditation in einer Verdünnung oder Verallgemeinerung ihrer wirksamen Elemente über das ganze tätige Leben des Frommen ausbreiten: indem das Bild des göttlichen Richters oder Freundes, des Liebeheischenden, Gehorsamfordernden, an jeden handelnden Augenblick gewohnheitsmäßig herangetragen wird und diese 'Übung der Gegenwart Gottes', wie Fromme sie genannt haben, so zu einer fortlaufenden Beaufsichtigung des Denkens, Redens und Handelns, in Abwehr oder Ermutigung, gemacht wird; indem man sich, mit andern Worten, 'zu jeder Zeit demütig und liebend mit Gott unterredet,... alle Handlungen soz. zu kleinen Unterhaltungen mit ihm werden läßt, ... indem man einen Augenblick stillhält, um Gott im Grunde des Herzens anzubeten, ihn gleichsam im Vorübergehen zu schmecken'. Und wie dazu schon

---

1) Beispiele: Stillschweigen: Zöckler 248 (Einsiedler Rambos); Statuta congreg. Cluniacensis c. 19; S. Benedikt, Reg. monachorum c. 6. Buchführung: Edwards 6 ff. Tägliche Selbstprüfung: S. Ignat. Loyola, Exerc. spir., Abschn. über Examen particulare am Anfang des Werks; Regel des 3. Ordens S. Francisci, Kap. XII. 2) In den Exerc. Spir. des Loyola s. zB. 1. Woche 5. Exerz.; 2. Woche 5. Kontemplation; 4. Woche, Kontempl. üb. Liebe. Damit vgl. zB. Labis 25 ff. Modern anglikanisch: W. B. Trevelyan, Suggestions on the method of meditation [2] (Lond. 1894). Über 'meditierte Lektüre' als Ersatz für Anfänger s. S. Teresa I 26. 57. 66; A. Franckes 'Kurzer Unterricht, wie man die Hlg. Schrift ... lesen solle' § 5. 3) Rhys Davids, Buddhism 170 f. 4) S. Augustin, Ep. 130 (über crebrae orationes, brevissimae, raptim quodammodo iaculatae) (bei Heiler 239); Zöckler 245 (Abt Isaac, bei Cassian); Lopez 13; Barthélemy II 68; Grass 225. 227. 265.

eine beträchtliche Überwindung des gemeinen Sorgendrucks und Sinnendienstes gehöre, so soll diese Übung am meisten beitragen, 'die Eigenliebe zu zerstören, den Glauben zu stärken, die Geschöpfe verachten zu lehren und Versuchungen abzuwehren'.[1] 'Wahrlich', sagt ein Meister in dieser Übung, Gregor Lopez, 'ich seufze tausendmal des Tags und rede im Geiste von Gott schier ununterbrochen.' Ob er stand oder saß oder ging, aß oder sprach, seine ununterbrochene Übung war, Gott und den Nächsten in einen Akt der Liebe zusammenzufassen, bis es ihm schließlich schwer erschien, sie auch nur für einen Augenblick zu vergessen; und um dieser unablässigen Übung willen hatte er alle äußeren Gebete und religiösen Akte aufgegeben.[2] Hier gehen Gebet und Meditation augenscheinlich völlig ineinander über: ihre innere Verwandtschaft springt in die Augen. —

Um diesen ganzen Kampf des Gläubigen um Vereinheitlichung seines moralischen Lebens bis zur Heiligkeit und die damit verknüpfte Abkehr von Ich und Welt nun wenigstens an einem zusammenhängenden Beispiel zu verdeutlichen, bezeichne ich in den wenigsten Strichen die Anfänge John Wesleys, des Vaters des Methodismus: es zeigt — und dies ist sein Vorzug vor andern — die fortgesetzt gesteigerte Schwenkung zu religiös-sittlicher Jenseitigkeit in einem Manne von ursprünglich unbestreitbar hoher weltlicher Leistungsfähigkeit. — John Wesley stammte von Vorfahren, die seit Generationen dem geistlichen Stande angehört und sich durch ungewöhnliche Gaben des Geistes und Charakters ausgezeichnet hatten. Seine Mutter insbesondere, die 19 Kinder zur Welt brachte, war eine Frau von tiefer Frömmigkeit, außerordentlichem Verstande und größter Festigkeit des Willens. John, ihr zweiter Sohn, war natürlich den Einflüssen des Elternhauses unterworfen, doch hören wir nicht von frühzeitigem Überhandnehmen der Religiosität. Als junger Student in Oxford hatte er sogar die 'Imitatio' abgelehnt, als gar zu finster im Lob der Leiden. Aber bald darauf üben Jeremias Taylors 'Regeln für heiliges Leben und Sterben' äußerst starken Einfluß auf ihn. 'Augenblicklich', sagt er, 'entschloß ich mich, mein ganzes Leben Gott zu weihen, alle meine Gedanken, Worte und Handlungen, in der festen Überzeugung, daß es keinen Mittelweg gebe, sondern daß jedes Stück meines Lebens entweder Gott, oder aber mir, d. h. genau genommen dem Teufel geopfert werden müsse.' Die 'Imitatio' erscheint nun in anderem Lichte, völlige Demut und Selbstverkleinerung — als unabweisbare Forderung. Diese Studien und das Zusammentreffen mit einem religiösen Freunde ändern seine Umgangsformen; er kommuniziert jede Woche; er betet um innere Heiligkeit und strebt nach ihr mit äußerster Anspannung. Bald empfindet er die Notwendigkeit zeitweiliger noch größerer Abschließung, um ungestört die gebilligten Gewohnheiten in sich zu befestigen, solange die Bildsamkeit der Jugend dauere. Die Nützlichkeit, ja die Erlaubtheit ungeistlicher Studien wird ihm überhaupt fraglich. Die Welt tritt mehr und mehr zurück; nur noch der sicherste und kürzeste Weg zur bessern Welt kommt in Betracht. 'Man kann nie genug fürchten, zu sterben, ehe man zu leben gelernt hat'. Er wird absonderlicher; die Schar der Genossen und Bekannten schmilzt zusammen; die Mittel und sein guter Ruf nehmen ab. Er schreibt einen ausdrücklichen Entschluß nieder, gegen jedermann rückhaltlos offen zu sein, nach beständi-

1) Recueil 393f. 397f. 486—90. 2) Lopez 53. 178. 192.

gem Ernst zu streben, nicht die geringste Leichtfertigkeit des Betragens zuzulassen, kein Wort zu reden, kein Vergnügen sich zu erlauben, die nicht zur Ehre Gottes dienten, und beginnt in diesem Sinne die Wirtsleute und Kellner der Gasthäuser und zufällige Reise- und Tischgenossen zu ermahnen. Alle Gesellschaft außer derjenigen ähnlich einseitig Religiöser empfindet er nun schon als Gefahr. 'Gott erlöse mich von halben Christen, sagt er; so oft ich von diesen Heiligen der Welt heimkehre, bin ich ohnmächtig, zerstreut, meiner Kraft beraubt.' Er will in Oxford bleiben, weil ihm dort die zersplitternden und zerstreuenden Sorgen und Geschäfte der Welt nicht nahe kommen. Auch die äußerliche Askese nimmt zu. Fleisch und Wein werden völlig aufgegeben. Eine auf dem Fußboden verbrachte Nacht (weil sein Bett vom Sturm durchnäßt ist) bringt ihn auf den Gedanken, in Zukunft ohne Bett auszukommen. Die bisherige wechselnde Nahrung wird durch völlig einförmige ersetzt; zuletzt genießt er Brot allein. Der Gipfel der Einheitlichkeit scheint erreicht. — Es ist nun unstreitig, daß dieses Leben zunehmender Einschränkung nicht restlos, falls überhaupt in irgendwelcher Weise, aus Unterwertigkeit des Wesens erklärt werden kann; daß vielmehr die Springfedern dieses Radikalismus leidlich verborgen in einer Natur von bedeutender Spannfähigkeit eingebettet lagen. Wesleys geistige Leistungskraft war eine außerordentliche. Sie genügte, ihn in Oxford vom ärmlichen Stipendiaten zum Fellow des Lincoln College zu erheben. Und nachdem er erst mit seinem Innern ins reine gelangt war, setzte ihn seine Natur instand, ein Tagewerk zu leisten, wie es selbst in jenen hartköpfig arbeitsamen Zeiten nicht Viele sich zumuten durften. Einer seiner neuesten Herausgeber, der frühere Staatsminister A. Birrell, nennt Wesley geradezu die rastlos angespannteste Gestalt des 18. Jahrhunderts. 'Achttausend (engl.) Meilen zu Pferde und etwa 500 Predigten waren lange Zeit hindurch Wesleys jährliche Leistung. Und während dieser ganzen Zeit erfuhr er nie, was Niedergeschlagenheit oder Mutlosigkeit bedeute, trotzdem es ihm an reichlichen Prüfungen nicht fehlte.' Einige der größten Geschichtschreiber Englands haben seine Fähigkeit vorsichtigen Urteils und tatkräftigen Entschlusses gepriesen. Seiner starken und klaren Vernunft entsprach ein festes und bestimmtes Auftreten. Seine Gewalt über sich selbst war eine vollkommene und machte ihn, mit seinem furchtlosen Auge, zum Herrn über manche erregte Volksmenge.[1]

Diese Schilderungen beziehen sich nun zwar auf eine Lebenszeit Wesleys, da Erfahrungen hinter ihm lagen, von denen bisher noch nicht die Rede gewesen ist. Aber dieser Riese an geistiger Zähigkeit in der Mission kann auch als Anfänger nicht ohne sehr bedeutende menschliche Kräfte gewesen sein. Was also hat ihn in jenen eben skizzierten Kampf-los-von-der-Welt getrieben? Eine hohe moralische Empfindlichkeit in allen Wertungen, eine starke Beeinflussung durch dogmatische Vorstellungen, und im Zusammenhang damit ein Drang zur inneren Vereinheitlichung und Vervollständigung, die Kehrseite einer Unfähigkeit zum Kompromiß — sind dies zureichende Erklärungen solchen mächtigen Heiligkeitstrebens? Oder entgeht uns noch ein Geheimnis, das sich darin verbirgt? Die Frage, was die letzte Wurzel aller solcher Anstrengungen sei, ist augenscheinlich nicht so leicht zu erledigen, wie die nach

---

1) R. Southey, Life of John Wesley (abbridged, Lond. 1904) ch. II u. III; Davenport 144—9.

den Wurzeln der anfangs bezeichneten Typen Jenseitiger. Darf man von Quietismus reden, wo unerhörte Willensanstregungen gegen Triebe gerichtet werden, deren Gewährenlassen das Leichteste von der Welt wäre? Eher schon möchte man, wie gesagt, von Hypertrophien und Perversionen dieser oder jener normalen seelischen Eigenschaften sprechen, wiewohl man auch damit einstweilen nicht viel über Worterklärung hinausgelangt wäre. Viel psychologischer Scharfsinn ließe sich hier ohne weiteres üben — und ist auch geübt worden. Wenn ich ihn einstweilen noch nicht zu Worte kommen lasse, so geschieht es aus folgender Überlegung heraus: Jede Gattung seelischer Vorgänge und Gebilde läßt sich so in eine Reihe ordnen, daß gewisse Glieder der Reihe die wesentlichsten Elemente der Gattung deutlicher hervortreten lassen, als bei andern Gliedern der Fall ist. Zergliederung und Deutung halten sich dann mit Vorteil ohne weiteres an die deutlichsten, den Typ am schärfsten ausprägenden Glieder der Reihe. Alles nun, was bisher an religiös-jenseitigem Wesen von nicht unzweideutig negativer Begründung bezeichnet wurde, bildet auch nur die Anfangsglieder einer Reihe, deren weitere Entwicklungsstufen sich durch sehr erhöhte Eigenart und Stärke, also wohl auch psychologische Deutlichkeit des Erlebens auszeichnen. Was auf jenen Anfangsstufen als ein unterirdisch treibender, schwer verständlicher Drang und Instinkt sich bemerkbar macht, das scheint auf den weiteren zu voller erblühtem Leben vorzubrechen. Es liegt also nahe, die Art jener Instinkte aus ihren letzten und reifsten Früchten erkennen zu wollen.

Ein solcher Zusammenhang, wie von Keim und Frucht, ist ja auch den Religiösen selbst von jeher bewußt gewesen. Sie haben die angestrengt-asketische Strecke des inneren Weges stets als eine Vorbereitung bezeichnet, die zwar durch eigene Anstrengung nie ans Ziel gelange, deren Werk aber an einem bestimmten Punkt unter Umständen von der 'Gnade' aufgegriffen und vollendet werden könne. Der Asket, der angestrengt 'Übende' der Frömmigkeit, hat sich zu allem gezwungen, wozu ihn die ersten Keime seiner inneren Umkehr verpflichten mochten. In diesem Zwang, im Ernstmachen bis zu den letzten Grenzen, liegt seine Genugtuung, seine Größe, aber zugleich — sein Versagen. Seine Hingabe an das Du hätte ihn letzten Endes dahin führen sollen, daß er von diesem Nichtich ergriffen und ein widerstandsloses Werkzeug seiner Ziele würde; sie hat ihn einstweilen im Grunde nicht weiter geführt, als bis zur Haltung der Hingabe, die er selbst mit Anstrengung bewahren muß. Der alte Rat, zu handeln, als ob eine gewünschte Wesenseigenschaft vorhanden wäre, um sie so zu erzeugen,[1] hat doch nur sehr beschränkten Ertrag geliefert. Das Ich mit seiner Selbstbetonung ist nicht verschwunden, sondern nur unterdrückt. Selbst wer nicht länger Übles tut, empfindet wohl, daß er noch Übles will. Gewohnheiten des Fühlens und Handelns sind gewonnen, aber die ihnen feindlichen Instinkte nicht mit der Wur-

1) Pascal, aaO. 77.

zel ausgerottet. Das Fleisch ist zermartert, aber die böse Sippschaft nicht tot, die in dem Grunde verborgen liegt.[1] Das Herz ist gebessert, aber nicht der ganze Mensch erneuert.[2] Der Schritt von der Tugendhaftigkeit des Willens zur Heiligkeit des Wesens ist noch ungetan.[3] Und eben weil der Heiligkeitswille noch nicht Ausdruck der ganzen Natur ist, befindet sich das Erreichte stets in Gefahr. Eitelkeit mischt sich zuweilen dem asketischen Streben bei.[4] Innere Schwankungen oder äußere Ereignisse können die unterdrückte Tiefe jederzeit zum Ausbruch bringen. Versuchungen drohen und ein Erkalten der Seele. Sofern ein religiöser Glaube den neuen Willen ausdrückt, wird die Möglichkeit und Nähe von Zweifeln als schwerer Vorwurf empfunden. Vor bloßer äußerer Beschäftigung verschwindet oft die mühsam festgehaltene innere 'Gegenwart Gottes'.

Niemand hat dies alles klarer erkannt und deutlicher ausgesprochen, als die Jünger der angestrengten Heiligkeit selbst. Ihr abschließendes Urteil über den Wert der Asketik im weitesten Sinne ist ein sehr hartes. Unbefriedigung, Müdigkeit, Entmutigung sind meist das Ergebnis der persönlich-bewußten Willensarbeit am moralischen Ich. Sollte der Weg auch zum Ziele führen: er scheint doch endlos.[5]

> Wird von Tag zu Tag ein edles Werk getan,
> Sprich, warum noch häuft sich nicht die Scheuer an?

klagt der persische Mystiker.[6] Und eine der großen westlichen Heiligen urteilt von der Zeit, da sie noch 'Mittel suchte und Fleiß anwandte,' und noch nicht gelernt hatte, sich gänzlich des Vertrauens auf sich selbst zu entschlagen: 'Ich verlangte nach Leben, denn ich empfand wohl, daß ich nicht lebte, sondern mit einem gewissen Schatten des Todes kämpfte... Meine Seele war...müde und erschöpft; gern hätte sie geruht: aber die bösen Gewohnheiten, mit denen sie behaftet war, ließen das nicht zu.'[7]

John Wesley ist uns oben als Muster methodischen Heiligkeitsmühens erschienen. Es ist lehrreich zu sehen, wie rückhaltlos er die Unzulänglichkeit dieser doch leidlich entschlossenen moralischen Jenseitigkeit ausspricht. Während der Rückkehr von seiner Missionsreise nach Amerika schreibt er folgende Selbstbeurteilung nieder: 'Durch den unfehlbarsten aller Beweise — inneres Bewußtsein — halte ich mich für überführt 1. des Unglaubens, indem ich nicht einen Glauben an Christum habe, der mein Herz vor innerer Unruhe bewahren könnte... 2. des Stolzes, indem ich längst geglaubt zu besitzen, was ich doch, wie ich sehe, nicht besitze; 3. argen Mangels an innerer Sammlung, indem ich im Sturm jeden Augenblick zu Gott schreie, in der Stille aber nicht; 4. der Leichtfertigkeit und des Übermuts... Ich ging nach Amerika, um die Indianer zu bekehren; aber ach, wer wird mich bekehren?... Ich habe gelernt an den Enden der Erde, daß mein ganzes Herz völlig verderbt und unrein ist, und folglich mein ganzes Leben auch... Mir mangelt jener Glaube, den niemand haben

1) Tauler, Pred. 104, bei Preger III 199. 2) Ein Erfahrener bei Gibson 111f. 3) Vgl. Guyon, Opusc. 140f. (Torrens p. I ch. 2 § 14). 4) Köstliche Beispiele aus mönchischer Praxis bei S. Bernhard, De gradibus humilitatis c. XIV. (Vacandard I 161). 5) S. Teresa I 184. 6) Rumi, bei Tholuck 60. 7) S. Teresa I 69.

kann, ohne zu wissen, daß er ihn hat, ...denn wer ihn hat, ist von der Sünde frei; der ganze Kern der Sünde ist in ihm zerstört.'[1]

Wie man sieht, mangelt es dem angestrengt Heiligungsbeflissenen nicht an der gefühlsmäßigen Gewißheit, daß es einen Weg der mystischen, d. h. innerlichst religiösen Erfahrung gebe, auf dem er über 'irdisches', 'fleischliches', 'sündiges', gottfernes Wesen endgültig hinaus- und in das Innerste seines Instinkt-Ideals, oder doch sehr viel näher an dieses heran gelangen könne, als mittelst willkürlicher Askese. Jener Weg wird betreten unter Erfahrungen, mit denen verglichen die willkürlich erzeugbaren blaß und dürftig sind; Erfahrungen, die sich aber — so scheint es dem Mystiker — keinesfalls erzwingen, für die sich nur der Schauplatz bereiten läßt durch jene allmähliche willkürliche Abtragung des 'niedern' Selbst und seiner 'ungeregelten Begierden'; Erfahrungen, die der Mystiker eben wegen ihres unwillkürlichen Geschenktwerdens als Ergreifungen durch die Gnade Gottes auffaßt. Sie bilden offenbar die Erschließung jener 'Frucht', deren Keimen sich während der asketischen Periode fühlbar macht. Wir dringen also jedenfalls in den Kern unserer Aufgabe, die höhere religiöse Jenseitigkeit zu deuten, wenn wir uns ohne weitere Umschweife der Betrachtung jener geistlichen oder erwecklichen Gnadenerfahrungen zuwenden.

II.

Erweckliche Erfahrungen.

Psychologisches Merkmal der 'Gnade' ist also vor allem, daß das bewußte, persönlich wollende Ich an ihren Erweisungen sich unbeteiligt fühlt und sie eben deshalb einer übermenschlichen Macht zuschreibt.[2] Die persönlichen Bemühungen um Heiligkeit setzen ein gewisses inneres Erfassen dieses Ideals voraus. Es stachelte, wenn es auch nicht herrschte, weil es schon als Neigung zu Wertungen im Menschen lebte. Er sonderte gefühlsmäßig 'gut' und 'böse', göttlich und sündhaft. Es ist nun ein erstes Merkmal des extrem Religiösen (das meine Beschreibungen eröffnen mag), daß er diese Wertgefühle sehr viel stärker, ja mit überwältigender Wucht erleben kann. Die gegensätzlichen Werterlebnisse 'Heiligkeit' und 'Schuld', 'Gott' und 'Ich' überfallen ihn gelegentlich mit krampfhafter Gewalt des Schauens, und bahnen damit zugleich den Weg zur volleren Verwirklichung des Höhergewerteten im so Begnadeten. In einer von Glied zu Glied sich steigernden Reihe lege ich dem Leser einige Bekenntnisse vor, welche die Art dieser Erfahrungen verdeutlichen.

'Danach', so erzählt George Fox, der Vater der Quäker, aus der Zeit seiner Anfänge, 'ließ mich der Herr seine Liebe sehen, ohne Ende und ewig und alles Begreifen

1) Southey, aaO. 91 ff. 2) Dies ist völlig verkannt in der Kritik der Gnadenlehre bei A. Horneffer, Der Priester... (Jena 1912) I 108.

übersteigend, das Menschen im natürlichen Zustande haben und aus der Geschichte oder aus Büchern erlangen können. Diese Liebe zeigte mich mir selber, wie ich ohne Ihn war; und ich fürchtete alle Gesellschaft, denn ich sah vollkommen die Lage, in der sie sich befanden, durch die Liebe Gottes, die mich mir selber zeigte... Hätte ich eines Königs Unterhalt, Schloß und Bedienung gehabt, es wäre alles ein Nichts gewesen; denn nichts gab mir Genüge, außer der Herr durch seine Kraft. Ich sah, daß Bekenner, Priester und Laien sich wohl und behaglich befanden in jenem Zustande, der mein Elend war, und daß sie das liebten, dessen ich mich gern entledigt hätte...'[1]

Es ist kaum zweifelhaft, daß eine solche Erfahrung schon über das Innenmaß jenes Erlebens hinausgeht, das wir am Beginne der meisten asketisch-angestrengten Laufbahnen vermuten dürfen: jenes Erlebens der Unzufriedenheit mit sich selbst und des Aufblicks zu einem Inbegriff erhöhter Heiligkeit, das man ja wohl als 'Erweckung' (aus dem 'Schlaf der Sünde') bezeichnen könnte. Das folgende Bekenntnis John Fletchers dürfte jene Steigerung über das gewöhnliche Maß noch deutlicher zeigen; man bemerkt darin geradezu schon eine Annäherung an einen ekstatischen Zustand.

'Etwa um die Zeit, da ich das geistliche Amt antrat, wanderte ich eines Abends in ein Gehölz, in Gedanken über die Bedeutsamkeit des Berufes, den ich im Begriff war zu übernehmen. Als ich dann meine Seele im Gebet zu ergießen begann, überfiel mich ein solches Gefühl und Erfassen[2] der Gerechtigkeit Gottes und eine solche Empfindung seines Mißfallens an der Sünde, daß sie alle meine Geisteskräfte verschlangen und meine Seele mit einer Verzückung des Gebets für arme verlorene Sünder erfüllten, worin ich bis zum Anbruch des Tages verharrte.'[3]

Um aber gleich die ganze Spanne der Stufenleiter zu zeigen, die solche Erfahrungen durchlaufen können, führe ich nun eine ähnliche aus dem Leben einer der bekanntesten Heiligen des katholischen Mittelalters an. Diese Bekehrung (wenn ich so sagen soll) der hl. Katharina von Genua bildete anscheinend den Abschluß eines Zeitabschnittes tiefer Niedergeschlagenheit und des Zerfalls mit sich und der Welt. Die Angabe eines Datums — 22. Mai, 'der Tag nach S. Benedikt' — und gewisser Einzelheiten des Verlaufes scheinen Treue des Berichts zu verbürgen. Wir erfahren, daß die vornehme Frau — eine Fiesco — an jenem Tage, und zwar ohne innerliche Aufgelegtheit, in die Kirche des Klosters Maria delle Grazie zur Beichte gegangen. Dieser Zug ist bemerkenswert, weil er die Unwillkürlichkeit des Nachfolgenden andeutet.

'Kaum war sie vor dem Beichtvater niedergekniet, als sie ihren Geist so sehr erleuchtet fühlte über ihre Fehler und Armseligkeiten und über die grenzenlose Güte Gottes, daß sie... ohnmächtig hätte zur Erde niederstürzen mögen... Eine grenzenlose Liebe zu Gott erfüllte ihre Seele... Von innigstem Schmerz ergriffen, einen so liebenswürdigen Gott beleidigt zu haben, rief sie im Innersten ihres Herzens: Keine Welt mehr, keine Sünde mehr!... Unfähig, eine Beichte abzulegen, sagte sie nur: Vater, wenn es Ihnen gefällig wäre, so möchte ich diese Beichte gern auf ein anderes Mal verschieben.' ...Nach Hause zurückgekehrt, scheint sie fortdauernd in heftig-

1) Fox, Autobiography 7. 2) feeling sense. 3) Wesley, Short account 77f.

ster Erregung gewesen zu sein und will 'wunderbare Erleuchtungen und Einsichten über Gebet und Umgang mit Gott' gehabt haben. Nach einigen Tagen hatte sie angeblich ein Gesicht Christi, mit dem Kreuze beladen, der ihr sagte, dies Blut, das von seinen Schultern troff und das ganze Haus zu überschwemmen schien, sei aus Liebe zu ihr für ihre Sünden vergossen. Dies brachte sie völlig außer sich. 'Sie sah ihre ihm zugefügten Beleidigungen und schrie: O Liebe, keine Sünde mehr, keine Welt mehr! Und im Gefühl des Hasses, den sie gegen sich selbst empfand, rief sie aus: O Liebe, ist es nötig, so bin ich bereit, meine Sünden öffentlich zu beichten.' Und hier findet sich der bedeutsame Zusatz, daß sie von da an 'ganz Liebe' gewesen sei, ihre irdischen Neigungen erloschen und ihr Wille in den Willen Gottes umgestaltet. Sie pflegte in der Folge zu sagen: 'Ich meine nichts mehr zu haben, weder Seele, noch Leib, noch Herz, noch Willen, noch Geschmack, noch irgend etwas anderes als nur Liebe.'[1]

Hier noch eine ähnliche Erfahrung, wiederum aus protestantischer Umwelt: 'J. Edwards erzählt, daß er eines Tages i. J. 1737, während eines Rittes im Walde, den er aus Gesundheitsrücksichten unternommen, eine für ihn 'ganz außerordentliche Schauung (*view*) der Herrlichkeit des Sohnes Gottes, als Mittlers zwischen Gott und Mensch, seiner Gnade, Liebe und Herablassung hatte... Die Person Christi erschien unaussprechlich vollkommen, ja von einer Vortrefflichkeit, die alles Denken und Begreifen verschlang. Dies dauerte ... etwa eine Stunde an und erhielt mich die meiste Zeit über in einer Flut von Tränen ... Gleichzeitig empfand ich ein glühendes Verlangen, entleert und vernichtet zu werden, im Staube zu liegen und nur von Christo erfüllt zu werden; ihn zu lieben, ... auf ihn mein Vertrauen zu setzen; ihm zu dienen und nachzufolgen, und vollkommen geheiligt und rein zu werden, mit einer himmlischen Reinheit.' Solche Schauungen habe er mehrmals gehabt, und die gleichen Wirkungen seien stets aus ihnen geflossen.[2]

Dieses Erlebnis moralischer Erleuchtung besteht anscheinend in der überwältigenden Empfindung eines Gegensatzes: der Heiligkeit, die Gott zugeschrieben wird, und der Verwerflichkeit, von der man die eigene Persönlichkeit durchtränkt fühlt. Die obigen Beispiele rückten vielleicht das erste Glied dieses Gegensatzes in den Vordergrund; ich will einige andere anführen, in denen der Nachdruck, wenigstens der Beschreibung, auf das zweite verlegt scheint.

Die hl. Angela von Foligno, eine namhafte Franziskanerin des 13. Jahrhunderts, deren Bekenntnisse wir gewissermaßen aus ihrem eigenen Munde haben, schreibt von der sechsten der 18 'Stufen' ihrer geistlichen Entwicklung: '[Hier][3] erhielt ich eine gewisse Erleuchtung der Gnade, durch welche mir eine tiefe Erkenntnis aller meiner Sünden mitgeteilt wurde, und ... aus den Tiefen meiner Seele wurden mir alle meine Sünden in die Erinnerung zurückgebracht...'; es ward ihr 'gegeben, zu verstehen', daß sie Christum gekreuzigt habe, und 'in der Erkenntnis des Kreuzes, die ich da

1) Nach Marabottos Leben der Heiligen (in A. S. Boll.) c. 2 bei Lechner 45ff. 2) Vgl. auch Edwards 29f. 3) Die in eckige Klammern eingeschlossenen Teile von Zitaten enthalten entweder Ergänzungen, wie sie besonders durch die Kürzungen (...) des Textes nötig werden, und entstammen dann meist dem Wortlaut des Fortgelassenen; oder (seltener) Erläuterungen, durch die ich selbst, auf Grund genauerer Kenntnis der Gedankenzusammenhänge, die richtige Auffassung des Lesers zu fördern suche.

hatte, empfing ich ein solches Feuer der Liebe und der Reue, daß ich, an diesem Kreuze stehend, mich im Entschlusse von allem entblößte und Ihm mein ganzes Selbst darbrachte... Endlich, durch die Gnade Gottes, ward mein Herz erleuchtet und mit dieser Erleuchtung kam mir eine solche Festigkeit des Willens, daß ich vermeinte und noch glaube, daß ich ihn in aller Ewigkeit nicht verlieren kann.'[1]

Der folgende verwandte Bericht stammt aus der Feder der Frau Martin, als Religiose Marie de l'Incarnation, einer namhaften Ursulinerin der Neuen Welt: 'Am Tage vor Mariä Empfängnis', schreibt sie, 'den 24. März 1620, ging ich sehr früh am Morgen meiner Gewohnheit nach an meine Geschäfte. Unterwegs empfahl ich mich Gott durch mein übliches Herzensstoßgebet: *In te Domine speravi, non confundar in aeternum.* Ich fühlte an jenem Tage ein größeres Vertrauen als je in den göttlichen Beistand, als ich plötzlich gefesselt wurde[2] von einem Anblick aller Fehler, Sünden und Unvollkommenheiten meines ganzen Lebens — klar, deutlich und gewisser, als menschliche Worte auszudrücken vermöchten. Gleichzeitig sah ich mich in ein Bad von Blut getaucht und es ward mir offenbart, daß dieses Blut kein anderes sei, als das unsres Herrn, vergossen zur Sühne meiner Sünden. Hätte mir Gott nicht in dieser Lage beigestanden, ich glaube, ich wäre vor Schreck gestorben, so entsetzlich und furchtbar erschienen mir in diesem Augenblick selbst die kleinsten Sünden... Mein Herz wurde in einem Augenblick hingerissen und von einer solchen Liebe zu Gott entflammt, daß es eine Reue empfand, ihn beleidigt zu haben, von der nichts eine Vorstellung zu geben vermöchte. Ich hätte mich ins Feuer stürzen mögen, um dem brennenden Verlangen nach Buße zu genügen, das damals mein Herz zu erfüllen begann.' Sie trat in die erste beste Kirche ein und auf den ersten Priester zu, den sie sah, und überfiel ihn dergestalt mit ihrer schluchzenden Beichte, 'daß er wie betäubt mich gewähren ließ... Nach dieser Beichte ... fühlte ich mich wie in ein anderes Geschöpf verwandelt, so sehr, daß ich mich selbst nicht wiedererkannte. All meine frühere Unwissenheit war verflogen und manche Handlungen, die ich bis dahin als an sich gerecht und gut betrachtet hatte, erschienen mir jetzt unzulässig.' Sie erbat sich sogleich die vorschriftsmäßige Erlaubnis zur Anwendung asketischer Mittel, begab sich auf ein Jahr in fast völlige Einsamkeit, und legte bald danach das Gelübde lebenslänglicher Keuschheit ab.[3]

Auch J. Edwards, dessen wiederholte Schauungen der Heiligkeit Gottes soeben erwähnt wurden, berichtet von anderen, gewissermaßen ergänzenden Erlebnissen, die ihm die eigene Sündhaftigkeit nicht minder überwältigend zum Bewußtsein brachten, 'tief ergreifenden Einblicken in meine eigene Sündhaftigkeit und Nichtswürdigkeit; häufig so sehr, daß sie mich in einer Art lauten Weinens erhielten, mitunter beträchtliche Zeit hindurch; so daß ich oft gezwungen gewesen bin, mich einzuschließen... Meine Bosheit ist mir seit langem geradezu unaussprechlich erschienen und alles Denken und Vorstellen übersteigend... Ich weiß nicht, wie ich besser ausdrücken soll, wie meine Sünden mir erscheinen, als indem ich Unendlich auf Unendlich türme und Unendlich mit Unendlich multipliziere.'[4]

Erfahrungen dieser Art sind weder seltene Ausnahmen, noch ein Vorrecht der klassischen Helden religiöser Lebensbeschreibung. Die Darstellung des

1) Thorold 93—95. 99. Der Schluß bezieht sich insonderheit auf völlige 'Armut' im religiösen Sinne. 2) lorsque tout à coup je fus arrêtée... 3) Chapot I 66—73. 4) Edwards 36f.

mystischen Lebens durch Erfahrene scheint sie eher als etwas Typisches dem Gesamtbilde einzuordnen,[1] und die Chronik der großen Erweckungs- und Bekehrungsbewegungen schreibt immer wieder Ähnliches den namenlosen Einzelnen der großen Masse zu — namenlos, auch wenn sie genannt werden.[2]

Ich möchte mit dem endgültigen Urteil über diese Erfahrungen verziehen, bis sie in einen größeren Zusammenhang verwandter Erscheinungen hineingestellt sind. Nur um den ersten Eindruck in möglichst nutzbarer Form festzuhalten, sei folgendes zu vorläufiger Bestimmung gesagt: Nach ihrem Wert für die Ausbildung der fühlenden und wollenden Persönlichkeit bedeuten diese Augenblicke offenbar die Geburt oder die Vertiefung einer Idealwertung, die alle bisherige Wertung so sehr an Stärke übertrifft, daß sie beinahe als neu bezeichnet werden kann. Das Ideal der 'Heiligkeit' und 'Reinheit' tritt auf Augenblicke vollends in den Mittelpunkt des Ich, wird gleichsam zum Auge,[3] mit dem es sein bisheriges Sein und Tun schaut — und zwar in einem blendenden Lichte schaut, welches erbarmungslos Abstände offenbart und schafft, die bisher im Nebel halbbestimmter Sehnsucht verborgen geblieben waren. Sich selbst — oder die ähnlichen Andern[4] — sieht man in ihrer 'natürlichen' Beschaffenheit, und die Instinkte dieser 'Natur' sind unverträglich bis zu Qual und Grauen mit den Instinkten, die für den Augenblick zum eigentlichen Selbst geworden sind, denen gegenüber nun alles andere als Außenwerk und beinahe fremd, wenn auch als Teil der eigenen Persönlichkeit erlebt wird. Insofern bilden das Erlebnis der 'Heiligkeit' und das der eigenen 'Sündhaftigkeit' zwei Seiten eines und desselben Vorganges, wie etwa ein schlechter Dichter oder Komponist in demselben Augenblicke, da ihn das Glück der Stunde ein hohes Meisterwerk seiner Kunst im tiefsten Innern schauend erleben läßt, auch die Erbärmlichkeit der eigenen Versuche plötzlich bis zur Greifbarkeit vor Augen haben mag.

'Ich ging aus einem Grabe von Finsternis hervor', sagt einer, der die Erfahrung machte, 'und ich lebte, lebte vollkommen. Ich sah tief im Abgrunde das äußerste Elend, aus dem ich gezogen worden.'[5] 'Die Seele,' sagt S. Alphonso Rodriguez, 'die Gott kennt, gelangt dazu, sich selbst zu kennen, wie sie ist. Das Weiße und Schwarze unterscheiden sich besser, wenn sie nebeneinander liegen.'[6]

Dabei mag bemerkt werden, daß diese glühend erlebte Höchstwertung des heiligen Gottes und gleichzeitige Abwertung des eigenen Ich sich anscheinend nicht ausschließlich (wenn auch am greifbarsten) auf Einzelverfehlungen oder Einzelfehler bezieht, als Gegensatz zum göttlichen Freisein von solchen Verfehlungen und Fehlern; sondern daß diese faßlicheren Wertungen hinüberklingen in einen allgemeineren, schwerer begreiflichen und eben notwendig zu erlebenden Stimmungs- und Wertungsgegensatz, den man feinsinnig als

1) Vgl. zB. noch Preger I 224f. (S. Bernhard); das. II 43 (Mönch von Heilbronn); Ruysbroeck 9f.; Brief des Schtscheglow bei Grass 167. 2) S. zB. Finney 52f.; Gibson 39f. 100. 244; Dyer 152. 3) Schulausdruck: 'Apperzeptionsmasse'. 4) David 81f. Vgl. dazu Fichte, WW V 406. 5) Ratisbonne 128. 6) S. Alphonse Rodriguez 53.

den von Heiligkeit und 'Profanität' überhaupt, von Gott und Geschöpf, von 'numinosem Wert' und 'numinosem Unwert' bezeichnet hat.[1] Soweit die diese Wertung umlagernden Gefühle zu fassen sind, gehören sie augenscheinlich größtenteils zu denen, die das 'Ich' entspannen und hinschmelzen lassen, seine feste Umgürtung, seine harte Vermauerung lockern, wenn nicht auflösen. Die fordernde Ich-, Mir-Haltung schwindet, die darbringende Du-, Dir-Haltung führt sich — oft zum erstenmal — überwältigend ein: der Drang zu geben, zu opfern, hinströmen zu lassen. Man beachte in dieser Hinsicht den sofort einsetzenden Drang zur Entsagung und Askese, zum Bekennen der Schuld (eben alles dessen, was ehedem der Ich-Haltung entsprang), zur Selbsterniedrigung in der Beichte. Man bemerkt sofort: was bisher Gegenstand der Bemühung war, ist jetzt heißestes Bedürfnis geworden; wo man die Pumpe schwengeln mußte — ein alter mystischer Vergleich —, strömt jetzt die Quelle; während das Ich sich schier leidend verhalten darf. Die verjenseitigende Wirkung dieser Erfahrungen erscheint selbstverständlich, und sie wird durch die fast immer hinzutretende theologische Ausdeutung noch vertieft: 'Gott' wurde in dieser Schauung des wertenden Gefühls erlebt; die Erfahrung ist ein Eingriff und ein Geschenk seiner Gnade. Wie sie die Grundlagen der Diesseitigkeit weiter unterhöhlt, so verstärkt sie die willkürliche Hinkehr nach einem Jenseits, wo das verirrte Geschöpf in seinem Schöpfer werde untertauchen können.

Diese weltablösenden Wirkungen betont zB. ein Selbstbekenntnis Mahans. Dieser, calvinistisch erzogen, war durch die Überzeugung des Nichterwähltseins bis zu einem 'Zustand beinahe gefühlloser Verzweiflung' getrieben worden. In einer Offenbarung von Gottes Heiligkeit und Liebe und der eigenen völligen Sündhaftigkeit erkannte er die schlechthinnige Gottlosigkeit und Verderbtheit seines ganzen sittlichen Lebens, auch der (äußerlich betrachtet) 'guten' Handlungen, und seine ewige Verwerfung erschien ihm nunmehr völlig gerecht. In einem Gebet übergab er sich der Gnade Gottes und bat, ihn lieben und verehren und seinen heiligen Willen achten zu dürfen. 'Kaum hatte ich diese Worte ausgesprochen, so wurde ich ... dermaßen überschattet von der Empfindung der offenbarten Liebe eines verzeihenden Gottes und Erlösers, daß mir war, als würde mein ganzes geistiges Wesen aufgelöst und von einer unaussprechlichen Ruhe und Zuversicht durchdrungen... Ich konnte aufblicken und sagen, ohne daß eine Wolke zwischen meine Seele und Gottes Antlitz [sich schob]: Mein Vater und mein Gott.' Die Folge nun dieses Erlebnisses war, daß ihn aller äußere Ehrgeiz verließ, jeder Wunsch nach Reichtum und nach Bildung. Wäre er Katholik gewesen, sagt er, so wäre er Mönch geworden.[2] —

Die Verlockung zu theologischer Deutung enthält in noch höherem Grade eine andere Gattung geistlicher Erlebnisse, deren innere Verwandtschaft mit den eben besprochenen übrigens unverkennbar ist. Auch hier das hereinbrechende, halbekstatische Gefühl von 'Heiligkeit', das nicht auf das eigene Ich, sondern ein Fremdes, Ideales, Überragendes bezogen wird; nur daß hier

---

1) R. Otto, Das Heilige... 3. Aufl. (Breslau 1919) 58. 2) Mahan 18.

dies Fremde, Überragende sich fester zusammenzuballen scheint zu etwas beinahe-persönlich Anwesendem. Man spürt eine ich-fremde und doch ich-verwandte Macht — 'Gott' — über sich, neben sich, um sich gegenwärtig. Ich bringe einige Beispiele wieder in einer Anordnung, die dieses eigentümliche Erlebnis in steigender Deutlichkeit hervortreten läßt.

Ziemlich verschwommen klingt es an in einer Beschreibung J. Trevors von eigenen Erfahrungen, die sich mehrfach in seinem Leben wiederholt hatten. '[Während eines wundervollen Marsches im Gebirge an einem leuchtenden Sonntagmorgen] fühlte ich mich plötzlich, ohne alle Voranzeichen, im Himmel — in einem innerlichen Zustande des Friedens, der Freude und Gewißheit von unbeschreiblicher Stärke, begleitet von der Empfindung, in einen warmen Lichtglanz eingetaucht zu sein, ... ein Gefühl, als hätte ich den Körper verlassen, wiewohl die umgebende Landschaft heller hervorzutreten und gleichsam mir näher zu sein schien, als zuvor, infolge der Erhellung, in deren Mitte ich mich zu befinden glaubte. Diese tiefe Erregung hielt an, wenn auch in abnehmender Stärke, bis ich mein Haus erreichte, und verlor sich erst allmählich einige Zeit danach... Ich fühlte, wie nah und vertraut mir Gott, und wie schlechthin sicher meine Beziehungen zu ihm wären... [Ich hatte] das Bewußtsein, daß Gott und ich am gleichen Orte wären.' Die Wirkungen solcher Erfahrungen waren eine tiefere Einsicht in den sinnvollen und notwendigen Verlauf seiner vergangenen Entwicklung, ein außerordentliches Gefühl der Gehobenheit und Lebensfreude, und die Gewißheit seiner selbst und Gottes. Diese Erlebnisse, bemerkt der tiefreligiöse Mann, hätten die Richtung seines Lebens zwar nicht verändert, wohl aber bekräftigt, und ihn stets ein gutes Stück Weges fortgeführt.[1]

Religionspsychologen haben neuerdings eine ziemliche Anzahl von Erfahrungen dieser Art veröffentlicht, die zuweilen, in ruhigeren Formen, sich durch beträchtliche Strecken des Lebens hinzuziehen scheinen.

'Ich habe', schreibt eine protestantische Frau, 'die Empfindung einer starken und gleichzeitig beruhigenden Gegenwart, die über mir schwebt. Bisweilen scheint sie mich mit stützenden Armen zu umfangen und einzuhüllen. Gott ist ein persönliches Wesen, das seine Geschöpfe kennt und für sie sorgt'.[2] Auch J. B. Pratt betont das Ungesuchte und Ungewollte solcher Erfahrungen und findet sie nicht selten in ziemlich früher Kindheit, wenn auch angeblich am häufigsten zu Beginn oder am Ende der Geschlechtsreifung. 'Es ist', sagt eine seiner Mitteilungen, 'soweit ich es auszudrücken vermag, ein Gefühl von heiligem Schauer und Erhebung, und [im äußersten Falle] so heftig, daß ich nur bitten konnte, es möchte mir genommen werden; es war beinahe erdrückend.' — Nach der Seite der größten Abschwächung zu gehen diese Erfahrungen schon fast in unbestimmte ästhetische oder 'kosmische Emotionen' über, wie sie im Alleinsein vor schönen Naturaussichten, am Meeresstrande, im Walde oder unter den Sternen empfunden werden. Ihre Wirkung aber besteht immer in erhöhter Kraft der Intuition und einer Stärkung des sittlichen Willens.[3]

1) J. Trevor, My Quest for God (Lond. 1897) 268—70. 256 (gekürzt). Vgl. auch P. Minault, Discours Religieux, La Solitude 64 (bei Leuba 223). 2) Starbuck 327. 3) Pratt 258.

Schärfer umrissen scheint die 'Anwesenheit' des Unsichtbaren in folgenden Beschreibungen S. Alphonso Rodriguez' und des Jesuitenpaters Lyonnard nach eigenen Erfahrungen:

Der erstere nennt das Gefühl der Gegenwart Gottes 'eine geistige und in der Erfahrung gegebene Gewißheit, daß Gott in der Seele und an jedem Orte sei... Je mehr man im Dienste Gottes fortschreitet, desto deutlicher und andauernder ist diese Gegenwart... [Ich habe] es häufig genug erfahren, daß ohne alles Nachsuchen von meiner Seite, selbst ohne daß ich daran dachte, dieser allmächtige Herr fühlbar vor mich hingetreten ist, wie ein Mensch plötzlich vor einen anderen hintritt, ohne daß sich dieser dessen versehe.' 'Eines Tages im November 1844,' schreibt Lyonnard, 'hatten wir uns eben im Refektorium zum gemeinsamen Mahle gesetzt, als mir plötzlich eine so klare Schau der göttlichen Gegenwart verliehen ward, wie ich es sonst nie ähnlich erlebt habe. Das geschah plötzlich wie ein Blitz und versetzte mich in eine andere Welt angesichts der Offenbarung eines unendlich großen, unendlich heiligen und anbetungswürdigen Wesens, des Wesens Gottes selber. Ich war bis ins Mark der Knochen durchdrungen von einem sehr tiefen Gefühl der Ehrfurcht, der Liebe und religiösen Betäubung... Der Eindruck dieses hellen und blendenden Lichtes war derartig, daß ich plötzlich den leiblichen Hunger verlor.'[1]

Bei Angela von Foligno läßt sich ein Übergehen nicht unähnlicher Erfahrungen in visionäre Erlebnisse beobachten, ein Zusammenhang, den wir uns ebenfalls merken wollen.

'Wenn der allerhöchste Gott kommt, die Seele heimzusuchen,' schreibt sie, 'so wird dieser zuweilen die Gunst zuteil, ihn zu sehen; sie sieht ihn dann in sich selbst, ohne körperliche Form, deutlicher, als ein sterblicher Mensch einen anderen sieht. Die Augen der Seele nehmen dann eine rein geistige Fülle wahr, von der ich weiter nichts sagen kann, weil die Worte und die Einbildungskraft außerstande sind, es auszudrücken. In dieser Betrachtung empfindet die Seele einen unaussprechlichen Genuß, sie vermag an nichts anderes zu denken, sie ist auf wunderbare Weise gesättigt.' Wie nahe wir hier einer Vision stehen, erweisen andere Berichte dieser Heiligen, nach denen die Wahrnehmung jener 'Fülle' sie zum Schauen eines Glanzes, zu inneren 'Ansprachen' Gottes, endlich zum Schauen von Scharen von Heiligen unmittelbar hinführte.[2]

Es ist wichtig zu bemerken, daß die bestimmtesten Ausgestaltungen solcher Erlebnisse häufig mit Zuständen der Gebetsversenkung zusammenfallen. Aus dem verschwimmenden Gefühl eines gewaltigen Umlagert- oder Umschwebtseins wird dann besonders häufig das scharf umrissene Bewußtsein einer persönlichen und deutlich örtlichen Anwesenheit in unmittelbarer Nähe des Andächtigen.

Finney zB. beschreibt eine verwandte Erfahrung in folgenden Worten: 'Eines Tages, in Dr. Lansings Hause, kam mir der Herr so nahe, während ich im Gebete war, daß mein Fleisch buchstäblich an meinen Knochen zitterte. Ich bebte vom Kopf bis zu den Füßen unter der starken Empfindung der Gegenwart Gottes... Gleich-

1) S. Alphonse Rodriguez 56 (§ 40); Lyonnard S. XXVII. 2) zB. Thorold 132f.

wohl, anstatt fliehen zu wollen, schien ich näher und näher an Gott herangezogen zu werden, schien mich mehr und mehr jener Gegenwart zu nähern, die mich mit solch unaussprechlicher heiliger Scheu und Zittern erfüllte... Gott gab mir die Versicherung, daß er mit mir sei und mich aufrecht erhalten werde... Die Empfindung der Gegenwart Gottes...bewirkte vollkommenes Vertrauen, vollkommene Ruhe und ungemischt und vollkommen gütige Gefühle gegenüber allen Brüdern, die sich, irregeleitet, gegen mich gewandt hatten.'[1]

Auch die folgende Erfahrung fiel in ein feierliches, von kurzen Gebeten unterbrochenes Schweigen, wozu sich mehrere Fromme in der Tiefe des Waldes zusammengefunden hatten.

'Endlich kam ein Brausen vom Himmel, wie wenn ein Sturmwind daherfährt, und erfüllte den ganzen Ort... Und doch rührte sich kein Blatt in der Höhe oder Gras am Boden — die ganze Natur war still... Mein ganzes Wesen schien unaussprechlich erfüllt von dem Gotte, an den ich so lange geglaubt hatte. Wahrnehmung durch die Sinne könnte mir nicht ein solches Wissen [von ihm] verschaffen, wie das, welches nun mein war... Kein erschaffenes Ding war jetzt meiner Seele so wirklich, wie der Schöpfer selbst. Es war furchtbar-erhaben und doch ohne Schrecken. Ich verlor keinen Teil meiner Sinne, und doch waren sie alle wie versunken in [dieser] erhabenen Offenbarung. Eine Frage, die an mich gestellt wurde, beantwortete ich so kurz wie möglich, daß meine Seele nichts von der himmlischen Gegenwart verlieren möchte, die mein Wesen umfing und erfüllte... Tage darauf, als ich wieder mit meiner Frau zusammentraf, brach sie in Tränen aus, ... ehe wir ein Wort gesprochen hatten, so groß war die Veränderung in meinem Äußeren... Jeder Augenblick war mit der Gegenwart Gottes erfüllt; auch verließ sie mich nicht inmitten der anstrengendsten Beschäftigungen. Mein Leben wurde zu einem Psalm des Lobes.'[2]

Ich will eine Deutung solcher Erfahrungen hier noch so wenig versuchen, wie im Falle der zuvor beschriebenen. Zusammenfassend sei einstweilen nur auf die beträchtliche Vielgestaltigkeit des Erlebnisses hingewiesen, namentlich die mannigfachen Grade von Bestimmtheit und von Dauer der empfundenen 'Anwesenheit'; sodann auf die augenscheinlichen Übergänge in Erlebnisse anderer Art: auf der einen Seite etwa in innere Rauschzustände — selbst in körperliche Erregung hohen Grades (Finney); in ekstatische Verdunkelungen des Ich; nicht minder aber in halluzinatorische Erlebnisse: Gesichte, Lichterscheinungen, Einsprachen, inneres Hören von Reden u. dgl. m., oder in bildlose 'Einsichten' und 'Verstehungen'. Von allen diesen Dingen wird an anderen Stellen zu reden sein, und wir werden mehr und mehr die Bedeutsamkeit dieses Übergehens aller Arten mystischer Erlebnisse ineinander erkennen. Dagegen sei schon jetzt hervorgehoben, daß die Erfahrungen auch dieser Reihe, wie die der vorigen, den praktischen Wert einer passiv erlebten Ich-Lösung und Entselbstung beanspruchen. Ihr Auftreten vornehmlich in Zuständen selbstvergessener Gebetshingabe ist jedenfalls bedeutsam; wie sie durch solche häufig ausgelöst werden, so fördern sie diese ohne Frage auch

1) Finney 161. 2) R. P. S. bei Bucke 256f. Vgl. P. Balthasar Alvarez bei Poulain 82 und Louis du Pont das. 99.

ihrerseits. Ein Gefühlsklima ist beiden gemeinsam: Scheu, Ehrfurcht, erhabenes Grauen, Aufblick und Versinken. Und so bewegen sich auch ihre Wirkungen augenscheinlich in der Richtung des früheren Heiligkeitsstrebens, dessen 'Jenseitigkeit' sie, aus nun schon verständlichen Gründen, bedeutend verstärken: nämlich teils durch die Bürgschaft unsichtbarer Wirklichkeit, die sie zu geben scheinen, teils unmittelbarer durch die 'organische' Ich-Zersetzung infolge des ekstatischen und rauschartigen Bestandteils in ihnen. — Ich will auch diese Reihe mit einem modernen Beispiel schließen, das diese verjenseitigenden Wirkungen ausdrücklich hervorhebt.

M. C. L., ein bedeutender amerikanischer Prediger und geistig regsamer, tief forschender Kopf, hatte den Aushilfsbesuch eines Amtsbruders gehabt und glaubte in diesem, eines Nachts nach dessen Abreise, eine Verkörperung Christi zu erkennen. Aber kaum traf ihn der Gedanke, als der Freund 'in einem Gesichte Christi vergessen war, das mir nicht von außen, sondern durch die nach innen sich öffnenden Tore gekommen war. Ich erkannte ihn, war mir seiner bewußt, in meinem eigenen Geist, Seele und Leib. Dann, während sich dieses Bewußtsein entfaltete, vermeinte ich wie von einer zarten Wolke oder Nebel übergossen, in ein Fluidum getaucht zu sein, durchdringender als Wärme oder Äther... Die Hingerissenheit, die Geisteserhöhung, die Göttlichkeit dieses Augenblickes übersteigt alles Begreifen. Dann, geschwinde, kam die heilige Scheu der geheimnisvollen Gegenwart, die mich erfüllte, und ein Bewußt-sein der ganzen Schöpfung... durchzitterte mich, nicht als Gedanke, Empfindung, Gefühl, sondern als der lebendige Atem Gottes. Dies wuchs an, bis es mir schien, als erhöbe und erweiterte ich mich bis zum Unendlichen, darin ich mich ergoß und verlor, und Geist und Körper schwankten [mir]. Ich fühlte mich fallen und rief aus: Das Gesicht ist zu groß! Ich kann nicht in Gottes Angesicht schauen und leben! Vater im Himmel, es ist genug!' Er fiel in Schlaf und erwachte nach mehrstündigem Schlummer in unaussprechlicher Freude und erfüllt von Seligkeit. Und nun die Folgen dieser Nacht: Der Charakter seiner Predigt änderte sich völlig und wirkte weit ergreifender als je zuvor; erhöhte Geisteskräfte schienen ihm ein klareres Erfassen der Wahrheit zu gewähren; er sah das Kreuz als eine Notwendigkeit seines Lebens vor sich; aber der 'heilige Atem tötete auch Gelüste, Leidenschaft und Haß; er füllte das Herz mit Lachen und die Seele mit Frieden'.[1]

Daß der Rausch in der Tat einen wesentlichen Anteil dieser wertung- und haltungbegründenden Erlebnisse ausmache, beweisen die entselbstenden und verjenseitigenden Wirkungen einer andern Gattung von Rauschzuständen der Mystischen, deren Beschreibung sich in unverkennbarer Eintönigkeit durch die Aufzeichnungen religiösen Lebens hinzieht. Man könnte sie als den Liebesrausch der Mystiker, als die Ekstase der Gottesliebe bezeichnen. Hier wird gewissermaßen die 'Liebe als Zustand' erlebt, eine überquellende Liebesseligkeit, vom glücklichen Hindämmern bis zum erregtesten Rausch, selbst bis zur Auslöschung aller andern Bewußtseinsinhalte. Auch dieser Liebesrausch überfällt den Mystiker fast immer ohne sein Wollen oder Er-

1) Bucke 274f.

warten, und verläßt ihn fast nie, ohne etwas von seinem alten 'Selbst' gleichsam weggebrannt und die neue Richtung des Fühlens und Handelns befestigt zu haben. Gleichwohl knüpft sich sein Einbruch mitunter an ein gewolltes Tun des Mystikers. Denn diese Rauschzustände gehen zuweilen aus Übungen der Meditation hervor. In dieser sind die Anteile der Vorstellungs- und der gefühlsmäßigen Elemente von Fall zu Fall verschieden, und es ließe sich eine Stufenreihe von Gebets- und Meditationszuständen aufstellen, an deren einem Ende ein Maximum der Anschauung und ein Minimum des Gefühls, an deren anderm ein Maximum des Gefühls und ein Minimum der Vorstellung zusammenbeständen.

Das mündliche Gebet, das so viele Kirchen in fester Form vorschreiben, dürfte im allgemeinen dem ersteren Extrem entsprechen. Erst mit seiner wachsenden Ernsthaftigkeit steigert sich die Lebhaftigkeit nicht nur der Bilder, sondern auch des Gefühls: das Gesprochene und Bedachte wird zum Erlebnis; die körperlichen Reaktionen verstärken sich — schwerer Atem, Tränen, Zittern, Herzklopfen; die Wirklichkeit tritt aus dem Bewußtsein zurück. Darüber hinaus liegen Akte oder Zustände — man schwankt schon, ob man sie so oder so benennen soll —, in denen das mächtige Gefühl, das durch die religiösen Vorstellungen aufgerufen wurde, den weiteren Ablauf der Gedanken mehr hindert als fördert. Es kann sich sozusagen schon an einem dieser Gedanken nicht genugtun. Der meditierend Betende verliert sich in dem hingerissenen Auskosten einer Vorstellung, etwa 'Gottes Heiligkeit', oder 'Gottes Allmacht', oder 'Gott ward Fleisch um meinetwillen', in einem Zustand anbetender Ehrfurcht, oder hingebender Liebe, Dankbarkeit, Lobpreisung, Demut, Selbstverachtung, Reue u. dgl. Über diese *oraison de coeur* oder *affective* können aber gewisse Naturen noch einen Schritt hinausgehen. Sie machen die Erfahrung, daß die Vorstellung, von der ihre innerliche Betrachtung ausging, sich völlig im Hintergrunde des Bewußtseins verliert, so daß dieses gänzlich von dem Gefühle selbst eingenommen wird, das im Anfang durch die Vorstellung aufgerufen wurde. Sie entsinken der Welt der Bilder und Begriffe, und ziehen sich in ein Schweigen zurück, in dem nur noch das 'Herz' spricht; in ein bloßes 'Schmecken' der meditierten Vorstellungen, wie Mme Guyon, eine erfahrene Meisterin, es nennt, worin man das Gefühl 'gelinde und friedlich ruhen und das, was es gekostet und gekaut hat, in einem *petit repos amoureux*, voll Ehrfurcht und Vertrauen, gewissermaßen hinabschlucken' läßt.[1] In dieser *oraison de repos*, *de foi*, *de simplicité*[2] haben wir zum erstenmal einen reinen Gefühlszustand und zugleich das äußerste Ziel vor uns, welches die willkürlich betriebene religiöse Praxis nach halbwegs 'normalen', allgemein zugänglichen Grundsätzen noch zu erreichen vermag.

Und doch führen diese Zustände bereits in die Vorhöfe des Ekstatischen und Unwillkürlichen. Denn sie scheinen auf besondere Anlagen bestimmter Personen zu rechnen und der 'Willkür' nur mehr die Rolle der Auslösung zu überlassen. In gesteigerten Formen zumal gehören sie durchaus ins Bereich

1) Guyon, Opusc. 12ff. 18. 19f. (Moyen Court ch. II; ch. III § 3; vgl. auch die Anweisung das. ch. IV § 2). 2) Nach der Guyonschen Terminologie; bei S. François de Sales u. a. oraison de simple remise en Dieu, du simple regard, quiétude active, silence actif. Vgl. auch S. Teresa IV 67 (Mor. 4 K. 3).

'passiver' Erlebnisse. Gerade Mme Guyons Erfahrungen verdeutlichen den hier möglichen Übergang in eigenartig schlagender Weise.

Sie hatte sich der verschiedenen Arten der Gebetes beflissen mit dem ganzen Eifer eines religiös angelegten Gemüts, aber mit dem gewöhnlichen halben und unbefriedigenden Erfolge. 'Ich suchte', urteilt sie selbst im Rückblick, '*à force de tête et de pensées* mir eine ununterbrochene [innere] Gegenwart Gottes zu verschaffen, aber trotz aller Mühe kam ich nicht von der Stelle. Ich wollte durch Anstrengung haben, was ich nur erlangen konnte, indem ich alle Anstrengung aufgab.' Ein Franziskaner, dem sie ihren Mißerfolg klagte, erklärte ihr ihren Irrtum: daß sie im Äußeren suche, was sie im Innern habe. Sie solle sich gewöhnen, Gott in ihrem Herzen zu suchen; dort werde sie ihn finden. 'In diesem Augenblick', berichtet sie, 'empfand ich eine tiefe Verwundung, voll Wonne und Liebe; eine Wunde so süß, daß ich nie davon zu genesen wünschte.' Sie meinte von da ab die Gegenwart Gottes in ihrem Innersten zu empfinden. Das affektive 'Herzensgebet' war ihr ein unwillkürlich strömender Genuß geworden. Und gleichzeitig trat, jetzt ohne alle Anspannung und wie ein Geschenk des Himmels, jene charakteristische Verschiebung der Instinkte bei ihr ein; ihr selbstischer Wille verlor sich mehr und mehr. 'Ich empfand plötzlich einen Ekel vor allen erschaffenen Dingen; alles, was nicht meine Liebe war, erschien mir unerträglich. Das Kreuz, das ich bis dahin mit Ergebung getragen hatte, war meine Lust und ein Gegenstand des Wohlgefallens:' — also völlig zur Natur gewordene Heiligkeit und Jenseitigkeit. 'Nichts war mir jetzt leichter, als das Herzensgebet zu betreiben; die Stunden verflogen mir wie Augenblicke, ich konnte gar nicht umhin ihm obzuliegen: die Liebe ließ mir keinen Augenblick mehr Ruhe... Von diesem Augenblick an war meine *oraison* entblößt von allen Formen und Bildern... Es war ein Gebetszustand des Genießens und Besitzens Gottes im Gefühl, ... eine tiefe Sammlung und Versenkung[1] ohne Vorstellungstätigkeit oder Worte[2]... Alles war verschlungen in einen süß empfundenen [Akt des] Glaubens... Ich lebte in einer solchen Absonderung von allen geschaffenen Dingen, daß es mir schien, es gäbe keine Geschöpfe mehr auf Erden. Meine Augen schlossen sich wider Willen und ich verharrte [stundenlang] wie reglos, weil die Liebe mich im Innern wie in einer Feste eingeschlossen hielt.'[3]

Dies ist, was die christlichen Mystiker als 'Gebet der Ruhe' bezeichnet haben, das 'vierte Gelaß der Seele', wie S. Teresa es im Aufbau ihrer Inneren Burg bestimmt, der 'Geschmack Gottes', wie sie auch sagt, die unvollständige *unio mystica* neuerer Systematiker.

Aus der Darstellung eines Übergangs der gefühlsmäßigen Meditation in solche reine Gefühlszustände bei Mme Guyon darf indessen nicht geschlossen werden, daß diese Art des innern Liebesgenusses nur bei völliger Ausschaltung der Vorstellungs- und Körpertätigkeit gedeihe. Selbst Mme Guyon scheint durchaus ähnliches auch während äußerer Inanspruchnahme erfahren zu haben, nachdem diese Art des inneren Glühens sich einmal bei ihr festge-

---

1) Recueillement; oraison de jouïssance et de possession dans la volonté. 2) Sans acte ni discours. 3) Guyon, Vie II 74; I 75. 78. 80. 110. Vgl. das. I 159; Opusc. 37 (Moyen Court ch. XIII) und die Schilderung der 'Seele' bei Hugo von S. Victor, De arrha animae (bei Migne II col. 970).

setzt hatte. Sie erzählt zB., daß das innere Feuer sie gelegentlich einer Partie Piquet ergriff, die sie *par condéscendence* mit ihrem Manne spielte. 'Ich konnte kaum die Glut im Zaume halten, die mich verzehrte: und wäre sie weniger ruhig gewesen, hätte ich es nicht ertragen können. Sie hatte alle Wärme der Liebe, aber nichts von ihrem Ungestüm.'[1] Ja einzelne Mystiker scheinen sich vermittelst dieses innern Glühens (bei erhaltenem Wahrnehmen und Handeln) eine Art Übung der dauernden innern 'Gegenwart Gottes' ausgebildet zu haben.[2]

Eine Steigerung des inneren Feuers vermehrt dann freilich wieder die Abziehung von der Außenwelt — die 'Ligatur der Seelenkräfte', wie die Theoretiker der Mystik es nennen.

Mme Guyon mochte wohl eine Arbeit vornehmen, 'um unter einer scheinbaren Beschäftigung die Beschäftigung des Innern zu verbergen', aber dabei konnte sie, nach ihrer eigenen Angabe, schon nicht verstehen, was man zu ihr sprach, und nicht sprechen, wenn man sie zu sprechen nötigte, oder doch nicht wissen, was sie sagte.[3] — Ganz übereinstimmend sagt auch S. Teresa, daß man in dieser 'innern und äußern Ersterbung'[4] zunächst nur körperliche Bewegung zu vermeiden suche, um nicht jenen süßen Frieden zu verlieren, dessen man genießt; daß das Reden Mühe mache und 'über einem Vaterunser wohl eine Stunde hingehe'; daß man bei erzwungenem Handeln 'ganz ungeschickt und gleichsam betört'[5] sich anstelle. Aber sie fügt bezeichnenderweise hinzu, Verstand und Gedächtnis seien bei diesem Verschlungensein im Gefühl auch nur 'für das, was zum Dienste Gottes gehört' und zu Werken der 'brüderlichen Liebe' zu gebrauchen, ja darin sogar 'tätiger und mächtiger, als je zuvor'; 'mit Bezug auf die Dinge der Welt aber wie mit Ohnmacht und Vernichtung geschlagen'.[6] Solche Zustände dauerten bei ihr zuweilen einen oder gar zwei Tage hindurch; und diese Neigung zum Fortbestehen scheint allgemein betont zu werden.

Dieser Zustand nun kann sich durch mannigfache Grade steigern, ohne daß, soweit sich von außen urteilen läßt, seine eigentümliche Empfindungs- und Gefühlsbeschaffenheit sich ändert. Das Liebeserlebnis der Mystiker bleibt nicht beim traumhaft-ruhigen Glühen stehen; der glimmende Brand entfacht sich zu Zeiten zur lodernden Flamme, die stille Seligkeit zum hingerissenen Rausch, in welchem Welt und Ich verlöschen.

Anne-Madeleine Remuzat, eine Marseillerin (1696—1730, Religiose vom Orden der Heimsuchung Mariä), verbringt 'auf den Knien, mit gefalteten Händen, die Augen gesenkt, das Gesicht erglühend', jede freie Stunde vor dem Sakrament; so oft ihr gestattet, auch die Stunden der Nacht.[7] Was in ihr vorgeht, verrät uns wohl eine Äußerung der Angela von Foligno, die über ähnlichem Gebet das Essen vergißt und

1) Vie I 116 (ch. XII § 11). Sie hatte, sehr jung, eine aristokratische Vernunftehe eingehen müssen. 2) zB. Br. Lorenz: Recueil 415. (Frère Laurent de la Résurrection, eigentlich Nikolaus Herman, geb. um 1611 in Lothringen, gest. 1691, zuerst Kriegsmann, dann barfüßiger Karmeliter in Paris.) 3) Vie I 112; vgl. das. 91. 101. 4) amortecimiento. 5) torpes y como embobado. 6) S. Teresa III 154f. (Camino de la perfeccion c. XXXI); vgl. auch I 138f. (Leben, c. XVII). 7) Remuzat 133.

die Notwendigkeit dazu beklagt: 'In meinem Herzen war ein solches Feuer der Liebe, daß mir weder das Knien, noch irgendeine andere Buße zum Überdruß wurde. Ja später erlangte ich noch größere Inbrunst der Liebe zur göttlichen Liebe. Denn wenn ich irgend jemand von Gott sprechen hörte, so stöhnte ich, und ich hätte mein Seufzen nicht unterdrücken können, hätte auch einer über mir mit einer Axt gestanden, mich zu erschlagen.'[1] — S. Teresa spricht bereits von einem 'innerlichen Frohlocken', in welchem die Seele im Innersten einen solchen Andrang der Freude empfindet, daß es ihr schwer fällt, darüber zu schweigen;[2] und der bereits erwähnte Lyonnard gebraucht Ausdrücke, die eine noch wesentlich gesteigerte Heftigkeit der Erfahrung andeuten: 'Der Herr hatte mir gesagt, daß die Stimme seiner Liebe in meinem Herzen wie die Stimme des Donners ertönen würde. In der folgenden Nacht entlud sich denn auch über mir, was ich fast einen Sturm der göttlichen Liebe nennen würde, falls das Wort nicht etwas Unruhiges bezeichnete... Die Seele, auf allen Seiten von dem unendlichen Wesen ihres Gottes überflutet, in welchem sie die Empfindung hat, untergetaucht zu sein, beschwört ihren Gott, Erbarmen mit ihrer Schwachheit zu haben. Als ich dieses Gebet tat und seine göttliche Majestät anflehte, doch wohl zu bedenken, daß die Heftigkeit seiner Liebe in keinem Verhältnis zur Schwachheit meines armseligen Herzens stände, empfand ich in mir einen neuen Eindruck dieser Liebe; und aus dem Innersten dieser Fluten himmlischer Flammen, die mich von allen Seiten überschwemmten, vernahm ich die Stimme dieses großen Gottes, die mit dem Ausdruck unermeßlicher Liebe sich beklagte, nicht genügend von den Menschen geliebt zu werden.'[3] Ähnliches beschreibt der friesische Bauer Hemme Hayen, ein Erweckter des 17. Jahrhunderts, der in einer Nacht von eines 'Lichtes Kraft' geweckt wurde, das seine 'Gedanken auf gewisse Sprüche in der Schrift leitete, so daß mir sogleich ihr geistlicher Sinn aufgedeckt ward und ich tiefer in ihr Geheimnis sah, als ich je zuvor gekonnt... Dabei genoß ich eine übernatürliche, ganz übermenschliche, himmlische Süßigkeit in der Seele, und eine solche Gemeinschaft mit dem allgemeinen Wesen, daß ich im Übermaß solcher Freude mich nicht enthalten konnte, laut aufzuschreien... Die Bewegung im Innern war so stark, daß ich drei Tage lang nicht ausgehen konnte.' Tagelang kam kein Schlummer in seine Augen. 'Ich war innerlich erfüllet und durchglühet, daß ich meinte, ich müßte vergehen vor der Herrlichkeit. Der Leib war zu schwach, diese Last zu ertragen. Daher bat ich: Herr, nicht mehr, oder ich muß vergehen.'[4]

So gelangt der mystische Liebesrausch allmählich auf seinen Gipfel. Der Gotterfüllte läuft umher, oder bricht wie trunken zusammen;[5] er stößt einzelne Worte oder nur Töne aus.

Die eben erwähnte Schwester Remuzat muß in solchem Zustande 'wie außer sich' in ihre Zelle getragen werden; und kein Wort ist ihr zu entlocken, als 'Jesus, Jesus!'[6] Der Franziskaner Massa kann nichts hervorbringen, als U, U, U, bis er schließlich in 'eine Art von Schlummer, den der Kontemplation, des Ruhegebetes' übergeht.

---

1) Thorold 107f. Vgl. Preger I 117 (über Mechthild von Hackeborn) und II 53; Poulain 108 (Niederschrift der Marg.-Marie Alacoque v. J. 1673 und Äußerungen der Ursulinerin Marie de l'Incarnation). 2) S. Teresa IV 152 (Mor. VI c. 6); vgl. die *jubilatio* der mittelalterlichen Schriftsteller. 3) Lyonnard, Notice biogr. § 11. 4) Sein Leben bei Kanne I 1—26. Die typische Bitte um 'Einhalten' zB. auch bei Preger II 258 (Jützi Schultheiss), 275 (Adelh. Langmann), Görres II 6. 8; Bacci I 29; Phillips 160, und sonst vielfach. 5) Lechner 61. 6) aaO. 88.

Sicut enim, fügt der alte Erzähler[1] hinzu, und ich lasse seinen Worten ihr Latein, *sicut enim in ebrietate vinum haustum digeri nequit, ac evomitur, ita spiritualis voluptas intus concepta et effervescens, cum ei modus addi nequit, ardenter efflatur.* — Ja, dem Bruder Lorenz geschah es, daß er unter dem Kusse der Gottheit 'laut rief, sang und tanzte, als wäre er rasend geworden.'[2]

Daß dies nicht seltene und vereinzelte Vorkommnisse, sondern typische Zustände des mystischen Lebens aller Zeiten sind — und bei Männern vielleicht nicht viel seltener als bei Frauen —, beweist zum Überfluß ihr allgemeines Angeführt- und Eingeordnetwerden durch die theoretischen Schriftsteller vom Fach.[3]

Es ist übrigens bezeichnend, daß das so oft erflehte Nachlassen meist wieder ein Verlangen nach der Wiederholung der Erfahrung, ja eine Gier nach einem Mehr entstehen läßt, die gelegentlich auch die Gipfelerfahrung selber färbt. Eine peinigende Unbefriedigung treibt den Gottesliebhaber fort; die Empfindung, als halte er vor unaussprechlichen Möglichkeiten der Liebe und der Erkenntnis, die ihm eben nur entschlüpfen; die er vielleicht verliere, weil er nicht völlig genug sich dem Strom überlasse. Der Durst, 'Gott zu kosten', steigert sich zu einem Durste, völlig 'mit ihm vereinigt' zu werden, in ihm unterzugehen.

Man glaubt in den Zeiten des Nachlassens 'die innere Stimme des Geliebten' zu empfinden, 'die uns lockt und ruft; ein sanftes, zartes Flüstern, das aus dem Geheimsten der Seele, wo seine Wohnung ist, hervordringt und sie mächtig ergreift, ja selbst zerschmilzt und auflöst, indem sie sieht, wie nahe sie ihn in sich selber hat und wie fern er ihr doch ist, also daß sie nicht dazu gelangen kann, ihn zu besitzen'.[4]

Und wenn irgendwie und -wann, so findet dies Verlangen seine Befriedigung, sobald der seelische Zustand, dessen Anwachsen wir bisher verfolgt, seine von Natur gegebene äußerste Grenze erreicht: wenn das Anschwellen des Affektes das Ich zeitweilig scheinbar vernichtet: also in der Ekstase.

So erzählt, um ein Beispiel aus hunderten zu geben, der Biograph der Beatrix von Nazareth, einer häufig 'Verzückten', daß sie etwa nach einem gemeinsamen Mahle, vor vielen Personen, bei Absingung des Lobgesangs des hl. Bernhard, unbeweglich, starr, scheinbar ohne zu atmen, dagesessen, nach einigen Stunden gähnend aufgeseufzt, langsam zu atmen, endlich leise zu reden begonnen habe, in einzelnen Worten: Geliebtester! Süßester! Trauter! Bräutigam! 'Und war dabei von solchem Jubel bewegt, daß sie, am ganzen Leibe zitternd, die Zeit eines *Miserere* hindurch mit eingezogenem Atem verharrte, und dann ebenso lange unbeweglich blieb. Es dauerte dieses Aufjubeln und Jauchzen ... zweier Messen Dauer hindurch.'[5]

---

1) Juan de Jesu-Maria, bei Rousselot 419 Anm. 2) Reitz III 112f.; Görres II 283 (Osanna v. Mantua). 3) S. zB. Ruysbroeck 62f.: Laufen, Springen, Zappeln, Fuchteln, Klatschen, Schreien; S. Bonaventura, Proc. relig. l. VII c. 15 (bei Scaramelli II 47; vgl. 53): Jubel, Zittern, Gelächter, Geschrei; Rich. v. St. Victor, De gratia contempl. l. V c. 5; David v. Augsburg, De septem processibus c. 37 (Preger I 279); islamische Parallelen aus Rumî und Ferid ed-dîn bei Ethé, Morgenländ. Studien 122. 4) Molinos 80. Vgl. Ruysbroeck 108f.; S. Jean III 296f. (N. O., l. I c. XI in.); Tholuck 33 (Rabia). 5) Görres II 249f. Nach S. Teresa I 149 wäre dies schon lang; doch irrt sie wohl.

Verzichten wir wiederum auf gründliches Theoretisieren, bis unsere Kenntnis der Tatsachen sich erweitert hat, so sieht doch auch hier schon der erste zergliedernde Überblick, daß die beschriebenen Erfahrungen nicht nur unter sich, sondern auch mit den früher vorgeführten innerlich eng verwandt sind.[1] Alle Arten der mystischen Liebeserfahrung bezeichnen Zustände, in denen die festumrissene, starre, wachsam-aggressive Ich-Einstellung im Feuer eines mächtigen Gefühls, eines ungerufen hervorbrechenden Rausches hinschmilzt, und jene ich-lose, strömende, selig-hingegebene Haltung erreicht wird, von der wir ohne weiteres herausfühlen, daß sie mit der Gott- und Menschen-Hingegebenheit des jenseitig-heiligen Charakters aus einerlei Stoff sei und darum höchst geeignet, ihn zu begründen oder zu verstärken und festigen; eine Wirkung, die von den Eingeweihten der mystischen Liebe denn auch einstimmig diesen Erlebnissen, und zwar in viel weiterem Maße, als der asketischen Selbsterziehung, zugeschrieben wird. Auch hier also das Bild der Verinnerlichung und Verjenseitigung, der Abkehr von Sinnenlust, der Zuwendung zur tragischen Lebensauffassung; Wirkungen, in denen sich alle bisher beschriebenen Arten geistlicher Erfahrungen gleichen.

In dieser Beschreibung halte ich nun einstweilen inne. Was an erwecklichen Erlebnissen bisher noch nicht erwähnt ist, wird mit größerem Nutzen an anderer Stelle zur Sprache kommen. Doch will ich, um das Bild schon bei dieser ersten Enthüllung um ein Geringes abzurunden, von jenen später zu besprechenden Arten des Erlebens wenigstens zwei der wichtigsten in Beispielen andeuten: wir können sie kurz als Gesichte und Einsichten bezeichnen. Sie haben das Gemeinsame, daß sie sich nicht auf Vorgänge des Gefühls beschränken; sie beschäftigen das inhaltliche Aufnahmevermögen des Geistes. Von der ersteren Gattung mag das entscheidende Erlebnis des Obristen Gardiner eine Vorstellung geben. Es ist auch dadurch merkwürdig, daß ihm anscheinend kein Leben bewußter religiöser Bemühung vorausgegangen war.

Gardiner war von früh auf ein Mann der Waffen und des mehr oder weniger wüsten Lebensgenusses gewesen. Liebeshändel, Duelle und Schlachten hatten die Hauptbeschäftigung des hochgewachsenen und starkgebauten Offiziers gebildet. Die Wendung seines Lebens überraschte ihn, während er eines Nachts sich die Zeit des Wartens auf ein ehebrecherisches Stelldichein mit dem Lesen eines Buches vertrieb, in welchem die Schicksale des Christen in Bildern und Ausdrücken des kriegerischen Berufes geschildert wurden, und von dem er sich eben deshalb überlegene Belustigung versprach. 'Er glaubte', so erzählte er später Dr. Doddridge, mit dem er eng befreundet wurde, 'während er las, zu bemerken, daß ein ungewöhnlicher Lichtglanz auf das Buch fiel, was er anfangs irgendwelchem Fehler der Kerze zuschrieb, aber indem er die Augen aufhob, gewahrte er zu seinem äußersten Erstaunen eine sichtbare Abbildung des Herrn Jesus Christus am Kreuze, die auf allen Seiten von einem Glorienschein umgeben war, und hatte den Eindruck, als käme eine Stimme

1) Ein gutes Beispiel des Ineinanderspielens aller bieten die Tagebuchaufzeichnungen der protestant. Mrs H. A. Rogers: Rogers 206ff.

zu ihm, oder etwas wie eine Stimme, dieses Inhalts (denn der genauen Worte war er nicht ganz sicher): O Sünder, habe ich dies für dich gelitten, und vergiltst du mir so? Diese erschreckliche Erscheinung erschütterte ihn dermaßen, daß kaum Leben in ihm blieb und er in dem Armstuhl niedersank, in welchem er saß, und — wie lange, wußte er nicht genau zu sagen — halbwegs ohne Bewußtsein verharrte... [Als] er aber die Augen öffnete, sah er nichts Ungewöhnliches mehr'. Ohne seines Stelldicheins weiter zu gedenken, und aufs tiefste erregt, ging Gardiner in seiner Stube auf und nieder. Er 'erschien sich selbst als das verächtlichste Ungeheuer in Gottes Schöpfung, ... und damit verband sich ein solcher Anblick der Erhabenheit und Güte Gottes, daß er sich selbst um so mehr hassen und verabscheuen und in Staub und Asche Buße tun mußte. Die nächsten Nächte verbrachte er fast schlaflos. Seine ganze Sinnesart aber war von diesem Tage an völlig verändert... Eine gewisse Bedrückung, die ihm zunächst noch blieb, wurde ihm einige Wochen nach seiner Bekehrung abgenommen und er faßte Hoffnung auf seinen Erlöser.' Dabei erlebte auch Gardiner jene 'unaussprechliche Freude', von der wir oben so viele Beispiele kennen lernten: sie beraubte ihn drei Nächte lang des Schlafes. Sein ganzes ferneres Leben war von einer außerordentlichen Frömmigkeit erfüllt, die Gardiner auch bei jeder Gelegenheit seinen wilden Umgangskreisen gegenüber furchtlos vertrat.[1]

Hieran füge ich noch den Bericht über ein etwas verwickelteres Gesicht, durch das eine in der Heiligung bereits Vorgeschrittene anscheinend bedeutende Verstärkung ihrer geistlichen Fähigkeiten erfuhr. S. Katharina von Siena berichtete dem P. Thomas della Fonte das Nachstehende über ihr Erlebnis am Alexistage (18. Juli) des Jahres 1370: 'Als ich ... das hl. Sakrament aus eurer Hand erhielt, zog es mich dermaßen in sich hinein, daß alle Dinge außer ihm mir verhaßt wurden... Ich flehte zu Gott, daß er ... meinen Willen hinwegnehmen und mir den seinen geben möge, welche Bitte er gewährte mit den Worten: Siehe, liebe Tochter, hiermit gebe ich dir meinen Willen, kraft dessen du so stark sein sollst, daß du ... immerdar in einem Zustande verharrest.' Darauf nahm er ihre Seele in seine Arme und legte ihre Lippen auf seine Seitenwunde, 'und meine Seele, sagt die Heilige, war imstande, ihren Wunsch zu stillen und sich in seine heilige Brust zu verbergen und dort himmlische Tröstung zu finden. O, wüßtet Ihr's nur, Ihr würdet erstaunen, daß mein Herz nicht völlig verzehrt ist von Liebe, und daß ich noch lebe, nachdem ich solch brennendes Feuer der Liebe erfahren.' Am selben Tage noch nahm ihr Christus in einem zweiten Gesichte das Herz fort und fügte ihr zwei Tage danach ein neues ein, gerade als sie über die Worte meditierte: Schaff in mir, Gott, ein reines Herz, und gib mir einen neuen, gewissen Geist. Über die Folgen aber dieses Erlebnisses tat sie zu dem erwähnten Zeugen folgende bezeichnende Äußerung: 'Vater, ich bin nicht mehr dieselbe. Wahrlich, wenn einmal gewußt werden könnte, [was ich empfunden,] gäbe es keinen Stolz, der dem standhielte... Das Feuer der Liebe, das in meiner Seele brennt, ... wie vermehrt es die Liebe zu unserem Nächsten! Es würde das größte irdische Glück sein, für eine andere Seele zu sterben.'[2]

Die oben zuletzt erwähnte Art erwecklicher Erfahrungen mag das folgende Beispiel vorläufig verdeutlichen, welches ohne Gesicht im engeren Sinne verläuft, aber neben dem Gefühl der 'Gegenwart Gottes' und mystischer Glücks-

---

1) Doddridge 23—25. 54f. 57f. 117. 2) Drane I 107—111.

empfindung einen Bestandteil des 'Verstehens', der angeblichen 'Einsicht' in übersinnliche Dinge einschließt.

Der Erzähler war Sohn eines Geistlichen, hatte aber seit dem Abgang von der Universität die Schwelle keiner Kirche mehr überschritten, erwarb sein Geld durch schriftstellerische Arbeiten und vertrank es so gründlich, daß er mitunter eine Woche lang nicht nüchtern war. Trotz gelegentlicher Zwischenzeiten der Enthaltung, bewirkt durch Reue über eine solche Vergeudung seiner reichen Gaben, hatte er doch, wie er schreibt, bis zu seinem 30. Jahre nie ein Verlangen, sich auf religiöser Grundlage zu bessern. Seine ungewöhnlich starke Natur gestattete ihm immer wieder den vollsten Lebensgenuß, solange er sich des Trunkes enthielt. 'Ich wurde bekehrt', schreibt er, 'in meinem eigenen Schlafzimmer, in meines Vaters Pfarrhaus, Schlag 3 Uhr nachmittags an einem heißen Julitage (13. Juli 1886). Ich war bei vollkommener Gesundheit, nach fast einem Monat völliger Enthaltung vom Trunk. Ich war in keiner Weise um meine Seele besorgt. Gott war mir an jenem Tage überhaupt nicht in den Sinn gekommen. Eine junge Dame meiner Bekanntschaft hatte mir Prof. Drummonds 'Naturgesetz in der Geisteswelt' geschickt mit der Bitte, daß ich mich darüber rein unter literarischen Gesichtspunkten äußere. Stolz auf meine kritische Begabung... nahm ich das Buch in mein Schlafzimmer, um es ungestört und gründlich durchzugehen. Hier war es, daß mir Gott von Angesicht zu Angesicht begegnete, und diese Begegnung werde ich nie vergessen. 'Wer den Sohn hat, hat das ewige Leben; wer den Sohn nicht hat, hat das Leben nicht.' Dutzende von Malen zuvor hatte ich die Worte gelesen, aber diesmal waren sie etwas völlig Neues. Ich war jetzt in Gottes Gegenwart; meine Gedanken waren an die Worte wie angeschmiedet und es ließ mich nicht weiterlesen, bis ich die ganze Bedeutung der Worte einigermaßen betrachtet hatte. Erst dann konnte ich fortfahren, und fühlte die ganze Zeit über, daß ein anderes Wesen in meinem Schlafzimmer wäre, obgleich von mir nicht gesehen. Die Stille war sehr wunderbar und ich fühlte mich im höchsten Grade glücklich. In einem Augenblick wurde es mir bewußt bis zur völligen Zweifellosigkeit, daß ich das Ewige nie berührt hatte, und daß ich, falls ich jetzt stürbe, unentrinnbar verloren wäre... Ich wußte es so gut, als ich jetzt weiß, daß ich erlöst bin. Der Geist Gottes zeigte es mir in unaussprechlicher Liebe; es lag kein Schrecken darin; ich fühlte Gottes Liebe so mächtig über mir, daß nur ein tiefer Schmerz darüber mich beschlich, daß ich alles durch meine eigene Torheit verloren hatte... Dabei war ich die ganze Zeit über im höchsten Maße glücklich; ich fühlte mich wie ein kleines Kind vor seinem Vater... Und dann überschlich es mich gelinde, voll Liebe und unmißverständlich, daß es einen Ausweg gebe... 'Euch ist kein anderer Name gegeben, darinnen ihr selig werdet, als der Name des Herrn Jesus Christus.' Keine Worte wurden zu mir gesprochen; meine Seele schien meinen Erlöser im Geiste zu sehen, und seit jener Stunde bis auf diesen Tag, nun fast neun Jahre lang, habe ich nie ... gezweifelt, daß der Herr Jesus Christus und Gott der Vater an jenem Juli-Nachmittag auf mich einwirkten, jeder in verschiedener Weise und beide in der vollkommensten Liebe, die sich erdenken läßt, und meine Bekehrung dort und in jenem Augenblick war so erstaunlich, daß das ganze Dorf in weniger als 24 Stunden davon hörte...' Die praktischen Früchte auch dieses Erlebnisses lagen in der Richtung alles dessen, was wir bisher an solchen Wirkungen beobachteten. Neben völliger Befreiung von dem besonderen Laster des Trunkes bezeugt auch dieser Erzähler die Selbsthingabe an Gott 'in dem tiefgewurzelten

Glauben, daß meine Eigenpersönlichkeit zerstört werde, daß Er alles von mir nehmen werde, und ich dazu bereit sei. In solcher Übergabe liegt das Geheimnis eines heiligen Lebens... Mit Rücksicht auf jede bekannte Sünde [ging es mir wie mit dem Trunk]: die Befreiung davon in jedem einzelnen Falle war dauernd und vollständig.'[1]

III.

Auswirkung erwecklicher Erfahrungen.

Die 'Tugenden', die somit an die Stelle der entsprechenden Fehler und 'Sünden' treten, sind offenbar die gleichen, denen die asketisch-willkürliche Selbsterziehung nacheiferte. Nur treten sie eben jetzt in einer Stärke, Reinheit und verhältnismäßigen Dauerhaftigkeit hervor, durch die sie meist eine wesentlich verjenseitigende Wirkung entfalten. Diese Wirkung beruht, wie gesagt, vor allem auf einem sehr gesteigerten Abfallen der Eigenliebe, im Sinne persönlich-sinnlicher Bedürfnisse; einem wachsenden Hervortreten allgemeiner Menschenliebe an ihrer Stelle, die insofern 'unpersönlich' ist, als sie nicht mehr Erwiderung und damit 'persönliche' Befriedigung fordert; endlich und vor allem in der Hinwendung der Liebesfähigkeit auf jene ideale Persönlichkeit, welche nach der Überzeugung des Mystikers in den Augenblicken geistlicher Erfahrung erlebt und erkannt wurde. Hinsichtlich jeder dieser Erscheinungsformen der mystisch-moralischen Verjenseitigung seien noch einige bildhafte Verdeutlichungen gestattet, nachdem bisher im wesentlichen ihr unmittelbares Hervorgehen aus den erwecklichen Erfahrungen belegt wurde.

Die nach außen zumeist in die Augen fallende ist natürlich das gesteigerte S c h w i n d e n d e r I c h- u n d M i r-H a l t u n g, nicht nur in ihren gewalttätigen, sondern auch in ihren vielen gemilderten Formen: der vorsichtigen Eingezogenheit und Trockenheit des Wesens, der Abstandsempfindung, der kühlen 'Gerechtigkeit' usw., und anderseits das Anschwellen aller selbstvergessenen, ausströmenden, ab- und hingebenden Gefühle und Handlungsweisen.[2] Damit ist natürlich nur das zum beherrschenden Grundzug des Wesens entwickelt, was die Stunde des Höchsterlebnisses vor allem kennzeichnete. 'Wenn die Liebe rein ist', sagt Angela von Foligno, 'so hält sich die Seele nach solchen Gefühlserlebnissen für völlig tot, und sieht, daß s i e nichts ist'. In völliger Demut vor Gott 'erinnert sie sich nicht mehr an irgendwelches Lob oder an irgendwelches eigene Gute'.[3]

Negativ erblickt also der Erweckte seine vorzüglichste, nie genug zu preisende Tugend in der D e m u t, dem äußersten Gegensatz zu allen Neigungen,

---

1) Mitgeteilt von Leuba in Studies in the Psychol. of Rel. Phen., AJP VII (1896); daraus bei James, Varieties 220ff. 2) Rein psychol. Analyse der hier in Frage kommenden moralischen Tatsachen bei A. Horwicz, Psychol. Analysen auf physiol. Grundlage (Magdeb. 1878) II. T. 2. Hälfte 271ff. 3) Angela 185, c. LIV; 'mit einem Schlage': Deutsche Theol. 27.

die Selbstgenuß und Selbstdurchsetzung auf Kosten Anderer fordern: Entspannung des Machttriebes, des Stolzes, und seiner Karikatur: der Eitelkeit. Und da er ja, an seinem Ideal von selbstloser Liebe und an seinen Höchsterlebnissen gemessen, immer noch einen Zukurzschuß in sich entdeckt, so gibt ihm selbst die Erinnerung an sein Bestes stets einen Anlaß zu Selbstverurteilung und vermehrter Demut. Jedes empfangene Lob wird daher als Kränkung empfunden, jede ehrerbietige Behandlung durch Andere als ein Schmerz, und ein zuvorkommender Gruß mag den mystisch Liebenden treffen, wie eine Ohrfeige den Weltmenschen.[1] Weit eher sucht er die geringe Meinung, ja Verachtung und Hohn der Welt, selbst um den Preis, in seinem Eigensten mißdeutet zu werden. 'Für den Freund (d. i. Gott) trag ich selbst Spott mit Wonne', singt Rumi, und S. Philipp Neri ließ sich aus Scherzbüchern vorlesen, wenn 'Bewunderer' zu ihm kamen, damit sie daran Anstoß nehmen sollten.[2] Als den Geringsten der Geringen hat sich mehr als ein Heiliger der Kirche bezeichnet, deren Oberhaupt sich heute noch prahlerisch den Knecht aller Knechte nennt.[3] Dieser Demut als 'Selbst'verachtung und -vergessenheit entspricht natürlich ein asketischer Selbstvernichtungstrieb, dessen Willkürlichkeit nun kaum noch über die veränderte Sachlage täuschen kann: wo früher Willensanspannung war, herrscht jetzt ein freudig befolgter Drang, das Ich durch Opfer und Schmerz zu verkleinern und damit zugleich die letzten Regungen der Selbstberücksichtigung zu vernichten. Wie ein Falter in die Flamme, so drängt nun, nach einem beliebten Vergleich der Sufî-Dichtung, die Seele zur Vernichtung in Gott.[4]

'Nur einmal,' schreibt S. Katharina von Genua, 'eh' ich sterbe, möchte ich sagen können, wie diese Liebe in mir wirkt, und was sie von mir will... Mit einem glühenden, flammenden, durchdringenden Strahl trifft sie das Herz, versengt und verzehrt darin jegliche Liebe, jegliche Neigung, jegliche Lust, jegliche Begierde, die es jemals an Dinge dieser Erde banden oder noch binden könnten... Gern würde das also ergriffene Geschöpf von ihren Flammen sich verzehren lassen. Die Anschauung der heißen Liebe, die Gott zu ihr trägt, verursacht ihr unsägliche Qual, und sie kann in diesem Gefühle nichts mehr in sich dulden, was Gott mißfallen könnte. Sie legt deswegen nicht nur alle ihre Fehler bis auf die geringsten ab, sondern auch alle ihre Unvollkommenheiten und unnützen Gewohnheiten.'[5]

Diese Reste des Selbst — die 'Splitter', welche die Liebe mit durchdringendem Blicke täglich ans Licht zieht[6] — sind jetzt der Gegenstand eines 'tödlichen Hasses' geworden;[7] denn diese Reste sitzen tief und fordern Selbst-

---

1) So von sich S. Alphonso Rodriguez 61. 2) Bacci I 295. S. Bernhard, Serm. XVIII § 6: non est quo se immisceat vanitas, ubi totum occupat charitas. 3) Beispiele besonderer Demut s. Kanne I 62f. (Beate Sturm); Görres I 423ff. (Juana Rodriguez). Über Demut als 'Fundament' aller jenseitigen Tugenden s. Ruysbroeck 23ff. 4) Ähnliche Ausdrücke: Guyon, Opusc. 159 (Torrens, p. I ch. 4 § 10); S. Jean II 20 (Sub. l. I c. 2). 5) In 'Theol. der Liebe', l. III c. 4 (Görres I 477). 6) Ein Ausdruck der muham. Chuan. (M. Ch. Broselard, Les Khouan (Alger 1859) 11. 7) Molinos; vgl. Guyon, Opusc. 28 (Moyen Court, ch. 9 § 2).

täuschung heraus. Die Weisheit der Weltleute über die versteckte Selbstsucht der Liebe findet ein nachdenkliches Echo bei allen, denen es mit der Entselbstung Ernst ist. Nach Jahren hochgespannten religiösen Lebens erst glaubt S. Angela durch besondere Gnade 'die Gabe wahrer Armut' erlangt zu haben.[1] Sehr deutlich bringt diesen Endkampf der Entselbstung ein Bekenntnis der schon erwähnten Marie de l'Incarnation zum Ausdruck:

'Es vollzog sich ein furchtbarer Kampf zwischen diesem innern Geiste der Selbsterniedrigung und den Gefühlen meines natürlichen Menschen; ... es ist unmöglich auszudrücken, was man bei dieser inneren Kreuzigung der tiefsten Instinkte und Gefühle der Natur empfindet, ... noch auch wie sehr die göttliche Liebe furchtbar, durchdringend und unerbittlich in diesen Dingen ist. Diese göttliche Reinheit ist unverträglich mit dem natürlichen Sinn. Aber dieser Sinn ist so verschlagen, daß wenn man ihn vernichtet glaubt, er noch lebt; denn die Natur hat unbegreifliche Winkel, Schleichwege und Irrgänge. Da sind kleine Bosheiten, Ausweichungen, Verstellungen, die sich mit einem Anschein von Heiligkeit, Liebe, Eifer, Frömmigkeit und selbst Eifer für die Ehre Gottes verdecken.'[2]

Und gerade fortgesetzte erweckliche Erfahrungen nötigen auf solche Weise den Heiligen auf einer Bahn ständig wachsender und ins Kleinste und Letzte gehender Entselbstung fort. 'Was die Vollkommenheit einer Stufe ausmacht, bildet stets die Unvollkommenheit und den Anfang der nächstfolgenden'.[3] 'Jeder Schritt fordert ein neues Selbstopfer, eine tiefere innere Erforschung der eigenen Ziele und Beweggründe', ein tägliches und täglich erweitertes moralisches 'Sterben'.[4] —

Nur die natürliche Kehrseite der Abkehr vom Ich nun ist die Zuwendung zum Außer-Ich. Des Gottverähnlichten ganzes Innere und sein Fühlen, sagt Ruysbroeck, 'ist ein Ausfließen und Geben'; er selbst ist 'allgemein' geworden,[5] d. h. das Fremde (das Andere) steht ihm über dem Eigenen. Sein Herz ist 'ganz Liebe zu jedem Ding und jedem Menschen'. Der Andern Unglück ist es jetzt, was den Heiligen schlaflos macht, und deren Anliegen trägt er mit Seufzen vor den höchsten Thron.[6] Selbst dem Feinde, dem Böses Zufügenden, erwidert er mit Güte und Liebe, weil (nach dem Ausdruck der Theologia Deutsch) er eben nichts anderes hat und ist, als Liebe.[7] In dieser 'Minne an sich' hat der Heilige 'das Fundament und den Grund aller Tugenden' und aller 'neuen Tugendwerke', in die 'das Einstrahlen oder Einwirken Gottes, das uns nach innen zieht, jene quellende Ader, die auf dem Grunde der fühlbaren Minne lebt, uns ausfließen macht'.[8] Denn die Liebe Gottes, wie Gregor Lopez sagt, ist ganz und gar in Werken.

---

1) Thorold 123. Vgl. als Beispiel Finney 310f.; de Cort, p. II conf. X u. XI. 2) Chapot I 217f., II 244 (esprit de la nature) 247. S. auch Dorothea Trudel, or the Prayer of Faith (London o. J.) 47. 49. 3) Guyon, Vie II 86 (II, 8. 11). Ähnlich Lechner 102f. Vgl. Cassians Wort (Instit. l. XI c. 5) vom Zwiebelbau der Selbstsucht (Eitelkeit). 4) Thomas L. Harris, The Redeemed Body. 5) Ruysbroeck 30. 98. 6) Wesley, Short Account 181. 7) Deutsche Theol. 50. 8) Ruysbroeck 110. 133. Ähnlich S. Jean III 460 (N. O. l. II c. 21).

Nach dem Äußeren macht sie den Heiligen im höchsten Grade zum freigebigen Schenker; kein Besitz gilt ihm mehr als die Wonne, die in Hingabe und Mitfreude beschlossen liegt.[1] Fletcher, der nach seinem eigenen häufigen Ausspruch nie glücklicher war, als wenn er den letzten Pfennig im Hause fortgeschenkt hatte, und der gelegentlich sein ganzes Zinngeschirr einem Armen gab, weil ihm ein Holzteller geradeso gut dienen könne;[2] Angela von Foligno, die ihr ärmliches Kopftuch verhandelte, um Speise für Arme zu kaufen;[3] S. Katharina von Siena, die einem Bettler, dem sie kein Geld geben konnte und der sie auf ihren Mantel verwies, nun diesen willig hinreichte;[4] Jakob Jansz, der fast sein ganzes reiches Einkommen an Arme verteilte und selbst dem Diebe, der seinen Mantel raubte, noch Geld dazu antrug, weil er's wohl aus Not täte[5] — sie alle 'gaben' noch nicht einmal so viel, wie S. Dominicus oder S. Vincent de Paul, die, wie es heißt, sich zeitweilig selbst in die Sklaverei begaben, um andere daraus zu lösen, oder gar wie der mystische Chr. Hoburg, der seine Seligkeit für 'verirrte Brüder' hergeben wollte, d. h. die Hölle erben, um Andere vor ihr zu bewahren.[6] — Aber natürlich: in den Dingen des Herzens und Geistes vor allem sucht der Geisterweckte auszuströmen: darum sucht er zu den eigenen Erfahrungen Jedem den Weg zu weisen, um ihn an den gleichen Seligkeiten teilnehmen zu lassen.[7] Wie sehr auch Schüchternheit und Scheu zuvor seinen Mund verschlossen haben mögen: wer die Liebe Gottes innerlich erfahren, drängt sich zum Amte des Seelenfischers, das er — darin sind die großen Prediger aller Jahrhunderte einig — erst jetzt imstande ist auszuüben. Denn erst seit dieser Erfahrung ist er, nach einem Ausdrucke S. Bernhards, nicht mehr bloß 'Kanal', sondern 'Sammelbecken': 'man gibt nur von der eigenen Überfülle'.[8] Und in neuester Zeit hat einer der erfolgreichsten Erwecker die Lehre aufgestellt, daß erst eine 'zweite Segnung', eine Art der Geistestaufe, den Menschen überhaupt zur erwecklichen Arbeit an Andern befähige.[9]

Die diesseitsabgewandte Überspannung der moralischen Einstellung, die völlige Ablösung vom sinnlichen Eigenselbst ist in allem diesem bereits unverkennbar. Indessen kommt die jenseitige Haltung des Erweckten in ihrer vollen Stärke erst dadurch zustande, daß er seine erwecklichen Erlebnisse auf die übersinnliche Persönlichkeit Gottes bezieht. Von Recht oder Unrecht dieser Deutung ist hier noch nicht zu reden; ihre Natürlichkeit dagegen ist schon nach dem Bisherigen leicht zu verstehen. Die überlieferungsmäßige Verknüpfung des Sittlichen (und das Erlebnis wirkt ja im 'sittlichen' Sinne) mit dem Religiösen mag eine ihrer Grundlagen bilden. Hierzu aber kommt die durch das Erlebnis vertiefte Entwurzelung der Ich- und Welttriebe und jene Nachinnenrichtung des ganzen Geisteslebens, die wir mehr und mehr als Eigentümlichkeit des Jenseitigen begreifen. Seiner gesteigerten

1) Eckehart I 100. 2) Seed 97; Wesley, Short Account 175f. 3) Angela 164, c. L. 4) Drane I 36. 5) G. H. Schubert, Altes u. Neues a. d. Gebiet der inneren Seelenkunde, 2. Aufl. (Lpz. 1825) I 276. 278. Vgl. Kanne I 257; James, Varieties 282. (Beispiel des biblischen Darbietens der 'andern Backe'). 6) Kanne II 249. Häufiges Gebet darum: Drane I 123; für Feinde: Thorold 167. 7) Beispiele dieses Mitteilungs- und Missionsdranges: S. Gertrud I 85; S. Teresa I 180, IV 148; Guyon, Opusc. 163. 168; Finney 22; E. Vine Hall, Some aspects of the Welsh revival, APS I (1905) 323. 8) Serm. XVIII c. 2ff. 9) Second blessing: R. A. Torrey, The baptism with the Holy Spirit (Lond. 1896) 13f. 17. 19. 24.

Fähigkeit zur Liebesglut ist ein Gegenstand nunmehr um so angemessener, je geistiger, 'kopfiger', innerlicher, unsinnlicher er ist. Der Erweckte findet ihn ohne weiteres im Bereich seiner sittlichen Idealwelt. Eine weitere Erforschung dieser Vorgänge mir vorbehaltend, stelle ich hier nur die Tatsache fest, daß die Liebe des Erweckten sich in erster Linie auf 'Gott' richtet, weit mehr als auf alle Menschen, zusammengenommen oder einzeln. 'Nichts ist dem Menschen natürlicher als Liebe, ... und gibt es etwas der Liebe Würdigeres, als Gott, den allschönen, allguten, allweisen, allvollkommenen?'[1] Dies ist die Logik aller Mystiker. Sie erleben ihr letztes Instinktideal mit größter Unmittelbarkeit im eigenen Innern, ja — wir sahen es — als 'gegenwärtig' und 'anwesend'; sie rechtfertigen es dann, indem sie es in einem geglaubten Wesen dauernd verkörpern, das ohne ihr Erlebnis blutlos bliebe. 'Die reine und lautere Liebe ... will Gott selber, den ganz Reinen, Lauteren und Erhabenen.'[2] Die praktische Lehre ergibt sich nun von selbst: 'Wer irgend etwas mehr als Gott oder gleichzeitig mit Gott liebt, der liebt Gott nicht, denn Er muß und will allein geliebt sein, und wahrlich, nichts sollte geliebt werden, als Gott allein.'[3] Ist es doch ohnehin 'gegen das Wesen der Liebe, sich zu teilen. Geteilt, verliert sich ihre Größe und Macht, wie ein aufsteigender Wasserstrahl an Kraft verliert durch ein Leck in der Zuleitung.'[4] 'Liebe mich — fordert daher Gott — mehr als alles Deinige, mehr als die Deinen, mehr sogar als dich.'[5] 'Das Maß, Gott zu lieben, ist, ihn ohne Maß zu lieben.'[6]

Wie diese 'reine Liebe' in dafür begabten Seelen glüht, mögen einige Worte der Heiligen von Genua andeuten: 'O zärtliche Liebe, wenn ich dächte, daß nur ein Schimmer von dir mir noch fehlte, wahr und gewißlich, ich könnte nicht leben.' Denn 'nie kann Liebe zur Ruhe kommen, bis sie ihre letzte Vollendung erlangt hat.' Und zu einem Ordensbruder sagte sie: 'Wenn ich glaubte, daß euer Gewand meine Liebe auch nur um einen Funken vergrößern könnte, ich würde es euch mit Gewalt entreißen, dürfte ich es nicht auf andere Art erlangen'.[7]

Diese überwältigende Liebe zu Gott ist es nicht zuletzt, was den Heiligen in einem Maße ins Gebet zieht, das dem Unerweckten natürlicherweise fremd ist: denn welcher Liebende wollte nicht, wenn möglich, jeden Augenblick seines Lebens im Umgang mit dem geliebten Wesen verbringen? Welcher unerweckte Geistliche selbst wäre auch nur imstande, auf offener Kanzel, wie Evan Roberts gelegentlich tat, anderthalb Stunden im stillen Gebet zu verharren?[8] Von S. Philipp Neri heißt es, daß er durch unangenehme Bücher sich abends vom Beten fortzwingen mußte, um überhaupt schlafen zu können.

---

1) de Cort 81f. (A. Bourignon). 2) Lechner 174; vgl. das häufige 'Die Liebe ist Gott', zB. bei Albertus Magnus, De adhaerendo Deo; psychologisch lehrreich auch S. Bernhard, Tract. de diligendo Deo, und Brief an S. Bruno, Vacandard I 185f. 3) Deutsche Theol. 73; vgl. de Cort 91. 4) Juan de los Angelos bei Rousselot 119; ähnlich S. Jean II 74 (Sub. l. I c. 10). 5) Ut me ames ... plus quam tua, plus quam tuos, plus quam etiam te: S. Bernhard, Serm. LXXVI c. 8. 6) Modus diligendi Deum est diligere sine modo: ders., Tract. de dilig. Deo c. I. 7) Vita (Boll.) 23a. 51b (bei Hügel I 279). Vgl. Ruysbroeck 141f. 8) Phillips 85. 158f. 162.

'Eine wahrhaft gottliebende Seele, meinte er, gelangt dahin, daß sie bitten muß: Herr, laß mich schlafen; und der habe schwerlich den wahren Geist des Gebetes, der nicht unmittelbar nach dem Mittagsmahl beten könne.'[1]

Man sieht nun wohl, daß Gott dem mystisch Begnadeten in der Tat so persönlich und wirklich ist, wie nur je ein Geliebter dem Liebenden; dies ist die Regel in fast aller Mystik, und zwar ist es oft eben das geistliche Erlebnis, was diese persönliche Anhänglichkeit an ihn als Persönlichkeit begründet.

Man findet das zB. deutlich ausgesprochen in dem bekannten 'Memorial', das Pascal in seinem Wamse eingenäht trug und in welchem die ihn erschütternden Augenblicke seiner ersten Gnadenergreifung in stammelnden Worten festgehalten waren. Pascal hatte lange vorher eine Art intellektueller Bekehrung erlebt, aus deren freudloser Frömmigkeit er aber, bei sich bessernder Gesundheit, zu den geselligen Freuden der Welt zurückgekehrt war. Die neue Ablösung von ihr begann erst unter dem Eindruck der religiösen Entwicklung seiner geliebten Schwester Jacqueline und der Nichtbefriedigung seines Herzens durch die abstrakten Wissenschaften, ungeachtet glänzender Erfolge in ihnen. Ein Ekel vor der Welt ergriff ihn; die alten calvinistischen Überzeugungen seines Jansenismus ließen ihm keine Ruhe. Aber es dauerte lange, ehe er seinem leidlich begrifflichen Gott gegenüber zu völliger Selbstübergabe gelangte. Am 23. November 1654 erfolgte der Durchbruch, worüber im Memorial u. a. folgende Sätze: 'Von etwa zehn einhalb Uhr abends bis etwa eine halbe Stunde nach Mitternacht 'FEU' (kann heißen: Feuer, Licht, Liebesglut). Gott Abrahams, Gott Isaaks, Gott Jakobs, nicht [Gott] der Philosophen und Gelehrten. Vergessen der Welt und Alles, außer Gott. Ich habe mich von ihr geschieden.. ich bin ihr entflohen, habe ihr entsagt, sie gekreuzigt... Gewißheit, Gewißheit, Gefühl, Freude, Friede, Freude, Freude, Tränen der Freude. Völlige und süße Entsagung'.[2]

So sieht die seelische Tatsache der Gottesliebe aus, wo sie sich am heftigsten äußert. Damit nun ein so gründlicher Monismus der Liebe mit der — wie wir sahen — fast allgemein bezeugten Menschenliebe der Begnadigten sich verbinden könne, muß diese offenbar als ein Abgeleitetes der Gottesliebe selbst gefaßt werden. Die Einsichten und Äußerungen des Mystikers aber weisen mehr als einen Weg, diese Ableitung vorzunehmen. Schon seine Theologie lehrt ihn ja, daß Gott den Menschen geliebt habe und liebe; 'es ist aber eine Eigentümlichkeit der Liebe, daß man liebe, was von dem Geliebten geliebt wird'. Der Gottliebende liebt also die Menschen, weil er sich in Gottes Liebesherz hineinversetzt.

Eine vielbenützte Prägung erhält dieser Gedanke in einer innern Unterredung der Genuesischen Katharina mit ihrem Gotte. 'Du befiehlst mir,' sprach sie zu ihm, 'ich solle den Nächsten lieben, und ich kann doch nur Dich allein lieben ...: wie soll ich also tun?' Da ward ihr die tröstliche Antwort im Innern gegeben: 'Es ist genug, daß du stets bereit bist, für das Wohl des Nächsten in bezug auf Seele und Leib zu

1) Bacci I 172. 13. 2) H. Petitot, Pascal, sa vie religieuse et son apologie du christianisme (Par. 1911) 26. 31. 45. 61; bes. 68f. und 70ff.

tun, was notwendig ist. Diese Liebe ist gesichert vor sinnlicher Anhänglichkeit, weil da der Nächste nicht in sich, sondern in Gott geliebt wird.'[1] Der Mensch wird darum auch ohne 'Ansehen der Person', nicht um persönlicher Eigenschaften und Eigentümlichkeiten willen geliebt, nicht als Freund oder Feind, Anverwandter oder Fremder, sondern allein und 'völlig um Gottes Willen', unter 'Bevorzugung' nur etwa derjenigen, 'in denen Gott vorzüglich lebt und wirkt'.[2] Auch kann das Liebesverhältnis zu Gott sich vornehmlich mit Hilfe des Menschen praktisch erweisen. 'Gott selbst können wir nicht erreichen; deshalb will er, daß wir die Dienste, die wir ihm nicht unmittelbar erweisen können, dem Nächsten erweisen.'[3] Und so sicher glaubt der Religiöse der ganz besonderen und von menschlicher Zuneigung durchaus verschiedenen Natur dieser Nächstenliebe 'in und durch Gott' zu sein, daß er nicht ansteht zu behaupten, 'jedes Wohlwollen und jeder Edelmut, [Liebe und Mitleid] den Menschen gegenüber, die nicht von einer Liebe zu Gott begleitet sind, die völlig über ihnen steht und der sie untergeordnet und von der sie abhängig sind, hätten nichts von dem Wesen wahrer Tugend oder Religion in sich'; sie entsprängen nur der Eigenliebe, selbst wenn sie sich auf alle Menschen erstreckten![4]

Wird man bezweifeln, daß eine solche Liebe zu Einzelmenschen 'in Gott' und Gottes 'im Nächsten' möglich sei? Die Heilige von Siena bezeichnet mit Scharfsinn einige Proben, durch die sie etwa von natürlicher Liebe zu unterscheiden wäre.

'Ich weiß,' schreibt sie an Br. Hieronymus von Siena, 'du liebst die Geschöpfe nur geistlich in Gott. Aber zuweilen, wie du sehr wohl weißt, aus einer oder der anderen Ursache lieben wir geistlich und finden doch in dieser Leidenschaft ein Vergnügen und eine Freude, so daß unsere minder geistliche Natur auch auf ihre Rechnung kommt. Fragst du mich, wie du entdecken magst, wann dieses stattfindet, so erwidere ich: Wenn du siehst, daß die geliebte Person dich irgend enttäuscht, nicht länger in der alten Weise mit dir verkehrt, oder jemand anders besser als dich zu lieben scheint, und wenn du dann bekümmert und verstört bist und deine eigene Liebe infolgedessen abnimmt, dann sei gewiß, deine Liebe sei unvollkommen.'[5]

Daß hier eine besondere Gattung von Liebe wirklich gegeben sei, wird man schwerlich in Abrede stellen können; ihre genauere Erforschung wird uns freilich erst noch beschäftigen müssen. Hier abschließend nur die rein tatsächliche Feststellung, daß diese Art des Liebens ausgesprochen jenseitig ist, sofern sie nicht nur den sinnlichen Affekt, sondern selbst den individualisierenden einem abstrakten und ins Unsichtbare hinausgreifenden opfert. Vervollständigt wird diese Jenseitigkeit noch, indem die Liebe Gottes sich meist nicht nur als Kehrseite der triebhaften Entichung erweist, sondern häufig eine ebenso triebhafte Vorliebe für Leiden und Schmerzendulden mit sich führt. Man vergegenwärtige sich einmal die seelischen Nachbarschaften und die Leichtigkeit der Übergänge in der Zustandskette: Gotterlebnis, Ich-Ent-

1) Lechner 110 (nach Marabotto c. 23); vgl. Drane I 44f. 2) de Cort 4f. Vgl. Dialog über die Psychol. des theist. Gottesglaubens in ZRP VI (1913) 262f. 3) S. Katharina v. Siena, Dialog c. VII; vgl. de Cort 12. 4) Alex. V. G. Allen, Life & Writings of Jonathan Edwards (Edinb. 1889) 322f. 5) Drane I 179 (132. Brief). Vgl. Fichte, WW V 548.

spannung, Selbsthingabe, Opferdrang, Schmerzverlangen. Das Erlebnis der Heiligkeit Gottes ließ zB. die sel. Marg.-Marie Alacoque 'in einer Art Betäubung erschauern im Anblick solcher unendlichen Majestät, und erfüllte sie mit einem kaum beschreibbaren Gefühl der Vernichtung und Demütigung, das in ihr den Wunsch erregte, sich in dem Abgrund ihres Nichts zu verbergen. Sie wagte nur noch auf den Knien zu liegen vor dieser erschrecklichen Majestät'.[1] Wer so erst auf den Knien liegt, wird bald einen willkommenen Fortschritt in der Richtung der Ichverkleinerung darin finden, daß er auch noch die Geißel schwingt, oder den selbstsüchtigen Leib durch Fasten und Schlafentziehung schwächt, durch harte und enge Kleidung peinigt. Ein 'theologisches' Motiv tritt natürlich hinzu, dem die Gnadenerfahrung unendlich vermehrte Werbekraft verliehen hat. Nichts lieben, als Gott wird bald: 'nichts lieben, als den gekreuzigten Jesus', der 'sich für uns am Stamme des Kreuzes hingab, als wäre er berauscht und toll vor Liebe zu uns'.[2] Diesen Rausch der Liebe hat der Mystische nun selbst erfahren; in diesem Rausche besaß er also wohl die Liebe des Gekreuzigten. Aus diesem selbst schon häufig schmerzlich süßen Rausche[3] blickt ihn nunmehr das Antlitz des Leidensmannes an mit der Frage, die manchen Heiligen zur Raserei getrieben hat: Dies tat ich für dich, was tust du für mich? Und die Antwort liegt in der Gier nach Leiden um der Liebe Gottes willen.

Dies ist in wesentlichen Zügen das Charakterbild nach seiner Willens- und Gefühlsseite, zu dem schon die bisher geschilderten geistlichen Erfahrungen den Grund legen. Ganz ersichtlich ist dies Charakterbild die Fortbildung, Vereinheitlichung, wenn nicht Vollendung desjenigen, das durch die angestrengte Selbsterziehung zur Heiligkeit geschaffen wurde, nur eben in einer sittlich geteilten Persönlichkeit und darum gegen größere oder geringere Widerstände. Eben darum bilden die früheren und die späteren Zustände dem Inhalt und Wesen nach eine einheitliche, wenn auch nicht ohne 'Rucke' fortschreitende Reihe. Ein solcher 'Ruck' oder 'kritischer Punkt' mag oft schon dort gelegen haben, wo die entscheidende Wendung zur willkürlichen Selbstheiligung genommen wurde; ein anderer wird sicherlich durch die ersten erwecklichen Erfahrungen bezeichnet werden. Da diese sich in wechselnder Stärke während des geistlichen Lebens wiederholen können, und stets mit entsprechend verjenseitigenden Wirkungen,[4] so mögen auch weitere kritische Punkte während der späteren geistlichen Entwicklung anzusetzen sein.

Man hat die ersten dieser kritischen Wendungen meist als 'Bekehrung' bezeichnet. Nach dem, was ich soeben über die innere Kontinuität der ganzen Reihe gesagt

---

1) Bougaud 143. Vgl. Molinos 103; S. Teresa IV 14. 2) S. Kathar. v. Siena: Drane I 179. 3) Vgl. u. K. XXIV. 4) Vgl. S. Jean II 320f. (Sub. l. II ch. 26); Eckehart 27: 'Je öfter diese Geburt [der Vereinigung] in der Seele geschieht, um so mehr wird sie mit Gott vereinigt'. Ähnlich Gichtel, Theos. IV 2467. Vgl. Torrey, aaO. 13f. 17. 19. 24 über second blessing after regeneration.

habe, wird man verstehen, weshalb ich diesen Begriff der Bekehrung nicht (wie so oft in der Religionspsychologie geschieht) in den Mittelpunkt der Betrachtung gestellt habe. Die 'Bekehrung' der Religionspsychologen ist recht eigentlich, was man in der Pathologie ein Syndrom nennt, eine Verkettung und Zusammenballung von Symptomen, die häufig oder meist zusammengehen, die aber auch gesondert auftreten und einzeln erforschbar sind. Ihr Zusammengehen mag Licht werfen auf das Wesen der einzelnen Symptome; aber auch jedes für sich muß begriffen werden. Überdies ist die Bekehrung ein Syndrom, an dem nicht nur der Konstruktionstrieb der Wissenschaft, sondern auch die künstliche Züchtung der religiösen Praxis nicht völlig unbeteiligt ist. Betrachten wir es aber genau, wo es in klassischer Form sich darzubieten scheint, so zerlegen wir es mühelos in jene Zustände und Erlebnisse, die bisher einzeln beschrieben wurden und tatsächlich in beliebiger zeitlicher Verteilung ihre Entwicklungsreihen bilden können. Je nach der Macht des Geistes oder der Inbrunst des Glaubens wird eine große Taufe oder Ausgießung des heiligenden Geistes genügen, oder werden mehrere erforderlich sein.[1] Gestand doch selbst Wesley zu, daß in Ausnahmefällen die Heiligung in einem Augenblick erfolgen könne,[2] und damit die bloß relative Gültigkeit von Erweckung, Bußkampf, Bekehrung, Rechtfertigung, Wachstum in der Gnade, Heiligung. Das Wesen des Weges bleibt immer dasselbe, die dynamischen Verhältnisse seiner Zurücklegung wechseln von Fall zu Fall. Da schließlich der Begriff der Bekehrung nicht eindeutig ist, indem er ja oft auch irgendeinen ersten Anstoß zum willkürlichen Versuch der Selbstheiligung bezeichnen soll, so gehen wir jedenfalls den sichereren und einfacheren Weg, wenn wir uns unmittelbar an die typischen Bestandteile jedes Heiligungs-'Ruckes' halten.

IV.

Vergottung.

Die Relativität, die hiermit allen 'Rucken' und Haltestrecken auf dem Wege der Heiligung zugeschrieben ist, eignet nun aber auch den stärksten der bisher betrachteten Gnadenerfahrungen. Ihre Wirkungen erscheinen überwältigend gegenüber denen der angestrengten Selbstheiligung; und doch stellt die religiöse Erfahrung sie als ungenügend hin. Im Rausch der Gnadenergreifung erscheint der alte Mensch erstorben; sein Wiedererstehen nach der Ernüchterung zeigt, daß er nur gelähmt war; ein Teil von ihm mindestens lebt wieder auf, und der Kampf, wenn auch auf höherer Ebene, setzt sich fort. 'Gott' ist noch immer nicht alles im Menschen, der Mensch noch immer nicht völlig sich selbst entsunken. — Richtet sich dieser Einwand der Erfahrenen schon gegen die Vieldurchglühten des dauernden mystischen Liebeslebens, wieviel schärfer gegen den, welcher die einmalige Erschütterung einer ersten 'Bekehrung' erfahren hat! Je oberflächlicher diese Erschütterung war, desto mehr ist sein nachfolgendes Leben Schwankungen der Höhenlage ausgesetzt, desto mehr er selbst von der ständigen Bestärkung durch eine wesens-

---

1) sanctifying spirit: Fletcher, Perfection 254. 2) Wesley, Short account 115. 155.

verwandte Umwelt abhängig;[1] desto mehr droht ihm, wird er sich selbst überlassen, der völlige Rückfall in die frühere Art. Auf Unselbständigkeit und Rückfälligkeit lauten die ständigen Klagen Aller, die in der Praxis der 'Erweckung' im großen Stil bewandert sind.[2] Und selbst wo ein leidlich dauerhafter Zustand durch die Bekehrung erreicht wurde, ist er fast immer noch weit entfernt von jener wurzeltiefen Ichlosigkeit und Gotterfüllung, die das innerste Ideal der großen Stunde ausmachte.

Diesen ersehnten Endzustand bezeichnen die Mystiker nach seiner positiven Seite als Vergottung,[3] und bekunden seine wesentliche Verwachsenheit mit der ihm zustrebenden Entwicklung durch die Forderung einer Methodik der Erreichung, die schon bei allen vorausgehenden Zuständen die vornehmste Rolle spielte. Immer lag ihr Sinn in der Forderung völligerer, tieferer Aufgabe des Eigenwillens und Hingabe an Gott: 'Wer durch sich selbst handelt, verhindert je nach dem Maße seiner Kraft die Mitteilung Gottes; ... es ist das, was man mit gutem Recht als Ersticken des Geistes bezeichnet'. 'Es ist notwendig, daß alle Vermögen unserer Seele still seien, damit wir das reine Licht des heiligen Geistes empfangen mögen.'[4] Der Zugang zur Vergottung geht durch eine Vertiefung dieser Stille, eine Steigerung des Selbstopfers: durch Glauben und Selbstübergabe an Gott. Die letzten Bande, die Eigenwunsch und Eigenliebe an irdische Güter, selbst an irdische Liebefesseln,[5] müssen durchschnitten werden: dann erst kann, wie bisher, die 'Gnade' ein übriges tun und die Reste des Ich hinwegschwemmen.

Was die Beschreibung des Vergottungszustandes selbst betrifft, so mögen sich die Ausdrücke der Mystiker in geschichtlich begründeten Zufälligkeiten unterscheiden; in der Sache erhorcht der Psychologe unschwer die Übereinstimmung; ob nun der alte Syrer Hierotheos, in einer vielfach mythisch verbrämten Darstellung, von mystischem Begräbnis, Abstieg, Auferstehung und Identifizierung mit Christus redet;[6] oder Tauler von einem Zustande noch über der Gnade, darin Gott unmittelbar in der verwandelten Seele wirkt, Gott alles, der Mensch nichts ist, und darum kein persönliches Verdienst mehr besteht; oder der russische Sektierer von geheimnisvollem Tod und geheimnisvoller Auferstehung, die durch völlige Selbstentäußerung, Hingabe und

---

1) Vgl. Fursac 27. 42. 2) zB. R. Southey, Life of John Wesley 196. Ansätze zu einer Statistik der Rückfälligen: Starbuck 355ff.; McIlwaine 454. 197; Fursac 130f. — Einzelbeispiele: Kanne II 123f. (de Raadt); Starbuck 166. 248. 359. 3) Der Begriff schon dem Altertum in wenigstens verwandtem Sinne vertraut, wenn auch unter Betonung der 'Unsterblichkeit' in der Göttlichkeit (deificatio der Mysterien). Augustin (in Psalm. XLIX) nennt gewisse Menschen gratiâ [Dei] deificatos. Athanasius' 'Gott ward Mensch, ἵνα ἡμεῖς θεοποιηθῶμεν' wiederholt sich fast wörtlich zB. in der Deutschen Theol. 6 (vgl. S. Jean II 131 [Sub. l. II c. 5]: die Seele 'Gott durch Teilnahme'); und ganz im hier allmählich zu verdeutlichenden Sinne nannte Tauler die Seele 'gottformig', in der 'Gott alle Dinge wirkt' (Preger III 207). 4) S. Jean III 55 (Sub. III, 12); de Cort 46. 5) In einem Falle (Starbuck 378) bilden 'Familienbande' die letzte Fessel, nach deren Durchschneidung die 'Gnade' ihr Werk tun kann. 6) S. Frothingham, Stephen Bar Sudaili (Lond. 1886), bes. 99ff. (Christ is nothing but the mind purified).

Selbstvernichtung erlangt würden;[1] oder der amerikanische Methodist von der Stufe der Heiligung — *sanctification* —, auf welcher der Bekehrte, allmählich oder plötzlich, durch vertiefte Selbsthingabe — *consecration* — ein völligeres Einwohnen des Geistes Gottes im Herzen und völlige Einheit mit ihm erreiche.[2] Ähnlich stellt chinesische Weisheit noch über den Weisen — den Heiligen oder vollkommenen Menschen, der 'wie die Geister', ohne Anstrengung, ruhig und gelassen das 'Gesetz des Himmels' übt.[3] Der Sufî preist den Vollendeten, der wie ein Schreibrohr in Gottes Hand ist;[4] dem damit Gnade geschieht, daß er nicht selber wählt, indem er vom göttlichen Willen abhängig ist; dessen Handlungen notwendig sind, weil er in Gemeinschaft mit Gott ist. 'Wer sich von jeder Spur der Menschennatur reinigt, in den zieht der Geist Gottes ein; ... und alles, was er tut, ist Gottes Tat', sagt Hallâg, der Märtyrer der persischen Mystik.[5] Und Râmakrischna, der jüngst verstorbene brahmanische Heilige, stimmt ein mit den Worten: 'Wie trockne Blätter vom Winde umhergeblasen werden und keine eigene Wahl noch Mühe haben: so bewegen sich die, welche von Gott abhängen, im Einklang mit seinem Willen, und können weder eigenen Willen haben, noch eigene Anstrengungen machen.'[6]

Die genaueste Darstellung verdanken wir auch hier der geistvollen und scharfsinnigen Guyon, die in immer neuen Wendungen und Vergleichen die abschließenden Stufen des Ich-Absterbens und die Auferstehung des völlig vereinheitlichten Selbstes in Gott zu bezeichnen weiß. Die letzten Todeszuckungen des alten Menschen beschreibt sie in Worten, die der Leser einer dramatischen Übertreibung verdächtigen mag, denen aber doch die Theorie vielleicht später Anregungen entnehmen wird.

'Ein gewisses Etwas, welches im Innersten stützt und hält,[7] ist dasjenige, was zu verlieren am schwersten fällt und was die Seele am heftigsten sich zu erhalten strebt; denn je feiner und unfaßbarer es ist, desto göttlicher und notwendiger erscheint es ihr: ...dies Zeugnis auf dem Grunde, daß sie ein Kind Gottes ist... Indessen muß man auch dies wie alles übrige verlieren... Und das erst bewirkt in Wahrheit den mystischen Tod: ...vor Schwachheit umsinken, in das Elend und in den Schmutz fallen, das ist es, worein man nicht willigen kann, weil man nie darein willigen darf. Hier ... fassen die Schrecken und Ängste des Todes das Herz, das nur noch Leben zu haben scheint, um seinen Tod zu fühlen.' — Ist diesem mystischen Tode noch 'Begräbnis', 'Verwesung' und 'Veräscherung' des alten Ich gefolgt; ist die Seele geworden 'wie eine Person, die nicht mehr ist und nie wieder sein wird'; hat sie selbst das Grausen vor dem eigenen Zustande verloren und mit der Vernichtung die Ruhe des Staubes erlangt, so fühlt sie einen neuen Lebenskeim allmählich sich regen. 'Ihr seid erstaunt, daß eine geheime Kraft sich euer bemächtigt... Ihr befindet euch in einem neuen Lande... und fühlt eine angenehme Überraschung.'

---

1) Grass 217f. (über Radajew); 213 (über St. Iljin); 186f. (über Porphir Katasonow). Vgl. das. 189 und Pfizmaier 121. 2) Starbuck 376. 377. 378. 3) Joly 5. 4) Dschellâl ed-dîn Rûmi. 5) Tholuck, Ssufismus sive Theosophia Persarum pantheistica (Berl. 1821) 249; Kremer 70. 6) Ramakrishna 345. 7) Ce je ne sais quoi, qui soutient dans le fond...

Das 'neue Land' aber ist das Leben in Gott, ohne sich selbst. 'Alles ist Finsternis und Dunkel hinsichtlich meiner; alles ist Licht von seiten Gottes; ... es gibt da weder Schmerz, noch Leiden, noch Vergnügen, noch Ungewißheit: sondern nur einen vollkommenen Frieden; nicht in sich, sondern in Gott: keinerlei Teilnahme für sich selbst, keinerlei Erinnerung an sich, noch Beschäftigung mit sich selbst...[1] Vermutete man irgendwelches Gute in mir, so irrte man sich und täte Gott unrecht. Alles Gute ist in ihm und für ihn... Der Wille und die Instinkte sind verschwunden: Armut und Nacktheit ist mein Teil. Ich habe weder Vertrauen, noch Mißtrauen, mit einem Worte nichts, nichts, nichts.' — Gott also, dem man ursprünglich wie einem Andern[2] nachstrebte, den man dann in gewissen Stunden feurig in sich eingreifen fühlte, Gott ist jetzt das Ich des Menschen, das Leben seines Lebens geworden. Und in einem ihrer Briefe[3] gibt sie die schlagende Formel: Man dürfe im strengen Sinne nicht von mystischer 'Auferstehung' sprechen, denn der Auferstandene lebe desselben Lebens wie zuvor: 'hier aber lebt der Wille nicht länger des ersten Lebens, er ist verzehrt, verdaut, verwandelt: so daß Gott alles in dieser Seele will; er will aber in einer absoluten Weise'.[4] 'Alles ist hier Gott, [die Seele] lebt, wirkt nicht mehr durch sich selber, sondern Gott lebt, handelt und wirkt.' Oder in einem anderen theologischen Begriffspaar ausgedrückt: Was vordem 'Gnade' war — die Gnadenerweisung einzelner Augenblicke —, ist jetzt völlig, abschließend, und weit gründlicher als durch die Erweckung — 'Natur' geworden. Man wird nicht mehr von Gott berührt, beraten, gemodelt; man ist Gott geworden — '*par participation*', versteht sich.[5] 'Mein Ich ist Gott; ich bin Gott', dies Wort hat der Mystiker auf der Stufe der Vollendung nie gezaudert auszusprechen.[6]

Diese völlige Vereinheitlichung der Natur und die Abwesenheit aller inneren Widerstände bedingen nunmehr einen solchen Zustand der Ruhe, daß der Vergottete 'mit Herz und Eingeweiden äußerlich und innerlich in ein Meer des tiefsten Friedens versenkt zu sein glaubt, aus welchem er nimmer herausgeht, was immer ihm in diesem Leben zustoßen mag'.[7] Vor allem fehlt ja nunmehr die Möglichkeit innerer Enttäuschungen; 'denn jedes Verlangen ist hinweggenommen: im Ganzen, im Mittelpunkt ruhend, verliert das Herz alle Neigungen, alles Streben, jeden Hang, jede eigene Tätigkeit, wie es auch alles Widerstreben verliert'.[8]

Mit dem letzten inneren Widerstreit aber entfällt nun auch vor allem die bisher so quälende Selbstverurteilung, die negative Wertung von Teilen des Ich. Es ist darum nur folgerichtig, wenn der Vergottete den Anspruch erhebt — ohne alle Selbsterhebung, aber mit der Bestimmtheit schärfster Erkenntnis —,

---

1) Guyon, Opusc. 215. 189. 230. 227. 225f. (Torrens, p. I ch. 7 § 41. 4; ch. 9 § 3; ch. 8 § 20. 14f.) Selbst der Wunsch nach der ewigen Seligkeit müsse geschwunden sein: Vie I 180, III 239f. Die 'geheime Kraft' ist offenbar jene, die zuvor am Grunde schlummernd und stützend empfunden wurde. 2) quelque chose de distinct d'elle, Opusc. 321 (Torrens I, 9, 6). 3) Lettres (éd. Dutoit, Paris 1789ff.) II 18. 4) par elle-même. (Opusc. 255f.) 5) Die übrigen Nachweise s. Vie p. II ch. 4 § 2; Torrens I, 9, 11. 16. 6) Guyon bei Delacroix 143. Ebenso S. Kathar. v. Genua, Marabotto c. 14; Mechthild v. Hackeborn (Preger I 119); sufisch: M. Buber, Ekstatische Konfessionen 18. Vgl. zum Vorstehenden noch Tauler über die äußerste 'Vernichtigung' (Preger III 204ff.); de Cort 122f. (p. I conf. XXI); Kremer [2] 70. 7) Lechner 188. 8) Guyon, Opusc. 233 (Torrens I, 9, 9).

daß er nunmehr der Sünde abgestorben sei und ein Leben der Vollkommenheit lebe. Zu sagen, daß nur mehr Gottes Wille in ihm wirke, und: daß er nicht mehr sündige, muß ihm natürlich als ein und dasselbe erscheinen. Diese Behauptung ist durchaus psychologisch zu nehmen. Eine äußerlichere, magisch-sakramental denkende Religiosität hatte etwa in den Anfängen des Christentums den getauften Büßer für entsündigt und forthin sündlos erklären können.[1] Auch ist die alte Zeit erfüllt von Vorstellungen, in denen Begriffe äußerlich mitgeteilter Vollendung und innerlich erworbener Heiligkeit schwerfaßlich ineinander spielen; — ich denke etwa an den Vollkommenen, den τέλειος der hellenistischen Mystik, in dem die Gnosis zum dauernden Zustand geworden, und der — ganz mystisch — als in der Gnosis Lebender[2] den polaren Gegensatz zum Weltkinde bildet, das ihn verlacht und haßt;[3] oder an den Zaddik der hebräischen Mystik, der selbst in sich Gebote und Thora vorstellt und niemals irrt, 'weil er die personifizierte Vollkommenheit ist', 'ganz durchgeistigt, ja ein Teil von Gott, nämlich der Geist Gottes'.[4] — Ich entscheide nicht, wieweit in solchen Behauptungen der Sündlosigkeit der klare Begriff vorweggenommen sei, den wir nach allem Vorausgegangenen uns bilden müssen: der Begriff der Abgestorbenheit jener Selbstregungen, deren Vernichtung der ganze 'mystische Weg' erstrebt. Alle oben genannten Zeugen für die Möglichkeit der Vergottung — und ihre Zahl könnte vermehrt werden — ziehen jedenfalls die Schlußfolgerung vom Ichtode auf die sündlose Vollkommenheit.

'Das Böse, so lehrte schon persische Mystik, ist die Entfernung von Gott; wer sich Ihm nähert, ist immer weniger des Bösen fähig; er muß dahin gelangen, daß er nicht mehr Gut und Böse unterscheidet und in der Folge Taten der Liebe vollbringt ohne Anstrengung, gleichwie der Duft ohne Mühe von der Blume ausgehaucht wird.'[5] Vom geheimnisvoll Gestorbenen hatte auch der russische Sektierer behauptet, daß er 'Leidenschaftlosigkeit und Heiligkeit erlange und für immer frei von der Sünde' werde.[6] Und nicht minder deutlich der protestantische Erweckte, der die Entwicklung seines bekehrten Zustandes mit der 'Sanktifikation' abschließt: 'Alle Sünde war aus meinem Herzen genommen.' 'Ich fühlte mich so rein, daß ich aus Glas zu sein wünschte, damit Jeder in mein Herz blicken könnte.' 'Ich weiß, daß die Heiligung [selbst] alle Wurzeln von Neid, Eifersucht, Arglist, Gehässigkeit, falschem Stolz, Bitterkeit und Ungeduld aus meinem Herzen nahm.' 'Versuchungen von außen fallen mich noch an; aber im Innern ist nichts mehr, was auf sie eingehen könnte.' So und ähnlich in vielerlei Wendungen lauten Selbstbezeugungen, die der gewissenhafte Psychologe gesammelt hat.[7]

Von der Schärfe der Guyon dürfen wir ohnehin die größte Ausdrücklichkeit auch dieser Anerkennung erwarten.

---

1) Vgl. H. Windisch, Taufe und Sünde im ält. Christentum... (Tüb. 1908), ref. in AR XV 522. 2) ἐν γνώσει ὤν. 3) Corp. Herm. IX 4. bei Reitzenstein 114. 115. 4) Den Gegensatz des Talmid Chacham, des Gesetzeschinders. Vgl. Horodetzky in AR XVI 145. 155 f. 5) Probst-Biraben, Contrib. du Soufisme à l'étude du myst. univ., in RPh 1906 I 524 f. 6) Grass 213 (Stephan Iljin). 7) Starbuck 378. 379. 383. 384.

Das neue Leben nennt sie ‘vollkommen mit der Vollkommenheit Gottes’, wie es ‘reich mit seinem Reichtum und liebend mit seiner Liebe’ sei; die Seele sei ‘in vollkommener Unwissenheit des Bösen und gleichsam unfähig, es zu begehen, ... denn nur die Eigenhaftigkeit kann Sünde erzeugen: was aber nicht mehr ist, kann nicht sündigen.’[1] Und dergleichen Worte bedeuten ihr nicht nur Lehre, Behauptung, Theorie; denn in ihrer Selbstbiographie beschreibt sie in sich selber ‘eine Arglosigkeit der Seele, die ich nicht auszudrücken vermag, eine unbegreifliche Unschuld, die niemand kennen oder verstehen kann, der noch in sich eingeschlossen ist’, und beansprucht ‘unfehlbares Handeln’, ‘indem ich keine andere Quelle des Handelns habe, als die unfehlbare’.[2] Und mit feiner Folgerichtigkeit leugnet sie selbst die Tugendhaftigkeit des Handelns in solchem Zustande. Denn tugendhaft sei der menschliche Wille, der sich mit Hilfe der Gnade einem gewissen Ideal unterwirft. Aber die Handlungen, die man aus einem göttlichen Prinzip verrichte, seien göttliche Handlungen,[3] und eben darum — füge ich bei — dem Wertmaß menschlicher Handlungen nicht unterworfen. Mit der Zweiheit der Natur hat ja auch die innere Gegensätzlichkeit aufgehört: ‘Es ist bei [der Seele] kein Ankläger mehr’. sagt Mme Guyon einmal. Man ist (könnte man auch sagen) ganz Gewissen geworden, und **hat** darum keines mehr; wie man ganz ‘göttliche Natur’, wie die ‘Gnade’ einem zur ‘Natur’ geworden ist.

Solche Worte einer Heiligen vom Schlage der Guyon mögen dann auch gestatten, in ähnlich anomistisch, ja amoralisch klingenden Äußerungen minder durchschaubarer Herkunft den Ausdruck von Erfahrungen nach Art der Vergottung zu vermuten.

‘Verschwunden die Gedanken, die nach Gut und Böse fragen’, singt der gottbegeisterte Sufî,[4] und der Gulshan Ras drückt den gleichen Gedanken in den Worten aus: ‘Wer kein Dasein hat, das ihm eigen sei, der kann durch sich selbst weder gut noch böse sein.’[5] ‘Der vollkommene Weise mag, so lange er lebt, nach Belieben Gutes und Böses tun, ohne sich zu beflecken; solcher Art ist die Wirksamkeit einer Kenntnis des Selbst.’[6] Und erst in der Romantik spielt der Gedanke lebhafter zwischen Mystik und Libertinismus hin und wieder, wie etwa in Novalis’ schillerndem Wort, daß ‘dem echt Religiösen nichts Sünde sei’, oder in Blakes Schwärmereien von der Herrlichkeit des reinen Triebes im Gegensatz zur gefallenen Natur.[7]

Hier erheben sich augenscheinlich Fragen; doch ist ihre Beantwortung noch nicht dieses Ortes.[8]

---

1) Opusc. 230. 253; vgl. 268 (Torrens I, 9, 3; II, 2, 2; 4,2). 2) Vie II 133. 33; vgl. Opusc. 256 (Torrens II, 2, 7). Daher das Aufhören aller Abtötungen: Lechner 64f. (Marabotto c. 5). 3) Opusc. 54 (Moyen Court ch. XXI § 6). 4) Dschellâl ed-dîn Rûmi (bei Vaughan II 14). Vgl. E. Trumpp in ZDMG XVI 243. 5) Probst-Biraben, aaO. 525. Über die spanischen Alombrados s. Heppe 42. 6) D. i. hier: des göttlichen Ich. Ānandagiri bei A. E. Gongh, The Philosophy of the Upanishads... (Lond. 1882) 61; vgl. auch Brihadâranyaka-Upan. 4, 3, 22f. (Deussen, Sechzig Up. 480.) 7) Novalis’ WW hrsg. von B. Wille IV 375; über Blake s. O. v. Taube, William Blake, die Ethik der Fruchtbarkeit (Jena 1907) bes. S. XXXIIIf. 8) Ich übergehe die Frage eines noch weiteren Fortschritts des Vergotteten in Gott (sogar durch ‘Grade ohne Zahl’: Guyon, Opusc. 212. 228. 264; vgl. Deutsche Theol. 88; Palmer 20; Carra de Vaux, Gazali [Par. 1902] 197) im Zusammenhang mit dem Zugeständnis gewisser leichter Unvollkommenheiten auch des Vergottungszustandes und der Unmöglichkeit **völliger** Sündlosigkeit. S. zB. J. H. Noyes, Confessions... (Oneida Reserve 1849) 23 und Guyon, Opusc. 238f. (Perfektionistenstreit).

V.

Seelische Spaltungen.

Wir haben jetzt die Erfahrungen des mystischen Lebens wenigstens in einer ihrer Entwicklungslinien bis zum Abschluß verfolgt: nämlich von der Ichförmigkeit bis zur angeblichen Gottförmigkeit des Willens, und die alte Frage drängt sich um so gebieterischer auf, was es denn sei, das in steigendem Maße hier hervortritt, sei es, daß die Entichung es erzeuge, oder daß sie es bloß entbinde. Und sodann: wie mit diesem Inhalt jenes wechselseitige Verhältnis zusammenhänge, vermöge dessen die Abnahme oder Zunahme des einen Wesens das Wachstum oder die Schwächung des andern bedingt.

Es könnte freilich scheinen, die Antwort sei schon gegeben. Denn haben wir es in den erwecklichen Erfahrungen nicht angeblich mit Vorgängen zu tun, die sich in gerader Linie aus dem Kampf des Altruismus gegen den Egoismus entwickeln; die das angestrengte Überwiegen des ersteren in unwillkürliches Überwuchern steigern? Gibt es aber etwas banal Durchschaubareres, als Eigensucht oder Güte, oder selbst den Glauben an einen Gott, welcher Güte und Hingabe fordert? Und kann etwas selbstverständlicher sein, als daß diese beiden wesentlich entgegengesetzten Einstellungen in jedem Augenblick soz. in einem Schaukelverhältnis gegenseitiger Ausschließung stehen?

Ich glaube wohl, daß die Antwort auch im bisher Gesagten schon vorbereitet sei, (und wie hätte es wohl anders sein können?) Aber eben nur vorbereitet. Denn vorausgesetzt auch die Wesensverwandtschaft des vorerwecklichen Strebens und der erwecklichen Gnadenerlebnisse: begreifen wir damit schon die ungeheuere Gewaltsamkeit dieser Einbrüche und ihrer verwandelnden Wirkungen? Ist uns die sinnenhafte Erlebnisglut dieser Ekstasen damit schon verständlich? Nicht zu reden von den Gesichten, den angeblich metaphysischen Einsichten, den Erfahrungen der unmittelbaren Nähe und Heiligkeit Gottes, die doch allem vorher Erlebten gegenüber etwas durchaus Neues und noch Unverstandenes zu bedeuten scheinen. Ist es dieses Neue, was die gesunde Diesseitigkeit der moralischen Regungen zur radikalen Jenseitigkeit verfälscht, wie durch eine äußerlich hinzutretende Krankheit? Oder sollen wir den Spieß umdrehen und die Frage stellen, ob nicht die gesteigerte Ekstatik der mystischen Liebe uns über die eigentliche Natur jener 'gesunden moralischen Regungen' aufkläre?

Wie man sieht, sind infolge der inneren Verbundenheit, in welcher die Stufen des mystischen Weges sich darstellen, die Fragen eher vermehrt, als vermindert. Das Hervorwachsen der großen Gnadenerfahrungen und ihrer gesteigerten Jenseitigkeit aus den soviel banaleren Anstrengungen des Frommen ist durchaus Problem. Immerhin könnte man nach dem eben Gesagten versuchen (und hat es auch versucht), die Außerordentlichkeit der späteren Stufen des mystischen Weges nicht so sehr durch neue Inhaltseigentümlichkeiten, als durch neue formale Verhältnisse, durch dynamische Besonderheiten in der Auswirkung der schon vorher wirksamen Inhalte zu erklären: das gewaltsam Hereinbrechende der Gnadenerfahrungen käme etwa daher, daß seelische Tendenzen außerhalb des bewußten Ich unter Druck gehalten worden seien und nun mit einem Male diesen Druck überwinden. Gerade daß jene Erfahrungen Wandlungsrucke seien, erkläre somit ihre sonderbar explosiven Begleiterscheinungen, und etwa auch die scheinbare Neuartigkeit ihrer Inhalte.

Für den Psychologen von heute kann es keinen Augenblick fraglich sein, welche Beobachtungen und Begriffe geeignet sind, dieses Unterdrucksetzen und nachfolgende Explodieren seinem Verständnis näher zu bringen. Die weiten Forschungsgebiete des sog. Außer- und Unterbewußten haben ihm einen so großen Zuwachs an Einsichten gerade in die sonderbareren, gewaltsameren, vollends die krankhaft anmutenden Arten des Erlebens gebracht, daß der Versuch ihrer Anwendung auch auf die 'krasseren' religiösen Erfahrungen von vornherein eine Vorahnung bedeutender Einsichten wecken mußte. Gegenüber einem älteren Bewußtseinsintellektualismus haben diese erweiterten Anschauungen die tiefe und ständige Abhängigkeit verstehen gelehrt, in welcher die bewußten Vorgänge gegenüber ihren zahllosen Verwurzelungen im Nichtbewußten, im Nichtklarbewußten, im Außerbewußten sich befinden. An jedem Wahrnehmen läßt die heutige Psychologie 'unbewußte Schlüsse' oder 'Urteile' beteiligt sein, die auf langsam aufgespeicherte Erfahrungen zurückgehen. In zahllosen bewußten Urteilen und Schlüssen verbergen sich ihr Mittelglieder, die nicht als solche zum Bewußtsein kommen und deren Verborgensein das Endergebnis wie im Sprunge erhascht erscheinen läßt, während in Wahrheit der Gedanke — tauchergleich, wie ein moderner Psychologe sagt — nur eben eine Strecke weit unter der Oberfläche sich fortbewegt hat. An allem Bemerken und Meinen, an allem Werten, Fühlen und Handeln beteiligen sich die unabsehbaren Massen versunkenen, doch nicht toten seelischen Besitzes. Aber mehr noch: wir haben begriffen, daß diese Massen des Außerbewußten nicht bloß den Boden abgeben, von dessen Säften sich das Gewächs am Lichte der Sonne nährt; vielmehr, daß jene Massen selbst ein beständig Lebendes, Wachsendes und sich Umgestaltendes sind; daß die Welle des Erlebens, die wir so oft im Lichte des klaren Bewußtseins erglitzern sehen, auch ebensogut in den unterirdischen Kanälen fortströmen kann, die den ganzen Bau unserer Seele durchziehen; daß sie nicht nur eine Geschichte hinter sich hat, wenn sie aus den Quelllöchern des Bodens ans Tageslicht dringt, sondern auch in jenen verschütteten Gegenden selbständige Ströme bilden kann, die dennoch unabtrennbar zum Ganzen der Flutbewegung gehören, die wir — leichtsinnig genug — als Individuum bezeichnen. Der Bau unserer Seele ist demnach nicht die Ebene, als die er manchen unserer wissenschaftlichen Vorfahren galt, sondern ein Bau von mehrfachen Stockwerken; ein Leben von mehrschichtigem, geteiltem, gespaltenem Verlauf.

Es sind augenscheinlich die zuletzt bezeichneten Betätigungsweisen des Außerbewußten, die für unser Problem einer abgesonderten, Ich-fernen Reifung des geistlichen Energiezentrums besonders große Hoffnungen in sich tragen, und ich beabsichtige daher soz. einen Stollen der Tatsachenbeschreibung zunächst in diese Tiefen vorzutreiben, und zwar, nachdem sein Bau einmal begonnen, sogar weiter, als dem Leser auf den ersten Blick notwendig erscheinen dürfte; ich verspreche ihm, daß das zutage Geförderte uns nachträglich reichen Nutzen bringen wird.

Bei der Schilderung dieser Mehrstöckigkeit des Seelenlebens können wir von gewissen leicht beobachtbaren Spaltungen der Leistung ausgehen.

Wer, in einer bestimmten Tätigkeit begriffen, dabei abgelenkt wird, fährt oft in jener Tätigkeit halb mechanisch fort. Der 'zerstreute' Leser zB. — der Ausdruck ist psychologisch fein —, der mit seinen Gedanken 'wo anders' ist, kann unter Umständen bei späterer Besinnung noch manches von dem 'unbewußt' Gelesenen für die Erinnerung retten: das soz. am Rande des geistigen Sehfeldes Aufgenommene läßt sich nachträglich noch in den Blickpunkt der Aufmerksamkeit rücken.[1] Auch kann diese zufällig entdeckte Fähigkeit gleichzeitiger Doppelleistung durch Übung etwa zu einer willkürlich verwendeten gesteigert werden: der routinierte Korrektor unterhält sich bei der Durchsicht des Satzes mit seinem Nachbar; der Vorleser hängt beim Lesen seinen Gedanken nach; ein Anderer lernt es, während lebhafter Debatte große Zahlenreihen schnell und richtig zusammenzuzählen.[2] Sogar eine gewisse Selbständigkeit wird man jenen Leistungen des Bewußtseinsrandes vielleicht zugestehen. Es kommt vor, daß ein Zerstreuter, der ein vermeintlich wertloses Stück Papier zerreißen oder verbrennen will, seine Finger rätselhaft angehalten fühlt und erst durch diese seltsame Lähmung darauf aufmerksam wird, daß er etwa Banknoten in der Hand hält.[3] Oder jemand fühlt beim Schreiben mit der Maschine plötzlich große Schwierigkeit, eine bestimmte Taste zu drücken, sieht darum näher zu und 'bemerkt' erst jetzt, daß sein Finger auf einer falschen Taste lag, die übrigens nicht schwerer, als alle anderen geht.[4]

Die 'Randzone', die hier vermutlich 'das Nichtwahrgenommene wahrnahm', rief offenbar auch die Hemmung hervor. Die gegenseitige 'Nähe' solcher gleichzeitiger Doppeltätigkeit und ihre Zugehörigkeit zu einem Bewußtseinsfelde wird zunächst wohl danach geschätzt werden, ob nachträgliche Erinnerung an die eine seitens des Subjektes der andern möglich ist. (Der Zerstreute zB. kann sich später auf das in der Zerstreutheit Getane besinnen.) Häufig fehlt diese Möglichkeit, und dies Fehlen zeigt eine wachsende gegenseitige 'Ferne' der 'Bewußtseinslagen' oder -phasen an, in denen einerseits die vergessenen, anderseits die erinnerten Handlungen vor

1) S. die ergötzlichen Beispiele bei Jastrow 316f. 2) M. Dessoir, Das Doppel-Ich (Lpz. 1890) 3. Arithmetische Wunderkinder unterhalten sich lebhaft während erstaunlich schneller Lösung schwieriger Rechenaufgaben: E. W. Scripture in AJP IV 54. 3) Ein solcher Fall, von Mrs. E. K. Elliot berichtet, Pr VIII 344f. 4) Als ständige Erfahrung berichtet von Mrs. A. W. Verrall, einer Beobachterin ersten Ranges, Pr XI 191. Ein eigenes Beispiel wirklicher Gleichzeitigkeit zweier Leistungen gibt R. Tischner, Einf. in den Okkultismus ... (Münch. 1921) 33.

sich gingen; und mit dieser Ferne wachsen zugleich die Grenzen der Zusammengesetztheit, die der zweiten Handlung gesteckt sind.

Solche gegenseitig-ferne, disparate Zustände sind zB. Wachen und Hypnose, und tatsächlich sind verwickelte gleichzeitige Leistungen häufig im Rahmen des hypnotischen Versuches beobachtet worden. Edmund Gurney, ein Bahnbrecher auf diesem Gebiete, gab seinen Versuchspersonen im hypnotischen Schlaf arithmetische Summen auf, weckte sie sofort und nahm alsbald ihre Aufmerksamkeit völlig in Anspruch, indem er sie laut lesen oder rückwärts zählen ließ, etwa noch mit Überspringen jeder zweiten Zahl; während dessen schrieb die rechte Hand, den Blicken der Versuchsperson entzogen, die Summe nieder, und es ließ sich feststellen, daß das Subjekt sich des Schreibens und des Geschriebenen so wenig bewußt war, als der Vorgänge in der Hypnose überhaupt.[1] Dies ist schon beinahe, was man einen posthypnotisch (also im Wachen nach Beendigung der Hypnose) ausgeführten Befehl genannt hat. Die Ausführung solcher Befehle auf ein bestimmtes Signal hin kann man nun wohl meist dadurch erklären, daß der Befehl eben eine Assoziation zwischen den Vorstellungen des Signals und der aufgegebenen Handlung geschaffen hat, die eben wirksam wird und zur Handlung führt, sobald das Signal von außen gegeben wird. Schwieriger aber ist die Deutung schon, wenn die Auffassung des Signals als solchen gewisse geistige Leistungen voraussetzt, wie etwa ein Zählen und Rechnen; wenn die Handlung zB. erst 'beim soundsovielten Händeklatschen' ausgeführt werden soll (von welchem Zählen das wache Bewußtsein doch nichts spürt) oder 'am soundsovielten Tage um soundsoviel Uhr' oder 'nach soundsoviel tausend Minuten', wobei das 'Ausrechnen' der Aufgabe durch sofortiges Wecken anscheinend dem Außerbewußten und doch Bewußtseinsgleichzeitigen aufgezwungen wird.[2]

In einer Reihe solcher Versuche gab Dr. T. W. Mitchell seiner Somnambulen F. D. in der Hypnose den Befehl, bei der späteren Einhändigung von Bleistift und Papier, die als Signal dienen sollte, die Zahl der inzwischen verflossenen Stunden und Minuten oder Minuten allein niederzuschreiben. Selbst nach mehreren Tagen wurde ein solcher Befehl vollständig fehlerfrei ausgeführt: die Niederschrift des Ergebnisses — zB. 94 Stunden 10 Min., oder 7315 Min. — fand augenblicklich statt und wurde (wie gewöhnlich die Ausführung posthypnotischer Befehle) vom Subjekt geleugnet — d. h. sie war ihm selber unbewußt erfolgt — und nicht einmal in ihrer Bedeutung verstanden. Wie die Zahl erlangt worden war, konnte nicht einmal in einer neuen Hypnose angegeben werden. Nur in sehr 'tiefer' Hypnose — sagen wir: in einer besonders 'fernen' Bewußtseinslage — fanden sich Anhalte für die Annahme, daß im Falle der 7315 Min. zB. der Verlauf der Zeit halbstündig gemerkt und der letzte Schlußzeitraum von 25 Min. zu der laufend gefundenen Summe schnell hinzuaddiert worden war. Aber selbst wenn man als das Gewöhn-

1) Pr V 5 ('secondary intelligence'). Ähnliche Versuche bei Bramwell 139f. 2) Ich will die weitläufige Frage nicht erörtern. S. hierzu Gurney in Pr IV 288f.

lichere eine Gesamtberechnung der Minutenzahl nach Anfangs- und Endpunkt sogleich nach Erfolgen des Signals annehmen wollte, müßte man zugeben, daß diese nicht ganz einfache Rechnung ohne jedes Wissen des wachen und in 'unbehinderter und verständiger' Unterhaltung begriffenen Subjektes stattgefunden habe.[1]

Hieran schließe ich zwei Feststellungen, welche die spätere Verwendbarkeit des Dargestellten im Sinne unseres Problems erhöhen sollen. Die erste besagt, daß die Ausführung eines posthypnotischen Befehls, vollends wenn sie nicht an ein äußeres Signal, sondern an den Ablauf einer bestimmten Zeit geknüpft wurde, das Bewußtsein des Subjektes selber überraschen, ihm als etwas Hervor- oder Hereinbrechendes erscheinen muß, gleichsam als die unverständliche Eingebung eines in seinem Innern verborgenen fremden Wesens. Der posthypnotisch Gehorchende mag unter Umständen seinen Mund reden hören, seine Hand schreiben, seine Glieder sich bewegen sehen, ohne zugeben zu können, daß 'er' diese Handlungen ausführe. Er mag auch (halluzinatorische) Bilder sehen und Laute hören, die ihm 'aufgetragen' wurden, ohne daß er die entsprechenden Wirklichkeiten in seiner ihm bekannten Umgebung zu entdecken vermag. Die Handlungen und Halluzinationen des posthypnotischen Gehorsams sind — der Ausdruck ist schlecht, aber eingebürgert — 'automatisch', Automatismen, d. h. sie gehen nicht vom wachen Ichbewußtsein aus, wiewohl sie das Ergebnis eines vernünftigen Bewußtseins zu sein scheinen; auch werden die automatischen Handlungen nicht erinnert, falls sie nicht soz. von außen, d. h. vom wachen Ich während der Ausführung beobachtet wurden. — Die zweite Feststellung besagt, daß jenes anscheinend verborgene 'vernünftige Bewußtsein' seinerseits zutage gefördert werden kann, nämlich in einer neuen Hypnose, also einer ungewöhnlichen, anscheinend dem Schlaf verwandten, dem Wachen gegenüber eingeengten Bewußtseinslage; das neuerdings hypnotisierte Subjekt entsinnt sich dann des Befehls, entsinnt sich der Denkverrichtungen, die der Befehl entfesselte, und entsinnt sich seiner Ausführung, die dem wachen Subjekt als das Werk eines Andern erscheinen mußte. Hierin sah übrigens schon Gurney einen Beweis für die bewußte Natur der automatischen Vorgänge[2] im Unterschiede zu '*unconscious cerebration*',[3] und man kann wohl ganz allgemein sagen, daß die gelegentlich erhobenen Einwände gegen solche 'zweite' Bewußtseinsvorgänge bei gleichzeitig erhaltenem Hauptbewußtsein sich mehr oder minder leicht widerlegen lassen.[4]

---

1) S. die zahlreichen bemerkenswerten Einzelheiten Pr XXI 2ff., bes. 31f. (On the Appreciation of Time by Somnambules.) Vgl. auch Janet, Aut. 260ff. 2) Pr V 5. Vgl. Myers' Begriffsbestimmung des Bewußten als potentially memorable (Myers I 36f) 3) Carpenter, Mental Physiology ch. XIII; Th. Ribot, Les Maladies de la mémoire, 20. Aufl. (Par. 1907) 25f. 4) Einwände und Alternativdeutungen zB. 1) v. Schrenck-Notzing, Über die Spaltung der Persönlichkeit (Wien 1896) 23 (gegen ihn zB. Moll 255). — 2) F. Podmore in Pr XI 325ff. (gegen ihn Beobachtungen wie Janet, Aut. 244. 261f. 263; PS XXIV 535; Myers II 442) — 3) A. H. Pierce, Pr XI 317ff.

Im Falle der soeben besprochenen Leistungen mußte es dahingestellt bleiben, ob sie vereinzelte Rinnsale seelischer Betätigung darstellten oder Teile von größeren Bewußtseinszusammenhängen. In andern Fällen dagegen lassen sich solche Zusammenhänge von sehr verschiedener Umfänglichkeit und Entwicklungshöhe unschwer feststellen, und unsere nächste Aufgabe ist es, diese Wachstumsmöglichkeiten des 'andern', abgesonderten Seelenlebens kennenzulernen.

Von locker gefügten 'zweiten' Zuständen ist jedermann zum mindesten der Traum bekannt, dessen Wesen meist in einer 'Dissoziation' der geistigen Vorgänge, in der Herrschaft ihrer niedern Gattungen, in der Losgelöstheit von den Anforderungen der Wirklichkeit gesucht wird. Eine ständige, in sich geschlossen zusammenhängende Traumpersönlichkeit beobachten wir nicht. Immerhin zeigen sich geringe Vorstufen dazu in dem inhaltlichen Zusammenhang, der zuweilen zwischen zeitlich getrennten Träumen besteht, und ein für uns besonders bedeutsames Merkmal der Dauer kann vielleicht in jenen Nachwirkungen gefunden werden — Stimmungen und unbestimmte Vorstellungsneigungen —, mit denen die Erlebnisse des Schlafenden zuweilen sich schüchtern in das Getriebe des Tages mengen. — Größere Möglichkeiten geistiger Zusammenballung und Verdichtung außerhalb des Wachseins scheinen die bereits gestreiften mannigfaltigen hypnotischen Zustände zu bieten, die nach der Meinung Vieler[1] sich vom Schlaf hauptsächlich durch ihre künstliche Erzeugung und geringere 'Tiefe' unterscheiden, d. h. durch weniger weit gehenden Verschluß der Sinne und Hemmung der Denkvorgänge wie der Aufmerksamkeit, neben besserer Orientiertheit über Raum und Zeit u. a. m.[2] Daher der sog. 'Rapport' mit einzelnen Personen, meist dem Hypnotiseur — die Folgsamkeit auf ihre Befehle — (eine Beziehung, die sich indessen auch beim gewöhnlichen Nachtschlafenden mit einiger Geschicklichkeit herstellen läßt, wenn man seine soz. besonders zugänglichen Vorstellungskomplexe zu beschleichen versteht);[3] daher auch die Möglichkeit weit verwickelterer Leistungen in der Hypnose, als der Schlafende meist zustandebringt: lauter Dinge, die in groben Zügen zu bekannt sind, als daß sie der Ausführung bedürften.

Wichtig aber ist für uns hier vor allem, daß aus Schlaf sowohl wie aus Hypnose durch zunehmende spezialisierte Erweckung und innere Organisation jene meist als 'somnambul' bezeichneten Zustände hervorgehen können, in denen uns zuerst das Bild einer 'zweiten', abnormen Persönlichkeit von leidlich eindrucksvoller Geschlossenheit und Tätigkeit geboten wird. Wie man durch geschickte Einflüsterungen ins Ohr des Schlafenden nicht nur seine Träume lenken, sondern ihn auch allmäh-

1) Forel, O. Vogt, Liébeault, Kräpelin, Moll, Bernheim, Delboeuf u. a. 2) Döllken (in ZH IV 80ff.), Hirsch, Hirschlaff. 3) Vgl. Vogt in ZH VI 87.

lich zu sinnentsprechenden Bewegungen veranlassen kann;[1] wie man auch den Hypnotisch-passiven oder bloß Redenden durch vorsichtige Stachelung in einen tätigen somnambulen Zustand überführen kann;[2] so geht bekanntlich der Träumer häufig von selbst zu Ausdrucksbewegungen der Traumerlebnisse, zu Reden und Gesprächen, schließlich zu körperlichen Handlungen über, die zwar häufig nur die automatenhafte Wiederholung von Reden und Handlungen des eben verflossenen Tages sind, zuweilen aber, wenn man gewissen berühmt gewordenen Berichten glauben darf, beträchtliche Unternehmungslust und Originalität zeigen, wenn auch im Rahmen von Tätigkeiten, die dem Subjekte wohlvertraut sind.

Ich erinnere zB. an den Apothekergehilfen, von dem Prof. Soave berichtet,[3] welcher schlafwachend Rezepte schrieb und ausführte, in Büchern anscheinend nachlas, über das Gelesene mit seinem Herrn sich besprach, Pflanzen mit ihren Beschreibungen zu vergleichen suchte, ja sogar imstande war, gemachte Zahlungen und eingereichte Rezepte auf ihre Richtigkeit zu prüfen; und der wieder in ruhigen Schlaf verfiel, wenn man ihm die Gegenstände seiner Tätigkeit entzog. Oder an den durch viele Bücher schlafwandelnden Negretti, Bedienten des Marquese Sale in Vicenza, der einen Schlag ans Bein, den man ihm versetzte, für den Biß eines Hundes hielt, das eingebildete Tier mit einem Stück Brot heranlockte und in Gestalt eines ihm hingeworfenen Muffes mit einer versteckt bereitgehaltenen Peitsche bearbeitete.[4]

Wie solche Anfälle des Nachtwandelns durch eine Erweiterung des Traumlebens zustande kommen, so werden andere ähnliche und 'von innen' gesehen wahrscheinlich ihnen völlig gleichende Zustände vom Wachen her durch Einschränkungen und Abzüge erreicht. In vielen Fällen handelt es sich um 'teilweises' Wachbleiben eines Gesunden inmitten allgemeiner Schlafhemmung: wie wenn ein Marschierender, Kutschierender, Vorlesender oder gar Musizierender übermüdet einschläft und doch in seiner Beschäftigung fortfährt.[5] Andere ähnliche Einengungen bis zum tätigen Traume kommen auf krankhafter Grundlage zustande. So war Mesnets berühmt gewordener Sergeant bei Sedan schwer verwundet worden und zeitweilig gelähmt gewesen, ehe jene Anfälle einsetzten, in denen er, bei stark beschränktem Sinnenleben, wie ein Träumender, aber mit offenen Augen und erweiterten Pupillen, besonders unter äußerer Anregung Begebenheiten seines früheren Lebens handelnd wiederholte, Bittgesuche schrieb, als Kaffeehaussänger auftrat u. dgl. m.[6]

---

1) S. Marcinowski, Selbstbeobachtungen in der Hypnose, ZH IX (5ff. 177ff.) 17; Abercrombie 278f. (Fall des jungen Botanikers). 2) Vogt erzielte in 119 Fällen von Hypnose 99 von Somnambulismus. Moll 60. 3) Aus Opusc. scelti III (1780) bei Perty, Myst. Ersch. I 147f. 4) Sorgfältige Beobachtung der Ärzte Steghellini und Pigatti, u. a. bei du Prel, Entd. I 62ff. — Beob. von Macnish, Binn, Horstius u. a. bei King I 156; Hack Tuke 14; Dendy 313f.; Despine 115f. 117. 5) Carpenter, Jessen u. a. Vgl. King I 155; W. Hamilton, Lectures on logics and metaphysics (1859f.) 336; Esdaile 17f.; Vogt in ZH IV 45. 6) Aus De l'automatisme de la mémoire (Union Médicale, Juli 1874) gekürzt bei Binet 42—61.

Vom Wachenden unterscheidet sich in solchen Fällen der Somnambule immer noch durch tiefe Hemmungen und Ausfälle. Selbst wenn seine Außensinne nicht aufgehoben sind, scheint er zumeist nur wahrzunehmen — oder doch zu beachten —, was mit seinen Traumgespinsten in unmittelbarem Zusammenhang steht; was ihnen nicht dient — Personen oder Gegenstände —, wird meist illusionierend verwandelt.[1] Es ist nun zwar verständlich, daß man den Somnambulen psychologisch dem 'Zerstreuten' verglichen hat, der ja auch gekennzeichnet wird durch krampfhaft lokalisierte und spezialisierte Aufmerksamkeit und Erinnerung sowie Hemmung vieler Kanäle der äußeren Anpassung. Tatsächlich erwachen ja manche Somnambule, wenn man sie allzu gewaltsam über den Vorstellungskreis ihrer Träume hinausführt.[2] Dagegen darf nicht übersehen werden, daß die somnambule Hemmung häufig Reizen standhält, die jeden normal Zerstreuten schleunig zu sich selber bringen würden: Peitschenhiebe, Ohrfeigen, Nadelstiche, Anschreien, Chinin, Schwefelflamme, Salmiak unter der Nase u. a. Gewaltmittel sind schon an manchem Nacht- und Tagwandler ergebnislos versucht worden.[3] Umso deutlicher erkennen wir schon hier, wie stark der innere Zusammenhalt somnambuler Ichphasen ist; wie verständlich im selben Maße ihr Wiederauftreten in gleicher Art, ihre Neigung zur Bildung dauerhafter Komplexe — gleichsam von Personen innerhalb der Person. Es fehlt nur noch der Nachweis eines gewissen lebendigen Fortbestehens dieser Komplexe auch während der Zeit ihrer anscheinenden Aufgehobenheit, also in den Pausen zwischen einem ihrer Auftritte und dem folgenden, um die äußersten Möglichkeiten jener Mehrstöckigkeit des Seelenlebens in unmittelbare Nähe zu rücken. In der Tat teilen alle 'zweiten Zustände' mit dem normal-wachen Ich die Neigung zur Selbstvervollständigung und zum inneren Ausbau. Kehrt ein hypnotischer Zustand häufig wieder und dauert er an, so strebt er leicht dahin, sich persönlich auszudehnen und in sich zu festigen: Sinnesöffnungen, Muskeln, Vorstellungen, Erinnerungen, Selbstbestimmung zu erwerben und durch solches Wachstum seine frühere Lenksamkeit (Suggestibilität) zu vermindern.[4] Selbst Tagträume zeigen oft eine gefährliche Neigung, sich in solcher Weise gleichsam zu Persönlichkeiten auszuwachsen, und man kennt Fälle, in denen sie wie wahre halluzinatorische Traumdelirien das normale Leben von Zeit zu Zeit vollständig unterbrechen, wobei ihre einzelnen Auftritte, wie kapitelweise erlebte Romane, den innigsten Zusammenhang des Inhalts und der Erinnerung bewahren, während das wache Ich von alledem nicht das mindeste weiß.[5]

---

1) Beispiele für das letztere bei Rieger u. Virchow, Der Hypnotismus (Jena 1884) 24: Hack Tuke 22. 2) Vogt in ZH IV 30f. 3) Vgl. Hammond, Mental Derangement 4; Despine 100 Anm. (Knochenbruch ohne Erwachen); Passavant 145. 4) Janet, Aut. 175ff.; Moll 94. Zunehmende Eigenwilligkeit gegenüber Suggestionen das. 72. 315ff.; ZH IV 117; vgl. Abercrombie 326f. 5) S. zB. den merkwürdigen Fall bei Ch. Féré, Note sur les rap-

Noch von anderer Seite her können wir den Zugang zu solchen zweiten Persönlichkeiten gewinnen: nämlich ausgehend von jenen Zuständen verworren-dämmerhaften Umherirrens, die bei Epileptikern und anderen Belasteten beobachtet werden, vermischt mit deliranten Wahnvorstellungen über das eigene Ich und gefolgt von Erinnerungslosigkeit.[1] Der seelische oder körperliche 'Schock', der solche Zustände meistens einleitet, mag als nächste Ursache des geistigen Auseinanderfalls angesehen werden. Anderseits finden wir es natürlich, daß die Handlungen einer solchen 'Flucht' (*fugue*) hinterher im Schlaf oder Halbschlaf oder in der Hypnose erinnert werden, d. h. nach Herbeiführung einer einigermaßen entsprechenden 'zweiten' Bewußtseinsphase; gehen doch ähnliche 'Fluchten' zuweilen — wie gute somnambule Anfälle — aus dem Nachtschlaf hervor: wie wenn zB. ein strebsamer Arbeiter träumt, daß ihm an anderem Orte günstige Arbeit geboten werde, dann 'erwacht', aber in einem abnormen Zustande, und sich nunmehr aufmacht, um Wochen und Monate hindurch mit gewaltiger Eile weite Länder zu durchstreifen, auf einer Jagd soz. nach der Erfüllung seines Traumes.[2]

Aber ob nun aus epileptoiden oder anderen Zuständen des inneren Zerfalls entstehend: jedenfalls sehen wir diese Fluchten häufig einen innern Umfang und Zusammenhalt gewinnen, die den Ausreißer kaum oder garnicht mehr vom normal Wachen unterscheiden lassen: er ist imstande, ein vollständiges zweites bürgerliches Leben durchzuführen.

Der bekannte Ansel Bourne zB., ein 60jähriger Tischler in Neu-England, dessen 'Flucht' als postepileptischer teilweiser Gedächtnisverlust eines fraglos erblich Belasteten gedeutet worden ist, 'verschwand' am 17. Januar 1887 während einer kleinen Geschäftsreise in eine benachbarte Stadt, und tauchte zwei Jahre später unter dem Namen A. J. Brown in einer kleinen Ortschaft Pennsylvaniens auf, wo er ein Gemischtwarengeschäft eröffnete und das sparsame und ordentliche Leben eines kleinen Kaufmanns und Mitgliedes der Methodistenkirche führte, allen seinen Verpflichtungen pünktlich nachkam und allgemein für einen völlig gesunden Menschen gehalten wurde. Am 14. März in der Frühe 'hörte er, wie er sagt, eine Explosion wie den Knall einer Flinte oder Pistole', und erwachte, um sich als Ansel Bourne in einem ihm fremden Hause und Ort unter fremden Menschen und in einem Berufe zu finden, von dem er nichts wußte und verstand. Seiner Überzeugung nach war es der 17. Januar und er in Providence, wo er zuletzt

---

ports de l'imagination et du délire, in Rev. de Médecine VII (1887) 881ff., S. Jacksons Beobachtung Amer. Journ. of the Med. Science, Jan. 1869 17ff. (ref. AZP XXVI 582f.).
1) Beispiele: Friedrichs Bl. f. gerichtl. Medicin, 4. Heft 1881 (ref. AZP XXXVIII (1882) 436f.; Höfelt in AZP XLIX 251; Krafft-Ebing in AZP XXXIII 111ff.; ders., Über Dämmer- und Traumzustände, ref. in ZH IX 243ff.; Ganser in AP XXX 633; Näcke in NC XVI (1897) 24, ref. in ZH VIII 126f.; Ribot, Mal. de la mém. 54f.; F. Raymond, Leçons sur les mal. du syst. nerv. (Par. 1896) 591—637 (leç. XXXI u. XXXII). 2) Ph. Tissié, Les aliénés voyageurs (Thèse), ref. bei M. de Manasseïn, Sleep... (Lond. 1897) 137f. Vgl. den Begriff der epileptischen Träume (Hughlings Jackson).

einige Expreßwagen der Firma Adams gesehen haben wollte. Es gelang, seine Verwandten aufzufinden, und er kehrte in sein früheres Leben zurück.[1]

Ansel Bournes Flucht blieb die einzige, und diese Einzigkeit ist nicht gerade selten, aber auch nicht die Regel.[2] Wiederholt sie sich oder dehnt sie sich lang genug aus, so wird sich der 'zweite' Zustand durch innere Organisierung vollends die seelische Wertigkeit einer ebenbürtigen 'zweiten' Persönlichkeit erwerben. Wir haben dann jene vollausgebildeten Fälle von 'alternierendem' Ich, in denen das normale Ich mit seinen Gewohnheiten und Erinnerungen von Zeit zu Zeit durch ein anderes Ich abgelöst wird, wobei eine jede dieser miteinander abwechselnden Persönlichkeiten ihre Eigenheiten, Gewohnheiten, Kenntnisse und vor allem Erinnerungen hat, so daß das Leben der bürgerlichen Person aus zwei geschiedenen, je in sich zusammenhängenden und bruchstückweise ineinandergeschachtelten Persönlichkeiten besteht. Ich will mich nicht mit der Beschreibung von Dingen aufhalten, die ja schon durch Roman und Bühne allgemein bekannt geworden sind, und nur eine besonders fesselnde Beobachtung zunächst in Umrissen verzeichnen, weil ich auf sie zurückzukommen haben werde; wiewohl gerade sie die Vollständigkeit der beiden Persönlichkeiten infolge besonderer Verhältnisse nicht von Anfang an, sondern erst allmählich entstanden zeigt.

Th. C. Hanna, ein gesunder, begabter und gebildeter junger Geistlicher, kam nach einem heftigen Fall auf den Kopf in einem Zustande zu sich, der am kürzesten und schlagendsten dem eines eben geborenen Kindes verglichen worden ist: er besaß weder ein Verständnis seiner Körperempfindungen und damit den Gebrauch seiner Glieder (ohne im mindesten gelähmt zu sein), noch irgendwelche Fähigkeiten apperzipierender Wahrnehmung — wie der Unterscheidung von Dingen, der Schätzung von Größen, Entfernungen und Farben, der Beurteilung der Zeit —, noch überhaupt irgendwelche Vorstellungen, die ihm die Umwelt hätten deuten können (er konnte zB. Menschen von Dingen, Männer von Frauen, seine nächsten Verwandten von völlig Fremden nicht unterscheiden), noch irgendwelche Erinnerungen an seine Vergangenheit, zB. auch nicht den mindesten Gebrauch der Sprache. Vom Zustand eines Ebengeborenen unterschied ihn also nur der Besitz eines vollentwickelten Nervensystems, und dies scheint die Ursache gewesen zu sein, daß seine zweite Erziehung, beginnend mit Gehen-, Greifen-, Essen- und Sprechenlernen, außerordentlich schnell von statten ging. Die ersten Hinweise darauf, daß die Erinnerungen seines früheren Lebens nicht völlig vernichtet waren, bestanden in gewissen besonders lebhaften 'Bilderträumen', in denen sich Erlebnisse seiner Vergangenheit reproduzierten, ohne indes vom Träumer selbst als solche erkannt zu werden. Oder es kam vor, daß Hanna ein hebräisches Zitat, dessen Anfang ihm vorgesagt wurde, mechanisch zu Ende sprach, ohne aber die gesprochenen

1) Pr VII 221—37. Ähnliche Fälle von J. M. Bolteau in AMP Jan. 1892; Dr. W. Drawey in Med.-Legal Journ., Juni 1896; (beide auch kurz bei Myers I 317ff.); Dr. C. Lloyd Tuckey in Pr XVIII 412f.; Fall des Charles Du Bois aus N. Y. Herald (25. Dez. 1903) in ÜW XII 117ff.; Raymond aaO. 734f.; Despine 94f. 2) Ein Fall mehrfach wiederkehrender 'fugue' von Dr. Proust in RH 1890 267ff.

Worte zu verstehen oder auch nur als bekannt zu empfinden. (Hypnose ließ sich nicht erzeugen.) Sechs Wochen nach dem Unfall wurde Hanna nach Neuyork gebracht, weil die behandelnden Ärzte von den Anregungen der Großstadt einen günstigen Einfluß erhofften. Während der Nacht, die den ersten, an neuen (und doch alten) Eindrücken reichen Stunden folgte, kam Hanna in einem Gasthaus mit der vollen Erinnerung an sein vergangenes Leben zu sich, glaubte, es wäre der Tag jenes Unfalls, und wußte nichts von den inzwischen verstrichenen sechs Wochen, selbst nicht die letzten Ereignisse vor diesem Zusichkommen, erkannte also weder seinen Arzt, noch das Zimmer. Diese Rückkehr ins alte Leben hielt etwa ¾ Stunden an, worauf Hanna in 'Schlaf' versank und nach einigen Stunden wieder als Hanna II erwachte, d. h. im Besitze nur derjenigen Erinnerungen und Fähigkeiten, die er seit dem Unfall erworben hatte. Solche Rückfälle in den ursprünglichen Zustand fanden in der Folge mit zunehmender Häufigkeit und Dauer statt, wobei jedesmal die Erinnerung außer dem ursprünglichen Leben bis zum Augenblick des Unfalls auch noch die inzwischen beobachteten Rückfallsperioden umfaßte; bei der Rückkehr in den 'zweiten' Zustand dagegen erinnerte sich Hanna stets nur an die ganze Zeit seit dem Unfall, mit Ausschluß jener eingeschobenen Abschnitte des 'ersten' Zustandes.[1]

Wir haben jetzt die 'zweiten Zustände' bis zu ihrer Blüte in völlig wachen zweiten Persönlichkeiten verfolgt, jedoch immer nur als zeitliche Alternativen des normal-wachen Ich. Man entsinnt sich aber, daß die Anregung zum Aufwärtsverfolgen dieser Bildungen von Tatsachen ausging, die eine außerbewußte Leistung gleichzeitig mit dem Wachbewußtsein verlaufend zeigten. Es blieb damals dahingestellt, ob jene Leistungen vereinzelte Rinnsale seelischer Betätigung darstellten, oder Teile von zusammenhängenden Bewußtseinskomplexen. Jetzt haben wir solche zusammenhängende Bewußtseinskomplexe in größter Fülle der Ausbildung kennengelernt; dagegen fehlt uns nun wieder, was diese Tatsachen uns wertvoll machen könnte: die Gleichzeitigkeit solcher Komplexe mit dem Haupt-Ich und außerhalb desselben; wertvoll aber wäre uns gerade diese Gleichzeitigkeit der seelischen Vollbildungen, weil sie am ehesten deutende Analogien für die außerbewußte Reifung eines hereinbrechenden 'Heiligungskomplexes' verspräche.

Diese Gleichzeitigkeit nun, die lebendige Fortdauer des einen Zustandes während seiner anscheinenden Ausschaltung, könnte in der Tat nach den bisher gebuchten typischen Fällen fraglich scheinen. Ansel Bourne und Hanna vernahmen zwar in dem einen Zustand gewisse verworrene Echos aus dem andern, in Gestalt vereinzelter Erinnerungsbruchstücke; aber selbst diese — wie Hannas Bilderträume — traten vorzugs-

1) Das Tatsächliche des Falles Hanna bei Sidis u. Goodhart 91 ff. Verwandte Fälle (soweit nicht später zu erwähnen) bei H. Mayo, Outlines of Hum. Physiol., 4. Aufl. (1837) 195 f.; H. Taine, De l'intelligence I 165; Abercrombie 327 f.; Winslow 335; Dr. Mitchell in ATM III 1. St. 167 f.; Dr. Dunn in The Lancet, 1845 16. Nov.; Dr. Dana bei Sidis u. Goodhart 368 ff. (nur Sprache und wenige sehr eingeübte Handgriffe in den 2. Zustand hinübergerettet); v. Hartmann 420 f.

weise in einem Zustande auf, der eben nicht mit dem andern Wachzustande identisch war: im Schlaf oder in der Hypnose. Was aber vor allem gegen die fragliche Gleichzeitigkeit spricht, ist der Umstand, daß bei jedesmaligem Umschlag aus dem einen in den andern Zustand der jeweilig 'auftauchende' genau dort anzuknüpfen scheint, wo er bei seinem letztvergangenen Auftreten abbrach: die inzwischen verflossene Zeit ist für das auftauchende Bewußtsein so gut wie nicht dagewesen: es hat nichts erlebt und nichts gelernt, wenn auch nichts vergessen seit dem Augenblick, da es 'versank'. Dieses Wiederanknüpfen des ersten Augenblicks der auftauchenden Teilpersönlichkeit an den Augenblick ihres letzten Versinkens geht mitunter so weit, daß das erwachende Ich bei dem Wort eines Satzes, dem Ton eines Liedes, dem Teilakt einer Handlung einsetzt, bei dem es durch sein Versinken unterbrochen wurde.[1] Dies könnte den Eindruck hervorrufen, als läge die eine Phase während des Wachseins der anderen gleichsam erstarrt da und gewänne erst Leben, wenn sie die andere an der Sonne des Ichbewußtseins verdrängt. Und dies mag auf viele Fälle zutreffen, wenn es auch nicht völlig die Regel bildet.

Aber wir sind auf Ausnahmen nicht angewiesen. Vielmehr ist es an der Zeit zu bemerken, daß der bisher besprochene Typ alternierender Persönlichkeiten tatsächlich eben nur ein Typ ist, und daß ihm ein anderer gegenübersteht, dem das fraglose 'Fortleben' der einen (beim Auftreten der andern, versunkenen Phase eigentümlich ist. Meine Beschreibung der seelischen Teilbarkeit ging von solchen hypnotischen Befehlen aus, deren Ausführung sich nur während eines nachfolgenden Wachseins und gleichzeitig mit ihm erfolgend denken ließ. Erst indem wir dazu übergingen, das Anwachsen solcher kleinen hypnotischen Phasen zu Somnambulismen und zweiten Persönlichkeiten zu verfolgen, verloren wir die Tatsache der lebendigen Gleichzeitigkeit zweiter Phasen aus den Augen. Tatsächlich aber läßt sich dies Anwachsen der hypnotischen Phase bis zur 'Persönlichkeit' auch unter Wahrung der Gleichzeitigkeit, also des seelischen Doppellebens verfolgen. Zwar ist, bevor eine solche Gleichzeitigkeit zweier reicher und dauernder seelischer Strömungen erreicht wird, immer ein 'kritischer Punkt' zu überwinden, diesseits dessen vielmehr die Neigung zu bestehen scheint, daß, wenn die versunkene Phase sich zu regen und äußern beginnt, die andere, augenblicklich 'wache', sich gehemmt und verdunkelt fühlt, und häufig nahe daran ist, ihrerseits in Nichts zu versinken und dem Automatismus das Feld zu überlassen.[2]

---

1) S. zB. Prof. Lebret in ATM II 2. St. 115. Das Umgekehrte (von Wachen zu Wachen) s. Janet, Actes 261; W. Preyer, Der Hypnotismus (1890) 127; F. v. Baader, WW IV 41f.; nach Delirunterbrechung: Griesingers Fall bei du Prel, Ph. d. M. 337; Prichards Fall bei Abercrombie 329 (vgl. das. 155); Fall eines Organisten in JMS XI 342; von Delir zu Delir: Dendy 317f. Vgl. noch Luys 114; Manasseïn, aaO. 111f. 2) Vgl. Pr XX 14; XXI 303 (Abs. 3) 247 (Abs. 4); Binet 197.

Prof. Flournoys berühmte Somnambule Mlle Smith vermochte halluzinierte Worte, d. i. Mitteilungen des somnambulen Ich, nur in verzerrter Schrift niederzuschreiben, es sei denn, daß der Arm ihr 'genommen' wurde und nun gut, aber mit veränderter Handschrift schrieb.[1] Vollends wenn ihre phantastischen Traumpersönlichkeiten automatisch zu reden oder zu schreiben begannen, erschien Mlle Smith 'zerstreut, wie geistesabwesend', und kehrte erst beim Schweigen der Automatismen ganz zu sich selbst zurück.[2]

Aber wie gesagt, dieser 'kritische Punkt' läßt sich häufig glücklich umschiffen, ohne daß die innere Entwicklung der zweiten Phase deshalb gehemmt wäre, und wir haben dann 'unter' 'außer', dem tätig-bewußten Ich eine 'andere' Persönlichkeit, die ihr selbständiges Leben dadurch erweist, daß sie das Leben der wachen Persönlichkeit wie ein fremdes beobachtet und beurteilt und mit selbständigen automatischen Äußerungen aller Art sich in dieses hineinmischt. Von dem oben beschriebenen Typ der alternierenden Persönlichkeit unterscheiden sich diese Fälle sehr wesentlich: während dort das Leben soz. in eine doppelte Reihe von I- und II-Zuständen zerfiel, die je für sich geschlossene Erinnerungszusammenhänge bildeten, umfaßt hier die Erinnerung der einen Reihe auch die Abschnitte der anderen, nicht aber umgekehrt. Mit andern Worten: die Phase I besteht als lebende Persönlichkeit ohne Unterbrechung, aber bald als waches, bald als verdrängtes, unterdrücktes, 'somnambules' Ich; die Phase II dagegen besteht überhaupt nur zeitweise und erinnert sich bloß dieser einzelnen Zeitabschnitte, nicht aber der Wachzustände der andern Phase.[3]

Einer der in der Fachliteratur meistangeführten Fälle dieses Typs ist die Félida X... in Bordeaux, über die zuerst Dr. Azam berichtet hat. Nach normaler Jugendentwicklung hatte sie mit 13 Jahren Anzeichen beginnender 'Hysterie' gezeigt, und Dr. Azam lernte sie 1858 als leidlich gebildetes und fleißiges, aber mürrisches und schwermütiges Wesen kennen. Jeden Tag fast wurde sie plötzlich mitten in der Arbeit von einem eigentümlichen 'Schlaf' überfallen, aus dem nichts sie erwecken konnte, aus dem sie aber von selbst in einem Zustande fast völliger Gesundheit und Schmerzfreiheit erwachte. Ihre Stimme war dann fröhlich, die Sprache lebhaft, ihr Fühlen von gesunder Stärke, das Benehmen völlig normal, die Kranke allen Lebensverrichtungen gewachsen. Alle Fähigkeiten schienen mehr entwickelt und vollständiger zu sein. In diesem Zustand umschlossen ihre Erinnerungen ihr ganzes Leben: die kranken wie auch die gesunden

---

1) Vgl. auch E. Gurney über das Subjekt P—ll in Pr IV 319f. 2) Flournoy, Des Indes 51. 116. Überwältigende Schläfrigkeit: Fall Tout, Pr XI 310; Fall Schröder ÜW XIV 376. Vgl. Schläfrigkeit und Gähnen zur gewohnten Stunde somn. Anfälle nach deren Aufhören: ATM IV 3. St. 132. — Bei Anwachsen der automatischen Tätigkeit — 'Umschlagen' in ein 'waches' somnambules Ich: Janet, Aut. 329; Binet 196; du Prel, Ph. d. M. 365. 367; Pr XVII 70. Analog bei Ausführung verwickelter posthypnotischer Befehle: Gurney in Pr IV 273; Janet, Aut. 268. 3) Graphisch etwa so darstellbar: 1) ‾ _ ‾ _ ‾ _
2) ‾ ‾ ‾ ______

Abschnitte. War sie aber durch einen neuen Anfall jenes 'Schlafes' in ihren früheren elenden Zustand zurückgekehrt, so hatte sie keinerlei Erinnerung an alle jene gesunden Zwischenzeiten, die sie durch die Pforte dieses 'Schlafes' betrat und wieder verließ. Bekanntschaften, die sie in jenem Zustande gemacht, Arbeiten, die sie in ihm angefangen hatte, waren ihr im ersten, d. i. hypochondrisch-verstimmten Zustande völlig fremd. Die Perioden des zweiten Zustands nahmen mit der Zeit an Länge zu: vom 24. bis 27. Lebensjahre war die Kranke völlig normal. Durch 'Fischen' und Notizenmachen half sie sich im elenden Zustande über die bestehenden Erinnerungslücken hinweg.[1]

Félida X... erschöpft indessen die Möglichkeiten dieses Typs noch nicht, denn es sind Fälle bekannt geworden, in denen nicht nur zwei, sondern drei 'Persönlichkeiten' soz. in konzentrischen Kreisen ineinandergeschachtelt waren; wenn ich damit die Tatsache ausdrücken darf, daß Phase II die Phase I, Phase III dagegen sowohl Phase II als auch Phase I in der Erinnerung umfaßt.

Einen klaren Fall solcher Dreistöckigkeit des Seelenlebens bieten die Phasen der berühmten Mme B., der Welt zuerst als Leonie-Leontine-Leonore, später als Leonie I, II und III vorgestellt, auf die ich etwas ausführlicher eingehe, weil sie uns für später wichtige theoretische Anregungen versprechen. Der Zustand der 'wachen' Mme B. — Leonie I — scheint in bezug auf Sinnesempfindungen und Bewegungen normal, ihr Charakter aber bis zu einem gewissen Grade ein verkümmerter gewesen zu sein: der einer ernsten, etwas trübsinnig gestimmten, ruhig-schwerfälligen, sehr sanften und furchtsamen Bäuerin. Wurde diese hypnotisiert, so änderte sich ihr Wesen vollständig. Die dann hervortretende Leonie II war ausgelassen fröhlich und von unerträglicher Ruhelosigkeit gehetzt; bei fortdauernder Gutmütigkeit entwickelte sie eine seltsame Neigung zu bitterer Ironie. Ihre Augen waren geschlossen, aber die Schärfe ihrer übrigen Sinne machte den Ausfall des Sehens wett. Leonie war seit Jahren viel und von verschiedenen Ärzten hypnotisiert worden, und es hatte sich so eine Kette somnambuler Erinnerungen gebildet, die in sich fest zusammenhing, von der die wache Leonie aber nichts wußte. Dagegen wußte Leonie II nicht nur um die wache Leonie, sondern fühlte sich durchaus als selbständige Persönlichkeit dieser gegenüber, mit der sie sich lebhaft sträubte, identifiziert zu werden, und die sie wie eine Fremde beurteilte: 'Das gute Weib', sagte sie, 'bin nicht ich; sie ist zu töricht.'[2] Briefe, deren Zerrissenwerden durch Leonie I sie fürchten mußte, versteckte sie stets in einem Album, dessen Anblick Mme B. in Somnambulismus warf, also die Phase Leonie II herbeiführte.[3] Anderseits bewies diese ihre Gleichzeitigkeit mit der wachen Leonie I — wenn auch natürlich in eingeschränktem Zustande[4] —, indem sie deren bewußte Lebensabschnitte beschrieb, oder angab, daß sie selber so und so lange nicht 'herbeigeführt' worden sei; oder indem sie Handlungen automatisch — also während der bewußten Leonie I-Phase — ausführte, die sie sich in ihrem

---

1) Dr. Azam in RS 2. Aug. 1890 139; ders., Hypnotisme, double consc. et altér. de la personnalité (Par. 1887); Bonamaison in RH 1. Febr. 1890 234 (auch bei Binet 6ff.). 2) Janet, Actes 211. 3) das. 254. 4) Vgl. dazu den Umstand, daß sie immer erst 2—3 Stunden nach ihrem Auftreten vollentwickelt schien: das. 269; vgl. Janet, Aut. 335f.

(somnambulen) 'Dasein' vorgenommen hatte.[1] So gab zB. Janet der hypnotisierten Leonie — also Leonie II — den Befehl, nach dem Erwachen ihre Schürze abzunehmen und wieder umzubinden. Während das darauf erweckte Subjekt ihn zur Tür begleitete, führten die Hände automatisch und dem wachen Subjekte unbemerkt diesen Auftrag aus. Von Janet darauf aufmerksam gemacht, vermutete Leonie I, die Schürzenbänder hätten sich zufällig gelöst, und band sie mit vollem Bewußtsein wieder zusammen. Die Handlung des Auf- und Wiederzubindens wurde aber, diesmal völlig unbemerkt bleibend, noch einmal ausgeführt. Am nächsten Tage, in abermaliger Hypnose, äußerte sich Leonie II zu diesem Vorfall in einer Weise, die vermuten läßt, daß sie, wenigstens zwischen den beiden automatischen Handlungen, als ein beobachtendes und zuhörendes Bewußtsein fortbestanden hatte: Nun ja, sagte sie, ich tat, was Sie mir gestern sagten; was für ein dummes Gesicht die Andere machte, als ich die Schürze abband! Wozu sagten Sie ihr, daß die Schürze abfiel? Ich hatte die Sache noch einmal anzufangen. — Oder Janet konnte beobachten, wie Leonie II automatisch Briefe schrieb, während Leonie I, ohne etwas davon zu bemerken, mit einer Strickarbeit in der Linken, ein Lied vor sich hinsummte.[2] Ja diese Briefe richteten sich sogar an Leonie I selber, der sie wertvollen Rat erteilten; was nicht nur überlegene Unabhängigkeit von der 'guten dummen Bäuerin', sondern auch begleitende Beobachtung von deren Lebensschicksalen verrät.

Wie nun Leonie I durch einen lethargischen Zustand hindurch (!) in die somnambule Phase Leonie II eintrat, so ging Leonie II bei weiterer Anwendung hypnotisierender 'Striche' durch eine neuerliche Lethargie hindurch in einen zweiten, 'tieferen' somnambulen Zustand — Leonie III oder Leonore — über, der sich selbst bewußt und sorgsam von jenen beiden unterschied, sich für die langweilige Leonie I ebensowenig interessierte, als Leonie II dies tat, aber auch Leonie II als laut und leichtfertig verurteilte. 'Sie sehen wohl,' sagte sie, 'daß ich nicht diese Schwätzerin, diese Verrückte bin, wir ähneln uns ganz und gar nicht.' Das Gedächtnis von Leonie III nun umfaßte nicht nur die Zeiten ihres eigenen 'Daseins', sondern auch die Lebensabschnitte von Leonie II und Leonie I. Ihre Erinnerung war also lückenlos für das ganze Leben der Mme B. Wie Leonie II die wache Leonie I beobachtete, so beobachtete Leonie III aus dem unterbewußten Versteck die somnambule Leonie II, zB. die Pseudopersönlichkeiten, die jene hypnotische Phase auf Befehl des Arztes schauspielerte.[3] Oder sie bewies ihre Unabhängigkeit, indem sie ärztliche Ratschläge zugunsten der Leonie I gab.[4] Denn sie war die Allen überlegene; ihre Sinne waren vollständig; nur die Augen hielt sie geschlossen. Auch Leonie III konnte durch spontane Automatismen — in ihrem Fall meist erzwungene Halluzinationen — beweisen, daß sie trotz ihrer 'Abwesenheit' die jeweilige Lage übersah und beurteilte. Während eines Anfalls hysterischer Erregung, die sich nicht beschwichtigen lassen wollte, hielt Leonie II plötzlich erschrocken inne, weil sie scheinbar zu ihrer Linken eine Stimme wiederholt sagen hörte: 'Genug, genug, halt dich still, du bist ein wahres Ekel.' Ein anderes Mal, als sie, wiewohl vollkommen ruhig, auf eine Frage des Arztes die Antwort hartnäckig verweigerte, vernahm sie dieselbe halluzinatorische Stimme: 'Nun, nun,

---

1) Janet, Actes 263. 2) Allerdings unter leichter Somnolenz oder doch Abgelenktheit. 3) Janet, Actes 274. 4) das. 275.

sei vernünftig, du mußt antworten.'[1] Leonie III, wenn man sich dann mit ihr in Verbindung setzte, schrieb sich diese guten Ratschläge ausdrücklich zu. 'Ich war es, die ihr ruhig zu sein befahl; ich sah, daß sie Ihnen lästig war; ich weiß nicht, weshalb sie so sehr erschrak.' Doch konnte sich Leonie III auch durch den Bleistift äußern, wenn sie nicht da war, und etwa an Leonie II Briefe schreiben; falls sie nicht gar die Ankündigung vorzog: ich wünsche zu kommen, und dann eben 'kam'.[2] Wiederum sagte die wache Leonie III gelegentlich: 'Während die Andere sprach, haben Sie befohlen, die Uhr hervorzuziehen; ich habe es für sie getan, aber sie hat nicht hinsehen wollen...' u. ä. m.[3]

Der Typ des mehrfachen konzentrischen Seelenlebens, den diese Berichte festlegen, zeichnet sich offenbar dadurch aus, daß das zweite Ich das gewöhnliche wache, bzw. dieses und das erste somnambule Ich an inhaltlichem Reichtum und etwa auch an Gesundheit und Charakterausbildung übertrifft, es gewissermaßen als einen Teil von sich umschließt. Man ist daher nicht unnatürlicherweise auf eine Deutung verfallen, die in dem wachen Ich solcher Personen eine krankhafte Verkümmerung der ursprünglichen gesunden Gesamtpersönlichkeit sieht, in dem zweiten bzw. dritten Zustande dagegen jene Gesamtpersönlichkeit selbst zeitweilig wiedererstehen läßt. Der zweite Zustand wäre danach das eigentliche 'Wachen', das scheinbar normale Wachen dagegen im Grunde ein 'somnambuler' Teilzustand. — Was auch zugunsten dieser Auffassung anzuführen sein mag, es widerspricht ihr die Tatsache, daß der vollständige Zustand hier regelmäßig volle Erinnerung an die eingeschränkten Zustände zeigt, während sonst bekanntlich die Vorgänge des unbezweifelten Somnambulismus der Erinnerung des Wachens fast immer entzogen sind. Aber auch abgesehen davon ist der beschriebene Typ von gleichzeitigen Persönlichkeiten nicht einmal der einzige. Der vielleicht merkwürdigste aller bisher beobachteten Fälle von gespaltener Seele zeigte ein die sämtlichen übrigen Teilseelen in gleicher Weise begleitendes Neben-Ich, das ganz augenscheinlich nicht als die 'vollständige Normalpersönlichkeit' aufgefaßt werden durfte. Der Leser möge es sich nicht verdrießen lassen, wenn ich den Grundplan auch dieses verwickelten Falles nicht ohne einige Ausführlichkeit, wenn auch in möglichster Kürze ihm vorlege; die spätere theoretische Ausnützung wird, wie ich hoffe, diesen Aufenthalt lohnend erscheinen lassen.

Miss Beauchamp (pseud.) war von Hause aus eine fein veranlagte junge Dame von ernster und religiöser Gemütsrichtung und künstlerischen Neigungen, und mit amerikanischer Hochschulbildung ausgerüstet. Angestrengte Arbeit hatte sie bereits bis zu gewissem Grade geschädigt, als sie eines Tages i. J. 1893 einen starken seelischen Schock erlebte: eine tief erregende Unterhaltung persönlichsten Inhalts mit

---

1) Janet, Actes 267. 275. 2) das. 268. 275. 3) Janet, Aut. 220. Bemerkenswerte Parallelen bietet der gleichfalls dreiphasige Fall der Blanche Wittman: Jules Janet in RS XXV 616ff.

einem Bekannten, der sie während eines heftigen Gewitters unerwartet und unter seltsamen Umständen aufgesucht hatte. Seit dieser Zeit entwickelte sich bei ihr eine ausgesprochene Neurasthenie mit ihrer typischen Reizbarkeit und Willensschwäche, neben einer Neigung zu Zerknirschung, Menschenscheu und krankhaftem Mitleid. In diesem Zustande, den ihre Krankengeschichte als B I bezeichnet, lernte Dr. Prince sie kennen, behandelte sie erfolglos auf Neurasthenie hin, war aber imstande, sie in einen typischen hypnotischen Zustand — B II — zu versetzen, in welchem sie bei aller Passivität sich verständig unterhalten konnte und sich an ihr waches Leben erinnerte. Im Wachen bestand für die Hypnose (wie gewöhnlich) Erinnerungslosigkeit. Gelegentlich trat aber während der Hypnose eine Persönlichkeit — B III — auf, die, augenscheinlich mit vollem Bewußtsein redend, ihre Selbstständigkeit behauptete, von Miss B. als einer Andern in der dritten Person sprach — 'weil sie nicht dasselbe weiß, wie ich' — und sich später selbst den Namen Sally Beauchamp zulegte. Sally, die öfter wiederkehrte und immer länger 'blieb', pflegte dabei ihre geschlossenen Augen zu reiben, um sie, wie sie sagte, 'aufzukriegen', was ihr so wenig als B II bisher erlaubt worden war. Schließlich aber gelang ihr dies in Abwesenheit ihres Arztes, und seitdem war sie während der Zeiten ihrer 'Anwesenheit' um vieles selbständiger. Sally nun (B III) behauptete, daß sie immer existiere (während B I 'tot' sei, solange sie, Sally, völlig am Ruder sei);[1] daß sie, wenn B I 'da' sei, deren Gedanken wisse, im allgemeinen aber ihren eigenen Gedanken nachgehe. Lese B I zB., so könne sie mitlesen, tue es aber nur selten, weil sie keinen Gefallen an B I's Büchern habe. 'Sallys Gedanken, bestätigt Dr. Prince ausdrücklich, bestehen neben und gleichzeitig mit denen von B I; aber Sallys seelisches Leben setzt sich aus völlig verschiedenen und gesonderten Gedanken und Gefühlen zusammen, die nichts mit den gleichzeitig ablaufenden Gedanken von B I gemein haben.' 'Spreche ich zu B I, so hört mich Sally. Sage ich etwas, das Sally allein versteht, so sehe ich sie lächeln. Sie ist nicht minder am Leben, als das andere [augenblicklich herrschende] Bewußtsein.' Auch behauptet Sally, daß sie nie schlafe; daß sie wache, während B I schlafe, und deren Träume genau beobachten könne; ja daß sie von der Wiege an ihr gesondertes Dasein geführt habe. Ihre Erinnerungen gingen weiter zurück als die von B I; sie will sich erinnern, daß B I, als sie gehen lernte, Furcht hatte und in die Wiege zurück, sie aber (Sally) drauflosgehen wollte. Wurde B I gezüchtigt und fühlte sich dadurch gedrückt, so empfand sie (Sally) keinerlei Reue. Sally erfreute sich einer tadellosen Gesundheit und fühlte nichts von B's Leiden. War B krank, zB. an Lungenentzündung, so beobachtete und kritisierte Sally selbst ihre fieberverwirrten Handlungen mit überlegener Ruhe und Belustigung, und kam ab und zu willkürlich, um die Nahrung zu nehmen, welche die Kranke zurückwies.[2] Sie war nie müde, empfand nie Hunger und Durst. Diese Sonderbarkeiten beruhten vielleicht auf einer eigenartigen Anästhesie: mit geschlossenen Augen besaß sie weder Druck-, noch Schmerz-, noch Wärme-, noch Muskelempfindungen: sie fühlte einen Gegenstand nur, wenn sie ihn sah oder einen Ton hörte, der mit ihm verknüpft war. Durch Suggestion konnten ihr diese Empfindungen zwar zurückgegeben werden, aber nur auf Stunden oder einen Tag. Sally zeigte einen merkwürdigen Scharfsinn und große

---

1) Zum Folgenden vgl. Prince 153. 326. 333ff. 439ff. u. sonst. 2) Prince 83f. 114ff.; vgl. 375 Anm. 1; 376 Anm. 1; 458.

psychologische Beobachtungsgabe und starken Willen.[1] Die krankhafte B I war ihr ein Gegenstand mitleidiger Geringschätzung und beträchtlicher Abneigung. Sie spielte ihr beständig die ausgesuchtesten Possen, schickte ihr zB. durch die Post Spinnen und Schlangen zu, Tiere, die Miss B. von ganzer Seele verabscheute; sie wickelte B's fast fertige Häkelarbeiten wieder ab; schrieb ihr Briefe, in denen sie ihre Kenntnis von B's Schwächen spöttisch verwertete; zwang sie durch automatische Beeinflussung ihrer Rede, zu lügen, oder Handlungen zu begehen, bei denen B die Schamröte ins Gesicht stieg; schreckte sie durch Halluzinationen, u. dgl. m. In ihrer Bildung stand Sally unter B I, obgleich sie Englisch gut las und schrieb. Dagegen fehlten ihr die fremden Sprachen und die Kurzschrift, die Miss B. beherrschte.

Sechs Jahre nach dem ersten Schock — am 7. Juni 1899 — erlebte Miß B. einen zweiten, herbeigeführt durch ein Schreiben eben jenes Bekannten, der ihr den ersten verursacht hatte. Dieser Schock warf sie auf einige Stunden in einen Zustand völliger Zerrüttung, aus dem sie in Dr. Princes Gegenwart in einer Bewußtseinsphase erwachte, die derjenigen unmittelbar vor dem Schock des Jahres 1893 entsprach: sie war gesprächig, körperlich und geistig normal, halluzinierte aber den Arzt in jenen Bekannten um, und den Raum in ihre Stube in jenem Krankenhause, das der Schauplatz des ersten Schocks gewesen war. Sie war gewissermaßen in die Zeit unmittelbar vor jenem Ereignis zurückversetzt. Diese 'Persönlichkeit' — B IV —, die seitdem häufig wiederkehrte, war indessen nicht mit der verhältnismäßig vollständigen Miss B. aus jener Zeit vor dem ersten Schock identisch. Nicht im Charakter, wie wir bald ausführlicher hören werden, aber auch nicht, was ihr Gedächtnis anlangt: B IV wußte nichts von B I's Leben während der letzten sechs Jahre, und nichts von Sally, kannte also auch B I's Bekannte, den Arzt usw. nicht. Alles dies mußte sie allmählich aus dritter Hand erfahren, um sich in der Welt zurechtzufinden, in die sie soz. hineingefallen war; sie hatte zu 'angeln', wie Sally bald bemerkte, die für die 'Idiotin' ein Gemisch von Haß und Furcht zu empfinden lernte. Dagegen erinnerte B IV Miss Beauchamps Leben vor dem ersten Schock und natürlich — nachdem sie erst einigemal 'dagewesen' war — die einzelnen Zeitabschnitte ihres eigenen Daseins seit dem zweiten Schock. Mit B I teilte sie verschiedenen erworbenen Besitz, zB. die französische Sprache, aber auch die Erinnerung an die Zeit der 'vollständigen' Miss B., d. i. die Zeit vor dem Jahre 1893. Ihre Verwandtschaft mit B I bewies sie auch dadurch, daß sie, 'hypnotisiert', in dieselbe B II überging, die auch den hypnotischen Zustand von B I bildete. Diese B II wußte sich sowohl mit B I als auch mit B IV zusammenhängend; sie erinnerte also als ihr Leben alle Perioden, in denen nicht Sally an der Oberfläche gewesen war, und bezeichnete sich, wenn man sie fragte, als B I oder B IV oder beide oder 'ich selbst'. Umgekehrt aber hatte weder B I noch B IV eine Erinnerung an die B II-Abschnitte; was ja der sonstigen Beobachtung entspricht, daß der eingeschränkte Zustand sich an den vollständigeren nicht erinnert. Eine ähnliche Verschmelzung, wie in der Hypnose, schien übrigens auch im Schlafe vor sich zu gehen: B I und B IV erinnerten sich der gleichen Träume.

Ich übergehe die Einzelheiten der tragikomischen Lebensgeschichte dieser drei

1) B I sowohl als B IV scheinen der eingeschränkten, 'ersten' Phase der Félida X..., B II der kompletten Phase von Leonie und Félida zu entsprechen.

Ungleichen, die sich bald bis aufs Messer befehdeten, bald Waffenstillstand und Verträge miteinander schlossen. Eine gewisse Heilung des Falles trat schließlich dadurch ein, daß es Dr. Prince gelang, den vollständigen Zustand B II gewissermaßen als ganzen 'aufzuwecken', nicht aber, wie es zunächst regelmäßig geschah, entweder als B I oder als B IV; d. h. er sagte B II, daß sie während ihres Wachens als B I alles B IV Betreffende wissen würde, und umgekehrt als B IV alles B I Betreffende. Die neue wache B II hatte dann gelegentlich Rückfälle in die Zustände B I und B IV, gewann aber mit der Zeit an Daseinskraft. Sally jedoch war durch diese Neuordnung von der Oberfläche verdrängt. Sie gestand schließlich, daß sie die anfänglichen Versuche auf diese Heilung hin vereitelt habe: sie war sich bewußt, daß sie gegen einen dauerhaften Zustand, wie eine wache B II ihn darstellen müßte, nur geringe Möglichkeiten des 'Hochkommens' haben würde; schon jede Besserung in Miss B.s Allgemeinbefinden habe sie 'eingeklemmt',[1] wie sie es nannte. Und die letzten Nachrichten von ihr lauten, sie sei am Leben, aber sozusagen nicht imstande, persönlich aufzutreten.[2]

Die Heranziehung solcher 'seltenen pathologischen Glücksfälle' wie Mme B. oder Miss Beauchamp u. a. zur Verdeutlichung sehr viel mehr verbreiteter Typen mag Manchem bedenklich erscheinen. Ich will darum schließlich daran erinnern, daß sich ähnliche unabhängige und entwickelte Phasen bei einer leidlich verbreiteten psychologischen Gattung finden. Jedermann kennt die Persönlichkeitsbildungen des mediumistischen Trans;[3] wir dürfen sie fraglos in den meisten Fällen unbedenklich als entwickelte Traumphasen ansprechen, deren weitgehende innere Festigung es ihnen ermöglicht, von Trans zu Trans mit dem Anschein einer sich gleichbleibenden fremden Persönlichkeit aufzutreten. Der angebliche 'Geist', sooft er vom Medium Besitz ergreift und derweil dessen Ich augenscheinlich verdrängt, hat seine ausgesprochenen Charaktereigentümlichkeiten und Erinnerungen: wir erkennen in ihm mühelos eine alternierende Phase, nicht unähnlich B I, B IV, Hanna II oder andern ähnlichen Teilpersönlichkeiten. Personen, die einen solchen 'Geist' in sich beherbergen, sind gar nicht selten. Sie zeigen nun aber häufig nicht nur die Fähigkeit, in vorübergehendem Trans von jenem 'besessen' zu werden, also zum Alternieren der Phasen, sondern auch die Fähigkeit zu ihrer gleichzeitigen Ausnützung, d. h. zur automatischen Äußerung der Transpersönlichkeit bei Wachsein des Mediums. Häufig kann dann die außerbewußte Transpersönlichkeit zum Unterredner des wachen Ich gemacht werden, das seine Fragen 'in Gedanken' oder mit lauten Worten stellt und die Antwort etwa durch automatische Schrift erhält. Die Selbständigkeit und meist auch die Gleichzeitigkeit der Transphase wird dann häufig schon dadurch angedeutet, daß sie sich in einen Gegensatz zum Wachbewußtsein setzt, wie es innerhalb eines Bewußtseins entweder höchst

1) 'squeezed'. 2) Vgl. auch Dr. Princes vorläufigen Bericht in Pr XV 466ff. — Eine graphische Darstellung (vgl. o.) wäre: 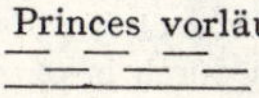 3) Der lateinischen Herkunft des Wortes entsprechend hier so geschrieben.

unwahrscheinlich, oder überhaupt unmöglich wäre. Unwahrscheinlich wäre es zB., daß in Fällen von Unterhaltung des normalen Bewußtseins mit jenem abgespaltenen nicht jede Frage ihre Antwort, jede Erwartung ihre Erfüllung finden sollte, falls jenes Frag- und Antwortspiel nur eine Komödie wäre, die ein Bewußtsein mit und in sich selber aufführt, etwa indem es sich abwechselnd in die zwei Rollen der Unterredner versetzt. Wir beobachten aber, daß ebensogut der Wunsch und Versuch, solche automatische Leistungen in sich hervorzurufen, enttäuscht wird, als anderseits der Automatismus häufig auftritt ohne Erwartung und selbst gegen den Willen des wachen Ich. Schier unmöglich aber erscheint es, daß dieses automatistische Bewußtsein den Versuch unternehme, die Persönlichkeit des Wachbewußtseins zu mystifizieren oder geradezu zu täuschen, falls es wirklich nur ein unmittelbar zusammenhängender Teil dieser Persönlichkeit wäre. Solche Versuche, und zwar erfolgreiche, liegen zB. vor, wenn das automatistische Bewußtsein sich schriftlich in Anagrammen oder sonstigen Verkappungen der Mitteilung ausdrückt, welche die bewußte Persönlichkeit garnicht oder nur mit Mühe entziffern kann,[1] oder Flunkereien, falsche Vorhersagen u. dgl. vorbringt, die es auf gewundene Weise zu erklären sucht, wenn sie ihm als solche vorgehalten werden.[2]

Was aber auch hiervon zu halten sein mag: unzweifelhaft besitzen wir Berichte über Fälle sehr entwickelter 'Mediumität',[3] in denen die einzelnen Automatismen ganz überwältigende Beweise ihrer individuell-persönlichen Durchbildung und Geschlossenheit geliefert haben und gleichwohl die Bewußtseins-Gleichzeitigkeit der Leistungen mit Händen zu greifen war. In einer Sitzung der berühmten Frau Piper zB. (über die später mehr zu sagen sein wird) hörte die vorherrschende Transpersönlichkeit 'Dr. Phinuit' der Verbesserung des stenographischen Berichts der letztvergangenen Sitzung zu, Erklärungen gebend und verbessernd, also offenbar durchaus persönlich bei der Sache, während gleichzeitig die Hand — im Dienste also einer Phase noch außerhalb der Transphase — 'fließend und schnell über andere Dinge schrieb und mit einer andern anwesenden Person sich unterhielt.'[4] Diese Hand schrieb im Namen eines Verstorbenen, und eine echt 'spiritistische' Deutung des Vorganges könnte seine Anführung hier strenggenommen zu verbieten scheinen; aber einmal ist uns eine solche Deutung einstweilen noch mehr als problematisch, und überdies gebe ich zu bedenken, daß selbst sie, in ihren psychophysischen Voraussetzungen, offenbar die gleichen Probleme stellen würde, wie die vorher berschriebenen Tatsachen.

---

1) S. zB. Pr II 228. Vgl. Rückwärtsbuchstabierung von Worten durch den Automatismus Pr V 513f. 2) S. zB. Pr III 26. 3) 'Mediumismus' u. ä. Bildungen sind Barbarismen, aber zu sehr eingebürgert, um durch bessere ersetzt zu werden. 4) Pr XIII 293; ähnlich 295; vgl. 395; ÜW VII 203ff. 447.

VI.

Seelische Spaltung im erweckten Leben.

Wir dürfen nun nicht mehr zweifeln, daß auch im Bereiche ausgebildeter Mehrheit der Phasen eine wahre Gleichzeitigkeit der Strömungen bestehen kann. Damit haben wir das Ziel unsrer kurzen Tatsachenübersicht erreicht und zugleich die wesentlichste Voraussetzung einer Vergleichung dieser Tatsachen mit denen der geistlichen Erfahrung: denn der wesentliche Vergleichspunkt, den wir vermuteten, war eben der lebendige Bestand und das allmähliche In-sich-heranreifen eines Komplexes außerhalb der Normalpersönlichkeit, der vielleicht auch die Gewaltsamkeit und Sinnlichkeit des Heiligungseinbruchs erklären könnte; — denn dies ist ja die Frage, die uns augenblicklich beherrscht.[1] Gleichzeitiger Bestand und Reifung außerhalb des wachen Ich geben nun aber augenscheinlich erst eine Voraussetzung ab, unter welcher unsere Tatsachenreihe für die psychologische Deutung der Gnadeneinbrüche und -wandlungen wertvoll werden könnte. Zwei andere Voraussetzungen müssen offenbar nicht minder erfüllt sein: einmal muß der gleichzeitig bestehende Komplex dem normalen Ich gegenüber von abweichendem Charakter sein können, ähnlich wie der Gottzustand dem Selbstzustand gegenüber abweichenden Charakters ist; sodann muß jener Komplex imstande sein, auf das Normal-Ich Einfluß zu gewinnen, Einbrüche in dieses zu vollziehen und gegebenenfalls ganz mit ihm zu verschmelzen und ihm dabei seinen Charakter mitzuteilen.

Die erste dieser beiden Voraussetzungen ist in den meisten Fällen der vorgeführten Typen ganz augenscheinlich erfüllt. Bei Félida, bei Leonie u. a. bestanden Gegensätze, wie von offener Fröhlichkeit und großem Ernst, kindlicher Ausgelassenheit und sachlicher Verständigkeit u. dgl. m. Und ähnliche Beobachtungen wird der Leser, der sich die Mühe des Nachlesens angeführter Quellenwerke nimmt, in vielen anderen Fällen machen.[2] Mediumistische Transpersönlichkeiten, wie wir sie als gleichbedeutend mit alternierenden Ichen faßten, offenbaren ebenfalls meist eine Besonderheit des Charakters dem wachen Medium gegenüber.[3]

Eine merkwürdige Selbstbeobachtung dieser Art verdanken wir Prof. Dr. Staudenmaier, welcher 'Personifikationen' sehr verschiedenen Charakters bald als Gestalten zu sehen, bald auch mit ihm reden, ihm raten, ihn kritisieren zu hören pflegt. Zuweilen fühlt er diese Personifikationen in seiner Nähe und zuletzt gehen sie in ihn selber ein, und es bildet sich in ihm zB. 'ein eigentümliches, erhebendes Gefühl aus, Herrscher... eines großen Volkes zu sein,... und eine Stimme spricht in ihm: Ich bin der deutsche Kaiser.' Aus ähnlichen Erfahrungen entwickelt sich

1) Vorzügliche Beispiele langsamen unterbewußten Heranreifens 'zweiter' Phasen bei Flournoy, Des Indes 49ff. 136ff. 260ff. 2) ZB. in dem des presbyterianischen Geistlichen in The Alienist IV 287. 3) S. zB. PS XXVIII 577.

bei ihm die Personifikation 'Hoheit', welche für Sport, Militär, Jagd, vornehmes Auftreten, reichliches Essen und Trinken Interesse zeigt, dagegen Kinder, niedliche Dinge, Scherz und Heiterkeit verabscheut und seine Lebensweise in diesem Sinne beratend oder drohend zu beeinflussen sucht. Eine andere Personifikation ist aber gerade 'das Kind' (!), eine dritte 'der Rundkopf', der gern Witzblätter liest, Bier trinkt, unterhaltende Gesellschaft aufsucht. Es bildet sich aber auch eine 'Personifikation des Göttlichen und Erhabenen, darstellend einen ehrwürdigen Greis..., welcher ein natürlicher Gegner der vorher erwähnten Personifikationen ist und [das Subjekt] für Tugend und hohe Ziele zu begeistern sucht.'[1]

Wir beobachten hier augenscheinlich nicht nur den Vorgang der Bildung mediumistischer Transphasen, sondern lernen auch etwas bezüglich ihrer Verwurzelung in Teilansichten eines verwickelten Charakters. Je eine Seite des buntscheckigen Charakterganzen beschreitet hier den Weg der Bildung gesonderter Ichphasen, und es muß von vornherein wahrscheinlich sein, daß gerade moralische Gegensätze diese Spaltbildung und Wucherung begünstigen werden.[2] Sehr ausgeprägt war eben diese Art der Gegensätzlichkeit, und was mittelbar mit ihr zusammenhängt, bei 'den Damen' Beauchamp, wie die obige Darstellung der Hauptbewohner jenes unglücklichen Körpers bereits vermuten läßt.

Die zarte und schüchterne B I zeigte bei geringer Eßlust eine instinktive Bevorzugung weichlicher Speisen, beispielsweise alles Süßlichen, Pflanzlichen, Milchigen, während sie berauschende oder anregende Genußmittel möglichst vermied; allen sportlichen Übungen war sie entschieden abhold. In allen diesen Stücken stellte ihre Partnerin B IV ihr gerades Gegenteil dar: sie entwickelte vorzüglichen Appetit und eine viel vertragende Vorliebe für Kaffee, Wein und Zigaretten, und war bis zum Übermaß allen Leibesübungen im Freien ergeben. B I's Geschmacksrichtung in bezug auf Kleidung, Umgang und geistige Beschäftigungen wich nicht weniger von derjenigen ihrer ungleichen Schwester ab. Während ferner B I den Angelegenheiten der Welt nur das allergeringste Interesse widmete, verschlang B IV die Zeitungen mit Genuß und nahm regen Anteil an allen Vorgängen der Zeit. B I war geduldig, rücksichtsvoll, liebenswürdig, jedem Streit und Widerspruch ausweichend, nie beleidigt, nie auf Rache bedacht; ihre Partnerin dagegen äußerst ungeduldig, selbstsüchtig, nur der eigenen Bequemlichkeit folgend, jähzornig und unduldsam, grob bei Widerspruch, zornig bei Widerstand, jederzeit kampfbereit, leicht beleidigt und auf Wiedervergeltung bedacht. B I war leicht zu beeinflussen und unterwarf sich gerne fremdem Rat; nur in der Verfolgung eines Ideals soll sie starken Willen gezeigt haben, wiewohl zugleich das 'Bedürfnis nach der moralischen Unterstützung einer Aufsicht'. B IV im Gegensatz hierzu war im höchsten Maße unabhängig, auf sich selbst vertrauend, von unzähmbar eigensinnigem Willen, selten von Andern zu beeinflussen, unwillig, Rat anzunehmen oder sich fremder Beaufsichtigung zu unterwerfen. B I war so gut wie frei von Eitelkeit und Dünkel, B IV äußerst eitel und eingebildet. B I verbrachte beträchtliche Zeit mit Tagträumen, B IV nie einen Augenblick.

1) Staudenmaier 29ff. 33. 2) Fälle dieser Art berichten zB. Ladame in RH 1. März 1888 257; Guinon in Le Progrès médical (2. sér.) XVI 132.

B I führte ein beschauliches Leben, B IV ein ungewöhnlich tätiges. B I hatte eine krankhafte Abneigung gegen menschlichen Verkehr und das Eingehen neuer Freundschaften; dagegen liebte sie den Umgang mit Alten, mit Kindern, Leidenden und Armen, denen sie mancherlei selbstlose Dienste erwies. B IV dagegen machte überaus gerne neue Bekanntschaften, konnte alte Leute und Kinder nicht ausstehen, und hatte ein übertriebenes Grauen vor allem, was mit Krankheit zusammenhing; Wohltätigkeitsbestrebungen waren ihr zuwider.[1]

Der Leser mag entscheiden, wieweit er in diesen ungleichen Geschwistern den Gegensatz von Dies- und Jenseitigkeit verwirklicht sehen will; einige Züge des Bekehrten — seine Selbstvergessenheit, seine mitleidige Nächstenliebe, seine Idealität, triebhafte Askese, Neigung zu Zuständen der Verinnerlichung und Meditation — sind an B I nicht zu übersehen. Diese Beobachtungen machen es doppelt lehrreich, daß — wie wir erfahren — B I auch religiösen Vorstellungen ergeben[2] war, Erbauungsschriften bevorzugte, Kirche und Gottesdienste liebte und zur Einhaltung der Fasten und Bußübungen neigte,[3] lauter Eigentümlichkeiten, von denen bei B IV natürlich das gerade Gegenteil bestand. Sallys eigenartig abweichender Charakter ist schon in der früheren Übersicht des Falles ersichtlich geworden. In ihrem kindlich-launigen Übermut, ihrer elfischen Mutwilligkeit und backfischmäßig-drolligen Geschmeidigkeit war sie ganz sie selbst und keiner ihrer Miteinwohnerinnen vergleichbar.[4]

Die Möglichkeit großer Charakterverschiedenheit der einzelnen Phasen ist hiermit wohl erwiesen; und wer weiß, ob sich uns am Ende diese Möglichkeit nicht noch in eine Notwendigkeit verwandelt? Einstweilen fühlen wir die zweite unserer Voraussetzungen aus diesen Tatsachen schon fast natürlich sich ergeben: oder sollten so ungleiche Bewohner eines Leibes nicht dazu gedrängt sein, aufeinander einzuwirken und — im äußersten Falle — einander zu verschlingen? Daß sie, solange sie gesondert nebeneinander bestehen, einen Zustand auch gefühlter Zerrissenheit setzen, begreifen wir ohne weiteres. Im Automatismus haben wir auch schon ein Verfahren kennengelernt, mittelst dessen die eine Phase sich der andern mitzuteilen vermag.

Den meisten Gewinn für das Verständnis der Heiligungsrucke dürfen wir von dem äußersten Fall dieser Einwirkungen erwarten: dem Einschmelzen der einen Phase in die andere. Auch diese finden wir als Tatsache bei seelischer Spaltung vor. Schon manches früher Gesagte läßt erkennen, daß gänzliche Geschiedenheit zweier Phasen, wobei die eine von der anderen nur durch Automatismen von anscheinend völlig 'fremder'

1) Prince 288ff. 2) religious in thought. 3) aaO. 293f. 4) aaO. 53. 56. 129. Vgl. die interessante Selbstbeob. von L. G. Winston (a saint and a sinner, aber ohne Ichspaltung) in AJP XIX 562f. (Myself and I: a confession); Freuds 'Bemerkungen über einen Fall von Zwangsneurose' JPPF I 357ff.; den Fall Southwell bei Perty, Spir. 68; Verwandtes im Falle Hanna: Sidis u. Goodhart 105.

Herkunft erfährt, bloß einen äußersten Fall darstellt, von welchem über mannigfache Abstufungen hin der Weg bis zur völligen Verschmelzung des Geschiedenen führt. Ein beschränkter Grenzverkehr gleichsam wird häufig gestattet. Das gelegentliche Durchsickern von Vorstellungen und Erinnerungen des 'Andern' zB. erweist in vielen Fällen die lockere Beschaffenheit der Grenzabsperrung zwischen I und II.[1] Eine andere, für uns besonders interessante Art des Verkehrs von I nach II ist das Hereinragen des Affektes oder Gefühlstones, welcher der einen Phase zugehört, in eine andere. So kündigten sich bei Mlle Smith die bevorstehenden Botschaften der sehr entwickelten und fast dauernd tätigen somnambulen Phasen häufig schon einige Zeit vorher durch anscheinend unbegründete Gefühlszustände an, — tolles Lachen, Traurigkeit, Furcht u. dgl. m.[2] In solchen Fällen bleibt also die Vorstellung, die das Gefühl erklären könnte, völlig aus dem eben 'wachen' Bewußtsein verbannt; aber das Gefühl selbst strahlt in dieses hinein. — Ein Anzeichen weiterer Verdünnung der Scheidewand ist es dann, wenn das wache Ich den Ablauf des Automatismus willkürlich in Gang oder zu Ende bringen, seinen Ablauf beschleunigen oder verlangsamen kann,[3] oder wenn automatisch Schreibende gelegentlich die dumpfe und kaum zu beschreibende 'Empfindung' bekennen, als ob 'irgendwie' ihre Persönlichkeit mit der des eigentlich Schreibenden sich zu vermengen beginne, sich ihr nähere, sie gewissermaßen neben sich spüre;[4] oder wenn sie mit größerer oder geringerer Bestimmtheit vorauswissen, was in den nächsten Augenblicken oder Minuten geschrieben werden wird.[5]

Dies alles sind Erscheinungen des Durchsickerns, die man als Ausdruck einer gewissen gegenseitigen 'Nähe' der seelischen Phasen auffassen mag; sie erreichen natürlich ihren äußersten Grad in dem Augenblick, da soz. die Scheidewände völlig hinschmelzen. Mlle Smith zB., deren somnambule Phase 'Leopold' sich häufig genug als persönlicher Führer und Berater in ihr Wachleben mischt, hat gelegentlich 'den Eindruck, als würde oder sei sie Leopold. Das geschieht ihr hauptsächlich in der Nacht oder am Morgen beim Erwachen; sie hat zuerst die flüchtige Vision ihres Beschützers, dann ist es ihr, als ginge er langsam in sie über, als durchdränge er ihre ganze organische Masse, als würde er sie oder sie er.'[6]

Wichtiger noch für unsere Zwecke ist aber in solchen Fällen der Umstand, daß bei Charakterverschiedenheit der Einzelphasen auch das Er-

1) Vgl. zB. Prince 253f.; Jastrow 291f.; Flournoy, Des Indes 53. 102. 150. 337f.; Pr IV 317.
2) Flournoy, Des Indes 59; vgl. 47 und Ribot, Mal. de la mém. 69ff.
3) Pr XII 278.
4) S. einen Fall bei W. James, Princ. of Psychol. II 396.
5) S. Prof. Sidgwick in Pr III 26; Frau Blüthgens Selbstbeobachtungen in ÜW XIV 322—5; Mrs. Verrall in Pr XX 22. 139f.; Mrs. Forbes in Pr XX 227. Im Gegensatz dazu Mrs. 'Holland' in Pr XXI 182f.
6) Flournoy, Des Indes 117; vgl. 262f. 288; 'Le Barons' Schilderung des Endes seines 'Psychoautomatismus' in Pr XII 288; Mrs. Finchs Selbstbeobachtung (aus *Light*) in PS XXXIV 594; Hill Tout in Pr XI 310.

gebnis der Verschmelzung seinem Charakter nach von den verschmelzenden Charakteren der Teile sich abhängig zeigt.

Als zB. Einsicht und Kunst des Arztes aus Miss Beauchamps Teilen — wie berichtet — ein Wesen ohne Erinnerungslücken wiedererstehen ließ, schien der Charakter dieser vollständigen Persönlichkeit, 'soweit sich dies prüfen ließ, weder [der von] B I noch der von B IV zu sein', sondern eine 'Mischung und Verbindung'[1] der beiden, obgleich mehr B I ähnelnd, als B IV, gerade wie die Miss Beauchamp der früheren Zeit im Charakter mehr Ähnlichkeit mit B I hatte... [Dies neue Wesen] hatte die Gedrücktheit, die Leichterregbarkeit des Gefühls und den Idealismus von B I verloren; aber auch die ungeduldige Heftigkeit, die Glaubenslosigkeit, die Rachbegier und den Zynismus von B IV. Sie war eine Person von gleichmäßigem Temperament, frank und offen in ihrem Benehmen,... natürlich und einfach in ihrer Art zu denken und sich zu geben... Man hätte sie für B I in einem Zustande wiedererlangter geistiger Gesundheit halten können'.[2] Dabei legt Dr. Prince Nachdruck darauf, daß die Charaktereigentümlichkeiten der neuen, vollständigen Persönlichkeit das Ergebnis nicht so sehr einer einfachen Zusammensetzung, als vielmehr einer Verschmelzung[3] zu sein schienen. Die typischen Gefühle der einen oder andern Teilpersönlichkeit blieben erhalten; aber sie erlitten jene Abtönung und Mäßigung, die sie erst geeignet machte, als Eigenschaften einer harmonischen Persönlichkeit aufzutreten.[4]

Die geforderten Voraussetzungen für eine Verwertung der Spaltungspsychologie in der Deutung der geistlichen Einbrüche sind nun wohl gegeben; aber sofort stellt sich auch der Zweifel ein (auf den ich schon flüchtig vorauswies), daß anscheinend die Tatsachendarstellung weit über das notwendige und fruchtbare Maß hinausgetrieben sei. Läßt sich denn wirklich der (vermutungsgemäß) außerhalb des Bewußtseins gebildete Heiligungskomplex als ausgebildete Ich-Phase, als 'zweite Persönlichkeit' denken? Äußert er sich etwa als solche durch Automatismen, ehe er die Herrschaft an sich reißt und 'einschmilzt'? Hat er seine besonderen Inhalte und Erlebnisse für sich, wie eine alternierende Phase? Und bedeutet sein Einschmelzen jemals den Abschluß einer Biographie, wie wenn Hanna I und Hanna II, B I und B IV sich vereinigen, oder wie wenn Leonie I in der umfassenderen Leonie III verschlungen wird? Bleibt nicht gerade der inhaltliche Besitz des Ich nach jedem Durchbruch und jeder Bekehrung erhalten, während nur die Gefühlsbetonungen und Willensreaktionen bei gleichen Inhalten sich verändern? Und ist nicht das ein ganz und gar anderer Vorgang, als die Verschmelzung zweier Ich-Phasen?

Wir erwarten die Antwort auf diese Fragen vom Fortschritt der Erörterung und stellen zunächst fest, daß die Religionspsychologie allerdings meist andere Reifungsvorgänge, solche von unpersönlicher Art, als profane Analogien der geistlichen Einbrüche zu verwerten gesucht hat: Reifungsvorgänge, wie den lange vergeblich erstrebten Erwerb von Kennt-

1) a composite. 2) Prince 400f. 3) fusion. 4) Prince 404; vgl. 410f.

nissen oder Fähigkeiten, die lange umsonst gesuchte Lösung wissenschaftlicher, technischer oder künstlerischer Aufgaben, oft in tieferregender krönender Stunde. In einem Kapitel, welches ausdrücklich bezweckt, die 'Bekehrung als ein normales menschliches Erlebnis' zu erweisen, berichtet Starbuck von Personen meist jugendlichen Alters, denen jeweils nach langer vergeblicher Anspannung auf einem schwierigen Lerngebiet plötzlich ein entscheidendes Licht aufgeht und der Erfolg erblüht.[1] Auch in der Psychologie des künstlerischen Schaffens hat man seit langem einen Zeitraum der Vorbereitung beobachten gelernt, in welchem sich das unwillkürliche Reifen des kommenden Werkes 'in der Tiefe' durch Unruhe, selbst durch Schmerzen bemerklich macht, oder durch die Art, wie — bei etwaigen Versuchen der Ausführung — mitunter ganz andere Teile plötzlich zutagetreten, als die soeben mit Aufmerksamkeit verfolgten und gesuchten.[2] Das Hervortreten des Werkes in der schöpferischen Stunde vollends ist von zahlreichen Lieblingen der Muse mit Worten geschildert worden, die in manchen Einzelheiten an die Erfahrungen des Mystikers erinnern.

Beethoven beschreibt es als einen 'geheimnisvollen Zustand', in dem die ganze Welt von einer großen Harmonie durchdrungen scheint, Berlioz als einen wunderbaren Zustand der Glückseligkeit, ein Delirium..., in dem sein Herz sich aufzulösen scheint, er selbst nach jemand schreien möchte, der ihn am Zerfallen hindere, das entweichende Leben aufhalte. Dostojewsky deutet das Auftauchen eines innern Lichtes und die Empfindung der Nähe einer ewigen Harmonie an, und Nietzsche, in einer sehr bekannten autobiographischen Äußerung über den 'Zarathustra', spricht von 'Offenbarung in dem Sinne, daß plötzlich mit unsäglicher Sicherheit und Feinheit etwas Sichtbares hörbar wird, etwas, das Einen im Tiefsten erschüttert und umwirft. Man hört — man sucht nicht; man nimmt — man fragt nicht, wer da gibt;... eine Entzückung, deren ungeheure Spannung sich mitunter in einen Tränenstrom auflöst... Alles geschieht im höchsten Grad unfreiwillig, aber wie in einem Sturm von Freiheitsgefühl, von Unbedingtsein, von Macht, von Göttlichkeit...'

Eine Analogisierung solcher Reifungsvorgänge und Einbrüche mit denen des Religiösen darf ohne weiteres zugestanden werden; sie krankt freilich (wie ich schon andeutete) an der Schwervergleichbarkeit von Reifungen, die mehr das Vorstellungs- oder 'technische' Leben betreffen, mit solchen, die mehr dem Gefühls- und Willensleben angehören. Vielleicht unter dem unklaren Eindruck dieser Unterschiede haben die Religionspsychologen

---

1) Starbuck 137ff. Vgl. den Fall des Knaben Sch. in PS XXXII 686f. und den des 16jähr. Hauck PS XXXIII 440. Derartige Erfahrungen 'Religiöser', sogar durch Beten herbeigeführt, zB. bei Joann von Kronstadt, Anna Vetter u. a. Vgl. auch Th. Ribot, La logique des sentiments 88 über politische und ästhetische 'Bekehrungen', Jastrow 95 und Sir W. Hamiltons bekannten Bericht über seine Erfindung der Quaternionen in North British Rev. XLV 57 (auch Carpenter, Mental Physiology [1881] 537). 2) Vgl. M. Dessoir, Ästhetik u. allg. Kunstwissenschaft (Stuttg. 1906) 229ff.

denn auch noch andere profane Analogien herbeigezogen, die mehr eben dieses Gebiet betreffen: Vorgänge, wie das plötzliche Entstehen oder das ebenso plötzliche Erlöschen einer Liebesleidenschaft, das plötzliche Erfaßtwerden des Menschen durch Eifersucht, Furcht, Reue, und das plötzliche Aufhören von Angewohnheiten, Lastern, Begeisterungen für irgend etwas u. dgl. m.[1] Alle solche Erfahrungen führen eine Verschiebung des 'persönlichen Energiezentrums', der 'Hitze- und Kältegebiete' mit sich,[2] die sich wohl der ruckhaften Vergeistlichung vergleichen läßt.

Und doch fehlt auch solchen Analogien, bei aller formalen Richtigkeit, das eigentlich Durchgreifende, indem dasjenige, was sie der Erweckung vergleichen, von ungleich geringerem Kaliber ist, als die geistliche Wandlung. Jeder, der sowohl dergleichen profane Verschiebungen als auch erweckliche Einbrüche erfahren hat, dürfte letzterer eine sehr viel tiefer gehende persönliche Bedeutsamkeit, weil einen sehr viel größeren Radikalismus der Instinktwandlung zuschreiben; sofern die mystische Wandlung eben nicht Einzelneigungen, sondern die allgemeinsten Grundinstinkte des ganzen Wesens betrifft. Auch dürfte schon auf der bisher erreichten Stufe der Erörterungen fühlbar sein, wie einzigartig die aufwühlende, Ich-verlöschende Heftigkeit gerade des geistlichen Umschlags ist. Zu keiner Charakter- oder Meinungswandlung führt der Weg durch die Pforte ähnlich katastrophaler Erlebnisse. Diese Tatsache muß einstweilen als rätselhaft an unserem Wege stehen bleiben.

Dagegen bieten im gegenwärtigen Stadium der Untersuchung jene Analogien den unbestreitbaren Nutzen, daß sie uns auch bezüglich der geistlichen Wandlungen in eine Analyse der Vorstufen und Vorbereitungen hineintreiben, die uns gestatten könnte, jene Wandlungen auf eine Reifung von Komplexen außerhalb des Wachbewußtseins zurückzuführen und damit vielleicht ihre Gewaltsamkeit zu erklären. Und hier — um wieder anzuknüpfen — scheinen allerdings zunächst die weniger entwickelten Formen seelischer Spaltung bereits genügende Anregungen der Deutung zu liefern. Die eigenwillig 'angestrengte' Strecke des geistlichen Weges arbeitet durchweg mit Vorstellungen — den religiösen und ethischen —, die nicht nur einen starken Gefühlston mit sich führen, sondern die auch motivische oder (wie die Schulsprache auch sagt) psychomotorische Kraft besitzen. Hier nun muß auf den weiteren wichtigen Umstand hingewiesen werden, daß diese wirkungsgespannten Vorstellungen während jener geistlichen Vorbereitungszeit zum Teil in Zustände eingebettet werden, die mit den hypnoiden einige Verwandtschaft haben: wie die der Gebetshingabe und der Meditation; ganz abgesehen davon, daß sie oft in der Form geselliger Übung und Beeinflussung — Gottesdienst, Massenpredigt — aufgenommen werden, die ja auch dahin neigen, das persönliche Ich zu-

1) S. zB. James, Varieties 179f. 198. 2) Vgl. James, aaO. 193—198.

gunsten eines unpersönlicheren und eben deshalb für Suggestionen empfänglicheren Zustandes zurückzudrängen, oder, wie man auch sagt, die Randgebiete des Bewußtseins mehr hervortreten zu lassen.[1]

Pflanzt also die geistliche Vorbereitungszeit ihre religiösen Gebilde dem reifenden Seelenboden vielfach in einer Art ein, die der Anregung hypnotischer oder außerbewußter Komplexe zu vergleichen ist, so wirken sich anderseits derartige Komplexe auch im profanen Leben vielfach in einer Weise aus, die an die Wirkungen außerbewußter Heiligungskomplexe erinnert. Die Ausführung posthypnotischer Befehle zB., die das Subjekt gleich einem Gnadeneinbruch überfallen kann, ist häufig das Ergebnis unterbewußter Vorstellungsentwicklungen, — sagen wir: -reifungen.[2] Sodann verweise ich nochmals auf die Tatsache, daß hypnotisch gesetzte oder im Nachttraum spontan erzeugte, aber jedenfalls außerbewußt verharrende Vorstellungen häufig ihren Gefühlston — ihre Stimmung — dem Wachbewußtsein aufdrängen,[3] oder aber sonst durch ihren wirkungskräftigen Inhalt einen dem Subjekt unbegreiflichen Einfluß auf das Wachleben gewinnen, Verwirrung stiftend und doch unter den Bann ihrer Führung zwingend.[4] Oder es gelingt der Suggestion während Schlaf oder Hypnose, dem Subjekt eine Liebe zu gewissen Personen oder Dingen, oder aber eine Abneigung gegen sie einzuflößen, über deren Ursprung und seltsamen Zwang es sich natürlich völlig unklar ist.[5]

Diese Einwirkungen erreichen ihren höchsten Grad in jenen hypnotischen Suggestionen, durch die man häufig Charaktere gründlich und dauernd zu wandeln gewußt hat, die sich der bloßen Ermahnung im Wachen nicht zugänglich erwiesen. Nachdem schon vor zwei Menschenaltern Teste, einer der Klassiker des 'Magnetismus', solche Anwendung der Suggestion vorgeschlagen,[6] ist sie neuerdings besonders auf dem weiten Gebiet der übeln Angewohnheiten, krankhaften Impulse u. dgl. von Dr. A. Voisin, noch mehr von Bérillon empfohlen und erprobt worden.[7] Bérillons Theorie und Praxis sind viel umfochten, auch wohl bemäkelt worden. Unbezweifelbar sind indessen Erfolge, die er und (z. T. wohl durch ihn angeregt) auch Andere durch Suggestion und Hypnose erzielt

---

1) S. die in diesem Sinne psychologisch interessanten Vorschriften des Ign. Loyola in Zusatz I, IV und VII zu den Exerzitien der ersten Woche (zB. erste Einprägung eines Meditationsgegenstandes kurz vor dem Einschlafen). Vgl. auch das. Zus. VIII. IX; 2. Woche 1. Tag, nota IV und 3. Kontemplation. Deutlich der dem Wachen entrückte Zustand des Meditierenden bei Prof. H. E. Mitchell, Meditation (deutsch: Berlin [1907]) 28ff. Ganz hypnotistisch muten die indischen Meditationsvorschriften an. S. zB. Visuddhi-Magga c. IV bei H. C. Warren, Buddhism in Translations (Cambridge, Mass. 1900) 293ff. 2) Vgl. o. S. 46. 3) Vgl. Dr. Princes (nach Obigem offenbar ungenügende) Theorie der Bekehrung: Prince 346ff. 4) Beispiele bei Janet, Aut. 248; Névr. I 27. 5) Einen Fall von Schlafsuggestionen bei einem unglücklich Liebenden s. Steinbeck 420 (auch Kluge 274); von Haßsuggestion bei Ch. Richet, L'homme et l'intelligence 529. Vgl. auch Vogt in ZH VIII 348. 6) Le Magnétisme expliqué (1845) 435 (Janet, Aut. 246). 7) Bérillons Beobachtungen finden sich in mehreren Jahrg. der RH.

haben. Neben der Beseitigung schlechter 'Gewohnheiten' — wie Nägelkauen, Bettnässen, Selbstbefleckung — waren es auch vielfach rein 'moralische' Gebrechen: der Hang zur Lüge,[1] Dieberei, Trägheit, Grausamkeit, Störrigkeit, Heftigkeit, Feigheit u. ä., was die hypnotische Suggestion zu entwurzeln vermochte.

Dr. Bramwell, der sich Bérillons Lehren anschließt, berichtet aus der eigenen Praxis u. a. den Fall einer 22jährigen Unverheirateten, die von früh auf leidenschaftlich heftig und außergewöhnlich selbstsüchtig gewesen war; 'sie konnte nicht begreifen, weshalb sie irgend etwas für Andere tun sollte, gab ihre Charaktermängel ohne Scham zu und behauptete, jeden Zank und jede Verfeindung Anderer von Herzen zu genießen... Ich suggerierte während der Hypnose, daß sie das Zanken aufgeben und statt dessen einen Genuß darin finden sollte, Andern sich hilfreich zu erweisen. Eine vollständige Wandlung griff Platz: sie wurde zärtlich, gut gelaunt und hilfreich. Selbst in Krankheiten war keine Spur ihrer früheren Reizbarkeit mehr zu bemerken. Bis jetzt (1895 bis 1903) ist kein Rückfall erfolgt.'[2]

Was diese flüchtigen Andeutungen immerhin glaubhaft erscheinen lassen, ist dies: der religiöse Komplex vermag außerhalb des klaren Wachbewußtseins zu keimen und zu reifen; Anregungen von außen und vom wachen Ich her können diese Vorgänge fördern und vielleicht in Gang bringen; und das außerbewußte Reifen mag dann beitragen zur Deutung der Gewaltsamkeit, womit sich der Komplex in der Fülle der Zeit des Gesamt-Ichs bemächtigt. Über den letzten Ursprung dieses Komplexes freilich dürfte damit noch wenig genug erkannt sein; denn Anregen bedeutet nicht Erschaffen, und solche Wirkung von Anregungen dürfte zum mindesten ihnen entgegenkommende Anlagen voraussetzen. Es wäre also fraglos eine seichte und voreilige Ansicht: daß genügend heftige 'Suggestionen' auf jeder beliebigen seelischen *tabula rasa* ein mystisch-religiöses Leben hervorzaubern könnten. Auch in Voisins und Bérillons Subjekten dürften nur vorhandene Keime zur Reife gebracht worden sein. Immerhin ist ein erster Anfang des Verständnisses gewonnen, und wir wollen den betretenen Weg zunächst noch eine Strecke verfolgen. Die Verlockung zum Fortschritt liegt dabei in dem Umstande, daß bisher eben nur sehr gering entwickelte außerbewußte Phasen in Betracht gezogen wurden. Wie wir früher im Gebiete des profanen Lebens das Anwachsen abgesonderter 'Rinnsale' zu 'Strömen' beobachteten, wollen wir jetzt betrachten, welche Entwicklungen in mystischen Seelen dem außerbewußten Komplex beschieden sind.

1) Ein Fall von erfolgreicher Behandlung von Faulheit und Verlogenheit bei F. H. Gerrish, aus Journ. of abnorm. Psychol. ref. in JPN XVII 261f. 2) Bramwell 234f. Vgl. die Krankengeschichte der Jeanne Sch., durch Suggestionen aus einer geisteskranken Schwerverbrecherin allmählich in eine mustergültige Krankenschwester umgewandelt: A. Voisin in AMP 1884 II 289ff. Vgl. Myers I 198ff. 459ff.; Tyko Brunnberg, Hypn. als pädagog. Hilfsmittel, ZH IX 206; Bernheim 314f.

VII.

Ekstasen.

Ein Gebiet, auf dem sich diese Entwicklungen verfolgen lassen, ist das der religiösen Ekstatik. Wir dürfen die Ekstase einstweilen formal als eine 'zweite' Phase bezeichnen, die — ähnlich der Hypnose oder dem Somnambulismus — das normale Verhältnis des Ich zur Außenwelt beeinträchtigt oder aufhebt, und dementsprechend nach ihrem Schwinden Erinnerungslosigkeit oder doch getrübte Erinnerung hinterläßt. Hinsichtlich des Inhalts ist sie voraussetzungsgemäß erfüllt von 'religiösen' Erfahrungen der lebhaftesten Art; in praktischer Hinsicht sind ihre Wirkungen die der geistlichen Erlebnisse überhaupt.

Diese vorläufigen Bestimmungen sind schwankend genug; aber nicht schwankender, als der übliche Begriff der Ekstase überhaupt, von dem wir ausgehen (denn seine ganze Fülle wird erst durch die Gesamtheit unsrer Betrachtungen erschlossen werden). Der gewöhnliche Wortgebrauch bezeichnet jede überragend starke Erregung in Genuß oder Schaffen, in Anschauen und Handeln als ekstatisch,[1] und hat damit insofern recht, als auch die Ekstase im engern Sinne häufig, wenn nicht meist, einen Verlust des normalen Ich und der sinnlichen Umgebung durch übermäßiges Anschwellen einzelner Bewußtseinsinhalte, durch einen Krampf der Aufmerksamkeit auf einen Gegenstand hin bezeichnet.[2] Man hat sie daraufhin denn auch ganz von den hypnotischen und somnambulen Zuständen absondern wollen, deren hervorstechendes Merkmal so häufig Passivität sei. Doch wird dabei übersehen, daß auch bei diesen zuweilen der Verlust der Welt gleichsam durch vereinzeltes Erhaltenbleiben besonderer Inhalte bedingt scheint und die seelische Aktivität dann auf diesen Sondergebieten eine sehr beträchtliche sein kann;[3] und daß anderseits auch die Ekstatik ihre passiven, schlummerartigen Phasen kennt, wie wir ja schon aus der Beschreibung der geistlichen Erfahrungen wissen. Soweit also das Gegensatzpaar Aktivität-Passivität in Frage kommt, braucht die psychologische Vergleichbarkeit der hypnotisch-somnambulen und der ekstatischen Zustände nicht bezweifelt zu werden. Die verschiedenen Grade der 'Ligatur'[4] wie der Fähigkeit zu äußerem Handeln finden sich hier wie dort in leidlich den gleichen Formen. Wir kennen Ekstatische in Katalepsie — regloser Muskelstarrheit — und in Lethargie — passiver Muskelbeweglichkeit; wir kennen aber auch fließend redende und hemmungslos handelnde.

In mehr psychologischer Hinsicht wird eine Wesensverwandtschaft der

---

1) ZB. P. Mantegazza in seinem popularisierenden Buche Die Ekstasen des Menschen (deutsch, Jena 1888). 2) Vgl. Esquirol, Des maladies mentales I 193 (auch physiologisch ausgedrückt); ähnlich Th. Ribot, Les maladies de la volonté und E. Parish, Hallucinations and illusions (Lond. 1897) 211. 3) Vgl. o. S. 49. 4) Vgl. o. S. 23.

ekstatischen und hypnotischen Zustände schon durch die Ähnlichkeit ihrer Erzeugung wahrscheinlich gemacht. Beide sind in beträchtlichen Grenzen Erzeugnisse der Willkür. In Hypnose können sich viele Subjekte selbst versetzen.[1] Willkürlich aber ist ja zum großen Teil auch die religiöse Hypnotik, und zwar nicht nur häufig die Herbeiführung der Einzelekstase, sondern vor allem auch jene vorbereitende Schulung (das 'Training'), deren Wesensverwandtschaft mit den Vorbedingungen der Hypnose unverkennbar ist, sofern sie auf eine allgemeine Auflockerung der Ichfügung sich richtet, eine Entspannung der wachen, Ich-betonenden Instinkte fördert. So verlangt Ruysbroeck zum Zwecke der 'Freiheit' zu 'bildloser Einkehr' und 'Sammlung der Kräfte im Bande der Minne', d. i. als Vorbedingungen der Ekstase zunächst 'Gleichgültigkeit gegen Lieb und Leid, Gewinn und Verlust, Erhöhung und Erniedrigung, fremde Sorgen, Freude und Furcht'.[2] Entsprechend ist ja eine Vorbedingung der Hypnose das Aufgeben aller erregenden Gedanken: das 'Nichtwollen' und Nichtsdenken. Der Einschlafende entselbstet sich gewissermaßen zeitweilig und zu bestimmtem Zweck. Der dem ekstatischen Leben Zustrebende wird entsprechend aufgefordert, sich dauernd und gründlicher zu entselbsten und entspannen.[3] — Zu dieser allgemeinen Entspannung des Wach-Ich tritt dann vielfach ein Verfahren zur Herbeiführung der einzelnen Ekstase, das man z. T. geradezu als ein hypnotisches bezeichnen kann.

Die mannigfaltigen, in ihrem Zweck teilweise schwer durchschaubaren Atemübungen der indischen Ekstatiker (hauptsächlich die Verlangsamung des Atems und seine Führung durch bestimmte Atemöffnungen) scheinen jedenfalls auch der Absicht zu dienen, den Vorstellungsablauf zu beherrschen und schließlich anzuhalten.[4] Jedenfalls beschreitet der Inder auch den geraden Weg, der dem Hypnotiker wie dem Schlafbedürftigen gleich wohlbekannt ist: die anhaltende Einstellung der Aufmerksamkeit auf eine Einzelvorstellung, etwa einen Körperteil, oder die Geräusche des Ohres,[5] oder auch nur ein inneres Vorstellungsgebilde. Dieser Übung mag es auch dienen, wenn islamische Gemeinschaften zur Erlangung der Ekstase (neben sittlicher Reinigung) auch eine Erziehung von Wille und Aufmerksamkeit fordern.[6] Die christliche Praxis, die wohl überhaupt sich weniger nackt-wissenschaftlich gebärdete, als die ältere der Orientalen, verbarg den gleichen Kunstgriff sich selbst, wenn sie etwa die Anschauung von Bildern, die Anbetung der Hostie im halbdunkeln Raum u. ä. dem Ekstatiker empfahl. Die ermüdende Gleichförmigkeit unbequemer Körperhaltungen mag dabei auch mitspielen; eine

---

1) S. zB. Bramwell 52f. 64. 68. 97 u. sonst. 2) Ruysbroeck 51f. Ähnlich, alle Mystiker zusammenfassend, Scaramelli I 377ff. Vgl. die sufische Forderung des Vergessens aller weltlichen Angelegenheiten: Probst-Biraben in RPh 1906 II 493, und die indischen Vorschriften von yama (Zufriedenheit) und vairagya ('Verlanglosigkeit'): Keller, Yoga 12. 13 (nach Patanjali, Yoga-Aphor. c. I sl. 36). 3) Ich komme auf diese Zusammenhänge noch zurück. 4) Vgl. Patanjali bei Keller, aaO. 17; Einzelh. auch bei N. C. Paul, The Yoga-Philosophy 11. 12; R. Garbe in ERE XII 832f.; Çvetâsv. Upan. 2. 8ff. (Deussen 295ff.); islamische Parallelen bei Keller 16f. 5) Keller, aaO. 11. Über die Nabelbeschauer des Athos s. zB. Stein, Stud. üb. d. Hesychasten des 14. Jahrh. (Wien 1874). 6) Probst-Biraben, aaO. 491.

Praxis, die man wiederum am besten an den indischen Vorschriften über die *asanas* studieren kann, die unzweifelhaft auch der Konzentration dienen sollten.[1] Man muß mit dem Körper glauben, lautete ein Wort Joh. Joergensens.

Aber dieser hypnotische Quietismus der ekstatischen Praxis verdeutlicht nur eine, die negative Seite des psychologischen Tatbestandes: die Abtragung des Wach-Ich. Die Ekstase ist aber, wie schon gesagt, ebensosehr Exaltation als Entspannung. Das teilweise Wachbleiben bei tiefer Hemmung 'im übrigen' ist ekstatisch zB. dann verwirklicht, wenn ein Zustand tiefgefühlten Schauens oder Betens das äußerlich wahrnehmende Ich versinken läßt, während jene Inhalte allein erhalten bleiben. Von E. Roberts berichten die Beobachter, daß er in heftig gespanntem Gebet 'für alles Umgebende das Bewußtsein verlor. Die Zeit hört für ihn auf... Er ist unempfindlich für alles, was um ihn her geschieht. Wir haben oft gesehen, wie er mitten in einer Unterhaltung fortgezogen wurde, um mit seinem Gotte Umgang zu pflegen.'[2]

Ein Einzelzug endlich verdeutlicht die psychologische Verwandtschaft von Hypnose und Ekstase besonders schlagend: das Vorkommen des 'Rapports' auch bei den Ekstatischen, d. h. der 'selektiven' Eingestelltheit ihrer Aufmerksamkeit auf eine bestimmte maßgebende Person, wie die des Hypnotisierten auf seinen Hypnotiseur.[3]

An dem seit einer Stunde 'verzückten' Dominicus von Toledo 'wollte sein Prior eine Probe seiner Tugend vornehmen und befahl etlichen Geistlichen, daß sie ihn in seinem Namen wieder zu sich berufen sollten; er hatte aber in keiner Weise den Willen und die Meinung gefaßt, daß er zu sich komme. Die Geistlichen gingen hin, aber obgleich sie ihm mehrmals zuriefen, blieb er doch in seinem Zustand. Der Prior erklärte darauf nach einiger Zeit einigen Anwesenden beiseite, daß er jetzt den Willen habe. Kaum hatte er darauf die Worte des Befehles bei sich ausgesprochen, fing schon die Verzückung sich zu lösen an'.[4] Man könnte glauben, einer hypnotischen Vorstellung beizuwohnen. Die Annahme von Gedankenübertragung erscheint dabei überflüssig: der Ekstatische mag innerhalb Hörweite des Priors gewesen sein, und man war in jenen Zeiten nicht vor hypnotischer Hyperästhesie auf der Hut.

Ekstatische Klosterleute gehorchen übrigens meist in der 'Verzückung', wenn auch sonst niemandem, so doch dem geistlichen Vorgesetzten oder dem Beichtvater, wie das bei der M. Magdalena von Pazzi 'oftmals probiert worden'; oder es ist der Ton der Klosterglocke, der sie an Pflichten gemahnt, nach deren Verrichtung sie in die Ekstase zurückkehren; oder — eine weitere Ähnlichkeit mit Gepflogenheiten Hypnotischer — vor der

---

1) Noch anderes s. AR IX 439. 462; XII 133. 2) Phillips 87. 3) Ich setze die hier entstehenden Einzelfragen beiseite; vgl. A. Moll, Der Rapport in der Hypnose (Lpz. 1891). Über selektive Aufmerksamkeit im Schlafe vgl. (schon vor Forels bekannten Versuchen) Jouffroy, Mélanges, 2. Aufl. 290ff.; Hamilton, Lecture XVII. S. auch RH VI 357. 4) Görres II 262.

Ekstase empfangene Befehle werden in zeitweiligem Wachen erfüllt, wenn sie während der Ekstase fällig werden.[1]

Die psychologische Wesensverwandtschaft hypnotischer und ekstatischer Zustände nun vorausgesetzt, betrachten wir die letzteren näher auf ihre Inhalte hin, um ihr etwaiges Anwachsen bis zur Reife zweiter Ich-Phasen zu erforschen. Dies innere Wachstum vollzieht sich in der Richtung sowohl der Vorstellungsfülle, als auch der motorischen Äußerungen. Ermöglicht aber wird es vornehmlich durch das häufige Auftreten, das der Ekstase bei manchen Personen eignet.

Von S. Katharina von Siena sagt ihr Biograph Caffarini, daß sie 'jahrelang jeden Abend, wenn es zu dämmern begann, sich von einer unwiderstehlichen Kraft zu Gott gezogen fühlte und in eine Entzückung verfiel, die gewöhnlich sechs Stunden anhielt, während welcher Zeit sie mit der Ewigen Weisheit Umgang pflog, indessen ihre körperlichen Sinne aufgehoben waren.' Den ganzen August des Jahres 1390 schien sie in einer ununterbrochenen Ekstase zu verbringen, während welcher Zeit sie viele wunderbare Offenbarungen erhielt. Ja nach dem Eintritt ihrer mystischen 'Vermählung' mit dem Heiland wurde die Gnade, wie Br. Raymund sagt, in ihrer Seele so reichlich, daß man von ihr hätte sagen können, sie lebe in der Ekstase.[2] Auch von S. Thomas Aquinas heißt es: das ekstatische Leben sei ihm so zur Gewohnheit geworden, daß er schließlich kaum seinen Geist zur Betrachtung zu sammeln vermochte, ohne in einer Entzückung hingerissen zu werden.[3] Die Ekstase ist solchergestalt manchen Heiligen beinahe die natürlichere Bewußtseinslage, gegen die sie sich weit mehr wehren, als daß sie sich zu ihr emporarbeiten müssen. S. Philipp Neri mußte zu einer Zeit seines Lebens sich 'geradezu Gewalt antun, um sich wie andere Menschen zu benehmen, und trotz seiner Anstrengung versank er, wenn er seiner Gewohnheit des Gebets im allergeringsten Maße nachgab, sofort vollständig in Komtemplation. Redete man ihn [dann] an, so gab er irgendeine Antwort, die nichts mit der Sache zu tun hatte, und mußte sich dann schütteln oder im Zimmer auf und nieder gehen, ehe er zu sich kam... Bisweilen mußte man ihn an den Kleidern zupfen, um ihn zu sich zu bringen, und dann machte er eine Gebärde, als wäre er eben aus einem tiefen Schlaf erweckt.'[4]

Über die bewußten Inhalte der Ekstase mag es trotzdem nicht leicht sein, in allen Fällen sich Klarheit zu verschaffen, und unstreitig kann das äußerlich gleiche oder ähnliche Bild beträchtlich verschiedene innere Erlebnisse decken. Soweit äußere Andeutungen während der Ekstase und die nicht immer ergiebigen späteren Erinnerungen ein Urteil zulassen, fehlen Gefühlserlebnisse heftigster Art fast nie. Doch haben reine Gefühlszustände, von denen wir ja ein mehreres schon früher hörten, im gegenwärtigen Zusammenhang, wo es sich um die Entwicklung der Ekstase

---

1) S. zB. Labis, ch. XXIX; David 124f.; Görres II 508 (Maria v. Mörl); Tir. Ekst. I 62; Bougaud 175. 179. Ähnlich Janets Laboratoriums-Ekstatische (Névr. I 95ff.). 2) Drane I 50. 112. 106. 3) Thomas Aquinas II 916. 4) Bacci I 171f. Einige Angaben über Häufigkeit und Dauer der Ekstasen bei einzelnen Heiligen s. bei Görres II 278f.

als eines ‘zweiten Zustandes’ handelt, das geringste Interesse für uns; es sei denn als gegebene Kristallisationspunkte für stimmungsverwandte Vorstellungen. Solche Vorstellungen erlangen im eingeengten Ich des Ekstatischen fast immer stärkste Anschaulichkeit und Sinnlichkeit, und hierüber gedenke ich mich erst zu verbreiten, wenn unser Gedankengang zur Besprechung des mystischen Visionslebens drängt.

Wichtiger für unsern Zweck wäre aber augenscheinlich die Beobachtung von Ekstasen, deren Inhalt sich in Handlungen äußert, weil hiermit ein bedeutsamer Schritt zur Entwicklung ‘zweiter’ Phasen getan wäre. Und sicherlich ist der leibliche Bewegungsapparat das letzte, was der ekstatische Komplex an sich reißt. Wir lernten schon früher[1] mystische Zustände kennen, in denen ein halb ekstatisches Gefühlserleben das Ich gleichsam umnebelt, die leibliche Tätigkeit aber noch, in halb automatischer Weise, den Zusammenhang mit der sinnlichen Außenwelt bewahrt. Solches Genießen der ‘Liebe’ oder der ‘Gegenwart Gottes’ im Innern, während man ‘im äußern Teile’ noch handelt, ist eins der gewöhnlichsten mystischen Vorkommnisse[2]. Erfahrene Theoretiker der Mystik haben in der Tat schon hier das innere Erlebnis einer Zweiheit des Bewußtseins feststellen zu dürfen gemeint.

S. Johann vom Kreuze betont an diesen ‘Gunstbezeugungen’, sofern sie sich ‘vollständig im Geheimen, d. h. ausschließlich dem Geiste mitteilen’, daß sich dabei ‘die Seele im Augenblick, da diese Dinge vorfallen, ohne dies Geheimnis zu begreifen, so hoch über ihren niederen Teil erhoben sieht, daß sie in ihrem Innern gewissermaßen zwei unterschiedene Wesen feststellt, von denen das eine nichts mit dem andern gemein zu haben scheint, so sehr sind sie durch einen unermeßlichen Abstand voneinander getrennt’.[3] Und Mme Guyon hatte von verwandten Zuständen gesagt, es ‘scheine der Seele, daß in ihr gleichzeitig zwei Seelen und zwei Unterhaltungen seien, und daß die des Innern unendlich viel mächtiger sei als die des Äußern’.[4]

Diese Spaltung wird sich natürlich noch vertiefen, wenn zu der gefühlsmäßigen Hingerissenheit die innere Beschäftigung mit entsprechenden Vorstellungen tritt. Wir werden dann bald einen ‘kritischen Punkt’[5] erreichen, nach dessen Überschreitung die noch bestehende Zweiheit schwindet, der Bewegungsapparat vom ekstatischen Ich an sich gerissen wird, und wir nunmehr das Bild einer handelnden Ekstase, eines mehr oder minder entwickelten ekstatischen Somnambulismus vor uns haben. Zuweilen geht diese Tätigkeit allerdings nicht über ein Reden, natürlich religiösen Inhalts, hinaus. Die geistliche Lebensbeschreibung berichtet zB. von vielen, die Jahre hindurch mehr oder minder häufig eksta-

---

1) S. o. S. 22f. 2) Vgl. zB. noch Thorold 162; Gertrud I 124; Deutsche Theol. 41; David 29; S. Alph. Rodr. 57; Divine cloud 225; Reitz III 114. 115; Asín 234 (Abenarabi, Fotuhat I 326, ed. Cairo 1293 Heg.). 3) S. Jean III 475 (N. O. l. II ch. 23); vgl. II 79 (Sub. I, 11). 4) Guyon, Opusc. 173 (Torrens I, 5, 12). 5) Vgl. o. S. 54.

tisch gepredigt.[1] Magdalena von Pazzi scheint dabei, mit Ausnahme der Sprechwerkzeuge, in kataleptischem Zustand gewesen zu sein.[2] Erinnerungslosigkeit nach der Rede dürfte in solchen Fällen die Regel sein, wie nach jeder somnambulen Tätigkeit.

Zu Zeiten von Massenbekehrungen (*revivals*) ist solches ekstatische Reden häufig beobachtet worden, wie zB. während einer älteren Bewegung dieser Art unter dem Landvolk in Småland (Schweden), die diese Erscheinung unter der Bezeichnung *rop* (Ruf) weithin bekannt machte. Der Rop äußerte sich bei einigen als ein bloßes Zur-Buße-rufen; bei Reiferen gewann er die Form gedankenvoller langer Reden in fehlerfreier, belebter, erhabener Sprache, von Eifer und Ernst getragen, von tiefer Menschenkenntnis zeugend und mit treffend gewählten Schriftstellen durchsetzt, deren Anwendung im Munde ungebildeter Bauermädchen Erstaunen erregte. Der ekstatische Zustand der 'Rufenden' unterlag keinem Zweifel. Nach einigen Zuckungen verfielen sie in völlige Verzückung, meist auf dem Rücken liegend, aber auch stehend, mit geschlossenen Augen und zuweilen mit den Händen Gebärden machend. Nichts konnte dann den Rop zurückdrängen, nicht einmal ein Zuhalten des Mundes und der Nase seitens der Umstehenden. Körperliche Krankheit, dies betonen die älteren Beobachter ziemlich harmlos, hatte nichts mit der Anfälligkeit zu tun. Die Nachwirkungen waren eher angenehm, als schädlich: selbst nach sehr langem Rop folgte ein Gefühl der körperlichen Leichtigkeit und Frische. (Vielleicht ein Rest der ekstatischen Anästhesie?) Und nach dem Zusichkommen bestand Erinnerungslosigkeit für die eigenen Äußerungen. Der religiösethische, verjenseitigende Charakter des Ganzen äußerte sich in den tiefempfundenen Sündenbekenntnissen, mit denen manche den Rop begannen, in dem Inhalte der Reden selbst, in der verbleibenden seelischen Freudigkeit und den für Erweckungen typischen Nachwirkungen der 'Epidemie'.[3] — Beobachter der Walliser Erweckung vom Jahre 1905 liefern uns z. T. ähnliche Bilder in ihren Beschreibungen des *hwyl*, jenes halb oder ganz gesungenen Redestroms von hinreißendem Pathos und künstlerischer Erhabenheit, in den der Betende oder Redende sich hineinsteigert, bis sein Ich ekstatisch verlischt, und der keine Erinnerung, aber stark erweckliche Wirkungen zurückläßt.[4] Prof. J. Morris Jones berichtet,[5] daß er einfache Landarbeiter und Hüterjungen, völlig unwissende Leute, in einen solchen Redestrom vom reinsten klassischen Gälisch ausbrechen gehört habe: 'ihr Stil ist häufig reiner und schöner, als ich ihn je zu erreichen hoffen könnte, und kann unmöglich durch gewöhnliche menschliche Maßstäbe erklärt werden'. 'Ein junges Mädchen,' sagt ein Versammlungsleiter, 'betete vor 2000 Personen, und die Art, wie sie die Lehre von Christi Herrschergewalt behandelte, die passende Verwebung von Bibelstellen und Zeilen aus unserem Gesangbuch, in klas-

1) Görres II 402ff. 2) Dazza 309; vgl. 297ff. 312ff. Weitere Beispiele bei Arnold III 223*b*; bei Mirville 256f.; in ÜW VII 235f. (August Schüler); in Reden von Hellsehenden über rel. Gegenstände I (Basel 1824), II (Stuttgart 1825). 3) Darüber mehr an anderer Stelle. 'Einiges üb. d. sog. Predigtkrankheit in Schweden...' in Ev. Kirchen-Ztg. XXXVIII (1846) Spalte 176—190; hier mit Einschaltungen aus Sondén, Mém. sur l'extase qui regnait en Suède en 1841 et 1842. Aus Gaz. méd. de Paris, 2. sér. II (1843) bei Ideler I 222ff. 4) S. zB. das Zeugnis Fursac 142. 5) The Times, 31. Jan. 1905. (Jones war Prof. des Gälischen am University College in Anglesey.)

sischem Gälisch, würde den gelehrtesten Theologen unter den Walliser Kanzlerrednern Ehre gemacht haben.'[1]

Gerade solche Steigerungen der Leistungsfähigkeit aber, wie sie hier die Erregung der Erweckung begleiten, sind aus der Psychologie der 'eingeengten', 'somnambulen' Zustände wohlbekannt.[2]

Bei Vielen tritt zum Reden ein Handeln, das den ganzen Körper beschäftigt. Meist ist es dann, in rechter Traumart, ein visionäres Erleben, an dem der Ekstatische teils als Zuschauer, teils als Mitspieler teilnimmt; mit Vorliebe ein Erleben des Passionsdramas.

Die ekstatische Maria-Magdalena von Pazzi 'betrachtet' die Leidensgeschichte des Heilands, d. h. sie schaut sie in der Entrücktheit, so daß sie 'mit so großem Zorn zu den Juden und so hertzlichem Mitleiden zu Jesu redte, daß alle, so gegenwärtig, zu vilfältigen Weinen und großen Mitleyden bewegt wurden.'[3] — Als 'Mitspielerin' im vollen Sinne sehen wir die Johanna von Jesus-Maria im S. Klara-Kloster zu Burgos, die ebenfalls die Passion von jedem Donnerstag bis Freitagabend in voller Entrückung betrachtet, wobei sie aber, 'im Geiste in den Saal des letzten Abendmahls versetzt, die Fußwaschung in allen Stellungen ausführt, den Lobgesang singt, dann den Kampf in Gethsemane darstellt usw. Am Freitag von 4 Uhr morgens an geht sie von Pilatus zu Herodes, erlebt die Geißelung, wobei ihr Antlitz bleich, todfarbig wird, von 10—2 legt sie sich ein eisernes Kreuz, 33 Pfund schwer, auf die Schultern und geht damit auf den Knien durch die Zelle. Am Nachmittag legt sie sich auf ein größeres hölzernes Kreuz, das sie besitzt, wobei sie angeblich aus dem Haupte wie auch den fünf Wunden Ströme von Blut vergießt. Gegen die dritte Stunde ruft sie das Eli, Eli aus, verzieht Mund und Gesicht bei dem bittern Trank, schreit: es ist vollbracht, senkt das Haupt und ist fast atemlos. Und dies alles wiederholt sich etwa zwanzig Jahre hindurch.'[4]

Auch was wir somit einstweilen über die Inhalte des ekstatischen Bewußtseins erfahren, bestätigt im allgemeinen seine Wesensvergleichung mit andern 'zweiten Zuständen'. Indessen scheint noch immer zweifelhaft, ob die Ekstase wirklich den mehr als halbentwickelten hypnotisch-somnambulen Zuständen verglichen werden dürfe; davon vollends, daß sie sich bis zu 'zweiten' alternierenden 'Persönlichkeiten' ausgewachsen, haben wir keine Spur zu entdecken vermocht. Soweit sie aber einfachen hypnotischen Phasen vergleichbar ist, fragt sich noch überdies, ob sie bei öfterem Auftreten jene inneren Zusammenhänge von Anfall zu Anfall erkennen lasse, die man von einem besonderen phasenhaften Komplex — hier also dem Heiligungskomplex — erwarten müßte, oder ob sie nicht vielmehr immer nur einmalige — oder richtiger (wenn der Ausdruck erlaubt

1) Vgl. Dyer 40. 81 über improvisiertes Dichten und Komponieren; Davenport 173 (aus Wesleys Journal über John Dennis). 2) S. u. Kap. IX. 3) David 36. 4) Vieles hiervon notariell bestätigt: Görres II 479ff.; vgl. das. 260 (Dominicus a Jesu Maria); 475f. (Agnes v. Jesu). Vgl. auch Imbert I 279. 282. 287; II 32f.; Poulain 173f. Profane Parallelen: Tir. Ekst. II 21; Flournoy, Des Indes 264f.; Raymond, Leç. sur les mal. du syst. nerv. 737. Über 'Schlaftänzerinnen' s. schon Despine 196.

ist): von-mal-zu-malige Erlebnisse darstelle. Dies Bedenken wird um so dringender sein, je einfacher der Vorstellungsinhalt der Ekstase ist; denn das wesentliche Merkmal der zeitlichen Geschlossenheit eines Komplexes liegt ja in der Erinnerung, und die Möglichkeiten der Erinnerung wachsen mit der Inhaltsfülle des erinnerten sowohl wie des erinnernden Zustandes.

Immerhin können, wie mir scheint, selbst an reinen Gefühlsekstasen objektive Kriterien z. T. an die Stelle jenes subjektiven treten. Die Häufigkeit der Ekstase bei so vielen Mystikern macht es nämlich wahrscheinlich, daß hier — bildlich gesprochen — gewisse seelische Bruchstellen vorgebildet seien, an denen das Bewußtsein auseinanderzufallen eine Neigung habe. Ein ekstatischer Komplex, eine ekstatische Einstellung liegen wirklich wie etwas dauernd Vorgebildetes so leicht verfügbar bereit, daß man ohne weiteres auf ihre Gleichartigkeit von mal zu mal schließen möchte; diese Gleichartigkeit aber dürfte als Äquivalent der Erinnerungsfähigkeit angesehen werden, selbst wo sie nicht tatsächlich die Grundlage zu Erinnerungen abgibt.

Dies lebendige, oder sagen wir: 'gespannte' Bereitliegen einer vorgebildeten ekstatischen Einstellung wird u. a. durch die Tatsache angedeutet, daß so häufig nur ein leichter Reiz — ein 'Anschlag', könnte man sagen — erfordert wird, um das Umkippen in die Ekstase herbeizuführen. Dieser auslösende Anschlag besteht natürlich in einem erregenden Eindruck oder Gedanken religiösen Inhalts, wie denn zB. bei S. Joseph von Copertino 'jedes Ding, das sich irgend auf Gott bezog, Glockenklang wie Kirchengesang, die Nennung des Namens des Herrn, seiner Mutter oder der Heiligen, irgendeine Erzählung aus der Leidensgeschichte, die Erwähnung des Paradieses oder der Anblick eines heiligen Bildes die Ekstase hervorzurufen vermochte, so daß, da es an solchen Veranlassungen nie fehlte, beinahe eine der anderen folgte.'[1]

Haftet diesen Vergleichen nun freilich noch eine gewisse Zweideutigkeit an — denn die 'Ekstase' müßte mehr sein als ein bloß kataleptischer Zustand —, so vermute ich anderseits doch auch, daß das Kriterium des Erinnerungszusammenhanges von Ekstase zu Ekstase in Wahrheit häufiger verwirklicht sei, als uns ausdrückliche Beobachtungen oder gar Berichte glauben machen möchten. Aus theoretischen Gründen ist es mehr wie wahrscheinlich, daß das inhaltlich reichere ekstatische Bewußtsein sich gelegentlich auch erinnern werde, Ähnliches oder Gleiches schon früher geschaut, gedacht, begriffen zu haben (wie auch der Träumer zuweilen den Traum als Wiederholung oder Fortsetzung früherer Träume zu erkennen glaubt); mindestens aber daß der Inhalt der einen Ekstase häufig

1) Görres II 254f. Vgl. das. 75. 253. 267. 498. 523; Imbert I 209; Labis 137; Drane I 47; Keller, Yoga 10f. (üb. Übungen des Bhakti-Yoga). Üb. leichte Willkürlichkeit der Ekst. s. Auger 166; J. C. Oman, The mystics, ascetics and saints of India... (Lond. 1903) 97; Carra de Vaux, Gazali (Par. 1902) 197; Cardanus, De rerum varietate c. 43 (bei Arnold II 324).

tatsächlich dem der früheren gleichen oder — noch besser — seine Fortsetzung bilden werde. Dies ließe sich zB. in Fällen ekstatischer Rede unschwer nachprüfen. Ich erinnere an einen in der Fachliteratur verbreiteten Bericht von Sauvages aus dem Jahre 1737 über ein 24jähriges Mädchen, das in einem Zustande gänzlicher Empfindungslosigkeit wörtlich einen Katechismus wiederholte, den sie kurz zuvor angehört hatte, und daraus moralische Anwendungen zur Belehrung und Erbauung der Hausleute zog. Es wird nämlich dabei erwähnt, daß ihre Rede sich auch auf das bezogen, was sie am Tage zuvor in demselben Zustand gesprochen.[1] Unstreitig dürfen wir in solchen Fällen eine Anfangsstufe jener Reihe sehen, an deren Ende die Ausbildung einer vollständigen 'zweiten Persönlichkeit' liegen würde. Nur scheint es, daß wir eben über diese Anfangsstufe nicht hinauskommen und die Verwendbarkeit der früheren Beschreibung außerbewußter Bildungen für die Deutung der religiösen Reifungen eben damit ihre Grenze finde. Wer hat auch je davon gehört, daß sich der religiöse Komplex zu einem vollständigen Sonder-Ich mit eigener biographischer Erinnerung entwickelt hätte, wo also dann die Ekstase im wahren Sinn den einzelnen 'Auftritten' des 'Andern' vergleichbar gewesen wäre? Oder gar zu einem 'umfassenderen' Ich von der Art der Leonie III, das mehr vom Leben der Person erinnert hätte, als der wache Heilige? Nicht zB. die religiöse B I ließe sich darum dem religiösen Komplex vergleichen und ihr charakterologisches Einschmelzen — der 'Bekehrung' durch diesen Komplex; aber ebensowenig die hypnotische B II, welche die Erinnerungen von B I und B IV umfaßte. Vielmehr wären wir immer noch nicht wesentlich über den Vergleich der Bekehrung mit dem Einschmelzen gewisser 'Rinnsale' — Vorstellungsgruppen mit Gefühls- und Willensneigungen — hinausgelangt.

Ehe ich nach weiteren Auswegen aus dieser Beschränkung suche, will ich indes nicht unerwähnt lassen, daß wenigstens hypothetisch ein Fall sich anführen läßt, der das Schema der vollen Alternation verwirklicht zeigt, d. h. die völlige Absonderung des geistlichen Zustandes in einer zweiten Persönlichkeit vom Typ des entwickelten Hanna II.

Ein französischer Gelehrter von Ruf, Psychologe aus Liebhaberei, Ch. Jundt, hat geglaubt, in einer älteren religiösen Lebensbeschreibung die Spuren eines solchen Vorgangs nachweisen zu können. Unter den Gestalten der süddeutschen Mystik des Mittelalters finden sich zwei, deren Verhältnis zueinander den Fachleuten viel Kopfzerbrechen und Streit verursacht hat. Rulman Merswin, den Straßburger Kaufherrn, und den 'Gottesfreund vom Oberlande', der bei der Erweckung Taulers eine bedeutende Rolle spielte, halten die Einen für zwei gesonderte Persönlichkeiten, während Andere die Existenz des Gottesfreunds überhaupt leugnen und die unter seinem Namen vorhandenen Schriften für bewußte Fäl-

1) Zit. u. a. bei T. E. Clarke, Trance and Catalepsy, in Quart. Journ. of Psychol. Medic. & Med. Jurispr. III (1869) 656.

schungen Merswins erklären.[1] Eins scheint mit Sicherheit aus den Darlegungen beider Parteien hervorzugehen: daß die Charaktere der zwei Männer, soweit sie aus ihrer Nachlassenschaft beurteilt werden können, recht verschieden voneinander gewesen sind: Merswin ein scheuer Mensch, schweigend und untätig, nicht unreligiös, aber auch nicht von Religion durchdrungen; der Gottesfreund dagegen ein geistlicher Charakter von großer Gewalt und vorwärtsdrängender Missionar. Jundt hat nun den Versuch gemacht,[2] das Rätsel dieser 'Proteusnatur', welches P. Denifle verwirrte, dadurch zu lösen, daß er die wesensverschiedenen Charaktere als zwei zerspaltene Teil-Iche von gesondertem Wachstum darstellt, unter ausdrücklicher Berufung auf Beobachtungen, wie die, von denen unsere augenblicklichen Erwägungen ausgehen. Doch will ich auf die einzelnen Beweisgründe Jundts nicht eingehen, die, so lehrreich sie für unsern Zusammenhang sind, den Fall über die Grenzen des Hypothetischen natürlich nicht hinauszuführen vermögen.

VIII.

Automatismen.

Tatsächlich sind nun aber solche hypothetische Deutungen nicht der einzige Ausweg aus dem unbefriedigenden Zustand unserer Vergleichung von Ekstase, außerbewußtem Heiligungskomplex und Teil-Ich. Aus der Darstellung der seelischen Spaltungen wissen wir bereits, daß der 'zweite' Komplex nicht nur durch seinen 'Eintritt' (unter Verdrängung des Ich) sein Dasein erweisen kann, sondern auch durch Einmischung in das fortbestehende Ichleben, durch Automatismen. Daß Automatismen im geistlichen Leben häufige Vorkommnisse seien, müßte nun geradezu gefordert werden, wenn die Voraussetzung richtig ist, daß seine Entwicklung unter der Leitung eines außerbewußt reifenden Komplexes steht. Diese Erwartung wird durch die Beobachtung bestätigt, und wir erhalten in den Automatismen des religiösen Lebens nicht nur eine allgemeine Stützung der bisher vorgetragenen Anschauung, sondern auch einen neuen Maßstab für die innere Reifungsstufe des religiösen Komplexes. Denn in der Tat zeigen sich diese Automatismen nicht bloß als unpersönliche zerstreute 'Rinnsale', als vereinzelte Antriebe oder Einfälle (wo sie sich dann natürlich in die banalsten Formen außerbewußten Mitlebens verlieren); sie durchlaufen vielmehr alle Stufen bis zur zusammenhängenden Äußerung einer selbstbewußten, charakterbestimmten, zielstrebigen zweiten Ich-Persönlichkeit, mit der eine Unterredung geführt werden kann, wie zwischen Leonie I und Leonie II, oder zwischen Sally und Miss Beauchamp in einem ihrer Zustände.

Schon diese Spanne vom Rinnsal bis zur Persönlichkeit liefert eine beträchtliche innere Mannigfaltigkeit der Erscheinungen; und doch natür-

1) ZB. Preger III 245 ff. einerseits, Denifle (Die Dichtungen des Gottesfreundes im Oberlande) anderseits. 2) Ch. J., Rulman Merswin et l'ami de Dieu de l'Oberland (Par. 1890).

lich nicht die einzige, die uns am Leben des religiösen Automatismus fesselt. Die Art zB., das Mittel, man könnte sagen: die Sprache seiner Äußerung ist eine wechselnde; denn fast jedes Sinnesgebiet und jede motorische Bahn steht zu seiner Verfügung und kann in den mannigfachsten Graden technischer Vollendung gehandhabt werden. Sein praktischer Inhalt, seine innere Zielstrebigkeit von Fall zu Fall ist nicht minder beachtenswert; denn wenn er natürlich auch stets — der Voraussetzung nach — dem religiösen Nutzen des Betreffenden dient, so ist es doch nicht unwesentlich, ob er unmittelbar der ursprünglichen 'Bekehrung', der asketischen Entselbstung, der moralischen Einzelberatung, der allgemeineren Lebensführung, der Lenkung einer ganzen Gemeinschaft, der dogmatischen Belehrung, der Erbauung oder was sonst noch dient. Es wäre pedantisch und doch verwirrend, diese einzelnen Gesichtspunkte in gesonderten Übersichten durchführen zu wollen; die Wirklichkeit der Tatsachen wirrt sie natürlich unlösbar durcheinander. Vielmehr will ich die kurze Darstellung, die ich dem Leser schulde, in eine Ordnung bringen, die bald dieses, bald jenes Interesse in den Vordergrund rückt und doch im allgemeinen von früheren und einfacheren zu späteren und reicher entwickelten Erscheinungen fortschreitet.

Ich beginne mit einem kurzen Hinweis auf Automatismen, die soz. die Berufung zu jenseitigem Leben verkörpern.

Von der berühmten Bourignon werden Automatismen — und zwar innere Einsprachen in der Ich-Person; wir können vermuten: in Form von schwach entwickelten Halluzinationen, oder vielleicht von zwangsweisem Halbsprechen — aus ihrer Jugend berichtet, da ihre geistliche Entwicklung jedenfalls erst in den Anfängen war. Man wird vielleicht Zweifel in die Berichte setzen, wie ja die Bourignon überhaupt von der neueren Kritik sehr hart verdächtigt worden ist. Immerhin fallen die bedenklichen Züge in die späteren Abschnitte ihres bewegten Lebens, und was die Automatismen ihrer Jugend anlangt, so dürfen wir nicht nur bei der hochbegabten Frau genügend klare Erinnerung für eine zutreffende Darstellung voraussetzen, sondern der Typ dieser Erfahrungen an sich ist auch hinreichend verbreitet, um diese Darstellung glaubhaft erscheinen zu lassen. Wie dem auch sei, es wird von ihr berichtet, daß Gott schon in ihrer Kindheit, 'soweit sie sich zurückerinnern konnte', 'ganz gemeinsam' mit ihr umging und im Herzen redete, so daß sie damals der Meinung war, daß alle Menschen diesen nahen Umgang mit Gott besäßen. Dieser innere Unterredner nun scheint bei ihr geradezu das Mundstück von Entwickelungen gewesen zu sein, die auf ihre Berufung und völlige Vergeistlichung hinarbeiteten. 'Verlaß alles Irdische; sondere dich ab von der Liebe der Geschöpfe; verleugne dich selbst,' spricht er zu ihr, worauf sie zunächst erschrickt und in Angst gerät, weil sie sich durch die Liebe der irdischen Dinge gefesselt fühlt. Noch als sie später zu besonderer geistlicher Arbeit berufen werden soll, weigert sie sich dessen und tritt der inneren Stimme mit Zweifeln und Einwürfen entgegen; zB.: Er: 'Willst du denn nicht arbeiten in meinem Weinberge?' Sie: 'Ich bin nicht geschickt dazu; gebrauche lieber jemand anders als mich.' — Als sie in ein Augustinerkloster gebracht wird, damit die Unruhe sich lege, die ihre gesteigerte Religiosität um sie her entfachte, fragt sie Gott, ob dies der Ort sei, wohin er sie gerufen habe; was er verneint: sie müsse seinen evangelischen Geist wieder aufrichten; der Klöster, darin dieser herrsche, sei jetzt noch keines auf Erden; sie werde davon die Ursache und der Anfang sein. 'Gehe von hier; ich habe mit dir etwas anderes vor'. 'Höre du auf', sagt er ihr später, um sie vom mündlichen Gebet zur Kontemplation zu führen, 'Ich will alles tun.'[1]

Die 'Bekehrung' selbst ist von Manchen als ein Automatismus bezeichnet worden, und nicht ohne Sinn, sofern sie oft den ersten entscheidenden Einbruch aus dem außerbewußt reifenden Komplex ins Ich darstellt. Auch wir haben schon erfahren, daß sie häufig von einzelnen greifbar automatischen Erlebnissen — vor allem Gesichten und Einsprachen — begleitet wird.[2] Wie nun aber die 'Bekehrung' durchaus nicht die abschließende Vereinheitlichung des Lebens zustande bringt, sondern höchstens den Komplex zu entscheidender Mitherrschaft heranführt, so ist in jeder praktischen Hinsicht meist erst der Fortgang des geistlichen Lebens das Hauptfeld der automatischen Führung, und an den Formen dieser Führung, die von so vielen Erweckten dankbar gepriesen worden, läßt sich in der Tat die ganze innere Formentwicklung der automatischen Phase beobachten.

In vielen Religiösen beschränkt sich diese innere Lenkung des Willens auf die unbestimmten Formen der Neigung oder des Einfalls, wie sie jeder Mensch in Augenblicken erfährt, da er die Zügel persönlichster Selbstbestimmung ein wenig schießen läßt. Sind ja doch gewisse Magnete immer unter Oberfläche unsres Bewußtseins tätig. Doch scheint es, daß der geistliche Mensch dieser Art der halb passiven Selbstlenkung besonders gründlich unterworfen ist, schon weil er gewohnheitsmäßig den 'eigenen' Willen geringschätzt und zu vernichten sucht. Anderseits ist seine Natur gerade infolge der Bekehrung viel mehr auf einen Akkord gestimmt und seine Handlungsweise in jeder Lage durchschnittlich eindeutiger bestimmt als die des Weltmenschen. Er hat darum meist gute Gründe, sich der ungewollt auftretenden Zielvorstellung willig hinzugeben. Dies ist der 'leise innere Zug', das 'Flüstern der Stimme des Geistes Gottes', auf die der Religiöse hinhorcht, während er vor einem Entschlusse stillhält.

'Zu gelassenen', d. h. entselbsteten 'Seelen sagt Gott: Denke du für mich, so will ich für dich denken.' 'Ohne [diese] Anregung Gottes,... ohne seine Sendung unternimmt [eine solche Seele] nichts, auch nicht ein gutes Werk.' 'Nur reine, stille Seelen fühlen diese zarten Züge und Eindrücke,' durch die sie erleuchtet und

---

1) Bourignon, Leben 5. 19f. 48. 54f. 61f. Vgl. über S. Franziskus: Vita trium soc. c. II (Ende); über die automatisch-unwiderstehliche 'Berufung' des geborenen 'Schamanen' zB. AR VIII 467ff.; XIV 235. Indisch: Oman, aaO. 230f. 2) Das sonderbarste mir bekannte Beispiel einer von Automatismen begleiteten und gleichsam erzwungenen Bekehrung bietet M. Fontaine, Staatssekretär unter Ludwig XV. S. Calmeil I 331ff. (aus Montgeron) und vgl. die Bekehrung des Quäkers J. Gilpin, bei Ideler I 34ff.

geleitet, aber auch bestraft, gebessert, gestärkt, verwandelt werden. Der eigene Wille ist dabei nicht notwendig abgeschnitten, wohl aber in einem Zustande der überleichten Biegbarkeit, die ihn zum gefügigen Werkzeug jenes innern Zuges macht. 'Man muß rudern, aber nicht gegen den Wind. Wir müssen tun und wirken, aber nach dem Triebe des Heiligen Geistes, der sich von geübten Seelen wohl fühlen läßt, die nur wirken, weil sie von Gott bewegt werden und also seine Bewegungen wohl kennen.'[1] — Wieweit diese Führung in kleinen und kleinsten Dingen ausgenützt werden kann, ersehe man etwa aus folgenden Angaben über den amerikanischen Sektierer Prince: 'Bedurfte er einen Stuhl in seinem Zimmer, so fragte er den Geist um Erlaubnis, sich einen zu kaufen. Nicht einen neuen Rock zog er an, nicht einen Regenschirm nahm er in die Hand, ohne zum Gebet seine Zuflucht genommen zu haben. Ja sogar in den allergewöhnlichsten Dingen gab er auf, selbst zu denken, und folgte nur noch den Eingebungen des Geistes, wie er es nannte, auch wenn sie ihm gegen sein eigenes Bestes zu gehen schienen.'[2]

Zuweilen mag eine gewisse Plötzlichkeit, oder überraschendes Auftreten, oder besondere Bildhaftigkeit, oder aber ein gewisses Abliegen von dem Jüngstbewußten, oder das Eintreten auf Gebet hin den Augenblick der inneren Leitung von dem übrigen innern Erfahren abheben und den Frommen veranlassen, sie in besonderer Weise 'Gott' zuzuschreiben.

'Während ich, erzählt zB. Finney, in Brownville war, offenbarte mir Gott, daß er seinen Geist in Gouverneur ausgießen werde, und daß ich dorthin gehen müsse und predigen... Ich hatte an den Ort seit Monaten nicht gedacht; aber im Gebete wurde mir die ganze Sache gezeigt, klar wie der lichte Tag, daß ich mich aufmachen müsse und in G. predigen.'[3]

Große Steigerungsmöglichkeiten der Deutlichkeit und Stärke besitzt der Automatismus zunächst nach der Seite der sinnlichen Ausprägung hin, in der Art, wie er sich 'sensualisiert', wie sich (um das Beispiel der Führung beizubehalten) die Zielbegriffe zu innerlich gehörten Befehlen, zu vorwärtstreibenden Gesichten, also zu Halluzinationen heranbilden; über alle jene verschiedenen Grade der Entwicklung hin, die uns die Psychologie der Halluzinationen kennen gelehrt hat: von der Halbwahrnehmung-Halbvorstellung bis zur völlig nach außen versetzten und verörtlichten, von der Wirklichkeit nicht unterscheidbaren Sinnestäuschung.[4] Seit den Zeiten des Sokratischen Daimonion hat manches berühmte und unberühmte Wesen einen namenlosen Warner oder Ansporner in Gestalt einer 'inneren Stimme' bei sich geführt. Aber der Eindruck besteht (der sich freilich nicht zur Gewißheit erheben läßt), daß religiös Erweckte in dieser Hinsicht bevorzugt sind.[5]

---

1) Bernières-Louvigni 43. 27. 32. 42; vgl. 140ff. 2) Dixon 239f.; Apostelgesch. 16, 6. 7. 3) Finney 93. 97ff. Vgl. Gertrud I 117; Chasle 49. 4) Dr. M'Dougall hat gegen Myers' Einordnung von Halluzinationen unter die Automatismen eingewandt, daß sie, als bewußt, dem normalen Bewußtsein angehörten. Aber auch motorische Automatismen können ja beobachtet werden und somit ins Bewußtsein fallen; dagegen ist ihre Erzeugung ebensosehr außer Zusammenhang mit den 'bewußten' Vorgängen, wie diejenige völlig irruptiver sensualer Automatismen. 5) Die Gründe werden uns noch beschäftigen.

Wer Belege sucht, durchblättere etwa das Leben George Fox', des ersten Quäkers,[1] oder die seltsamen Taten und Erlebnisse Radajews, eines russischen Mystikers, dem die Stimme ganz wie dem Sokrates zuraunt: 'Geh nicht', wenn er aufbrechen will, oder: 'Du gehst ins Verderben', da er einer Vorladung folgt.[2] Prof. Coe erwähnt einen Bekehrten, der seinen Namen zu hören pflegte, wenn er im Begriff war, 'irgendeine Sünde zu begehen';[3] was an die alten, aber durchaus glaubwürdigen Bekenntnisse jenes Frommen erinnert, der Gott ein Jahr lang um einen guten Engel oder Führer gebeten hatte, und schließlich, seitdem er einmal die Worte gehört: 'Ich werde deine Seele erretten', bei jeder bösen Tat am rechten, bei jeder guten am linken Ohr sich berührt fühlte, und entsprechend bei der Annäherung ihm übel- oder wohlwollender Personen.'[4]

Heilige, die in der asketischen Selbstvervollkommnung begriffen sind, erhalten oft durch halluzinatorische Automatismen ins Einzelne gehende Anweisungen darüber, wie sie ihren Zwecken am besten dienen.

Marie von den Engeln hat gelegentlich ein Gesicht, das ihr zwei Wege zeigt, von denen der eine, dornenreich, zu einem Garten, der andere, glatt und eben, zum Abgrund führt, und hört eine Stimme: 'Die sieben Jahre sind vorüber; du mußt dein Leben (deine Lebensweise?) ändern.'[5] Bei Evan Roberts, dem Walliser Erweckungsprediger, interessiert sich die Stimme vor allem für die religiöse Bewegung, an deren Spitze ihn Umstände und Gaben gestellt hatten: 'Du mußt gehen, du mußt gehen', sagt sie, — nämlich nach Loughor, dessen Bild ihm sogleich erscheint, und stellt ihn damit so sehr unter die Herrschaft eines inneren Zwanges, daß jeder Widerstand ihn erzittern läßt.[6]

Ein solches Interesse der führenden Stimmen oder Gesichte an dem Schicksal und der religiösen Politik geistlicher Gemeinschaften erscheint uns natürlich bei der beherrschenden Stellung, die dem automatistisch Begabten oft schon wegen dieser Besonderheit von seiner Umgebung eingeräumt wird.

S. Angela hat symbolische Gesichte, in denen ihr der religiöse Wert eines jeden ihrer geistlichen Söhne gezeigt wird.[7] In der Urgeschichte der Mormonen findet sich ein Bericht, wonach Joseph Smith einmal, als er auf seinen Stein im Hute blickte (wo ihm seine Übersetzungen halluzinatorisch buchstabiert zu werden pflegten), statt der Buchstaben des 'Buches' den Befehl erhielt, an einen Mann Namens David Whittner, der in Waterloo lebe, zu schreiben und ihn eilig mit einem Gespann herbeizubitten, um Smith und Oliver nach seinem Hause zu fahren und so einem geplanten Mordanschlage zu entziehen, der das Werk Gottes zu hindern trachte.[8]

Ein Beispiel durchweg geführten Lebens bietet Franz Schlatter, eine sonderbare Prophetengestalt der Neuen Welt.

---

1) Fox, Autobiography 44. 2) Grass 214. 3) A. Coe, in PR VI (1889) 495. 4) Aus Bodin (erster Hand) bei Magnan, Halluc. bilaterales 342 und Gurney I 478. 5) Labis 48. Vgl. damit Davis, Staff 199. 211. 290. 324. 328. 363ff. 6) Phillips 162f.; vgl. Fursac 37. 100ff. 7) Angela 152 (c. XLVI); 154f. (c. XLVII). Vgl. Görres I 451f. Andere, auf religiöse Bewegungen bezügl. Visionen s. S. Teresa I 412 (Leben c. 40); Gertrud I 86; Bourignon, Leben 30; Phillips 224. 8) Riley 199.

Im Elsaß geboren, in Amerika als Handwerker lebend, hatte er mit 30 Jahren eine Art Bekehrung erlebt. Am 25. März 1893 nämlich, 'um 3 Uhr', hatte er visionär die Dreieinigkeit geschaut und seitdem eine Stimme vernommen, die ihn aus seinem seßhaften Leben auf eine an Schrecknissen reiche Pilgerfahrt zwang. 'Folge mir', sprach sie, 'komm hervor, ein Einzelner in eine Welt des Wahns, so will ich dich zum größten Heiler seit den Zeiten Jesu machen und dir einen neuen Namen geben.' Durch die Wüstenei des mittleren Westens zog er barfuß, immer von seiner Stimme getrieben, prophezeiend, predigend und heilend, mehrfach seines herumtreiberischen Wesens wegen eingesperrt und gestraft, was er aber geduldig ertrug als Leiden, die der Menschheit zugute kommen müßten. Er lehrte die Seelenwanderung und richtete, ein Schüler John Burns', die heftigsten Anklagen gegen die herrschende Korruption, die Macht des Geldes, die babelhafte Verwirrung der Welt, den Kleiderunsinn, den Schwindel der Gelehrsamkeit u. dgl. m. Dafür verkündigte er soziale Kriege und danach den Anbruch eines idealen anarchischen Zustandes, worin jede irdische Gewalt verschwunden sein und Jeder der göttlichen Stimme in ihm unmittelbar gehorchen werde. Beträchtliches Aufsehen erregte er durch seine Heilungen vermittelst Handauflegen und Gebet, ehe er von der Bildfläche verschwand — niemand wußte wohin.[1]

Aber Stimmen, Gesichte und andere Halluzinationen bilden nur eine Ausdrucksmöglichkeit des automatistischen Komplexes. Kaum weniger häufig bemächtigt er sich des Bewegungsapparates, und anstatt Ermahnungen, Ratschläge oder Prophezeiungen zu hören oder zu sehen, spricht der Erweckte sie zum Erstaunen des eigenen, mehr oder weniger erhaltenen Bewußtseins aus. Auch hier beobachten wir alle Stufen von leichten Bewegungsreizen bis zu vollkommenster Artikulation, anderseits von einer bloßen Entlastung der willkürlichen Sprechleistung durch ein mehr unwillkürliches Strömen — bis zur völligen Absonderung des redenden Komplexes vom wohlerhaltenen Ich.

Auf Erfahrungen eines solchen strömenden Halbautomatismus deutet zB. Finney hin: 'Ich hatte mir, schreibt er, keinerlei Gedanken darüber gemacht, was ich predigen sollte. Der Heilige Geist beschattete mich und ich fühlte die Gewißheit, daß ich es wissen würde, wenn der Augenblick gekommen wäre... Der Geist Gottes überkam mich mit solcher Gewalt, daß es war, als hätte ich eine Kanonade gegen die Versammlung eröffnet. Während mehr als einer Stunde kam das Wort Gottes durch mich zu ihnen in einer Kraft, die, wie ich bemerken konnte, alles vor sich hertrieb.'[2] — Und ähnlich Dr. Torrey, der bekannte Erweckungsprediger, der erst durch solche Erfahrungen über eine quälende Kanzelfurcht hinweggelangt war. 'Manchmal ist mir, als müßte ich mehr schreien als predigen, denn ich weiß, daß der Heilige Geist allein dabei beteiligt ist. Meine einzige Sorge ist es, mich selbst auszulöschen, damit er die Leistung vollbringen könne.'[3]

---

1) Ein Auszug seiner kaum auftreibbaren Selbstbiographie (The life of the Harp in the Hand of the Harper) in Borderland IV 441 ff. — Ich sah einen angeblichen F. Schlatter in San Franzisco öffentlich 'heilen'. 2) Finney 51; vgl. Hayes, A short study of the Edwardian Revivals in AJP XIII (1902) 566, über Barber. 3) Vgl. J. Kennedy Maclean, Torrey and Alexander. The Story of their lives (London o. J.) 27; briefl. Äußerungen E. Roberts' bei Phillips 353, und Bucke 287 über Traubel.

Diese Steigerung der Kraft und Geschwindigkeit nach ist ja ein typisches Merkmal der unterbewußten Leistung, und die Babisten hatten daher recht, wenn sie 'rapide Konzeption und fließende Diktion neben grammatischer Korrektheit und Stilreinheit' als Erkennungszeichen des echten Propheten forderten. Sollte doch der Bab selbst 'tausend Verse in fünf Stunden rezitiert haben, ohne eigene Reflexion und ohne die Feder abzusetzen — das ist sicher von Gott.'[1]

Eine der sorgfältigsten und scharfsinnigsten Beobachtungen über vollausgebildetes automatisches Sprechen verdanken wir Robert Baxter, einer der bedeutendsten Persönlichkeiten in Edward Irvings Apostolischer Kirche in London zu Beginn der 30er Jahre des vorigen Jahrhunderts.

Über das erste Auftreten der 'Zunge' bei ihm selbst berichtet er,[2] daß er im Anhören der prophetischen Rede Anderer in tiefer Erregung sein Innerstes bloßgelegt gefühlt und mit tiefen Seufzern um Vergebung geschrien habe: in diesen Seufzern bereits meint er nicht mehr ganz im Besitz des eigenen Willens gewesen zu sein. 'Ich war mir', schreibt er, 'während dieses Schreiens [zu Gott] einer Kraft der Äußerung bewußt, die mich über den natürlichen Ausdruck meiner Gefühle hinausführte,... einer erzwungenen Äußerung, die nicht mein eigen war, und einer Kraft und Gegenwart des Geistes, die auf natürliche Weise ganz unaussprechbar gewesen wäre.' Die Geburtswehen soz. der gründlicheren Aussonderung des automatischen Komplexes beschreibt dann Baxter in fesselnder Weise. 'Ich schwieg, aber, so gefaßt mein Geist war, mein ganzer Körper wurde krampfhaft erschüttert und während mehr als zehn Minuten war ich gleichsam durch ein Zittern meiner Glieder gelähmt, wobei meine Kniee aneinanderschlugen [und krampfhafte Seufzer mit entstiegen]. Während dieser Zeit hatte ich kein anderes Bewußtsein, als das des körperlichen Aufruhrs und eines unaussprechlichen Zwanges, der auf dem Geiste lastete, was mich zwar gefaßt und alles meines Tuns bewußt bleiben ließ, aber jede Äußerung verhinderte und mir als einzig klares Ziel den Wunsch eingab, um Einsicht in Gottes Willen zu beten. Sprich, Herr, Dein Knecht höret.' Dies scheint denn auch geholfen zu haben, die zur ungehinderten Äußerung des Komplexes nötige passive Einstellung herbeizuführen; denn Baxter bricht nun ohne seinen Willen in einen pathetischen Wortstrom von alttestamentlicher Färbung aus, währenddessen er, wie er sagt, einen 'so schmerzhaften Zwang erleidet, daß jedes Wort, das ich aussprach, gleichsam mir abgerungen wurde. Mein Geist war nie so völlig vom Geiste erfüllt, daß er willig fortgerissen worden wäre; vielmehr bestand durchweg ein Ankämpfen meiner natürlichen Kräfte gegen die zwingende Gewalt des Geistes.' Dies unterscheidet Baxters Erfahrung von den soeben angeführten. Er war, wie er angibt, stets bei Bewußtsein, sich selber reden hörend und nachträglich imstande, über seine Äußerungen wie die eines Andern zu berichten. Von der ihn beherrschenden Erregung unterschied er stets deutlich die fremde Kraft, die auf ihn einwirkte, von der Erregung völlig gesondert war und sogar innere geistige Ruhe und Kraft mit sich brachte. Die Rede selber drang in seinen Geist ein unerwartet, ohne Überlegung, Plan oder

1) Roemer 31. Ähnliches bei Gobineau, Les religions et les philosophies dans l'Asie centrale, 3. Aufl. (Par. 1900) 462 Anm. 1. 2) Baxter, Narrative 147ff.

Anordnung von seiner Seite, das Werk des Augenblicks: 'Ich war wie das passive Werkzeug einer Kraft, die von mir Gebrauch machte.' In dieser Art nun predigte, betete, las er wiederholt 'im Geiste' oder 'in der Kraft'. Bald waren es Prophezeiungen im biblischen Stil über die Zukunft der Kirche und des Volkes Gottes, Androhungen göttlicher Strafgerichte über die treulosen Hirten, oder Ansagungen bevorstehender Ereignisse aus dem Bereich der letzten Dinge; bald waren es Predigten über Texte, die ihm selbst erst von der Kraft angewiesen wurden, oder Gebete um die Gaben des Geistes, um Erlösung von fleischlicher Schwäche, für Kirche und Volk, den König, seine Ratgeber.[1]

Die Geschichte der Sekten zeigt uns Beispiele gläubiger Scharen, die, unter dem Einfluß eines oder einiger 'inspirierter' Redner, in allen Einzelheiten ihres Verhaltens beraten und bestimmt werden; wie etwa die pietistischen Amana-Kommunisten unter Christian Metz.

Diesem wurde im Jahre 1842 offenbart, daß alle seine Anhänger gesammelt und in ein fremdes Land geführt werden sollten. Später wurde ihnen Amerika als dieses Land der Zukunft gezeigt und die auszusendenden Kundschafter bezeichnet, ebenso gelegentlich Personen, die sofort, ohne Prüfungszeit, zur vollen Mitgliedschaft zugelassen werden sollten. Neben Metz dienten hier noch Andere als 'Werkzeuge', die aber alle in Demut und kindlichem Gehorsam sich Gottes Regungen unterwerfen und ohne Menschenfurcht in Gottergebung wandeln mußten.[2] — Von den durchweg ähnlich geführten Kamisarden des frühen 18. Jahrhunderts bezeugte einer der bedeutendsten, Elie Marion: 'Unsere Inspirationen waren es, die uns ins Herz gaben, unsere Blutsfreunde und das Liebste auf der Welt zu verlassen, damit wir Jesu Christo nachfolgten... Sie waren es, die unsern wahrhaft Inspirierten den Eifer um Gott und um die reine Religion mitteilten,... den Geist der Eintracht und Liebe, der unter uns herrschte, und die Verachtung der Eitelkeiten der Welt... Sie sind es allein, die unsre Kriegshäupter und Offiziere gewählt und geführt haben. Sie sind unsre Kriegszucht gewesen. Sie haben uns gelehrt, das erste Feuer unsrer Feinde kniend auszuhalten und sie dann unter Psalmengesang anzugreifen... Sie haben die Traurigkeit aus unsren Herzen vertrieben, in den größten Gefahren vor dem Feinde, wie in den Wüsten und Höhlen der Erde, wo Kälte und Hunger uns mit Untergang bedrohten.'[3]

Aber nachgerade fast die wichtigste Art der automatischen Leistung Erweckter ist die Schrift, deren Erzeugnisse sich nicht nur zu größeren Zusammenhängen ansammeln, sondern auch dauern. Im übrigen beobachten wir auch beim automatischen Schreiben der Religiösen, wie beim Sprechen, alle Stufen seelischer Zerlegung: vom gesteigerten ungewollten Strömen bei halbgelöschtem Ich-Gefühl — bis zur bewußt beobachtbaren, scheinbar maschinenmäßigen Sonderleistung eines völlig

---

1) aaO. 148. 5f. 8f. 13f. 15 ff. 43f. 55ff. 66f. Vgl. Eph. 6, 18; Jud. 20; Jac. 5, 13; Weinel 82f.; Kappstein 214f.; Riley 191 Anm. 37 (Amesa Potter in Picton; aus Faith promoting Series No. 12 79); Mrs. Oliphant, The Life of Edw. Irving, 2. Aufl. (Lond. 1862) II 231. Vgl. allg. noch: E. Lombard, De la glossolalie chez les premiers chrétiens... (Lausanne 1910) und ZRP I 323ff. 2) Vgl. den Bericht über den 'Pilger' bei Riley 46. 3) Misson 80f.

abgespaltenen Komplexes. Der erstere Typ dürfte indes in den berühmten überlieferten Fällen der vorherrschende sein.

So wenn Philo aus 'zehntausendfacher Erfahrung' berichtet, daß er zuweilen, wenn er 'leer [im Geist] an die Arbeit gegangen, plötzlich voll geworden; indem Gedanken auf eine unsichtbare Weise über mich ausgeschüttet und von oben her mir eingepflanzt wurden: so daß ich durch den Einfluß göttlicher Eingebung heftig erregt worden bin und mir weder des Ortes bewußt war, an dem ich mich befand, noch derer, die anwesend waren, noch meiner selbst, noch dessen, was ich sagte, noch dessen, was ich schrieb, wohl aber eines Reichtums der Auslegung und Erleuchtung,... die auf meinen Geist eine Wirkung hatten, wie der klarste Augenbeweis auf die Augen haben würde.'[1] Ähnlich scheint Jakob Boehmes Zustand gewesen zu sein, der von seinem inspirierten Schreiben sagt, 'daß ich selber nicht weiß, wie mir geschieht, ohne daß ich den treibenden Willen habe; weiß auch nicht, was ich schreiben soll. Denn so ich schreibe, diktiert mir's der Geist in großer wunderlicher Erkenntnis, daß ich oft nicht weiß, ob ich nach meinem Geiste in dieser Welt bin, und mich des hoch erfreue...'[2]

Unter den seit altersher zahlreichen Erzeugnissen des ungewollten Schreibens befinden sich lange Abhandlungen, die zu den namhaftesten des mystischen Schrifttums gehören. Mme Guyon zB. verdankt die Geschwindigkeit und Massenhaftigkeit ihres schriftstellerischen Schaffens zum guten Teil ihrer automatistischen Befähigung, und ihre außerordentliche Gabe der Selbstbeobachtung und Selbstdarstellung verleiht ihren Angaben dabei besonderen Wert.

Diese Art des Schreibens trat bei ihr zuerst in Paris vor ihrer Abreise nach Gex andeutungsweise auf und entwickelte sich rasch, seitdem sie unter Lacombes Einfluß stand. Von der Abhandlung über den Glauben, die sie bei den Ursulinerinnen von Tonon schrieb, sagt sie selbst: 'Ich wußte weder, was ich schrieb, noch was ich geschrieben hatte,' und dies sei charakteristisch für alles, was sie seitdem geschrieben. Sie nennt dies 'durch den innern Geist und nicht durch meinen Geist' schreiben. 'Griff ich zur Feder, so wußte ich nicht das erste Wort von dem, was ich schreiben wollte... [Die Schrift] kam dann mit seltsamem Ungestüm. Was mich am meisten überraschte, war, daß das gleichsam aus der Tiefe [meines Wesens] hervorströmte[3] und nicht den Weg durch meinen Kopf nahm... Ich habe nie einen Gedanken bewußt gebildet, habe auch niemals achtgegeben, wo ich stehengeblieben war: und trotz beständiger Unterbrechungen habe ich nie etwas übergelesen, außer gegen das Ende, wo ich eine oder zwei Zeilen überlas wegen eines halbgeschriebenen Wortes, das ich stehengelassen... Der Kopf war mir derweil so frei von aller Mitwirkung, daß er wie völlig ausgeleert war; ich war so abgesondert von dem, was ich schrieb, daß es mir gleichsam fremd war.' Die außerordentliche Schnelligkeit, die so häufig für automatische Leistungen charakteristisch ist, beobachtete sie auch an sich. 'Den Kommentar zum Hohen Liede', sagt sie, 'schrieb ich in eineinhalb Tagen; und dabei empfing ich noch Besuche. Die Geschwindigkeit, mit der ich schrieb, war so groß, daß mein Arm an-

---

1) Bei Clissold 66f. 2) Claassen I 108; vgl. S. Teresa I 117 (Leben c. 14); Görres II 206f. (S. Thomas Aquinas). 3) couloit comme du fond.

schwoll und ganz steif wurde.' Auf diese Weise verfaßte sie nicht nur eine Anzahl umfangreicher lehrhafter Schriften, sondern auch Briefe und Gedichte.[1]

Ebenso deutlich rein automatisch scheint die Niederschrift bei Edward Maitland, einem neueren Mystiker, gewesen zu sein, dessen Erfahrungen überhaupt eine Fülle des Lehrreichen enthalten.

M. fühlte sich zu einer Zeit seines Lebens wie besessen von einem 'neuen Einfluß', dem er sich nur hinzugeben hatte, um zu finden, 'daß die Welt meinen Blicken offenlag... Der Geist schien seine Beschränkungen verloren zu haben und der Schleier hinweggezogen zu sein, der das Endliche und Unendliche scheidet... Keinen Augenblick verlor ich die vollkommenste geistige Selbstbeherrschung, war vielmehr durchweg imstande, gleichsam neben mir selbst zu stehen und zuzuschauen, während ein Geist, der nicht mein eigener war, sich durch mich aussprach... Der Stoff kam in Strömen, die ich anzuhalten weder die Kraft noch den Willen hatte.'[2]

Schon die vorstehenden Bilder ließen Entwicklungen des Automatismus zu immer reicherem Ausdruck, weitergesteckten Zielen, gesteigerter innerer Festigung und Gliederung erkennen. Schreitet diese Entwicklung fort bis zur Bildung außerbewußter Sonderpersönlichkeiten? Diese Frage beschäftigt uns schließlich am lebhaftesten.

Eine wichtige Grundlage solcher Bildung ist bereits in der Tatsache angedeutet, daß der Automatismus von Mal zu Mal seines Auftretens einen gedächtnismäßigen Zusammenhang verrät. Mme Guyon braucht, wie wir sahen, nach beliebiger Unterbrechung das zuletzt Geschriebene nicht durchzulesen, um den abgebrochenen Zusammenhang wieder aufzunehmen. Wir kennen dieses genaue Wiederanknüpfen bereits als Eigentümlichkeit wiederkehrender 'zweiter Zustände',[3] und von religiösen Automatisten wird es nicht selten hervorgehoben.[4] Die Bildung einer Sonderpersönlichkeit, die auf solcher Grundlage möglich wird, ist in den bisherigen Beispielen vielleicht dort schon angedeutet, wo ein häufig auftretender Automatismus das normale Ich als ein 'Du' bezeichnet und behandelt. Aber auch die weitere Mindestforderung: daß er sich selbst als ein Ich bezeichne und behandle, ist in der automatischen Führung zahlloser Mystiker beiderlei Geschlechts erfüllt. Wie Medien ihren 'Kontrollgeist', so haben jene ein zweites 'Ich' in sich, das natürlich das Gebiet ihrer Glaubens- und Heiligungsvorstellungen vertritt, meist in der Maske — *persona* — eines Gottes, oder Heilandes, oder Engels. Diese Rollen beansprucht die innere Stimme mehr oder minder ausdrücklich. 'Ich bin es', hörte die hl. Teresa zu sich

1) Delacroix 155; Guyon, Vie II ch. 1 § 2; das. 118; Opusc. 246. 263 (Torrens II, 3, 6; 1, 3). 2) Maitland 72ff. (sehr gekürzt). Vgl. über J. William Lloyd bei Bucke 284f.; über Suso bei Vaughan I 345. 3) S. oben 54. 4) S. Auger 180 (nach Pomerius) über Ruysbroeck, wobei freilich die reichlich laxe Gedankenfügung seiner Schriften nicht vergessen werden darf. Vgl. Gertrud I 137; Drane II 119ff.; Dialogue de S. Catherine de Sienne... trad. E. Cartier (Par. 1855) I S. XXXf.

sprechen, und wußte wohl, daß damit Christus selbst gemeint sei.[1] Bei Angela von Foligno, einer der leidenschaftlichsten aller Himmelsbräute, führte sich der Heilige Geist mit größter Bestimmtheit während einer gottbegeisterten Wanderung ein, die sie selbst geschildert hat.

'An jenem Orte der Straße zwischen Spello und dem engen Wege, der gegen Assisi ansteigt, wurden die folgenden Worte zu mir gesprochen: Du bittest meinen Diener Franziskus, aber ich will dir einen anderen Boten senden. Und ich bin der Heilige Geist und komme zu dir, um dir solche Labung zu gewähren, wie du noch nicht geschmeckt hast. Und ich will dich in deinem Innern begleiten, den ganzen Weg bis zur Kirche des hl. Franz, und Wenige werden ahnen, wen du in dir hast, und den ganzen Weg über werde ich mit dir ohne Aufhören reden, und du sollst nichts anderes hören können, als mich, denn ich habe dich gebunden, und bis du zum zweiten Male zur Kirche S. Francisci kommst, will ich dich nicht verlassen, so du mich lieb hast. — Und um mich anzufeuern, ihn zu lieben, begann er die folgenden Worte zu mir zu reden: Meine Tochter, Süßwerte, meine Tochter, mein Tempel, meine Tochter, meine Wonne, liebe mich, denn je mehr du mich liebest, je mehr bist du von mir geliebt...'[2]

Die Personenhaftigkeit solcher inneren Stimmen drückt sich dann ganz natürlich in der Möglichkeit aus, daß der Fromme mit ihnen in ein Zwiegespräch gerate: sie erwidern ihm auf Fragen, auf Bitten, auf Einwände.

S. Margareta von Cortona, deren Leben in Lust und Leidenschaft begonnen hatte, gelangte später dahin, daß sie 'Gott innerlich reden und Antwort auf ihre Fragen erteilen hörte, wie wenn er wirklich vor ihr stünde.' Er hatte sie anfangs *paupercula* — arme Kleine — angeredet, und sie flehte ihn darum an, daß er sie Tochter nenne. Worauf sie die Antwort erhielt: 'Du wirst nicht Tochter genannt, weil du noch in Ketten der Sünde bist. Wirst du dich aber durch eine Generalbeichte vollkommen von deinen Sünden gereinigt haben, dann wirst du unter die Töchter aufgenommen werden.' Die Folgen dieses Gesprächs sind beachtenswert. Auf ein Gebet hin werden ihr alle ihre Fehler bis auf den kleinsten hell und klar vor Augen gestellt, und nach der nächsten Kommunion hört sie die süße Stimme Jesu, der sie Tochter nennt, wird mehrmals verzückt und erfährt darin jene Wonne, die wir als häufiges Merkmal fortschreitender Heiligung kennen.[3]

Im übrigen übernimmt auch der 'persönliche' Automatismus jede Rolle, die dem gelegentlichen und anonymen zufallen kann: die Führung des geistlichen Lebens, die Gewissensschärfung, die Beratung in Fragen asketischer Methodik, der kirchlichen Politik, des täglichen Lebens.

Der Marie von den Engeln sagt Jesus innerlich: 'Ich habe dich erwählt in deinen Schmerzen; sei unbesorgt, du wirst meine Vielgeliebte sein... In dem Maße, als du fortfahren wirst, dich selbst zu überwinden und dir Gewalt anzutun, wirst du wachsen in meiner Liebe.'[4] Der Margareta von Cortona macht er durch innere Ansprache die Ankündigung: 'Jenen angenehmen Genuß, den du von mir

1) Vgl. den im Maskulinum redenden Geist der Montanistin Maximilla, bei Bonwetsch 73; Weinel 83ff. 92f. (Ich-Form). 2) Thorold 123. 3) Margar. Corton. 22. 39f.
4) Labis 68.

suchst, behalte ich dir auf das Fest meines geliebten Evangelisten Johannes vor. Denn an diesem Tage wirst du am Altare deines Vaters (Franziskus) eine Süßigkeit erfahren, wie du sie noch nie erfahren hast.'[1] Und die verhältnismäßige Selbstständigkeit dieser führenden Persönlichkeit erweist sich dabei mitunter durch den Widerspruch, in den sich ihre Äußerungen mit den bewußten Wünschen oder Erwartungen des Frommen setzen. 'O Tochter', spricht Christus angeblich zu der eben erwähnten Heiligen, 'solange du lebst, wirst du diese volle Sicherheit des Glaubens, die du mit Tränen verlangst, nicht haben.'[2] — Für die helfende und beratende Überwachung des praktischen Lebens, der tausend Entschließungen, die die Arbeit des Mystikers in der Welt erfordert, bieten die Stimmen der hl. Teresa zahlreiche Beispiele. Aus der Zeit ihrer Klosterstiftungen erzählt sie, daß während der Vorbereitungen zur Einsetzung des Konvents zum hl. Joseph, als sie mit der Kleinheit des gewählten Gebäudes unzufrieden war und auf ein anderes ihre Augen warf, wozu indes ihr Geld nicht reichte, der Herr nach dem Abendmahl zu ihr sprach: 'Ich habe dir schon früher gesagt, du solltest in das Haus ziehen, wie du könntest. Und gleich als schrie er zu mir, sprach er weiter: O der Begierlichkeit des menschlichen Geschlechtes! Meinst du etwa, es werde dir noch an Erde mangeln? Wie oft habe ich unter dem freien Himmel geschlafen, weil ich keine Stätte hatte, wo ich mich hinlegen konnte! — Ich entsetzte mich,... ging in das kleine Haus hinein, teilte es ab und fand, daß es, so klein es auch war, sich dennoch zu einem Kloster eignete.'[3] Margareta von Cortona wiederum erhält vom Heiland gelegentlich nicht nur eingehende Vorschriften über Einzelheiten des Prediger- und Priesterlebens und der Predigttechnik, sondern auch Anweisungen über die Besetzung von geistlichen Ämtern, bis hinab zum Ministranten.[4]

Ein völlig andern Kulturkreisen entstammendes und dabei zeitlich uns sehr viel näher liegendes Beispiel mag uns die wesentliche Übereinstimmung mystischen Erlebens in allen Breiten bestätigen. Ich denke an Ramakrishna, den bekanntesten Heiligen des modernen Indien, dem eine der berühmtesten Federn Europas eine Lebensbeschreibung und eine der feinsten eine Charakterschilderung gewidmet haben.[5]

Sein Leben, im Großen überblickt, erweckt ohne Zweifel den Eindruck einer von inneren und schließlich persönlichen Mächten ausgehenden Führung, die auf einen Schlußzustand als ihr Ziel zutreibt, in welchem sich der Heilige als vollendet, als auf dem Gipfel eines langen Anstiegs erscheint. Ramakrishna war durch innere Stürme und Krisen von ungewöhnlicher Heftigkeit hindurchgegangen. In seiner inneren Welt verloren, hatte er der äußeren das Schauspiel grenzenloser Asketik geboten, während er in Wahrheit den Genuß der Dinge um sich her und die Rücksicht auf seinen Leib weit mehr vergaß, als unterdrückte. Während dieser Jahre eines verzehrenden Dranges nach religiöser Erleuchtung und Vollendung hatten ihm seine Ideale in der Gestalt der bengalischen Göttin Kali Verkörperung angenommen, unter deren furchtbaren Symbolen sein Auge die Merkmale der zärtlichen, alles

---

1) Margar. Corton. 48; vgl. 42. 90f. 136ff. 142f. u. oft. 2) Das. 124; vgl. 155. 170. 185. 3) S. Teresa I 319 (Leben c. 33). 4) Margar. Corton. 202ff. Die Glaubwürdigkeit der Berichte im einzelnen ist natürlich nicht zu bestimmen; doch behaupten sie nichts, was nicht in neuzeitlichen Berichten glaubwürdiger enthalten wäre. S. zB. Chasle 44f. 47ff. 94. 320. 5) Max Müller und Sister Nivedita [Engländerin], Kali the Mother (Lond. 1900).

hegenden Mutter zu erkennen meinte. Nach langer heißer Verehrung dieser Gestalt scheint er ihre Stimme in sich gehört und vertraute Zwiesprache mit ihr getauscht zu haben. 'Mein Sohn, sagte sie zu ihm, wie könntest du hoffen, die höchste Wahrheit zu erlangen, wenn du nicht die Liebe zu deinem Leibe und deinem kleinen Ich aufgibst?' In solchen Augenblicken, berichtet er, überkam mich ein Strom geistigen Lichtes, das meinen Geist überflutete und mich vorwärtstrieb [auf der inneren Bahn]. Mutter, rief ich aus, ich vermöchte nie von diesen irrenden Menschen zu lernen; aber von dir und dir allein will ich lernen. Und dieselbe Stimme erwiderte: Ja, mein Sohn.[1] Am Ende und auf dem Gipfel seiner Entwicklung wird er als ein Mensch geschildert, dessen Eigen-Ich verschlungen war in eine Menschlichkeit und Süße, die allem Lebendigen mit vollem Herzen und innerstem Verständnis entgegentrat. Er sprach sogar, heißt es, nie mehr von Ich oder Mein, sondern zog es vor zu sagen: Er, der hier wohnt, dabei auf sein Herz weisend, oder gewöhnlich: meine heilige Mutter. Gelehrte und Mächtige, die sich in seiner überschlichten Stube drängten, zusammen mit den Ärmsten und Schwächsten, fertigte er ab ausschließlich nach dem Maß ihres menschlichen Wertes oder Unwertes. Durch gelegentlich ausgestreute Worte der Lebensweisheit, durch den Zauber seiner eigenartigen Persönlichkeit, seiner harmlos kindlichen Fröhlichkeit, seines tiefen Humors, seiner glühenden Andacht, seiner Milde, seiner unermeßlichen Lauterkeit und Aufrichtigkeit erzog er sich unwillkürlich und unmerklich eine Schar von Jüngern und eine weite Gemeinde von Verehrern, zu der die Besten und Gebildetsten des Landes sich zählten.[2]

Der persönliche Automatismus halluzinatorischer Natur, in welchem der innerlich führende Komplex sich verkörpert, kann aber seine sinnliche Ausbildung noch einen Schritt weiter treiben, indem er nämlich die religiöse 'Persönlichkeit', deren Stimme bisher gehört wurde, auch als äußere Gestalt dem Auge des Geführten — häufig oder dauernd — sichtbar werden läßt. Zahlreiche Heilige haben zB. in ständigem Umgang mit einem 'Schutzengel' gestanden, der sich für ihre Wahrnehmung von einem wirklichen Wesen nicht unterschied.[3]

Die durch Brentano bekannt gewordene Anna Katharina Emmerich sah — nach Art guter Halluzinantinnen — 'meist zuerst einen Glanz, und dann tritt [die Gestalt des Schutzengels] plötzlich leuchtend aus der Nacht'. Bald schwebt sie vor, bald neben ihr, aber stets ohne die Füße zu bewegen, leidlich reglos, der lange Talar vom Haar überflossen, durchsichtig und glänzend und schwer anzublicken. Da er sehr schweigsam ist, antwortet er meist nur durch Neigen des Kopfes oder Bewegungen der Hand. Immerhin ist er mitteilsam genug, um ihr alle bedeutsameren Ereignisse im voraus anzuzeigen oder doch anzudeuten, Weisungen über ihr Verhalten andern Personen gegenüber — bis auf das einzelne Wort —, über ihre Arbeiten und Geschäfte zu geben, u. dgl. m.[4]

Zuweilen schweift die Rolle dieser Schutzengel beträchtlich in die Gebiete des praktischen, wenigstens des klösterlichen Lebens ab; an Ver-

1) Ramakrishna 41. 2) Nach der Charakteristik bei S. Nivedita, bes. 57—71. 3) S. zB. Imbert I 235; Dazza, Kap. 8, auch S. 94f. 270. 4) Emmerich I 67. 69f. II 37f.

gessenes erinnernd, an Pflichten gemahnend usw.,[1] und dann haben wir Tatsachen vor uns, die offenbar mit den bekannten 'Führern' der älteren Somnambulen und den Haupt-'Kontrollen' so vieler Medien wesentlich gleichartig sind.[2]

Die vollendete und würdigste Ausgestaltung dieses Typs läßt sich wohl am besten in dem berühmten 'Leopold' der Mlle Smith beobachten, den wir in Flournoys meisterhaft zerlegender Beschreibung unschwer als die Verkörperung gewisser Wesensseiten und Neigungen des Mediums erkennen. Leopold, der bald ins linke Ohr sprach, bald durch automatische Schrift, bald als gesehene Gestalt sich äußerte, kam und ging nach Belieben, häufig gegen die Wünsche des Mediums, spendete Trost, Ermutigungen, Mahnungen, gab Ratschläge und Befehle finanziellen, aber auch vor allem ärztlichen Inhalts, zB. um die Unpäßlichkeiten des Mediums nicht mit Flournoys Versuchen zusammenstoßen zu lassen, u. dgl. m.[3] Doch hier verlieren sich die Erscheinungen vollends ins Profane, wo wir sie erst weiter verfolgen wollen, wenn die Probleme psychologischer Deutung sich uns noch entscheidender zusammenballen.

Der gesehene und redende Schutzengel bildet nun natürlich bloß die unterste Stufe einer Hierarchie solcher Führer und Begleiter. Die ganze Bewohnerschaft des Himmels steht bereit, ihn zu ersetzen; Heilige beiderlei Geschlechts, wo solche geglaubt werden; und zuletzt die Götter und der höchste Gott selber. In christlichen Landen übernimmt am häufigsten der Gottessohn die Rolle des sichtbaren Führers und Beraters.

S. Katharina von Siena teilte es ihrem treuen P. Raymund als 'eine gewisse Wahrheit' mit, daß sie 'nie, weder von Mann oder Weib, das Gesetz des geistlichen Lebens gelehrt worden sei, sondern allein von meinem Herrn und Meister Jesus Christus, der es mir zu wissen gab nicht nur durch heimliche Eingebung, sondern auch indem er offenbarlich mir erschien und zu mir sprach, gleichwie ich jetzt zu euch spreche.'[4]

Die vereinzelten Auftritte verdichten sich aber meist zu einem ganzen R o m a n, in welchem der sichtbare, redende Heiland als Führer in der Heiligung, als Bräutigam der Seele und als Berater des täglichen Lebens auftritt.

Das visionäre Leben der sel. Marguerite-Marie Alacoque, deren Gesichte die Einführung der Andacht zum Herzen Jesu bewirkten, kann dies so gut verdeutlichen, als irgendein anderes Beispiel. Sie hatte sich früh zum religiösen Leben hingezogen gefühlt und ein Gelübde ewiger Keuschheit abgelegt. Gebet und Askese in kirchlichen Formen hatten aber die Reste weltlicher Neigungen nicht zu ersticken vermocht, während sie schon von den 'glühenden Pfeilen der göttlichen Liebe' sich getroffen fühlte und den Heiland als einen eifersüchtig Liebenden empfand,

1) Betr. kleinster Angelegenheiten des Lebens zB. Ribet II 101 f. (Agnès de Jésus).
2) Die Entstehung einer solchen Führergestalt zeigt die Magd. Wenger: Perty, Myst. Ersch. I 311. 3) Flournoy, Des Indes 127 ff. Verwandte Beispiele: Perty, aaO. I 331 ff.; ATM X 3. St. 1 (Somn. Dürr); Davis, Staff 283. 4) Drane I 40.

der sie gänzlich seinen Idealen dienstbar zu machen suchte. Um diese Zeit scheint er indessen nur innerlich zu ihr gesprochen zu haben — man vermöchte kaum genau zu entscheiden, in welcher Form. So sagte er zB. eines Tages zu ihr: 'Ich habe dich zu meinem Gemahl erwählt und wir haben uns Treue versprochen, da du mir das Gelübde der Keuschheit abgelegt hast. Ich war es, der dich antrieb, es zu tun, ehe die Welt irgendwelchen Anteil an deinem Herzen hätte; denn ich wollte es rein und unbefleckt von jeder irdischen Neigung.' — Ihr eigentliches Liebesleben mit dem Heilande begann sich zu entwickeln, als sie, ein Mädchen aus gutem Stande, das heiratsfähige Alter erreicht hatte und für sie die so häufig in religiösen Biographien wiederkehrenden Kämpfe mit der Familie um die Wahl eines Gatten begannen (vor dem sie den Abscheu der Geschlechtslosen empfand), oder aber eines Klosters, nach dem ihr innerstes Sinnen stand. 'Eines Tages nach der hl. Kommunion, erzählt sie selbst in einer ausführlichen Aufzeichnung, ließ mich [der Herr] sehen, daß er der schönste, der reichste, der mächtigste und vollkommenste aller Liebenden sei... Ich entschuldige deine Unwissenheit, sagte er schließlich, weil du mich noch nicht kennst; aber wenn du mir treu bist, so sollst du mich kennenlernen und ich werde mich dir offenbaren.' Diese Ankündigung verwirklichte sich, sobald sie in Paray-le-Monial das geistliche Kleid angelegt hatte. Der Herr erschien ihr bald beständig und andauernd. 'Ich sah ihn, berichtet sie, ich fühlte ihn mir nahe; ich hörte ihn weit besser, als ich mit leiblichen Sinnen vermocht hätte... Er beehrte mich mit seinen Unterhaltungen zuweilen wie ein Freund, oder wie ein leidenschaftlich liebender Gemahl, oder ein von Liebe für sein einziges Kind verwundeter Vater.' Er ermutigte sie in ihren Schmerzen, er tröstete sie in ihren Opfern; er tadelte ihre geringsten Verfehlungen. Eines Tages, da sie sich zu irgendwelcher Nachlässigkeit hatte hinreißen lassen: 'Erfahre,' sprach er zu ihr, 'daß ich ein heiliger Gebieter bin, der die Heiligkeit lehrt. Ich bin rein und kann nicht den geringsten Flecken dulden.' Und das sagte er in einem Tone, daß sie jeden Schmerz und jede Strafe einem solchen Vorwurf vorgezogen hätte. Von jetzt ab vertrat er bei ihr vollkommen die Stelle des Beichtigers und geistlichen Beraters, dessen ins einzelne gehende Anordnungen sich streng an die kirchlich herkömmliche Ordnung hielten. 'Du irrst dich,' sagte er ihr zB., da sie sich einmal mehr Bußübungen auferlegte, als ihr von Obrigkeits wegen gestattet waren, 'wenn du mir durch dergleichen Handlungen und Abtötungen zu gefallen meinst. Ich würde eher zugestehen, daß eine Seele sich aus Gehorsam kleine Erleichterungen gönnte, als daß sie aus eigenem Willen sich mit Kasteiungen und Fasten überhäufte.' Nicht minder führte er sie durch den ganzen Bereich der geistlichen Erfahrungen. Als sie ihn bat, ihr gewisse geistliche Freuden zu entziehen und sie 'lieber die Bitternisse seiner Leiden und Ängste kosten zu lassen, erwiderte er mir, ich solle mich nur seiner Führung unterwerfen; später würde ich schon einsehen, ein wie weiser und geschickter geistlicher Führer er sei.' Und hier ist es ein aufschlußreicher Zug, daß sie alle von außen ihr aufgenötigten Andachtsübungen völlig unbrauchbar fand und nur dasjenige lernen und behalten konnte, was ihr göttlicher Meister sie lehrte. — Nachdem sie (am 6. November 1672) die vollen Gelübde ihres Ordens abgelegt, erschien ihr Jesus und sprach: 'Bis hierher war ich nur dein Verlobter; von heute ab will ich dein Gemahl sein.' Er versprach ihr, sie nie mehr zu verlassen und hinfort wie seine Gemahlin zu behandeln; und dies tat er denn auch 'in einer Weise, die ich außerstande bin, in Worten zu beschreiben.'

Übrigens setzte sich der führende Komplex auch hiermit wieder vielfach in einen gewissen Gegensatz zu ihrem bewußten Wollen und Wünschen.[1]

Solche Christus-Romane sind in gleichen Formen zumal von weiblichen Frommen sehr oft gelebt worden, und eine Häufung von Beispielen würde nichts wesentlich Neues liefern. Nach einer verbreiteten Ansicht, auf deren Gründe zurückzukommen sein wird, ergehen sich männliche Mystiker entsprechend in visionärem Verkehr mit weiblichen Gestalten: Göttinnen oder Heiligen. Selbst die biblische Sophia des 'Buches der Weisheit' ist unter diesen zu finden; in Heinrich Seuses Leben u. a. spielte sie eine Rolle, und Gichtel, der bekannte christliche Theosoph des 17. Jahrhunderts, wurde seit Weihnachten 1673, nachdem er sie lange geliebt, regelmäßig von ihr in Einsprachen oder Gesichten besucht, beraten und geführt, ging eine geistliche Ehe mit ihr ein, erhielt ihr Versprechen der Treue und der ständigen 'Einwohnung in dem leuchtenden inneren Grunde' und als ihre Mitgift 'den wesentlichen, substantiellen Glauben, Hoffnung und Liebe' — lauter Einzelzüge, die das Zusammenfallen jener Gestalt mit dem erwecklichen Komplexe deutlich machen.[2]

Ein letzter Schritt der Entfaltung bleibt auch dem Ich-Automatismus hiernach noch zu tun: die Ergreifung auch des Bewegungsapparates als Mittels der Äußerung, d. i. natürlich vor allem der Sprechwerkzeuge. Ein Beispiel dieser Art bietet Elie Marion, der erwähnte Führer der Kamisardenbewegung, dessen selbstberichtete Erfahrungen den Eintritt der automatischen Äußerung ziemlich deutlich als Folge einer unverkennbaren Bekehrung zeigen. Zugleich bekundet sich die völlige Spaltung darin, daß er dem eigenen Reden mit Bewußtsein folgen kann.

Am 1. Januar 1703, während der Familienandacht, hatte er plötzlich eine große Hitze sein Herz ergreifen und durch den ganzen Körper sich ausbreiten gefühlt. Eine Empfindung der Bedrückung preßte ihm schwere Seufzer aus. 'Einige Augenblicke darauf ergriff mich eine Macht, der ich nicht länger widerstehen konnte, und zwang mich, laute Schreie auszustoßen, unterbrochen von starkem Schluchzen.' Dann kam ihm 'eine entsetzliche Vorstellung aller seiner Sünden, die ihm schwarz, häßlich und unendlich an Zahl erschienen und seinen Kopf wie eine Last zu Boden drückten'. Doch inmitten der Angst und des Grauens, die ihm sogar das Beten unmöglich machten, fühlte er 'etwas Gutes und Glückliches, das ihn vor Verzweiflung bewahrte'. Sein Bruder, der in Ekstase gefallen war, hielt ihm nun seine Sünden in langer Liste vor, angeblich 'als lese er in seinem Herzen, ohne irgend etwas zu vergessen'. Marion fühlte sich danach sehr erleichtert, konnte freudig und laut zu Gott beten; aber nach einer friedlichen Nacht kehrten andern Tags die heftigen Bewegungen wieder, und zwar nunmehr einige Wochen hindurch drei- bis viermal täglich, 'und Gott legte mir ins Herz, diese Zeit in Fasten und Gebeten zu verbringen.' Aber die innere Ruhe wuchs an, und er trat allmählich in den Genuß einer seligen

1) Bougaud 88. 92. 142. 145—7. 149. 156. 169. 2) Zit. in Lucifer III 126ff. Vgl. über Weigel und J. Leade: Corrodi I 404, II 311; über Muhameds 'Gabriel': Muir 53. 55; über des Parmenides Liebesgöttin als Offenbarerin aller Wahrheit: H. Diels, Parm. 14ff.

Befriedigung. 'Ich fand mich völlig verwandelt. Was mir das Angenehmste gewesen, ehe mein Schöpfer mir ein neues Herz gegeben, wurde mir widerwärtig, sogar unerträglich. Und endlich war es eine neue Freude für meine Seele, als nach diesem Monat stummer Ekstasen... es Gott gefiel, meine Zunge zu lösen und sein Wort in meinen Mund zu legen... Ich fühlte und hörte durch meinen Mund einen Strom von heiligen Worten fließen, von denen mein Geist nicht der Urheber war.' Diese Worte traten nun sogleich, und hinfort durchweg, in der Ichform und als selbstbewußte Persönlichkeit gegenüber dem Ich des Redners auf. 'Ich versichere dich, mein Kind,' so lautete gleich die erste Äußerung, 'daß ich dich für meine Herrlichkeit bestimmt habe vom Mutterleibe an.' Die Rede befahl ihm dann, sich mit den Waffen zu seinen schon seit Monaten kämpfenden Gesinnungsgenossen zu begeben. Er tat es und verblieb auch als Glaubenskrieger dauernd unter der Führung der Rede. Dabei war der Anspruch der Rede, von der höchsten Person des christlichen Glaubens auszugehen, der denkbar ausdrücklichste: 'Ich bin dir nicht fern, hieß es einmal,... bereite dich vor, doppelte Gnaden zu empfangen... Schenk mir dein Herz, mein Kind,... bereite dich durch Fasten und Gebet,... bin ich nicht der, der Himmel und Erde gemacht hat? Habe ich nicht alle Dinge für den Menschen geschaffen? Und der Mensch läßt mich im Stiche! Ich werde ihn vernichten...'[1]

Ich schließe die Reihe mit einem Beispiel, das eine Vereinigung von mancherlei Arten der personhaft unterbewußten Führung und Belehrung aufweist. Man wird unter neueren Lebensbeschreibungen jenseitig Veranlagter nicht leicht eine finden, die unter dem Gesichtspunkte des geführten Lebens genauerer Erforschung wert wäre, als die der hochbegabten Dr. Anna Kingsford, die in enger Gemeinschaft mit Edward Maitland einer gewissen Richtung der heutigen angelsächsischen Mystik das Gepräge gegeben hat.

Schon vor ihrem jugendlichen Materialismus wurde sie durch Erfahrungen gewarnt, die wir einstweilen als Äußerungen ihres personhaft gestalteten Unterbewußtseins deuten müssen: nämlich unter 'spiritistischen' Formen von ihrem verstorbenen Vater.[2] Dann begannen Träume eine zunehmend führende Rolle in ihrem Leben zu spielen. Drei Traumgesichte, in denen ihr Maria Magdalena erschien, wiesen sie, die protestantische Freidenkerin, in die römische Kirche; ein Schritt, durch den sie auf ihr später anzukündigendes Lebenswerk vorbereitet werden sollte.[3] Mythische Gestalten, wie Hermes und Apollo, der Erzengel Gabriel oder der alte Wundertäter Apollonius von Tyana traten in Träumen als ihre Lehrer und Erleuchter auf und teilten ihr nach und nach Gedanken mit, die sie in lehrhaften und dichterisch-prophetischen Werken niederlegte.[4] Maitland selbst hat sie vielleicht auf dem Wege dieser Traumschöpfungen vorwärtsgedrängt, indem er die erste derartige Aufzeichnung, die sie zufällig hervorholte und ihm zeigte, für inspiriert erklärte.[5] — Neben diesen geordneten und dramatisierten Traumerzeugnissen, die sie nach dem Erwachen ebenso geordnet aufzuzeichnen vermochte, wurden ihr die mystischen Lehren auch in unmittelbarerer Weise eingegeben,

---

1) Aus Avertissements prophétiques 9 bei Calmeil II 296. 2) Maitland I 12. 3) Das. I 15. 4) Das. 22f. 299. 295f. 5) Das. 55f.

nämlich stückweise, etwa Vers für Vers, 'in ihr Bewußtsein projiziert'. Dies stückweise Liefern trat namentlich in einer Zeit des Kränkelns ein, während welcher ihr sehr geschwächtes Gedächtnis das gleichzeitige Behalten und Aufzeichnen von mehr als winzigen Bruchstücken unmöglich machte — ein Umstand, der eine gewisse zweckbewußte Selbständigkeit der automatistischen Phase anzudeuten scheint. Ihre gesamten Geisteserzeugnisse innerhalb dieses Rahmens stellen sich als zusammenhängende geplante Leistung dar, von deren Zusammenhängen und Planung sie im 'bewußten' Zustande (schon wegen gelegentlicher anfänglicher Unordnung des Dargebotenen) keine deutliche Vorstellung haben konnte. Darum erhielt sie von der inneren Führung nicht nur ihre Gedanken, sondern auch die genauesten Vorschriften über Anordnung des Stoffes, Kapiteleinteilung des entstehenden Buches u. dgl. m.[1] — Neben allem diesem erschien sie zuweilen auch im Lichte eines 'Schreibmediums', das angeblich im Namen bestimmter Abgeschiedener automatisch Mitteilungen niederschrieb. Eine dieser Persönlichkeiten war der berühmte Swedenborg, dessen Bibliothek sie in ihren Gesichten wiederholt betreten hatte und der durch ihre automatisch schreibende Hand Mitteilungen machte von Unterredungen, die er in seiner Bibliothek mit ihrem Engel gehabt habe, der ihm (Swedenborg) von seiner Führung und seinem Verkehr mit Maitlands Engel berichtete.[2]

Dieses letzte Beispiel enthält nun freilich gerade in seiner Überfülle eine Warnung. Wir suchen im Gebiete der religiösen Erfahrung nach unterbewußten Komplexbildungen, deren 'personhafte' Reife mit der von 'zweiten' (alternierenden oder gleichzeitigen) Persönlichkeiten der Profanpsychologie verglichen werden könnte. Daß eine solche Menge der Gestalten, wie Frau Kingsford sie erzeugte, mit den Sally oder Leonie II und III auf eine Stufe zu stellen sei, ist von vornherein mehr wie unwahrscheinlich. Damit entsteht aber der allgemeinere Zweifel, ob die Ichform der automatischen Äußerung überhaupt einen dauernden zweiten Komplex verbürge. Dieser Zweifel wird durch die Beobachtung unterstützt, daß solche Ich-Automatismen mitunter als Einzelheiten innerhalb massenhaften und mannigfaltigen Halluzinierens auftreten oder aber ganz vorübergehend, gleichsam krisenhaft; daß sie also häufig weit eher Äußerungen vereinzelter unter- oder hinterbewußter Gedanken, als zusammenhängende und selbstbewußte Komplexe zu sein scheinen.[3]

Immerhin darf anderseits bei der Beurteilung vieler religiöser Ich-Automatismen ihre große Dauer, ihre innere Einheitlichkeit, ihre Einzigkeit (der Person nach) nicht unterschätzt werden. In diesen Hinsichten sind sie wirklich, wie gesagt, jenen 'Führern' und 'Kontrollgeistern' ebenbürtig, die man bei manchen Somnambulen und fast allen Medien antrifft, die ihren eigenen Namen führen, ihren ausgesprochenen Charakter haben

1) Maitland I 326. 291. 2) Das. 359f. 3) Ein Beispiel einer einzigen, langen Unterredung mit dem (gehörten) Gott in einer Krankheitskrise, wobei völlige Willensunterwerfung gefordert und schließlich geleistet wird, berichtet A. T. Fryer in JSPR XII 184ff.

(der meist von dem des Mediums beträchtlich absticht), die sich durch alle Arten des halluzinatorischen und motorischen Automatismus äußern, oder in der Ekstase des Trans als echte alternierende Zustände mit nachfolgender Erinnerungslosigkeit hervortreten, und deren 'subjektive' Natur, deren Ursprung und Ende innerhalb des Mediums doch in den meisten Fällen gar nicht bezweifelt werden kann.

IX.

Komplexpsychologie der Erweckung.

Die Erwartung, mit der wir an die Betrachtung religiöser Automatismen herantraten, scheint also nicht gänzlich getrogen zu haben. Deutlicher als im Falle der Ekstasen glauben wir hier Entwicklungen bis zur Bildung zweiter Persönlichkeitsphasen verfolgen zu können, damit aber in der Tat die reicheren Formen seelischer Spaltbildungen für die Deutung religiöser Komplexbildungen und Reifungsvorgänge nutzbar zu machen. Dies aber war ja unser Leitbegriff bei den letzten Erörterungen. Wir suchten die Ekstase mit einer alternierenden Phase zu vergleichen. Die Dürftigkeit unsrer Ergebnisse veranlaßte uns, denselben Vergleich an den Erscheinungen des Automatismus zu erproben; denn der Automatismus — so folgerten wir aus den vorausgegangenen Darlegungen — ist ein Analogon, ein Verwandtschaftsgebilde der Ekstase: die Ekstase führt als Ich an die Oberfläche, was im Automatismus von unterhalb der Oberfläche her sich bemerkbar macht. Hat die Betrachtung der religiösen Automatismen diese Gleichsetzung gerechtfertigt? Oder erheben nicht vielmehr manche der mitgeteilten Beobachtungen Einspruch dagegen? Hätten nach unsrer Voraussetzung nicht zB. die Heiligen, aus deren Automatismus 'Gott' oder 'Christus' in der Ich-Form gesprochen, in der Ekstase sich als 'Gott' oder 'Christus' gebärden müssen? Ein derartiges Sich-als-Gott-gebärden scheint in der Tat gegeben, wo der Ekstatisch-Somnambule etwa das Passionsdrama aufführt. Aber gerade von solchen wird uns keineswegs berichtet, daß sie zu andern Zeiten Automatismen im Namen Christi gezeigt hätten. In andern Fällen freilich, wie bei manchen der kamisardischen Propheten, ist das Zusammenfallen des ekstatischen und des automatischen Subjekts ein genaues, und es läßt sich ein gradweises Abblassen der wachen Ich-Persönlichkeit beobachten, während jenes Subjekt unverändert bleibt: ich erinnere an gewisse oben[1] beschriebene Zustände 'inspirierten' Redens und Schreibens, in denen Ekstase und Automatismus sich gleichsam begegnen und vermittels deren sie unmerklich ineinander übergleiten. Ich verweise etwa auch — was uns beinahe schon als selbst-

1) S. 76 f. 86.

verständlicher Folgesatz erscheint — auf die Gleichheit der Methoden in der Hervorrufung oder Auslösung der Ekstase einerseits, des Automatismus anderseits. Entselbstung, Abkehr von der Welt und ihren Zerstreuungen, Aufgabe des Vertrauens in Geschöpf und Ich, innige Hinkehr zur Welt der religiösen Vorstellungen, Einkehr in sich, Versenkung im Gebet, erwartungsvolle Passivität der Einstellung, etwa noch ein Reiz als 'Anschlag'[1] — diese alle dienen ebensosehr zur Vorbereitung und Herbeiführung ekstatischer Erlebnisse, wie zur Aufrufung der 'Führung' in allen Formen, vom leisen innern 'Zug', dem 'Hinweis' des Geistes, bis zur geschlossen-persönlichen Äußerung durch Hand oder Mund.

Im Gebet kniend 'empfängt' Finney seine Predigttexte mit solcher Gewalt, daß sie ihm 'durch Körper und Seele' zu gehen scheinen und er vor Zittern kaum schreiben kann; und solche Predigten, die stets am stärksten wirken, 'sind nicht mein, sondern vom Heiligen Geist in mir.'[2] In der Hingegebenheit der Kommunion 'erhält' S. Teresa gehörte Anweisungen bezüglich eines Hauskaufes, die ihre bisherige Absicht unwiderstehlich umstoßen und auf ihre Zweifel hin durch die Worte bekräftigt werden: Ich bin es.[3] — 'Sprich Herr, dein Knecht höret,' braucht Baxter gelegentlich nur zu sagen, um die prophetische Rede seines Mundes zu entfesseln.[4] 'Hier bin ich, Herr,' sagt gleicherweise der Kamisarde Durand Fage, und Cavalier braucht nur zu bitten, um 'im Geiste' jede Auskunft zu erlangen.[5] Immer im Grunde auch hier die Erfahrung, die ja die ganze Ekstatik beherrscht, daß 'je mehr die eigenen Kräfte der Seele ruhen, desto verständlicher die Bewegungen Gottes sind'.[6]

Solche Beobachtungen und Überlegungen entscheiden offenbar für den Psychologen über die Analogie von Ekstase und Automatismus 'im allgemeinen'. Wo dagegen die Übereinstimmung des Subjekts und des Inhalts keine strenge ist, müssen weitere Überlegungen den Kern der Lehre retten. Man muß sich etwa vorstellen, daß der außerbewußte Komplex wenigstens seinen hauptsächlichen Neigungen und leitenden Vorstellungen nach einheitlicher Natur sei, im einzelnen aber noch einige Freiheit in der Wahl seiner Äußerungsformen habe. So mag selbst eine 'bereitliegende Einstellung'[7] des Ich, die gelegentlich Ekstasen von anscheinend reinem Gefühlsinhalt ermöglicht, zu andern Zeiten den Boden für phantastische Personenbildungen abgeben, die sich dann automatisch in der Ichform äußern. Und natürlich würden solche äußerste Wandlungen und Übergänge andere umschließen, die weit weniger schwer zu glauben wären.

Im allgemeinen also gestatten die beschriebenen Tatsachen doch, den größten Teil der Psychologie der Spaltungen schon jetzt für die Deutung jenseitigen Seelenlebens auszunutzen. Seine Jenseitigkeit sehen wir schon

1) Bernières-Louvigni 42. 142. Vgl. o. S. 79. 2) Finney 77; vgl. 81 und George Müller, Autobiography 67. 3) Graham, Life of S. Theresa II 305f. 4) Baxter, Narrative, zB. 148. 5) Pr XII 288; Misson 122; Margar. Corton. 118. 135; Auger 90 (über Rupert von Deutz). 6) Bourignon, Leben 178 7) S. o. S. 79.

jetzt z. T. darauf beruhen, daß es einer überstarken Neigung zum Verlauf 'in mehreren Stockwerken' gehorcht, wodurch allein schon die Einheitlichkeit des Anschlusses an die 'wache Welt' des normalen Ich gestört wird. Der Jenseitige ist auf allen Stufen seines 'Weges' in besonders hohem Maße ein Mensch der unterschwelligen Binnenbildungen, die auf eine religiöse Wandlung in ihm hinzielen. Häufig keimen sie in ihm schon von früh auf, ziehen ihn von der Welt ab, geben ihm das Bewußtsein 'einer arbeitenden Kraft in seiner innerlichen Tiefe'[1] und der Vorbereitung großer Entscheidungen. Die allgemeine Gedrücktheit, das seelische Elend, die tiefe Unruhe und Angst, die Zerrissenheit und Gespanntheit, das quälende Verlangen, dabei das oft betonte Gefühl einer dunklen Erwartung, einer Leere, eines Bedürfnisses — ein 'Zug des Geistes'[2] — alle diese Kennzeichen der Vorbekehrungszeit stimmen durchaus mit denen überein, die wir häufig dort beobachten, wo ein 'unterbewußter' Komplex einem automatischen Hervorbrechen entgegenarbeitet, oder wo ein 'inspiratorisches' Schaffen, das Erzeugen eines Geistes- oder Kunstwerks sich anbahnt, aber noch nicht zur Äußerung gelangt, oder aber unterdrückt wird.

Man lese etwa die Schilderung jenes profanen Automatisten,[3] der, solange er seine mediumistischen Anlagen unterdrückte, sich halb wahnsinnig vorkam, später aber, als er mit dem 'Spiritismus' bekannt wurde und seine Anlage sich ausleben ließ, aus einem innerlich zerfallenen ein glücklicher und normaler Mensch wurde. Nähert sich die Zeit der eigentlichen Leistung, so wird der Automatist oft von chaotischen Massen halbgeformter Bilder besessen, hört Flüstern, sieht Zeichen,[4] fühlt einen Druck gegen die Stirn und während der Äußerung selbst mitunter ein 'gewaltiges angestrengtes Arbeiten im Gehirn'.[5] — Und religiöse Automatisten liefern natürlich durchweg verwandte Zeugnisse. Man beachte etwa, was einer der bedeutendsten 'inspirierten' Redner unter den Kamisarden über jene neun Monate währende Zeit seines 'stummen Schluchzens und Gärens' erzählt, an deren Ende er in eine große Ekstase fällt, die ihm den Mund öffnet und ihn gleich auf drei Tage unter die 'Einwirkung des Geistes' stellt.[6] 'Ehe der Heilige Geist herabkommt', sagt Radajew, der schon erwähnte russische Mystiker, 'wird Verfinsterung des Verstandes und Druck in der Brust gefühlt.'[7] Auch Baxter schildert die große und anhaltende 'Bedrücktheit', die entstehe, wenn es nicht zur 'Äußerung' komme,[8] und Mme Guyon fühlt sich 'erleichtert und bei besserem Befinden nach dem Maße' ihres Schreibens.[9]

Der Vergleich solcher Druckgefühle mit den Erfahrungen der Vorbekehrungszeit wird noch einleuchtender, wenn wir bedenken, daß jene Gefühle eben durch den Widerstand entstehen, dem der automatische

1) Worte der Jane Leade, Revel. of Revelations 2. 2) Vgl. zB. Starbuck 60—62; J. Leade, aaO. 6 f.; Chapot I 89f. 144f. 3) Du Prel, Stud. I 124. 4) Mrs. Finch in PS XXXIV 720. 5) Dr. Krasnicki über Frl. Basler in PS XXIV 414. Ähnlich bisweilen schon beim Suchen nach einer Vorstellung: Moll 252. 6) opération de l'Esprit: Misson 43. 7) Aktengemäß (aus Dobrotworski) bei Grass 218. 8) Baxter, Narrative 35. 9) Guyon, Vie II 118 (vgl. das ganze Kap. XXI, bes. 223. 229); Delacroix 156f. 166. 172.

Ablauf zunächst begegnet, und daß anderseits ein solcher — bewußter — Widerstand gegen den nahegespürten, als Schicksal empfundenen Komplex ein sehr gewöhnliches Merkmal der Vorbekehrungszeit ist: während er den Einbruch des Komplexes hinausschiebt, vergrößert er auch seine Spannung und steigert mit der größeren Absonderung des Heranreifenden auch dessen Explosivkraft. Dabei mag die Furcht, die der erweckte Sünder so häufig aus religiösen Lehren über künftige Strafen bezieht, als eine seelisch zersetzende Kraft die innere Spaltung noch weiter begünstigen.

Auch die Bekehrung begreifen wir ihren formalen Erscheinungen nach nunmehr schon besser als den ersten bedeutenderen Durch- und Einbruch des erstarkten außerbewußten Komplexes. Es ist dabei wertvoll zu beobachten, daß die Methodik ihrer Entbindung wiederum wesentlich verwandt ist jener, die das ekstatische wie auch das automatische Ich entbindet: immer wieder kehren wir zu jenem Doppelschema der Massen und Kräfte zurück, das einerseits Aufrufung und Stachelung des Komplexes — den 'Anschlag' —, anderseits Entspannung des Wach-Ich, passive Einstellung, Erwartung fordert.

Jene Stachelung besorgt in der Praxis der Bekehrung jede dringende Darbietung von Vorstellungen, deren Gefühlswert dem des kommenden Komplexes verwandt ist: zB. der Hinweis auf die 'Liebe und Gnade Gottes' oder — bezeichnend für die anthropomorphe Wirksamkeit religiöser Vorstellungen — auf die Teilnahme gütiger Umstehender.[1] — Die gleiche Bedeutung der suggestiven 'Hebung' des Komplexes kommt ja der Forderung des altmodischen Methodisten zu, man solle zum Zwecke der Bekehrung fest glauben, daß Gott das Heil und die Reinigung von Sünden nicht nur dem Einzelnen in der Schrift versprochen habe und ausführen könne, sondern daß er es 'jetzt tun könne und wolle', ja daß er es jetzt tue;[2] oder dem verwandten Ratschlag des neueren Erweckers, man solle beten, daß Gott 'jetzt, jetzt mit Macht, jetzt mit mehr Macht, jetzt mit noch mehr Macht' seinen Geist ausgieße, Gebete, die in Zwischenräumen von einigen Minuten 'wieder und wieder', einzeln und von Allen zusammen geleistet werden sollten.[3]

Nicht minder verständlich nach allem über Ekstase und Automatismus Gesagten ist uns nun aber die Methodik der Entspannung, welche die des Anschlags ergänzt.[4] Zahllose Einzelvorschriften der Bekehrungspraxis zielen darauf hin, jede etwa übriggebliebene Wurzel des Eigenwillens abzugraben und damit jene Entspannung zu vollenden. So etwa: man solle allen verzeihen, gegen die man einen Groll hat, ehe man zur 'Versammlung' kommt, also den entscheidenden Versuch zum Durch-

1) Noch Raffinierteres über Lenkung der Krise (zB. 'Berührung mit dem Ellenbogen') bei R. A. Torrey, How to promote and conduct a successful revival (Lond. [1901]) 157ff. 171.
2) Fletcher, Perfection 57f. 61. 3) Phillips (über E. Roberts) 232f. 241; vgl. 237. 227. S. die Rolle dieses Entschlusses zum 'Jetzt oder nie' bei Finney 10. 12f. 4) Beide setzen natürlich 'Reife' des Komplexes voraus. Vgl. dazu S. Teresa IV 65f. (Mor. IV c. 3) und ihren 2. Bericht an Rodr. Alvarez.

bruch macht;[1] man solle jeden Zweifel fahren lassen, in dem sich Pochen auf eigenes Urteil verpanzern und damit die willenlos-empfangende Haltung hindern könnte; von 'Gott' allein solle man jede Wirkung erwarten, seinen Verheißungen blind vertrauen, auf ihn die Last abwälzen: sein Wille geschehe, — ein Satz, dessen Festhaltung notwendig die völlige innere Stillung herstellen muß. Fast jede ausführliche Bekehrungsgeschichte läßt den Punkt hervortreten, wo diese Ich-Entspannung die innere Quelle entfesselt; eine krisenhafte Zuspitzung jener 'Gelassenheit', der völligen Versenkung des eigenen Wollens in das göttliche, auf welche die Mystik stets so großen Nachdruck gelegt hat.[2] Vor ihm sich beugen, sich unterwerfen — *bend* — war das erste und letzte Wort Evan Roberts', eines der größten Praktiker der Erweckung.[3]

Aber auch der Zustand während und unmittelbar nach der Bekehrung bietet Merkmale der Vergleichbarkeit mit Eigentümlichkeiten abnormer Bewußtseinszustände und Phasen. Nach der vorgetragenen Anschauung hat mit dem Nahen der Bekehrung eine hypnotische Tiefe, die Keimgegend somnambuler Ichphasen und ekstatischer Umkippungen, sich näher an die Wacheinstellung herangeschoben. Im Augenblick der Bekehrung selbst ist ihr beherrschendes Hervorbrechen sehr häufig eindeutig zu beobachten: die Bekehrung erfolgt augenscheinlich in einer Art von ekstatischem Wirklichkeitsverlust, oder in jenem verflüssigten, Ich-verflüchtigenden Zustande, der sooft das Umkippen, den Übergang von einem Ich zum andern bezeichnet.

Ein von Nettleton Bekehrter, der nach höchstgesteigerter Sündennot sich in leidenschaftlichen Ausrufungen an Gott gewandt hatte, schien (wie er selbst es beschreibt) in einen Zustand der Bewußtlosigkeit[4] hinzusinken. 'Als ich wieder zu mir selbst kam, lag ich auf den Knien und betete, nicht für mich, sondern für Andere... Meine Eigensorge schien sich ganz und gar in Sorge für Andere verloren zu haben.'[5] — David Brainerd sagt von dem gleichen entscheidenden Augenblick, er sei 'in Gott verschlungen gewesen', so daß er kaum an sich zu denken vermocht habe.[6]

Ein Kennzeichen der hypnoiden, 'unterbewußten' Artung des Bekehrungzustands kann man auch in gewissen intellektuellen Überleistungen erblicken, die zuweilen die Bekehrungskrise auszeichnen

---

1) Vgl. Phillips 339. 2) Fast alle älteren deutschen Mystiker; Carlstadt bei Erbkam 197. 3) S. zB. Phillips 278. Die myst. Lehre stellt sich fast einen physischen Zwang Gottes vor, in die Räume einzudringen, welche die Entselbstung für ihn 'leerpumpt': S. Jean II 210 (Sub. l. II c. 15 s. fin.); Eckehart 10. 13. 149f.; Heppe 501 (Poiret). Vgl. de Cort 122. Ausdrücklich bei H. Wood, Ideal Suggestion 58. Eine bemerkenswert verwandte Lehre des Li R bei Legge, Religions of China 207. 4) insensibility, eig. Fühllosigkeit, Unempfindlichkeit. 5) Aus A. A. Bonar, Nettleton and his Labours 261 bei James, Varieties 215. 6) Aus Edwards' und Dwights Life of B. (New Haven 1822) bei James, aaO. 214. Ähnlich Ratisbonne 25; Joseph Main bei Wells 96ff.; J. Wesleys Zeugnis bei Davenport 152 (im Traum); Cutten 77 (desgl.); Hastings 152; Dr. Schofield in der Einleitung (S. 13) zu Dyer; Starbuck 92. 112f. 379 (im Schlafe).

und augenscheinlich mit ähnlichen Tatbeständen der hypnologischen Beobachtung wesentlich identisch sind. Berichte über eine angebliche Erhöhung der geistigen Fähigkeiten im Schlaf, in der Hypnose, im Somnambulismus bilden seit alters ein umfangreiches Kapitel: Dichtungen und andere literarische Erzeugnisse, im 'Traum' entworfen oder vollendet;[1] Zeichnungen oder Malereien, mit größter Schnelligkeit und Genauigkeit von bewußt dazu Unfähigen ausgeführt;[2] mathematische, schachliche, mechanistische Lösungen, im 'Schlafe' gefunden;[3] wissenschaftliche Probleme, im Traume bewältigt, nachdem das Wachen vergeblich mit ihnen gerungen[4] — sollen die geistige Überlegenheit des 'Unterbewußtseins' beweisen. — Die übertriebenen Schlußfolgerungen, die man vielfach aus diesen Tatsachen zog, sind heute größtenteils auf ein nüchternes Maß zurückgeführt. Wir sehen nicht nur ein, daß die Traumleistung fast nie über das hinausgeht, was der betreffenden Person 'im Wachen' ebenfalls an sich möglich ist; wir wissen überdies, daß auch im Wachen die schöpferische Leistung sich größtenteils auf den gesamten Hintergrund des Bewußtseins und seine aufgespeicherten Schätze stützt,[5] die ja im Schlaf verfügbar bleiben, und daß der Unterschied zwischen Wachen und gewissen Schlafphasen überhaupt nicht übertrieben werden darf. Wir erwägen zudem, daß die Entspannung des Schlafes zuweilen geradezu die Bühne freilegt für den Eintritt von Vorstellungssynthesen, die durch die Anstrengungen des wachen Zustands gleichsam 'eingeklemmt' worden waren.[6] Wir wissen auch, daß gewisse Reaktions- und Assoziationszeiten im somnambulen Zustande verkürzt sind;[7] daß sich gewisse Sinne in ihm verschärfen;[8] daß die Beobachtung erleichtert, die Konzentration der Aufmerksamkeit auf einzelne Bewußtseinselemente erhöht ist;[9] schieben dies alles aber lediglich auf die eingetretene Einengung des Bewußtseins,[10] die jede Störung durch den Wettbewerb anderer Bewußtseinsinhalte fernhält.[11] Endlich aber — und damit komme ich auf den hier zu berücksichtigenden Punkt — lehren uns zahlreiche Beobachtungen eine Erhöhung des Gedächtnisses, d. h. der Erinnerungsfähigkeit im hypnotischen Zustande kennen, die unstreitig eine wesentliche Grundlage auch seiner angeblich gesteigerten Intelligenz bildet. 'Vergessene' Sprachen

---

1) Belege s. bei Myers I 91. Kreyher I 54; Dendy 277; Macnish, Philosophy of Sleep 159; d'Espérance 59ff.; Tir. Ekst. I 242ff. 2) PS XXXI 546ff.; XXXIV 672f.; JSPR XVI 210ff. 3) S. zB. du Prel, Entd. I 95; Kreyher I 52; R. H. Collyer, Exalted states of the nervous system..., 3. Aufl. (London 1873) 66; Staudenmaier 66f.; Pr XII 11f.; JSPR XI 310ff.; ÜW VII 28. 4) Ein interessantes philologisches Beispiel: Pr XII 14f.; ein juristisches: Abercrombie 306f.; andere: ÜW XIII 305 (aus APs 1905, Levaux); Burdach, Die Physiol. als Erfahrungswiss. III 469 (du Prel, Entd. I 98). 5) Vgl. o. S. 44. 6) Vgl. hierzu Jastrow 93f. 7) Vgl. betr. Tast- und Gehörssinn Beaunis, Le somn. provoqué 102ff. 8) Vgl. Referat in JPN XX (1913) S. E 183f. 9) Vogt in ZH IV 238. Vgl. Moll 139f. 10) Vgl. JPN aaO.; Döllken in ZH IV 97; Stout in HJ II 54. 11) So bes. Stout aaO. — Experimentelle Nachweise erhöhter rechnerischer Leistungen: N. Ach in ZH IX 1ff.; Obersteiner, Der Hypnotismus 57.

werden vom Somnambulen wieder benutzt,[1] im Wachen kaum in den Anfangsgründen erlernte anscheinend fließend beherrscht.[2] Gelegentlich gehörte Musikstücke, gelesene oder gehörte Schriftsätze, Romankapitel, Schauspielakte, gelehrte Abhandlungen, die dem Interesse und dem Verständnis des Subjektes ganz fern liegen mögen und im Wachen völlig vergessen waren, können im abnormen Zustand unter Umständen bis ins kleinste Einzelne wiedergegeben werden.[3] Auch die Fähigkeit des gedächtnismäßigen Einprägens ist entsprechend gesteigert, so daß eine Somnambule 50 ihr vorgesprochene Verse fehlerfrei zu wiederholen vermag, zu deren Erlernung sie im Wachen angeblich zwei Tage gebraucht hätte.[4]

Die für uns bedeutsamste Form dieses überlegenen somnambulen Gedächtnisses aber ist seine Fähigkeit, Ereignisse zu reproduzieren, die biographisch zu weit zurückliegen, um noch erinnert zu werden. Dr. Bramwell zB. fand, ‘daß Personen, die im normalen Zustande nichts erinnern konnten, was vor das siebente oder achte Lebensjahr fiel, in der Hypnose sich auf Dinge besannen, die sich im Alter von zweieinhalb Jahren ereignet hatten.’[5] Ferner ordnen sich zuweilen dem hypnotischen Bewußtsein die Bilder der Vergangenheit in auffallender Weise zu zusammenhängenden Reihen und nehmen dabei halluzinatorische Deutlichkeit an. Der Schlafende schaut gewissermaßen einer Reihe von ‘Guckkastenbildern’ zu, die sich ohne sein Zutun vor ihm entrollen und entweder einzelne Lebensabschnitte, oder gewisse bedeutsame Augenblicke, oder gar die ganze Vergangenheit in einem rasch verlaufenden panoramaartigen Überblick darzubieten scheinen.[6]

Zu allen diesen Beobachtungen nun bietet die Erweckungskrise augenscheinliche Parallelen, die auch sie als eine Leistung eben der ‘hypnotischen Tiefe’ erscheinen lassen. Gelegentliche Erzählungen von auffallenden Gedächtnisäußerungen solcher, die anscheinend die Bekehrungskrise durchschreiten, sind durchaus nicht selten.[7] Bekannt sind auch die Berichte, nach welchen viele der Inspirierten unter den Kamisarden (deren einige wohl mit gewissen Erweckten in eine Klasse zu stellen sind) während des ekstatischen Redens sich des ‘schönsten Pariser Französisch’ bedienten, auch wenn sie im wachen Zustand angeblich nur ihre bäurische Mundart sprachen und verstanden und weder lesen noch schreiben konnten, was ja von ‘unwissenden und beschränkten’ Bauern des 17. und 18. Jahrhunderts ohne weiteres glaublich ist.[8]

---

1) Passavant, 1. Aufl. 234; MES II 2. St. 85. 2) W. A. Hammond, Nerv. Derangement (N. Y. 1881) 117. Vgl. den verwandten, vielzitierten Fall bei G. H. Schubert, Gesch. der Seele II 95. 3) Mayo 194; Ladame, La névrose 105 (du Prel, Ph. d. M. 311); Ochorowicz 8; Abercrombie 320ff. 4) J. H. D. Pétetin, Electricité animale (1808) 256; vgl. Hack Tuke 29; Pr VI 426. Gutbeglaub. Fälle außerordentlichen optischen Gedächtnisses: Schubert, aaO. II 62 (nach Diderot); du Prel, Entd. I 91 (nach Séguin); Preyer, Der Hypnotismus 71; Janet, Aut. 147. 5) Bramwell in Pr XII 194. 6) S. die schöne Selbstbeobachtung von Dr. Marcinowski in ZH IX 15. 31. 7) S. zB. Gibson 251f. 8) Vgl. Misson 14 (Jean

So bezeugt Caladon d'Aulas von einer etwa 40jährigen *pauvre idiote de paysane*, die er als Bediente eines seiner Freunde kannte, — 'gewiß die einfachste, unwissendste Person, die je in unsern Bergen aufgewachsen war;' der er nicht das Zusammenfügen von vier französischen Worten zutraute —: 'Ich bin mehrfach Zeuge gewesen', wie sie französisch predigte; 'nie hat sich ein Redner hören lassen wie sie... Es war ein Strom der Beredsamkeit: es war ein Wunder; und was ich sage, ist nicht im mindesten übertrieben.'[1] — Falls wir die Voraussetzung wahrer Besessenheit durch einen überlegenen Geist ablehnen, so wird uns wohl nur die Annahme übrigbleiben, der Zeuge habe doch ein wenig übertrieben, oder aber die Ekstatische habe, gleich allen übrigen, im Lauf ihres Lebens mehr französische Kanzelberedsamkeit angehört, als ihr bewußt war oder ihre Umgebung ahnen konnte, und das Gehörte in der Ekstase wieder von sich gegeben.

Sehr natürlicher Weise nimmt die Steigerung des Gedächtnisses während der Erweckungskrise häufig die Form einer ungewöhnlich klaren und umfassenden Erinnerung an eigene frühere Sünden an, indem zur gründlicheren Bereitstellung des Vergangenen ein auswählendes Sonderinteresse tritt. Marie de l'Incarnation wird am Tage ihrer Bekehrung 'plötzlich gefesselt von einem Anblick aller Fehler, Sünden und Unvollkommenheiten [ihres] ganzen Lebens — klar, deutlich, gewisser, als menschliche Worte auszudrücken vermöchten',[2] und der Angela von Foligno werden durch 'eine gewisse Erleuchtung der Gnade aus den Tiefen der Seele alle [ihre] Sünden in die Erinnerung zurückgebracht'.[3] Solche ins Einzelne gehende Sündenvorhaltungen finden sich zuweilen auch bei Personen, die weder vorher noch nachher sich religiös auszeichneten, und machen dann mit ihrer moralisierenden Färbung den Eindruck eines gleichsam fehlgeschlagenen Bekehrungsversuchs der somnambulen Tiefe.

Vielen bekannt mag der Bericht sein, den Baron Üxküll (unterm 23. Mai 1869) an Prof. Perty gelangen ließ: 'Ich hatte, schreibt er, letzten Winter in Nizza einen eigentümlichen Traum, eine Art Vision in einer Reihe von Bildern, und zwar drei Nächte nacheinander. Ich sah nämlich mein ganzes Leben von frühester Kindheit bis zur Gegenwart ganz deutlich vor mir vorüberziehen, so daß ich die Szenen zeichnen könnte, in der klarsten und prägnantesten Weise. Dabei war immer eine korrigierende Stimme in mir, die stets auf die Wahrheit hinwies, wenn ich mich über etwas täuschen wollte. Noch mehr nahm mich aber dabei in Anspruch die Deutung dieser Art Selbstschau, ihre ethische Erklärung, wobei meine Seele, obschon im Traum, erzogen und geläutert wurde und ich mich in meinem Gewissen gereinigt und expliziert fühlte.'[4]

Noch deutlicher erscheint das aus dem Rahmen des übrigen Lebens Herausfallende dieser Erfahrung im Fall eines Genfer Korrespondenten der 'Münchener Ztg.', der, im Duell verwundet, blutspeiend auf der Erde liegend und bereits vom

---

Vernet über seine Mutter); W. Jessen in AZP XI 185f. (Jurieu über die 16jähr. Hirtin Isabeau Vincent); Kreyher I 63f. (Cl. Arnassan über den 'elenden, einfältigen' Pierre Bernand).
1) Misson 68f.; vgl. 104; Calmeil II 317. 2) Chapot I 67. 3) Thorold 93f. Vgl. noch Bradleys Fall bei James, Varieties 191; Reitz IV 289f.; Ideler I 311; Divine Cloud 217; Th. L. Harris, Arcana of Christianity (1867) § 196. 4) Perty, Myst. Ersch. II 397f.

Dunkel umgeben, nichts mehr sieht, als 'nur mein ganzes Leben mit allen meinen Sünden... [Dies] stand vor mir wie eine von grellem Blitz beleuchtete Szene! Was ich in diesem Moment seelisch gelitten, an Reue und Unzufriedenheit mit mir selbst, war ganz furchtbar und wiegt eine Ewigkeit in der Hölle reichlich auf.'[1] Mag man auch in diesem seelischen Schmerz die Verkleidung eines körperlichen sehen: eine auswählende Überleistung des Gedächtnisses bleibt unbestreitbar gegeben.

Der Umstand, daß der Erzähler Ursache hatte, den Tod unmittelbar zu erwarten, erinnert an die bekannte Häufigkeit solcher panoramaartigen Lebensschau in den letzten Augenblicken Sterbender. Auch diese Erfahrungen betonen häufig das Moment der sittlichen Selbstbeurteilung und Läuterung und erweisen damit ihre Verwandtschaft mit erwecklichen Vorgängen.

In dem viel angeführten Fall des späteren Admirals Beaufort folgte auf die 'stürmische Empfindung' des Ertrinkens ein Gefühl vollkommener Ruhe, wie vor dem Einschlafen, wobei die Tätigkeit des Geistes, im Gegensatz zu den Sinnen, außerordentlich verstärkt schien und das Subjekt, in unfaßlicher Schnelligkeit der Gedanken rückwärtsgleitend, jeden Vorfall seines vergangenen Lebens in rückschreitender Folge und als 'vollständig ausgeführtes Gemälde vor sich sah, mit allen, auch den kleisten Zügen und Nebenumständen, und jeden Auftritt von einem Bewußtsein von Recht und Unrecht oder von einer gewissen Erwägung von Ursache und Wirkung begleitet.'[2]

Die folgende Selbstbeobachtung Littlefields zeigt die moralische Zielstrebigkeit des fraglichen Erlebnisses noch deutlicher.

'Während eines Sturmes', schreibt er, 'im Atlantischen Ozean am 13. Juli 1848 an Bord des Schiffes *Forest Monarch* klammerte ich mich mit beiden Armen an einen Pfosten fest... Indem ich in dieser Lage verharrte, glitt ein Panorama meines Lebens vor mir vorüber.[3] Zwei oder drei Worte, aus Buchstaben von poliertem Golde geformt oder mit Feuerflammen geschrieben, wurden mir vorgehalten. Diese Worte waren so gewählt, daß sie irgendeine unweise oder sündige Tat anzeigten. Sie blieben in unverminderter Helligkeit stehen, bis ich ernstlich und demütig um Vergebung gebeten hatte... Sobald ich gebührend bereut hatte, verschwand das betreffende Wortgebilde und andere traten an seine Stelle, bis wie zuvor im Geiste Genugtuung gegeben war. Dies dauerte eine Zeitlang und schwand dann dahin.'[4]

Die ebenfalls viel zitierte verwandte Erfahrung des Johann Schwerdtfeger ist besonders dadurch merkwürdig, daß sie in einer nur mittelbaren und doch sinntiefen Verbindung mit dem Vorgang des Todes stand und überdies einer Erweckung gleichgekommen zu sein scheint.

---

1) PS XXXI 767f. 2) Aus Haddock in Fechners Centralbl. f. Naturw. u. Anthropol. 1853, Kol. 43ff., in I. H. Fichtes Anthropologie, 2. Aufl. 402ff. u. seitdem oft. Vgl. hierzu Fechners Centralbl. 1853 Kol. 774; Passavant, 2. Aufl. 99; F. W. Evans, Autobiogr. of a Shaker (o. O. 1869) 25 (Ertrinkende); Ludlow 141 (Narkose); Schallberg, Unsterblichkeit 17ff. (Seckendorfs bekannter Traum), 54ff. (Pfeffel); James, Varieties 392f. 3) Wörtlich: passierte Revue. 4) Aus Littlefields Reminiscences 203 bei Riley 191f. Anm. 37.

Nach dem ausführlichen Bericht des Hornhauser Pfarrers Kern an die preußische Regierung in Halberstadt v. J. 1733 machte Schwerdtfeger drei 'Ohnmachten' durch, von denen die erste, einstündige, die kürzeste war, die zweite, längere, sich bereits mit Visionen verband: eine Stimme rief ihm zu, er müsse ins Leben zurück, um seine Vergangenheit zu untersuchen und dann vor dem Richterstuhl Gottes zu erscheinen; nach der dritten, vierstündigen, zwei Tage später, während welcher das Subjekt bereits 'tot' erschien, wurde nach Kern geschickt, der somit gewissermaßen als Augen- und Ohrenzeuge berichten konnte. 'Der Kranke übersah sein ganzes Leben und alle Fehler, die er in demselben begangen hatte, selbst die ihm ganz aus der Erinnerung gekommen waren. Alles war ihm so gegenwärtig, als sei es erst jetzt geschehen.' Er hatte herrliche Töne gehört, unaussprechlichen Lichtglanz gesehen und große Wonne gefühlt. Die Erde ekelte ihn als ein Jammertal an. Nachdem er anscheinend völlig genesen, waren die Schmerzen und Lähmungen (wohl hysterischer Natur) geschwunden, die zuvor trüben Augen leuchteten. Aber wie er voraussagte, starb er nach Verlauf zweier Tage.[1]

Erlebnisse dieser Art geben wertvolle Winke bezüglich der Art, in der sich das unterbewußte Seelenleben am Auf- und Ausbau des sittlichen Charakters beteiligt. Und gerade unter diesem Gesichtspunkt ist die Unzulänglichkeit der üblichen wissenschaftlichen Theorien der 'panoramatischen Lebensschau' der Beachtung wert. Sie suchen ihrer, wie der Hypermnesie überhaupt, ausschließlich mit physiologischen oder allenfalls assoziationspsychologischen Begriffen Herr zu werden. Im Rahmen der Annahme physiologischer 'Spuren' der zu erinnernden Vorstellungen läßt die Theorie der hypnotischen Hypermnesie zB. sowohl die 'abgeblaßten' Spuren als auch die unwegsam gewordenen Verbindungen zu ihnen dadurch aufs neue verfügbar werden, daß die Einengung des psychischen Feldes, die 'Herabsetzung der Erregbarkeit der gehemmten Zentren' auf irgendeinem Wege — sei es infolge Ersparnis nervöser Energie, oder zirkulatorischer Reaktion, oder sonstwie — 'für die stattfindenden psychologischen Vorgänge sekundär eine hypnotische Hypermnesie' setzen.[2] Dies würde erklären, daß Erregungen des Gehirns von rein physischem Ursprung unter Umständen die Erinnerungsfähigkeit steigern, wie etwa maniakalische Zustände, Fieber, starke Gefühlsausbrüche, epileptische Vorerregung, gewisse Vergiftungen u. dgl. m.[3] Und es mag dann verlockend erscheinen, zumal die so häufige Übererinnerung Sterbender auf physio-

1) U. a. bei Fechner, Zend-Avesta, 1. Aufl. III 28f. Üppige visionäre Entwicklung zeigt die weniger bekannte Erfahrung des Joh. Propheter (1773), bei J. F. v. Meyer, Blätter f. höh. Wahrheit, 2. Samml. (Frankf. a. M. 1820) 361ff. Ebenso reich visionär der Originalfall bei Splittgerber, Schlaf, 2. Aufl., II 48ff. 2) Vogt in ZH VII 337. Vgl. 'Panorama'-Erfahrungen als epileptische Aura: Féré 171 und Hughlings Jackson in Brain XLII 179, sowie das 'Herunterlesen des Sündenregisters' durch eine 'alles wissende' Stimme bei Dementia praecox-Kranken: Jung, Dementia 105 Anm. 3) In maniakalischer Erregung: Clouston, zit. in Pr XI 354; Willis, zit. bei du Prel, Ph. d. M. 296; R. Hall, bei Dendy 240. — Im Fieber: Freeborn in The Lancet, 12. Juni 1902; Hamilton, Lectures I 344; Abercrombie 147; Carpenter, Princ. of Mental Physiol., 6. Aufl. 437. — Bei Vergiftung: Kiesewetter in Sphinx 1886 I 138.

logische, etwa Giftwirkungen zurückzuführen,[1] besonders im Falle Ertrinkender, also mit Erstickung Bedrohter;[2] denn Erstickung bewirkt ja Vergiftungsvorgänge in Blut und Geweben.

Indessen werden alle Hinweise auf rein physiologische Reizungen von 'Spuren' als Grundlage der gesteigerten Erinnerung natürlich entwertet durch die schon den obigen Beispielen zu entnehmende Tatsache, daß Übererinnerung auch unter Umständen auftritt, die eine physiologische Verursachung nahezu ausschliessen und vielmehr eine psychologische Deutung empfehlen.

Kein Geringerer als Darwin hat ein panoramatisches Erlebnis berichtet, das er — während des Falles von einer nur wenige Fuß hohen Mauer hatte.[3] Ein anderer Zeuge sah 'alle Ereignisse seines Lebens', während er, zwischen den Schienen der Eisenbahn liegend, einen Zug über sich hinwegfahren lassen mußte;[4] und ein französischer Krieger, Namens Derepas, berichtet: 'Am 2. Dezember 1870 lag ich mit zerschmetterter Hand 50 Schritt vor den Preußen. Die Kugeln pfiffen so anhaltend um mich, daß ich meinen Tod als unausbleiblich ansah. In diesem Augenblick trat mein ganzes Leben bis in seine geringsten Einzelheiten mit außerordentlicher Klarheit vor mich. Ich glaube noch vor meinem inneren Blicke dies vollkommen scharfe und klare Bild zu sehen.'[5]

Egger hat denn auch eine psychologische Deutung des Vorgangs vorgeschlagen: Jeder gewöhnliche Sterbende, meint er, überdenke und bespreche seine Vergangenheit, angeregt durch die 'Vorstellung des Todes', und gerade der plötzlich vor den Tod Gestellte habe ein 'lebhaftes Ich',[6] welches aus bedeutsamen und schnell verlaufenden Bildern 'bestehe'; der panoramatisch Schauende zeichne sich nur durch die halluzinatorische Deutlichkeit der Bilder und die Geschwindigkeit ihres Ablaufs aus; aber das seien Eigentümlichkeiten der Traumerlebnisse überhaupt, und sein Zustand sei der eines Träumers. Die behauptete 'Zahllosigkeit' der Bilder,[7] ihre angebliche 'Gleichzeitigkeit'[8] seien wohl Übertreibungen; es werde genügen, von einer Mehrheit und raschen Folge zu sprechen.[9]

Eggers Ausführungen machen auf mich den Eindruck, als sollte der Versuch gemacht werden, eine problemreiche Erscheinung durch Herabnivellierung und Banalisierung gleichsam zu entmannen. Schon seine Bezweiflung der Gleichzeitigkeit — oder sagen wir: Beinahe-Gleichzeitigkeit — muß sich auf Widerspruch selbst bei medizinischen Beobachtern gefaßt machen.[10] Aber auch das oben hervorgehobene konstruktive und zielstrebige Element des Panoramas scheint Egger zu gering einzuschätzen,

---

1) Allgemeine Beispiele prämortaler Hypermnesie: Abercrombie 149; Winslow 418ff.; Féré 171. 2) Beispiele bei Egger, Le moi des mourants, RPh XLII (1896) 358f.; Winslow, aaO. 416f.; Abercrombie 389. 3) Zit. v. Myers in Pr XI 354. 4) Nach Egger in RPh. 5) PS XXVIII 370. 6) moi vif, RPh XLI 37. 7) Ein Fall von Heim. 8) Ein Fall von de Quincey (Confess. of an Engl. opium-eater). 9) RPh XLII 367f.; XLI 37. 30. 10) S. zB. die merkwürdige hysteriologische Beobachtung bei Sollier I 133.

wenn er kurzhin von seiner (doch wohl rein assoziativ zu denkenden) Hervorrufung durch die 'Vorstellung des Todes' spricht. Schon die Form der Darbietung verrät ja häufig beträchtliche Ausgestaltung und Durcharbeitung von seiten im Verborgenen bleibender Seelenkräfte.

So berichtet Ludlow von einem Freunde ein Panoramaerlebnis von seltsamer Symbolik: Dieser 'sah im Finstern plötzlich eine Art von Lotterierad vor sich erst in langsame, dann in zunehmend schnelle Drehung geraten. Aus seiner Öffnung flogen 'Sinnbilder' heraus, die... in regelmäßiger Folge jede geringfügigste Handlung seines vergangenen Lebens angaben... Sein ganzes Leben flog vor ihm wie Blitze in diesen flammenden Sinnbildern dahin. Vollkommen Vergessenes... und Gleichgültiges, selbst so bedeutungslose Handlungen, wie das Schneiden eines Weidenzweiges, alles flog vor seinen Sinnen vorüber mit Pfeilgeschwindigkeit; und dabei entsann er sich ihrer als wahrer Vorkommnisse und erkannte ihre Anordnung innerhalb seines Lebens.'[1]

Überhaupt fällt ja auf, daß das 'Panorama' nie oder fast nie in einem Wiederdurchleben des Frühererlebten, also einem assoziativen Ablaufen wirklich so oder so dagewesener Vorstellungsgruppen besteht, sondern in einer Folge in sich geschlossener Bilder von selbständiger Anlage — '*charming pictorial sketches and paintings*' sagt ein Gehängter, der vor dem Abschneiden sein Leben bis ins Kleinste vorüberziehen sah[2] — Bilder, in denen der Sehende sich selbst 'objektiv wie einen Anderen' wahrnimmt.[3] Dieser Bilderablauf ist auch bald biographisch vorwärts-, bald rückwärtsgerichtet;[4] er enthält bald angeblich 'alles' (was wir ja stets bezweifeln werden), bald eine Auswahl einzelner Bilder; und gerade diese Auswahl hat, wie wir gesehen haben, für das Bewußtsein des Sehenden meist einen Sinn: sie soll ihn lehren und sittlich aufklären. Mindestens aus diesem Grunde auch hüllt sich die Erinnerungsleistung so oft in das Gewand gewaltiger jenseitiger Bilder, von deren Anschauung das Subjekt im Tiefsten erschüttert, mitunter auf Lebenszeit gewandelt zu sich zurückkehrt.[5]

X.

Komplexpsychologie der Vergottung.

Ein andres Symptom, das manchen Bekehrungskrisen seine Färbung leiht, aber ebensowohl im Laufe des erweckten Lebens auftritt, mag zur Betrachtung des letzteren im Lichte unseres augenblicklichen Grundbegriffes überleiten: ich meine das oben geschilderte Gefühl der 'Gegen-

1) Ludlow 112. 2) Winslow 414. 3) M. L... von sich, bei Egger, RPh XLII 632; vgl. Seckendorfs Fall bei du Prel, Ph. d. M. 316f. 4) ZB. Egger aaO.; vgl. den Fall PS XXVIII 371 (Sturz in einen Brunnen). 5) Vgl. o. 108 Anm. 1 Splittgerber, Schlaf II 45. Dies unterscheidet sie von Dr. Marcinowskis biographischen Träumen (o. 105) und noch mehr von der 'Reminiszenzenflucht' gewisser Neurasthenischer: O. Binswanger, Die Neurasthenie 115.

wart Gottes'. Daß auch diese Erfahrung mit dem Lebendigwerden eines außerbewußten, automatistisch-somnambulen Komplexes im Zusammenhang stehe, scheint durch mehrere Umstände angedeutet zu werden. Zunächst durch die Art ihrer Auslösung, die oft mit der mehrfach beschriebenen Entspannung des Wach-Ich durchaus gleichartig ist. Einer zB. erlebt die Gegenwart Gottes am Seegestade, wo die gleichmäßig heranrollenden Wogen eine soz. hypnoidisierende Wirkung auf ihn auszuüben scheinen; Andere nach langem allgemeinem Schweigen. Wieder Andere lassen ähnliche Erfahrungen durch 'einen grauen Herbsttag', das Verweilen am einsamen Strande eines Sees, im Walde, auf dem Meere, unter den Sternen, durch Bücherlesen, durch Musik oder Gebet ausgelöst werden.[1] — Die Leerung des Bewußtseins entbindet dann aber zugleich, was der seelische Hintergrund an gebundenem Leistungsdrang enthält, gelenkt von der Not — also Anregung — der Stunde; und in dieser Verkoppelung des Gottesnähe-Erlebnisses mit automatischer Leistung könnte man einen zweiten Hinweis auf seine Verwurzelung in der somnambulen Tiefe finden.

Eine schüchterne Frau, Mrs. Normand Smith in Hartford, soll in der Abwesenheit ihres Gatten mit Hausgesinde und Lehrlingen die übliche Andachtsstunde halten und erkämpft sich während des Tages zuvor in hartem Betkampf den Willenssieg dazu. 'Während der Morgenandacht,' schreibt sie, 'brauchte ich bloß meinen Mund zu öffnen, und Gott füllte ihn. Das Zimmer und selbst das Haus schien so von Gott erfüllt zu sein, daß mir die Gewißheit kam, Gott wolle an der Familie arbeiten.' Ein Geistlicher wird geladen, mehrere der Lehrlinge bekehren sich, eine Erweckung nimmt ihren Anfang.[2] — Das Beten in Gegenwart Anderer, vor dem sich das Ich der Frau N. S. in Furcht verkroch, tritt wie im Schlafwandel, aller Hemmungen ledig, hervor, und gleichzeitig das Bewußtsein der 'Nähe Gottes'.[3]

Eine Bestätigung findet diese Deutung auch darin, daß das mit der Bekehrung so häufig einsetzende Leben der 'Führung' durch innere Regungen und Stimmen mitunter ausdrücklich als ein dauerndes inneres Einwohnen Gottes, im Sinne der Nähe eines 'Andern', als ständige göttliche Gegenwart beschrieben wird.

Ein unerwartet Bekehrter hat 'seitdem beständig das Gefühl, daß er niemals allein' sei, sondern von einer Macht geführt werde, die nicht er selbst ist. Was diese Macht sei, weiß er nicht, deutet sie aber als den Heiligen Geist.[4]

Noch deutlicher auf bestimmt formulierte Automatismen — anscheinend Pseudohalluzinationen leichten Grades — geht folgende Beschreibung eines 49jährigen Mannes:

---

1) S. G. A. Coe, The religion of a mature mind 237—9; Pratt 247. 274. Fast 70% von Becks Korrespondenten fühlten die Anwesenheit einer höheren Macht während des Gebetsaktes. F. O. Beck in AJPR II. 2) Patton 335f. 3) Vgl. bei Baxter (o. S. 87) das Zusammen von automatischer Rede und Gegenwart-Gottes-Gefühl. 4) Pratt 251; Labis 71.

'Gott ist mir wirklicher, als irgendein Gedanke oder Ding oder Mensch. Ich fühle seine Gegenwart auf das bestimmteste,... ich spreche zu ihm, wie zu einem Gefährten, in Gebet und Lobpreisung... Und immer wieder antwortet er mir, oft in so deutlich gesprochenen Worten, daß es mir vorkommt, mein äußeres Ohr müsse den Ton mir zugeführt haben; meist aber in starken geistigen Eindrücken.'[1]

Es ist demnach sehr bezeichnend, wenn eine Religiöse die Erfahrung der Gegenwart Gottes zwar 'so bestimmt, wie das Bewußtsein der Berührung eines äußeren Gegenstandes' nennt, aber hinzufügt, 'die Empfindung scheine soz. von innen, anstatt von außen zu kommen'. Daß ihr dabei 'jene Persönlichkeit deutlich von [ihr selbst] unterschieden schien, oder von irgendwelchem abgetrennten Teil oder Schicht von [ihr]', beweist natürlich nicht, daß dem wirklich so war; so wenig als die von ihr als Beweis dafür angeführte Tatsache, daß 'die andre Persönlichkeit zu ihr sprechen konnte, in deutlich geformten, wennschon tonlosen Worten'.[2]

Weshalb die fragliche Erfahrung anscheinend nicht allen Bekehrten und stets zu eigen ist, weshalb sie nicht immer von allen denen beschrieben wird, die das automatische Leben der 'Führung' an sich erfahren haben, das sind nicht leicht zu beantwortende Fragen, die auf die Mitwirkung von Nebenumständen hindeuten, welche schwer zu beobachten, dem Hauptmoment der Deutung gegenüber aber auch unwichtig sein mögen. Im allgemeinen wird zu vermuten sein, daß es ein besonderes Größen-, oder wenn man lieber will: Kräfteverhältnis der beteiligten Bewußtseinsschichten sei, was im gegebenen Fall aus der Gesamtlage die Empfindung einer gewaltigen 'Nähe' entspringen läßt. Diese Empfindung wird nicht entstehen können, solange die eine oder andere der seelischen Phasen soz. die Alleinherrschaft innehat, d. h. weder im Zustande kräftigen und ungestörten Wachbewußtseins, noch während des voll in Gang gebrachten Ablaufes eines ekstatischen Automatismus. Sie wird dem Zwischenzustande angehören, darin von persönlichem Bewußtsein genug erhalten ist, um ein seelisches 'Ander' und Gegenüber aufzufassen, und genügend Unterschwelliges sich regt, um eine beträchtliche Außenmacht fühlbar zu machen. Im kleinsten Maßstab erlebt ja ein jeder dies zB. im Augenblick halberfolgreichen Sichbesinnens auf eine bestimmte Vorstellung: nämlich während diese bereits soweit gehoben ist, daß man ihre 'Nähe' empfindet, sie 'auf der Zunge' glaubt, ohne ihr doch einen Namen geben zu können. —

Im Lichte alles Vorausgegangenen fügt sich nun auch die abschließende Stufe der geistlichen Entwicklung zunächst willig den Grundbegriffen dieser Komplexpsychologie. Die Vergottung als der Endzustand dieser Entwicklung, die das Selbst auf Kosten 'Gottes' ständig verringert, erscheint uns jetzt als der Zustand der größtmöglichen Herrschaft, wenn nicht geradezu der Alleinherrschaft des erwecklichen Komplexes. — Eine

1) Aus Starbucks Sammlung bei James, Varieties 70f. Vgl. die feine Beschreibung seitens eines Gelehrten das. 64f. 2) Pratt 256f.

theoretische Folgerung nun legt sich hier nahe, deren Beobachtung in der Wirklichkeit die ganze vorgetragene Anschauung bedeutsam stützen würde. Bedeutet nämlich die Vergottung den Zustand größter 'Nähe' oder geradezu völligen Eingeschmolzenseins des Komplexes, so müßten mit ihrem Eintritt jene Erlebnisse aufhören, die eben aus verstärkter Erhebung, Erregung oder Äußerung des vergleichsweise noch abliegenden Komplexes entstanden: sowohl Ekstase wie Automatismen müßten mit der Vergottung ihr natürliches Ende finden (wobei dies gemeinsame Aufhören eine weitere Bestätigung ihrer Wesensverwandtschaft abgeben würde). Die Vergottung könnte gewissermaßen als dauernde Ekstase, das Handeln des Vergotteten als beständiger Automatismus gedeutet werden.

Es ist sicherlich bemerkenswert, daß diese einleuchtenden Schlußfolgerungen aus der Theorie von erfahrenen Ekstatikern mehrfach als Tatsachen der Beobachtung berichtet werden. Schon Ruysbroeck deutete sie verständlich genug an, wenn er für die abschließenden Zustände des mystischen Weges 'Offenbarungen' und 'Entrückungen über die Sinne' als unnötig bezeichnete, weil das Leben solcher Menschen, 'ihre Wohnung, ihr Wandel und ihr Wesen im Geiste' sei;[1] kaum weniger deutlich S. Teresa, wenn sie von der siebenten, innersten 'Wohnung' der 'Seelenburg' sagte, sie fände es verwunderlich, 'daß bei der Seele, wenn sie bis hierher gelangt ist, alle Verzückungen aufhören'.[2] — Aber die schärfsten und feinsten Fassungen des Tatbestandes sind auch hier Mme Guyon zu verdanken.

Von dem Zustande nach dem mystischen Tode, in welchem Gott für den Menschen das Leben seines Lebens und die Seele seiner Seele sei, sagt sie, daß die Seele darin Gott nicht 'fühle oder wahrnehme', [wie sie es zuvor ja in den ekstatischen Vereinigungen getan,] 'infolge seiner Einheit mit ihr und Innerlichkeit'.[3] Alle Vertiefungen[4] [in Gott] gehörten diesem 'Grade' nicht mehr an, 'denn hier kann Gott nicht geschmeckt, gefühlt, gesehen werden, da er mehr wir selbst ist, als wir selbst, [und] nicht [mehr] unterschieden von uns'. 'Jenes gewisse Etwas, welches [die Seele] vormals einnahm, ohne sie einzunehmen, ist ihr genommen,'[5] d. h. — so erläutern wir nunmehr mit Sicherheit — sie fühlt es nicht mehr, weil es ihr nicht länger als Ich-fremd gegenübersteht, sondern das Element ihres Ich geworden ist. Oder, wie Mme Guyon es gelegentlich ausdrückt (und der Ausdruck müßte den Psychologen entzücken): die Seele habe 'kein Inneres mehr'.[6] Natürlich, fügen wir hinzu, da sie ganz 'Inneres' geworden ist. Sofern aber bei Ekstase an jene geistlichen Liebesräusche gedacht wird, in denen die Gleichung 'Gott ist die Liebe' soz. unmittelbar erlebt wurde, ist es auch nur ein anderer Ausdruck für das Aufhören der Ekstasen bei dem Vergotteten, wenn von ihm gesagt wird, daß er aufhöre, [Gott] zu lieben: seine Seele — so faßt es geistvoll Mme Guyon — ist in den Gegenstand ihrer Liebe verwandelt, und dies bewirkt, daß sie nicht mehr daran denkt, zu lieben; denn sie liebt Gott mit einer Liebe,

1) Ruysbroeck 87. 2) S. Teresa IV 212 f. (Mor. 7 c. 3). Sie fügt allerdings hinzu: sino es alguna vez. 3) intimité. 4) enfoncemens. 5) Opusc. 234 f. (Torrens I, 9, 11. 12); 233 (das. § 10). Vgl. Vie I 271. 6) Opusc. 232. 235 (Torrens I, 9, 8. 12).

die selbst Gott ist und ihren [eigentlichen] Zustand ausmacht.'[1] — Dies wäre im Grunde dasselbe, was S. Teresa so ausdrückt: 'Die Begierden dieser Seelen zielen nicht mehr dahin, daß sie Trost und Süßigkeiten auf irgendeine Weise verlangen, weil sie den Herrn selbst bei sich haben und weil nun seine Majestät in ihnen lebt.'[2] Ja Mme Guyon findet auch den Ausdruck für diese Tatsache, der schon oben als theoretisch strengste Begründung für ein ferneres Ausbleiben der Ekstase sich uns aufdrängte: 'Hier' — in der Vergottung — 'besteht die Ekstase fortwährend, und nicht auf Stunden.'[3]

Auch was das wesensverwandte Aufhören des Automatismus im Zustande der Vergottung betrifft, können wir uns den scharfsinnigen Beobachtungen der Guyon anvertrauen.

Sehr deutlich stellt sie einander gegenüber die Zeit des beginnenden inneren Lebens, da der Bekehrte von einer Macht in ihm geführt wird, und diejenige des mehr oder weniger vollendeten, da jene Macht, der er sich unterwerfen mußte, er selbst geworden ist, so daß ein wesentlicher Gegensatz und Widerstand nicht mehr besteht. 'Ich hatte, sagt sie, wohl gefühlt in den Zeiten, die meinen Leiden [der Dürre][4] vorangingen, daß ein Mächtigerer als ich mich leitete und handeln ließ. Ich hatte damals, scheint mir, einen [eigenen] Willen nur, um mich zustimmend allem zu unterwerfen, was er in mir und durch mich tat; aber jetzt war es nicht mehr so: ich fand keinen Willen mehr, der hätte unterworfen werden müssen; er war wie verschwunden, oder richtiger: in einen andern Willen übergegangen. Mir scheint, daß jener Mächtige und Starke dann alles tat, was ihm gefiel, und nicht mehr fand ich jene Seele, die er ehedem... führte.'[5] 'Sie fragen die [vergottete] Seele, was sie veranlasse, so oder so zu handeln? Ob Gott es ihr gesagt habe, es sie habe erkennen oder vernehmen lassen, was er wolle? Ich erkenne nichts, [erwidert sie,] ich vernehme nichts;... der Wille Gottes ist alles und ich weiß nicht mehr, was Wille Gottes ist; weil der Wille Gottes mir zur Natur geworden ist.'[6] 'Ich [kann] nicht einmal irgendwelche Handlung ausführen; weil mir die Sache völlig in mir [schon] geleistet erscheint. Da gibt es nicht mehr Unterwerfung oder Ergebung, sondern Einheit meines Willens mit dem deinen, o mein Gott.'[7] — Man könnte kaum noch deutlicher aussprechen, daß dem Vergotteten der innere Zug, in dem er Gottes Willen erkennt, nicht mehr ein hereinbrechender Fremdantrieb ist, dem das eigene Überlegen und Wollen sich unterordnet oder entzieht; sondern daß sich der Vergottete nunmehr mit diesem Ganzen der Antriebe identisch fühlt, denen er nichts Eigenes mehr entgegenzustellen hat.[8]

Hinter der anscheinenden Klarheit dieser theoretischen Folgerungen verbirgt sich indes noch eine zu lösende Frage. Wenn wirklich der vorherige Automatismus zum Ich des Vergotteten geworden ist, wenn also wirklich 'alles Gott und Wille Gottes' und der Wille Gottes 'Natur' geworden ist, der zuvor eine Führung von außerhalb des Ich war — warum

1) Das. 259 (Torr. II, 2, 12): car elle aime Dieu d'un amour Dieu et par état! 2) S. Teresa IV 210 (Mor. 7 c. 3). 3) Guyon, Opusc. 248 (Torr. II, 1, 7). 4) Über die 'Dürre', welche den einen Zustand in den andern überleitet, s. u. K. XIV. 5) Vie I 270f. 6) Opusc. 256 (Torr. II, 2, 7). Vgl. S. Jean II 79; Ruysbroeck 75. 7) Vie I 179f.; II 132. 8) Opusc. 236. 250. 232. Ähnl. Selbstbekenntnisse bei Lechner 187.

empfindet der Vergottete jetzt nicht wieder sich 'selber' handelnd, bloß eben in einem neuen Ich, nämlich einem 'gottgleichen'; in dem Ich, das vordem ihn führte und mit dem er jetzt zur Einheit verschmolzen ist? Oder warum — falls man dem früheren Automatismus die seelische Qualität und das Bewußtsein absprechen wollte — warum wird der Vergottete nicht zum bewußtlosen Automaten und hört als Ich zu bestehen auf?

Wir können diese Schwierigkeit nur beheben, indem wir anerkennen, daß die neue Einheitlichkeit der 'vergotteten' Seele keine völlige ist, daß die mystischen Begriffsbestimmungen der Vergottung in gewissen Grenzen also eine Übertreibung enthalten.[1] 'Theologisch' gesprochen, gelangt die Vergottung nie an ihr Endziel: der 'Mensch', das 'alte Ich' hört niemals völlig auf zu bestehen; es erreicht nur einen Grenzwert äußerster 'Verdünnung', Passivität, Transparenz, oder wie wir es nennen mögen. Diese Transparenz beruht offenbar auf einem nahezu völligen Verblassen der Instinkte und Motive, von denen der 'sündige' Mensch getragen war. Das alte Ich wird damit gleichsam zur leeren Hülse, in der an sich nichts Eigenes mehr entspringt, die vielmehr der Füllung durch ein anderes bedarf, um zu Handlungen angeregt zu werden: dieses andere aber ist der ganz aus 'Heiligkeit' und 'Göttlichkeit' gebildete Komplex. Insofern ist der Vergottete immer noch fähig, wie mir scheint, eine bewußte Handlung von beträchtlich verwickeltem Aufbau ich-bewußt zu verrichten, oder einen ähnlich beträchtlichen Gedankengang ich-bewußt zu durchlaufen; er könnte zB. sich dahin bringen — denke ich mir —, politische oder Geldgeschäfte durchzuführen, oder eine wissenschaftliche Untersuchung leidenschaftslos und gründlich zu durchdenken. Unmöglich aber wäre es ihm, solche Handlungen unter einen selbstischen Gesichtspunkt zu stellen, oder auch nur sie einzuleiten, ohne daß ihm der 'Gott' im eigenen Busen mittel- oder unmittelbar einen Anstoß gäbe.

Aber auch dies ist erst die halbe Wahrheit. Denn der Vergottete ist nicht nur seinen charakteristischen Trieben nach gründlich und endgültig 'selbstlos' geworden, sondern seine Verrichtungen werden ihm auch zum großen, vielleicht größten Teil fertig gegeben. Der Automatismus der Einzelhandlung erreicht bei ihm eine Ausdehnung, die weit über die mehr gelegentliche Führung des Frommen oder Bekehrten hinausgeht. Dieses überragende Anwachsen des gottförmigen Automatismus und die völlige Hinderungslosigkeit, mit der er sich durchsetzt — dies gibt dem Vergotteten immerhin das Recht zu behaupten, er habe keinen Willen mehr und Gottes Wille allein sei in ihm mächtig, und verschafft ihm jenes Gefühl der Anstrengungslosigkeit und 'Freiheit', das die Vergotteten so beredt an sich rühmen.[2] Dies Gefühl der 'Freiheit' ist mithin nur ein anderer Ausdruck dafür, daß im großen ganzen nicht er, sondern 'Gott' in ihm handle.

1) Vgl. o. 42. Anm. 8. 2) Guyon, Opusc. 51. 242. 257f.

In wesentlichen Teilen fehlt eben seinen Handlungen das 'Ichgefühl', das ja nicht zuletzt auf der bewußten Anspannung, Wahl und Schwierigkeit in der Handlung beruht. Vom alten Ich ist zwar genug verblieben, um den gedächtnismäßigen Zusammenhang des Lebens zu bewahren, genug aber auch an den unterschwelligen, wiewohl in äußerste Nähe herangerückten Komplex abgetreten, um die Empfindung des Ich-Verlustes zu erklären. Ja es scheint beinahe, als schiebe sich selbst das Ichbewußtsein zuweilen ganz auf jene somnambulen Massen des 'Gottes im Menschen' hinüber, oder als bleibe es zwischen ihnen und dem alten Eigen-Ich, beide umfassend, in der Schwebe. Bei Mme Guyon findet sich gelegentlich der seltsame Ausdruck, die Seele, die 'einmal aus sich heraus- und in Gott übergegangen sei,[1] müsse sich sehr Gewalt antun, um an sich zu denken. Wenn sie an sich denkt, so geschieht es wie an eine fremde Sache, die [sie] nicht mehr berührt. Sie fühlt sich gleichsam geteilt und von sich selber abgesondert...';[2] Worte, die teils an somnambule Phasen erinnern, von denen das wache Ich als 'ein Anderer' empfunden und benannt wird, teils an Zustände des Sichdoppeltfühlens in Augenblicken, da die 'zweite' Phase im Begriff ist, mit ihrem Partner zu verschmelzen.[3]

Diese Einschränkungen der 'übertriebenen' Begriffsbestimmung der Vergottung werden in der Tat von erfahrenen Mystikern selber vorgenommen. Namentlich wird das alte Eigen-Ich im Grunde durchaus nur als äußerst geschwächt geschildert, nicht aber als verschwunden.

'Die Vernichtung der [Eigen]kräfte, sagt Mme Guyon, darf nicht so ausgelegt werden, daß jene an und für sich zerstört würden.[4] Das wäre lächerlich: vielmehr erscheinen sie vernichtet, soweit sie unserm [alten] Ich [dienen könnten],[5] wiewohl sie [an sich] immer bestehen bleiben... In dem Maße, als die Liebe den Willen erfüllt und durchglüht,... wird diese Liebe so mächtig, daß sie nach und nach jede Tätigkeit dieses Willens überwindet, um ihn demjenigen Gottes zu unterwerfen.'[6]

XI.

Religiöser Wahnsinn.

Die bisher dargelegte Psychologie des Außerbewußten hat uns wertvolle Einsichten in das Kräftespiel des mystischen Erlebens geliefert; von den oben[7] aufgeführten Fragen ist damit eine unstreitig ihrer Lösung näher gebracht: die, welche sich auf die Gewaltsamkeit jener erwecklichen Erlebnisse bezieht. Hinsichtlich der eigenartigen Inhalte dieses Erlebens

---

1) sortie d'elle-même et passée en Dieu. 2) séparée d'elle-même: Delacroix 148 Anm. 2, nach Disc. chrétiens et spirituels (1717) II 340. 3) Vgl. o. S. 63 66 und u. Kap. LXXV. 4) anéantissement des puissances — anéantissement physique. 5) anéanties quant à notre égard. 6) Vie I c. 10 § 9; Lettres (1718) V 458 (Delacroix 214). Vgl. Deutsche Theol. 40—2; Lechner 208ff. 7) S. 43.

indes hat das eben Ausgeführte erst dürftige Einsichten abgeworfen. Die Erfahrung der 'Gegenwart Gottes' schien durch die Annahme außerbewußten Seelenlebens einer Deutung näher zu rücken, und auch Gesichte glauben wir vorläufig als automatische Äußerungen jener Tiefe zu verstehen. Für die eigenartigen 'Einsichten' des Mystikers aber, wie für die jenseitige Sinnlichkeit seiner Liebesräusche haben wir noch keinerlei Erklärung gefunden; und was die ungeheure Steigerung des moralischen Kernerlebnisses, des Schauens der 'Heiligkeit Gottes' und der eigenen 'Sündhaftigkeit' anlangt, so scheint zweifelhaft, ob mit der bloßen Verlegung dieses Schauens ins Außerbewußte ein Schritt zur Deutung gemacht sei.

Immerhin, einiges hat die Psychologie der Seelenspaltungen uns schon geleistet, und so muß uns alles treffen, was ihre wesentliche Verwendbarkeit in der Deutung mystischen Erlebens aufzuheben oder einzuschränken scheint; unsere Ergebnisse würden damit auf ein Geringstes zusammenschrumpfen. Der Einwand ist in der Tat erhoben worden, daß der Typ des seelengespaltenen Mystikers eben nur e i n Typ sei und am Ende nur eine dem Verständnis entbehrliche Spielart desselben. Religionspsychologen von Bedeutung haben dem 'wiedergeborenen' Typ des Erweckten einen 'einmalgeborenen' gegenübergestellt.[1] Unter diesem letzteren wird dann zwar zunächst der optimistische 'natürliche' Mensch verstanden, dem die Welt eine 'einstöckige Einrichtung' ist, in der man sich nur auf der 'positiven' oder 'Plus'-Seite zu halten brauche, um wahrhaft glücklich zu sein; während der Wiedergeborene 'zwei Stockwerke' anerkenne und nach dem Bankrott der Oberfläche die Flucht in die Tiefe vornehme, wo allein ihm ein tragisch gefärbter Friede winke.[2] Aber auch diese Unterscheidung fällt dann noch nicht völlig mit derjenigen in Dies- und Jenseitigkeit zusammen. Auch unter den Heiligen und den Gott- und Himmelliebenden glaubt man den einmalgeborenen Typ zu finden, indem man auf Beispiele einer Entwicklung deutet, die zu friedevollem Ruhen in hochgespannten religiösen Wertungen und Vorstellungen führt und dennoch ohne dramatische Zusammenbrüche, ekstatische Erhebungen u. a. Erlebnisse außergewöhnlicher Art verläuft.[3] Prof. Coe hat eine größere Anzahl 'Bekehrter' auf hypnotische Empfänglichkeit und Befähigung zu Automatismen hin untersucht und dabei festgestellt, daß diese Eigentümlichkeiten besonders hervortreten bei solchen, die eine dramatisch-auffallende[4] Wesenswandlung durch Bekehrung erfahren hatten, im Gegensatz zu bloßem — wie sehr auch schnellem — geistlichem Wachstum.[5] Er schließt aus dieser und weiteren Untersuchungen, daß da, wo Empfindlichkeit für Gefühlseindrücke, eine Neigung zu Automatismen und Suggestibilität der passiven Art gegeben sind, das Subjekt, wenn man es unter Bekehrungseinflüsse bringe,

1) Vgl. James, Varieties 166f. 363 über once- und twice-born (nach F. W. Newman).
2) Le déchirement, condition de la vraie paix...: F. Amiel, Grains de Mil 158.
3) S. zB. Fursac 74. 4) striking. 5) A. Coe, The spiritual Life (N. Y. 1900). 112.

eine religiöse Wandlung vom krassen, dramatischen Typ erleiden werde; wobei auch ihm der Mechanismus dieser krassen Wandlung mit dem der automatischen Vorgänge identisch erscheint.[1]

Die theoretische Bedeutung dieser Untersuchungen würde in der Feststellung gipfeln, daß die Gewaltsamkeit religiöser Erlebnisse nicht mit deren Inhalt als solchem gegeben ist, sondern vielmehr von einer soz. zufälligen seelischen Veranlagung des Einzelnen, von rein formalen Neigungen seiner inneren Maschine abhänge, die ebensogut fehlen könnten, ohne die Ergebnisse seiner geistlichen Entwicklung zu ändern. Es gäbe eben zwei Typen von Religiösen, wie von Menschen überhaupt, bei deren einem die Gaben der innern Entwicklung gleichsam tropfenweise im Gesamtbau der Seele versickerten, sie langsam und allmählich durchsäuernd; bei deren anderm sie irgendwo im Außengebiet 'stillschweigend reiften',[2] um dann explosionsartig im gegebenen Augenblick an die Oberfläche zu treten. Und wie die Inhalte des religiösen Erlebens somit nichts beitrügen zur Deutung ihres dramatischen Wirksamwerdens, so würde umgekehrt auch das Außergewöhnliche der erwecklichen Erfahrungen nichts beitragen zum Verständnis jener Inhalte.

Gegen diese Anschauung von der persönlichen Zufälligkeit des ekstatisch-automatischen Elements im religiösen Erleben erhebt sich nun freilich ein uraltes Vorurteil — darf man sagen: Urteil? — der Menschheit. Die Erfahrung der Zeiten hat längst einen besonderen Zusammenhang zwischen dem religiösen Leben und 'abnormen' seelischen Verlaufsarten zu bemerken geglaubt; so sehr, daß sie gelegentlich jede seelische Sonderbarkeit mit Religion in Beziehung brachte und selbst den geistig Gestörten an sich, den von innern Gewalten willenlos Beherrschten für einen Günstling der Götter hielt. Vom Führer auf den dunklen Wegen des Verkehrs mit dem Unsichtbaren, dem Geglaubten, dem Gefürchteten und Verehrten hat die Masse der bloß Glaubenden von jeher verlangt, daß er ein Schauender und Inspirierter sei, also Ekstatiker und Automatist. Der sittliche Zusammenhalt eines Volkes wie sein metaphysisches Glauben waren stets in der Verwahrung des Propheten, Sehers und Dichters im alten Sinne des *mainomenos*, d. i. des seelisch mehrstöckig Gebauten. Unser Zeitalter ist nun gewiß nicht gewohnt, den dunklen Ahnungen der namenlosen Menschheit wissenschaftlichen Wert zuzuschreiben. Zur Vorsicht und Umsicht aber dürfen sie immerhin mahnen. Und ich meine, wer in religiöser Lebensbeschreibung belesen ist, möchte wohl Grund finden, eine besondere Wahlverwandtschaft zwischen religiösem Erlebnis und automatisch-ekstatischem Wesen aus der überragenden Massenhaftigkeit ihres Zusammengehens zu erschließen. Statistische Aufstellungen sind hierbei natürlich unmöglich und man muß sich auf Abschätzungen verlassen,

1) Übergangs- und Mischtypen aaO. 102ff. 2) ripen in silence: James, Varieties 198.

die schließlich nur aus der Erfahrung und Belesenheit des Abschätzenden Wert beziehen können. Beides besitze ich nur in geringem Maße. Ich vermag daher nur dem allgemeinen Eindruck Worte zu geben, den mir die Beschäftigung mit diesen Fragen hinterlassen hat: daß 'im großen und ganzen', je mehr die religiösen und religiös-moralischen Dinge dem Einzelnen zu einem Erlebnis von überragender Ursprünglichkeit werden, desto mehr sich auch eine Neigung zu abnormen Bewußtseinszuständen und -leistungen, zu einem 'dramatischen' Verlauf des innern Lebens einstelle; daß diese Neigung aber um so mehr verschwinde, je mehr der Einzelne seinen Anteil an jenen Dingen aus seiner Umgebung in sich aufnimmt und durch klar bewußtes Vorstellen mehr willkürlich zu seinem Eigentum macht, einem Eigentum, das dann aber auch weit lockerer in die Massen seiner Seele eingebettet und nicht mit jener Glut hineingeschmolzen ist, die den Personen des automatistischen Typs natürlich ist. Die Stifter der großen Religionen waren anerkanntermaßen Ekstatiker.[1] Die Ursprünge der Sekten — und das heißt doch vielfach: der persönlichen und erfahrungsmäßigen Auffrischungen oder Neugründungen erkaltender Religionen — gehen fast durchweg auf ekstaseartige Erlebnisse Einzelner und — daran anschließend — kleinerer Gruppen zurück. Und die 'ernsthaften', erlebnisreichen Kreise innerhalb der großen Kirchen zeigen überall Teilnahme an dergleichen Erfahrungen und Verlangen nach ihnen.

Den Sinn dieser natürlichen Zusammenhänge vermögen wir freilich auf dieser Stufe der Untersuchung bei weitem noch nicht zu durchschauen, und der Leser wird wenig geneigt sein, meine persönlichen 'allgemeinen Eindrücke' als wissenschaftliche Gründe hinzunehmen. Ich will das vorläufig Angedeutete denn auch nur als Anknüpfungsstelle für spätere Einsichten hier am Wege zurücklassen und einstweilen den Faden fortspinnen, den uns der eben besprochene Einwand darbot. In der Tat kommt dem Coeschen Gedanken — wenn auch ganz unbeabsichtigterweise — eine Fülle neurerer Untersuchungen zu Hilfe, die alle darin ausmünden, daß sie das krasse religiöse Erleben nicht nur auf eine besondere zufällige, wenn auch im Grunde normale Wirkungsweise der Seele zurückführen, sondern geradezu auf krankhafte Vorgänge in ihr. Unsere Hauptfrage: wie denn etwa die Inhalte des geistlichen Erlebens mit der formalen Art seines Auftretens zusammenhängen, findet dabei zwei sehr verschiedene Beantwortungen. Häufig erscheinen diese Inhalte im Grunde als etwas beinahe Gleichgültiges, weil eben wieder nur zufällig mit der seelischen Krankheit Zusammenhängendes: die zerrüttete Tätigkeit des Geistes könnte sich ebensogut auch auf andere ihr von außen oder innen dargebotene Inhalte werfen. Dies scheint mir der innere Gedanke vieler Psychiater gewöhnlicheren Schlages zu sein. Sie lassen die banale Religiosität — jenes Gemisch von

1) Bezüglich Gautama Buddhas und Mohammeds zieht dies niemand in Frage; bezügl. des Stifters des Christentums vgl. O. Holtzmann, War Jesus Ekstatiker? (Tüb. u.Lpz. 1903).

Furcht vor den Unsichtbaren, Glauben an ihre Hilfe, kindlicher Unterwerfung unter sie, Reue, Vervollkommnungstrieb, Lebensdrang, Gemeingefühl und was sonst noch — als geschichtlich gewordenes und gesellschaftlich nützliches Erbgut gelten, verurteilen es aber als gefährlich, sobald es in das Räderwerk eines krankhaft zerrissenen Seelenlebens gerät. Die andere Art der Antwort gräbt tiefer: sie bringt die Inhalte des mystischen Erlebens allerdings in einen wesentlichen Ursachenzusammenhang mit der formalen Gestaltung dieses Erlebens, d. h. mit der seelischen Krankheit; aber sie faßt zugleich jene Inhalte als täuschende Masken ganz anderer, und zwar sehr 'natürlicher' Inhalte auf; sie beseitigt also soz. ihre Besonderheit. Dies scheint mir der leitende Gedanke der Psychanalytiker und ihres psychiatrischen Anhangs zu sein. Beide Arten pathologischer Deutung der krassen, dramatischen und schon insofern jenseitigen Religiosität müssen unser Interesse im höchsten Maße fesseln und ihre Darstellung und Prüfung ergibt sich gebieterisch als unsere nächste Aufgabe.

Die banal-psychiatrische Auffassung spielt heute schon eine beträchtliche Rolle. Die Deutung vieler ausgesprochen mystisch-religiöser Erfahrungen vom klassischen Typ als Äußerungen 'religiösen Wahnsinns' ist selbst gläubigen Beurteilern nicht mehr fremd.[1] Dem akademisch geschulten Psychiater ist sie selbstverständlich.[2] Tatsächlich ist eine Übereinstimmung dessen, was heute unter Vorurteilsfreien als religiöser Wahnsinn bezeichnet und der Behandlung des Irrenarztes zugedacht wird, mit Abarten dessen, was geschichtlich als Heiligkeit und Mystik gilt und zur Gründung und Befeuerung religiöser Bewegungen gedient hat, selbst dem Laienauge unverkennbar, so daß schon ein flüchtiger Blick auf das Gesamtgebiet der Geisteskrankheiten lehrt, wie schwierig der Versuch einer Abgrenzung sein muß. Und es ist bezeichnend, daß dabei Krankheitsformen, in denen ein entscheidender Einfluß außerbewußter Vorgänge am wenigsten hervortritt, auch die geringste Ausbeute der Vergleichung liefern, während diese zunimmt in dem Maße, in welchem jener Einfluß das Wesen der Krankheit bestimmt. — In den Krankheiten der ersteren Art erscheint das 'religiöse' Element (bestehend in Vorstellungen 'religiösen' Inhalts) am ehesten äußerlich aufgepfropft.

Ein reiner Typ hiervon ist etwa der krankhaft Melancholische (so oft nur durch äußerliche Schädigungen oder rein körperliche Krankheiten melancholisch

---

1) S. zB. die Schrift des früheren Irrengeistlichen H. Werner, Der rel. Wahnsinn (Stuttgart 1890) 106—11; die Ähnlichkeit wenigstens starker Religiosität mit Irrsinn betont J. Naumann (Anstaltsseelsorger), Ist lebhaftes rel. Empfinden ein Zeichen geist. Krankheit...? (Tüb. u. Lpz. 1903). 2) Fanatiker dieser Richtung ist Dr. Binet-Sanglé (zB. La folie de Jésus [Paris 1908] und die Aufsätze über die Propheten Elias und Elisa in AAC 1904 u. 1905); vgl. Dr. med. H. Leffmann, The mental condition and career of Jesus of Nazareth (Philadelphia 1904). Deutsche psychiatrische Studien über Jesus neuerdings von Rasmussen, Lomer (Dr. de Loosten) u. a.

Gewordene), dem im gesunden Zustande die Religion ein äußerlich Gewußtes, allenfalls Gewohntes war, und der nun seine Leiden in religiöse Begriffe umdeutet, wie Schuld, Verwerfung, Gottverlassenheit, Nichterwählung, Sünde wider den Heiligen Geist u. a.[1] — Ein entsprechender Typ von entgegengesetztem Vorzeichen wäre der manisch Exaltierte, den Zufälligkeiten des Vorlebens oder der Umgebung dahin brächten, seine gehobene Stimmung nicht als ein 'Napoleon' oder 'Bismarck', als 'Erfinder' oder 'Millionär', sondern als 'Jesus' oder 'Gott Vater', als 'Gesalbter des Herrn' oder 'Mutter Gottes' auszuleben, während er sich im übrigen so läppisch und ausschweifend verhalten mag, wie es solche Irre eben tun.[2]

Auch die vielfach behauptete Verknüpfung religiöser Vorstellungen mit der Epilepsie scheint meist eine leidlich äußerliche zu sein. Teils dürfte die scheue Furcht, mit der gerade diese Krankheit seit alters betrachtet wurde, oder das Bedürfnis nach Mitgefühl und Hoffendürfen, das diese nur zeitweilig Unzurechnungsfähigen beseelt, natürliche Übergänge zu religiösen Vorstellungen schlagen; teils führt der häufig eintretende 'epileptische Schwachsinn' zu einer Frömmelei, die sich in läppischem Ehrgeiz gerade an die 'theokratischen' Äußerlichkeiten des Kultes klammert und in schwülstigen Redensarten sich zu berauschen liebt;[3] teils aber scheinen auch mitunter die erregten und verworrenen Zustände der Epileptischen Wahnvorstellungen religiösen Inhalts herbeizuführen, die dann freilich Krankheitsbilder liefern, die dem klassischen mystischen Leben sehr viel näher stehen.[4] So glauben sich 'Epileptiker' während ihrer Dämmerzustände zuweilen im Paradiese, mit Gott im Verkehr, von ihm zum Propheten, Messias, Reformator berufen; sie schwelgen in seliger Freude und haben himmlische Gesichte, empfangen aber auch göttliche Befehle, ihre Angehörigen umzubringen, und bedrohen ihre Umgebung als Juden, Feinde Gottes oder sonst was. Dann wieder öffnet sich ihnen die Hölle, sie sind zerknirschte Sünder, rufen um Erbarmen usw.[5] Doch erscheint, je inhaltlich bedeutsamer die Erlebnisse selber sind, die Diagnose auf Epilepsie um so zweifelhafter. Im Falle des größten religiösen 'Epileptikers' — Mohammed — ist sie neuerdings durchaus bestritten[6] zugunsten einer Diagnose von sehr viel größerer psychologischer Bedeutsamkeit;[7] während doch die Epilepsie in der Regel auf wesentlich materielle Hirnstörungen zurückgeführt wird.

So ist es denn auch die immer mehr durchdringende Auffassung als psychogen — seelisch begründet —, was den Krankheitserscheinungen einer dritten Gruppe 'religiös Irrer' den bisher berührten gegenüber eine sehr viel größere Bedeutung sichert: ich meine die, welche man im engeren

1) S. den JMS XXXI 287 ref. Fall. Lehrreiche Beispiele zB. bei Clouston, Clin. lect. on mental diseases 72—76. 107; Winslow, 4. Aufl. 69; JMS XLI 500; Boismont 411—15; AMP 1905 II 197; Janet, Obs. 526f. 2) Vgl. die Fälle bei Prichard in JMS III 245; Leuret 323; Ideler I 121ff.; Flügge in AP XI 184ff.; Dr. Gooch bei Dendy 347. Ähnlich in der exaltierten Phase der progr. Paralyse: Hurd in Hack Tukes Dict. of psychol. Med. s. v. Vgl. die gelegentliche Beobachtung von Jahreszeitenkurven des rel. Empfindens: Starbuck 359. 3) W. Hellpach, Zur 'Formenkunde' der Bezieh. zw. Religiosität und Abnormität, ZRP I 103. 4) S. zB. die ersten drei in AMP 1899 I 76ff. ref. Fälle und Dr. H. Mabille, Hall. rel. et délire rel. transitoire dans l'épilepsie; Dr. J. C. Howden, The rel. sentiment in epileptics, JMS 1873 482ff.; Dr. Toselli, ref. JMS XXV 585. 5) S. Werner, aaO. 56. 6) Pelman. Seine Anfälle sogar für legendarisch erklärt von H. Grimme, Arabiens Eintritt in die Weltgeschichte (Münch. 1904). 7) Der Hysterie; worüber alsbald mehr.

Sinn als religiös Wahnkranke bezeichnen möchte und die hauptsächlich, wenn auch nicht ausschließlich,[1] in die herkömmlichen Gruppen der 'Paranoiker' und der 'Frühdementen' einzuordnen sein dürften. Von der 'religiösen Paranoia' zeichnet die Psychiatrie der Schulen in der Tat ein Gesamtbild, worin man so reichliche Züge der hagiologischen Mystik wiederzufinden meint, daß die Erörterung des pathologischen Problems sich förmlich aufdrängt.

Diese Kranken sind vielfach, wie die Heiligen, schon von früh auf durch eine verschrobene Hypertrophie des Charakters nach der religiösen Seite hin gezeichnet. Kirchliche Einflüsse, Schicksalsschläge, die sie der Welt entfremden, verstärken dann schon in der Jugend ihre religiöse Begeisterung, erzeugen den Drang, geistlich zu werden, ins Kloster zu gehen, führen zu Gewissensqualen und Bußübungen; bis der Eintritt von Gesichten des Himmels und der göttlichen Personen und herrlicher Gefühle von Durchdringung des sündhaften Leibes mit dem göttlichen Hauch, kataleptische Ekstasen u. dgl. m. die Weltentrückung vollenden. Stimmen reden zu ihnen, treiben sie an, den Beruf des Propheten anzutreten, und die Kranken wechseln nun zwischen Zeiten erregter Bekehrungstätigkeit und ekstatischer Begeisterung einerseits und Anfällen tiefster Zerknirschung, des Gefühls der Sündigkeit und Unwürdigkeit zum göttlichen Berufe, des angstvollen Bewußtseins teuflischer Verfolgung anderseits.

Es ist wahr, daß Krafft-Ebings Schilderung, der ich hier folge,[2] andere Züge beibringt, die sich von typisch hagiologischen Eigenschaften der Heiligen ebensosehr zu unterscheiden scheinen: die Gleichgültigkeit der Kranken gegen den 'ethischen Kern der Religion', ihr Aufgehen in der 'formalen glänzenden Außenseite des religiösen Kultus' und die schwachsinnige Beschränkung auf Erfüllung mißverstandener religiöser Vorschriften; die häufigen geschlechtlichen Ausschweifungen; die der Entselbstung der Jenseitigen anscheinend entgegengesetzten Größenwahnvorstellungen — Männer glauben Gott der Schöpfer, der Welterlöser, Frauen glauben die Gottesgebärerin zu sein; — die verrückte Auslegung von Stellen der Heiligen Schrift, die auf die eigene Person bezogen werden; dazu der so oft betonte schließliche Ausgang in Blödsinn.[3] Indessen sind diese und ähnliche Einzelheiten, wie der Belesene weiß, z. T. bis weit in die religiöse und hagiologische Lebensbeschreibung hinein zu verfolgen, z. T. tatsächlich nicht einmal für alle Fälle 'religiösen Wahnsinns' in unsern Heilanstalten durchaus charakteristisch; zum mindesten gehen sie — und dies ist die Hauptsache — in unmerklichen Abschattungen in die typischen Eigenschaften des klassischen Heiligenlebens über. Krafft-Ebings einziges klinisches Beispiel ist ein im höchsten Grade 'verrücktes' und lächerliches (ein Bauer, der eine herab-

1) Denn auch Manische, Melancholische, Paralytiker, Alkoholiker u. a. erzeugen gelegentlich rel. Wahnvorstellungen. 2) Vgl. Krafft-Ebing, Lehrb. d. Psychiatrie, 6. Aufl. (Stuttg. 1897) 441 ff. 3) Vgl. zB. Vallon et Marie, Des psychoses relig. à évol. progress. in AN 1897 177 ('délire de persécution avec teinte mystique'). P. Jacoby klassifizierte russische Sektierer als megalomanische Paranoiker: AAC XVIII 782.

fallende Papierblume für ein Brautgeschenk der Muttergottes hält und die Welt regieren will, da der alte Gott nichts mehr tauge u. dgl. m.); und ähnliche lassen sich ihm aus der Literatur fast ohne Zahl zur Seite stellen.[1] Aber selbst solche paranoische Heilande und Götter machen mitunter noch Eindruck durch ihr stilles und frommes Verhalten, ihre ekstatische Versenkung, ihre hingebende Beschäftigung mit den heiligen Büchern, die mit ihrem Wahne häufig einsetzende reumütige Abwendung von früherer Weltlichkeit und Unsittlichkeit, oder ihr frommes Vertrauen in die halluzinatorische Führung einer Stimme, die sie dem himmlischen Vater zuschreiben.

Wenn die Barbara Spohn, eine württembergische Chiliastin, von zwei bärtigen Männern in weißen Gewändern den Auftrag erhält, mit ihrem Anhang nach Jerusalem auszuwandern, 'denn der Herr wird diese Stätte zerstören und die Gottlosen vertilgen, aber euch, ihr Kinder Gottes, wird er ins tausendjährige Reich einführen;... nicht eine Kopeke Geldes noch Brot dürft ihr in die Tasche stecken usw.';[2] oder wenn eine Irre Dagonets erklärt, Gott sei in ihr, er rede durch ihre Stimme, sie sei Verkünderin der Liebe Gottes, seines Bundes und seiner Barmherzigkeit;[3] oder ein anderer Illuminierter, nach tiefer langer Niedergeschlagenheit, beginnt, von einer innern Stimme inspiriert und geführt zu werden, die er Gott zuschreibt und 'die Fleisch und Blut nicht verstehen können', kraft welcher er das Ende der Welt verkündet, sich mit seiner Schwester fast nackt in den Wald zurückzieht, wo er sie mit seinen prophetischen Predigten unterhält,[4] — so klingt doch schon aus dem Wuste der Wahnvorstellungen jener Ton heraus — dem Eingeweihten leicht vernehmlich —, der auch den großen Erweckten, die sich einigermaßen im bürgerlichen Leben behaupten konnten, den eigentümlichen Klang verleiht. Wir stehen hier in der Tat vor menschlichen Bildern, von denen wir zwar begreifen, daß der Psychopathologe sie restlos für sich beansprucht, aber nicht minder, daß der Laie in Versuchung geraten mag, sie der großen Bruderschaft der 'wahrhaft Erweckten' zuzurechnen und sich ihrer Führung zu überlassen.

In Arnolds Kirchen- und Ketzergeschichte[5] lesen wir von einem gewissen Johann Albrecht Adelgreiff, der um 1636 in Königsberg auftrat, neben Latein und Griechisch große Bibelfestigkeit besaß und durch seinen 'sehr elenden und verächtlichen' Aufzug wie durch seine Reden und Bekenntnisse Aufsehen erregte: drei Jahre zuvor habe er 'nahe bei Thorn seinen großen Tag der Erleuchtung gehabt, da ihm sieben Engel bei einem hölzernen Kruzifix am Wege stehend die Offenbarung vom Himmel gebracht, er solle die Person Gottes des Vaters auf Erden leiblich repräsentieren und alles Böse aus der Welt tun, auch die Obrigkeit mit eisernen Ruten stäupen.' Also, mit einiger Weite erfaßt, der Typ des Propheten und erweckten Sittenpredigers, wie ihn die Bibel vielfach zeigt, der wohl das Zeugnis eines so guten Kenners wie Franckenberg verdienen mochte: seine Schrift, mit seinem Tode besiegelt, enthalte 'eine starke und offenbare Ankündigung des Vaters', man müsse nur eine gewisse 'Decke der Person und die Unreinigkeit

1) S. zB. Magnan, Des halluc. bilatérales... in AN VI (1883) 354f.; Ideler I 101ff. 165ff. 170 (Fall Nr. 6. 15. 16); Vallon et Marie in AN 1897 26f. 30; Dr. Muhr in APN VI 733ff., bes. 750ff.
2) M. Busch, Wunderliche Heilige 129f. 3) Dagonet, Mégalomanie relig. 282 (bei Vallon et Marie, aaO. 31). 4) Casanwielh bei Vallon et Marie, das. 29. 5) III 49f.

des Fleisches hinwegtun',[1] — d. h. individuelle Irrtumsbeimischungen von der wahren Intuition sondern. An die religiös Verrückten unserer Anstalten werden wir aber unmittelbar erinnert, wenn wir den wüsten Kram besehen, der in Köpfen wie diesem sich ablagert: Adelgreiff nannte sich selbst 'Syrdoss, Amada, Canamata, Kikis, Schmalkilimundis, Elioris, Über-Erz-Hoherpriester, Kayser des H. Göttlichen Reiches, König der ganzen Welt' usw. Diese geheimnisvollen Namen und Wortspielereien sind ja ein häufiges Merkmal der Irrenphantasie. Wir finden sie zB. bei dem Priester Pierre-Michel Vintras, der vom Erzengel Michael Offenbarungen erhält und von Jesus selbst zur Schaffung eines an rosafarbenem Bande zu tragenden weißen Kreuzes angeregt wird, ohne den Gekreuzigten, weil der Träger des Kreuzes selbst das Opfer daran sein solle! Neben diesem mystischen Geistesblitz aber fällt wieder die kindische Phantastik auf, mit der er seinen Anhängern 'Engelsnamen' verleiht: Dhoredhoël, Jehoraël, Azzolethaël u. a.[2] — Bei einem Andern gesellt sich dem altmystischen Gedanken des dritten und letzten christlichen Bundes eine läppische Spielerei mit Kalauern: er, Cheneau, glaubt sich bestimmt, als *chaînon* zwischen Himmel und Erde zu dienen; geboren in Mennetout, soll er *mener tout le monde* auf dem Wege zur letzten Vereinigung mit Gott, usw.[3]

Mitunter — und dies ist bedeutsam, wie ich gleich ausführen werde — beruht der unmittelbare Eindruck, daß wir einen Irren vor uns haben, fast am meisten auf der Wirkung der Umgebung, in der uns dieser begegnet: der Umgebung eines modernen Irrenhauses. Was in der romantischen Verfärbung ferner Zeiten und Länder noch die Bildwirkung des Übermenschlichen zu erzeugen vermag, schrumpft peinlich zusammen, wenn es der Umwelt unseres nüchternen und an deutenden Gesichtspunkten überreichen Zeitalters eingeordnet wird. Man denke sich einige der alttestamentlichen Prophetengestalten den kühlen Blicken eines heutigen Psychiaters und seiner klinischen Hörerschaft gegenübergestellt! Ich halte es bei der großen Wichtigkeit der Sache nicht für überflüssig, einen ausführlicheren Bericht aus dieser Umgebung zusammenfassend wiederzugeben, um den Leser mit möglichst reicher Anschauung zu versehen zur Beurteilung der engen Beziehungen zwischen mystischen Typen und dem, was wir heute ohne weiteres als geisteskrank bezeichnen.

Dr. M. Schönfeldt in Riga schildert einen Kranken der Anstalt Rothenberg, Julius L., der sich schon in der Jugend zu einer großen Sendung auserkoren gefühlt habe. Später sei ein Stern erschienen, der auf die Ankunft des Messias hingewiesen, und schließlich hielt er sich selbst für den Heiland in menschlicher Gestalt, wovon er einige Anhänger durch wundertätige Kuren überzeugt zu haben glaubte. Als solcher trägt er sein Haar nach sog. Christusfrisur und kleidet sich in einen 'grauhärenen Pilgerkittel'. Dieser Irre hatte als Maurergesell ein stilles, arbeitsames, kirchlich-eifriges Leben geführt, bis er von seinem Arbeitgeber verlangte, nur mehr als einfacher Handlanger beschäftigt zu werden. Seines sonderbaren Verhaltens wegen der Anstalt übergeben, führt er sich dort vollkommen

1) aaO. 51. 2) Erdan, La France mystique I 171ff. 3) Das. 183ff. Vgl. in diesem Zusammenhange Corrodi IV 255ff. (über J. H. Toldery) und 266f. (über den Quäker J. Naylor).

orientiert und zusammenhängend, ruhig und bescheiden auf, dabei würdevoll und äußerst arbeitsam; fastet einmal 42 Tage lang (bis auf Sondenfütterung), weicht aber lange jeder Auskunft über seine Gedankenwelt aus, bis er einem Arzte, in dem er die 'Flamme der Erkenntnis entbrannt' glaubt, das oben Angeführte und anderes mitteilt: noch herrsche allenthalben der Antichrist; bald aber werden Alle von der 'Seligkeit des Glaubens' wie elektrisch durchströmt werden. Nachts im Schlafe sehe er oftmals einen hellen Feuerstrahl, aus dem er entnehme, was er zu tun und zu lehren habe. Nicht mehr das in der Bibel geschriebene Wort habe Geltung, sondern das ungeschriebene Gesetz in unserm Innern; man solle daher weniger die Bibel lesen, als wirklich gottgefällig leben; er wandle in Niedrigkeit und Demut, um ein Vorbild zu geben, an dem man sich aufrichten könne. Auf die Frage, ob er ein 'Berufener' sei, antwortet er ironisch lächelnd: Was soll ich Ihnen sagen, Sie können es doch nicht annehmen. — Diese Gedanken haben unstreitig einen ausgesprochen mystischen Klang und finden sich gleichlautend in den Lehren anerkannter Heiliger. Und dieselbe Einbettung mystischen Fühlens und Denkens in einen Zusammenhang übertragener Wahnideen[1] findet sich auch bei Anhängern des L. Einer von ihnen, der Wärter Oskar K., gibt an, er sei langsam und stückweise im Glauben erstarkt, habe in Bitterkeit und Entsagung gelebt, um reinen Herzens zu werden, auf Geheiß seines Meisters sich von der Welt losgesagt, erst Kleinigkeiten, dann die guten Kleider, dann alle Schmucksachen fortgeworfen. Die Bibel sei unnütz, aus seinem Herrn rede der Heilige Geist. Den weltlich gesinnten Toren und Erdenwurm (einen der Ärzte) habe er unter die Auserwählten aufgenommen. Bei diesem K. bilden sich nachher anscheinend kataleptische Ekstasen aus. Seine Sprache ist bilderreich und mit Bibelsprüchen überladen, sein Wesen salbungsvoll. 'Trotz aller von ihm selbst als notwendig betonten Demut bleibt der Grundzug seines Wesens ein erhöhtes Selbstbewußtsein, die religiöse Verklärung eines auserwählten, geläuterten Bewußtseins.'[2]

In volksmäßig-epidemischer Form läßt sich diese Vermengung klassischer Heiligkeitsbestrebungen mit offenbarer geistiger Krankheit zB. an der kurzlebigen Bewegung der Pöschlianer vor hundert Jahren beobachten.

Thomas Pöschl, ein einfacher und stiller Mann, vertrat als katholischer Dorfpriester eine innerliche und strenge Auffassung seines Berufes und der religiösen Pflichten seiner Beichtkinder; sein etwas mystisch gefärbtes Denken, das den Satan aus den Herzen, nicht bloß aus den Worten vertreiben will und mit dem Gedanken der Gründung einer jüdisch-katholischen Kirche spielt, gewinnt natürlich besonders auf die Weiber seiner Gemeinde Einfluß und erweckt bald eine derselben zur Visionärin, deren Eingebungen er nun wiederum als göttliche benutzt: durch sie befiehlt ihm Christus, der 'Sieger mit der Fahne', ihr Geliebter, der ihre Glieder mit Wonne und Liebe durchgießt, mit seinen Gedanken öffentlich hervorzutreten. Seine Anhängerschar gerät mehr und mehr in strenge Askese hinein, liest die Bibel mit großem Eifer, nimmt das Abendmahl ohne Beichte; führt eine Art praktischen Kommunismus ein; früher Entwendetes wird zurück-

1) Man wird an Hauptmanns 'Narren in Christo Emanuel Quint' erinnert. 2) APN XXVI (1894) 204—15; vgl. d. Fall des Kyrill K., das. 218ff., und über die Malowanzen, das. 228—33.

erstattet, Liebschaften hören auf, die Kinderzucht wird strenger, Bußkämpfe und Bekehrungen treten immer häufiger auf; endlich wird man sich einer demnächst ablaufenden Gnadenzeit bewußt und bewaffnet sich zu allgemeinem Aufbruch nach Jerusalem. Die Erregung steigert sich nun bald bei Einigen zur Raserei. Wüste Wahnvorstellungen religiöser Prägung veranlassen mehrere Totschläge: ein Tobender, der sich für Christus hält, glaubt eine alte Bäuerin niederschlagen zu müssen, weil sie verdammt sei; einen andern schleifen die Irren an den Haaren umher und treten ihn mit Füßen, weil er noch zu schwach im Glauben sei. Das Eingreifen von Truppen bringt die Rasenden zur Besinnung; sie scheinen wie aus einem Traum zu erwachen; und doch reden noch nach Jahren ehemalige Pöschlianer nicht nur 'von der gewaltigen Macht, die sie damals ergriffen hätte', sondern auch 'mit innigster Rührung von jener heiligen Zeit des Gnadenstandes, die zu schön gewesen sei, als daß sie auf Erden hätte länger fortdauern mögen'.[1]

Ein solches Ausarten in blutige Trauerspiele unterstreicht natürlich für den Laien den krankhaften Charakter der Vorgänge; für die eindringende Betrachtung unseres Problems dagegen ist es fast eine zufällige Einzelheit. Die Geschichte des Krankhaft-Religiösen verzeichnet manche derartige schauerliche Passionen: Morde, Verstümmelungen, Kreuzigungen und Selbstkreuzigungen; in ihnen allen äußern sich zuletzt dieselben Vorstellungen, die auch dem ruhigen 'religiösen Wahn' den Inhalt geben. Der arme Irre, der sich vor einiger Zeit still lächelnd in Colorado von Andern ans Kreuz heften ließ, gehörte der Gesellschaft der Reumütigen an, die im Sinne zahlloser christlicher Heiliger ein Leben der Selbstpeinigung erstreben.[2] Matteo Cobet, der 1859 in Casale sich selbst ans Kreuz nagelte, nachdem er sich entmannt, vertrat die echt mystische Lehre, daß 'der Stolz des Menschen gedemütigt werden und er am Kreuze sterben müsse'.[3]

Aber diese unbezweifelbare Tollheit läßt sich noch 'höher' — wenn man so will — hinauf verfolgen.

Swedenborg gilt sicherlich Vielen als religiöses Genie von selbständigstem Wert. Emerson hat ihn als den vorbildlichen Vertreter der Mystik feiern können, an 'Repräsentativität' ihn Männern wie Plato, Montaigne, Shakespeare, Napoleon, Goethe beiordnend. Eine anhängerreiche Kirche sieht in seinen Schriften ihre grundlegenden Offenbarungen. Und doch hat Swedenborg Zeiten unzweifelhaften 'Irreseins' gehabt. In London entkleidete er sich gelegentlich auf der Straße und wälzte sich im Kot. Seine Halluzinationen des Gesichts, Gehörs, Geschmacks, Geruchs waren massenhaft. Wahn- und Zwangsvorstellungen (er spricht

---

1) Dr. F. V. Zillner, Die Pöschlianer..., in AZP XIII 546—604; A. F. Ludwig, Neue Unters. über den Pöschlianismus. 1906. Beiträge zur Gesch. des P. 1907. R. M. Meyer in Österr. Rundsch. XII 113. 2) S. AKA XXX 186f. 3) Aus d. Neuen Pitaval VI (1844) 283ff. bei Stoll 458ff. Vgl. den berühmten Fall des Lazaretti das. 447ff.; den der Witwe, die sich ein Auge ausreißt, in AZP III 365; die Wildenspucher Vorgänge, bei Ideler I 197ff.; Tsakni 108ff. Eine alte, aber sehr kluge Psychologie des Schwärmers in der Einleitung von: K. Spazier ('fürstl. Wiedischer Hofrath'), Der neue Origenes, oder Gesch. seltsamer Verirrung e. rel. Schwärmers (Berlin 1792).

von Geistern, die ihn zum Stehlen anzureizen suchten) verfolgten ihn. Den Apostel Paulus hörte er mit dem Satan sich verschwören, und glaubte im Schlafe von diesem ehebrecherische Eingebungen zu empfangen.[1] Seine erwecklichen Erlebnisse gleichen denjenigen der großen klassischen Mystiker; aber sie durchschlingen sich zeitlich mit Vorfällen, die selbst den unmittelbaren Beobachtern als Anfälle von Tollheit erschienen. An einem Tage fühlte er etwas Heiliges über sich, betete durch Eingebung, sah Gott 'von Angesicht zu Angesicht'; aber etwa gleichzeitig wurde er von gräßlichen Träumen, teils quälend-geschlechtlichen, teils grausamblutigen Inhalts gemartert. Und im selben Jahre (1744) fand ihn Brockmer, sein derzeitiger Hauswirt, gelegentlich mit gesträubtem Haar, schäumendem Mund, stotternd und unfähig, ein Wort hervorzubringen; endlich aber berichtend, er sei der Messias und gekommen, für die Juden gekreuzigt zu werden. Brockmer machte — nicht unvernünftig — mit ihm ab, daß wenn bis zum nächsten Morgen ihm — Brockmer — nicht ein Engel erschienen sei, Swedenborg ihn zu einem Arzt begleiten solle.[2]

Die Problemlage, vor die uns solche Tatsachen stellen, ist eine eigentümlich verwickelte. Einerseits sind die Ähnlichkeiten klinisch-psychiatrischer und mystisch-hagiologischer Bilder groß genug, um uns den pathologischen Gesichtspunkt in der Deutung der letzteren förmlich aufzuzwingen; scheinen sie doch zum mindesten eine Beimischung krankhafter Züge zu den höherentwickelten religiösen Erfahrungen zu beweisen. Um so näher aber scheint nun anderseits hierdurch die Möglichkeit gerückt, die banalen religiösen Erfahrungen von den 'krassen' zu trennen und jene damit vor jeder Kränkung durch pathologische Gesichtspunkte zu bewahren. Ich sagte bereits, daß die ältere psychiatrische Schulauffassung sich damit begnügte, die religiösen Inhalte der Psychose als mehr oder minder 'zufällig' gegeben zu fassen. Der Paranoische sollte eben aus irgendwelchem rätselhaften Grunde zu Wahnvorstellungen neigen und die Umgebung ihm den Inhalt derselben an die Hand geben. Daher mystische Wahnideen in älteren Zeiten blühten und sich heute auf die Kreise beschränken, die geistig soz. noch im Mittelalter stäken; während der wahrhaft moderne Irre seinen Bedarf an Einbildungen aus den technischen und medizinischen Errungenschaften der Neuzeit schöpfe. Anstatt von himmlischen Geistern inspiriert zu werden, sei er von galvanischen Batterien, Mikroben, drahtlosen Apparaten u. dgl. m. umgeben.[3] Im weitern Verfolg solcher Begriffe erscheint dann, wie gesagt, die Möglichkeit, die banalere Frömmigkeit als etwas durchaus Gesundes und Nützliches gelten zu lassen; alles dagegen, worin das mystische Erleben über jene hinausgeht, als zufällige krankhafte Zutat und Verzerrung seitens des Einzelnen auszulegen und damit völlig dem Geltungsbereich der Psychopathologie zu überantworten. Eine

---

1) S. Maudsley, Emanuel Swedenborg, in JMS XV 169ff. 2) Nach Maudsley: 'monomanische Form von Manie', aaO. 189. 191ff. Andere Übergangsfälle zwischen 'Wahnsinn' und 'Erwecktheit' s. bei E. Meyer, Rel. Wahnideen, in AR XVI zB. 6f. 10ff. 15ff. (theoretisch ziemlich unklar). 3) S. zB. Vallon et Marie, AN 1896 419.

'religiöse' Bedeutung besäße dann jenes Mehr nicht länger (wenn auch natürlich eine 'religionswissenschaftliche').

Diese einfache Lösung der Lage wird indes schon innerhalb der Psychopathologie selbst vereitelt: durch jene bereits erwähnte tiefer schürfende Deutung, welche die Wahnvorstellungen und zugleich alles, was sich an eigenartigen Erfahrungen an sie anschließt, inhaltlich aus den eigentlichen Wurzelvorgängen der Krankheit selbst entspringen läßt, — womit offenbar auch an die Wurzeln der banalen religiösen Vorstellungen und Erlebnisse gegriffen wird. Diese tiefer schürfende Arbeit ist neuerdings auch für die paranoiden Geistesstörungen unter den Anregungen der 'Psychanalyse' in Angriff genommen worden.[1] Ich gehe indes auf diese Anwendung der psychanalytischen Grundgedanken auf die 'religiöse' Paranoia und Dementia darum nicht ein, weil sie nur einen Ableger engverwandter und viel weiter ausgebauter Forschungen auf dem Gebiete von Krankheiten darstellt, die anscheinend in der religiösen Pathologie eine ungleich größere Rolle spielen: der Psychasthenie und der Hysterie. Die psychopathologischen Begriffe sind tatsächlich in allen diesen Fällen nahezu die gleichen. Wir werden jedenfalls beide Krankheitsbilder, die sich der neueren 'Tiefenpsychologie' so fruchtbar erwiesen haben, in ihrer Anwendbarkeit auf die Inhaltsdeutung jenseitiger Erfahrungen genau erwägen müssen und dürfen erwarten, daß damit auch die 'religiösen' Erscheinungen der Paranoiker und Dementen theoretisch ihre stillschweigende Erledigung finden werden.

XII.

Theorie der Hysterie.

Befassen wir uns zunächst mit dem Krankheitsbilde der Hysterie, unabhängig von religiösen Parallelerscheinungen, so brauchen uns die allgemeinsten Angaben über ihre leidlich bekannten Merkmale nicht lange aufzuhalten. — Unter die seelischen Erscheinungen des hysterischen Zustandes zählt die herkömmliche Psychiatrie gewisse Störungen im Zusammenhang und in der Folgerichtigkeit des Denkens; unentwickelte Wahnvorstellungen im Sinn einer unbestimmten Verfolgung, zB. erotischen Inhalts; Erinnerungsentstellungen; eine krankhafte, zu Überspannungen neigende Veränderung der Gefühlstöne und Stimmungen; Abneigungen und Hinneigungen in der übertriebenen Form der Idiosynkrasien; auf geschlechtlichem Gebiet abwechselnde Lüsternheit und Kälte; gelegentliche Halluzinationen; in schweren Fällen auch Dämmerzustände mit roman-

1) S. zB. Jung, Dementia und (populärer): Der Inhalt der Psychose (Schr. zur angew. Seelenk. Nr. 3, Lpz. u. Wien 1908).

hafter Färbung der Sinnestäuschungen und nachfolgender teilweiser Erinnerungslosigkeit. Endlich erwachsen zuweilen auf dem Boden der Hysterie chronische Psychosen im Sinne der einfachen chronischen Paranoia![1]

Was die körperlichen Merkmale anlangt, so kennt ein jeder die mannigfaltigen Über-, Unter- und Unempfindlichkeiten der hysterischen Sinne, einschließlich des Schmerz- und Geschlechtssinnes,[2] Sinnesstörungen von häufig örtlich strenger Umgrenzung — als halbseitige, oder fleckenhaft verteilte, oder 'manschettenförmige' —, ferner konzentrische Einengung des Gesichtsfeldes u. a. m., wozu sich noch sog. Parästhesien gesellen: Empfindungen, die vom Sinnesgebiet des auslösenden Reizes abliegen oder doch zu diesem in keinem unmittelbaren qualitativen Verhältnis stehen. Nur zu erinnern brauche ich ferner an die hysterischen Lähmungen, meist auch von räumlicher Begrenzung, an die hysterischen Verkrümmungen (Kontrakturen), endlich an die Krampfanfälle und ihre häufige Auslösbarkeit und Unterdrückbarkeit vermittelst hysterischer 'Druckpunkte' oder 'hysterogener Zonen'.[3] Diese Krampfanfälle sind bekanntlich zuweilen klonischer oder tetanischer Art (d. h. sie bestehen mehr in Zuckungen oder aber dauernder Zusammenziehung gewisser Muskelgruppen); oder sie arten, in schweren Fällen, in allgemeine und anhaltende Krampfbewegungen aus (Clownismus);[4] oder sie verdichten sich zu bestimmten ausdrucksvollen Körperstellungen, den *attitudes passionelles* der Franzosen. Vor allem — und dies geht den Religionspsychologen besonders an — finden wir im Bilde der Hysterie auch den körperlich-seelischen Zustand der 'Ekstase' in einer Mannigfaltigkeit von Formen. In ihr tritt die hysterische Unempfindlichkeit der Sinne mehr oder weniger akut und umfassend auf, und an die Stelle der verloren gegangenen äußeren Welt tritt die der 'subjektiven' Vorstellungen — nicht selten stark verengt und bis zur Halluzination gesteigert — und einer sie umwogenden heftigen Gefühlsflut. Auch hier leiten mildere Formen — des bloßen träumerischen Dämmerzustandes, der Verschleierung der Welt, der bloßen Gehemmtheit der Bewegungen[5] — zu den mehr entwickelten über. Dabei scheint mit der Tiefe der Sinnenabkehr von der Außenwelt, die meist von krampfhaftem Verharren in bestimmten Stellungen begleitet ist, die Intensität des innern Schauens und Fühlens zuzunehmen. Zugleich steht die Körperstellung meist im Zusammenhang mit den Vorstellungen. Die Bilder, die uns die Hysteriologen von dieser entwickelten Ekstase liefern, gleichen zuweilen denen der hagiologischen in einer Weise, die für unsere Betrachtungen sehr lehrreich sein müßte.

---

1) Vgl. Th. Ziehen, Psychiatrie (Berl. 1894) 243f.; über Vorherrschen verinnerlicht-phantastischer Apperzeption, gesteigerte Intensität der reproduktiven Erlebnisse bei Hysterischen s. Hellpach 286f. 289. 2) Näheres bei Binswanger 238f. 3) Näheres bei Richer 30ff. 4) Richer 69ff. 5) Vgl. Sollier I 265—9.

Eine von Janet beschriebene Kranke hatte die Überzeugung, daß sie im Begriff stehe, zum Himmel aufzufahren, und glaubte mit der Erde nur unter fortwährender Anstrengung in Berührung bleiben zu können. Sie stand und ging dementsprechend krampfhaft und ununterbrochen auf den Zehenspitzen. Zu gewissen Zeiten nun wurden, nach Janets Auffassung, gewisse für gewöhnlich unterbewußte religiöse Vorstellungen bewußt, mehr noch: sie beherrschten und füllten das Bewußtsein bis zum Ausschluß jeder andern Vorstellung, so daß die Kranke, meist in kataleptischer Erstarrung oder nur passiv bewegbar, mit ausgebreiteten Armen auf den Spitzen stehend, längere oder kürzere Zeit hindurch in der seligen Anschauung ihrer phantastischen Bilder verharrte. Und doch war die Abschließung der Sinne in diesem Falle keine völlige. Madeleine 'fühlt Dinge, die man ihr in die Hand legt; sie hört; und wenn sie dazu gebracht wird, die Augen zu öffnen, so sieht sie auch.' Im übrigen werden ihre Bewegungen durch den Gang ihrer Vorstellungen bestimmt, so daß sie zB. zeitweilig Gebetsstellung einnimmt, aufsteht, sich niederlegt, die Arme ausbreitet u. dgl. m. Diese Vorstellungen sind religiöser Natur: sie sieht zB. den Heiland oder die Muttergottes. Und manchmal nehmen ihre Gedanken und Gesichte einen noch höheren Flug. 'Ich verstehe,' sagt sie zB. (denn sie kann nicht nur während der Ekstase reden, sondern sich auch nachträglich an die Vorgänge derselben erinnern), 'ich verstehe das Dogma von der Dreieinigkeit und von der unbefleckten Empfängnis; denn ich sehe und fühle es... Gott erscheint vor meinen Augen wie eine himmlische Sonne. Unbeschreiblichen Glanz erblicke ich; eine Sonne folgt der andern, immer leuchtender und schöner; es ist ein wahrer Abgrund von Licht, blendender als die Sonne, strahlender als Diamant — und eine Stimme sagt mir: So läßt mich Gott etwas von seiner Glorie, vom Glanze des Himmels sehen.'[1]

Neben der zunehmenden Fixierung der ekstatischen Körperhaltung bemerkt man eine zunehmende Einschränkung der Atmung, des Pulses, der Ausscheidungsvorgänge. Die Gliedmaßen sind häufig merklich abgekühlt, der Kopf dagegen stark blutgefüllt.[2] Im tiefern Trans — wie man wohl sagt — erscheinen dagegen alle Körperverrichtungen nahezu oder völlig erloschen. Der Kataleptische gleicht dann häufig dem Toten, indem kein Puls und Herzschlag und keine Regung der Atemmuskeln an ihm wahrzunehmen ist, der Körper starr und kalt, alle Reflexe erloschen sind. Und doch ist das bewußte Leben in solchen 'leblosen' Körpern häufig völlig erhalten, indem das Subjekt hört, sieht, fühlt, denkt; oder aber alle Wahrnehmungen sind völlig erloschen, dafür aber, wie in Janets Falle, ein lebhaftes Innenleben anscheinend 'halluzinatorischer' Art von blendender Helligkeit und außerordentlichem Überschwang der Gefühle eingetreten; oder endlich es läßt sich weder durch unmittelbare Feststellungen während des Trans, noch nachträglich durch die Erinnerung ein seelisches Leben während desselben feststellen.[3]

---

1) BIPI I No. 3 (Une Extatique). 2) Richer 211; T. E. Clarke, Trance and Catalepsy, in Quart. Journ. of psychol. Med. et med. Jurispr. III (1869) 652f. 3) Weitere Beispiele: Richer 216ff.; Sollier I 265ff.

Das Besondere der körperlichen Erscheinungen der Hysterie liegt nun darin, daß sie nicht, wie die 'echten' Sinnesausfälle, Lähmungen, Verkrümmungen und Krämpfe, durch Veränderungen in den nächsten physiologischen Unterlagen: den Nervenzentren und -strängen, Sinnesorganen und Muskeln entstehen, sondern weiter zurück bis zu mehr 'zentralen', oder sagen wir geradezu: 'seelischen' Ursachen zurückverfolgt werden können. Die Hysterischen haben — dies bezeichnet ein Kenner geradezu als ihr beherrschendes Kennzeichen — neben der Übererregbarkeit des Gefühlslebens und der Übermäßigkeit seines Ausdrucks einen übergroßen Trieb, seelisch Erlebtes zu 'realisieren', auch physiologisch zu realisieren.[1]

Um ein Beispiel zu geben, verweise ich auf eine 12jährige Kranke Gorodichzes, die so 'suggestibel' ist, daß eine unvorsichtige Äußerung über Lähmung in ihrer Gegenwart sogleich die Unfähigkeit zu stehen und zu gehen (Astasie und Abasie), eine andere über zu starken Fleischgenuß nicht nur völlige Nahrungsverweigerung, sondern auch Zusammenziehung der Speiseröhre, die irrtümliche Diagnose eines Spitzenkatarrhs sogleich Husten und Blutspucken hervorruft.[2]

Suchen wir unter dem reichlichen Dutzend von Theorien der Hysterie, die sich anbieten,[3] nur die namhaftesten zu einem kurzen Überblick heranzuziehen, so lassen sich alsbald solche, die mehr von physiologischen Gesichtspunkten ausgehen, von andern unterscheiden, die sich mehr psychologisch einstellen. Unter jenen wäre Solliers Vorstellung von einem teilweisen Lähmungsschlaf (*engourdissement*) des Gehirns zu nennen, der vor allem die hysterischen Ausfälle der Empfindung, der Bewegung, der Erinnerungen erklären soll, deren Ausfallen in streng biographischer Schichtung Sollier an seinen Kranken nachzuweisen sucht.

Die Hysterischen unterscheiden sich ihm also nur dem Grad nach von Schlafwandelnden; je mehr die Hysterischen 'schlafen', desto mehr sei deshalb ihr natürlicher Schlaf unterdrückt. Und eine Bestätigung dieser Anschauung erblickt Sollier auch in den Heilerfolgen, die er durch sein Verfahren des 'Aufweckens' erzielt habe, bestehend in starker Erregung der schlafenden Hirnteile durch 'Befehle oder örtliche Einwirkung auf diese Zentren'. Das Erwachen der hysterisch schlafenden Hirnteile sei dann auch von bestimmten charakteristischen Empfindungen begleitet: Fadenziehen, Kribbeln, Entladungsgefühlen, Kälte, An- und Abschwellungen u. a. m.[4] Der hysterische 'Anfall' anderseits führe genau, auch der Reihenfolge nach, alle Bewegungsreaktionen vor, die das allgemeine Erwachen der Empfindungsfähigkeit begleiten, sei also wohl ein Anzeichen zeitweiliger Wiedererregung der hysterisch schlafenden Gebiete.[5] Erst wenn nicht nur die 'organischen' Teile des Gehirns vom hysterischen Schlaf ergriffen würden, sondern auch das 'psychi-

---

1) 'Psycho-physische' Disproportionalität als Grundphänomen der Hysterie: Hellpach, zB. 76. 320. 2) In RH X 152—4; ref. in ZH IV 178. 3) Hellpach. — Nach 'jahrhundertelangen Bemühungen' 'keine auch nur einigermaßen befriedigende... Lösung' des Rätsels dieses 'Schmerzenskindes der Nervenpathologie': Binswanger 1. 4) Fadenziehen, Kribbeln, Entladungen, Kälte, Flüsse, Verschiebungen usw.: Sollier I 53. 62. 130f. 5) Das. 149. 254f.

sche Gehirn' (welches Sollier natürlich in der Stirngegend sucht), treten geistige Störungen auf.[1] Diese Störungen seien meist die zuletzt zu heilenden, indem nach Wiederherstellung der Körperempfindlichkeit auch die Eigenempfindlichkeit des Gehirns erweckt werde. Diese Erweckung beginne mit einer Rückversetzung des Subjekts in eine mehr oder weniger vergangene Epoche seines Lebens und lasse es in ihrem Fortschreiten 'nach und nach alle seine Erinnerungen, alle Abschnitte seines Lebens noch einmal durchlaufen', bis die Ankunft in der Gegenwart im ganzen Körper neue 'verallgemeinerte' Reaktionen mit sich bringe, die schließlich in das völlige Erwachen der Gesamtpersönlichkeit übergehen.[2]

Dieser Theorie hat man nicht ohne Berechtigung vorgeworfen,[3] daß der Begriff schlafender Hirnteile über unbestimmte Voraussetzungen ('Erfindungen') und anfechtbare Gleichnisse nicht hinausgelange. Läßt man selbst die angenommenen 'Hirnteile' gelten, so bleibt die Frage nach Ursache und Art ihres zeitweiligen 'Einschlafens' doch brennend. In der jetzigen Fassung der Theorie scheinen überdies gewisse unabweisbare Schlußfolgerungen ihr Schwierigkeiten zu machen. Je mehr die hysterische Schlafhemmung um sich greife, desto mehr, sagt Sollier, verringere sich das Schlafbedürfnis; seien alle Hirngebiete gelähmt, so herrsche voller Vigilambulismus (d. i. Somnambulismus).[4] Die Tatsache, daß man doch eher Koma erwarten sollte, ein völliges Aufhören alles Seelenlebens, einen Tiefschlaf aller Fähigkeiten, scheint zu jener Umprägung des Begriffes des *engourdissement* zu zwingen, die eben die gleich zu besprechenden psychologischen Theorien vornehmen.

Als vollends schlagender Einwand gegen Solliers Theorie erscheint mir aber die Beobachtung eines andern französischen Hysterieforschers, daß Eindrücke, welche die hysterisch-unempfindlichen Gebiete treffen, nicht völlig verloren gehen (wie es gegenüber 'schlafenden' Organen der Fall sein müßte), sondern außerhalb des erhaltenen Bewußtseinsumfangs aufgenommen, aufbewahrt und verarbeitet werden. Pierre Janet erwies dies teils durch Versuche, welche jene 'nicht-bewußten' Gebiete zur Äußerung brachten — durch automatische Zeichen, Schriften u. dgl. —, teils durch die tatsächlich vollzogene Wiederverknüpfung aller von jenen 'nichtbewußten' Gebieten gemachten Erfahrungen mit dem persönlichen Gedächtnis, durch die Heilung der Hysterie. Diese erwies sich ihm damit als eine krankhafte Sondererscheinung der seelischen Spaltungen und Zerklüftungen, von denen oben ausführlich gesprochen wurde, bedingt, wie Janet es ausdrückt, durch eine Schwäche — eine *misère psychologique* — des Organs, einen Mangel an Kraft zu allesumfassender Synthese.[5] Die

1) Das. zB. 473ff. 2) Das. 489f. Über Solliers physiol. Standpunkt nicht wesentlich hinaus gelangt Binswanger 9. 13f. (Ablehnung getrennter Funktionen und unterbew. Vorstellungen.) Etwas feinere Fassungen ähnlicher Begriffe bei O. Vogt ('partielles systematisches Wachsein' einiger, Schlafhemmung der übrigen assoziativen Systeme). 3) Hellpach 18. 4) Sollier I 38. 5) Janet, État; Aut. u. sonst. Janet spricht von einem rétrécissement du champ de conscience durch désaggrégation infolge von insuffisance cérébrale.

teilweisen Empfindungsausfälle und Lähmungen der Hysterischen deuten natürlich nach dieser Anschauung erst recht nicht auf wirkliche Störungen nächstbeteiligter nervöser Elemente — können doch diese vielmehr auch im hysterischen Zustande selbständige Lebenszeichen von sich geben —; vielmehr auf eine Unterbrechung der Verknüpfung dieser psycho-physischen Elemente mit anderen, vor allem mit den physiologischen Grundlagen der bewußten Persönlichkeit; die seelischen Ausfälle (der Erinnerung, des Urteils usw.) aber würden ihrerseits durch die Störungen der Sinnesgebiete bedingt. (Ob man hierbei den abgespaltenen Bezirken eigene Bewußtseinserlebnisse zuschreiben will oder nicht, ist eine Frage von zweiter Wichtigkeit für die Theorie, so wichtig sie auch vom philosophischen Gesichtspunkt aus sein mag.) Endlich kann eine Lähmung auch durch eine zentrale Anästhesie gesetzt sein, indem der Ausfall des Sinnesgebiets auch die Erinnerungen der Bewegungsvorstellungen unzulänglich und damit die Bewegung unmöglich macht.[1]

Daß diese Theorie, von wesentlich stärkerer psychologischer Einstellung, beträchtliche Einsichten erschließt, ist unbestreitbar. Die erhobenen Einwendungen[2] beschäftigen sich denn auch nicht so sehr mit der Tatsache der funktionellen Spaltungen, als mit dem Begriff der 'psychischen Schwäche' als Grundlage jener Spaltungen, indem sie eine — freilich selbst wieder erst zu erklärende — 'Anlage' zu seelischer Spaltung für das Erstgegebene, die psychische Schwäche aber für ihr Erzeugnis halten, das gelegentlich sogar fehlen könne; andernfalls wäre durch die Theorie nicht so sehr die Hysterie, als vielmehr die Neurasthenie erklärt und ein Unterschied beider nicht mehr zu entdecken.[3]

Wie dem auch sei: es ist klar, daß eine solche Problemlage die Aufforderung zur Beschreitung ausgesprochen psychologischer Deutungswege enthalten mußte, und die Freudsche Theorie der Abspaltung infolge seelischer 'Verdrängung' hat dies mit einem Nachdruck und einer Fülle beziehungsreicher Andeutungen getan, die dieser Betrachtungsweise der rätselhaften Seelenkrankheit die umfassendste Wirksamkeit verbürgen.[4] Suchen wir die Anschauungen des Meisters und seiner bedeutendsten Schüler kurz zusammenfassend zu bezeichnen, so scheint mir der Nachdruck etwa auf folgendes fallen zu müssen: Alle neurotischen, also in erster Linie auch hysterischen Krankheitserscheinungen entstammen der Unterdrückung — 'Verdrängung' — eines Luststrebens (Libido), das sich ausleben will, aber von einer innerseelischen 'Zensur' daran gehindert wird. Meist — nach Freud selber: stets[5] — ist dieses Luststreben

1) Janet, Aut. 347. 2) ZB. von Möbius und Hellpach. 3) Ich bitte das letztere im Auge zu behalten. 4) Ich bespreche nur stärkstausgearbeitete typische Theorien, übergehe also weniger durchgeführte oder sich anlehnende Gedankengänge (Möbius, Bernheim, Babinski, Breuer, Jung, Myers, Gurney, Sidis, Prince u. a.). 5) Freud in MPN XVIII (1905) 461; dagegen u. a. Hellpach 369ff.; L. Franck in JPN XIX 305f.

ein erotisches im engern Wortsinn, das von der Zensur verdammt wird entweder aus allgemeiner (anerzogener oder angeborener) Schamhaftigkeit, oder weil es in irgendeinem Sinne pervers oder ungeheuerlich erscheint, oder weil die äußern Lebensumstände seine Erfüllung verbieten. Die ersteren Gründe sind die häufigeren, weil offenbar unmittelbar in der Natur des Neurotikers selber angelegten. Sie hängen überdies auch unter sich zusammen, sofern beide im beherrschenden Wesenszug des Neurotikers verwurzelt sind: seinem Hängenbleiben im Kindheitszustande oder seiner Sehnsucht nach diesem zurück. Die erotische Anlage des Kindes nämlich ist eine vielgestaltige (polymorphe), auf sehr verschiedene Gegenstände sich richtende, und erwartet erst von der Entwicklung im Verlauf des Lebens eine größere Vereindeutigung. Insonderheit aber wendet sie sich im frühen Beginn ihrer Äußerung, d. h. schon in den ersten Kindheitsjahren[1] fast immer an die Eltern oder dieselben gleichsam vertretende Personen, d. h. meist an den andersgeschlechtigen Teil des Elternpaares, welcher die aktiven und passiven Ansprüche auf Zärtlichkeit zu erfüllen hat. Die Kehrseite dieser einseitigen Liebesansprüche sind Eifersuchtsregungen gegen den andern Teil des Elternpaares, die sich bei der moralfreien Ursprünglichkeit des Kindes leicht bis zu Tötungswünschen und -phantasien fortspinnen: dem berühmt gewordenen 'Ödipuskomplex' des neurotischen Mannes bzw. dem 'Elektrakomplex' des neurotischen Weibes, wobei die Doppelgeschlechtigkeit des Kindes natürlich auch den Ödipuskomplex bei Mädchen, und umgekehrt, ermöglicht.[2]

Von diesen ursprünglichen Haftstellen der frühesten Libido also, die dem Kinde eine hemmungslos-sprudelnde, wohlig-warme Quelle der Lust bedeuten, fällt es dem Neurotiker schwer sich zu lösen, um in die schwierigere, kämpfereichere Geschlechtsbetätigung des wirklichen Lebens überzugehen: dieser innere 'Infantilismus', diese 'Regression' der Libido ist der eigentliche Ausdruck seiner 'Introversion': der Nachinnenkehr seiner Lebenszielrichtung, der Abkehr von der Welt. Nie gewährt ihm das Leben draußen so leichten Liebeserfolg, wie dem Kinde bei Mutter oder Vater; hieran bricht sich der Neurotiker und treibt zurück in Phantasie und Sehnsucht und damit in den Widerstreit von Traum, unbewußtem Wunsch und Wirklichkeit. — Es war Freuds ursprüngliche Annahme gewesen, genährt durch Angaben seiner Kranken selbst, daß ein frühes 'Sexualtrauma', d. h. eine schwere seelische Verletzung auf geschlechtlichem Gebiet, etwa ein Versuch der Vergewaltigung oder eine überraschende und erschreckende Beobachtung geschlechtlicher Vorgänge der Ursprungspunkt jeder Hysterie sei. Verschärfte Beobachtung offenbarte bald, daß diese angeblichen Traumen fast immer nur in Phantasien

1) Diese Frühzeitigkeit ist großenteils eine Entdeckung der Freudschen Schule. 2) Für erweiterte Fassung dieses Inzestkomplexes als bloß regressiver Phantasiebildung: Jung, Versuch e. Darstell. d. psychoanal. Theorie, JPPF V (I) 384.

der Kranken bestanden, also bloß auf Gehörtes und Gesehenes zurückgingen.[1] Immerhin blieb bestehen, daß diese Phantasien ihrerseits der Ausdruck von Introversion seien, d. h. einer Wunscherfüllung lediglich durch Traum und Phantasie. Fand sich aber, daß ein bestimmtes Erlebnis der Anlaß der Neurose war, so fiel diesem nur die Rolle zu, die bestehende Fehleinstellung der Seele zu offenbaren und gleichsam zu kristallisieren, die Krankheit also nur auszulösen, nicht zu schaffen. Oder, wie Jung es einmal ausdrückt: Im spätern Verlauf einer Neurose arbeiten zufälliges Erleben und Regression auf dem Wege des *circulus vitiosus* zusammen.[2]

Die Einzeldeutung der hysterischen Krankheitsmerkmale gewinnt dann die Theorie durch eine Reihe besonderer Begriffe, von denen der wichtigste derjenige der Konversion[3] sein dürfte, d. h. etwa: der Umsetzung des verdrängten Inhaltes in Symptome, die ihn 'symbolisieren' oder in sonst einem mittelbaren vorstellungsmäßigen Zusammenhang mit ihm stehen. So übersetzt sich zB. ein während des Essens entstandener, aber unterdrückter schmerzlicher Affekt zunächst in Übelkeit und Erbrechen, welches als hysterisches Erbrechen etwa monatelang andauert; oder das zufällige 'Einschlafen' eines Armes während eines angsterfüllten Dämmerzustandes bewirkt eine Parese (unvollkommene Lähmung) dieses Armes mit Zusammenziehung und Empfindungslosigkeit; oder das zufällige Einfallen eines englischen Kindergebets in einer angst- und qualvollen Stunde übersetzt sich in längere Erinnerungslosigkeit für die deutsche Muttersprache, während deren die Kranke nur englisch sprechen und schreiben kann.[4] Oder es werden zB. hysterische Schmerzen 'autosuggestiv' erzeugt, um bei der Umgebung gewisse Erfolge zu erzielen,[5] — offenbar ein Verfahren, das dem Infantilismus der Hysterischen vorzüglich entspricht. — Alle solche Fälle zeigen leicht durchschaubare assoziative Zusammenhänge zwischen Anlaß und Symptom. Dagegen ist deren Zusammenhang ein soz. symbolischer, 'wenn etwa zu seelischen Schmerzen sich eine Neuralgie gesellt, oder Erbrechen zu dem Affekt moralischen Ekels.'[6] Auf eine noch andere mittelbare Art des Zusammenhangs deutet Freuds Beobachtung, daß ein bestimmter überstarker Gedankenzug des Neurotikers, der sich für die Denkarbeit als unauflöslich erweist, seine zwingende Kraft von einem unbewußten verdrängten Gedanken beziehen könne, der sein gerades Gegenteil darstellt: denn die Verdrängung ist 'häufig in der Weise bewerkstelligt worden, daß der Gegensatz des zu verdrängenden Gedankens übermäßig gestärkt wurde'.[7] In Form von 'Anfällen' aber treten die hysterischen Symptome dann hervor, wenn der verdrängte Komplex durch

1) Vgl. Bertschingers Beobachtung in JPPF III 98f. 2) Jung, Versuch... aaO. 395. 3) Breuer u. Freud 158f. 4) S. den Fall bei Breuer u. Freud 2. 5) Jung, aaO. 378. Ähnl. Funktion der hyst. Anfälle nach Freud, JPPF II 31. 6) Das. 3. 7) Reaktionsverstärkung: Freud in MPN XVIII 419.

eine Anknüpfung des bewußten Lebens (assoziativ) 'angespielt' wird; oder rein organisch dann, wenn die Libido keine Abfuhr findet.[1]

Eine Bestätigung des Wahrheitsgehaltes ihrer Theorien haben Freud und seine Schüler darin erblickt, daß die hysterischen Symptome zum Schwinden gebracht werden können, wenn die ins Außerbewußte verdrängten Wurzelvorstellungen und -gefühle durch die 'Analyse' ins Licht des Bewußtseins gehoben und dort gewissermaßen zum 'Abreagieren' durch Aussprache gebracht werden. Die verdrängten Inhalte müssen dem Kranken etwa als harmlos, 'natürlich' oder verzeihlich ausgeredet werden, was ihre Entspannung und damit das Absterben der Symptome bewirkt, in denen sich die unausgeglichenen Spannungen aussprachen. Oder es muß eine Überleitung der verdrängten Wünsche auf aussichtsreichere Gegenstände versucht werden. Die Bindung der Libido an die Eltern zB. läßt sich während der Behandlung zunächst auf den Arzt und auf diesem Wege auf die wirkliche Welt übertragen.[2]

Zeigen die aufgestellten Theorien der Hysterie nun auch eine beträchtliche Spannung von rein physiologischen bis zu rein psychologischen Gesichtspunkten, so ist ihnen doch allen die Umgehung einer ins Letzte dringenden Auseinandersetzung mit dem psycho-physischen Problem gemeinsam: der Frage nach Sinn und Wirkung des Bewußtseins innerhalb seiner sog. materiellen Grundlagen. Daß dem hysterischen Zustande objektive physiologische Veränderungen entsprechen, erscheint unleugbar. (Ich verweise in diesem Zusammenhang auf die Tatsache der 'paradoxen' Reaktion der Hirngefäße, die sich bei Hysterischen wie bei allen Erschöpften feststellen läßt, wonach geistige Arbeit eine Abnahme des Hirnumfangs bewirkt, anstatt, wie bei Gesunden, eine Zunahme;[3] oder auf die Behauptung Solliers, daß jeder Empfindungslosigkeit eines Gliedes oder Organes ein Schmerzpunkt in unmittelbarer Nähe des funktionellen Hirnzentrums des betreffenden Gliedes oder Organes entspreche, der dann auch gleichzeitig mit jener Empfindungslosigkeit schwinde.[4]) Anderseits drängen sich, wie wir sahen, Tatsachen auf, die sowohl für die Entstehung wie für die Heilung der Krankheit rein 'seelische' Bedingtheit zu erweisen scheinen. Bezüglich der letzteren hat selbst Sollier bekennen müssen, daß sein 'Erweckungsmittel', neben wenigen physiologischen Maßnahmen,[5] vor allem ein psychisches sei, nämlich der einfache wiederholte 'Befehl' zu erwachen,[6] in älteren und hartnäckigen Fällen unterstützt durch den rätselvollen Zustand der Hypnose[7] oder durch die Len-

1) JPPF II 31. — Über somatisches 'Entgegenkommen' normaler oder krankhafter Organvorgänge s. Freud, MPN XVIII 409. 2) Jung, Versuch ... JPPF V (I) 406. 3) E. Weber, ref. in JPN XVII (1910—1) 173. 4) Sollier I 71. 478 ('in unmittelbarer Nähe' — au niveau). 5) ZB. Duschen, Massage, passive Bewegungen, Faradisierung (I 25). 6) I 9 und oft. 7) I 25. 154.

kung der 'Aufmerksamkeit' auf die unempfindlichen Körperteile. Binswanger, der das Wesen der 'hysterischen Veränderung' in krankhaften Verschiebungen der Hirnrinden-'Dynamik' sucht, in 'Störungen des Gleichgewichtes zwischen den erregenden und hemmenden Vorgängen innerhalb der Zentralnervensubstanz', teilt ihr doch — als Unterscheidungsmerkmal von Neurasthenie und Epilepsie — die hohe Beeinflußbarkeit aller nervenbedingten Vorgänge[1] durch psychische Einwirkungen zu. Diese Suggestibilität sei bei der Hysterie begründet durch die Störungen, die der normale Parallelismus zwischen den materiellen Hirnrindenprozessen und den psychischen Vorgängen erlitten habe.[2] 'Auf der einen Seite fallen für bestimmte Reihen materieller Rindenerregungen die psychischen Parallelprozesse aus oder werden nur unvollständig durch jene geweckt; auf der andern Seite entspricht einer materiellen Rindenerregung ein Übermaß psychischer Leistung, das die verschiedenartigsten Rückwirkungen auf die gesamten Innervationsvorgänge, die in der Rinde entstehen oder von ihr beherrscht werden, hervorruft.'[3] Diese Sätze scheinen mir die Lage der Theorie dem 'Schmerzenskinde der Nervenpathologie' gegenüber nicht übel zu bezeichnen. Denn welchen Sinn wohl sollte man ihnen beilegen, wenn nicht diesen, daß Neurasthenie und Epilepsie rein physiologische Erkrankungen seien, deren Theorie die Lehre vom psychophysischen Parallelismus unangetastet lasse, die Hysterie dagegen eine teilweise seelische Krankheit, die zu einer dualistischen Anschauung zwinge? Ich merke hier dieses Bekenntnis bloß an, das sich seiner Tragweite vielleicht selbst nicht ganz bewußt ist, um später darauf zurückgreifen zu können, und fasse inzwischen die angeführten Begriffe ihrer allgemeinsten Bedeutung nach folgendermaßen zusammen: Die hysterische Anlage entsteht aus der normalen durch Störung des funktionellen Gleichgewichts aller Teile. Die Einheitlichkeit des Gesamtzusammenhangs ist verletzt, eine funktionelle Zerklüftung des Baues eingetreten oder angelegt. Die Teile arbeiten nicht mehr im Einklang mit der obersten verbindenden Instanz, vielmehr entstehen Sonderherde seelischer Wucherungen von wechselnder Ausdehnungsfähigkeit. Aus diesem Tatbestand ergibt sich dann wohl auch jene formale Verschrobenheit,[4] jene scheinbare Disproportionalität zwischen Reiz und Wirkung, Vorstellung und Gefühl, von der oben die Rede war. Die Hysterie ist also im allgemeinsten Sinne ein Sonderfall der seelischen Spaltungsvorgänge und aufs engste verwandt mit den Erscheinungen der doppelten oder mehrfachen Persönlichkeit. Ja die Beobachtungen über diese letzteren betreffen in manchen Fällen augenscheinlich 'Hysterische', und umgekehrt.[5] Wir begreifen demnach schon hier, daß die Neurosenlehre min-

1) Innervationsvorgänge. 2) S. Ref. in ZPPS XXXVII (1905) 466ff. 3) Binswanger 15. 4) 'Ataxie der Lebensgeister' war schon eine ganz alte Begriffsbestimmung der Hysterie (Hellpach 11). 5) Vgl. zB. Janets Lucie, Leonie u. a.: die Angaben Louyer-

destens eine natürliche Verwandtschaft mit der Deutung des mystischen Entwicklungsganges habe, die ja nach den früheren Ausführungen durchaus auf der Anerkennung einer Mehrheit seelischer Herde beruhen muß.

XIII.

Theorie der Psychasthenie.

Auch die andere Neurose, die uns Aufklärung verspricht, die Psychasthenie, birgt Probleme in sich, über welche volle Einigung noch nicht erzielt ist. Steht doch selbst ihre klinische Begriffsbestimmung noch nicht eindeutig fest. Daß es Arten der Neurasthenie gebe, die mit unserem Problem wenig oder nichts zu schaffen haben, muß gleich betont werden. Von der modernen Ermüdungsneurasthenie des von Haus aus gesunden Hirnarbeiters und Geschäftsmannes werden wir kaum Erkenntnis des religiösen Lebens erwarten dürfen. Dennoch hat, wie wir bald erfahren werden, in einer anderen Form der 'Seelenschwäche' einer ihrer besten Kenner das Deutungsmittel von Erscheinungen zu finden geglaubt, die im Mittelpunkt der religiös-jenseitigen Erfahrung stehen.

Auf eine zusammenhängende, ausführliche Beschreibung der Symptome dieser Neurose will ich zunächst verzichten. Wir werden uns mit einigen genauer befassen müssen, wenn die Anwendbarkeit dieses Krankheitsbegriffes in der Psychologie der Mystiker zu erörtern sein wird. Ich beschränke mich daher einstweilen auf eine Aufzählung der Hauptbestandstücke in diesem klinischen Bilde: Zwangsvorstellungen und Zwangsdenken mannigfachen Inhalts, Grübelsucht aller Art, Zwangsbewegungen, zuweilen in krisenhafter Häufung; Angstvorstellungen und Angstzustände (Phobien) von sehr verschiedener Anknüpfung; Gefühle der Gehemmtheit, des Ungenügens im Handeln, Denken und Fühlen, der 'Maschinenhaftigkeit'; Zurücktreten oder 'Verlorengehen' der Sinnenwelt, des Zeit- und Ichbewußtseins, gelegentlich aber auch Gefühle der Ichverdoppelung; Gefühle der Gleichgültigkeit, der Unentschlossenheit, der Müdigkeit und Willensschwäche, der Widerstandslosigkeit, der Abneigung gegen alles Neue; Störungen des Gedächtnisses und der Aufmerksamkeit; Neigung zur Träumerei; melancholische Verstimmung; Totheit des Fühlens überhaupt, neben übermäßigen Gefühlswallungen; Kopf- und andere Schmerzen; Störungen des Schlafes, der Verdauung, des Blutdruckes und der Absonderungen.[1]

Janets Theorie dieser Psychasthenie, die ich hier in den Vordergrund rücken möchte, arbeitet vor allem mit dem Begriffe wechselnder Höhenlagen der psychischen Spannung: sie setzt eine Rangordnung der

---

Villermays bei Richer 149; die Beobachtungen über Sichdoppeltfühlen Hysterischer: Sollier I 500; ders., Autosc. 20. 1) Nach Janet.

synthetischen Leistungen voraus und eine psychische Kraft,[1] deren Mehr oder Minder eine höhere oder niedere Stufe der Leistung ermöglicht. Die Tatsache dieser wechselnden Höhenlagen psychischer Spannung entdecken wir alle ja jederzeit mühelos in uns selbst; denn wir sind in jedem Augenblick des Lebens einer ganz bestimmten Höchstleistung gewachsen. Die Möglichkeiten des Gelingens sind zB. andere am Morgen als am Abend, andere vor als nach einer Mahlzeit; Erholung, Bewegung, äußere Anregung, Erregung u. dgl. m. begründen Unterschiede der Leistungsfähigkeit, der Fähigkeit zur Aufmerksamkeit, zum Schaffen, oder mit einem Worte: zur Synthese. Dabei wird unter Synthese die seelische Funktion verstanden, die eine Mehrheit von Elementen zu einem einheitlichen Gebilde von neuen, neuartigen Eigenschaften und eigener Bedeutsamkeit zusammenfaßt.[2] Der psychologische Rang einer Leistung aber bestimmt sich nach dem Maße ihrer Zusammengesetztheit, ihrer Verwickeltheit, ihrer 'Freiheit', d. h. ihres Entsprungenseins aus dem tiefsten und eigentlichen Charakter und der 'Persönlichkeit' des Leistenden, endlich nach dem Maße ihrer Neuheit — nicht nur für den Leistenden selbst, sondern auch für seine Umwelt. Dies letztere drückt offenbar die Relativität aller Maße auch auf diesem Gebiete aus, ohne damit die Wichtigkeit des Prinzips zu verkleinern. Bei Kindern, Wilden, Idioten, Tieren usw. wird die höchste psychische Spannung nur eben leisten, was im geistig Höherstehenden längst mechanisch abläuft. Denn aus dem Gebiete des Synthetischen findet ein beständiges Hinabsinken in das des Mechanismus statt; unter Aufwendung von Wille, Aufmerksamkeit, Anstrengung wird angebahnt, dann eingeübt, was schließlich ohne Beteiligung des Ich von neuem ablaufen kann. Dieses ichlose, 'gewohnheitsmäßige' Handeln aber, bestimmt durch den Grundsatz des geringsten Widerstandes und der geringsten Anspannung, ist vor allem das Gebiet der Niederen wie der Schwachen.

Die Grundanschauung einer Rangordnung psychischer Leistungen ermöglicht nun eine Theorie der psychasthenischen Krankheitserscheinungen vermittelst zweier weiterer Voraussetzungen: die eine stellt in dem Kranken einen Zukurzschuß an psychischer Kraft, an Spannung fest; die andere ein fehlerhaftes, zweckwidriges Wirken dieser Kraft, und zwar gerade infolge ihres Zukurzschusses. Die erste Voraussetzung wird verwirklicht durch alles, was eine Schwächung des ganzen Menschen herbeiführt: erschöpfende Krankheiten, Ausschweifungen, Übermüdung; auch durch anhaltende oder übermächtige Gefühlserregungen, Störungen des Blutumlaufes und der Blutverteilung, Störungen des Wachstums, wie sie namentlich die Zeit der Geschlechtsreifung bringt, Entfaltung einer unglücklich

1) Vgl. den so vielfach verwendeten Begriff der life energy, activité nerveuse, influx nerveux u. ä.: zB. Bernheim, Hypnotisme, suggestion... 108. 112, und gewisse Wendungen bei Freud (Breuer u. Freud 73. 170. 171. 209). 2) S. zB. Janet, Obs. I 491; Wundt III 520ff. 778ff.

belastenden seelischen Erbschaft.[1] Alle diese Übel sind Ursachen einer Herabsetzung der nervösen Spannung überhaupt und liefern damit unmittelbar die Erklärung der soz. negativen Kennzeichen des psychasthenischen Zustandes: seiner Ausfallserscheinungen; der Herabsetzung der synthetischen Höhenlage: der Willensschwäche, der Unwirklichkeitsgefühle, des Ich- und Weltverlustes, der Gefühllosigkeit u. a. m. Zur Deutung seiner soz. positiven Kennzeichen, wie namentlich der Zweifel, Zwangsgedanken und Angstzustände, geht erst die zweite Voraussetzung über, die hauptsächlich mit dem Begriff der Ablenkung (*dérivation*) arbeitet. 'Wenn eine Kraft,' so erklärt Janet, 'die ursprünglich bestimmt war, auf die Erzeugung einer bestimmten Leistung verwendet zu werden, unbenutzt bleibt, weil diese Leistung unmöglich geworden ist, so entstehen Ablenkungen, d. h. diese Kraft wird dadurch aufgebraucht, daß sie andere, nicht vorgesehene und nutzlose Erscheinungen erzeugt.'[2]

Sie entgleitet (so könnte man erläutern) der zielbewußten Leitung durch den Willen, läuft auseinander wie eine Flüssigkeit, die gehoben wurde, aber vor Erreichung der geplanten Hubhöhe zu Boden sank, und sucht bei diesem Auseinanderstieben die Wege geringsten Widerstandes, der leichtesten Bahnung auf. Das Einzelne der Richtung, die sie nimmt, der besondere Inhalt der Zwangsvorstellungen oder -handlungen zB. hängt dabei wohl zum großen Teil von persönlicher 'Zufälligkeit' ab, etwa davon, bei welcher Handlung zuerst der psychische Zukurzschuß entdeckt wurde. Ein Beispiel: die Anstrengung, bei der ersten Kommunion voll und ganz zu 'realisieren', zur Wirklichkeit des Gefühls zu gelangen, mißlingt; man ist aber durch die Erziehung auf die Wichtigkeit gerade dieser Handlung vorbereitet worden und das Fehlschlagen ihrer Realisierung bestimmt religiöse Zweifel und Grübeleien auf lange Zeit hinaus.

Hauptsächlich nun an solcherlei Vorgänge, wie sie Janet durch den Begriff der Derivation zu deuten suchte, haben sich beträchtliche psychologische Auseinandersetzungen geknüpft, an denen auch die deutschen Pathologen sich vielfach beteiligten, wobei auch zwei für die Religionspsychologie besonders belangreiche Erscheinungen behandelt worden sind: die Angstzustände und die Zwangsvorgänge.

Bezüglich der ersteren ist uns die Entdeckung wichtig, die Freud und seine Schüler unter dem Namen der Angstneurose bekanntgemacht und mehr oder weniger auch zur Anerkennung gebracht haben. Dieser Begriff behauptet den Ursprung von Angstzuständen aus Unterdrückung und Verdrängung geschlechtlicher Triebkräfte und Begehrlichkeiten. Die dafür gegebene genauere Deutung, daß nämlich die von der Psyche abgelenkte körperliche Geschlechtserregung sich 'subkortikal'[3] in durchaus inadäquaten Reaktionen verausgabe,[4] ist offenbar eng verwandt mit dem Begriff der Derivation: die Angst ist eine von ihrer normalen Verwen-

1) Vgl. Janet, Obs. I 514ff. 619f. 2) aaO. 555. 3) D. h. vermittelst Hirnzentren und -bahnen außerhalb der Rinde. 4) So zit. Loewenfeld 468.

dung abgelenkte Libido.[1] Die Seele gerate soz. neurotisch in Angst, wenn sie ihre Unfähigkeit merkt, die innerlich entstandene Geschlechtserregung auszugleichen, wie sie in normale Angst gerät, wenn sie sich unfähig fühlt, eine von außen nahende Aufgabe — eine Gefahr — durch entsprechendes Handeln zu erledigen.[2]

Daß die Freudsche Ableitung das ganze Gebiet der Angstzustände decke, ist mit guten Gründen bestritten worden. In manchen Fällen scheint eine besondere Erblichkeit für Angst gegeben zu sein. In andern sind die Ursachen augenscheinlich anstatt in unterdrückter Geschlechtlichkeit vielmehr in geschlechtlicher Ausschweifung zu finden. Oder, wo eine Aufspeicherung von Geschlechtserregung wirklich gegeben scheint, fehlt doch die Ablenkung von der Psyche, die Verdrängung, deren Anzeichen nach Freud die Abnahme oder das Schwinden bewußter Libido ist: man findet also Angst zugleich mit Libido. Ferner ist bekanntlich oft das Auftreten spezialisierter Angstzustände, der sog. Phobien, beliebig lange durch bloßes Vermeiden des besonderen Anlasses zu verhindern: zB. durch Umgehen offener Plätze bei sog. Agoraphoben, geschlossener Räume bei sog. Klaustrophoben u. dgl. m. Endlich finden sich auch inhaltlose Angstzustände, wo eine geschlechtliche Begründung sich ausschließen läßt.

Sind aber somit auch andere Ursachen gegeben, so wird damit die Richtigkeit der Freudschen Angaben in gewissen Grenzen nicht bestritten. Ja Loewenfeld, dem ich die vorgebrachten Einwände entnehme, gibt mit seiner eigenen physiologischen Theorie — Abfließen von Erregungsspannung aus den kortikalen Sexualzentren in subkortikale und kortikale Substrate der Angst — geradezu eine Umschreibung des Begriffs der Derivation. Und jedenfalls haben für uns die angeführten Beobachtungen wie auch Theorien angesichts der Geschlechtsfeindlichkeit des mystischen Lebens eine naheliegende Bedeutsamkeit.

Aber vor allem in der Deutung der Zwangsvorgänge und Zwangsvorstellungen hat die neuere 'Tiefenpsychologie' den ganzen Spürsinn ihrer methodischen Denkweise geltend gemacht und damit auch offenbart, wieviel Gemeinsamkeit der Ursprünge und Grundverhältnisse die großen Neurosen verbindet. Gewiß sind Ursachen allgemeiner Natur auch hier im Spiel, wie etwa Willensschwäche aus Erschöpfung überhaupt, die mit den sich aufdrängenden Inhalten, zB. Sorgen, nicht 'fertig zu werden' vermag; oder assoziative Verknüpfung gewisser Vorstellungen mit physiologisch bedingten Organgefühlen oder Schmerzen, wodurch jene Vorstellungen Zwangscharakter erhalten; auch hat die einmal eingewurzelte Zwangsvorstellung entschieden die Neigung, ihren Charakter durch eine Art von Ansteckung auszubreiten,[3] indem sie sich zB. verallgemeinert, oder im

1) S. Freud, Üb. d. Berechtigung ... in NC XIV (1895) 50ff.; W. Strohmayer, Üb. d. ursächl. Bezieh. der Sex. zu Angst- und Zwangszuständen, in JPN XII 69ff. 2) Vgl. hierzu Loewenfeld 468—72. 3) Ausbreitung 'gleich einem Ölfleck': Janet, Obs. I 596f.

Gegenteil spezialisiert, oder auf erklärende oder gegensätzliche oder verwandte Vorstellungen den Zwangscharakter überträgt.

Tiefer schürfende Deutungen der Zwangsvorgänge dagegen verdanken wir der Psychanalyse, namentlich Freuds. Danach wäre die Zwangsvorstellung etwa der Ausdruck einer eigenartigen Abwehrbestrebung, indem zB. eine sich aufdrängende peinliche Vorstellung oder ein verurteilter Trieb zur zwanghaften Beschäftigung mit möglichst abliegenden Vorstellungen oder Handlungen führt, zB. zu Zwangsgrübeln über Probleme allgemeinster Natur, zu lebhaftem Vorstellen gewisser Phantasiebilder, zu zwanghaftem Zählen, zu den verschiedensten Ticks u. dgl.; oder indem unerträgliche und darum verdrängte Vorstellungen sich von ihrem zugehörigen Gefühlston trennen und diesen an andere, ihrem Inhalt nach erträglichere Vorstellungen anhängen, die zu jenen in gewissen stellvertretenden, gleichsam symbolisierenden Beziehungen stehen.[1] Der Zwangsvorgang würde hiernach gleichsam eine Schutzmaßnahme gegen die verurteilten Gedanken oder Handlungen darstellen: der Trieb zur Selbstbefleckung etwa oder zur ehelichen Untreue würde in gewisse an sich harmlose Zwangsbewegungen oder übersinnliche Grübeleien abgelenkt, auf die damit meist auch der peinliche Affekt des Zweifels und der Angst, der in der Abwehr wurzelt, übertragen wird.[2]

Die Verwandtschaft dieser Deutung mit derjenigen der Hysterie durch Freud springt in die Augen, und in der Tat stehen wir hier an einem Punkte, wo die Begriffe der Hysterie und der Psychasthenie ineinander überfließen und ihre Verwandtschaft bedeutsamer erscheint, als ihre Unterschiedenheit. Einer der besten Kenner beider Krankheiten, Pierre Janet, weiß bezüglich ihrer theoretischen Unterscheidung schließlich nicht mehr anzuführen, als etwa dies: die Hysterischen charakterisieren sich durch das vollständige Abhandenkommen gewisser psychischer Tatsachen (Empfindungen, Erinnerungen, Bewegungsvorstellungen usw.) und die Übertreibung anderer: Zwangshandlungen, Halluzinationen, die der Wirklichkeit gleichkommen, Zwangsvorstellungen.[3] In all diesem bestehe die hysterische Einengung des Bewußtseins. Der Psychasthenische dagegen zeige, statt dieser Art der Einengung, eine Abnahme des Bewußtseins in seiner Ganzheit. Schließlich gebe aber diese allgemeine Herabstimmung, die nicht durch eine Einengung des Bewußtseinsfeldes ausgeglichen wird, ihnen ein viel stärkeres Gefühl der Unvollständigkeit, als in der Hysterie die Regel ist. Der Hysterische empfinde übertrieben stark in der einen oder anderen Richtung, der Psychasthenische in keiner.[4] Janet verrät die Verwandtschaft beider Krankheitsbilder aber auch praktisch durch

1) Ein Beispiel bei Jung in JPN VII 22. 2) S. den Fall bei Strohmayer, aaO. 94; vgl. Freud, Weitere Bemerk. üb. d. Abwehr-Neuropsychosen, NC XV (1896) 434ff.; eine Sonderanalyse solcher Übertragung s. bei Jung in JPN VII 18. 3) Des convictions irrésistibles. 4) Janet, Obs. I 675f. 734f.

das seltsame Schwanken, in das ihn die Frage ihrer Anwendbarkeit gerade auf religiöse Erfahrungen stürzt. Während er in früheren Arbeiten die Mystiker — denn nichts anderes wohl sollen seine *extatiques* sein — ohne Bedenken den Hysterischen zugeordnet hatte, gelangt er in seiner ausführlichen Behandlung der Psychasthenischen 'nicht ohne einiges Erstaunen' zu dem Schlusse, daß sie sich 'weit eher der Gruppe der *scrupuleux* anschließen lassen', und stellt eine Arbeit in Aussicht, die den Beweis dieser Behauptung führen soll[1] — aber meines Wissens bis heute nicht erschienen ist.

Die Freudsche Schule vollends hat natürlich diese Beiordnung der Krankheitsbilder weit schärfer betont. C. J. Jung glaubt die *obsédés*, die zwangsvorstellungskranken Psychastheniker Janets, von Hysterischen nicht unterscheiden zu können und verweist sie, gleich den Hysterischen, ins Gebiet der Introversionspsychosen.[2] Binswanger seinerseits findet Janets Krankheitsbild der Psychasthenischen auch in den milderen Formen der Hysterie wieder.[3] Und jedenfalls gibt es ja sehr zu denken, daß das Bewußtsein des seelischen 'Doppelt'-, also Gespaltenseins zu den gewöhnlichen Merkmalen des psychasthenischen Zustands gehört.[4] Entsinnen wir uns endlich, daß auch die wichtigsten der religionspsychologisch bedeutsamen 'Geisteskrankheiten', die Paranoia und Demenz, nach den gleichen Grundbegriffen gedeutet wurden,[5] so erhalten wir eine leidlich einheitliche Formel des krankhaften Zustandes, der die augenscheinlichen Abnormitäten des krassern religiösen Lebens erklären soll: jener Brüchigkeit der Seele, die bei gegebenem Anlaß ihren Zerfall in unterschiedliche Herde und Ströme herbeiführt; jener Möglichkeit zu selbständigem Leben verdrängter Komplexe und ihrer mannigfaltigen Maskierung und Vertretung im Bereiche der seelischen Oberfläche; jener Neigung zu unterbewußtem Treiben und Knospen und dadurch bewirkter Störung der normalen Anpassung an die Außenwelt; alles vielleicht auf dem Grunde einer Erschöpfung, eines Niedergangs der 'Spannung', einer Verflüssigung des seelischen Kitts. — Ich wiederhole: die Verwandtschaft dieser Anschauungen mit den Begriffen einer Mehrheit von Energiezentren und des erwecklichen Komplexes, zu denen die Beobachtung der mystischen Entwicklung unmittelbar hinführte, läßt von vornherein eine gewisse Fruchtbarkeit der neueren Neurosenlehre für unsere Probleme erwarten; zugleich aber entdecken wir in der hier beliebten Betonung der Geschlechtlichkeit, ihrer Verdrängung und Maskierung ein mögliches Moment der religiösen Inhaltsdeutung, das wir bei dem vielempfundenen und -behaupteten Zusammenhang von Geschlechtlichkeit und Religiosität aufs genaueste werden erwägen müssen: stoßen

1) aaO. 381f.; weniger radikal das. 660; vgl. 676. 2) Jung, Dementia 83 Anm. 1; JPPF 1911 159 Anm. 1. 3) Binswanger 307ff.; vgl. 326ff. 4) Näheres und Beispiele (auch von Moreau de Tours, Krishaber u. Séglas) bei Janet, Obs. I 312ff. 5) S. bes. Jung, Dementia 78; Sidis, Suggestion c. XXV.

wir hier doch auf eine wirkliche Urkraft des Lebens, und ist doch Religion — was sie auch sonst noch sein mag — jedenfalls einer der Versuche, Leben zu erhalten und — vielleicht — zu steigern.

XIV.

Mystisches Leben, Angstneurose und Psychasthenie.

Diese besondere Inhaltsbeziehung werden wir nicht aus den Augen verlieren dürfen, wenn wir nunmehr daran gehen, die neugewonnenen pathologischen Deutungsbegriffe — selbst ja nur eine Ausgestaltung der schon anfangs hier eingeführten — auf einzelne Epochen der mystischen Entwicklung anzuwenden. In aller Kürze will ich dabei zunächst auf die einleitenden Stufen dieser Entwicklung zurückgreifen, — die Zeiten innerer Zerfallenheit-mit-sich vor dem Eintritt erwecklicher Erfahrungen, die Zeiten der 'Sündenangst', des unbefriedigten Verlangens nach der 'Fülle neuen Lebens', — um zu fragen, ob die erweiterten Begriffe unserer früheren Deutung dieser Stufe etwas hinzuzufügen vermögen.

Daß die Psychologie des Sich-sündig-fühlens eine Lehre reizen muß, die sich auf den Begriff der Verdrängung stützt, liegt auf der Hand. In allgemeinster Weise dürfen wir ja jedenfalls die subjektive Erfahrung von 'Sünde' als eine Art des innerseelischen Druckes bezeichnen, einer Spannung zwischen der Vorstellung davon, was man ist oder tut oder getan hat, und derjenigen davon, was man sein, tun oder getan haben sollte;[1] eines 'Drängens' also von zwei Vorstellungsgruppen, von denen mindestens eine die andere zu verdrängen trachten muß. Was uns aber hieran im Augenblick besonders fesselt, ist die Tatsache, daß sich die inneren Forderungen des gewissensgeängsteten 'Sünders' (wie wir wissen) hauptsächlich auf Unterdrückung der 'eigenen', 'niedern', 'fleischlichen' Natur richten. Eben hier aber vermöchte die pathologische Deutung anzuknüpfen: offenbar sei unterdrückte oder ordnungswidrige Geschlechtlichkeit, wenn nicht bei allen, so doch bei vielen von denen anzunehmen, welche Zerknirschung und Reue als Zustand erfahren, und nicht als Einzelaffekt infolge einer Einzelhandlung. Das Subjekt einer jener zahllosen 'Bekehrungen' der Pubertätsjahre stehe ja inmitten einer kritischen Entwicklung des Triebes, die sowohl mit mißbräuchlichen Verirrungen als auch mit inneren Gleichgewichtsverlusten verbunden sein dürfte. Vollends das Subjekt einer religiösen Entwicklung höherer Art sei meist schon jener Verdrängung des Trieblebens unterworfen, auf der zwar ein großer Teil der menschlichen Kultur überhaupt beruht, die aber erst von den Offenbarungsreligionen mit besonderer Heftigkeit aufgegriffen, ja beinahe zu

1) Dies Bewußtsein des Sollens wird als Bestandteil täglicher Erfahrung als jedem intuitiv verständlich vorausgesetzt.

einem Selbstzweck erhoben worden ist. Daß solche Verdrängung aber, wie wir erfuhren, an sich zu Angst und angstverwandten Zuständen geneigt mache, ist das mindeste, was der Pathologe hier in Erinnerung bringt. Mehr noch liegt ihm daran, die theologisch gefaßten Versündigungsvorstellungen, die den Reuekranken plagen, als Umdeutungen von Gewissensbissen zu verstehen, die sich ursprünglich auf weit konkretere und natürlichere Verfehlungen beziehen. Dem Psychanalytiker von heute ist der Gedanke geläufig, daß verborgene Gewissensbisse über geschlechtliche Verirrungen irgendwelcher Art im Vordergrunde des Bewußtseins als unklares Versündigungsgefühl auftreten, als die Überzeugung, die 'Sünde wider den Heiligen Geist' begangen zu haben, zur Hölle verdammt, von der Gnadenwahl ausgeschlossen zu sein u. ä. m.

Dergleichen Maskierungen glaubte zB. Pfarrer Pfister in dem Fall eines Sektierers erweisen zu können, bei dem eine innerliche Selbstanklage wegen regelwidrigen ehelichen Verkehrs einen leidenschaftlichen Hang zum Naturheilverfahren erzeugt — als Überleitung der Gedanke: man muß alles normal treiben —, oder das Bedürfnis nach geschlechtlicher Ruhe (nach dem Tode der Frau) und nach späterer Wiederbefriedigung in einer zweiten Ehe sich zu starker Betonung der Lehren vom Schlaf der Toten und der Wiederkunft Christi 'sublimiert' hätte.[1] — Wenige haben so ausdrücklich die Beschreibung der Erlösungsbedürftigkeit unter den Begriff der Angst gestellt, wie Kierkegaard, der von sich selbst bekannte, er sei von Kindheit an in der Gewalt einer ungeheuren Schwermut und seine einzige Freude die gewesen, daß niemand entdecken konnte, wie unglücklich er sich fühlte. Daß aber über Kierkegaards Geschlechtsleben ein unglücklicher Schatten lag, ist allgemein bekannt.

Ein beliebtes und sich geradezu aufdrängendes Beispiel für ähnliche Zusammenhänge bildet Luther, der ja wie wenige die Qualen des unerlösten Sünders erfahren hat. Bekannt sind die Angstzustände und Zwangsvorstellungen, die ihn von früher Kindheit auf verfolgten, unmittelbar anknüpfend an die Ängste und Verschüchterungen, die ihm der überheftige und trinkende Vater (kein Vermittler gesunden Erbguts!) verursachte. Nach der Erlangung des Bakkalaureusgrades bietet er das Bild eines hoffnungslosen, unfrohen, menschenscheuen Melancholikers, der an seiner Seligkeit verzweifelt und versucht ist, Gott zu fluchen. Die Anschauungen seiner Zeit lassen ihn vor diesen Qualen ins Kloster flüchten, und es kann nicht Wunder nehmen, daß die verschärften Anspannungen des Mönchslebens seinen Zustand verschlimmern. Luther selbst meinte später, er sei im Kloster um seines Leibes Gesundheit gekommen.[2] Die 'Anfechtungen' — er spricht von *tentationes, tristitia, pusillanimitas, angustia circa pectus* — verdoppeln sich. Der Werkdienst des Mönches gibt den Skrupeln neue Nahrung; das Bildnis Christi flößt ihm Angst ein; bei der Messe bricht ihm der Angstschweiß aus; Ohnmächte, Weinkrämpfe beschließen die Anfälle. Sie sind so 'groß und höllisch,... daß deren Größe keine Zunge aussprechen, keine Feder beschreiben kann,... alsdann weiß man nicht aus noch ein... In solchen Augenblicken kann die Seele nicht glauben, daß sie noch einmal erlöst werden könnte.' Er selbst kann sich der Erkenntnis nicht ver-

1) Pfister 141f. 2) WW (Erl. Ausg.) XLVIII 306.

schließen, daß der Teufel hier mehr Sünde erscheinen lasse, als wirklich da sei.[1] P. Smith, der hauptsächlich Freuds Begriffe auf Luthers Krankheit anwendet,[2] sieht ebenfalls die Hauptquelle seiner Qualen in der starken Geschlechtlichkeit des Mannes, gegen die er letzten Endes nicht angehen kann und der gegenüber er schließlich alle eigene Bemühung aufgibt und sich auf die 'Gnade' eines Andern wirft. Daneben spielen bei Smith die in der Freudschen Schule viel behandelten, hier gegen den gefürchteten Vater gerichteten geschlechtlichen Eifersuchtskomplexe eine Rolle, die sich in den bekannten zahllosen Erscheinungen des Teufels symbolisch verkleiden sollen, den Luther auf eine leidlich grobe Weise vertreibt (nämlich durch Zukehren des 'A—' und durch 'F—'), worin sich nach Smith zugleich eine kindliche Art, dem Vater Nichtachtung zu erweisen, und die Befriedigung eines primitiven Geschlechtsantriebes spiegeln soll.[3] Man mag von solcher Einzelanwendung der Psychanalyse in Luthers Fall so gering denken, wie man will: daß hier eine erblich nicht makellose, dabei aber sinnlich gewaltige Natur unter der Knechtung von Erziehung und mönchischer Zucht bis zur Krankheit gelitten habe, wird heute kaum ein Vorurteilsloser bezweifeln. Selbst Hausrath urteilt, 'der letzte Grund der Schwermut' Luthers sei auch dem Staupitz 'unverständlich gewesen, weil er körperlich war'.[4]

Daß das bisher Angeführte einen Teilweg zu wahrer Einsicht andeutet, erscheint mir unbestreitbar; nur ist m. E. Vorsicht vor einseitigen Übertreibungen zu empfehlen. Wir dürfen nicht übersehen, daß selbst das völlig gesunde Subjekt durch Begehen persönlich verurteilter Handlungen in Zustände gebracht werden kann, die sich, außer dem Zusammenhang betrachtet, von neurotischen nicht unterscheiden lassen. Man vergegenwärtige sich das Bild einer ruhe- und schlaflosen, angst- und qualvollen Reue über eine in heftiger Aufwallung verübte, nicht gutzumachende Untat. Und doch wird hier unter Umständen gerade die Stärke des zustande kommenden 'innern Druckes' ein Maß für die sittliche Gesundheit des Charakters abgeben; eine Gesundheit, die niemand zu bestreiten braucht, welcher Schule er auch angehöre. Der Typ Mensch wird das Ideal der Wenigsten sein, der schlechterdings alles seelisch verdauen kann, weil er keinerlei letzte Wertungen hat (abgesehen eben von grenzenloser Ichbetonung), auf Grund deren er gegebenenfalls mit sich selbst zerfallen könnte. Erst wo dergleichen Überlegungen nicht ausreichen, dürfen pathologische Erwägungen der Neurosenlehre ergänzend aufgerufen werden.

Dies scheint bei jenen Zuständen nötig zu werden, die unter dem Namen der geistlichen 'Nacht', der 'Dürre', Trockenheit oder Gottverlassenheit von so vielen Erfahrenen der mystischen Entwicklung beschrieben worden sind. Sie folgen zeitlich auf die Erfahrungen der Erweckung und ihrer ersten Ekstasen, stellen sich aber soweit als ein Rückfall in die Vor-

1) Vgl. hierzu A. Hausrath, L.s Leben I; ders., L.s Bekehrung, in Neue Heidelberger Jahrb. 1896 163ff.; Dr. Berkhan, L.s Leiden, in APN XI 798ff.; M. Küchenmeister, L.s Krankengeschichte; K. Benrath, L. im Kloster (Halle 1905); Soury in L'encéphale 1884 Heft 4.
2) Luthers early devel. in the light of Psychoanalysis, AJP XXIV (1913) 360ff.
3) aaO. 365f.
4) Hausrath, L.s Leben I 183. Vgl. auch Pfister 197f.

erweckungszeit der 'Gottferne' dar, daß sie mit Vorteil schon im augenblicklichen Zusammenhang erörtert werden dürften.

Diese Zustände der Dürre, ein anscheinend wesentlicher Bestandteil fast jedes bedeutenderen mystischen Lebens, wechseln mit den Zeiten ekstatischer Erhebung und überquellender Gottseligkeit ab, zu denen sie mit ihren Skrupeln, ihrer Glaubenslosigkeit und Gottverlassenheit, ihrer Unfähigkeit zu jedem Aufschwung den denkbar stärksten Gegensatz bilden. Es ist diese gegenseitige Bezogenheit, woran die pathologische Deutung anknüpft und die uns sogleich an oben dargelegte Begriffe erinnert: in der Tat meinen wir in den reichlichen Schilderungen der Religiösen unschwer das klassische Bild der Psychasthenie wiederzuerkennen. — Auf dem Gebiete des Denklebens charakterisiert sich die Dürre der Mystiker durch eine quälende Unfähigkeit zu Aufmerksamkeit und Zusammenfassung, die bald durch Hemmungs-, bald durch Erregungsvorgänge gesetzt erscheint: Stillstand oder Flucht der Gedanken.

'Wenn ich', schreibt S. Teresa, 'dann etwa ein Buch in die Hand nehmen wollte, so verstand ich, obschon es in gemeiner Muttersprache geschrieben war, nicht mehr davon, als ob ich keinen Buchstaben hätte lesen können, weil der Verstand nicht dazu geschickt war.' Selbst im mündlichen Gebet verstand sie sich selber nicht.[1] — 'Die Bäche der Verstandestätigkeit sind so ausgetrocknet, daß man nicht imstande ist, irgendeinen Denkprozeß zu vollziehen; nicht einmal so viel bleibt übrig, um einen guten Gedanken von Gott zu fassen.'[2] 'In einer tiefen Geistesabwesenheit befangen, versagt das Gedächtnis häufig seinen Dienst, und lange Zeiten verstreichen, ohne daß man weiß, ob man dies oder jenes getan oder gedacht habe. Ungeachtet aller Anstrengung könnte man den Geist nicht auf die augenblickliche Handlung, auf das, was einem obliegt, richten.'[3] Von solchen Zuständen sagt Maria Magdalena von Pazzi, 'sie wüßte nicht, ob sie noch eine vernünftige Kreatur wäre, oder nicht, sondern sie vermeinte vielmehr ein Stein oder dergleichen zu sein'.[4]

Anderseits wird eine zweck- und wertlose Übergeschäftigkeit des Vorstellungsablaufs mit gleicher Deutlichkeit angegeben.

'Der Verstand ist verwirrt und gleicht einem Wahnsinnigen, den niemand binden kann. Ich habe da über ihn nicht soviel Gewalt, daß ich ihn solange, als man das Symbolum hersagt, ruhig und still halten könnte.'[5] Diese Erregung nimmt dann häufig die Form des Zwangsvorstellens an. 'Die Nacht der Sinne verfinstert den Verstand,' wie der scharfsinnige S. Johann vom Kreuze sagt, 'füllt ihn mit tausend Zweifeln, verstrickt das Urteil in tausend Schwierigkeiten, bis man schließlich in nichts mehr ein Genüge zu finden, noch sich auf jemandes Rat und Gefühl zu stützen vermag.'[6] — Dieses Zwangsgrübeln erscheint dem Religiösen natürlich als Werk des Teufels. 'Der Versucher nimmt plötzlich den Verstand ein, manch-

1) S. Teresa IV 110f.; vgl. I 276f.; vgl. Montmorand 39f. (üb. M. Olier). 2) Molinos 20. 3) S. Jean III 368 (N. O., l. XI c. 8). 4) David 80; vgl. Th. L. Harris, Arcana of Christianity (1867) § 100. 5) S. Teresa I 279 (c. 30). 6) S. Jean III 322 (N. O., I, 14).

mal durch so geringfügige Dinge, über welche ich sonst nur lachen würde, und hält denselben auf, worin er will. Dann ist die Seele gleichsam in Ketten geschmiedet; sie kann über sich selbst keine Herrschaft ausüben, noch an etwas anderes denken, als nur an die ungereimten, unbedeutenden Dinge, die er ihr eingibt; sie vermag keinen Entschluß zu fassen und wird so geängstigt, daß sie sich gleichsam zu enge wird.'[1]

Schon damit ist das religiöse Leben zum Stillstand gekommen; denn diese 'Schwermut und Grübelei, worin die Seele... über sich selbst nachgrübelt,' hindert die Versenkung in Gott,[2] das vorstellungslose Gebet. Sie zerstört zugleich die Beichte, jene gewohnheitsmäßige Reinigung des religiösen Innern, die dem Grübelsüchtigen natürlich zu einem verhängnisvollen Belebungsmittel seines Leidens werden muß. In jener 'Nacht des Verstandes' quält man seine Beichtväter mit dem Verlangen nach häufiger Beichte,[3] und scheitert doch an den törichten Einfällen, die sich aufdrängen, oder an der Unfähigkeit, sich zu beobachten oder sich zu eröffnen, oder an der [eingebildeten] Furcht, den Hörer zu täuschen.[4] Man beachte hier, als ein typisch psychasthenisches Merkmal, den Zwang zu einer Leistung, die dennoch nie zu Ende zu bringen ist: das quälende Besessensein von einem Bedürfnis, in dessen Befriedigung man aus dem Hundertsten ins Tausendste gerät, ohne sich je genugtun zu können.[5]

Aber aus keiner Form solcher Zwangsgedanken erwachsen dem Frommen größere Martern als aus jener, worin die Herabsetzung seines höchsten Selbst den Gegenstand des Zwanges bildet, eines Zwanges also zu gotteslästerlichen Bildern und Urteilen, zum Zweifel an den Geheimnissen des Glaubens, zu Spott und zu Leugnung.

In Zeiten, da die theologischen Begriffe noch zu den Selbstverständlichkeiten jedes Denkens gehörten, haben Personen von höchster und anerkannter Heiligkeit zeitweilig kaum der Versuchung widerstehen können, es laut herauszuschreien, 'daß kein Gott sei, noch ein anderes Leben'; haben 'mit leiblichen Ohren greuliche Lästerungen wider die göttliche Majestät und seinen Heiligen gehört und die Fürbitte ihrer Nächsten erfleht, daß sie nicht, anstatt Gott zu loben, ihn öffentlich verhöhnen möchten'.[6]

Aber erst die gleichzeitigen Hemmungen des Gefühls- und Willenslebens liefern das vollständige Jammerbild der religiösen Dürre. Sie ergreifen alles, was dem Frommen das Teuerste ist: seine Fähigkeit zum Aufschwung, zum Gebet, zur Liebe, zur Versenkung in Gott, zur Ekstase.[7] An die Stelle seiner starken und beseligenden Gefühle ist eine quälende

1) S. Teresa I 275 (c. 30). 2) Molinos 4. 3) S. Jean III 269 (N. O., I, 6). 4) S. Teresa IV 110 (Mor. 6 c. 1). Vgl. Molinos 75. 5) Vgl. hierzu Janet, Obs. I 113ff. über les manies de l'au de là: de la précision, de la recherche, de la répétition, de la perfection etc. 6) David 66—68; vgl. S. Jean III 322 (N. O., I, 14); Molinos 20. Eine Zusammenstellung von Bunyans glaubensfeindlichen Versuchungen zB. bei J. Royce, Studies of Good and Evil (The case of J. B.) bes. 50ff. 64ff. Vgl. Fox, Autobiogr. 11. 7) S. zB. S. Teresa IV 112 (Mor. 6 c. 1); vgl. S. Jean III 288 (N. O., I, 9); Molinos 75 (Lektüre trostlos).

Gleichgültigkeit getreten, wenn nicht gar Trauer, Bedrücktheit, Müdigkeit, Ekel. Der Glaube ist verloren,[1] d. h. die religiösen Vorstellungen haben jene Spannung und Wärme eingebüßt, jene schwellende Erfülltheit durch Gefühl und Antrieb, die selbst den absonderlichsten Gebilden des Verstandes den Atem der Wirklichkeit einzublasen vermag. Die frommen Werke der Liebe, in denen sich zuvor die Seele hingebend auslebte — Mildtätigkeit, Krankenpflege oder was sonst —, haben jeden 'Geschmack verloren'.[2] 'Jede Geschicktheit zum Guten, jede tätige Tugend ist der Seele genommen' und selbst die Neigung dazu geschwunden.[3] Dies entsteht teils aus dem Mangel eines Gefühls, dessen Glorienschein eine Zielvorstellung zum Motiv erheben könnte, teils — was ja im letzten Grunde auf dasselbe hinauskommt — aus dem allgemeinen Mangel an Drang und Spannung überhaupt: die Hemmung hat natürlich gleichzeitig auch den Willen ergriffen. Wer in der Dürre steckt, ein Opfer von 'Kleinmut, Verwirrung und Erregtheit des Herzens', der findet in sich 'solch eine Kälte und Lässigkeit des Willens, Widerstand zu leisten, daß ein Strohhalm ein Balken scheinen kann'.[4]

Wie aber an die Stelle zielstrebigen Denkens der unbeherrschte Tanz der Vorstellungen tritt, so an die Stelle beherrschenden Wollens das unruhige Spiel der Launen. 'Hat man nicht seinen Willen, so grämt man sich wie ein Kind, schmollt und greint;'[5] glaubt man doch noch immer ein Recht auf die himmlischen Tröstungen zu haben, die nun versiegt sind.[6] An ihrer Stelle findet man, daß die innersten Feinde des Heiligungswillens, die vielleicht schon überwunden und abgestorben schienen, von neuem das Haupt erheben. Die 'Leidenschaft', die Sinnlichkeit, der 'alte Mensch' erwacht; die Neigung zum 'Fraß', vor allem aber das Geschlecht drängen wieder zum Licht, im Wachen und Traum, formen sich zu Bildern, selbst zu Halluzinationen.[7] Und da natürlich für das sachliche Urteil Gut und Böse fortbestehen, so weiß sich der Leidende nunmehr als Verworfenen, und seine ohnehin lästige Neigung zu Schwermut und gedrückten Gefühlen läßt die Gelegenheit nicht unbenutzt, ihn auf 'Strömen der Bitternis' zur völligen Verzweiflung an sich und seiner Zukunft zu treiben. Er erscheint sich 'selbst als das elendeste Geschöpf, als größter Sünder in der Welt, als der von Gott Verworfenste, aller Tugend beraubt und ledig', und dieser Glaube, 'Gott gänzlich verloren zu haben', ist ihm von allen 'die grausamste, schneidendste und bitterste Qual'.[8]

Und doch: es ist sehr charakteristisch und stimmt mit Beobachtungen an Psychasthenischen durchaus überein, daß diese neu erwachenden Versuchungen sich meist im Bereiche bloßer Vorstellungen halten, daß sie

1) Molinos 75. 20f. 2) Guyon, Opusc. 186 (Torr. I, 5, 14). 3) Das. 221. 201 (Torr. I, 8, 4; I, 7, 21). 4) Molinos 20. 5) S. Jean III 268 (N.O., I, 6). 6) Das. 269. 7) David 72. 73; Labis 50. 51. 56; Guyon, Opusc. 182 (Torr. I, 6, 6). 8) Molinos 73; vgl. S. Jean III 291 (N. O., I, 10).

überhaupt mehr den oben geschilderten Zwangsgedanken gleichen, denn als wirkliche sündhafte Triebe oder gar bösartige Zwangshandlungen auftreten.

'Ich hatte', schreibt Mme Guyon, 'die Gefühle aller Sünden, ohne sie doch zu begehen... [Zwar] sobald ich das Glück oder die Schönheit eines Zustandes oder die Notwendigkeit einer Tugend sah, schien es mir, als fiele ich unablässig in das entgegengesetzte Laster: alle meine Neigungen erwachten bei völliger Ohnmacht, ihnen entgegenzutreten; und doch war dies Erwachen nur ein scheinbares, denn... sobald ich [zB.] Dinge aß, nach denen ich ein so heftiges Verlangen spürte, so fand ich keinen Geschmack mehr daran.'[1] Ja häufig entspringt die Qual auch nur einem ganz allgemeinen und unbestimmten Versündigungswahn,[2] der sich durchaus nicht zu bestimmten Selbstvorwürfen verdichten läßt.[3] Bei aller Selbstverurteilung 'sah ich', schreibt Mme Guyon, 'doch nichts Einzelnes, dessen ich mich hätte zeihen können';[4] die Beichtiger haben denn auch reichlich zu tun gehabt, den Frömmsten diese Selbstanklage wegen nicht begangener Sünden auszureden.[5]

Indessen verschlimmert sich der Zustand der Dürre für den Betroffenen schließlich noch dadurch, daß die Hemmung des Gefühls auch auf die noch verfügbaren Erinnerungsbilder übergreift, so daß der Trost, der in der Vorstellung vergangener besserer Zeiten und in der Hoffnung auf künftige ähnliche liegen könnte, dem Leidenden versagt bleibt.[6]

S. Katharina von Siena, von der wir wissen, daß sie fünfzehn Jahre lang täglich wenigstens einmal auf eine Stunde oder länger in der 'Hölle' sich befand, war dann sogar außerstande, aus dem Umstande Trost zu schöpfen, daß auch 'gestern' die Qual vorübergegangen sei.[7] Der Leidende meint denn auch wirklich, sein qualvoller Zustand müsse ewig dauern,[8] und es mag daraus jene Verzweiflung entstehen, die den Gedanken der Unsterblichkeit verwünscht, was selbst von einer so glühend Gläubigen wie S. Katharina von Siena berichtet wird.

Dies ist die Dürre, die mystische Nacht, der Tod der Seele, von dem in den Bekenntnissen der Heiligen soviel die Rede ist.[9] Daß damit nicht vorübergehende akute Krankheiten bezeichnet sind, beweist schon die nicht selten bedeutende Dauer dieses 'Sterbens', die für den Laien, der sich das Heiligenleben etwa als ein ununterbrochenes Jubilieren und Beten vorstellt, sehr überraschend sein mag. Tatsächlich haben selbst die Ekstasefrohesten dieser Seligen oft Jahre in diesem Zustande zugebracht. Nicht jeder kam, wie S. Gregor, mit zwei Monaten ungewöhnlich leicht davon. Den Heiligen von Assisi hielten diese Teufel nach der Angabe des Molinos

1) Vie I 224 (ch. 23 § 7f.); das. 225. 2) une condamnation générale sagt Mme Guyon. 3) ZB. das Abendmahl unwürdig genossen, gegen Gottes Willen ins Kloster gegangen zu sein u. dgl. m. — David 66. 70. 4) Guyon, Vie I 25. 5) ZB. Labis 63. 6) Molinos 20; S. Teresa IV 112; Deutsche Theol. 18. 7) Vita S. Cather. Sien. c. XII (Görres II 286. 287). 8) S. Jean III 351 (N. O., II, 6); Molinos 76. 9) Zusammenhängende biograph. Darstell. der Dürre s. zB. in Elsb. Stagels Leben Susos Kap. XXIII (Suso 188); bei Chapot I 204—10; Reitz IV 148f.; Guyon, Vie I 200ff. 223ff. (ch. XXIff.); Leuret 330f. (Jeanne-des-Rochers). — Vgl. auch Suso 342ff. (Büchl. v. d. ewigen Weish. Kap. IX); S. Bernhard, In cant. serm. LIV; Münzer, bei Erbkam 515f.

zweieinhalb Jahre umklammert, die sel. Rosa von Peru ein Jahrfünft, Magdalena von Pazzi im ganzen 21 Jahre. Und Mme Guyon, die selbst etwa 7 Jahre zu ihrem letzten 'Absterben' bedurfte, läßt diesen mystischen Tod in manchen Fällen gar eine Spanne von 20—30 Jahren währen.[1]

Aber dieser chronische Verlauf bildet nur eine weitere Übereinstimmung der Dürre mit jener Neurose, in welcher wir — der Leser wird es aus eigener Vergleichung geschlossen haben — jeden Zug der geistlichen Nacht wiederfinden. Auch in der Psychasthenie sind die akuten Fälle selten und zweifelhaft, sie ist in der 'ungeheuren Mehrzahl der Fälle' ein chronisches, durch Erblichkeit zu deutendes Leiden.[2] Anderseits ist es zunächst natürlich nur mehr oder minder 'zufällig', wenn sich die Krankheitserscheinungen der profanen Psychasthenie gelegentlich auch an religiöse Inhalte heften, wiewohl dadurch zuweilen klinische Beschreibungen entstehen, deren Ähnlichkeit mit hagiologischen für den Laienblick etwas Verblüffendes hat.[3]

Für den modernen Psychologen aber ist jene Übereinstimmung der Merkmale die selbstverständliche Folge einer Übereinstimmung in den Leiden selbst: es gilt ihm als ausgemacht, daß die Mystiker, soweit sie solche Symptome darbieten, an Psychasthenie leiden. Die maßvollste Form dieses Gedankens würde in dieser Psychasthenie der Mystiker ein ihnen nur 'zufällig' anhaftendes Sonderleiden erblicken, entstanden, wie so viele Psychasthenien, aus schlechter Erbschaft, aus Erschöpfung, durch irgendeine Krankheit,[4] oder — was uns näher liegt — durch die asketische Behandlung des Körpers. Über die schwächenden Wirkungen der letzteren braucht ja kein Wort verloren zu werden;[5] und was das andere anlangt, so scheinen manche Angaben von Mystischen selber das seelische Elend als Folgeerscheinung gewisser Krankheiten aufzufassen.

S. Teresa meinte zu erkennen, daß ihre 'schwache Leibesgesundheit vieles beitrage' zu ihren Dürre-Leiden.[6] Mme Guyon erwähnt von einer ihrer ausführlich beschriebenen Dürren, daß sie zur Zeit in Umständen war,[7] wobei wir aus anderen Angaben wissen, daß ihre Schwangerschaften stets mit großen Schwächeanwandlungen, Schmerzen, Erbrechen usw. einhergingen.[8] Zwar ist weder der gleichzeitige Eintritt von Schwangerschaft und Dürre zu ersehen, noch auch könnte eine Schwangerschaft für sich den jahrelangen Bestand der Dürre begründen. Aber wir wissen aus dem eigenen Munde der Frau von ihren häufigen schweren Krankheiten, zB. ernsten Ernährungsstörungen, schweren Schwächeanwandlungen infolge chronischen Durchfalls,[9] sowie daß sie überhaupt schon als Kind von ärmlicher Gesund-

1) Guyon, Vie I 200; Opusc. 190 (Torr. 1, 7, 5). 2) Janet, Obs. I 646. 3) S. zB. blasphemator. Zwangsvorstell.: Janet, aaO. 10. 12. 116; Beicht- und Kommunionsskrupel: das. 19; allg. Versündigungsvorst.: das.123; Phobie in Verbindung mit jeder rel. Vorst.: 211; Unfähigkeit zu beten: 23; Lieblosigkeit gegenüber dem Nächsten: 24. 4) Vgl. hierzu Janet, Obs. I 607—31. 5) S. zB. Vacandard I 231f. 6) S. Teresa I 280 (c. 30); vgl. das. 91f. (c. 11) und IV 55 (Mor. IV c. 1: Witterungseinflüsse, Bewegungen der Körpersäfte). Vgl. auch Rogers 35. 39; Divine Cloud 135. 7) Vie I c. XXIII § 11. 8) Janet fand übrigens häufig Besserung der psychasth. Beschwerden während Schwangerschaft: Obs. I 649. 9) Vie I 238. 241 (c. XXIV § 8; c. XXV § 3).

heit gewesen und als Kleine schon Gangrän an den Schenkeln, Fieber, Blutspeien u. a. gehabt.[1]

Aber über solche bescheiden-äußerliche Einordnung der Dürre-Psychasthenie ins mystische Leben muß es den Pathologen reizen, hinauszugehen zu einer Deutung auch der positiven Erfahrungen der Mystiker, auch seiner reichen und glücklichen Flutzeiten, als psychasthenisch begründeter Vorgänge. Es war die Entdeckung einer Ähnlichkeit auf diesem Gebiet, die Janet zum teilweisen Aufgeben seiner früheren hysteriologischen Deutung der Mystik überhaupt veranlaßte.[2] Diese Ähnlichkeit glaubte er in den von ihm als *émotions sublimes* bezeichneten Erfahrungen der Psychasthenischen zu finden.

Etwa der zehnte Teil seiner Patienten erlebte von Zeit zu Zeit 'eine außerordentliche Exaltation, die sie über ihre gewohnte Lage hinaushebt und ihnen auf einen Augenblick die Gefühle unaussprechlichen Glückes, die Empfindungen übermenschlicher Tätigkeit und vollständiger Intelligenz gibt.' 'Gs..., während er von der Höhe des Trocadero die Häuser von Paris betrachtet, wird von Begeisterung entflammt, hat Gefühle der Bewunderung und vergißt auf einen Augenblick sein ganzes Elend: 'All dies scheint mir zu schön, zu großartig, ich bin über mich selbst erhoben; für den Augenblick gewährt mir das ein außerordentliches Vergnügen, aber es erschöpft mich, meine Beine zittern und ich fürchte ohnmächtig hinzustürzen, außerstande, dieses Glück zu ertragen.' — Fy... ergeht sich auf dem Lande, fühlt sich von der frischen Luft wie berauscht, will vor Glück bersten, der Tag vergeht wie im Traum, die Zeit fliegt fünfzigmal so schnell als in der Stadt. Alle Menschen erscheinen ihm gut, seelenverwandt, das goldene Zeitalter ist angebrochen... 'Ich, der ich den Mund nicht öffnen kann, wenn jemand zugegen ist, bin dann bereit, vor einer Versammlung zu reden.' — Ein Dritter, Jean, wird von Zeit zu Zeit von ähnlichen Empfindungen ergriffen, wenn er von einer hohen und geistigen Beschäftigung träumt, die ihm wohl gefallen möchte, die aber im vollständigen Widerspruch zu seinem Charakter steht; zB. wenn er träumt, daß er Abgeordneter sei und vor gefüllten Bänken eine große politische Rede halte. Dann fühlt er einen kleinen Schauder über den ganzen Körper laufen,... sein Herz ruhig und langsam schlagen,... er reckt sich auf und geht mit großen Schritten und wichtigen Gebärden umher, sein Denken ist erregt, er versteht die Dinge und fühlt einen Durst zu lernen; endlich und vor allem: er hat ein Glücksgefühl, das er [sonst] nie empfindet. 'Dies sind göttliche Erfahrungen, die mir das Dasein der Seele im Leibe beweisen."[3] Endlich sei erwähnt, daß eine von Janets Kranken, Nadia, ihre *émotions sublimes*, wenn auch in unvollständiger Form, 'in Augenblicken ihrer Liebe zu einem großen Musiker' zu empfinden pflegte. 'Diese erhabenen Gefühle dauern (nach Janet) gewöhnlich nur kurze Zeit und werden fast immer von dei Kranken teuer bezahlt. Gs... verfällt sehr bald in eine schmerzliche Zwangsgrübelei über die unendliche Zahl der Häuser und fängt wieder an, mit seinen Fragen sich zu quälen. Fy... beschließt seine Idylle auf dem Lande mit einem kleinen Anfall mit Bewußtseinsverlust und Entweichen des Urins... Und beim armen

1) Vie I 10f. 22f. Vgl. Molinos 29: Mattigkeit des Körpers, aufdringlicher Schlaf, melancholische Stimmung. 2) Vgl. o. 143. 3) Das. 380.

Jean wirft sich die Erregung auf die Geschlechtsteile und die unreinen Gedanken und alle Beängstigungen kehren schlimmer als je zurück.'[1]

Man versteht sogleich, welcher Ausnutzung diese Berichte dienen sollen: der Beweis sei mit ihnen erbracht, daß die Psychasthenischen 'zum mindesten im Keime Anfälle von Ekstase haben',[2] daß also wohl auch die Ekstasen derjenigen, die darin über das Keimhafte hinausgehen, Begleitsymptome eines psychasthenischen Zustandes seien. In der Tat ist ja ersichtlich, daß gewisse Merkmale der mystischen Ekstase, das Glücksgefühl zB., die selbstlos-expansive Stimmung, in diesen Erregungszuständen 'keimhaft' wiederkehren. Ich darf mir indessen wohl erlauben, die Deutung solcher Erlebnisse mit etwas größerer Allgemeinheit auszusprechen, als Janet in seinen bisherigen Werken Veranlassung hatte sie auszusprechen: der religiöse Zustand, sei es in der chronischen Form des Erlöst- oder Wiedergeborenseins, sei es in der akuten Form der Ekstase, entspringt stets einer 'willkürlichen oder unwillkürlichen Einengung des Bewußtseins'[3] als einem Mittel gegen die Störungen, die aus der seelischen Unterwertigkeit entstehen. Die Wirkung des religiösen Heilmittels ließe sich durch jenes einfache quantitativ-dynamische Schema anschaulich machen, das dem einfacheren Begriff der Psychasthenie als einer bloßen Erschöpfungsneurose zugrunde gelegt wurde: dem Psychasthenischen stehe eine unzureichende Menge an 'psychischer Spannkraft' zur Verfügung: gleichmäßig über sein ganzes 'psychisches Feld' verteilt, ergibt sie einen Zustand allgemeiner Schwäche; das 'Feld' im zeitlichen Sinn verstanden, ergibt sie also einen Dauerzustand der Unterwertigkeit; eine Annäherung an den gesunden Zustand oder gar eine Erhebung über diesen ist nur möglich durch zeitweilige Zusammenfassung eines Betrages an psychischer Kraft, der eigentlich einer größeren Zeitspanne hätte dienen sollen. Der krampfhafte Aufstieg gelingt, aber erschöpft, weil er seine 'Umgebung' gleichsam drainiert; es folgt ihm also eine Spanne um so tieferer Kraftlosigkeit. Jeder der Kranken, an denen das Vorkommen von *émotions sublimes* aufgezeigt wurde, ließ diesen Rückschlag erkennen. Es liegt nahe, in dieser Weise auch die Dürre der Mystiker in einen ursächlichen Zusammenhang mit ihren Ekstasen zu bringen, sie als den Rückschlag der Senkung aufzufassen, der ihren ekstatischen Erhebungen folgen muß. Der Mystiker wäre nicht nur ein Geschwächter, sondern auch vor allem ein in übermäßigen Ausschlägen Auf-und-niederschwankender. Schwäche bedingt ja oft die Neigung zur Ausschweifung, zum Krampf und Rausch, der die ungenügenden Mittel flüchtig zusammenrafft, um gleich darauf den Bankrott um so tiefer zu offenbaren. Auch den 'Zyklothymischen'

1) Das. 381. Vgl. die ivresse émotionelle nach Féré 226ff., und allenfalls auch Th. Ziehen, Über d. Affektstörung der 'Ergriffenheit' bei akuten Psychosen, in MPN X (1901) 310ff. Ähnlich Legrain, Le délire chez les dégénérés (Par. 1886) 124ff. 2) Janet, Obs. I 382. 3) Das. 661.

der Irrenärzte wäre der Mystiker vergleichbar. Die gleichen erschöpfenden Ursachen, lehrt ja die Psychiatrie, die gleichen schmerzhaften Eindrücke, Enttäuschungen, Ausschweifungen im Trunk, in der Liebe oder Arbeit führen zu Manie nicht minder als zu Melancholie, und zu jener durch diese hindurch.[1] Und dieser Vergleich würde auch darin stichhalten, daß die manische Periode bei solchen Kranken sich bekanntlich meist durch ein gewaltiges Anschwellen der selbstvergessenen und altruistisch-wohlwollenden Einstellung auszeichnet.[2]

Es begründet keinen stichhaltigen Einwand gegen diese Anschauung, daß die Mystiker so häufig mit großem Nachdruck ihren Ekstasen eine körper- und geiststärkende Wirkung zuschreiben. Teils handelt es sich nämlich bei diesen Angaben um Zustände der 'Ligatur', des mystischen Schlafes, der alle Muskel erschlaffen, die Sinne sich schließen läßt, das Denken anhält und die Seele mit Wonne erfüllt. Daß dieser Zustand 'auch bei langer Dauer die Gesundheit nicht schwäche', vielmehr 'die Kräfte mehre und stärke',[3] darf bei seiner Verwandtschaft mit der Entspannung des normalen Schlafes am Ende nicht wundernehmen, und man mag die nachfolgende Erfrischung vielleicht mit jener vergleichen, die von schwächlichen Personen meist nach längerer Hypnose, selbst ohne alle Suggestion, empfunden wird. Die alten Somnambulen behaupteten stets, daß eine kurze Zeit, im 'magnetischen Schlafe' verbracht, nachhaltiger stärke, als stundenlanger normaler Schlaf. — In andern Fällen wird die Stärkung Ekstasen zugeschrieben, die augenscheinlich auf dem gespannten Aufsteigen unterbewußter Vorstellungsgebilde beruhen:[4] der wohltuende Einfluß fällt dann offenbar unter psychologische Begriffe, die weit über unser einfaches quantitatives Schema hinausgehen. — Auch die Stärkung, die von der Empfindung der 'Gegenwart Gottes' ausgeht — man fühlt sich kampffreudig, wie leicht berauscht, 'eine Empfindung großer Erquickung folgt nach'[5] —, dürfte nach dem, was über diese Erfahrungen früher gesagt wurde, in ähnlicher Weise zu erklären sein.

In andern Fällen ekstatischer Erlebnisse ist freilich die Verwandtschaft mit den echt psychasthenischen Gefühlsräuschen weniger leicht von der Hand zu weisen. So ist es häufig die Kommunion, die mit ihrem Freudenjubel den Mystischen in einem Maße 'sättigt' und stärkt, daß die Vorstellung von einer übernatürlichen Speisung entschuldbar erscheint, die selbst bei leiblich Schwachen freiwilliges Fasten aus 'Übersättigung' nach sich zieht.[6] Aber auch diesen Fällen gegenüber darf nicht übersehen

1) G. Dumas, La joie et la tristesse (Par. 1900) 171f. 2) Nicht immer, wie zB. Mörchen erinnert (Psychol. d. Heiligkeit [Halle 1908] 20). S. Beispiele bei Dumas, aaO. 130. 139; Clouston, Clin. lect. on ment. dis., 6. Aufl., 156. Vgl. Godfernaux in RPh LIII (1902 I) 162. 164 über die oscillation constante du ton vital im mystischen Leben. 3) S. Teresa I 148 (c. 18); 174 (c. 20). 4) Visionen: das. 256 (c. 28). 5) Einer nennt die Wirkung so deutlich wie die von Tee oder Kaffee: Pratt 254. 257; vgl. 259 und Thorold 140f. 6) Vgl. Görres I 375 (Rosa v. Lima); David 45. 47; S. Teresa I 278 (c. 30).

werden, daß das dynamische Schema der Psychasthenie nicht einen sofortigen Rückfall nach der ekstatischen Erregung in die alte Schwäche fordert. Nach jenem Schema bedeutet die Ekstase eine zeitweilige Steigerung der synthetischen Leistungen; diese Steigerung mag längere Zeit anhalten und die Ekstase lediglich ihren Gipfelpunkt bilden. Früher oder später freilich müßte die Rückwirkung einsetzen; es wird aber, soviel ich weiß, nie in den Berichten über kräftigende Nachwirkungen der Ekstase diesen ausdrücklich größere Dauer oder Ausbleiben jeden Rückfalles zugeschrieben. Mehr noch: sehr häufig gestehen die Ekstatischen ausdrücklich oder unwillkürlich zu, daß der religiöse Aufschwung eigentlich nur für die Dauer der Erregung ihnen Rettung von seelischem Elend bringe.

So preist Molinos das kontemplative Gebet, weil es — offenbar eben solange es dauert — 'von den Übertreibungen der Schwermut und Grübelei' entbindet,[1] und der Biograph der M. Magdalena von Pazzi, nachdem er einen regelrechten Erregungszustand inmitten 'Krankheit und Schwachheit' beschrieben, der in ein 'liebliches Rasen' übergeht, worin die Heilige ihre Bettsachen von sich wirft, ein Kruzifix umarmt und tränenüberströmt für alle Ungläubigen betet: 'O Lieb, o Lieb nicht geliebt, noch erkannt!' — der Biograph muß gleich darauf bekennen, daß die Heilige, 'nachdem der Überfluß der Lieb sich geendet und sie wiederum zu sich selbsten kam, war sie so schwach und krank als zuvor, also daß sie ein anderer Mensch zu sein schien.'[2]

Selbst die beschönigende Beflissenheit der Hagiographie hat die Tatsache nicht zu verdecken vermocht, daß die göttlichen Erfahrungen dem Beobachter geradezu als die Ursache der Zerrüttung erschienen. Es waren die inneren Flammen, die den Leib der hl. Katharina von Genua schwächten und ihr Gedächtnis versiegen ließen, und die starken Eindrücke der Gnade, mehr als ihre eigene Arbeit, warfen die Gesundheit der Maria von S. Teresa nieder.[3] Ja was schließlich mehr ist, das Zeugnis derer, die an sich selbst die fraglichen Zustandsfolgen wiederholt beobachten konnten, ist ebenso klar und ausdrücklich.

'Was meinen Körper anlangt,' sagt Marie de l'Incarnation nach einer Beschreibung ihrer Versenkung in Gott, bei der sie die süßen Qualen der mystischen Liebe genossen, 'so geht er aus diesem Gebetszustande mehr geschwächt hervor, als er durch die furchtbarsten Bußübungen hätte werden können.' Und Mme Guyon deutet an, daß wenigstens das Forcieren des geistlichen Genusses 'die Seele und ihre Liebeskraft erschöpfe und in umso hoffnungslosere und kraftlosere Zustände der Trockenheit versinken lasse; was sie besonders von Anfängern gesagt haben will'.[4]

Krankheit freilich bringt dir solcher Gotteszwang,
Singst wohl selbst dir, bald verzehrt, den Grabgesang.[5]

1) Molinos 4f.; vgl. Guyon, Opusc. 167 (Torr. 1, 5, 2); Marg. Corton. 159; Pradel 56 (S. Vinzenz Ferrer). 2) David 35. 3) Lechner 119; vgl. Görres II 261 (Dominikus v. Jesu Maria); Phillips 86 (E. Roberts). 4) Chapot I 91; Guyon, Opusc. 171. 175 (Torr. I, 5, 8f. 15). Vgl. die Traumhaftigkeit nach geistlicher Erregung: S. Teresa I 135 (c. 16); 174 (c. 20); Bougaud 240; Ruysbroeck 75; Lyonnard, not. biogr. § 11. 5) Dschellâl ed-dîn

Aber noch in einer andern Anwendung läßt sich die Formel unseres dynamischen Schemas aus den Erfahrungen des mystischen Lebens belegen. Im Bilde dieses Schemas gesprochen, muß nicht nur die zeitweilig geglückte Erhebung von einer umso größeren Erschöpfung gefolgt sein; auch der Versuch einer Erhebung, die mißlingt, kann oder muß dasselbe Ergebnis haben.[1] Und eben diesen Vorgang haben die Mystiker an sich beobachtet.

S. Alphonso Rodriguez, der nach mehreren Jahren ungetrübten geistlichen Glückes zehn Jahre der Dürre durchzumachen hatte, beobachtete, daß der allmorgendlich fällige Versuch zu beten seinen Körper alsbald mit Leiden und Schmerzen erfüllte. 'Je mehr ich mich versteifte und im Kampfe beharrte, desto mehr wuchs das Leiden; zu Beginn war ich auf den Knien; aber in der Folge ließ ich mich zur Erde fallen, wegen der Schwäche und des elenden Zustandes, in den ich geraten war.'[2] Auch Mme Guyon beobachtete viele Jahre hindurch an sich, daß die großen Kirchenfeste, die ihr besonders lieb waren, ihr Zeiten besonderer innerer Verlassenheit bedeuteten, und daß sie sich am leersten und trockensten fühlte, wenn sie kommunizieren wollte.[3]

Trotz aller dieser offenbar möglichen Anwendungen des dynamischen Schemas der Psychasthenie auf das mystische Leben glaube ich, daß Janets Lehre, falls sie eine Gleichsetzung von Mystikern und Psychasthenischen bezweckt, nicht mehr enthalte als eine Halbwahrheit, deren Grenzen nicht weniger wichtig sind, als sie selbst in diesen Grenzen sein mag; wobei ich einstweilen sogar voraussetzen will, daß die *émotions sublimes* der Psychasthenischen sich wirklich nach Art und Inhalt der mystischen Ekstase durchaus vergleichen lassen. — Zunächst ist klar, daß Janets Anschauung zwar ein formales Schema gibt, aber natürlich keinen Höhen- und Wertmaßstab für die Vorgänge, die unter dieses Schema bezogen werden. Hebungen und Senkungen, Konzentration und Derivation können auf weit voneinander abliegenden Höhenlagen statthaben. Mißlingen auf einer Höhenlage mag mitunter sogar bedeutsamere Ergebnisse liefern, als Gelingen auf einer anderen, wesentlich tieferen; wie die Trümmer großer Naturen zuweilen wertvoller sind als die Bauten der kleinen. Ein gewisser Wellenrhythmus ist ja fast allen Leistungen des Lebens überhaupt eigen, und gerade Lebensabläufe von hoher geistiger Bedeutsamkeit, wie zB. auch das geniale Schaffen, beherrscht er in besonderem Maße. — Sodann sagt natürlich der bloße Begriff der Wellenförmigkeit eines seelischen Ablaufs noch nichts über die zeitliche Spann-

---

Rûmi im Mesnevi, bei Tholuck 72. Vgl. noch Noyes, Confessions 13; Chasle 97; Mystères 41; Suso 140f. (Leben c. III); Preger II 282 (Margar. Ebner); Starbuck 359; Erschöpfung nach der 'Bekehrung' des revival: Gibson 33. 38. 53. 57. 102. Vgl. James, Varieties 191 (über Bradley); in älterer Zeit schon bei Gregor d. Gr. betont: In Ezech. II 2, 12 (ERE IX 94).

1) Vgl. profane Beispiele: Janet, Obs. I 241. 244. 282. 565f. 576. 2) S. Alphonse Rodriguez 52. Ähnlich S. Teresa I 276; S. Jean II 196 (Sub. II, 14); III 292 (N. O. I, 10). 3) Vie I 202 (ch. XXI § 4).

weite der behaupteten Ausschläge: und in diesem Betracht bemerken wir einen immerhin bedeutsamen Unterschied zwischen den ekstatischen Erlebnissen der Psychastheniker und denen der Mystischen, indem jene augenscheinlich nur seltene gelegentliche Unterbrechungen eines chronischen Krankheitszustandes bilden, während das ekstatische oder doch höchstgespannte Leben des Mystikers häufig als ein lange Zeit hindurch nicht unterbrochener Dauerzustand auftritt. Mystiker berichten zwar, wie wir sahen, von Jahren der Dürre, und die in diesen auftretenden 'Gnadenerweisungen' gleichen in ihrem formalen Verhalten allerdings den 'erhabenen Stimmungen' der Psychasthenischen; sie berichten aber auch von monate- und jahrelangen Zeiten ungetrübten geistlichen Glückes, denen nicht nur jede Spur von Dürrebeschwerden gefehlt habe, sondern die mitunter so sehr das Gepräge dauernder geistlicher Exaltation tragen, daß der Vergleich mit den freilich ebenso ausdehnbaren vorübergehenden Besserungen der Psychasthenie sogleich wieder zur Teilwahrheit wird. So bezeugt der Biograph des Obr. Gardiner sieben Jahre geistlicher Seligkeit eines fast ununterbrochenen 'Himmels auf Erden',[1] und S. Alphonso Rodriguez erlebt 'acht bis zehn Jahre des gleichen Höhenschwungs'. — Endlich schließt auch die Wellenförmigkeit eines Ablaufs im Einzelnen nicht seine allmähliche Aufwärtsbewegung im Ganzen aus. Gerade von den bedeutendsten Mystikern ist ein solcher allmählicher Aufstieg behauptet worden: die Depressionen entsprächen bei ihnen weder in Regelmäßigkeit noch in Ausschlagsweite den Erhebungen; einige Elemente der Erhebungen blieben vielmehr jedesmal als dauernder Charaktererwerb zurück; was nicht möglich wäre, wenn die Erhebungen bloße Überspannungen darstellten; ein letzter abschließender Zustand sei stets vom Charakter der Erhebungen: ganz expansiv, exaltiert und aktiv.[2]

Wir gelangen auf diesen Umwegen zu der Wahrheit, die freilich schon unmittelbare Beobachtung liefern konnte: daß zwischen den geschilderten Ekstasen der Psychasthenischen und den ähnlichen Erfahrungen der Mystiker die Unterschiede am Ende größer sind, als die Ähnlichkeiten. In der Tat erscheint mir die Vergleichung der letzteren mit den Ekstasen der Hysterischen und dem Traumleben der Somnambulen und Medien weit näherliegend und natürlicher. Diesen gegenüber aber versagen wieder die engen Begriffe der reinen Erschöpfungsneurose durchaus, wie sie dem 'dynamischen Schema' schließlich allein zugrunde lagen. Wir werden so ganz natürlich zu dem Versuch geführt, auch die mystische Dürre, den Gegensatz der Ekstase, soweit als möglich durch die reicheren und weit mehr psychologisch eingestellten Begriffe der Spaltungsneurose zu deuten.

---

1) Doddridge 38; vgl. Delacroix 133. 2) Vgl. W. E. Hocking, The meaning of mysticism as seen through its psychology, in Mind (new series) XXI (1902) 48; ders.: The meaning of God in hum. exper. (Lond. 1912) 392ff.; Flournoy, M. M. 175.

XV.

Mystische Überwindung der Neurose.

Eine solche Deutung würde das physiologisch begründete Elend immer nur als einen vorbereitenden Grundzustand gelten lassen, darüber hinaus aber bestrebt sein, die Willenlosigkeit und Verstimmung aus Einwirkungen besonderer verdrängter und geklemmter Komplexe abzuleiten, die einzelnen Zwangsvorstellungen und -handlungen aus 'Übertragungen' und 'Verschiebungen', inhaltlich wieder ausgehend von bloß verdrängten, nicht vernichteten Trieben allgemeiner Art oder von besonderen Erinnerungen und Wünschen, die mit diesen Trieben zusammenhängen.[1]

Um dies im Einzelnen durchzuführen, müßten wir natürlich ganz persönliche Psychanalyse der Mystiker treiben können, und diese ist uns, wenigstens den großen geschichtlichen Gestalten gegenüber, natürlich versagt.[2] Immerhin lassen sich sowohl allgemeine Gesichstpunkte wie auch Einzelbeobachtungen aufweisen, die eine theoretische Angliederung der mystischen Dürre an spaltungsneurotische Zustände erlauben. In allgemeiner Weise kann offenbar, wie das Elend der Vorbekehrungszeit, so auch das der Nachbekehrungszeit durch einen Zerfall des seelischen Lebens in zwei Strömungen gedeutet werden, von denen die eine, der erweckliche Komplex, vor dem Eintritt der 'Vergottung' eben noch keine Alleinherrschaft besitzt. Erst die Vergottung aber (erfuhren wir schon) macht der Dürre ein Ende. Solange der Mystiker noch in seiner Entwicklung steht, wird es wesentlich von der Kräfteverteilung auf 'alten' und 'neuen' Menschen abhängen, ob er in leidlich harmonischem und also glücklichem, oder in 'verteiltem' und also gequältem Zustande sei. Miss Beauchamp ist 'wohl und glücklich', solange Sally unterdrückt, verschwunden ist, dahin 'zurückgegangen, wo sie herkam'.[3] Dagegen führen Willensanstrengungen Sallys in der normalen Miss B. Hemmungen herbei, die sich bis zu völliger Willenlosigkeit und Unfähigkeit zu den einfachsten Verrichtungen steigern,[4] also ein Merkmal der Psychasthenie und der Dürre herbeiführen. Ähnliche Bedeutung mag das gelegentliche Zeugnis einer Psychasthenischen Prof. Oesterreichs haben: 'Es schien mir wohl, als ob zwei Assoziationsketten durcheinandergingen; die eine gehörte zu mir, die andere trat mechanisch dann und wann dazwischen, ohne aber wirklich genau inhaltlich feststellbar zu sein.'[5]

Indes nun aber die Kräfte des 'neuen Menschen' während der mystischen Entwicklung noch großenteils einen soz. außerpersönlichen Sitz haben und

---

1) Zur Erreichung dieses Ziels ist bisher sehr wenig geschehen. S. Freuds Ausführungen in ZRP I (1907) 4ff. und JPPF I 570. Auch der Begriff der Kontrastassoziation scheint mir wenig für unsre Zwecke zu leisten. (Vgl. dazu Loewenfeld 146; Bleuler in PNW 1904 249ff. 261ff.)
2) Flournoys eingehend analysierte Mystique moderne zeigte keine 'Dürre'-Erscheinungen.
3) Prince 139. 4) Das. 120ff. 5) S. JPN VII 271.

sich daher wesentlich aus dem Unterbewußten heraus als Führung, Eingebung, Automatismus usw. erweisen, ist die seelische Gesamtwirtschaft doch schon in überragendem Maße auf ihre Mitarbeit angewiesen: ihr zeitweiliges Zurücktreten oder Aussetzen kann darum die Gesamtperson sehr wohl in eine hilf- und spannungslose Verfassung zurücksinken lassen: hatte doch das 'eigene' Wollen und Denken bereits zu viel an Willen und Denken des Vergottungskomplexes abgegeben. Ein solches zeitweiliges Nachlassen des Automatismus, ein vorübergehendes 'Einschlafen' des 'Unterbewußten', so schwer es an sich im Einzelfall ohne genaueste Kenntnis der innern Lage zu erklären sein mag, ist doch eine Tatsache, die jeder Erfahrene an sich beobachtet. Man erinnere sich der Periodenhaftigkeit mediumistischer Leistungen: der vorübergehenden Entartungen automatischen Schreibens, Sprechens u. dgl. m.[1] Auch religiöse Automatismen entarten zuweilen zeitweilig in dieser rätselhaften Weise, und ihr Versiegen wird schwer empfunden. Robert Baxter sprach von den 'außerordentlichen Heimsuchungen durch Finsternis... [und] Totheit,... wenn [seine] Erwartungen nicht im Begriff waren erfüllt zu werden';[2] d. h. er leitete einen Zustand typischer Dürre aus dem Nachlassen seiner automatischen Eingebung ab. Eine solche Deutung würde der vorigen (aus Spaltung überhaupt) widersprechen, wenn sie nicht eben auf die Gleichsinnigkeit von Automatismus und Ich den Nachdruck legte, den Vorteil des Tragens oder Führens also den Nachteil der Kräfteteilung überwiegen ließe; ein Nachteil, der ja überdies in jedem Fall von einem Zukurzschuß verfügbarer Kräfte abhängig ist. Auch wird die zweite Deutung bestätigt durch die ergänzende Beobachtung des entgegengesetzten Vorgangs: daß nämlich ein Wiederaufschwellen des automatischen Komplexes die Dürre sogleich behebt, die durch sein Versagen herbeigeführt war. Ein einziges Wörtchen des Herrn, bemerkt S. Teresa, wie: Bekümmere dich nicht, oder: Fürchte dich nicht, oder eine Vision, auf welche dann übrigens weitere 'himmlische Gnaden in Menge' folgten, verscheuchte die seelische Pein und machte 'mich wieder gesund, als wenn ich nichts gehabt hätte'.[3]

Ähnlich wie ein Zurücktreten des Komplexes wirkt aber auch ein verstärktes Zurückdrängen desselben, und wenn sich dieses auf Einzeläußerungen bezieht, so erhalten wir offenbar wie durch Glückszufall Gelegenheit, kleine Bruchstücke nachträglicher Psychanalyse zu liefern. Nicht selten in der Tat lesen wir in religiösen Lebensbeschreibungen von dürreartigen Leiden, die aus dem bewußten Widerstand gegen einen Antrieb, 'Befehl' oder Wunsch des außerbewußten Führungskomplexes entstehen.

Der mehrfach erwähnte Radajew zB. berichtet, daß er 'an fünf Wochen gelitten' habe, wenn er 'dem Geiste widerstand. [Ich wollte beichten gehen,] aber der Geist

---

1) S. zB. d'Espérance 189. 2) Baxter, Narrative 86. 3) S. Teresa I 278 (c. 30); vgl. den ersten ihrer 'Berichte an ihre Beichtväter': V 13, und Labis 40f.

ließ mich zur Kommunion nicht zu. Ich wurde auf eine Woche krank, und darauf nach einer Woche fühlte ich in mir den Geist, der sprach: Steh auf, gehe, kommuniziere. Ich stand auf und war vollständig gesund, aber mein eigener Wille war nicht mehr in mir.'[1] — Ähnlich beschreibt Jung-Stilling aus dem Jahre 1761/2 eine nahezu fünf Monate ('von Martini bis 12. April 1762') währende Periode 'schwärzester Melancholie', in der er zum erstenmal in seinem Leben 'keine Empfindung noch Trost mehr hatte', ja 'sogar an Gott nicht einmal denken konnte, so daß das Herz daran teil hatte'. Starr und verschlossen, litt er 'erschreckliche Höllenqual'. Am 12. April 1762, um 9 Uhr morgens, 'fühlte er plötzlich eine gänzliche Veränderung seines Zustands, alle seine Schwermut und Schmerzen waren gänzlich weg, er empfand eine solche Wonne und tiefen Frieden in seiner Seele, daß er vor Freude und Seligkeit nicht zu bleiben wußte. Er besann sich und wurde gewahr, daß er Willens war, wegzugehen; dazu hatte er sich entschlossen, ohne es zu wissen.'[2]

Es gibt übrigens ein eigenartiges, weniger regelmäßig anzutreffendes Symptom der Dürre, dem erfahrene Mystiker selbst, wenn auch ohne Angabe von Einzelheiten, ausdrücklich einen als speziell bezeichneten 'psychischen Ursprung' nach der Art neurotischer Konversionserscheinungen zuschreiben. Ich meine die 'Schmerzen' der Dürrezeit. Mme Guyon nennt sie einen 'innern Brand',[3] ein geheimes Feuer, das so schmerzhaft sei, daß die Seele sich in hundert Stellungen bringe, um Gott für ihren Fehler Genugtuung zu geben... Sie habe diese Qual stunden-, ja mehrere Tage lang ertragen.'[4] Eine nähere Bestimmung der Natur dieser Schmerzen soll hier nicht versucht werden. Körperliche 'Algien' mannigfacher Art sind bei den Psychasthenischen wie bei den Hysterischen natürlich nichts Ungewöhnliches.[5] Vielleicht sind die Schmerzen der Dürre diesen verwandt, vielleicht auch nicht. Die Äußerungen der Mystiker lassen mitunter sogar Zweifel übrig, ob sie nicht, populär gesprochen, rein seelische Schmerzen im Sinn haben.[6] Was uns hier allein angehen soll, das ist ihr Auftreten und Enden in der Art neurotischer Symptome, nämlich in Abhängigkeit von Vorstellungen, die dem Kräftegeschiebe des mystischen Komplexes angehören.

Diese Schmerzen sind, wie Mme Guyon versichert, von 'Fehlern' der Seele abhängig, zu deren Reinigung sie nämlich dienen; sie halten an, bis ein solcher Fehler überwunden sei; sie können willkürlich, aber ungehörigerweise abgeschnitten werden durch einen Gang zum Beichtstuhl, also durch 'psychisches Abreagieren'. Aber dies sei vom Übel. Das richtige Verhalten sei vielmehr, 'in dieser schmerzlichen, dunklen und verworrenen Zeit' den Absichten Gottes entgegenzukommen und diesen verzehrenden Schmerz in seinem ganzen Außmaß zu erdulden und passiv zu tragen, solange er eben dauere, ohne etwas hinzufügen oder hinwegzunehmen. Dazu sei ein unglaublicher Mut erforderlich. Selbst eine große Seele, die ihr bekannt sei,

---

1) Grass 218. 2) Henrich Stillings Wanderschaft ... (Berl. u. Lpz. 1778) 42. 46. 3) un embrasement intérieur. 4) se met en cent postures: Vie I 102 ff. (c. XI § 5 ff.). Vgl. S. Teresa IV 108 (Mor. VI c. 1). 5) Janet, Obs. I 185 ff. 6) Vgl. den Fall von Dr. François bei G. Dumas, La joie et la tristesse 95 f. und die angebl. seelischen Qualen (douleurs psychiques) mancher Lypemanischer. Ein rel. Beispiel höchster Seelenqual: Reitz II 23.

sei nie völlig zu Gott gekommen, weil ihr dieser Mut gefehlt habe und, wie sie selbst gestanden, sie diesen Schmerz nie länger als eine Viertelstunde habe ertragen können, ohne sich durch einen Gang zur Beichte von ihm zu befreien. Sie selber habe ihn bald längere, bald kürzere Zeit, je 'nach der Art ihres Fehlers', erduldet; selbst 'ein unnützer Blick, ein überstürztes Wort wurde streng [in dieser Weise] bestraft'.[1]

Die 'psychogene' Natur der Dürreschmerzen scheint hier deutlich behauptet. Dabei fällt freilich auf, daß die angeblichen Grundlagen der 'Übertragung', eben die bestehenden 'Fehler', ja doch bewußt, eben als Fehler gewußt und insofern nicht 'verdrängt' sind. Diesem Einwand könnte man begegnen nicht nur indem man einer teilweisen Bewußtheit eine teilweise Verdrängtheit entsprechen ließe, sondern auch indem man die 'Fehler' selbst erst wieder als 'Konversionen' völlig verdrängter Inhalte auffaßte. Aber auch dann wäre die 'Gespaltenheit', die hier die Dürreerscheinungen erklären soll, offenbar eine andere, als die oben bezeichnete in Heiligungskomplex und Bewußtsein: hier verliefe die Gespaltenheit augenscheinlich völlig innerhalb der seelischen Massen des profanen, 'alten' Menschen, und nur ihr Verdrängungswille wäre angeregt, gleichsam inspiriert, durch den tiefstgelegenen geistlichen Komplex. Wir erhielten also einen mindestens dreistöckigen Bau des Seelenlebens: 'unter' oder 'über' allem zerklüfteten Geschiebe — die führende und inspirierende Macht des Vergottungskomplexes. Wenn diese Anschauung gekünstelt erscheinen sollte, so bitte ich, das Urteil noch eine Weile in der Schwebe zu lassen; vielleicht wirft der Fortgang der Untersuchung ein günstigeres Licht auf sie.

Auf alle Fälle gewinnen wir sogleich einen neuen Beleg für die Wirksamkeit jenes tiefsten Komplexes und damit für die Deutung der Dürre als Spaltungsneurose im weiteren Sinne, wenn wir die Wertung und Ausnützung zu verstehen suchen, die diesem Leiden seitens des Mystikers zuteil wird. Wie ich schon sagte, ist für ihn das Leiden der mystischen Nacht keine bloß zu ertragende Krankheitsqual, sondern ein wesentlicher und zweckvoller Bestandteil seiner innern Entwicklung: ein Mittel, das ihn von jenen Resten des 'Selbst' befreit, die ihn die ersten ekstatischen Erfahrungen noch ichsüchtig genießen und sie ihm dadurch zu einer Quelle der Abschließung werden ließen. Diese Ausnützung aber wird ermöglicht durch seelische Tatsachen, die sich in einem sehr bedeutsamen Unterschiede des Erlebens mystischer Dürre von dem eines reinen Erschöpfungszustandes spiegeln. Während nämlich der einfach Psychasthenische fast immer von Unruhe besessen ist,[2] verrät der mystisch Dürre fast immer einen verborgenen Ballast tiefverwurzelter, unverrückbarer Ziele, der es ihm ermöglicht, sein Schiff durch die Stürme von Leiden zu steuern, die seine Persönlichkeit schier auszulöschen drohen. Zum mindesten bringt er immer noch die Selbstbesinnung auf, die ihn an äußerlich tugendhaften, zB. an

1) Vie I 102ff. 2) Janet, Obs. I 301.

Werken der Liebe festhalten läßt[1] und ihm ermöglicht, seine Versuchungen 'mit kalter Gelassenheit zu verachten', also zu tun, 'als ob er den Teufel nicht bemerke',[2] und die 'unruhige Mühle getrost fortlaufen zu lassen und gleichwohl dabei sein Mehl zu mahlen'.[3] Dies ist natürlich zugleich psychologische Klugheit, indem ja angestrengter Widerstand gegen Zwangsvorgänge nur Verschlimmerung bewirken würde. Aber der Heilige glaubt über diesen heilsamen Quietismus hinaus die Leiden auch als Hebel benutzen zu können, um sein 'Ich' noch gründlicher zu entwurzeln.

Die seelischen Kunstgriffe, die er dabei anwendet, bestehen freilich zum Teil in vorstellungsmäßigen 'Vergoldungen', die wir als die praktische Weisheit leidender Schwacher und Frommer begreifen können;[4] d. h. er sieht die Leiden als 'Gottes Willen' oder als 'verdient', als 'Strafe' oder als etwas an, durch dessen willige Übernahme er seinem Herrn getreue Gefolgschaft und unbegrenztes Vertrauen beweisen könne.[5] Darüber hinaus aber geht die Wirksamkeit, die der Jenseitige von seinen Dürreleiden erhofft, insofern diese nämlich Symptome jener Entwicklung sind, die mit der völligen 'Loslösung der Begierden und Vorstellungen von den geschaffenen Dingen' enden soll, um die Seele 'recht zu bereiten für die göttliche Liebesvereinigung'.[6] Mit anderen Worten: die Dürre fördert die Entselbstung und begünstigt jenes Leben ekstatischer Erfahrungen, an deren Ende die Vergottung winkt. Die Mystiker behaupten es als ihre Erfahrung, daß in jener 'innern Empfindungslosigkeit' und 'Nacht' ihnen auch 'die Reflexion hinweggenommen werde: die Fähigkeit der Seele, ihre inneren Vorgänge zu beobachten, das einzige Hemmnis, welches ihre Fortschritte versperrt und Gott daran hindert, sich ihr mitzuteilen und in ihr zu wirken,'[7] also jene schwerst zu überwindende aller Eitelkeiten: die Eitelkeit eines Heiligen auf seine Heiligkeit.[8] Und dies ist um so merkwürdiger, als in der profanen Psychasthenie gerade eine übertriebene Neigung (und häufig auch Fähigkeit) zur Selbstdurchleuchtung und Selbstbespiegelung beobachtet wird.[9]

Es ist ebenso gut mystische Erfahrung, daß die Dürre die letzten Reste der Ichsucht[10] tilge, die der restlosen Selbsthingabe und damit dem mystischen Erlebnis der Vergottung im Wege stehen.

Hier werden 'die letzten Tropfen aus dem Schwamme gepreßt', die letzten Wurzeln ausgezogen.[11] Und damit wird zum Teil schon die Mitwirkung jener Vorstellungsvergoldungen begreiflich: denn indem das Leiden als 'verdient' empfunden wird, drückt sich das Ich unter Andere hinab, die verschont blieben, und unter das eigene frühere Selbst, das wenigstens Inbrunst der Andacht besaß: und so entspringt ein

---

1) S. Jean III 298 (N. O. I, 11); S. Teresa IV 112 (Mor. VI c. 1). 2) Molinos 25. 3) S. Teresa IV 55 (Mor. IV c. 1); vgl. Guyon, Opusc. 45 f. (M. C. ch. XIX). 4) S. o. S. 3 f. 5) Guyon, Opusc. 223 (Torr. I, 8, 11). 6) S. Jean III 369 (N. O. II, 8). 7) Molinos 13. 8) Ramakrishna 318. 9) Janet, Obs. I 485. 10) propriété, amour-propre. 11) Vgl. o. S. 30 f. 38.

Quell der Nächstenliebe, und Neid und Zorn kommen zur Ruhe.[1] Gerade der Verlust der geistlichen Gaben, der Verlust von Heiligkeit, Glückseligkeit und himmlischem Ruhm[2] entwurzelt — nach der Überzeugung der Mystiker — nun auch noch jene letzte verfeinerte Genußsucht des religiösen Lebens selbst: das Pochen auf die Gnade, das sich nicht willenlos in Furcht und Ehrerbietung unterwirft.[3] Die Liebe zum harten 'Gott' ist stärker, als die zum liebreichen. 'Kein anderer Trost darf von Gott begehrt werden, als daß wir aus Liebe zu ihm unser Leben zum Opfer bringen möchten.'[4] 'Erst dann ist es, als existiere garnichts mehr, weil die Seele gänzlich derart beschaffen ist, daß sie sich selbst nicht mehr kennt und sich nicht erinnert, ob für sie ein Himmel oder ein Leben oder eine Ehre aufbewahrt sei, indem sie ganz davon erfüllt ist, die Ehre Gottes zu vollbringen.'[5]

Was uns hier vor allem angeht, das ist die Möglichkeit, diese 'Verwendung' der Dürreleiden im Sinne der geistlichen Entwicklung eben auf eine seelische Gespaltenheit zurückzuführen, wie wir sie als die eine Wurzel psychasthenischer Symptome erfaßten. Es soll, mit andern Worten, die feste Geborgenheit, die den mystisch Dürren vom haltlos Leidenden der profanen Psychasthenie meist unterscheidet, auf jenem festen Komplex in seiner seelischen Tiefe beruhen, von dessen Zurücktreten oder Aufleben sich auch die Wandlungen seines Leidens so vielfach abhängig zeigten. Sicher ist es ein derartiges Gefühl der inneren Gesundheit in einem unerschütterten Kern des Lebens, was den Mystiker zu der Behauptung ermutigt, daß 'kein Weichling oder Verzagter' durch das 'Feuer' jener 'strengen blutsauren Geburt' hindurchkönne, um das Sterben seiner Eigenheit zu erlangen;[6] was ihn instand setzt, noch unter den größten Qualen 'im Innersten des Herzens mit liebender Aufmerksamkeit auf [den Herrn] zu lauschen, seine göttlichen Belehrungen zu empfangen und in dieser frommen Gelassenheit und allgemeinen Vergessenheit sich durch diese innere Nahrung wunderbar unterhalten zu finden'.[7] Das Bemerkenswerte an diesem Frieden inmitten der Stürme — wie man ihn nennen könnte — scheint dabei gerade das Bewußtsein einer Zwiespältigkeit-der-Person zu sein, wobei je nach der Stufe geistlicher Entwicklung die Ichbetonung bald mehr auf den Komplex der Geborgenheit, bald mehr auf die seelischen Massen der Unruhe verlegt wird. So spricht Marie de l'Incarnation, während einer Zeit der innern Wirren und Totheit, von 'einem dauerhaften und tiefen Frieden, der mir aber doch recht entfernt von mir erschien, wiewohl er in mir war; ein so zarter Friede, daß ich ihn nur gleichsam in einer sehr entfernten Gegend sah, was der Natur sehr schmerzhaft und dem Geiste eine rechte Kreuzigung ist.'[8] — Mir scheint, wir können ein solches

1) S. Jean III 303. 319 (N. O. I, 12); 316 (I, 13); vgl. S. Teresa IV 39 (Mor. III c. 2); Thorold 119. 2) S. Radajew über volle Entblößung (obnaženije): Pfizmaier 93 [125]. 3) Guyon, Opusc. 176 (Torr. I, 5, 17); S. Jean III 305 (N. O. I, 12); II 143ff. (Sub. II, 7). 4) Molinos 63. 5) S. Teresa IV 207 (Mor. VII, 3); vgl. S. Jean III 315 (N. O. I, 13). 6) Gichtel, Theos. I 219f.; II 958. 7) S. Jean III 287 (N. O. I, 9); vgl. III 342 (II, 5); 466 (II, 23) und die bedeutsame Stelle III 387 (II, 10) über den travail qui s'opère während der Dürre; Guyon, Opusc. 206 (Torr. I, 7, 28). 8) Chapot II 233; vgl. 245; Guyon,

Bekenntnis nach verwandten Zuständen deuten, die uns aus der Psychologie der Ichspaltungen vertraut sind: Zustände, in denen die vorwaltende Stimmung einer zeitweilig versunkenen Phase in das bewußte Ich hinein gleichsam durchschimmert.[1]

Eine umgekehrte Anordnung des persönlichen 'Mittelpunktes' scheint in Fällen gegeben, wo das Subjekt bereits dauernd oder vorübergehend im tiefsten Frieden steht und nur sein Umkreis oder (wie die Mystiker im Gedanken an das herkömmliche Bild des *apex mentis* gerne sagen) sein niederer Teil von den letzten Unregelmäßigkeiten der Natur bedrängt wird.

'Es ist einem,' sagt die Nonne Anne-Madeleine Remuzat von diesem Zustande, 'als habe man sich auf die feine Spitze des Geistes zurückgezogen, wie in den Bergfried der Festung, wo man mutig ausharrt, wiewohl alles übrige von Traurigkeit ergriffen und bedrückt ist... Während die Außenwerke der Seele dem Schmerz und der Hilflosigkeit übergeben sind, ist das Innerste ununterbrochen mit Gott vereinigt.' Ja sie scheut den Ausspruch nicht: 'Je mehr meine Seelenvermögen von Bitterkeit überflutet waren, desto mehr war der Grund dieser selben Seele in Gott.'[2] Denn 'die Stürme der Versuchungen gelangen nicht bis [in jenen *état foncier*], in welchem die Seele in voller Sicherheit verharrt,... der sie mehr und mehr in ihrem Gott vertieft und vollkommene Ruhe in einem vollkommenen Genießen finden läßt.'[3] — 'Die Sinne sind es eben allein, die immer Leiden zugänglich sind; und wenn sie überwältigt sind und eine solche Person forscht auf Befragen in sich nach, so findet sie nichts in sich, das da leidet: unter den unglaublichsten Leiden sagt sie: Ich leide nichts und kann nicht sagen noch gestehen, daß ich leide, von wegen des göttlichen Zustandes und der Glückseligkeit, die sie im Innersten oder im obersten Teile trägt. Und dann besteht eine so völlige und vollkommene Trennung der beiden Teile, des untern und des obern, daß sie miteinander wie Fremde leben, die sich nicht kennen; und die größten Leiden hindern nicht den vollkommenen Frieden, Stille, Freude und Unbeweglichkeit des oberen Teiles; wie auch die Freude und der göttliche Zustand nicht das völlige Leiden des untern hindert, und das ohne Vermischung irgendwelcher Art.'[4]

Dies dauernde Bestehen eines festen und gesunden Komplexes 'unter' krankhaft zerfallenen Massen ist nun freilich nicht etwas der religiösen Psychologie allein Eigentümliches. Schon die erste Tatsachenbeschreibung der seelischen Spaltungen zeigte uns gelegentlich eine ruhig überlegene und beobachtende Ichphase 'unterhalb' eines stark verkümmerten Bewußtseins.[5] Aber auch auf Gebieten noch krasserer Leidenszustände beobachten wir durchaus Verwandtes. Nur flüchtig will ich an die Behauptung schon der älteren Forscher erinnern, daß 'unter' einem völlig geistes-

---

Opusc. 226 (Torr. I, 8, 16); Molinos 73. 77. 1) S. o. S. 66. 2) Remuzat 311. 317. 318. 320. Vgl. Molinos 77 ('in ihrem oberen Teil bleibt die Seele doch gefaßt'); Noyes, Confessions 41: yet there was an instinctive consciousness of strength ... in my heart; S. Teresa IV 206 (Mor. VII, 2); Chapot II 324; I 205. 3) Chapot I 151 ff. Ebenso Guyon, Vie II 100. 101 (II, 9, 12. 13). 4) Guyon, Opusc. 254 (Torr. II, 2, 4); vgl. 269 (II, 4, 6); ganz ebenso S. Jean III 468 (N. O. II, 23). 5) Vgl. o. 57.

gestörten Bewußtsein sich meist im somnambulen Zustande ein gesundes ausgraben lasse, eine Behauptung, die sich u. a. auf vollständig 'Schwachsinnige' berief, die im magnetischen Schlaf die 'lebendigste Phantasie, scharfsinnigen Witz, glänzende Talente' offenbarten.[1] Über die Zweideutigkeit dieser naiv beobachteten Tatsachen weit hinaus führt zB. der bekannte Fall der Anna Winsor, der den Vorzug sorgfältiger Beobachtung durch zeitgenössische Fachleute hat.

Die Kranke litt seit ihrem 18. Jahre an hochgradiger sog. Hystero-Epilepsie mit heftigen Krämpfen und deliranten Bewußtseinsstörungen. Während nun das Mädchen, nach zweiwöchigem Delir, noch ohne Bewußtsein der Umgebung und abgezehrt dalag, suchte sie erst mit den Zehen, dann mit dem Zeigefinger auf dem Laken Buchstaben zu zeichnen. Als ihr Papier und Bleistift gegeben wurden, fing sie an, Namen längst Verstorbener, Anordnungen betreffs ihrer Krankheit, Vorhersagungen ihrer Zukunft u. a. aufzuschreiben. 'Es wird lange Zeit krank sein; es wird seinen Geruchsinn verlieren, mehrere Monate lang blind sein usw.' Während sie einige Monate später wieder im vollen Delir lag, sich Haare in Büscheln ausriß, um sich schlug und biß und Hemd und Bettzeug zerfetzte, suchte ihre rechte Hand sie daran zu hindern, indem sie die Linke ergriff und festhielt. Es fand sich bald, daß der Arm — ein wohl bekanntes Merkmal automatistischer Abspaltung — vollständig empfindungslos war. A. W. sah ihn denn auch völlig als einen Fremden an, suchte ihn zu vertreiben, schlug ihn, benannte ihn spöttisch Stump, Old Stump. Stump aber entwickelte eine mannigfaltige Tätigkeit: fertigte Zeichnungen an, schrieb Gedichte, selbst während Anna Winsor in Unterhaltung verwickelt war. Sogar während ihres Schlafes blieb er am Werke, denn er schlief nie (wie Sally), und während sie delirierte, war er 'vernünftig', stellte und beantwortete schriftlich Fragen und ordnete ärztliche Maßnahmen an. Kein Wunder, daß der Bericht zusammenfaßt: dieser Arm scheine eine gesonderte Intelligenz zu haben und betrage sich wie eine fremde Person.[2]

Auch in den vorübergehenden Geistesverwirrungen des Fiebers und neurotischer Angstzustände wird gelegentlich ein ähnliches Fortbestehen eines klaren und ruhigen Bewußtseinsteiles beobachtet. Nach einem Typhusfieber zB. berichtet eine Person, daß sie während des Delirs sich selbst 'ganz laut unvernünftige Reden aussprechen hörte, während ein Teil meines Gehirns sehr ruhig war, wie in klarem Mondlicht gebadet. Die Verdoppelung der Persönlichkeit war vollständig. Aus jener ruhigen Gegend rief mich eine Stimme zur Ruhe... Jene Klarheit blieb... dauernd bestehen, im Gegensatz zu dem tobenden Chaos der übrigen Gehirnregion, sie versicherte mich [der] Zukunft...'[3]

Die Erfahrung der ruhenden Gottestiefe in den Stürmen der Dürre ist also nicht ohne wenigstens formale psychologische Analogie in andern profanen Leidenszuständen. Das nimmt ihr natürlich nichts von ihrer

---

1) S. Idelers Fall bei Splittgerber, Schlaf I 220f.; Wolferts Fall bei Perty, Myst. Ersch. I 236; Chorons Fall bei du Prel, Stud. I 131; den savoyischen Kretin bei Steinbeck 210.
2) Nach Dr. Ira Barrows bei Myers I 354ff. (Gleichzeitige Aufzeichnungen Mai 1860 bis Jan. 1863; Nachkontrolle durch Prof. W. James.) Vgl. Passavants und Barberins Fälle bei Passavant, 2. Aufl. 101f.
3) Aus Grasset, Le psychisme inférieur (Par. 1896) 338f. bei Oesterreich I 434. Vgl. einen ähnl. Fall (kongenitale Angstzustände) in JSPR XI 319.

möglichen Bedeutsamkeit. Vielmehr scheint mir damit lediglich das sehr eigentümliche Problem der seelischen Spaltung auf Gebiete verpflanzt, deren Bearbeiter nicht immer seine ganze Sonderbarkeit zu empfinden scheinen.[1] Uns wird dies Problem noch ein beträchtliches Stück Weges begleiten in Formen, die sich hier noch nicht annähernd voraussehen lassen.

XVI.

Vergottung und Psychasthenie.

Dagegen ist es im Rahmen der augenblicklichen Tatsachenbeschreibung beachtenswert, daß die gleiche Verteidigung der mystischen Zustände gegen eine Auslegung als bloßer Erschöpfungsneurose (nämlich durch Aufweis eines selbständigen Tiefenkomplexes außerhalb der leidenden seelischen Massen) auch bezüglich des mystischen Endzustandes geführt werden kann. In der Tat bietet die Vergottung auf den ersten Blick gewisse Eigenheiten dar, die einen Vergleich mit bestimmten Symptomen der Erschöpfungsneurose herausfordern: nämlich mit den Zuständen des psychasthenischen Persönlichkeitsverlustes, der neuerdings viel behandelten sog. Depersonalisation.

Dieser Zustand der Depersonalisation[2] charakterisiert sich im allgemeinen dadurch, daß der Kranke zwar noch Handlungen und selbst verwickelte ausführt, daß ihm dabei aber das Bewußtsein fehlt, er selber sei es, der da handelt. Die eigene Rede wird gehört, klingt aber fremd; die eigene Bewegung wird gesehen, aber es ist, als führte 'ein Anderer' sie aus. Man selber glaubt ein Anderer zu werden und doch derselbe zu bleiben; man wird gewissermaßen zwei.[3]

'Ich hörte eine Stimme, als wäre es die einer fremden Person, aber gleichzeitig erkannte ich sie als die meinige; dieses Ich, welches sprach, machte auf mich den Eindruck eines verloren gegangenen, sehr alten und plötzlich wiedergefundenen Ich.' 'Wo bin ich nur,' fragt eine dieser Kranken unaufhörlich, 'was ist aus mir geworden? Das bin nicht ich, die da ißt und arbeitet, ich sehe mich nicht dies und jenes tun, es fehlt mir etwas.'[4] 'Das bin nicht ich, der da in meinem Körper ist; es ist ein Anderer darin.' Ja manche empfinden ihr Tun geradezu als ein von außen aufgezwungenes: 'Eine unwiderstehliche Kraft treibt mich an; ich bin wie bezaubert.' 'Es ist, als risse mich ein Strom mit sich fort.'[5] Solche und ähnliche Ausdrücke wiederholen sich ins Endlose.

---

1) Auch Oesterreichs Deutung durch gleichzeitiges Bestehen zweier verschiedener Gefühlszustände (aaO. I 431f.) scheint mir nicht zureichend; ebensowenig natürlich Heilers ausschließliche Betonung der 'radikalen Resignation und Indifferenz' als Ausflucht der Dürreleidenden (Heiler 279). 2) Zur Kritik des Terminus s. Dessoir in CIP 39. 3) Aussage eines Pat. bei Dugas, Un cas de dépersonalisation, RPh XLV (1898) 501f. 4) Janet, Névr. II 62. 5) Janet, Obs. 274; ähnl. 273. 315; Sollier II 109; E. Bernard Leroy, Sur l'illusion dite 'dépers.', RPh XLVI (1898) 158f.

Ein Ausdruck für dieses Gefühl ist es wohl, daß manche dieser Kranken sich für halbtot, nur mehr halb lebend halten; ihre Seelen scheinen ihnen vom Körper geschieden; haben sie noch Leben, so müsse es wohl in einer andern Welt sein. Ja Ck..., eine 41 jährige Frau, muß sich vor dem Spiegel vergewissern, daß sie noch sie selber ist und kann nur mit Anstrengung daran glauben, daß sie nicht gestorben sei.[1]

Aber, wie gesagt, es ist bemerkenswert, daß dieser empfundene Verlust des handelnden Ich durchaus nicht, oder nicht immer mit einer merklichen Verkümmerung oder Verwirrung des Inhalts der Leistungen gegenüber dem normalen Durchschnitt der betreffenden Personen einhergeht;[2] am wenigsten nach dem eigenen Bewußtsein der Kranken.

'Ich urteile vernünftig wie alle anderen, und doch versichere ich Sie, daß ich es nicht mehr bin.'[3] In diesem Zustande, sagt eine Kranke Balls, 'muß ich handeln wie zuvor, ohne zu wissen warum. Ein Etwas, das mir nicht in mir zu wohnen scheint, zwingt mich fortzufahren...'[4] Aber auch von außen soll manchen von ihnen keine Beeinträchtigung anzumerken sein;[5] sie gehen allen ihren Beschäftigungen nach, und doch empfinden sie selbst sich nur als die 'uninteressierten Zuschauer ihrer Bewegungen, Worte und Handlungen'. B. N. führt eine Unterhaltung anstandslos fort, während sie sich selbst, ihren Gedanken und Worten völlig fremd gegenübersteht.[6] Ein Kranker Prof. Oesterreichs schreibt innerhalb eines Jahres eine vorzügliche Dissertation, während er doch keines einzigen vernünftigen Gedankens fähig zu sein glaubt. 'Was da steht, ist ohne mein Zutun entstanden, ich habe es mechanisch niedergeschrieben, ich weiß nicht ein einziges Wort, geschweige den Inhalt davon. Es ist mir, als ob es gar keinen Sinn und Zusammenhang haben könnte, denn ich habe keinen Überblick und keine Disposition', sagt er gewöhnlich über seine tägliche Leistung.[7]

Es fällt denn auch auf, daß, wie die objektive Untersuchung lehrt, in den meisten Fällen weder die Sinnesempfindungen eine Störung erlitten haben,[8] noch das wiederholende Gedächtnis merklich beeinträchtigt ist. Die Klagen der Kranken über schlechtes Gedächtnis scheinen daher ebenso auf Veränderungen in dem 'Sichanfühlen' der Erinnerungen zu beruhen, wie die Klagen über Nichthandeln bei erhaltenem Tun.[9]

Die Verlockung, solche Beschreibungen mit den Selbstbekenntnissen der Vergotteten, der Ich- und Willenlosgewordenen zusammenzustellen, ist eine augenscheinliche. Man vergleiche etwa folgende Äußerungen und Beschreibungen der Mme Guyon mit den obigen Angaben der Kranken: Die 'Seele' — das Ich — besitzt nichts mehr; sie wird besessen. Die 'Seele' — das Selbstbewußtsein — fühlt sich nicht mehr, sieht sich nicht mehr,

---

1) Janet, Obs. 316. 2) S. zB. die Kranken Bei... u. Ver... in Janet, Névr. II 62. 3) Bei Hesnard 74. 4) K. Oesterreich, Die Entfremdung der Wahrnehmungswelt und die Depersonalisation in der Psychasthenie, in JPN VII 261. 5) Vgl. den von Taine erwähnten Pat. bei Dugas, aaO. 501. 6) B. Leroy, aaO. 159. 7) Oesterreich, JPN VIII 76. 8) Das. 97. 9) Vgl. Dugas, aaO. 500. 502; Oesterreich: JPN VIII 221—5. — Allg. noch A. Pick in APN XXXVIII Heft 1; G. Heymans in ZPPS XXXVI 321.

kennt sich nicht mehr. Alles ist ihr gleichgültig, sie läßt sich gehen, sie tut nichts, sie tut alles, was 'man' sie tun oder leiden läßt.[1] Selbst der Vergleich des Körpers mit einer bloßen Maschine, den so viele Psychasthenische auf den Zustand der Depersonalisation anwenden, findet sich auch in den Guyonschen Schilderungen der Vergottung.[2] Wir besitzen andere, ausdrücklich selbstbekenntnishafte Angaben von Mystischen, die so stark an die Schilderungen der Depersonalisierten anklingen, daß man glauben möchte, entweder sie spielten wirklich auf völlig wesensgleiche, sei es auch nur vorübergehende Zustände an, oder aber sie seien zufällig in seltsam irreführenden Ausdrücken abgefaßt.

'Der Herr', schreibt beispielsweise S. Teresa, 'hat mir in diesem Leben gleichsam einen wachenden Traum verliehen, daß es mir fast immer ist, als träumte ich nur von dem, was ich sehe, und ich spüre in mir keine besondere Freude und kein besonderes Leid. Wird aber in mir etwas derartiges angeregt, so vergeht es so schnell wieder, daß ich mich darüber verwundere; es wirkt in mir auch keine andere Empfindung, als wenn mir sonst etwas träumte.'[3] Oder man höre Mme Guyon selbst, wenn sie von Zuständen der Gottübergebenheit sagt, sie sei zuweilen gezwungen nachzudenken, um zu wissen, ob sie noch Dasein habe. Diese Empfindung spitze sich gelegentlich krisenhaft zu, so daß sie weder in himmlischen noch in irdischen Dingen eine Stütze finde und selbst nach wieder eingetretener Ruhe ihr jeder Beistand genommen sei und sie — sowohl nach der Seite Gottes wie der Geschöpfe — wie etwas sei, das nicht ist. Und anderwärts spricht sie davon, daß sie seit Jahren in einer solchen Trennung des Herzens und Geistes vom Körper lebe, daß dieser handle, als handelte er nicht, 'mit einem vollkommenen Absterben [jeder] Lebhaftigkeit des Gefühls für alle natürlichen Verrichtungen.'[4]

Um die Zulänglichkeit des Vergleiches zu prüfen, den solche Aussagen immerhin aufdrängen, müssen wir zunächst über das Wesen der psychasthenischen Entpersönlichung einige Klarheit zu erlangen suchen. Soll man gewissen Kranken selber glauben, so liegt die hauptsächliche Ursache ihrer Absonderlichkeit in einem Mangel an Gefühlen. 'Beim Handeln hatte ich nicht das Gefühl des Wollens,' sagt Prof. Oesterreichs Ka... Das 'Tätigkeitsgefühl' fehle ihm bei allem, was in ihm vorgehe. Der 'stets vorhandene, stets variierende Gesamtgefühlszustand, der Boden, aus dem die einzelnen Vorstellungen zu entspringen scheinen,' sei geschwunden, und damit das Selbstbewußtsein: denn so klar sein Bewußtsein bleibe, so völlig sei das Selbstbewußtsein aufgehoben.[5]

Diese Selbstanalyse findet die Billigung mehrerer Theoretiker des fraglichen Zustands. Schon Lotze, der offenbar seine typischen Merkmale klar erfaßt hatte, führte ihn auf 'Affektlosigkeit' bei 'vollkommener Un-

1) Guyon, Torrens p. I ch. IX § 4. 6. 7. 9. 2) Guyon, Disc. chrét. et spirit. (1717) II 364. 3) S. Teresa I 416 (c. 41). Vgl. das en rêve, comme une somnambule einer Pat. bei Janet, Obs. I 273. 4) Vie p. III ch. 6 § 2f. (S. 59f.); vgl. die Aussage der Jeanne-des-Rochers bei Leuret 329f. 5) JPN VII 261—64; vgl. eine andere Selbstanalyse VIII 61.

versehrtheit der Empfindungen und des Bewußtseins' zurück,[1] und nach Oesterreichs Auffassung fehlt den Depersonalisierten nicht das Ich, sondern das Selbstphänomen, das normale Lebensgefühl.[2] Andere, wie Dr. Loewenfeld, legen auf die Unzulänglichkeit der apperzeptiven Leistungen und die Erschwerung der Reproduktion den Nachdruck,[3] eine Deutung, die der vorigen indessen nicht widerspricht, wenn man bedenkt, welche bedeutsame Rolle jedenfalls Gefühle im Apperzeptionsvorgang spielen. Wir können also wohl die Selbstanalyse der Kranken durch eine doppelte Feststellung bestätigen. Sicherlich ruht zunächst das erfahrungsmäßige Ich (das der Psychasthenische 'verliert') nicht zum wenigsten auf jener allgemeinen gefühlsbetonten Resonanz des Gesamtorganismus, die bei starken Schwankungen der nervösen Spannung so tiefgreifende Änderungen erleiden kann, daß man sich 'kaum noch selbst erkennt', 'ein Anderer' geworden zu sein glaubt. Zu solchen Schwankungen des 'Allgemeingefühls'[4] tritt bei den Psychasthenischen aber noch ein 'höher' gelegener Mangel. Jede Willenshandlung im weitesten Sinn ist für die innere Selbstbeobachtung das Ergebnis mannigfacher Vorstellungsbewegungen vom Typ der 'Apperzeption', und bei solchen spielen Gefühle in Verbindung mit motivierenden Vorstellungen sowie Gefühle der Spannung und Lösung, der Erwartung, Erfüllung und Überraschung eine hervorragende Rolle.[5] An diese Gefühle aber ist das Bewußtsein 'persönlichen' Tuns vor allem gebunden. Je mehr sich gegenüber Schwierigkeiten des Handelns die Gefühle der Hemmung und Überwindung verstärken, desto mehr meint man 'selbst' die Leistung vollbracht zu haben; wogegen das Gewohnte und Eingeübte gleichsam ichlos, unter meinen Augen, aber ohne 'mein' Eingreifen vor sich geht.[6]

Nun brauchen wir allerdings nicht anzunehmen, daß das Ichgefühllose Handeln der Psychasthenischen immer nur eingeübte Inhalte habe; aus dem gesamten Können und Wissen dieser Kranken erwachsen anscheinend zuweilen auch Leistungen, denen eine gewisse Neuheit eigen ist, wie etwa oben das Schreiben einer Abhandlung. Aber auch da werden die Gedanken zwar gedacht, nur eben 'sehr dünn', wegen des Mangels an Gefühlen.[7] Selbst im besten Falle also läßt sich sagen: daß das ichlose Tun der Psychasthenischen den alten normalen Menschen darstelle unter Abzug jener synthetischen Krönung, die Janet als 'Wirklichkeitsfunktion' bezeichnete[8] und in eine Reihe von Leistungen zerlegte, die alle die kräftigichmäßige Erfüllung des tätigen Augenblicks zum Ziel haben und sich

---

1) Medicinische Psychologie oder Physiol. d. Seele (Lpz. 1852) 251f. 2) zB. Oesterreich I 324. 3) Über traumartige und verwandte Zustände, in ZNP Neue Folge, XX (1909) (539ff. 587ff.) 595f. 4) Wohl nicht Aufhebung der Zoenästhesie: Oesterreich in JPN VIII 167. 5) Nach Wundt III 346ff. 6) Vgl. hierzu allg. Dugas, aaO., RPh XLV 503; Oesterreich in JPN VIII 149ff. 229. 230. 7) Oesterreich, aaO. 223. 8) Vgl. die wichtige Analyse der fonction du réel: Janet, Obs. I 477ff., bes. 481.

als Gipfel der synthetischen Rangordnung schon dadurch erweisen, daß sie der Erkrankung als erste zum Opfer fallen.

Eben von hier aus aber erscheint mir der Unterschied — bei aller formalen Ähnlichkeit — von psychasthenischer und mystischer Ichlosigkeit durchschaubar. Die erstere entsteht, wie wir sahen, gleichsam durch Abtragung einer Gipfelschicht bei Erhaltung der tragenden Massen; die andere entsteht — um im gleichen Bilde zu bleiben — durch eine Umgestaltung der tragenden Massen, die zu einem Einsturz der Gipfelschicht führt. Es erfolgt hier — um auf die Begriffe meiner früheren Darlegungen zurückzugreifen — eine Wucherung des unterbewußten Gebietes, welche die ichmäßige Oberschicht des 'alten Menschen' gleichsam verkümmern und verblassen läßt, indem sie ihr die Führung abnimmt. Diese Wucherung ist eben eine systematische, d. h. sie gestaltet die außerbewußte Persönlichkeit nach bestimmten Gesichtspunkten, im Sinne festumrissener Ziele und Ideale um. In ihrem Kampf mit dem 'alten' Ichzusammenhang hat sie den Sieg errungen, sobald die einheitliche Durchbildung des Unterbewußten völlig gelungen und die Entkräftung des 'fleischlichen' Ich-Menschen ihren äußersten Grad erreicht hat. Muß man erwarten, daß dann das bewußte 'Ich' der Erfahrung sich völlig auf das Gebiet jener neu-durchgebildeten Massen hinüberziehen werde? In manchen Fällen mag dies wirklich der Fall sein. Daß es in andern nicht zutrifft, lehren eben die Schriften einiger Heiliger, unter denen die der Guyon die deutlichsten und ergiebigsten sind. Das Verblassen des bewußten Ich in diesen Fällen wird um so verständlicher, je mehr man sich vergegenwärtigt, wie sehr das Bewußtwerden persönlicher Apperzeption an einen Wettstreit der Antriebe und Vorstellungen gebunden ist und wie sehr die Notwendigkeit solcher Apperzeption sich verringern muß in einer vollkommen in-sich-ausgeglichenen, auf ein einzelnes und enges Ziel eingestellten, gegen die Mehrheit menschlicher Zwecke gleichgültig gewordenen Seele. Dies aber ist ja der Zustand des vollendeten Jenseitigen.

Von andern Tatsachen ausgehend, ist die Lehre von der Spaltungspsychose zu ähnlichen Gedanken gelangt. Jeder übermächtig entwickelte Komplex, lehrt Jung,[1] entzieht allen Vorstellungen, die nicht zu ihm gehören, den vollen Ton; die volle Deutlichkeit bleibt nur mehr den Komplexvorstellungen; alle andern von außen oder innen stammenden Wahrnehmungen unterliegen der Hemmung, werden undeutlich und verlieren an Gefühlston. — Ist dieser Gedanke richtig,[2] so enthält er aber eine Formel auch für den Vergotteten, der nach unserer Voraussetzung von einem übermächtigen und völlig durchgebildeten Komplex beherrscht wird, neben dem alles übrige — außen und innen — verblaßt; und weil dieser mehr oder minder im Unterbewußtsein verbleibt, handelt der Vergottete gleichsam ohne

1) Jung, Dementia 100. 2) Er wird zB. von Loewenfeld für unzureichend erklärt.

Ich und lebt mit seinem Ich fast wie in einer Traumwelt. — Anders der Erschöpft-Psychasthenische. Dieser ist nicht im Sinn eines überragenden Komplexes neuorganisiert; seine ganze, soz. 'zufällige' Persönlichkeit ist erhalten, seine Vorder- und Hintergründe sind einer Art; aber als Ganzes sind sie kraftlos und schattenhaft geworden. Der Psychasthenische hat infolge Abtragung der letzten Synthesen nicht einmal den ihm angeborenen und anerzogenen Motivenkomplex 'selbst' in der Hand; der Vergottete ist völlig in der Hand eines neu-durchgebildeten, sein altes Selbst überragenden und ersetzenden Motivenkomplexes.

Hieraus erklärt sich die große Verschiedenheit der Wertgefühle, mit denen jede dieser Gruppen die Selbstbeobachtung ihres Zustandes begleitet. Von den Psychasthenischen kann man fast ohne Ausnahme behaupten, daß sie unter dem Verlust ihres Ich schwer leiden. Es ist sehr selten, daß auch nur der gefühllose Abstand von der Wirklichkeit angenehm empfunden wird.[1] Daß die Unfähigkeit, das Ich in ihr tätig zu empfinden, genossen würde, glaube ich nirgends gelesen zu haben.

Einen 'gräßlichen Zustand' nennt es der eine, in welchem alles rein 'mechanisch' geschieht.[2] Claire ist 'verzweifelt' darüber, daß sie wie eine Maschine handelt, und kann sich nicht dabei beruhigen.[3] Ein anderer macht 'peinliche Anstrengungen, um jemand zu bleiben' und nicht zur 'Maschine' zu werden.[4] Andere erleben ein 'wahnsinniges Entsetzen', wenn mit dem seelischen Abstand jene Fremdheit der Wirklichkeit eintritt.[5] In diesen angstvoll-krisenhaften Zuspitzungen des Ich-Verlustes, da 'kein Körnchen Wille' mehr verbleibt, kommt sich Dob... 'wie ein herrenloses Ding vor, das von den Fluten umhergeschleudert wird; ich verliere den Kopf, weil ich fühle, daß ich mich gar nicht mehr in der Gewalt habe.'[6] Eine andere Kranke meint, dieser Zustand sei 'von allen der ärgste, [sein Nachlassen] eine Erlösung'.[7] Selbst wenn die Leistung eine sachlich zufriedenstellende war, hinterläßt sie eine tiefe Unbefriedigung oder ein Gefühl, man habe Komödie gespielt, sei falsch gewesen, weil man im Sinne von Gefühlen gehandelt hat, die sich doch im Bewußtsein nicht deutlich ausprägten. 'Mir scheint,' sagt eine Kranke geradezu, 'eine solche Art des Handelns ist unmoralisch.'[8] Endlich aber plagt diese Kranken die Angst, weil sie sich ihrer Handlungen nicht sicher fühlen. 'Warum sollte ich mich nicht in Gegenwart Fremder zu groben Sittenverstößen hinreißen lassen, da ich mich doch nicht in der Gewalt habe?'[9] Kurz die Entpersönlichten sind auf die Zurückerlangung ihrer persönlichen Freiheit und ihres handelnden Selbst geradezu versessen; sie betrachten sich als Kranke, die des Arztes bedürfen.[10]

Ganz anders die Vergotteten. Sie empfinden ihren Zustand nicht als Zerstörung, sondern als Vollendung ihrer Persönlichkeit; den Quellherd ihrer Automatismen nicht als eine feindliche Macht — den 'Teufel' nennt sie eine Kranke Janets —, sondern als ihr eigenes innerstes Ich, ihnen

---

1) S. zB. Oesterreichs Subjekt Ti..., JPN VIII 67. 2) Ball in RS 1882 II 43; ähnlich Oesterreichs Ka... JPN VIII 63. 3) Janet, Obs. I 273. 4) Das. 5) B. Leroy, RPh XLVI 158. 6) Janet, aaO. 233. 7) Loewenfeld in ZNP XX 545. 8) Janet, aaO. 275ff. 9) Das. 273. 10) Dugas, aaO. 507; Janet, aaO. 688ff.

'näher als sie selbst'. Sie wissen ihr Außerbewußtes im Einklang mit den Idealen, die zuvor ihr bewußtes Mühen beherrschten. Bei der Alleinherrschaft ihres 'wahren Ich' angelangt, sind sie nunmehr im Frieden.

Mme Guyon nennt das ichlose Leben das 'vollkommene Leben', in welchem die Seele vollkommen ist in Gottes Vollkommenheit, reich in seinem Reichtum. Alle ihre Tugenden erlangt sie wieder — in Gott. Gott handelt in ihr, ohne daß sie es weiß... Aber sie lebt zufrieden und in Frieden, indem sie behende und unerschütterlich tut, was man sie tun heißt. Ja ihr Friede ist so unwandelbar, daß nichts in der Welt noch in der Hölle ihn einen Augenblick zu trüben vermöchte. 'Ich kann', sagt sie, 'keine Rechenschaft ablegen von meinem Tun, denn ich habe kein Tun, und doch handle ich auf unfehlbare Weise, indem ich kein anderes Prinzip des Handelns habe, als das unfehlbare Prinzip.' Alles, was ihre Pflicht ist, Handeln oder Reden, fällt ihr leicht: nicht mehr nach ihrer Weise, aber nach der Weise Gottes:... alles nach dem belebenden Prinzip, das sie erfüllt. Sie empfindet sich also jetzt erst als wahrhaft frei. Sie tut alles, 'dieselben Handlungen', die sie früher vor 'allen ihren [Ich-]Verlusten' tat, und tut es ohne jede Schwierigkeit; aber sie tut es in Gott.[1] 'Ich hatte', sagt die hl. Katharina von Genua von einer Phase kurz vor dem völligen Erlöschen des Ich, aber mit Worten, die sehr schön auch den Endzustand bezeichnen, 'ich hatte die Schlüssel des Hauses an die Liebe abgegeben mit der Vollmacht, alles zu tun, was nötig wäre, und keine Rücksicht auf die Seele, auf den Leib, auf die Habschaft, auf die Verwandten, auf die Freunde, auf die Welt zu nehmen; von alledem aber, was das Gesetz der reinen Liebe fordern würde, sollte nicht das mindeste fehlen. Und als ich sah, daß diese Liebe die Sorge annahm und sie ins Werk setzte, da wendete ich mich zu ihr und blieb unerschütterlich in Beobachtung und Beschauung ihrer notwendigen und gnadenvollen Wirkungen, die sie mit solcher Liebe, Sorgfalt und Gerechtigkeit vollführte, daß sie zur vollen Befriedigung des innern und äußern Teiles [meiner Persönlichkeit] weder mehr noch weniger tat, als eben notwendig war.'[2]

Aber der Unterschied der zu vergleichenden Zustände spricht sich nicht nur in der Art, wie er sich 'anfühlt', aus. Man gewinnt den Eindruck, als werde von den Vergotteten auch sachlich viel mehr geleistet, als von den Psychasthenikern. Diese haben vor allem Handeln Furcht, und es gelingt ihnen häufig nur dann, eine Handlung zu Ende zu führen, wenn ihr Gegenstand ein rein imaginärer ist.[3] — Der Vergottete greift jede Arbeit an, die seiner ganzen Lebensrichtung nach pflichtmäßig geboten ist, und der gegebenen Aufgabe gegenüber, sofern sie die Triebkräfte seines beherrschenden Komplexes angeht, kommt ihm sofort die Leistungsfähigkeit. Mme Guyon berichtet, daß selbst in Zeiten größter Schwäche und schwerster Krankheit ihr stets 'auf Zeit' die Kraft zu schreiben kam, wenn solches 'nötig war'. Alles, was ihr Pflicht ist, falle der Seele leicht.[4]

Aber ein letzter und, wie mir scheint, ausschlaggebender Unterschied ist noch zu erwähnen. Die Erfahrungen der Depersonalisation gehören

---

1) Torrens I, 9, 3. 4. 9; II, 1, 1; 2, 3; vgl. Vie I 270; oben Kap. IV S.40; Kap. X S. 112 f.
2) Lechner 208 (Marabotto c. 41). Das ganze Kap. ist wichtig. 3) Janet, Obs. I 434 f.
4) Vie II 133; Torrens I, 9, 16.

der Höhe des psychasthenischen Krankheitsbildes an. Wir haben sie gesondert betrachtet, aber in der Wirklichkeit bilden sie einen Teil jenes Zustandes, der sich, außer durch sie, auch noch durch quälende Zwangsgedanken, Angstanfälle und alle Leiden der Dürre kennzeichnet. Nun fällt ja aber die Vergottung nicht in die Dürre; sie bezeichnet vielmehr ihren Abschluß. Sie wird als das Ende der mystischen Leiden herbeigesehnt und empfunden, als der Hafen nach allen Stürmen und der Friede nach allem Streit. Was sie demnach auch sein mag, sie ist jedenfalls nicht gleichbedeutend mit jenem oft krisenhaften Verlust des Ich und der Außenwelt, der den Höhepunkt psychasthenischer Qualen bildet und dem gegenüber die Mühen persönlicher Verantwortlichkeit als das gelobte Land erscheinen.

Zu den mannigfachen theoretischen Einzelunterscheidungen, die ich zwischen scheinbar psychasthenischen Merkmalen des Mystikers und wirklichen Symptomen der Erschöpfungsneurose aufgestellt habe, tritt nun aber noch eine allgemeine Unterschiedlichkeit von Wesen und Charakter der Erweckten einerseits, der Erschöpfungsneurotiker anderseits, die ihre Vermengung in der Mehrzahl der Fälle völlig sinnlos erscheinen läßt. Wir dürfen nicht übersehen, daß die Abtötung und Entselbstung des Mystikers immer nur die Gebiete betrifft, welche er selbst als die 'niedern' wertet, daß sie aber nicht nur Raum läßt, sondern meist geradezu die Vorbedingung bildet für eine Glut und Leidenschaftlichkeit anderer Ichgebiete, auf denen sie dem Profanen völlig fremd ist. Daß die Liebeskraft des Erweckten meist den denkbar schärfsten Gegensatz bildet zu jener Verkümmerung der Liebesregungen überhaupt, die für das traumhaft eingekapselte Ich des Psychasthenischen fast immer kennzeichnend ist und ihn in seinen Augen zum 'schoflen Egoisten' macht,[1] braucht nach früher Gesagtem nicht erst ausgeführt zu werden. Der 'apostolische' Drang ferner, die eigene Erfahrung auch Andern zugänglich zu machen, sowie der allgemeine Liebesdienst an den Menschen haben oft zu Lebensführungen von geradezu heldenhafter Kraftanspannung unter maßlosen Entbehrungen geführt,[2] denen dann auch stets eine überwältigende Wirkung auf die Menschen entsprach, wie sie nie von Schwächlingen, sondern nur von Höchstgespannten ausgehen kann.[3] Kennt der Mystiker auch keinen Ich-entsprungenen Ärger und Haß, so entwickelt er doch mitunter dem Bösen gegenüber jenen 'heiligen Zorn', den schon die biblische Legende im vergötterten Urbild abendländischer Heiligkeit nicht missen mochte.[4]

---

1) Vgl. Oesterreich, JPN VII 261. 274. 276; VIII 67f. 70. 88. 147. 157. 2) Ich verweise auf S. Vincent Ferrer, S. Franz. Xaver u. viele a.; s. auch Chasle 290. 293. 323. 359. 3) S. zB. über Ann Lee bei Wells 45, u. v. a. 4) Vgl. zB. Wesley, Short account 41ff.; Seed 48. 78; Bacci I 242; D. Greenwell, Lacordaire (Edinb. 1867) 21; auch über den sanften Shelley in E. Dowdens Life II 348.

Es wäre überhaupt ein Leichtes, ekstatische Heilige als hervorstechende Vertreter heldischen und ritterlichen Wesens darzustellen.[1] Mut und Draufgängerei sind geradezu typische Züge ihres innern und äußern Verhaltens; denn eine starke Unmittelbarkeit des Erlebens trägt sie empor; die Konventionalität des Durchschnitts ist vor der Wahrhaftigkeit, dem Ernst, der Echtheit ihres Innern zerstoben.[2] In diesem heiligen Ernst ist der Erweckte zur völligen Einheit mit sich selbst gelangt[3] und damit zu einer unerschütterlichen Ruhe und Sicherheit, die sich auch äußerlich den größten Gefahren, Mühen und Leiden gegenüber unbedingt bewährt.[4]

Um nicht ganz in abstrakten Behauptungen steckenzubleiben, stelle ich wenigstens zwei flüchtige Bilder hierher.

In der Beschreibung, die von der bekannten Antoinette Bourignon M. de Cort entwirft, der lange und vertraut mit ihr verkehrte, erscheint sie als eine unnahbar in sich ruhende, schneidend bestimmte, furchtlos eindeutige Seele, und doch eine Gottliebende der mystischen Art. 'Gleich einem starken Weibe, so ihr Vertrauen in Gott allein setzt, antwortete sie uns ohne Zagen und machte zur Genüge offenbar, daß sie weder unsere Freundschaft, noch Gesellschaft, noch etwa gar unsere Billigung erstrebe, sattsam bezeugend, daß sie nichts Irdisches suche und nichts außer Gott fürchte... Ihr Geist war fest und beständig, jederzeit sich selbst gegenwärtig, und wir fanden sie nie schwärmerisch[5] oder verwirrt... Sie sprach sehr wenig, ohne gefragt zu sein, beantwortete unsere Fragen aber so schlagend, daß wir oft nichts zu erwidern fanden... Verachtung nahm sie ohne Verlegenheit oder Verdruß, Lobpreisung ohne Wohlgefallen auf... Wir sahen sie stets fröhlichen Angesichts, aber niemals Ergötzen suchend in irgend etwas Irdischem... Nie bemerkten wir in ihr irgendwelches Laster, Sünde oder Schwäche des Geistes, sondern eine vollkommene und echte Tugend. Ihre Lebensführung war geradezu wunderbar... Dies sage ich nicht leichtfertig, sondern nach vielerlei Beweisen und Erfahrungen, ... nachdem ich Tag und Nacht mit ihr unterwegs gewesen, in guten und bösen Tagen, in Dürftigkeit und Überfluß.'[6]

Sogar die Mannhaftigkeit und Selbstzucht des Kriegers hat sich oft genug geschwisterlich mit mystischem Leben zusammengefunden. Oberst Gardiner ist bekannt und seine innere Geschichte bereits gestreift worden. Weniger bekannt als Vertreter derselben Gattung ist der Marquis de Renty (1611—48), ein Frommer nicht nur, der selbst nachts seine Stunden betete, zweimal des Tags sein Inneres

---

1) S. zB. die Briefe S. Cater. Sien. an d. Grafen Salimbene u. an Steph. Maconi (Drane II 57. 223; auch ihren 100. u. 101. Brief!); Görres I 323, II 363 üb. Franco di Grotti u. S. Rainer v. Pisa; Vacandard I 3f. 28f.; u. v. a. 2) Vgl. die fanatische Ehrlichkeit der Quäker (zB. Th. Elwood bei James, Varieties 294; Fox, Lebensbeschreibung 3. 293f.); gegenüber dem Scheinwesen der Kirchen: Fox, aaO. 29; ferner Vaughan II 47. 52; Grass 338; de Cort 14; Ethé, Morgenl. Stud. 116 (Sadî); Abu Said Abul Cheir bei Tholuck 33. 3) Vgl. Plotin, Ennead. VI, 9, 1 (übs. v. H. F. Müller [Berl. 1878] 437); Ruysbroeck 56 ('Einheit des Herzens' 'aus der Glut' der 'innern Ankunft Gottes'); Pfizmaier 47 [133]; Chasle S. XXI; buddhistisch: Beckh II 23. 130. 4) zB. in Lebens- und Feuersgefahr: Guyon, Vie I 134f. (vgl. 107); die mähr. Missionare in Southeys Life of Wesley 66; Chapot II 103; Evans, Shakers 36 (versuchte Steinigung d. Ann Lee); Oman, The Mystics ... of India 101. Ein kompaktes Beispiel solcher Stoik ist Gregor Lopez' Leben, bearb. u. a. in Tersteegens Lebensbeschr. heil. Seelen I 3ff. 5) wandering. 6) De Cort, Vorrede S. XLIXff.

durchforschte, zweimal in der Woche zur Beichte ging, die Armen und Gefangenen besuchte und belehrte, gegen weltliche Güter, wiewohl reichlich damit gesegnet, eine wahre innere Gleichgültigkeit besaß und gegen jedermann von tiefster, ungemachter Demut war; sondern auch ein Mystiker vermöge des 'göttlichen Lichtes', das ihm 'ohne Nachforschung oder Anstrengung'[1] seine Schwächen vor die Augen führte, und vermöge des *fond de la paix*, der ihm 'eine so innerliche Erfahrung des ewigen Lebens' gab, daß er sich darüber nicht weiter erklären zu können behauptete. In der religiösen Unterredung wurden ihm (wie Mme Guyon) die Worte einzeln in den Mund gelegt. Die innere 'Gegenwart Gottes' war seine ständige Erfahrung; aber in ununterbrochenem *recueillement* handelte er nur um so mehr, doch ohne eigenen 'Anteil; denn unser Herr tut alles [dabei]'. In allem Tun erhielt er Gottes 'ausdrücklichen Befehl' durch 'Erleuchtung des Verstandes oder Beeindruckung des Willens';[2] 'er [war gleichsam] zunichte geworden und handelte nur noch in Christo'. — Nun wohl, der Mann, dessen Mystik man hiernach einschätzen mag, war Offizier, Gatte und Vater von fünf Kindern, und nach Angaben seines Biographen ein Mann von 'starkem und stämmigem Körper und lebhaftem, hochherzigem und entschlossenem Geist', der keine Gefahr fürchtete; begabt und äußerst kenntnisreich; seiner eigenen Schreibweise nach ein scharfer, überlegener, durchgebildeter Kopf. Nichts erschütterte je sein innerliches Gleichgewicht. Nie war er zerstreut, nichts tat er obenhin, kein Wort redete er, das nicht nötig war. Kein Ding der Welt erregte seine Bewunderung; nie verweilte er in Gesellschaft, die ihm oder der er nicht von Nutzen war. Nie war er in Hast, niemals laut; in Angelegenheiten hellsehend oder überlegsam, aber nie verrannt, und Gründen jederzeit zugänglich; in der Ausführung einmal gefaßter Entschlüsse rasch, bestimmt und ausdauernd, in Angelegenheiten Gottes vollends unerschütterlich. Mißlingen brachte ihn nie aus der Ruhe, Widerstand überwand er durch schweigende Entschlossenheit. Bei alledem war er nicht sauer oder überspannt; vielmehr leutselig, liebreich, herzlich und wohltätig.[3]

Diese flüchtigen Umrißzeichnungen ließen sich leicht sehr bereichern. Sie widerlegen (falls diese Widerlegung nottut) die Vermutung einer Zusammengehörigkeit von mystischer Religiosität mit jener Knochenlosigkeit, die den Psychasthenischen auszeichnet. Man möchte den Mystikern gegenüber geradezu, den scheinbaren Widerspruch nicht scheuend, von einem Individualismus der Entselbsteten reden. Die negativen Bestimmungen — 'Selbst'losigkeit, Demut, Hingabe — decken offenbar nicht das ganze Bild. Daß er das Göttliche 'nicht nur erlerne, sondern auch erleide',[4] erfüllt den Mystiker mit einer seltsamen Art des Stolzes, der sich zumal in Augenblicken der 'Gottbesessenheit' zu einem wahren Rausch der Selbstbejahung steigern kann. 'Lob mir', anstatt 'Lob Gott', kann dann ein solcher Narr in Gott ausrufen. 'Ich bin ein Meer ohne Grund,

1) Non par recherche, ni par étude. 2) Par lumière en l'entendement, ou par impression en la volonté. 3) [Jean-Bapt. de Saint-Jure,] Le chrétien réel ou la vie du Marquis de Renty ... (Cologne 1701) 62. 279—313. — Vgl. etwa noch Dixon II 101 (üb. d. Methodisten Abr. C. Smith); Davenport 144ff. 168f. 174 (üb. J. Wesley). 4) *οὐ μόνον μαθὼν ἀλλὰ καὶ παθὼν τὰ θεῖα*: Dionys. Areopag. über seinen Lehrer Hierotheos.

ohne Anfang, ohne Ende. Ich bin der Thron Gottes. Ich bin die Gesetzestafel. Ich bin der Griffel Gottes... Wie lange, mein Gott, soll ich zwischen der Ichheit und Duheit schweben? Nimm beide weg, damit ich nichts werde:... Ichheit ist Götzendienst.'[1] — Solchen Stolz in der Nachbarschaft solcher Demut zu begreifen, ist ein Problem, das natürlich nur durch Unterscheidung lösbar ist: der Demut des 'niederen' vor dem 'höheren' Ich. Denn indem der Fromme sich aufgab, fand er ja erst sich selbst — 'in Gott'.

Wer das Geschöpf verläßt, verläßt nicht sich,
er findet wieder das verlorne Ich,

singt von ihm Sadî, der Dichter des Gulistân.[2]

XVII.

Erweckungsbewegung und Hysterie.

Nun ist es ja aber gerade ein Merkmal der 'Hysterie', daß sie eine große Kraft und Eigenart des Charakters nicht ausschließt, dagegen eine Zerklüftung und Gegeneinanderschaltung seelischer Energien annimmt, die wohl abnorme Zustände und Abläufe inmitten von Macht und Gewaltsamkeit der Anlage und Leistungen erzeugen mag. Die 'Mär vom hysterischen Charakter' hat längst ihre allgemeine Geltung eingebüßt. Daß alle Hysterischen gemütsseicht, lieblos, undankbar, eigensinnig, lügenhaft, boshaft, ränkevoll, herrschsüchtig, eitel, unstet, launenhaft, anmaßend seien,[3] bestreiten jetzt viele der besten Beobachter.[4] Das Gegenteil solcher Eigenschaften werde bei ihnen ebensogut angetroffen, und wo sie vorkämen, deuteten sie vielmehr auf eine der Hysterie beigeordnete psychopathische Belastung. Mehr noch: Neurologen von Rang sind der Meinung, daß nicht nur unter Hysterischen hervorragende Leistungen nicht ausgeschlossen seien, sondern die Hysterie in manchen Fällen beinahe die Vorbedingung solcher Leistungen sei, — ein Urteil, das wir mit der Zeit noch besser verstehen werden.

Das pathologische Problem der mystischen Inhalte stellt sich also erst recht in ganzer Schärfe, wenn es auf das Gebiet der hysteriologischen Begriffe hinübergespielt wird; ja auf keinem andern Gebiet ist der Frage nach dem Wesen jener Inhalte mystischen Erlebens so entschlossen nach-

1) Abu Jazid Bistami, bei Kremer 77; Tholuck, Ssufismus 65. Dem Sufi war Gott 'der Freund'; vgl. die westlichen 'Gottesfreunde': 'Wir sind, wie Christus, ewiges Leben und Weisheit, gezeugt mit ihm vom Vater in der göttlichen Natur ...' (Nach Ruysbroeck bei Auger 152). Vgl. Vivekananda über Ramakrishna (58). 2) Vgl. Drane I 367. Über Selbsterhöhung in d. Selbsterniedrigung s. Horwicz, Psychol. Analysen 342f. und Starbuck 129. 3) zB. nach Huchard, Lehrb. der Neurosen. S. Beispiele bei Binswanger 341ff. 4) A. Binet spottet über die 'literarischen Theorien' der Hysterie. Vgl. auch ZH VI 129ff. und Jung, Dementia 86f.

gegangen worden, als eben auf diesem. Ich beabsichtige demnach, die Erscheinungsformen der geistlichen Entwicklung zu betrachten, soweit sie sich dem Bilde hysterischer Zustände einzuordnen scheinen, um auf diesem Wege der Inhaltserforschung der mystisch-hysterischen Komplexe und ihrer etwaigen Auswirkung an der Oberfläche religiösen Erlebens näherzutreten.

Dabei gehe ich in größter Kürze über die Anfangsstufen des religiösen Weges hinweg, die ja unter einem ähnlichen Gesichtspunkt bereits besprochen wurden, die aber häufig auch Symptome darbieten, welche an die klassischen Schilderungen der 'großen Hysterie' erinnern. Ich verweise zB. auf die Krampfvorgänge, die in erregten Erweckungsversammlungen oft als wahre Massenerscheinungen aufgetreten sind.[1] Die schlagende Ähnlichkeit einzelner dieser Symptome mit klinisch beobachtbaren stützt ihre Deutung als mindestens 'hysteroider' Erscheinungen. Die eigentümlichen Krampferscheinungen, der 'Kreisbogen', die zeitweilige erstaunliche Kraftentwicklung, das unglaublich schnelle Werfen und Bewegen des Kopfes und einzelner Glieder, die Lähmungen, Katalepsien, vorübergehenden Anästhesien, das Heulen, Bellen, Miauen, die Sprachlosigkeit, die Erstickungsempfindungen — dies alles sind dem Hysteriologen wohlbekannte Dinge.[2]

Die übliche Deutung der Pathologen besagt denn auch, daß die Subjekte, die solche Erscheinungen der 'Erweckung' darbieten, entweder von Haus aus Hysterische seien, oder durch die Erregung des Augenblicks — z. T. auf der vorbereitenden Grundlage allgemeiner zersetzender Einflüsse: wirtschaftlicher Notlage, politischen Druckes, körperlicher Unterernährung — gleichsam in einen vorübergehenden hysterischen Zustand versetzt würden. Für eine solche von Gesichtspunkten des 'geistlichen' Lebens ganz absehende Deutung spricht ferner, daß die Erregung des *revival* nicht bloß die seelische Umgebung einmaliger 'Bekehrungen' abgibt, sondern einen weit über die Erde verbreiteten Gewohnheitskult rauschartiger Zustände mit automatenhaften Bewegungserscheinungen nachbildet. Der Zusammenhang mit religiösen Vorstellungen höherer Art erscheint etwa schon in den Sekten des 'wilderen' Rußland als ein beinahe zufälliger. Die 'radenije' der Chlysten zB.[3] mit ihren Tänzen — selbst kaum des Gehens Fähige erklimmen durch den 'Geist' ein rasendes Zeit-

1) Schluchzen, Seufzen, Ohnmachten, Durcheinanderstürzen (Finney, Autobiogr. 134—42; Bois 229—31; Gibson 82), Echopraxie und Echolalie, Zuckungen, Krämpfe, Springen, Tanzen (Perty, M. E. II 344f. über Wesleys Versamml.), Lachen, 'Bellen', 'Rucken', 'Rollen', Kreisbogenschlagen usw. Vgl. noch Preger III 124f.; Zöckler 624; Riley 260ff.; Cutten 181. 185; Grass 272ff.; Dyer 50; M'Nemar 61. 62 (rasend schnelle Kopfdrehungen); Drews in der 'Christl. Welt' 1908 Nr. 11; Yandell 345 (Epid. convuls.); Nordhoff 243; Davenport 80; Grégoire, Hist. des sectes rel. (Par. 1828) IV 480ff.; Th. Schröder in Imago III 198. 2) Richer 204 u. sonst; Esquirol bei King I 221; Einzelporträts s. JMS VI 172. Üb. d. Rolle der Nachahmung: Yandell 344. 348; Kremer 84f.; über örtliche 'Moden': Granger 106 u. sonst. Experiment. Nachweis von Labilität und Suggestibilität: Dr. Beard in Journ. of Science III (Lond. 1881) 87ff. 3) Grass 272ff.; vgl. 266ff.

maß —, mit ihren Krämpfen, Zittern, Schäumen, Hinstürzen, Weinen und Lachen gibt sich als religiös eben nur, weil die Rauschfreude und übermenschliche Muskelleistung naiv genug der Vereinigung der Seele mit Gott zugeschrieben wird. Aber ähnliche orgiastische Kulte finden sich ja noch heute fast in jedem Erdteil in annähernd gleichen Formen in gewohnheitsmäßiger Übung.[1] Bei den Erregungserscheinungen der Erweckungsversammlungen spielt denn auch psychische Ansteckung von innerlich Unbeteiligten nachweislich eine sehr große Rolle.[2]

Die 'religiösen Bewegungen' erscheinen also in dieser Beleuchtung z. T. durchaus als Parallelerscheinungen nicht nur der orgiastischen Kulte, sondern auch jener zahllosen 'hysterischen' Epidemien ohne jeden oder mit sehr nebensächlichem religiösem Einschlag, die, wie wir wissen, seit altersher tiefstehende, gedrückt oder einsam lebende, schlecht ernährte, erregbare Volksschichten und Rassen zeitweilig heimgesucht haben.[3] Das religiöse Element, soweit ein solches vorhanden, wäre dann durchaus als 'zufällige' Beimengung und reiner Schein bei den Einen, als bloße Nachahmung bei den Andern aufzufassen. Das orgiastische Element aber, soweit ein solches vorhanden, entspränge der Verlockung zum Rausch, die ja zumal für den leidenden und labilen Menschen von jeher bestanden hat; der Verlockung zur Entfesselung des Automatischen, des Menschlichurtümlichen, selbst des Tierischen; zum Versinken in jenem Chaotischen, zu dessen Zügelung und Überwindung die harte Schule des kulturellen Aufstiegs ihn gezwungen.

Daß sich gewisse dieser wilden Massenbewegungen vor andern durch entschieden versittlichende Wirkungen auf die Allgemeinheit auszeichnen,[4] braucht nicht irgendwelche religiöse Bedeutsamkeit auch der Krampfzustände zu beweisen. Vielmehr läßt sich manches dafür anführen, daß diese letzteren mehr den 'Außenseitern' und Mitläufern der Bewegung zugehören; wie denn — soweit die Berichte ein Eingehen auf individuelle Unterschiede überhaupt zulassen — gerade die moralisch durchschaubaren unter den bedeutsameren Erfahrungen meist nicht über verhältnismäßig milde Erregungserscheinungen hinausgehen: Sichwinden in Sündenangst, Hinstürzen, Zähneknirschen, Zungennagen, Zittern, Schreien, Hinfällig-

1) Vgl. zB. Brosselard, Les Khouans 26f.; Dr. Zambaco in PM XII (1884) 774f. (üb. d. Naxi-Bendis; Z. diagnostiziert 'Hysterie'); M. Busch, Wunderliche Heilige (Lpz. 1879) 44ff. 49ff. (tanz. Derwische), 98ff. (Shakertanz). 2) Das Zugeständnis völliger Unbekehrtheit nach Darbietung solcher Symptome zB. bei Gibson 353. 363ff. 289 (Rev. A. Caldwell); Cutten 194. 'Ansteckung' völlig Unbeteiligter und religiös Unberührter: Velthausen in AZP XIX 275ff. und (besonders merkwürdig) B. O. Flower, Whittier Prophet, Seer and Man 60. Angestecktwerden von Ungläubigen und Spöttern: Davenport 79f.; Yandell 347f.; Gibson 136; Riley 266; Nordhoff 209. Ausbleiben der erregten Symptome infolge Gegensuggestionen: Gibson 265f. 337; Davenport 34. 149. 153. 157; Yandell 349. 3) S., außer Hecker, zB. Horsts Zauberbibl. I 222ff.; Dr. Leuch (ref.) in ZH IV 391f. Gegen Übertreibung des 'hysterischen' Elements: Hellpach 85ff. 89ff. 4) Wretholm 125; Stoll 266 (tanzende Derwische).

keit, allenfalls Ohnmachten.[1] Sollte sich aber irgendwo ein Zusammengehen noch heftigerer Symptome mit wirklicher 'Bekehrung' nachweisen lassen, so bliebe uns immer noch der Hinweis darauf, daß ja die religiöse Krise, gerade als Umlagerung des Ichzentrums, sehr wohl einen vorübergehenden Zustand der inneren Anarchie herbeiführen könne; die tumultuösen Äußerungen des Erweckten wären dann etwa der motorischen Erregung mancher Subjekte unter Betäubungsmitteln[2] oder den Krämpfen erstmalig Hypnotisierter[3] zu vergleichen, oder noch besser den Zuckungen und Krämpfen, die wir in Augenblicken vor dem Eintritt eines ausgebildeten Automatismus oder einer 'zweiten' Persönlichkeit beobachten[4] und die offenbar auch den anarchischen Zustand zwischen der normalen Wach- und der 'anderen' Phase bezeichnen.

Entwickelt sich die 'Ataxie', die in den Krampfzufällen sich augenscheinlich ausspricht, zur Aufhebung zureichender Innervation überhaupt, soz. zu einem Leerzustand zwischen zwei Kontrollen des Körpers, so erhalten wir, wie es scheint, jene Schwächezustände und schließlich völligen Synkopen, die wiederum sowohl bei der Bekehrungskrise als auch bei allen Vertretern seelischer Gespaltenheit — Hysterischen, Somnambulen, Alternierenden, Medien — gelegentlich zu beobachten sind. Bekehrungskandidaten fallen häufig 'wie vom Schuß getroffen' und liegen stundenlang ohnmächtig, jedenfalls unfähig, sich zu rühren. Selbst zu sitzen oder zu knien ist ihnen nicht möglich.[5]

Endlich wollen wir nicht übersehen, daß auch die von Haus aus orgiastischen Kulte häufig (und vielleicht ursprünglich immer) den Zweck verfolgen, Zustände der Besessenheit, d. h. einen seelischen Phasenwechsel herbeizuführen. Sie kehren das Zeit- und Ursachenverhältnis von motorischer Erregung und innerem Umschlag zwar um, belassen ihnen aber ihre Zusammengehörigkeit, und die wichtigere Frage würde sich auch hier nicht auf das äußere Beiwerk, sondern auf die etwaige Bedeutung des seelischen Ergebnisses richten. Unsere Untersuchung dieser Bedeutung aber steht erst in ihren Anfängen.[6]

---

1) S. Finney, Autob. 164f. 219f. 251f.; Gibson 79. 2) Silk 74; Clarke 190. Echopraxie und -lalie der Hypnotischen: Janet, Aut. 18; W. Preyer, Entdeckung des Hypnotismus 95. 3) Deutung durch Zirkulationsstörungen bei Döllken in ZH IV 106. 4) zB. Richer 303f. Beim Übertritt aus einer Ich-Phase in die andere: Dr. Theyskens bei Vereest in Bull. de l'Acad. Royale de Méd. de Belgique, 3e sér. XVI 540; Schröder v. d. Kolks Fall bei du Prel, Ph. d. M. 338f. Entsprechend natürlich bei Transmedien: s. zB. Lodge in Pr VI 444; Pr XIII 292; vgl. Janet, Aut. 362; Flournoy, Des Indes 69; Prof. Acevedo in PS XXVII 69; Dr. v. Krasnicki in PS XXIV 413f. 'Religiöse' Analogien: Elie Marion, der Cevennois, bei Kreyher I 62. 5) McIlwaine 190; Davenport 77. Mehrstündige oder -tägige Reg- und Sprachlosigkeit: Finney, Autob. 52f.; Gibson 96; McIlwaine 186f.; M'Nemar 32. Synkope und Lethargie als Durchgangserscheinung zwischen zwei Phasen: Janet, Aut. 45f.; mediumistisch: Acevedo in PS XXVII 69; Flournoy, Des Indes 65; vgl. 87f. Über Synkopen als Äquivalent des hyster. Anfalls: Richer 169ff. 6) Daß die erwähnten Vorgänge auch bei echten Bekehrungen nur mögliche, nicht aber notwendige Begleiterscheinungen seien (abhängig von Anlagen des Einzelnen oder der Rasse), versteht sich von selbst. Vgl. hierzu

Durch alle solche Überlegungen verlieren die hysteroiden Erscheinungen der 'epidemischen' Bekehrungen entschieden viel von ihrer Wichtigkeit. Sie sind zweideutig; und selbst wo sie eindeutig sind, stellen sie Vorgänge zweiter Hand dar. Ihre Einordnung seitens ärztlicher Beurteiler unter den berüchtigt dunkeln (und ebendaher besonders 'nützlichen') Begriff der Hysterie stellt am Ende wenig mehr als eine Übereilung dar. Eine Hysterie, die vor der Erweckung nicht bestand und nach ihr alsbald verschwindet, fordert augenscheinlich eine psychologische Sonderableitung weit dringender, als eine bloße Etikettierung nach äußerlichen Ähnlichkeiten. Um so lieber werden wir unsere Problemstellung nunmehr auf die Betrachtung jener dauernden Hysterien hinüberschieben, die mit sehr viel besseren Gründen dem typischen Heiligenleben zugeschrieben wird.

XVIII.

Hysterie der Heiligen.

Daß die meisten 'großen' Heiligen 'Hysterische' und daß gerade ihre von den Gläubigen meistbewunderten Besonderheiten ausgesprochen hysterische Erscheinungen seien, hat seit längerem außerhalb der Kirchen für so selbstverständlich gegolten, daß es sich dem populären Urteil einverleibt hat. Der ungläubige Gebildete weiß es nachgerade. Um zunächst nur gewisse gröbere, mehr oder minder eindeutige Symptome zu berücksichtigen, verweise ich auf die massenhaften hagiologischen Berichte über vorübergehende Lähmungen,[1] über Un- und Überempfindlichkeit der Haut im Ganzen oder in Teilen,[2] über zeitweilige Ausfälle einzelner Sinne, über An- und Abschwellen des Körpers oder einzelner Körperteile,[3] über mannigfaltige und ausgedehnte Verkrümmungen und Krampfanfälle,[4] über zeitweilige Unfähigkeit zu schlucken oder irgend etwas (außer der Hostie!) den Schlund hinabzubringen,[5] über Herzschmerzen, die das Herz zu zerreißen, oder Kopfschmerzen, die den Schädel zu spalten scheinen,[6] über Ohrensausen,[7] über Stigmatisierungen der Körperoberfläche,[8] über Gesichte und Ekstasen aller Art, — lauter mühelos feststellbare Symptome, die unter lateinischen und griechischen Namen — als Hemi- und Paraplegien, Kontrakturen und Konvulsionen, An-, Hyp- und Hyperästhesien, Anopsie, Anorexie, Kardi- und Kephalalgien, Halluzinationen usw. — im diagnostischen Katalog der großen Hysterie eine allgemein bekannte Rolle spielen.

Selbst die durchaus gläubige Beurteilung hat sich diesem Gesichtspunkt heute nicht mehr verschließen können. Der bewundernde und hochgebildete Lebensbe-

---

etwa Gibson 42. 50. 221; Velthausen, aaO. 287; JMS VI 173. 1) zB. Labis 177f.; Kanne II 191f. (Gichtel). 2) zB. Görres II 49. 284. 439 (Maria v. Agreda; Ida v. Loewen; Oringa). 3) zB. Görres II 50 (Ida v. L.). 4) zB. Labis 173. 177; Drane I 133. 5) zB. Labis 39; Drane I 198. 6) zB. Maria de S. Ter. 24f. 7) zB. David 76. 8) Vgl. Imbert I.

schreiber der hl. Katharina von Genua erklärt zum mindesten ihre letzte Lebenszeit für ausgesprochen krank. Hitze- und Kälteanfälle — ein Feuer, das auf ihr Gebet hin durch 'Wasser' erfrischt wird—;[1] Schmerzen aller Art und Krämpfe; die Unfähigkeit, selbst bei starkem Durst zu schlucken oder irgendwelche feste Speise zu genießen, neben Heißhunger und unersättlichem Essen; Überempfindlichkeit zumal der Haare; Zittern oder Lähmungen verschiedener Glieder; *assaltos*, in denen ihr Körper sich hebt und windet; örtliche Empfindungslosigkeit; Seh-, Herz-, Atemstörungen; Anfälle, in denen sie 'wie tot' daliegt, um plötzlich wieder zu vollem Leben zu erwachen; Verschlimmerungen und Besserungen, die ebenso plötzlich wie ohne äußerlich erkennbaren Anlaß eintreten — all dies ergibt das offenbar eindeutige Bild einer wahrhaft 'großen' Hysterie.[2]

Den Schulfall übrigens, an dem sich der Meinungskampf um die Hysterie der Heiligen am heftigsten entzündete und schließlich selbst von den Parteigängern der römischen Kirche im bejahenden Sinn entschieden wurde, gab die hl. Teresa ab.

Nach dem eigenen Zeugnis der Heiligen war ihre Gesundheit von früh an schwächlich und verschlechterte sich unter dem Einfluß der Klosterzucht. Sie erwähnt Fieber, schwere Ohnmachten, Herzschmerzen und 'viele andere Krankheiten'. Später setzten die schwersten Erscheinungen der großen Hysterie ein: Krämpfe, die sie tobsüchtig erscheinen ließen, während deren sie ihre Zunge zu 'Lappen' zerbiß und von angstvollen Gesichten gequält wurde; tagelange Anfälle völliger Bewußtlosigkeit, in denen sie wie tot erschien (vermutlich voll-kataleptische Zustände); schmerzhafte Zusammenziehung einzelner Gliedmaßen oder des ganzen Körpers zu einem Knäuel; eine Überempfindlichkeit der Haut, die ihr jede Berührung unerträglich machte, so daß sie nur auf einem Laken liegend gehoben werden konnte; einmal eine fast drei Jahre anhaltende vollständige Lähmung. Zwanzig Jahre lang plagte sie ein regelmäßig morgens sich einstellendes Erbrechen; Angst und tiefste Traurigkeit des Gemütes suchten sie häufig heim; Geräusche tobten in ihrem Kopf, und häufig schüttelte ununterbrochenes Zittern ihr Kopf und Arme oder den ganzen Körper.[3]

Die Beurteilung ihrer Krankheit seitens gebildeter Gläubiger hat lange die augenscheinlich gebotene Diagnose umgangen. Die Auditoren der Rota in ihrer eigenen Zeit sprachen von *epilepsia* und *paralysis*, die sie *saepe passa fuit*; eine wertlose Bestimmung, die über den gröbsten Augenschein nicht hinausging. Von neuesten Beurteilern erkannte Gourbeyre auf schwere Bleichsucht, während Dr. Goix den Ursprung ihrer Leiden in einer Vergiftung durch Sumpfkeime suchte, die sich in Wechselfiebern mit gelegentlichen Steigerungen geäußert habe.[4] Ein jesuitischer Pater, de San, in der Kritik einer sogleich zu erwähnenden Arbeit eines Ordensgenossen, begnügte sich gar mit dem Hinweis auf die zarte Gesundheit

1) zB. Labis 132. Über hyster. Fieber s. Binswanger 603ff. 2) Vgl. zB. Hügel I 133—37. 197ff.; II 10ff. Andere gute Beispiele sind: die Schw. Lukardis (Anal. Boll. XVIII 305ff.); Emmerich I 39f. 81f. 89. 100. 156f. 190. 259. 311; II 45. 260f. 572f.; die Margar. Ebner (Preger II). 3) S. Teresa I c. 3—6 (bes. S. 33—38); c. 7 (S. 52); c. 20 (S. 169); c. 31 (S. 284f. 288) u. sonst. Vgl. auch Dr. Rouby, L'hystérie de S. Th., in AN XIV (1902) 125ff. 227ff. 4) Intoxication paludéenne; fièvres intermittentes avec accès pernicieux: Annal. de philos. chrét. 1896 272.

der Heiligen, eine Gastritis, eine Affektion des Herzens u. dgl. Die Unzulänglichkeit aller solcher Ausflüchte liegt auf der Hand. Gleichwohl sind auch unabhängigere Beurteiler nicht immer mit der Feststellung von Hysterie ohne weiteres bei der Hand gewesen. Montmorand, in einer ausführlichen, die ganze Literatur heranziehenden Arbeit, neigt nach Erwägung des Für und Wider fast mehr der Verneinung zu.[1]

Die entschiedene Deutung im Sinne der Hysterie setzte mit den Arbeiten so bedeutender Forscher wie Bourneville, Richer, Gilles de la Tourette u. a. ein. Legrand du Saulle, nicht minder namhaft als Kliniker, erklärte mit beißender Spitze, in Zukunft habe die Hysterie kein Recht mehr auf Heiligsprechung. Ein scharfsinniger Jesuit, der P. Hahn, mochte diesem Nachweis die Spitze abzubrechen glauben, als er in einer erst preisgekrönten, dann auf den Index gesetzten Arbeit[2] die Hysterie der berühmten Frau unumwunden zugestand, aber ihre davon gänzlich unabhängige außerordentliche Lebensleistung und Heiligkeit in den Vordergrund schob, dabei auch zu verstehen gebend, daß er gewisse ihrer abnormen Erlebnisse dennoch für übernatürlich nach Ursprung und Bedeutung halte.

Man darf sich wohl auf den Standpunkt stellen, daß, was ein Jesuit hat zugeben müssen, keines weiteren Beweises bedarf, falls es der römischen Kirche unbequem ist. Ich will also die Hysterie auch der hl. Teresa als erwiesen annehmen und zur Bestätigung nur noch auf eine Eigentümlichkeit ihrer Leiden aufmerksam machen, die sich in hundert andern hagiologischen Berichten wiederfindet: nämlich die 'suggestive' Heilbarkeit, die bei hysterischen, also vorstellungsmäßig erzeugten (psychogenen) Symptomen durchaus natürlich erscheint. So verschwand zB. gelegentlich eine seit langem bestehende Lähmung der Heiligen auf Anrufung des hl. Josef;[3] oder das tägliche Erbrechen verschob sich vom Morgen auf den Abend, wenn die Heilige in der Frühe kommunizieren sollte.[4] Den umgekehrten Vorgang der hysterischen Erzeugung von Symptomen glaubt Dr. Rouby in der Tatsache zu entdecken, daß der 'hysterische Schlaf' — für den damaligen Beobachter ein Scheintod — bei der Heiligen eintrat, als ihr das Sakrament verweigert wurde, sie also ein Interesse an dem Nachweis hatte, daß sie durch das Verbot in Lebensgefahr gerate. Diese suggestive Beeinflußbarkeit haftet, wie gesagt, den Leidenssymptomen fast aller kranken Heiligen an, wobei die Suggestion ebenso oft von einer Vision oder Einsprache oder Traumerscheinung, wie von den Worten und Wünschen eines Menschen, etwa des geistlichen Vorgesetzten ausgeht.[5]

Die 'große Hysterie' bei zahlreichen Heiligen festzustellen, ist also am Ende nicht schwierig. Fraglich könnte allenfalls die Verwendbarkeit dieser Feststellung erscheinen, wenn man sich darauf versteifte, die hysterischen Heiligen als eine Minderheit hinzustellen, ihre Hysterie als eine zufällige Beigabe ihrer Heiligkeit, hervorgerufen etwa durch asketische Überspannung. Demgegenüber ist zu sagen, daß zwar das Verhältnis von Hysterie

---

1) RPh 1906 I 301ff. 2) Les phén. hystér. et les révél. de S. Th., in Rev. des Quest. Scientif., publ. par la Soc. Scientif. de Bruxelles, XIII 5ff. 511ff.; XIV 39ff. 3) Hahn, aaO. XIII 540. 4) S. Teresa I 53 (c. 7). 5) Verwandte Beob. an andern Mystischen I. zB. Lechner 68f.; Guyon, Vie II 25f. 123—9; Bougaud 246. 285ff. 298; David 11; Labis 572. 177. 179f.; Drane I 198. 202; Gertrud I 155ff.; Tir. Ekst. I 60 Anm.

und Heiligkeit uns im Augenblick noch problematisch ist, daß aber unsere bisherigen Feststellungen über die 'Gespaltenheit' der religiösen Seele uns antreiben, es als ein natürliches aufzufassen. Tatsächlich ist denn auch der Heilige des hysterischen Typs von weltumspannenden religiösen Gemeinschaften als die Erfüllung religiöser Ideale verehrt worden, und religiöses Leben innerhalb dieser Gemeinschaften hat sich ihm um so mehr genähert, je heißer es gewesen ist. Es scheint schon hiernach nicht unvernünftig zu vermuten, daß der hysterische Typ des Heiligen den Wert mindestens einer verdeutlichenden Karikatur haben werde: indem seine Krankhaftigkeit auf einer Hochtreibung von Kräften beruhe, die auch in banaleren Typen am Werke sind. Ich will daher die Erforschung jenes hysterischen Komplexes, der uns das Wesen der Heiligenhysterie entschleiern soll, mit allem Ernst betreiben, auf die Möglichkeit hin, uns damit der Erkenntnis des erwecklichen Komplexes endlich auf die Spur zu bringen.

XIX.

Der Komplex des Mystikers: 1. Kindlichkeit?

Suchen wir uns der Deutung jenes Komplexes gleichsam in konzentrischen Kreisen zu nähern, indem wir auf Grund der neueren Neurosenlehre zunächst die weniger aussichtsreichen, aber doch noch verlockenden Gedanken erwägen und so dem eigentlichen Mittelpunkt dieser Lehre allmählich näher rücken. Die Untersuchung wird dabei freilich über die engere Fragestellung vielfach hinausdrängen: neben der Natur des hysterischen Komplexes im Einzelheiligen also die im stark religiösen Menschen überhaupt wirksamen Triebkräfte berühren. Auch sofern ich aber im Folgenden von der Deutung religiöser Hysterie abzuschweifen scheine, behandle ich tatsächlich seelische Gegebenheiten, die hysteriebildend wirken können: denn sie alle, wie sich zeigen wird, sind Erbgut von großer innewohnender Spannkraft, die bei gegebener Anlage die Fugen des seelischen Baues zum Klaffen bringen können.

Unter diesen Ich-geschichtlichen Komplexen, die für eine Deutung in Betracht zu kommen scheinen möchten, ist zunächst einer, der nicht nur in der religiösen Lebensbeschreibung hier und da eine auffallende Rolle spielt und überdies seinem Wesen nach keinem Lebenden fehlt, sondern auch unabhängig davon in der Neurosenforschung als ein Teilgrund seelischer Zersetzung erkannt worden ist. Ich meine den Komplex der Kindheit. Unsere Psychanalytiker suchen, wie gezeigt, im Unterbewußtsein neben dem Sexual-Triebhaften vor allem das Kindhafte in mannigfachen Schattierungen und schreiben dem Neurotiker, der Welt gegenüber Anpassungsunfähigen und -unwilligen in vielen Fällen die Flucht ins

Paradies der Kindheit als Zweck und Sinn seiner 'Introversion' zu.[1] Nach Silberer, einem Freudschüler, ist Introversion sogar stets mit Regression verbunden, d. h. mit dem Zurückgreifen auf primitivere seelische Arbeitsweisen, mit dem Zurückstreben in die Kindheit und ihre Lustbetätigungen.[2] Allgemein gefaßt muß demnach für unsern Zusammenhang die augenblickliche Frage die Form annehmen: ob es denkbarerweise das 'Kind' im Menschen sei, dessen Zur-Macht-kommen den Kernvorgang seiner religiösen Entwicklung ausmache; enger gefaßt: ob der Gegensatz des Kindheitskomplexes zum Ich der Weltanpassung den Erscheinungen der religiösen Hysterie zugrunde liege. Die Bejahung dieser Frage würde unter anderem voraussetzen, daß 'das Kind' im Menschen über die Zeit der eigentlichen Kindheit des Einzelnen hinaus sich erhalte als eine fortbestehende mögliche Einstellung typischer Art, deren häufiges Einbrechen in den überdeckenden, nachentwickelten Zustand eben durch ihre verdrängte Lage verständlich werde.

Diese Voraussetzung wird gestützt zB. durch gewisse Ähnlichkeiten des kindlichen und der somnambulen Zustände, auf die schon seitens der älteren Magnetiseure gelegentlich hingewiesen wurde.[3] 'Nichts ist merkwürdiger,' so faßt Janet seine eigenen Beobachtungen zusammen, 'als wenn man sieht, wie 30jährige Frauen, die im Wachen ernst und kühl-verschlossen sind, sobald sie in Somnambulismus geraten, das Benehmen von kleinen Kindern entwickeln, ununterbrochen spielen, bei jedem Anlaß lachen, lispelnd sprechen, kindliche Sprechfehler und Kindernamen annehmen usw.'[4]

Man darf vielleicht in diesem Zusammenhang auch auf Ähnlichkeiten in den Phantasieleistungen des Kindes und des Somnambulen hinweisen, die beide in jede ihnen nahegelegte Rolle mit überraschender Lebendigkeit sich zu finden wissen; das Kind bekanntlich, indem es nicht nur selber mimt und nachahmt, sondern auch alles Umgebende beseelt und mit Romanen umflicht. Mit Recht hat man die Bereitschaft der Somnambulen, zu halluzinieren oder sich halluzinatorisch-symbolisierende Personifikationen ihrer vorherrschenden Seelentriebe zu schaffen, auf die kindhafte Artung der somnambulen Phase zurückgeführt.[5] Die oft unzweifelhaft bestehende Verwandtschaft von Somnambulismus und mediumistischem Trans gibt mir schließlich noch Anlaß, an das häufige Auftreten von kindlichen 'Kontrollen', d. h. in diesem Falle: zweiter Persönlichkeiten zu erinnern, wovon Beispiele zu geben nachgerade überflüssig ist.[6]

---

1) Vgl. Seif in JPN XIX 290; Freud, Sex. 37; Janet, Obs. I 391ff.; Jung, Zur Psychol. u. Pathol. sog. okkulter Phän. (Lpz. 1902) über Ableitung von Ichspaltungen aus Tendenzen der infantilen Persönlichkeit. 2) Silberer 156. 3) S. zB. JM 1854 59 (Janet, Aut. 198); Fontan u. Ségard, Médecine suggestive 55; vgl. das sehr häufige und schwerlich 'gezüchtete' Duzen der Somn., zB. Reichenbach II 550. 684f. 691. 4) Janet, Aut. 198; auch ders., Actes 259. 5) Ich erinnere an die gesehenen und gehörten 'Führer-'Gestalten. Vgl. Flournoy, Des Indes 255 üb. couches infantiles encore douées de plasticité et de mobilité; das. 415; Silberer 155f.; Pratt 212. 214f. 6) S. zB. Dr. Freudenberg üb. mediumist. Typen: PS XXXIV 464; Aksakow, Démat. 192. Vgl. das Vorkommen von Spiegelschrift bei automatisch Schreibenden und bei Kindern (Prof. G. T. W. Patrick in PR V 578).

Die Zusammenhänge, durch welche diese Andeutungen für uns Interesse gewinnen, sind dem Leser wohl schon bewußt geworden. Der Erweckungskomplex, der ja auch der neurotische Komplex des hysterischen Heiligen sein müßte, ruht in den Tiefen, die durch den Eintritt in Somnambulismus mehr oder minder bloßgelegt werden; somnambule und ekstatische Einstellungen sind ebenso psychologische Geschwister, wie Ekstase und Bekehrung wurzelverwandt sind. Soweit also die somnambule Phase sich als eine kindliche darstellt, begründet sich die Vermutung, daß auch der erweckliche Komplex an diesem Charakter teilhabe; zumal er so häufig hysteriebildend auftritt und Regression in die Kindheit, wie wir erfuhren, ein Wesensmerkmal der Hysterischen überhaupt ist.

Tatsächlich nun spielen kindliche Phasen zuweilen eine auffallende Rolle im Innenleben auch der Heiligen.

S. Hildegard zB. sagt von sich selbst, daß sie bei ihren häufigen Zuständen des Schauens 'mehr das Wesen eines Kindes, als des reifen Alters an sich habe',[1] und eine späte Nachtreterin in ihren besonderen Wegen, die Anna Katharina Emmerich in Dülmen, welcher Ähnliches während ihres fast ununterbrochenen Schauens geschah, erhielt von ihrem 'Schutzengel' auf ihre Frage die Antwort: 'Wärest du nicht in Wirklichkeit ein Kind, so könnte dies nicht geschehen.'[2] Andere Religiöse durchleben in soz. normalem Zustande Perioden, in denen sie selbst sich wieder Kind geworden dünken und den entsprechenden Eindruck auf Andere machen. Mme Guyon trat 1683, vielleicht im Zusammenhang mit einem Fieber (sie litt damals an Nasengeschwüren), in den 'Stand der heiligen Kindheit Jesu' ein, wie sie es bezeichnet. Ihr Gebaren — bald weinte, bald schäkerte sie — war dabei anscheinend das eines Kindes, und selbst ihr Gesichtsausdruck soll Andern als ein kindlicher erschienen sein. — Auch Marie de l'Incarnation erhielt die 'Gnade der Kindheit' während einer Verzückung, die beinahe drei Tage anhielt, wonach sie die Sanftheit und Anmut eines 6- oder 7jährigen Kindes hatte; und von der Schwester Marguerite werden die kindlichsten Handlungen berichtet, die sie während einer drei Monate fast ununterbrochen anhaltenden *convulsion d'enfance* verrichtet habe.[3]

Immerhin ist die Beobachtung solcher kindlicher Phasen innerhalb des Heiligenlebens eine zu seltene, als daß sie weitreichenden Schlußfolgerungen zur Stütze dienen könnte. Es ist auch nicht ersichtlich, daß diese Phasen stets oder jemals Steigerungen des heiligen Lebens bedeutet hätten (was sie doch müßten, wenn sie sein inneres Wesen andeuteten), ja daß sie auch nur stets 'religiöse' Inhalte, sei es des Schauens, sei es des Handelns dargeboten hätten. Nichts hindert, soweit ich sehen kann, diese Vorgänge als persönliche Besonderheiten der hysterischen Äußerung einzelner Heiliger zu betrachten, wesensverwandt den kindlichen Phasen profaner Hysterischer der Klinik.

1) Acta S. Hild., ed. Migne, p. 14 (bei Schmöger, — Emmerich II 11). 2) Emmerich II 42. 3) Calmeil II 391 (nach Montgeron).

Dessenungeachtet könnte man versucht sein, unserer ersten Vermutung eine etwas genauere und dabei allgemeiner anwendbare Fassung zu geben. Es ist unbestreitbar, daß die Kindheit oder aber Jugend im Leben vieler Menschen diejenige Zeit ist, in der die religiösen Vorstellungen, von Zweifeln unberührt, am stärksten in der Seele Wurzel fassen können; ist doch nach psychanalytischer Anschauung die religiöse Haltung ohnehin nur ein Abgeleitetes der inneren Einstellung des Kindes gegenüber der elterlichen Allwissenheit, Allmacht und Allgüte.[1] Diese Machtstellung büßen die religiösen Vorstellungen später häufig ein. Ernst Moritz Arndts 'Ich betete als Knabe mit Inbrunst, lachte und spottete als Jüngling mit Frechheit' — wie viele nicht können es auf sich selber anwenden![2]

Aber die Gedanken und Überzeugungen des Kindes sterben nicht notwendig ab; sie glimmen häufig genug unter der Asche fort und überdauern so die Stürme der geistigen Entwicklung. Die 'Welt' schiebt sie in den Hintergrund, aber wenn sie wieder auftauchen, kehrt man zur Kirche zurück, d. i. zur Kindheit: man bekehrt sich;[3] mit andern Worten: ein kindlicher Komplex rückt wiederum in den Mittelpunkt des seelischen Kräftespiels. — Oder, wo ein verstandesmäßiger Bruch mit den Überzeugungen der Kindheit nicht erfolgte, da mag doch ihr Gefühlston mit der Zeit geschwunden sein: dessen Wiederkehr wäre nicht minder eine Rückkehr zur Kindheit. Es ist ja ein typischer, vielfach belegbarer Verlauf des Heiligenlebens, daß nach einer äußerst frommen Kindheit eine zweite Periode der 'Erkaltung' und dann erst die endgültige Wendung zur Religiosität folgt, welche somit gleichzeitig eine Rückwendung zur Art der Kindheit ist. Auch lesen wir nachgerade genug von 'Bekehrungen', also jedenfalls gefühlsstarken religiösen Erlebnissen sogar in früher Kindheit, — wie sehr auch die große Nachahmungsfähigkeit des Kindes einen Zweifel an der Eindeutigkeit solcher Vorkommnisse begründen mag.[4]

Von diesen beiden Fassungen der fraglichen Hypothese ist augenscheinlich die zweite, das Gefühls- und Willensleben in den Vordergrund stellende für uns die wichtigere: denn nicht in einer verstandesmäßigen Behebung von Zweifeln oder Begründung von Glauben besteht ja die Bekehrung; die sonst auch nicht zu deuten wäre in Zeiten oder inmitten von Kulturgemeinschaften, denen jeder Zweifel an religiösen Lehren völlig fern lag — abgesehen davon, daß die vorstellungsmäßige Wiederbelebung der kindlichen Religion gar nicht die Gotteserfahrungen des Mystikers, sondern wohl meist den 'heidnischen', phantastischen, grotesken 'Aberglauben' des Kindesalters wieder hervorkehren müßte.[5]

1) Vgl. zB. P. Bovet, Le sent. rel., in Rev. de Théol. et de Philos. Nr. 32, und ders., Le sent. filial et la religion, das. Nr. 36, ref. in Imago VII (1921) 201f. 2) Vgl. Kanne II 270ff., bes. 290 (über sich selbst). 3) Dies Fursacs Deutung der Revival-Bekehrungen: Fursac 73. 4) Beispiele bei Edwards, Narrative 109ff.; Gibson 271ff.; M'Nemar 20; Cutten 267f. 5) Vgl. hierzu Thomsen in AR IX (1906) 415. Über eigenartige kindl. Religionsvorstellungen s. zB. Pratt 201ff.; Cutten 271ff. (Lit. bei beiden.)

Aber auch der mehr gefühlsmäßigen Religiosität des Kindes gegenüber erhebt sich die Frage: ob sie und ob das kindliche Wesen überhaupt mit dem typischen Erwerb einer Erweckung im tieferen Sinne verglichen werden könne. Die Beobachtungen kindlichen Gemütslebens, aus denen die Beantwortung dieser Frage zu schöpfen hätte, bieten in Wahrheit eine Mannigfaltigkeit dar, die vor übereilten Verähnlichungen durchaus warnen muß. Es ist richtig, daß Kinder, auch Knaben, schon in sehr zartem Alter oft einen Reichtum an Liebe und Zärtlichkeit zeigen, der sich später unter den umkrustenden und unterdrückenden Einflüssen des Lebens fast völlig von der Oberfläche zurückzieht, also wohl das Material zu einer unterirdischen Reifung mit dem Ziele späteren Durchbruches geben könnte. Aber sicherlich lassen sich solchen Beobachtungen andere gegenüberstellen, die in dem Kinde den ganzen rücksichtslosen Egoismus seines wesentlich schmarotzerischen Daseins finden; eine Grausamkeit, der nicht nur jedes Gefühl für fremdes Wehe fehlt, sondern die im Wehtun eine reiche Quelle eigener Lust entdeckt;[1] dazu eine Eitelkeit, die sich mit bewundernswerter Berechnung in Szene zu setzen weiß; kurz: eine Verkapselung in dem kleinen und engen Selbst, die das Gegenteil des erwecklichen Selbstverlustes darstellt. Auch das Kind vermag zu lieben, und zwar im Durchschnitt mit einer Frühreife, die man mit Unrecht nur gewissen genialen Naturen hat zuschreiben wollen. Selbst während der frühesten Jahre[2] trägt die Liebe zwischen Kind und Kind sehr häufig alle Kennzeichen der Leidenschaft des späteren Lebens, mit alleiniger Ausnahme der geschlechtlichen Betätigung: die kleinen Verliebten suchen die Gegenwart des Andern mit der gleichen Heftigkeit und Unermüdlichkeit; sie umarmen, küssen, liebkosen einander; sie opfern für den Geliebten ohne Zögern ihre kostbarsten Besitztümer, übernehmen für ihn jede Gefahr, haben dieselben tausenderlei Aufmerksamkeiten füreinander; sie werden bei einer Trennung mit dem gleichen leidenschaftlichen Schmerz geschlagen, der bis zu Krankheit und Selbstmordversuchen führen kann. Aber diese Liebe ist eben, wie man sieht, kein Sonderbesitz der Kinder; sie unterscheidet sich vom religiösen Liebesleben nicht weniger, als dieses vom leidenschaftlichen Liebesleben des unerweckten Erwachsenen überhaupt; sie hat dieselbe bedenkenlose Beimischung von Selbstsucht, und sie verträgt sich mit allen Zügen allgemeiner Selbstsucht, die in dem erwachsenen leidenschaftlich Liebenden außerhalb des leidenschaftlichen Einzelverhältnisses in ungehinderter Blüte stehen können.

Das Urteil, das in dem Worte 'So ihr nicht werdet wie die Kinder...' gleichwohl eine bedeutsame Wahrheit wittert, dürfte sich denn auch in der Tat auf andere Züge des kindlichen Seelenlebens beziehen, als gerade

1) Über Grausamkeit 'aller Kleinen' s. Sadger (Üb. d. sado-masochist. Komplex) in JPPF V bes. 163f. 2) d. i. während der 'ersten' Periode (3.—8. J.): S. Bell, A prelim. study of the emotion of love betw. the sexes, in AJP XIII (1902) 325ff. (1700 Fälle).

seine Heiligkeit im Sinne selbstvergessener Liebe und Gottversunkenheit. Die unbefangene Inbrunst und unüberlegende Stärke des kindlichen Gefühls, die Unmittelbarkeit und Hingegebenheit der Welt gegenüber, die blütenhafte, hilflos-unfragende 'Abhängigkeit' von ihr und Unterwerfung unter die lebentragenden Mächte, das Schwimmen auf den Tiefen, die sich gegen die Ursprünge hin erstrecken, — alle diese Züge, die der heranwachsende, auf sich selbst aufmerksam werdende, lernende, enttäuschte und kämpfende Mensch nur zu früh verliert, die er nur in der kindlichen Phase des Traumlebens gelegentlich wiedererlangt, haben in der Tat eine wesentliche Verwandtschaft mit Zügen, die auch der machtvoll zu religiösem Leben Durchdringende zurückgewinnt.

XX.

Der Komplex des Mystikers: 2. Primitivität?

Aber solche Züge, die vom ethischen Gebiet mehr oder minder abliegen, gehören nicht bloß dem Kinde an, sondern sind ihm bedeutsamerweise mit gewaltigen Massen Erwachsener gemein: mit dem primitiveren Menschen überhaupt; sie finden sich im Kinde insofern, als dieses nach einem bekannten Gesetz die Entwicklung der Gattung in sich wiederholt. Bedenkt man vollends, welche Macht gerade die religiöse Einstellung der Welt gegenüber im primitiven Menschen besitzt, so könnte man wohl versucht sein, die soeben erwogene Hypothese in dieser erweiterten Form zu wiederholen. Danach wäre es ein Wiederaufleben nicht so sehr der eigenen Kindheit, als vielmehr des unzerstörbaren rassegeschichtlichen Erbes, was eine Bekehrung zutage förderte und was unter Umständen als neurotischer Komplex den Kampf mit später erworbenem Geistesgut aufnähme.[1] Die außerordentliche Rolle, die im religiösen Wesen dem 'Gefühl' — nicht nur als leidender Reaktion, sondern auch als Führerin von Tun und Erkennen — zukommt, erinnert uns daran, daß eben das Gefühl von unserer herrschenden Entwicklungslehre als der urtümlichste Seelenzustand angesehen wird.[2] Und der vollentwickelte Erwachsene, sofern er zeitweilig die hellbelichtete Maschinerie des Eigendenkens fahren läßt und auf gefühls- oder instinktmäßige Entscheidungen sich verläßt, greift damit vielfach, ohne es zu ahnen, auf Kräfte zurück, die älter sind als er, vielleicht als seine Gattung, ja ihre Wurzeln bis in die Anfänge des Lebens hinabsenken mögen. — Psychologen haben namentlich auf ein häufiges Element des Bekehrungsvorgangs hingewiesen, das an beherrschende Stimmungen des Primitiven, wie auch des Kindlichen anzu-

---

1) Feine psychol. Betrachtungen über Gattungsseele bei L. Hearn, Kokoro (Boston 1899) 266ff.; Gleanings from Buddhafields (1898) 91ff. 2) S. zB. J. M. Baldwin, Feeling and Will 84; Pratt 15—24.

knüpfen scheinen könnte: Furcht muß im Leben des urtümlichen Menschen, dem die Natur so unbekannt und darum so feindlich war, in der Tat eine außerordentliche Rolle gespielt haben. Sie hat nach der Meinung Vieler der Mehrzahl seiner Götter das Gesicht gegeben: *primus... timor fecit deos*. In der Geschichte des religiösen Einzelnen würde die fragliche Hypothese nicht nur die Schrecken der Vorbekehrungszeit und des Durchbruchs z. T. auf jene Erbquelle zurückführen, sondern etwa auch jenes Furchtbare und Ich-Vernichtende — das *tremendum*[1] —, das dem mystischen Erlebnis so häufig eigen ist.

Die vielbesprochene Verwandtschaft des religiösen Komplexes mit somnambulen u. ä. Phasen würde ferner die mannigfachen primitiven Eigentümlichkeiten dieser letzteren (im gattungsgeschichtlichen Sinne) für unseren augenblicklichen Zusammenhang bedeutsam werden lassen.

Primitiv ist am Seelenleben der Schlafzustände ja schon die tiefere synthetische Lage überhaupt; primitiv ist ihre Suggestibilität, d. i. 'Gläubigkeit'; primitiv ihre Neigung zu unbedenklichem Ausleben aller Hoffnungen und Wünsche in symbolisierender Bildlichkeit. Für primitiv, für einen Rückschlag in stammesgeschichtliche Überbleibsel erklärte Metschnikow sogar in leicht durchschaubarer Anspielung die turnerischen Leistungen Nachtwandelnder, und erwähnt vier nahe verwandte Personen, die mit der Neigung zu spontanem Nachtwandeln die Fähigkeit zur willkürlichen Bewegung der Ohrmuscheln verbanden, eine Kunst, die natürlich auch an untermenschliche Vorfahren erinnert.[2] Die größere Empfindlichkeit für atmosphärische Vorgänge, vielleicht auch die starke Witterung für verborgenes Wasser, die in verschiedenen niederen Bewußtseinslagen beobachtet wird, ließe sich ebenfalls wohlbekannten Fähigkeiten der Tiere und des Urmenschen vergleichen.

Aber selbst aus dem engern Bestande der erwecklichen Praxis läßt sich eine merkwürdige Einzelheit herausheben, in welcher sich die Primitivität ihrer Erzeugnisse anzudeuten scheint. In Wales ist es oft beobachtet worden, daß die Betenden oder Predigenden bei steigender Erregung plötzlich die Prosa der englischen Rede fallen ließen und nicht nur ins Wallisische, die alte Landessprache, sondern gleichzeitig auch in eine dichterisch gebundene Redeweise, einen pathetischen Sington übergingen, den bereits besprochenen *hwyl*. Der Zustand des erhaben Deklamierenden war dann bezeichnenderweise ein halbwegs ekstatischer: er war sich seiner Umgebung kaum noch bewußt und hatte nach abermaligem unvermitteltem Übergang in englische Prosa keine Erinnerung für den dazwischengelagerten *hwyl*. Auch das Gefühl des Erstickens zu Beginn, der starke Blutandrang zum Kopfe und das seltsam krampfhafte Aufschluchzen nach jeder Zeile des *hwyl* deuteten auf einen abnormen Geisteszustand.[3] — Die Bedeutung dieser Tatsachen für unsern Zusammenhang wird klar, wenn man bedenkt,

1) R. Otto, Das Heilige, 3. Aufl. 14ff. 2) Ref. in ÜW XIII 268. 3) Bois 268ff. 291. 299f.; Fursac 141f. Vgl. vielleicht das ψάλλειν der Urchristen: Kol. 3, 16; Eph. 5, 18.

daß Wallisisch die Kindheits- und Vorfahrensprache der Betreffenden war, daß der *hwyl* eine uralte, nicht nur religiös ausgebeutete Sitte der Walliser ist,[1] daß aber vor allem nach Ansicht Mancher der dichterische und musikalische Ausdruck überhaupt der Prosa gegenüber die ältere, primitivere Form der Sprache darstellt.[2]

Alle diese Andeutungen münden natürlich in der Voraussetzung, daß wie zuvor das Kind, so nunmehr auch der primitive Mensch als der im Sinne der Erweckung und Heiligung Überlegene anerkannt werde, zum mindesten als ein in dieser Hinsicht Eindeutiger und Einheitlicher, dessen typische Anlagen nur der Reifung in der seelischen Tiefe des Einzelnen bedürfen, um als ihre Blüte den erweckten Charakter hervorzutreiben. Und hier ist merkwürdigerweise wirklich etwas der Bestätigung dieser Voraussetzung Ähnliches von seiten ethnologischer Beobachter ausgesprochen worden. Der urtümliche Mensch soll nicht nur jene (zuweilen mystisch anmutende) stillergebene Einbettung in den Naturzusammenhang, in Leben und Tod besitzen, die ja auch dem Tiere eigen ist;[3] er soll auch, den normalerweise herdenhaften Zustand der höchststehenden untermenschlichen Tierarten übernehmend, die geselligen Tugenden in besonders hohem Maße entwickelt haben.

So sagt zB. Klaatsch nach eigenen Beobachtungen von den Uraustraliern, sie seien 'von Grund aus gut; der größte Teil aller selbst im Sinne des Christentums betrachteten Tugenden' sei bei ihnen gegeben, der 'Grundzug ihres Wesens — eine ausgesprochene Nächstenliebe.' Innerhalb der Horde herrsche eine Liebe, die an die Vorschriften der Bergpredigt erinnere.[4] — Nach dem gelehrten Pater W. Schmidt zeichnen sich die Zwergvölker durch hochstehende Sittlichkeit, Friedfertigkeit, Wahrheitsliebe, gesellschaftliche Fürsorge u. ä. verwandte Tugenden aus.[5] — Und darüber hinaus noch entsinnen wir uns, wie sehr selbst das Tier in vielen Arten als das soziale Geschöpf *kat' exochên*, das in allem Tun allein durch die Gesamtheit bestimmte erscheint. Das Aufgehen des Einzelnen in den Bedürfnissen des Ganzen finden wir nirgends so völlig, so reibungslos verwirklicht, als in gewissen Tierstaaten.

Sicherlich mögen solche Urteile der augenblicklich erörterten Hypothese irgendein Teilchen Wahrheit ohne weiteres sichern. Übersehen werden kann freilich nicht, daß ihnen andere Zeugnisse über niedrige Sittlichkeit der Wilden gegenüberstehen.[6] Was aber wichtiger ist: wir wissen heute, daß jene geselligen Tugenden der Primitiven ihre verhältnismäßige Stärke durch die Enge ihres Wirkungsbereiches erkaufen: sie erlöschen und wandeln

1) Bois 278. 2) Über das 'Kind' als Dichter — ein augenscheinliches Korollar des Obigen — s. W. Stekel, Dichtung und Neurose (Wiesb. 1909) 1f. 3) S. Tolstois bekannte Schilderungen des russ. Bauern, zB. Meine Beichte (Berl. o. J.) 91f. 4) H. Klaatsch, Die nied. Menschenrassen in ihrer Bed. f. d. Kriminalistik, in Die Umschau 1911 866; vgl. Westermarck I 540ff. (viel Material). 5) W. S., Die Stellung der Pygmäenvölker in d. Entwicklungsgesch. des Menschen (1910), ref. in AR XVII 547. Üb. selbstverständl. Übung dessen, was heute als besondere sittl. Pflicht wiederzuerobern sei, in der primit. Gruppe s. G. Simmel, Einl. in d. Moralwiss. I 20. 6) Vgl. zB. Lubbock, The origin of civilization (1870) ch. VII.

sich in ihr Gegenteil an den Grenzen des Stammes, jenseits welcher wieder Furcht, Feindschaft und alle Angriffsneigungen in ihr volles Recht treten;[1] hierin sich merklich unterscheidend von der sehr viel weiter greifenden Sympathie des höherentwickelten Spätmenschen nicht nur, sondern auch von den weit einheitlicheren Gefühlen des die Menschen 'in Gott' liebenden Erweckten. Der Mensch ist zwar ein 'geselliges Tier' und seine primitiven Tugenden mögen die unmittelbaren Abkömmlinge entsprechender Vorzüge der Herdentiere sein. Immerhin wissen wir, daß auch in der tierischen Herde sich Individualisten finden[2] und daß auch unter geselligen Tieren Züge der Grausamkeit von Gliedern gegen Glieder der Herde oder des Schwarmes zu beobachten sind.[3] Dieselben Einschränkungen aber sind doch ohne Zweifel auch bezüglich der primitiven menschlichen Herde zu machen. Dies alles verhindert, auch in der Hypothese des 'primitiven Komplexes' wie in der des 'kindlichen' mehr als eine Annäherung an die Wahrheit zu sehen, deren dunkel empfundener Sinn uns vielleicht auf einer höheren Stufe der Untersuchung aufgehen wird.

XXI.

Der Komplex des Mystikers: 3. Weiblichkeit?

Diese nur teilweise Sättigung unseres Fragedranges wiederholt sich, wenn wir uns dem Mittelpunkt der Neurosenlehre nunmehr um einen Schritt nähern, der nicht nur mit innerer Notwendigkeit den bisherigen sich anschließt, sondern auch durch unabhängige Beobachtung angeregt wird. Es ist heute längst ein Gemeinplatz der Menschenkunde, das Primitive nicht nur im Wesen des Kindes und des Frühmenschen, sondern auch in dem des Weibes zu suchen; insofern dessen Seelenleben vorwiegend in den kindlichen Formen des Instinktiven, des konkret Bildhaften, des Gefühlsmäßigen, der Nachahmung verlaufe. Den meisten Anthropologen gilt das Weib nicht nur als einfacher und ursprünglicher als der Mann, sondern auch als mehr gleichbleibend innerhalb seiner Art; so daß die Frauen einer Rasse einander mehr gleichen als die Männer, die Männer mehr voneinander abweichen als die Frauen, und im Lauf der Kulturentwicklung auch von den Frauen zunehmend abweichen.[4] Das Seelisch-Weibhafte erfüllt aber auch die beiden Anforderungen, die unser Zusammenhang an jedes mögliche Deutungselement erwecklicher Wirkungen stellt: es ist imstande Neurosen zu bewirken, und es hat anscheinend eine gewisse inhaltliche Ähnlichkeit mit dem erweckten Bewußtsein.

---

1) Darwin, The Descent of Man (new ed. 1901) ch. IV 183; Westermarck II 743. Über die negative Moral. der Primit. s. Wundt, Elem. der Völkerpsychol. 113. 2) S. zB. Darwin, aaO. 159. 3) Töten von Drohnen; Morden verwundeter Herdengenossen: das. 156. 161. 4) Bloch 62 (dagegen neuerdings Manouvrier, Pearson u. a.).

Was zunächst seine neurotische Fruchtbarkeit anlangt, so beruht sie auf der Tatsache einer Mischung von Geschlechtscharakteren beider Geschlechter — körperlicher und (im Zusammenhang damit) seelischer — in jedem Einzelmenschen. Diese Anschauung von der Zweigeschlechtigkeit des Einzelwesens ist heute nachgerade volkstümlich bekannt. Wilhelm Fließ' eigenartige Beobachtungen und Spekulationen über das Zusammenwirken einer männlichen und einer weiblichen Periode von 23 bzw. 28 Tagen in den Leistungen und Erlebnissen des Einzelnen[1] haben nicht bloß zu biologischen Gedanken über plasmatische Differenziertheit geführt,[2] sondern auch den Blick geschärft für den ganzen Formenreichtum des schon seit altersher bekannten seelischen Hermaphroditismus. Nach dieser Anschauung mischen sich in dem Einzelmenschen die seelischen (wie auch körperlichen) Merkmale eines selten oder nie anzutreffenden weiblichen Grenztyps und eines ebenso idealen Manntyps in mannigfaltigsten Massenverhältnissen. Daß diese 'Komponenten' der Geschlechtsartung (im weitesten Sinne) zu seelischen Spaltungen und in der Folge zu Neurosen führen können, müßte man erwarten, wenn die Erfahrung es nicht lehrte: ist doch an den Opfern des Ich-Zerfalls wiederholt bemerkt worden, daß die einzelnen Teil-Iche verschiedene 'Seiten' des Gesamtcharakters zum Ausdruck bringen — und welche 'Seiten' eines Charakters könnten wichtiger, zugleich aber gegensätzlicher sein, als seine männlichen und weiblichen? Die Wahrscheinlichkeit ist überdies groß, daß die 'Verdrängung' eines starken gegengeschlechtigen Einschlags häufig angestrebt werde. Die Einreihung des Einzelnen in seine Umgangskreise erfolgt ja zunächst immer nach oberflächlichstem Augenschein: weibliche Knaben werden in männliche Umgebung und deren Lieblingsbeschäftigungen hineingezwungen, männlich veranlagte Mädchen in das vielfach allzu enge Geleise weiblicher Erziehung. Der Psychologe, der Pädagoge kennt die Kämpfe und Leiden, die daraus entspringen; und es ist wesentlich eine Frage der seelischen Einzelkonstitution, ob die hier geforderte Verdrängung sich mit den banaleren Leiden eines 'sich unglücklich fühlenden' Lebens begnügen oder eine vollentwickelte Neurose zustandebringen werde. Die günstigsten, glattesten Formen einer solchen (beinahe ihre Umgehung, möchte man sagen) beobachten wir in Fällen, wo der unbewußte fremdgeschlechtige Komplex sich tatsächlich zu einer 'zweiten' Persönlichkeit zusammengeschlossen hat, die sich — nach früher besprochenen Grundsätzen — bald als Automatismus, bald als somnambule Phase äußert.

H. Freimark berichtet zB. den Fall eines jungen Bildhauers aus Deutsch-Böhmen, der im mediumistischen Trans als Zirkassierin unter dem Namen Tia

1) Fließ, Ablauf d. L. 2) S. Weiningers Gedanken eines Arrheno- und Thelyplasma: Geschlecht und Charakter, 3. Aufl. 14ff. Über allg. Bisexualität als Begründung von Inversion s. Freud, Sex. 10 Anm. 1. 8.

auftrat, dann 'einen vollkommen weiblichen Eindruck machte' und die Liebe eines anwesenden Freundes erregte.[1]

Aber nicht nur die Verwendung fremdgeschlechtiger Einschläge zur Bildung in sich geschlossener zweiter Iche, sondern auch ihre Übertragung in typisch neurotische Symptome gilt dem heutigen Psychopathologen für erwiesen: er setzt dabei nur eben eine besondere seelische Veranlagung voraus und entgeht damit dem Einwande, der sich auf die erwiesene Vollgesundheit so vieler Homosexueller gründen könnte.[2] Freud selbst vertritt ausdrücklich die Ansicht, daß hysterische Symptome u. a. auch durch den Widerstreit libidinöser Phantasien von entgegengesetztem Geschlechtscharakter bedingt sein können, also einer männlichen und einer weiblichen unbewußten sexuellen Phantasie; wie denn Züge von Inversion (d. i. Gegengeschlechtigkeit) in keinem Fall von Neurose fehlten.[3] Ja er bezeichnet die Neurose geradezu als soz. das Negativ der Perversion.

Aber nicht nur Ich-Spaltungen und Neurosen kann die zweigeschlechtige Anlage erklären, sondern offenbar auch Schwankungen des Charakters ähnlich denen des geistlichen Lebensweges. Fliess, der dem Manne wesentlich den Inhalt seiner männlichen Triebe, der Frau denjenigen ihrer weiblichen 'bewußt' sein läßt, dem bewußt Klaren aber im 'dunklen Unterbewußten das für gewöhnlich unter der Schwelle bleibende Gegengeschlechtige' gegenüberstellt, läßt von ihm — seltsamer-, aber doch bezeichnenderweise — nicht nur Lenkungen des 'wissenschaftlichen, künstlerischen oder moralischen Taktes', ja 'die Stimme des Gewissens' ausgehen, sondern mit den 'periodischen Schüben, die bald mehr das eine, bald das andere Geschlecht in uns betonen', auch die 'ruckweisen Erweiterungen des Bewußtseinsfeldes nach der einen oder anderen Seite' und die 'plötzlichen Änderungen des Charakters': die 'unmotivierte Härte der Frauen, die unbegreifliche Weichheit und Nachgiebigkeit beim Manne.'[4] Von solchen 'periodischen Schüben' bis zu einmaligen Durchbrüchen nach vorhergegangener Stauung aber (wie die Erweckung einer wäre) ist psychologisch offenbar nur ein Schritt.

Damit aber fehlen nur mehr zwei Voraussetzungen, um die Anwendbarkeit aller dieser Feststellungen auf unsern Gegenstand zu sichern: Einmal müßten wir auch dem Religiösen eine genügende Stärke und geeignete Artung der Zweigeschlechtigkeit zuschreiben dürfen; sodann aber müßte der eine ihrer Wesensteile — und wir ahnen schon, daß nur der weibliche

1) H. F., Okkultismus u. Sexualität 369ff. Vgl. den ähnlichen Fall bei M. Hirschfeld, Berlins drittes Geschlecht 13, und den von Stuhlmann beschrieb. Neger, bei Freimark, aaO. 31f. 2) M. Hirschfeld, Der urnische Mensch (Lpz. 1903) 139ff. und JSZ V, I; Krafft-Ebing, Neue Stud. auf d. Geb. der Homosexualität, JSZ III 5; Bloch 543. 3) S. Hyster. Phantasien u. ihre Bezieh. zur Bisexualität, ZS I (1908); Freud, Sex. 27f.; ebenso (selbständig) J. Sadger, Die Bedeut. der psychoanal. Methode nach Freud, ZNP 1907. Ähnlich A. Adler, Der psych. Hermaphroditismus im Leben u. in d. Neurose, in Fortschritte d. Med. XXVIII 486ff. 4) Fliess 470.

hierfür in Betracht kommt — inhaltlich mehr oder minder mit dem mystischen Komplex zusammenfallen.

Über die erste dieser Voraussetzungen will ich nicht Worte verlieren: die behauptete Allgemeingültigkeit der Lehre schließt natürlich die Religiösen ohne weiteres ein, und soweit besondere Verhältnisse und Anlagen erfordert werden, begreift es sich leicht, daß sie fast nie biographisch genau feststellbar, vielmehr eben vorauszusetzen sein werden.

Nur gleichsam als zufälligen Glücksfall will ich das Bild der Frau Blavatsky, der bekannten theosophischen Sektengründerin und Seherin andeuten, deren starke Zweigeschlechtigkeit überzeugend nachweisbar ist. Zwar war sie zweimal, aber nur zum Schein verheiratet. 'Männer als solche existierten nicht für sie', behauptet Solowiow, der sie nahe kannte. Und Sinnett sagte von ihr geradezu: 'Sie trug zwei deutlich unterschiedene Naturen in sich, so daß man dachte, es wären zwei Wesen in einem Körper: das eine schadenfroh, streitsüchtig und eigensinnig, in jeder Weise lasterhaft; das andere zum Mystischen und Metaphysischen neigend, gleich der Seherin von Prevorst.' Als sie infolge von geistiger Überanstrengung einmal erkrankte, entwickelte sich bei ihr Spaltung der Persönlichkeit, wobei das neu zutage tretende Ich bezeichnenderweise ein männliches Wesen war. Es scheint fast, sagte Olcott von ihr, als ob sie sich immer zwischen ihrem innern Selbst von Mann und Weib teile.[1]

Bedeutsamer, aber auch schwieriger ist die Frage der zweiten Voraussetzung: nach der Möglichkeit einer wenigstens teilweisen Gleichsetzung des Heiligenkomplexes bzw. des mystischen Neurosekomplexes mit einem der Teilgeschlechter, vorzugsweise natürlich dem weiblichen. — Die übliche Analyse nun der typischen Geschlechtscharaktere schreibt dem 'Manne' vor allem die tätigen, angreiferischen, schaffenden, gestaltenden, formenden Triebe zu, den Drang der Eroberung, Entdeckung und Neuerung; als ihr hauptsächliches Hilfsmittel den klaren 'Kopf' und 'Verstand', die überlegene Vernunft, den langgespannten Willen — Eigenschaften, die leicht mit Härte und Stolz und einer gewissen 'Gefühllosigkeit' Hand in Hand gehen, mit Unterdrückung und Ausnutzung Anderer, mit Grausamkeit und Zerstörung und darum Verbrechen. Den entgegengesetzten weiblichen Typ würden hauptsächlich die weicheren Eigenschaften des 'Herzens' bestimmen, der heftigere, reichere, bildsamere Anschlag der Gefühle, das schnellere Mitempfinden und (entsprechend) das regere Mitleid und Bedürfnis nach Sympathie; ein stärkerer Hang zur Geselligkeit und die lebhaftere Zärtlichkeit, Sanftmut und Bescheidenheit; in allem also der Drang nach Selbstverleugnung, Hingabe und Genommenwerden, der das Gegenstück des Erobererdranges ist; das Bedürfnis der aufblickenden Bewunderung und Unterordnung; die größere Passivität und darum Abneigung gegen Neuerung und Umwälzung; ein engeres Verwachsensein des Denkens mit der breiten Grundlage der Triebe und Instinkte, ein Vorwalten der 'Intuition'

1) Vgl. H. Freimark in JSZ VIII; PS XXXIV 24ff.

und des 'Taktes' gegenüber dem schrittweisen Denken; dementsprechend eine größere Einheitlichkeit der gesamten Persönlichkeit in allen Verhältnissen des Lebens, zumal in der Liebe, in der sich sinnliche und seelische Züge enger vermischen als beim andern Geschlecht, und die keuscheren Formen überwiegen. 'Das Fühlen ist des Weibes Reich, Mitgefühl ist seine Tugend.'[1]

Eine gewisse Ähnlichkeit der weiblichen und der mystisch-erweckten Artung muß hiernach zugestanden werden, und das volkstümliche Urteil hat sie längst hervorgehoben. Man hält die Religion für eine Sache der Frauen und glaubt von einem männlichen Heiligen fast niemals sagen zu können, er sei ein 'ganzer Mann'. Den typischen harten, tätigen, selbstbewußten, eigenwilligen Mann, den Krieger, den Jäger, den Entdecker, den Gründer, den Händler empfinden wir sehr fern von jenem schmelzenden Gefühlsleben und jenem Vertrauen auf die außerbewußte Tiefe der Seele, die dem Heiligenleben so wesentlich und dem Weibe so häufig natürlich sind. Im 'religiösen' Manne dagegen suchen und sehen wir leicht das Weib: das lange weiche Haupt- und Barthaar, die milderen Züge und die musikalische Stimme. Schon künstlerisches Herkommen malt den Christus anders als den Caesar. Allbekannt ist auch die Wertschätzung der Frauen bei vielen Völkern als bevorzugter Aufnahmegefäße des göttlichen Geistes, der prophetischen Gaben und der magischen Kräfte, die ihnen in einzelnen Ländern hohen Einfluß und Macht eintrug.[2] Die 'Mucker' in Königsberg waren nicht die einzige Sekte, bei denen die Frauen völlig die Herrschaft in Händen hatten.[3] Die nachweisbare und anerkannte größere Lenkbarkeit und Belehrbarkeit des Weibes stellt es anscheinend in die Nähe der mystisch-religiösen Artung, sofern das Aufgehen von Ich und Willen in einem führenden Geist zu ihren Hauptforderungen gehört. Dem statistisch denkenden, Durchschnitte suchenden Anthropologen gilt demnach das Weib meist nicht nur als 'moralischer', sondern auch als 'religiöser'. Die weibliche 'Bekehrung' der protestantischen Kirchen erfolgt im Durchschnitt zwei Jahre früher als die männliche, und die Erweckungsbewegungen gewinnen mehr weibliche Seelen als männliche.[4] Dabei bevorzugt das weibliche Geschlecht die mehr gefühlsmäßigen, 'unterbewußten' und 'suggestiv' beeinflußten, passiven, phantasiegelenkten Formen der Bekehrung, die weniger von Willen und Verstand beeinflußten,[5] also (können wir wohl sagen) die mehr mystisch gearteten. In amerikanischen Kirchen, wie wohl in den meisten der Welt, ist das Verhältnis der weiblichen zu den männlichen

---

1) J. P. Möbius, Der physiol. Schwachsinn des Weibes, 10. Aufl. 86. Einiges in A. Horneffer, Der Priester. Vgl. etwa noch M. Dessoir in AZP L 949; G. J. Romanes, Mental differ. betw. men and women, Nineteenth Cent. XXI; Geddes & Thompson, The Evol. of Sex 271; H. Ellis, Man and Woman. 2) Einiges zusammengest. bei Lombroso I 189ff. Liste weibl. Prophetinnen bei Lewis R. Farnell in RA VII (1904) 73f.; s. auch Schwally, AR VIII 91; Tacitus, Histor. l. IV c. 61. 65; l. V c. 22. 24. 3) Dixon I 123. 4) Starbuck 28 ff.; Gibson 297. 5) Starbuck, zB. 193. 198; A. Coe, The spiritual life 237ff.

Mitgliedern beinahe wie 2 : 1 und das der Kirchenbesucher noch günstiger für die Frauen.[1]

Vor einer Überschätzung aller dieser Gleichsetzungen warnt uns jedoch sogleich eine kurze Überlegung. Fielen Weiblichkeit und Heiligkeit zusammen, so wäre das weiblichste Wesen auch das heiligste. Und doch hat die Psychologie des Lebens gerade zwischen solchen Extremen zuweilen Abgründe der Wesensverschiedenheit zu finden geglaubt. Geniale Beobachter malten das 'völlige Weib' als die hingebend anschmiegsame, zugleich aber verschlagene und beobachtende Katze, mehr von Stimmungen noch als von eindeutig charaktervollen Stimmen der Tiefe geführt, im Hassen ebenso geschickt als im Lieben, und geschlechtsbedürftig bis zur Rastlosigkeit der Sinne. Oder der Verurteiler des Weibes gestand zwar seine größere 'Moralität' zu, erklärte sie aber für scheinbar, aus dem Mangel der starken Triebe entspringend, die den Mann verführen: das Weib sei einfacher gebaut und darum dem inneren Kampf und Falle weniger ausgesetzt.[2] Auch die größere 'Religiosität' des Weibes sucht man durch den Hinweis herabzusetzen, daß es viel mehr in der Gefolgschaft, als an der Spitze religiöser Bewegungen zu finden sei. Kein Weib, meinte der geistvolle Horace Walpole, habe je eine neue Religion erfunden, doch sei keine neue Religion anders als durch Weiber ausgebreitet worden.[3] Es ließen sich sogar sehr zahlreiche Belege dafür anführen, daß mit wachsender geistiger und religiöser Kultur die entsprechende Einschätzung des Weibes sich eher gesenkt als gehoben habe.[4] Endlich muß als ein schlagender Einwand gegen die Gleichsetzung von Heiligkeit und Weiblichkeit die einfache Tatsache erscheinen, daß Frauen sich bekehren können, ja wie wir sahen, sich häufiger bekehren als Männer. Nach der Voraussetzung sollte doch die weibliche Natur der Bekehrung weniger bedürftig sein, als die männliche; oder wäre es nicht eine völlig willkürliche Annahme, daß das Neugut der weiblichen Bekehrung erst die wahre, tiefste Weibnatur zur Oberfläche bringe?

Nun könnte man allen diesen Schwierigkeiten gleichzeitig durch eine Wendung zu entgehen suchen: indem man nämlich die Gleichsetzung von Heiligkeit und Weiblichkeit aufgibt und an die Stelle der letzteren den hermaphroditischen, den ausgeglichen doppelgeschlechtigen Charakter setzt. Man würde dann die Bekehrung des Mannes nicht in einem Überhandnehmen, sondern in der eintretenden Beimischung des weiblichen Wesensbestandteils bestehen lassen; im Falle des bekehrten Weibes aber entweder eine ursprüngliche Mannähnlichkeit voraussetzen, in die sich der weibliche Wesensteil bei der Bekehrung hineinschöbe, oder gar einen weiblichen

1) C. D. Case, The Masculine in Religion 22 ff.; Coe, aaO. 247 f. 2) So Möbius, aaO. 74. Vgl. auch Bettex, Mann und Weib (Biel. u. Lpz. 1897) 125 ff. 3) Bei J. Scherr, Gesch. d. deutschen Frauen (Lpz. 1860) 44. Nach Ellis (aaO. 191) von 600 Sekten nur 7 von Frauen gegründet. 4) E. Crawley, The Mystic Rose (Lond. 1902) 204 ff.; Westermarck I 661 ff.; Plato, Rep. (tr. Jowett IV 431). Die buddh., frühchristl. und muham. Einstellungen sind bekannt.

Charakter, der durch die Bekehrung seine männliche Ergänzung fände. Was den Heiligen vom 'Weibe' unterschiede, was ihn zum Gründer und Führer in religiösen Bewegungen machte, wäre danach eben der fortbestehende männliche Wesenseinschlag, der keinem starken und tiefen Charakter fehlen dürfe.

Bezeichnenderweise ist es gerade in dieser Form, daß sich die Geschlechtsfrage dem Eigenbewußtsein der Mystischen zu lösen geschienen hat, und zwar haben sie, ihrer ganzen Denkart entsprechend, diese Überzeugung ebensosehr in theologischen als in anthropologischen Begriffen niedergelegt. Allgemein bekannt ist die ausgesprochene Geschlechtsunterscheidung aller Religionslehren, die ihren Göttern in irgendwelchem Maße menschliche Eigenschaften beilegen; weniger allgemein bekannt die weite Verbreitung der Vorstellung mannweiblicher Gottheiten.

Nicht nur findet sie sich bereits in den Religionen von Völkern, die wir die 'primitiven' zu nennen belieben;[1] der Nachweis hat sogar versucht werden können, daß in jeder Religion gerade der höchste Gott mannweiblich gedacht und abgebildet worden sei.[2] Ja selbst die Zuteilung von Gattinnen an Götter von hohem Rang entpuppt sich nach dem Urteil maßgebender Forscher als die Aufstellung eines dem männlichen entsprechenden weiblichen Prinzips, seiner weiblichen Potenz (indisch *çakti*), 'wahrscheinlich nur die weibliche Seite eines androgyn vorgestellten Gottes'.[3] Die Lehre des Origenes, daß der Heilige Geist das weibliche Prinzip in Gott sei, die naassenische Symbolisierung des Kosmos als des [himmlischen] Menschen, mannweiblich, in drei Naturen, geistlich (oder intelligibel), psychisch und materiell,[4] sind Beispiele ähnlicher Vorstellungen aus dem Kulturkreise des frühen Christentums, innerhalb dessen häufig genug der Begriff einer die ganze Welt bis hinauf zur Gottheit durchziehenden Zweigeschlechtigkeit vertreten worden ist.[5] Es mag dahingestellt bleiben, wieweit die Vorstellung der androgynen Gottheit ein bloßes Erbstück der naiven Ursprungsdeutungen sei, zu denen der Primitive ja stets durch die Wachstumserscheinungen in Pflanzen- und Tierwelt und in der eigenen Stammesgeschichte angeregt wird und die in dem allverbreiteten Phallusdienst ihren kultischen Ausdruck gefunden haben.[6] Sicher ist, daß in den Händen Späterer diesen Lehren eine anthropologische Wendung gegeben worden ist, die mit dem zunehmend ins Mystische sich kehrenden Bedürfnis nach Heiligung und Erlösung innig zusammenhängt. Was insonderheit die Begriffskreise der christlichen Mystik betrifft, so war für sie ein fester Ausgangspunkt gegeben in der Auslegung des biblischen Schöpfungsberichts im Sinne der Androgynität. Diese bereits altjüdische Auffassung des ersten Kapitels der Genesis, daß Gott 'nach seinem Ebenbilde' den ersten Menschen als mannweibliches Doppelwesen, mit zwei Gesichtern Rücken an Rücken, und erst danach, indem er dieses durchsägte, aus seiner einen Seite (nicht 'Rippe')

---

1) D. G. Brinton, Rel. of primit. peoples, 2. Aufl. (N. Y. u. Lond. 1898) 169. 2) Dr. v. Römer in JSZ V, 1. 3) Barth, Rel. of India (Engl. tr.) 199; E. W. Hopkins, The Rel. of India (1898) 492 Anm. 3. 4) G. R. S. Mead, Fragm. of a Faith Forgotten (1900) 199. Anderes verwandtes Gnostisches das. 186ff. 585. 5) Vgl. auch Swedenborg, bei Wilkinson 177; Harris, bei M'Cully 94f. 105ff. 144; die Shaker, bei Nordhoff 132. 6) Über stammesgeschichtl. Bedeutung androgyner Gottheiten bei primit. Völkern s. Brinton, aaO. 169.

das Weib geschaffen habe,[1] diese Auffassung gilt auch dem modernen Hebraisten als die richtige, der die Luthersche Übersetzung 'er schuf sie, ein Männlein und ein Fräulein' verbessert in: 'er schuf sie mannweiblich', 'männlich und weiblich schuf er ihn'.[2]

Es läßt sich schon voraussehen, daß das Ursprüngliche auch als das Vollkommene erscheinen werde, daher aber auch, in dieser üblen Welt, als das Verlorene und Wiederzugewinnende. In dieser Wendung hat der Gedanke des androgynen Menschen 'nach dem Ebenbilde' der androgynen Gottheit durch die Jahrhunderte seine Rolle in der mystischen Lehre gespielt, daß die Wiedergeburt die verlorene Zweigeschlechtigkeit wiederherzustellen habe.

Gefragt, wann sein Reich komme, erwidert der Herr schon im 2. Clemensbrief: 'Wenn die Zwei eins sind, das Äußere wie das Innere, und das Männliche beim Weiblichen, weder Mann noch Weib.'[3] Und diese Vorstellung ist dann auf den verstohlenen Wegen der Überlieferung durch viele der stillsten und innerlichsten Seelen der nachfolgenden Jahrhunderte gesickert. Boehme, der Görlitzer Schuster, gründete einen bedeutsamen Teil seiner Erweckungslehre auf den Begriff vom zweigeschlechtigen Adam;[4] sein Schüler Gichtel sprach von 'der [Jedem] zugeselleten Jungfrau, der weiblichen Eigenschaft in ihm.'[5] Adam ist seit der Ausstoßung aus dem Paradiese 'in die viehische Fortpflanzung fortgegangen. Der Fall bestand eben in der Teilung der Tinkturen Mannes und Weibes, die Erlösung durch Christum in der Wieder-Zusammenehelichung beider Tinkturen, dadurch ist das erste in Adam verlorene Bild Gottes wieder neugeboren.'[6] — Nicht ungeschickt argumentierte noch in jüngster Vergangenheit Harris, der amerikanische Mystiker, daß die protestantischen und herrischen Völker sich die männlichen Eigenschaften Gottes zu eigen gemacht hätten, daß aber die Zeit der Befreiung der Frau sich auf den weiblichen Einschlag der Gottheit, der Welt und des Menschen zu besinnen habe.[7] Auch im Harrisschen Kreise galt die Lehre, daß der Mensch ursprünglich in einem halbgeistigen Leibe geschaffen worden, ein Wesen, das beide Geschlechter in eins enthielt, und daß erst der 'Fall' diese zwei zu unterschiedlichen Wesen gemacht und in Fleisch gekleidet habe. Christus, der Urtyp des Heiligen und Erweckten, habe durch seine wunderbare Geburt jenes Doppelwesen in sich wiederhergestellt, und seinen wahren Anhängern sei die Erfahrung einer Wiedervereinigung mit ihrer 'anderen Hälfte oder Gegenstück'[8] nach langen Leiden und Kämpfen vorbehalten, nicht nur in ihrem innersten Wesen, sondern auch in der äußeren Erfüllung einer wahrhaften Ehe, die in dem rechten Paare den wahren Menschen verwirklichte.[9]

---

1) Bereschit Rabba CXX, Parasha VIII c. I, 26 u. a. Quellen bei Römer aaO. 747ff. 2) S. Schwally in AR IX (1906) 172. Iranische, platon., talmud., babylon. Parallelen das. 173ff. 3) c. 12, 2ff. Bei Römer (766) übers.: 'mit dem Weiblichen (zusammen), weder männlich noch weiblich (οὔτε ἄῤῥεν οὔτε θῆλυ).' 4) Von den drei Principien, K. 10 § 17—21 (Claassen I 171). 5) Gichtel, Leben 129. 6) Gichtel, Theos. IV 2522. Dies. Lehre bei der Bourignon, Le ciel et la nouvelle terre II ch. XXI; bei G. Arnold u. a. 7) Kurze Darst. seiner Gedanken bei W. P. Twainson, Thom. L. Harris: mad or inspired (Croydon 1895). 8) counterpart. 9) Mrs. Oliphant, Memoir of the life of Laurence Oliphant (Edinb. u. Lond. 1892) 388f. Verwandte mod. Lehren in Lucifer III 126ff.; II 393. Vgl. schon Swedenborg, Ehel. Liebe § 229.

Was sich in diesen Spekulationen und Phantasien ausspricht, ist offenbar das Gefühl, daß erst aus einer Verschmelzung männlicher und weiblicher Natur der vollkommene Mensch hervorgehe; und sofern jeder Menschentyp von Natur geneigt ist, sich selbst für den vollkommensten zu halten, mag man in diesem Gefühl eine Spiegelung der Tatsache sehen, daß wirklich unter Jenseitig-Religiösen der seelische Hermaphroditismus weit verbreitet ist. Das schon oben erwähnte weibliche Aussehen des religiösen Mannes — 'das lange Weiberhaar der Geistlichen'[1] — deutet ja mit dem weiblichen Einschlag nicht ein Weib an, sondern einen seelischen Zwitter. Die angeblich verhältnismäßig hohe Zahl von Linkshändern unter Geistlichen[2] würde ein anderer Beweis für diese Tatsache sein, wenn wir mit Fliess annehmen dürften, daß Linkshändigkeit ein Zeichen ausgeprägten gegengeschlechtigen Einschlages sei, indem sich dieser hauptsächlich in der weniger in Anspruch genommenen rechten Hirnhälfte verankere.

Aber sei die Verwirklichung des seelischen Hermaphroditismus nun Tatsache oder bloß Forderung: die Überzeugung von seiner Überlegenheit über den seelisch-differenzierten Geschlechtscharakter kann sich offenbar zu verteidigen suchen nur, indem sie seine größere Vielseitigkeit verbunden mit Ausgeglichenheit betont. Gegenüber der Einseitigkeit bloßer Weib- oder Männlichkeit verkörpere der seelische Zwitter einen Typ der Verschmelzung von Gegensätzen und der Überwindung von Widersprüchen, mit einem Worte: der vollen Reichhaltigkeit menschlicher Harmonie[3] in der Vermischung männlicher Verstandes- und Willenshärte mit weiblicher Gefühlsweiche, in der gegenseitigen Durchdringung von Kraft und Zartheit, Mut und Güte, Selbstbetonung und Anschmiegsamkeit. Insonderheit ist es der Künstler, von der philosophischen Ästhetik so oft als Krönung der Menschenentwicklung angesprochen, der auch von der biologischen Beobachtung am ehesten als der typische Seelenzwitter hingestellt wird.

Am 'männlichen' Künstler ist der weibliche Einschlag häufig aufgefallen. Nicht viele Namen der Dichtung oder der bildenden Künste decken Träger von gründlich virilem Typ. Schon die große Ansprechfähigkeit des Gefühls, der bewegliche Überschwang der Leidenschaft, der die schöpferische Befähigung so häufig begleitet, scheidet den Künstler vom Manne als Krieger, Eroberer, Jäger; während die Fähigkeit der Gestaltung ihn freilich wieder von der nachahmenden Passivität des völlig weiblichen Typs absondert. Durch die Art ihres Liebens erweist sich anderseits die große Künstlerin und Dichterin oft als Geschöpf des 'Zwischenreiches': sie ist entweder Jungfer oder Tribade oder Liebhaberin weibischer Männer gewesen. So steht der Künstler anscheinend in der Mitte zwischen beiden Geschlechtern: die Härten des einen, die Schwächen des andern vermeidend, die wesentlichen Vorzüge beider vereinigend.

---

1) Fliess 444 Anm. 2) H. Ellis, Verbrecher u. Verbrechen 117ff. 3) S. zB. M. Hirschfeld in JSZ V, I 137; Römer, aaO. 920f.

Aber je genauer wir uns den seelischen Zwitter ansehen, desto zweifelhafter muß es werden, ob er dem Erweckten soweit nahe stehe, daß man den Durchbruch zur Heiligkeit als einen Durchbruch zur Harmonie des Vollmenschen im Sinne des Hermaphroditentums auffassen dürfe. Die Blüte der Zweigeschlechtigkeit müßte, falls diese Gleichsetzung zu Recht bestände, doch auch die Blüte der Heiligkeit sein. Aber niemand wird Künstler schlechthin und Heiligen gleichsetzen. Ein gewisser Zusammenhang von Kunst und Religion ist zwar stets geahnt und erfahren worden; doch bezieht er sich fraglos nur auf jene Kunst, die eben Gestaltung 'religiösen' Weltempfindens ist, was man gewiß von jeder Kunst nicht sagen kann. Auch die Kunst und künstlerische Veranlagung des Hermaphroditen ist keineswegs ohne weiteres mit jener besonderen 'Tiefenkunst' gleichzusetzen. Der hermaphroditische Künstler ist zunächst und in der überwiegenden Mehrzahl der Fälle eben nur der Mensch, der mit einer weiblich gesteigerten Gefühlsverklärung alles Irdischen den männlichen Griff der Gestaltung verbindet, der Mensch des durch Willens- und Denkzucht fruchtbar gemachten Rausches. Alles dies aber setzt nicht im mindesten eine nähere Verwandtschaft seiner besonderen Gefühls- oder Vorstellungswelt mit derjenigen des Erweckten voraus. — Und was von der geistigen Auslese des Zwischenreiches gilt, wird durch die Masse seiner Angehörigen erst recht verdeutlicht.

Der typische Urning stellt eben nichts anderes dar als eine Mischung weiblicher und männlicher Charakterzüge, wie sie die banale weltliche Erfahrung in tausend Verhältnissen kennt, ohne jede Beziehung auf Religiosität oder gar Jenseitigkeit. Dem völligen Manne gegenüber ist er weniger energisch und tatkräftig, leichter äußeren Eindrücken zugänglich, weicheren Gemütes, Stimmungen in weiteren Ausschlägen unterworfen. Die schmiegsamen Eigenschaften der Höflichkeit, der Gefälligkeit bis zur Aufopferung, der Versöhnlichkeit, der Großmut auch dem Feinde gegenüber, des Mitgefühls und Wohlwollens, der Friedensliebe und Menschenfreundlichkeit — alle diese nähern ihn im allgemeinen dem Weibe. Dabei ist er häufig 'ideal' gesinnt und der Begeisterung wohl fähig, geistig ehrgeizig und vom Triebe beseelt, Andere mit dem eigenen geistigen Reichtum zu befruchten; mehr phantastisch und träumerisch, als harten Wirklichkeitssinnes, in der Liebe zärtlich und leicht schwärmerisch-'platonisch', nicht ohne weiteres von grober Sinnlichkeit beherrscht. Aber ebenso häufig charakterisieren ihn Bequemlichkeit und die Scheu vor Reibungen und Kritik, ein Mangel an Mut und Beständigkeit, eine gewisse Eitelkeit, die ihn für Bewunderung sehr empfänglich macht.[1] Die allgemeine Lebenserfahrung manches Lesers wird vielleicht eher zu der Behauptung neigen, daß in keiner natürlichen Gruppe von Menschen so viele halt- und charakterlose, kindische, selbstsüchtige und genießerische Persönlichkeiten anzutreffen seien, als unter dem Durchschnitt der 'Homosexuellen', wie sie namentlich in unsern Großstädten zu einer Art von Freimaurerei der Verfolgten sich zusammentun.[2]

1) Nach Hirschfeld, aaO. 70ff. Vgl. Bloch 544. 555f.; einige Porträts bei Fliess 445ff. 449. 452. 454f. 2) Einige charakt. Beschreibungen bei Hirschfeld, Berlins drittes Geschlecht.

Dies alles ist vom Bilde des Religiösen, des Jenseitigen oder gar des Heiligen soweit entfernt als nur möglich. Der Übergang zum Hermaphroditen gibt uns kein 'neues' Bild, wie der Erweckte es uns gibt gegenüber dem Weltmenschen, sondern nur eine Mischung alter Bilder. —

In jeder Form also hat sich die feministische Deutung des Erweckungskomplexes, gleich den zuvor besprochenen, als unzureichend erwiesen, wennschon auch hier, wie bei jenen früheren Deutungen, das Gefühl uns verbleibt, daß irgendeine bedeutsame Halbwahrheit gestreift wurde. Die festumkrustete, metallene Härte des völlig männlichen Charakters empfinden wir nach wie vor als dasjenige, was dem Lande jenseitiger Religion gründlich den Rücken kehrt. Zugleich aber fühlen wir dunkel — und zunächst ohne die Möglichkeit, dieses Dunkel aufzuhellen —, daß das Verinnerlichende, Entsinnlichende und Vergeistigende nicht ohne Grund als das Ewig-weibliche bezeichnet worden ist, wenn auch die Gleichsetzung dieses mystischen 'Weibes', dessen Durchbruch 'Erlösung' bringt, — des Pneuma, der Sophia — mit dem irdischen Geschlechtswesen Weib auf unüberwindliche Schwierigkeiten stößt.

Was bleibt uns also? Es muß anscheinend der seelische Komplex, der dem Bekehrungsdurchbruch Inhalt gibt und gegebenenfalls die Neurose bewirkt — mag er dem 'Weibe' immerhin verwandter sein als dem 'Manne' —, zum ausgereiften weiblichen und männlichen Typ im Verhältnis eines Allgemeineren und Übergeordneten stehen, das in den einen wie den anderen als etwas Erneuerndes und Erweiterndes eintreten kann.

XXII.

Der Komplex des Mystikers: 4. Geschlechtlichkeit?

Was aber ist dieses im Verhältnis zu beiden Geschlechtern gleicherweise Allgemeinere? Wir wissen schon, welche tatsächlich nächstgelegene Antwort von der Neurosenlehre hier bereitgehalten wird: es sei die Geschlechtlichkeit selber, als die ergiebigste Quelle sowohl der Neurose überhaupt als aller höheren geistigen Werte. Der letztere Zusatz ist wichtig. Denn da in der jenseitig-erweckten Art eine offene Geschlechtlichkeit zu sehen offenbar sinnlos wäre, so muß es sich hier um eine besonders verwandelte und verkappte Geschlechtlichkeit handeln. Diese Wandlung behauptet die Neurosenlehre vermittelst der Begriffe der Verdrängung und der Sublimierung im Rahmen der Introversion. Auf diese Begriffe gestützt, nähern wir uns nunmehr der entscheidenden Fassung, in der das Problem der religiösen Hysterie sich darbietet, in Gestalt des Satzes: daß Religion eine Konversion der Geschlechtlichkeit sei.

Machen wir uns klar, um die Berechtigung dieser Problemstellung sogleich zu empfinden, wie sehr sich die Art des Erweckten dadurch bestimmt, daß seine Art zu lieben und sein Verhältnis zur Geschlechtlichkeit in einer sonderbaren Weise verändert sind. Er liebt mit einer Stärke, die ihm früher undenkbar erschienen wäre, Wesen, die nicht von Fleisch und Blut sind; und er liebt die Wesen von Fleisch und Blut nicht mehr in der alten Weise persönlicher Beteiligtheit und (wo diese Liebe am stärksten ist) geschlechtlicher Betontheit, sondern in einer zugleich abstrakteren und spezifisch gesteigerten Art: er liebt, nach früher belegten Formeln, zuvörderst Gott und Göttliches, und die Menschen 'in Gott', um ihres Verhältnisses zu Gott willen, und eben darum nicht mehr als Geschlechtswesen. Dabei ist, wie wir wissen, 'Gott lieben' für den Mystiker nicht das blasse und halbwegs eingebildete Gefühl, als welches das Weltkind es wohl abtun zu können meint, sondern ein Erlebnis von nicht geringerer Hitze und Leidenschaftlichkeit, als dieses Weltkindes Liebe auf ihrem Höhepunkte.

'Ich empfinde,' sagt S. Katharina von Genua, die hier für viele das Wort führen mag, 'ich empfinde eine solche Liebe zu Gott, daß alle Liebe zum Nächsten mir im Vergleich zu jener zu Gott als eine Heuchelei erscheint.'[1] Oder Mme Guyon: 'Ich liebte Gott mehr als der leidenschaftlichste Liebhaber seine Geliebte... Diese Liebe war so beständig und beschäftigte mich so unablässig und so mächtig, daß ich an nichts anderes zu denken vermochte.'

Diese Art zu lieben stellt sicherlich das Problem der Mystik in einer seiner wichtigsten und vielleicht auch faßlichsten Formen. Nach den Anschauungen der heutigen Neurosenlehre nun gibt es im Grunde keine andere Liebe als die Liebe der Geschlechter zueinander, und keine andere Quelle dieser Liebe als die physiologische Geschlechtsspannung, den Trieb zur Begattung; was an menschlichem Lieben hiervon verschieden zu sein scheint, stelle sich bei hinreichender Analyse als Umwandlung, Verkappung, Sublimierung der Geschlechtsspannung im engeren Sinne heraus. Die 'Liebe Gottes' müßte demnach eine Verkappung der Sexualspannung, und eben diese Verkappung sowohl das Merkmal als auch — ihren Grundlagen nach — der Ursprung der Neurose sein, an welcher der Gottliebende augenscheinlich leidet. — Sehen wir näher zu. —

Unter den Tatsachen der Beobachtung, in denen das Verhältnis von Gottes- und Geschlechtsliebe sich uns darstellt, ist die auffälligste die, daß mit dem Eintritt in das höhere und heftigere Leben der Gottesliebe sich Keuschheit als ungewollter Zustand einstellt: ein Verlöschen der geschlechtlichen Begierde.

Angela di Foligno, die ja verheiratet gewesen, mehrfach geboren und — aus einigen ihrer Andeutungen zu schließen — ein lockerer Vogel gewesen, empfing auf der 'achten Stufe' ihres innern Weges 'in der Erkenntnis des Kreuzes, die ich damals hatte, ein solches Feuer der Liebe und Reue', daß sie ihr ganzes Selbst Gott darbot und, 'obgleich mit Zittern', ihm ewige

---

1) Lechner 104. 62. 202.

Keuschheit gelobte und um die Kraft dazu flehte.[1] Brachte sie damit nur willkürlich neue asketische Opfer dem im Rausch erfahrenen Gotte, etwa wie die *virgines subintroductae* des frühen Christentums und manche heutige Sektierer einen Heldentriumph des Geistes darin suchen, bei erhaltener Kraft und Begehrlichkeit in Ehe, selbst mit Begehrenswerten, und dennoch unberührt zu leben?[2] Jedenfalls 'trieb mich', sagt Angela, 'das vorerwähnte Feuer der Liebe an, also daß ich nicht anders konnte.' Und jeder Zweifel über das völlig Unwillkürliche und Instinktive dieses neuen Dranges verschwindet im Angesichte deutlicherer Zeugnisse, die uns aus allen Zeiten und Gegenden kommen.

Swedenborg, der sich daheim und in Italien Mätressen gehalten hatte, spricht nach seiner Erweckung seine Verwunderung darüber aus, 'wie mein Geschmack an Frauen, der meine stärkste Leidenschaft gewesen, plötzlich versiegt war'.[3] — Ratisbonne, der bekehrte Jude, dessen dramatische Erweckung bereits erwähnt wurde, findet danach, daß 'die Liebe zu meinem Gott jede andere Liebe verdrängt hatte, daß mir selbst meine Verlobte unter neuem Gesichtspunkt erschien... Ich wollte mich im Kloster der Trappisten vergraben, um mich nur mehr mit den ewigen Dingen zu beschäftigen'.[4] Tatsächlich wurde er römischer Priester. — Radajew, der russische Sektierer, der unstreitig nur eigene Erfahrungen äußert, behauptet von dem, dessen Seele Gott in sich aufgenommen, neben allen andern Kennzeichen der Verjenseitigung (wie Nächstenliebe, Demut, Arglosigkeit, Gebetsfreude usw.) auch dieses, daß 'die Leidenschaften besänftigt seien, die fleischliche Begier vollständig verschwunden und verwelkt'.[5]

Eines der merkwürdigsten Beispiele für diesen Vorgang ist der schon früher erwähnte Obrist James Gardiner, der nach Doddridges Zeugnis zur Zeit seiner Bekehrung nicht nur in der Blüte des Lebens und in strotzender Gesundheit, sondern auch dem freien Geschlechtsgenuß in einem Maße ergeben war, daß (wie er zu sagen pflegte) die Allmacht selbst ihn nicht hätte bessern können, ohne seinen Körper zu zerstören und ihm einen andern zu geben, oder, wie er sich Mr. Spears gegenüber ausdrückte, daß er 'glaubte, nichts als eine Kugel durch den Kopf hätte ihn [von seiner Fleischeslust] heilen können'. Gleichwohl nahmen, wie die Berichte über jeden Zweifel erheben, die wenigen Minuten seiner Erweckung (wieder nach seinen eigenen Worten) 'jede Neigung zu dieser Sünde und jede Begierde so völlig hinweg, als wäre ich ein Säugling geworden; auch ist die Versuchung bis auf diesen Tag nicht zurückgekehrt.' Da das Datum dieser Selbstbezeugung nicht gegeben wird, so ist die Dauer dieser Begierdelosigkeit nicht zu ersehen; doch spricht Websters ganz ähnlich lautendes Zeugnis von einer 'langen Reihe von Jahren', und die übrige Biographie gestattet, von einer lebenslänglichen Wandlung des fraglichen Instinktes zu reden.[6]

1) Thorold 95. 2) Vgl. Ad. Jülicher, Die geistl. Ehen in d. alten Kirche, AR VII 373ff. Vgl. 1. Kor. 7, 29. 36—38; Luk. 20, 35; Gal. 3, 28; Jak. 3, 17; Röm. 8, 13. Ähnl. bei den Therapeuten. Muhamedan.: Brosselard, Les Khouans 21; russ. Chlysten: Grass 15. 159. 164. 313ff. 3) Bei Maudsley in JMS XV 181. 4) Ratisbonne 130f. 5) Grass 230. 6) Doddridge 31f. Vgl. Eckehart bei Preger I 354; 'Hiel' bei Arnold III 26. Eine buddh. Parallele s. bei Beckh 133.

Wie hier die Erweckung einem Leben der Ausschweifung ein Ende setzte, so treffen wir häufig auf die Beobachtung, daß die ersten Erfahrungen 'göttlicher Liebe' bei ehelich Lebenden den sofortigen Entschluß zur völligen Enthaltsamkeit herbeiführen.

'Ich kenne', schreibt Kanne, 'einen noch jetzt Lebenden, den ich nicht nennen darf, der, sowie die ersten himmlischen Lichtstrahlen ihn nach langem Wandel in der Finsternis des Unglaubens berührt hatten, sogleich des Ehebettes sich gänzlich enthalten mußte und mit Beistimmung seiner Frau sich seitdem wirklich enthielt. Es dünkte ihn aller sinnliche Genuß dieser Art von seiner Seite wahre Versündigung und ein Greuel.'[1] Und er führt die Erklärung 'vieler beweibter Männer' an, 'ohne Enthaltsamkeit vom Weibe könnten sie in Geist und Gebet nicht vor- und durchdringen und in der himmlischen Liebe nicht weiterkommen'.[2] — Oder um das gleiche von einer exotischen Stimme bezeugen zu lassen: Ramakrishna, der brahmanische Heilige unserer Tage, der ja auch ehelich gelebt hatte, äußerte in der Zeit, da er dem Vaishnava-Ideal der Liebe zu Gott sich ergeben: 'Der höchste Punkt der Liebe ist erreicht, wenn die menschliche Seele ihren Gott lieben kann, wie ein Weib ihren Gatten liebt. Niemand [aber] kann diese Liebe verstehen..., bis er nicht vollkommen frei von aller fleischlichen Begierde ist.'[3]

Andere verheiratete Gottliebende haben sich dem ehelichen Verkehr zwar nicht entzogen, aber offenbar nur in dem Bewußtsein einer Pflicht, da er ihnen keinerlei Genuß mehr gab, sondern weit eher Leiden verursachte.

Mme Guyon bekennt, Gott habe ihr eine so große Liebe zur Keuschheit gegeben und 'vom zweiten Jahr [ihrer] Ehe an so sehr ihr Herz von allen sinnlichen Freuden entfernt, daß die Ehe für sie in jeder Hinsicht ein sehr schweres Opfer gewesen sei.'[4]

Einige Heilige wiederum haben das Bekenntnis abgelegt, daß ihnen während langer Zeitstrecken, wenn nicht geradezu zeitlebens, geschlechtliche Regungen fremd gewesen seien.

Von S. Teresa wird uns versichert, daß sie 'nie die Versuchungen des Fleisches erfahren' — *nunquam tentationes carnis experta fuit illasque omnino ignoravit.*[5] — Marguerite-Marie Alacoque will eine solche nur einmal in ihrem Leben gespürt haben, nämlich als sie angewiesen war, für den König, Ludwig XIV. zu beten.[6] — John Fletcher bezeugte von sich i. J. 1760: 'Nie in meinem ganzen Leben habe ich jene Versuchung [das Verlangen nach dem Weibe] gefühlt; nein, nicht im mindesten Maße.' Er gab aber später zu, daß er auch dies noch erfahren habe.

Es ist immer dasselbe: man hat entweder die geistliche Liebe oder die irdische; aber nicht beide zugleich. 'Sophia wird euch wohl von aller irdischen Lust abhalten und mit ihrer süßen Liebe euren feurigen Limbum dergestalt umarmen, daß ihr

1) Kanne II 86 Anm. Vgl. Preger I 55 (Maria v. Oegnies); Arnold III 257a (Anna Vetterin); Tsakni 66f. (Filipow, Gründer der russ. 'Christusse', nach einem Vergottungsgesicht). 2) Kanne 107. 115. 3) Ramakrishna 50. 4) Vie I 175f.; ebenso Chapot I 50. 52f. 55. 65f.; Lechner 39f. 5) Vita AA. SS. Boll. § 1265. Vgl. das Zeugnis über Gertrud (I 89); über Agnès de Jésus bei de Lantages, Vie ..., éd. revue par Lucot, II 76; über die Bourignon (Les oeuvres de Mlle A. B. II 21); üb. Magd. v. Pazzi, Maria Bagnesia (Görres) u. a. 6) Ebenso S. Franc. Xaver.

auch den geringsten unkeuschen Gedanken in euch verfluchen und aller Frauenliebe wohl vergessen werdet.'[1] — Auch der Shakermutter Ann Lee war die klare 'Einsicht' geworden, 'daß das völlige Absterben des Zeugungs- oder Fortpflanzungslebens (auch in seinem unschuldigsten, unverdorbenen Zustande) der einleitende Schritt zur Anregung und Auferstehung des verborgenen geistlichen Lebens in der Seele sei, welches Leben seiner Natur und Dauer nach ewig ist.' Und sie selbst soll, nach dem Zeugnis Nahestehender, 'so frei von jeder fleischlichen Begierde gewesen sein, wie ein neugeborenes Kind.'[2]

Ein anders gewendeter Ausdruck derselben Gegensätzlichkeit, gleichsam die Gegenprobe des vorigen, liegt in der Tatsache, daß, wenn die fleischliche Liebe sich in dem Frommen zu regen beginnt, die Liebe zu Gott im gleichen Maße abnimmt; daß eine Hingabe an den sinnlichen Genuß aber den Himmel vollends schließt.

Gichtel erfuhr dies an sich selbst. Denn nachdem er wiederholten Nachstellungen auf Freierinfüßen ein taubes Ohr entgegengesetzt hatte, scheint schließlich auch sein Herz nicht völlig unbeteiligt geblieben zu sein, und sein Biograph berichtet, daß, sowie 'dieser Gedanke irgend zum Entschlusse werden wollte, er fühlte, daß die keusche Liebe Jesu sich ihm verbarg und der Himmel seinen feurigen Gebeten verschlossen ward'.[3] Aus anderen, weit abgelegenen mystischen Kreisen stammt der verwandte Bericht des Joseph Main: 'Sooft ich irgendeiner Sünde nachgab, wurden diese lichten Schauungen himmlischer Dinge mir entzogen und meine Seele von Finsternis und Trübsal überwältigt. Solange ich in Gerechtigkeit wandelte und die göttlichen Offenbarungen des Geistes Gottes erfuhr, fühlte ich kein Vertrauen auf das Fleisch und war vollständig frei von allen fleischlichen und unreinen Wünschen und Neigungen.' Endlich heiratete er und der Geist Gottes verließ ihn völlig.[4]

Aber schließlich ist das ein Vorgang, den jedes Heiligenleben verdeutlicht. Ich erwähnte bereits jene regelmäßig anzutreffenden, bei Annäherung an die Geschlechtsreifung einsetzenden Zeiten der Abkühlung gegen das religiöse Ideal und des Wiedererwachens der Weltlust, also aller jener Wünsche und Sehnsüchte, die um den Geschlechtstrieb sich lagern. Oft tritt dann auch irgendeine Person des andern Geschlechts in den engeren Gesichtskreis der Gefühle, etwa unter der Maske der geistlichen Mitstreiterschaft; wie jener Verwandte, der die junge Guyon ehelichen will, mit dem sie täglich das Offizium der Jungfrau hersagt, während sie das 'innere' Gebet aufgibt. Sie wird eitel, liest Tag und Nacht Romane, verliert den Schlaf — und was sonst noch den innerlich sich regenden Instinkt verrät.[5]

---

1) Gichtel, Theos. IV 2574; vgl. II 662. Vgl. S. Bernhard, Ep. 42 (Vacandard I 204f.). Üb. Keuschheit als χάρισμα s. 1. Kor. 7, 17; Apgesch. 21, 9. Weiteres bei Weinel 145.
2) Wells 22; vgl. 132 (Comstock Betts); 141. Andere ähnl. Zeugnisse s. Molinos 108; S. Jean III 262 (N. O. l. I c. 4); Dixon II 13 (Lucina Umphreville); M'Cully 129f. (Th. L. Harris u. seine Anhänger).
3) Kanne II 83f.; vgl. das. 62f. und Gichtel, Leben 20. 22. 61. 122f. 139. 304ff.; Lechner 40; Arnold III 272.
4) Wells 99. Ähnlich Nordhoff 28—47 (Barbara Landmann: Aufhören der Rede bei Heirat).
5) Vie I 40. 44f. 122f. 125. Vgl. S. Teresa I 9ff. (c. 2); Bourignon, Leben 4. 13; Labis 7—9 (aet. 8—11); Bougaud 78ff. (aet. 17); Rogers 9 (aet. 4); Weber 8—10. 17f. Vgl. die Warnung vor 'geistl. Freundschaften': Molinos 68; S. Jean III 261f.

Im allgemeinen sind also die mystisch Liebenden einig in der Feststellung eines — wenn ich so sagen soll — Schaukelverhältnisses zwischen geistlicher und sinnlicher Liebe: jeder Zuwachs der einen schwächt, jede Verminderung der einen begünstigt die andere.[1]

XXIII.

Religiosität und Geschlechtlichkeit.

Diese Tatsachen des Gegensatzes zwischen geistlicher und fleischlicher Liebe und des Ungeschlechtlichwerdens des Mystikers widersprechen nun keineswegs der Annahme der Neurosenlehre, daß das mystische Wesen auf der Grundlage der Geschlechtlichkeit sich aufbaue; sie sind dieser Lehre vielmehr als Bestätigung ihrer Grundvoraussetzung willkommen. Der Neurosenlehre ist ja die Tatsache des versiegenden Geschlechtstriebes, ja der stärksten Abneigung gegen den offenen Geschlechtsgenuß durchaus banal, auch in Personen, bei denen diese Abwendung vom Natürlichsten durchaus kein religiöses Gewand trägt. Geschlechtliche Kälte und sexuelle Parhedonie sind überaus häufig bei klinischen Hysterischen. Die Begriffe, mit denen die Neurosenlehre von diesen Verhältnissen Rechenschaft gibt, wurden bereits erwähnt: es sind — neben dem allgemeinen der sexuellen Veranlagung — die Begriffe der Verdrängung und der Sublimierung, zusammenfaßbar in dem Vorgang der Introversion. Der wichtigste dieser Begriffe, derjenige der Sublimierung, bezeichnet die Annahme (deren Wichtigkeit, ihre Wahrheit vorausgesetzt, gar nicht zu überschätzen ist), daß sich die potentielle Energie des Geschlechtstriebes — die Libido, wie wir mit dem üblichen Ausdruck kurz sagen wollen — nicht nur in offen-geschlechtliche Handlungen umsetzen könne, sondern auch in seelische 'Äquivalente',[2] und daß sie, im Zusammenhange solcher Umsetzung, sich von der ursprünglichen, äußerlichen Leistung überhaupt ganz zurückziehen könne. In ihrer weitesten Fassung sieht diese Theorie alles geistige Schaffen in Kunst, Moral, Religion, Politik und Wissenschaft als Umbildungen, Maskierungen, Verfeinerungen, Übersteigerungen des Geschlechtstriebes an. (Hierauf komme ich noch zurück.) In ihrer engsten Fassung sucht sie zum mindesten die moralischen Regungen, die unter dem Namen der Liebe im weitesten Sinne zusammengefaßt werden, auf den Drang der Geschlechter nach Vereinigung zurückzuführen. Eltern-, Kindes-, Geschwisterliebe, Freundschaft, Nächsten- und Menschenliebe — alle diese sollen mittel- oder unmittelbar ihre Wurzeln in den Nährboden der Geschlechtlichkeit senden.

---

1) Auf die eigentümliche Lehre (und Praxis) vieler Mystiker, wonach erst dem unsinnlich gewordenen Gottliebenden der wahre reine Geschlechtsverkehr möglich sei, gehe ich in einem 2. Teil dieses Werkes ein. 2) Der Ausdruck von Bloch.

Die Begründung dieser Zusammenhänge in der letztgenannten engeren Fassung ist eine mannigfaltige. Man weist zB. auf gewisse (im mathematischen Sinne) funktionale Abhängigkeiten des 'höheren' Gebietes vom 'niederen' hin.

Wird das eine eingedämmt — aus organischen Gründen, unter dem Zwange des Willens oder der Umstände —, so schwillt das andere an. 'Je keuscher einer lebt, desto mehr ist er der Liebe unterworfen.' Fehlt die natürliche Befriedigung, 'so verliebt man sich in alles,... man strömt seine Liebe über die ganze Umgebung aus, über die leblosen Gegenstände, über erdachte Wesen, mit denen die Dichter' (und warum nicht auch: die Asketen?) 'ihre Bücher anfüllen.'[1] — Aber auch die starke Geschlechtlichkeit mancher bedeutender Erotiker, die Warmherzigkeit des vollsaftigen Menschen soll denselben Hinweis enthalten; die häufige Erzeugung selbstaufopfernder Zärtlichkeit durch geschlechtliches Verlangen nach einer bestimmten Person; die Erweckung alles 'Guten' in einem Menschen durch eine starke Leidenschaft. Nicht minder aber die seelische Kälte des Ausschweifenden; die Unfähigkeit des Lüstlings zum 'idealen' Schwung der 'Liebe', zum 'Schwärmen' wie zum Schaffen, das 'moralische Irresein' mancher übermäßig sexuell Veranlagter.[2] — Wiederum werden Personen beobachtet, denen neben jeder Erregbarkeit durch das andere Geschlecht auch jedes soziale Gefühl abgeht; die durch ihren Pessimismus, ihr Nörglertum, ihren finsteren Trotz, ihre reizbare Verschrobenheit, Starrheit und Trägheit die gänzliche Unfruchtbarkeit ihrer Natur auf allen Gebieten offenbaren;[3] oder Menschen mit örtlicher Empfindungslosigkeit der Geschlechtsteile, denen mit dem Reizgefühl auch Liebe und Scham verloren gegangen sind: wie jene total-anästhetische Kranke Janets, deren vollständige Gleichgültigkeit gegen ihren Mann und ihre Kinder erst mit dem Schwinden der Anästhesie in ihr normales Gegenteil umschlug.[4]

Alle diese Tatsachen bewirken unstreitig eine unbestimmte Überzeugung von bestehenden Zusammenhängen irgendwelcher Art. Sie lassen aber auch in ihrer anscheinenden Widersprüchlichkeit empfinden, wie sehr die geahnte Lehre erst genauerer Fassung bedarf. — Ehe wir aber dieser Frage nähertreten, soll zunächst die Anwendung aufgewiesen werden, die der Lehre von der Sublimierung der Geschlechtlichkeit auf dem Gebiete des religiösen Erlebens in seinen höheren Formen und in Sonderheit der religiösen Liebe von seiten der gangbaren Psychologie zuteil wird. — Die Gründe, auf die sich diese Anwendung stützt, sind im allgemeinen die gleichen, die wir schon oben verwendet fanden. Hier wie dort glaubt man zB. eine funktionale Abhängigkeit in 'umgekehrten' Verhältnissen zu beobachten. Unterdrückung des Triebes soll der Ausbildung des religiösen Fühlens zugute kommen, umgekehrt ein offenes Ausleben des Triebes die Idealbildung hindern.

'Junge Männer und Weiber, sagt ein medizinischer Schriftsteller, die vollkommen gesund sind und nicht vor der Hochzeit religiöse Erfahrungen gemacht

1) Maffei, bei Moreau 122. 2) Indifferentismus der Monosexuellen: Hirschfeld in JSZ V (I) 94. 3) S. zB. Krafft-Ebing in APN VII 293f. 4) Sollier I 459.

haben, werden selten einen einzigen Gedanken an dieses Gefühl wenden, es sei denn gegen Ende des Lebens, wenn Begierde und geschlechtliche Betätigung im Abnehmen oder erloschen sind.'[1] Umgekehrt ist die Religiosität enttäuschter Jungfern viel verspottet worden. Wenn das Weib dem Manne nicht mehr gefalle, meinte Voltaire, so kehre sie sich zu Gott.[2] Die Religion habe daher stets ein offenkundiges Interesse an Enthaltsamkeit gehabt, augenscheinlich als an einem Förderungsmittel der ihr unentbehrlichen Spannungen der Idealbildung. 'Ich bin verliebt und weiß nicht in wen', dies Wort des sufischen Mystikers Ferîd ed-dîn Attâr drückt diese gegenstandslose Liebesspannung des Religiösen deutlich aus.[3] 'Reinheit, sagte die montanistische Prisca, wirkt Vereinigung [mit Gott].'[4]

Der Behauptung einer funktionalen Abhängigkeit entspricht die andere eines gelegentlichen Umschlagens der höheren Erregungsart in die niedere. Gerade die Religiösesten unter den Neurotischen sollen in 'Anfällen', die ihr Inneres ans Licht fördern, die schmutzigsten Reden führen. Ich verweise auf einen von Workman beschriebenen jung verheirateten Erweckungsprediger, der in einem an Raserei grenzenden Zustande geschlechtlicher Erregung einer Anstalt übergeben werden mußte.[5] Ferner beschreibt uns die klinische Beobachtung Hysterische, die zu Beginn ihres Anfalls, mit gefalteten Händen und aufwärts gerichteten Augen in Betrachtung und Gebet versunken, das Bild von Heiligen darbieten, bis plötzlich das Gesicht in unverkennbare Verzerrungen und der Körper in die herausforderndsten Gesten und Haltungen übergeht.[6] Auch die gegen so viele religiöse Gemeinschaften[7] erhobenen Vorwürfe, daß ihre erbaulichen oder erwecklichen Zusammenkünfte in geschlechtliche Ausschweifungen übergingen — sooft sie sich auch als boshafte Verleumdung oder entschuldbarer Irrtum erwiesen haben, können immerhin auf manche unbezweifelbare Tatsache hinweisen.

Einen andern Beweisgrund für die Verwandtschaft von Geschlechtlichkeit und Religiosität sucht man in dem zeitlichen Zusammentreffen geschlechtlicher Erregungszeiten — vorzugsweise freilich solcher, welche die offen-sexuelle Entladung umgehen — mit religiösem Sehnen und Erleben. Die Pubertät gibt hier natürlich das klassische Beispiel ab: der verschwommene Idealismus, der gesteigerte Ernst, die religiösen Neigungen dieses Lebensabschnittes sind allbekannt. Daß dabei die Religiosität des werdenden Weibes soviel heftiger sei, entspringe ihrer größeren geschlechtlichen Unwissenheit, die sie an der körperlichen Entladung des Triebes hindere.[8]

---

1) Weir 97. 2) Vgl. Scherr, Gesch. d. d. Frauen 412. Ein Fall von Exaltation bei Liebesentsagung: Dr. H. Goek in APN LI 567. — Vgl. allg. noch Dr. Näcke in ZRP II 32f. und die Aufsätze von Th. Schröder in ZRP I 445ff. (bes. 453) und Sexualprobleme 1914 (März). 3) Zit. bei M. Buber, Ekstat. Konfess. 26. 4) Tertullian, De exh. cast. § 11, bei Bonwetsch 57. 5) AJI XXVI (1869) 33ff., bes. 38. 40. 6) Wie zB. die G... bei Bourneville et Regnard, Iconogr. de la Salpêtrière I 70. Vgl. auch Richer 99. 103. 7) Gnostische, manichäische, russische Sekten; die Amalrikaner des Mittelalters u. a. m. Üb. pietist. Kreise (angebl. 'wohlbezeugt') s. Scherr, aaO. 413; Wiedertäufer: Corrodi IV; ferner Wretholm 119; Tsakni 69f.; Stoll 503. 8) S. zB. Weir 96. 97.

Die augenscheinliche Verknüpfung zahlreicher 'Bekehrungen', wie sie in gewissen christlichen Kirchen fast zum regelmäßigen Kursus des religiösen Lebens gehören, mit der Ausbildung der Geschlechtsreife fällt unter den gleichen Gesichtspunkt. Stanley Hall konnte die *conversion* unter die mehr oder weniger typischen Begleiterscheinungen der Adoleszenz einreihen. Fast erscheint sie unter diesem Gesichtswinkel als eine späte und entwickelte Form der bei allen primitiven Völkern üblichen Pubertätsweihen. Mit dieser Pubertätsbekehrung kommt gewissermaßen das seelische Äquivalent jener physiologischen Reife zum Durchbruch, die den jungen Menschen zur Übernahme seiner Stellung im Gefüge der Gesellschaft befähigt: mit der körperlichen Ehefähigkeit erwächst jenes psychophysische System, worin im Einzelnen die Interessen der Allgemeinheit verwurzelt sind: der Allgemein-, der Gattungsmensch, der *socius* (nach einem Ausdruck Baldwins) schiebt sich in das Einzelwesen hinein oder an seine Stelle.[1] — Unter denselben Gesichtspunkt des zeitlichen Zusammentreffens gehört vielleicht auch die Beobachtung, daß bei Frauen die krankhafte Unterdrückung der Monatsblutung — denn die Periode ist ja eine Zeit der geschlechtlichen Hochspannung — gelegentlich auch eine Erregung religiösen Inhalts nach sich zieht. Icard erwähnt zB. eine Dame, bei der die Menstruation, die im Alter von 18 Jahren gering eingesetzt hatte, nach einem Jahre aufhörte und die seitdem periodisch in einen 'religiösen Enthusiasmus' verfiel, der sich, außer in andern psychischen Störungen, in religiösen Halluzinationen und dem Wunsch, in ein Kloster einzutreten, äußerte.[2] Ebenso sucht sich dauernde geschlechtliche Übererregbarkeit augenscheinlich unter Umständen einen Ausweg ins Religiöse. Die jung verstorbene Margarete von Ypern († 1237) hatte alle Züge krankhafter Mannstollheit gezeigt, nach deren Aufhören sie selbst die Anwesenheit eines Knaben nicht ertragen konnte; dabei war sie aber 'mit Jesus verlobt'.[3] — Umgekehrt soll dann die Zeit der geschlechtlichen Rückbildung das Absterben der religiös-idealen Spannkraft mit sich bringen, falls nicht der Ausweg in milde Ersatzformen der Religiosität gefunden wird — wie die sprichwörtliche Bigotterie der alternden Kokotte.[4]

Andere Stützen findet die Geschlechtsdeutung der Religion in der sich aufdrängenden Beobachtung von Ähnlichkeitsbeziehungen zwischen irdischem Lieben und religiösem Leben. Der Beginn des ersteren, der Vorgang des Sichverliebens, erinnert zuweilen auffallend an das dramatische Einsetzen des letzteren, die Bekehrung.

---

1) Vgl. hierzu Starbuck 251ff. 44ff. 199ff. 2) Bei Gannuschkin, AMP 1901 II 359. Ein pathol. sehr viel krasserer Fall dieser Art bei Maeder in JPPF I 133f. 3) Bei O. Pfister 194. Eingebild. Geschlechtsverkehr mit dem Heiland bei einer altersschwachen Nonne: Vallon et Marie in AN 1897 184f. 4) Vgl. B. Lewis bei H. Ellis, Geschlechtstrieb u. Schamgefühl (d. Übers., Lpz. 1900) 333.

So teilt Aletrius den Bericht eines Mannes mit, der während eines gemeinsamen Ganges mit einer langjährigen Bekannten, die er indessen nie zu ehelichen gedacht hatte, sich plötzlich seiner Liebe bewußt wird. Die Betreffende bat ihn um Zusendung von Zeitungen. 'Da hatte ich plötzlich ein besonderes Gefühl. Es war gerade bei einer Laterne, die zweite von der Ecke bei der —-Gracht. Ich sah plötzlich das Laternenlicht hoch aufflammen und wieder schwächer werden bis zu einem kleinen Flämmchen. Alles um mich herum war dunkel. Dann wurde das Licht wieder heller. Ich hatte in meiner Kehle ein Gefühl, wie wenn ich ersticken und...weinen sollte... Ich fühlte plötzlich, daß ich sie liebte.'[1]

Aber auch Verliebtheit als dauernder Zustand hat ohne weiteres an der Oberfläche wahrnehmbare Ähnlichkeiten mit dem religiösen Leben als Zustand. Krafft-Ebing faßte diese Ähnlichkeiten dahin zusammen, daß sowohl im religiösen wie im Geschlechtsinstinkt — Abhängigkeits- oder Unterwerfungs- sowie Liebesgefühle die Hauptrolle spielen; Liebende und Gläubige erstreben gleicherweise ein unendliches Glück und ihre Selbstverewigung — auf Erden oder im Himmel; beide haben das gleiche Bedürfnis zu opfern, ja sich selbst zum Opfer zu bringen; in beiden kann der beherrschende Instinkt entarten zur Grausamkeit oder zum krankhaften Drang nach Leiden und Selbstdemütigung.[2] — Liebende selbst sind es, die diese Ähnlichkeiten zuweilen empfinden und äußern.

Novalis wollte für seine Braut Religion, nicht Liebe empfinden,[3] und einer der frühesten Zettel aus der Zeit von Lenaus Liebe zu Sophie Löwenthal lautet: 'Ich kann nicht an Gott denken, ohne an dich zu denken! Gerade in den seligsten Momenten hatte ich gar nichts gedacht, sondern war untergegangen in meiner Liebe, wie in Gott zur Zeit des Gebetes.' Und nach Jahren konnte er in den 'Liebesklängen' äußern: 'Meine Liebe hängt durchaus mit meiner Religion zusammen. Ich kann die eine nicht aufgeben ohne die andere.' Und ein anderes Mal: 'Überall, wo ich Gottes starke Hand fühle, spüre ich auch deine liebe Hand, und ich kann oft beide voneinander nicht unterscheiden.'[4]

Ja wir kennen Fälle, in denen der Geschlechtsakt als religiöse Erfahrung empfunden und bezeichnet wurde, 'wie eine Kommunion', nach den Worten der frommen Frau v. Krüdener;[5] und Flournoy konnte sich den Bekenntnissen seiner 'modernen Mystikerin' Cécile Vé gegenüber der Feststellung nicht enthalten, daß die Ausdrücke, in denen sie das Herannahen ihrer Ekstasen beschrieb, unverkennbar an die angstvoll gespannte, hingegebene Einstellung vor dem Geschlechtsakt erinnerten.[6] Andere haben diese Angleichung von Geschlechtsakt und religiöser Ekstase noch gründlicher durch-

1) A. Aletrius, Der Liebesprozeß beim Menschen, ZPMP V (1914) 117. 2) Kr.-Eb., Psychopathia sexualis. 3) E. Heilborn, Novalis 161. 4) Sadger, Aus d. Liebesleben N. Lenaus 55. Verwandte Äußerungen Goethes zusammengest. bei Chamberlain, Goethe 663. Auch Bismarck erlangte gleichzeitig die Liebe zur Braut und zu seinem Gotte. 5) Ein Fall von Ellis in RPh 1902 464; vgl. Freimark, aaO. 164; Hammond, Insanity 339. 6) Flournoy, M. M. 100. 178. 192. Vgl. den Vergleich von 'Tiefschlaf' und Geschlechtsakt: Brihadar. Upan. 4, 3, 21 (Deussen 470f.).

geführt und beiden gemeinsame Phasen der einleitenden Spannung und Erregung, dann der Anziehung und des Widerstrebens, danach der Berührung, Durchdringung, endlich der Sättigung, Befriedigung und nachfolgenden Entspannung und Mattigkeit hervorgehoben.[1] — Allbekannt (und stets im Sinne der sexualistischen Lehre betont worden) ist denn auch, daß die religiöse Liebe sich fast immer in der Bildersprache der geschlechtlichen geäußert hat, daß die Beziehungen der Seele zu Gott als eheliche — *hieros gamos* — geschildert werden,[2] wobei der Gottheit meist die Rolle des männlichen Teiles,[3] zuweilen aber auch die der Geliebten zugeschoben wird,[4] oder die der Mutter unter Verwendung von Einzelheiten, die einer sexualen Deutung zugänglich sind.[5] Religiöse selbst haben übrigens nicht nur die Nachbarschaft religiöser und geschlechtlicher Erregung empfunden, sondern auch den Eintritt körperlicher Äußerungen der letzteren während religiöser Gespanntheit aufgewiesen.[6] Schon der hl. Bonaventura, eine mittelalterliche Autorität in religiöser Erfahrung, hatte von solchen geredet, die *carnalis delectationis pruritu foedantur et in spiritualibus affectionibus carnalis fluxus liquore maculantur.*[7]

Endlich hat die im engsten Sinne psychiatrische Beobachtung ganz allgemein in theoretisch unverbindlicher Form darauf hingewiesen, daß in sog. 'religiöser Melancholie' oder 'religiöser Manie' stets irgendwelche Störung des Geschlechtslebens festgestellt werde.[8] Eine bunte Vermischung oder eine Abwechslung von erotischem und religiösem Delir ist nach Krafft-Ebing bei maniakalischen Zuständen ganz gewöhnlich, religiöse Exaltation nicht selten mit großer geschlechtlicher Erregung und Drang zur Selbstbefriedigung verbunden, wie auch Masturbanten häufig ein religiöses Delir zeigten, das sich in Vorstellungen mystischer Vereinigung mit der Gottheit und entsprechenden Gesichten und 'Stimmen' kundgebe.[9]

XXIV.

Erotomanie und mystisches Leben.

Die vorstehenden Andeutungen haben sich größtenteils auf das Gebiet der 'allgemeinen' Religiosität beschränkt und die Irrwege der außerordent-

1) H. Delacroix, Remarques sur 'Une myst. mod.' in APs XV (1915). 2) Älteres Material zB. bei Dieterich 128ff. 3) Vgl. den Brautgemach-Traum (Zweibetten-Kammer): Guyon, Vie, p. II ch. XVI. 4) S. zB. Hopkins, Rel. of India 504, über Caitanya. 5) Vgl. zB. die häufige Verwendung der Brüste in der Bildersprache des S. François de Sales (Traité de l'am. de Dieu, zB. l. III ch. 8; vgl. VI, 9; VII, 1). 6) Vgl. zB. die Angaben des 'etwas exzentrischen, doppelgeschlechtig veranlagten Predigers' bei H. Ellis in The Alienist and Neurologist XIX (1898) 271, und Swifts Angaben, nach Ellis bei Maeder, JPPF I 133. 7) Bei Montmorand in RPh 1903 (Oct.) 386. 8) So Neumann, Schröder v. d. Kolk, Krafft-Ebing, Meynert, Lombroso, Ball, Moreau u. v. a. 9) Lehrb. d. Psychiatrie, 6. Aufl. 79; vgl. C. Norman in Hack Tukes Dict. of Psychol. Med. II 332f.; Dr. Clara Barns in AJI LI 481.

lichen religiösen Erfahrungen, der Mystik und Ekstatik, mehr oder minder beiseite gelassen; aber ihrer Art nach genügen sie fraglos dem Laien und in vielen Fällen auch dem medizinischen Beurteiler vollkommen, um den Lehrsatz von der wurzelhaften Verwandtschaft, wenn nicht Gleichheit von Geschlechtlichkeit und Religion zu begründen. Es ist daher wohl zu erwarten, daß gleiche oder verwandte Begründungen auch auf dem Gebiete extremerer, mystischer Religiosität Anwendung finden werden. Ich will indessen eine solche vollständige Parallelbetrachtung nicht versuchen, vielmehr die ganze Aufmerksamkeit alsbald auf die Vergleichung eines beherrschenden Typs der mystischen Erfahrung mit ebenso hervorstechenden Typen der profanen Pathologie der Liebe lenken; Typen, deren sexualistische Deutung der klinischen Betrachtung besonders geläufig ist. Diese profane Typenreihe können wir unter dem Begriff der neurotischen Liebesverinnerlichung oder Introversion zusammenfassen und ihr wesentliches Merkmal in der Ablösung des Instinktes von der offenen Geschlechtsbetätigung erblicken, bei erhaltener, ja unter Umständen sehr gesteigerter innerer, 'geistiger' Liebesglut.

In der verhältnismäßig mildesten Form erscheint diese Entwicklung bei den Psychasthenisch-Neurotischen. Ihr Liebesleben nimmt in besonderem Maße teil an der Wendung nach innen, indem die Krankheit selbst, das für sie bezeichnende Versagen der 'Realisation', die Erreichung einer ausgewachsenen, im Gegenstand gesund verklammerten Leidenschaft unmöglich macht. Die Menschen- und Verantwortungsscheu des Seelenschwachen verweist ihn meist auf wesentlich hemmungslosere, einsamere Arten der Liebesbefriedigung, als die normalen ehelichen,[1] und der Mangel an voller Befriedigung, den die Psychasthenischen selbst bei gelingendem Geschlechtsverkehr empfinden,[2] treibt sie überdies ganz natürlich zum Sichausleben in der Phantasie. Sie neigen dementsprechend zur seelischen Schwärmerei. Und wie alles Abstrakte und Unverbindliche ihnen näher liegt als das Konkrete und Verantwortungsvolle, so geben sie sich am liebsten der schrankenlosen Idealisierung des Fernen und Fremden hin, der Selbstberauschung in Gedanken, der Selbsthingabe an eine von weitem verehrte Kraft, der Selbstauslöschung-in-Liebe vor einem fremden bewunderten Willen.[3] Zwei Bedürfnisse verschlingen sich hier: das nach Führung und das nach Erregung; das nach einer Ergänzung der eigenen mangelhaften Selbstverantwortungsfähigkeit und das nach einem Spannmittel, das die Schwäche, wenn nicht aufhebt, so doch vergessen läßt; nach der Erregung, die zeitweilig das verlorengegangene Gefühl der Wirklichkeit, des Lebendigseins wieder aufflammen läßt.[4] Und eine solche Liebe bedarf dann keineswegs eines durchgeführten Verhältnisses, sondern begnügt sich

1) Janet, Obs. I 573. 2) Das. 622f. 3) 'Gisèle' und 'Nadia', das. 388f. Vgl. Dinah M. bei Sollier, Autosc. 23f. 4) Sim...und Nadia bei Janet, aaO. 386f. 389. 304.

gerne mit der Bewunderung auf Entfernung, selbst ohne daß der Geliebte zu ahnen braucht, welche Rolle er im seelischen Haushalt einer Gebrechlichen spielt.

Aber schon die klinische Beobachtung sieht bezeichnenderweise an die Stelle eines so abstrakt geliebten menschlichen Helden zuweilen das anthropomorphe religiöse Gebilde treten — ein kleiner Schritt, wenn man es recht bedenkt. 'Ich habe häufig das Bedürfnis,' sagt Gisèle, 'hinzugehen und die Statue unserer lieben Frau der Siege zu betrachten... Der Grund ist, daß diese Statue mir einen besonderen Eindruck der Kraft macht; das zwingt mich, sie zu betrachten.'[1] — Wir empfinden hier ohne weiteres die psychologische Nähe gewisser Formen von Gottesliebschaft, die ja auch dem Gläubigen Erregung, Rausch und Führung sichern sollen. Wir verstehen zum mindesten die Versuchung für den reinen Psychopathologen, ganze Gebiete der schwärmerischen Verehrung unsichtbarer Wesen und höherer Welten nach dem Muster solcher Kranker zu begreifen, zumal da, wo sich der Hinwendung zum 'Ideal' augenscheinliche Weltleidigkeit und Weltscheu verbindet. Bis in beträchtliche Höhen des religiösen Wesens hinauf ist ja Scheu vor Berührung mit der Welt die Außenseite eines innerlich erregten und abstrakten Liebeslebens, Verschlossenheit dem Einzelnen gegenüber das Gegenstück zum glühenden Monolog der Kanzel oder des Buches, also dem namenlosen 'Andern' gegenüber: Lacordaire, immer schweigsam und zurückhaltend, Frauen gegenüber von eisiger Einsilbigkeit, aber auf der Kanzel feurig überströmend, gebraucht das bezeichnende Wort von sich: er habe stets der Einsamkeit bedurft, und sei es bloß um zu sagen, wieviel er liebe.[2]

Die erotische Introversion des Psychasthenischen scheint immer noch durch schwanke Brücken mit dem Lande der Normalität zusammenzuhängen; ein Spannungszuschuß, ein erregtes Sichaufraffen mögen ihn vorübergehend den Anschluß an die volle Wirklichkeit des Gefühls und Genusses wiedergewinnen lassen. Anders bei den ausgewachsenen Neurotikern des paranoischen und hysterischen Typs: hier finden wir ja schon in der vielbeobachteten sexuellen Frigidität — der Empfindungslosigkeit oder Schmerzempfindlichkeit der tätigen Geschlechtsteile oder doch der geschlechtlichen Wunschlosigkeit und Kälte — ein weit bedeutsameres Anzeichen der Abwendung des Liebeslebens von seiner natürlichen Umwelt. Denn diese Geschlechtskälte (die sich in Unfähigkeit zum Orgasmus äußert) beruht ja nach psychanalytischer Auffassung nicht nur auf mangelndem seelischem Verhältnis zum Partner oder auf moralischen Hemmungen, etwa gar auf geheimer Haßeinstellung ihm gegenüber; sondern in vielen Fällen auf typischen Ursachemomenten der Neurose: verdrängten homosexuellen Ein-

1) Das. 387. 2) Greenwell, Lacordaire 79.

schlägen oder infantilen Bindungen an elterliche Personen oder sonst wen.[1] Das für uns Ausschlaggebende aber ist nun, daß dieser körperlichen Kälte in durch austypischen Fällen eine seelische Übererregung des Liebesbedürfnisses ergänzend entspricht. Hochgesteigerte Binnenerotik bei Ablehnung der Geschlechtlichkeit im engen Sinne umschreibt den klassischen Begriff der Erotomanie, wie schon Esquirol ihn aufgestellt hat.

Bei den Erotomanischen, schrieb dieser, sind 'die Augen feurig belebt, der Blick leidenschaftlich, die Reden zärtlich, die Handlungen expansiv, aber sie überschreiten nie die Grenzen des Anstandes. Sie vergessen sich gewissermaßen selber; sie widmen dem Gegenstand ihrer Liebe eine reine, häufig geheime Verehrung; sie machen sich zu seinem Sklaven, indem sie seine Befehle mit einer häufig kindischen Treue ausführen...; sie sind vor seinen häufig eingebildeten Vollkommenheiten in ekstatischer Betrachtung versunken,... meist von einer unversiegbaren Geschwätzigkeit und reden immerzu von ihrer Liebe. Wie alle Monomanischen werden die Erotomanischen Tag und Nacht von den gleichen Vorstellungen und Gefühlen verfolgt, die um so maßloser sind, als sie durch Hindernisse [durch Befürchtungen, Hoffnungen, Eifersucht, Freude, Mut u. dgl.] verschärft werden. Sie vernachlässigen, sie fliehen schließlich ihre Verwandten und Freunde; sie verachten die irdischen Güter, die gesellschaftlichen Rücksichten; sie sind imstande, die außerordentlichsten, schwierigsten, mühsamsten, wunderlichsten Handlungen zu begehen.'[2] — Die einzelnen Züge dieser alten, aber klassischen Beschreibung haben bei späteren Beobachtern vielfache Bestätigung und Bereicherung gefunden. Erotomanie unterscheide sich wesentlich von Nymphomanie und Satyriasis. Bei diesen entspringe das Übel in den Zeugungswerkzeugen, deren Überreizung auf das Gehirn zurückwirke. Bei der Erotomanie liege das charakteristische Gefühl im Kopfe. Erotomanie verhalte sich zu Nymphomanie und Satyriasis wie die glühende Liebe des Herzens in Keuschheit und Ehren zu der furchtbarsten Ausschweifung.[3] — Ein zweiter, uns ebenso nahe angehender Charakterzug dieser Art der Liebe ist die Abstraktheit und Idealität ihres Gegenstandes. 'Sie ruht', sagt Ball, 'auf einem vagen, wolkenhaften, kaum gesehenen Ideal.' Ja manche Kranken verlieben sich in einen leblosen Gegenstand, in ein Wesen, das längst verschwunden ist, oder in eine geschichtliche Persönlichkeit; zuweilen, wenn sie dem Wesen, das sie lieben, gegenübergestellt werden, flößt dieses ihnen unüberwindlichen Widerwillen ein.[4] Die Kranken sind also völlig von der Wirklichkeit gelöst; sie fürchten sie geradezu; ihre Leidenschaft lebt sich restlos im Reiche der Vorstellungen aus. Und gerade ihre Flucht vor der 'wirklichen' Liebe bewahrt sie vor allen Versuchungen.[5]

Schon bei diesen Erotomanischen — welche die Schulpsychiatrie meist den Paranoischen zurechnet — spielen halluzinatorische Verkörperungen

---

1) Zahlreiche Beispiele bei W. Stekel, Die Geschlechtskälte der Frau (Berl. u. Wien 1920). 2) Esquirol, Des maladies mentales (Par. 1838) II 33. 3) Das. 32. 'Die reinste erdenkbare Liebe': Ball, bei Laurent 131; ebenso Moreau 196; Krafft-Ebing, aaO. 406. 4) Bouchereau in H. Tukes Dict. II 702. Vgl. über Distanzliebe: Stekel, aaO. 38f. (Beispiele). 5) Stekel, das. Lehrreiche Krankengesch.: Esquirol, aaO. 34ff.; Ball, L'Encéphale 1888 Nr. 2 u. 3; Krafft-Ebing, Lehrb. 407ff.; Rozier, Die geheimen Verirrungen des weibl. Geschlechts (Lpz. 1831) 123ff.

des Komplexes — hier des Liebesideals — eine nicht unbeträchtliche Rolle. Diese sind natürlich für alle 'schizophrenischen' Zustände, nicht zum wenigsten für die hysterischen charakteristisch und für unsern Zusammenhang bedeutsam. Ihr Formenreichtum ist ein sehr ausgedehnter. Die einfachsten Äußerungen des Komplexes sind die 'Stimmen', seien es 'innerlich' gehörte, in die verschiedensten Teile des Körpers verlegte, seien es deutlicher oder undeutlicher von außen kommende, seien es — mit einem Übergriff auf den Bewegungsapparat — vom Subjekt geflüsterte oder doch von Zungen- und Lippenbewegungen begleitete. In Fällen voller Ausgewachsenheit gestaltet sich das erotische Ideal zu einer gesehenen und gehörten Gestalt, mit der ein fortlaufender Verkehr geführt, soz. ein halluzinatorischer Roman gelebt wird: der verdrängte Komplex ist zum Keim eines zweiten Ich geworden, das sich in sinnlichen Automatismen dem Wachbewußtsein gegenüberstellt.[1]

Ein Beispiel mag eine Patientin Janets liefern. Druo... hat sich mit 18 Jahren in einen gewissen Alphonse leidenschaftlich verliebt. Nach einer Begegnung in einem Konzert befindet sie sich in Unterhaltung mit ihm: sie hört ihn ganz deutlich. Bald unterhält er sie mit verliebten Reden, bald macht er ihr Vorwürfe und sie streiten sich. D. will nicht zugeben, daß sie es bloß mit Einbildungen zu tun habe; die Gesichtstäuschung freilich ist weniger deutlich und Berührungshalluzinationen finden überhaupt nicht statt. Aus diesem ersten Gespräch entwickelt sich aber bald ein ganzer halluzinatorischer Roman: man verabredet Stelldicheine, hat Schwierigkeiten aller Art zu überwinden, aber man trifft sich, ist beglückt, unterhält sich usw.[2]

Zu sexuellen Romanbestandteilen ist es hier so wenig gekommen wie in fast allen 'erotomanischen' Krankengeschichten. Gleichwohl erscheint die Verwurzelung im Liebestriebleben nicht zweifelhaft, und die Neurosenlehre deutet alle diese Gebilde der Schwärmerei als Ergebnisse der Unterdrückung des offenen Geschlechtstriebes. Die Widerstände, denen sein Sichausleben begegnet, findet sie in seelischen Regungen, wie Ekel, Schamgefühl, moralischen und ästhetischen Vorstellungsmassen, wie sie die Erziehung dem Triebleben in den Weg stellt; oder in 'infantilen' Bindungen, zB. an den Vater, dem auch jenes Unerreichbare, Göttliche eigne, das die schwärmerische Neigung der 'Distanz-Liebenden' im Partner suche;[3] und wo solche Widerstände nicht ausreichend nachweisbar sind, nimmt sie 'organisch bedingte' Widerstände an, die sich 'gelegentlich ganz ohne Mitwirkung der Erziehung herstellen'.[4] Infolge dieser 'Sexualablehnung' verbleibt ein großes Stück oder das Ganze der psychosexuellen Tätigkeit zur Auffindung des Gegenstandes geschlechtlicher Wünsche im Unbewußten. Aber damit ist sie natürlich nicht aus der Welt geschafft: eben in 'sublimierter' Form tritt jene Energie ins Bewußtsein, deren Verwendung auf

1 Vgl. o. Kap. V u. VIII, S. 56ff. 82. 85ff. 91ff. 2) Obs. II 526ff. 3) So insbes. Stekel, aaO. 38f. 4) Freud, Sex. 38. (Ich komme hierauf noch zurück.)

geschlechtliche Tätigkeit durch jene Ablehnung verhindert wurde.[1] Der Erregungslosigkeit des Triebapparates entspricht gesteigertes Sehnen mit mehr oder minder unbestimmtem, 'verklärtem' Gegenstande.

Die stärkste erfahrungsmäßige Bestätigung findet diese Theorie eben in der Möglichkeit eines Rückschlags der Sublimierung ins Nackt-Geschlechtliche, wodurch sich dann gewissermaßen Quelle und Leitung enthüllen, woraus und wodurch der keusche Affekt seine Spannung bezog. Daß die schwärmerisch-liebenden Aufschwünge der Psychasthenischen auf dem Wege der 'Derivation' mitunter in der Niederung masturbatorischer Handlungen enden, haben wir bereits früher erfahren. Von Hysterischen wissen wir, daß neben völliger Empfindungslosigkeit der Teile, und oft mit ihr abwechselnd, auch örtliche Übererregbarkeit mit allen Begleiterscheinungen ihren Zustand bezeichnen. Die Beobachtung der Erotomanischen endlich gibt uns Fälle an die Hand, die — so typisch sie sonst anmuten — den Vorhang gleichwohl nicht völlig über den geschlechtlichen Hintergrund ziehen, in denen soz. die Umkippung ins Seelische nicht vollständig gelungen zu sein scheint.

Die folgende Mitteilung Moreaus, die sich auf eine junge Person aus sehr guter Familie in der Anstalt von Ivry bezieht, bietet überdies den Vorzug, daß sich in ihr offen-geschlechtliche Erregungen nicht nur mit idealisierender Menschen-, sondern auch mit Gottesliebe von gewisser Art verbinden. Jene Erregungen — *impulsions utérines* — verknüpften sich hier mit entsprechenden deliranten Vorstellungen: die Kranke glaubte, daß ihr von allen Seiten her unerlaubte Anträge zukämen, von Männern wie von Frauen. Anderseits erschien sie 'sehr religiös', hatte seit langem den Wunsch, in einen Orden einzutreten, und fürchtete so sehr, durch die angeblichen sexuellen Verfolgungen ihren religiösen Gedanken abspenstig gemacht zu werden, daß sie Selbstmordversuche unternahm. Ihr seelischer Zustand wird durch einen uns mitgeteilten Brief charakterisiert: sie behauptet darin, sich endlich klar geworden zu sein über die in ihr bestehende Gleichzeitigkeit eines angeblich ausschließlichen Verlangens nach Gott und jener 'immerhin vorhandenen Bevorzugung eines einzigen Mannes[2] vor allen anderen'. 'Ich bedarf', schreibt sie, 'einer ziemlich starken, festen, innigen Umarmung, um mein Herz ein Herz werden zu fühlen mit demjenigen, dessen Arme mich umfangen,... sonst sind die Männer[2] mir dermaßen gleichgültig und ich habe so viel natürlichen Hochmut, daß ihre Mühen, ihre Leiden, ihre Gedanken mir Verachtung und Spott einflößen. Gott allein, den ich in ihnen sehe, läßt mich sie — selbst den Geringsten — und den Geringsten vor allem — über mich selber stellen. Gottes unendliche Überlegenheit mir gegenüber,...das Bewußtsein, daß er vom ersten Erwachen meines Lebens an mir von seinen göttlichen Schönheiten mitteilte, haben mich frühzeitig gelehrt, ihn zu lieben,... mich selber völlig zu vergessen, nur ihn noch zu sehen. Das glühende Ungestüm seiner Liebe hat mich oft meine Arme weit öffnen lassen, um sie dann mit ganzer Kraft auf meiner Brust zusammenzudrücken. Ich preßte nichts Körperliches, aber mein verklärter Herr, der sich dann mir ver-

1) Das 74. 39. 2) homme (Menschen?).

einigte, schenkte mir unfaßliche Wonnen. Nach und nach hat das leibliche Herz an den glühenden Ergießungen des Herzens der Seele teilgenommen und mir ist das Bedürfnis nach einem Bruder, einem sichtbaren und faßbaren Freunde gekommen, der mir der lebende Ausdruck meines angebeteten Herrn wäre... Wenn ich dabei geneigt bin, mich Jedem anzuvertrauen, der mir genügendes Vertrauen und Zuneigung einflößt, so leitet mich der Gedanke, daß in Gott alle Menschen Brüder sind und daß, da ich lediglich die Ausgießung der göttlichen Liebe suche, ich sie in allen denen finden kann, die für mich Gottes Stelle einnehmen. Ich muß also denjenigen finden, der sein Dasein dem meinigen opfern will. Und diesen habe ich gefunden...'[1]

Was mich diesen Bericht anführen läßt, ist die Offenheit, mit der das geschlechtliche Element sich in ihm ausspricht und damit die Wurzel des ganzen Romanes andeutet. Von diesem Bestandteil abgesehen, befinden wir uns einerseits noch in genügender Nähe von typischen Fällen der Erotomanie, von denen wir uns höchstens in unmerklichem Übergang ein wenig entfernt haben; anderseits tatsächlich schon inmitten von Erscheinungen, die den Akten der Hagiologie und zumal des Klosterlebens entnommen sein könnten. Was die erstere 'Nähe' anlangt, so muß ich hier nachtragen, daß auch die durchaus 'keusch' Liebenden des klassischen Esquirolschen Typs mitunter im Schlafe Träume von offen-geschlechtlichem Inhalt haben.[2] Anderseits haben wir im Rahmen unserer Betrachtung der religiösen Automatismen[3] etwas von der Art erfahren, wie der Gott — der Heiland, sein Engel oder sonst eine der jenseitigen Gewalten — dem Frommen einwohnt, ihn führt, sich mit ihm unterredet, ihm erscheint, ja völlig zum ständigen Genossen seines Lebens wird. Bei christlichen Männern ist es vielfach die Gottesmutter, zuweilen die Sophia; bei christlichen Frauen meist der Heiland. Schon dies deutet auf ein erotisches Element. Im übrigen stellt sich dieser innere oder visionäre Verkehr ohne weiteres als ein Verhältnis glühender Liebe dar. Jesus ist der 'Bräutigam der Seele'; er 'verlobt' sich seiner Geliebten, zuweilen in ausführlichen Visionen eines zeremoniellen Ringwechsels, er 'vermählt' sich seiner Erwählten und läßt sie die Freuden der Vereinigung kosten; er führt nichtendende Unterredungen zärtlichsten Inhalts mit ihr; er lockt und martert sie, straft und lohnt sie, wie nur je ein eifersüchtiger Liebender getan; bald zieht er sie an seinen Busen, bald verbirgt er sein Antlitz vor ihr; durch Wonnen und Qualen spinnt sich ein lebenslängliches Liebesspiel, und die ehelich-sexuelle Ausdrucksweise ist dabei allen Selbstdarstellungen dieser mystischen Erlebnisse natürlich.[4] 'Brautenthüllung Frommen die

1) Moreau 200ff. Ich empfehle noch den Fall der Therese M... bei H. Ellis, Geschlechtstrieb u. Schamgefühl 335ff. (nach Sérieux). 2) Es muß auch erwähnt werden, daß mehrere Beobachter sich gegen die strenge Ausschließung der offenen Sexualität von der Erotomanie erklärt haben: Bouchereau, aaO.; H. Tuke in JMS III 359 (angebl. sogar mit Nymphomanie verträglich). Masturbation ist häufig, auch wenn das paranoische Liebesverhältnis durchaus platonisch ist (Krafft-Ebing, aaO. 406; Bouchereau, aaO.). 3) Oben Kap. VIII. 4) Fast alle ekstatisch veranlagten Nonnen wären hier zu nennen. S. zB. Görres I 322ff. 490.

Verzückung ist, Brautgenuß den Frommen die Entrückung ist', singt Dschelâl ed-dîn Rûmi.[1] Zuweilen nehmen die Besuche unirdischer Persönlichkeiten so sehr an Häufigkeit und Bildhaftigkeit zu, daß etwas wie ein ununterbrochener Umgang zustande kommt.

Von S. Katharina von Siena berichten die Biographen, daß der Herr sie besuchte, 'wie ein Freund den andern zu besuchen pflegt', zuweilen allein, zuweilen in Gesellschaft seiner Mutter und anderer Heiligen, und sich mit ihr unterhielt wie der Freund mit dem Freunde;... ja er ging mitunter mit ihr im Zimmer auf und ab, die Psalmen hersagend, 'als wären sie zwei geistliche Personen, die ihr Offizium zusammen beteten', so daß die Heilige beim Gloria die Worte veränderte: *Gloria Patri et Tibi et Spiritui Sancto*, sich an den Gegenwärtigen wendend.[2]

Die Analogie dieser göttlichen Liebesromane mit dem menschlichen Eheleben ist dabei oft eine sehr weitgehende, für ihre Deutung belangreiche. 'Jeder Psychiater kennt die Delirien unverheirateter Frauenzimmer, welche Verlobung, Hochzeit, Koitus, Schwangerschaft und Geburt aufführen.'[3] Selbst dieser äußerste Fall nun findet sich in den Annalen der Mystik, zB. im Leben der Margarete Ebner († 1351), die in einem halluzinierten Roman vom Heilande umfangen wurde, ein Kind von ihm empfing und gebar, das sie ihm dann 'zeigte' usw. Und auf die gleichen Zusammenhänge deutet die Tatsache, daß sich diese Romane häufig in einem Alter anspinnen, in dem man das Erwachen der Geschlechtlichkeit ansetzen darf, bei südlichen Naturen also leidlich frühzeitig.[4]

Als Gottgeliebte der männlichen Heiligen stellt man sich mit Recht vielfach die himmlische Jungfrau-Mutter vor.[5] Diese Verkörperungen indessen beiseite lassend, will ich auf eine andere Gestalt des mystisch-visionären Romans der Männer etwas näher eingehen, die schon oben erwähnt worden ist: die göttliche Weisheit, das edle Weib Sophia, von dem schon der apokryphe Dichter gesagt hatte, daß er sie geliebt und ersehnt habe von seiner Jugend an und danach gestrebt, sie als Braut für sich heimzuführen, und ein Liebhaber ihrer Schönheit geworden sei, ja daß sie mit Gott zusammenlebe und der Herr des Alls sie liebe.[6] Unter den Jenseitigen, denen sie die liebende Genossin des mystischen Weges wurde, ragt früh schon der dichterische Seuse hervor, der in ihrem Umgange den größten Teil seines dornigen Pfades verschwelgte.

'Er hatte — nach der blumenreichen Erzählung seiner bewundernden Schülerin — von Jugend auf ein minnereiches Herz. Die ewige Weisheit aber wies ihn darauf hin, wie betrüglich alle Minnerinnen seien, wie recht lieblich und stet sie aber

1) Tholuck 77; vgl. das. 31. 32 üb. Rabia. Liebe zum Jesuskindlein (nach heutiger Anschauung eine nicht ungeschlechtl. Form der Erotik): S. Elisabeth; S. Armelle; Angela 145 ff.; Labis 71; indisch: R. Otto, Vishnu-Nârâyana 149. 2) Drane I 57 f.; vgl. II 41 und d. Fall der span. Dominik.-Tertiarierin bei Calmeil I 232. Berühmt ist der Jesus-Umgang der hl. Gertrud (zB. I 170 f. 174). Vgl. auch Imbert II 100 ff. 3) Jung, Dementia 94. 4) Dominica del Paradiso (Florenz) mit 10, Columba v. Rieti mit 12 Jahren (Görres I 342. 433). 5) Indisch zB. Kali, bei Ramakrishna 39 (vgl. o. S. 92 f.). 6) Weish. Salom. 8, 2. 3.

sei. Davon ward sein junger Mut gezogen... Diese reizliche Weise hatte sie gar oft und ein minnigliches Locken zu ihrer geistlichen Minne, sonderlich in den Büchern, die da heißen der Weisheit Bücher. Wenn man die zu Tische las und er dann solch Minnekosen darab lesen hörte, so war ihm viel wohl zumut. Hiervon begann er ein Elend [Sehnsucht] zu haben und zu gedenken in seinem minnereichen Mute also: Du solltest doch recht dein Glück versuchen, ob dir diese hohe Minnerin möchte werden zu einem Lieb, von der ich so große Wunder höre sagen, weil doch dein junges, wildes Herz sonder Lieb nicht wohl die Länge mag bleiben... Da er sich aber mühte, inwiefern er sie in den ausgelegten Kundschaften der Schrift mit den innern Augen ersehen möchte, da zeigte sie sich ihm also: sie schwebte hoch ob ihm in einem gewölkten Chore; sie leuchtete als der Morgenstern und schien als die anbrechende spielende Sonne; ihre Krone war Ewigkeit, ihr Kleid Seligkeit, ihr Wort Süßigkeit, ihr Umfahen aller Lust Genugsamkeit; sie war fern und nahe, hoch und nieder; sie war gegenwärtig und doch verborgen; sie ließ mit sich umgehen, und mochte sie doch niemand begreifen... Wie oft das minnigliche Bild mit weinenden Augen, mit ausgebreitetem grundlosem Herzen ward umfangen und in das Herz lieblich gedrückt, das wäre unsäglich...Sein Herz fuhr oft in seinem Leibe gen der ewigen Weisheit lustreicher Gegenwärtigkeit in einer empfindlichen Durchflossenheit... Sein Antlitz war so fröhlich, seine Augen so gütlich, sein Herz ward jubilierend...: Glück ist mir mit dir gefolgt und alles Gut hab ich mit dir und in dir besessen!' — Einst, da er in seiner Kapelle 'den aufbrechenden Morgenstern, die zarte Königin vom Himmelreich grüßte, wie die kleinen Vöglein im Sommer den lichten Tag', hörte er einen süßen Gesang 'in seiner Inwendigkeit'. 'Da ward ihm ein unsäglicher Umfang und in dem ward zu ihm gesprochen also: So du mich je minniglicher umfahest und je unmaterlicher [geistiger] küssest, so du in meiner ewigen Klarheit desto wonnesamer und minniglicher wirst umfangen... Da ward des himmlischen Getöns die Seele so voll, daß es der kranke Leib nicht mehr erleiden mochte, und gingen ihm die Augen auf und das Herz ging über und flossen die inbrünstigen Zähren über die Wangen ab.'[1] — Durch die Seltsamkeit der altertümlichen Sprache hindurch erkennen wir doch deutlich gewisse Züge des erotomanischen Typs: die abstrakte und doch halluzinatorisch ausgebeutete Idealgestalt des Liebesobjekts, den Überschwang der Schwärmerei, hier mit einer starken Wendung ins Rühr- und Tränenselige, und — worauf ich noch ausführlich zu sprechen komme — ein überaus heftiges organisches Genießen.

Einige Jahrhunderte nach Seuse finden wir die himmlische Jungfrau eine nicht unbeträchtliche Rolle im mystischen Leben des Görlitzer Schusters spielen. 'Die Jungfrau,' schreibt Boehme, '[der gute Geist in uns], vermählt sich wieder mit uns, wenn wir uns entschließen zur Wiedergeburt.' 'Als ich lag am Berge gegen Mitternacht und alle Bäume über mich fielen und alle Sturmwinde über mich gingen, da kam sie [die Jungfrau] zum Trost und vermählte sich mit mir.'

Gichtel endlich, der Boehme so vieles verdankt, übernahm auch diese mystisch-erotische Verkörperung und scheint sie sowohl visionär als auch theoretisch über die Maße seines Meisters hinaus gefördert zu haben.

---

1) Suso 142. 144f. 148.

Ihm 'geschahe im Geist eine Bewegung, sagt seine Biographie, und nachdem zuerst eine schwartze, hernach eine schneeweiße Wolke geöfnet worden, erschien ihm aus der weißen Wolke die edle himmlische Jungfrau Sophia JEsu, mit verklärtem Angesicht, als seine getreue Gehülfin und Gespielin, die er vorhin unerkannt, so hertzlich geliebet, im Geiste des Gemüts, und zwar von Angesicht zu Angesicht, da GOtt ihm also sein ewiges Wort JEsum, zur lieben Gespons und Braut, in Jungfräulicher Gestalt, heraus in seine Menschheit sandte... Diese taht sich nunmehro ehelich zu seinem Seelen-Feuer, als ihrem Feuer-Mann. O, wie freundlich hat Sie seine Seele umhälset! Keine eheliche Matron kan mit ihrem Ehegatten liebreicher spielen, als Sophia mit seiner Seelen taht... [in] unaussprechlicher Süßigkeit.' 'Ihre Figur,' sagt Gichtel selbst, 'ist wie der Engel und Menschen, von solchen Gliedern als wir Menschen, aber ohne thierische Glieder, ohne Sie kan sich der H. Geist an uns nicht offenbaren, Sie ist sein Leib.'[1]

Der Grundsatz, beim männlichen Mystiker einen weiblichen, beim weiblichen einen männlichen Gegenstand des mystischen Liebesromans vorauszusetzen, darf indes nicht überspannt werden; wir haben uns bereits über die Häufigkeit eines starken gegengeschlechtigen Einschlags gerade bei Religiösen verständigt; es würde daher einer sexualistischen Theorie des mystischen Liebeslebens keineswegs widersprechen, wenn wir homosexuelle Neigungen auch in den sublimierten Formen des mystischen Liebeslebens ausgedrückt fänden.

Von Ramakrishna lesen wir, daß er im Verlauf seiner langwierigen Bemühungen um Nacherleben aller geschichtlichen Formen der Gottesverehrung auch die der Hindulegende geläufige Liebe der Râdhâ zum Gotte Krishna zu erleben suchte und daß er zu diesem Behuf sich tagelang in weibliche Kleider hüllte, sich selbst als Weib vorstellte und so zuletzt ans Ziel gelangte: er sah in einer Ekstase die herrliche Gestalt Sri Krishnas und war befriedigt.[2] Es steht uns offenbar frei zu vermuten, daß ein weiblicher Einschlag im Wesen des Heiligen ihn zum erotischen Ausleben gedrängt habe. — Ebenso mag man eine homosexuelle Note zu vernehmen meinen, wenn ein Begnadigter, der das Angesicht Jesu schaut, ihm entgegenruft: 'Wende deine Augen von mir, denn sie machen mich brünstig'.[3] — Besonders in der Jesusliebe des Grafen Zinzendorf hat man homosexuelle Triebelemente aufzudecken gesucht. Pfarrer Pfister, der ihm eine ausführliche Studie widmet, macht auf die Ähnlichkeit gewisser Bilder der herrnhutischen Jesuslyrik mit homosexuellen Akten aufmerksam. Auch das Abendmahl war in der Sprache dieses Frommen die 'Umarmung des Mannes'.

Aber die üppige Erotik des mystischen Grafen scheint noch weit deutlicher gewisse andere wohlbekannte Schattierungen des Geschlechtstriebes in sublimierter Form zu zeigen. Auf das nekrophile Element, welches Pfister hervorsucht, will ich dabei den mindesten Nachdruck legen. Mehr hervorstechend ist jenes, das man neuerdings als das algolagnische bezeichnet hat, dessen passive Seite die sexuelle Lustbetonung des Leidens

1) Gichtel, Leben 142f.; Theos. IV 2950. (1800). 2) Ramakrishna 50. 3) Kanne I 89 (nach Porst).

und Schmerzes — Masochismus —, dessen aktive diejenige der Grausamkeit, den Sadismus umschließt. Das 'Blutgelalle' der älteren Herrnhutischen Dichtung und Schriftstellerei, ihr Wühlen in den Wundmalen, zumal in der vom Grafen so glühend besungenen Seitenwunde, als möglicher Vertreterin der weiblichen Geschlechtsteile, ist allerdings in einen Dunstkreis schwüler Lüsternheit eingetaucht, worin dann auch die 'bis zur Schmutzigkeit' gehende Vergleichung der Ehe Christi und der Seele mit menschlichen Verhältnissen nicht mehr wundernimmt.

Diese Note der Schmerzlust, der passiven oder aktiven Grausamkeit erklingt nun aber vielfach im Leben der Mystischen und ist ein nicht zu vernachlässigender Hinweis auf geschlechtliche Untergründe ihres erhöhten Liebens. Denn masochistische und sadistische Neigungen fehlen nach heutiger Auffassung fast keiner sexuellen Persönlichkeit vollkommen, so sehr ihr Überwiegen die Ausnahme sein mag. Eine schmerzselige Seite des mystischen Liebeslebens verrät sich nicht nur unmittelbar im charakteristischen Gefühlston seiner beherrschenden Leidenschaft, sondern auch in einem Teil jener asketischen Bedürfnisse und Übungen, die dieses Liebesleben fast immer umlagern. Damit soll natürlich nicht das Ganze dieses weitschichtigen seelischen Erscheinungsgebiets gedeutet sein. Es ist uns bereits bekannt, daß der introvertierte Liebestrieb, die heiße Liebe Gottes, ohne weiteres den zuvor gewerteten äußeren Gütern das Interesse entzieht, gerade wie sie fast immer die nackte Geschlechtlichkeit zum Erlöschen bringt. Mme Guyon ist ganz deutlich darüber, daß es der auch nur mäßig von Liebe ergriffenen Seele einfach unmöglich sei, die Annehmlichkeiten des Äußern irgendwie auf sich wirken zu lassen.[1] Aber diese natürliche Gleichgültigkeit gegen den äußern Genuß geht unmittelbar und mit der gleichen Natürlichkeit über in das Bedürfnis nach positivem Schmerz. 'Das Kreuz,' fährt Mme Guyon an der eben benutzten Stelle fort, 'das ich bis dahin aus Ergebung getragen hatte, wurde mein Entzücken und der Gegenstand meines Wohlgefallens.' Die Liebe zum Kreuz nahm mit dem Fortschritt im 'innern Gebete' zu, und zumal wenn Gott ihr 'Liebkosungen' erwies, so erschien es ihr als das grausamste aller Martyrien, nicht zu leiden.[2]

Wir stoßen hier auf eine positive Gier nach Leiden, die zuletzt nachgerade für nichts anderes mehr Auge und Ohr hat; eine Paradoxie der Wertung, eine Umkehrung aller 'Vernunft', wie die Jenseitigen mit Bewußtsein sagen, eine Weisheit der 'Toren und Narren der Welt, aber der Lieblinge Gottes, weiseste Tollheit und tollste Weisheit', die ihre Anhänger als 'Sonderlinge, Heuchler, *mangeurs de crucifix*, Phantasten, Bigotte, Verführer und Verführte' erscheinen läßt.[3]

---

1) Guyon, Opusc. 163 (Torrens I, 4 § 15); Vie I 87. 118; vgl. S. Teresa I 133f. (c. 16).
2 Guyon, Vie I 87. 119. 139. Vgl. Drane II 128 (55. Brief). 3) Nach Mystères 20. 52. 60.

Zu leiden wird 'das eigentliche Wesen des Christseins',[1] Demütigung jeder Art eine Gnade, die kein Schatz der Welt aufwiegt, kostbar über alle Worte.[2] Trauer und Schmerz sind jetzt von Gott dem Herzen befohlen, noch vor aller Tugend,[3] und je vollkommener der Mensch, desto mehr soll er nach Tod und Leiden trachten. Nichtig der Mensch, welcher nicht duldet.[4]

Liebe kennst du, springt vor Schmerzgewalt dein Herz,
Wo ist Schmerz, der, ach! so tief wie Liebesschmerz![5]

'Ich betrachte', sagte eine, die vielleicht mehr als andere im glühenden Ofen der Gottesliebe geweilt hatte, 'ich betrachte alle Stunden als für mich verloren, die ich ohne Leiden verbracht habe... Ich sehe nichts, was die Länge des Lebens so sehr versüßt, als jederzeit zu leiden, während man liebt... Es ist nur der Schmerz, der mir das Leben erträglich macht.' Und den Grund für diesen Leidensdurst sieht sie selbst in gewissen großen Gnadenbezeugungen, in denen ihr der Heiland über das Geheimnis seines heiligen Sterbens und Leidens Erkenntnisse zuteil werden ließ.[6]

Hier stoßen wir auf etwas Wesentliches: die Leidensgier ist aufs engste vergeschwistert mit dem Liebeserlebnis selbst. Zunächst mit der Gestalt des Geliebten, der ein Leidender, Schmerzenreicher ist und eben als solcher geliebt wird; in den sich hineinlebend, hineinliebend man also selbst die Wollust der Leiden nachzukosten vermag.[7] In der Art andächtigen 'Betrachtens' Jesu und seines Werkes, das ja auch eine Quelle religiöser Kunst geworden ist und darum an dieser ermessen und studiert werden kann, klingt häufig eine grausame, in Blut und Schmerzen wühlende, klingt die sadistische Note des Liebesdranges kaum überhörbar vor.

'Er trug sein Kreuz', schreibt Ruysbroeck, 'unter vielen Schmerzen auf den höchsten Platz der Erde. Er ward ganz splitternackt entkleidet. Nie sah Mann oder Weib einen so schönen Leib so schwer mißhandelt. Die Haare flogen ihm in seine Wunden. Er ward mit groben Nägeln an das Holz des Kreuzes genagelt und dann aufgerichtet, daß ihm die Adern zerrissen. Er ward aufgerichtet und dann niedergestoßen, daß ihm von der Erschütterung seine Wunden bluteten.' — S. Angela wurde durch den bloßen Anblick eines Passionsbildes schließlich so sehr in Fieber versetzt, daß ihre Genossinnen derartige Bilder vor ihr verbergen mußten.[8]

Aber dieser Mann der Schmerzen ist auch der Geliebte, der die verlobte Braut umfängt und küßt, ihr tausend Liebkosungen zuflüstert und sie mit unendlichen geheimen Wonnen überschüttet. Eine mächtige Wurzel asketischen Dranges steigt hier auf. 'Man soll Gott so sehr auf Golgatha wie auf dem Tabor lieben.'[9] 'Es ist eine Schande, ein Christ zu heißen und nicht gekreuzigt zu sein mit Christo.'[10] Man weiß, daß dies gelegentlich wörtlich genommen worden ist und daß mehr als ein Jesusliebender für

1) M. Olier, bei Joly 167 (aus Lettres I 276). 2) Chapot II 251. 3) Ruysbroeck 29. 4) Molinos 84f.; vgl. Suso 143. 5) Tholuck 54. 6) M.-M. Alacoque in ihrem Mémoire und Briefen; bei Bougaud 170f. 386f. 155. Ganz ebenso Labis 127. 7) Vgl. Görres II 424 über Marg. Ebner (1291—1351). 8) Ruysbroeck 15; Angela 97f. 9) Guyon, Opusc. 24 (Moyen Court c. VII § 1). 10) Bernières-Louvigni 106. Üb. Armut und Entbehrung als masochist. Bedürfnis vgl. einen Fall von Dr. Strohmayer in JPN XII (1908) 84. 86.

seinen Gott sich freiwillig ans Kreuz hat heften lassen. Die dazu nicht den Mut fanden, haben wenigstens eifrig die Geißel geschwungen, und ich brauche nicht an jene allzu populäre Literatur zu erinnern, die sich mit der masochistischen Bedeutung dieses weitverbreiteten religiösen Leidensinstrumentes befaßt.[1] Doch führe ich einen wenig gekannten kleinen Zug aus dem Leben des berühmten Lacordaire an, der am Tage seiner Bekehrung (!) sich von dem 'seltsamen Drang' verfolgt fühlte, einen kleinen Savoyardenknaben — er selbst trägt unverkennbar weibliche Züge — zu mieten, um sich von ihm durch die Straßen von Paris peitschen zu lassen.[2]

Auch Selbstverwundungen aller Art sind bekanntlich ein viel geübtes Mittel, dem Gotte Liebe zu erweisen.

Der wehleidige Seuse, um nur ein Sonderbeispiel aus zahllosen zu geben, schneidet sich den Namen Jesu mit einem Griffel in die Brust. 'Von den scharfen Stichen fiel das Blut stark aus dem Fleisch und rann über den Leib ab in den Busen. Das war ihm so wonnesam anzusehen, von der feurigen Minne, daß er des Schmerzens nicht viel achtete. Da er dies getan, da ging er also versehrt und blutig aus der Zelle auf die Kanzel unter das Kruzifix, kniete nieder und sprach: Eya Herr, meiner Seele und meines Herzens einige Minne, nun sieh an meines Herzens große Begierde: Herr, ich kann noch mag dich nicht fürbaß in mich drücken; o Herr, ich bitte dich, daß du es vollbringest und daß du dich nun fürbaß in den Grund meines Herzens drückest.'[3]

Auch mag im Hinblick auf gewisse asketische Handlungen der Heiligen darauf verwiesen werden, daß ein so gewiegter Kenner des Geschlechtslebens wie Krafft-Ebing allerhand ekelhafte, auf Selbstdemütigung gerichtete Gelüste, wie zB. das Genießen von Kot, Urin und Menstrualblut oder das Lecken an den Geschwüren von Kranken, als Äußerungen masochistischer Triebe auffaßt.[4]

Dies asketische Nachleben der Qualen des Geliebten ist die eine Verwirklichung der Schmerzliebe. Eine andere, auf die wir oben bereits hingeführt wurden, weist uns noch unwiderstehlicher als die asketisch-masochistische Praxis auf das sexualpsychologische Problem der Gottesliebe hin: das organische Genießen des Gottes, die eigentliche Wollust der Gottesliebe bekennt sich selbst häufig zu der schmerzseligen Note. Wie oft nicht ist die Wollust der Vereinigung mit Gott als eine Verwundung durch den Geliebten beschrieben und besungen worden!

'Von der Minne verwundet sein ist das süßeste Gefühl und das schwerste Weh, das man ertragen kann', sagt Ruysbroeck.[5] Und Mme Guyon spricht von einer 'tiefen Wunde, die sie im Innersten ihres Herzens empfangen und die so wonnevoll sei, daß sie in ihrem Schmerze ruhe und aus ihrer Qual ihre Lust mache'.[6] — Zumal die hl. Teresa hat von diesen 'bittersüßen Martern' die anschaulichsten

1) Einiges Geschichtliche bei Zöckler 528f. 610f. Literaturangaben bei A. Eulenburg, Sexuale Neuropathie (Lpz. 1895) 86. 2) Greenwell, Lacordaire 144. 3) Suso 146. Ähnlich A. de Musset, zit. bei Bloch 639. 4) Ref. in ZH IX 104. 5) Ruysbroeck 66. 6) Opusc. 169 (Torr. I, 5, 5); vgl. Vie II 38 (II, 4, 7).

Schilderungen hinterlassen, deren berühmteste sich auf das wiederholte Gesicht des 'sehr schönen' Engels bezieht, mit 'entzündetem Angesicht', der einen langen goldenen Pfeil, an dessen Spitze ein wenig Feuer zu sein schien,[1] ihr 'einigemal durch das Herz drückte, bis ins Innerste desselben; und wenn er ihn wieder herauszog, so war mir eben, als ziehe er einen Teil davon heraus; dann ließ er mich in heftiger Liebe gegen Gott ganz entzündet... Dabei war die Wonne, welche mir dieser ungemeine Schmerz verursachte, überschwänglich.'[2]

Die gleiche schmerzliche Note beherrscht dann den Zustand des dem Liebesrausch Entronnenen.

Ein Stachel sitzt ihm in der Seele. Das Herz ist 'von dem brennenden Pfeil verwundet geblieben, und zu jeder Zeit, an jedem Orte martern die Seele ihre Begierden ohne Unterlaß, und der mächtige Stachel, der sie verwundet, läßt ihr keine Ruhe.'[3] Es ist ein Zustand, der (nach einem Worte Ruysbroecks) des Menschen 'Blut trinkt' und seine 'leibliche Natur heimlich plagt und verzehrt ohne äußere Arbeit'.[4] 'Der nie ganz vollkommene Besitz verzehrt ihr Dasein.'

In diesem *languir*, diesem Schmerzschmachten, klingt der Ton der masochistischen Schmerzlust unverkennbar nach. Es ist ein Nachhall der göttlichen Wollust selbst. Dieser Zustand schmerzlicher Gier nach der Süße aber ist gerade ein Zug, der aus der Pathologie vertraut ist: die Unbefriedigung, welche der Unfähigkeit entstammt, mit einer Empfindungssteigerung zum Abschluß zu gelangen, den Rhythmus von Spannung und Entspannung restlos zu durchlaufen. Und zwar ist dies insonderheit ein sexualpathologisches Symptom; denn diese Unfähigkeit des Auskostens beobachten wir nicht zuletzt auf dem Gebiete des Liebesempfindens im weiten und im engeren Sinne.[5]

XXV.

Mystischer Liebesrausch und Geschlechtlichkeit.

Ich brauche kaum erst zu sagen, welchen Weg uns die letzten Andeutungen weisen. Wir sind auf der Suche nach Tatsachen, die es uns möglich machen, die mystische Gottesliebe ebenso auf geschlechtliche Wurzeln zurückzuführen, wie dies im Falle der profanen Erotomanie und verwandter Erscheinungen durch die Beobachtung gelegentlichen Rückschlagens in organisch-sexuelle Erregungen möglich schien. Die Andeutungen masochistisch-sadistischen Fühlens dienten diesem Zweck, doch eben nur als Andeutungen. Indem sich nun diese Leidseligkeit des religiösen Liebens als häufiges Teilmoment jener ekstatischen Wonneerlebnisse selbst erweist, die wir als charakteristisch für das mystische Leben kennenlernten, legt sich der Gedanke nahe — ja er ist gerade seitens der Psycho-

1) Für den modernen Psychanalytiker ein durchsichtiges Symbol. 2) S. Teresa I 267f. (c. 29). 3) S. Jean III 393 (N. O. l. II c. 11). 4) Ruysbroeck 67; vgl. Tholuck 33 (über Rabia). 5) Molinos 80. Vgl. Lombroso über 'paradoxe Nymphomanie' (größtes Verlangen nach Geschlechtsgenuß bei Unfähigkeit, die vorgestellten Genüsse in der Empfindung zu erreichen) bei Féré 444.

pathologen meist für selbstverständlich gehalten worden —, daß diese Erfahrungen mit dem sexuellen Wollustkrampf gleichzusetzen seien und damit der bündigste Beweis für die sexuale Natur des religiösen Liebens und zugleich des religiösen Komplexes nach seinem letztgültigen Inhalt überhaupt gegeben sei. Eine zweite Form des Rückschlagens der theomanischen Liebeserregung ins Nackt-Geschlechtliche wäre dann in jenen 'Versuchungen' zu sehen, denen der gottliebende Ekstatiker, etwa in Form von aufreizenden Visionen, zeitweilig unterworfen ist: an die Stelle heiliger Gesichte schieben sich solche von 'Dämonen'; der Mystiker hört dann, wie S. Alphonso Rodriguez von sich selbst berichtet, ihre 'höllischen Unterhaltungen' voll Gotteslästerungen, er fühlt sich von ihnen 'umarmt, in einer Art, die ihn zur Sünde zu reizen bestimmt ist', wobei ihm 'nur eben die Verweigerung der [inneren] Zustimmung übriggelassen ist'; und nach diesen Versuchungen, die sich durch viele Jahre hinziehen können, ist er von großer Schwäche und furchtbaren Schmerzen geplagt.[1]

Während hier die Deutung nicht zweifelhaft erscheint, erheben sich bei näherer Betrachtung der anscheinend so eindeutigen mystischen Wollusterlebnisse eigenartige Schwierigkeiten. — Von vornherein freilich muß daran erinnert werden, daß auch im Rahmen der profanen Hysterie, über deren sexuale Verwurzelung, zum mindesten in Sachen des Liebeslebens, ein Streit der Meinungen kaum zu gewärtigen ist, tatsächlich den mystischen Wonnen ähnliche Erfahrungen beschrieben werden.

Richer zB. erwähnt eine in der Jugend Hysterische, die zuweilen, indem sie zu sprechen aufhörte, sich von einer göttlichen Liebe entzündet fühlte und den Zauber eingebildeter Küsse schmeckte.[2] Eine vermutlich ebenfalls Hysterische, die Janet beschreibt, empfand nach eigner Angabe in ihren Ekstasen und kataleptischen Anfällen 'eine innere Freude, die sich durch ihren ganzen Körper ausbreitete, wobei die eingeatmete Luft, der Anblick des Himmels, der Gesang der Vögel sie in unbeschreibliche Wonne versetzte, sie sich wie getragen fühlte und ihr noch nach dem Erwachen Brot und Wasser wie die köstlichsten Speisen schmeckten';[3] Einzelheiten, die geradezu an die Angaben Bekehrter erinnern.

Eine andere 'unzweifelhaft hysterische' verheiratete Frau, von der Rouby berichtet, konnte ähnliche ekstatische Freuden willkürlich herbeiführen, indem sie die Stille aufsuchte, sich im Lehnstuhl hingoß, den Blick zur Decke verlor und bei gekreuzten Beinen mit langsamer rhythmischer Bewegung die rechte Ferse am untern Ende des linken Schenkels rieb. In dem dadurch herbeigeführten 'hypnotischen Halbschlaf' empfand sie 'den unendlichen Genuß einer eingebildeten Vereinigung: die Empfindung, sagte sie, die ein Opiumraucher haben müsse'. Die Geräusche im Zimmer erweckten sie dann nicht, doch kam sie nach einer Viertelstunde von selber zu sich. Daß die Reibung der Beine übrigens hauptsächlich den Zweck der Einschläferung, vielleicht mit gleichzeitiger örtlicher Reizung, verfolgte, scheint dadurch angedeutet, daß derartige Zustände gelegentlich auch gegen

1) S. Alphonse Rodriguez 28. 31. 2) Richer 212 (nach Zimmermann). 3) Une Extatique, in BIPI 1901 (Juli).

den Willen der Frau, selbst in Gesellschaft, sich einstellten.[1] Jedenfalls liegt es nahe, derartige Fälle in die Nähe der sog. larvierten geistigen Masturbation zu rücken, bei der keinerlei Handgriffe vorgenommen werden, die Betreffenden aber in halb- oder ganz-ekstatische Träumereien mit nachfolgender Erinnerungslosigkeit versinken, deren Inhalt durch kleine Symbolhandlungen sich verrät. Mitunter sind auch unbewußte oder nur halbbewußte masturbatorische Handlungen vorausgegangen, die zu plötzlicher Übelkeit und Schwäche und zu einer 'süßen' Ohnmacht führen, die den Orgasmus darstellt.[2]

Soweit sich indessen solchen Fällen gegenüber Bedenken erheben, den vollen physiologischen Geschlechtskrampf vorauszusetzen, bleibt noch der Rückgriff auf den Begriff der halluzinatorischen Geschlechtsempfindung.

'Gewisse Personen [vor allem Frauen] von überstarker Einbildungskraft, sagt Beaunis, können sich den körperlichen Genuß der Wollust mit genügender Stärke vorstellen, um die Geschlechtsempfindungen in ihrer ganzen Intensität zu kosten vermittelst eines rein psychischen Aktes und außerhalb aller körperlichen Erregung.'[3] Auch ist Beaunis nicht der Einzige, der Beispiele hierfür in den Lebensbeschreibungen der Mystiker zu sehen glaubt und damit eine zweite mögliche Deutung — etwas zurückhaltender als die erste — für die mystischen Wonneerlebnisse an die Hand gibt. Selbst ein Hysteriologe vom Schlage Roubys, der — durchaus willkürlich — gewisse Worte der Marguerite-Marie Alacoque[4] auf die Begattungsstellung deutet, setzt bei ihr schließlich nur genitale Halluzinationen voraus.

Wen diese Annahme gleichwohl fragwürdig oder zu abstrakt dünkt, der könnte noch immer bei der Annahme wirklicher Empfindungen vom typischen Inhalt des Geschlechtsrausches haltmachen, die nur eben ohne die Bewegungsbegleiterscheinungen des Orgasmus und die örtlichen Ausscheidungen ablaufen würden; damit wäre die offenbar unmögliche Gleichsetzung der mystischen Wonneerlebnisse mit den wild-spasmodischen Beischlaferlebnissen der erotisch Delirierenden und Nymphomanischen vermieden.[5]

Das Bild solcher fast ganz auf Empfindung eingeschränkter Geschlechtserlebnisse böte etwa eine Frau, von der Vaschide und Vurpas berichten, daß sie während des Anhörens von Musik gelegentlich den Gesichtsausdruck der Wonne und eine gewisse motorische Unrast zeigte. 'Sie bekannte danach, daß sie während des Zuhörens sehr ähnliche Empfindungen wie die der geschlechtlichen Vereinigung gehabt habe.' Der Unterschied bezog sich vornehmlich auf den örtlichen Zustand der Schamteile, insofern in diesem Falle kein Ausfluß stattgefunden habe.[6]

---

1) Vgl. auch den Fall bei Binswanger 322f., der indes sehr an die émotions sublimes der Psychasthenischen erinnert. 2) W. Stekel, Über larvierte Onanie, in Sexualprobleme IX (1913) 81ff.; bes. 90. 92. 3) H. Beaunis, Les sensations internes (Par. 1889) 151f. 4) Der 'große Gott habe ihr auch in einer weniger ehrfürchtigen Haltung [als der des Knieens oder Auf-dem-Antlitz-liegens] keine Ruhe gelassen...' 5) Vgl. zB. das Bild bei Moreau 190f. (nach Pidoux); den Fall von Baillarger in AMP 1845 147; H. Ellis in AAC XXI (1906) 903. 6) In AMP (sér. 8) XVIII (1903) 93; dies. in AAC XIX (1904) 370ff.; vgl. v. Schrenck-Notzings Fall bei Ellis, in Alien. and Neurol. XIX 271f.; Mantegazza bei Féré 438; Abraham in JPPF 1910 II 21 (höchst lustvolle Traumzustände eines Masochisten).

Vermutet man nun in den Ekstasen der göttlichen Liebe und den 'Feuertaufen des Heiligen Geistes' geschlechtliche Empfindungen dieses beschränkten Charakters, so könnte man sich bestärkt fühlen durch die Beobachtung, daß zwischen den mystischen und den offen-geschlechtlichen Genüssen zuweilen ein gewisses Verhältnis gegenseitiger Ablösung zu bestehen scheint.

Obrist Gardiner, dessen mehrfach Erwähnung geschehen ist, hatte seine ersten mystischen Liebesentzückungen kurz nach seiner Bekehrung, die den wüsten Don Juan zum fast geschlechtslosen kleinen Kinde machte. Und soweit ich der Doddridgeschen Biographie entnehmen kann, dauerten diese inneren Empfindungen der Liebe Gottes etwa sieben Jahre, d. h. gerade die Zeit hindurch, die er nach seiner Bekehrung unverehelicht blieb. Von der Zeit seiner kindergesegneten Ehe erwähnt er nur 'gewohnheitsmäßigen wirklichen Umgang mit Gott',[1] was nicht mehr als ein inniges Gebetsleben zu bedeuten braucht, gegenüber der 'glücklichen Zeit des fühlbaren Umgangs'.[2] Ein Aufhören der Wonneerlebnisse mit der glücklichen Verheiratung ist möglicherweise auch bei Mrs. H. A. Rogers anzunehmen, und etwas mindestens Analoges vielleicht angedeutet in dem Falle des Joseph Main, dessen religiöse *enjoyments* in Enttäuschung übergehen, als er sein Herz von Gott abwendet und 'im Fleische sein Glück sucht'.[3]

Der Leser entsinnt sich, daß diese Persönlichkeiten schon angeführt wurden, als ich auf das Erlöschen der Fleischeslust mit dem Eintritt der Gottesliebe hinwies. Es könnte also hier die Mutmaßung entstehen, daß dieser Wandel in einer physiologischen Aus- und Umschaltung gewisser Bestandteile des genießenden Geschlechtsapparates begründet sei, ohne daß dabei die Qualität der genußreichen Empfindungen sich änderte. Doch ist dies augenscheinlich ein gewagtes Schlußverfahren, und das bezeichnete Verhältnis gegenseitiger Ablösung könnte ebensogut gerade auf Verschiedenartigkeit der Erfahrungen deuten.

Aber auch andere Einzelheiten scheinen eine sexualistische Auffassung des Wonneerlebnisses zu begünstigen, wie etwa die Verurteilung, die diese Genüsse bei scharf beobachtenden Mystikern nicht selten gefunden haben.

So 'entdeckte Gott' der Bourignon, die mit freudigster Genugtuung 'ganze Tage ohne Essen und Trinken in göttlichen Liebkosungen und Wollüsten zugebracht' hatte, daß sie sich 'in solcher Sinnlichkeit nicht verlustigen solle', die dem ewigen Leben aufbehalten sei. Gott sei lauter Geist; das am mindesten Gefühlte sei das Vollkommenste, als worin 'der Teufel keine Macht haben könne'. Und Mme Guyon spricht von *sensualité spirituelle*, welche die Seele in Schwachheit stürze und worin sich die Köder des Satans versteckten.[4]

Dieser Ausdruck — geistliche Sinnlichkeit — erinnert überdies daran, daß die Mystik auch von diesen Liebeserlebnissen im engsten Sinne meist in Ausdrücken

1) habitual real communion with God. 2) sensible communion. Doddridge 63. 95. (Vgl. hierzu o. Kap. XXIII S. 207 f.). 3) Über Mrs. Rogers vgl. o. S. 26 Anm. 1; über J. Main s. Wells 100. 4) Bourignon, Leben 101; Guyon, Vie I, 9 § 4. Vgl. Gichtel, Theos. II 1212; VI 1497.

des Geschlechtslebens gesprochen hat. Ruysbroeck redet von einer Wollust des Herzens und aller leiblichen Kräfte, so daß es den Menschen dünkt, er werde innerlich umarmt durch göttliches Umfangen der Liebe; und Zinzendorf beschreibt bei der Umarmung der Vergeistigung Gefühle 'in Gliedern, Seele und Gemüte,... und ob's ihnen dabey ist wie dem weibe seyn wird, wenn's ihr mann erkennt'.[1]

Schon die bisher angeführten Gründe für eine sexualistische Deutung der mystischen Wonnen konnten indessen hier und da Bedenken nicht unterdrücken. Es ist nötig, sich nunmehr auch mit diesen etwas ausführlicher zu beschäftigen.

Eine Gleichsetzung mit dem Orgasmus im engeren Sinne verbietet schon die lange Dauer der fraglichen mystischen Erfahrungen: S. Magdalena von Pazzi 'brachte in solchem Überfluß der Liebe oftmals ganze Tage zu';[2] S. Katharina von Siena konnte zehn Tage hindurch vor Süßigkeit der göttlichen Gegenwart weder essen noch trinken noch ihren üblichen Verrichtungen nachgehen.[3] — Ein anderes zeitliches Bestimmungsstück gibt nicht minder zu denken: die Seltenheit des Wonnerausches in so vielen mystischen Lebensläufen. Von einer hysterischen Umschaltung des Orgasmus würde man leichte und regelmäßige Wiederkehr in den normalen, wenn nicht gar gekürzten Abständen geschlechtlicher Bedürftigkeit erwarten.

S. Bernhard beklagt die große Seltenheit der Erfahrung: *rara hora et parva mora; dulce commercium, sed breve momentum et experimentum rarum.*[4] Bromley, ein Freund des namhaften Dr. Pordage, datiert seine Erfahrungen des 'unaussprechlichen Vorschmacks der Hochzeit des Lammes und des seligen Zustandes der Vereinigung mit Gott' nach weit auseinanderliegenden Tagen, z. B. 12. Nov. 1678, 3. Dez. 1698.[5] — Andere haben anscheinend nicht öfter als einmal in ihrem Leben den Rausch erlebt, meist eben wohl bei ihrer Bekehrung, wie zB. Finney, der, nebenbei gesagt, mit seiner harten Jugend in der amerikanischen Wildnis der Pioniere, seinem raschen Aufstieg des *self-made-man*, seinem langen rüstigen und arbeitsreichen Leben soweit als möglich vom Typ der hysterischen Klosterfrau abliegt. — Auch Kanne, der ein Leben arbeitsamer gelehrter Schriftstellerei in 'durchaus antichristlichem' Sinne hinter sich hatte und überdies seit kurzem als beamteter Professor glücklich verheiratet war, erlebt nur einmal den 'vollen Becher aus der Lebensquelle', den 'himmelsüßen Hauch', der sein Herz durchströmt, darin 'der Herr Jesus zu ihm spricht', wie es 'mit Worten nicht zu sagen ist', nachdem er noch eben 'ganz gelassen, ruhig und besonnen' gewesen: und diese Erfahrung wird ihm der Anfang des 'neuen Lebens', die Besiegelung seiner Erweckung.[6]

Wichtig ist sodann vor allem der schon in manchen der obigen Beispiele ersichtliche Unterschied in der Lokalisierung der ekstatischen

---

1) Ruysbroeck 61. Die verräterische Bezeichnung 'Umarmungen' Gottes auch bei Philippe de la Ste.-Trinité (Poulain 103); Marie de l'Incarn. (das. 108); Marg. Ebner (L. Zoepf, Die Myst. M. E. [1914], bes. 70ff.); Maximes Spirituelles, in Recueil 391. 2) Dazza 391; vgl. 36 (16 Stunden lang). 3) Drane I 50; vgl. Ramakrishna 49; Guyon, Opusc. 164 (Torr. I, 4, 16). 4) Vacandard I 490: In cant., Sermo XXIII c. 15; LXXXV, 13; XXXII, 2. 5) Corrodi III 395. 6) Kanne I 289. 294.

Wonne einerseits und der Geschlechtsempfindungen anderseits. Was der Beichtvater der Begine Blambeck in Wien (1293) behauptet, 'daß an ganzem ihren Leib kein Statt war, sie befand leibliche unaussprechliche Süßigkeit',[1] gilt mit geringen, meist fraglichen Einschränkungen von allen Ekstatikern der Gottesminne.

Mme Guyon wird 'vom Kopf bis zu den Füßen' von jenem *frisson* durchzogen, der sie so außer sich bringt, daß ihr Körper schwach wird, der Schweiß ihr Gesicht bedeckt und sie im Übermaß der Wonne — *très-pure pourtant et spirituelle* — sich zurückziehen muß.[2] — Andere machen genauere Angaben, die aber nicht minder von dem Üblichen der Geschlechtsempfindung abweichen. Elie Marion, der Kamisardenführer, beschreibt die neuen Empfindungen, die ihn eines Tages überkamen, nachdem er mehreren Versammlungen jener Ekstatiker beigewohnt, als 'eine geheime Freude mit einem innerlichen Gefühl der Gnade Gottes, so daß ich zufrieden wie im Himmel war. Ein gewisses Feuer nahm meine ganze Brust ein und verursachte mir eine Art von Bedrückung, die mir nicht unangenehm war, mir aber tiefe Seufzer abpreßte.' Dies dauerte 'eine gute Viertelstunde'.[3] — Eine aus dem Harrisschen Kreise glaubt die mystischen Empfindungen in 'Armen, Füßen usw.' zu kosten. 'Die Wärme in meiner Brust ist eine entzückende Empfindung, und wenn sie kommt, so scheint sie zu bewirken, daß ich jedermann in der ganzen Welt liebe.'[4]

Hier ist freilich zu überlegen, daß manche Erfahrungen einen sexuell gewerteten Wollustrausch in jeden beliebigen Teil des Körpers zu verlegen scheinen. Der von Freud analysierte Dr. D. O. Schreber zB. meinte, 'sein ganzer Körper sei mit Wollustnerven durchsetzt. Die Seelenwollust, die sich in dieser Anhäufung der Nerven in seinem Körper entwickelt habe, sei so stark, daß es namentlich beim Liegen im Bette nur eines geringen Aufwands von Einbildungskraft bedürfe, um sich ein sinnliches Behagen zu schaffen, das eine ziemlich deutliche Vorahnung von dem weiblichen Geschlechtsgenusse beim Beischlaf gewähre.'[5] Auch sind Beobachtungen vorhanden, nach denen Wollustgefühle suggestiv an beliebige Körperstellen verlegbar erscheinen. In einem von Tessié beschriebenen Falle hatte die Suggestion bewirkt, daß jede Berührung des rechten Ringfingers wollüstig empfunden wurde.[6] Daß insonderheit die Muskeln, und zwar die Muskeln jedes Körperteils der Sitz wollüstiger Empfindungen sein können, beweisen die Erfahrungen nicht nur gewisser Massageliebhaber, die dabei ein 'Gefühl der wohltätigen Ermattung, welches der sexuellen Befriedigung

1) Görres II 242f. 2) Vie II 38 (II, 4, 7). Vgl. A. Coe in PR VI 495 (thrill through the whole body); Heiler 255 (der 'betrachtende Bettelmönch': 'Kein Winkelchen von der Freude und dem Glück unberührt'); das. 244 (Imit. III, 5. 6 und Bonaventura: medulla et viscera animae meae); Preger II 60 ('jeglich Glied ist Gottes voll'). 3) Misson 65 bis [die S. 65—72 wiederholen sich]; vgl. Leuret 344ff. ('am stärksten in der Brust u. im Magen'); Janet, Névr. I 99 ('unausprechl. Süßigkeit' auf den Lippen). 4) Respiro 61. 62. 5) 'Denkwürdigkeiten eines Nervenkranken', in JPPF III 30. Vgl. etwa auch die Gefühle 'magnetischer' Durchströmung des Körpers bei abnorm starker Wollust zB. belasteter Homosexueller, nach Krafft-Ebing bei Eulenburg, Sex. Neuropathie 131. 6) Bei Moll 107.

äußerst ähnlich ist', erleben wollen,[1] sondern auch Hypnotisierter, bei denen die Erschlaffung der Muskeln gelegentlich bis zu 'wunderbar wonnigem Lustgefühl' sich steigern soll.[2] 'Ich erinnere mich nicht,' schreibt Dr. Marcinowski, 'jemals ein solch rauschartiges Empfinden gehabt zu haben, außer bei sexuellen Erregungen.' Wird doch der Orgasmus selbst heute vielfach auf den beteiligten Muskelkrampf zurückgeführt.[3]

Immerhin führen uns, wie mir scheint, auch diese Angaben nicht über die Feststellung im Körper lokalisierter Rauschempfindungen hinaus, die einen gewissen Vergleich mit den sexuellen herausfordern, ohne damit ihre Identität mit diesen zu erweisen. Die Mystiker scheinen sich sogar durchweg eines deutlichen Unterschieds bewußt zu sein zwischen Entzückungen, die sie sehr 'ins Innere' verlegen — 'ins Mark des Herzens', wie S. Bernhard sagt[4] —, und deren erst nachträglichem Sich-ergießen 'durch alle Gemächer und Vermögen der Seele, bis es sich auch über den Leib ausbreitet.'[5] Erst in diesem offenen Übergehen 'in den Leib' erblicken sie etwas Bedenkliches und eine Beimischung von 'Schwäche und einiger Verderbtheit der Sinnlichkeit' bei göttlichen Mitteilungen 'nicht rein geistiger Natur' in unvollkommenen Seelen.[6] Wir werden diese erfahrungsmäßigen Unterschiede wohl im Auge behalten müssen, wenn wir unser Urteil nicht fehlgehn lassen wollen.

Zu diesen Bedenken gesellt sich die Beobachtung, daß mystische Wonneerlebnisse zuweilen in ein Lebensalter fallen, in welchem die Ansprechfähigkeit für geschlechtliche Erregungen zum mindesten zweifelhaft sein darf.

Eine im höheren Alter typisch Bekehrte, die nie im Leben die mindesten hysterischen Symptome dargeboten, Mutter mehrerer Kinder, schreibt ihrer Tochter drei Monate vor ihrem 68. Geburtstage u. a.: 'Vor der zweiten Versammlung [welche Miss Patrick hier hielt, die durch Handauflegen die Geistestaufe mitteilte] bat ich Gott um Nüchternheit; ich wollte durchaus in Geist und Wahrheit, ohne seelische Erregungen, dem Heiligen begegnen. Als die Schwester mir die Hände auflegte, war ich auch ruhig und nüchtern, aber im nächsten Augenblick wurde über mich ein Strom ausgegossen, der meinen ganzen Körper durchflutete, so daß ich zurückprallte, die Hände erhob und in unaussprechlicher Wonne Gott laut preisen mußte; .... zugleich empfand ich eine Liebe, wie ich sie nie zuvor empfunden...' Auch dies war eine einzige Erfahrung.[7]

Endlich soll nicht übersehen werden, daß Personen, die sowohl geschlechtliche Wollust als auch die ekstatischen Wonnen aus eigener Erfahrung kennen, eine qualitative Verschiedenheit beider sehr entschieden behaupten.

---

1) Zeugnis e. Spezialarztes bei Sadger, in JPPF III 528. 2) Dr. Marcinowski in ZH IX 21; vgl. Leuba in RPh 1902 467 über Wollust bei Muskelreckungen. 3) Sadger, aaO. 539. 4) In cant., Sermo XXXI c. 3; vgl. S. Teresa V 114: 'Mark der Seele'; IV 58: 'zu allerinnerst in uns'; Mauroy 72: 'au coeur un brazier'. 5) S. Ter., aaO. 6) S. Jean III 329 (N. O. II, 1); vgl. Ruysbroeck 72; Joly 173. 7) Eigene Beob. — Die M. Ebner anscheinend noch im 70. Jahre (Preger II 271).

Abenarabi beschreibt die genußreiche Halbekstase des typischen Mystikers — die Mattigkeit und süße Müdigkeit durch die Macht des Genusses —, wie er sie selber stunden- und tagelang erfahren. 'Die Süßigkeit,' sagt er, die vom Hirn in das Geschmacksorgan herabsteigt, dann aber augenscheinlich auch den Körper ergreift, 'kann mit keinem der Sinnesgenüsse verglichen werden, weil sie etwas ganz Besonderes, Ideales, ohne materielles und sinnfälliges Objekt ist. Deswegen vergleicht sie sich weder der Süßigkeit des Honigs, noch dem Genuß der geschlechtlichen Vereinigung, noch einem anderen Vergnügen der Sinne... Sie ist etwas Erhabeneres als alle diese... und unvergleichlich viel heftiger.'[1] — In einem Falle eigener Beobachtung hatte eine empfindsame, überschwängliche, unbefriedigte und vielfach leidende Frau von ausgesprochener Religiosität (verheiratet und Mutter) gelegentlich einer Trauerfeier eine Vision Jesu und gleichzeitig die ihr bis dahin fremde und später nie wiederholte Erfahrung eines stärksten Wonneempfindens, 'eine überströmende Seligkeit,' wie sie schreibt, 'das tatsächliche reale Gefühl einer himmlischen Wonne und Freude, eine in der Tat überirdische Empfindung, ein realer Vorgeschmack des Paradieses'. Nachdem ich das Vertrauen der Schreiberin gewonnen, erhielt ich auf klare, eingehende und dringende Fragen die offene und bestimmte Antwort: daß sie im ehelichen Umgang Wollust 'völlig und intensiv' kennengelernt habe; daß sie von dem vollsten Liebesglück der Vereinigung als etwas 'Realem' einen zureichenden Begriff habe; daß dies alles aber ein 'fahler Schatten blieb gegenüber einer Seligkeit, [wie sie] mir in jenem kurzen Augenblick geoffenbart wurde, kaum noch in Betracht kommend'; daß diese Seligkeit zudem von der ehelichen Wollust 'qualitativ gänzlich verschieden und keineswegs überhaupt vergleichbar' gewesen sei; eine 'absolut verschiedene Empfindung, nicht der leiseste Zusammenhang, herausgehoben hoch über alles, was irdisch heißt, nie, niemals in meinem Leben etwas auch nur annähernd Ähnliches'.

Diese Aussagen mögen nicht über jeden Zweifel hinausgehoben sein. Aber es kann ihre Glaubhaftigkeit immerhin stärken, daß auch die Wonnezustände des narkotischen Rausches als qualitativ verschieden von den geschlechtlichen bezeichnet worden sind.

Selbst wenn Dr. Blumröder den Zustand unter Stickstoffoxydul als 'ein Gefühl süßer Angst, wie kurz vor dem Samenerguß', bezeichnet, so widerspricht das der Annahme qualitativer Verschiedenheit nicht.[2] Auch Cécile Vé beschrieb die Annäherung ihrer Ekstasen in Ausdrücken, die an die Annäherung des Geschlechtsgenusses erinnern; und doch durfte ein so feiner Analytiker wie Flournoy betonen, daß der 'fleischliche Symbolismus der Mystiker' der ekstatischen Erfahrung selbst und auf ihrem Höhepunkt keineswegs entspreche.[3] Davy, dessen Versuche mit Lachgas noch heute die berühmtesten sind, beschrieb 'äußerst lustbetonte Schauer'[4] besonders in der Brust und den Gliedmaßen, gelegentlich in den Lippen und Wangen beginnend und sich dann über den ganzen Körper ausbreitend, bis sie 'so intensiv und rein wurden, daß sie das Bewußtsein auslöschten';[5] und diese Empfindungen bezeichnet der vorzügliche Beobachter ausdrücklich als keinen andern vergleichbar und folglich unbeschreibbar.[6]

1) Asín 227. 2) 'Über Einschlafen...', in Mag. f. d. physiol., medic. u. gerichtl. Seelenkunde 1829 107. 3) Flournoy, M. M. 82. 192. Vgl. o. S. 210f. 4) highly pleasurable thrilling. 5) absorb existence. 6) Davy 458. 461. 492. 495. 520. Vgl. die Aussagen

Die Angaben der Mystiker über qualitative Verschiedenheit sollten also nicht unterschätzt werden. Zwar darf dem Religiös-Überschwänglichen durchaus nicht ohne weiteres die Fähigkeit zu psychologisch genauer Beobachtung zugeschrieben werden, und in diesem besonderen Falle mag sein Vorurteil gegen das Geschlechtliche sogar sein Urteil täuschen. Um so beachtenswerter ist, daß seine Meinung gerade hier die Unterstützung unverdächtiger medizinischer Beobachter findet.

Max Nordaus Annahme zB., daß 'jede heftige und übermäßige Tätigkeit von Nervenzellen, jede außerordentliche, explosionsartige Zersetzung von Nervennährstoffen' von Gefühlen 'höchster Wonne, mit Schmerz gemischt', begleitet sein könne, wie sie sich mit der Ekstase verbinden, würde, falls erhärtet, den Behauptungen der Mystiker beträchtlichen Spielraum schaffen. Denn diese spasmodische Wollusterregung wird ausdrücklich, zum mindesten im entarteten Gehirn, einem jeden, und nicht nur den sexuellen 'Zentren' zugestanden; ja die Vermutung wird hinzugefügt, daß diese Zentren erregbarer sein möchten als die Rückenmarkszentren der Sexualität, und die Wonneempfindungen ihrer explosiven Tätigkeit daher noch mächtiger als die des Geschlechtsrausches, so daß den großen Ekstatikern wohl zu glauben sei, daß ihre ekstatischen Wonnen 'mit nichts Irdischem zu vergleichen und dem Sterblichen fast unerträglich' seien.[1] — Hier wird über M. Hirschfelds Vermutung also noch hinausgegangen, daß der eigentliche Orgasmus, die zentrale Lust, durch eine gleichzeitig mit der genitalen Sekretausscheidung sich über die Hirnzellen ergießenden Rauschsubstanz bewirkt werde.[2] Denn der vorausgesetzte zentrale Vorgang soll garkein der sexuellen Erregung besonders angehöriger sein; er dürfe ausschließlich dem Substrat 'rein geistiger' Vorgänge — der Erregung religiöser Vorstellungen — zugeschrieben werden. Nordau scheut sich denn auch nicht vor der Schlußfolgerung: nur der Umstand, daß die einzige uns bekannte normale Empfindung, die derjenigen der Ekstase ähnele, eben die Wollustempfindung sei, erkläre es, 'daß die Ekstatiker durch Ideenassoziation (!) Vorstellungen der Liebe mit ihren ekstatischen Vorstellungen verbinden und die Ekstase selbst als eine Art überirdischen Liebesakt deuten', eine bloße Folge ihrer religiösen Erziehung, die sie alles Unerklärliche als Übernatürliches ansehn und mit den Vorstellungen der Glaubenslehren in Zusammenhang bringen lasse.

Wem Nordau, der Arzt, als Psychologe oder Physiologe zu geringe Autorität hat, der mag an die größere Maudsleys verwiesen werden. Auch für diesen Materialisten ist die fragliche mystische Erfahrung 'keine bestimmte und scharf begrenzte, .. nicht einem Sinnesgebiet angehörig, sondern ein vages, diffuses, unbestimmtes Ineinander aller angenehmen Empfindungen in äußerster Verfeinerung und Sublimierung; nicht einfache und besondere Sinnenlust, sondern eine Art höchster und zusammengesetzter Sinnenwonnen'.[3]

---

von Tobin, Kinglake, Thomson u. Wansey das. 499. 503. 513. 526; den Fall bei Boismont 330ff.; die Aussage Th. Gautiers bei Cahagnet, Heil. 307; Fr. Fischer, Der Somnambulismus I 168 ('eine Art wollüstiger Vernichtung' unter Opium). — Üb. narkot. Unlusterfahrungen s. Davy 479. 493. 502. 511; Ludlow 45. 145. 1) M. Nordau, Entartung, 3. Aufl. (Berl. 1896) I 116ff. 2) Hirschfeld 197f. 3) sense-delight. — H. Maudsley, Natural causes and supernatural seemings, 3. Aufl. (Lond. 1897) 252.

Eine vorsichtige Zusammenfassung des Gesagten würde die fraglichen Erlebnisse als äußerst lustbetonte Empfindungen von geringerer oder größerer Ausbreitung im Körper, aber schwer bestimmbarer Lokalisierung und eigenartiger, nicht durchaus sexualer Qualität bezeichnen, welche sich — und dies ist eine weitere Feststellung von Belang für uns — vorzugsweise verknüpfen mit Zuständen der Ich-Schwächung und der Steigerung des verinnerlichten, traumhaften, weltentrückten, visionären, mit einem Wort: des unter- und außerbewußten Seelenlebens. Ein großer Teil der obigen Beispiele verdeutlicht diese natürliche Verwandtschaft zwischen Wonneerlebnis und Ekstase, mindestens Halbekstase, und die früheren Schilderungen religiöser Erlebnisse ähnlicher Art ließen fast durchweg die Steigerung der Wonneerfahrung mit der zunehmenden Ich-Auslöschung zusammenfallen.

Theophile Gautier, der ein typisches diffuses Wonneerlebnis aus eigener Erfahrung beschreibt, nennt sich derweil 'so abwesend von mir selbst, so sehr des Ich entledigt, .. daß ich zum erstenmal begriff, welcher Art das Dasein der Elementargeister, der Engel und der vom Leibe getrennten Seele sein möchte'.[1] Und die buddhistische Erfahrung läßt auf einer gewissen Stufe der Meditation (der 'zweiten') als solcher den Körper von 'seligem Behagen', auf der dritten von 'Seligkeit, die über Freude erhaben ist', durchdrungen sein.[2]

Dies ist nun freilich, was man erwarten sollte, indem ja jedes Anwachsen eines Bewußtseinsinhaltes das Schwinden des apperzeptiven Hintergrundes — der erfahrungsmäßigen Ichbeziehung — mit sich führt: der reine Geschlechtsrausch selbst ist in diesem lockern Wortgebrauch eine Ekstase. Aber diese Feststellung ist doch nur einseitig: denn gerade von der im strengern Sinn ekstatischen, hypnoiden Einstellung darf man sagen, daß sie, wenn auch nicht als solche den Wonnerausch mit sich führt, so doch ihn augenscheinlich in hohem Grade begünstigt und auf geringe Reize hin eintreten läßt; Reize, die in der Tat nicht immer auch nur auffindbar sind. Wenigstens hören wir in vielen Fällen nichts von besonderen Anlässen dieser Wonnezustände, außer eben der Auslöschung des Wachbewußtseins.

Bei Davy kehrten die Wonnegefühle der Narkose unerwartet vor dem Einschlafen wieder — zwischen Wachen und Schlafen.[3] Esdaile, der bekanntlich als einer der ersten die Hypnose zur schmerzlosen Ausführung chirurgischer Operationen anwandte, bezeichnete ein glückseliges Stadium als 'ersten' Zustand der Mesmerisierten (auf welchen ein deprimiertes und dann das Koma folgen sollte) und behauptete das gelegentliche Vorkommen 'ekstatischer Freuden' bei Patienten, die sich in rein psychisch herbeigeführter Betäubung operieren ließen.[4] — Auch die Somnambulen der klassischen Zeit berichteten von einem angeblich 'tieferen' Stadium ihrer abnormen Bewußtseinszustände, das solche Rauschempfindungen mit sich geführt

1) Vgl. o. 231 Anm. 6; auch bei Ribet III 633f. 2) Beckh II 45. 3) Davy 492.
4) Esdaile 104.

zu haben scheint und das sie gelegentlich geradezu als 'Wonneschlaf' bezeichneten. 'Jetzt kann ich', sagte die Petersen in einem solchen, 'vor lauter Wonne an nichts mehr denken.'[1] — Fitzgibbon, ein Beobachter jener Zeit (1785), beschreibt denselben 'ekstatischen Zustand der Wonne' in einem Briefe an Puységur und gibt eine Viertelstunde oder 20 Minuten als Höchstdauer an. Die Augen seien dabei weit offen, der Körper leidlich steif, die Atmung ein wenig behindert, als ersticke man soz. vor Wonne. In 3—4 Minuten habe er diesen Zustand stets erzielt.[2]

Nun mögen ja in all diesen Fällen irgendwelche besondere auslösende Ursachen des Rausches vorausgesetzt werden. Die klassischen Somnambulen zB. dürften zumeist schwer hysterisch gewesen sein, und man mag annehmen, daß ihre 'zweiten' und 'dritten' Zustände von vornherein mit Vorstellungen ausgestattet waren, denen sich wollüstige oder ekstatische Gefühlstöne leicht zuordneten. In dem Fall der Witwe Petersen könnte man in der Tat einen Zusammenhang mit dem verstorbenen Gatten zu erkennen meinen, den sie sich 'winken' sah. Die hochtönenden Andeutungen der alten gläubigen Magnetiseure über einen 'verklärten, namenlosen' Gesichtsausdruck, über das 'gewaltsame Ringen des inneren Lebens, welches bei der stets wachsenden Wonne einem wahren Todeskampf glich', und über die weit aufgerissenen glänzenden Augen[3] könnte den modernen Pathologen am Ende zu sehr viel nüchterneren Deutungen versuchen. Es sei daran erinnert, daß überhaupt geschlechtliche Bezüge der Hypnose neuerdings vielfach hervorgehoben worden sind, ja daß die Freudsche Schule bis zur Behauptung fortgeschritten ist, das hypnotische Subjekt sei immer innerlich erotisch an seinen Hypnotiseur gebunden.

Die berühmte Hélène Smith erlebte eine 'Glückseligkeit und ekstatisches Wohlsein', einen *calme délicieux* und eine 'tiefe Seligkeit' während der visionären Halbsomnambulismen, in denen ihr der romanhafte orientalische Scheichvater oder Astané, ihr Marsfreund aus einer früheren Inkarnation, erschien.[4] — Auch im Falle von Janets Vk könnte man eine Durchdringung der augenscheinlich religiösen Vorstellungen mit sexuellen vermuten. Diese hat eine 'köstliche Wollust' (*volupté suave*) empfunden, 'die sich überallhin verbreitet und mich gleichsam in einer Atmosphäre der Wonnen schwimmen läßt', während sie in der Ekstase das Sakrament in einem strahlenden Lichte gesehen. 'Eine innere Stimme hat mir zu verstehen gegeben, das ich infolge der Kommunion Jesus in mir trüge wie eine lebende Monstranz.' Freilich hat sie auch, fügt ihr Arzt hinzu, während der Ekstase 'eine lange Meditation über die Vereinigung der Seele mit Gott angestellt, die nicht ohne philosophischen und poetischen Wert ist'.[5]

Immerhin sollte m. E. der angedeutete Gesichtspunkt nicht übertrieben werden. Wo sich Vorstellungen als Reizursache der Wonne nachweisen

---

1) ATM X 1. St. 107. 2) Bei Rochas, États 34; vgl. das. 14; Reichenbach II 591f. und den fast tot erscheinenden, erkaltenden und röchelnden Hypnotisierten Filazzis, der von sensations of extreme delight berichtet, bei Buchanan I 187. 3) ATM X 1. St. 133. 4) Flournoy, Des Indes 51f. 173. Vgl. auch die Selbstbeob. Blouets bei Cahagnet, (Heil.) 153. 5) Janet, Névr. I 99; vgl. Davenport 255f. (nach Dr. Buckley).

lassen, sind sie meist allgemein-beglückender,[1] nicht selten 'religiöser' Natur, und würden sich, als Symbolismen, auf eine geschlechtliche Grundlage nur auf dem Umwege einer Theorie zurückführen lassen, die doch erst zu beweisen wäre und deren Einseitigkeit uns mehr und mehr zum Bewußtsein kommen wird.

Jung-Stilling zB. erlebt 'eine Wonne, die mit Worten nicht beschrieben werden kann, ein Gefühl, gegen welches alle sinnlichen Vergnügen für nichts zu achten sind, in dem Zustande zwischen Schlafen und Wachen', während sich seinem inneren Sinne 'überirdisch schöne, gleichsam paradiesische Landschaftsansichten' darstellen, die mit dem Inhalt einer damals triebhaft und mit außerordentlicher Geschwindigkeit geschriebenen Schrift ('das Heimweh') in enger Verbindung standen.[2] — Eine schwer und schmerzhaft Gebärende hat die beglückende Vision eines Engels über ihrem Bette und verbringt die nächste Stunde schmerzfrei — wir dürfen vermuten: in mindestens halber Ekstase — und in 'nie wieder empfundener Seligkeit'.[3] — Léon Favre-Clavairoz wird von 'unsagbarer Freude erfüllt' in einem Trans, den er durch Schließen der Augen und Gebet herbeiführt, wobei er anscheinend die Gegenwart eines höheren Geistes zu erfahren glaubt.[4]

Insonderheit aber könnte man die ekstatische Wonne als natürliche Begleiterscheinung allgemein beseligender Vorstellungen auffassen, wenn sie bei Sterbenden auftritt, eine Erscheinung, die häufig genug ist, um das Interesse der medizinischen Psychologie herausgefordert zu haben. Sollier deutete sie als Schmerz- und Empfindungslosigkeit infolge der krankhaften Erschöpfung, bei tödlich verlaufenden Unglücksfällen als Wirkung einer Ablenkung der Aufmerksamkeit auf die Ursache des Todes![5] Solche Deutungen erscheinen durchaus ungenügend angesichts des ausgesprochen positiven Charakters dieser überaus starken Empfindungserlebnisse. Die Berichte[6] sprechen zB. von einem 'überschwänglich glücklichen Zustande der Liebe und Freude'. 'Wäre diese Freudigkeit,' sagt Pfarrer W. Jennwag († 1673), 'noch gewachsen, so hätte ich sie nicht mehr ertragen können, sie würde meine Seele vom Körper getrennt haben.'[7] Bei einem sterbenden Geistlichen dürfen aber beseligende Vorstellungen wohl vorausgesetzt werden. Es braucht dem nicht zu widersprechen, daß höchste Wonnegefühle auch bei solchen auftreten, die mit knapper Not dem Erstickungstode entronnen sind, also wohl mit angstvollen Vorstellungen die letzte Schwelle betreten haben.[8] Denn wir wissen aus mancherlei Beobachtungen, daß sobald in solchen Fällen mit dem Tagesbewußtsein auch die Angst des Sterbens überwunden ist, das verbleibende Traum-

---

1) Vgl. Janet, Obs. I 380; AZP VI 586. 2) J.-St., Lehr- und Wanderjahre, 3. Aufl. (1857) 612. Vgl. Le Baron in Pr XII 281. 3) Splittgerber, Leben, 2. Aufl. 194. 4) Perty, Spir. 190; vgl. das 'Gefühl grenzenlosen Glücks' in Sr. Cabrals Fall, Pr X 383f. 5) RPh 1896 635. 6) Zusammenstellung bei Splittgerber, Schlaf, 2. Aufl. II 201f. Vgl. auch H. Huth, Euthanasia 112f. 7) Das. Vgl. die charakterist. Schilderung prämortaler transports bei [Poiret,] Wernerus..., le saint réfugié (1701) 112f. 8) S. den Fall (nach Nasse) bei Fechner, Zend-Avesta, 1. Aufl. III 32; Dr. A. Clarkes Bericht bei Dendy 391.

bewußtsein häufig von seligen Gesichten herrlicher Gegenden oder himmlischer Szenen erfüllt ist. Scheintot Gewesene oder auch nur kataleptisch von der Außenwelt Abgelöste haben häufig nach ihrem Zusichkommen Ähnliches berichtet.

In einem ursprünglich von Muratori mitgeteilten und seitdem vielfach in die neuere Literatur übernommenen Falle hatte eine junge Dame, die nach Fieberdelirien ohne Puls und mit erkaltendem Körper für tot gehalten wurde, sich bitter über ihre Wiederbelebung beklagt, da sie sich 'in einem Zustand unbeschreiblicher Ruhe und Glückseligkeit befunden, wie er in diesem Leben nie empfunden würde und dem sich die größten Genüsse, die sie je erfahren, nicht vergleichen ließen... Ihre Seele wäre in einer hingerissenen Wonne gewesen und hätte alle Neigung für die Dinge der Welt, selbst die Sorge um die Erhaltung des Lebens verloren'.[1]

XXVI.

Psychologie der Liebe.

Das Gesamtergebnis der vorstehenden Betrachtungen läßt sich, wie mir scheint, in dem Satz zusammenfassen, daß die mystischen Wonneerlebnisse in der Mehrzahl der Fälle keinen 'Rückschlag' in offenbar geschlechtliche Wollust darstellen, mithin auch keinen Beweis dafür liefern, daß die religiöse Liebe eine Sublimierung des Geschlechtstriebes sei; falls diese Ansicht nicht anderweitig zu begründen ist. Sowohl ihrem Anlaß als ihrer Qualität und Lokalisierung nach unterscheiden sie sich von Wollustempfindungen, denen sie sich nur in gewissen Fällen — vermutlich durch Vorgänge der Miterregung und Übertragung — zu nähern scheinen.[2]

Daß die Lehre von der Sublimierung des Geschlechtlichen gerade da, wo ihr Beweis für Viele handgreiflich gegeben schien, ohne Stütze bleibt, hat nun aber für uns den Vorteil, unsere Aufmerksamkeit auf diesen Hauptbegriff der sexualistischen Anschauungsweise selbst zu lenken, wo denn seine Dunkelheit und verhängnisvoll-fruchtbare Halbdurchdachtheit alsbald zum Bewußtsein kommt. Zu diesem Behuf ist es nützlich, sich den ganzen Umfang der geistigen Erscheinungen zu vergegenwärtigen, zu deren Deutung er aufgeboten wird. Nach der sexualistischen Lehre sollen ja nicht nur die 'geistigsten' Regungen der 'Liebe', sondern selbst alle Leistungen des Verstandes und der Vernunft durch Sublimierung geschlechtlicher Spannungen zustande kommen; nicht nur die sittlichen und religiösen, auch alle künstlerischen und wissenschaftlichen Triebe werden als 'tertiäre' Geschlechtscharaktere angesprochen und damit letzten Endes als Lebensäußerung der Geschlechtszellen gedeutet. Nicht bloß im 'künst-

1) M., Della forza della fantasia c. 9 (zB. bei Perty, M. E. II 399). Der willkürl. Scheintod der ind. Yogis (nach guten Beob. heute unbezweifelbar) soll ähnliche Zustände der Seligkeit herbeiführen: Pillai 55. 2) Hierüber unten mehr.

lerischen Schaffen' und der 'Energie des Willens', sondern selbst in der 'rücksichtslosen Logik des Denkens' und dem 'Pflichtbewußtsein' — natürlich nebst allen sonstigen männlichen Wesenseigentümlichkeiten — erblickt ein neuerer Schriftsteller 'nur eine Dependence der Zeugungsorgane'.[1] Die Theorie hat denn auch für jedes Gebiet der kulturellen Betätigung ihre besonderen Ableitungen. Die Erzeugnisse der Kunst sucht sie als Abreaktionen persönlicher Einzelspannungen erotischen Inhalts zu erweisen;[2] den Forscherdrang der Wissenschaft als Sublimierung jener Fragesucht, die bei den Kindern angeblich als Maskierung ihrer Neugier betreffs der geschlechtlichen Geheimnisse auftritt; und was dergleichen mehr ist.

Die Schwierigkeiten der Durchführung dieser Anschauung beruhen offenbar auf der außerordentlichen Verschiedenartigkeit dessen, was als Wurzel, und dessen, was als Frucht angesetzt wird. In der Tat vermag zum mindesten der erste Blick zwischen dem Entleerungstrieb einer Drüse und den höchsten Formen geistigen Schaffens eine inhaltliche Verwandtschaft schlechterdings nicht zu entdecken. Ebenso dunkel sind ihm die Vorgänge, vermöge welcher sich zB. Newtons geschlechtliche Enthaltsamkeit in 'die rücksichtslose Logik seines Denkens', diejenige Kants in sein 'Pflichtbewußtsein' umgesetzt haben soll. Wo liegt und welcher Art ist der Schaltapparat, der diesen völligen Wandel der Inhalte herbeizuführen imstande ist? Das ist die Frage, auf die wir einstweilen eine ganz ungenügende Antwort erhalten. Was uns immer wieder geboten wird, ist lediglich der Nachweis einer gewissen funktionalen Abhängigkeit, meist in 'umgekehrten' Verhältnissen — ein Argument, das wir in seiner üblichen lockeren Form bereits kennen lernten.[3] In diesem unbestimmten Sinn ist die Anerkennung der Sublimierung, wenn man so will, allerdings auch bezüglich der abstraktesten geistigen Leistungen eine altehrwürdige Banalität.

Schon Plato scheute sich nicht, das Streben der Dichter nach Einsicht und Tugend, das der Erfinder und der Staatsmänner als einen 'Zeugungsdrang' zu bezeichnen, der sich an der Schönheit geliebter Menschen entzünde,[4] und Newton nannte es eine wichtige Einsicht, daß wenn das 'Kraftelement der schöpferischen Urkraft im Körper zurückbehalten werde, es in neue Gedanken, vielleicht in neue Erfindungen oder in großartige Konzeptionen des Wahren, des Guten und Schönen umgewertet werden, oder auch in erfrischende Gemütsfreuden, in die alle Mitmenschen umfassenden Triebe der Güte und des Wohltuns sich umwandeln könne'.[5] Und mit der Lehre hat sich natürlich hundertfältig die Beobachtung verbunden, wie wenn zB. Schopenhauer an Tagen brennendster fleischlicher Gier

---

1) H. Driesmans, Die plast. Kraft in Kunst, Wiss. und Leben (Lpz. 1898) 176. 177, verwandte Äußerungen Virchows (in Das Weib u. d. Zelle) paraphrasierend. Ähnlich E. Haeckel, Natürl. Schöpfungsgesch. 196; Bloch 100; Ellis, Man and woman. 2) S. zB. Stekel, Dchtung u. Neurose. 3) Vgl. o. Kap. XXIII. S. 207 f. 4) Platons Gastmahl, übs. von R. Kassner (Lpz. 1903) 60. 5) Nach Freimark, aaO. 39.

auch 'die höchsten Kräfte des Geistes' in sich bemerkte: es bedürfe nur 'einer gewaltigen Anstrengung zur Umkehrung der Richtung'.[1]

Aber gerade diese Kronzeugen der Lehre führen uns ohne weiteres auf den Gedanken, welcher gestattet, das eigentlich Selbstverständliche an ihr von dem Sinnlosen zu scheiden. Es sei denn, man könne den Inhalt zB. einer Newtonschen 'Erfindung' oder seine 'Konzeption' eines kosmischen Gesetzes als Maskierung oder 'Verfeinerung'[2] eines geschlechtlichen Sondertriebes deuten — und daran zu denken wäre Wahnsinn —, so verbleibt uns lediglich die Einsicht, daß eine Ersparnis an Nervenspannung, wie der Enthaltsame sie vornimmt, auch den nervösen 'Denkapparat' in jene erhöhte Spannung versetze, die ihm allein ermögliche, höheren Gedankensynthesen zu genügen. Gerade die moderne Neurosenlehre benutzt, wie wir sahen, den Begriff einer gegebenen Menge nervöser Spannung, die in ihrer Verwendung soz. verschiebbar ist, die der einen Leistung entzogen werden kann, um eine andere — im Falle des Kranken durchaus unerwünschte — aufzubringen. Daß also, wer geschlechtliche Spannung vergeudet, damit nervöse Spannung überhaupt vergeudet und sich somit zu jeder Leistung weniger fähig macht, zu der nervöse Spannkraft erfordert wird, das ist nicht nur eine alte und triviale Erfahrung, sondern auch eine klare Folgerung aus Grundbegriffen der Neurosenlehre. Daraus aber zu schließen, daß jede dieser durch Ausschweifung verminderten Leistungen im Grunde nur eine Maskierung des Geschlechtstriebes sei, wäre ebenso sinnlos, als zu schließen, daß ein beliebiges Erzeugnis der feineren Industrie eine Maskierung von Kohle sei, weil seine Herstellung aufhört, wenn in der Triebmaschine die Kohle und damit der Dampf versiegt. Die Maschine, die jenes Erzeugnis herstellt, ist selbst ein von der Kohle als Kraftquelle durchaus unabhängiges Organ, genau so unabhängig, wie denkbarerweise ein 'Organ' des Denkens von dem Organ der Fortpflanzung; und wenn in der Entwicklungsgeschichte der Organismen auch selbstverständlich Zusammenhänge bestehen zwischen der Entstehung der einen und der anderen Art von Organen — wie schließlich zwischen allem, was zu einem lebenden Organismus gehört —, so haben uns doch die Biologie, die Psychologie, die Soziologie, jede in ihrer Art, längst mit dem Gedanken vertraut gemacht, daß die Erzeugnisse einer 'Entwicklung' gegenüber anscheinenden Vorstufen, unbeschadet des stetigen geschichtlichen Zusammenhanges, etwas qualitativ, ja wesentlich Neues und Selbständiges enthalten können.

Mag nun aber soviel auch zugestanden werden, so verbleibt doch die für uns entscheidende Frage, ob auch die Erscheinungen der 'höheren' Liebe von denen des offenen Geschlechtstriebes inhaltlich so weit abliegen,

---

1) Vgl. Bloch 100. 496. 743. Nietzsche bei Bernouilli, N. u. Overbeck 264. 2) Dieser Terminus bei Silberer 163 (auch: 'auf ein höheres Niveau bringen').

daß ihre Bezeichnung als bloßer 'Verfeinerungen' dieses Triebes sinnlos wird, dagegen ihre Auffassung als selbständiger Neuerwerbungen der Entwicklung sich aufdrängt, — Neuerwerbungen, die mit den Spannungen des nackten Triebes eben nur auf Grund jener 'dynamischen Funktionalität' zusammenhängen, welche zugestandenermaßen alle Erscheinungen des lebenden Organismus miteinander verknüpft. Es ist dabei für unsere Zwecke beinahe gleichgültig, ob wir den Tatbestand Religion oder den Tatbestand Liebe zum Ausgangspunkt der Untersuchung wählen: denn in der Art von Religion, die hier am jenseitigen Menschen erforscht wird, ist Liebe — die sublimierte, verinnerlichte, verjenseitigte Art von Liebe — eine beherrschende Erscheinung. Mystische oder Gottesliebe aber ist selbst nur, wie wir sahen, das Korrelat jener erweiterten Wesenliebe, die ein Hauptunterscheidungsmerkmal des Erweckten bildet. Durchschauen wir diesen offenbar mehrschichtigen Tatbestand in irgendwelcher Ausdehnung, so wird uns sein Wesen und seine Entwicklung auch in weiteren Gliedern seines Reihenbestandes durchschaubar werden. Es ist daher ebenso unbedenklich wie förderlich, wenn wir den Blick vor allem auf jene Strecke der Tatsachenreihe richten, die jedem mehr oder minder aus eigener Erfahrung vertraut ist.

Hier ist nun zunächst darauf hinzuweisen, daß die Sublimierung der Geschlechtlichkeit in Liebe keineswegs mit einer bloßen 'Verhirnung' des Triebes gleichzusetzen ist. Die Beobachtung lehrt unzweideutig, daß der Trieb sich völlig von den Geschlechtsteilen und ihren Leistungen soz. ins 'Bewußtsein' zurückziehen kann, ohne doch seinen offen-sexualen Inhalt im mindesten einzubüßen. Bei greisenhaften oder halbseitig-gelähmten Personen zB. überlebt eine rein gehirnige, 'zerebrale' Begehrlichkeit den Verlust oder die Schwächung des örtlichen Geschlechtstriebes und führt etwa zu Exhibitionismus: lüsterne Vorstellungen verbinden sich also mit 'spinaler' Zeugungsunfähigkeit. Dabei mag die vollständige Zeugungsunfähigkeit wohl auch von völliger Unempfindlichkeit der Teile vertreten werden.

Ein anderes Bild rein hirniger Geschlechtlichkeit liefern uns Kastraten, männliche wie weibliche, bei denen der leidenschaftliche Drang zum andern Geschlecht nicht immer entwurzelt ist. Fälle dieser Art, die Möbius anführt, lassen über die offen-sexuale Natur dieses Triebes keine Zweifel: sie berichten von Überfällen, geraubten Küssen und nicht andeutbaren Handlungen, und Möbius erblickt in ihnen den Beweis für einen 'zerebralen Geschlechtstrieb'.[1]

Nicht minder lehrt die raffinierte Geschlechtsbetätigung Überkultivierter, der Entartung nahestehender Wüstlinge, daß Vergeistigung des

1) Möbius, Üb. d. Wirkungen der Castration (Halle 1906) 97. S. auch Aletrius in ZPMP V 6ff.; über eine Frau ohne Ovarium u. Uterus, aber stark libidinös, masturbierend und kohabitierend: AJI LI 482 und Brit. Med. Journ. 1899 975.

Triebes durchaus nicht gleichbedeutend ist mit jener Sublimierung, die es zu begreifen gilt. Die 'eigentümlichen seelischen Verfeinerungen und Bereicherungen des rein Sinnlichen', die Ausschweifungen der Phantasie, die wir an Künstlern vom Schlage der Baudelaire, Barbey-d'Aurevilly, Verlaine, Maupassant u. a. beobachten,[1] zeigen die Wollust zwar wesentlich als im Gehirne wohnend, aber doch immer als offene Wollust.

Die Tatsache der inhaltlichen Ungleichheit der beiden zu verbindenden Größen ist schließlich dasjenige, womit sich die Lehre von der Sublimierung vor allem auseinandersetzen muß. Geschlechtsdrang und Liebe sind inhaltlich gesonderte Dinge, Leistungen unvergleichlicher 'Organe', die in der Erfahrung der Liebenden ebensooft gegeneinander als in der gleichen Richtung arbeiten. Tief Erlebende haben sie mitunter geradezu als Todfeinde empfunden,[2] und zwei so verschieden gefügte Denker wie Mantegazza und Weininger mußten beide die Beobachtung verzeichnen, daß Liebe häufig an sinnlicher Berührung hinsterbe.[3] Nur das unendlich häufige friedliche Zusammengehen von geschlechtlicher und Liebesneigung erklärt, daß ihre inhaltliche Sonderung so leicht übersehen wird; und gerade die verfeinerten Naturen, die sich mit psychologischen Zergliederungen abgeben, mögen vielleicht wirklich kaum noch je die nackte Geschlechtlichkeit ohne das Mitanklingen von Liebesregungen erleben. Und doch muß der Geschlechtstrieb in seiner Nacktheit sauber herauspräpariert werden, soll ein klärender Vergleich gelingen.

Liebe unterscheidet sich von Begierde vor allem in der größeren seelischen Umfänglichkeit, wenn das Wort erlaubt ist. Auch Begierde zwar erfordert im normalen Falle zu ihrer Befriedigung die Teilnahme eines Andern und ist insofern ein 'sozialer' Trieb; aber als reine Begierde beschränkt sie die Rolle ihres Gegenstandes auf die kurze Zeitspanne des Ablaufs von Begier zu Befriedigung. Das populäre Urteil erblickt darum mit Recht in dem reinen Lüstling einen Egoisten, ohne Gewicht darauf zu legen, daß er auch Andern lustvolle Empfindungen verschafft; als natürlich betrachtet es die häufige Verbindung gewohnheitsmäßiger Ausschweifung mit Kälte des 'Herzens', d. i. Gleichgültigkeit gegen den 'Nächsten'.

Die Stellung des Liebenden, selbst im banalsten Gebrauch des Wortes, zum Gegenstande seines Gefühls ist eine durchaus andere. Zunächst erregt weit mehr als die Leiblichkeit des Geliebten sein Interesse. Diese Tatsache wird freilich anerkannt auch in der Lehre, daß die 'tertiären (geistigen) Geschlechtscharaktere' als Reizerhöher selbst der Begier und

---

1) S. Bloch 525f. ('Der elementare Geschlechtstrieb widersteht jeder Zergliederung und Sublimierung.') 2) S. zB. Grillparzers Aufzeichnung bei W. Stekel, Dichtung u. Neurose 17f. 3) Vgl. Mantegazza, D. Ekstasen d. Menschen (deutsch, Jena 1888) 152; Weininger, Geschl. u. Char., 3. Aufl. 317ff.; H. Finck, Romant. Liebe (deutsch, Breslau 1890) S. XV. 155.

Wollust dienen können. Bewunderung von Geist, Talent, Kühnheit, Erfolg, Charakter mag zB. ein Weib zur physischen Eroberung eines Mannes reizen und den rein sinnlichen Genuß des eroberten erhöhen. Aber die hier verkoppelten Erscheinungen bestehen auch gesondert. Und schon das Verhältnis passiver und aktiver Sympathie zwischen Liebendem und Geliebtem geht tatsächlich über das geschlechtliche Interesse weit hinaus, d. h. das unwillkürliche Miterleben der inneren Erlebnisse des Geliebten und das Bedürfnis, für die eigenen Gefühle in der Seele des Andern den Widerklang zu wecken, so daß jedes eigene Gefühl alsbald zu Nähe, Mitteilung und Austausch treibt und das Alleinfühlen zur Qual wird.

Ist dies eigene Mitschwingen noch durchaus mit Egoismus verträglich (denn es kann die eigene angenehme Miterregung rein als solche genießen und der unangenehmen auf mannigfache Weise sich entziehen); liegt auch in aktiver Sympathie, der drängenden, strömenden Einfühlung in den Andern etwas Egoistisches (denn sie kann die Selbstbefriedigung der Gefühlsverstärkung auf Kosten des Andern suchen, der nicht immer imstande ist, mit jedem Gefühl zu sympathisieren), so tritt in eigentlicher Liebe stets noch jener Bestandteil hinzu, der mit gutem Grunde altruistisch genannt wird: der Liebende sucht das Beste des Andern mit Hintansetzung des eigenen zu fördern. Hierzu ist Sympathie, indem sie die Einfühlung ermöglicht, offenbar bloße Vorbedingung; denn auf Grund gelungener Einfühlung entstehen nun erst aus der Liebe Handlungen, für die das fremde Fühlen und Bedürfen die gleiche Rolle spielen wie für die 'egoistischen' das eigene, für welche also die fremde Befriedigung vollkommen an die Stelle der eigenen tritt. Das Wohl des Andern wird Selbstzweck. Will man daraus, daß jene fremde Befriedigung nun doch mitgefühlt, ja genossen wird, die Folgerung ziehen, daß auch ein solcher Altruismus nur durch Einfühlen komplizierter Egoismus sei, so ist gegen ein solches Spiel mit Worten nichts einzuwenden. Der Unterschied zwischen Handlungen, deren beherrschender Zweck die Förderung des Ich oder aber die des Andern ist, wird dadurch nicht geringer.

Man hat guten Grund, dieses Bestandstück der Liebe für ein 'primäres', aus andern nicht ableitbares anzusehen.[1] Alle Versuche, die altruistischen Triebe aus dem egoistischen Bedürfnis abzuleiten, das sich eine Lustquelle zu erwerben und zu erhalten strebe, scheitern an der Beobachtung, daß die altruistischen Triebe in ihren Leistungen weit über den Wert und die Zeitdauer solcher Lust hinausgehen; wie denn zB. die Mutterliebe zum Opfer des Lebens bereit sein kann zu einer Zeit, wo das Kind ihr längst keine Lustquelle mehr ist (durch den viel besprochenen Wollust-

1) Für diese Primarität: McDougall, Sutherland, Ribot u. a. S. auch A. Bain, The study of character (Lond. 1861) 236ff.; Wundt, Ethik, 2. Aufl. 199. 453; Simmel, Einl. i. d. Moralw. I 28.

reiz des Säugens).[1] Man könnte allenfalls versuchen, den altruistischen Trieb als nachträgliche Wucherung von Nebenerzeugnissen egoistischer Regungen zu deuten; doch übersieht man auch dann, daß der Selbsterhaltungs- und Selbsterhöhungsdrang des Gattungs- und Gesamtlebens eine nicht minder ursprüngliche und massive Tatsache ist als der des Einzelwesens, ja daß der heutigen Anschauung unter den 'Zwecken' der Natur die Erhaltung der Art und des Lebensganzen über derjenigen des Einzelnen steht. Opfert aber die Natur den Einzelnen dem Ganzen, wie sollte nicht die Fähigkeit des Sichopferns eine ursprüngliche und unableitbare Anlage eben des Einzelnen sein?

McDougall nun, der den wichtigen Gedanken in die Ethik eingeführt hat, daß jede Gemütserregung (*emotion*) die gefühlsmäßige Erscheinungsform eines entsprechenden Instinktes sei, sucht diesen Satz in unserem Falle durch die ziemlich überzeugende Ableitung des altruistischen Gefühls aus dem Instinkt des Nachkommenschutzes zu erhärten.[2] Dieser Schutzinstinkt auf seiten der Eltern tritt im Laufe der Stammesentwicklung allmählich an die Stelle einer Massenerzeugung von Keimen, die das Überleben der Brut dem Zufall überlassen durfte. Mit der Einschränkung ihrer Zahl wird ihre Behütung durch die Eltern notwendig. Sutherland insonderheit hat mit reichlichen Tatsachen den Nachweis geführt, daß mit der Kleinheit der Familie und der Dauer der Schutzbedürftigkeit der Nachkommen auch die Stärke und der seelische Reichtum der elterlichen Schutzinstinkte und -gefühle wachse.[3]

Die Aufgabe, aus den frühen und einfachen Formen dieser Instinkte und Gefühle die Reichtümer hochentwickelter Liebe abzuleiten, wäre hoffnungslos, wenn nicht eine starke inhaltliche Ähnlichkeit selbst der äußersten Endpunkte dieser Entwicklung sogleich ersichtlich wäre. Dieses Gemeinsame besteht in dem instinktiven Drang, eigenen Überfluß — an Kraft zunächst, sodann an mancherlei Besitz und Können — einem Andern, Bedürftigen zugute kommen zu lassen. Etwas von dem Verhältnis der Eltern zum Kinde, des Reifen und Starken zum Werdenden und Schwachen, mit dem Ziel der Erhaltung und Förderung des Lebens, bleibt aller Liebe für alle Zeit eigen. Der Liebende hat (oder empfindet doch) immer irgendwelchen Überfluß, von dem er einem Andern abzugeben sich gedrungen fühlt. Dabei ist es von höchster Wichtigkeit zu bemerken, daß dieses Abgeben nicht bloß auf wahllose Steigerung von 'Lust' im Geliebten sich richtet, sondern im besten Falle auf eine Steigerung aller Werte in ihm, zu deren Erkenntnis der Liebende befähigt ist. Liebe ist ja auch im Liebenden der werteweckende und wertesteigernde

---

1) So zB. Horwicz, Psychol. Anal. 365 (der auch die Erinnerung an den Geschlechtsverkehr mit dem Vater sich im Kinde verkörpern läßt). 2) W. McDougall, An Introduction to Social Psychology (Lond. 1908) 29. 3) A. Sutherland, The origin and growth of the moral instinct, 2 vols. (Lond. 1898).

Zustand *kat'exochên*: gleich dem manischen Zustande, mit dem sie teilweise verwandt ist, steigert Liebe nicht nur die Mitteilsamkeit und das Ausdehnungsbedürfnis, sondern auch die Fähigkeiten. Wie sie sich am tiefsten an den Werten des Andern, an Bewunderung und Achtung entzündet, so ruft sie auch die höchsten eigenen Anstrengungen auf, alle empfundenen Ideale zur Verkörperung zu bringen. Sie weckt den geistigsten Ehrgeiz gleichzeitig mit dem Drang des Schenkens.[1]

Liegt schon hier eine unendliche Entwicklungsfähigkeit der Erscheinung Liebe in den Grenzen des liebenden Subjektes angedeutet, so eröffnen sich andere Möglichkeiten der Entfaltung auch nach der Seite des Gegenstandes der Liebe; wobei diese Entwicklung des Gegenstandes notwendig zugleich eine Entwicklung des Subjektes voraussetzt. Denn es ist nicht zuletzt die mit der steigenden Kultur des Seelenlebens ins Unendliche wachsende Fülle der Beziehungen zur Außenwelt, der erweiterte Blick, der größere Reichtum des Wissens und Verstehens, was jene außerordentliche Ausdehnung des ursprünglich so eng umgrenzten Instinktes der Lebensförderung ermöglicht. Die psychologische Zergliederung dieser Ausdehnung des Gefühls, dieser Einbeziehung immer neuer Gegenstände in seinen Geltungsbereich kann als minder wichtig hier sogar beiseite bleiben. Assoziationen der Berührung und Ähnlichkeit, Vorgänge der Begriffsentwicklung, das Eingreifen des Abstrakten überhaupt und manches andere mögen bei diesem Übergleiten und Umsichgreifen des Gefühls und Instinkts eine Rolle spielen.[2] Dagegen wäre eine rein beschreibende Geschichte des Gegenstandes der Liebe von größter Wichtigkeit. Sie hätte zu verfolgen, wie aus der hilfreichen Teilnahme am Schicksal der Allernächsten von eigenem Fleisch und Blut ein aggressives Mitgefühl hier für die untermenschliche Lebewelt, dort für die blutsfremden Mitmenschen entsteht. An die Seite der nächsten Blutsverwandten, oft an ihre Stelle, tritt der Freund, der gleichstrebende Mensch, bis schließlich bei Vielen alles, was Menschenantlitz trägt, was nur dem Begriff des Mitmenschen sich unterordnet, zum Gegenstand eines Triebes wird, der fördern und mitteilen will: der Philanthrop, dessen Gefühlsstärke nicht immer im umgekehrten Verhältnis zur Umfänglichkeit des Gegenstandes seiner Gefühle stehen muß, arbeitet für Wesen, die er kaum noch zu Gesicht bekommt. Und auf den höheren Stufen auch dieser fortschreitenden Verallgemeinerung wird sichtbar, wie sehr diese Entwicklung des Gegenstandes eine solche des Subjekts der Liebe voraussetzt. Der Philanthrop zB. wird nicht mehr bloß durch den Anblick einfachster Bedürfnisse zum Ein-

1) Der echte Begriff der 'platonischen' Liebe. Vgl. die seit alters übliche Beziehung der Liebe auf das Vergnügen an 'Vollkommenheiten' (noch zB. bei Leibniz, Opp. [ed. Gebhardt] VI 605f.) Shelley wäre in diesem Zusammenhang zu betrachten (Hymn to intellectual beauty, Epipsychidion etc.). 2) Vgl. allg. McDougall, aaO. 73ff.; Th. Elsenhans in ZPPS XXIV 194ff.; Th. Ribot, L'abstraction des émot. in AP III (1897).

greifen angeregt, sondern ebensooft durch ein Ideal der menschlichen Entwicklung oder gesellschaftlicher Einrichtungen, das er selbsttätig in sich erzeugt hat. Er sucht Werte zu schaffen und zu fördern, die er als höchste Errungenschaften seiner Persönlichkeit erkennt.

Liebe offenbart sich in ihrer höheren Artung somit als Ursprung und Form des Schaffensdranges überhaupt, der jedem Höherstehenden innewohnt; als jene Kraft, die Ideale aufstellt und an ihrer Verwirklichung arbeitet, in diesen Schwung aber vor allem auch Andre hineinzuziehen sucht; die den Kern von Mensch und Natur zur Blüte zu treiben sucht. Deshalb mag man wohl in den Helden der Wahrheitserforschung, der Kunstentfaltung, des menschlichen Aufstiegs in Staat und Sitte — Liebende von besonderer und hoher Art erblicken: eine Gattung freilich, die selten ist, wie die Fähigkeit zu selbstlos-idealer Tätigkeit. 'Offenbare mir', schrieb einer der Stärksten des autonomen Dranges, 'offenbare mir, was du wahrhaft liebst, was du mit deinem ganzen Sehnen suchest und anstrebest, wenn du den wahren Genuß deiner Selbst zu finden hoffest — und du hast mir dadurch dein Leben gedeutet. Was du liebest, das lebest du.'[1] — Aber selbst in dieser weitesten Ausgestaltung und Verästelung des expansiven, altruistischen Dranges läßt sich der Rückweis auf die früheste Quelle, den Schutztrieb des Elternpaares, noch aufspüren. Ich-vergessene Arbeit am Werdenden, Wachsenden, Zukünftigen: auf diese Formel läßt sich sowohl die Sorge der tierischen Mutter wie die selbsthingebende Anspannung des hochgearteten Gelehrten, Künstlers, Staatsmannes, Reformators, Philanthropen zurückführen. Und noch im Verhältnis des höchsten Schaffenden zu seinem Werke klingt der Ton jener aufopfernden elterlichen Pflege an, in deren Dienst die ältere Generation so häufig Lust, Kraft und Leben opfert, um Fortbestand und Wachstum von Lust, Kraft und Leben zu sichern. —

In dieser so einheitlich umrissenen Entwicklung, und zwar auf ihren niedersten wie höchsten Stufen, verbirgt sich nun aber doch noch eine Zweiheit der Formen. Schon die Tatsache, daß der Nachkommenschutzinstinkt an zwei geschlechtsverschiedene Wesen geknüpft ist, macht auf sie aufmerksam. Denn diese Tatsache läßt erwarten, daß der Instinkt sich auch vielfach in verschiedener Formung betätigen werde. Beim Männchen wird die nach außen hin kämpferische Veranlagung sich auch in den Dienst der hilflosen Nachkommen stellen; beim Weibchen dürfte eine andere Haltung überwiegen: die der Einhüllung, der Hingabe des Körpers im Akt des Säugens u. dgl. m.: die Schutzhandlung der Mutter macht diese selbst nach außen hin schutzlos. — Diese Andeutungen banal-primitiver Verhaltungsarten dürften bedeutsamer sein, als auf den ersten Blick ersichtlich ist: wir finden im Dienste der Liebe schon auf früher Stufe zwei

1) J. G. Fichte, WW. V 403.

entgegengesetzte Haltungen, Einstellungen, oder wie man es sonst nennen will: eine gespannte und eine entspannende; die erstere in Bewegungen des Angriffs sich entladend, die andere in Bewegungen, welche die Angreifbarkeit erhöhen; und diese Zweiheit der Haltungen — des männlichen Angriffs und der weiblichen Hingabe — beherrscht nicht nur das wahrnehmbare Gebiet der Körperlichkeit, sondern verpflanzt sich, vielleicht auf dem Wege über Bewegungsneigungen ('naszente' Bewegungen, motorische 'Tendenzen'), in das innere, seelische Gebiet der Stimmungen und Gefühle. Ja man kann vielleicht sagen, daß der Gegensatz, auf den wir hier stoßen, den gesamten Bereich des Trieb-, Affekt- und Gefühlslebens beherrscht. Alle primären Affekte und Instinkte ordnen sich am Ende in solche, die der aggressiven Selbstdurchsetzung dienen, und andere, die ein verteidigendes Zurückweichen oder ein selbsthingebendes Fördern Anderer zum Inhalt haben. Unter den ersteren Gesichtspunkt fielen vor allem[1] die Affekte des Ekels, des Zornes und Übermuts, unter den zweiten vor allem die der Furcht, der Unterordnung, der Zärtlichkeit und des Herdengefühls. Suchen wir nach elementaren Scheidungsmerkmalen dieser Reihen, so versagen zunächst die bei den Affekten so wichtigen inneren physiologischen Bestimmungen der Atmung, der Blutgefäßfüllung, der Herztätigkeit: denn die Scheidung in solche, die mit örtlicher Blutfülle und beschleunigtem Puls und Atmung einhergehen, und in solche mit entgegengesetzten Merkmalen kreuzt sich offenbar mit der obigen Unterscheidung. Und dasselbe gilt von einer Charakteristik der Affekte nach allgemeinsten Eigenschaften der in sie eingehenden Gefühle, falls man sich etwa der Wundtschen Unterscheidung von Lust — Unlust, Erregung — Beruhigung und Spannung — Lösung anschließt.[2] Dagegen läßt die motorische Auswirkung der selbstbetonenden und der selbsthingebenden Affekte und Instinkte einen durchgehenden Unterschied erkennen. So haben wir, um die obige Liste beizubehalten, im Falle des Ekels (abgesehen vom mimischen Ausdruck) hauptsächlich Abwehrbewegungen, die den widerwärtigen Gegenstand zu entfernen dienen; im Falle des Zornes Bewegungen, die den Gegner vernichten sollen; im Falle des Übermuts (*elation*) jene allgemein erhöhte Muskelspannung, die sich zumal vor Zuschauern 'in Positur setzt' und sich 'produziert'. Auf der andern Seite äußert sich die Furcht in Fluchtbewegungen oder dem Streben, sich zu verkleinern oder verstecken; der Affekt der Unterordnung in schleichenden, niedergeschlagenen, spannungslosen Bewegungen; das Herdengefühl in dem Drang, sich der Masse einzureihen und ihren Bewegungen sich anzupassen; die Zärtlichkeit (*tender emotion*) endlich in Umarmungen, Liebkosungen sowie Schutzbewegungen. — Im großen und ganzen gehören also augenscheinlich die Affekte der ersten Reihe der männlichen, die der anderen Reihe der weib-

---

1) Ich folge McDougalls Einteilung, aaO. ch. III. 2) Wundt III 215ff.

lichen Form des Nachkommenschutzinstinktes an; d. h. auch durch die Reihe der Affekte im allgemeinen zieht sich die Scheidungslinie, auf deren einer Seite die straffe, zugreifende, aggressive, eindringende Haltung, auf deren anderer die sich lösende, hingebende, abgebende Haltung vorherrscht.

Das für uns Wichtige nun ist, daß diese beiden 'Haltungen' in alle Stufen tätiger Liebe eingehen: jede tätige Liebe — zum Kinde, zum Schutzlosen, zum Nächsten, zum Bewunderten, zum Volke, zur Menschheit, zum Werke — enthält oder kann wenigstens enthalten ein Element der Entspannung und Hingabe, und ein Element der Spannung, nämlich der Aneignung und Eroberung, der Schaffenslust, der Formbegier, allgemein gesprochen: ein Element weiblichen und ein Element männlichen Verhaltens, deren jedes sich ausdrückt in dem Vorherrschen verschiedenartiger Bewegungstypen sowie verschiedenartiger mehr 'innerlicher' Neigungen zu solchen, also in verschiedenartigen Spannungs- und Richtungszuständlichkeiten des seelischen Zentralorgans. Dabei erweist sich das männliche Element vornehmlich in den positiven Leistungen, zu denen die Liebesgesinnung anregt; das weibliche dagegen in der Grundeinstellung des Wesens, das jene Leistungen eben als Leistungen für Andere inspiriert — sofern jene Einstellung eben nicht als bloße Gesinnung ohne Frucht verharrt. Diese weibliche Seite erscheint am reichsten an Formen, die ihre innere Verwandtschaft durch den allen gemeinsamen 'inneren' Drang zur schmelzenden Entspannung offenbaren, zur Hingabe, zum Abgeben, zur Selbstausdehnung und gefühlsmäßigen Umfassung und Überflutung des Andern. Ich erwähne zB. als bedeutsame Verwandtschaften der Liebe: die Demut, die Rührung, die Dankbarkeit, das Vertrauen, die Geduld, das Verzeihen, die Reue, das Mitleid. Bei allen diesen wird ihre Verwandtschaft mit dem weiblichen Liebeselement auch durch ihre charakteristischen Bewegungsneigungen bestätigt. Nicht nur der Demütige, sondern auch der Liebende, wie Mantegazza bemerkt,[1] wirft sich nieder, verkleinert sich, um ganz hingenommen zu werden; der Vertrauende entspannt jede Gebärde der Verteidigung u. dgl. m.; der Mitleidige schmilzt recht eigentlich in allen Spannungen seiner Selbstheit hin; er verkörpert den schmelzenden Affekt *kat'exochên*, in welchem das Ich dem Nicht-Ich, der Welt und Menschheit sich schutzlos, aber gebefreudig öffnet, wie die Mutter dem Kinde, dessen Kleinheit und Schutzlosigkeit sie 'rührt'. Hier springt die Verwandtschaft aller Liebesregungen mit dem Elternschutzinstinkt wiederum in die Augen. Wir wissen, wie sehr sich Liebe auch unter Erwachsenen vom Mitleid, vom Hilfs- und Schutzbedürfnis des Andern nähren kann;[2] auch daß das Kleine an sich, selbst das leblose Winzige, wenigstens Rührung, die Schwester der Liebe, erregen kann.[3] Aber als Grundlage sittlichen Ver-

1) aaO. 179f. Vgl. Cahagnet, Heil. 27f. 2) Vgl. den Fall bei Aletrius, in ZPMP V 101. 3) McDougall, aaO. 74.

haltens zur Umwelt aufgefaßt, führen alle diese Regungen, wie oft gezeigt, zu einer Vereinseitigung weiblichen Schlages. Mitleidliebe vermag keine lebensstarke Sittlichkeit zu begründen: männliche Grundzüge wie Überlegung, Erkenntnis, Pflicht, Willenszucht müssen die Persönlichkeit zum Ausdruck jener 'allmächtigen Liebe' emporheben, die (nach den Worten des Pater Profundus) nicht nur 'alles hegt', sondern auch 'alles bildet'. Die enthusiastische Hingabe der Liebe an Welt und Menschheit erfordert, um fruchtbar zu werden, die Gestaltung und Klärung durch männlich-schöpferische 'Ideen' — mit Goethe zu reden[1] —, und selbst jenes 'Streben, sich einem Höhern, Reinern, Unbekannten aus Dankbarkeit freiwillig hinzugeben', worin sich die Haltung der religiösen Andacht mit der Stimmung des bewundernden und wertenden Liebenden trifft und Gottes- und Liebesfrieden ineinanderfließen, bleibt ergebnislos ohne die männliche Ergänzung einer Abkehr von Gott und Rückkehr zur Welt, um — Gott im Rücken — aus der erlebten Stimmung die Inspiration zu Neugestaltungen zu gewinnen.

Hier nun aber springt uns aus der Zergliederung der Erscheinung Liebe ein Gedanke entgegen, der die geahnten und behaupteten Zusammenhänge von Liebe und Geschlechtlichkeit ihrem wahren Sinne nach durchleuchten dürfte. Es fällt nämlich auf, daß die beiden 'Haltungen' und 'Einstellungen', in denen das Wesen selbst noch der höchsten 'schaffenden' Liebe nach seiner männlichen und weiblichen Seite sich auswirkt, eine unverkennbare Ähnlichkeit besitzen mit dem Verhalten der Geschlechter bei der Begattung, zumal der höheren Ordnungen. Vom Weibe fordern schon die Vorstadien des Aktes ein Aufhören der Selbstabschließung und -sicherung, eine leibliche und seelische Haltung, die der Sprachgebrauch vollkommen treffend als Sichhingeben bezeichnet. Umgekehrt gleichen beim Manne zum mindesten die einleitenden Haltungen und Handlungen einem Angriff, einer Besitzergreifung des Andern, und führen — unmittelbar und mittelbar — zur Gestaltung. Erst auf dem Höhepunkt des Genusses begegnen sich beide Geschlechter in einer Auslöschung des Ich, die jede Abwehrstellung dem Nicht-Ich gegenüber aufhebt.

Diese Haltungen oder Einstellungen finden durch alle Erscheinungsformen der Liebe hin ihre Analogie. Den einen Endpunkt ihres Geltungsbereiches können wir augenscheinlich ins Gebiet der mystischen Liebe verlegen. Bringt doch der geschlechtliche Orgasmus vorübergehend jene Entichung zustande, die der mystische Orgasmus mehr und mehr zum Dauerzustand macht, und ist doch besonders beim Weibe und werdenden Manne die ganze seelische Einstellung — der Hingabe, der Sehnsucht nach Verschmelzung — verwandt mit jener geistigen Asketik des Religiösen, jener Versenkung in die Tiefen des Lebens, die bei so Vielen in den Orgasmus des Gottergriffenseins mündet. — Aber die Analogie trifft nicht minder auf

1) Vgl. Chamberlain, Goethe 107 ('Maximen u. Reflexionen' Nr. 711).

typische Verhältnisse und Zustände des höheren 'menschlichen' Liebeslebens zu. In jeder vollerblühten Liebe besteht nicht nur ein starkes Bedürfnis nach geistiger Annäherung, nach gegenseitiger Anähnlichung in jenen persönlichen Werten, die bei geistigeren Wesen als Geschlechtsreize wirken können und an welche die wertsteigernde Leistung der Liebe anknüpft; sondern man beobachtet auch häufig das reibungslose Nebeneinander seelischer und körperlicher Hingabe und Verschmelzung. Die Selbsthingabe des Ehebettes fördert und versinnbildlicht zugleich die völlige Schranken- und Hüllenlosigkeit des seelischen Vertrauens; die geschlechtliche Leidenschaft für einen Andern erschließt alle Quellen der zartesten Einfühlung; oder umgekehrt: die Seligkeit der geistigen Gemeinschaft übersetzt sich mühelos in die Wonnen der Liebesnacht; eine Regung des Mitleids, der Bewunderung, des Vertrauens, der zärtlichen Hilfsbereitschaft, des gemeinsamen Kunstgenusses usw. leitet in geschlechtliche Gefühle und Handlungen über.

Gleichwohl wäre es völlig verfehlt, in diesen offenbar natürlichen Zusammenhängen einen Beweis der sexualistischen Lehre zu suchen, die in der ausgelösten 'höheren' Leistung lediglich eine Nachahmung der 'niederen' gleichsam in anderem Material, eine Übersetzung von dieser und eben soweit ein bloßes Ab- und Anhängsel erblickt, oder eine weitläufige Vorbereitung des im Grunde angestrebten oder einen Ersatz des verhinderten Geschlechtsaktes. Die wahre Deutung dieser Zusammenhänge scheint mir eine ganz andere zu sein. Unter jeder Voraussetzung sind nur wenige Grundhaltungen gegeben, die ein lebendes Wesen unter seinesgleichen und der Welt gegenüber einnehmen kann, und sie müssen auf jedem Gebiete — in jeder 'Höhenlage', wenn man so will — wiederkehren. Selbst angenommen, daß die Gebiete ohne jeden entwicklungsgeschichtlichen und inhaltlichen Zusammenhang sind, so müßte eine bestimmte Einstellung auf dem einen — eine analoge Einstellung auf dem andern begünstigen, und die so vermittelte Weckung könnte uns als wesentlicher Zusammenhang oder wohl gar als wurzelhafte Gleichheit erscheinen. Schon dieser Gedanke könnte verständlich machen, daß geschlechtliche Begier, als ein Zustand der 'Einstellung' und 'naszenten' Bewegung, auch auf seelischem Gebiet jene Mischhaltung von Hingabe und Gestaltung erzeugte, die wir als wertsteigernde 'platonische' Liebe oder als geistigen Verschmelzungsdrang der Liebenden kennen. Denn der menschliche Organismus ist keine Anhäufung funktionell gegeneinander abgesperrter Organe, sondern ein in allen Stücken zusammenhängendes, in allen Teilen widertönendes Einheitsgebilde. Und dies gilt natürlich in womöglich noch gesteigertem Maße von jenem höchstzusammengesetzten psychophysischen Organ, dessen Allgegenwart, verbunden mit äußerster Leitungsfähigkeit, die Einheit des Organismus vor allem herstellt: dem Nervensystem; jenem einheitlichen Boden, in welchem alle Instinkte in engster funktioneller Nachbarschaft eingewurzelt sind.

Es ist daher ohne weiteres wahrscheinlich, daß jede Erregung — Miterregungen besonders 'haltungsverwandter' Triebe bedingen werde, selbst wenn dieser Verwandtschaft der Einstellung keine Verwandtschaft des Inhalts entspricht. Vollends einleuchtend aber wird diese Wahrscheinlichkeit, wenn wir bedenken, daß die einzelnen, noch so inhaltsverschiedenen Triebe durch eine gemeinsame Entwicklungsgeschichte miteinander verkoppelt sind, wie zB. die rein geschlechtlichen Triebe menschliche Verhältnisse begründen, die dann das natürliche Betätigungsfeld auch der höheren Liebestriebe bilden. Selbst die wesensverschiedensten Triebe, wenn sie auf gleichzeitiges Sichausleben angewiesen sind, können nicht umhin, in ein Verhältnis gegenseitiger Auslösbarkeit und Abhängigkeit zu geraten.

Auf dem Boden dieser völlig klaren Anschauung wird es uns nunmehr leicht fallen, die Gedanken, mit denen der Begriff der Sublimierung bezüglich der höheren Verstandesleistungen in seine natürlichen Schranken verwiesen wurde, auch auf die angebliche Sublimierung des Geschlechtstriebes zu höheren Liebesregungen anzuwenden. Wir dürfen auch hier die Geschlechtlichkeit höchstens als Ursprungsquelle von Spannungen auffassen, als die Erzeugerin jenes 'Dampfes', welcher 'Maschinen' oder Organe auch von ganz andersartiger Herkunft, Leistung und Zielstrebigkeit in Gang versetzt.[1] So finden wir denn auch keine Schwierigkeit mehr in der Behauptung oder dem Nachweise, daß die inneren Absonderungen der Geschlechtsdrüsen in der Entwicklung wie im Lebensverlauf des Einzelwesens eine Bedingung der Ausbildung und der Funktion auch jener vorausgesetzten 'Organe' der höheren Liebesbetätigung bilden. Welche der zahlreichen zur Wahl stehenden Theorien und Hypothesen über Vererbung und Wachstum wir uns auch aneignen: immer wird der Keimdrüse die Rolle eines allen Endergebnissen des Wachstums gegenüber gleichmäßig wirksamen Reizes zufallen, so daß aus der örtlichen Nachbarschaft dieser Reizquelle mit den im engsten Sinne geschlechtlichen Leistungen in keiner Weise auf eine inhaltliche Verwandtschaft jener Endergebnisse mit den geschlechtlichen Vorgängen, also auf eine bloße Sublimierung dieser letzteren geschlossen werden darf.

Die heute viel besprochenen Beobachtungen Steinachs können dies verdeutlichen. Daß die durch ihn bezweckte Ersparnis innerer Sekretionen die Leistungen der Atmungs-, Kreislauf- und Verdauungsorgane nicht minder als die des Nervensystems belebt, stempelt natürlich jene Leistungen nicht zu geschlechtsverwandten oder zu Sublimierungen der Geschlechtlichkeit. Und dasselbe gilt offenbar von den inhaltlich durchaus eigenartigen Leistungen der Liebesbefähigung, ganz gleichgültig, wo und wie wir sie 'lokalisiert' denken. Wie notwendig diese Unterscheidung von

1) Vgl. Brown-Séquards Empfehlung sex. Selbsterregung (aber ohne Entladung) zum Zwecke besond. geistiger Leistungen. Vgl. Pillai 40 über die Suklasthambana der Inder.

Reizquelle und Sonderorgan tatsächlich ist, beweist uns die Fülle der Typen, in denen sich uns die gegenseitigen Maßverhältnisse von Geschlechtlichkeit und Sonderbefähigung darstellen: neben dem Menschen von starker Geschlechtlichkeit und gleichzeitiger starker Geistigkeit und Liebesfähigkeit, oder dem, der beider völlig ermangelt, finden wir den Geistes- und Liebesarmen von mächtiger Sexualität, aber auch den Geistes- und Liebesgewaltigen ohne jede Begierde. Die gleiche Spannkraft kann sich eben bald dem einen, bald dem andern 'Organe' vorzugsweise zuwenden. Und das der Geschlechtlichkeit ist selbst nur eines unter vielen, nicht aber das erste und eigentlich maßgebende.

Die gleichen Schlußfolgerungen sind endlich auch aus der Psychologie des Kastraten zu ziehen, so dunkel und strittig dies Gebiet einstweilen noch sein mag.

Daß viele von den minderwertigen Eigenschaften, die das Volksurteil den Verschnittenen nachsagt — Feigheit, Bosheit, Neugierde, Eitelkeit, Hinterlist u. dgl. m., — erst sekundäre Erzeugnisse ihrer Lage und der Verachtung seien, die ihr Zustand mit sich bringt, ist ein mindestens naheliegender Gedanke.[1] Sichere Grundlagen des Urteils könnten natürlich nur individual-biographische Beobachtungen bieten; die großen Kastraten der Geschichte scheiden aber für unsern Zusammenhang meist schon darum aus, weil die Operation an ihnen in reiferen Jahren ausgeführt wurde, oder weil — wie bei Origenes — ihr Umfang überhaupt nicht feststeht. Nur bei einigen berühmten Sängern aus der Zeit des Belcanto sind alle Bedingungen bündiger Schlußfolgerung erfüllt, und die Betrachtung ihrer Biographien führt Möbius zu dem Schlusse, daß auch Frühkastrierte 'klug, gut und energisch' sein können.[2] Die verbleibenden Einschränkungen scheinen sich schließlich auf den sog. physischen — Möbius sagt: natürlichen — Mut, d. h. die Lust an Kampf und Gefahr, auf Leidenschaftlichkeit überhaupt und den starken Kunsttrieb zu beziehen, — von rein geschlechtlichen Trieben abgesehen, die in 'zerebraler' Form fortbestehen können. 'Alles Begehren wird weniger heftig sein, faßt Möbius zusammen, der Mensch geduldiger und fügsamer werden. Jede Tätigkeit, zu der man Geduld und Ruhe braucht, wird leichter werden, jede, die einen Elan fordert, schwerer.' 'Bei Weibern, denen die Eierstöcke fehlen oder von vornherein verkümmert sind, scheint in der Regel nicht nur der Körper alle sekundären Geschlechtsmerkmale des Weibes zu tragen, sondern auch ein weibliches Empfinden vorhanden zu sein.'[3] Auch Hirschfeld, auf persönliche Beobachtungen sich gründend, fand die rein intellektuellen Fähigkeiten kaum beeinflußt. Nur glaubte er zB. bei rumänischen Lipowanen 'großen Mangel an Individualität zu bemerken. Sie zeigen untereinander im Aussehen und Wesen eine viel größere Ähnlichkeit, als sie sonst Männer und Frauen unter sich erkennen lassen... Ihrem Charakter nach sind die Eunuchen und Skopzen meist liebenswürdige, zuvorkommende, anhängliche und dankbare Menschen. Fast alle geben viel auf ihr Äußeres,... tragen gern Schmuck, sind fromm, gehen viel in Kirchen und Moscheen, lieben Tiere, besonders Pferde... und Kinder.'[4]

---

1) Möbius, Wirk. d. Castr. 25. 2) aaO. 96. 3) aaO. 99f. 104. 4) Hirschfeld 170f. Entsprechendes gilt von den ohne Geschlechtsdrüsen Geborenen. Vgl. Angiolellas Fall in

Sehen wir also davon ab, daß mit der Kastration die gegengeschlechtigen Eigenschaften gewissermaßen freie Bahn zur Entwicklung zu erlangen scheinen, so lassen sich diese Beobachtungen wohl in den Satz zusammenfassen, daß die verschiedenen geistigen Anlagen im allgemeinen erhalten bleiben, die durchgehende 'Spannung' der Persönlichkeit, ihr aggressiver 'Dampf' aber eine Verminderung erfährt, ein Satz, der mit der oben allgemein abgeleiteten Anschauung übereinstimmt.

Die Meinung, auf welche alle diese Gedanken und Nachweise hindrängen, besteht offenbar in der Unterordnung des Geschlechtstriebes als Art unter die Gattung eines allgemeineren Triebes, den man beliebig als Lebenstrieb, Wachstumstrieb, Schaffenstrieb oder wie immer bezeichnen mag; wobei unter solchen Namen natürlich keine metaphysischen Mächte behauptet, vielmehr nur Vorgänge zusammengefaßt werden sollen. Dieser Lebenstrieb aber hat sich — im Wachstum! — betätigt, ehe es in der Natur eine Scheidung der Geschlechter gab und aus dieser die Geschlechtsliebe hatte entstehen können. Wo immer etwas wächst, sich differenziert, sich gefördert findet, auch wo um des Wachstums willen geopfert wird, da mögen wir ihn mit den Augen des Mythikers am Werke sehen. Solange er nicht Geschöpfe hervorbringt, die körperlich dauern, solange er mithin auf immerwährende Erneuerung der Generationen angewiesen ist, so lange wird der Trieb, der die Geschlechter zueinander treibt, der wichtigste, weil allem andern Schaffen und Wachsen die Daseinsmöglichkeit sichernde Ableger jenes allgemeinen Triebes sein. Und wie die Sprache des Volkes auch dieses Liebe nennt, so mögen wir wohl den Namen, der für die Meisten die mächtigste erlebte Form des Lebensdranges deckt, auch sonst mit Freigebigkeit verleihen, und in Entstehen und Leben, in jeder fördernden und gestaltenden Erregung, in allem fruchtbaren und aufwärtsführenden Tun, in jeder 'ernsten', 'gläubigen' Stimmung, in jeder Glut, die nährt und treibt, die 'Liebe' am Werke sehen.

XXVII.

Deutung der Heiligen-Hysterie.

Es ist nun gewiß bemerkenswert, daß die Schule, die wie keine andere von der sexualistischen Ursprungsdeutung alles geistigen Lebens ausging, in manchen ihrer Vertreter bald zu einem Begriff der Libido gedrängt worden ist, der dem hier aus bloßer Zergliederung der Erscheinungen gewonnenen sich an Weitherzigkeit durchaus vergleichen läßt. Die Libido, ursprünglich im engen Sinn der geschlechtlichen Begierde gefaßt, hat sich den Psychanalytikern unter den Händen zum Begriff des 'in der ganzen Fülle des Trieb-

---

JMS XLIX 175. Für völlige Unschädlichkeit der Kastration bezügl. der psych. Eigenschaften argumentiert energisch Dr. C. Rieger, Die Castration in rechtl., sozial. u. vitaler Hinsicht (Jena 1900), bes. 81—101.

und Willenslebens sich auswirkenden Lebensdranges oder Lebenswillens' erweitert[1] und ist sogar mit dem Schopenhauerschen metaphysischen 'Willen' identifiziert worden.[2] Mit einer so weitherzigen Auffassung der treibenden Kräfte haben wir keinen Streit mehr. Sie wird uns aber nunmehr auch schon eine fruchtbarere Auffassung des religiösen Komplexes ermöglichen, nach dessen Inhalt wir ja noch immer suchen, und eine reichere Deutung der neurotischen Erscheinungen des krasseren religiösen Lebens, insonderheit der Hysterie der Heiligen.

Es soll dabei von vornherein nicht geleugnet werden, daß die im engeren Sinne sexualistische Deutung hysterischer Symptome auch innerhalb des jenseitigen Lebens sich anwenden lasse, wennschon die religiöse Biographik, so wie sie uns vorliegt, aus naheliegenden Gründen nur äußerst selten ins Einzelne gehende Ableitungen von Symptomen aus verdrängten Inhalten gestattet. Der typischen, ohne persönliche Einzelanalyse durchschaubaren 'Konversionen' sind ja schließlich nur wenige,[3] und die Analyse am Lebenden ist uns in diesem Felde fast völlig verschlossen. Das wenige aber, was von Psychanalytikern auf hagiologischem Gebiete versucht worden ist, bewegt sich tatsächlich außerhalb aller eigentlichen Sonderanalyse. Man sucht in den hysterischen Symptomen vornehmlich 'Suggestionswirkungen', ausgeübt durch irgendwelche heiligen Texte oder Bilder, auf Grund der allgemeinen Voraussetzung, daß sich der Heilige nach kanonischen Vorbildern zu modeln suche.[4] Wenn Radajew vom 'Geiste Gottes' kreuzförmig auf den Rücken gelegt wird,[5] oder wenn Heilige von Schmerzen oder Versuchungen geplagt werden, die sie Andern durch ihr Gebet abzunehmen suchten,[6] so liegt ja auch die glatte Deutung durch Suggestion auf der Hand. Anderseits begegnen wir vielleicht einem zufällig geglückten Bruchstück wirklicher Psychanalyse in der Behauptung gewisser Erwecker, daß das 'Bellen'[7] eine Züchtigung für Ungehorsam gewesen sei (der unterbewußte Mittelgedanke etwa: ich habe mich wie ein Hund benommen), oder in der gelegentlichen Angabe aus der Zeit der irischen Erweckung, daß die heftigen Krampfanfälle gewöhnlich bei denen vorkamen, 'die zuvor unwissend oder offen unsittlich gewesen waren,'[8] wobei freilich weder die eine noch die andere Angabe sich auf wirklich Erweckte zu beziehen braucht.

Bei solchen Schwierigkeiten der Einzeldeutung müßte dem Sexualisten um so mehr daran gelegen sein, den Ursprung der Heiligenhysterie wenigstens im ganzen auf die ihm geläufigen Wurzeln der Neurose zurückzuführen, nämlich auf eine Verhinderung der normalen Geschlechtsbetäti-

---

1) So O. Pfister, Die psychanalytische Methode (1912) 142. 2) S. bes. Jung in JPPF IV (1912) 172ff.; vgl. V (I) 321ff. Claparède schlug geradezu intérêt für Libido vor (das. V 337). 3) Wie etwa Erbrechen beim Anhören 'unsittlicher Reden' (Görres I 336f.: sel. Oringa). Eine Liste typischer Trieb-Verkehrungen und -Verschiebungen bei Adler, in Fortschr. d. Medizin 1908 577ff. 4) S. zB. O. Pfisters Aufs. üb. Marg. Ebner in ZPA I (1911) 468ff. 5) Grass 219. 6) S. zB. Pradel 92; Kanne II 71f. 7) Vgl. o. 177, auch Anm. 1. 8) Openly immoral — im Engl. meist im Sinne des Sexuell-Verwerflichen. Gibson 40.

gung und Verdrängung sexueller Einzelwünsche. Und hier kann er sich natürlich auf die bekannte Tatsache berufen, daß der Religiöse so oft im Schatten der kirchlichen Forderung geschlechtlicher Enthaltsamkeit aufwächst.[1] Dabei hätten wir zunächst davon abzusehen, daß die Enthaltsamkeit in zahllosen Fällen keine auferlegte, sondern natürlich ersehnte ist,[2] und daß sogar erzwungene Enthaltsamkeit von manchen Fachmännern weder als gesundheitsschädlich,[3] noch auch als eigentliche Ursache von Hysterie betrachtet wird.[4] Wir wollen sie mindestens bei dazu 'veranlagten' Personen als hysteriesetzend ansehen. Und da können wir häufig genug mit dem Finger auf diejenigen äußeren Bedingungen sexueller Not hinweisen, die das voraussetzungsgemäß neurotisch veranlagte Individuum zur Ausbildung der inneren Liebeswelt und ihrer krankhaften Erscheinungen getrieben haben mögen.

Eine dem Analytiker geläufige Form dieser Not beruht auf der frühen Fixierung der Libido auf Blutsverwandte, die natürlich zu nachfolgender Verdrängung der geschlechtlichen Betätigung zwingt.

Es ist zB. möglich, daß Pascals Name hier manchem einfallen wird. Von Natur 'schwächlich und zart', zeitweilig mit 'einer Art von Abgestorbenheit der Beine' behaftet, durch Krämpfe oder teilweise Lähmung des Schlundes verhindert, kalte Getränke anders als tropfenweise zu schlucken, zärtlich seine Schwester Jacqueline liebend und von ihr zärtlich geliebt, sonst aber, nach Ansicht der meisten Biographen, sein Leben lang frei von jeder starken Neigung — *toujours beaucoup plus un amateur qu'un amant véritable*[5] —, ist dies nicht das Bild einer Neurose nach dem Herzen unsrer Psychanalytiker?

In andern Fällen kann man die Verhinderung der Geschlechtsbetätigung darauf zurückführen, daß der erwünschte und angemessene Partner nicht gefunden oder erlangt, oder ein unangemessener von außen aufgedrängt wurde; (wie denn fast schon das populäre Urteil nervöse und hysterische Störungen auf 'unglückliche Liebe' oder zerrüttete Ehen zurückführt.)[6] Von Mme Guyon zB. wissen wir, daß sie von ihren Eltern an einen alten und völlig wesensverschiedenen Mann verkauft war, mit dem der vertraute Umgang ihr Qual bereitete. Das 'Unglück' führte sie zu Gott und ins Gebet. Auch S. Katharina von Genua war an einen unebenbürtigen, dazu wüst und in Untreue lebenden Mann verschachert, dem sie jahrelang in schweigendem Groll und weltlichen Zerstreuungen sich innerlich widersetzte, bis sie nach einer besonderen Steigerung dieser Leiden ihren Durchbruch erlebte und, 'von der Liebe Gottes durchdrungen', den Standpunkt: 'keine Welt mehr, keine Sünde mehr' erreichte.[7] Und Flournoys 'moderne Mystikerin' bekennt im Rückblick auf die große unglückliche Liebe ihrer Vergangenheit ausdrücklich: 'In meinem tiefsten Innern

---

1) Ein Beisp. früher Unterdrückung der Sinnlichkeit: Emmerich I 32. 2) Vgl. o. Kap. XXII S. 202 ff. und weiter u. 3) zB. Loewenfeld, Sexualleben u. Nervenleiden, 3. Aufl. (1903); Verga, ref. in AZP XXVII 93ff. 4) zB. Binswanger 64. Krafft-Ebing (Üb. Neurosen... durch sex. Abstinenz, in Jahrb. f. Psychiatrie VIII) betont den Verzicht auf die ethischen Genüsse des Familienlebens. 5) H. Petitot, Pascal (Par. 1911) 29. 45. 50. 6) Eine interess. Beob. 'mediumistischer' Lösung e. unglücklichen Liebe — also von Umgehung 'krankhafter' Symptome durch Automatismen (natürl. im Namen des Geliebten) s. Podmore, Spir. II 312f. 7) Die Darstellung (nicht die Deutung) bei Hügel 103—5.

hat die Wunde noch lange geblutet; ... jetzt aber blicke ich auf dieses Leid aus großer Höhe herab und sage mir, daß es in mir dahin gewirkt hat, etwas sehr Großes herauszuarbeiten. Der Liebe beraubt, in die ich das Beste meiner Seele gelegt hatte, habe ich begreifen gelernt, was es heißt, nach der ewigen und einzigen sich selber treuen Liebe dürsten.'[1]

In solchen und ähnlichen Fällen liegt es natürlich nahe, in der Ausbildung des theomanischen Romans mit allen seinen geschlechtlichen Analogien einen hysterischen Ersatz für das zu kurz gekommene Triebleben zu erblicken. Es soll mit allem Nachdruck ausgesprochen werden: nichts hindert uns, einen freilich nur individual-psychologisch bestimmbaren Teil der Heiligenhysterie als Neurose vom psychanalytischen Typ zu deuten.

Aber wie viel von mystisch-religiösem Leben auch dem Erforscher profaner Psychosen auszuliefern sein mag: es bleibt ein bedeutsamer Rest, in welchem sich der Charakter des mystisch Liebenden von dem des sexuell Introvertierten unterscheidet und damit auf Komplexinhalte hindeutet, die von denen des letzteren durchaus verschieden sind. Obgleich ich zB., als das Bild des Erotomanischen umrissen wurde, unter den verfügbaren klinischen Schilderungen diejenigen auswählte, an denen eine Vergleichung am ehesten durchführbar erschien, so ist der Abstand von den besten mystischen Typen noch immer ein beträchtlicher. Abgesehen von einer noch gründlicheren Ablehnung des Offen-geschlechtlichen, als sie bei den Erotomanischen statthat, finden wir bei den typischen Vertretern der Gottesliebe meist keine Spur von den maßlosen Lächerlichkeiten, der geistigen Gestörtheit und Unzurechnungsfähigkeit, der Willensschwäche, der zudringlichen Albernheit so vieler Erotomanischer.[2] Äußerst selten auch ist bei jenen der bei Erotomanischen beobachtbare Ausgang im sog. erotischen Fieber, das zum schnellen Verfall und Tode des Kranken führt.[3] Ich entsinne mich eigentlich nur eines namenlosen Franziskaners im Konvente Ara Coeli, eines gewissen Br. Antonio, von dem S. Philipp Neri häufig erzählte, er habe immerzu ausgerufen: *Amore langueo*, ich schmachte vor Liebe, bis er, wirklich langsam hingezehrt, vor Liebe gestorben sei.[4]

Aber nicht nur in diesen Einzelheiten unterscheiden sich die Gottliebenden in allen typischen Fällen von Profan-Erotomanischen, sondern vor allem durch die enge innerliche Verknüpfung ihres Liebeslebens mit den besonderen Zielstrebigkeiten der mystischen Charaktergestaltung, mit dem, was man als die religiösen 'Werte' bezeichnen kann; und Wertstrebigkeit ist ja, wie oben ausgeführt, ein wesentliches Merkmal des höheren Liebeslebens. 'Ich erfreute mich, sagt Maria von S. Teresa, daß ich mich nach der Natur unfruchtbar gelassen um der Liebe dieses

1) Flournoy, M. M. 34. 2) Vgl. Bouchereau in H. Tukes Dict. 702; Laurent 138. 144f.; Esquirol, Des mal. ment. II 79f. (Don Quijote!) 3) S. zB. H. Tuke, in JMS III 359; Esquirol, aaO. 40. 4) Vgl. auch Rousselot 420 (Juan de Jesu-Maria).

fruchtbaren Gottes willen, damit ich desto fruchtbarer sei nach der Gnade.'[1] Was diese religiösen Werte der 'Gnade' letzten Endes seien, ist uns im augenblicklichen Stadium der Untersuchung noch keineswegs klar. Doch entsinnen wir uns, daß Gottesliebe immerhin nur ein Teil der mystischen Erfahrung ist, daß sie mit anderen typischen Erfahrungen aufs engste verbunden ist, von denen wir einstweilen nur die sog. 'Gegenwarts'-Erlebnisse und gewisse moralische Intuitionen der 'Heiligkeit Gottes' kennen lernten. Das ganze Ineinander dieser z. T. erst zu beschreibenden Erfahrungen ist es, was das Wertungsleben des Mystikers bestimmt; in diesem ganzen Komplex von Wertungen ist aber auch der Gottgeliebte ihm ein zielbewußter Führer. Wenn zB. die Heilige von Genua in einer inneren Ansprache die Versicherung erhält, 'mit der Liebe [zu Gott] werde sie immer gerade, lauter, leicht, sorgfältig, bereitwillig, erleuchtet, ohne Irrtum und ohne Führung oder Vermittlung eines Geschöpfes wandeln'; wenn sie in der Beleidigung des Geliebten 'eine so furchtbare und unerträgliche Sache' findet, daß sie jede andere Buße erbittet, um nur von jener verschont zu bleiben; wenn sie 'die ärgste und unaussprechlichste Pein darin findet, auch nur die geringste Sache oder die mindeste Widersetzlichkeit als ein Hindernis zwischen sich und den Geliebten treten zu lassen,[2] so liegt die Bedeutsamkeit solcher Erfahrung, die ja typisch für diejenige Zahlloser ist, eben darin, daß dieser glühend Geliebte die Verkörperung eines Ideals ist, dem sich der Fromme im Verlauf des mystischen Weges schrittweise nähert; und von diesem Ideal ist die möglichst umfassende und ichvergessene Liebe, die alle Persönlichkeitswerte der Innerlichkeit, der Loslösung aus Welt- und Sachverstrickung, der Reinheit von Sinnlichkeit und 'Leidenschaft' bei erhaltenem Feuer des Gefühls zu verwirklichen strebt, eben schließlich doch nur ein Teil, wie wir im Verlauf der Darstellung mehr und mehr begreifen werden. Aber eben die Annäherung an dieses Ideal erreicht der Heilige nicht zuletzt in jener mehr sensualistischen Form des mystischen Liebeslebens, in der er den Geliebten nahe und in sich zu fühlen meint und die ihn so oft der Beurteilung nach rein sexualistischen Grundsätzen der Neurosenlehre ausgesetzt hat. Wir wissen schon aus Früherem, wie oft die erste Erweckung zum geistlichen Leben mit einem mystischen Wonnerausch zusammenfällt.[3]

Die Berufung des Heiligen von Assisi, eines der namhaftesten aller Kirchen, ging ganz wesentlich in der Form einer 'Durchgießung mit göttlicher Süßigkeit' vor sich, die ihn alsbald 'ins Reich der unsichtbaren Dinge hinriß und alle weltlichen Werte ihm entwertete'.[4] Und Bogatzki, in der Stille des Landlebens über dem

---

1) Maria de S. Ter. 33f. 2) Lechner 63. 109. 110. 3) S. o. S. 27. 34. 228. 4) Tanta ... fuit dulcedine divina perfusus, ut affari non valens penitus de loco moveri non posset: 2 Cel. p. I c. III (Romae 1880 10). Ganz ähnl. 3 soc. c. III (Romae 1880 9). P. Sabatier in seinem bekannten 'Leben' des Heil. (engl. Übs. 22f.) verschweigt dies seltsamerweise ganz. — Affectio spiritualis ipsum ad invisibilia raptans, cuius virtute terrena omnia

Lesen von Scrivers 'Seelenschatz' (bei einer Predigt über die Freuden des heiligen Geistes) zum ersten Male 'plötzlich mit einer solchen überschwänglichen geistlichen Freude überschüttet, daß ich gleich auf meine Kniee hinfiel und mit Freudentränen den Herrn lobte und zu ihm betete', erhielt dadurch in seiner 'Seele ein rechtes Licht' und lernte 'den Unterschied einsehen, der da ist zwischen einem bloß moralischen, tugendhaften Leben und dem Gnadenwerke des heiligen Geistes oder solchen göttlichen Tugenden, die ... aus dem Glauben und aus der Freude des heiligen Geistes gewirkt werden'.[1] Ebenso verwahrt sich Kanne, der die 'unbeschreibliche Freude des himmelsüßen Hauches' bei seiner Erweckung erfuhr, ausdrücklich gegen dessen Auffassung als 'bloßen Empfindungsbeweises' der christlichen Religion; er habe mehr damit erlebt und verstanden 'aus eigener lebendiger Erfahrung', nämlich: was das 'neue' Leben und was der wiedergeborene Mensch sei; eine Liebe zu Christo, eine unerschütterliche Gewißheit und einen unvertilgbaren 'inneren Beweis', daß sein Erlöser lebe; und jedenfalls etwas, das 'höher als alle Vernunft' sei.[2]

Desgleichen bezeichnet jede neue Rauscherfahrung im Verlaufe des mystischen Weges eine Förderung in seinem Sinne: eine vermehrte Verjenseitigung nicht bloß, sondern auch Heiligung und Versenkung in Gott.

'O Herr, betet Mechthild von Magdeburg (1212—77), minne mich gewaltig und minne mich oft und lang; je öfter du mich minnst, um so reiner werde ich; ... je länger du mich minnst, um so heiliger werde ich auf Erden.' — 'Kommt [das Feuer der Liebe Gottes] von oben herab, schreibt S. Teresa, so verzehrt es gleichsam den alten Menschen mit allen seinen Mängeln, mit aller seiner Trägheit und mit all seinem Elende ... Die Seele wird in eine ganz andere verwandelt mit weit andern Begierden und mit großer Stärke. Sie scheint nicht mehr die zu sein, die sie zuvor gewesen ist, sondern sie fängt mit neuer Reinheit an, den Weg des Herrn zu wandeln ... [Nach den großen Verzückungsgnaden] nahmen meine Übel und Fehler ein Ende. Der Herr gab mir eine Stärke, mich davon loszureißen, und nun schadete es mir nichts mehr, wenn ich mich auch in Gelegenheiten und unter denen befand, die mich zuvor gewöhnlich verwirrten und zerstreuten.'[3]

Und wie der mystische Rausch anscheinend oft die sittliche Verjenseitigung 'bewirkt', so tritt er in andern Fällen anscheinend im unmittelbaren Gefolge einer entscheidenden Wendung nach innen auf.

So zB. bei Noyes, dem amerikanischen Perfektionisten. Nach einer für seine innere Stellungnahme entscheidenden Predigt in Anknüpfung an Römer 10, 7—10 empfängt er in der folgenden Nacht auf seinem Bette 'die Taufe, die er erwartete. Dreimal in rascher Folge ergoß sich ein gewaltiger Strom ewiger Liebe durch mein Herz, ... unaussprechliche Freude voll himmlicher Herrlichkeit erfüllte meine Seele; ... ich wußte, daß mein Herz rein sei.'[4]

---

nullius esse momenti, sed penitus frivola iudicavit: 2 Cel. aaO. Vgl. auch Rich. de St. Victor, De contempl. l. V c. 16, u. Scaramelli 364. 1) K. H. v. Bogatzky, Lebenslauf von ihm selbst beschrieben 29f. 2) Kanne I 294f. Ähnlich James, Varieties 190ff. (Bradley); Leuba, in AJRP VII 352 (U); Ratisbonne 126f.; Dyer 63. 3) S. Teresa I 382. 377. 185; vgl. 151. 166; V 114. 126; Guyon, Vie I 79f. 4) Noyes, Confessions 18; vgl. Phillips 434ff. (nach völliger innerer Beugung), und o. S. 22 über Mme Guyon.

Man würde also nicht den ganzen Zusammenhang erschöpfen mit dem naheliegenden Einwande, daß das mystische Wonneerlebnis lediglich Symptom eines krankhaften Zustandes sei, welcher sich in der Introversion des geschlechtlichen und Liebeslebens ausspreche. Ein Merkmal der Verinnerlichung und Verjenseitigung ist es unstreitig; aber es steht in organischer Wechselwirkung mit der Gesamtheit der Erscheinungen, welche die mystische Abkehr von der Welt, die Zukehr zur Welt des unterbewußten Lebens und die geistliche 'Wiedergeburt' andeuten und die in augenblicklich noch nicht völlig durchschaubarer Weise über die bloße Introversion der Sexualität offenbar hinausgehen. Aus der Einkehr in den 'Grund' (der Seele), in das ekstatische Leben der 'Gott'-Erfahrungen und -Intuitionen wächst jenes Wonneerlebnis hervor und 'bewirkt' seinerseits einen ruckhaften Fortschritt in jener Einkehr. So verbinden es zB. Zusammenhänge dieser Art mit dem Erlebnis der 'Gegenwart Gottes', einer der bemerkenswertesten Formen mystischer Erfahrung[1] und zugleich einer der am sichersten nicht sexual zu deutenden.

Aber auch die wahrnehmungsmäßig-dramatischen Ausgestaltungen des mystischen Liebeslebens, der in Automatismen oder Visionen sich verleiblichende Liebesroman der Gottesfreunde dient nicht bloß der verinnerlichten Erotik, sondern ebenso sehr der Förderung auf dem sittlich-praktischen Wege zum Ideal. Die Religiösen führen hier einen Typ der Ausnutzung unterbewußter Bildungen fort, den ja auch die profane Psychologie der Spaltungen vielfach belegt. Wir wissen, daß es meist gesonderte Seiten des Charakters sind, die sich in den 'Führern', den gehörten und gesehenen 'Schutzgeistern', den zur Ständigkeit und Selbständigkeit erblühten Ich-Automatismen der Somnambulen und Medien verkörpern.[2]

Eine 28jährige 'Hysterische' Solliers entwickelte 'in dem Maße, als sie ihre Hysterie überwand' (denn die geordnete Ausbildung der 'zweiten' Persönlichkeit rettet ja häufig vor dem verhältnismäßigen Chaos des hysterischen Zustandes), zwei 'Stimmen': die eine rechts vom Nacken, ihren 'Instinkt', die andere zur Linken, ihre 'Vernunft'; deren erste ihr 'stets das Nützlichste riet', ohne sie je zu täuschen, nach deren endlichem Schwinden sie nur die Augen zu schließen und 'in sich selbst — *au fond d'elle-même* — hinabzusteigen' brauchte, um zu einer 'durchdringenden' Beurteilung der Dinge zu gelangen und sich selbst gänzlich zu erfassen — *de se connaître au fond.*[3] — Nicht selten eben sind es ausgesprochen 'sittliche' Teilstrebungen, die sich so verkörpern. Eines der ehemals namhaften Subjekte aus der guten alten Zeit der Somnambulen, der Knabe Richard Arz, hatte sein 'schwarzes Männchen', das ihn 'warnte' und beispielsweise zwang, etwas 'Unschickliches, das in [seiner] Nähe geschah', zu 'überhören'. 'Ich müßte, sagte Richard, alles Unpassende, wenn es durch Zufall in meine Hände käme, ohne weiteres überschlagen, ohne daß ich selbst wüßte warum.' Diese Aussagen, fügt der Beobachter hinzu,

1) S. zB. die Bekenntnisse bei Pratt 248. 258. 2) Vgl. Flournoy, Des Indes 83f. 123f. und o. 63ff. 192. 3) Sollier, Autosc. 88ff. Ein noch weiter halluz. ausgebildeter Fall Pr X 196.

wurden durch die Tatsachen bestätigt, auch außerhalb des magnetischen Schlafes.[1] Noch merkwürdiger sind die Erfahrungen des von Prof. Perty geschilderten B., der von Kindheit an in visionärem Verkehr mit außerordentlichen Persönlichkeiten der Vergangenheit stand und dadurch einer sittlichen Erhebung und Läuterung teilhaftig zu werden meinte. Jesus erschien ihm dreimal nacheinander, allerdings 'im Traume, wunderbar klar und deutlich, und erfüllte mich mit solcher Liebe und unaussprechlicher Sehnsucht nach ihm, daß jene drei Visionen den größten Eindruck für mein ganzes Leben machten.' 'Ich liebte die ganze Welt und hätte für Freunde, die mich öfters schnöde behandelten, den Tod leiden können.' Eine ähnliche Rolle spielte bei ihm nachher u. a. die Gestalt Schillers, dessen 'unendlich seelenvolles Auge sein Innerstes durchdrang' und der ihm Ratschläge erteilte. 'Das Gefühl der Liebe zweier irdischen Wesen kann in keinen Vergleich gestellt werden mit jener hohen, immer nur wenige Sekunden währenden Begeisterung, die stets mit einem merkwürdig wirbelnden Gefühl nach oben, einem Zittern aller Fasern des Gehirnes schloß.' 'Nach diesen und anderen Visionen klassischer Persönlichkeiten, [die ihn lange begleiteten,] war sein ganzes Wesen gehoben, vieles Dunkle ihm klar geworden, er fühlte sich freier, reiner, edler.'[2] — Auch die psychiatrische Beobachtung liefert uns Fälle von systematisierter Führung, gelegentlich sogar mit inhaltlichen Anklängen an das innere Leben der Mystiker; wie etwa bei jenem verheirateten Studenten der Medizin, Henri B ..., einer etwas belasteten, 'medial' veranlagten Persönlichkeit: Dieser hatte eine allmähliche Veränderung in sich gefühlt, ein unerlaubtes Liebesverhältnis angeknüpft, er fing an im Kopfe eine Stimme zu hören, anscheinend die seines Freundes Albert D ..., die er hervorrufen konnte, wenn sie nicht von selbst kam; danach eine zweite, anscheinend einem andern Freunde zugehörige: beide berieten ihn in allen Lagen seines täglichen Lebens, wiederholten die Vorwürfe, die er sich zu machen hatte, mahnten ihn zur Sühne durch religiöse und okkulte Praktiken, zur Reinigung seiner Seele, zum Verlassen seines beschmutzten Leibes (tatsächlich glaubte er sich zuzeiten außerhalb seines Körpers zu befinden); allmählich traten zu den obigen Stimmen die seines verstorbenen Vaters, die des Heilandes, schließlich — sehr von ferne — die Gottes hinzu, deren Ermahnungen die gleichen waren. Er faßte einen Haß gegen seinen Körper, entwickelte eine übertriebene Frömmigkeit, beichtete, wobei er eine Vision hatte. Bald s a h er auch Geister, darunter den seines Vaters, Jesus Christus auf einer leuchtenden Wolke, usw. Gelegentlich verlangte er selbst nach einer Heilanstalt.[3]

Daß verwandte Leistungen auch dem automatischen Leben und seiner reifsten Ausgestaltung: dem halluzinatorischen Liebesroman bei Mystikern eigen sind, ist uns schon gelegentlich der Schilderung der religiösen Automatismen bekannt geworden, und sofern die dort gegebenen Beispiele ein deutliches Moment sittlicher und mystischer Führung aufweisen, würden sie auch in den gegenwärtigen Zusammenhang passen.[4] Sie ließen sich überdies leicht vermehren.

---

1) Bei du Prel, Mag. II 301. Vgl. die ins Gewissen redende Stimme bei Ludlow 208, und Prince 509ff. über 'Sally'. 2) Perty, Blicke 59f. Vgl. Staudenmaier in ANPh IX Heft 4; andere Beisp. PS XXXII 89; XXXIV 673. 3) AMP 1904 272—4. Vgl. den Fall bei Vallon und Marie in AN 1897 27f. 4) Vgl. o. Kap. VIII S. 82f. 85. 88. 91. 93ff.

Die schon mehrfach erwähnte Jungfrau Sophia, Jesu 'himmlisch Fleisch und Blut' oder des heiligen Geistes Leiblichkeit, 'die himmlische Jungfrau des inneren Menschen' — schenkt ihren Gläubigen zwar ein 'unbeschreibliches heiliges Umarmen, Küssen und Süßigkeit innerlich'.[1] Aber gerade mystische Wollust darf man bei ihr nicht allein suchen; das tun die 'Buhler und keine ernste Werber'; wer ins Ehebett will, muß erst 'alle Proben der sieben Siegel durchstehen und Schulrecht tun', 'Finsterniss, Creutz, Leid' auf sich nehmen, um erst in der 'gäntzlichen Verleugnung, von aller Creatur verlassen', der Sophia zu begegnen und von ihr in den ersten Stand nach dem innern Menschen gebracht zu werden. Denn diese 'brennende Liebe ändert alles'.[2]

Es wäre freilich verfehlt zu glauben, daß alles, was an solcher automatischer Führung in sog. religiöser Biographik berichtet wird, von der Art dieser idealmäßig-einheitlichen Zielstrebigkeit sei. Im Gegenteil, diese Berichte liefern in Menge auch Beispiele 'psychiatrischer' Prägung, und selbst die typisch-mystische Erfahrung Vieler zeigt sich durchsetzt von Führungserlebnissen, deren verworrene Sinn- und Zwecklosigkeit vom Standpunkt mystischer Ideale aus unüberbietbar erscheint. Die 'göttliche Führung' zeigt sich häufig, zumal auf frühen Stufen der Entwicklung, nicht nur beständig aussetzend, sondern auch unzuverlässig, widerspruchsvoll und gleichsam ratlos.

Radajew zB., in vielem ein echter Schüler der Guyonschen Vergottungslehren und ein beständiger und eindringlicher Lehrer der Enthaltsamkeit, soll doch zuweilen unmittelbar nach Reden über diese Tugend sich an ein Mädchen gewandt haben: Nicht ich, sondern der Heilige Geist befiehlt dir, mit mir zu gehen; worauf ihm diese blindlings zu Willen war. Zu 13 Frauen und Mädchen soll er so in geschlechtlichen Beziehungen gestanden haben. Vor Gericht bedauerte er selbst die Nichtübereinstimmung solcher Taten mit dem geschriebenen Gesetz. 'Wir trauern darüber, daß unsre Taten verführerisch sind. Was sollen wir aber tun? Wir haben keinen eigenen Willen. Die in mir wirkende Kraft gibt keine Ruhe Tag und Nacht, führt mich hierhin und dorthin, läßt mich weder essen, noch trinken, noch gehen, wie ich will.' Andere dürften nicht tun, was er und seinesgleichen auf Gottes unwiderstehlichen Befehl täten. Die abscheulichste Tat Gottes aber sei millionenmal besser, als die beste Reinheit der Menschen.[3]

Einige Quäker, dem 'innern Lichte' folgend, schlugen ihre Mutter tot, weil jenes ihnen befahl, das Original der Sünde zu töten, wofür sie ihre Mutter hielten.[4] Und ähnliche scheinbar ursachlose Morde Nächststehender kamen bei den Wiedertäufern mehrfach vor, immer mit der Entschuldigung: es war der Wille meines himmlischen Vaters.[5]

Auch aus Kreisen der Sufî kommen uns ähnliche Bekenntnisse. 'Miss nicht die Seele eines Menschen, die mit Gottes Lichte brennt, mit Sitte und Brauch an-

---

1) Gichtel, Theos. I 395. 529; II 1030; III 2153; V 3409; vgl. VI 1799. 1801. 2) Das. III 2393; VI 1708; IV 2721; I 529. 3) Grass 222 ff.; ähnlich Jacoby in AAC XVIII (1903) 776; Davenport 122. 4) Bei Ideler I 318. 5) Kreyher I 79; anderes bei Corrodi III 185f.

derer Leute! Redet er Sünde, so nenne ihn doch nicht einen Sünder! Mordet er, so ziehe du doch nicht dein Schwert! Denn seine Sünde geht über alle Tugenden.'[1]

Im Westen ist die Anklage des automatistischen Libertinismus (wenn ich so sagen soll) am schärfsten gegen jene Gemeinschaften erhoben worden, die man zusammenfassend als 'Brüder vom freien Geist' bezeichnen könnte und in deren Reihen wir Begharden und Beghinen, Lollarden, Adamiten, Picarden, Amalricaner, Turlupiner u. a. beisammen finden. Aber die widerspruchsvolle Natur der Berichte, aus denen die entstellende und unterschiebende Wut von Pfaffen und Pfründnern gegenüber höherer Ursprünglichkeit und Echtheit sich deutlich heraushören läßt, erschwert eine Unterscheidung, in welchem Verhältnis sich hier mystisch Vergottete und wirklich Fromme etwa mit Anarchisten des Charakters und mißverstehenden oder berechnenden Mitläufern zusammengefunden haben mögen.[2]

Solchen Erscheinungen gegenüber gibt es nur zwei Auswege des Denkens. Entweder müssen wir zugeben, daß das mystische Ideal in praktischer Hinsicht nicht in dem Maße der Liebesethik verschrieben sei, wie die bisherige Darstellung annehmen läßt; daß ein gewisses Jenseits von Gut und Böse in seinen Tiefen verborgen schlummere.[3] Oder wir müssen annehmen, daß diese Widersprüche das Merkmal einer noch unvollständigen Ausbildung des Ideals in dem Einzelnen sind, einer mangelhaften Vereinheitlichung der führenden Seelentiefe, die dem Ich, der 'Natur', dem 'alten Menschen' noch einen namhaften Spielraum belassen hat. Dieses ist in der Tat die Deutung, die den Klassikern der Mystik selbst sich meist empfohlen hat. Tauler zB., der bekanntlich heftig gegen die 'freien Geister' gestritten hat, meinte, sie 'stehen in ihrem natürlichen Licht und flattern herum und haben keinen Durchbruch getan durch das hochwürdige Leben unseres lieben Herren Jesu Christi, und haben ihre Natur nicht durchbrochen mit Übungen der Tugenden, und sind nicht gegangen durch den Weg der wahren Liebe'.[4] Das Unterbewußtsein, das ja auch Quelle aller 'Führung' ist, stellt eben — wie wir im Laufe der Untersuchung mehr und mehr begreifen werden — tatsächlich eine Mannigfaltigkeit von sehr verschiedener Art und Herkunft dar. Wir sind schon einmal darauf gestoßen, daß gerade unsere Deutung der Heiligenhysterie ihm zum mindesten eine doppelte Rolle zuschreiben muß. Teils keimt das mystische Ideal selbst in jenen Tiefen, und es ist uns bisher noch keineswegs gelungen, dieses Keimen restlos als Wirkung von Absenkern 'bewußter' Triebe zu begreifen. Anderseits wirken diese Ideale, nachdem sie schon ins Bewußtsein getreten, als Ursachen der Verdrängung ins Unterbewußte hinab, und es steht ohne weiteres zu erwarten, daß diese verdrängten, unter Druck gesetzten Inhalte sich rächen werden, indem sie als hyste-

---

1) Edv. Lehmann, Die Mystik im Heid. und Christentum (Berl. u. Lpz. 1918) 31. Vgl. Ethé, Morgenl. Stud. 119 und o. S. 42. 2) Vgl. zB. A. Jundt, Hist. du panthéisme pop. au moyen age ... 109; Preger III 134; Moll, Holländ. Kirchengesch. II 423. 3) Erst in einem späteren Teil des Werkes zu erörtern. 4) Pred. 100b, bei Preger III 135; vgl. Pred. 118, das. 228.

rische Symptome oder störende, idealfeindliche Triebhandlungen wieder an die Oberfläche treten. Ein doppelter Ursprung der Heiligenhysterie wäre danach anzunehmen: das Unterbewußtsein — nach jeder tiefergreifenden Theorie von beherrschender Bedeutung in aller Hysterie — wäre nicht nur das gediegene Fundament eines seltsam zerrissenen Oberbaues, sondern auch der Verbrecherkeller, in welchem die gefährlichsten Explosivstoffe gelagert sind.

Die Mystiker haben dies stets gewußt, und keiner hat allen 'Einsprachen' von dorther gleichen Wert zugeschrieben. Einige, meint zB. Gichtel, kommen vom *spiritus mundi*. 'Was mit Furcht, Schrecken, Pein, Drohungen ankommt, ist suspect und kommt aus dem Zorn, welches ich allezeit verfluchet und mich nur an die Liebe gehalten habe.'[1] Bei halbwegs 'vergotteten' Naturen ist die einzige Entschuldigung für solche Einbrüche des Feindes, daß sie doch vergleichsweise weit mehr an der seelischen Oberfläche oder Außenseite verlaufen, ohne die innerste Natur noch zu berühren; und es mag daher einigermaßen verständlich erscheinen, wenn zB. Radajew es als Beweis für die Göttlichkeit selbst seiner bedenklichsten Taten ansah, daß er durch sie nicht von der 'Gnade' entblößt würde; daß sie weder Fühllosigkeit noch Verstockung noch Grausamkeit in seinem Herzen entstehen ließen, vielmehr Liebe zu Gott und Demut, Glauben und Sanftmut und Gebet, mit ungewöhnlicher Freude und Süßigkeit.[2] Auf alle Fälle bleibt es das Ideal des Mystikers, durchgängig geführt sein zu können, ohne mit seinem innersten Ideal in Widerspruch zu geraten. Ja was den Vollendeten vom Anfänger oder Irregegangenen unterscheidet, ist eben die Einheitlichkeit und tiefpersönlich empfundene Vertrauenswürdigkeit des fremden Komplexes, womit 'der Herr einen jeden führt, wie er sieht, daß es ihm notwendig ist',[3] und zu diesem Behuf selbst bewußtem Meinen, Erwarten, Hoffen und Wünschen des Ich widerspricht und als eine selbst in praktischen Dingen eigene Wege wandelnde Macht dasteht.[4]

Daß die Leistungen dieses selbständigen und zielbewußten Führungskomplexes sich in erster Linie auf das geistliche Leben und Fortkommen des Geführten richten (wie in der Mehrzahl der obigen Beispiele), ist natürlich und uns bereits bekannt; nicht minder aber jene praktische Schlagfertigkeit des Automatismus auch in allen jenen Einzelfragen, die in den äußeren Bezirken des Heiligenlebens innerhalb der Welt entstehen.[5] Hierauf beruht ja ganz besonders die befriedende Wirkung des vollen Geführtseins, indem — nach den Worten eines Kenners[6] — die göttliche Führung den Frommen wissen läßt, was er zu wissen braucht, und nicht wissen,

1) Gichtel, Theos. I 529; vgl. 424. 2) Grass 223. 3) S. Teresa IV 171 (Mor. VI c. 8). Bis zum täglichen, alles umfassenden Erlebnis bei E. Roberts (Bois 464). 4) S. zB. de Cort 186; S. Teresa I 232 (c. 26); Chasle 341; bei 'Somnambulen': zB. du Prel, Ph. d. M. 428. 5) Vgl. o. 85. 92. 6) S. Jean III 9f. (Sub. l. III c. I).

was ihm nicht zu wissen gut ist; sich erinnern an das, was zu erinnern ihm nottut, und vergessen, was er vergessen soll; und so alle seine Werke mit dem Siegel der vollkommenen Vernünftigkeit und Angemessenheit versieht.

Von S. Katharina von Genua heißt es mit Bezug auf die Zeit ihrer schweren Arbeit als Vorsteherin des Spitales Pammatone: 'Sie verzichtete auf das Denken, wußte aber dennoch immer, was zu tun und zu handeln war ... War eine Sache getan, so war das Andenken daran erloschen ... Ohne denken zu wollen, dachte sie doch immer das Richtige, ... ohne ihr Gedächtnis anzustrengen, fiel ihr augenblicklich ein, wessen sie bedurfte.'[1] Und ähnlich berichtet Anne-Madeleine Remuzat in Marseilles über die letzte Zeit ihres Lebens, da sie der Wirtschaft ihres Klosters vorstand: 'Ich finde, daß jede Pflicht sich erfüllt. Der Geist Gottes unterrichtet mich betreffs aller meiner Pflichten und läßt mich sie erfüllen in einem Maß der Vollkommenheit, das jede Befürchtung überflüssig macht ... Diese Erfahrung bewirkt, daß ich fast alles selbst besorge, oder, richtiger gesagt, von dem Beistand Gottes besorgen lasse, ohne irgend jemand sonst heranzuziehen.'[2] Alles gelingt: das ist die freudige Entdeckung der Frau Guyon auf ihrer letzten Entwicklungsstufe. 'Ich wußte, ich verstand, ich konnte alles, und ich wußte nicht, wo ich diesen Geist und dieses Wissen hergenommen, diesen Verstand, diese Kraft, diese Leichtigkeit.' Denen, die sie beobachten, scheint sie *un esprit prodigieux* zu haben; aber sie selbst empfindet dies als Ruhen in Gottes Hand.[3]

Die vorstehenden Ausführungen bahnen nun schon eine weniger einseitige Auffassung der Heiligenhysterie an, als sie die rein sexualistische Theorie gestattet. Wir betrachten die Seele des Mystikers als den Kampfplatz mehrerer Triebkräfte, — wenn man so will: mehrerer Formen der Libido (in erweiterter Fassung), mehrerer Richtungen des 'Lebensdrangs oder Lebenswillens', die wir indessen sehr weit entfernt sind, durchweg als Auswirkungen des Geschlechtstriebes anzusehen, und von denen der eigentlich mystische Trieb, der ausschlaggebende 'religiöse Komplex', noch durchaus seiner abschließenden Inhaltsbestimmung harrt. Hiermit ist, wie ich bereits hervorhob, eine Beteiligung des verdrängten Geschlechtstriebes an der Zerklüftung der mystischen Seele keineswegs ausgeschlossen, sondern im Gegenteil nachdrücklich gefordert. Diese Seite unserer Erwägungen können wir jetzt mit etwa folgenden zusammenfassenden Gedanken zum Abschluß bringen:

Wie jede geistige Bestrebung, auch jede Art der höheren Liebe, so sind natürlich auch die 'religiösen' Strebungen in den Zusammenhang des einheitlichen Menschenwesens eingeordnet, worin jede Kraft auf jede andre sich stützt, jede Einstellung verwandte Einstellungen stärkt oder ausnützt, jede Erregung in allen organisatorisch 'benachbarten' oder 'befreundeten' Gebieten ihren Widerhall wachruft, oder selbst auf feindliche und störende überspringt. Nach dem schon oben umschriebenen Grundsatz der Span-

---

1) Lechner 106f. 2) Remuzat 361. 363. 365; vgl. Maria de S. Ter. 66; Chasle 327; Rogers 45. 51. 3) Vie II 23; vgl. 240f.

nungsökonomie unterdrückt der Mystiker jede Verausgabung von Kraft auf äußerlich-sexualem Wege, um sie restlos verfügbar zu halten für das 'innere Werk', das ihm am Herzen liegt: den Ausbau eines neuartig gerichteten Ich. 'Kraft wird erlangt durch Befestigung der Enthaltsamkeit', sagt die Jahrtausende alte Yoga-Sutra des Patanjali.[1] So benutzt im Grunde jede 'höhere' Leistung des Menschen jene Gewalt der Spannung, die nach ihrer äußerlichsten und (letzten Endes) unfruchtbarsten Form im Geschlechtsrausch erlebt wird, die aber auch in ihrer höchsten Verwertung immer noch den gleichen glühenden Dunstkreis unter sich fühlt und in der Ausbreitung über den ganzen Menschen tatsächlich immer in seelischer Nähe der geschlechtlichen Entladung bleibt. Wir empfinden den Unterschied 'kühler' und 'glühender' Leistung in jedem einzelnen Falle sehr deutlich, wie auch den Unterschied kühler und glühender Verhältnisse zwischen Menschen, der vielfach mit dem Unterschiede geringerer oder größerer 'Nähe' des geschlechtlichen Ausbruchs zusammenfallen wird. Auch das Verhältnis zu dem geglaubten und unter Umständen 'wahrgenommenen' göttlichen Freunde oder Geliebten, in welchem das ganze mystische Streben sich zusammenfaßt und verkörpert, — auch das Verhältnis zum Gotte wird und darf seine Glut und darum Arbeitsspannkraft zum Teil daher ziehen, daß es jede Erregungsfähigkeit des Organismus in seine Strömung hineinzureißen sucht. In den meisten Fällen wird dann die Geschlechtlichkeit im engern Sinne verschwunden sein, sich soz. in gelöstem Zustande befinden, oder — ein anderes Bild zu gebrauchen — wie dunkle Strahlung, als Hitze spürbar, mitschwingen. Dies ist das typische und — wenn mich nicht alles trügt — für das mystische Gelingen auch günstigste Verhältnis.

In einem zweiten Verhältnis ist offen-geschlechtliche Tätigkeit erhalten, aber — wenn ich recht sehe — zum Vorteil weder des Geschlechtslebens noch des mystischen Aufschwungs: denn dieser büßt an Geschlossenheit und Nachhaltigkeit ein, jenes an eigentlicher, tieferer Lust.[2] — Das dritte beobachtbare Verhältnis zur Geschlechtlichkeit unterscheidet sich von beiden bezeichneten insofern, als es sich unwillkürlich, ja gegen den Willen des Mystikers herstellt: es entsteht durch den eigenmächtigen Übergriff der Erregung auf geschlechtliche Bahnen. Denn der 'Weg nach unten' bleibt auch beim Mystiker fast immer gangbar, und er steht um so weiter offen, je erregbarer und hemmungsfreier der Einzelne veranlagt ist.[3] Dies kann so weit gehen, daß gleichzeitig mit einer geistlichen Erhebung — wenn man so will: einer Erregung der 'höheren Zentren' — die niederen, sich selbst überlassen, aber miterregt durch jene 'höhere' Erregung, sich in ihren charakteristischen Leistungen ergehen, die jenen höheren ja minde-

1) K. II sl. 38. 2) Vgl. zB. O. Pfister, Die Frömmigkeit des Gr. L. v. Zinzendorf (Lpz. u. Wien 1910) 107. 3) Vgl. die scharfsichtigen Ausführungen über die Wirkungen einer complexion délicate et tendre (faiblesse naturelle) und von Kontrastsuggestionen der Furcht vor solchen Rückschlägen bei S. Jean III 257ff. (N. O. I, 4).

stens 'haltungsverwandt' sind.[1] Aber nach dem oben Gesagten werden wir hierin einen Beweis für die 'geschlechtliche Natur' der mystischen Leistung nun endgültig nicht mehr zu sehen brauchen, so wenig als wir in der Derivation einer mißlungenen logischen Anspannung auf das Geschlechtsgebiet bei einem Psychastheniker[2] einen Beweis für die geschlechtliche Natur zB. mathematischen Denkens finden können. Das Geschlecht ist von Natur das gespannteste Teilgebiet und daher innerhalb eines einheitlichen Lebenszusammenhanges[3] dazu vorbestimmt, von jeder nicht festumzäunten Erregung in Mitleidenschaft gezogen zu werden.[4] Der Mystiker faßt diese Erscheinungen ganz richtig gleichsam als Randvorgänge, als Grenzstörungen auf, die nicht sonderlich zu beunruhigen brauchen. Durch Askese hat er ihnen das Wasser abzugraben gesucht, meist ohne ihr wirkliches Absterben erreichen zu können. So empfiehlt er denn ihnen gegenüber in erster Linie Passivität, innere Nichtbeteiligung und Nichtbeachtung, d. h. Unterstützung der 'Äußerlichkeit' der Vorgänge.[5] Im übrigen ist es nach mystischer Erfahrung der Zweck der Dürre, diese abwärtsführenden Kanäle auszudörren und damit die 'Gefährlichkeit' der religiösen Erhebungen in der Vergottung aufzuheben. S. Johann vom Kreuze behauptet, daß nach dem Durchschreiten der 'zweiten Nacht' jene 'nicht rein geistlichen Gnadenbezeigungen aufhören, die zuweilen bis zum Ausrenken der Glieder gehen' und die wir vielleicht als Analogien des Geschlechtsaktes auffassen dürfen; bei den vollkommenen Seelen, sagt der Heilige, die der 'Freiheit des Geistes genießen', treten diese nicht mehr ein.[6]

Wie aber hiermit die Geschlechtlichkeit in der Inhaltsbestimmung des religiösen Komplexes an eine untergeordnete Stelle verwiesen wird, so können wir nun auch nicht länger in ihr die einzige, und vielleicht nicht einmal die hauptsächliche — wenigstens in den besten Fällen nicht einmal hauptsächliche — Quelle der religiösen Hysterie erblicken, wieviel auch immer eine Individualpsychologie von Mystikern uns veranlassen mag ihr zuzurechnen. Und hier sei denn abschließend darauf hingewiesen, daß tatsächlich Hemmungen des geschlechtlichen Sichauslebens, wie sie oben angedeutet wurden, keineswegs mit Regelmäßigkeit im Leben der Mystiker nachzuweisen sind; wie die ausschließliche Wirksamkeit solcher Hemmungen sich überhaupt niemals streng erweisen läßt, vielmehr immer mehr oder minder Voraussetzung bleiben muß. Das mystische Wachstum nimmt ja

---

1) Vgl. Calmeil II 352: 'unanständige' Haltungen einiger der Schwärmer von St. Médard während ihrer 'erbaulichen Reden' und 'rührenden Gebete'. Vgl. o. 225 (Rodr.) 2) Janet, Obs. I 561. 3) Vgl. den treffenden Ausdruck 'Teile eines und desselben Ganzen' bei S. Jean III 258f. 4) S. Beispiele bei v. Schrenck-Notzing, Die Suggestionstherapie bei krankh. Ersch. d. Geschlechtssinns (Stuttg. 1892) 166f.; Vaschide u. Vurpas in AAC XIX (1904) 370ff.; bei Gerüchen: Féré 438 (nach Mantegazza). 5) Molinos: et etiamsi sequantur pollutiones et actus obsceni propriis manibus et etiam pejora, non opus est seipsum inquietare (bei Montmorand in RPh Oct. 1903 384 Anm. 2). 6) S. Jean III 258 f. (N. O. I, 4): 330f. (II, 1): agitations du corps.

in der Regel durchaus nicht den Verlauf, daß ein dem Leben zudrängendes Wunschleben sich an gewissen Schranken bräche und dadurch in die innere Welt zurückgeworfen würde; vielmehr besteht fast stets von vornherein ein 'Zug' zu 'inneren' Zuständen, ein Drang und Instinkt der Abkehr von der Welt und ihren Freuden, denen man nur zeitweise oder gelegentlich erliegt, um immer wieder der beherrschenden Stimme zu folgen. 'Ich fühlte mich', sagt Marguerite-Marie Alacoque in ihrer Selbstbiographie, 'so heftig vom inneren Gebete angezogen, daß ich sehr unter meiner Unwissenheit litt, wie es zu betreiben sei, und der Unfähigkeit, dies zu erfahren ... Mein erhabener Meister selbst lehrte mich dann, wie ich es seinem Wunsch gemäß ausüben sollte.' Wieviel auch hagiologischer Übertreibung zugeschoben werden mag, die Tatsache bleibt wahrscheinlich, daß zahllose spätere Heilige schon in der frühesten Lebensperiode einen solchen außerordentlichen Hang zu inneren Zuständen, zum Gebet, zur Meditation und Kontemplation, zur Liebe idealer Gestalten u. ä. an den Tag legen.

Vianney soll schon mit 3 Jahren an den Andachtsübungen des Hauses teilgenommen haben. Die Muttergottes, sagte er später, habe ich geliebt, bevor ich sie gekannt habe; dies ist meine älteste Liebe. Als Kind schon predigte er und pflegte Wohltätigkeit.[1] Magdalena von Pazzi soll mit 7 Jahren das innerliche Gebet geübt haben, 'ohne einigen Lehrmeister', und kasteite sich trotz Verbotes schon als Kind.[2] Und die gleiche beispiellos frühe fromme Abkehr von der Welt in Selbstverleugnung und Freigebigkeit der Liebe und des Mitleids, in Askese und Ekstatik wird von zahllosen Andern berichtet.

Tritt dann die Möglichkeit wirklichen Geschlechtslebens an diese Inwendigen heran, erhalten sie einen Antrag, bieten die Eltern ihnen die Möglichkeit zur Ehe, so erfolgt augenblicklich die entschiedenste Ablehnung. Ein Widerstand beginnt, an dessen Kraft sich jede Lockung bricht.[3] Die Emmerich zB., die von Kindheit an nie eine Regung der Sinnlichkeit empfunden haben wollte,[4] fürchtete zeitweilig sogar, ihre Abneigung gegen den Ehestand entspränge der Furcht vor seinen Beschwerden, und bat daher Gott um Wegnahme ihres Widerwillens; aber 'da wuchs mein Verlangen noch mehr, in das Kloster zu gehen'. Ist also geschlechtliche Introversion ein typisches Merkmal der mystischen Seele, so wird diese Introversion jedenfalls in zahllosen Fällen nicht durch äußere Hemmnisse geschlechtlicher Betätigung angeregt, sondern wächst von innen aus der eigentümlichen Veranlagung des Individuums hervor.

Nun wird allerdings selbst die einseitigste neurologische Deutung hierin keinen stichhaltigen Einwand gegen ihre Grundsätze erblicken. Entweder wird sie die innere Ablehnung der Geschlechtsbetätigung auf äußere Hem-

1) Vianney 3f. 8f. 2) David 24. 58. 3) S. zB. Bougaud 85; Fox, Autob. 3, und sehr oft. 4) Emmerich I 32; II 12; I 89.

mungen zurückführen, die in eine soz. vorbiographische Zeit fallen: Erregungen kindlicher Geschlechtswünsche durch die Eltern oder sonst wen, die der Verdrängung unterliegen und damit jede spätere Anheftung der Begierde an wirkliche Personen verhindern, indem für den früh entzogenen Gegenstand eben ideale Gebilde sich einschieben.[1] Und dergleichen Annahmen sind natürlich durch Tatsachen nicht zu widerlegen, eben weil sie vor allem andern Annahmen zugunsten einer bestimmten Theorie sind, die freilich eben darum selbst erst des Beweises bedürfen.

Oder der Neurologe kann sich auch dieser Verpflichtung entziehen, indem er eine introvertierte Anlage als etwas von allem Anfang an Gegebenes voraussetzt. Wir müßten dann den Jenseitigen eine angeborene Verschrobenheit zuschreiben, die den Geschlechtstrieb schon in seiner Ausbildung den abnormen Weg nach innen nehmen ließe. Der Jenseitige wäre eben ein geborener Hysterischer und dies Wort seinerseits gleichbedeutend mit einer 'nach innen gekehrten' Natur überhaupt, in welcher die Verdrängung gar nicht nachweisbar wäre, weil sie gleichsam wie ein 'automatisch tätiger Mechanismus' vor sich ginge, in Form eines anscheinend 'passiven Verschwindens oder Heruntergezogenwerdens der Eindrücke'.[2] Freud, der 'jede Person, bei welcher ein Anlaß zur sexuellen Erregung überwiegend oder ausschließlich Unlustgefühle erregt, unbedenklich für eine Hysterika' hielt, auch ganz abgesehen von der Erzeugung körperlicher Symptome, bekennt nun freilich im Jahre 1895, daß er von der Aufklärung des Mechanismus dieser Affektverkehrung ('einer der bedeutsamsten, gleichzeitig einer der schwierigsten Aufgaben der Neurosenpsychologie') 'noch ein gut Stück Weges entfernt sei'.[3] Fünfzehn Jahre später, in der 2. Auflage seiner 'Drei Abhandlungen zur Sexualtheorie', führt er zwar die durch Erziehung aufgebauten seelischen Mächte des Ekels, des Schamgefühls, der moralischen und ästhetischen Vorstellungsmassen als die Hemmnisse auf, die dem Sexualtrieb 'in den Weg treten und gleichwie Dämme seine Richtung beengen'; fügt aber die bedeutsamen Worte hinzu: 'Man gewinnt beim Kulturkind den Eindruck, daß der Aufbau dieser Dämme ein Werk der Erziehung ist, und sicherlich tut die Erziehung viel dazu. In Wirklichkeit ist [aber] diese Entwicklung eine organisch bedingte und kann sich gelegentlich ganz ohne Mithilfe der Erziehung herstellen.' Die Erziehung 'zieht nur das organisch Vorgezeichnete nach'. Über das Wie dieser organischen Bedingtheit erfahren wir aber auch hier im Grunde nichts.[4]

Dabei ist aber dieser Begriff organisch bedingter Entwicklung in einer von der Geschlechtlichkeit abführenden Richtung augenscheinlich ein

1) Vianney 5 (muß die kleine Holzstatue der Muttergottes selbst nachts bei sich im Bette haben); vgl. der Emmerich 'Verlobung' mit d. 'Jüngsken' (dem Jesuskinde) I 85. 2) So Jung in JPPF V (I) 312. 3) Freud, Kl. Schrift. z. Neurosenlehre, 2. Folge 22. 4) aaO. 38. 39.

äußerst bedeutungsvoller und problemreicher. Er würde auch von jener uns zum Problem gewordenen angeborenen Introversion Rechenschaft ablegen; denn was eine organische 'Entwicklung' nach innen deutete, möchte wohl auch eine entsprechende organische 'Anlage' aufklären. Nur muß man sich darüber klar sein, daß dieser dringend aufklärungsbedürftige Begriff das Problem der religiösen Hysterie noch ungemindert enthält. Mit den Worten 'organische Anlage' oder 'Entwicklung' ist dies Problem etikettiert, seiner Lösung aber um keine Handbreit näher gebracht; genau so wenig wie durch den Begriff der Sublimierung. Und am Ende ist diese Dunkelheit des Hauptbegriffes der Neurosenpsychologie kein zufälliges Schicksal. Entsteht sie etwa daraus, daß die letzten Fragen (in die auch unsere Erörterung immer deutlicher hineinführen wird) nicht selbst in Angriff genommen werden: ich meine natürlich vor allem die Frage der psychophysischen Grundverhältnisse der Menschennatur auch in der Hysterie, des Zusammenhanges von Körper und Bewußtsein? Der Leser entsinnt sich der oben[1] angeführten Begriffsbestimmung der Hysterie durch Binswanger. Sie spielte mit dem Dualismus; aber sie schien nicht Ernst mit ihm zu machen. Doch ließ sie immerhin fühlen, wie unausbleiblich die Lehre von der Hysterie mit ihrem Gemisch bald physiologischer, bald psychologischer Hilfskonstruktionen in die metaphysische Anthropologie hineingerät.

Soweit indessen sind wir noch nicht. Ich habe hier mit diesen Gedanken nur in vorläufiger Form den Weg frei machen wollen für den Hinweis, daß schon innerhalb einer banalen Psychologie der seelischen Gespaltenheit noch eine andere Deutung der religiösen Hysterie sich uns anbietet, als die sexualistische; so viel auch diese Deutung, gleich den vorher versuchten, zur Gesamtlösung des Rätsels beitragen mag. Der Unterschied jener Deutung von der sexualistischen wird hauptsächlich darauf beruhen, daß sie den Ursprung der Kraft, welche das seelische Gefüge auseinandersprengt, anstatt an die 'Peripherie' (nämlich in organische Spannungen), ins 'Zentrum', nämlich in soz. spontane seelische Neubildungen verlegt. Ich glaube, daß der Verlauf der Untersuchung zunehmend die Berechtigung enthüllen wird, mit dem Gedanken einer spontanen, rein psychogenen Hysterie Ernst zu machen, so zweifelhaft seine Anregung hier auch noch erscheinen mag. Bildlich gesprochen, wäre damit der Ursprung der hysterischen Zerklüftung statt an das 'untere', an das 'obere' Ende der Stufenreihe menschlicher Triebe verlegt; er bestände, anstatt in einem Schub oder Druck von jenem untern Ende des psychophysischen Kraftwerkes her, vielmehr gewissermaßen in einer Ansaugung von seinem obern Ende her. Wie weit dann diese Binnenbildungen und spontanen Innerlichkeiten bei ihrer Krankheitsetzung mit einer angeboren schadhaften

1) S. 137.

oder durch Lebenseinflüsse (wie Askese!) geschädigten Anlage des Einzelnen zu rechnen hätten, wäre eine Frage zweiter Hand.[1]

Es ist beachtenswert, daß die klinische Hysterieforschung selbst gelegentlich solchen Gesichtspunkten wenigstens nahegekommen ist.

Schon Briquet hatte andeutungsreich darauf verwiesen, daß 'die Hysterischen imstande seien, durch die Erregung der Anfälle ein Höchstmaß geistiger Kraft zu erreichen, wie sie in den Krämpfen ein Höchstmaß von Muskelkraft erzielen können'. Deutlicher spricht Hirschlaff von Fällen, in denen die Hysterie dadurch zustandegekommen war, 'daß die Betreffenden nach zu hohen und an sich unerreichbaren Zielen, sei es materieller, intellektueller oder ethischer Vollkommenheit strebten, in diesem Streben scheiterten und nunmehr — halb-willkürlich — hysterisch wurden, ohne daß eine besondere Entartung der Individuen als Disposition zugrunde lag'[2]; wer aber nährt ein höhergreifendes Trachten, wer reckt sich glühender schier übermenschlichen Zielen zu, als der Heilige? In ähnlichem Sinne hatte sich schon Breuer, der frühere Mitarbeiter Freuds, geäußert: 'Im vollen Gegensatz zu Janets Ansicht meine ich, in sehr vielen Fällen liege der [hysterischen] Disaggregation eine psychische Überleistung zugrunde, die habituelle Koexistenz zweier heterogenen Vorstellungsreihen... Sie geht in Spaltung über, wenn die beiden koexistierenden Vorstellungsreihen nicht mehr gleichartigen Inhalt haben.'[3] Dieser Ansicht entsprach bei ihm die Beobachtung, 'daß man unter den Hysterischen die geistig klarsten, willensstärksten, charaktervollsten und kritischesten Menschen finden kann, ... daß Hysterie schwerster Form mit der reichhaltigsten und originellsten Begabung vereinbar ist; ... [ja] daß die Hysterie auch tadellose Charakterentwicklung und zielbewußte Lebensführung nicht ausschließt.'[4] Breuer weigerte sich deshalb sogar, die Hysterischen ohne weiteres als Degenerierte zu bezeichnen, was die Bedeutung dieses Wortes bis zur Unkenntlichkeit entstellen hieße; vielmehr unterschied er zwischen Disponierten und Degenerierten; 'sonst wird man sich zum Zugeständnis gezwungen sehen, daß die Menschheit einen guten Teil ihrer großen Errungenschaften den Anstrengungen degenerierter Individuen verdanke'.[5] Ja innerhalb der Freudschen Schule selber sprach Dr. Otto Grosz von einem 'Typus bestimmter Neurosenentwicklung gerade bei den Individuen von unverlierbarer Eigenart, die von der frühesten Kindheit an für Suggestionen unzugänglich sind und nie von irgendeinem äußeren Einfluß in ihrem innersten Wesen verändert werden. Die ganze psychische Entwicklung dieser Naturen ist typisch bestimmt; da ihre Individualität von der Erziehung niemals zum Verschwinden gebracht und durch die fremden Elemente ersetzt werden kann, so bleiben alle überhaupt von außen her eingedrungenen Motive in stetem Kontrast mit den eigenen und deshalb auch für immer mit dem Charakter von psychischen Fremdkörpern bestehen und wirken als Erreger unlösbarer Konflikte.'[6]

Was allen diesen Ausführungen gemeinsam eignet, ist offenbar die Setzung des seelischen Zwiespalts durch einen primären Bestand an inneren Strebungen, sagen wir: Idealen, dem die Gesamtnatur des Ein-

---

1) Erschöpfende Einflüsse spielen auch in der modernen Ätiologie der Hysterie eine Rolle. 2) In ZH VIII 335. 3) Breuer u. Freud 205. 4) Das. 10. 88; vgl. 141. 211, und oben S. 176. 5) Das. 89. 6) Die Zukunft LXV 79 (Sperrungen von mir).

zelnen sich nicht ohne weiteres anzupassen und einzufügen vermag. Unter diesen feindlichen Bestandstücken der Natur, die der Bekämpfung von innen her unterliegen, könnte dann im Falle des Mystikers immer noch der Geschlechtstrieb — als stärkster Anreiz zur Verweltlichung, Versinnlichung und Verichung — an erster Stelle stehen und nunmehr durch seine von 'oben' her geforderte Verdrängung seinerseits zu einer sekundären Quelle hysterischer Bildungen (nach psychanalytischen Grundsätzen) werden.[1] Gleichwohl brauchen wir hiernach nicht in ihm die einzige Grundlage hysterischer Konflikte zu suchen.

Eine andere mindestens wird auch durch die Bekenntnisse der Mystischen immer wieder nahegelegt: sie ist eben dann gegeben, wenn einem bereits stark entwickelten Eigenleben des mystischen Komplexes (in einstweilen noch unterbewußter und also automatistischer Lagerung) das 'persönliche' Meinen und Wollen sich hindernd oder widersprechend in den Weg stellt, sich gewissermaßen auf persönliche Leistungen versteift, während das Anwacnsen des Komplexes es bereits zur Entkräftung verurteilt.

Es ist zB. ein typischer Vorgang des Heiligenlebens, daß Widerstand gegen 'göttliche' Befehle, d. h. gegen Eingebungen des Komplexes, zunächst zu verstärkter Wiederholung der führenden Anweisung, bei Fortsetzung des Widerstandes aber zu Krankheit und Leiden führt.[2]

So verfiel S. Hildegard in 'heftige Krankheit', als sie sich dem Befehl 'einer Stimme in ihr' zur Aufzeichnung ihrer Gesichte widersetzte; und als sie der inneren Weisung, einen Teil ihrer Nonnen aus dem überfüllten Kloster auswandern zu lassen, widerstand, wurde sie mit zeitweiliger 'Blindheit' geschlagen.[3] Die sel. Coleta wurde vorübergehend stumm und blind, als sie dem 'Befehl' zu ihrer Reform der Clarissinnen nicht gleich entsprach.[4] Bei Rulman Merswin, dem 'Gottesfreunde aus dem Oberlande', trat in ähnlichem Falle schließlich Lähmung ein. — Auch aus dem Leben der Mme Guyon ließe sich eine Reihe ähnlicher Fälle anführen: Fühlt sie sich gedrungen zu schreiben und widersteht — vor 'Fülle' berstend, und doch ohne jede Vorstellung des Inhalts —, so wird sie krank, mit Stummheit geschlagen; spricht sie nicht aus, was in ihr liegt, so 'züchtigt sie der Herr mit äußerster Strenge'; er verwundet sie 'bis auf den Tod' bei dem geringsten Widerstand gegen seine Eingebungen.[5] — Ähnlich bekennt Jakob Boehme, daß seine 'Seele sich ängstet, als wäre sie vom Teufel gefangen ... und als sollte der Leib zugrunde gehen', wenn er 'dem Bauche nachdenkt und sich entschließt, das Vorhaben des Niederschreibens zu unterlassen'.[6] — Und wie der Widerstand des 'Bewußtseins' gegen eine unterbewußte Leistung, so kann auch bloßes Sichversteifen auf 'persönliches' Handeln überhaupt zu Leiden führen, nachdem einmal die seelische Entwicklung dem automatistischen Komplex die führende Rolle zugeschoben hat; denn im Grunde ist ja auch dies nichts anderes, als ein allgemeiner Widerstand gegen allgemeine Ziele der innern Entwicklung. Mme Guyons scharfes Auge hat auch diesen

---

1) Vgl. auch o. S. 161 und u. K. LXXVIII. 2) Vgl. auch o. S. 159 f. 3) Görres I 287 f.; Hildegard 4; vgl. 46. 59. 97. 4) Görres I 451. 5) Vie II 118. 122 f.; III 8. 6) Boehmes Werke, hrsg. v. K. W. Schiebler, 2. Aufl., II 290. Vgl. Kingsford I 306.

Vorgang an ihrem Innenleben aufgespürt. Sie fand sich 'seltsamen Leiden' preisgegeben, die sich zu 'Höllenqualen' steigerten, als sie auf ihre Worte übermäßig achtgeben, mit 'Sorgfalt' reden wollte, nachdem ein völlig zur Selbständigkeit gediehener Automatismus ihr bereits alle persönliche Verantwortlichkeit abgenommen hatte.[1]

Daß alle diese Leiden unter die Grundbegriffe einer echt psychologischen Neurosenlehre fallen, liegt auf der Hand. Im Zusammenhang mit früheren Ausführungen[2] eröffnen uns die obigen die Aussicht auf reiche Verwendungsmöglichkeiten solcher Begriffe im Gebiete mystischer Erfahrungen, abseits von rein sexualistischen Gesichtspunkten. Wir begreifen zB., daß jenes feste Zentrum inneren Friedens inmitten von Qualen, das den Mystiker durch die 'Dürre' zur Vergottung hinübergeleitete,[3] eben jener 'spontan' erblühte Komplex sein muß, an welchem, wie an einem Felsen, die Wogen der 'Natur' sich brechen, um — gegebenenfalls — hysterische Symptome zu erzeugen.

Lassen wir es indessen, da individualpsychologische Forschung sich uns verbietet, bei diesen allgemeinen Andeutungen bewenden, mit denen wir einstweilen die Erwägung religiöser Hysterie verlassen, bis der Fortgang der Untersuchung uns mit reicherer Einsicht zu ihr zurückführt.

XXVIII.

Der Komplex des Mystikers: 5. Sozialität?

Erheben wir vielmehr für den Augenblick die Frage nach dem Inhalt des religiösen Komplexes dort von neuem, wo der letzte Versuch seiner Ergründung uns halten ließ. Die Ablehnung der Lehre von der Sublimierung in ihrer überspannten Form hatte uns zu einem Begriff geführt, der sowohl dem der Geschlechtlichkeit als dem des höheren Liebeslebens sich überordnen ließ. Wir hatten ihm dort zunächst den Namen der Libido (im verallgemeinerten Sinn der Sezessionisten unter den Psychanalytikern) gelassen; wir könnten ihn auch bestimmen als das Schöpferische in Natur und Seele. Von den Erscheinungsformen dieser Libido, die wir als mit dem Geschlechtstrieb 'haltungsverwandt' und entwicklungsgeschichtlich verkoppelt erkannten, trat für uns in den Mittelpunkt des Interesses die 'Liebe' als Summe derjenigen Triebe, die dem Wohl und der Entwicklung schutz- und gabebedürftiger Anderer dienen. Man bezeichnet diese Triebe wohl auch als die sozialen, und die Versuchung liegt nahe, diesen Bodensatz der Retorte, in der wir die Sexualdeutung der Mystik destillierten, für den eigentlichen Inhalt des religiösen Komplexes zu erklären.

Nun ist ja in der Tat die Bekehrung — wenigstens die Art der Bekehrung, die in manchen Kirchen eine systematisch gepflegte, normale

---

1) Vie III 47. Vgl. Kingsford I 101; Maitland 53ff. 2) Kap. VIII—XVI. 3) S. o. S. 163ff.

Entwicklungskrise jedes beliebigen Mitgliedes darstellt — als Eintritt eben der sozialen Instinktreife geschildert und mit der Geschlechtsreifung in Zusammenhang gebracht worden.[1] Bei näherem Zusehen zeigt sich nun freilich bald, daß diese Anschauung wiederum nur einen Bruchteil der Wahrheit enthält. Zahllose Personen erreichen die Fülle nicht nur der ihnen zugänglichen, sondern der überhaupt normalen Entwicklung sozialer Instinkte, ohne irgend etwas in der Art einer 'Bekehrung' erlebt zu haben. Andere ebenso zahlreiche erleben eine Bekehrung, nachdem sie Jahre oder Jahrzehnte lang den normalen Entwicklungsgrad sozialer Triebe besessen haben.[2] Zu diesen Abweichungen bezüglich des Verlaufs der Entwicklung treten solche des Inhalts von sozialer Reife einerseits, erwecktem Bewußtsein anderseits. Die Liebe des sozial Gereiften ist eine viel mehr wählerische, als die des tiefer Erweckten; sie bevorzugt gewisse natürliche Verhältnisse, wie Blutsverwandtschaft, ständische und politische Einheiten, allenfalls Gesinnungs- und Interessengenossenschaft, und tritt vielfach nur in den Augenblicken besonderer Erregung in volle Wirksamkeit; sie vermengt sich ferner stets mit einem starken Egoismus außerhalb dieser natürlichen Verhältnisse. Dagegen ermangelt sie nicht nur der leidenschaftlichen Ich-Hintansetzung des Erweckten jedem beliebigen Andern gegenüber, sondern auch der Bezogenheit der altruistischen Einstellung auf einen erfahrenen 'Gott der Liebe'.

Dies könnte nun wiederum die Versuchung begründen, die Erweckung wenigstens als eine Steigerung und Fortführung der Sozialreifung aufzufassen, denn solche Steigerung könnte ja freilich an jedem beliebigen Punkte der Lebenskurve eintreten. Selbst die Psychanalyse scheint geneigt, diese Kontinuität von sozialer und religiöser Entwicklung anzunehmen. 'Die richtige [göttliche] Mystik', sagt Silberer, der religionspsychologische Vertreter der Schule, '[im Unterschied zur dämonischen] ist gekennzeichnet durch eine Erweiterung ... der Persönlichkeit, [d. h.] durch eine Erweiterung des Interessenkreises, der das sittlich bewertbare Verhalten bestimmt.'[3]

Ein Bruchteil der Wahrheit dürfte, wie gesagt, hiermit abermals zur Geltung gelangen; denn wie wir wissen, ist 'umfänglichere' Liebe in der Tat ein Unterscheidungsmerkmal des Erweckten gegenüber dem sozial Gereiften; und zwar hängt die größere 'Erweiterung' des ersteren eben mit der Introversion seines Liebeslebens zusammen, die sich in nichts so sehr ausdrückt, als in seiner Gottesliebe vor aller Wesenliebe, und seiner Wesen-

---

1) Starbuck 145ff. Die Zeitkurve der 'Bekehrungen' fällt übrigens mit der Pubertätskurve keineswegs zusammen, wohl aber mit derjenigen für den Eintritt der höheren intell. Fähigkeiten (das. 41. 36f.). 2) Unter Bekehrungen in sehr hohem Alter finde ich einen Hundertjährigen (nach Cheever), einen 74jährigen (Gibson 86f.), einen 64jährigen (Leuba, in AJRP VII 380). Weitere Fälle von 60 und mehr: G. St. Hall, Adolescence II 289; Patton 325; 70 und mehr: Edwards, Narrative 26f.; 80jähr.: Phillips 258. 278; Dixon I 243; Palmer 55. 3) Silberer 182.

liebe als einer Folgewirkung seiner Gottesliebe. Gottesliebe aber erweitert, nach dem Zeugnis Gottliebender, nicht nur die gegenständliche, sondern auch die zeitliche Umfänglichkeit des Liebens. 'Je mehr ein Herz durch die Liebe zu Gott erhoben und gereinigt ist,' sagt Lacordaire, 'um so wahrer und dauernder wird seine Liebesglut sein.'[1] 'Nur die himmlische Liebe ist unzerstörbar, ohne Unruhe, Furcht und Eifersucht; ja sie will ihren Gegenstand Allen mitteilen und wächst dabei doch ständig; auch steigern sich ihre Wonnen durch Gewöhnung, anstatt abzunehmen.'

Wie ist dies zu verstehen? Zunächst schon durch alles, was Gottesliebe von beschränkter und vergänglicher Wesenliebe unterscheidet. Jene richtet sich auf einen viel abstrakteren Gegenstand als diese; dieser abstraktere Gegenstand aber entspricht der abstrakteren Leidenschaft, die wesentlich ein Glühen, eine gefühlsmäßige Einstellung an sich ist; und er wird wesentlich geliebt als die ideale Verkörperung dieser Einstellung selbst, als der 'Gott der Liebe', ein Ideal, dem man sich anähnlichen will, wie jedem Geliebten, und aus dem man Kraft schöpft zur Anähnlichung, wie aus jedem vergegenständlichten Eigenideal. — Legen wir diese andeutenden Sätze noch ein wenig auseinander.

Die Liebe zum Einzelnen entzündet sich, so sehr sie auch im Liebenden selbst die letzten Höhen der Vergeistigung und Wertsteigerung erklimmen mag, doch stets an hundert gewerteten Einzelzügen körperlicher und geistiger Schönheit. Aber je mehr auf den Einzelfall eingespannt, desto leichter stumpft sie auch gegen seine besonderen Anreize ab: *ab assuetis non fit passio.* Je einzelpersönlicher überdies die Reize, desto vergänglicher fallen sie dem Flusse der Zeit zum Opfer; je individualisierter die Liebe, desto leichter stößt sie sich an Mängeln und Widersprüchen, die bei jedem Erdenwesen seinen Liebesreizen beigemengt sind. Gott, als der abstrakteste Gegenstand der Liebeswertung, hat keine Mängel, da er eben als ideale Auswahl aller Vollkommenheiten vom Glauben erschaffen und in der Höchsterregung der mystischen Erfahrung als solches Ideal erlebt wurde. Seine Liebesreize sind keinem Wandel unterworfen, und der Abstumpfung nur so weit, als die abstrakte Glut, in der er sich spiegelt, überhaupt den Gesetzen aller seelischen Spannungen gehorcht. Aber gerade dem Gesetz der Abstumpfung ist sie infolge ihrer Abstraktheit weniger unterworfen, als jede konkrete Leidenschaft; ist sie doch nicht durch einen Einzelgegenstand hervorgerufene vorübergehende Einzelhaltung — wie sie selbst den Härtesten zeitweilig weich macht, wenn eine Liebe ihn ergreift —, sondern durch den Vorgang der Introversion erzeugte, dauernd natürliche Haltung: ein Dastehen mit offenen Liebesarmen der Seele, mit einem Blick, der über alle vergänglichen Gegenstände der Liebe hinweg in eine Ferne gerichtet ist. Dieser Fernblick wird aber gleichsam beibehalten, wenn ein 'einzelner

1) Greenwell, aaO. 219.

Gegenstand' ins Gesichtsfeld des Liebenden tritt, so daß er diesen einzelnen Gegenstand immer nur gleichsam vom Lichte des göttlichen Horizontes umstrahlt erblickt, oder nur das an ihm in den Blickpunkt seiner Liebe rückt, was der Liebeseinstellung 'Gott' gegenüber entspricht, was also 'göttlich' an ihm ist oder von Gott mit Liebesaugen angeschaut werden könnte. Das heißt dann: die Menschen 'in Gott' lieben, den göttlichen Liebesreiz in sie hineinverlegen; die Liebeshaltung, mit der man Gott liebt und die man als Gottes Eigenstes und als das Göttliche in sich und außer sich bewertet, in allen Menschen suchen oder zu wecken suchen.

Erst diesem Blick gegenüber schwinden die individuellen Liebesreize tatsächlich aus dem Gesichtsfelde. Jene Araberin, die, mit einem häßlichen Manne verheiratet, doch von ihm sagen konnte, 'in Gottes Augen ist er schön, und ich betracht' ihn mit dem Auge Gottes',[1] mußte selbst eine Gottesfreundin sein. Sie ist ein lebendes Beispiel jenes Hinausgelangens über die Reize der Schönheit, als Entzünder selbst der geistigsten Schaffenslust und Werterzeugung, von der Plato in der berühmten Rede des 'Gastmahl' spricht, wo 'die Schönheit der Seele würdiger erscheint, als die Schönheit des Körpers', sodaß der Liebende die Schönheit der Seele auch im unschönen Leibe liebe. Und so 'an die Ufer des großen Meeres der Schönheit gebracht', wird er schließlich 'jenes einzige Wissen, welches das Wissen des Schönen ist, erschauen ... Er wird das Schöne schauen, das da ewig da ist und niemals wird und niemals vergeht, ... von dem alles Schöne nur der Schein ist ... Und glaubst du nicht, daß dieser Mensch dann, so er die wahre Tugend zeuget und nährt, wahrhaftig gottgeliebt und, wenn je ein Mensch, unsterblich sein wird?'[2]

Die Stimmung dieser Worte ist nicht ganz die gleiche, wie die der Zeugnisse, auf die wir im Früheren uns gestützt; aber die Schilderung zielt auf psychologische Vorgänge engverwandter Art: erst wenn die Liebe, ohne an Heftigkeit einzubüßen, sich an das Abstrakte und Ideale geheftet hat, kann sie völlig allgemein sein; denn erst dann ist sie Lieben-an-sich und mit einem bestimmten Wertwillen geworden, ihr Einzelgegenstand gleichsam zufällig und auswechselbar, ihr Allgemeingegenstand dagegen ihr wesentlich. Erst dann ist es, wie der spanische Mystiker sagt, 'unmöglich, daß die Liebe zu Gott in uns wachse, ohne daß gleichzeitig die Liebe zum Nächsten sich vermehre: indem beide die Äußerungen einer und derselben Geisteshaltung sind und gleichsam zwei Äste, die aus einem Stamme hervorgehen'.[3]

Fassen wir nun aber alle wirklichen Erscheinungsformen dieser Liebe des Erweckten näher ins Auge, so entsteht alsbald der Zweifel, ob ihre durchgängige Gleichsetzung mit einer Erweiterung der sozialen Triebe tatsächlich berechtigt sei. Es zeigt sich nämlich — wie ich leicht im einzelnen nachweisen könnte — in zahlreichen Fällen (deren Verhältnis zu anders

1) Bei Daumer I 81. 2) Kassners Übers. 60ff. 3) Bei Rousselot 438; ähnlich S. Jean III 113f. (Sub. III, 22).

gearteten gar nicht leicht abzuschätzen ist) eine starke Verengerung und Verarmung der sozialen Umfänglichkeit des mystischen Fühlens und Wollens gegenüber dem Menschlich-normalen. Der mystisch Liebende enthüllt sich uns eben hierin als ein gründlich Jenseitiger. Die Frage, ob und inwieweit diese Verarmung je eine notwendige sei, soll hier nicht zu beantworten versucht werden; die Frage also, ob — wie der Psychologe es ausdrückt — die Introversion des Liebestriebs stets durch eine nachfolgende Retroversion ergänzt werden könne, d. i. durch eine Rückwendung zur 'Welt', unter Beibehaltung des innerlich erstiegenen Standpunkts. Hier beschäftigt uns nur die Tatsache, daß die Introversion, die mystische Verinnerlichung des Liebestriebs, häufig zunächst und häufig dauernd eine Einschränkung der äußeren Gegenständlichkeit der Liebe mit sich führt.

An sich ist es freilich nicht ausgeschlossen, daß auch die romanhafte, selbst die halluzinatorische Ausgestaltung der mystischen Liebe als eine psychologische Veranstaltung im Dienste der Gefühlsverallgemeinerung wirke. Artet aber das Verhältnis zum mystischen Geliebten allzusehr zur persönlich gefärbten Liebeständelei in kirchlichen Formen aus, oder nimmt die sinnlich-genießerische Ausnutzung des Verhältnisses überhand, so kann der Gottesroman den Mystiker ebensosehr zum weltvergessenen Monomanen machen, wie eine heftige menschliche Leidenschaft, anstatt das Herz für alle Geschöpfe zu weiten, den Liebenden zuweilen in lebensabgewandte Träume oder Genüsse einkapselt.

S. Teresa, in der 'heiligen Torheit' ihrer Begnadung, bittet ihren König und Bräutigam: Mache, daß ich mit niemandem mehr umgehen müsse, oder daß ich in dieser Welt für nichts mehr zu sorgen habe; oder nimm mich ganz von der Welt hinweg! Siehe, deine Magd, o Herr, kann die große Plage, die ihr daraus entsteht, daß sie ohne dich sein muß, nicht länger erleiden.[1] Tatsächlich hörte sie in einer Vision eine Stimme, die ihr sagte: Ich will nicht mehr, daß du noch länger mit den Menschen umgehst, sondern nur noch mit den Engeln.[2]

Hier stehen wir augenscheinlich Arten des Erlebens gegenüber, die der früher erörterten pathologischen Deutung vor allem unterliegen; sie erinnern uns an die Gleichgültigkeit gegen Nahestehende, die man zuweilen an Hysterischen festgestellt hat,[3] oder an den auch ins Psychopathische hinüberspielenden Begriff der 'Komplexbesessenheit', wonach die starke Betonung eines Komplexes 'eine partielle apperzeptive Verblödung mit einer Gemütsverödung für alle andern nicht zum Komplex passenden Reize' nach sich zieht.[4]

Die gewöhnlichere Form der Verarmung Gottliebender ist allerdings mit der eigentlichen Begründung ihrer Liebesverallgemeinerung von selbst gegeben und mag hauptsächlich denen als eine Verarmung erscheinen,

---

1) S. Teresa I 133f. (c. 16). 2) Bei Murisier 14. 3) S. zB. Janet, État I 158f. 218. 4) Jung, Dementia 55.

die in der mystischen Wesenliebe eine weitere Ausgestaltung der sozialen Reifung erblicken wollen. Eben daraus nämlich, daß die Menschen nur mehr als Objekte oder Subjekte der Gottesliebe geliebt werden, entspringt, wie gezeigt, ein Ausfall des größten Teiles der Liebesreize, die auch für den 'gereift-sozial' Empfindenden bestimmend sind, und damit eine starke Beschränkung der Liebesobjekte selbst. Der Instinkt der 'Umgestalteten', 'nichts zu denken, verstehen und lieben, als Gott', und die Andern nur 'in Gott',[1] läßt nicht nur (was selbstverständlich ist) die Beziehungen persönlicher Einzelleidenschaft verblassen, sondern auch die des Blutes,[2] der Ehe und der Freundschaft. Der alte Orient schickte Jeden über die Schwelle hinaus, dessen Stunde gekommen war, sich mit den unsichtbaren Dingen auseinanderzusetzen, nachdem er ihm zuvor gestattet, seine Pflicht zur Erhaltung der Art zu erfüllen. Die westliche Jenseitigkeit verfuhr oft gründlicher. Man pries es als einen Sieg der Gnade über die Natur, wenn die hl. Elisabeth die eigenen Kinder aufgab, um fremde zu pflegen;[3] ja Gleichgültigkeit gegen nächste Blutsverwandtschaft ist ein Zug, den die Hagiologie stets beifällig erwähnt, weil sie ihn als Beweis für außerordentliche Gottesliebe ansieht. Die gleiche natürliche Einschränkung erfährt aber die Fähigkeit, außerhalb des Familienkreises engere persönliche Beziehungen zu knüpfen. Denn jede persönliche Bevorzugung eines Menschen, jedes 'persönliche' Hängen an ihm zieht von der Liebe Gottes ab und ist eine Form der Selbstsucht, d. i. Selbstsuche: es geht mit dem Verlangen nach Gegenliebe zusammen, und dies Verlangen entsteht aus Selbstachtung und erzeugt Selbstgefälligkeit.[4]

Pascal gestattete daher schlechterdings Niemandem, daß er ihn *avec attachement* liebe, da Jedermanns Herz Gott allein gehören solle;[5] und Louvigni riet, auch dem besten Freunde vorüberzugehen, ohne ihn anzublicken; 'sonst könntest du erfahren müssen, daß der Geliebteste, von dem du dein Auge wandtest, dir sein Angesicht verdeckt habe'.[6] — 'Ich bin nie imstande gewesen,' konnte S. Teresa von sich selbst bekennen, 'mit irgend Jemand Freundschaft zu schließen oder ... eine besondere Liebe für irgend Jemand zu empfinden, ausgenommen diejenigen, von denen ich überzeugt bin, daß sie Gott lieben und ihm zu dienen beflissen sind.'[7]

Wozu auch sollte Verkehr und Liebe auf Erden demjenigen dienen, dem jederzeit der Umgang mit dem höchsten und einzig würdigen Geliebten freisteht? Geselligkeit entzieht ihn diesem Umgang, und nur einsam ist er nicht allein. Ihn kümmert weder Einsamkeit noch die große Welt: alles ist ihm gleichgültig. Diese glückseligen und erhabenen Seelen, die Gott lieben, finden Gefallen ... am Alleinsein und daran, von jedermann ver-

---

1) Nach Albert. Magn., De adhaer. Deo. 2) S. schon Matth. 12, 50. 3) Vgl. die charakterist. Ep. 322 des hl. Bernhard (Vacandard I 143); S. Jean III 76. 4) Bernières-Louvigni 101. 5) S. die den Pensées (Par. 1853) vorgedruckte Vie 28. 6) aaO. 20. 7) I 215 (c. 24). Vgl. Nordhoff 168f. 179 über die Shaker-Kolonien.

gessen und verlassen zu werden.[1] Es braucht nur erinnert zu werden, wie viele Gottliebende denn auch ihre Leidenschaft in die Einsamkeit geführt und zu Einsiedlern gemacht hat.

Der schon erwähnte Lopez geht nach sieben Jahren der Einsamkeit, da er ein neues Gewand benötigt, als Hauslehrer zu einem reichen Farmer, und nach zwei Monaten, da er genug dazu verdient hat, unter den flehenden Tränen der Hausgenossen, die an ihm hängen, wieder in seine Einsamkeit zurück.[2] — Oder man betrachte das folgende innere Selbstbildnis einer jungen Frau, die sich als Jeanne-des-Rochers vom Hofe Ludwigs des XIV. in eine einsame Höhle zurückgezogen hatte. 'Ich esse', schreibt sie, 'einmal des Tages, ... ich ruhe vier Stunden, ... in Gottes Gegenwart einschlafend. Beim Erwachen bringe ich meinen ganzen Tag Gott dar, dann verrichte ich meine Gebete ... Ich begebe mich in die innere Betrachtung auf zwei Stunden, danach singe ich *matines*, darauf verharre ich in Schweigen bis Mittag; hierauf ergehe ich mich auf den Felsen in Bewunderung der Größe Gottes in seinen Werken, und wenn ich nicht ausgehe, rede ich zu meinem göttlichen Gemahl, wie zu einem nahen Freunde, worauf ich mich wieder auf zwei Stunden der inneren Betrachtung hingebe, die Abendgebete hersage und den Psalter; dann versetze ich mich in die Gegenwart Gottes und höre am Fuße meines Kruzifixes alles an, was es ihm gefällt mir mitzuteilen ... Ich bewahre ständiges Stillschweigen gegen alle Geschöpfe, .. mich auf Ja und Nein beschränkend.'[3] — Dies darf man in der Tat ein Leben mit Gott nennen!

Ich versage es mir hier, diese äußere Verarmung des Mystikers in sein Verhältnis zu den Sachgütern und Tätigkeiten des Lebens hinein zu verfolgen, oder zu den größeren sozialen Formbildungen, vor allem zum Staate, den er meist nur in engsten Grenzen nachzuahmen weiß: als kleine, engumfriedete Gemeinschaft Gleichgesinnter. Auch des Mystikers Verhältnis zu den Künsten und Wissenschaften, die ja gleichfalls in gewissem Betracht als soziale Bildungen aufgefaßt werden dürfen, sowie die Probleme, die sich an all diese Schlagworte knüpfen, können erst im zweiten Teil dieses Werkes zur Sprache kommen.

XXIX.

Mystisches Erkennen: 1. Automatistische Offenbarung.

Diese Andeutungen lassen nicht daran zweifeln, daß die mystische Introversion auf ihrem Gipfel sich mindestens häufig mit einer starken Verarmung nicht nur des äußeren Lebens, sondern vor allem auch der sozialen Beziehungen verbindet. Nur mit starken Einschränkungen also könnte man vollendete 'Sozialität' als das Wesen des mystischen Komplexes bezeichnen.

Nun kann allerdings dem weltfeindlichen Mystiker selbst diese neue teilweise Enttäuschung unserer Suche nach dem Inhalt des mystischen

1) Guyon, Opusc. 259; Molinos 61. 2) Lopez 19; vgl. Fr. Laurent, bei Reitz III 109. 101. 3) Bei Leuret 327ff.

Komplexes nur willkommen sein. Denn jene Verarmung, die ihn als Vertreter erhöhter Sozialität unmöglich erscheinen läßt, ist in seinen Augen einer Bereicherung gleich zu achten; befreit sie ihn doch von dem, was er für wertlos hält, und sichert ihm damit den Genuß des höheren, des höchsten Gutes. Er gibt Welt und Menschen auf, um 'Gott' dafür einzutauschen. In dieser Besitzergreifung der geistlichen Güter, in der Berührung mit Gott und der mehr erlebten, als geglaubten Einwurzelung in seiner Überwelt behauptet der weltabgewandte Mystiker eine Wirklichkeit und einen Wert zu besitzen, die ihn über alle Werte des 'natürlichen' Menschen, selbst seine moralischen, weit hinausheben. Es ist diese Inanspruchnahme eines die bloße Moralität überschreitenden Innenlebens, was die letzten Probleme der Jenseitigkeit so eigenartig macht. Diese Unterscheidbarkeit (der Art nach) von natürlicher Güte — wir würden sagen: von einer kräftigen Entwicklung der Sozialität — einerseits und den entsprechenden Äußerungen nach dem Empfang der 'Gnade' in der geistlichen Erweckung anderseits ist von denen, die beides an sich erfahren hatten, stets mit großer Bestimmtheit behauptet worden.

'Jene aus der Gnade entspringenden Einflüsse', schreibt zB. Jonathan Edwards, 'welche die Wirkungen des Geistes Gottes darstellen, sind ganz und gar übernatürlich; sind völlig verschieden von allem, was nicht-wiedergeborene Menschen erfahren. Keine Verbesserung oder Zusammensetzung natürlicher Eigenschaften oder Elemente wird sie jemals erzeugen, weil sie von dem, was natürlich ist, und von allem, was Menschen im Zustande der Natur erfahren, nicht bloß dem Grade und den [näheren] Umständen, sondern auch der Art nach sich unterscheiden.'[1] — 'Bekehrung', sagt J. Alleine, 'bedeutet nicht das Aufsetzen eines Flicks von Heiligkeit, sondern ... der aufrichtige Christ ist ein neuer Mensch, ein neues Geschöpf.' Und er will den neuen 'geistlichen Sinn' des Erweckten nicht einmal als 'neue Fähigkeit' gelten lassen, sondern nur als ein 'neues Prinzip der Natur'.[2] — Der unendliche Abstand zwischen Körpern und Geistern veranschaulicht, nach Pascal, 'den unendlich viel unendlicheren (so!) Abstand zwischen Geistern und der [mystischen] Liebe, denn diese ist übernatürlich ... Die Größe der geistesmächtigen Menschen — *gens d'esprit* — ist den Reichen, den Königen, den Feldherren, allen den Großen des Fleisches unsichtbar. Die Größe der [mystischen] Weisheit, die nur in Gott ist, ist unverständlich den Fleischlichen und den Geistesmächtigen. Dies sind drei der Art nach verschiedene Ordnungen.'[3] Daher könne auch keinerlei Belehrung den Unerfahrenen über die Eigenart der Gnadenerfahrung aufklären. 'Alles', sagt die Deutsche Theologie, 'was dieses göttliche Leben angeht im wahren vergotteten Menschen, das ist so gar einfach, gerad und schlicht, daß es mit kunstgerechten Begriffen niemals ausgesprochen oder geschrieben ward, denn allein: daß es da ist. Wo es aber nicht ist, da kann man nicht einmal daran glauben: wie sollt man dann gar ein Wissen davon haben!'[4] — 'Keinerlei Lektüre', schreibt Mme Guyon, 'kann denen, die sie nicht erfahren, eine Vorstellung von

1) Bei James, Varieties 228f. 2) faculty — principle: bei Hayes, in AJP XIII (1902) 571. 3) differant en genre: Pensées (Par. 1853) 126. 4) aaO. 68; vgl. 71.

Zuständen geben, die, weil übernatürlich, der Einbildungskraft nicht zugänglich sind, sondern eben nur der Erfahrung.'[1]

Diese wohlbekannte Behauptung der gründlich Erweckten, daß ihr neues Leben nicht mitteilbar sei, besagt im Grunde offenbar, daß hinter oder über allem, was als Folgewirkung ihrer Wandlung an ihnen zu bemerken sei, noch ein innerstes Erlebnis stehe, das man erfahren haben müsse, um es einigermaßen zu fassen. Für das Bewußtsein des Mystikers wenigstens entspringt seine Entweltlichung dem Aufgehen einer neuen Welt. Und wenn auch der naturalistische Psychologe dies Bewußtsein ohne weiteres für ein subjektiv täuschendes erklären wird und muß, so ist doch nach den angeführten Behauptungen die Möglichkeit nicht von der Hand zu weisen, daß er es tue, weil ihm als natürlichem Menschen eben die Erfahrung fehle. Seine stillschweigende Voraussetzung, daß im Wesentlichen die Erfahrung aller Menschen die gleiche sei, könnte ja eine logische Erschleichung darstellen. Es könnte sein, daß der Unterschied zwischen Mensch und Mensch unter Umständen größer wäre, als der zwischen Mensch und Tier, indem es besondere Erfahrungen gäbe, die der Masse der Menschen einstweilen völlig fehlen. 'Müssen denn alle Menschen Menschen sein?' fragte schon Novalis. 'Es kann auch ganz andere Wesen, als Menschen, in menschlicher Gestalt geben.'[2] Da wir überdies eine völlig überzeugende und ausreichende Inhaltsbestimmung des mystischen Komplexes immer noch nicht gefunden haben, derweilen wir den mannigfachen Anregungen der naturalistischen Psychologie folgten, so wäre es zum mindesten heuristisch zu rechtfertigen, wenn wir nunmehr die über naturalistische Grundbegriffe hinausgehenden Ansprüche der mystischen Selbstdeutung soweit ins Auge faßten, als zur Fortführung unseres Gedankenganges dienlich erscheinen mag.

Der wesentliche Anspruch der mystisch Jenseitigen, daß sie ihre innersten Erfahrungen als Bürger einer unsichtbaren Welt machen, an die sie mit der Erweckung entscheidenden Anschluß gewonnen haben, stützt sich nun aber bekanntlich nicht nur auf einen 'Instinkt', der sich mit ihrem neuartigen Fühlen und Wollen verbindet, kraft dessen sie sich als 'Pneumatiker', als Menschen des unbeschreibbaren 'Geistes' über die Menschheit der bloßen 'Seelenhaftigkeit' hinausgewachsen glauben; sondern er stützt sich auch auf angebliche Erlebnisse des Erkennens, auf Erfahrungen des unmittelbaren Schauens und Verstehens. Von diesen Erfahrungen ist bisher noch kaum die Rede gewesen; wennschon bei der innigen Verwobenheit aller Arten mystischen Erlebens ihre Erwähnung gar nicht zu vermeiden war. Am nächsten wurde diese Mystik der Erkenntnis gestreift, als

1) Torrens I, 2, 13. Vgl. Gichtel, Theos. V 3659. Allg. vgl. in diesem Zusammenhang v. Hügel, Eternal Life: a study of its Implications and Applications (Edinb. 1912) und die Schriften R. Euckens. 2) WW. (hrsg. v. Wille) III 197.

die Erfahrungen der 'Gegenwart Gottes' beschrieben wurden: in denen ja der Erweckte 'Gott' unmittelbar zu 'fassen', zu 'wissen', nicht bloß zu 'fühlen' meint. Jetzt aber, nach den großenteils unbefriedigenden Ergebnissen unserer Suche nach dem Inhalt des geistlichen Komplexes und nach den letzten seltsamen Warnungen aus mystischem Munde, drängt sich uns eine genaue Betrachtung dieser angeblich übersinnlichen Erkenntnis gebieterisch auf. Und zwar sollen drei Arten dieser erkenntnisgebenden Erfahrungen bei Erweckten wie bei verwandten Menschentypen hier zunächst besprochen werden: In der ersten kommt dem Einzelnen der begriffliche Ausdruck einer 'theologischen' Lehre in einer Form und Weise, die seinem wachen, persönlichen Denkwillen entzogen scheint; der Mystiker wird anscheinend zum Mundstück einer dem Jenseits entstammenden, deutlich gegliederten Offenbarung: wir haben diesen Vorgang an sich bereits als Automatismus und ekstatische Inspiration kennengelernt. Oder aber der Mystiker erfährt die angebliche jenseitige Welt in der Form ursprünglicher sinnlicher Wahrnehmung, als Halluzination, wie der Psychologe, als Vision, Gesicht, wie der Gläubige sagt; auch dieser Vorgang an sich ist uns bereits mehrfach begegnet. Oder endlich der Mystiker erfaßt die letzten Zusammenhänge und Ordnungen der unsichtbaren Welt kraft einer Intuition oder Einsicht, einer Art von höherer Vernunft, die selten eine Umprägung in klare Begriffe des normalen Denklebens zuläßt: von diesen letzteren Gaben der *via illuminativa* haben wir bislang noch kaum etwas gehört. — Betrachten wir jede dieser Arten mystischer 'Erkenntnis' ein wenig näher.

Über die wesentliche Häufigkeit der automatischen und ekstatisch-inspiratorischen Vorgänge im Mystisch-Religiösen haben wir uns bereits verständigt, bisher aber nur die charakterbildenden Leistungen jener Komplexäußerungen berücksichtigt. Hier handelt es sich um die Feststellung, daß sie dem Anschein nach auch belehren. Diese Feststellung gilt für die religiöse Erfahrung aller Zeiten und aller Länder. 'Allen Religionen gemeinsam ist der Glaube, daß religiöses Wissen entsteht, Worte ausgesprochen werden nicht durch bewußte Gedankenbildung und überlegende Absicht, sondern durch die Eingebungen einer Kraft, die über und jenseits des Einzelnen steht. Propheten und Schamanen, Evangelisten und indianische Medizinmänner, sie alle behaupten, und alle mit ehrlicher Überzeugung, daß sie vom Gotte im Innern, dem *Deus in nobis* bewegt werden.' In diesen Worten spricht Brinton eine unbestreitbare Wahrheit aus.[1]

Eine Übersicht über alles auf diesem Wege zutage geförderte Lehrgut würde wahrscheinlich den größten Teil aller je in Geltung gewesenen Gedanken über die Dinge des Jenseits enthalten. Diese Aufgabe hier anzu-

---

1) Rel. of Primit. Peoples, 2. Aufl. 52. Vgl. Philo Judaeus bei Zeller, D. Philos. d. Griechen III, 2, 2. Aufl. 304 Anm. 7; vgl. 364.

fassen, verbieten nicht nur Rücksichten auf den Raum, sondern auch die Umstände überhaupt. Denn augenscheinlich verhüllen sich in vielen Religionen und Sekten die mystischen Quellen der Lehre, und darunter auch die automatistischen, durchaus hinter Bearbeitungen zweiter Hand.

So beziehen sich die indischen heiligen Bücher häufig auf auserwählte Weise, deren göttliche Einsichten sie bloß zu vermitteln beanspruchen, von deren lehrebegründenden Erlebnissen wir aber unmittelbar nichts erfahren. Auch die Urkunden des Christentums deuten schließlich nur flüchtig auf ekstatische und verwandte Erfahrungen seines Stifters hin, in denen die eigentlichen Quellpunkte seines volkstümlichen Lehrens zu suchen wären,[1] wenn auch automatische Äußerungen erst unter seiner unmittelbaren Nachfolgerschaft wichtig geworden zu sein scheinen.[2] Der Islam freilich legt in den Suren des Koran beträchtlichen Stoff von ausdrücklich ekstatisch-automatistischer Herkunft vor[3]. Und je näher wir der Gegenwart rücken, d. h. einer Zeit, in der die Aufbewahrung der eingegebenen Lehre in ihrer ursprünglichen Gestalt an sich wahrscheinlicher wird, desto massenhafter werden die Gelegenheiten, die mystische Lehrerzeugung im Vorgang selbst zu beobachten.

Zwei große, in sich und untereinander zusammenhängende Bewegungen des 19. Jahrhunderts haben besonders reiche Ausbeute inspiratorisch-automatisch auftretender Lehre über jenseitige und verborgene Dinge geliefert: die Somnambulen-Verehrung in den Glanztagen des 'tierischen Magnetismus' und der seit Mitte des Jahrhunderts aufkommende sog. Spiritismus. Den Somnambulen der klassischen Zeit verdanken wir eine ansehnliche Bücherei von Trans-Offenbarungen, die von den vielfach dilettantischen Bewunderern jener geheimnisvollen Wesen mit großer Sorgfalt aufs Papier und zum Druck befördert wurden, nachdem diese bewundernde Sorgfalt wohl selbst am meisten zur endlosen Ausspinnung jener Orakel beigetragen hatte: halb Theologie und Metaphysik, halb Naturkunde und Kosmographie, worin den Somnambulen häufig jene Wichtigkeit zugeschrieben wird, die sich Hysterische so oft um den Preis ihrer Leiden sichern.[4]

Die nachfolgende Glanzzeit der Medien, die ja in mancher Hinsicht die Wesenserben der magnetischen Somnambulen sind, förderte ebenfalls einen Reichtum an jenseitiger Belehrung durch Transreden, 'Psychographie', 'Typtologie' und verwandte Verfahren zutage, der sich ohne ausgedehntes Sonderstudium nicht einmal überblicken läßt.[5]

Auf den kürzesten zusammenfassenden Ausdruck gebracht, lehren diese Offenbarungen etwa folgendes: eine Fülle und Rangordnung unsichtbarer Geistwesen,

1) O. Holtzmann, aaO. 2) H. Weinel, D. Wirk. d. Geistes .... (1899). 3) Koran 69, 41; 21, 5 u. oft. Bezeugungen durch Dritte zusammengest. bei Sprenger 105ff. 4) S. zB. Kerner, Seherin 220—249; Perty, M. E. I 305f. (Auszüge aus: Mitteil. a. d. magn. Schlafleben der Aug. Kachler, Dresden 1843). 5) Vgl. etwa Ch. Linton, The Healing of the Nations (N. Y. 1858); C. L. V. Tappan, Discourses through the mediumship of Mrs. C. L. V. T. (Lond. 1875); W. Stainton Moses' Spirit Teachings; PS XXXI (über Kordon); E. T. Bennett, Automatic Speaking and Writing (Lond. o. J.) 33ff.

die in mannigfachem Betracht auf ihren Urheber: Gott hin sich steigern; ein Reich der Liebe und Harmonie, an das der Mensch Anschluß gewinnen könne, indem er sich der fortschreitenden Entwicklung anvertraue, die den Kosmos der Wesen von den niederen zu den höchsten Formen durchpulse und nach unwandelbaren Gesetzen aus Regungen und Taten der Liebe — Aufstieg, aus Bosheit und Trägheit — Niedergang folgen lasse. Reinheit und Liebe tragen auf allen Stufen den Himmel in sich; Haß, ungezügelte Lust, Reue und Jammer dagegen bilden die Hölle im Innern der Seele.

Auch außerhalb des großen Stromes der spiritistischen Bewegung haben in neueren Zeiten vereinzelte Inspirierte massenhaften Lehrstoff über die unsichtbaren Dinge geliefert.

Noch ehe jene Bewegung in Gang gekommen war, hatte beispielsweise der fromme Steyrer Jacob Lorbeer, ein Mann ohne Bildung, aber von großer Güte des Herzens, schon lange ein lebhafter Träumer und wohl auch Visionär, eines Tages (1840) eine Stimme in der Herzgegend vernommen: Stehe auf, nimm deinen Griffel und schreibe; worauf er 24 Jahre hindurch, als demütiger 'Knecht des Herrn', mäßig schnell, aber ohne Pausen des Nachdenkens niederschrieb, was ihm die Stimme 'links in der Brust' in die Feder sagte. Seine Schriften — wovon über 7000 Seiten gedruckt! — enthalten unter anderem einen Briefwechsel zwischen dem Herrn Jesus Christus und Abgarus, König von Edessa; Belehrungen über die 'naturgemäßen und spirituellen Verhältnisse des Mondes', der Erde und der Sonne; eine Geschichte der Urschöpfung oder Haushaltung Gottes; Belehrungen der ewigen Liebe und Weisheit über das ewige Wort, die Wiedergeburt des Geistes, den Geist und die Materie, und Des ewigen Wortes Erweis der Unsterblichkeit der Seele des Menschen.

Ein typisches deutsches Schreibmedium lehrhafter Prägung war auch J. Lohse, der unter der 'Kontrolle' der Geister Franckes, Schleiermachers, Baaders, aber auch derjenigen des Petrus, Paulus, Johannes und selbst Christus schrieb und im Jahre 1872 in Altona eine Schrift 'Jesus Christus und seine Offenbarungen über Zeitliches und Ewiges, oder das neue Christentum' herausgab, worin der Heiland zu berichtigen sucht, was an seiner Lehre falsch verstanden worden sei. Lohse behauptet das Vorhandensein von 30 Regionen oder Entwicklungsstufen des Menschen, sowie eines 'Führers' bei jedem Menschen auf seinem Entwicklungsgang aus der zweiten Region; er lehrt, daß der gegenwärtig in der 6. Region stehende Erlöser den Keim des Göttlichen im Menschlichen zu entwickeln bemüht sei, um ihn der Erlösung entgegenzuführen usw. Das Buch enthält u. a. eine sehr eigenmächtige Kosmologie, nach der z. B. unsere Sonne 100 Planeten, andere Sonnen 50—280 haben, und eine Biologie oder Lehre von der Aufwärtsentwicklung der Wesen, die auch den Gedanken der Wiederverkörperung verwendet. Der Vorgang des Schreibens bei Lohse war derartig, daß er sich gleichzeitig mit den ihn beherrschenden Geistern unterhalten konnte, sie zB. fragte, ob er gewisse Abschnitte nicht lieber auslassen solle, wo er dann wohl die Antwort erhielt: Nein, du sollst es sagen.[1]

Einige dieser Propheten des Jenseits haben ihre Offenbarungen mit erstaun-

---

1) Ref. in PS V (1878) 81ff.

licher Fülle und Fertigkeit in das Gewand einer glänzenden Poesie gekleidet. Blake, der berühmte Sonderling unter den Zeichnern, schrieb seine mystischen Gedichte, wie er selber glaubte, nach dem Diktat der wahren Verfasser, die 'in der Ewigkeit' seien, 'zwölf, zuweilen zwanzig oder dreißig Zeilen zur Zeit, ohne Vorbedacht und selbst gegen meinen Willen'.[1] Weit übertroffen wurde er an Schnelligkeit der Erzeugung und vielleicht auch Schönheit der Erzeugnisse durch den Amerikaner T. L. Harris, der in 14 aufeinander folgenden Tagen des November und Dezember 1853 — genauer: in $30^1/_2$ Stunden — ein 'Epos des gestirnten Himmels' von 3—4000 Zeilen und im Jahre darauf in ähnlich kurzer Zeit eine Dichtung von über 5000 Zeilen, '*A Lyric of the Morning Land*', ohne jedes normale Bewußtsein von ihrem Inhalt im Trans diktierte. Soweit sich nach Auszügen urteilen läßt,[2] sind die Verse nicht nur genau und reich in Bau und Reim, sondern auch von schönem dichterischem Schwung und phantastischem Reichtum der Bilder.

Dies sind Beispiele jener Belehrung, die dem Mystiker und seinem Anhang durch die unpersönliche, ihn ungewollt überfallende Darbietung sich als übernatürlich aufdrängt. Ich halte indes mit theoretischen Erwägungen zurück, um zunächst Beispiele der zweiten Gattung seines 'Erkennens', nämlich durch visionäre Anschauung, zu geben. Wir wissen bereits, daß die Halluzination nur eine andere Ausdrucksweise desselben unterbewußten Lebens ist, das sich auch in Gestalt von motorischen Automatismen äußern kann; ja selbst die obigen Beispiele zeigten gelegentlich die Niederschrift der Lehre in unmittelbarer Abhängigkeit von fortlaufenden Auditionen (Gehörshalluzinationen) oder untermischt mit ihnen. Sie kann natürlich ebensogut in Abhängigkeit von fortlaufenden, gleichsam diktierenden Visionen stehen; wie zB. bei jener namhaften mystischen Lehrerin, Dr. Anna Kingsford.

Diese sah etwa im 'Traume' ein Buch mit silbernen Lettern, in dem sie lesen konnte, oder hörte einen Mann in priesterlicher Kleidung ihr eine Vorlesung halten, die sie nach dem Erwachen aufschrieb, indem sich ihr die Worte noch einmal leuchtend darstellten. Ein Kapitel über das Verhältnis des Menschen zu den Tieren wurde ihr in der gleichen Weise durch die Gestalt eines Arbeitspferdes gegeben. Oder in einem Zustande 'noch wach, aber mit geschlossenen Augen' wurde 'ihr im Gesicht ein großes geöffnetes Buch gezeigt, ... von einem Lichtkreis in hellen Regenbogenfarben umzogen, und in der Luft waren [einige] Zeilen, die Maitland nach ihrem Diktat niederschrieb'.[3]

Die Problemlage dürfte also bezüglich der automatischen wie der visionären Offenbarungen großenteils die gleiche sein und wir ersparen uns Wiederholungen, wenn wir wenigstens diese beiden Klassen gemeinsam zur Erörterung stellen.

---

1) S. W. M. Rossettis Prefatory memoir S. XLI in Blakes Poetical Works. 2) S. Podmore, Spir. I 277f. 3) Kingsford I 268f. 329. 331. 349f.

XXX.

Mystisches Erkennen: 2. Gesichte.

Ich verweile nicht bei Halluzinationen (und Illusionen) der sog. 'niederen' Sinne, deren Erkenntniswert natürlich nur ein dürftiger sein kann;[1] noch auch bei den einfachsten Formen von Geschautem, wie jenem Wahrnehmen von 'Licht', welches die geistliche Erregung (auch der Bekehrung) so häufig begleitet; wobei sich das Subjekt vorübergehend in eine Art von 'innerem' Licht getaucht, oder von einem äußeren Licht umstrahlt glaubt, das etwa auch einen geschlossenen Raum zu erhellen scheint: die Lokalisation ist meist unbestimmt, der Glanz selbst von unvergleichlicher, kaum zu beschreibender Art. Ein Prediger zB. vermeint während eines ernsten Gebetes, das für ihn der Beginn eines 'neuen Lebens' wird, das Zelt, in dem er kniet, sei in Brand geraten.[2] Selbst der scheinbare Erkenntnisgehalt ist hier offenbar äußerst gering. Der Gläubige mag allenfalls annehmen, er sei in den Himmel entrückt, oder der Morgenglanz der Ewigkeit umstrahle ihn; wie denn zB. Marie de l'Incarnation, als sie gelegentlich des Genusses der 'Ruhe in Gott' ein sonnenhaft blendendes Licht von unerträglicher Helligkeit in ihrer Seele erlebt, sich selber fragt, ob es wohl möglich sei, daß man im Himmel Gott ausgiebiger schmecke.[3] Im allgemeinen verleihen aber erst weitere Inhalte diesen Erlebnissen Erkenntnischarakter.

Diese Inhalte wachsen oft gewissermaßen aus dem Lichterlebnis hervor: inmitten des Glanzes erscheint nachträglich ein Bild, eine Gestalt. Was alles da erscheinen mag, in Listen zu bringen, verlohnt sich kaum der Mühe. Man weiß es ja: die ganze geglaubte Welt der unsichtbaren Mächte, zuweilen in symbolischer Gestalt, doch meist in deutlichsten Formen anthropomorphen Denkens, zieht vor den Augen des Begnadeten vorüber.

Gott Vater selber zeigt sich als alter Mann oder auch als Jüngling[4], der heilige Geist als Taube[5] — eins der fruchtbarsten Mißverständnisse biblischer Worte —, die göttliche Weisheit in Gestalt eines himmlischen Weibes, der göttliche Sohn auf allen Stufen seines Heilandslebens, als Kind, als Leidensmann, als Herrscher der Himmel. Selbst den Schafspelz und die Bastschuhe des russischen Bauern verschmäht er nicht, wo diese Gewandung dem Fassungsvermögen der Heimgesuchten angemessener ist; wie dem der greisen Silantjewa, die neben ihm, 'hinter dem Ofen', auch noch das 'Mütterchen-Gottesmutter' wahrnimmt, 'in roter seidener Haube, weißem Hemde aus Mitkal und blauem Sarafan'.[6] Dem Katholiken insbesondere steht nächst den göttlichen Personen ein himmlischer Hofstaat von unübersehbarer Fülle zur Verfügung. Die Erscheinungen der Maria allein könnten Stoff zu einer Monographie geben;[7] die der Engel und — noch zahlreicher — der

---

1) S. zB. Görres II 89 (üb. Ida v. Loewen); Angela 142: die Hostie als 'Fisch' (ἰχθύς!) oder 'Fleisch' geschmeckt. 2) Dyer 76; vgl. 109. Häufig bei den Chlysten: Grass 277. Vgl. natürlich Apgesch. 9, 3. 4. 3) Chapot I 136. 4) zB. Ribet II 17 (Osanna v. Mantua). 5) S. zB. S. Teresa I 378 (c. 38). 6) Grass 172. 7) Ihre Offenb. im 12.—14. Jahrh. bei St. Beissel, Gesch. der Verehrung der Maria in Deutschland während des Mittelalters 278ff.

Heiligen zu einer noch umfangreicheren. Endlich ließen sich die zahlreichen Gesichte anschließen, die das Reich der Finsternis und seine Scharen abbilden.

Der Erkenntnischarakter solcher umrissener Einzelgesichte liegt natürlich vor allem darin, daß sie für den Gläubigen die Wirklichkeit des Geglaubten steigern: er hat Gott, den Heiland, den Heiligen 'gesehen'; da er an die Wirklichkeit dieses Sehens glaubt, braucht er an die Wirklichkeit des Gesehenen nicht länger nur zu glauben. Er hat aber auch nunmehr 'näheres' über die geglaubten Gestalten erfahren, weiß, wie sie 'aussehen', kennt sie hinfort 'von Angesicht zu Angesicht'.[1] Oder das Gesicht verbindet sich mit einem 'Verstehen', das scheinbar über seinen unmittelbaren Inhalt hinausführt: zu Ratisbonne spricht die lichtumstrahlte Madonna zwar nicht, 'aber ich verstand alles'. (Doch geraten wir damit offenbar in jenes dritte Gebiet der mystischen Erkenntnisse, das ich gesondert zu behandeln vorhabe.) Oder aber die Vision gewinnt dadurch vertiefte Erkenntnishaftigkeit, daß sie in einem als entscheidend empfundenen Augenblick des persönlichen Lebens oder der religiösen Entwicklung eintritt. Erscheint der Heiland etwa an einem Sterbebett oder bei einer Totenfeier dem Überlebenden, so verbürgt sein Auftreten diesem das Dasein einer Welt jenseits des Grabes, oder die Erlöstheit des eben Verlorenen, auch wenn die Erscheinung dies nicht noch ausdrücklich versichert.[2] Vor allem die Gesichte während der Erweckungskrise selbst leiten hieraus ihren Erkenntnischarakter für das Bewußtsein des Subjektes her, selbst wenn sie von aufdringlich symbolischer Artung sind.[3]

Der Erkenntnischarakter aller solchen Schauungen für den Gläubigen nimmt natürlich noch bedeutend zu, wenn sie aus ihrer Vereinzelung herauswachsen; wenn sie die Gestalten in einen geschauten Ablauf von Ereignissen oder in die Umgebung einer jenseitigen Örtlichkeit hineinstellen, oder wenn sie mehrere Sinne in Mitleidenschaft ziehen. So haben einzelne Begnadete die Kindheit Jesu[4] oder sein ganzes Leben[5] oder das der Jungfrau Maria[6] während längerer Zeit in geordneten Reihen von Bildern geschaut und damit im Urteil der Gläubigen 'geschichtliches Wissen' geliefert, das als Ergänzung der kanonischen Offenbarung gelten durfte. — Bei der Ausdehnung der Erfahrungen auf mehr als den Gesichtssinn muß natürlich das Gehör eine besondere Rolle spielen, denn die 'Audition' besteht ja meist in Worten, und nichts kann schließlich lehrhafte Inhalte eindeutiger und ausführlicher übermitteln, als geformte Sprache.

Zur Veranschaulichung mag ein Beispiel aus neuerer, nicht kirchlicher Umgebung dienen. J. W. Evarts, amerikanischer Grenzpionier um die Mitte des vorigen Jahrhunderts und ein Mann von mitleidig-menschlicher Gemütsart, hatte eine

---

1) S. Grass 172 üb. die Silantjewa. 2) Wie in dem Falle bei Splittgerber, Leben 187. 3) zB. M'Ilwaine 185; M'Nemar 67. 4) de Rambuteau, St. Françoise Romaine (Par.) 177 ff. 5) Emmerich II 502 ff. 6) Görres II 349 ff. üb. Maria v. Agreda; ähnlich Ribet II 46.

kampffrohe Knabenzeit hinter sich, als im Alter von 20 Jahren ihm die große Vision seines Lebens zuteil wurde. Eines Tages im Walde bei der Holzfällerarbeit, während er sein Mittagsbrot verzehrte, erschienen ihm, von einem 'breiten goldenen Glorienschein' umgeben, drei Gestalten, von denen sich die eine als Christus, die beiden andern als Paulus und der Täufer vorstellten und die ihm die bedeutsame Mitteilung machten (verbrieft in einer 'Rolle'), daß wir 'alle Menschen seien', und ihn behufs weiterer Belehrung auf Appolonius (so!), Philo, Heillel (so!), Hillaire, Eusebius, Gieke (!),[1] das Neue Testament, soweit es mit der Vernunft vereinbar sei, und die religiösen Überlieferungen von Syrien, Persien, Indien und der koptischen Rassen verwiesen. Sie warnten ihn vor allen Theologien und eiferten gegen die Greueltaten der Kirchen, u. a. 'in Bartholomew, in Smithfield' und andern Orten. Auf die Frage, ob es einen Gott gebe, antwortete ihm Jesus: 'Steht nicht im göttlichen Gesetz geschrieben: Ihr seid Götter? Diese Antwort muß genügen, bis das Unendliche Allen offenbart ist.' Während dieser in natürlichem Ton und gutem Englisch geführten Reden behauptete Evarts sich in 'ganz normalem Zustande' befunden, sogar sein Wachsein geprüft zu haben.[2]

In der Richtung auf die jenseitigen Örtlichkeiten hin erstrecken sich die Gesichte zunächst in die Fernen des Weltraums, dann, über die letzten Pfähle der sichtbaren Welt hinaus, bis zu den Wohnsitzen der Abgeschiedenen: Hölle, Fegefeuer oder Himmel, so die Wirklichkeit der jenseitigen Welt mit größter Unmittelbarkeit verbürgend. Hier ist, dem Reichtum der Inhalte entsprechend, meist auch der Bewußtseinszustand ein ausgesprochen abnormer: der Seher ist aus Zeit und Raum gelöst, der Körper seinem Wissen entsunken.

Schon Bekehrungsgesichte wachsen sich nicht selten in dieser Form aus, wie etwa die Berichte über die Erweckung in Kentucky (1802) erkennen lassen. Die Seher glaubten außerhalb des Leibes zu sein, mit den Geistern ihrer verstorbenen Freunde zusammenzutreffen und deren wechselndes Schicksal in der andern Welt zu erfahren; oder sie mischten sich unter große Menschenmassen derer, die im vergangenen Jahrhundert sich zur Religion bekehrt hatten und das neue Jerusalem erwarteten; oder sie sahen die heilige Stadt und hörten die Gesänge der Engel, und der Eintritt in die Scharen der himmlischen Zeugen durchdrang ihnen Seele und Leib mit einem eigentümlichen Wohlgeruch, der 'alles, was sterblicher und fleischlicher Natur ist, unleidlich erscheinen ließ, da nichts auf Erden diesen Wohlgeruch an sich trug'.[3]

Beträchtlichen Anschauungsstoff könnte hier schon die Mystik der primitiven Völker liefern; denn das Reisen ins Jenseits in künstlich erzeugter Ohnmacht hat von jeher zu den gewerblichen Obliegenheiten der Schamanen und 'Zauberer' gehört. Wie ein Erbe dieser urtümlichen Gepflogenheiten ragt in neuere Zeiten unseres Erdteils der Glaube der 'Hexen' hinein, daß sie in ekstatischen Zuständen, gelegentlich durch pharmako-

---

1) Offenbar Geikie. 2) J. W. E., Light of Life. Mystery unveiled by a personal visit of Christ (Oklahoma City 1909). Der Vorgang gleicht im Grunde den berühmteren Erfahrungen Muhameds (S. zB. Muir 53. 55). 3) M'Nemar 66; vgl. Gibson 221f.

logische Mittel gefördert, 'Exkursionen'[1] ausführen könnten, während derer sie mit Wesen der unsichtbaren Welt, wenn auch meist in diesseitiger Umgebung, zusammenträfen. Sie glaubten dann den eigenen Leib zu verlassen und an einen Ort entführt zu werden, wo sie, mit vielen Genossen zusammen, einem satanischen Wesen in Gestalt eines schwarzen Mannes mit feurigem Gesicht, eines gehörnten Ungetüms, einer großen schwarzen Katze, eines Ziegenbockes, oder sonstwie geformt, ihre Ehrfurcht bezeugten. Man speiste, ohne das Gefühl der Sättigung zu empfinden; man tanzte; vor allem aber pflog man fleischlichen Umgang mit dem Teufel.[2]

Wie hier der irdische Schauplatz zwar nicht verlassen, aber mit Wesen der jenseitigen Welt bevölkert wird, so bieten meist auch die 'Reisen' auf ferne, wiewohl stoffliche und sichtbare Weltkörper das soz. jenseitige Interesse, daß sie die Seher mit Wesen von außermenschlicher Art in Berührung bringen. Solche visionäre Reisen sind durch Flournoys glänzende Untersuchung der Erfahrungen seines Genfer Mediums berühmt geworden,[3] waren aber schon in der schönen Zeit der deutschen Somnambulen sehr im Schwange gewesen.[4]

Die zahlreichen Berichte über solche Planetenreisen deuten indessen an, wie sehr im allgemeinen das kosmologische Interesse der schauend Exkurrierenden hinter dem menschlichen und religiösen zurücksteht; sie suchen in erster Linie auch im Weltraum das Lebende, und zwar (entsprechend vielfach herrschenden Vorstellungen) die Spuren einstiger Erdenwesen, die ja in allerhand die Erde umlagernden Sphären, wo nicht gar auf anderen Planeten hausen sollen. Der beherrschende Wunsch aller derer, die zeitweilig 'ihren Leib verlassen', ist stets gewesen, etwas über den Zustand der Menschen im Jenseits zu erfahren und wenn möglich die geglaubten göttlichen Wesen von Angesicht zu Angesicht, gleichsam bei sich zu Hause zu schauen. Diese ausgesprochen spiritistisch-theologische Exkursionsmystik schiebt die Wurzeln ihrer Geschichte natürlich auch in graue Vorzeit zurück.[5] Eine der berühmtesten Himmel- und Höllenreisen der klassischen Zeit ist in dem Bericht beschrieben, den Thespesios von Soli dem Protogenes und anderen Freunden über die Dinge erstattet haben soll,[6] die ihm während eines dreitägigen, durch einen schweren Sturz veranlaßten Scheintodes zu Gesicht gekommen waren, und wiewohl sich die Authentizität des Berichtes nicht bestimmen läßt, so fallen doch, neben viel Phantastischem, auch Übereinstimmungen in typischen Einzelheiten mit modernen Parallelfällen

---

1) Der Ausdruck nach Myers. 2) Calmeil I 229. 285. 289 f. 319 f. 328 ff. 436. 440. Viel Material bei Görres V. 3) Vgl. etwa die Sitzung vom 25. Nov. 1894 (Des Indes 141 f.); Sara Weiss, Journeys to the Planet Mars, 2. Aufl. (N. Y. 1905) u. Mathieu C.... in AMP XVIII (1903) 275. 4) S. zB. Römers Somn. (bei Perty, M. E. I 248 ff.); die Ph. Bäuerle (das. 308 f.); den Knaben von Oelse (das. 335); Kretschmars Mad. W. (in ATM XII, 1 22); Werners R. (Werner 523 f.). 5) Antike Beispiele bei W. Bousset, Die Himmelsreise der Seele, in AR IV (1901) 136 ff., 229 ff.; Söderblom 106. 6) Bei Plutarch, De sera numinis vindicta c. 22.

auf, die für uns noch Interesse gewinnen werden, und sichern ihm damit gerade seines Alters wegen einigen Wert.

Thespesios erzählt, daß nach seinem Sturz seine 'natürliche Seele' den Leib in einiger Verwirrung verlassen, dann aber sich aufgerichtet habe, und daß 'plötzlich sein ganzes Ich zu atmen geschienen' und nach allen Seiten sich umgesehen habe, 'als hätte sich die Seele wie ein einziges Auge aufgetan'. Auf diese Weise sah er 'die ungemein großen Gestirne in ungeheurer Entfernung voneinander, begabt mit wunderbarem Glanze und Getön, während seine Seele sanft und leicht, wie in einer Windstille, von einem Lichtstern getragen in allen Richtungen hinglitt ... Auch erblickte er die Seelen der eben Verschiedenen, die aus dem Erdkreis heraufstiegen; jede bildete eine flammenartige Blase, aus der, wenn sie zerriß, die Seele ruhig hervorging, in schöner menschlicher Gestalt ... Zwei oder drei erkannte er als seine Verwandten und wollte sie anreden, doch hörten sie ihn nicht, weil sie nicht bei sich waren ... Die Seele eines Verwandten erklärte ihm, ... er sei noch nicht gestorben, sondern nach einem besonderen Ratschluß der Götter mit seinem verständigen Geist hierher gekommen; die andere Seele habe er wie einen Anker im Körper zurückgelassen ... Thespesios bemerkte, daß einige der Seelen in einem reinen Lichte schienen; andere trugen Flecken wie Schuppen an sich, und wieder andere waren völlig mit solchen bedeckt. Darauf führten ihn einzelne Seelen durch alle Gegenden der jenseitigen Welt, erklärten ihm die geheimnisvollen Fügungen und Leitungen der göttlichen Gerechtigkeit, warum manche schon in diesem Leben gestraft worden, andere nicht, und zeigten ihm alle Arten von Strafen, die im Jenseits den Gottlosen zuteil werden; wie Einigen die Eingeweide herausgerissen, Andere geschunden wurden, Andere wieder sich gegenseitig verschlangen, noch Andere in Seen von kochendem Gold oder kaltem Blei gestoßen wurden. Zuletzt sah er noch solche, die für ein zweites Leben vorbereitet, d. h. mit Hammer und Amboß in allerlei Gestalten umgewandelt wurden. Als er von dannen eilen wollte, ergriff ihn eine Frau, wunderbar an Aussehen und Größe, und sprach: Komm her, damit du alles behältst. Währenddem langte sie ein glühendes Stäbchen hervor, als eine andere Seele ihn befreite und er plötzlich, wie von einem Sturmwind fortgerissen, in seinen Körper zurücksank.' Er war zu sich gekommen, während man sich anschickte, ihn zu begraben. Wir erfahren bezeichnenderweise, daß Thespesios, der vordem ein ausschweifendes und niederträchtiges Leben geführt hatte, durch dieses Erlebnis eine Art von Bekehrung erfuhr: auch habe ihm das Orakel prophezeit gehabt, er würde 'besser werden, wenn er stürbe'.[1]

Ein reiches Wirkungsfeld gelehrigen Glaubens haben natürlich stets die Jenseitsgesichte gefunden, die von Angehörigen großer kirchlicher Gemeinschaften mitgeteilt wurden, zumal von Personen, die aus sonstigen Gründen besonderes Ansehn genossen. Die häufigen Ausflüge katholischer Heiliger ins Fegefeuer, in die Hölle und an die Orte der Seligen galten für Millionen von Gläubigen als klassische Zeugnisse.[2]

S. Franziska Romana — um e i n Beispiel aus vielen zu geben — hatte während einer Meditation über die Sünden der Menschheit eine Erscheinung des Erzengels

1) Vgl. hierzu o. S. 103 über Bekehrung in der Ekstase. 2) Vgl. schon in frühchristl. Zeit die Vision des Paturus, bei Weinel 203f.

Raphael, mit dem sie nach weiter Reise durch den Raum an den Rand eines furchtbaren Abgrunds gelangte, über dessen Schlund sie die Worte las: Hier ist die Hölle, darin nicht Ruhe, noch Erbarmen, noch Hoffen ist. Der Engel erklärte ihr, daß Gott ihr einen neuen Sinn gebe, 'um das Unsichtbare zu sehen, um das Unbegreifliche zu begreifen'. Dann überschaute sie die verschiedenen Abteilungen der Hölle, in deren dritter und schrecklichster das ewige Feuer brennt, das alles verschlingt, ohne es zu verzehren, und worin die Dämonen ihre quälerischen Künste üben. 'Das Gedächtnis [der Verdammten]', sagt die Heilige, 'ist ewig gemartert von Gewissensbissen.' Es wurde ihr auch offenbart, daß am Tage des jüngsten Gerichts, wenn die Seelen ihre Leiber zurückerlangen, ihre Qualen sich noch vermehren würden. Danach sah sie die besonders gearteten Qualen krassester Art, mit denen jedes einzelne Laster heimgesucht wird, und im Innern der Hölle Satan selbst auf feurigem Thron. Was sie schaute, konnte später nach ihren Angaben auf den Klosterwänden von Tor de' Specchi abgemalt werden. Sie selbst vermochte stets nur mit Zaudern und Zittern davon zu reden.

S. Franziska Romana durchreiste in Gesichten aber wiederholt auch die Himmel. Im ersten, den sie den gestirnten nennt, machte sie die Beobachtung, daß das Blau des Firmaments auf einer Täuschung der geblendeten Augen beruhe, daß viele Sterne die Erde an Größe überträfen und daß unermeßliche Zwischenräume sie trennten. Der dritte Himmel ist der Ort, an dem die Auserwählten die Gottheit beschauen: sie hörte entzückt die Chöre der Seligen, die das reine Licht der Liebe preisen. Im Himmel sind die Heiligen unter die Scharen der Engel verteilt und in Hierarchien, diese wieder in Chöre geteilt. S. Franziska sah gelegentlich diese Armee in Gruppen vorüberziehen, eine jede unter ihrem Führer und mit ihrer Standarte: voran die Patriarchen und Propheten unter der Führung des Täufers; S. Peter führte die Apostel; S. Stephan und S. Laurentius gingen den Märtyrern voran, S. Gregor den Doktoren, S. Benedikt den Klosterleuten usw. Jeder der Führer sang einen Lobgesang dem Lamme. Jede neu ankommende Seele wird nach dem Maß ihrer Heiligkeit einem dieser Chöre zugezählt und von ihnen im Triumph empfangen. Die Schauende selber fühlte sich den Seraphim beigezählt. In dieser Region der reinen Liebe empfand sie eine durchdringende Wärme, die sich bis zu den niederen Rängen der Seligen ausbreitete. 'Eine solche Glut', sagte ihr ein Seraph, 'entflammt, ohne zu verzehren; sie berauscht deine Seele, bis sie nicht mehr weiß, was sie tut ... Wird diese arme Seele gezwungen, wieder zur Erde hinabzusteigen, so kann sie nur mit Schmerz sich dazu entschließen.' Und damit drückt er allerdings eine Erfahrung aus, die fast Alle ausgesprochen haben, die aus den Höhen solcher schauender Erlebnisse ins nüchterne Tagesbewußtsein zurückgekehrt sind.[1]

Mitunter mischen sich, wie schon die Vision des Thespesios andeutete, soz. individuell-spiritistische Züge in diese Gesichte.

Die mehrfach erwähnte Marie von den Engeln 'sah die heilige Jungfrau mit den Verdiensten ihres göttlichen Sohnes ins Fegefeuer hinabsteigen, wo eine unzählbare Menge von Schutzengeln für die Seelen eintraten, die sie unter ihrer Obhut

1) Bei Rambuteau, aaO. 118ff. 185ff. Verwandtes in S. Bonifacii Epist., ed. Serrarii (Magunt. 1629), Ep. 21; Bedas Hist. Eccles. l. 5 c. 13; Zoepf 175ff; Gichtel, Leben 113.

gehabt hatten; unter diesen Seelen sah sie einen Prior des Karmeliterordens und mehrere Nonnen des Klosters der hl. Christine, die vor einigen Jahren gestorben waren, welche die Jungfrau mit sich im Triumph zum Himmel führte ... Unter diesen Nonnen war eine, welche Priorin der Schauenden gewesen war und sie jetzt ansprach, ihr für ihre häufigen Gebete dankte und ihr auftrug, auch einer ihrer Mitschwestern dafür zu danken.'[1]

Die Fruchtbarkeit an solchen Visionen großen Stils beschränkt sich übrigens nicht auf das Gebiet des Katholizismus: die protestantischen Kirchen haben ihr zwar nicht durch Heiligsprechung der Schauenden und Anerkennung ihrer Offenbarungen die gleichen Verlockungen geboten; doch sind die natürlichen Quellen dadurch nur wenig eingedämmt worden.

Bekannt als Beispiel eines Ausflugs durch Hölle und Himmel ist das Gesicht des Hans Engelbrecht, eines 1599 zu Braunschweig geborenen Tuchmachergesellen und anscheinend geborenen Neuropathen. Nachdem ihm eifriges Beten keine Erlösung von dieser Welt der Leiden verschafft hatte, verfiel er in eine schwere, entkräftende Krankheit (vermutlich hysterischer Natur), während deren er unter Seelenangst und Körperschmerzen eine Woche lang ohne Nahrung blieb und schließlich anscheinend zum Sterben kam: nach und nach völlig gelähmt und ohne Wahrnehmung (zunächst mit Ausnahme des Gehörs), lag er erkaltend da. 'Sobald sich [auch noch] das Gehör verloren hatte, däuchte ihm, er würde mit dem ganzen Leibe aufgenommen und weggeführt, schneller als ein Pfeil vom Bogen, und er ward im Geist geführet vor die Hölle; da sah er eine schreckliche, große, dicke Finsternis; es war da solch ein ... Dampf und Stank, ... daß er mit keinem Dampf und Stank in der Welt zu vergleichen; in der Finsternis hörte er ... so garstige, greuliche Stimmen, ... die riefen also: O ihr Berge, fallet über uns, und ihr Hügel, bedecket uns, auf daß wir doch nicht mögen gestellt werden vor das Angesicht des Herrn und verdammt sein in alle Ewigkeit ... [Dabei] setzten ihm viel tausend Teufel zu, er müßte auch ein verlorener, verdammter Mensch sein; da sprach er in seinem Geist: Ob mich denn nun gleich mein Herz und alle Teufel verdammen wollen, so kannst du, lieber Herr, himmlischer Vater, mich gleichwohl nicht verdammen von wegen deiner großen unaussprechlichen Liebe. Da er nun also sprach, da verschwand die Finsternis, der Stank verging, die Stimmen wurden stille und der heilige Geist erschien ihm da und führte ihn in das helle Licht der göttlichen Herrlichkeit; da sah er die Chöre der heiligen Engel und die Chöre der Propheten und Apostel um Gottes Stuhl singen und klingen mit himmlischen Zungen und Musika. Da ward ihm nun von Gott durch einen heiligen Engel befohlen, er sollte wieder in die Welt gehen und den Leuten verkündigen, was er gesehen und gehöret hätte, auch ward sein Verstand erleuchtet, die ganze Bibel zu verstehen, und ihm eigentlich anbefohlen, was er den Menschen vornehmlich sagen sollte, nämlich, daß sie sollten von Herzen Buße tun, an Jesum Christum glauben mit einem lebendigen Glauben, der sich in der Liebe dartue und beweise ... Hierauf ward er wieder aus der Klarheit geführt und es däuchte ihm, er würde wieder mit seinem ganzen Leibe auf sein Lager gelegt, und fing wieder an zu hören; danach

1) Labis 182. Kirchlich-kultisch gefärbte Himmelsvisionen s. S. Alphonse Rodriguez 8ff. 74; vgl. Görres II 247 (Beatrix v. Nazareth).

begann er seine Augen auch zu fühlen' und in den nächsten 12 Stunden kehrte das Leben allmählich in seine Glieder zurück.[1]

Ein Beispiel aus protestantischer Umwelt von bloßem Schauen Gottes inmitten der Bewohner des Himmels liefert William Tennent, der dem Verfasser seiner Lebensgeschichte das Folgende über die Gesichte mitteilte, die er während eines dreitägigen Trans zur Zeit eines Krankenlagers hatte.

'Während ich mit meinem Bruder den Zustand meiner Seele und meine Befürchtungen betreffs meines jenseitigen Wohlergehens besprach, fand ich mich ganz plötzlich in einem andern Daseinszustande, unter der Führung eines erhabenen Wesens, das mir zu folgen gebot. Ich ward also schwebend dahingetragen, ich weiß nicht wie, bis ich in der Ferne einen unbeschreiblichen Glanz gewahrte, der auf meinen Geist einen Eindruck machte, den ich auf keine Weise einem Sterblichen mitteilen könnte... Ich sah eine unzählbare Schar von seligen Wesen, die jenen unbeschreiblichen Glanz umgaben, mit Äußerungen der Anbetung und freudigen Verehrung; aber ich sah keinerlei körperliche Gestalt oder Bild in der erhabenen Erscheinung. Ich hörte unaussprechliche Dinge, ... Gesänge und Hallelujas des Dankes und Lobes, voll unsagbarer Entzückung, und empfand unaussprechliche Wonne ... Darauf wandte ich mich an meinen Führer und bat um die Erlaubnis, mich unter die selige Schar zu mischen; er aber berührte meine Schulter und sprach: Du mußt zur Erde zurückkehren. Dies ging mir wie ein Schwert durchs Herz. Alsbald sah ich — wie ich mich entsinne — meinen Bruder vor mir stehen, der sich mit dem Arzt besprach. Die drei Tage, während welcher ich anscheinend ohne Leben gewesen, erschienen mir nicht länger als 10 oder 20 Minuten. Der Gedanke, in diese Welt der Schmerzen und Mühen zurückkehren zu müssen, verursachte mir eine solche Erschütterung, daß ich mehrere Male in Ohnmacht fiel.'[2]

Der nächste, merkwürdige Bericht ist noch jüngeren Datums. Er stammt aus der Feder eines langjährigen Lokomotivführers, namens Skilton, und etwas von der gewohnten Sachlichkeit und Genauigkeit des Mechanikers ist augenscheinlich der Erzählung zugute gekommen.

Skilton 'war eines Tages etwa um 7 Uhr nachm. mit zwei Andern beschäftigt, einige immergrüne Bäume aus einem Güterwagen auszuladen. Sie waren groß und schwer und eine ziemliche Menge Güter war nach ihnen in den Wagen verladen worden, so daß es notwendig war, einiges davon herauszunehmen. Ich öffnete die Wagentür, als ein Faß mit Eiern auf den Boden herabfiel, und in demselben Augenblick sah ich eine Person von mittlerer Größe zu meiner Rechten stehen, in Weiß gekleidet, mit strahlendem Angesicht von intelligentestem Ausdruck. Ich wußte augenblicklich, was sie wollte, obgleich sie ihre Hand auf meine Schulter legte und sagte: Komm mit mir. Wir bewegten uns mit Blitzesschnelle soz. aufwärts und ein wenig gegen Südost; ich konnte die Höhen, Bäume, Gebäude und Straßen sehen, während wir nebeneinander aufstiegen, bis sie unserm Gesicht

1) In G. Arnold, Das Leben der Gläubigen... (Halle 1701) 621 ff.; Die geistliche Fama II 13. St. 105. Hier gekürzt. Ähnliche Fälle: Arnold III 215 ab. 229 b f. 244 ff.; PS XXXIV 669 f.
2) Memoirs of the Life of the Rev. Will. Tennent... [1822] (Repr. Glasgow 1892) 22 f. Vgl. die Erfahrung des Quäkers J. Lindley in Hoppers Life... 258, u. die des Cevennois Compan bei Murisier 136 Anm.

entschwanden. Während wir uns fortbewegten, sagte mir das himmlische Wesen, das bei mir war, daß es mir die strahlende Himmelswelt zeigen würde. Wir kamen bald in eine Welt des Lichtes und der Schönheit, viel tausendmal größer als diese Erde, mit mindestens viermal so viel Licht. Die Schönheiten dieses Ortes kann kein Mensch beschreiben. Ich saß beim Baume des Lebens auf einem viereckigen Höcker von — wie mir däuchte — grünem, samtenem Moose, etwa 18 Zoll hoch; dort sah ich viele Tausende von Seelen in Weiß gekleidet, himmlische Gesänge singend; ... es war der süßeste Gesang, den ich je gehört ... Sie unterhielten sich nicht in Lauten, sondern Jeder kannte augenblicklich die Gedanken des Andern, und Gespräche wurden in dieser Weise auch mit mir geführt. — Nachdem ich eine Zeitlang die wunderbaren Schönheiten des Ortes betrachtet, ... wünschte ich meine liebe Mutter zu sehen, zwei Schwestern und ein Kind, das mir einige Zeit zuvor gestorben war. Die Bitte wurde alsbald gewährt, aber es war mir nicht erlaubt, mit ihnen zu reden. Sie standen in einer Reihe vor mir, ich blickte sie an und schätzte bedächtig den Abstand, der uns trennte, auf 30 Fuß ... Etwa um diese Zeit sagte mein Begleiter mir, daß wir zurückkehren müßten; ich wünschte zu bleiben, aber er sagte mir, daß meine Zeit noch nicht gekommen sei ... Darauf machten wir uns auf den Rückweg und verloren jenes himmlische Land bald aus den Augen. Als wir in den Gesichtskreis dieser Welt kamen, sah ich alles wie aus einer großen Höhe, die Bäume, Häuser, Hügel, Straßen und Flüsse, so natürlich wie nur möglich, bis wir zu dem Güterwagen kamen, dessen Tür ich geöffnet hatte, und ich mich dort im Leibe vorfand und [der Führer] meinen Augen entschwand. Darauf sagte ich (gerade während ich meine Uhr öffnete und bemerkte, daß ich genau 26 Minuten mit jenem Geheimnisvollen gewesen war), daß ich geglaubt hätte, diese Welt endgültig verlassen zu haben. Einer der Männer sagte: 'Mit Ihnen ist etwas los, seitdem Sie die Wagentür öffneten; wir haben nicht ein Wort aus Ihnen herausbringen können,' und daß ich die ganze Arbeit getan, alles ausgepackt und wieder in den Wagen zurückgestellt hätte, darunter 8 Säcke Mehl allein vom Boden in den Wagen gehoben, $3^1/_2$ Fuß hoch, mit der Leichtigkeit eines Riesen. Ich sagte ihnen, wo ich gewesen und was ich gesehen, aber sie hatten niemand bemerkt.' Skilton versichert, daß er zur Zeit dieses Gesichts bei 'guter Gesundheit und mitten am Tage völlig wach und bei Sinnen' gewesen sei, sein Geist nicht mehr als sonst mit den großen Fragen des ewigen Lebens beschäftigt.[1] Neben den häufig wiederkehrenden Einzelheiten des Führers im Jenseits und der Rücksendung in die Welt gegen den Willen des Sehers bemerken wir hier zuerst die Eigentümlichkeit, daß die sinnliche Umgebung des Schauenden anscheinend in räumlicher Fortbewegung verlassen, dementsprechend zuerst noch wahrgenommen, dann aber aus den Augen verloren und erst vor der 'Rückkehr in den Leib' wieder wahrgenommen wird.

Eine überreiche Ernte jenseitsmalender Gesichte hat auch der neuere Spiritismus gebracht, der natürlich ein starkes Interesse haben mußte, Näheres über die dauernden Aufenthaltsorte und Beschäftigungen der 'Geister' zu erfahren, die er für kurze Stunden der Besessenheit an seine Medien gebannt fand. Die 'Kontrollen' ließen sich meist ohne Schwierig-

---

1) Pr XI 560f.

keiten dazu herbei, ihre Medien durch die verschiedenen 'Sphären' zu führen, in denen sich die Schicksale verblichener Erdenbürger abspielen sollen. Die Masse des darüber Veröffentlichten ist viel zu groß, um den Versuch einer geordneten Übersicht zu erlauben. Typisch für viele Gesichte der Geisterwelt ist die Entführung des Schauenden in eine wundervolle Landschaft, sonnig grünend, blumengeschmückt, das berühmte 'Sommerland' der Spiritisten, ein Nachklang der alten Vorstellungen von elysischen Gefilden oder Inseln der Seligen.[1] Als ein Beispiel mag die Erfahrung dienen, welche der sorgfältig aufzeichnende W. Stainton Moses unter dem 25. Januar 1874 beschreibt.

Er saß am frühen Nachmittag schreibend an seinem Tische, entsann sich später nicht, mit Schreiben aufgehört zu haben, und stellt aufs bestimmteste in Abrede, eingeschlafen zu sein. 'Das erste, dessen ich mich erinnere, war, daß ich neben meinem Körper stand und ihn anblickte ... Der Geist-Leib schien sich getrennt zu haben und ein unabhängiges Dasein zu führen. Während ich noch schaute, ward ich mir der Anwesenheit des Propheten[2] bewußt, der neben mir stand. Er war in Safirblau gekleidet und trug auf dem Haupt einen Kronreif mit einem sehr hellen Stern in der Mitte über der Stirn ... Er ...hieß mich ihm folgen. Ich erinnere mich sehr wohl der Seltsamkeit meiner Gefühle, als ich entdeckte, daß die Wand des Zimmers keine Schranke für mich bildete. Wir verfolgten ungehindert unsern Weg, bis ich bemerkte, daß wir uns inmitten einer wunderbar schönen Landschaft befanden. Wir wir dahin gelangt waren, weiß ich nicht, vielmehr schien es mir, als hätte ich fast plötzlich die Umgebung der Erde mit der Szenerie der Sphären vertauscht. [Es folgt eine Beschreibung der prachtvollen Landschaft.] Ich bemerkte, wie leicht mein bloßer Wille mich dahintrug mit eigentümlich gleitender Bewegung.' Schließlich fand er in einer kleinen Hütte seine Großmutter Stainton, ganz wie er sich ihrer erinnerte, nur in 'langem, reinem Gewande mit dunkelrotem Gürtel, das Gesicht verklärt'. Sie eilten weiter, doch wird die Folge der Ereignisse nicht recht erinnert, bis er sich wieder am Schreibtisch fand.[3]

Katholizismus, Protestantismus, Spiritismus bilden Gedankenwelten und Lehrkreise von noch heute bedeutendem Ansehn. Es mag für die Blickeinstellung und das Schätzungsurteil einiger Leser ins Gewicht fallen, wenn ich abschließend und in größter Kürze einige ähnlich weitausgreifende Gesichte aus Herkunftsgebieten wiedergebe, die auf ähnliches Ansehen keinen Anspruch erheben können. — Eins dieser Gebiete ist der profane Traum.

Ich finde zB. bei Splittgerber die Beschreibung eines Morgentraumes, nach durchwachter Nacht in 'festem, tiefem Schlafe' bei einer an 'großer körperlicher Schwäche'

---

1) Vgl. zB. Odyssee IV, 560ff.; Rohde I 69. 76. 104. Bei Ertrinkenden sind Gesichte dieser Art nicht selten: s. zB. die Originalmitteilung bei Splittgerber, Schlaf, 2. Aufl., II 26. 2) Eine seiner 'Kontrollen'. 3) Pr XI 36f. Ähnlich die Beschreibung des Paradieses durch den Mystiker Bromley bei Corrodi III 396ff. Einzelheiten von sonderbarster Erdenhaftigkeit, gewürzt mit jenseitig-utopistischer Zweckhaftigkeit s. zB. bei Mabel Collins (Mrs. K. Cook) The Awakening (Lond. 1906); Visions of the Beyond, by a Seer of To-day, ed. by H. Snow (Boston 1877); Haddock 193ff. Theosophisch-hermet. Beispiele: Kingsford I 190ff.; II 313.

Leidenden eingetreten, der mehrere der typischen Merkmale solcher Exkursionen zeigt: den führenden Geist (hier einen einzelnen Verstorbenen), der zu der Träumerin sagt, er wolle ihr den Ort der Seligen zeigen; das Emporsteigen; als Endszene freilich nur köstliche Landschaften mit lieblich singenden Vögeln, blühenden Blumen, kristallhellen Strömen; die Begegnung mit verstorbenen Bekannten; endlich die Rücksendung auf die Erde, weil 'die Zeit noch nicht gekommen sei'.[1]

Was der Traum leistet, leisten aber auch gewöhnlich noch niedriger bewertete Phasen abnormen Bewußtseins, wie etwa der narkotische Rausch. Mehrere Beispiele hierfür liefert Alphonse Cahagnet, der schon erwähnte gescheite Pariser Schreiner, der über die Aussagen einer größeren Anzahl von Personen unter Haschisch sorgfältige Aufzeichnungen gemacht hat.

Der Abbé A... (man beachte die berufliche Zubereitung des seelischen Bodens) glaubt den Himmel zu sehen. 'Welch reizender Aufenthalt, welches Licht', sagt er. 'Wie schön ist alles, was ich sehe! Ich gewahre am Fuße dieser ungeheuren Felsen kleine leichte Kügelchen, welche bis zu diesen unermeßlichen Höhen hinaufsteigen. Man sagt mir, daß dies die Seelen sind, welche zum Himmel emporschweben. Diese Felsen bilden zusammen einen Turm von prachtvollster Bauart.' Er begegnet einem gelehrten Theologen, mit dem er eine gute halbe Stunde diskutiert; seine Beweisführungen sind logisch scharf und er behält in allem die Oberhand. Dann sieht er schwärzere Seelen, die sich noch läutern sollen. Er unterredet sich mit jemand, den er gelegentlich 'mein Gott' anredet, und staunt über die massenhaften Gedanken, die er in sich vorfindet. Auch bittet er Gott (ein typischer Zug, nur mit Vertauschung der Rollen), ihn zu den Menschen zurückzuschicken, damit er ihnen das Gesetz verkünde und erkläre. 'Wenn sie wüßten, was ich jetzt weiß!'[2] — Ein anderes von Cahagnet berichtetes Gesicht hat noch großartiger kosmischen Charakter und erinnert an die Lehre von die Erde umlagernden Sphären als Wohnorten der Geister. Mme Prichard, die Haschischberauschte, beschreibt eine die Welt vorstellende Kugel, von drei Ringen umgeben, die soz. durch Meere oder schöne blaue Wolken voneinander getrennt sind. Auf jedem Ring leben Millionen von Menschen. Eine unermeßliche Sonne schließt dies alles ein. 'Ich war in der Unermeßlichkeit', sagt sie. Sie steigt auf die Erde hinab und wieder an einem Rohr in die Höhe; dann längs einer gewundenen Treppe auf eine 'zweite Erde', die von der ersten durch eine Atmosphäre von Licht getrennt ist; endlich auf eine dritte, wo vollkommenste Glückseligkeit herrscht. Die Seelen daselbst haben wiederum die Gestalt von kleinen Kugeln von blendender Weiße und sind alle sehr brüderlich untereinander. Erst auf der zweiten Erde sieht man Gott in Gestalt einer blendenden Sonne und eines strahlenden Lichtes; aber dort ist man wieder 'in diesem silbernen, weißen, reinen Lichte, in dem Lichte aller Lichter ... Mit welchem Widerwillen habe ich die Erde wiedergesehen! Welche Traurigkeit, welche betrübte Seelen, welche Leichname in ihrer ganzen Häßlichkeit sind darauf zu sehen! ...' Während aller dieser Gesichte hörte sie eine Stimme in ihrer Nähe, die ihr alle geschauten Bilder erklärte, — der uns bereits bekannte 'Führer' des Jenseitsreisenden.[3]

---

1) Leben, 2. Aufl. 66f.; auch in Schlaf I 169f. Vgl. den 'Traum' Rogers 12, und den noch mehr an Thespesios' Vision erinnernden PS X 297ff. 2) Cahagnet, Heil. 161ff. 3) Das. 174ff.

Noch eine Stufe tiefer, wenn man so will, stoßen wir auf die himmlischen Exkursionen der Fiebernden und Geistesgestörten.

Ideler zB. beschreibt einen Fall von 'Fieberwahnsinn' im Gefolge einer Geburt, in welchem die von Haus aus gesunde Patientin während allgemeiner Zerschlagenheit, Angst und Wüstheit im Kopf zunächst mehrere schnell vorüberziehende Visionen Gottes 'wie in Flammengestalt' hatte, umgeben von verstorbenen und lebenden Bekannten. Diesen Gesichten, an deren Wahrheit die Kranke noch zweifelte, folgte während zunehmenden halluzinatorischen Fieberdeliers das mehrmalige größere Gesicht eines 'Lichtmeeres', in welchem 'geisterähnliche Gestalten als auferstandene Seelen um einen hellstrahlenden Mittelpunkt, den sie für Gott hielt, herumschwebten, indem sie Lobgesänge im Chor auf ihn anstimmten und ihre Seligkeit priesen, von der auch die Patientin erfüllt war, da sie schon ins Paradies eingegangen zu sein und die Ihrigen zu erblicken glaubte'. Dieses Schauen wurde von Ideler nach damaliger Gewohnheit hauptsächlich durch Brausen geheilt.[1]

Der Tiefststand himmlischer Schauensseligkeit tritt uns in der Erzählung einer Hysterischen der Salpêtrière entgegen, die in kataleptischer Ekstase zB. folgendes Gesicht hat: Sie sei im Himmel gewesen, inmitten eines blendenden Lichtes. Überall sah sie Moos und kleine Johannesse und 'frisierte' Schafe, strahlende Diamanten u. dgl. Der Heiland, den sie ebenfalls gesehen, trägt langes gelocktes Haar und einen großen roten Bart; er ist schön, groß, kräftig, ganz von Gold. Die heilige Jungfrau ist vergoldet. Der Heiland hat sie angesprochen, sie kann sich aber seiner Worte nicht erinnern. Sie hat ihm vor Erregung nicht zu antworten vermocht. 'Mir war so wohl da oben, ... es war so schön.'[2]

XXXI.

Psychologistische Kritik der automatistischen und visionären Offenbarung.

Ich breche hier mit der Anhäufung von Beispielen ab, die dem Leser eine ungefähre Anschauung jener ersten zwei Gattungen mystischen Erkennens verschaffen sollten: des automatisch in sprachlich-begrifflicher Form erzeugten und — ihm wesensverwandt — des visionär dargebotenen. Ich habe mich dabei natürlich nicht an 'kanonische' Gesichtspunkte halten können: als seelische Gewebe mit den Augen des Psychologen betrachtet, sind die Offenbarungen des anerkannten Propheten von den Jenseitsträumen des Irren ja schlechterdings nicht zu unterscheiden, und es muß ganz fraglich erscheinen, ob etwa einzelne Gesichte oder Gattungen von solchen oder aber Elemente innerhalb einzelner Gesichte zu höherer Würde sich absondern lassen. Eine solche Aussonderung aber könnte natürlich nur in Rücksicht besonderen Ursprungs stattfinden; durch den Ursprung unterscheiden sich für das herkömmliche Urteil zB. Hallu-

1) Ideler I 127ff. 2) Aus Iconogr. de la Salpêtr. I 22 bei Richer 214. Vgl. die Aussagen des Pat. Math... bei Richer 280 und die der A. Lanois bei Boismont 200ff., bes. 204.

zinationen und Wahrnehmungen: den ersteren wird abgesprochen, was den Wert der letzteren ausmacht: die unmittelbare Beziehung auf Wirklichkeiten.

Dem Mystiker nun gelten seine Gesichte fast ausnahmelos als Wahrnehmungen. Fast ausnahmelos. Denn es soll nicht übersehen werden, daß selbst das Bewußtsein des Mystikers die Unterscheidung objektiv gültiger und ungültiger Gesichte durchaus nicht bestreitet. Die Gründe seiner Unterscheidungen können freilich für unser Denken nicht ins Gewicht fallen, zumal sie durchweg von der Voraussetzung der jenseitigen Welt an sich ausdrücklich ausgehen.[1] Ja einige seiner Gründe für eine objektive Wertung der Gesichte können heutigem Denken geradezu die Annahme subjektiven Ursprungs befürworten: wie etwa die Tatsache, daß man durch Gesichte oder Auditionen mehr begreife, als unmittelbar in ihnen enthalten sei;[2] daß sie eine ungewöhnliche Gewißheit und Überzeugtheit einflößten, selbst widerstrebenden Tatsachen und eigenen Bedenken gegenüber;[3] oder daß sie sich unmittelbar in sittlich-seelische Wirkungen übertrügen.[4] Denn alle diese Folgeerscheinungen könnten sehr wohl, ja müßten sogar eintreten, wenn das Gesicht nur ein Symptom: den versinnlichten, zur Halluzination gediehenen Anteil eines umfassenderen Vorgangs in der schöpferischen Tiefe des Außerbewußten darstellte.

Gerade auf diese Vorgänge gründet sich letzten Endes der Subjektivismus, den die herrschende Psychologie natürlich den Ansprüchen des Mystikers entgegensetzt. Ihre — man kann wohl sagen — restlose Ablehnung dieser Ansprüche darf sich einerseits schon auf die ganz offenkundige Unsinnigkeit, ja Ungeheuerlichkeit so vieler Gesichte und Eingebungen berufen. Soweit sich diese Unsinnigkeit nicht ohne weiteres jedermann aufdrängt, darf die Kritik darauf verweisen, daß dies vermutlich der Gewöhnung gewisser Kulturkreise an bestimmte Vorstellungen zuzuschreiben sei, und dem geschichtlichen Ansehen, das gewisse Lehren und ihre Verkünder nun einmal besitzen. Dieses Ansehn indessen versagt in anderen Kulturkreisen — gegenüber Andersgläubigen oder Vertretern moderner Wissenschaft —, und darin liegt schon angedeutet, daß selbst soweit die mystischen Erkenntnisse nach kirchlicher Auffassung sinnvoll erscheinen, ihr Erkenntniswert durch ihre Nichtübereinstimmung untereinander zerstört wird. Endlich aber und vor allem soll die ganze Frage mit der Wurzel beseitigt werden durch den Nachweis, in welcher Weise alle jene Erkenntnisse ganz natürlich im Subjekt entstehen, ohne jede Zuziehung metaphysisch-jenseitiger Annahmen.

Die oberflächlichste, wenn auch in ihren Grenzen zureichende Form dieser Kritik durch Ursprungsnachweis bestände darin, daß man

---

1) Vgl. zB. Lechner 64; Rousselot 165; S. Teresa IV 121; S. Jean II 172. 2) S. Teresa IV 127. 141ff. 3) Das. 122f. 4) Das. 121; S. Jean II 357ff.

die einzelne Offenbarung aus unmittelbar vorausgehenden Anlässen sich entwickeln läßt. Wir finden unleugbar im mystischen Leben Vorgänge, die an die bekannten Tatsachen der experimentellen Anregung von Träumen und Halluzinationen erinnern.[1] Oft stellt sich die Vision zB. als soz. wörtliche Übersetzung-in-die-Anschaulichkeit von soeben gehörten liturgischen oder eben gelesenen oder meditierten Worten dar; wie wenn S. Gertrud beim Texte des Responsoriums *Vidi dominum facie ad faciem* 'mit einem unbeschreiblich wunderbaren Glanz umleuchtet' wird und 'wie ein Antlitz meinem Antlitz entgegengesetzt' sieht.[2]

Etwas mehr ins Innere führt diese Deutung bei Offenbarungen, deren bloßer Gegenstand und deren Tendenz in allgemeiner Weise durch Fragen oder Wünsche angeregt sind, während sie im übrigen die Sprache der erlernten Theologie oder aber durchsichtige, *ad hoc* gebildete Symbole benutzen.

Ein Beispiel der ersteren Art ist etwa das Gesicht der Begine Christina v. Stumbelen (geb. 1233), deren quälende Zweifel, ob wirklich Gottes Leib in der Hostie sei, sich auf ihr Gebet hin lösen durch das Gesicht eines Kindes in der Hand des Priesters während der Erhebung.[3] — Ein Beispiel der zweiten Art liefert uns eins der Subjekte Cahagnets, M. Blouet. Auf die Frage, warum unsere Gebete Gott angenehm seien, wenn wir doch nicht frei sind, sieht er ein Kind auf den Knien eines Mannes, das diesen liebkost, wie es gelehrt worden ist;[4] eine leichtverständliche allegorische Darstellung von Gedanken, die nachweislich im Vorstellungsbereich des Sehers lagen.

Weit tiefer indessen greift die genetisch begründete Kritik der mystischen Offenbarungen, wenn sie im Gewande einer Geschichte der Vorstellungen und Begriffe auftritt. Indem der Mystiker seine Offenbarungen zu Mitteilungen und Wahrnehmungen stempelt, behauptet er ja ihre Ursprünglichkeit und Selbstgenügsamkeit: wenn nie zuvor gedacht oder geschaut worden wäre, so würden ihm seine Gesichte sich selbst und ihren Gegenstand verbürgen. Diesen Anspruch schiebt die subjektivistische Kritik beiseite, indem sie den Einzelnen in einen geschichtlichen Zusammenhang nicht nur der Offenbarungen, sondern auch 'normalen' Denkens und Lehrens einordnet; dieser Zusammenhang liefere dem einzelnen Propheten oder Seher den Stoff seiner Offenbarungen zum Umguß in die ihm natürliche, als übernormal imponierende Form der Äußerung.

---

1) Vgl. hierzu Rieger u. Virchow, Der Hypnotismus (Jena 1884) 23; Dheur, Les halluc. volontaires (Par. 1899); v. Straaten in ZH IX 132ff.; Richer 398; Spitta, Schlaf- u. Traumzustände d. menschl. Seele 123; Ll. Tuckey, Psychotherapeutics 248 (nach Lagrave); Perty, Blicke 55ff.; Abercrombie, 11. Aufl. (1841) 380 u. a. — Selbstlenken der Träume: Binet in AP XVI (1910) 492; A. Dumas in Rev. de Paris, 15. Nov. 1909. — Vgl. dazu Ruysbroeck 67; S. Teresa IV 180. 2) Gertrud I 157. Vgl. Görres II 253f. (Thom. a Villanova); Angela 144 (c. XLI); Dazza 281; Wells 98 (Joseph Main). 3) Görres I 344. 4) Cahagnet, Heil. 156f. Wunscherfüllende Gesichte auch bei S. Alphonse Rodriguez 49 (Nr. 34); Arnold III 213b (Christina Poniatowia).

Daß die Kritik hiermit Verpflichtungen übernimmt, die sie in aller Strenge nicht immer einhalten kann, ist zuzugeben. Der biographische Nachweis, daß dem einzelnen Propheten der Gesamtinhalt seiner Offenbarungen auf normalen Wegen zugeflossen sei, kann selten vollständig geführt werden; anderseits ist nicht zu bestreiten, daß eine weitaus größere Beweislast der entgegengesetzten Behauptung zufalle, nach der sich in seinen Offenbarungen etwas finde, was ihm auf normalem Wege nicht zugeflossen sei; genau genommen (und dies wird uns später auf eine zweite Form der genetischen Kritik führen): was auf normalem Wege in ihm nicht hätte entstehen können. Daß aber jener biographische Nachweis wenigstens in jener allgemeinen Form gelungen sei, wie sie gegenüber geschichtlichen Begebenheiten allein gefordert werden kann, wird schwerlich zu bestreiten sein. Die Geschichte zeigt uns den Mystiker fast immer als Glied einer Gemeinschaft von mehr oder minder reicher Überlieferung der Begriffe und Anschauungen, die den Einzelnen durchwogt, ohne daß er sich stets darüber klare Rechenschaft ablegen könnte. Diese Überlieferungen bilden den Rohstoff zu unzähligen Offenbarungen. Und das einmal 'inspiriert' Geäußerte oder Geschaute bildet seinerseits den Inhalt neuer Überlieferung, an der sich jedes kommende Geschlecht erbaut und — zu neuen Offenbarungen begeistert.[1]

Die Anregung halluzinatorischer Offenbarungen von außen ist deutlich zB. in Fällen von epidemisch auftretenden gleichartigen Gesichten, die stets durch eine 'erste' Vision und ihre Beschreibung seitens des Schauenden in Gang gebracht werden.[2] — Aber auch das Schauen einzelner heiliger oder göttlicher Gestalten seitens des soz. isolierten Mystikers erklärt sich natürlich ohne weiteres, wenn man die Durchtränkung seines ganzen Denk- und Willenslebens mit der Überlieferung von eben jenen Gestalten in Betracht zieht.[3] Wir vermögen nachgerade schon nur für sehr besondere Einzelzüge der Visionen noch ein Ursprungsinteresse aufzubringen; wie wenn zB. die franziskanisch beeinflußte hl. Birgitta († 1373) Gesichte zugunsten des Dogmas von der unbefleckten Empfängnis Mariae hat, während ihre dominikanisch gebildete Zeitgenossin, die hl. Katharina von Siena, Offenbarungen im Sinne des 'makulistischen' Mariendogmas dieses Ordens empfängt.[4] Ich will indessen auf derartige Einzelnachweise an den früher gegebenen Beispielen nicht eingehen, sondern an einem neuen Falle die Aufgaben veranschaulichen, die sich der genetischen Einzelkritik stellen: nämlich an den Gesichten, die zur Begründung der 'Andacht zum Herzen Jesu' durch die Salesianerin Marguerite-Marie Alacoque führten.

1) S. zB. Perty, M. E. I 312 über den Zusammenhang zwischen der Bäuerle und der Wenger.
2) Eine Zusammenstellung epidem. Marien-Vis. bei Kurz, Kirchengesch., 12. Aufl. II, 2 124ff.
3) Elisabeth v. Schönau 'sieht' zB. die einzelnen Heiligen an ihren 'Tagen': Preger I 38.
4) Zöckler 541.

Tatsachen, die den Vorstellungsgehalt dieser Offenbarungen abzuleiten gestatten, werden uns von dem strenggläubigen Biographen in genügender Fülle geliefert. In der ersten der drei großen Visionen, welche Mgr. Bougaud zählt, sah die Selige das Herz Jesu 'strahlend nach allen Seiten, heller glänzend als die Sonne und durchsichtig wie ein Kristall. Die Wunde, die es am Kreuz empfing, war darauf sichtbar. Um dieses göttliche Herz schlang sich eine Dornenkrone, und ein Kreuz überragte es.'[1] Eine genau entsprechende Figur war nun aber von S. François de Sales dem Orden der Visitation als Wappen verliehen worden, dem Orden also, dem auch Paray-le-Monial angehörte, das Kloster, in welchem Marguerite-Marie lebte.[2] Abgesehen davon war die Andacht zum Herzen Jesu durch eine ganze Anzahl entsprechender Visionen[3] in der römischen Kirche schon vorher aufgekommen, wie auch die zum Herzen Mariae in manchen Gegenden ihren eigenen Festtag hatte. Überdies war der Orden der Visitation von seinem Stifter insbesondere zur Verehrung des Herzens Jesu bestimmt worden; er nannte seine Mitglieder geradezu *filles du sacré coeur de Jésus* und bestimmte ihnen eine tägliche Meditation, in der sie 'mit vollem Vertrauen an der liebenswerten Brust, d. i. in dem liebevollen Herzen des liebenden Erlösers ruhen' sollten.[4] Bougaud behauptet allerdings, daß gerade in Paray diese Andacht nicht üblich gewesen: in den Annalen des Klosters und den Lebensbeschreibungen seiner Einwohnerinnen soll sich 'kein Wort, keine Zeile, die auf das Herz Jesu Bezug hätte', finden (!). Auch soll Marguerite-Marie selbst ihre Unbekanntheit mit dieser Andacht vor ihren Offenbarungen behauptet haben.[5] Zieht man diese Unkenntnis in Frage, so könnte gerade die Vernachlässigung dieser Andacht in Paray den Anreiz zur Ausbildung ihrer Visionen gegeben haben. Jedenfalls hat man nicht den mindesten Grund zur Annahme, daß das Wappenzeichen des Ordens der Ekstatischen unbekannt war, noch auch daß der Gedanke an das Herz Jesu als Gegenstand der Andacht ihr weniger nahe lag, als früheren Seherinnen.

Bezüglich umfassenderer Gesichte will ich als Beispiel einen Typ herausgreifen, der sich dem Leser als solcher aufgedrängt haben wird. Wenige Arten visionären Erlebens sind von der geschichtlichen Religionswissenschaft unserer Tage so gründlich auf ihre Genealogie untersucht worden, wie die der Seelenreise durch Himmel und Hölle; und wenn auch natürlich nicht in allen Einzelfragen Übereinstimmung herrscht, so steht doch der Psychologe hier vor der Tatsache einer Fortpflanzung von Begriffs- und Anschauungsgut, die sich von den ältesten bekannten Kulturkreisen bis auf die Gegenwart erstreckt. Gegeben ein beschränkt-astronomisches Weltbild von der Art des babylonischen,[6] gegeben die Vorstellung von der Seele, ihrer Verstrickung im Leibe, ihrer Erlösung als Befreiung vom Leibe, wie sie schon früh zB. die altpersische Religion entwickelt hatte, so ergab sich leicht die Vorstellung nicht nur einer Abwanderung der im Tode befreiten Seele nach irgendwelchen der himmlischen Örtlichkeiten — Sonne, Mond, Planetensphären oder was sonst —, sondern auch die

1) Bougaud 237. 2) aaO. 209. 3) aaO. 201f. 4) aaO. 215. 217. 5) aaO. 229.
6) Zusammengefaßt zB. bei Anz 87.

eines gelegentlichen Ausfluges der während des Lebens ekstatisch dem Leibe entwundenen Seele nach jenen Örtlichkeiten. A. Dieterich teilt diese Exkursionen der Seele in 'Reisen' (wobei die Seele bald reitet, bald zu Fuß wandert, schwimmt oder zur See fährt, fliegt oder Brücken benutzt); 'Abstiege', die zu den niederen Orten des Erdinnern, zum Hades, zur Hölle führen, und 'Aufstiege' zu den himmlischen Wohnsitzen der Götter und Seelen.[1] Ältest-überlieferte Einzelheiten dieser jenseitigen Orte bereits erinnern so sehr an neuere, daß die Annahme der Vererbung und Wanderung von Vorstellungen sich förmlich aufdrängt.

So hat schon der Buddhismus ein ganzes Arsenal zB. jener abenteuerlichen Höllenstrafen, die tausend Jahre später im Abendlande das Entsetzen der Seher und der Gläubigen waren: Flammen, Sägen, Messer, rotglühende Zangen und Äxte u. dgl. m. Die Brücke des Gerichts, welche die Verstorbenen überschreiten müssen, um in den Abgrund zu stürzen, falls zu schwere Sündenlast ihre Schultern drückt — diese Brücke bildet ein Verbindungsglied persischer, muhamedanischer und westlicher Visionssymbolik. Das Monstrum mit dem weiten Rachen und die Wage der Gerechtigkeit sind wiederum ägyptischen und christlichen Gesichten gemeinsam.[2]

In griechischem Denken sodann schießt die Vorstellung der Seelenfahrt an allen Enden auf. Plato, der selbst in seinen Lehren vom Schicksal der Seele aus weit rückwärts reichenden Quellen schöpft, berichtet von dem Pamphylier Er, Sohn des Armenios, der in einer mehrtägigen Ohnmacht nach der Schlacht die Entlohnung irdischer Taten und Untaten, die Parzen, den Lethestrom u. a. im Jenseits mit eigenen Augen schaute.[3] Empedotimos von Syrakus erblickte in einer ekstatischen Vision am Himmel u. a. die Tore und drei Wege zu den Göttern und dem Seelenreich und fand den Sitz der Seelen in der Milchstraße.[4] Verwandte Andeutungen ziehen sich dann über Plotin und Porphyrius bis zu allen mystischen Schulen der hellenistischen Zeit: Philo, den Essenern u. a.[5] — Das stoisch-peripatetische Weltbild vor allem, selbst wieder nicht-griechischem Denken entsprossen, vermittelt die anschaulichen Grundlagen der Lehre vom Seelenaufstieg an die Mysterienkulte dieser religiösen Mischperiode um die Wende unserer Zeitrechnung.[6] Über der Erde wölben sich die Luft-, die Ätherregion; feurige Tore führen zur Götterwelt. Die Mithrasgrotte ist ein Abbild der Welt. Die Lehre vom Aufstieg der Seele durch die sieben Himmel in die Ogdoas (den achten Raum) als Ort der Ruhe und die damit zusammenhängende magische und sakramentale Praxis zur Öffnung der sieben Tore und Gewinnung der sie hütenden Archonten (ähnlich den sieben Planetengöttern) sind die Hauptlehren des Gnostizismus.[7]

Spätjüdische Quellen wiederum berichten von der Himmelfahrt des Henoch zu seinen Lebzeiten, den zwei Engel bis in den siebenten Himmel entrücken, wo er von weitem Gott mit seinen höchsten Engeln sieht und inmitten blendenden Lichtes Offenbarungen namentlich über die Weltschöpfung erhält.[8] Die Himmelfahrt des

1) Dieterich 180ff. 2) E. J. Becker, A Contrib. to the compar. study of the medieval visions of heaven and hell... Diss. (Baltimore 1899) 10. 16f. 3) Rep. X, 13ff. p. 614bff. (ed. Bipont. VII 322). 4) Quellen bei Rohde II 94ff. 5) Quellen bei Dieterich 204. 6) Das. 78ff. 7) Nach Anz. 8) 2. Henoch-Buch, Levi V, 2ff., bei Bousset in AR IV 138ff. 141.

Levi im Testament der 12 Patriarchen, die *Ascensio Jesaiae* unter Führung eines Engels sind weitere Beispiele.[1] — Erbin der gesamten antiken Mystik wird endlich das katholische Christentum,[2] innerhalb dessen zB. Origenes die Seele nach dem Tode allmählich vom (irdischen) Paradiese bis zum eigentlichen Himmelreich des körperlosen Seins und des Anschauens und Erkennens Gottes aufsteigen läßt.[3] In der mittelalterlichen Glaubenswelt sodann ist die Vererbung ähnlicher Vorstellungen wiederum erweisbar durch zahlreiche durchgehende Einzelheiten.

Auf einem besonderen Gebiete, dem der altenglisch-keltischen Literatur, spinnen sich diese Fäden besonders reichlich: die Vision S. Pauli, die des Tundale, S. Patricks Purgatorium, das Gesicht des Owen im 12. Jahrhundert, dasjenige des Mönches von Eynsham und des Thurcill sind dem Forscher wohlbekannt. In allen ist eine gewisse Übereinstimmung in den Grundanschauungen wie in vielen Einzelheiten zu erkennen. Das strahlende Licht, die Wohlgerüche, die unverweslichen Blumen und Früchte des Himmels, vor allem aber die Flammen und Qualen der Hölle, darunter solche Einzelheiten, wie das wechselnd tiefe Eintauchen der Sünder in die höllischen Fluten, ihr Aufgehängtwerden an verschiedenen Körperteilen, der brennende See, die schlangenbevölkerte Flut, brennende Bäume, die stinkende Grube, die Brücke, dazu das Motiv des 'Führers' — dies alles sind Züge, die sich immer in mehreren Darstellungen nachweisen lassen.[4] Manche dieser Einzelheiten sind übrigens zu 'sinnvoll', um nicht erfunden, will sagen: von einer bewußt-spielerischen Phantasie, von einem blutdürstig grübelnden Verstande ersonnen zu sein. Wenn in der Hölle Vögel die Augen derer aushacken, die sich durch lüsterne Blicke versündigt hatten, oder Verleumdern die Zunge mit Scheren ausgeschnitten wird; wenn falsche Zeugen ihre Zungen nagen und Feuer im Munde halten müssen,[5] oder Frauen, welche die Erziehung von Waisenkindern verweigert hatten, ihre Brüste unablässig von Schlangen trocken saugen lassen müssen;[6] wenn endlich solche Motive in den Händen der Dichter und Bußprediger sich immer mehr verwickeln und steigern,[7] so stellt sich dringend die Frage, wieviel von den berichteten Seelenfahrten denn auch wirklich visionär-ekstatisches Erlebnis, wieviel bloße 'Literatur' gewesen sei. 'Himmelfahrten und Apokalypsen', sagt Reitzenstein, 'sind durch den Hellenismus zur Erbauungsliteratur geworden und werden am Schreibtisch erfunden und umgebildet.'[8] Daß wirklich ekstatische Erlebnisse der Himmel- und Höllenfahrt auch im Altertum nicht gefehlt haben, beweist freilich die eingehend ausgearbeitete ekstatische Praxis, die wir in der Nachbarschaft dieser Lehren und Berichte vorfinden und die mit Fasten, Kopfhaltungen, gemurmelten Liedern, berauschenden Getränken und andern Mitteln arbeitet.[9]

Nur um solche Stichproben kann und braucht es sich für uns zu handeln auch gegenüber den automatisch erzeugten Offenbarungen. Wo wir auch näher zusehen, überall finden wir den Propheten eingetaucht in den Strom der Überlieferung, verwurzelt durch hundert Fasern mit dem

---

1) Vgl. schon Daniel c. 7. 8. 10; Hesek. (1—10); die Apokalypse S. Petri. 2) Anz 208] 3) De princ. 2, 11, 6 (nach H. Achelis, D. Christentum in d. ersten drei Jahrh. [Lpz. 1912] II 185). 4) Vgl. E. J. Becker, aaO. Anderes bei Perty, M. E. I 134ff. 5) Apokal. S.Petri. 6) Wie in der Vis. Alberics, eines 8jähr. (!) Knaben. 7) Eine Zusammenstell. Dantesker Vis. zB. bei Kraus, Dante (Freib. 1897) 428f. 8) Reitzenstein 58. Selbst bezügl. Thespesios (s. o. 287): A. Dieterich, Nekyia 145ff. 9) So jüdisch, persisch (Apokal. des Ardâ Virâf) bei Bousset, aaO. 153. 161.

Fruchtboden jahrtausendealter Begriffe und Vorstellungen. Um nur zwei der früheren Beispiele unter diesem Gesichtspunkt zu berühren, so scheint zB. in Lorbeers Fall eine gewisse beschränkte Kenntnis der Werke Boehmes, Swedenborgs, Stillings und Kerners einige Quellen seiner Offenbarungen anzudeuten; und Lohse verrät zT. die Anregungen seiner Phantasie, indem er angibt, 'mit den Geistern von Francke, Schleiermacher, Baader,' aber auch mit Paulus, ja Christus als 'Kontrollen' geschrieben zu haben.

Auch bezüglich der spiritistischen Klassiker — wohl das massivste Beispiel automatischer Lehrerzeugung — läßt sich der Nachweis eines Stammbaums der Begriffe mit genügender Ausführlichkeit erbringen.

Stainton Moses' Gedanken zB. erscheinen der geschichtlichen Betrachtung nicht als aus dem Himmel gefallen: zum Teil sind es Vorstellungen, die jede unitarische Kanzel allsonntäglich unter die Menge warf.[1] Als ergiebigste Quelle der Befruchtung aber rauscht im Hintergrunde immer wieder A. J. Davis' Schriftstellerei auf, dessen Werke ja auch in Deutschland durch viele Auflagen gelaufen sind. In Davis' Fall nun genießen wir den Vorteil, auf das Urteil eines ebenso kundigen wie feindseligen, für alle negativen Instanzen also besonders scharfsichtigen Kritikers uns stützen zu können, nämlich Frank Podmores. Daß Davis' Vorbildung äußerst gering war, ist freilich nicht zu bezweifeln. Er war ein halbes Dorfkind, Sohn eines Schusters und Webers, der sich im Sommer als Landarbeiter verdingte, schwächlich gebaut und als Knabe keineswegs begabt scheinend, nur bei einem Schuster einige Jahre in der Lehre, und das zu einer Zeit,[2] in der die Bildungsmöglichkeiten in den Vereinigten Staaten nicht entfernt waren, was sie heute sind: dies alles wiegt schwer bei der Abschätzung einer Vorbildung, die ja großenteils nur vorausgesetzt wird, weil die Erstlingsarbeiten des Mannes bloß dann natürlich zu erklären sind. Mit 17 Jahren zum erstenmal, dann regel- und erwerbsmäßig als Hellseher und 'hellsehender' Diagnostiker und Ordinator in Trans versetzt, erlebt er 1844 jene von innen erzwungene Wanderung in die Einöde, auf der ihm in einer Ekstase Galenus und Swedenborg erscheinen und die Sendung seines Lebens erteilen. Im nächsten Jahr beginnt er das über 15 Monate ausgedehnte Transdiktat seines ersten Werkes,[3] der nachmals berühmten 'Prinzipien der Natur', an deren selbständig-hypnotischer Hervorbringung nach dem Zeugnis der Schreiber (Dr. Lyon und Rev. Fishbough) und anderer gelegentlich Anwesender kein Zweifel aufkommen kann. Das dreiteilige Werk begreift in sich ein Kompendium mystischer Philosophie, eine Darstellung der natürlichen Entwicklungs- und einen Grundriß sozialistischer Gesellschaftslehre. Die erstere bezeichnet die Welt als ein einheitliches großes Ganzes, eine unermeßliche Maschine von einwohnender Energie, worin das Niedere in Spirallinien zum Höheren vorschreitet und Materie und Geist sich wie das Gröbere und Feinere unterscheiden. Der Seher vermag sich in der Ekstase zur Welt des wahrhaft Seienden zu erheben und von daher nach durchgehend herrschenden Korrespondenzen (oder Analogien) die Wahrheit aus allgemeinen Grundsätzen abzuleiten. Die Entwicklungslehre stellt dar die Entfaltung des

1) Podmore Spir. II 285. 2) Er war 1826 geboren. 3) Nur einige Vorles. über Hypnotismus (1845) waren ihm vorausgegangen.

ursprünglichen, undefinierbaren, grenzen- und formlosen einheitlichen Feuerozeans durch allmähliche Differenzierung, erst zu Sonnensystemen, die sich in konzentrischen Kreisen von unermeßlicher Größe um das Große Ewige Zentrum göttlicher Kraft ordnen, dann (durch die Entwicklung der Einzelplaneten) zu organischem Leben und menschlichen Geschlechtern von geistiger Zukunft. Der Schluß schildert die sechs Sphären der Geisterwelt und die Beziehungen der Menschen zu dieser, und kündigt den nahen Anbruch einer neuen Ordnung dieser Beziehungen an, wie sie auf dem Mars, Jupiter und Saturn bereits bestehe.[1] Dieser Teil besonders enthält in den naturwissenschaftlichen Einzelheiten zahlreiche Angaben von geradezu lächerlicher Sinnlosigkeit.

Sehen wir vom dritten, wirtschaftlichen Teil ab, dessen Gedanken damals in Amerika längst in Aller Munde waren, so sind wir bezüglich der Quellen des Buches allerdings so ziemlich auf Vermutungen angewiesen. Davis selbst behauptet, bis 1845 nur ein Buch, und zwar einen Roman, 'Die drei Spanier', gelesen zu haben.[2] Rev. A. R. Bartlett, der ihn von 1842 bis 1845 vertraut kannte, behauptet, der junge Mann habe Bücher geliebt und sich öfter verschafft.[3] Davis selbst dagegen will diese Bücher nur für Freunde entliehen und weder Zeit noch Lust zum eigenen Lesen gehabt haben. Jedenfalls scheint aus der Selbstbiographie hervorzugehen, daß es sich dabei nur um theologische Werke gehandelt haben könne. Podmore sieht sich daher genötigt, für den naturwissenschaftlichen Teil die Bekanntschaft mit gewissen populären Schriften jener Zeit eben vorauszusetzen. Dagegen ist es für die Beurteilung des mystisch-philosophischen Teiles beachtenswert, daß Davis nicht lange vor Beginn des Transdiktates an Prof. Bush einen Brief gerichtet hatte, in welchem er eine Stelle aus Swedenborgs *Arcana Coelestia* mit genauer Ortsangabe anführte.[4] Daß dieser Abschnitt größtenteils Swedenborgsche Gedanken verarbeitet und mehrfach fast seine eigenen Worte wiedergibt, ist auch nach Ansicht Bushs, eines Swedenborgianers und ernsthaften Gelehrten, unverkennbar. Allerdings wird Podmore letzten Endes nur durch die 'übermäßigen Unwahrscheinlichkeiten' des Gegenteils,[5] im Grunde also durch seinen Glauben an die Notwendigkeit einer 'natürlichen' Deutung gezwungen, die Bekanntschaft des 19jährigen Schusters mit Swedenborgs Werken vorauszusetzen, die nicht einwandfrei erwiesen und von Davis selbst bestritten wird. Daß das umfangreiche Werk selbst unter allen diesen Voraussetzungen ein erstaunliches Erzeugnis des Transdenkens sei, vermag der Kritiker nicht zu verkennen.

Immerhin ist die genealogische Anknüpfung, die uns für diese mystischen Lehren glaubhaft gemacht wird, eine sehr bedeutsame; denn mit der Anschaltung an Swedenborg ist die moderne spiritistische Offenbarung tatsächlich an den fernhergeleiteten Strom der mystischen Begriffsgeschichte überhaupt angeschlossen: dürfte ja doch bei dem gelehrten Schweden, der in reiferen Jahren zum Seher wurde, auch ohne ausdrückliche biographische Bezeugung[6] eine gründliche Bekanntschaft mit Vorgängern mystischer Lehre angenommen werden. Die Kette dieser Vorgänger, in der ein Glied

1) Nach Podmore, Spir. I 160ff. 2) A. J. D., The Magic Staff, 13. Aufl. (N. Y. 1876) 186. 304. 3) Podmore, aaO. 165. 4) Das. 5) aaO. 167. 6) Vgl. J. Görres, E. Sw., seine Vis. u. s. Verhältn. z. Kirche (Straßb. 1827) 89 (Kabbalist. Einflüsse); M. Lamm, Swedenborg (Lpz. 1922) 13ff.

ausdrücklich erkennbar ins andere greift, reißt nun aber nicht wieder ab, bis — über mittelalterliche Gottes-, Himmels- und Weltlehren hinweg — das Spekulationsgebiet des Areopagiten, des Plotin, des göttlichen Lehrers von Athen und darüber hinaus der mannigfachen Lehren Südwestasiens und Nordafrikas erreicht ist, die in dem synkretistischen Zeitalter zu so überaus fruchtbarem Zusammenprall kamen.[1] Und an jedem Punkte dieses gewaltigen Entwicklungsstromes mystisch-kosmologischer Vorstellungen dürfen wir natürlich das Auftreten automatistisch-inspiratorischer Lehrerzeugung auf Grund von unterbewußtem Keimen in besonders veranlagten Personen erwarten, ohne daß diese Form der Hervorbringung die geringsten besonderen Ansprüche auf Autorität begründete. Immer ließe sich — so nehmen wir an — als Vorstufe der 'Inspiration' ein 'normales' Schöpfen aus dem Strom der Überlieferung nachweisen.

Wann aber stehen wir an der wirklichen Quelle dieser Begriffe? Den primitiven Menschen schon finden wir im Besitz von Begriffen und Erfahrungen, die ein mystisches Religionswesen wohl ermöglichen: ein Allvater, ein Pantheon unsichtbarer Wesen, eine Seele, vom Leibe trennbar, Schauplätze ihrer Schicksale nach dem Tode, eine allverbreitete magische Kraft, ein Teilhaben an den Fähigkeiten der Höheren, ein Schauen und eine Einverleibung der Götter, Besessenheit durch sie und andere unsichtbare Wesen — dies alles kennt schon der 'Wilde'. Vorausgesetzt also, es sei die ungeheure Aufgabe gelöst, von jeder vermeintlichen Offenbarung im ganzen Verlaufe mystischer Geschichte nachzuweisen, wann, wie und wo sie normal bewußt als Begriff oder Bild an ihren Empfänger gelangt sei, und diesen ganzen Verlauf als fortwährende Verkettung normaler Anregungen zu inspiratorischen Leistungen zu erweisen: so ständen wir dort, wo diese genealogische Reihe ins Dunkel der Vorzeit mündet, doch im Grunde der gleichen Problemlage gegenüber, wie angesichts der Offenbarungen eines beliebigen Sehers der Neuzeit. Dem subjektivistischen Psychologen stehen dann nur mehr zwei Wege zu weiterem Vordringen frei. Der eine führt ihn in die mannigfachen Annahmen — ebenso unwiderlegbar, wie unbeweisbar —, welche die Entstehung religiöser Urbegriffe deuten sollen und mit denen die ersten Kapitel unserer religionsgeschichtlichen Lehrbücher angefüllt sind. Die letzte Quelle aller mystisch-jenseitigen Lehre läge dann da, wo aus verstorbenen Stammeshäuptlingen, aus eindrucksvollen Naturvorgängen oder aus den Subjekten aktiver Zeitworte Götter gebildet werden, wo aus Traum- oder Spiegelbildern, aus Erwägungen über Schlaf, Ohnmacht und Tod sich 'Seelen' formen, aus Himmelserscheinungen — Seelenräume, aus Höhlen und Schlünden — Höllen, aus Schreckerlebnissen und Krankheiten — Teufel und

1) Vgl. in dies. Zusammenhang zB. A. Merx, Ideen u. Grundlin. e. allg. Gesch. d. Mystik (Heidelb. 1893). Üb. Zusammenhänge griech. Denkens mit oriental. s. Zeller, Philos. d. Griechen, 2. Aufl., III, 2 58ff.

Dämonen, aus Rachegelüsten — Höllenstrafen, aus Dankgefühlen — Himmelswonnen, und was dergleichen mehr ist. An solchen Überlieferungen nähme der mystisch Veranlagte in der Weise teil, daß er das empfangene Gut in seiner besonderen Weise des Automatischen oder Visionären wieder von sich gäbe. Dadurch mag er imponieren und dem Glauben der Menge neue Kraft verleihen, aber etwas Neues hätte er nicht hervorgebracht; der Anspruch auf persönliche Offenbarung löst sich in Schein auf.

Der andere Weg zweigt freilich ab, noch ehe jene Urschichten mystischer Genealogie erreicht sind. Er erspart dem Subjektivismus den Zwang, die Ursprungsfrage mystischen Erkenntnisgutes durch immer erneute Nachweise von Vererbung möglichst weit zurückzuschieben, wie — auf einem anderen Gebiete — gewisse Biologen den rätselhaften Ursprung des Lebens zuletzt von Stern zu Stern verschieben; vielmehr gestattet er, entsprechend der rettenden Annahme einer 'Urzeugung', die subjektive Erzeugung des mystischen Lehrgutes zeitlich und räumlich beliebig anzusetzen. Die Dichtungen über das Jenseits müssen schließlich ihre Dichter haben. Wie wir im strengen Sinne nicht an 'Volksdichtung' glauben, so suchen wir auch hinter der Mythenschöpfung — einer sog. Leistung des 'Volksbewußtseins' — letzten Endes den schöpferischen Einzelnen. Warum aber sollte dieser nur am Anfang der Entwicklung zu finden sein? Jeder Vergleich mit andern Leistungen des Menschengeistes spräche dagegen. Ist dieser Schöpferische aber noch gegenwärtig unter uns am Werke, warum sollte er nicht gerade da am Werke sein, wo wir die unterbewußte Erzeugung im Gange finden?

XXXII.

Psychanalytische Kritik der automatistischen und visionären Offenbarung.

Es ist wiederum die Psychanalyse, der wir den Versuch verdanken, eine solche Urzeugung religiöser Begriffe aus den Grundtrieben und -vorgängen des kaum-bewußten Seelenlebens abzuleiten. Die größere psychologische Tiefenlage dieses Versuches ist unverkennbar. Das Erzeugnis der Mythendichtung soll hier nicht bloß als äußere Zutat zum heißen Leben der Triebe dastehen, wie es nach der landläufigen Auffassung beinahe den Anschein hat; es soll vielmehr als unmittelbarer und unwillkürlicher Ausdruck jener Triebe gedeutet werden; ein Ausdruck, der darum auch in jeder mystischen Seele aufs neue erzeugbar ist. Das ganze Leben mystischen Schauens soll etwa als Sublimierung des verdrängten kindlichen 'Schautriebs' erwiesen werden.[1] Die psychanalytische Theorie der religiösen Weltanschauung verkündet es eben als wichtigste Entdeckung, daß gewisse Symbole unabhängig von jeder Überlieferung der unbewußt

1) So insbes. A. Kielholz, Jak. Boehme. Ein pathograph. Beitrag ... (Lpz. u. Wien 1919) 88 u. sonst.

träumenden Seele jederzeit in gleicher Weise kommen. Zu diesem Satz gelangt sie durch die Beobachtung der Ähnlichkeit zahlreicher Symbole des Traumes und des Wahnsinns mit abergläubischen und primitiv-religiösen Vorstellungen, mit Mythen und Märchen, selbst wo von einer Anregung des Träumers oder Irren durch diese keine Rede sei. Auch die Mythen, die ja schon Freud als die 'Säkularträume der jungen Menschheit' bezeichnete,[1] und die Träume, die seine Schüler den 'Mythus des Individuums' nannten,[2] übersetzen ja, nach psychanalytischer Lehre, ganz ungesucht und unbewußt die unterdrückten Wünsche — des Einzelnen oder des Volks — in die Sprache anschaulicher Symbole. Im Traum sind diese Symbole zwar vielfach nur durch Rückgriff auf individuelle Erlebnisse, Denkgewohnheiten usw. zu durchschauen; doch weist auch die psychanalytische Traumdeutung auf eine ganze Reihe von gleichsam natürlichen, daher immer wiederkehrenden, mehr oder minder allgemeinmenschlichen Symbolen hin.[3] In der Traumdichtung der Völker: dem Mythus und Märchen, können natürlich nur Symbole von allgemeiner Geltung und also allgemein gefühlter Verständlichkeit sich halten, was ja u. a. in der Tatsache der überall und immer wiederkehrenden mythologischen Motive zum Ausdruck kommt. Ein Sonderfall des Mythus aber ist im Sinne dieser Forschung die Religion als Weltanschauung, der offenbar — falls man sie überhaupt vom Mythus trennen mag — die allgemeineren, höheren und seelisch intimeren mythischen Gebilde zuzuzählen sind. Auch Religion ist wesentlich 'in die Außenwelt projizierte Psychologie', die 'Spiegelung' einer 'dunklen Erkenntnis ... psychischer Faktoren und Verhältnisse des Unbewußten'.[4] Die Hysterieforschung hat hier, auf dem Wege über die Traumforschung, mit innerer Notwendigkeit den Zugang zur Mythen- und Sagenforschung, und weiter zur Religionswissenschaft gefunden. Und erst in diesem durchgehenden Zusammenhang erweist sich die ganze Fruchtbarkeit ihres Anspruchs, das Wesen des Jenseitigen zu deuten: denn es sind ja dieselben Grundbegriffe der Introversion und Regression, die sowohl das veränderte Gefühlsleben des Mystikers, als auch seine scheinbare neue Erkenntnis erklären sollen, — indeß der naive Realismus des Religiösen jene Wandlungen seines Fühlens durch die Wirklichkeit der Gegenstände seiner vermeintlichen Erkenntnis erklären will.

Es mag an einigen Einzelbeispielen verdeutlicht werden, in welcher Art die Psychanalyse die religiösen Symbole (also auch Offenbarungsinhalte) auf ihre Wurzeln zurückführt.

Wir entsinnen uns, daß nach der Ansicht dieser Schule die Introversion, d. h. die Abkehr von der äußeren Welt und Hinwendung zu den Freuden des seelischen

1) Samml. kl. Schrift. z. Neurosenlehre II 205. 2) K. Abraham, Traum u. Mythus (Lpz. u. Wien 1909) 71; O. Rank, Der Künstler ... (1907) 36; ähnlich Riklin, Spielrein (JPPF III 397) u. a. m. 3) Vgl. zB. Stekel, Die Sprache des Traumes (Wiesb. 1911). 4) So programmatisch gefordert schon von Freud (Psychopathol. des Alltagslebens, 3. Aufl. 134).

Binnenlebens, stets mit Regression verbunden ist, d. i. mit einem Zurückgreifen auf die seelischen Arbeitsweisen (Anschauen, Halluzinieren), sowie auf die Lustbetätigungen, die Wünsche und Interessen der Kindheit. Unter diesen aber stehen die 'inzestuösen' an erster Stelle, d. h. — möglichst allgemein gesagt — die Anknüpfungen des Lebenstriebes, wenn auch nicht gerade der Geschlechtsbegierde, an die Eltern. Als 'Imagines', d. h. dem Bewußtsein entzogene und daher unzerstörbare Bilder der Gegenstände frühester Liebe oder frühesten Lebensinteresses, als affektstarke 'Komplexe' wirken die Eltern gestaltend ins spätere Leben hinein fort;[1] übermächtig vor allem in dem Neurotischen, der sich nicht von ihnen ablösen kann zugunsten selbständiger Zukehr zum Leben. Im religiösen Menschen sind also diejenigen Triebkräfte wirksam, 'die in der Kindheit der inzestuösen Verwendung durch das Dazwischentreten der Inzestschranke entzogen werden und die besonders in der Pubertätszeit infolge libidinöser Zuschüsse [aus] der noch unvollständig verwendeten Sexualität .. zu ihrer eigenartigen Tätigkeit geweckt werden ... Die Urgewalt, ... das Bedingungslose und Unerbittliche, Ungerechte und Übermenschliche [der Gottesvorstellung] sind echte und rechte Attribute der Libido, die uns ins Leben hineinführt, die den Armen schuldig werden läßt, und gegen die der Kampf vergeblich ist.'[2] Noch deutlicher eine Ableitung der Vater-Imago ist die Vorstellung der Gottheit als männlicher, schöpferischer, auch als furchterregender, zornig verfolgender, wie sie zB. im Alten Testament vielfach wirksam ist, während ihre Liebe-Seite, 'das liebende Väterliche', mehr dem Neuen Testament die Färbung gibt.[3]

Die Gestalt des Heilandes und Erlösers scheint dem Psychanalytiker vornehmlich als Gegenstand der Übertragung verdrängter Libido zu gelten. Er 'trägt unsere Schuld', ist dabei selbst aber schuldlos und ein sich selber Opfernder. Verstehe ich Jung recht,[4] so soll damit eben eine Entlastung (durch eine Art von Abschiebung) von jenem Libidobetrag erzielt werden, den der Einzelne als Schuld empfinden müßte, falls er ihn sich bewußt werden ließe, anstatt ihn eben zu verdrängen. Denn 'die Sehnsucht der zum Gott erhobenen (ins Unbewußte verdrängten) Libido ist [ja] ursprünglich sog. inzestuöse, die der Mutter gilt.' Hierdurch bestimmen sich auch weitere Eigentümlichkeiten der Erlösergestalt: zB. die deutlich durchscheinende 'Weiblichkeit' ihres Wesens. 'Durch den Verzicht auf die Männlichkeit gegenüber der ersten Geliebten, nämlich der Mutter, tritt das feminine Element mächtig hervor, daher jener stark androgyne Charakter der sterbenden und auferstehenden Gottheilande.[5] Daß [ferner] diese Heroen fast immer Wanderer sind (Gilgamesch, Dionysos, Herakles, Christus, Mithras u. a.), ist ebenfalls ein psychologisch klarer Symbolismus: das Wandern ist ein Bild der Sehnsucht, des nie rastenden Verlangens, das nirgends sein Objekt findet, denn es sucht die verlorene Mutter, ohne es zu wissen.' Endlich ist das tragische Schicksal des Heilands, besonders sein Kreuzestod, in mehrfacher Hinsicht Symbol des verdrängten Urtrieblebens. 'Schon das Schweben [am Kreuze] hat Symbolwert, es deutet den unerfüllten Wunsch an, weshalb Christus, Odin, Attis, Manu, Marsyas an Bäumen hangen.'[6] Der Baum aber, der Lebensbaum, mit dem ja das Marterkreuz so vielfach in religiöser Symbolik zusammengestellt wird, ist wiederum ein 'mütterliches

1) Begriffsbestimmung, mit geringer Erweiterung, nach Silberer 143 Anm. 2) Jung, Libido I 178. 3) Das. 164. 177. 4) Das. 180. 5) Das. II 249. 6) aaO. IV 411 Anm. 2. Jung erinnert an das 'Hangen und Bangen in schwebender Pein'.

Symbol', schon als 'fruchttragender Stammbaum'.[1] Eben darum eignet er sich als Schauplatz des erlösenden Todesopfers,[2] denn durch Opferung des Inzestwunsches (an Stelle der ursprünglichen Überwältigung der Mutter!) hofft der Mensch das ewige Sonnenleben zu erreichen.[3] Diese geschlechtliche Bedeutsamkeit des Baum-Kreuzes spricht sich daneben auch noch in der phallischen Bedeutung beider aus. Wie schon in Träumen der Wald einen mütterlichen, so hat der Baum als solcher oft einen phallischen Sinn.[4] Das Kreuz vollends — die *crux ansata* — symbolisiere 'Leben' und 'Fruchtbarkeit', die Vereinigung, die wir als *cohabitatio* mit der Mutter zum Zwecke der Wiedervereinigung ansprechen dürfen.[5] Diese Bedeutung des Kreuzes findet Jung durch seine Verwendung im Sonnenkult, wie in dem der Liebesgöttinnen bestätigt. Nach einer orientalischen Legende lag in den Zweigen des verdorrten Baumes im Paradiese nach Adams Vertreibung ein Kind: 'die Mutter,' schließt Jung, 'war schwanger geworden.'[6] Der von der Schlange umwundene Baum ist die vom Widerstand gegen den Inzest verteidigte Mutter.[7]

Diese fortwährende Betonung des Inzestwunsches als Deutungsmittel mag manchem nicht nur anstößig, sondern auch einseitig beschränkt erscheinen. Indessen darf die abschwächende und damit auch vertiefende Verallgemeinerung nicht vergessen werden, die Jung diesem Begriff, wie ja dem der Libido überhaupt, angedeihen läßt, wonach jener geradezu nur mehr 'das in die Kindheit Rückstrebende' bezeichnet.[8] Diese Kindheit aber ist, wenn auch natürlich nicht verbrecherisch bis zum 'Inzest' an der Mutter und 'Mord' am Vater, so doch amoralisch, im Sinn eines völlig naiven Egoismus. Das kleine Kind schon erlebt, wie wir heute wissen, periodische Schübe 'sexuell betonten Fühlens dem Weibe gegenüber',[9] d. h. eines Begehrens oder erotischen Für-sich-haben-wollens. 'Den Typus des begehrenswerten Weibes gibt notgedrungen ein in der Nähe vorhandenes Weib ab, insbesondere die Mutter. Insofern in der Liebe zur Mutter der Vater als Hindernis empfunden wird, muß er in der elementaren Tendenz zur Beseitigung des Hindernisses getötet werden.' Dies ist jener schon erwähnte Oedipus-Komplex der Psychanalytiker, der zu so vielen Mythen Anlaß gegeben haben soll, aber auch viel von seiner Schrecklichkeit verliert, wenn man die naive Bedeutung dieses 'Tötens' als Beseitigens, Weghabenwollens bei einem Kinde bedenkt, das ja vom Tode überhaupt noch keinen deutlichen Begriff hat.[10] 'Die unterste Grundlage [des] inzestuösen Begehrens läuft [also] nicht auf die Kohabitation, sondern auf den eigenartigen Gedanken hinaus, wieder Kind zu werden, in den Elternschutz zurückzukehren, in die Mutter hineinzugelangen, um wiederum von der Mutter geboren zu werden.' 'Es ist nicht die inzestuöse Kohabitation, die gesucht wird, sondern die Wiedergeburt, zu der man allerdings am ehesten durch Kohabitation gelangen könnte.'[11] Gegen den Inzest steht das Inzestverbot auf, 'daher nun die Sonnen- oder Wiedergeburtmythen von allen möglichen Vorschlägen wimmeln, wie man den Inzest umgehen könnte'. Durch solche Ersatzphantasien kann sich dann die Libido betätigen und wird doch 'auf unmerkliche Weise geistig. Die Kraft, die stets das Böse will, schafft so geistiges Leben'.[12] Und eben diese förderliche Übersetzung in Symbole ist das Wesen der Religion. 'Denke symbolisch, sagt Jesus gewissermaßen zu Nikodemus, dann bist du Geist.'[13] 'So kann die Libido, die untätig im inzestuö-

1) Das. 513. 262. 2) Vgl. noch das. IV 443. 3) Das. 307. 4) Das. 264f. 5) Das. 513. 6) Das. 293. 7) Das. 305. 8) Das. 279 Anm. 2; 314. Vgl. o. S. 251f. 9) Silberer 166. 10) Das. 11) Jung, aaO. IV 267. 12) Das. 268. 13) Das. 269.

sen Wunsch gebunden liegt, unterdrückt und in Angst vor dem Gesetz und dem rächenden Vatergott, durch das Symbol der Taufe (Geburt aus dem Wasser = Mutter!) und der Zeugung durch Ausgießung des heiligen Geistes, hinüber in die Sublimierung geleitet werden. So wird der Mensch wieder ein Kind (daher die starke Betonung der Kindschaft im N. T.) und hineingeboren in einen Geschwisterkreis, aber seine Mutter ist die 'Gemeinschaft der Heiligen', die Kirche, und sein Geschwisterkreis die Menschheit, mit der er im gemeinsamen Erbteil uralter Symbole sich aufs neue verbindet.'[1]

So gefaßt, erweist sich die Idee der Wiedergeburt als verwandt dem Sonnenmythus, den ja schon frühere Forschung den Mythen vom Erlöser angenähert hatte. 'Die Sonne geht zeitweise unter, stirbt aber nicht. Sie verbirgt sich im 'Schoße' des Meeres oder in einer unterirdischen Höhle ... [Sie] kehrt in den Mutterschoß zurück und wird nach einiger Zeit wieder geboren. Natürlich ist dieser Vorgang eigentlich eine inzestuöse Handlung, wovon auch mythologisch noch deutliche Spuren erhalten sind, nicht zum mindesten in dem Umstande, daß die sterbenden und wiedererstehenden Götter die Liebhaber der eigenen Mutter sind, resp. sich durch die eigene Mutter hindurch erzeugt haben.'[2]

Ebenso aber eröffnet sich hier angeblich ein Zugang zum Verständnis des Zusammenhangs von Wiedergeburt und Unsterblichkeit: denn die Sehnsucht, durch Rückkehr in den Mutterleib die Wiedergeburt zu erlangen, ist eine Sehnsucht, der ewig untertauchenden und wiedergeborenen, also unsterblichen Sonne gleich zu werden.[3] Überdies: die Sonne, das Feuer, das Licht sind Libidosymbole, die Libido aber ist unser Unsterbliches, 'jenes Band, durch welches wir uns als nie erlöschend in der Rasse fühlen'.[4]

Ist hiermit die psychanalytische Auslegung der hauptsächlichen göttlichen Personen und sakramentalen Vorgänge angedeutet, so ergibt sich die Erklärung der hauptsächlichen jenseitigen Orte gleichsam von selber. Daß das Paradies die verlorene Kindheit oder den Mutterschoß als Ziel der introvertierten Sehnsucht mythisch veranschaulicht, ist selbstverständlich; inmitten des Paradieses steht ja der 'Baum', den wir bereits als die 'Mutter' kennen lernten. Mütterliches Symbol ist aber auch das himmlische Jerusalem, wie überhaupt 'die Stadt', als 'Weib, das die Bewohner wie Kinder in sich hegt'.[5] Daher tragen die Muttergöttinnen, Rhea und Kybele, die Mauerkrone und wird die Stadt als die 'himmliche Braut' bezeichnet.[6] Muttersymbol ist aber vor allem auch die Unterwelt; sie bedeutet, 'mythologisch betrachtet, nicht nur das Land, wohin die Sterbenden gehen, sondern auch woher die Lebenden gekommen sind; also für den Einzelmenschen ... den Uterus der Mutter,'[7] der Abstieg in die Unterwelt demnach den Gang zu den 'Müttern'.

Ich habe im Vorstehenden nur für einige der religiösen Symbolbegriffe die psychanalytische Rückführung auf jene 'seelischen Grundkräfte' angegeben, 'mit denen wir alle ausgerüstet sind und deren typische Symbole deshalb allgemeine Geltung haben'.[8] Eben jene wurzelhafte Beziehung zu letzten Grundkräften — man kann vielleicht auch sagen: Verhaltungs-

---

1) Das. 270. 2) Christus, Mithras — Sonnengötter. Das. II 236f. 3) Das. II 256. 4) Das. II 245; I 199. 5) Vgl. Jesaja 47, 1ff. 6) Jung, aaO. IV 251. Vgl. Offb. Joh. 21, 2f. 9ff. Jung beruft sich auch auf Gal. 4, 26ff. 7) Silberer 45; vgl. Jung, aaO. IV 335. 8) Silberer 160.

oder Einstellungsweisen der triebhaften Persönlichkeit — würde es nun aber verständlich machen, wenn jene Symbole nicht bloß einmal in den Urzeiten der Mythenbildung, sondern dauernd immer wieder dem anschaulichen Symbolschaffen des Einzelnen sich aufdrängten.[1] Damit wäre natürlich die vielfache Übernahme der Symbole aus dem Strom der Überlieferung nicht ausgeschlossen; sie erschiene nur, statt als ein soz. äußerlicher Vorgang, als ein innerlich vorbereiteter, in wesentlichen Neigungen des nachgeborenen Einzelnen angelegter.

Es muß nun aber weiter darauf verwiesen werden, daß zu diesen allverbreiteten Symbolbildern eine unübersehbare Zahl von solchen tritt, die mehr oder minder die Symbolsprache des Einzelnen darstellen; und erst hier würde sich die volle Anwendbarkeit der psychanalytischen Methode auf die unterbewußte Erzeugung von Offenbarungen erschließen. Reich wie der Traum an Ausdrucksbildern ist auch das ekstatische Schauen oder das automatistische Lehren. Und wenn auch ihre analytische Deutung in vielen Fällen schon darum versagen dürfte, weil uns die Einsicht in die individuelle Erzeugung fast völlig fehlt, so läßt doch schon ein Blick in die wenigen früher angeführten Beispiele herausfühlen, ein wie reiches Feld möglicher Betätigung hier des Analytikers harrt. In mehreren der obigen Beispiele ist überdies die Angstneurose, also ein viel erörtertes sexuales Abwehrsymptom deutlich gegeben.[2] In den kosmischen Gesichten der hermetischen Theosophin Anna Kingsford finden wir deutliche Bezüge auf ihre eigene zwiegeschlechtige Charakterveranlagung: Adonai erscheint ihr als männlich-weiblich, als ewiger Jüngling; Maria, Aphrodite und Gott fließen ihr in eins.[3]

Die Anwendbarkeit psychanalytischer Grundsätze auf die mystischen Offenbarungen erschöpft sich aber auch hiermit noch nicht; ist doch die Psychanalyse selbst in zunehmender Fruchtbarkeit über ihre anfänglichen Stellungen hinausgewachsen. Dem kundigen Leser fallen in religiösen Offenbarungen zahlreiche Elemente von jener Art auf, die der Psychanalytiker als funktionale Symbole bezeichnet, d. i. Symbole, welche 'den Zustand, die Struktur oder die Leistungsfähigkeit des eigenen Bewußtseins' des Schauenden ausdrücken;[4] nicht also das Material, die Inhalte des bewußten oder unbewußten Erlebens, sondern nur die Art und Weise, in welcher das Bewußtsein funktioniert. Diese funktionalen Symbole gehen unmerklich über in andere, die man ebenso treffend als programmatische bezeichnet hat,[5] indem sie das nur als möglich Vorausgeahnte, zugleich aber Ersehnte und Gewünschte darstellen, gleichsam die kom-

1) Merkwürdige Berichte über angebl. selbständ. Symbolerzeugung s. bei W. B. Yeats, Ideas of Good and Evil (Lond. 1903) 56f. 2) Splittgerbers, Idelers Fall, Engelbrecht u. a. 3) Kingsford I 190ff. Interessante religiöse Offenbarungen einer sexualpsychologisch Neurotischen berichten Sollier u. Boissier in AMP 1904 265ff. 4) Silberer 150; profane Beispiele das. 150ff. 5) Das. 193f.

mende Frucht jener seelischen Vorgänge, die ein funktionales Symbol nur an sich abbilden würde. Hier offenbart sich eine Zielstrebigkeit der Schauungen (wie gewisser Träume), kraft welcher sie Lösungen moralischer Probleme des Einzelnen anbahnen und Vorübungen zu Taten der Befreiung ermöglichen, hierin dem Spiel der Phantasietätigkeit und andern teleologischen Leistungen des schöpferischen Unterbewußtseins verwandt.[1] Im Falle des Mystikers müßten diese funktionalen und programmatischen Symbole sich offenbar zumeist auf jenes seelische Geschehen beziehen, durch dessen Gewaltsamkeit vor allem er sich von andern Sterblichen unterscheidet: die Verinnerlichung und Sublimierung seiner Elementarkräfte, die Ausgestaltung seiner geistlichen Wiedergeburt u. dgl. m.

Zahlreiche Elemente mystischer Gesichte werden unter diesem Gesichtspunkt ohne weiteres verständlich: der Umtausch des menschlichen Herzens gegen das des Heilands;[2] das Öffnen, das Waschen des Herzens in rotem Blut;[3] das Eintauchen des göttlichen Herzens in das menschliche; der verschiedene Grad der Schwärze oder des Glanzes, der Fleckigkeit oder Reinlichkeit von Bewohnern der jenseitigen Orte geistiger Läuterung und Entwicklung; die Mehrzahl, die Steigerungsfolge, die wechselnden Grade von Dunkelheit und Helligkeit dieser Orte; ihre verschiedenen Einrichtungen zur geistlichen Entwicklung ihrer Bewohner;[4] das Motiv der 'Rücksendung' aus dem Jenseits, um Nichtschauende zu belehren und auf den Weg des Heiles zu geleiten; das Motiv des 'Führers' als des vollendeteren, vorbildlichen Eingeweihten, daneben des Geliebten, 'Hinanziehenden'; das Motiv der Wiederverkörperung in mehreren Erdenleben, um den Weg der inneren Entwicklung zu verlängern u. a. m. Dabei tritt bald das Individuell-biographische im Sinnbildlichen der Vision in den Vordergrund, sodaß sie die dringendsten Aufgaben persönlicher Entwicklung ausdrückt und fördert; bald das ganze Gebäude der Anschauungen, in denen der Schauende lebt; und dann erscheint die Symbolik des Schauens objektiver, ausgesprochen lehrhafter.

Jane Leade zB. schaut das Neue Jerusalem auf einem großen viereckigen Stein, in vielen Farben ausgelegt und in vielerlei Stufen von vielerlei geistigen Wesen besetzt, und hört eine Stimme ihr gebieten, auf alle Einzelheiten wohl aufzumerken, 'denn es habe einen tieferen Sinn, der mir offenbart werden sollte'. Und es scheint, daß ihr eigener Drang nach größerer Einsicht den Anstoß zu neuen Ekstasen gegeben habe, in denen die einzelnen Teile der Vision ihr fernere Erläuterung gaben.[5]

Ähnlich die Vision vom 'Berge der Tugend', welche Mechthild von Hackeborn im *Speculum spiritualis gratiae* beschreibt. Er hat sieben Staffeln, deren jede mit einer Tugend zusammengestellt wird. Auf jeder Staffel befindet sich ein Brunnen,

---

1) Vgl. hierzu Maeder, Üb. d. Funktion des Traumes, in JPPF IV 692ff.; vgl. V 671f. Neudeutung von Roseggers Traum [Freud, Die Traumdeutung, 3. Aufl. 317]); Jung in JPPF III 171f. (den neurot. Krankheitsverlauf vormalende Träume); ZPA III 114; Silberer 193 und Der Seelenspiegel (Pfullingen 1921). 2) Das klassische Beispiel hierfür: Drane I 107ff. (20. Juli 1370). Vgl. Muhamed, bei Sprenger 127. 3) Vgl. hierzu eine typische Negervision bei Davenport 15, und Gibson 102. 4) Von 'Hirnmassage' bis zu Erziehungsanstalten, Gelehrtenhallen und seelenwaschenden Strömen. 5) My spirit being drawn out for a further *enquiry* concerning this New-Jerusalem state, ... the foundation stone thereof gave forth this word etc. Jane Leade, Revelation of Revelations.

in welchem sie das entsprechende Laster abwäscht. Schließlich sieht sie zwei Throne und die vier Ströme der göttlichen Weisheit, Fürsichtigkeit, Einflusses und Wollust. Ein Knauf an den Thronen ist die Gottheit. In den Tabernakeln des Thrones wohnen die Heiligen, Propheten, Apostel, Märtyrer, Beichtiger und Auserwählten. Auf den zwei Thronen sitzen Christus und die Jungfrau usw.[1]

Der Gedanke der funktionalen und programmatisch-teleologischen Symbolik bezeichnet unstreitig die höchste Erhebung der Psychanalyse über ihre ersten einseitigen Feststellungen. Neben den 'titanischen' Aspekt der mythisch-religiösen Begriffe und Bilder tritt hiermit der 'anagogische',[2] der die äußersten Entwicklungsmöglichkeiten jener titanischen Kräfte durch 'Sublimierung' andeutet, der also die seltsame Tatsache ermöglicht, in Bildern und Begriffen, die den Urtrieben des Kindegoisten entstammen, zugleich die letzten Erhebungen des Ich über sich selbst in die Sphäre religiös-sittlicher Ideale auszudrücken.[3]

Diese Erkenntnisse liefern unstreitig schon in den Grenzen des bloßen naturalistischen Psychologismus eine gewisse Rechtfertigung des visionären Lebens trotz seiner Subjektivität. Selbst wenn die Gesichte keinerlei metaphysische Bedeutung über den Kreis des Einzelsubjektes hinaus besitzen, so sind sie doch der Ausdruck sehr wesentlicher Entwicklungen in ihm. Schon ältere einsichtige Psychiater[4] erkannten an, daß man niemand, weil er halluziniert, für einen Geisteskranken erklären dürfe; indem oft gerade im Leben hochstehender und ausgezeichneter Menschen von verschiedenster Geistesrichtung die Halluzination eine Rolle spiele. Visionen haben wirklich weltgeschichtliche Ereignisse angekündigt, eingeleitet und vollzogen, die Kulturgeschichte bereichert, sittliche Entwicklungen gefördert.[5] Sie bilden eben im besten Falle ein geschlossenes Ganzes mit der gesamten bewußten Lebensführung des Halluzinanten und beanspruchen dann mindestens eine Bedeutung, die derjenigen jenes Lebens entspricht. Was insonderheit den halluzinierenden Mystiker anlangt, so finden wir es soz. psychologisch verzeihlich, daß er aus der dunklen Anonymität des großenteils unterschwelligen Kräftespiels seiner tiefgegliederten Seele hinausstrebt zu Gestalten des Schauens, die jenes Kräftespiel nicht nur ausdrücken, sondern auch anspornen und führen. Das Geschaute hat ihm etwas von dem 'göttlichen' Sinn der Kunst, die, wo sie tief ist, ja auch die persönlichen wie die allgemeinen Lebenskräfte in Bildern symbolisiert und häufig genug sogar zu visionärem Leben des Künstlers geführt hat.[6] Kunst, Mythus, Dogma und Vision sind eben psychologische Vetternschaft; ihr freundschaftliches Verhältnis beruht

---

1) A. Peltzer, Deutsche Mystik u. deutsche Kunst 193. Vgl. Hildegard 74f.; Drane I 113.
2) Der Ausdruck vorgeschlagen von Silberer 138. 3) S. bes. das. 164. 4) Wie Griesinger (bei Kreyher I 107). 5) Vgl. hierzu A. Meyer, Die Aufersteh. Christi (Tüb. 1905) 278.
6) Vgl. den visionären Einschlag im Schaffen Raffaels, Goethes, Otto Ludwigs, Ch. Dickens', u. a.

darauf, daß die Vision den äußersten Grad von Realität bedeutet, den das religiöse Symbol für den Gläubigen annehmen kann. Das sinnvolle Geheimnis des Dranges zur Anthropomorphisierung enthüllt sich uns in diesem Zusammenhang ohne weiteres.

'Die Gottheit ist wie ein unermeßlicher, uferloser Ozean', sagte Ramakrishna, 'in dem ich nur ringen und versinken kann. Nahe ich mich dagegen der in tausend Tätigkeiten spielenden persönlichen Gottheit (Hari), so erlange ich Frieden, wie der Untersinkende, der sich dem Ufer nähert.'[1] Und so wurde ihm Kâlî, die Göttin, schließlich zum täglichen Umgang, zur Mutter, die aus seiner Hand Nahrung nahm, für die er stundenlang sang, mit der er sprach, vor deren Bildnis er Stunden verbrachte. Aber dieser seltsame Mann war ebensogut imstande, das göttliche Wesen in Allah oder in Jesus inkarniert zu denken und zu schauen, und er, der geborene Brahmine, machte unbedenklich eine Art Lehrgang aller Religionen in persönlichstem Erlebnis durch.[2]

So bedeutsam nun die Anerkennung des 'anagogischen Aspekts' der anschaulichen Symbole durch die Psychanalyse ist, samt der damit ermöglichten teleologischen Verteidigung des Visionslebens: so wenig ist damit natürlich nicht nur der Boden des Subjektivismus verlassen, sondern auch im Grunde der Sexualismus des Psychanalytikers überwunden, solange man der Lehre von der Sublimierung die Bedeutung beläßt, die ihr die Schule beimißt. Diese Lehre habe ich freilich schon oben in ihre Grenzen zu verweisen gesucht; was aber endgültig an ihre Stelle zu treten habe, das ist uns auch jetzt noch durchaus verborgen. So muß denn hier die psychanalytische Ursprungsdeutung religiöser Offenbarungen als ein Beitrag zur psychologistischen Religionserklärung einstweilen auf sich beruhen bleiben. Die ganze Theorie ist ja noch völlig *sub judice* und hat um Anerkennung der Wahrheit zu kämpfen, die etwa in ihr verborgen sein mag. Während selbst ein Forscher von Flournoys feinsinniger Bedachtsamkeit sich Pfisters Ankündigung zu eigen macht, man werde dereinst vom Eingreifen Freuds eine entscheidende Epoche auch der Religionspsychologie datieren,[3] gilt die Psychanalyse andern durchaus 'modern' gerichteten Forschern als psychologische Kabbalistik[4] oder als fanatischer Sektenglaube. Uns mag die Einführung dieser Lehre einstweilen nur den Eindruck verstärken, welcher Reichtum und Tiefsinn von Deutungsmöglichkeiten gegenüber den mystischen Offenbarungen dem Psychologismus zur Verfügung steht; genügend jedenfalls, um alle leichtfertigen gläubigen Ansprüche auf ihre objektive Geltung niederzuschlagen.

---

1) Ramakrishna 31. 2) Das. 31. 36. 51; vgl. Sister Nivedita, Kali, the Mother (Lond. 1900) 11ff. 57ff. 3) Flournoy, M. M. 191 Anm.; Pfister in JPPF III 794. 4) Dessoir, Vom Jenseits der Seele, 2. Aufl. 214ff.

XXXIII.

Mystisches Erkennen: 3. Aussprechbare Einsichten. Kritik.

Dies Ergebnis vermindert von vornherein die Hoffnungen, mit denen wir pflichtgemäß nun auch noch jene dritte Gattung der mystischen Erkenntnisgewinnung in näheren Augenschein nehmen. Wir entsinnen uns, daß diese Offenbarungen — soweit sich erkennen läßt, ohne deutliche Mitwirkung von sinnlichen Vorstellungen — eine unmittelbare, gleichsam begriffliche Gewißheit über Wirklichkeit jenseitiger Art geben. In ersterer Hinsicht unterscheiden sie sich von den Gesichten, in letzterer von den automatistisch auftretenden Offenbarungen. Mystiker haben einmütig von jeher — ganz abgesehen von allem, was sie über Visionen und wörtliche Inspirationen zu berichten wußten — eine Fähigkeit des Begreifens jenseits von Verstand und Vernunft behauptet. 'Illumination', 'Kontemplation' war ein nie übergangener Bestandteil des mystischen Weges. Über dem *νοῦς* stehe noch die *θεωρία*,[1] über der *ratio* die *intelligentia simplex* oder *visio intellectualis*, über dem *appetitus rationalis* die *synderesis*,[2] die *epopteia*; und jene haben zu schweigen, wenn diese reden sollen: *ἔστι δὲ ψυχῆς αἴσθησίς τις*.[3]

'Der Glaube', sagt unter neueren Mystikern zB. die Bourignon, 'ist ein eigenes Licht, das der Vernunft nicht benötigt. Er ist das hellste Licht, ob er gleich nicht durch die Vernunft schließt.'[4] — Dies 'Licht der Gnade' kann der 'innige' (mystische) Mensch mit Leichtigkeit vom 'Licht der Sinne und Vernunft' unterscheiden, die ihm vergleichsweise 'wie Finsternisse' erscheinen.[5] Es belehrt ihn 'in einem Augenblick' über alles, was er nach Gottes Willen wissen soll, 'mit so großer Gewißheit, daß es unmöglich wäre, die Seele anders glauben zu machen'.[6] — Bekannt ist die Angabe des Ignatius von Loyola in seinem Testament,[7] daß 'auf seinem Wege [zu einer Kirche nahe Manresa] die Augen seines Geistes geöffnet wurden, so daß er [die] geistlichen Dinge verstand und begriff ... mit solcher Klarheit, daß für ihn alle diese Dinge [die er doch zum größten Teil vorher begriffsmäßig gewußt haben muß] neu gemacht', d. h. in völlig neuer Weise klar wurden, sodaß er bekannte, 'alle Erleuchtung, die er von Gott im Verlauf seines ganzen Lebens empfangen, zusammengefaßt in einen Haufen, würde ihm weniger erscheinen, als das, was ihm in diesem einen Augenblick gegeben ward.'

Von dieser eigentümlichen Behauptung habe ich schon eine etwas ausführlichere Probe gegeben, als es sich um eine vorläufige Übersicht über die erwecklichen Erfahrungen handelte. Der Leser entsinnt sich des Oxforder Graduierten, dem an einem bestimmten Tage der christliche Heilsplan aufging.[8] Die Tatsachen sind reichhaltiger, als diese eine Probe vermuten läßt, und wir werden sie ihrer anspruchsvollen Unfaßlichkeit wegen

1) Philo v. Alexandria. 2) Gerson. 3) Proclus. Vgl. auch Müller 345. 347 (islamisch). 4) Bourignon, Leben 226. 5) Bernières-Louvigni 137f. 6) S. Cater. Gen. Vita 81b (A. S. Boll.), bei Hügel I 270f. 7) ed. Lond. 1900 91f., bei Hügel II 31 Anm. Vgl. den Gottesfreund bei Preger III 118. 8) o. S. 28f.

etwas genauer prüfen müssen. Hierbei wird es sich empfehlen, zu ihnen allmählich überzuleiten vermittelst einer Reihenbildung verwandter psychologischer Erscheinungen, die als leichter durchschaubare Vorstufen erscheinen möchten, in der Hoffnung, daraus Licht für die dunkleren Beispiele zu gewinnen. Denn auf jenen Vorstufen finden wir eine deutlichere Angebbarkeit der Begriffe und eine Betonung der Umstände, die ihre Offenbarung als übernatürlich erscheinen lassen.

Besinnen wir uns zunächst, wie häufig ein solcher Anspruch auf außerordentliche, selbst auf 'übernatürliche' Einsicht auf Grund von falschen Maßstäben zustande kommen kann. Für übernatürlich mag unter Umständen erklärt werden, was von der Art, dem Inhalt, dem Gefühlsgehalt des eigenen üblichen Begreifens des Urteilenden, oder des üblichen Begreifens der Umgebung und der Zeit absticht.

So berichtet zB. George Fox mit rührender Ergriffenheit, wie es ihm eines Tages aufgegangen sei, daß akademisches Studium in Oxford oder Cambridge nicht genüge, um einen Menschen zum Priester zu machen; und man muß wissen, was die beiden berühmten Namen dem damaligen Innerlichen bedeuten durften — an rohem Gelehrtendünkel und wohlbestallter Völlerei, an Pfründenjägerei und Unduldsamkeit —, um die Natürlichkeit solcher 'Erleuchtungen' in einem schwärmerisch-frommen Gemüte zu begreifen. 'Ein anderes Mal', erzählt derselbe Erweckte, 'zeigte mir der Herr deutlich, daß er nicht in Tempeln wohne, ... sondern in den Herzen der Menschen;'[1] für das heutige Bewußtsein selbst des religiösen Banausen ein Gemeinplatz, der fast bei beliebigem Aufschlagen der Schrift gefunden werden kann.[2]

Gleichwohl lassen sich ähnliche Überlegungen auch auf uns heutige, umfassender vergeistigte Menschen anwenden. Auch wir unterscheiden uns von uns selber in gewissen Augenblicken, in denen wir 'kaum uns selbst erkennen': weil die Tätigkeit unsres Geistes sich plötzlich krampfhaft erhöht, eine Erregung unsere Brust schwellt und Einsichten uns aufblitzen, die wir kaum zuvor geahnt, oder auch, um die wir lange vergeblich gerungen.[3]

So erzählt J. Edwards von einer mehr als 70jährigen Alten, die gelegentlich 'im Neuen Testament von Christi Leiden für den Sünder lesend, über das Gelesene in Staunen geriet, wie über etwas Wirkliches und höchst Wunderbares, ihr aber völlig Neues [was es natürlich nicht war], so daß sie im ersten Augenblick verwundert meinte, nie zuvor davon gehört zu haben; dann aber sogleich sich besann und bedachte, daß sie oft davon gehört und gelesen, es aber nie zuvor als etwas Wirkliches gesehen hatte.'[4] — Das Beispiel scheint nicht mehr anzudeuten, als daß ein theologisches Lehrgebäude, das bislang leidlich gedankenlos in bloßen 'Wortbegriffen' und unbestimmt besessen wurde, nun plötzlich, in einem Augenblick gesteigerter Apperzeption, erstmalig richtig 'kapiert', überblickt, in seinem möglichen

1) Fox, Autobiography 4. 5. 2) Vgl. Thorold 103 (Angela über gelegentl. 'Verstehen' und 'Ausgelegtwerden' des Vaterunsers). 3) Vgl. die interess. Mitteilungen bei G. Frankland, Moments of Illumination ... (Lond. 1904) 8. 4) Edwards, Narrative 73.

erschütternden Sinn empfunden wird, ohne eigentlich mit anscheinend übernatürlichen Organen 'gesehen', 'erlebt', 'gewußt' zu werden.

Im Leben des Gläubigen — und namentlich des Gläubigen unserer Zeit — sind es denn auch meist besondere Umstände und Verhältnisse, die ihm die 'Übernatürlichkeit' eines 'Verstehens' zu verbürgen scheinen, das er bei nüchterner oder gar wissenschaftlicher Betrachtung doch wohl in den natürlichen Zusammenhang seines eigenen Geisteslebens einordnen würde. Solche wesentlichere und auch an sich merkwürdigere Verschiebungen des banalen Verständnisvorgangs liegen vor, wenn etwa das Gefühlsmaß des begreifenden, erlebenden Augenblicks über alles Normale hinaus sich steigert; wenn die Vorstellungsmassen, welche neu umgriffen werden, ins Ungewöhnliche anschwellen; wenn sich die Augenblicke zu ganzen Zeitstrecken dehnen; endlich, wenn sich etwa der ganze seelische Zustand des Erkennenden in bedeutsamer Weise von seiner gewöhnlichen Einstellung zu entfernen beginnt. — Unter den Beispielen, die diese Erweiterungen erkennen lassen, veranschaulichen die zunächst gegebenen das Anschwellen des Gefühlsanteils am Erlebnis.

A. C. Torrey, der Führer einer der letzten großen Erweckungen in Amerika und England, erzählt von dem Bibellesen, mit dem er selbst nach ermüdender Arbeit seinen Tag zu beschließen pflegte: 'Gott entdeckt [mir dann] die Anschläge seiner Liebe, und während ich seine wunderbaren Verheißungen lese, vergißt mein Herz seine Müdigkeit und ich jauchze laut auf vor Freude. Ich schreie nie in der Öffentlichkeit, ... aber wenn ich ganz allein mit mir und meinem Gott und meiner Bibel bin, so schreie ich — ich kann mich dessen nicht enthalten. Die süßeste, reinste, höchste, heiligste, erstaunlichste Freude, die ich kenne, erfahre ich, wenn ich im betenden Forschen über Sein Buch gebeugt bin und Gott mir neue Erkenntnisse schenkt.'[1]

Das Erleben von 'Licht' spielt häufig eine beträchtliche Rolle innerhalb des Gefühlsrausches, der das banale Verstehen zu einem übernatürlichen zu stempeln scheint.

So 'begreift' ein moderner Mystiker eines Tages die Wahrheit, 'daß orthodoxe Religion für die Kindheit des Menschengeschlechts unentbehrlich sei und daß Viele noch jetzt die Wahrheit in keiner anderen Form empfangen könnten; indem, wie eine gewöhnliche Puppe die Kräfte der Liebe und Mutterschaft im Kinde zur Entfaltung bringe, so auch diese äußerlichen Symbole der kirchlichen Religion in vielen Herzen die ersten zarten Knospen des geistlichen Lebens entwickelten.' Diese heute oft gedachten Gedanken kommen ihm aber in einer Form, die sie ohne weiteres zu einer göttlichen Eingebung machen: 'Ein Gefühl der Schläfrigkeit (!) überschlich meine körperlichen Sinne. Dann schien ein heller Stern sich zu nähern, über mir zu glänzen und langsam herabzusinken, bis er auf meiner Stirne ruhte. Er durchdrang mein ganzes Wesen ... mit unbeschreiblichem Überschwang; er erleuchtete meinen Geist, so daß ich vollständiger den Sinn meiner selbst zu erfassen und den Nutzen

1) W. T. Stead in Borderland. Vgl. Memoirs of ... W. Tennent (Glasgow 1892) 47f.

aller Erfahrungen zu sehen glaubte, durch die ich geführt worden war,' — vermutlich in erster Linie eben seine Wandlungen von orthodoxer Gläubigkeit zu freier Auffassung.[1]

Diese Lichterfülltheit des Erkenntnisaugenblickes, meist in Verbindung mit Gefühlsüberschwang, wird außerordentlich häufig betont. S. Hildegard besaß ein solches Licht — 'weit heller, als die Wolke, welche die Sonne trägt' — von ihrer Kindheit bis ins höchste Alter beständig; ein Licht 'nicht örtlicher Art', ohne äußere Gestalt, mit äußeren Sinnen nicht wahrzunehmen; aus welchem Licht ihr 'Schriften, Reden, Tugenden und etliche Werke der Menschen entgegenleuchteten. Was ich in einer solchen Vision schaue oder lerne, das bleibt mir lange im Gedächtnis. Ich sehe, höre und weiß zugleich und lerne, was ich weiß, gleichsam im Nu. Was ich nicht schaue, das weiß ich auch nicht, weil ich gewissermaßen ganz unwissend und ungelehrt bin.'[2]

Ähnlich berichtet Jakob Boehme von einer Zeit moralischen Kampfes um die Besiegung seiner fleischlichen Natur und die Läuterung durch den Geist Gottes, daß ein 'wunderbares Licht in seiner Seele aufgegangen sei. Dies Licht war meiner unbändigen Natur ganz fremd, aber in ihm erkannte ich das wahre Wesen Gottes und der Menschen und ihr Verhältnis zueinander, was ich nie zuvor verstanden hätte und wonach ich nie gesucht haben würde.'[3]

Ähnliche Erfahrungen und Selbstbezeugungen müssen es gewesen sein, die den Teilnehmern der Erweckungsbewegung in Kentucky i. J. 1803 den Namen der *New Lights*, 'neuen Lichter' eintrugen. Sie selbst nannten dies innere Licht den 'Herrn' und bekannten sich als durch dasselbe belehrt und geführt. 'Durch dieses sahen sie die Dinge in ihren wahren Farben und fanden ein reiches Maß von Frieden und Trost und ... eine Hoffnung ewigen Lebens ... Alle, die das wahre Licht des Geistes in dem innern Menschen empfingen und ihm getreulich folgten, sahen von Auge zu Auge und verstanden die Dinge des Geistes in übereinstimmender Weise: ... sie sahen die Reinheit Gottes, die Verderbtheit des Menschen, die Notwendigkeit einer neuen Geburt und eines sündlosen Lebens.' Alle Unterschiede der Konfession, des Geschlechts, selbst — was in Amerika viel bedeutet — der Rasse wurden vor diesem Lichte hinfällig.[4]

Der folgende anonyme Bericht aus der Feder eines jungen methodistischen Geistlichen läßt das massige Anschwellen des Inhalts der Offenbarungen und ihre Ausdehnung über längere Zeitstrecken erkennen.

Im Jahre 1894 hatte er aus nicht angegebenen Ursachen einen nervösen Zusammenbruch gehabt. (Der Schreiber war verheiratet.) Am Silvesterabend jenes Jahres empfand er einen unwiderstehlichen 'Einfluß', der ihn in eine 'Ekstase' versetzte, ein Zustand, in dem er angeblich 40 Tage und Nächte meist einsam verharrte, sehr wenig Nahrung zu sich nehmend und nur eine oder zwei Stunden täglich schlafend. 'An jenem Abend begannen mir in den schönsten, glücklichsten und kräftigsten Ausdrücken Reden zuzuströmen, in denen göttliches Erbarmen mit allen Einsamen und Verführten, Unterdrückten und Beladenen der Welt und göttlicher Zorn des Gerichtes gegen alle Verführer und Unterdrücker sich aussprach ... Dies

---

1) G. Chainey in der selt. Ztschr. Psyche I, 1 4 (Lond. 1890). 2) Hildegard 5f. 3) Bei Bucke 151f. Vgl. S. Augustin, Confess. l. VII c. 10. 4) M'Nemar 29. 30.

hielt 3—4 Tage und Nächte an, worauf ich mit grenzenloser Zuversicht und Freude erfüllt ward... Immer wieder ... klopfte mir das Herz unter der Einwirkung eines überwältigenden Gefühles, mein Leib war in Schweiß gebadet, und in 4 oder 5 Tagen magerte ich fast zum Skelett ab.' Nach einer Pause von 2 oder 3 Tagen, während deren er reichlich aß und schlief und wieder zu Kräften kam, kehrte der ekstatische Zustand zurück. 'Tage und Nächte hindurch wurde mir der Sinn der heiligen Schriften in erstaunlicher Weise enthüllt ... Eine einfache und wunderschöne Auslegung der Bergpredigt, wie ich sie nie zuvor gelesen oder bedacht hatte, 'kam mir' in einer Nacht, dann folgte die Ausdeutung der Gleichnisreden, der Reden Ev. Joh. 14—16 und vieler anderer Texte, einschließlich Teile der Offenbarung Johannis. Dann sah ich die Epochen der Geschichte, die Wege Gottes in der Vorsehung, die fortschreitenden Stufen der sittlichen Erziehung des Menschengeschlechts und den gegenwärtigen Zustand der Gesellschaft, wie nie zuvor, und ich verließ diese ekstatische Verfassung am 9. Febr. 1895 mit der Gewißheit, daß ich von Gott erleuchtet und gesalbt sei, um die Grundsätze des geistlichen Lebens zu lehren und soziale und wirtschaftliche Reformen zu vertreten; aber ich war wieder im Zustande äußerster körperlicher Erschöpfung ... Mein Geist, von Natur kräftig, war noch lange Zeit hindurch angespannt tätig, alles Gelernte zu durchdenken ... Erst nach Monaten trat der normale Ruhezustand in mir ein.'[1]

Die maniakalische Erregung, die hier das massenhafte und erhöht lebhafte 'Begreifen' von Sätzen zutage fördert, die dem Subjekt in 'kühlerer' Form natürlich längst vertraut waren oder doch wohl nahe genug lagen, wird von ihm selbst zwar übertreibend, aber nicht ohne Gründe als Ekstase bezeichnet. Dieser auszeichnende Nebenumstand in schärferer Ausprägung ist natürlich sehr häufig die vornehmste Grundlage für die Einordnung des Erlebnisses als übernatürlicher göttlicher Erleuchtung.[2] Merkwürdiger noch, als die ekstatische Note und die lange Zeitdauer, ist an der Erfahrung des Anonymus die inhaltliche Massenhaftigkeit seines 'Erkennens', das nach den angeführten Worten den größeren Teil des christlichen Lehrgebäudes umfaßt haben muß. Dies erinnert uns daran, wie oft von der Mystik der Anspruch erhoben worden ist, daß alles theologische Lehrgut auch unabhängig von jeder Überlieferung im Einzelnen unsinnlich-übersinnlich erschaut, gleichsam völlig ursprünglich und selbständig erfahren und 'begriffen' werden könne: Dinge also, die der Voraussetzung nach jenseits der Grenzen möglichen Beobachtens und Erschließens liegen und darum von Anbeginn an der 'Offenbarung' vorbehalten geblieben waren.

Weigel behauptete, daß der Heilige Geist im Augenblick den Ungelehrtesten über alle Glaubensartikel belehren könne, weil die Quelle, aus der die Schrift geflossen sei, in jedem Menschen springe, wenn er nur in den stillen Sabbath der inneren Einkehr gelangen könne, in die Ruhe, welche die Ewigkeit ist und in der das göttliche Einsprechen vernommen und die Erleuchtung empfangen werde.[3] Und die kühne Be-

1) Austin 358ff. Vgl, auch o. S. 68. 2) S. zB. Görres II 243 (die Begine Blambeck). 3) Arnold II 593.

hauptung wird von einem Chor von Gläubigen aufgenommen, die im Augenblick inneren Quellens, sehr häufig in der Geburtsstunde ihres inneren Lebens, in den Wehen der Bekehrung bestimmte Wahrheiten betreffend das Dasein Gottes, seine Eigenschaften, seine Tätigkeit, seine geschichtlichen Heilsabsichten, den Ursprung der Sünde und die Dinge des Weltendes erkannt, erfahren, gesehen zu haben vorgeben. Durch solche 'Begnadigung' wollte Gichtel 'die ersten hellen Blicke in die großen Geheimnisse vom Fall der ersten Eltern, von der Wiederbringung unserer Herrlichkeit durch Christum und von der Wiedergeburt in ihm getan' haben.[1] — S. Hildegard empfing, nach eigenem Bericht, im Alter von 42 Jahren und 7 Monaten in ihrem 'hellschimmernden feurigen Licht', das sich vom Himmel über ihr 'ganzes Gehirn, Herz und Brust' ergoß, die 'augenblickliche Erschließung des Sinnes' aller biblischen Schriften,[2] die Anna Vetterin mit 30 Jahren unter den gleichen Begleitumständen einen augenblicklichen seltsamen Unterricht 'in allen geistlichen Sachen, auch so gar, daß, da sie vorhin keine Feder zu halten wußte, alsbald ihre Gesichte und Befehle von Gott an das Volk leserlich hat aufzeichnen können. Wie denn der damalige Pfarrherr zu Onoldsbach auf der Kanzel diesen Punkt den Obern und der Gemeinde zu überlegen gab, ob es nicht ein Zeichen der geschehenen Erleuchtung, daß sie damals in einer Nacht schreiben lernte, welches sie vorher, wie allen bewußt, nicht konnte.'[3] — Der bekehrte Jude Ratisbonne, von dem bereits die Rede war, behauptet, bei seinem Eintritt in jene Kirche, worin er seine Wandlung erlebte, vom Dogma der Erbsünde 'und andern' (nicht genannten) nichts gewußt, beim Hinausgehen aber 'klar gesehen' zu haben.[4] Und wieviele Bekehrte glauben im Augenblick ihrer Wiedergeburt das gewisse, persönliche und unmittelbare, von aller vorherigen Belehrung unabhängige Wissen erlangt zu haben, daß Jesus Gottes Sohn, daß er zur Versöhnung der Welt den Sühnetod gestorben sei, daß er als Gottessohn regiere u. dgl. m. 'Z. glaubte nicht an die Göttlichkeit Christi; aber als die wunderbare Umwandlung [in ihm] vor sich ging, erschien ihm diese Göttlichkeit Jesu so gewiß und selbstverständlich, wie die Bekehrung selbst.' Und Leuba, der diesen Fall anführt, berichtet die endgültige Antwort eines Sektierers, dem er ausführlich die Unsittlichkeit und Unvernünftigkeit der orthodoxen Versöhnungslehre darzutun gesucht hatte: 'Das alles mag so erscheinen, und doch kann ich keinen Zweifel [an diesen Dingen] hegen, [denn] ich habe sie erfahren.'[5]

Die Deutungsmittel, die der Subjektivismus für Erfahrungen dieser vorgeschrittenen Art bereit hält, sind mannigfaltig, auch abgesehen von psychanalytischen Gedankengängen. Schon dort, wo ein überstarkes begleitendes Gefühlserlebnis diese Ansprüche auf Übernatürlichkeit zu begründen scheint, treten mehrfache Deutungsmöglichkeiten ins Spiel. Vorweg in Abzug zu bringen sind diejenigen Erfahrungen oder diejenigen Teilelemente von Erkenntnissen, bei denen das angebliche Erkennen lediglich eine Umschreibung eben des Gefühlserlebnisses in theologischen Begriffsausdrücken zu sein scheint. Der aufmerksame Leser wird eine teilweise Anwendbarkeit dieses Gedankens in mehreren der obigen Beispiele herausfinden.

1) Kanne II 100. Ähnlich Axon 8 (A. Lee); Evans, Shakers 128. 2) Hildegard 41. 3) Arnold III 257a. Am erstaunlichsten die Bourignon: de Cort 7. 143. Vgl. auch Gal. 1, 12; Carra de Vaux, Gazali (Par. 1902) 45. 4) Ratisbonne 129. 5) Leuba in AJP VII 347.

Wenn etwa Boehme in dem 'wunderbaren Licht' in seiner Seele 'das wahre Wesen Gottes und des Menschen und ihr Verhältnis zueinander' erkennt, so könnte dies z. T. wohl darauf beruhen, daß er diese Art von seliger Lichtekstase eben als 'Gott' und als Eingetauchtsein des Menschen in Gott, also auch als Erleben seines 'Verhältnisses' zu Gott ansetzt. Oder wenn — um neue Beispiele zu wählen — die Nonne Maria de S. Teresa 'am Tage S. Matthiae unter dem Morgengebet' in einer 'außerordentlichen Gnade' erkannt haben will, 'daß die göttliche Essenz in meiner Seele sei, wie ein Wesen, davon sie ganz durchflossen wäre, und wie die göttliche Herrlichkeit in dem Innersten unser selbst ihren Sitz habe und unserer Seele Grundwesen sei und sie belebe, — so liegt der Gedanke mehr wie nahe, daß solche metaphysisch klingende Sätze nichts anderes seien, als eine ganz unmittelbare Übersetzung in banal-theologische Ausdrücke einer Erfahrung des mystischen Liebesrausches; wie denn die Fromme sie selbst ausdrücklich zurückführt auf eine 'göttliche Salbung, die ich ganz in mir ausgebreitet empfunden, daß auch meine Sinnen daran teilgenommen.'[1] Eine augenscheinlich verwandte Erfahrung belehrte — vermittelst einer ähnlichen 'Übersetzung' — Anne-Madeleine Remuzat über die 'Erkenntnis, mit der Gott sich erkennt, und die Liebe, mit der er sich liebt', sowie über das 'Bündnis der Liebe und des Erbarmens', welches 'die drei Personen der anbetungswürdigen Dreieinigkeit' (!) mit ihr eingegangen seien.[2] Ähnlich vermag Tolstoi nach einer Nacht des Gebetes um Verschmelzung mit dem Allwesen in sein Tagebuch einzutragen: 'Ich bat nicht um [Vergebung meiner Vergehungen], denn ich fühlte, daß wenn Er mir diesen seligen Augenblick gegeben, er mir auch verziehen hatte ... Ich verband in einem Gefühl sowohl Bitte als auch Dankbarkeit.'[3]

Wir empfinden hier in der Tat etwas von jener natürlichen Eignung der theologischen Symbole als Ausdruck innern Erlebens, um deren Deutung sich die Psychanalyse so heiß bemüht.

Mehr als eine solche Übersetzung reiner Gefühlserlebnisse in Begriffe einer bereits vorhandenen Dogmatik ist offenbar gegeben, wenn solche Sätze oder Teile dieser Dogmatik angeblich selbständig-persönlich erkannt werden, deren unmittelbare Beziehbarkeit auf Gefühlserlebnisse nicht ohne weiteres einleuchtet. Welche Vorsicht man freilich anwenden muß, ehe man diesen Fall als gegeben erachtet, darüber lassen gewisse Behauptungen mystischer Einsicht keinen Zweifel.

Kanne, dessen erweckliches Erlebnis früher erwähnt wurde,[4] sagt im Rückblick darauf: 'Jetzt erst verstand ich aus eigener lebendiger Erfahrung, was das neue Leben bedeutet; ... ich weiß es nun so gewiß, daß mein Erlöser lebt, daß mir alle andern Beweise völlig überflüssig sind ... Daß dieser Erfahrungsbeweis [der christlichen Religion] nicht etwa ein bloßer Empfindungsbeweis ist, das mag der Unerfahrene ... einstweilen aufs Wort glauben.'[5] Das 'neue Leben' freilich erfuhr Kanne mächtig genug. Aber das 'Leben' des Erlösers? Wenn er es eben in solchen inneren Mitteilungen suchte, so mochte er wohl auch behaupten, den 'Christus im Innern' erfahren zu haben. Aber das Leben des Erlösers, im Sinne eines metaphysischen Daseins jenseits der Grenzen von Erdenluft und Vergänglichkeit — wurde auch

1) Maria de S. Ter. 13. 2) Remuzat 324. 3) Aylmer Maude, Life of Tolstoi I 63f.
4) o. S. 228. 256. 5) Kanne I 294.

dies erfahren und erkannt, oder aber war auch diese 'Erkenntnis' nur die Übersetzung einer nicht erkenntnismäßigen Erfahrung? Wie doch offenbar bei dem Philosophen Lutoslawski der Fall war, der im Augenblick einer gleichgültigen Kommunion eine Erweckung erlebte und 'von da ab nie mehr zweifelte an der geheimnisvollen Umwandlung, die sich in der Hostie durch die priesterliche Weihehandlung vollzieht.'[1]

Hier scheint eine andere Seite des Hergangs sich so weit in den Vordergrund zu schieben, daß eine neue Deutungsart nahegelegt wird. Kanne hatte sich kurz vor seiner Erfahrung 'in ruhiger Erwartung, mit stiller und gelassener Sehnsucht und kurzen Seufzern mit Jesu' beschäftigt. 'Da kam er auf einmal mit einem vollen Becher aus der Lebensquelle usw.' Dies zeitliche Zusammentreffen des Rausches und der Beschäftigung mit Jesu wird also als persönliche Antwort gefaßt: im Rausch kommt Jesus selbst, also ist der Rausch der Erfahrungsbeweis dafür, daß er lebt und — weil er der geglaubte Erlöser ist — daß 'der Erlöser lebt'. Die ekstatische Erfahrung des Gefühls ergießt sich in den bereits vorhandenen Begriff und verleiht ihm die Blutwärme der Wirklichkeit.[2] Diese Gefühlswärme ist nicht der einzige Ursprung der Wirklichkeitsannahme, aber sie ist einer der wichtigsten. Wir wissen, wie dem gefühlsarmen Psychastheniker die Wirklichkeit der Dinge sich verschleiert, bis er sie schließlich fast verliert, eben weil die Gefühle verblassen, in die er die Dinge der Außenwelt einhüllt. Hier begegnet uns der umgekehrte Vorgang: daß eine ungewöhnlich starke Gefühlsdurchtränkung einem Begriff zur Geglaubtheit des Wirklichen verhilft, dessen Glaubwürdigkeit vor dem bloßen Verstande auf schwacher Grundlage ruhen würde. Prof. Leuba war es, der diesen Gedanken mit Nachdruck vertrat: daß die neue Spannung des Gefühlslebens das Ursprüngliche, die nunmehr 'erkannten' Dogmen aber das Abhängige seien. Der Religiöse glaube von diesen eine übernatürliche Erkenntnis zu besitzen; aber mit Unrecht: denn er erwarb sie auf dem natürlichsten aller Wege: durch äußere Überlieferung; zu etwas Übernatürlichem wurden sie ihm erst, als das wunderbare Blut seines wiedergeborenen Fühlens und Wollens ihre starren Glieder zu durchströmen begann. Der Zustand des Glückes, des Vertrauens, des Friedens, des Sicheinsfühlens mit dem Allgemeinen, in den der Bekehrte durch seine Wandlung versetzt wird, der *faith-state*, wie Leuba sagt, — der 'Glaube als Zustand' — durchglüht mit seinem Leben selbst die sinnlosesten Glaubenslehren, die dann durch Gründe so wenig erschüttert werden können, als sie ihnen ihr Dasein verdanken. Ja es kann vorkommen, daß Gegengründe, die vordem vernichtende Kraft zu haben schienen, auch jetzt noch logisch zwingend, d. h. vernichtend erscheinen, ohne doch im geringsten das friedlichste Ruhen in der Gewißheit — der dogmatischen Gewißheit! — zu stören.[3]

---

1) In CIP 711f. Vgl. damit S. Alph. Rodr. 75. 2) Vgl. C. Bos, Psychologie de la croyance (Par. 1905) 54ff. u. sonst (bes. ch. III). 3) Vgl. Leuba in AJP VII 347 und CIP 130.

Eine solche Ansicht würde erwarten lassen, daß in Zeiten der Ermattung, der Gefühllosigkeit und Willenserlahmung auch der Glaube (als Fürwahrhalten gewisser Tatsachen) nachlassen, der Zweifel sich wieder einstellen werde. Ein solches Zusammengehen von Gefühls- und Willensspannung und 'objektiver' Gläubigkeit ist ja aber tatsächlich eine der gewöhnlichsten Beobachtungen des religiösen Lebens. Wir wissen schon aus der Beschreibung der Dürrezustände, daß sie meist eine Abschwächung des Glaubens mit sich bringen.[1] Die religiöse Biographie ist reich an Zeugnissen, nach denen ein und dasselbe Bibelwort (das wir wohl hier als Lehrausdruck fassen dürfen) je nach der Stimmung und Spannung des Gefühls den Charakter der Glaubwürdigkeit, Verständlichkeit und Wirklichkeit in äußerst wechselndem Maße an sich tragen kann.

Bunyan, bei dem Perioden der Dürre und Zweifelsucht lange Zeit hindurch ständig wiederkehrten, sagt im Hinblick auf sie bezeichnend genug: 'Zuweilen habe ich in einer Zeile der Bibel mehr gelesen, als ich jemals aussprechen kann; ein andermal war sie mir dürre, tot und ohne die geringste Erquickung.'[2] Im Grunde bedeutet dies ja nur die verschärfte Form jener banalen Beobachtung, daß im unbekehrten Zustande genau die gleichen Lehrstücke oder Bibelstellen, die nach der Erweckung zu 'Erkenntnissen' werden, beliebig oft zum Bewußtsein kommen und selbst 'verstanden' werden können, ohne doch die unvergleichliche Eigenschaft des 'Geglaubtwerdens' zu erlangen. Ein Richter in Rochester, den Finney als den 'liebenswertesten aller unbekehrten Menschen' bezeichnet, sagte sehr bezeichnend: Ich stimme der Wahrheit alles dessen zu, was Sie [der orthodoxe Evangelist!] sagen, aber mein Herz gibt keine Antwort darauf.[3]

Eine weitere Bestätigung der dargelegten Ansicht ist es, daß — wie schon Leuba selbst betont — Bekehrungen beobachtet werden, in denen ein lehrhaftes Element augenscheinlich völlig fehlt. Die Bekehrung J. B. Goughs zB. — eins von Leubas Beispielen — sei 'eigentlich die Bekehrung eines Atheisten, bei welcher weder Gott, noch Christus erwähnt wird.'[4] Im gleichen Sinne hat James auf Tolstois Bekehrung hingewiesen,[5] und ohne Frage ließen sich andere anführen. —

Die vorgetragenen Deutungen machen nun freilich zwei Voraussetzungen, deren Nichterfüllung sie in Frage stellen könnte: sie nehmen als zugestanden an, daß die dogmatischen Vorstellungen zur gefühlsmäßigen Durchströmung dem mystisch Erkennenden bereits zur Verfügung stehen, und daß sich diese Vorstellungen nicht nur zu solcher Durchströmung, sondern auch zur begrifflichen Auslegung des mystischen Erlebnisses mühelos hergeben. Die erstere Voraussetzung wird man ohne weiteres für erfüllt halten dürfen. Läßt sich auch irgendein Mystiker denken, der so sehr außerhalb der religiösen Überlieferung stände, daß er in die Lage käme, die theologischen Symbole zur Auslegung seines Erlebens selber erst schaffen zu

1) S. o. S. 149. 2) Kanne I 182. 3) Finney 303. 4) Leuba in AJRP VII 343. 5) James, Varieties 247. Eine völlig undogmatische 'Bekehrung' ist auch die von W. H. W., bei Bucke 263.

müssen? Und selbst diese Neuschaffung nimmt, wie wir sahen, wenigstens die heutige Psychanalyse als möglich an.

Durchdenken wir nun aber auch die andere Voraussetzung: die der Brauchbarkeit der dogmatischen Begriffe für die Deutung des mystischen Erlebens, und ihrer Geneigtheit, im Schein der mystischen Glut die Farbe der Wirklichkeit anzunehmen; die Annahme also einer natürlichen Verwandtschaft zwischen geistlichem Liebesweg und theologischer Weltanschauung, — so finden wir uns bald über die verhältnismäßige Oberflächlichkeit des Leubaschen Gedankens hinaus zu jenen Deutungen zurückgetrieben, die uns das natürliche Wachstum religiöser Symbole überhaupt und damit auch des Stoffes der visionären und automatistischen Offenbarung verständlich zu machen suchten. Der Bestand an Symbolen ist ja hier wie dort der gleiche und es versteht sich ohne weiteres, daß jene Verteidigung auf dem Boden des Subjektivismus, die der visionären und automatistischen Offenbarung zugute kam, auch der hier fraglichen Verwendung religiöser Symbole innerhalb des Glaubensaufschwungs nicht versagt werden darf. Die Sachlage ist eben nicht erschöpft mit der Behauptung, der 'Glaube als Zustand', die geistliche Erregung durchglühe wahllos die dogmatischen Vorstellungen, die der Gläubige soz. zufällig aus seiner Umgebung aufgenommen habe; und diese Vorstellungen ihrerseits sind nicht so äußerlich und oberflächlich entstanden, wie uns die Religions- und Dogmengeschichte glaubhaft machen will, nämlich auf Wegen der äußeren Wahrnehmung, der pseudowissenschaftlichen Theoriebildung und der ferneren willkürlichen Begriffsbearbeitung; — sondern: diese Symbole sollen selbst ein natürliches Erzeugnis jener gleichen Kräfte sein, die sich auch in der Erhebung des Glaubenszustandes äußern, und dadurch wiederum soll es begreiflich werden, daß dieses Gebäude von Theorien über Weltentstehung, Weltleitung und göttliche Geschichtsführung noch auf einer späten Stufe zur natürlichen Begriffsbehausung so verfeinerter Binnenerlebnisse werden könne, wie derjenigen des geistlichen Weges innerer Entselbstung. Damit wäre dann wiederum die Möglichkeit zugestanden, daß diese Symbolbegriffe unter Umständen auch noch im späten Einzelnen eine Urzeugung erfahren, daß also das Erleben des mystischen Glaubensaufschwungs und das Als-wahr-erkennen gewisser 'theologischer' Sätze unter Umständen wirklich ein einheitlicher Vorgang innerhalb eines abgesonderten Einzelnen sei. Wieweit im einzelnen Fall der Anteil äußerlich übernommener Überlieferung einerseits, persönlicher Mythenschöpfung anderseits gehe, braucht dabei nicht einmal eine entscheidbare Frage zu sein. — Zwei Beispiele mögen dem Leser wenigstens die Problemlage allgemein verdeutlichen.

Ratisbonne besaß angeblich, wie wir hörten, vor dem Betreten der Kirche, in der er seine Bekehrung erlebte, keinerlei Kenntnis des Dogmas von der Erbsünde und anderer nicht genannter Dogmen. Beim Hinausgehen 'sah er klar'. 'Ich glaube, schreibt er, ich hatte keine Wissenschaft vom Buchstaben, aber ich erkannte gewissermaßen den Sinn und den Geist der Dogmen. Ich fühlte diese Dinge mehr, als ich sie sah, und ich fühlte sie durch die unaussprechlichen Wirkungen, welche sie in mir erzeugten. Alles ging in meinem Innern vor sich, und diese Eindrücke, tausendmal schneller als der Gedanke, tausendmal tiefer als das Nachdenken, hatten meine Seele nicht bloß ergriffen, sondern sie gleichsam umgedreht und ihr eine andere Richtung gegeben, sie ... in ein neues Leben gelenkt.'[1] Was Ratisbonne unstreitig erlebt hatte, läßt sich unzweideutig als eine Umkippung des Gefühls- und Willenslebens erkennen. Seine Grundinstinkte sind verwandelt. Es ist nur ein Schritt zur Festlegung dieses Bewußtseins in dem Satze: seine 'alte' Natur sei von ihm abgefallen, eine 'neue' in ihm erstanden. Damit 'sieht er klar' in dem Dogma von der Erbsünde, von dem 'alten Adam', der in uns sterben muß, dem Erbteil des Urvaters, und von der neuen Kreatur, die wir anziehen sollen. Es ist an sich höchst unwahrscheinlich, daß diese Begriffe dem religiös gebildeten Manne völlig fremd gewesen seien; waren sie es wirklich, so konnte die erste Berührung mit römischer Priesterschaft sie ihm vermitteln und ihn darin den Ausdruck seines Erlebens finden lassen. Anderseits mochte ihn sein Erlebnis auf die Historisierung der Erfahrung von 'alt' und 'neu' in seinem Wesen auch selbständig hindrängen, ihn also zu einer Mythenbildung treiben, die er dann unschwer in kirchlichen Lehren wiedererkannte. Der unbewußte Weg seiner Phantasie wäre dabei etwa folgender gewesen: Was ich war, empfinde ich jetzt als sündig; ich war aber, wie mein Vater war, und dieser war, wie seine Väter. Jetzt aber bin ich eine neue, eine ideale Art Mensch, frisch aus den Händen des Schöpfers. War der Urvater meines Geschlechts, als er frisch aus den Händen des Schöpfers kam, so wie ich jetzt bin, so muß er aus diesem idealen Zustande gefallen sein, um so zu werden, wie ich, als Erbe meiner Väter, vor meiner Wiedergeburt war: nämlich sündig. Hatte Ratisbonne im ersten Augenblick diese Dinge 'mehr gefühlt als gesehen', so 'wußte' er sie nun nachträglich wohl 'aus eigener Erfahrung'. Er konnte dies, weil sie eben eine mythische Historisierung jener Erfahrung darstellten; wie auch die Mythen vom leidenden Gerechten, vom Sündenbock, vom einverleibten Gotte u. a. m. greifbare Hinausverlegungen innerer Erlebnisse darstellen: des Angstdruckes der Schuld und des Loskommens von ihr; des befreienden Abwälzens der Verantwortung; des Erblühens eines neuen Ichgefühls usw.

Das zweite Beispiel mag uns jene Lehre liefern, die der Mystik als eschatologischer Überspanntheit so vielen Spott eingetragen hat: die Erwartung eines nahen Weltendes, eines Gerichtes, der Wiederkunft Christi und was dergleichen mehr ist. Kaum eine Erweckung geht vorüber, kaum ein mystischer Charakter öffnet den Mund zur Lehre, ohne die Verheißung nahen Anbruchs einer solchen neuen Ordnung.[2] Daß solche Ankündigungen nur in Köpfen entstehen können, die von historischer Kritik im heutigen Sinne nicht beschwert sind, versteht sich von selbst. Die Phantasie muß Ellenbogenraum haben, wo sie auftreten. Aber diesen vorausgesetzt, kann ich mir kaum ein natürlicheres Hervorspringen dogmatisch-mythischer Vorstellungen denken. Der Grund liegt hier in der starken Spannung, die zwischen den Erweckten und ihrer Umwelt besteht. 'Es gibt gegenwärtig keine wahren Christen auf Erden', erklärt die Bourignon.[3] Im Gegensatz zur Welt

1) Ratisbonne 129f. (vgl. 23ff.). Ähnlich A. v. Franckenberg, bei Arnold III 91f.
2) Vgl. zB. Jane Leade; Ann Lee; Jane Southcote; Gichtel; E. Roberts. 3) de Cort 23.

empfinden sie selbst sich als die wahren Gläubigen, als Kinder Gottes und Bannerträger der Gerechtigkeit. Und in diesem Gegensatz zur Welt empfinden sie schon das Gericht über die Welt: eine andere Reaktion als Verdammung gegenüber der Welt wie ihrem eigenen früheren unerweckten Zustande ist ihnen ja selbstverständlich unmöglich. Aus dieser heftigen inneren Reaktion aber ergibt sich die Erwartung und — was bei diesen hochgespannten Naturen dasselbe ist — die Gewißheit einer nahen äußeren Verwirklichung ihres Urteils. Der 'Geist' ist ihnen gekommen: also ist er im Kommen; ist unaufhaltsam im Begriff, in die Welt zu treten und diese, wie er sie nun einmal findet, unausbleiblich zu richten. Die immerwährende Erneuerung jener eschatologischen Offenbarung, ihr 'Jetzt' ergibt sich also aus der steten und oft epidemischen Erneuerung jenseitiger Erwecktheit.

Wie aber die Wurzelverwandtschaft zwischen Erlebnis und Symbolbegriff die Durchwärmung des Begriffs durch das Erlebnis verständlich macht, so würde sie auch umgekehrt erklären, daß eben diese Symbolbegriffe fast regelmäßig das Erlebnis auslösen können. Ich brauche nicht daran zu erinnern, daß meist der Erweckung eine lebhafte Beschäftigung mit den angeblichen Wirklichkeiten vorausgeht, die von jenen Symbolbegriffen bezeichnet werden. Der an sich Verzweifelnde wendet sich an den 'himmlischen Vater' oder den 'Heiland', stellt ihm seine Sache anheim, verläßt sich auf das bittere Leiden von Golgatha u. dgl. m. Die Wirksamkeit dieser Vorstellungen rührt in manchen Fällen gewiß daher, daß sie während des vorhergegangenen 'angestrengten' religiösen Lebens bereits zu Kristallisationszentren von Gemütsneigungen geworden sind, die jetzt vor dem Durchbruch stehen. Aber diese Wirksamkeit beruht außerdem sicherlich noch eben darauf, daß jene Symbole und Wirklichkeiten ihrem Ursprung nach psychologische Mythen der innern Erfahrung, also Ausdrucksmittel seelischer Gesetze darstellen. Das angeblich geschichtliche Drama der Welterlösung rekapituliert die inneren Erfahrungen der individuellen 'Erlösung'. Darum kann sich der geistliche Mensch mit den Gestalten jenes Dramas in einen allerengsten Verkehr einlassen, der nie in Gefahr kommt, jeden symbolischen Sinn und damit jeden Nutzen für sein Heiligungswerk zu verlieren. Der Jesus-Verehrer richtet sich an einem Urtyp jenes Heiligkeitsstrebens empor, das von den Mächten der Welt zum Kreuz verdammt wird und aus der Grabesnacht der innersten Verlassenheit in der Erweckung seine Auferstehung feiert, um in den Himmel innerer Verklärung einzugehen. Und der Madonnenverehrer, selbst wenn er in Banalitäten des angeblichen Erdenlebens der Maria sich ergeht, hält immer noch ein Symbol für die Kräfte mütterlicher Liebe in Händen, an das sein unwillkürliches Seelenleben ihn offenbar zu glauben zwingt, soll er seine höchstgewerteten Möglichkeiten des Daseins nicht preisgeben.

Der Psychologe bedarf also — um das mindeste zu sagen — nicht der geschichtlichen und metaphysischen Wirklichkeit alles dessen, was zB. die bibelgegründete Theologie über den eigentlichen Hintergrund der christlichen Erweckung behauptet; und wir brauchen uns daher nicht bei der viel umstrittenen Frage aufzuhalten, wieviel von jenen behaupteten Tatsachen der geschichtlichen Kritik standhalte. Dürfte doch unter heutigen Sachkennern ohnehin darüber Einigkeit herrschen, daß gerade die für die Erweckung angeblich bedeutsamsten dieser Behauptungen nachweislich religiöser Mythus sind,[1] — womit, nach dem eben Gesagten, ihre Bedeutsamkeit freilich nur verschoben, aber nicht geleugnet wird. Ja wo der Mystiker ganz über sich selbst zur Klarheit kommt, redet auch er dieser psychologischen Auflösung der geschichtlichen Symbole ganz unmißverständlich das Wort. Er selbst übersetzt dann die Lehre der Glaubensartikel in die Stationen seines inneren Weges.

Die Geburt des 'Geistes' in der Seele ist ihm die wahre Fleischwerdung; die schmerzliche Hingabe des Eigenwillens und der sinnlichen Triebe — die wahre Passion und Grablegung; die dadurch bewirkte Vereinigung mit dem göttlichen Geiste im Innern — die wahre Auferstehung und Himmelfahrt.[2] Durch 'Gnade' wird der mystisch Erweckte, was Christus 'von Natur' war.[3] Dieser häufige mystische Anspruch ist wenigstens die halbe Aufstellung des Satzes, daß 'der Sohn Gottes' innerlich zu verstehen sei.[4] George Fox, einer Redeschlacht über das Heilandsopfer zuhörend, 'sieht', wie er selbst sagt, 'durch unmittelbare Offenbarung des unsichtbaren Geistes das Blut Christi' und ruft aus: 'Seht ihr nicht das Blut Christi? Erblickt es in euren Herzen, daß es eure Herzen und Gewissen besprenge und von toten Werken befreie,[5] daß ihr dem lebendigen Gotte dienet.' Und Schnoudi, einer der Wüstenväter, von seinem Bischof wegen angeblichen Mangels an Ehrfurcht mit Entziehung der Sakramente bedroht, erwidert kühn: Ich sitze hier in Gesellschaft meines Herrn; was könnte mir Exkommunikation bedeuten.[6] — Der Mystiker versteht sich jedenfalls besser mit dem Psychologen, als mit dem Dogmatiker der Theologie.

XXXIV.

Mystisches Erkennen: 4. Unaussprechbare Einsichten. Kritik.

Indessen ist die 'Reihe', in die wir die Erfahrungen unmittelbarer mystischer Erkenntnis zu ordnen unternahmen, mit den besprochenen Erfahrungen der Wahrheit dogmatischer Tatsachen noch nicht abge-

---

1) Zur orientierenden Einführung in die weitschichtige Forschung auf diesem Gebiet könnten etwa dienen: A. Drews, Die Christusmythe; S. Lublinski, Die Entstehung des Christentums aus der antiken Kultur (beide Jena 1910); W. B. Smith, Der vorchristliche Jesus; J. M. Robertson, Pagan Christs ... (Lond. 1903); P. Carus, The Pleroma ... (Chicago 1909).
2) S. zB. Jundt, Hist. du panthéisme pop. au moyen âge 115 (Beginen, Turlupinen); Tauler; Eckehart. Vgl. Grass 199. 298. 342; Kingsford u. Maitland, The perfect way.., 3. Aufl. (Lond. 1890) 212f.
3) Deutsche Theol. 24; vgl. 73.
4) Mittelalterl. Sekt., bei Heinroth, Gesch. u. Kritik des Myst. aller bek. Völker u. Zeiten (Lpz. 1830) 345.
5) to sprinkle your hearts and consciences from dead works: Fox, Autobiography 10; vgl. 25.
6) J. P. Hannay, The spirit and origin of christ. monasticism (Lond. 1903) 123; vgl. 115 (über Valens), und Grass 338.

schlossen. Die Fälle, von denen mir zunächst zu berichten bleibt, unterscheiden sich von den bisherigen vor allem durch größere Allgemeinheit, Abstraktheit und metaphysische Dunkelheit des angeblichen Erkenntnisinhalts, die häufig, ja meist, bis zur 'Unaussprechlichkeit' geht; daneben auch durch entsprechend stärkere Betonung des abnormen Bewußtseinszustandes, in welchem sie auftreten. Im Zusammenhang damit ist hier auch die 'erweckliche' Natur der Erlebnisse (die wir auf die Übersetzbarkeit von Gnadenerfahrungen in dogmatische Symbole zurückführten) weit weniger betont: es handelt sich mehr um reine Einsichtserlebnisse an beliebiger Stelle des geistlichen Entwicklungsweges, oder gar außerhalb desselben. Die Forderung ekstatischer Bewußtseinslage als Vorbedingung dieser mystischen Einsichtserlebnisse aber folgt beinahe selbstverständlich aus ihrer Abgelegenheit von allem diskursiven, in angebbare Vorstellungen und Begriffe auseinanderlegbaren Denken, wie es dem zeitlichen Wachen eigen ist. Weigel vergleicht daher diese Schauungen des 'inneren Auges' dem 'augenblicklichen' Sehen äußerer Dinge mit dem körperlichen Auge, ohne damit im mindesten auf Gesichte anzuspielen.[1] — Beispiele für diese Erfahrung des anscheinend begrifflosen Belehrtseins in der Ekstase ließen sich der religiösen Biographie in fast beliebiger Zahl entnehmen.

Von S. Thomas Aquinas wird berichtet, daß er zu einer Zeit, da er mit dem dritten Teil seiner *Summa* beschäftigt war, während der Messe in Neapel 'von einer wunderbaren Verzückung ergriffen ward, die seinen ganzen Leib erschütterte'. Nach Beendigung der Messe kehrte er nicht, wie seine Gewohnheit war, ans Schreibpult zur Arbeit zurück, sondern überließ sich der Kontemplation und erwiderte dem Freunde, der ihn zum Schreiben ermahnte: 'Ich kann nicht, Reginald, denn alles, was ich bisher geschrieben habe, erscheint mir wie wertloser Plunder ... verglichen mit dem, was mir offenbart worden ist.'[2]

Dasselbe Gefühl umfassenden, aber unaussprechlichen Verstehens, gleichsam 'in einer andern Gegend' der Geistigkeit, äußert sich in einer Szene aus dem Leben der hl. Katharina von Siena, die von Br. Raymund aufbewahrt worden ist. 'Eines Tages', schreibt er, 'sah ich sie in einer Entzückung von Sinnen geraten und hörte sie halblaut vor sich hinsprechen ...: *Vidi arcana Dei* — Ich habe Gottes Geheimnisse geschaut, ... Worte, die sie unaufhörlich wiederholte. Wollte ich versuchen, sagte sie, als ich in sie drang, deutlicher zu reden, dir zu erklären, was ich sah, ich würde mich eitler Worte schuldig machen, ... ich würde Gott lästern und entehren durch meine Rede. Der Abstand zwischen dem, was mein Geist schaute, da er in Gott verzückt war, und dem, was ich dir beschreiben könnte, ist so weit, daß ich dich zu betrügen meinte, wollte ich von jenen Dingen reden ... Das Einzige, was ich sagen kann, ist dies: daß ich unaussprechliche Dinge sah.'[3]

Dieser seltsame Gegensatz von angeblicher Überreichlichkeit und doch Unaussprechlichkeit des Verstehens hat schon früher den psychologischen

1) Bei Arnold II 594a; vgl. Molinos 48. 2) Thomas Aquinas II 918f. 3) Drane II 42f.; vgl. Thorold 139ff.

Beobachter veranlaßt, derartige Erlebnisse der Mystiker mit offenbar ähnlichen profanen Erfahrungen zu vergleichen, wie sie bei veränderter Bewußtseinslage nicht selten vorkommen. Namentlich in narkotischen Zuständen sind sie häufig bemerkt und eingehend beschrieben worden.

Die folgende Selbstbeobachtung während einer Zahnoperation unter Lachgas beschreibt ein Student der Universität Oxford.[1] Auf eine Phase sehr verallgemeinerten Bewußtseins, wie sie uns später noch beschäftigen wird, folgte zunächst angeblich völlige Bewußtlosigkeit. 'Das nächste', fährt der Beobachter fort, 'was mir zum Bewußtsein kam — mein Gott! wie soll ich es berichten! Ich wußte alles! Ein gewaltiges Hereinströmen einleuchtender und schlechthin befriedigender Lösungen aller denkbaren Probleme überwältigte mein ganzes Sein, und eine allumfassende Ineinsverwebung bisher widerstreitender und scheinbar unterschiedener Ansichten der Wahrheit ergriff mit Gewalt Besitz von meiner Seele. Das Seltsame dabei war, ... daß ich die Hegelsche Philosophie selbst mit den andern philosophischen Schulen in einer Art höherer Synthese versöhnt zu haben schien ...' Nach dem Erwachen rief er dem Zahnarzt zu, er habe 'ein Stück Metaphysik entdeckt'. 'Kaum aber hatte ich diese Worte gesprochen, so schienen sie mich auch schon zu höhnen. Die geschaute Wahrheit hatte sich verflüchtigt, wie ein vergessener Traum, und mich mit halbgeformten Sätzen auf den Lippen und einem aschgrauen Gefühl der Wonne im Herzen zurückgelassen.'

Während sich hier das Bewußtsein der tiefen Einsicht mit der völligen Unfähigkeit zu näheren Angaben verknüpft, weiß der nächste Berichterstatter wenigstens gewisse Bilder anzugeben, in denen sich sein Begreifen verkörperte oder an die es sich anrankte, ohne freilich die Empfindung ihrer gewaltigen Sinnerfülltheit irgendwie näher bestimmen zu können.

'Und jetzt', so beschreibt Ludlow die Erfahrung eines seiner Hanfräusche, 'enthüllten sich mir plötzlich die Prinzipien des Seins, deren Anblick die prophetische Stimme mir verkündigt hatte ... Ehern, denn sie waren unerbittlich; gerade wie das Ideal einer geraden Linie, denn sie waren unabänderlich; wie ungeheure Schienenstränge erstreckten sie sich von dem Mittelpunkt aus, in welchem ich stand. Aber sie waren mir mehr als ihre bloßen stofflichen Namen (so!), denn sie verkörperten eine Unendlichkeit erhabener Wahrheit. Was diese Wahrheit sei, bemühte ich mich meinem Begleiter auseinanderzusetzen, aber vergeblich, denn die menschliche Sprache ermangelte noch der Zeichen, sie zu charakterisieren ... Noch tagelang danach entsann ich mich der Enthüllung. Ich selber wußte, was sie offenbarte, doch konnte ich es nicht sagen; und jetzt ist all ihre Bedeutung meinem Geiste entschwunden und hat nur die leere Schale und Hülse der Symbole zurückgelassen.' Als diese Symbole aber weiß er nur jene von einem Mittelpunkt ausgehenden, in der Ferne sich verlierenden Schienenstränge anzugeben: während er diesen entlang sich bewegte, stürmten jene 'schlechthin ungeahnten Wahrheiten' auf ihn ein, die 'alle strittigen Fragen lösten: die Quelle von Leid und Lust, die Tätigkeit des menschlichen Willens und Gedächtnisses, jede verwickelte Tatsache stand vor mir in offenbarender Helligkeit.'[2]

---

1) Wenn ich nicht irre, der spätere Prof. F. C. S. Schiller; in PR V (1898) 195f.
2) Ludlow 137f.; vgl. auch 139ff. 146ff.

Die Unbestimmtheit des Verständnisgefühls hatte hier immerhin das Bewußtsein zugelassen, daß gewisse philosophische Sonderprobleme beteiligt gewesen seien; wie es sich überhaupt in solchen Fällen häufig um metaphysische Fragen zu handeln scheint. Etwas deutlicher tritt diese nähere Umgrenzung der Probleme in einer Erfahrung des bekannten Psychologen William James zutage, der diesen Tatsachen überhaupt starkes Interesse entgegenbrachte.

Auch bei ihm bestand 'der Grundton dieser Erfahrungen in dem tieferregenden Bewußtsein durchdringender metaphysischer Erleuchtung. Wahrheiten von blendender Überzeugungskraft und Tiefe gehen dem Geiste auf. Er sieht alle logischen Beziehungen des Seins mit einer anscheinenden Feinheit und Schnelligkeit, mit der sich seine Leistungen bei normalem Bewußtsein nicht vergleichen lassen: bloß wenn die Ernüchterung eintritt, schwindet das Gefühl der Einsicht und man starrt enttäuscht auf einige wenige zusammenhanglose Worte und Sätze.' James war unter der Wirkung des Lachgases von der Wahrheit der Hegelschen 'Synthesen' überzeugt und damit von der Falschheit seiner bisher gehegten 'tiefsten Überzeugungen'. Jede Idee oder Vorstellung, die ihm aufstieg, wurde von der gleichen 'logischen Zange' ergriffen und als Verdeutlichung der gleichen Wahrheit benutzt; 'und diese Wahrheit war, daß jeder Gegensatz ... in einer höheren Einheit verschwindet, in der er beruht; daß alle sog. Widersprüche nur Unterschiede sind; daß alle Unterschiede nur Unterschiede des Grades sind; daß alle Grade einer gemeinsamen Gattung angehören; daß ununterbrochene Kontinuität zum Wesen der Dinge gehört und daß wir buchstäblich in der Mitte eines Unendlichen sind, dessen Dasein zu erfassen das Äußerste ist, was wir erreichen können ... Es ist unmöglich, von dem sturzbachartigen Hereinströmen der den Geist durchflutenden Identifikationen von Gegensätzen eine Vorstellung zu geben ... Gott und Teufel, Gut und Böse, Leben und Tod, Ich und Du, Nüchtern und Trunken, Materie und Form, Schwarz und Weiß, Quantität und Qualität ... und fünfzig andere Gegensätze ziehen dahin [auf jenen während des Rausches diktierten und beschriebenen Blättern] ... Der Geist sah, wie jeder Ausdruck zu seinem Gegensatz gehörte durch einen messerscharfen Moment des Überganges, den er bewirkte und der in seiner Ewigkeit das *nunc stans* des Lebens war ... Und schließlich, als allmählich bestimmte Vorstellungen sich einstellten, bewegte sich der Geist in der bloßen Form des Erkennens von Gleichheit in Identität [so!], indem er ein und dasselbe Wort zu sich selbst in Gegensatz brachte, nur [das eine Mal] verschieden betont oder seines Anfangsbuchstabens beraubt; zB. *what's mistake but a kind of take?* ... *Sober, drunk, — unk, astonishment* ... *emotion — motion!!!* ... *Reconciliation — econciliation!* ... *By George, nothing but othing! That sounds like nonsense, but it is pure onsense! Thought deeper than speech* —! usw.[1]

Zuweilen scheinen sich noch deutlicher gewisse metaphysische Sätze von höchster Allgemeinheit aus diesem seltsamen Chaos des Erlebens halbwegs herauszukristallisieren, wie zB. die Immaterialität des wahrhaft

1) Ich muß natürlich unübersetzt lassen. W. James, The will to believe (N. Y. 1904) 294 ff. Beachte 297 f. über die mögliche Psychologie des Hegelianismus.

Seienden, die Geistigkeit der Welt, die Dynamizität des Geschehens und was dergleichen halbe Unfaßlichkeiten mehr sein mögen.

'Ich glaubte', schreibt ein Namenloser, der die narkotischen Weihen empfangen hatte, 'den Schleier zu heben, der die Schöpfung bedeckt, und rastlose Energie bei der Ausführung des göttlichen Willens zu sehen.'[1] Und ein ähnlicher dynamischer Pantheismus spricht aus einer von Cahagnets Versuchspersonen, die neben der Willensfreiheit auch die Allgegenwart Gottes zu verstehen glaubt — 'selbst hier drin, habe ich gesagt, indem ich auf einen Tisch schlug'. Ja L. Lecocq begriff, 'daß Alles in Allem und überall ist'.[2] — Ein Anderer vermeint 'einen schlechthin bündigen Beweis der Geisterwelt' erlangt zu haben. 'Ich sah ferner, daß Geist das Wesen des Stoffes, und daß, was wir Materie nennen, ein bloßer Schatten sei. So stark war diese Überzeugung, daß ich tagelang nach meiner Erfahrung mich nicht enthalten konnte, in Lachen über den Wahn auszubrechen, daß die Dinge, die den fleischlichen Augen sichtbar sind, die wahren Dinge seien.'[3] — Nicht unähnlich äußerte sich bekanntlich Davy in dem ausführlichen Bericht über seine Versuche mit Lachgas. Nachdem er zu sich gekommen, schritt er im Zimmer auf und nieder, von stolzen, erhabenen Gefühlen bestürmt und ohne acht zu geben auf das, was man ihm sagte. 'Ich versuchte, jene [neuartigen] Vorstellungen des Rausches in die Erinnerung zurückzurufen: sie waren schwach und unbestimmt; eine Folge von Worten indessen bot sich dar, und mit stärkster Überzeugung und prophetischem Tone rief ich Dr. Kinglake zu: Es gibt nichts, als Gedanken! Die Welt besteht aus Wahrnehmungen, Vorstellungen, Lust- und Unlustempfindungen.'[4]

Die augenscheinliche psychologische Verwandtschaft dieser profanen narkotischen Offenbarungen mit den abstrakteren Erkenntnisekstasen der religiösen Mystik ist von allen wissenschaftlichen Beurteilern anerkannt worden und hat natürlich zur gleichmäßigen Ablehnung jeder wahren Erkenntnishaftigkeit in diesen wie in jenen geführt. Schon das klinische Bild des anästhetischen Rausches — dem Zahnarzt insonderheit wohlvertraut — läßt ja neben körperlichen auch seelische Störungen tiefgreifender Art erkennen. Es zeigt eine Folge und ein Ineinandergreifen von Erregungs- und Lähmungserscheinungen: der Sinne, des Gefäßsystems, der Bewegungen, der Atmung; geistige Übererregung bei äußerster Suggestibilität, ungehemmte Reizbarkeit, zB. des geschlechtlichen Gebietes; automatenhafte Bewegungen, die zahllos wiederholt, Worte, die immer wieder ausgesprochen werden; bei zunehmender Lähmung der Sinne und Bewegungen schließlich Krämpfe und den Stillstand von Herz und Lunge.[5] Die physiologische Deutung der narkotischen Wirkung schwankt zwischen verschiedenen — natürlich noch durchaus hypothetischen — Voraussetzun-

1) Borderland (Ztschr.) I 258. 2) Cahagnet, Heil. 142. 3) Borderland, I 258. 4) Davy 488f. Vgl. Ludlow 179—81; H. F. Brown, J. A. Symonds, a biography (Lond. 1895) II 78; C. A. Ewald, Ein Ätherathmer, in Berl. klin. Wochenschr. XII (1875) 133ff.; A.-M. Fielde, in Therap. Gaz. 16. Juli 1888 (ref. in RS XVI [1888] 221f.). 5) S. Dr. Amory und Dr. D. Buxton bei J. F. W. Silk, Man. of Nitr. Oxide Anaesth. (Lond. 1888); J. Crichton-Browne, On dreamy mental states (Lond. 1895) 23; Davy 458. 460. 464. 491; Dr. Dunbar in Pr XIX 73; Cahagnet, Heil. 361f.

gen, die indessen einander nicht ausschließen, vielmehr einander ergänzen könnten. Bald nimmt man chemische Wirkungen des Giftes auf die Nervensubstanz an;[1] bald schreibt man die Wirkung der teilweisen Erstickung zu, die durch die Atmung von Gas (anstatt von Luft) gesetzt wird;[2] was die Erinnerung auf die ekstatischen Erlebnisse Ertrinkender lenkt. Luchsinger wiederum sucht die Grundlage der seelischen Rauscherscheinungen in einer Veränderung der Leitungsfähigkeit der Nerven, und zwar — neben Wirkungen auf die Hirnzellen — auffallenderweise in vorübergehender Lähmung der Assoziationsbahnen.[3] Wie dem auch sei: daß eine tiefe Schädigung des normalen Verhaltens des Hirns bewirkt wird, muß außer Frage stehen. Eben darum ist die Ähnlichkeit lehrreich, die zwischen der Wirkung dieser künstlich gesetzten Schädigungen und denen einer aus Entartung folgenden Beeinträchtigung des Hirns besteht. Den mystischen durchaus ähnliche 'Einsichtserlebnisse' von Epileptikern würden hier ein passendes Beispiel sein, vorausgesetzt, daß wir dieses Übel als ein rein physiologisches ansehen dürfen.

Ein begabter Kranker dieser Art zB. berichtete, daß seine Anfälle immer mit Schwindel und dem stets gleichen 'eigenartigen Gedanken' einsetzten, den er für sehr wichtig hielt und von dem er glaubte, daß er seinen ganzen Fall erklären würde, den er aber niemals näher bezeichnen konnte. Er vergaß ihn jedesmal, wenn der Anfall vorüber war.[4]

Bietet uns so der Epileptiker eine Nachahmung der fraglichen mystischen Erfahrungen dar, so ist ja anderseits der Mystiker für den naturalistischen Psychologen selbst nur ein organisch Entarteter, ein Entgleister des Zentralnervensystems; und zwar nicht erst in der erhöhten Abnormalität der Ekstase, sondern erweislich schon in seinem 'Normalzustande', der dem mystischen Einsichtsakt verwandte Verfälschungen des Erkenntnislebens darbieten soll.

Nach der Schilderung Nordaus ist der 'Mystiker' von Haus aus angespannter Aufmerksamkeit unfähig; das assoziative Mitklingen von Vorstellungen, die Träumerei überwuchert bei ihm stets eine zielbewußte Hauptbewegung der Gedanken; und dieser Mangel an einheitlicher Zucht läßt ein beständiges Hereinspielen des Verschiedenartigsten und Entferntesten zu. Daher jener 'Geisteszustand, in welchem man unbekannte und unerklärliche Beziehungen zwischen den Erscheinungen wahrzunehmen oder zu ahnen glaubt, in den Dingen einen Hinweis auf Geheimnisse erkennt und sie als Sinnbilder betrachtet, durch welche eine dunkle Gewalt allerlei Wunderbares zu enthüllen oder doch anzudeuten sucht, das man sich, meist vergebens, zu erraten bemüht ... Dieser Geisteszustand ist stets mit starken Gemütserregungen verbunden, die das Bewußtsein als eine Folge seiner Ahnungen auffaßt, obgleich umgekehrt jene Emotionen das Vorbestehende, die

1) Dunbar deutet lösende Einwirkungen auf das Fett der Nervengewebe an: JSPR XI 265.
2) Silk, aaO. 25—28, vereinigt beide Meinungen.
3) So betr. Chloroform, Äther u. Kohlenstoffdioxyd (nach Dunbar Pr XIX 75). Vgl. H. Spencer, Princ. of Psychol., 3. Aufl. 631ff. (Reizung — Erregung — Entladung — Lähmung).
4) Crichton-Browne, aaO. 10. 11.

Ahnungen aber von ihnen veranlaßt sind und auch ihre besondere Richtung und Farbe von ihnen erhalten.'[1]

Die Ähnlichkeit dieses Bildes mit der angedeuteten Psychologie des ekstatischen Begreifens ist augenscheinlich, und man versteht, welcherlei Früchte der Psychologe von der ekstatischen Zerrüttung einer Seele erwarten muß, deren waches Erkennen er schon in solcher Weise gefälscht sein läßt.

Den Parallelerscheinungen auf dem Gebiete der physischen Entartung gesellen sich andere aus dem Bereich jener normalen Entartung des Denklebens, der wir alle regelmäßig im Schlaf und Traum unterworfen sind. Nach verbreiteter Auffassung setzt auch dieser vor allem die synthetische Höhenlage des Zentralnervensystems herab: führt tiefe Hemmungen übergeordneter Instanzen herbei und entfesselt das ungeordnete Spiel der 'niederen', rein assoziativen Vorstellungsabläufe. Es ist daher ein kritisch wichtiger Befund, daß — wie bekannt — auch der Schlaftraum nicht selten dem mystischen Begreifen durchaus ähnliche Erfahrungen mit sich führt; wie ja einer der klassischen Mystiker den Eintritt bedeutender Einsichten während des Morgenschlafes kurz vor dem Erwachen geradezu als etwas Gewöhnliches bezeichnet.[2] In schmerzlicher Nachbarschaft hierzu finden wir die bekannte Anekdote von dem Mittagschläfer, der das Welträtsel gelöst zu haben meint und, um die Lösung nicht zu vergessen, während vorübergehenden Erwachens etwas von 'alles durchdringendem Terpentingeruch' auf einen Zettel kritzelt.[3]

Diesen Verdächtigungen der fraglichen Offenbarungen auf Grund des objektiven Befundes reihen sich andere an, die sich auf inhaltliche Gesichtspunkte berufen. Verdächtig könnte ja schon erscheinen, daß die angeblich gewonnenen Erkenntnisse nicht nur nicht ausgesprochen, sondern häufig auch zugestandenermaßen nicht einmal erinnert werden können: was den Gedanken nahelegt, daß tatsächlich nichts zu erinnern, weil gar kein Erkennen vor sich gegangen sei.[4] In andern Fällen, wo tatsächlich einige andeutende Erinnerungen erhalten scheinen, fällt auf, daß die Offenbarung auch der Narkose gelegentlich durch äußere Einwirkungen inhaltlich angeregt erscheint, wie viele Träume des normalen Schlafes, die sog. Reizträume.[5]

Ein Beispiel bietet etwa jener Äthertraum 'einer begabten Dame', den James ohne ein Wort der Deutung als Fall von 'narkotischer Offenbarung' anführt.[6] Ein

---

1) M. Nordau, Die Degeneration 86. 76 (umgestellt); vgl. 93ff. 105ff. Vgl. auch Janet, Obs. I 294. 588 über die psychasth. obsession de la signification. 2) Tauler in e. Pfingstpredigt. 3) Andere, besser verbürgte Beispiele: E. Renan, Carnets de jeunesse (Par. 1906) 196; Amiel, Grains de mil 166f.; Frau J. M. in PS XXXIV 312. Ähnlich bei Sterbenden: Daumer, Reich 298f.; Perty, M. E. I 491 (nach Abel, Unsterblichkeit). 4) Nichts Einzelnes erinnert: W. H. Coffin in Borderland I 258; vgl. Cahagnet, Heil. 141; J. A. Symonds, aaO. und B. P. Blood bei James, Varieties 390 Anm.; Gr. Kayserling, Reisetagebuch e. Philos. I 371. 5) Wundt III 653f. 6) James, Varieties 392f. Anm.

großes Wesen — ich fasse den ausführlichen Selbstbericht der Träumerin kurz zusammen — durchsaust den Himmel auf einer Art von Blitz, der aus Seelen besteht, deren eine die Erzählerin ist und die alle nur zum Bewußtsein kommen, damit sich jenes Wesen fortbewege. 'Ich vermeinte, jenes Wesen wetze, schleife und quäle sein eigenes Leben aus meinen Schmerzen empor.' Dann wendet Es, gerade als Es bei ihr angelangt ist, indem und dadurch daß Es sie verwundet, und zwar mehr, als sie je im Leben verwundet worden war. Und in diesem Augenblick des heftigsten Schmerzes — sah sie. 'Ich verstand einen Augenblick hindurch Dinge, die ich jetzt vergessen habe; Dinge, die man nicht erinnern könnte, ohne den Verstand zu verlieren.' Sie vermeint, Gott in diesem Augenblick wunderbar gedient zu haben als das Mittel der Offenbarung von irgend etwas an irgend jemand, im genauen Verhältnis zu ihrer Fähigkeit zu leiden. Auf ihr Erstaunen, daß sie nichts von Gottes Liebe wahrgenommen, hört sie gerade noch die Antwort: Erkenntnis und Liebe sind Eins, und das Maß ist Leiden. Nachträglich nun (bezeichnenderweise) fallen ihr zahlreiche Formulierungen dessen ein, was sie in jenem Augenblick 'gesehen' und 'verstanden' zu haben meint: die ewige Notwendigkeit des Leidens und sein ewig stellvertretender Charakter, ... die Passivität des Genies, und wie es wesentlich Mittel sei, bewegt, nicht bewegend, gezwungen zu tun, was es tut; daß der leidende Seher oder Genius immer mehr zahle, als seine Zeitgenossen durch ihn gewinnen, u. a. m.

Der großartige und philosophische Charakter der Bilder wie der nachträglichen Auslegungen springt in die Augen. Aber man meint dem Angelpunkt des Falles erst auf die Spur zu kommen, wenn man erfährt, daß diese derart ergiebige Narkose auf dem — Operationstisch stattfand. Es scheint mithin der Sinneseindruck des chirurgischen Eingriffs auf ungewöhnlich fruchtbaren Boden gefallen zu sein: die 'hochbegabte Frau', vermutet man, war mit Leiden wohlvertraut, hatte über diese rätselvolle Zutat des Lebens gedacht und gelesen, und besaß einen Reichtum an Begriffen und Bildern aus den Theodizeen der Jahrhunderte; dies bezeugt ihre traumhafte Verarbeitung nicht minder, als die reiche nachträgliche Auslegung.[1]

Dies führt uns auf ein anderes Kriterium anscheinend subjektiven Ursprungs (wie es ähnlich schon an anderer Stelle benutzt wurde): den inneren Zusammenhang zwischen dem Inhalt der Offenbarungen, soweit er angebbar ist, und dem überhaupt charakteristischen Vorstellungsbesitz der Subjekte. Schon die angeführten Beispiele lassen erkennen, daß der philosophischen Richtung der Träume philosophische Interessen und Vorbildung des Träumers entsprechen; von Ärzten hören wir, daß sie in der Narkose sich mit medizinischen Phantasien beschäftigen;[2] und daß schriftstellerische Schulung und dichterische Befähigung des narkotischen Träumers auf seine entwickelten Gesichte von entscheidendem Einflusse sein müßten, bemerkte schon der erste, der solchen Träumen durch glanzvolle Schilderung zu literarischer Berühmtheit verhalf.[3]

1) Vgl. den ähnlichen Fall bei Jastrow 241f. 2) Beispiele bei Jastrow 245ff. und Ewald, aaO. 134. Theol. Analogien s. Cahagnet, Heil. 161—64 und Palmer 65f. (ma'rifat = metaphys. Studium vor wejd = Ekstase). 3) Th. de Quincey, Confessions of an English opium-eater.

Bedenkt man ferner, daß die Offenbarungen der Narkose oder die ähnlichen der Ekstase, soweit sie sich inhaltlich nachprüfen lassen, nichts weniger als Einstimmigkeit untereinander zu besitzen scheinen und daß ihre Autorität selbst für den Träumer mitunter nur eine sehr beschränkte ist — wie zB. Symonds sich nicht darüber klar ist, ob er in seinen ekstatischen Augenblicken sich in Gottes Händen befunden, oder nur das Spielzeug einer 'abnormalen Erregung des Gehirns' gewesen[1] —, so scheint der letzte Grund zu entfallen, an der durchgängigen Gültigkeit einer subjektivistischen Deutung zu zweifeln.

Die Hauptgedanken dieser Deutung lassen sich nunmehr etwa folgendermaßen zusammenfassen: Der seelische Zustand, in welchen das mystische Erfassen scheinbar neuer Wahrheiten fällt, charakterisiert sich weit mehr durch ein äußerst rasches assoziatives Aufeinanderfolgen der Vorstellungen, als durch irgend nennenswerte apperzeptive Vorgänge. 'Meine Vorstellungen, schreibt zB. Dr. Roget, folgten einander mit außerordentlicher Geschwindigkeit; Gedanken schossen wie ein reißender Strom durch mein Bewußtsein.'[2] Die apperzipierenden Vorstellungsmassen, vermittelst deren wir gemeinhin neue Inhalte uns zueigenmachen, sind teils gehemmt, teils aufs tiefste zerrüttet. Damit sind die gesunden Widerstände geschwunden, die Handhaben des Widerspruchs, die Voraussetzungen der Kritik. Jede fetzenhafte Verknüpfung von Vorstellungen, vorzugsweise auf Gebieten, die im Wachen der Hauptherd der Denkanspannung und des Zweifels waren, verläuft jetzt ungehindert und mühelos. Diese Mühelosigkeit löst jenes Gefühl aus, das bei normaler Bewußtseinslage erst dann auftritt, wenn alle logischen Denkhemmnisse beseitigt, d. h. die inneren Zusammenhänge aufgedeckt sind und damit das Durchlaufen der ganzen Gedankenkette leicht und frei geworden ist: das Gefühl des 'Verstehens'. Mehr noch: jenes wohlbekannte Apperzeptions- oder Evidenzgefühl — wie die übliche Auffassung der Logiker und Psychologen es formuliert[3] — mag sogar an der Steigerung teilnehmen, welche das Fühlen überhaupt in ekstatischen und traumhaften Zuständen so leicht erfährt. Das Ergebnis ist ein für die logische Zurechnungsfähigkeit geradezu verderbliches: Disorganisation der Vorgänge an sich, und völlige Hinwegtäuschung über diese Disorganisation durch Gefühle, wie sie sonst die Vollendung ihrer Organisation begleiten. Die mystische Einsicht wäre danach das natürliche Erzeugnis einer durch Ekstase, Narkose oder Schlaf gesetzten vorübergehenden Psychasthenie. Janets Psychasthenische Marcella hat sehr bezeichnenderweise, wenn sie unter ihrer sog. Wolke, d. h. in einer Art kataleptoider Ekstase sich befindet, 'nie einen Zweifel oder die mindesten Bedenken selbst bezüglich der verrücktesten Gedanken'.[4]

1) Brown, aaO. 80. 2) Davy 510f. 3) Vgl. die heute meistvertretenen emotionalen Theorien der Evidenz. Selbst Sigwart spricht vom Gefühl der Denknötigung. 4) Vgl. zu dem Obigen Bernard Leroy, Interprét. psychol. des 'visions intell.' chez les myst. chrét. in RHR LV (1907) 1ff., bes. 18ff.; Leuba in AJRP VII 352f.; Jastrow 503.

XXXV.

Mystisches Erkennen: 5. Unio mystica. Kritik.

Die Ansprüche des mystischen Erkennens gehen indes noch einen Schritt über die zuletzt beschriebenen, schon leidlich allgemeinen 'Einsichten' hinaus. Tiefste und letzte Lehre der Mystik ist es meist gewesen, daß das All im Grunde eins sei. Man kennt die Darlegungen — von den Upanishads bis auf unsere Tage — über das *apeiron*, den göttlichen Urgrund, 'vor dem die Worte umkehren', der alle Begriffe übersteige; über das Brahma, das Sein und Wahrheit und Wonne in eins fasse; über die göttliche Nacht, die zugleich der Ozean des Urlichtes sei, des Lichtes und der Liebe, darin die Wesen versinken und daraus sie auftauchen, und was dergleichen mehr ist. Diesem All-Einen oder Absoluten von Angesicht zu Angesicht gegenüberzutreten, die *henosis* zu erleben nach *katharsis* und *ellampsis*, die *via unitiva* zu beschreiten nach der *via purgativa* und *illuminativa*, muß begreiflicherweise des Mystikers höchster Ehrgeiz sein. Es gibt Erlebnisse, die ihm diesen Ehrgeiz zu befriedigen scheinen, ja die vielleicht die Lehre allererst haben entstehen lassen; und ihre Beschreibungen aus verschiedenen Lagern der Jenseitigkeit ähneln einander genügend, um einen Typ erkennen zu lassen. Ich bringe ihn hier abschließend zur Sprache, weil er auf der bisher verfolgten Linie vom Konkreten zum Abstrakteren den äußersten Punkt zu bezeichnen scheint.

Der zwischen Lehre und Erfahrung etwa die Mitte haltende Tauler zB. berichtet von einem zuweilen im Menschen aufleuchtenden Verlangen nach Gott, der sich dann 'so offenbarlich zeigt, daß man nicht zweifeln kann, es sei Gott selbst, der sich zu erkennen gebe, [nämlich] gleichsam in der Form eines jähen Lichtes [oder Glanzes], ... [wobei] keinerlei Bild von etwas Gesehenem verbleibt ... Man kann aber den Glanz dieses Lichtes mit gutem Recht [auch] Finsternis und Dunkelheit nennen, falls man es überhaupt [ein] Licht nennen soll, von wegen seiner Größe und unserer Blindheit ... Bemüht sich [aber] unser Verstand, es zu verstehen, so verrinnt und entflieht es alsobald ... Je unaussprechlicher, unbegreiflicher ... und von allen Bildern entfernter [dieses sehr reine und erhabene Gut] ist, desto wahrer und sicherer, erhabener, reiner, innerlicher und nützlicher ist es.'[1]

Bei Ruysbroeck, der unzweifelhaft aus eigener Erfahrung spricht, verläuft die Beschreibung ähnlich ins Ungreifbare: Licht, Finsternis, Glanz, Abgrund, Ineinsfließen alles Einzelnen, Unfaßlichkeit, Unaussprechlichkeit, — bei alledem doch ein Eindruck von Erleuchtung und Erkenntnis und zugleich von Erfüllung aller Sehnsucht der liebenden Natur: solche und ähnliche Ausdrücke drängen sich ihm immer wieder auf. 'In dieser Finsternis', heißt es einmal bei ihm, 'scheint und wird geboren ein unbegreifliches Licht, das ist Gottes Sohn, in dem man das ewige Leben schaut ... Und der Geist selbst wird unablässig zur Klarheit, die er emp-

---

1) Übers. aus: Les Institutions divines ... du Reverend pere frere Iean Thaulere (Par. 1507). Vieles Verwandte bei Preger III 173ff. 215ff. Vgl. auch S. Jean IV 576ff. (Vive flamme, str. III v. 3, § 9f.); III 428f. (N. O. II, 17); II 200ff. (Sub. II, 14); älter: S. Macarius, Hom. VIII (Migne, P. G. XXXIV 527ff.).

fängt, in der ledigen Leerheit, worin der Geist sich durch den Genuß der Minne verloren hat ... Diese Klarheit ist so groß, daß der minnende Seher in seinem Grunde, wo er ruht, nichts sieht noch fühlt, als ein unbegreifliches Licht; und gemäß der einfachen Nacktheit, die alle Dinge umgibt, weiß und fühlt er sich als dasselbe Licht, durch das er sieht, und als nichts anderes ... Selig sind die Augen, die also sehend sind, denn sie besitzen das ewige Leben.'[1]

'Ich empfing', sagt eine spätere Mystikerin, 'ein Licht, das mir zu erkennen gab, daß Gott eine Lichtquelle wäre, die unzugänglich ist, in die nichts Geschaffenes Eingang haben kann; daß das göttliche Wesen ein einfältiges, einiges, unberührliches Wesen wäre und folglich ganz unterschieden von allem, was geschaffen ist ... Mein Geist dünkte mir selbst ein flammender Punkt geworden zu sein, so wirksam, so leicht erheblich war er gegenüber diesem göttlichen Zentrum.'[2]

Ähnlich klingen gewisse Äußerungen eines sehr viel älteren Mystikers, Symeons, des neuen Theologen (970—1040), in seinen Liebesgesängen an Gott: 'Mein Geist schaut das Unsichtbare, das aller Gestalt Ledige, durchaus Einfache, nicht Zusammengesetzte und an Größe Unendliche. Denn er erblickt keinen Anfang, und kein Ende schaut er, und ist gänzlich keiner Mitte bewußt ... Jenes aber ist ein Geistiges, unermeßlich, untrennbar und unerschöpflich; ... es geht in meinem armen Herzen auf, wie eine Sonne oder runde Sonnenscheibe, dem Lichte ähnlich, denn es ist ein Licht.'[3]

Die Vorstellung dieser Zustände wird scheinbar verwirrt, in Wahrheit aber wohl präzisiert, wenn man das seltsame Ineinander von Licht und Nacht, das diese Zeugnisse bereits anklingen lassen, recht anschaulich nachzuempfinden sucht. Tatsächlich ist der eine Ausdruck fast so häufig wie der andere, und ebenso häufig ihre ausdrückliche Gleichsetzung. Von einem 'dunklen Lichte' sprach Heinrich Seuse, dunkel wegen seiner übergroßen Helligkeit. Und Heinrich Herphius sagte vom Zustande der Gottschauenden: Gott 'überschwemme sie mit seinem Glanze, und dieses Licht sei etwas Unbegreifliches, eine Dunkelheit, eine Stille, ein erhabenes Nichts'.[4] — Man möchte in solchem Gestammel die sinnliche Beschreibung eines ekstatischen Bewußtseinszustandes lesen, der das Ich in einer dunkelstrahlenden Unermeßlichkeit, einer flimmernden, blendenden Tiefe versinken läßt. Dazu passen trefflich andere trunken-tastende Umschreibungen, die das Weite, Unendliche, Einsame, Weltferne, Ichlose der Erfahrung zu malen suchen: es sind abgründige Tiefen, in die der Gottliebende gleitet, unzugängliche Höhen, zu denen er sich erhebt, schweigende, weglose Wüsten, in denen er sich verliert, unfaßliche Breiten und ewige Längen, 'das Ruhen aller Heiligen in der Einheit, Einheitlichkeit und Einfachheit', in dem 'unergründlichen Gut'.[5]

---

1) Ruysbroeck 153; vgl. 150f. 69. Vgl. muham. Ekstaseschilderungen: 'Ozean des Lichts', 'schneller Blitz', 'friedliches Licht des Neuen Mondes' usw.: Palmer 22ff.; Asín 215f. 2) Maria de S. Ter. 28. Ähnl. Osanna v. Mantua in A. S. Boll. XXIV 621 (§ 99). 3) Bei Buber, Ekstat. Konfessionen 40. Vgl. Dante, Parad. XXX 97ff. 4) Auger 309. Die im MA. klassische Stelle des Dionys. Areopag. spricht von 'Finsternis durch Übermaß von Licht' (ὑπεροχικῶς. Myst. Theol. 1 § 1). 5) Ruysbroeck 88. 131. 134.

Oder um eine sehr alte Stimme vernehmbar werden zu lassen: Hierotheos, des Areopagiten Lehrer, sagt: 'Ohne Worte auszusprechen und ohne Erkenntnis zu verstehen das, welches über Worten und Erkenntnis ist: dies ist, wie ich begreife, nichts anderes, als das geheimnisvolle Schweigen und die mystische Ruhe, welche das Bewußtsein zerstört und Formen auflöst. Suche darum schweigend und auf mystische Weise jene vollkommene und ursprüngliche Vereinigung mit dem Erz-Guten.'[1]

Ein entscheidendes Merkmal indessen ist bisher noch nicht gebührend hervorgehoben worden: diese unbestimmten ekstatischen Zustände sind zugleich gefühlserfüllt. In der höchsten Anschauung, der *theoria tou agathou* der alten Mystiker des Ostens, ist auch das höchste Gefühl: *sat-chit-ânanda* nach der indischen Fassung. Die höchsten Stufen des 'gottschauenden Lebens' sind Rausch und letzte Einsicht zu gleicher Zeit. Ja in vielen Beschreibungen der äußersten ekstatischen Zustände verstummt zuweilen fast jede Angabe sinnlicher Empfindungsreste: der stille göttliche Abgrund ist von Liebe völlig ausgefüllt.

Von dem 'innerlichsten Ausgang des Geistes durch eine göttliche Berührung' sagt Ruysbroeck: 'Da scheint die Klarheit Gottes so mächtig, daß Vernunft und Verstand mit ihrer Tätigkeit unterliegen und der unbegreiflichen Klarheit Gottes weichen müssen. Wenn aber der Geist dieses in seinem Grunde fühlt, dann will ... doch die Kraft der Minne noch vordringen; ... und sie ist blind und will genießen, und das Genießen liegt mehr im Schmecken und Fühlen, als im Verstehen.'[2]

S. Angela spricht eine ähnliche Sprache, wenn sie ein ekstatisches Erlebnis wie folgt beschreibt: 'Nachdem ich die Macht Gottes und seinen Willen und Gerechtigkeit gesehen, ward ich von da noch höher erhoben, und da sahe ich weder die Macht noch den Willen, wie zuvor, sondern ich sahe ein ruhendes Etwas gänzlich unbeschreiblich, außer daß es gänzlich ein Gut war. Und meine Seele befand sich in einer unbeschreiblichen Freude. Und in diesem Zustande sah ich nicht Liebe, sondern jenes schlechterdings unbeschreibliche Etwas.'[3] Aber dann — und vielleicht schon in den Schlußworten der eben gegebenen Schilderung — scheint sie diese noch überbieten zu wollen: sie leugnet den Gefühlsinhalt ihrer äußersten Ekstase, betont aber den Erkenntniswert des Erlebnisses mit einem Nachdruck, der das Problem dieser Äußerungen in schärfster Form erregt. 'Bei einer gewissen Gelegenheit', sagt sie nämlich, 'ward meine Seele entrückt, und ich sahe Gott mit größerer Klarheit und Völligkeit, als ich je zuvor getan. Und in dieser Erhebung sahe ich nicht Liebe, und ich verlor jene Liebe, die ich zuvor getragen, und ich wurde Nicht-Liebe. Und dann sahe ich Ihn in einer Finsternis, und das, weil Er [ein] Großes Gut ist, das nicht vorgestellt noch verstanden werden kann; ... und ich ward so gewiß in Gott gemacht, daß ich nimmer daran zweifeln kann, nämlich, daß ich ganz gewißlich Gott habe; und in jenem höchst wirksamen Gute, in Finsternis gesehen, ist jetzt meine Hoffnung völlig gesammelt und sicher.'[4]

Wir begegnen also hier in einer anerkannten Mystikerin einem ekstatischen Bekenntnis, wie man es eigentlich nur aus dem Mund eines kirchlich

---

1) Frothingham, Stephen bar Sudaili (1886) 96. 97. Vgl. Proclus bei Zeller, Phil. d. Gr. III, 2, 2. Aufl. 745. 2) Ruysbroeck 108. 3) Thorold 141f. 4) Das. 147; vgl. 148f.

verurteilten Quietisten oder gar eines Buddhisten erwartet hätte. Beide streben über den lustvollen Frieden zur *sainte indifférence*, zur *upekha* hinaus,[1] im Leben, wie in der Ekstase. — Aber dies mögen für den Psychologen Fragen zweiter Hand sein, die auf persönliche Verschiedenheiten der Gefühlsanlage deuten, oder auf Suggestionen der Überlieferung bestimmter mystischer Kreise. Was uns im Augenblick am nächsten angeht, ist der sonderbare Anspruch auf ganz gewisse und bedeutsame Erkenntnis — des Umfassendsten, Letzten, 'Gottes' — in diesen schwer beschreibbaren Zuständen, der sich selten zum Geständnis auch nur teilweiser Verschleierung des göttlichen Wesens herbeiläßt.[2] Noch umfassender beinahe als Angela erhebt ihn die Schwester Remuzat:

'Während der Gebetssammlung', schreibt sie, 'war es mir, als öffnete Gott mir seinen Busen und lüde mich ein, dort einzutreten, damit ich, mich selbst verlierend, besser imstande wäre, alles von ihm entgegenzunehmen. Ich sah mich dann wie ein schmutziges Wasser, das man ins Meer schüttet und einen Augenblick später nicht mehr als etwas Gesondertes und vom Meere Verschiedenes sieht. [Hier spricht die Marseillerin.] Auf diese Weise ein und dieselbe Sache mit meinem Gotte geworden, ... ward ich wie erfüllt von der Erkenntnis Gottes gemäß seiner eigenen Erkenntnis, die mich Ihn sehen ließ als ein unendlich vollkommenes Wesen, einzig beschäftigt mit sich selbst und seinen anbetungswürdigen Vollkommenheiten ... Fragt mich nicht, was vorgegangen sei. Das war weder ein Licht, noch ein Geschmack, noch ein Leiden, noch eine volle Freude; sondern Gott selbst, so wie er ist, soweit er in einem elenden Geschöpf empfangen werden kann.'[3]

Es kann kein Zweifel bestehen über die Deutung, die der moderne Psychologe diesen Zuständen geben muß, die einst so hohe Wertschätzung genossen und bei Vielen noch heute genießen. Er muß in ihnen die letzte Stufe der ekstatischen Zersetzung des Bewußtseins erblicken, die der mystische Geist erreicht, nachdem er selbst den Traumbildern und Symbolen seines ekstatischen Halluzinierens den Rücken gewandt hat, weil sie ihn noch zu sinnlich und persönlich, zu voll von 'Eigenheit' und möglicher Täuschung dünken; nachdem er die Verarmung und Vereinheitlichung des Bewußtseinsinhalts und die Auslöschung des Ichbewußtseins auf den Gipfel getrieben und so zuletzt bei schlechthin einfachen, halb gefühlsmäßigen Zuständen angelangt ist, deren gänzlich formloser, unbestimmter Empfindungsinhalt, in endlosen Räumen lokalisiert, nur mehr Beschreibungen wie 'Wüste' und 'Stille' zuläßt, oder sich allenfalls als dumpf-gesehenes, dunkel-flimmerndes Licht — halb Glanz, halb Finsternis — bezeichnen läßt.[4] Ja die sel. Angela scheint geradezu den Vorgang und Augenblick der

1) Vgl. Heiler 256. 257. Eckehart (Büttner I 9): 'Ich ... stelle die Abgeschiedenheit über die Liebe.' 2) Wie etwa S. Alph. Rodriguez 292. 3) Remuzat 318f. 4) Vgl. hierzu Murisier 60ff.; Godfernaux in RPh 1902 I 12; Leuba, in Mind, new series No. 53 15ff., bes. 22. 26; Flournoy, M. M. 178f.; P. Beck, Die Ekstase (Bad Sachsa 1906) 26 (Indifferenzpunkt zwischen Ich und Nichtich, Subjekt u. Objekt).

Zerblätterung der letzten Sinneseindrücke in das eindruckslose Nichts zu beschreiben, wenn sie nach Ausmalung des geschauten Gottmenschen — der 'ihre Seele zu sich zieht mit leisem Zureden' —, seiner Augen und seines friedespendenden Antlitzes also fortfährt: daß das 'obgenannte Gut, das ich mit Finsternis sehe, aus dem Gesichte jener Augen und jenes Antlitzes hervorgeht und aus [seinem] Innern hervorströmt'.[1] Es liegt nahe, die verbleibende reine 'Stimmung' inhaltlich eben auf das 'benachbarte' Gesicht des göttlichen Geliebten zurückzuführen: so entschwindet dem tagträumenden Liebhaber das Bild der Liebsten, aber das innere Feuer glimmt fort. Das Bild versinkt, aber es bleibt als 'unbewußte' Vorstellung wirksam; es lebt in seinem 'Gefühlston' fort, wie die versunkene Sonne in dem haftenden Rot des Abendhimmels.[2] Auch die hysterische Ekstase läßt ähnliches zuweilen beobachten, und in der profanen Halbhypnose kann, wenn man 'an nichts denkt', ein nicht ganz unähnlicher Zustand bewußt werden, in welchem der Eindruck eines 'schwarzen Nichts' das einzige Überbleibsel des Empfindungslebens ist.[3] Auch das Vorkommen reiner Gefühlszustände wird von der Psychologie zugestanden. Vogt glaubte sogar im hypnotischen Bewußtsein(!) mit einiger Übung willkürlich reine Gefühle-an-sich erzeugen zu können.[4]

Was aber die angebliche Erkenntnishaftigkeit dieser völlig geschrumpften Bewußtseinszustände anlangt, so liegt es nahe, auf Gedanken zurückzugreifen, wie sie uns ähnlich schon früher das angebliche mystische Erfassen verwickelterer dogmatischer Gebilde entlarven sollten: vor allem auf den Gedanken der nachträglichen Deutung und der 'Realisierung' infolge Gefühlsdurchströmung. Unsere Betrachtung schließt sich damit zum Kreise: die Deutungsmittel zur Entlarvung naivster Selbsttäuschungen des Anfängers in der Mystik werden auch ihren äußersten und letzten Aufschwüngen gerecht. In der Tat ist das Zustandekommen solcher Selbsttäuschung in der Auslegung auch dieser letzteren nicht schwer zu begreifen. Man muß bedenken, daß der ganze jenseitige Entwicklungsgang, an dessen Ende die beschriebene *unio mystica* winkt, als ein Gottesdienst und eine Bewegung auf 'Gott' zu aufgefaßt und angelegt war. Ist auf dieser Reise zu Gott ein Grenzpunkt, ein *non plus ultra* erreicht, so muß dies eben 'Gott' sein. Mit dem unüberbietbar letzten Erleben muß 'Gott' 'erkannt' sein; das ist der Glaube, der sich auf Zweck und Sehnsucht des ganzen mystischen Weges gründet. Man muß ferner bedenken, daß Gott und seine himmlischen Nächsten im Verlauf dieses Weges häufig gegenständlich, dem Menschen gegenüberstehend, 'gesehen' wurden. Tritt endlich ein Zustand ein, in welchem selbst diese erhabenen Bilder schwinden, ein Zustand, der das Gefühl beschert, als schmelze man dahin, verliere sich in

1) Thorold 150f. Das Umgekehrte: Angela c. XXXIV. 2) Als klinische Parallelbeobachtung vgl. Janets Extatique (aaO. 69). 3) Marcinowski in ZH IX 30. 4) ZH IV 161.

einem Größeren (wie 'im Meere'!), werde selbst das Geschaute, das Licht, die Nacht — was liegt näher, als daß dann der Gläubige, dem jede zweifelnde Selbstzerlegung ohnehin fernliegt, den ehemals außen geschauten 'Gott' nun in sich übergegangen oder — was dasselbe ist — sich selbst in ihm untergegangen empfindet? Wenn alles Sinnliche, selbst das erhabenste, ausgeschaltet ist, was bleibt dann noch, als Gott, der reine Geist?

So folgert im Grunde der hl. Johann vom Kreuze, wenn ihm die Worte unterlaufen: 'es wisse in diesen Zuständen die Seele, die hinsichtlich des Geschaffenen auf heilige Weise unwissend geworden ist, nicht mehr, als Gott allein.'[1] Wie es denn zu verstehen sei, daß die Seele nach solcher Erfahrung nicht zweifeln könne, Gott sei in ihr und sie in Gott gewesen, wenn doch die Seele in der Erhebung weder sehe noch verstehe? S. Teresa, welche die Frage stellt, beantwortet sie auch in sehr bezeichnender Weise: 'Ich behaupte nicht, daß sie es damals gesehen habe, sondern daß sie es nachmals sehe.'[2] Oder wie Mme Guyon im Rückblick auf ein sehr viel bescheideneres Bad im 'Flusse des Friedens' sagt: 'Ich wußte durch den Glauben, daß es Gott sei, der solcher Art meine ganze Seele in Besitz nahm.'[3] Sagt doch der Glaube, daß jede gute Gabe von Gott komme; wie sollte die beste nicht Gott selber sein?

Wie sehr dies aber im Grunde einem Nichterkennen gleich kommt, scheint ja die mystische Bekenntnisschriftstellerei und die von ihr angeregte Theologie durch die bekannten sich überbietenden Negationen zu verraten, mit denen allein sie der Gottheit begrifflich nahen zu können meinen; wie wenn der Inder vom Brahman sagt, daß es der 'Erkennende nicht erkennt, aber der Nichterkennende erkennt',[4] oder wenn der Areopagit von den 'verborgenen und unoffenbarten Erhabenheiten der über-unaussprechlichen und über-unbekannten Abgesondertheit' spricht, der Überwesentlichkeit, der 'über-göttlichen Gottheit, der über-guten Güte', und was dergleichen Ausschweifungen des Nichtfassenwollens und -könnens mehr sind.[5] Ja am Ende liefern uns gewisse ekstatische Bekenntnisse zwischen den Zeilen hinreichend deutlich sogar das direkte Geständnis, daß die äußersten Grenzbezirke der Vereinigung mit Gott außer dem dunkel sie durchglühenden Gefühl und allenfalls den dürftigsten Empfindungsresten tatsächlich nichts enthalten, was einer Erkenntnis gleich käme, und daß alles, was an solcher aus ihnen gewonnen werde, bloß nachträgliche Auslegung sei.

'In diesen Zuständen', sagt Ruysbroeck, 'wird der Mensch von der Minne besessen, so daß er sich selbst und Gott vergessen muß und nichts mehr weiß und

1) S. Jean II 203. 2) S. Teresa IV 79 (Mor. V c. I). 3) Vie I 101 (I, 11, 3). Vgl. Remuzat 313; Ruysbroeck 88f. Extrem bei Maria de S. Ter. 118ff. und St. Julienne in A. S. Boll. X 449 (§ 20). 4) Kena Upan. 3, 11 (Deußen, 60 Up. 206); vgl. Brihadar. Up. 2, 3, 6; Chand. Up. 3, 14, 3f.; Plotin, Ennead. V, 5, 6 (übs. v. Müller II 186); VI, 9, 11 (II 455); den 1. Brief des Dionys. Areopagita (an Gaius Therapeutes) in Works ..., transl. by J. Parker (Lond. 1897) I 141; Buber, Ekst. Konf. 216 (Schule Laotses). 5) S. zB. Dionys. Areop., Göttl. Namen c. II § IV (Parker I 17).

kann, als minnen.' Der Geist werde selbst zu Minne an sich.[1] 'Denn in diesem grundlosen Strudel der Einheitlichkeit werden alle Dinge vom Genusse der Seligkeit erfaßt. Und der Abgrund selber wird niemals begriffen, ... indem in ihm alle göttlichen Namen, alle Weisen und alle lebendigen Ideen, die in dem Spiegel der göttlichen Wahrheit Bild geworden sind, in die einfache Unnennbarkeit, die ohne Weise und Idee ist, verfallen.'[2] — Der Zustand der hohen Kontemplation ist 'blind und stumm'. Selbst 'die Wonne,' sagt S. Teresa, 'welche die Seele empfindet, dauert nur während des Näherkommens zu Gott; ist aber die Vereinigung geschehen, so versteht sie gar nichts mehr, weil hier sich alle Seelenvermögen verlieren.' 'Wenn sie liebt, weiß [die Seele] nicht, wie sie liebe, oder was das sei, das sie liebt, oder wonach sie verlangt.'[3]

XXXVI.

Übernormales und nachprüfbares Erkennen bei Mystikern.

Wir haben jetzt die meisten wichtigen Arten religiösen 'Erkennens' überblickt, welche den Anspruch begründen sollten, daß die innere Führung der mystischen Entichung von der Berührung mit einer übersinnlichen Welt ausgehe. In allen Fällen mystischer Einsicht ließ sich eine subjektivistische, alle übersinnlichen Quellen beiseitesetzende Deutung von beträchtlicher Glaubwürdigkeit anführen, und damit gewinnen natürlich die mit dieser Deutung oft im engsten Zusammenhang stehenden Ableitungen auch der Willens- und Gefühlsmystik an Überzeugungskraft. Insbesondere liefert die heutige Psychanalyse einen bedeutsam geschlossenen Versuch, das ganze mystische Erleben in seinen beiden Hauptformen nach einheitlichen Gesichtspunkten aus einheitlicher Wurzel abzuleiten: nämlich aus der maskierten Tiefenwirkung der beherrschenden Kräfte des Trieblebens. Der Kreis der Psychologie des Mystikers scheint damit durchlaufen; und in der Tat wäre diese jetzt am Ende angelangt, wenn von den Ansprüchen des Mystikers nicht noch einer übrig wäre, der seiner Natur nach eine ganz andersartige Nachprüfung auf Wirklichkeitsgeltung zuläßt, als die bisher behandelten; dessen Rechtfertigung überdies, falls sie gelänge, nicht ohne Rückwirkungen auf die bisherigen Schlußurteile sein könnte, die zwar plausibel, aber nicht in jeder Hinsicht zwingend sind.

Dieser letzte Anspruch gründet sich auch auf Berichte (die kaum in einer mystischen Biographie fehlen) von Erkenntnissen 'sinnlich'-übernormaler Art; aber der Unterschied dieser Erkenntnisse von den bisher betrachteten und damit ihre 'Nachprüfbarkeit' beruht darauf, daß ihre

---

1) Ruysbroeck 110; vgl. 107; Ramakrishna 173. 2) Ruysbroeck 160. 3) S. Teresa IV 196. 75; vgl. Molinos 103.

Gegenstände, unabhängig von ihrem übernormalen Erfahrenwerden durch den Mystiker, auch der normalen sinnlichen Erfahrung und damit eben der Nachprüfung zugänglich sind. Diese Berichte nämlich schreiben dem Erweckten zB. die Fähigkeit zu, die verborgenen Gedanken Fremder auf anderem, als dem üblichen Wege sinnlicher Mitteilung zu erfahren; oder Dinge und Vorgänge 'wahrzunehmen', die seiner Sinneswahrnehmung zur Zeit entzogen sind; oder in die Vergangenheit oder Zukunft Blicke zu tun u. dgl. m.; lauter Erkenntnisinhalte offenbar, die auch unabhängig von ihrer mystischen Wahrnehmung auf normalem Wege feststellbar sind. Diese Wahrheitsfeststellung aber würde die 'Übernormalität' (nicht 'Übernatürlichkeit') des mystischen Erkenntnisaktes erweisen, vorausgesetzt, daß sich verborgene normale Quellen für ihn ausschließen lassen. Augenscheinlich also unterscheidet sich das Gebiet dieser Ansprüche auf Erkenntnis durchaus von dem der bisher betrachteten, auf welchem die Erkenntnisgegenstände ihrer behaupteten Natur nach jeder normalen sinnlichen Erfahrung überhaupt unzugänglich waren. Darüber hinaus aber würde jenes uns Ausblicke in Gebiete geistiger Fähigkeit eröffnen, die uns nicht nur eine neuartige Vorstellung über das Wesen Mensch vermitteln, sondern auch unser Urteil über das mystische Erkennen im bisherigen engeren Sinne nicht unbeeinflußt lassen könnten. Und offenbar sind es eben diese möglichen Schlußfolgerungen aus den nunmehr in Frage stehenden Tatsachen, worauf letzten Endes unsre gesamte Problemstellung hindrängen wird. —

Ich will dem Leser zunächst ganz flüchtig der mystischen Biographie entnommene Beispiele vorlegen, die ihm eine deutlichere Vorstellung von den behaupteten Tatsachen geben sollen. Ich wähle diese Beispiele aus sehr großen Beständen nicht gerade blindlings aus (wiewohl ich fürchte, daß die Zufälligkeiten meiner Belesenheit die Zwecke dieser Auswahl vielfach vereiteln), noch auch ordne ich sie ohne jede Absicht in eine bestimmte Folge. Doch fehlt unter den Absichten meiner Darbietung die des Wahrheitsbeweises zunächst völlig: ich führe biographische Behauptungen an; dagegen soll die Glaubwürdigkeit der angeführten Berichte einstweilen gänzlich dahingestellt bleiben. Soweit ich gleichwohl hier und da kritische Bemerkungen in meine Darlegung verwebe, werden sie sich fast nirgends auf die Glaubwürdigkeit der Berichte an sich beziehen, sondern nur auf die Zulässigkeit der Schlußfolgerungen, die von seiten mystisch Gläubiger aus diesen Berichten (ihre Genauigkeit voraussetzt) gezogen worden sind. Es soll also diese Kritik nur dazu beitragen, die reinen Typen jener einzelnen Ansprüche auf übernormale Erkenntnis herauszuschälen, die sich auf die Masse der Berichte gründen lassen, nicht aber dazu, die Berechtigung dieser Ansprüche selbst zu stützen oder zu widerlegen.

Unter den angeblichen Tatsachen selber nun nehmen die des nichtsinnlich vermittelten Verkehrs von Bewußtsein zu Bewußtsein (sog. Telepathie) den breitesten Raum ein.

Evan Roberts, der Führer der jüngsten Walliser Erweckung, hat vielfach behauptet, daß ihm geheime Vorgänge in den Seelen seiner Zuhörer offenbar wären. Zwei Anwesende zB. sollen gegeneinander Feindschaft hegen; er begibt sich zitternd und gemartert ins Gebet für sie, fordert sie zur Versöhnung oder zum Verlassen der Versammlung auf. Oder es soll jemand anwesend sein, der sich 'dem Geiste widersetze', durch den der Betreffende aufgefordert werde, sich der Heidenmission zu widmen. Oder Roberts läßt mehrmals den Gesang unterbrechen, weil jemand sich gerade 'in der Krise' befinde; oder er wird ausdrücklicher und gibt den Ort im Versammlungsraume an, 'wohin er sich gezogen fühle', weil sich jemand dort befinde, der im Begriff stehe, sich zu bekehren. Oder er bezeichnet, zuweilen nach einer kurzen Versenkung nach innen (!), gewisse anwesende Personen, welche 'Wölfe in Schafskleidern' seien, sich den Vorgängen widersetzten usw.; oder behauptet, ein Anwesender glaube nicht an die Göttlichkeit der Bibel, und nennt ihn, als er sich weigert aufzustehen, schließlich beim Namen. Oder er verkündet im voraus, daß 'keiner unsrer englischen Freunde sich heute abend bekehren werde' u. dgl. m. So behauptet er ununterbrochen in einem übernormalen 'Rapport' mit den Anwesenden zu stehen und die unausgesprochene seelische Verfassung der Versammlung in allen Schwankungen unmittelbar zu empfinden.[1] — Nicht in allen solchen Fällen, wo dies möglich gewesen wäre, erfahren wir, daß die Behauptung des Predigers sich bestätigt habe; und jedenfalls können die berichteten Vorfälle nicht Anspruch auf Eindeutigkeit erheben. Immerhin geben sie einen charakteristischen Zug in dem Gesamtbilde der religiös-erregten Gemeinschaft, der uns mit dem Vordringen der Untersuchung zunehmend bedeutsam werden wird.

Ähnliche Berichte finden sich zB. in der sehr gründlichen und vertrauenswürdigen Schilderung, welche Robert Baxter von seinem eigenen Reden 'in der Kraft' während der Londoner Anfänge des Irvingianismus hinterlassen hat.

So wird ihm einmal 'in der Kraft deutlich gezeigt, ehe noch jemand gesprochen, daß irgendeine Person im Raume eine Sinnesart habe, die das, was prophezeit [d. h. im Geiste geredet] werde, mit der größten Entschiedenheit von sich weise'. Als er dies ausspricht, fragt schließlich einer, ob er es sei; aber Baxter erwidert: Sie werden mir nicht als der Mann gezeigt. Nach einer Pause, die mit allgemeiner Unterhaltung ausgefüllt war, 'fiel mir', sagt Baxter, '[plötzlich] eine Stimme am obersten Ende des Raumes auf, und es wurde mir gezeigt, daß dies der Mann sei'. Diesen hatte Baxter nie gesehen, noch auch, soweit ihm bewußt (und dies ist natürlich eine wesentliche Voraussetzung), seine Stimme je gehört. Jetzt aber aufgerufen, 'sprach sich der Mann [rückhaltlos] aus und bewies sehr schlagend, wie genau sein Geisteszustand mir offenbart worden war'.[2]

Ich weiß von keiner religiösen Gemeinschaft, in welcher die Erregung, mit der sich eine Masse um ein jenseitiges Ideal schart, in ähnlichem Maße gerade die Früchte anscheinenden Hellwissens gereift hätte, wie unter jenen heldenmütigen Protestanten, die vor etwa 200 Jahren in den Gebirgen des

---

1) Fursac 3f. 78. 87; Bois (481ff.) 417ff. 421. 462f. 470f. 474ff. 488ff. 2) Baxter, Narrative 70. Vgl. das. 14. 72. 135; Dyer 94. Gibson u. a. scheinen ähnliches aus Vorurteil zu verschweigen.

Languedoc einen jahrelangen Kampf gegen die jesuitischen Ausrottungspläne des Sonnenkönigs führten.

Die Kamisarden übten ihre Gabe der Durchdringung der Geister meist in einer Art von Ekstase und sprachen ihre Gesichte in einer Form aus, die an den antiken Prophetismus oder den Trans der Medien erinnert: die ekstatisch redende 'Persönlichkeit' betrachtete sich als vom Subjekt gesondert und redete den Sprecher in zweiter Person an: Mein Kind, mein Sohn, ich sage dir ... Einmal, so berichtet Jean Cavalier, behaupteten mehrere, 'im Geiste' redend, daß an der gemeinsamen Tafel ein Verräter sitze. Einer der Redenden, du Plan, gab sogar die Summe an, für die jener es angeblich übernommen habe, den Anführer Cavalier (einen Vetter des Berichterstatters) zu vergiften: 'Ich sage dir, daß er in diesem Augenblick die Absicht hat, das Gift, das er bei sich verborgen hat, fortzuwerfen, oder es jemand von der Gesellschaft in die Kleider zu stecken; aber ich werde zulassen, daß er erkannt und bei seinem Namen genannt werde.' Dann ins Zimmer tretend und inmitten ekstatischer Zuckungen auf *** losgehend und ihm die Hand auf den Arm legend: '... Weißt du nicht, Unseliger, daß ich allsehend bin? Daß ich die Herzen und Nieren prüfe und daß die geheimsten Gedanken mir offenbar sind? ... Bekenne dein Verbrechen ...' Du Plan erklärte bestimmt, so fügt der Bericht hinzu, 'daß das Gift sich in der Tabaksdose und in dem Ärmel des Wamses des Betreffenden fand, also daß er völlig überführt ward.' 'Ich war anwesend', sagt Jean Cavalier, 'und habe dies alles gesehen. Das Gift war in Papier [eingewickelt].'[1]

Ein anderes Mal bestanden starke Befürchtungen für das Leben des älteren Marion, Vaters zweier Kamisardenkämpfer, dem die Staatsbehörde nachstellte. Einer seiner Söhne, Pierre,[2] beschwichtigte, 'im Geiste' redend, diese sehr berechtigten Besorgnisse: 'Sei guten Mutes, mein Kind, ich sage dir, daß dein Vater nichts zu befürchten hat, noch sonst jemand von diesem Hause. Ich sage dir, daß ich einen seiner eigenen Feinde auferweckt habe, der seine Begnadigung erbittet und auch erlangen wird.' Das völlig unbesorgte Verhalten des Vaters auf diese Versicherung hin wurde tatsächlich durch die nachfolgenden Ereignisse gerechtfertigt.[3]

Diese Kraft der Gedankendurchdringung scheint sich bei den Kamisarden auch in der Richtung nutzbar erwiesen zu haben, daß sie eine eindringendere Prüfung und Beaufsichtigung der Gewissen durch die geistigen Führer der Bewegung ermöglichte.

So empfing zu einer Zeit, da die Teilnahme an gewissen 'weltlichen' Vergnügungen (vermutlich sehr harmloser Art) die geistliche Zucht zu lockern begonnen hatte, ein gewisser Salomon Couderc vom Geiste den Befehl zu einer 'Reinigung' seiner engeren Gemeinschaft. Er ließ die Brüder ins Glied treten, und 'immer vom Geiste erfüllt und bewegt', schritt er ihre Reihen ab und empfing, jeden Einzelnen anblickend, geheime 'Eingebungen', die ihn darüber belehrten, wer zu entfernen sei: 60—70 Brüder wurden auf diese Weise verworfen, in einer Szene allgemeiner Rührung aber wieder in Gnaden aufgenommen.[4]

---

1) Misson 47ff.; vgl. 114f. 116. Gingen die 'inspirierten' Aussagen weniger ins Einzelne, so läge die Vermutung nahe, daß die Ekstase bloß den Mut zum Auftreten gegen unsichere Parteigänger gegeben habe. 2) Der andere, Elie, ein offenbar nüchterner und ehrlicher Zeuge, ist der Vf. des Berichts. 3) Misson 76. 4) avertissements. — Misson 69 bis f.; Fages Bericht 112f.

Gegen dies letzte Beispiel legt sich natürlich der Einwand nahe, daß die so Inspirierten das Menschenmaterial, das sie zu beurteilen hatten, sehr genau kannten, so daß an ihren Massenurteilen nichts ungewöhnlich gewesen wäre, als eben die Art der Äußerung. Ich würde mich selbst dieser Vermutung anschließen, wenn die Berichte nicht eben unter einen Typ fielen, der als 'Gnadengabe der Unterscheidung der Geister' seit biblischen Tagen[1] zu den klassischen Gaben des 'Geistes' gezählt hat und seitdem nicht nur, wie die bisherigen Angaben bereits erkennen lassen, aus Zeiten der Massenerregung in Menge, sondern auch aus der gleichmäßigen Stille des Einzellebens mit einer gewissen Vertrauenswürdigkeit berichtet wird. Mme Guyon zB. hat für sich selbst mit großer Bestimmtheit diese Gabe der Durchdringung fremder Seelen in Anspruch genommen. Eine *impression intérieure* sollte ihr selbst von Entfernten, besonders aber — was bedeutsam ist — von solchen, die für *spirituelles* galten, den inneren Wert anzeigen.

'Ich erkannte zunächst, ob sie einfältig oder heuchlerisch waren, ihren Grad [den Stand ihrer geistlichen Entwicklung] und [das Maß ihrer] Eigenliebe.'[2] Mit den ihr religiös Nahestehenden besonders glaubte sie in einem mehr als gewöhnlichen Rapport geistlicher Mutterschaft zu stehen. 'Alle die, welche meine wahren Kinder sind, haben eine Neigung, bei mir in Schweigen zu verharren, und ich selbst habe den Instinkt, ihnen schweigend mitzuteilen, was mir Gott für sie gibt. In diesem Schweigen entdecke ich ihre Bedürfnisse und ihre Mängel und teile ihnen in Gott selbst alles mit, was ihnen fehlt. Sie fühlen [auch] sehr wohl, was sie empfangen und was ihnen in der Fülle mitgeteilt wird.'[3] Von dem ihr besonders nahestehenden P. Lacombe schien es ihr, 'daß [sie] bis auf den Grund seiner Seele und bis in die letzten Falten seines Herzens sah'. Auch glaubte sie, durch den engen innern Rapport mit ihm gezwungen zu sein, in einer unmittelbaren Weise (die wir, falls erwiesen, als emotionelle Telepathie bezeichnen würden) an seinen innern Zuständen und allen Leiden seiner geistlichen Entselbstung teilzunehmen. 'Ließ er sich treulich vernichten, so war ich in Frieden und Freiheit; wurde er sich selbst untreu, grübelte oder zögerte er, so litt ich seltsame Qualen, solange er nicht damit aufhörte. Ich brauchte nur den Versuch zu machen, mir seinen Zustand vorzustellen, um ihn [alsbald] zu wissen.'[4] Auch mit ihm meinte sie — zum erstenmal während einer fiebrigen Erkrankung — sich ohne Worte unterhalten zu können. Besuchte sie Lacombe, so war ihr das Wort geradezu genommen: aber sie verstand sich mit ihm 'in Gott auf eine unausprechliche und ganz göttliche Weise. Unsere Herzen sprachen zueinander und teilten einander eine Gnade mit, die sich nicht in Worte fassen läßt. Das war [wie] ein ganz neues Land für ihn wie für mich ... Stunden verbrachten wir in diesem tiefen, aber stets mitteilsamen Schweigen.' Sie nennt dies einen 'Gnadeneinfluß' aus dem 'Innersten der Seele', einen *flux et reflux*, der nichts Menschliches oder Natürliches an sich hatte.[5]

---

1) Vgl. schon Ev. Joh. 2, 25; die frühchristl. *διάκρισις πνευμάτων*. Buddhist. s. Beckh 77f.
2) Guyon, Vie III 83 (c. 8 § 5). 3) avec plénitude. Das. II 143. 4) Das. II 117. 134.
5) Das. II 139f. 10f. — Vgl. III 105f.

Die Erfahrungen der Mme Guyon sind nichts weniger als vereinzelt. In einem Briefe berichtet M. Olier, daß er in der Ferne über eine Versuchung unterrichtet wurde, welcher eine ihm geistlich nahestehende Dame, wahrscheinlich Mlle du Vigean, mit Bezug auf ihre religiöse Berufung unterworfen war, und von ihrer Befreiung davon; 'so daß ich zu M. de Bretonvilliers sagte: Ich bin nicht länger in Sorge um Mlle du V., sie befindet sich in einem Zustande großen Friedens und der Freude. Zwei Tage darauf erhielt ich Briefe von ihr, die ihren Seelenzustand beschrieben, der in jeder Beziehung dem glich, was ich in mir selber innerlich gefühlt und erfahren hatte.'[1]

Aber auch banalere Einzelheiten des geistlichen Lebens werden mitunter Gegenstand des Gedankenlesens, wie wenn zB. die Schwester Remuzat dem Bischof von Marseilles, Mgr de Belsunce, bestimmt, wiewohl bescheiden, auf den Kopf zusagt, ohne davon normal erlangte Kenntnis zu besitzen, daß er die Gewohnheit der täglichen Messe aufgegeben habe, — damals freilich keine seltene Erscheinung unter Prälaten;[2] — oder die A. K. Emmerich dem Geistlichen Limberg an einem bestimmten Tage, daß er sein Brevier noch nicht gebetet habe.[3]

Der Beichtstuhl, in dem so viele heilige Männer gesessen haben, bildet natürlich einen der klassischen Schauplätze für solche Äußerungen der Seelendurchschauung, und zahlreich sind die Berichte beschämter Sünder, denen verschwiegene oder selbst vergessene Missetaten vorgehalten worden waren.

Von S. Katharina von Siena wird erzählt, daß sie einem gewissen Nicola Saraceni im Traum erschienen sei, um ihn zur Bekehrung zu ermahnen; bei einem nachfolgenden Zusammentreffen schickte sie ihn allem zuvor zur Beichte. Als er später auf ihre Frage versicherte, alles gestanden zu haben, 'erinnerte sie ihn an etwas, was viele Jahre zuvor in Apulien vorgefallen war, wovon kein Lebender wußte und was er selbst vergessen hatte. Saraceni mußte ihr recht geben und erzählte die Geschichte oft, die Worte des samaritanischen Weibes[4] auf die Heilige anwendend.' Stephan Maconi merkt am Rande des Manuskripts der von ihm übersetzten Leggenda Minora an: 'Ich, Bruder Stephan, war nicht nur genau bekannt mit diesem Nicola, sondern sein Weib war mir nahe verwandt.'[5] Demselben Zeugen aber bekannte ein großer Mann der Öffentlichkeit: 'Gott und ich allein wissen, was diese heilige Frau mir offenbart hat; darum kann ich nicht zweifeln, daß sie weit größer vor Gott ist, als wir auch nur zu denken vermögen.'[6] — Ähnlich soll zB. S. Leonhard u. a. ähnlichen Beispielen einem Beichtenden, der nun fertig zu sein behauptete, auf den Kopf zugesagt haben, er habe vor Jahren einen Gartendieb

1) Lettres de M. Olier I 367; vgl. 429 (Joly 69f.). Ähnlich S. Alph. Rodriguez 79; Dixon II 55f.; Fox, Lebensbeschr. 291f.; Hildegard 58; Gr. Lopez, bei Tersteegen, Leb. heil. Seelen I 61; PS XI 80 (muhamed.); Ramakrishna 37f. Vgl. über die 'gemeinsame' Erzeugung des Werkes Sympneumata durch L. Oliphant und seine Frau Alice: Mrs. M. Oliphants 'Memoir...' (Edinb. u. Lond. 1892) 394ff. und den ähnl. Vorgang Kingsford I 119ff. 2) Remuzat 155. 3) Emmerich II 26; vgl. I 384f. und S. Thom. Aquin. in A. S. Boll. s. v. p. 672 (c. VIII § 47). Biblisch: Ev. Matth. 9, 4; 12, 25; 26, 21—26; Mark. 2, 8; 9, 34; 12, 15; Luk. 7, 39; 9, 47; Joh. 4, 16—19; 6, 64; Apgesch. 5, 3. 4) Ev. Joh. aaO. 5) Drane I 148; vgl. 166. 6) Das. 343.

zufällig erschlagen und heimlich begraben, was er schon wiederholt in der Beichte nicht vorzubringen gewagt hatte; der Entdeckte selbst berichtete dies später zweien Religiosen.[1]

Mitunter scheint sich das Wissen um den geistlichen Zustand des Entfernten in den Antrieb zu übersetzen, ihn zum Zwecke normaler Beeinflussung persönlich aufzusuchen. Von den ersten Quäkern in England werden 'gut verbürgt'[2] solche Fälle berichtet, die an die biblische Erzählung von Ananias[3] erinnern: indem jemand den 'Ruf' erhält oder empfindet, einen Andern, häufig ihm Unbekannten, aber geistlich Bedürftigen, aufzusuchen, um ihm religiösen Beistand zu leisten.[4] Ja russische Sektierer haben die regelmäßige Befähigung zu solcher Berufung als Merkmal des 'Propheten' bezeichnet. Komme dieser zu dem Ratbedürftigen, so gebe 'der Geist Gottes' ihm ein, 'ohne dessen Frage ihm das zu sagen, was jener zu fragen nötig hatte'.[5]

Es ist ein bedeutsamer Umstand, daß das Erkennen des geistlichen Zustandes einer entfernten Person angeblich häufig während des Gebetes für sie gewonnen wird; bedeutsam, weil das Gebet der religiöse, jenseitige Zustand *kat' exochên*, für manchen die einzige religiöse Zeitspanne ist; wie es anderseits sich der Ekstase nähert, die wir bereits in einigen der obigen Beispiele die 'Unterscheidung der Geister' begünstigen sahen.

Die geistliche Selbstbeobachtung hat die Tatsache seit langer Zeit hervorgehoben; wie denn Ruysbroeck es als nicht seltenes Erlebnis des 'erleuchteten Menschen' anmerkt, daß er 'vom göttlichen Geiste besonders aufgefordert werde, für einen Sünder oder eine Seele um etwas zu bitten'; dann aber 'so verinnerlicht und so entzündet werde in seinem Gebete, daß er die Antwort erhält, sein Gebet sei erhört', bei welcher 'Nachricht dann der Antrieb des Geistes nachlasse'.[6]

Wir können diese Erfahrung so ausdrücken, daß der für einen Entfernten Betende unter Umständen mit ihm in einen übernormalen Rapport trete, kraft dessen er schon während des Gebetes über den inneren Zustand seines Schützlings, aber auch über Erfolg oder Mißerfolg seines Gebetes unterrichtet werde.

Ein Beispiel, das wenigstens den Vorzug verhältnismäßiger Neuheit hat, teile ich aus der Selbstbiographie des englischen Predigers W. Haslam mit. Haslam, der während einer eigenen Predigt seine Erweckung erlebt und die folgende Nacht in der unter solchen Umständen normalen freudigen Erregung verbracht hatte, erwachte am nächsten Morgen sehr früh mit dem 'Eindruck', aufstehen und in ein nahegelegenes Dorf gehen zu müssen, um dort einem gewissen James B. seine Bekehrung zu erzählen, einem Frommen, der seit Jahren für ihn gebetet hatte.

1) Labis, Vie de S. Léonard de Port-Maurice (Tournai 1868) 297f. Vgl. Vianney 115; Preger I 54; Ochorowicz 154. Ähnlich von Plotin. 2) Dies sagt der äußerst skeptische Podmore, Spir. I 282. 3) Apgesch. 9, 10ff. 4) Ein modernes Beispiel dieser Art aus d. Leben des bekannten D. John Watson ('Ian Maclaren') s. Ripon 27ff. Vgl. die Behauptung gewisser gewerbsmäßiger 'Heiler' bei Podmore, Spir. I 281. 5) Grass 218. 'Erfahren' noch gleichgültigerer Vorgänge: Kanne II 74; Emmerich I 190f.; Remuzat u. a. 6) Ruysbroeck 95.

Diesen traf er auf halbem Wege, und James B. erzählte ihm, er sei in der Nacht aufgewacht und habe sich gedrängt gefühlt, für Haslam zu beten, dabei jedoch nichts 'Festes fassen' können; es war, als ob er nicht beten könne. Nachdem er es länger als zwei Stunden vergeblich versucht hatte, kam ihm auf einmal der Gedanke, daß H. vielleicht schon bekehrt sei. Dieser Gedanke machte ihn so überglücklich, daß er sofort mit lauter Stimme Gott zu loben anfing, ... bis das ganze Haus lebendig ward und er den Herbeistürzenden zurufen konnte: Ich lobe und preise Gott; der Pfarrer ist bekehrt.[1] — Ich merke im Vorübergehen an, daß Haslam den Hergang erzählt, ohne mit einem Worte das Bewußtsein seiner Übernormalität anzudeuten; womit er jedenfalls erkennen läßt, daß ihm, wie zahllosen andern religiösen Berichterstattern, 'diese Art Dinge' eben als etwas ihrem Stande Natürliches und Zukommendes erscheine, als ein Teil der unbemerkten Atmosphäre, in der sie leben und weben. Es ist jedenfalls nicht immer bewußte Wundersucht, was dem seelisch-übernormalen Element in der religiösen Lebensbeschreibung einen Platz gewinnt.

Eine zunehmende Verwicklung kann dieser Vorgang des Fernerfahrens in der Gebetsekstase dadurch gewinnen, daß der Erfahrende zugleich zum Gegenstand einer ähnlichen Erfahrung seitens seines Partners wird, so daß also zwei Wesen, gleichzeitig in religiöser Hochspannung befindlich, gegenseitig von ihrem augenblicklichen Zustand erfahren.

'Als Ida von Nivelles', berichtet zB. Görres, 'eines Tages verzückt war, erfuhr sie, eine andere ihr sehr liebe Freundin sei in demselben Augenblick in dem gleichen Zustande; und dieser hinwiederum wurde gezeigt, wie Ida im gleichen Abgrunde göttlichen Lichtes mit ihr sich eingetaucht finde. Von da an waren beide im Herrn aufs engste verbunden.'[2]

Sehr häufig erfährt der Erweckte den Tod eines Entfernten durch unmittelbaren 'Eindruck', wie zB. Mme Guyon den ihren Vaters, den sie zuletzt gesund verlassen und dessen Krankheit nur 12 Stunden gedauert hatte.[3]

S. Philipp Benizi verkündigte, durch einen sinnbildlichen Traum belehrt, am 4. Mai 1280 in Florenz den tags zuvor in der Ferne erfolgten Tod zweier Ordensgenossen, der Gründer der Serviten, Uguccioni und Sostegno;[4] der Franziskaner Bernardin von Feltre (gest. 1494) während einer Predigt in Padua das Ableben seines Vaters Donato. Die Nonne Lukardis, noch im zarten Alter von 13 Jahren, 'sah' den Tod ihrer fernen Mutter,[5] Heinrich Seuse den der Elsbeth Stagel, S. Philipp Neri den mehrerer in der Ferne Sterbender,[6] S. Benedikt den seiner Schwester. — Sehr bekannt ist das Gesicht, welches der letztgenannte Heilige vom gleichzeitigen Tode des Bischofs Germanus von Capua gelegentlich eines Besuches des Diakonus

1) Deutsch v. Schettler (Bonn 1891) 60f. (hier gekürzt). Andere Beispiele s. Finney 34f. (Gebetsantwort im Gegensatz zur bewußten Erwartung); das. 80 (desgl.); Bourignon, Leben 197; Görres II 321 (Prior Werricus); Kanne II 167 (Gichtel) usw. 2) II 355f. Vgl. S. Augustin, De civit. Dei l. XVIII c. 18. 3) Vie I 178f. 4) S. Fr. Malavals Leben des Hlg., engl. Übs. (Lond. 1874) 306. 5) Analecta Boll. XVIII 311. 6) Bacci I 348ff. Vgl. Leben u. Offenb. d. hlg. Brigitta, übs. v. Clarus (Regensb. 1856) IV 282; Zöckler 225; Vianney 144; Riley 199f. (über P. Pratt).

Servandus bei ihm gehabt haben soll. Der letztere hatte sich zur Ruhe begeben, während Benedikt noch wachte und 'am Fenster stand, zum Allmächtigen betend; als er plötzlich ... ein ausgegossenes Licht erblickte, das sich über die Finsternisse der Nacht ausbreitete ... und, wie er später selbst erzählte, die ganze Welt, gleichsam wie unter einem Sonnenstrahl versammelt, ihm vor Augen führte. [Gleichzeitig sah er, während er aufmerksam schaute,] die Seele des Bischofs Germanus von Capua in einer feurigen Kugel gen Himmel tragen. [Er rief den Servandus herbei und] schickte sogleich einen Boten, namens Theoprobus, nach Capua, welcher von dem Ableben des Bischofs in eben dieser Stunde erfuhr.'[1]

Gefährdungen oder andere erregende Erlebnisse eines Entfernten bilden nicht minder häufig den Inhalt des telepathischen Erkennens.

Die zeitgenössische Lebensbeschreibung der hl. Katharina v. Siena von Raimund von Capua, einem ihrer Beichtiger und nächsten Freunde, erzählt zB., wie eines Tages Patres Thomas della Fonte und Georg Naddi, der eine ein Beichtiger der Heiligen, der andere ein Professor der Theologie, von Siena nach Montepulciano reisten, um ihn (Raimund) zu besuchen, unterwegs aber, sechs Meilen von Montepulciano, während einer Rast in den Bergen von einer Schar von Wegelagerern überfallen und beraubt wurden, worauf die Strolche über die Rätlichkeit der Beseitigung ihrer Opfer berieten, was den Br. Thomas in seiner Angst veranlaßte, in seinem Innern zu beten: O Katharina, Magd Gottes, hilf uns in dieser Gefahr; worauf die Räuber angeblich sofort nicht nur das Leben, sondern sogar das Eigentum der Reisenden, mit Ausnahme einigen Geldes, für unantastbar erklärten. Nach seiner Rückkehr nach Siena schrieb Thomas an Raimund, daß in dem Augenblick, in welchem er ihre Hilfe angerufen, die Heilige zu denen, die bei ihr waren, gesagt habe: Vater Thomas ruft mich, er ist in großer Gefahr, und sich alsbald ins Gebet begeben. Ihre Entfernung von dem Schauplatz der Ereignisse betrug 24 Meilen.[2]

S. Vincent Ferrer, der große Erweckungsprediger des Mittelalters, fiel während einer Predigt in Pampeluña in Ekstase und teilte, wieder zu sich kommend, den Anwesenden mit, Gott befehle ihm, seine Predigt zu unterbrechen, um einem schrecklichen Vergehen, das eben in der Stadt sich abspiele, entgegenzutreten. Was er denn auch tat.[3]

Nähme man, im Rahmen des populären Schemas, in diesen Fällen eine telepathische 'Beeinflussung' des Heiligen an, so würde man das Umgekehrte vorauszusetzen geneigt sein, so oft es der Heilige ist, der zu Lebzeiten, wenn auch in seiner Sterbestunde, an entferntem Orte gesehen wird. Dabei wird man solche Gesichte unbedenklich als bloß zufällige Halluzinationen ansehen, so oft kein besonderer 'Sinn' der Erscheinung ersichtlich ist, wie etwa der Zweck der Todesangabe; es sei denn, es werde uns das

---

1) ἀκριβῶς μαθών. — Vita S. Benedicti, aus S. Gregorii Dialog. l. II c. XXXV (Migne, P. L. LXVI col. 197). 2) Drane I 153f. (nach Legenda p. II c. IX). Vgl. Fletchers fromme Gattin, bei Wesley, Short account 158f. u. Seed 111; A. Lepitre, S. Antony of Padua (Lond. 1902) 101; Labis 162f.; St. Martin, Corresp. betw. L. C. de S.-M. and Kirchberger ... (engl., Exeter 1863) 275 (Schwester Marg. du S. Sacr.); zwei bezeichnenderweise ekstatische Erfahrungen dieser Art s. Tir. Ekst. I 49 (Maria v. Mörl) und Calmet I 323f. (Herzogin Philippa v. Geldern als Nonne). 3) Pradel 95f.

Element der Willkürlichkeit — des Erscheinenwollens — ausdrücklich berichtet.[1] Beispiele der letzteren Art sind etwa die Gesichte, die dem Abt Antonius die 'Seele' des hl. Einsiedlers Paulus, ein anderes Mal die des hl. Einsiedlers Ammonius, während dieser 5 Tagereisen entfernt in der Wildnis starb, zwischen Engelchören zum Himmel auffahrend zeigten.[2] Überhaupt bilden Erscheinungen sterbender oder eben gestorbener Heiliger in geringerer oder größerer Entfernung vom Sterbebette ein feststehendes Klischee der Hagiographie.[3]

Indessen ist natürlich zu erwarten — die Tatsächlichkeit telepathischer Vorgänge vorausgesetzt —, daß gerade das Gebet, soweit es sozusagen einen Wunsch in Weißglut, das betende Hinaussenden eines Bedürfnisses bedeutet, auch telepathische Wirkungen auslösen werde. Dies müßte um so leichter nachzuprüfen sein, je greifbarer der Inhalt des Gebetes, je mehr dieses also ein Bittgebet im naiveren Sinne ist und seine Erfüllung im Machtbereich eines andern Lebenden liegt, der dann die Rolle des telepathisch Beeinflußten zu spielen scheinen würde. Diese Greifbarkeit des Gebetsinhaltes ist ja aber bei Gläubigen eher die Regel als die Ausnahme.

Nun muß unstreitig von der Masse der Berichte über angebliche Gebetserhörungen sehr vieles als 'natürlich' deutbar von vornherein abgezogen werden; am meisten innerhalb jener völlig gebetbeherrschten Lebensläufe gewisser Leiter von großen Wohltätigkeits- oder geistlichen Unternehmungen,[4] die häufig den festen Willen vertraten, sichere Einkünfte jeder Art aufzugeben, keinerlei Schulden zu machen, nie über Bedarf oder Mangel mit Andern zu reden, vielmehr jeden Pfennig für ihre oft riesenhaften Bedürfnisse zu 'erbeten'.[5] Die Behauptung dieser Gebetshelden ist es nun, Bedürfnis (also wohl auch Gebet) und Erfüllung durch freiwillige Spenden Fremder hätten nach Höhe und Zeitpunkt so oft genau übereingestimmt, daß an ein Wirken des bloßen Zufalls dabei nicht zu denken gewesen wäre.[6] Aber diese Behauptung erscheint dem Vorurteilslosen durchaus anfechtbar angesichts der ungeheuren Zahl von Bittgebeten einerseits, von Zuwendungen anderseits[7] und des weitverbreiteten allgemeinen Wissens um die stetige Bedürftigkeit dieser populären Wohltäter. Man kann vielleicht geradezu sagen, daß das Bekanntwerden des Umstandes, daß nicht gebeten werde, dazu beigetragen haben müsse, solche Bitten unnötig zu

1) Wie in einigen Berichten über S. Anton. v. Padua (bei Vesme II 136); vgl. S. Augustin, De cura pro mortuis c. 17. 2) Perty, M. E. II 259. 3) S. zB. Borderland II 382f. (S. Teresa); Hügel I 217f.; Lopez 73 u. v. a. Vgl. die Fälle ÜW X 329; XIII 242f.; Gurney II 568. 4) Wie zB. A. Franckes, Georg Müllers, J. W. Hoffmanns, Ch. Cullis', Dr. Barnardos, W. Huntingtons (God the Gardian of the poor ..., Lond. 1836). 5) Besonders heroisch durchgeführt von Torrey; vgl. auch Georg Müller, Autobiography 134; Patton 193 (üb. d. Missionarin Drake); Bacci I 110. 6) Beispiele: Francke, bei Kanne II 238; Georg Müller, aaO. 237; vgl. H. Bushnell, Nature and the Supernatural, 4. Aufl. 477f. Die Behauptung steter genauester Übereinstimmung bei Patton 191f. (Drake). Ähnlich: Aus d. Leben J. W. Hoffmanns (Karlsruhe o. J.) 12; Borderland III 324 (üb. Barnardo). 7) Bei Dr. Barnardo zB. i. J. 1902 — 140000 Pfd. Strl. bei 80000 Unterschreibern.

machen; ein Zusammenhang, der gelegentlich von Einsendern selbst betont wird.

Trotz alledem erscheint es unleugbar, daß zahlreichen Gebetswirkungen gegenüber die Berufung auf 'telepathische' Vorgänge allerdings das Mindestmaß von übernormalen Voraussetzungen darstellt, das ihre Deutung erfordert (immer natürlich unter der Annahme ihrer tatsächlichen Glaubwürdigkeit).

Als ein Beispiel, das zwischen Auslegung durch unbewußte Erinnerung[1] (das Bedürfnis des Betenden hatte sich vielleicht herumgesprochen) oder durch Telepathie etwa die Mitte hält, sei folgender Bericht aus dem Leben Blumhardts, des ersten Inspektors des Basler Missionshauses, angeführt. Dieser benötigte zu seinem Magisterexamen etwa 200 Gulden Sportelgelder. 'Eines Tages fragte ein alter Professor am Schlusse seiner Vorlesung die anwesenden Studenten, [ob ein Blumauer oder Einer ähnlichen Namens unter ihnen sei.]' Ein Blumauer fand sich nicht, aber Blumhardt meldete sich und erhielt von dem Professor auf dessen Zimmer 200 Gulden eingehändigt, 'die er, wie er unter lebhafter Gemütsbewegung ihm mitteilte, infolge eines Traumes in der vorhergehenden Nacht ihm zustellen sollte'.[2]

Auch Georg Müllers Leben enthält vereinzelte Fälle, in denen die Annahme telepathischer Wirkung nicht ungereimt zu erscheinen braucht. Er führt mehrere an, in denen die Spender von Gaben sich trotz verschiedener Abhaltungen und um den Preis von persönlicher Unbequemlichkeit zu augenblicklichem Geben gedrängt fühlten, wobei sich überdies zuweilen Müllers gleichzeitige Gebete gerade auf diese Geber bezogen hatten. In einem dieser Fälle fühlte eine 'Schwester', welche den Verkauf gewisser Gegenstände für Müllers Rechnung übernommen hatte, trotz augenblicklicher Unpäßlichkeit sich gezwungen, den Erlös sofort abzuliefern, während gleichzeitig Müller — in großer Geldnot — gebetet hatte, daß diese Schwester, falls sie die Sachen verkauft hätte, das Geld (einige 30 Mark) jetzt bringen möge.[3]

Als ein eindrucksstärkeres Beispiel dieser Gattung dürfte der folgende Bericht aus Gurneys Werk über die telepathischen Tatsachen erscheinen. 'Als ich in Penketh lebte, vor etwa 40 Jahren, saß ich eines Abends bei meinem Buch, und eine Stimme kam zu mir und sagte: Schick ein Laib Brot nach James Gaudys Hause. Ich las aber weiter und die Stimme kam wieder zu mir: Schick ein Laib Brot nach James Gaudys Hause, ... [und so] ein drittes Mal mit größerem Nachdruck; ... und diesmal war sie von einem fast unwiderstehlichen Antrieb aufzustehn begleitet, [dem ich gehorchte] ... [James Gaudys Frau] sagte [nachher aus], sie habe die Kinder zu Bett bringen wollen, und sie hätten angefangen nach Brot zu schreien, während sie ihnen doch nichts zu geben hatte, denn ihr Mann wäre vier oder fünf Tage ohne Arbeit gewesen. Sie begab sich darauf ins Gebet, um Gott zu bitten, er möchte ihnen irgend etwas [zu essen] schicken; und bald danach kam ein Junge an die Tür mit [dem] Laib, [das ich geschickt hatte].' Die zeitliche Übereinstimmung zwischen Gebet und Stimme soll eine genaue gewesen sein.[4]

---

1) Durch Kryptomnesie (unbewußte Erinnerung) deutbare Fälle zB. Ripon 46. 85ff. Profane Analogien zB. Pr I 363; JSPR IV 142. 2) Ref. in PS XXXIII 372. Vgl. H. Stillings Wanderschaft 164ff.; Gichtel, Leben 125f. 168; G. H. Schubert, Altes u. Neues I 219. 3) Georg Müller, aaO. 171; vgl. 166. 301f. 4) Gurney II 123 (Nr. 287). Ähn-

Das telepathisch wirksame Gebet greift nun aber auch in jenes Gebiet ein, unter dessen Gesichtswinkel wir das übernormale Erfahren vor allem betrachten: es spielt eine bedeutsame Rolle bei der Förderung erwecklicher Vorgänge; es ergänzt somit gewissermaßen nach der aktiven Seite hin, was nach der passiven hin die 'Unterscheidung der Geister' darstellte. Ich denke dabei nicht an Berichte — sie sind nicht selten —, wonach das Gebet der versammelten Gemeinde einen abwesenden Widerspenstigen oder Spötter gewissermaßen 'zwingt', die Versammlung aufzusuchen, wo er dann dem Einfluß der Andern erliegt;[1] die telepathische Wirkung, falls erwiesen, würde sich hier offenbar auf eine der Bekehrung äußerlich vorausgehende Handlung beziehen. Näher liegen dem fraglichen Typ die nicht seltenen Fälle, in denen der Anschein besteht, daß durch fortgesetzte Gebete eine wirkliche Änderung der Gesinnung, wenn auch nicht eine Erweckung im engeren Sinne, in einem Abwesenden bewirkt, etwa Ärger und Feindschaft in die freiwillige Bitte um Vergebung übergeführt wurden.[2] Und obwohl in solchen Fällen die Wirkung oder Mitwirkung des Gebets oder sonstiger telepathischer Einflüsse natürlich nie einwandfrei festzustellen ist, eben weil andere normale Einflüsse sich schwerlich ausschließen lassen, so ist doch auch kein triftiger Grund vorhanden, solcher Deutung Schwierigkeiten zu bereiten, wo sie sich ungezwungen nahelegt — natürlich unter der Voraussetzung der Tatsächlichkeit von Telepathie.

Übrigens fehlen auch Berichte aus dem Munde von 'Empfängern' solcher geistlich-moralischen Fürbitte nicht, die wenigstens die Empfindung einer Beeinflussung, wenn auch nicht ihren Erfolg, ausdrücklich behaupten. Evan Roberts soll häufig ausgesprochen haben, daß Entfernte zur Zeit für ihn beteten. Er pflegte dann eine Weile gleichsam gespannt zu lauschen, als könnte er diese Gebete hören, und dann 'wieder zu sich zu kommen und mit uns zu reden'.[3] Phillips, der dieses berichtet, behauptet auch, daß er diese Aussagen des jungen Heiligen bei gelegentlicher Nachprüfung bestätigt gefunden habe. — Als ein Beispiel indes, das strenger unter den hier fraglichen Begriff zu fallen scheint, möchte ich einen Bericht anführen, den Patton aus erster Hand mitteilt.

Der Einsender legt dar, daß sein Vater, ein Mann von 60 Jahren und nahezu 1000 km von ihm entfernt lebend, eine zwar moralisch hochstehende Persönlichkeit gewesen, für das Wesen der Wiedergeburt aber durchaus kein Verständnis gehabt habe. Während eines Gebets trat er dem Berichterstatter vor die Seele.

---

lich Kanne I 129f. (Th. Hownham); Hillmers Christl. Ztschr. f. Christen II (1809) 101f.; Patton 188f. 199. 208f. Borderland IV 172 (Telepathy and Prayer); Splittgerber, Schlaf I 258; Fechner, Zend-Avesta, 1. Aufl. III 207f.; Ripon 98ff.; Splittgerber, Leben, 2. Aufl. 136f.; Austin 143ff.; Hastings 158ff. 175f. 185f. 224ff. 235ff. u. ö.; OR 1907 Oct. 233.

1) S. zB. Dubois 225f.; Fursac 40.

2) S. zB. Patton 203f. (1. Hand); Ripon 120ff.; Gichtel, Leben 181. Vgl. hierzu die Regula S. Benedicti c. 28 und die buddh. Parallele: Mahâvagga VI, 36, 4; Tevijja-Sutta 76ff.; auch Yogasutra II, 35 (Beckh II 29).

3) Phillips 88. Vgl. übrigens den Bericht Mörikes, bei Fr. Notter, E. M. (Stuttg. 1875) 20.

'Ich rang um ihn [im Gebet], bis ich ihn schließlich Christus übergab und völligen Frieden fühlte. Am nächsten Tage ... versuchte ich wieder, für meinen Vater zu beten, wußte aber zu meiner großen Überraschung nichts vorzubringen. Ich konnte kein Gebet zustande bringen; ich empfand gleichsam einen Verweis, der mich tief demütigte, dafür daß ich den Herrn zu narren wagte, nachdem er meine Bitte bereits erhört hatte. Von dieser Zeit an erwartete ich einen Brief, der die Bekehrung meines Vaters anzeigen würde.' Ein solcher kam in der Tat, und ein weiterer Briefwechsel stellte fest, 'daß er sich am selben Abend bekehrt hatte, an dem ich für ihn betete'.[1]

An diesen modernen Fall mag hier noch ein ähnliches Beispiel aus fernerer Vergangenheit angeschlossen werden, das übrigens mit Rücksicht auf die Zeit, aus der es stammt, recht gut beglaubigt genannt werden darf. Das Leben der Heiligen von Siena, dem ich es entnehme, wurde eben unter den Augen einer kleinen Welt gelebt, und ihr Ruhm war schon zu ihren Lebzeiten groß genug, um die zahlreichen fähigen Berichterstatter, die sie fast ständig umgaben, zur schnellen und sorgfältigen Aufzeichnung jeder Einzelheit ihrer Taten anzutreiben. Unter den vielen Bekehrungen nun, welche S. Katharinas feurige Persönlichkeit bewirkte, sind nicht wenige, in denen die rein gedankliche Beeinflussung dem Anschein nach eine Rolle gespielt haben könnte.[2] Die bemerkenswerteste unter diesen dürfte folgende sein, die ich etwas ausführlicher, wenn auch mit starken Kürzungen der ursprünglichen Berichte, wiedergeben will. — Zur Zeit der Anfänge von Katharinas öffentlichem Wirken lebte in Siena ein junger Mann aus gutem Hause, Andrea di Naddino de' Bellanti, berüchtigt als Trinker, Flucher, Spieler und gewalttätiger Verspötter der religiösen Dinge. Im September 1370 tödlich erkrankt, wies er jede Andeutung einer Umkehr mit Wut von sich, so daß Katharinas Beichtiger, P. Thomas della Fonte, der sich selber drei Tage lang völlig vergeblich um den Kranken bemüht hatte, auf dem Heimwege bei Katharina vorsprach und sie durch ihre Umgebung ersuchen ließ (da er sie selbst in der gewohnten Abendekstase vorfand), um die Bekehrung des Andrea zu beten. Die Heilige, als sie in der fünften Stunde der Nacht zu sich kam und den Auftrag vernahm, begab sich alsbald ins Gebet, in welchem sie bis Tagesanbruch verharrte, ohne indes zunächst eine andere 'Antwort' des Herrn zu erhalten, als die, daß gewisse (im Einzelnen aufgeführte) ruchlose Handlungen des Andrea seine Begnadigung ausschlössen, worauf die Heilige in noch dringendere und persönlichere Bitten ausbrach, die uns die alte Legende natürlich wörtlich mitteilt; bis Christus ihr, um solcher Tränen und Bitten willen, für die Seele des Elenden Gnade versprochen habe. Es ist dabei natürlich dem Leser, der die orthodoxe Deutung ablehnt, überlassen zu entscheiden, ob er in der Dramatik dieser Antwort eine naive Ausschmückung der Erzähler oder ein Phantasieerzeugnis der fernwissenden Heiligen vermuten will. Jedenfalls habe sich in der Stube des Sterbenden folgender Vorgang abgespielt: Nachdem er die ganze Nacht hindurch schlaflos geblieben, hatte er in der Dämmerung sein Weib, das bei ihm wachte, aufgefordert, nach einem Beichtiger zu schicken, und sie dabei gefragt, ob sie nicht in einer Ecke des Zimmers, in die er wies, Christus erblicke, der ihm befehle zu beichten, 'und neben ihm jene *Mantellata*, die sie Caterina nennen'. Einen Tag nach vollendeter Beichte und Vergebung starb Andrea, den 15. Sept.

---

1) Patton 324f.; vgl. 344ff. 309ff. 2) S. zB. Drane I 66f. 130ff.

1370. P. Thomas, der sich nach seiner ersten Messe zu Katharina begeben hatte, um zu erfragen, ob sie seinen Wunsch erfüllt habe, hörte von ihr die Einzelheiten der letzten Stunden des Andrea. Darüber erstaunt, weil er wußte, daß sie 'nie des Andrea Haus betreten oder ihn je gesehen oder gesprochen', fragte er sie, ob sie den Mann beschreiben könne; worauf sie nicht nur dessen Äußeres, sondern auch die Größe des Zimmers, in dem er gestorben, und dessen Ausstattung, ja selbst die Farbe der Bettvorhänge beschrieb. 'Denn', sagte sie, 'unser Herr ließ sich herab, mir Gestalt und Gesicht des armen Mannes zu zeigen, den ich nie zuvor gesehen hatte.'[1] — Ohne die letzten Angaben des Berichtes könnte man immerhin bei der Annahme stehen bleiben, daß das anhaltende Zureden des P. Thomas nicht ohne Wirkung geblieben sei, ihr Durchbruch aber — begreiflich beim Zustande des Sterbenden — sich mit einer halluzinatorischen Wahrnehmung des Heilandes und der frommen Frau verbunden habe, von der P. Thomas in seinen dreitägigen Ermahnungen gesprochen haben mochte.

Wie der Fall aber liegt, enthält er anscheinend nicht nur Gedankenübertragung in doppelter Richtung, sondern anscheinend auch die Tatsache des gegenständlichen Fernsehens, und dies wäre ein völlig neuer Typ übernormalen Erfahrens, wenn sich annehmen ließe, daß die erfahrenen Inhalte (besonders die Äußerlichkeiten des Zimmers) nicht dem Vorstellungsbestande der Ortsanwesenden entstammten, womit der Vorgang freilich auch in diesem Betracht auf den telepathischen Typ zurückschrumpfen würde. Je geringer oder je zweifelhafter indessen in ähnlichen Fällen die Beteiligung eines normal Wissenden wird, dem die Übertragung des übernormal Erfahrenen zugeschrieben werden könnte, desto mehr nähern wir uns jenem Typ übersinnlicher (und doch nachprüfbarer) Erkenntnis, der mit dem volkstümlichen Ausdruck Hellsehen belegt werden kann. Das Ausschlaggebende in einem reinen Fall von Hellsehen würde die nichtsinnliche Erlangung eines gegenständlichen Wissens sein, das zur Zeit der Erlangung überhaupt in keinem Bewußtsein (oder Gedächtnis) von Mensch oder Tier enthalten wäre. In den meisten Fällen beruht die Natürlichkeit der Einordnung eines Vorgangs als Fernsehen — anstatt als Fernübertragung von Vorstellungen — darauf, daß der anscheinende Hellseher etwas sieht, was der etwa vorauszusetzende telepathische 'Agent', falls überhaupt, jedenfalls ganz anders wahrnimmt: denn wer einen entfernten Schauplatz oder Vorgang 'hellsieht', der sieht eben den angeblichen Agenten in dieser Umgebung, als Gegenstand unter Gegenständen — wie Jesus den Nathanael unter dem Feigenbaum[2] —, nicht aber den Ort, wie er sich im Bewußtsein des Agenten spiegelt; der Hellseher scheint also telepathisch allenfalls zum Hellsehen angeregt, sein Sehen selbst aber kein 'telepathischer' Vorgang mehr zu sein.

1) Das. 125ff. Die Zeugen, Bartolomeo v. Siena u. Thomas Caffarini (die später im 'Prozeß' der Heiligen aussagten) befanden sich beide z. Z. des Ereignisses in Siena, und Caffarini hatte, wie er sagt, 'den Andrea von der Wiege an gekannt'. 2) Ev. Joh. 1, 48; vgl. Mark. 11, 2ff. Ebenso bezügl. Gautama Buddhas: Maha-Parinibbana-Sutta I 27 (SBE XI); Apollon. v. Tyana: Perty, M. E. II 281.

In der Geschichte der Kamisarden finden sich mehrere Erlebnisse, die sich einer solchen Begriffsbestimmung des Hellsehens leidlich zu nähern scheinen. Das folgende berichtet Elie Marion von sich selber: Eines Tages sprach der 'Geist' durch ihn 'etwa diese Worte': 'Ich versichere dich, mein Kind, daß ein Mann in diesem Augenblicke[1] zu einem deiner Feinde gegangen ist, mit dem er über deine Auslieferung redet. Der Wohnort dieses Menschen ist zu deiner Linken, und er wird morgen als einer der ersten zur Versammlung kommen. Ich werde ihn dir zu erkennen geben.' 'Augenblicks ließ mich der Geist diesen Menschen sehen, wie er mit dem Sieur Camp-redon, dem Unterdelegierten des Intendanten in Barre, auf- und abschritt, gleich als befände ich mich mit ihnen in der gleichen Stube. Ich sah sie und hörte alles, was sie sprachen, deutlich und ohne Schwierigkeit ... Ich sah sogar die Frau des Herrn C., welche ging und kam und sich ab und zu an der Unterhaltung beteiligte ...' Marion gibt dann die Einzelheiten der Unterhaltung an, die seine Verhaftung und die Festsetzung des Verräterlohns (auf 10 Dukaten) betraf. Seinem Freunde La Valette, der mit ihm verraten werden sollte, beschrieb er den Ungetreuen so genau, daß jener ihn zu erkennen vermochte. Am nächsten Tage, während des Psalmensingens in der Versammlung, wurde er abermals vom Geiste ergriffen und beschuldigte mit lauter Stimme einen Anwesenden des Verrats, wiederholte die ganze Unterhaltung, die er 'angehört' hatte, und erblickte, wieder zu sich kommend, den falschen Bruder, den er nach seiner Vision erkannte und der seine Verfehlung eingestand.[2]

Die katholische Hagiologie trägt zu dieser Gruppe soviel bei, daß die Auswahl der Beispiele nicht leicht ist.

Mit Katharina v. Siena stellten ihre Beichtiger, Thomas della Fonte und Bartolomeo Dominico, einen bewußten Versuch an, indem sie ihr auftrugen, anzugeben, was sie um 2 und 3 Uhr in der Frühe des gleichen Tages getan hätten; worauf sie ihnen die Teilnehmer an einer Zusammenkunft in der Zelle des Subpriors und die Gegenstände ihrer Unterhaltung nannte. Zu diesen Angaben wäre sie natürlich durch Gedankenübertragung instand gesetzt worden; es fällt aber auf, daß die — wenigstens subjektiv schlechthin verlässige — Frau am nächsten Tage dem Bartolomeo, welcher der Sache noch prüfend nachging, die folgende Versicherung gab: 'Wisse, mein Sohn, daß mein göttlicher Erlöser, nachdem er mir eine geistliche Familie gegeben hat, mir nichts, was diese angeht, zu wissen vorenthält.' Ob sie denn auch wisse, was er gestern abend, zu einer bestimmten Stunde, getan habe? 'Gewiß, erwiderte sie, ihr schriebt über die und die Sache ... Ich sehe alles, was ihr tut, und wenn ihr gute Augen hättet [hier scheint eine Anspielung auf bildhaftes Sehen gegeben], so würdet ihr mich erblicken, wie ich euch erblicke.'[3]

In manchen Fällen schaut der ekstatisch gewordene Heilige einem längeren Verlaufe von Ereignissen hellsehend zu, und die Berichte fügen auch dann gelegentlich bei (was wir uns merken wollen), daß der Seher geglaubt habe, am Ort des Geschehens anwesend zu sein.

---

1) tout présentement. 2) Misson 72f.; vgl. 79. 91. 109f. 3) Drane I 151f. — Thom. della Fonte schrieb 15 Jahre hindurch laufende Notizen über seinen Verkehr mit der Heiligen nieder.

So wurde S. Teresa am 26. Juli 1570 'im Gebet' auf die hohe See geführt und war beim Tode von 40 Priestern und Novizen der Gesellschaft Jesu anwesend, die auf dem Wege nach Brasilien von Korsaren gemordet wurden, hörte die Stimmen und erkannte die ihres Verwandten Francisco Serez Godoï. Diese Vision erzählte sie P. Balthasar Alvarez, einen Monat, ehe die Nachricht von dem Unglück in Spanien bekannt wurde.[1] — In ähnlicher Weise hatte S. Franz Xaver ein vollständiges Ferngesicht des Seezuges und einer Seeschlacht der Flotte von Sumatra gegen die malakkanischen Seeräuber. Die Expedition war auf seine Veranlassung unternommen worden und der Heilige blieb während der ganzen Zeit (?) in Ekstase. Diese erreichte die höchste Klarheit während der in einer Entfernung von 200 potugiesischen Meilen gelieferten Schlacht selbst, so daß er, am Altar bewußtlos niedergesunken, ihr im Geiste beiwohnte und den Sieg verkünden konnte, der mit dem Verlust von nur drei Mann gewonnen wurde. Er soll dabei mehrere Einzelheiten angegeben und den Tag bestimmt haben, an welchem der erste Siegesbote anlangen würde.[2]

Bekannt ist auch der Bericht über S. Alfonso Liguori, der am 21. Sept. 1774 in Ariengo nach der Messe in seinem Lehnsessel reglos und wie schlafend wurde und, als er am nächsten Tage zu sich kam, seiner Umgebung bekannt gab, daß er sich beim Papste aufgehalten habe, der soeben gestorben sei. Clemens XIV. starb am 22. morgens um 7. Es bleibt allerdings zu bedenken, daß der Heilige die berühmte Prophezeiung gekannt haben mag, welche dem Papste Ganganelli, der die Gesellschaft Jesu aufhob, sein Ende an diesem Tage ansagte.[3]

Die vorstehenden Fälle anscheinenden Hellsehens enthielten mehrfach als typisches Element das Bewußtsein des Sehers, daß er sich in die Ferne fortbegeben habe, um am Orte des Geschauten anwesend zu sein. Dieser Hergang erweitert sich um ein Glied, wenn sich mit dem Bewußtsein einer solchen 'Exkursion' die Tatsache des Gesehenwerdens des Sehers am Orte seines Schauens verbindet.[4]

Eins der klassischen Beispiele für diesen Doppeltyp ist die Geschichte der ersten 'Begegnungen' zwischen M. Olier und der Mutter Agnes von Jesus, eine Geschichte, die im 18. Jahrhundert in ganz Frankreich ziemliche Berühmtheit genoß. M. Olier, während einer geistlichen 'Retraite' in St. Lazare im Gebete liegend, sah, wie er selbst wörtlich berichtet, eine Frau von großer Majestät auf sich zukommen, die in der einen Hand ein Kruzifix, in der andern einen Rosenkranz hielt und von einem 'Schutzengel' gefolgt war, der ihr die Schleppe des Chormantels nachtrug, sowie ein Tuch, in welchem er die Tränen auffing, in die sie gebadet zu sein schien und die sie mit den Worten 'Ich weine um dich' ihm gegenüber rechtfertigte. Es ist wichtig zu bemerken, daß Olier die Erscheinung, die sich wiederholte, das erstemal für die Mutter Gottes hielt, also jedenfalls nicht eine Lebende in ihr erkannte: hierin scheint eine Bestätigung der Tatsache zu liegen (die der Bericht übrigens als gewiß voraussetzt), daß Olier die Mutter Agnes, welche die Erscheinung dargestellt habe, zum mindesten ihrem Äußern nach nicht kannte. Erst bei der Wiederholung der Er-

1) Bei Joly 72. Ähnliches mehrfach von S. Bernardino berichtet. 2) Bei Perty, M. E. II 261f. Vgl. Ribet II 176 (S. Angelo v. Acri). 3) Bei Ribet II 200; s. das. über S. Pierre Régalat, S. Brigitte v. Irland u. a.; vgl. Daumer I 146. 147 (S. Macarius; Lidwina v. Schiedam); Chasle 155; Hesek. 11, 1. 24; 8, 3f. 4) Vgl. o. die Bekehrungsgesch. des Andrea di Naddino.

scheinung fiel ihm deren Kleidung auf, welche die einer Dominikanerin war, worauf er sie — wir erfahren nicht weshalb — für die Erscheinung einer Lebenden ansah und zu erforschen beschloß, in welchem Kloster sie sich aufhalte. M. Olier stand damals im Begriff, eine Missionsreise nach Pébrac zu unternehmen: zwei Meilen von Pébrac entfernt, in Langeac, lebte die Mutter Agnes. Bei seiner Ankunft in Riom, 16 Meilen von Langeac, hörte Olier — zum erstenmal, wie uns zu verstehen gegeben wird — von der Heiligkeit der Agnes, 'einer Dominikanerin', reden. Dies rief ihm seine Visionen ins Gedächtnis, und in Brioude (vier Meilen von Langeac) beschloß er sie aufzusuchen, traf sie nach mehreren vergeblichen Besuchen im Sprechzimmer des Klosters, dem sie als Priorin vorstand, bat sie, sich zu entschleiern, und erkannte in ihr das Original seiner Visionen. Als er ihr sagte: Meine Mutter, ich habe Sie schon anderswo gesehen, erwiderte sie: Das ist wahr, Sie haben mich zweimal in Paris gesehen, wo ich Ihnen während ihrer Retraite in St. Lazare erschienen bin, weil ich von der allerheiligsten Jungfrau den Auftrag zu Ihrer Bekehrung empfangen hatte. — Die Entfernung von Langeac bis St. Lazare beträgt hundert Meilen. — Die Kenntnis dieses Hergangs stützt sich vor allem auf M. Oliers eigene Erzählung, sodann auf die Aussagen von 24 Ohrenzeugen im 'Prozeß' der Mutter Agnes, darunter diejenige des Priesters Palade, welcher aussagte, daß zur Zeit ihrer Erscheinungen der Körper der Priorin leblos gewesen sei, so daß der herbeigerufene Klosterarzt, M. Romeuf, sie für tot hielt. Dies bezeugte auch der gleichzeitig herzugerufene M. Terrisse, dessen Aussage von seinem Neffen mitgeteilt wurde.[1]

Deutlich auch wird der hier fragliche Typ verwirklicht in der Erzählung von der hl. Teresa, die in der Todesstunde einer Nonne in Segovia in Ekstase fiel und der Sterbenden in Medina del Campo sichtbar und hörbar, mit Gesten und Worten Mut einflößte, während sie selbst diese Szene 'sah'.[2] Was an den bekannten Bericht aus dem Leben des hl. Ambrosius in Mailand erinnert, der nach einer Ekstase am Altar den Tod seines Freundes, des Bischofs Martin von Tours meldete, dem er — was sich bestätigt habe — das Totenamt gehalten; vermuten wir vorsichtiger: an dessen Sterbebett er gleichzeitig gesehen worden.[3]

Die Berichte dieses Typs enthalten nichts, was uns zwänge (ihre Genauigkeit vorausgesetzt), in den gesehenen 'Phantomen' der Hellsehenden mehr zu erblicken als Halluzinationen, von denen man annehmen könnte, daß sie gleichzeitig mit dem Akte des Hellsehens durch den Hellseher telepathisch erzeugt seien. Auch wenn das Phantom nicht nur gesehen, sondern auch gehört wird, ja sogar wenn es auf Fragen antwortet, liegt kein Zwang vor, über dieses Schema hinauszugehen.

So soll S. Josef von Copertino einem Versprechen gemäß am Sterbebette seines Freundes Piccino erschienen sein und der Schwester Teresa Fatali auf die Frage, wo er herkomme, geantwortet haben: Um die Seele des Piccino dem Herrn zu emp-

1) Aus Faillon, Vie de M. Olier I 93, bei Ribet II 197f.; vgl. M. de Lantages, Vie de la Vén. mère Agnès (éd. M. Lucot) II 251; Bougaud, Hist. de Ste. Chantal I 97 (erste ekstatische 'Bekanntschaft' mit S. Franç. de Sales); die 'Begegnung' des S. Franc. Xaver mit einer (z. Z. kataleptischen) Japanerin in Historiae Soc. Jesu pars I ... auct. Nic. Orlandino ... (Antwerp. 1620) 225 (l. IX § 213—5); Emmerich I 371. 2) In Borderland II 38. 3) Aus Gregor. Turon. De gloria martyr. bei Daumer II 224. Vgl. auch Emmerich I 168f. II 136.

fehlen.[1] Auch wenn S. Antonio von Padua, während er (1226) in Limoges in der Nacht auf den Karfreitag in der Kirche St. Pierre du Gueyroix predigt, plötzlich verstummt, und zugleich im Chor der ziemlich entfernten Franziskanerkirche den Brüdern bei der Frühmesse erscheint, die Lektion von Anfang bis zu Ende singt, wie ihm als Custos oblag, und sogleich wieder verschwindet und in seiner Predigt fortfährt — brauchen wir das telepathische Schema nicht zu verlassen, zumal wir nicht einmal mit Sicherheit erfahren, ob das Singen nur in Bewegungen der Lippen, oder auch in gehörten Tönen bestanden habe.[2]

Die berichteten Tatsachen halten sich aber nicht immer in diesen Grenzen. Vielmehr behaupten die Schilderungen des Phantoms mitunter Züge, die ihm eine gewisse Wirklichkeit im Raume zuzuschreiben scheinen. Diese Merkmale der Objektivität sind freilich so grober Natur, daß sie alsbald den Verdacht legendarischer Erfindung erwecken. Indessen prüfen wir hier ja nicht die Ansprüche solcher Berichte auf Glaubwürdigkeit, sondern verzeichnen lediglich Ansprüche der Mystiker auf übernormales Erfahren.

Einen der berühmtesten hagiologischen Berichte dieses Typs enthält die Biographie jenes heldenhaftesten unter den ersten Jesuitenmissionaren, S. Franz Xaver. Während einer seiner vielen Seereisen war eine dem Schiffe angehängte Schaluppe durch den Seegang abgetrennt und von den Insassen des Hauptfahrzeuges bereits verloren gegeben worden, indes der Heilige ihre Wiederauffindung binnen dreier Tage auf das bestimmteste voraussagte, das Wiederhissen des Segels auf seinem Schiffe verhinderte und sich brünstigen Gebeten für die Gefährdeten hingab: während einiger Zeit habe er dann, ohne ein Wort zu reden, wie wenn er eingeschlafen wäre, sich auf das Steuer gelehnt. Als aber schließlich die Schaluppe wieder an das Schiff herangekommen war, sagten ihre Insassen aus, daß Franz Xaver immerzu unter ihnen gewesen sei und sie geführt habe, indem er selbst das Steuer bediente.[3]

Ich bin versucht, eine andere ziemlich bekannte Geschichte hier anzuschließen, obgleich das Phantom — seine Tatsächlichkeit vorausgesetzt — nicht mehr als Sichtbarkeit und Hörbarkeit (also Eigentümlichkeiten von Halluzinationen) besessen zu haben braucht; indessen müßte es diese Eigenschaften massenhaft und vor so Vielen gezeigt haben, daß der Eindruck der 'Objektivität' sich sehr natürlich aufdrängt. Nebenbei gesagt, enthält der Bericht (was so viele hagiologische nicht enthalten) einige offenbare Versuche der Stützung seiner Glaubwürdigkeit, vielleicht weil die behaupteten Tatsachen selbst dem kirchlichen Glaubensvermögen jener Zeit schwer glaublich erschienen sind.

Die durch ein umfangreiches Marienleben[4] bekannte Maria von Agreda will nämlich über 500mal unter Zurücklassung ihres Körpers die 'Reise' von Spanien nach Neu-Mexico gemacht und dort an der Bekehrung der Indianer gearbeitet haben.

1) Ribet II 190ff. 2) Lepitre, aaO. 81f.; vgl. Vacandard II 536; Imbert I 210. 236f. 290. 3) Aus Bouhours, Vie de S. Fr. X. (1682) 445ff. bei Ribet II 185ff. 4) La Ciudad de Dios; 17. Jahrh.

Während ihr Leib in ekstatischer Betäubung lag, hatte sie das Bewußtsein, über Länder und Meere hinauszuziehen, Nacht und Tag, trübes und heiteres Wetter in den durcheilten Gegenden zu beobachten, nach ihrer 'Ankunft' die Leute sprechen zu hören und zu ihnen zu reden und, obschon sie ihre eigene Muttersprache gebrauchte, von ihnen verstanden zu werden, die Länder selbst mit allen ihren Eigentümlichkeiten und Einrichtungen kennen zu lernen usw. Es sollen sogar Rosenkränze aus ihrer Zelle verschwunden sein, die sie in Amerika verteilt zu haben glaubte. Deutet man diese letzte Einzelheit ohne weiteres als legendarisches Einschiebsel, so wird man den Fall unbedenklich als einen von zusammenhängenden halluzinatorischen Träumen einordnen. Weitergehende Ansprüche indessen begründet der Bericht durch folgende Behauptungen: Bei der Entdeckung Neu-Mexicos durch die Spanier, welche der Mehrzahl jener angeblichen 'Exkursionen' zeitlich nachfolgte, sollen 'bekanntlich' gewisse indianische Stämme zum großen Staunen der franziskanischen Missionare sofort um die Taufe gebeten und sich im Katechismus wohlbeschlagen gezeigt haben. Sie gaben an, daß sie seit langem häufig von einer Frau besucht würden, die nach jedem Auftreten bei ihnen wieder verschwinde, und die sie unterrichtet und ihnen aufgetragen habe, die Missionare aufzusuchen, um die Taufe zu empfangen. Da diese Frau nach der Beschreibung der Leute eine Nonne zu sein schien, zeigte man ihnen ein Bild der Luise de Carrion, einer Nonne, deren Kleidung sie als übereinstimmend mit derjenigen ihrer Lehrerin bezeichneten, während das Gesicht ein ihnen fremdes sei. Auf gewisse begründete Vermutungen hin schickte darauf der Generalminister des betreffenden Ordens, P. Bernardino von Siena, den P. Alonso de Benavidas aus Neu-Mexiko nach Agreda, der zusammen mit dem Provinzial des Ordens, P. Sebastian Marcilla, und ihrem Beichtiger, Francisco Andrea de la Torre, die Maria verhörte, wobei sie, pflichtgemäß gehorchend, ihre Erfahrungen berichtete und die eigenen Zweifel an deren Wirklichkeit aussprach. Der erstgenannte, aus Amerika eingetroffene Pater soll durch eingehendes Verhör festgestellt haben, daß sie über die Namen, Eigentümlichkeiten, Sitten, Gewerbe usw. jenes Landes so genau Bescheid gewußt habe, als wenn sie jahrelang dort gelebt hätte. Auch habe sie ausgesagt, daß sie dort den Benavidas nebst anderen Patres gesehen habe, und ihm den Tag, die Stunde und den Ort angegeben, wo dies geschehen, wer in seiner Gesellschaft gewesen und was den Einen von den Andern unterschieden habe.[1]

Die Fähigkeit der übernormalen Kenntniserlangung, die wir bisher nur die normalen räumlichen Grenzen überschreiten sahen, greift aber auch auf das Gebiet des Zeitlichen über: der Seher erfährt das Vergangene und das Künftige durch unmittelbare Einsicht und über alle Möglichkeit der Schlußfolgerung aus normal erfahrenen Tatsachen hinaus.

Ein mögliches Beispiel von Rückschau in der Zeit bietet ein Tagebuchbericht George Fox' über seinen ersten Besuch in der Kathedralstadt Lichfield. Als er die Stadt erblickte, 'kam das Wort des Herrn zu [ihm], daß [er] dorthin gehen müsse'. Nachdem er seine Begleiter in einem Hause untergebracht, begab er sich auf ein

---

1) Nach der Biogr. von Jos. Ximenés Samaniego bei Ribet II 193. Gesehenwerden durch Viele auch: Ribet II 190ff. (S. Angelo v. Acri); bei S. Jos. v. Cupertino; S. Lionardo de Porto Maurizio u. a.

Feld, eine engl. Meile von der Stadt, wo ihm 'der Herr befahl, die Schuhe abzuziehen', was er trotz des Winters tat, 'denn das Wort des Herrn war wie Feuer in mir'. Als er somit barfuß die Stadt wieder betreten, 'kam das Wort des Herrn wieder zu [ihm] und sprach: Rufe: Wehe über die blutige Stadt Lichfield'. Dies tat er denn auch auf dem menschenerfüllten Markt und an anderen Stellen der Stadt, und 'während ich so rufend durch die Straßen ging, schien mir ein Strom von Blut durch die Straßen zu fließen, und der Marktplatz erschien mir wie eine Blutlache .. Danach überkam mich ein tiefes Nachsinnen, weshalb ich gesandt sein sollte, gegen diese Stadt auszurufen und sie die blutige Stadt zu nennen ... [Erst] später erfuhr ich, daß z. Zt. des Kaisers Diocletian tausend Christen den Märtyrertod in Lichfield erlitten hatten.'[1]

Wenden wir uns dem sehr viel reichlicher ausgestatteten Kapitel der zeitlichen Vorschau oder Prophezeiung zu, so übergehe ich (aus Gründen, die später zur Sprache kommen werden) die häufigen Voransagen Heiliger betreffs eigener körperlicher und seelischer Leiden sowie des eigenen Todes.[2] Ein weniger fragwürdiges Interesse, wie sich zeigen wird, beanspruchen dagegen Voraussagungen, die sich auf körperliche Erfahrungen und das Sterben Anderer beziehen.

So behauptet S. Teresa, daß sie den Tod ihres Freundes S. Peter von Alcantara vorausgewußt und ihm davon Mitteilung gemacht habe.[3] Auch S. Philipp Neri hat Krankheiten, Genesungen und Todesfälle angekündigt.[4] Von Ann Lee erzählt Peter Dodge das Folgende: 'Einmal begab ich mich nach Watervliet [dem Wohnsitz der merkwürdigen Frau], in Gesellschaft eines jungen Weibes, der Tochter von Jonathan Wood, namens Rhoda, deren Bruder Jonathan kurz zuvor gestorben war. Als wir im Begriff waren heimzukehren, gab Mutter [Lee] ihr den Auftrag, heimzukehren und sich auf die andere Welt vorzubereiten: denn, sagte sie, so gewiß dein Bruder Jonathan tot ist, wirst auch du bald sterben. Wir kehrten heim und ... Rhoda erkrankte und starb innerhalb weniger Wochen.'[5] Daß die Worte der Lee eine Vorbereitung auf einen besonders baldigen Tod gefordert hätten und nicht Todesbereitschaft im allgemeinen, können wir allerdings nur daraus schließen, daß diese Worte von denen, an die sie sich richteten, so aufgefaßt wurden.

Übrigens wird zuweilen die Jugend und völlige Gesundheit derer, an die eine solche Todesansage gerichtet war, ausdrücklich hervorgehoben.[6] Besonders bedeutsam müßten aus naheliegenden Gründen die Fälle erscheinen, in denen der vorausgesagte Tod ein plötzlich von außen veranlaßter ist, also vom Standpunkt des Bedürfnisses nach 'natürlicher' Erklärung als ein 'zufälliger' zu gelten hat.

So habe Vianney, der Curé von Ars, einem jungen Manne, der kurz darauf erschossen wurde, gesagt, er solle sich nicht, wie er beabsichtigte, auf seine Hochzeit, sondern auf den Tod vorbereiten.[7]

1) Bei James, Varieties 8. 2) S. zB. Görres I 398f. (Rosa v. Lima); Hildegard 28. 100; Preger I 60 (Mar. v. Oegnies); Imbert I 198. 290; Lechner 229; Martyr. Polykarp. c. 5 (Weinel 174). 3) S. Teresa I 247 (c. 27). 4) Bacci I 362ff. 371ff. 5) Wells 123. 6) S. zB. Labis, Vie de S. Léonard (Tournai 1868) 295f.; Labis (Marie des Anges) 161. 7) Vianney 142. (Hatte der Rat doch nur allgemein-erbaulichen Sinn?) Vgl. Altchristliches bei H. Achelis, aaO. II 20ff.

Aus den Reihen der Kamisarden werden ähnliche Vorfälle in großer Zahl gemeldet. Wir begegnen selbst der (natürlich unbewiesenen) Behauptung, alle Gefallenen und Hingerichteten seien vorher 'benachrichtigt' worden. Häufig sei vor der Schlacht Einem die inspirierte Mitteilung geworden: Fürchte nichts, mein Kind, ich werde dich führen, ich werde dir beistehen; worauf der Betreffende sich tollkühn, wie eisengepanzert ins Handgemenge gestürzt habe.[1] 'Als wir — so lautet eine Aussage Arnassans — nach der Niederbrennung des Dorfes Belvezé auf dem Marsche waren, wurde der Bruder Serre, der die Gabe besaß, vom Geiste ergriffen und gab an, daß ein Gewisser aus der Gruppe, der aus einem bestimmten Orte stamme, in Belvezé von Verbotenem genommen habe und daß Gott binnen zwei Tagen seine Tötung zulassen werde; er werde binnen zwei Tagen in einem Kampfe fallen. In der Tat stießen wir zwei Tage danach auf den Feind, es kam zum Treffen und wir verloren einen einzigen von unsern Leuten, welcher aus dem vom Bruder Serre genannten Orte stammte.' — Ein andermal sagte der Geist dem Cavalier, 'daß wir einen Toten und zwei Verwundete haben würden, welches eintraf.'[2] Ein Bruder des G. Bouguier, dem die Ansage wurde: 'mein Kind, sei gewarnt, daß du binnen kurzer Zeit verwundet werden wirst', erhielt 14 Tage später einen Schuß in den Schenkel,[3] und dem Arnassan wurde seine Gefangennahme von einem 'inspirierten' Mädchen eine Woche vorher 'auf den Tag' vorhergesagt.[4]

Das in einigen der obigen Beispiele auffallende 'automatistische' Auftreten der Ansage ist ein Umstand, dessen Bedeutsamkeit uns noch deutlicher werden wird, als dies schon bei geringem Nachdenken der Fall ist.

So lesen wir in Richard Weavers Leben von einer erregten Straßenszene (im Dez. 1857), während welcher der Evangelist mit einem Weibe aneinandergeriet, das auf seinen religiösen Zuspruch mit greulichen Schimpfworten antwortete. 'Ganz plötzlich und ehe er seine Worte überlegen konnte, fühlte er sich gezwungen zu sagen: Mrs. —, wir haben jetzt Dezember 1857, und so wahr ich ein Mann Gottes bin, glaub ich, daß ehe dieser Monat zu Ende ist, Sie tot und verdammt sein werden, falls Sie nicht Buße tun für Ihre Sünden und sich zu Gott bekehren.' Die Frau, die auch hierauf mit Flüchen antwortete, sei 14 Tage später, noch immer fluchend, an irgendeinem plötzlichen Krankheitsanfall gestorben.[5]

Wenn der Tod so häufig Gegenstand einer Vorschau seitens des Jenseitigen ist, so dürfte dies der Wichtigkeit entsprechen, die ja dieser Lebensabschnitt in seinen Augen, weit mehr als in denen des Halb- oder Ungläubigen, besitzt; ebenso ist es begreiflich, daß sich seine prophetische Gabe mit den Zufälligkeiten und (in seinen Augen) Nichtigkeiten des Lebens nur ganz ausnahmsweise beschäftigt.[6] Dagegen ist ein anderer Typ von Voransagen für seine ganze Gesinnung bezeichnend, die ja dem Leben die Aufgabe einer eindeutig zielstrebigen Entwicklung zuschreibt: ich meine die Gesichte

---

1) Misson 119. 2) Das. 28f. 3) Das. 37. 4) Das. 29f. Vgl. Fursac 153ff. 5) some sudden seizure. — R. C. Morgan, The Life of R. W. 72. Ebenso 'automatisch' Radajew bei Grass 220. Gewisseste Ansage (nach Gebet) der Genesung eines dreimal für hoffnungslos erklärten Sterbenden: Maclean, Life of C. A. Torrey 82. 6) Vgl. übrigens noch Apgesch. 11, 28; 21, 11. Über Zinzendorfs häufige Prophez. s. Howitt II 406f.

und Ahnungen, die das ganze Wesen einer einzelpersönlichen Zukunft, vor allem ihre geistliche Bedeutsamkeit zu bestimmen suchen.

So habe S. Teresa von zwei kleinen Kindern unter achten, die ihr zugeführt wurden, prophezeit, das eine werde ein großer Heiliger, ein Wohltäter vieler Seelen und Verbesserer eines großen geistlichen Ordens werden, während dem andern (dem Berichterstatter selber) schwere Schicksalsschläge bevorständen. Beide Vorhersagungen seien eingetroffen; das erstgenannte Kind wurde der spätere S. Juan Baptista de la Concepcion, Reformator der Trinitarier.[1]

Aber naturgemäß befassen sich diese — wenn ich so sagen soll — biographischen Vorgesichte in erster Linie mit dem frommen Seher selbst, indem sie ihn seine eigene künftige geistliche Entwicklung als Ganzes oder in wesentlichen Teilen schauen lassen; und diese sind für uns offenbar von besonderer Bedeutung, indem hier die übernormale Erkenntnis in engster Verbindung mit den erwecklichen Trieben selbst erscheint, mithin eine Verwandtschaft beider sich nahelegt. Einer der besten religiösen Romane aller Zeiten hat dies Moment mit sicherem Gefühl in die Grundzüge seiner Darstellung verwoben: Piero Maironi, der Titelheld von Fogazzaros *Il Santo*, schöpft bekanntlich die Gewißheit seiner inneren Bestimmung, wie auch die bittersten Zweifel an ihr, z. T. aus einem Gesicht, in welchem er sich selbst in einer krönenden Schlußszene seines Lebensweges geschaut hat.

Ein hagiologisches Beispiel dieser Gattung bietet etwa ein Gesicht, in welchem am 3. Okt. 1396 der schwerkranke S. Vincent Ferrer den von S. Dominicus und S. Franciscus begleiteten Heiland erblickte, der ihn aufstehen hieß, das baldige Ende des herrschenden Schismas verhieß und ihm befahl, auf Predigt auszuziehen, wozu er ihn besonders auserlesen. Er verhieß ihm Befestigung in der Gnade, Sieg über alle Verfolgungen, erfolgreiches Predigen in ganz Europa und frommen Tod in einem fernen Lande. Dann berührte er mit der Rechten des Heiligen Gesicht und sprach: Mein Vincent, stehe auf, und verschwand. Vincent 'fühlte sich geheilt und sein Herz mit unaussprechlichem Trost erfüllt'. So die ersten Biographen. S. Vincent selbst erzählte die Vision 15 Jahre später in einem Brief an Benedict XIII. kürzer. Danach seien ihm die beiden Heiligen und Jesus im Schlaf erschienen und die Rede Jesu nur ein 'Verstehenlassen' gewesen, 'in Worten, die nur die Seele hörte'. Das Eintreffen der Ansagen ist bekannt.[2] — Ähnlich soll Vianney während einer Messe seine Seele von Licht und Glücksgefühl überströmt gefühlt und eine Offenbarung der Zukunft seiner Pfarre, der herzuströmenden Menschenmassen und der stattfindenden Heilungen und Bekehrungen empfangen haben.[3]

Der kleine Kreis der Shakergemeinde liefert uns eine ganze Reihe von Beispielen für diese prophetische Kenntnis der eigenen Bestimmung. Ann Lee selbst behauptete von ihrer englischen Lebenszeit: 'Ich wußte durch göttliche Offenbarung, daß Gott ein auserwähltes Volk in Amerika hatte; ich sah einige von ihnen im Gesicht; und als ich ihnen in Amerika begegnete, kannte ich sie.'[4] Und James

1) Zit. in Borderland I 420f. Verwandtes bei Görres II 133f.; Tir. Ekst. II 133; J. Terrien, Hist. du R. P. de Clorivière (Par. 1892) 110. 114; Rolland, Hist. de S. François de Paule ... (Par. [1874]) 142. 2) Pradel 32f. 3) Vianney 58. 4) Evans, Shakers 138. Vgl. ihre Prophez. eines großen 'Werkes Gottes in beträchtl. Entfernung im Südwesten': Wells 123.

Whittaker, einer ihrer hauptsächlichsten Jünger, behauptete von der Zeit seiner geistlichen Anfänge, da seine 'Seele erweckt wurde und er fand, daß er ein Kind des Zornes sei': 'Zu dieser Zeit sah ich in einem Gesicht meine eigene Seele mit Mutters [d. i. Ann Lees] in Amerika, und ich hörte alle Unterredungen, die zwischen uns stattfanden, und [sah] die Männer, die uns in Albany ins Gefängnis warfen; und doch habe ich [später] während der ganzen Zeit meiner Gefangenschaft nicht ein einziges Mal mich meiner Vision erinnert; aber sobald wir freigelassen wurden, kam mir alles lebhaft ins Gedächtnis.'[1] — Eine andere Shakerin, Lucy Wight, verfiel im Alter von 19 Jahren während eines 'Nervenfiebers' in eine Art von Trans und wurde darin 'in der Geisterwelt' — wir würden sagen: in einem Gesicht außerhalb der Wirklichkeit — von einem Manne in ein Haus geführt, in welchem viele Menschen versammelt waren, deren 'Reinheit' sie lebhaft und für sich selbst beschämend empfand und unter denen ein Mann umherging, der sich 'unter der Einwirkung des Geistes Gottes' befand, also vermutlich 'in der Kraft' redete. Es ist nun zunächst bezeichnend, daß Lucy Wight durch dies Gesicht sich innerlich 'erweckt' fühlte und eine jahrelange Suche nach einem Ausweg aus ihren Sünden begann. Die Erfüllung ihres Gesichtes fand sie aber erst vier Jahre später, als sie zu den Shakern kam und bei ihnen das Haus ihrer Vision, die anwesenden Leute, und in dem 'Ältesten' John Hocknell den Mann 'unter der Einwirkung des Geistes' zu erkennen glaubte, so daß sie nach ihrer Heimkehr die Sache ihrem Vater so darstellte, der sich der früheren Erzählung ihrer Vision noch erinnerte; ein Umstand, der die Bedeutsamkeit beweist, die das Gesicht von vornherein für das Gefühl der Seherin gehabt haben muß. 'Alle Szenen jener einzigartigen Vision, sagte sie, wurden für mich an diesem Tage in überraschender Weise verwirklicht.'[2]

XXXVII.

Theorien der 'Telepathie'.

Hier unterbreche ich einstweilen die Aufzählung solcher Tatsachen, auf die sich in letzter Linie der Anspruch auf übersinnliche Bedeutsamkeit der mystischen Erlebnisse berufen sollte. Ein Teil der Leser wird ohnehin nur mit wachsender Ungeduld diesen Berichten gefolgt sein und mit halb unwilliger Belustigung die Zumutung zurückweisen, diesen vielfach in sich selbst nicht eindeutigen, dazu fast ausnahmelos ungenügend verbürgten Erzählungen irgendwelche Bedeutung beizulegen. In einzelnen Fällen habe ich selbst auf mögliche Fortdeutungen des scheinbar übernormalen Bestandteils hingewiesen, und auch wo dies nicht geschehen ist, lassen sich offenbar meist ohne Schwierigkeit irgendwelche, im Bericht natürlich verschwiegene oder den Beteiligten nicht einmal zu Bewußtsein gekommene Beobachtungen, Erinnerungen, Winke oder sonstige natürliche Einflüsse erdenken, die das scheinbar übernormal Erfahrene auf natürliche Weise herzuleiten gestatten. Zu diesen inneren Zweideutigkeiten der berichteten Tatsachen (die Genauigkeit und Glaubhaftigkeit der Berichte vorausgesetzt) tritt, wie

1) Evans, aaO. 161. 2) Wells 65ff. Vgl. Hildegard 44; Guyon, Vie II 17; Baxter, Narrative 38ff. 89. Zahlreiche mittelalt. Berichte bei Zoepf 170ff. Vgl. o. S. 355f.

gesagt, der Zweifel, der sich übermächtig fast immer gegen diese Vertrauenswürdigkeit selbst erhebt. Die zwischen Vorgang und Bericht verstrichene Zeit ist in vielen Fällen eine lange, der Bericht selbst oft von Hand zu Hand gewandert, ehe er die überlieferte Form erhielt. Ungenaue Weitergabe und die hundert Fälscherkünste des Gedächtnisses erhalten so Gelegenheit, ihr Werk zu tun. Hierzu tritt auf unserem Gebiet in besonderem Maße die Arbeit der mythenbildenden Phantasie: die unbewußte wie die bewußte Erzeugung von Legenden, d. h. die Erdichtung von biographischen Vorgängen nach dem 'wunderbaren' Vorbilde religiöser Größen einer meist weit zurückliegenden Vorzeit, also im Grunde: nach einer vorbildlichen Legende. Die Religionswissenschaft hat diese Legendenerzeugung in vielen Einzelheiten verfolgen und bekanntlich selbst ganze Heiligengestalten (wenn auch meist die unbedeutenderen der ältesten Zeiten) als ausschließlich legendarisch entlarven können.[1]

Ein anderer Teil der Leser freilich wird das letzte Kapitel mit wesentlich anderen Gedanken aufgenommen haben; entweder weil ihn eigene Erfahrung gelehrt hat, daß die angeführten Tatsachen ausnahmelos zu feststehenden Typen allgemeinen wirklichen Erlebens gehören; oder weil ihm bewußt ist, daß neuerdings wissenschaftliche Forschung sich mit solchen Erfahrungen ausdrücklich unter dem Gesichtspunkt ihrer objektiven Feststellbarkeit beschäftigt und daß ihre bisherigen Ergebnisse die rasch wachsende Anerkennung der fraglichen Tatsachen bewirkt haben. Dies offenbar ist auch für uns das Ausschlaggebende.

In der Tat ist die wissenschaftliche Stellung und Würde jener Tatsachen schon heute eine andere als zu der Zeit, da ich die Ausarbeitung dieses Buches begann, ja selbst zu der Zeit, da ich seine erste Niederschrift beendete. Die Arbeit, der diese Wandlung verdankt wird, ist leider größtenteils außerhalb Deutschlands geleistet worden; immerhin haben sich auch bei uns einzelne Gelehrte von unbezweifelter Bedeutung in wissenschaftlicher, d. h. bewußt-kritischer Weise den Erscheinungen des Übernormalen zugewandt und vielfach positive Ergebnisse gewonnen. Für unsern Zusammenhang stellt sich damit die Aufgabe, das Tatsachengebiet des Übernormalen in den Grenzen seiner Glaubwürdigkeit darzustellen, so wie sich diese mir zu ergeben scheinen, und durch den Hinweis auf seine völlige sachliche Übereinstimmung mit den entsprechenden Tatsachen der religiösen Biographie eine völlig neue Stellung zur Frage von deren Glaubwürdigkeit zu gewinnen. Aber unsere Aufgabe endet nicht — fast beginnt sie erst damit. Die Glaubwürdigkeit gewisser übernormaler oder, wie man

1) Vgl. hierzu zB. H. Usener, Sonderbare Heilige; H. Delahaye, Die hagiograph. Legende; P. Toldo in Ztschr. f. vergleich. Literaturgesch. XIV (1901) 320ff.; H. Günter, Die christl. Legende des Abendlandes (Heidelb. 1910) 71ff. MacCulloch in ERE VIII 684f. § 10. Die Legendarisierung ist freilich in neueren Fällen gelegentlich glänzend bestritten worden; s. zB. Anal. Bolland. 1897 52—63, gegen A. D. White über S. Franc. Xaver.

sie auch genannt hat: metapsychischer Tatsachen auf profanem wie auf religiösem Gebiete zugestanden, müssen wir sie, soweit irgend möglich, theoretisch zu verstehen suchen, zugleich aber auch ihre Bedeutung für unsere Anschauung vom Wesen des Menschen und der Welt, und im Zusammenhang damit auch die Bedeutung ihres Vorkommens innerhalb des religiösen Lebens, und das Licht, das sie auf die sonstigen mystischen Ansprüche werfen. Indem ich mir in den folgenden Abschnitten diese beiden Aufgaben stelle, entstehen aber aus der Schwerglaublichkeit und Verdächtigkeit der Tatsachen für die Darstellung gewisse Schwierigkeiten.

Es ist nutzlos zu verkennen, daß sich diese Tatsachen noch immer in einer künstlichen Zwangslage befinden, die ihrer wissenschaftlichen Ausnutzung nicht gerade förderlich ist: das Mißtrauen, das ihnen entgegengebracht wird, zwingt ihre Verfechter, sie wesentlich unter dem Gesichtspunkt des Erweises ihrer nackten Wirklichkeit überhaupt zu behandeln. Eine Forschung, deren Ziele im Grunde physiologische und psychologische sind oder sein könnten, erhält dadurch großenteils ein ihr fremdes, geschichtlich-kritisches Gepräge, wobei sich die Aufmerksamkeit häufig in einem Scharfsinn erschöpfen muß, der nicht so sehr der Tätigkeit des Laboratoriumforschers, als derjenigen eines Detektivs oder Untersuchungsrichters zugehört, der Beweisstücke beizubringen sucht, die den Ungläubigen zur widerwilligen Anerkennung des allergröbsten Tatbestandes überhaupt zwingen sollen, und das selbst da, wo von der Absicht einer Täuschung keine Rede sein kann.

Ich wünsche nun mit der größten Ausdrücklichkeit festzustellen, daß die folgenden Kapitel zu dieser zeugniskritischen Arbeit der nackten Tatsachenerhärtung (vor der ich im übrigen die denkbar größte Achtung habe) keinen Beitrag zu liefern beabsichtigen. Wer mit dem einschlägigen Schrifttum vertraut ist, weiß, was es heißt, eine metapsychische Tatsache mit dem ganzen kritischen Apparat wiederzugeben, den das Mißtrauen oder die Bestreitung der 'Wissenschaft' bei ihrer ersten Feststellung bedingen. Die weitläufigen Originalberichte samt allen Nebenzeugnissen einem fortlaufenden Argumente einzuverleiben, verbietet sich durchaus.[1] Die bloße Rücksicht auf Masse und Umfang nötigt also hier zur Beschränkung. Aber ein anderes Bedenken ist beinahe noch mehr bestimmend für mich. Ich muß mir sagen, daß selbst das Äußerste an Vollständigkeit des kritischen Apparates, was man einem einzelnen Werke aufladen dürfte, auf den entschlossenen Zweifler nicht die Wirkung hervorbringen könnte, um derentwillen es gewagt würde. Bei der Mehrzahl der Menschen beruht eben Überzeugung, wie oft bemerkt, doch schließlich mehr auf Gewöhnung als auf einmaligem Beweise. Gerade das Gebiet des Metapsychischen führt dieses 'kumulative' Moment des Beweismaterials zum Bewußtsein. Wem eigene Erfahrungen versagt sind, dem kann oft nur ein langanhaltendes Studium des unübersehbaren Schrifttums klarmachen, wie belanglos letzten Endes alle jene apriorische und von außen geübte Mäkelei ist, in der so viele eine ausreichende Kritik jener Erfahrungen zu finden glauben. Man muß mit eigenen Augen zu sehen beginnen, daß die fraglichen Tatsachen nicht, wie die Gegner es häufig hinstellen, ein kleines dunkles Eckgebiet der Natur sind, worin

1) Zum Beweise betrachte man vom darstellungstechnischen Gesichtspunkt aus F. W. H. Myers' bekanntes Werk, das eine solche ausführliche Einverleibung durchführt.

die Dinge nach anderen Gesetzen vor sich gehen, als in der großen allgemeinen Welt des Lichtes und der freien Luft; daß sie vielmehr einen Ozean bilden, der die Menschheit zu allen Zeiten und an allen Orten umgeben, ja durchflutet, ihr Denken und Fühlen aufs tiefste bestimmt hat und bestimmt; ja daß im Gegenteil die heutige 'Aufklärung' — geschichtlich wie geographisch betrachtet — jenen ecken- und inselhaften Charakter an sich trägt, der unser Sehen in diesen Dingen so gründlich verfälscht hat.

Mein eigener Standpunkt in der Frage der tatsächlichen Glaubhaftigkeit ist vielmehr dieser: Bei fast allen Typen metapsychischer Tatsachen lassen sich die vorhandenen Beweismittel einigermaßen in drei Gruppen sondern. Die eine enthält Beobachtungen, denen kein besonnen Urteilender irgendwelches Gewicht für eine Entscheidung beimessen kann, die den herkömmlichen Anschauungen widersprechen würde. Eine zweite Gruppe wird von Fällen gebildet, die nur durch gewaltsame Mißdeutung ihres Ranges als hinreichende Beweise für übernormale Vorgänge entkleidet werden können. Zwischen diesen beiden Gruppen, und beide an Umfang weit übertreffend, lagert sich die Masse derjenigen Berichte, denen man Eindeutigkeit weder nach der einen noch nach der anderen Seite zuschreiben kann; von denen, als reinen Beweismitteln, sich soviel wegdeuteln läßt, daß sie für den Zweifler nicht mehr als Stützen neuartiger Ansichten gelten können; die aber doch, mit 'wohlwollendem' Auge betrachtet, ein starkes Vorurteil zugunsten solcher Ansichten begründen. Die Stellung des Forschers dieser Gruppe gegenüber wird wesentlich davon abhängen, ob er belesen genug ist, um die Tatsachen jener zweiten Gruppe in ihrem ganzen Umfang zu kennen, und freimütig genug, um anzuerkennen, daß sich in ihr die entscheidenden Springkräfte seines Urteils verbergen. Das logische Schicksal der dritten Gruppe — und damit der größten Masse der berichteten Tatsachen überhaupt — hängt also von der Entscheidung über die soz. extrem-positiven Fälle ab. Ist auch nur ein einziger Fall eines Typs von übernormalem Geschehen schlechthin verbürgt, so entfällt bereits der stärkste Anreiz, jene 'mehr oder weniger' wiegenden, wenn auch nicht zwingenden Fälle durch gequältes Kritteln ihrer Beweiskraft vollends zu entkleiden. Erkennt man sie aber an kraft einer soz. übertragenen Indulgenz, so gewinnt man die wichtige Einsicht, daß jene zwingenden Fälle keineswegs seltene und vereinzelte Vorkommnisse darstellen, wie ihre anfängliche Zusammenstellung der Beweiskraft nach sie erscheinen ließ.

Ich gedenke nun um so weniger mich auf Berichte der zweiten Gruppe zu beschränken, als ich ja von vornherein beschlossen habe, dem theoretischen Interesse vor dem bloß tatsachenforschenden den Vorrang zu lassen. Wir gewinnen nämlich in dem 'wohlwollend' vermehrten Tatsachenmaterial eine sehr bereicherte Auswahl solcher Einzelzüge, aus deren vorsichtiger Vergleichung und hypothetischer Verarbeitung wir hoffen dürfen, allmählich zu einer Theorie der fraglichen Erscheinungen vorzudringen. Die ehrlichere Handhabung des Materials wird sich so (wie ganz natürlich ist) auch als die fruchtbarere erweisen. Um so mehr muß bedauert werden, daß sie bei weitem noch nicht die allgemein geübte ist. Wären literaturkritische Auseinandersetzungen der Zweck dieser Blätter, es ließe sich leicht zeigen, daß gerade die am eifrigsten sich 'wissenschaftlich' gebärdenden Bearbeiter die drei Gruppen des Materials nach etwa folgenden unausgesprochenen Grundsätzen behandeln: Die zweite Gruppe — die der 'starken' Fälle — verschweigen sie ganz, oder geben eine völlig unzureichende Vorstellung von ihrer Ausdehnung; soweit sie sie erwähnen, erwecken sie durch rein rhetorische Hinweise auf ihre 'wissenschaftliche Unglaublichkeit' ein wenigstens gefühlsmäßiges Vorurteil. Aus der dritten Gruppe — der 'anlehnungsbedürftigen' Fälle — schöpfen diese Kritiker am reichlichsten, und haben dann leichtes Spiel, das, was sie als 'gute Beispiele' hinstellen, zu zerpflücken. Sie krönen ihr Werk, indem sie Fälle der ersten Gruppe — was immer leicht ist — dem Gespötte bloßstellen.

Daß demgegenüber auch die 'wohlwollende' und dadurch 'fruchtbarere' Ausnutzung der Tatsachen ihre Gefahren birgt, wird kein Kundiger leugnen. Aber ist nicht jede Hypothese ein Wagnis, das erst allmählich den Charakter der Sicherheit annimmt? Ich bin der Meinung, daß eine anhaltende Beschäftigung mit dem metapsychischen Gebiete bestätigt, was schließlich der Wissenschafter auf jedem Gebiet als einen Segen der Forschung entdeckt: daß man durch die Arbeit auf ihm selbst einen gewissen 'Takt' und ein 'Gefühl' erwirbt, die das weitere Erkennen, aber auch das Bewerten von Tatsachen nicht minder bestimmen, als dies durch strenge Regeln des klaren und schrittweisen Forschens geschieht. Auch auf dem metapsychischen Gebiete bestimmt sich die Rangordnung der Tatsachen hinsichtlich ihrer Wichtigkeit unstreitig nicht nach dem Grade der Gesichertheit, den sie vom 'Detektivstandpunkt' des entschlossenen Zweiflers aus besitzen. Ganz schwach bezeugte Nebenumstände, deren Kunde uns wie ein Samenkorn im Winde aus dem Halbdunkel zugeweht kommt, können auf dem Boden eines Bewußtseins, das durch lange Beschäftigung mit den Tatsächlichkeiten des ganzen Gebietes richtig vorbereitet ist, bedeutendere Früchte der Einsicht erzeugen, als die wenigen Grundtatsachen, die auch der Zweifler schließlich anzuerkennen gezwungen werden mag.

Der Leser wird nun vielleicht einwenden, daß mit der hier beabsichtigten Wiedergabe der Tatsachen ohne ihren ganzen Beweisapparat der erste der beiden Zwecke, um derentwillen ich das fragliche Gebiet betrete, eben schon aufgegeben sei: nämlich die Beglaubigung jener 'Legenden' des vorigen Kapitels. Auf solchen Einwand ist zu erwidern, 1. daß ich nicht jede, sondern nur die ausführliche Wiedergabe von Beweismitteln auszuschließen gedenke; daß ich sogar für jede Klasse von Tatsachen in mindestens einigen Fällen auch die Nebenbeweismittel wenigstens kurz zusammenfassend mitteilen will; 2. daß auch diejenigen Fälle, bei denen dies nicht geschieht, aus einer Berichterstattung oder gar Forschung stammen, die eine außerordentlich viel höhere Glaubwürdigkeit besitzt, als jene Legenden — sind doch die Bürgen der Berichte vielfach Männer von größtem wissenschaftlichem Rufe; 3. daß endlich diejenigen Fälle, bei denen weder das eine noch das andere zutrifft, entweder nur der erwähnten 'kumulativen' Wirkung oder aber gewisser Einzelzüge wegen angeführt werden sollen, welche wertvolle Winke für die Theorie enthalten, während die Glaubwürdigkeit der betreffenden Tatsachen überhaupt sich an die Glaubwürdigkeit wesentlich ähnlicher Fälle (ohne jene Einzelzüge) 'anzulehnen' hat. Ich werde mich also damit begnügen, von jedem Bericht alles Wichtige in möglichst kurzer, aber klarer Form zu bieten, und zu diesem Zwecke jedes wirklich überflüssige, nicht unbedingt zur Sache gehörige Wort fortlassen, alles aber, was auf theoretisch belanghabende Fragen das mindeste Licht werfen könnte, in den Worten der Originalberichte oder in gewissenhaft gleichbedeutender Umschreibung anführen. Der Leser verliert dadurch allerdings die Möglichkeit eines persönlichen Urteils über den Wert des Zeugen als solchen, soweit dies Urteil sich auf den Gesamteindruck eines Berichtes stützt; aber dieses Urteil und die damit verknüpfte Verantwortung habe ich ein für allemal selbst übernommen. Wo dieses mein Urteil ein schwankendes oder teilweise ungünstiges ist, werde ich nicht unterlassen, dem Leser dies mitzuteilen, und eine tastende oder versuchsweise Verwendung noch fragwürdiger Tatsachen auch offen als eine solche kennzeichnen. Unter diesen Voraussetzungen gedenke ich dann aber auch nicht die ganze unübersehbare ältere Literatur der fraglichen Gebiete (wie häufig geschieht) von vornherein von aller Berücksichtigung auszuschließen. Ein an den besten und neuesten Beweismitteln geschultes Auge wird mit einiger Vorsicht auch da noch den Weizen von der Spreu zu sondern wissen, dann aber in manchen kleinen Einzelzügen, deren Beobachtung ja vielfach ein unbeherrschbarer Glücksfall ist, auch dort Bestätigung oder Anregung theoretischen Denkens finden.[1] —

Mache ich mich nun zunächst daran, die oben 'legendarisch' belegten Tatsachen durch bessere Beobachtungen glaubhaft zu machen, so gedenke ich mir diese Aufgabe hinsichtlich der ersten Tatsachengruppe in einer Weise zu vereinfachen, die, wie ich glaube, heute auf die Zustimmung nicht weniger Leser rechnen darf. Ich beabsichtige nämlich, die bloße Tatsächlichkeit von Telepathie überhaupt nicht in Frage zu ziehen, also auch nicht erst durch glaubwürdige Beobachtungen zu erhärten. Bei Allen, die sich gründlich mit Forschungen dieser Art befaßt haben, bezeichnet Telepathie das Mindestmaß des zugestandenen Tatsächlichen. Es ist ein Vorteil, den verbissene Gegnerschaft in sich schließt, daß man sich auf das verlassen kann, was auch ihre entschlossenste Kritik nicht hat zerstören können. Unter diesem Gesichtspunkt dürfen wir uns an der Selbstverständlichkeit genügen lassen, mit der Podmore, der skeptischste aller wirklichen Kenner der metapsychischen Literatur, allenthalben die Telepathie als unentbehrliches Deutungsmittel für alle übrigen behaupteten Tatsachen heranzieht. Es gibt unanfechtbare Beobachtungen (und wir werden deren kennenlernen), die für manche Beurteiler weit schwerer Glaubliches zu verbürgen scheinen als bloße Telepathie, für die aber schlechthin jede Deutungsmöglichkeit schwindet, wenn nicht zum mindesten Telepathie in umfassendem Sinne zugestanden wird. Je mehr wir daher den gewagteren Begriffen der Deutung an Gewicht nehmen, desto größer wird das Gewicht der Beweise für jenen banaleren. Es erscheint mithin überflüssig, eine große Beweislast einer Annahme aufzubürden, die ständig benutzt wird, die unerträglich dünkenden Beweis- und Deutungslasten anderer Tatsachen zu erleichtern. Bequemt sich doch selbst der übervorsichtige Prof. Dessoir in einem reichlich gewundenen Kapitel, das von den stärksten Tatsachen und Gründen zugunsten der Telepathie so

1) Diese Kautelen gelten nicht durchweg für die bloß in Anmerkungen zitierte Literatur. — Zur Psychol. des Zeugnisses vgl. bes. die von W. Stern und Fr. v. Liszt herausg. Werke und Zeitschriften. Die Sonderkritik unseres Gebiets vertreten in Deutschland bes. M. Dessoir (vielfach) u. R. Hennig, Wunder u. Wissenschaft, 2 Bde. (Hamburg 1904/6). In älterer Zeit J. Chr. Hennings, Von Geistern u. Geistersehern (Lpz. 1780). Gänzlich unzulänglich zB. Prof. I. Hoppe, Einige Aufklärungen üb. d. Hellsehen (Freib. 1872) und Dr. E. Hitschmann, Zur Krit. d. Hellsehens, in Wiener klin. Rdsch. 1910 94f.

gut wie nichts enthält, neuerdings zur Zulassung der Telepathie wenigstens als naheliegender Annahme und brauchbarer Arbeitshypothese.[1]

Die Bereitwilligkeit selbst der Zweifler, wenigstens vor dieser Tatsache haltzumachen, entspringt nicht nur der Häufigkeit, mit der sie spontan auftritt, sondern auch ihrer verhältnismäßigen Zugänglichkeit gegenüber dem Experiment. Der häufigste Typ spontanen Auftretens betrifft Vorgänge, wie sie die 'legendarischen' Berichte uns bereits vertraut gemacht haben: das plötzliche Wissen, das jemand von erregenden Erfahrungen eines ihm Nahestehenden ohne Beteiligung der normalen Sinne erhält, meist in Form von 'Ahnungen', Gesichten, Gehörseindrücken oder motorischen Antrieben, die mit dem entfernten Geschehnis sinnvoll zusammenhängen. Der einschlägigen Berichte ist eine unübersehbare Vielheit, in einer reichen Literatur weit verstreut.[2] Die experimentelle Feststellung der Telepathie (die übrigens auch in Gurneys großem Werk über die spontanen Erscheinungen berücksichtigt war) hat bedeutende Erfolge erzielt mit der unmittelbaren Übertragung oder Erzeugung (durch bloßes 'Denken' oder 'Wollen') von einfachen Empfindungen, Bildern, Antrieben zu mehr oder weniger verwickelten Handlungen, mitunter ganzen Reihen zusammengesetzter Vorstellungen, ja sogar mit einseitig-gedanklichen Unterredungen.[3] Vielfach hat sie die Form der hypnotischen Einschläferung auf große Entfernungen und unter Ausschluß normaler Suggestionen angenommen.[4] Bekannt (und auch nach Dessoirs Urteil unübertroffen) sind in dieser Hinsicht die Versuche, in denen Pierre Janet, Dr. Gibert u. a. ihr Subjekt auf Entfernungen von 1 km (in der Stadt!) 'einschläferten' oder zu bestimmten Handlungen zwangen.[5]

Diesen Feststellungen ist die negative Kritik nicht mehr gewachsen. Völlig belanglos dem Gesamtmaterial gegenüber, in welchem experimentelle und spontane

---

1) Vom Jenseits der Seele, 2. Aufl. 114ff., bes. 119. 124. 2) Außer Gurney; Myers; Flammarion; Podmore, App.; Pr Indexband, s. v. Apparitions, Death signs, Hallucinations und Telepathy — s. zB. Owen, Footfalls 105ff.; APS IV 219: V 95f.; Harrison 83ff.; Daumer I 184ff. usw. 3) S. zB. Pr I 224ff.; II 20ff. 205ff.; VI 377ff.; ÜW X 257ff. (Kommitteebericht der Münch. Psychol. Ges.); Sphinx VII 184; das. 1886 I 383ff. (Dessoir, Exper. m. Figuren); Hennig, aaO. I 157f. (Prof. d. Physik D.); PS XV 7ff. (v. Schrenck-Notzing); Ochorowicz, bes. p. I ch. 4; p. II ch. 9; Stewart, Thought-Reading (1883) (118 Versuche); RH III 82; Liébeault, Thérap. suggest. 275ff.; Dufay in RS XVI (1888) 240ff.; Dr. A. G.... in ASP II 253ff.; Wetterstrand, bei H. Schmidkunz, Psychol. d. Suggestion (Stuttg. 1892) 35f.; Lombroso 11ff. (aus Sulla trasmissione del pensiero [Turin 1881]); Wrchowszky in ZO 1909 28 (bemerkenswert); Rochas, États 24; R. Tischner, Üb. Telep. u. Hellsehen (München 1921) 12ff.; W. v. Wasielewski, Telep. u. Hellsehen (Halle 1921). In ält. Zeit: Elliotson in The Zoist V 242ff.; ATM V, 3. St. 80f.; Haddock 90; Mayo 182; Reichenbach II 662ff.; Lassaigne, Mém. d'un magnétiseur 80ff. (du Prel, Entd. I 117); Zöllner III 529. — Ganze Gespräche telep. übertr.: Teste u. Barrier bei du Prel, Entd. I 138. 140; Passavant, 2. Aufl. 115f; Eckartshausen, Aufschlüsse zur Magie II 294; Despine 218ff.; Owen, Deb. L., Append.; ASP I 178ff.; APS V 152; ÜW X 307f. 4) In Deutschland schon früh: ATM I, 2. St. 123; VI, 2 90; IX, 2 73; X, 1 124. 126; XII, 3 82; Passavant, 2. Aufl. 117f. (nach Wienholt); Reichenbach II 662ff. In England Esdaile 67ff.; The Zoist VII 280 (Barth); Townshend, Facts in Mesmerism 314 (Podmore, Spir. I 135); Battersby, bei Gurney II 344. 5) RPh Aug. 1886 und Bull. de la Soc. de Psychol. physiol. I 24ff.

Fälle auf große Entfernungen weitaus überwiegen, ist der Versuch, die psychische Übertragung durch 'unbewußtes Flüstern' oder suggestive Gesten des 'Agenten' zu erklären.[1] Ebenso unzulänglich aber ist die Berufung auf paralleles Denken der beiden Versuchspersonen, auf Denkgewohnheiten, oder gar auf das Wirken des Zufalls.[2] Mögen einzelne Versuchsreihen durch solche Überlegungen an Gewicht verlieren: die bedeutendsten und die Masse der verwickelteren Spontanfälle werden von ihnen nicht einmal berührt. Die Befürworter des Zufalls[3] sollten nicht vergessen, daß das Argument, nach welchem ein vielfaches zufälliges Zusammentreffen von sog. telepathischen 'Erscheinungen' mit dem Tode des Erscheinenden bei der vorausgesetzten Massenhaftigkeit von Halluzinationen 'wahrscheinlich' sei, seitens der Forschung eingehend gewürdigt worden ist, daß aber gerade die rechnerische Vergleichung der 'wahrscheinlichen' und der wirklich beobachteten zeitlichen Übereinstimmungen einen ganz außerordentlichen Überschuß der letzteren ergeben hat: sie sind in der Tat 440mal häufiger, als sie nach bloßer Wahrscheinlichkeit, d. h. ohne Annahme einer ursächlichen Verknüpfung zwischen Todesfall und Erscheinung sein dürften.[4]

Der Tatbestand, den die Arbeitshypothese 'Telepathie' decken soll, gelte uns also als gesichert; der Tatbestand, daß ein Auftreten seelischer Inhalte in einem Bewußtsein abhängig sein kann von denen eines andern Bewußtseins ohne die Beteiligung der normalen sinnlichen Mittel des Verkehrs. Dies zu wissen, ist nichts Geringes. Aber wie wenig ist es, verglichen mit dem, was eine Theorie zu wissen fordern müßte, — und erst durch eine Theorie ja könnte dieses Wissen gerade für unsern Zusammenhang Bedeutung gewinnen.

Schon die unwillkürlich auftauchende Frage nach einer Verteilung aktiver und passiver Rollen innerhalb des Tatbestandes der Telepathie führt uns über die gegebene Begriffsbestimmung hinaus. Überträgt ein 'Agent' den seelischen Inhalt? Verhält sich ein 'Perzipient' ausschließlich aufnehmend? Oder vermischt sich sein aktives 'Lesen' mit einem aktiven 'Darbieten'? Oder sind alle diese Begriffe dem wirklichen Hergange gegenüber gleich unzulänglich?

Die übliche Theorie der Telepathie nimmt diesen Denkbarkeiten gegenüber sehr schnell Partei: sie setzt einen ausgesprochen aktiven und einen ausgesprochen passiven Beteiligten an. Sie verallgemeinert also den natürlichen Anschein des telepathischen Experimentes, welches einen willkürlich beschließenden Experimentierenden einer abwartenden Versuchsperson gegenüberstellt. Und sie tut dies (bewußt oder nicht) im Interesse eines bestimmten theoretischen Grundbegriffs, dessen Begünstigung es ihr offenbar erst ermöglicht hat, sich so verhältnismäßig leicht mit der Tat-

1) Lehmann u. Hansen in Philos. Stud. XI H. 4.; Dessoir, aaO. 116. 2) Sog. number-habit; s. Dessoir, aaO. 116; A. Marbe, Die Gleichförmigkeit in der Welt (München 1916) 37ff.; N. Vaschide, Exper. invest. in telep. hall., in The Monist XII (1902) 273ff., 337ff. und Contrib. expér. a l'ét. des phén. télép. in BIPI 1902 117ff. (paralleles Denken). 3) Noch Dessoir, aaO. 118 Anm. 2. 4) Pr X 247.

sache selber abzufinden. Denn diese Theorie soll vor allem die Einordnung der Tatsachen in das geltende physikalische Weltbild sichern, und danach, indem die Rückführung der übrigen metapsychischen 'Tatsachen' auf Telepathie erstrebt wird, auch diesen den peinlichen Stachel des Unerhörten nehmen.

Welcher Art die physikalisch-physiologischen Begriffe seien, die sie heranzieht, versteht sich der gegebenen Sachlage gegenüber eigentlich von selbst: es kann sich nur um vibratorische Vorgänge handeln, die in dem 'Gehirn' des Agenten oder Teilen desselben entstehen und das Gehirn des Empfängers oder Teile desselben in entsprechende 'Schwingungen' (als Substrat der übermittelten Vorstellungen) versetzen. Der vibratorische Vorgang der Übermittelung wird dann meist in den Äther verlegt oder irgendeinen 'noch feineren Stoff'.[1]

Crookes, der dieser Annahme das Gewicht seines Namens lieh, sprach sich übrigens vorsichtig dahin aus, daß 'wenigstens einige der telepathischen Beobachtungen' eine solche Deutung zulassen möchten. Andere redeten kühner von 'geist- oder bewußtseinführendem Äther', was aber natürlich nichts anderes besagen konnte als andere Kunstworte auch, wie 'strahlende Nervenkraft', 'Hirnwellen' u. dgl. m.[2] Ochorowicz dachte, freilich unter Betonung des Hypothetischen seiner Annahme, an eine Beeinflussung der elektrischen Strömungen der Atmosphäre, die diese Modifizierung den elektrischen Strömen eines dazu befähigten Gehirns mitteilen sollten. Insbesondere die neueren Entdeckungen über Strahlungen verschiedener Art haben dann dieser Theorie bedeutend Aufwasser gegeben, und vollends seit Marconis Erfindung wird in weiten Kreisen die Telepathie als endgültig erklärt betrachtet. Vielleicht hätte man sie 'postuliert', wäre sie nicht schon in der Erfahrung gegeben gewesen. Dr. H. A. Fotherby machte darauf aufmerksam, daß die (inzwischen wieder abgedankten) N-Strahlen in bezug auf Wellenlänge und Periodizität den elektro-magnetischen Strahlen sehr naheständen, die in der drahtlosen Telegraphie Verwendung finden;[3] daß aber das Gehirn selbst Aussender von N-Strahlen sei, bewiesen bald Versuche an allen Enden Europas,[4] die eine Strahlenaussendung des Zentralorgans entsprechend dem Maße seiner Denkanspannung durch Aufleuchten von Schwefelcalciumschirmen prüften.[5] Es bedurfte nur der weiteren Annahme, daß gewisse Gehirne aufeinander 'abgestimmt' seien, wie Ausgangs- und Empfangsantennen von Marconi-Apparaten, um den Vorgang der Gedankenübertragung den neugewonnenen Begriffen unterordnen zu können.[6] — Auch ältere, mehr 'okkultistisch' gerichtete Gedanken verschmähten es nicht, an der neuen Lehre sich modern zu verjüngen. Du Prel vermutete bei der Ver-

1) W. Crookes vor der Brit. Association; ders. in Pr XII 351f. Schon Mesmers theoretisch ähnlich verwendetes fluide universel sollte supérieur en subtilité à l'éther sein (bei Ochorowicz 473 f.). Unbestimmt ähnlich A. Kardec, Le livre des esprits (Par. 1862) 185. 2) Force neurique rayonnante; brain-waves. 3) APS 1906 Dec. 4) Charpentier, A. Broca, Zimmern, J. Becquerel u. a. 5) S. neuerdings bes. Kotik 102ff. 6) Vgl. ferner Despine 222ff.; Cl. Perronet, Du Magnét. animal (Par. 1884) 60f.; A. Fouillée in BIGP IV (1904) 316f.; Dr. H. Haenel in PS XXXIII 683f.; E. Houston in RS L (1892) 59f. (Möglichkeit von absorption sélective des cerveau récepteur); J. T. Knowles in The Nineteenth Cent., Mai 1899; Tesla in Light, 24. Juni 1893; Barret 42; Ochorowicz 493ff.; Prof. Jacobi, Okkultismus u. mediz. Wissenschaft (1912) 26f. u. a.

wandtschaft von 'Od' und Elektrizität, daß die Gesetze, nach denen die magnetische Fernwirkung — eben durch Od — sich vollziehe, mit denen der elektrischen Induktion bei drahtlosem Telegraphieren übereinstimmten, und sprach von 'odischer Gleichstimmung' zwischen Agent und Perzipient im telepathischen Vorgang.[1] Doch hielt er dabei teilweise an der unphysikalischen und mehr physiologistischen Annahme fest, daß dieser magnetischen Kraft der odischen Telepathie durch den Willen des Agenten die Richtung angewiesen werden könne. Mit dieser Annahme wurzelt er in Anschauungen der älteren 'Magnetiseure' über eine im Raume gleichsam transportfähige, vom Willen strahlartig in bestimmter Richtung, etwa auch um Ecken zu lenkende 'Nervenkraft'.[2]

Die Verfechter der einen wie der anderen Form der Theorie berufen sich schließlich auf gewisse angebliche Erfahrungen, die eine 'Leitung' der übertragenen Vorstellungsinhalte durch grob-materielle Körper zu beweisen scheinen und die am Ende mit der einen wie mit der andern in Übereinstimmung zu bringen sein möchten: steht ja doch neben der allseitigen Verbreitung von 'Wellen' durch den äthererfüllten Raum ihre Leitung durch Drähte, und könnte doch ein grob-materieller Leiter auch einem richtbaren Fluidum den Weg nicht nur weisen, sondern auch ebnen.

Bekannt sind vielleicht in dieser Hinsicht die massenhaften Beobachtungen schon der älteren Magnetiseure, nach denen die Leitung von Vorstellungen und Empfindungen meist durch einen oder mehrere lebende Körper, die sog. Kette, geschehen sollte, ohne daß dabei die Einbeziehung von Drähten, feuchten Schnüren u. dgl. ausgeschlossen war. Wenn die Somnambule eine Musik nur hörte, während der gleichfalls zuhörende Magnetiseur sie berührte, so sollte sie 'durch seine Ohren' hören, ihre Wahrnehmung also wohl auf Übertragung derjenigen des Magnetiseurs beruhen.[3] Eckartshausen erzählt sogar, daß wenn er sich mit einer Person durch eine 'Kette' verband, er in einer Entfernung von 2 oder 3 Zimmern den Geruch einer Blume empfand, an welcher die andre Person roch, wenn sie sich auf ein Isolierstativ stellte.[4] Ein bei solchen Versuchen in die Handkette eingeschalteter Lackstock sollte dann die Übertragung sofort unterbrechen, Eisendraht, Stöcke usw. sie aber bestehen lassen.[5] Selbst das Lesen durch eine solche Kette, deren Endhand auf einem Buche lag, wurde behauptet.[6]

Ähnliche Feststellungen wiederholten sich in den neuerdings viel besprochenen Versuchen Dr. Kotiks, der Übertragung von Vorstellungen bei einem 14jährigen neuropathischen Mädchen zwar auch ohne jede Be-

1) du Prel in ÜW VI 10ff., bes. 19; vgl. Stud. II 47f. — Spanuths Deutung der Tel. durch Duftstoff-Wellen (!) s. PS XVIII 82. 128ff.; XIX 435. 2) S. zB. Deleuze, Hist. critique du magnétisme (Par. 1813) 181. Angebliche Beob. (der Somn.) von 'Lichtströmen', 'Lichtschweifen' u. dgl. bei Gedankenübertr. s. Passavant 2. Aufl. 98; ATM III, 1 112. 168; Werner 269. Üb. angebl. Empfindungen von 'Zug', 'Nachgeben' u. dgl. s. ASP II 332; Werner 279f. 3) de Lausanne bei du Prel, Magie II 98. 4) das. II 116 (nach Eckartshausen, Aufschlüsse zur Magie I 189). Ähnliches bei Rochas, États 13; Ludlow 323f.; ÜW VII 22. Vgl. die 'odische' Leitung durch Drähte, nach Reichenbach I 195f. (§ 432) und die früher vielfach behauptete 'Übertragung' von 'Gesichten' auf Andere durch Berührung: zB. Görres III 341; Martin 108. 5) Pététin, bei Gurney II 345 (auch Podmore, Spir. I 63f.); ähnlich Mesnet in RH III 262ff.; du Prel, Magie II 99. 6) Werner 391f.

rührung erzielte, den Ablauf des Versuches aber sehr beschleunigte und vervollkommnete, wenn er Berührung mit der Versuchsperson, und zwar nicht nur durch die Hand, sondern auch durch einen Kupferdraht hindurch herstellte, während die Verzögerung der Wirkung bei fehlender Berührung ihm zu beweisen schien, daß die Luft zwar auch ein Leiter der 'psychischen Emanation', aber ein schlechter sei.[1] Als bedeutsamstes Ergebnis aber möchte man ansprechen, daß die Leitbarkeit durch Kupfer sich auch jener Hirnstrahlung gegenüber zu bewähren schien, die Dr. Kotik, gleich andern Forschern, durch das Aufleuchten eines Calciumschirmes glaubte nachweisen zu können. Begab sich nämlich die Versuchsperson dieser Experimente in ein 'drittes' Zimmer, so daß sie also durch ein dazwischenliegendes und zwei geschlossene Türen von dem Schirm getrennt war, so brachte das 'Denken' der Person gar keine Wirkung auf diesen hervor. 'Zog ich jedoch,' sagt Kotik, 'in diesem Falle durch die Schlüssellöcher beider Türen einen Kupferdraht und hielt die Versuchsperson das eine Ende desselben in den Händen, während ich an das andere den Schirm heranbrachte, so stellte sich zur Zeit, wo die Versuchsperson dachte, auf ihm der gewohnte Effekt ein.'[2]

Gestehen wir um des augenblicklichen Argumentes willen auch diese an sich recht fragwürdige Beobachtung zu, so würde ihre nächstliegende Deutung in dem Begriff der Fortleitung einer Emanation liegen, die sich ohne solche 'Kanalisierung' im Raum ausbreiten und eben darum in irgendeinem Verhältnis zum Abstand von ihrer Quelle abschwächen würde. Während diese 'Tatsache' zwischen der physikalischen und der physiologischen Theorie etwa die Mitte hält, konnte sich die letztere insbesondere auf die angebliche Beobachtung berufen, daß selbst 'Striche', die der Magnetiseur über seine Somnambule gemacht hatte, die Stelle der materiellen Leitung vertreten konnten, als wäre soz. dadurch ein unsichtbares 'magnetisches', 'odisches' Band zwischen ihnen geknüpft. Dies war der vielumstrittene 'Rapport' zwischen beiden, der die Somnambulen auch in der Entfernung instand gesetzt haben soll, die Vorstellungen und Gefühle, Leiden und Freuden ihrer Magnetiseure mitzuerleben,[3] oder auch mehrere Somnambule desselben Magnetiseurs, d. h. Empfängerinnen von Strichen derselben Persönlichkeit.[4] — Ich will die verwickelte Frage des Wertes dieser alten Beobachtungen nicht anschneiden; wir sind ja heute geneigt, sie für suggestive Kunsterzeugnisse phantastischer vorgefaßter Theorien zu halten;[5] d. h. das Wissen der Versuchsperson um das, was die Theorie

1) Kotik, bes. 44f. 75ff. Versuchs*zeiten* werden übrigens durchweg nicht angegeben, und die größere *Vollkommenheit* der Übertragung mit Draht geht aus den mitgeteilten Ergebnissen keineswegs hervor. (Am ehesten S. 75ff.; dagegen vgl. Sitzung VII u. VIII mit IX!). 2) aaO. 113f. 3) S. zB. Wienholt bei du Prel, Magie II 95ff. 4) S. zB. du Prel, das. II 112f.; Perty, M. E. I 44. Angebliche Weitergabe des Rapportverhältnisses durch Berührung oder passes: Kluge, bei du Prel, aaO. II 99; Janet, Aut. 283ff. 5) S. bes. A. Moll, Der Rapport in d. Hypnose (Schriften d. Ges. f. psych. Forschung I 273ff.).

von ihr erwartete, soll unwillkürlich ihre Aufme ksamkeit oder gar ihr Wahrnehmungsvermögen in einer Weise beeinflußt haben, wie sie ja aus dem Suggestionsexperiment seitdem jedem vertraut geworden ist. Diese Auslegung würdigt zwar wenig die Sorgfalt, mit welcher einzelne ältere Rapportforscher, zB. Pététin, eben diese Suggestion auszuschließen trachteten. Doch mögen die angeblichen Tatsachen hier auf sich beruhen bleiben und unsere Überlegungen sich auf die leichter nachprüfbaren der Vorstellungsleitung durch materielle Zwischenglieder richten.

Auch bezüglich dieser führt geringe Überlegung uns zum Bewußtsein, daß Suggestion-durch-Erwartung genügen könnte, die beobachtete Erleichterung, Beschleunigung und Vervollkommnung der Übertragung zu erklären. Die Volkstümlichkeit des Gedankens, daß 'Berührung', insonderheit durch 'Drähte', eine 'Leitung' befördere, legt jene Möglichkeit nahe, und es würde in der Tat sehr zahlreicher und sorgfältiger 'differentieller' Versuche bedürfen, um alle hiermit angedeuteten Wirkungen auszuschließen.[1] Bis diese durchgeführt sind, wollen wir indessen der physikalisch-physiologischen Theorie den 'Vorteil des Zweifels' zugestehen und annehmen, daß wirklich durch die verschiedenen Zwischenglieder der Berührung eine Leitung irgendwelcher Art stattfinde; nur in die weiteren Voraussetzungen dieser Annahme und die Folgerungen aus ihr wollen wir etwas gründlicher einzudringen suchen.

Was wird geleitet? Die Beantwortung dieser Frage führt uns zunächst in allgemeinster Weise auf die funktionellen Erregungen, die wir als Grundlagen oder Begleiterscheinungen der Vorstellungen im Gehirn voraussetzen. Die Psychologie nimmt an, daß im Nerv wie in der Nervenzelle chemische Vorgänge des Aufbaues höher-zusammengesetzter und darum leichter-zerfallender (labilerer) Verbindungen und ihres Zerfalles in einfachere, beständigere sich mehr oder minder die Wage halten; daß der erstere Typ von Vorgängen während der funktionellen Ruhe, der andere während der Tätigkeit der Nervenelemente ungefähr überwiege. Diese Vorgänge der Aufspeicherung und Ausgabe von Arbeit — oder, wie Wundt es ausdrückt, der positiven und negativen Molekulararbeit[2] — in den Nervenelementen scheinen indessen, soweit sie nach klassischer chemischer Vorstellung in örtlich umgrenzten Umlagerungen von Atomen bestehen, für das Problem der Fernwirkung von Gehirnerregungen keinerlei Fruchtbarkeit zu besitzen. Dies ändert sich wohl erst, wenn von diesen grobmolaren Vorgängen eine Brücke gefunden wird zu spezifischen Folgeerscheinungen im Sinne jener verschiedenen neueren Anschauungen vom Wesen der Atome, die im Begriff der Radioaktivität gipfeln, auf die sich, wie wir sahen, die physikalischen Theorien der Telepathie denn auch durchweg berufen. Diese Anschauungen sind zwar, wie heute so vieles in der

1) Zur Kritik Kotiks s. auch N. v. Peskoff in JPN XII (1908) 272. 2) Wundt I 60. 74ff. 78. 89ff.

Physik, noch in flüssigem Zustande, aber in der Auflösung des Atoms in eine Welt von sehr viel kleineren Gebilden stimmen sie überein. Diese Begriffe von Untereinheiten der zuvor für letzte Einheiten gehaltenen Atome haben nicht nur die Möglichkeit des Zerfalls von Atomen fassen gelehrt, sondern auch eine Brücke geschlagen von den Begriffen der Atomistik zu denen der Lehre vom Äther und zu der von der Radioaktivität, indem gerade diese Untereinheiten sich als Träger der von Atomen ausgehenden Strahlungen darstellen: das zerfallende Atom schießt gewissermaßen letzte Teilchen seines Gesamtbestandes in den Raum ab. Gelänge es nun, einen gesetzlichen Zusammenhang zu finden zwischen den Vorgängen jener positiven und negativen Molekulararbeit, die man als Grundlagen der psychischen Arbeit des Hirns voraussetzt, und jenem radioaktiven Verhalten der kleinsten Teile der Hirnatome, so möchte der Zugang zu einer Strahlentheorie der Telepathie in der Tat gefunden zu sein scheinen; — es sei denn, man spreche den molaren Vorgängen im Hirn überhaupt jeden Zusammenhang mit den Bewußtseinsvorgängen ab, erkläre sie zB. für bloße Vorgänge der Ernährung, also der Masse- und Formerhaltung von Elementen, die andern Lebensaufgaben dienen. Lassen wir aber auch diese denkbare Erschwerung der Theorie hier ganz beiseite, so muß doch erwähnt werden, daß jener wünschenswerte gesetzliche Zusammenhang zwischen molaren und radioaktiven Vorgängen, also zwischen den grob-chemischen Begleiterscheinungen der Vorstellungen und den Zerfallserscheinungen der dabei beteiligten Atome, von Physikern selbst bestritten wird. Die Vorgänge des Atomzerfalls sollen Gesetzen folgen, die außer Zusammenhang stehen mit den Gesetzen, nach denen An- oder Umordnung zwischen zwei Systemen von Atomen oder Molekeln erfolgen;[1] gleichwie etwa die Bedingungen, nach denen die Erschütterungen im Schoße einer Familie erfolgen, unabhängig sein können von denen, die das Schicksal des Volkes bestimmen, dem die Familie angehört. Aus ähnlichen Gründen entziehen sich denn auch die radioaktiven Veränderungen durchaus der experimentellen Beeinflussung, selbst durch die mächtigen Mittel, welche der heutigen wissenschaftlichen Technik zur Verfügung stehen: die äußersten Hitze- und Kältegrade zB., die sich künstlich erzeugen lassen, sind ohne allen Einfluß auf sie.[2]

Setzen wir aber auch hier zum besten der fraglichen Theorie voraus, daß diese Zwischenglieder noch dereinst entdeckt werden, daß sich also die radioaktiven Vorgänge der Hirnerregung, wie wir sie von Charpentier bis Kotik festgestellt sahen, als in gesetzlich-funktionalem Zusammenhang stehend erweisen werden mit den physiologisch-chemischen Vorgängen, die man als Unterlage der Denkvorgänge annimmt; setzen wir also im Sinne jener Theorie voraus, daß während eines Vorstellungsaktes von sämt-

1) W. C. D. Whetham, The recent devel. of physical science (Lond. 1904 226.
2) Das. 242.

lichen irgendwie beteiligten Hirnelementen ein jedes die Quelle von Strahlungen wird, die entsprechend den Wandlungen der Erregung in jenen Hirnelementen ihrerseits charakteristische Wandlungen erleiden, sowie daß diese Strahlungen zwar von gewissen Leitern soz. kanalisiert, ihre Wirkungen dadurch beschleunigt oder verstärkt werden können, daß sie sich aber auch unmittelbar durch den Äther (oder was sonst) in allen Richtungen gleichzeitig in die Ferne fortpflanzen können: — wie wäre unter allen diesen Voraussetzungen die Betätigung dieser Strahlungen im Dienste der Vorstellungsübertragung zu denken? Dies ist die Frage, an der sich die Theorie endgültig zu erproben hat.

Die Antwort wird wohl mindestens fordern müssen, daß die vom Hirn des 'Agenten' ausgehenden spezifisch gearteten und wechselnden Strahlungen durch den Raum bis zum Hirn des 'Perzipienten' gelangen und in diesem Erregungen setzen, mit welchen Vorstellungen verknüpft sind, die denen des Agenten sinnvoll entsprechen. Und diese Annahme verträgt sich offenbar gleich gut mit mehr als einer Anschauung über das metaphysische Verhältnis von Hirn und Vorstellung — mit Dualismus, Epiphänomenalismus, verschiedenen Formen des Parallelismus, oder der Auffassung der Vorstellung als Erscheinung einer psychischen Energie.[1] Wir können also verwickelte erkenntnistheoretische Erwägungen beiseite lassen und brauchen Klarheit anzustreben nur bezüglich des vorausgesetzten materiellen Vorgangs. Dr. Kotik scheint sich diesen so zu denken, daß 'psychophysische Atome und Elektronen' in 'bestimmten Kombinationen' und 'in fester Verkettung miteinander das Gehirn des Agenten verlassen und in der gleichen Weise ins Gehirn des Perzipienten eindringen' und somit als Träger bestimmter Vorstellungen auftreten.[2] Diese Anschauungsweise erscheint mir nicht bloß sehr schwierig, sondern auch nicht ganz eindeutig. Sollen wir eine Einfügung der 'festverketteten' Kombination von Elementen in das Hirn des Empfängers annehmen? Oder die Anregung einer Bildung entsprechender Kombinationen in diesem Hirn aus seinen eigenen Elementen? Unsere Unwissenheit mag nicht gestatten, den einen oder den andern Gedanken als unzulässig zu bezeichnen. Und so soll sich bei ihnen beruhigen, wer will. Bezeichnend ist ja auf alle Fälle schon, daß ein Schriftsteller von der Ausführlichkeit des Dr. Kotik nicht einmal die Nötigung zu spüren scheint, seine Theorie bis in diese ausschlaggebenden Verästelungen hinein auszubauen. — Soviel läßt sich wohl sagen: die geltende Anschauungsweise der Physik neigt nicht zu Bildern dieser Art. Sie dürfte eher gesonnen sein, die physische Fernvermittlung zwischen Hirn

1) Die letztere Anschauung verwendet Kotik in ganz unklarer Weise, indem er (S. 11) von dem Gesetz der Erhaltung der psychischen (!) Energie spricht, welche die Möglichkeit unmittelb. Gedankenübertragung geradezu fordere; während doch, nach den von K. anerkannten Ostwaldschen Begriffen, die psych. Energie als solche sich gar nicht erhalten *kann*. (Vgl. W. Ostwald, Vorles. üb. Naturphilos. 2. Aufl. [Lpz. 1902] 377.) Auf ausführl. Darlegung von K.'s Verwirrung verzichte ich mit Rücksicht auf den Raum. (S. bes. 117f.). 2) aaO. 126f.

und Hirn auf ihrem Wege als 'Schwingungen', als sich fortpflanzende Erregungen eines feinsten Mediums von charakteristischen Formen vorzustellen, die in den Elementen des empfangenden Hirns Erregungen irgendwelcher Art bewirken, die den physischen Begleitvorgängen der telepathisch übermittelten Vorstellung des Agenten irgendwie 'entsprechen'. Die Schwierigkeiten, die nun auch dieser Anschauung anhaften, beziehen sich wahrscheinlich weniger auf die Vorgänge des Übertragungsweges, als auf seine Endstationen.

Um diese Schwierigkeiten zu erfassen, mache man sich zunächst klar, daß in dem einzigen unbezweifelbaren Falle physischer Fernübertragung — dem der Telegraphie und Telephonie ohne Draht — beide Endapparate des physikalischen Vorgangs verhältnismäßig einfacher Natur sind, indem sowohl Aussender wie Empfänger auf die Übertragung von Erregungen eingerichtet sind, die immer nur in ganz wenigen Hinsichten abwandlungsfähig sind: nämlich bezüglich der Ausmaße und Formen von Wellenstößen. Auf diese wenigen Arten der Abwandlung läßt sich eine größere Bereicherung der auf der Empfangsseite erzielten Leistungen offenbar nur dadurch gründen, daß an den Empfänger ein zweckentsprechend vorgebildeter Apparat angeschlossen wird, der die Reize je nach ihrer Artung auf verschiedene Angriffspunkte der Auslösung lenkt.[1] Es will demnach zB. noch wenig besagen, wenn Prof. Bose (Kalkutta)[2] vermittelst eines durch drei Zimmer geleiteten elektrischen Stromes eine chemische Reaktion, den Fall eines Gewichts, den Schuß aus einer Pistole und das Erglühen eines Drahtes veranlaßt. Man kann natürlich noch viel weiter gehen und darauf verweisen, daß unsere Zeit bereits mit der drahtlosen Lenkung von Wasser- und Luftfahrzeugen experimentiert; ja es mag nur eine Frage der Zeit sein, daß man auf große Entfernungen ein Klavier zu bearbeiten oder eine Gliederpuppe zu lebensähnlichen Bewegungen zu veranlassen lerne.[3] In allen diesen Fällen beruht aber die steigende Verwicklung der Leistung auf der steigenden Verwicklung des vorgebildeten und fertig eingestellten mechanischen Apparates; die Übermittlung selbst dagegen bleibt in ihrer verhältnismäßigen mechanischen Einfachheit stecken, abhängig von der Einfachheit des Aussenders und Empfängers.

Eine wirkliche Analogie der drahtlosen Telegraphie auf psychisch-telepathischem Gebiete würde also selbst in dem Falle der Übertragung 'einfacher Vorstellungen' nur dann gegeben sein, wenn wir die physischen Grundlagen solcher einfacher Vorstellungen in entsprechend einfachen

1) Es ist beinahe ergötzlich, diese Möglichkeit von streng-'wissenschaftlicher' Seite geleugnet und diese Leugnung als Argument gegen die Behauptung von Gedankenübertragung verwendet zu finden. S. Prof. R. Lankester (einen geschworenen Feind alles 'Okkulten') vor der Brit. Association, zit. in APS IV 261f. — Theosophische Spezialinformationen bezeichnen gelegentlich die allbeliebte Zirbeldrüse (pineal gland) als das materielle Organ der Gedankenübertragung. (A. Besant, Theosophy and the New Psychol. [Lond. 1904] 99.) 2) worauf Mrs. Besant, op. cit., hinweist. 3) Über Echegarays Telekino s. ÜW XII 313f.

und begrenzten Elementen des Hirns oder aber in ganz einfachen, einheitlichen Erregungen größerer Teile des Hirns ansetzen dürften. Die erstere Voraussetzung ist ja tatsächlich annähernd verwirklicht gewesen in der ehedem vertretenen Lehre, wonach 'einfache' Vorstellungen in je einer 'Ganglienzelle' gleichsam ihren Sitz haben sollten.[1] Von dieser in jeder Hinsicht äußerst rohen Theorie der zellenweisen Niederlegung der Vorstellungen darf man aber wohl sagen, daß sie heute unter klar denkenden Psychologen kaum noch Anhänger hat. Wir sind uns überdies im reinen darüber, daß selbst sog. einfache Vorstellungen meist schon ein reichlich verwickeltes Geschehen darstellen, das sich innerhalb eines allseitig ausgedehnten Vorstellungskontinuums als dessen beleuchtetes Mittelfeld befindet — ganz abgesonderte Sinneselementarvorstellungen in Zuständen des Monoideïsmus vielleicht ausgenommen. Eine Lokalisationstheorie, die diesem Sachverhalt gerecht werden will, muß demnach für jeden nur einigermaßen zusammengesetzten Bewußtseinsinhalt ein verwickeltes System von Hirnerregungen annehmen, das die mannigfaltigsten Sinnes- und Assoziationszentren in wechselnden Ausmaßen in Mitleidenschaft zieht.[2] Damit werden aber die objektiven Voraussetzungen der physikalischen Theorie der Telepathie schon für einfache Vorstellungen außerordentlich verwickelt. Die Gesamtheit der charakteristischen Schwingungen, welche von den schier zahllosen Hirnelementen ausgehen, die an dem Zustandekommen selbst solcher einfachen Vorstellung beteiligt sind, wächst zu einem unübersehbaren Gemengsel an. Diese charakteristischen 'Schwingungen' dürften kaum für zwei an dem Vorgang beteiligte Zellen ganz die gleichen sein; die Theorie verlangt aber von uns zu denken, daß das ganze Gemengsel nebeneinander hergehender charakteristischer Schwingungen oder Strahlungen, nach gleichmäßiger Ausbreitung in allen Richtungen des Raums am Gehirn des Perzipienten angelangt, nun wieder über eine entsprechend große Menge von Nervenelementen sich verteile, und zwar so, daß jeder charakteristische Teilvorgang der gesamten Schwingungsmasse ein Element 'auffinde', welches auf seine charakteristischen Eigenschaften 'anzusprechen' imstande sei, und deren Gesamtheit, wenn erregt, eine Gesamtvorstellung ergebe, die der des Agenten gleich oder doch wesensverwandt sei. Diese Anforderungen der Theorie erscheinen mir darum so ungeheuerlich, weil sie die außerordentliche Unwahrscheinlichkeit übersehen, daß irgend zwei Gehirne, bei der schlechthin unberechenbaren Zahl persönlicher Variationsmöglichkeiten, hinsichtlich der 'Stimmung' des Gesamthirns oder seiner Elemente so sehr bis in die Einzelheiten gleichartig seien, daß der verwickelte Vorgang der Übertragung auch nur die mindesten Aussichten auf empfänglichen Boden hätte.

Man könnte diesen Schwierigkeiten zu entgehen suchen durch die An-

1) Als Möglichkeit bei Th. Ziehen, Leitf. d. Physiol. Psychol. 4. Aufl. (Jena 1898) 132.
2) W. Wundt in Deutsche Rundsch. XXV 64.

nahme, daß jedes 'Element' eine große Zahl von charakteristischen Schwingungen auszusenden und dementsprechend auf eine große Zahl verschiedener Strahlungen anzusprechen vermöge; daß die charakteristische 'Note' dieser Schwingungen aber jeweils mit der Eigenart der Vorstellungen zusammenhänge, zu deren physischer Gesamtgrundlage sie gehören. Diese Annahme würde einer psychophysischen Theorie sich einfügen, nach welcher den wechselnden Vorstellungen (im umfassendsten Sinne) nicht Erregungen in wechselnden Elementengruppen des Hirns, sondern wechselnde Erregungen in wesentlich den gleichen Elementengruppen entsprächen, wobei allenfalls Vorstellungen bestimmter Sinnesgebiete an die entsprechenden Sinnesbezirke des Hirns gebunden sein könnten. In diesem Falle ließe sich annehmen, entweder daß für eine gewisse zusammengesetzte Vorstellung die charakteristische Erregung in dem ganzen erregten Bezirk eine gleichartige sei; oder aber daß sie in verschiedenen Teilen dieses Bezirks eine verschiedene sei. Die zweite Annahme würde die oben angedeuteten Schwierigkeiten einer vibratorischen Theorie der Telepathie zum Teil erneuern (wenn auch vielleicht in abgeschwächter Form), indem sie zum Gelingen der Übertragung eine variable Gleichgestimmtheit jener unbestimmt vielen Teile eines Bezirks voraussetzen müßte. Dagegen brauchte die erste Annahme nur zu fordern, daß die charakteristisch-einheitlichen Gesamterregungen der fraglichen Bezirke für den Agenten und Perzipienten gleichartig seien. In dieser Form hätte die physikalische Theorie der Telepathie vielleicht noch die meisten Aussichten, den Anforderungen der Tatsachen zu genügen. Denn in dieser Form käme sie einigermaßen auf jenes einfachste Schema zurück, das (wie gesagt) die Vergleichung mit dem drahtlosen Telegraphen am ehesten vertrüge. An die Stelle des einfachen Elementes der 'Vorstellungszelle' wäre ein zusammengesetztes Organ getreten; aber bezüglich der einheitlichen Charakteristik ihrer Strahlungen verhielten sie sich übereinstimmend.

Abgesehen nun von dem durchaus hypothetischen Charakter auch dieser psycho-physiologischen Anschauung als solcher, müßte (wie bemerkt) auch sie wieder die Annahme machen, daß in den Gehirnen von Agent und Perzipient die Note der Erregung für inhaltlich gleiche oder verwandte Vorstellungen durchaus die gleiche sei; und dafür möchte, bei der anzunehmenden außerordentlichen Verschiedenheit der individuellen 'Stimmung' menschlicher Nervensysteme, die Wahrscheinlichkeit nicht allzu groß sein. —

Ein möglicher Versuch, diese Schwierigkeiten der vibratorischen Theorie wenigstens zu vermindern, darf nicht unerwogen bleiben. Er besteht in der Annahme, daß auch in Fällen anscheinender Übertragung von verwickelten Vorstellungsgebilden eine wirkliche Übertragung nur ganz einfacher Inhalte stattfinde, die sich vielleicht in entsprechend einfachen Nervenelementen vertreten denken lassen; während alles, was diesen einfachen übertragenen Kern überschreite, ein Zuwachs sei, der erst auf seiten des Empfängers assoziativ oder sonstwie zustande komme. Insofern die Elemente dieses Zuwachses in der Seele des Empfängers bereitliegen, würden Vorgänge dieses Typs in der Tat eine gewisse Ähnlichkeit haben mit jenen Erfindungen, welche einen verhältnismäßig einfachen physikalischen Kernreiz seinen einzelnen Dimensionen nach innerhalb eines vorgebildeten Mechanismus 'kanalisieren' und dadurch Leistungen von leidlicher Verwickelung erzielen. Auch scheint ja die soz. nackte, d. h. durch keinerlei 'Zuwachs' verhüllte Übertragung einfacher Bewußtseinsinhalte ein wohlverbürgter Typ der telepathischen Erfahrung zu sein.[1] Und ebenso bietet die Rückführung verwickelterer (anscheinend telepathisch übertragener) Vorstellungen auf verhältnismäßig einfache Übertragungs*kerne* zumeist gar keine Schwierigkeiten.

So kommt bekanntlich zB. erlebtes Unglück, Gefahr oder Tod des Agenten dem Perzipienten häufig als unerklärliche Sorge, Unruhe oder Trauer zum Bewußtsein, verbunden etwa mit der Vorstellung, das nicht abzuschütttelnde Gefühl 'beziehe sich' auf 'einen Verwandten', auf 'jemand unter den Nahestehenden', oder etwa auf diesen oder jenen Bestimmten;[2] oder aber in einem mitunter überwältigenden Drang, den anscheinenden Agenten aufzusuchen, selbst um den Preis einer mühsamen Reise.[3] In allen solchen Fällen ist es wahrscheinlich, daß das bewußte Erlebnis des Perzipienten die Übersetzung oder Auswirkung eines außerbewußten oder halbbewußten Wissens telepathischer Herkunft sei, welches seinerseits leidlich einfachen Inhalts gedacht werden kann. Es braucht in den meisten Fällen sicherlich nicht mehr als die Person des Agenten sowie eine Andeutung seiner Gefährdung oder seines Todes zu enthalten,[4] und beides kann am Ende durch einfache 'Gefühlsnoten' übermittelt gedacht werden: eine Gefühlsnote des Schreckens, der Angst o. dgl.,[5] nebst der Gefühlsnote, mit der wir gewohnheitsmäßig auf eine bestimmte Person 'reagieren'. Ebenso werden wir eine persönlich gefärbte 'Aufmachung' eines einfachen Übertragungskernes durch den Empfänger natürlich immer da voraussetzen, wo dessen Erlebnis von offenbar subjektiv-phantastischer Färbung oder Dramatisierung ist, wie sie namentlich telepathisch angeregten Wahrträumen eignet.[6] Wir werden sie ebenso annehmen, wenn nur der Hauptinhalt einer offenbar telepathisch erlangten Wachvorstellung der fernen Wirklichkeit entspricht, ihre nebensächlichen Inhalte aber nicht jener Wirklichkeit, wohl aber den Erinnerungen und Denkgewohnheiten des Empfängers: wie wenn zB. der Agent in einer Kleidung oder Umgebung 'erscheint', die nicht seiner gegenwärtigen, wohl aber derjenigen entspricht, in welcher ihn der Perzipient zu sehen gewohnt war.[7]

---

1) Besonders in der experimentellen Telepathie. Betr. spontaner Tel. s. zB. Gurney I Nr. 17; II 132; Pr X 269; APS IV 19. 2) S. zB. Gurney I 251. 271ff.; Fechner, Zend-Avesta 1. Aufl. III 207f.; Splittgerber, Schlaf 2. Aufl. 243ff. 3) S. zB. Gurney I 286; II 376f. 397ff. 4) Deutlich etwa Gurney II 355 (Nr. 376): 'Die Uhr zog mein Auge auf sich [2 Uhr 20] und ich sagte zu mir selbst: genau in diesem Augenblick stirbt mein Bruder in Indien.' (Sofort notiert.) Vgl. das. I 243; II 356. 366. 372. 5) S. zB. den Fall APS I 385 (Ohnmachtsgef. infolge Verwundung). 6) Mehrere gute Beispiele: Gurney I 362ff.; Pr V 455ff. 7) zB. Gurney I 212f.; Pr VI 17f.

Indessen findet diese Deutungsweise ihre Grenzen offenbar in demselben Maße, als die Erfahrung des Perzipienten zunehmend reichere und doch 'wahre' Vorstellungselemente enthält, die dieser aus seinen Erinnerungen nicht schöpfen konnte.

Myers konnte zB. schon leidlich zu Beginn der wissenschaftlichen Telepathieforschung darauf hinweisen, daß häufig der Agent in einer Kleidung oder mit sonstigen Äußerlichkeiten behaftet erscheine, wie sie ihn im Augenblick des telepathischen Vorganges, nicht aber für gewöhnlich charakterisieren; oder mit symbolischen Zutaten, welche die näheren Umstände seiner Krise bezeichnen und offenbar mit-übertragen sein müssen: wie nasse Kleider eines Ertrunkenen, Wunden, Zittern und bleiche Gesichtsfarbe u. dgl. m.; endlich daß mitunter Gestalten erscheinen, die z. Z. dem Perzipienten völlig unbekannt waren, sich aber nachträglich nach ihrer Beschreibung auf völlig befriedigende Weise identifizieren lassen.[1] Beispiele für diese wie für weitere Arten der Überschreitung dessen, was der Perzipient selbst zur Ausarbeitung einer Erscheinung des Agenten beitragen könnte, ließen sich leicht in großer Zahl beibringen. Robert Mackenzie, der an einem Glase für Whisky gehaltenen *Aqua fortis* gestorben ist und des Selbstmordes verdächtigt wird, erscheint nicht nur im Traume seinem Brotherrn, ehe dieser von dem Vorfall gehört hat, mit der 'unbeschreiblich bläulich-blassen Gesichtsfarbe' und den schweißigen Flecken, die für jene Art der Vergiftung bezeichnend sind, sondern teilt ihm auch gesprächsweise mit, daß er einer Handlung beschuldigt werde, die er nicht begangen habe, wovon sein Herr in Bälde hören werde: '*ye'll sune ken* (*you'll soon know*)', wiederholt das Phantom 'ganz bestimmt dreimal in eindringlichem Ton'.[2] Ein Mr. Wilson erscheint der Perzipientin (der späteren Mrs. Belcher) ohne Rock, und sie wird 'besonders überrascht' durch die Beobachtung, daß der Rückteil seiner Weste aus einem sehr glänzenden Stoff gearbeitet ist. W., dem eine Ader gesprungen war, liegt derweil auf seinem Bette, ohne Rock, in einer Weste mit gerade solchem Rückteil; die Perzipientin aber hatte ihn nie ohne Rock gesehen.[3] Ein Anderer, der infolge Abszesses eine Nacht schwerster Leiden hat, wird gesehen 'in seinem Nachtkleide, den Kopf umwunden mit einem seidenen Sacktuch', das der Perzipient 'deutlich wahrnimmt' und das er später unter einer Anzahl, worin nicht zwei einander glichen, entsprechend seinem Gesichte richtig bezeichnet habe.[4] Als andere dergleichen veridike, d. i. Wahres mitteilende Einzelheiten einer Erscheinung, die dem Perzipienten bislang unbekannt waren, erwähnen weitere Berichte zB. ein Hausgewand von kariertem *bayette*, das erst eine Woche vor dem Tode der sterbenden Agentin fertiggestellt worden war;[5] einen Bart, den der Agent sich erst seit dem letzten Beisammensein mit dem Perzipienten und ohne dessen Wissen hatte wachsen lassen;[6] Narben oder Muttermale, die der Perzipient nie gesehen hatte, etwa weil sie überhaupt nur bei völliger Entkleidung des Agenten zum Vorschein kommen konnten,[7] und was dergleichen mehr ist.[8]

---

1) zB. Gurney I 298ff. 2) Pr III 95f.; vgl. Gurney I 212f. 3) Pr X 237. 4) Gurney II 492f. 5) Pr X 218. 6) Podmore, Stud. 287f. 7) S. zB. Pr X 375; APS II 383. 8) S. zB. Gurney II 626 (grüne [!], eben gekaufte Handschuhe im Bilde der Agentin, die sonst nur schwarze trug); das. 91ff. (Nachtkappe, die Ag. eben erst gekauft und wie sie Perz. nie an ihr gesehen); vgl. auch Pr 271f. 299f.; APS IV 219; Gurney II 446 (ein nachts geschrieb. Brief mit der Nachricht einer Geburt wird vom Perz. im Traum 'sehr deutlich gelesen', wobei dieser an derselben Stelle das Blatt 'nicht wenden kann' und von der

Solche Einzelheiten der Übertragung gehen nicht nur weit über das Maß von inhaltlicher Einfachheit hinaus, das die fragliche Form der Theorie voraussetzen müßte: sie erregen dem theoretisch Unbefangenen überhaupt schon Zweifel an der ganzen ungelenken und starren Anschauung, die der physikalischen Theorie zugrunde liegt. Wenn A den B erblickt — und zwar der Wirklichkeit entsprechend — auf einem Sofa liegend, dem Seher den Rücken zukehrend und damit zugleich die Rückseite einer speckigscheinigen Weste, deren Stoff dem A auf diese Art zum ersten Male sichtbar wird, so sträubt sich das unverkünstelte Urteil, dies Bild, das ja dem B bewußt und unbewußt vermutlich gleich fernliegt, durch 'Hirnstrahlen übertragen' zu denken. Doch über Bedenken dieser Art wird später mehr zu sagen sein. — Inzwischen will ich noch eine letzte Schwierigkeit streifen, mit der die vibratorische Theorie der Telepathie zu kämpfen hat. Ihre Grundannahmen müßten nämlich erwarten lassen, daß die Vorstellungsübertragung etwa — gleich anderen im Raume sich ausbreitenden physischen Wirkungen — im umgekehrten Verhältnis zum Quadrat der Entfernung sich erschweren, verringern und schließlich wohl gar aufhören werde. Vielleicht lassen sich vereinzelte Beobachtungen aufweisen, an die sich eine Hoffnung heften könnte, daß ein solcher Nachweis gelingen werde. In den Versuchen zB. mit einer gewissen Miss L. trat fast völlige Erfolglosigkeit ein, wenn sie und die Agenten sich in verschiedenen Häusern befanden oder durch zwei geschlossene Türen und einen Flur voneinander getrennt waren.[1] Auch Dr. Kotik fand, freilich bei überhaupt nur geringen Entfernungen, eine Abnahme der Erfolge mit zunehmendem Abstand zwischen den beiden Versuchspersonen.[2] Aber schon diese Ergebnisse lassen sich durch Umstände erklären, die von den angedeuteten physikalischen Grundlagen völlig unabhängig sind; und man kann es dankbar hinnehmen, daß gerade ein Anhänger der physiologischen Theorie auf solche Umstände aufmerksam macht, wie zB. den Einfluß der neuartigen Versuchsbedingungen auf die 'Erwartung' eines Erfolges seitens des Agenten oder Perzipienten; oder das langwierige Warten, das der Mangel an Verständigungsmitteln bedingt.[3]

Abgesehen davon indessen scheitert die angedeutete theoretische Hoffnung völlig an denjenigen Fällen, die ein auffallend vollkommenes und rasches Gelingen von Vorstellungsübertragung gerade bei Entfernungen aufweisen, die alle jemals bei telepathischen Versuchen benutzten Abstände soz. unendlich übertreffen. Beispiele hierfür finden sich vor allem im Bereich der spontanen telepathischen Halluzinationen in größter Fülle. Dabei ist darauf hinzuweisen, daß in solchen Entfernungen an sich die physikalische Theorie keine Schwierigkeit zu finden brauchte, auch hier sich auf hirnerzeugte Schwingungen zu berufen. Schwierigkeiten

---

Anstrengung erwacht, wo der nächtliche Schreiber abbrach). 1) Pr VIII 547f. Mrs. Sidgwicks u. Miss A. Johnsons Bericht. 2) Kotik 45. 3) Podmore, App. 74f.

macht nur die Tatsache, daß gerade die inhaltlich reichsten und genauesten Übertragungen spontaner Art in der Regel Ferngeschehnisse betreffen, während der mühsame Nahversuch schon bei geringer Abstandsvergrößerung vielfach ins Stocken zu kommen scheint. Dieser Unterschied, wie auch der weitere, daß die spontanen Fernübertragungen soviel häufiger eine Vorstellung enthalten, die dem Agenten vermutlich überhaupt nicht bewußt war, nämlich die seiner eigenen Persönlichkeit, haben einzelne Kritiker angeregt, für die beiden Arten telepathischer Vorgänge überhaupt verschiedene Deutungen vorzuschlagen; wie denn E. v. Hartmann zB. für die Nahfälle zwar eine physiologisch-physikalische Übermittlung, für die Fernfälle dagegen Verbindung durch das Absolute annahm.[1] Es ist merkwürdig — und wir wollen es uns merken—, daß schon die Betrachtung der telepathischen Tatsachen für sich zu soz. idealistischen Theorien die Anregung geboten hat, so wenig diese Anregung auch eine zwingende sein mag. In der Tat bin ich ja nicht der Meinung — und auch der Leser wird wohl den Eindruck nicht haben —, daß die vorstehenden Bedenken einer Widerlegung der physiologisch-physikalischen Theorie der Telepathie gleichkommen; sie machen indessen auf die außerordentlichen Schwierigkeiten aufmerksam, welche dieser Theorie erstehen, wenn man sich nicht (wie meines Wissens alle ihre Verfechter tun) auf unbestimmte Andeutungen beschränkt, sondern die Einzelheiten ihrer Voraussetzungen durchzudenken versucht.[2]

XXXVIII.

'Gedankenlesen'.

Die Schwierigkeiten der vibratorischen Theorie wachsen nun aber noch bedeutend auf dem Boden weiterer Tatsachen, in deren Dienst man sie gleichwohl zu zwingen sucht, um das gangbare physikalische Weltbild zu retten. Von der kurzen Übersicht über 'legendarische' Berichte abnormer Erkenntnisleistungen her entsinnt sich der Leser, daß die Beispiele der scheinbar aktiven Übertragung von Vorstellungen gleitend übergingen in Fälle, die solche aktive Übertragung zunehmend zweifelhaft erscheinen ließen, vielmehr den Anschein entweder aktiven Gedankenlesens seitens des Perzipienten erweckten, oder aber den des Hellsehens einer Szene, unabhängig von einem zweiten menschlichen Bewußtsein überhaupt.

Im Falle des Gedankenlesens beruht die Schwierigkeit der vibratorischen Theorie darauf, daß man häufig nicht den mindesten Grund zur Annahme hat, die 'gelesenen' Inhalte seien gleichzeitig im Geiste des Opfers (wenn ich so sagen soll) überhaupt bewußt gewesen, die physischen Grundlagen dieser Inhalte also in einem Zustande der Erregung, der die

1) bei Podmore, App. 390. 2) Jahre nach Abfassung vorsteh. Kapitels finde ich zu meiner Freude verwandte Gedankengänge bei Tischner, Tel. u. Hells. 99ff.

Aussendung von Fernstrahlungen durch sie irgend wahrscheinlich machen könnte. Die allerbesonnenste Forschung, soweit sie sich weigerte, in ihren Zugeständnissen an den übernormalen Anschein über die Zugestehung der Telepathie hinauszugehen, ist daher zu der Annahme des Lesens unbewußter Inhalte, also nicht-aktueller Erinnerungsvorstellungen unweigerlich gedrängt worden. Den klassischen Fall dieser Denknötigung (der uns in anderem Zusammenhang noch beschäftigen wird) bilden die Leistungen des (nicht-physikalischen) Mediumismus. Diese beruhen bekanntlich auf gewissen Formen des Automatismus oder den entsprechenden ekstatischer Transäußerung. Automatisch zu schreiben mit Bleistift oder 'Planchette' und Tische zu rücken oder zu kippen sind sehr viel mehr Personen imstande, als selbst die gesellige Ausbeutung dieser Fähigkeiten an den Tag bringt. Das vor allem Bemerkenswerte aber an diesen automatischen Leistungen liegt bekanntlich darin, daß sie augenscheinlich durch intelligente Vorgänge außerhalb des Wachbewußtseins des Automatisten bestimmt werden; Vorgänge, die sich meist bis zur Vorführung einer bestimmten 'Persönlichkeit' steigern, die einen Namen annimmt, sei es eines Verstorbenen oder eines Lebenden, eines Abwesenden oder Anwesenden, einer geschichtlichen Berühmtheit oder einer phantastischen, religiösen, mythischen Person. Die 'spiritistischen' Ansprüche dieser Vorgänge in einzelnen Fällen gehen uns hier nichts an; sie werden bekanntlich aufs heftigste bestritten. Völlig unbestritten dagegen, so weit ernsthafte Forschung geht, ist die Tatsache (ohne welche der spiritistische Anspruch schwerlich aufgekommen oder jemals ernstlich vertreten worden wäre): daß sich das personhafte Transbewußtsein des Mediums häufig oder meist im Besitz eines Wissens zeigt, das ihm auf normalem Wege nicht zugekommen sein kann. Nicht selten läßt sich ohne weiteres annehmen, daß zB. die Antworten auf Fragen des 'Sitzers' dem Medium durch jenen selber telepathisch zugetragen werden. Aber in sehr vielen Fällen gehen sie ebenso augenscheinlich über das dem Sitzer z. Z. Bewußte weit hinaus. Alles Ungedachte, selbst 'Vergessene' in den Seelen der Anwesenden steht dem Medium in gleicher Weise zur freien Verfügung, wie das etwa aktuell von ihm Vorgestellte.

Als ein Beispiel unter Hunderten bereitliegender fasse ich kurz einen Bericht zusammen, den Herr John E. Wilkie im April 1898 an Dr. Hodgson sandte und der den Vorzug hat, daß das 'Medium' ein nicht-gewerbliches und die Leistung eine anscheinend einzigartige in seinem Leben war. Als Genesender nach schwerer Bronchitis (im Okt. 1895) saß W. im Hause seines Londoner Arztes, Oscar C. de Wolf, neben diesem im Liegestuhl und schlummerte etwa 30 Minuten; ging darauf in Halbschlaf über (ich bitte diesen Zug zu merken) und sprach zu sich selbst: 'Halt, hier ist eine Botschaft für den Doktor.' Darauf glaubte er auf einen Schreibblock auf seinen Knien das folgende niederzuschreiben: 'Lieber Doktor, erinnern Sie Kate McGuire, die eine Zeitlang bei Ihnen in Chester lebte? Sie starb i. J. 1872. Sie hofft, daß Sie sich in London gut die Zeit vertreiben.' Gleich darauf vollkommen wach werdend, wiederholte er dem Arzte mündlich das soeben halluzinatorisch Niedergeschriebene zu dessen äußerstem Erstaunen. W. hatte bisher nie von Kate McGuire gehört, erfuhr aber jetzt folgendes von seinem Arzt: daß, während dieser in den 60er Jahren in Northampton, 25 km von seinem Elternhause, in Chester lebte und dieses öfter besuchte, Kate McGuire, Tochter eines Nachbarn, häufig seiner Mutter in der Wirtschaft geholfen habe; daß er von 1869—73 von Chester abwesend gewesen sei und nicht wisse, wann genau während dieser Jahre Kate M. gestorben sei, und daß er seit 20 Jahren (,viele Jahre' sagt de Wolf) nicht an sie gedacht habe. Auch Mr. Wilkie ist sicher, nie ihren Namen aus des Doktors Munde gehört zu haben oder auch nur den Namen ihrer Familie. Unterhaltungen über die Vergangenheit hatten sich ausschließlich auf die Mitglieder der Familie des Arztes bezogen. W. war überdies nie auf weniger als 750 km Chester nahegekommen. Seine Eignung als Zeuge ist aus seiner Stellung als Chef des Geheimdienstes der Vereinigten Staaten zu erschließen; an Spiritismus glaubte er nicht.[1]

Aber das unbewußte und 'vergessene' Wissen der Anwesenden reicht nicht aus als Inhaltsquelle der Äußerungen des Mediums: es besteht unter kritischen Kennern der Tatsachen kein Zweifel darüber, daß eine Erklärung dieser Äußerungen durch Gedankenlesen mindestens noch das im selben Sinne unbewußte Wissen von Abwesenden, sogar sehr Entfernten, ja möglicherweise das aller Lebenden überhaupt in den Wirkungsbereich dieser angenommenen Fähigkeit einbeziehen müßte.[2] Beispiele hierfür sind fast in jeder sorgfältigen Analyse umfangreicherer mediumistischer Äußerungen zu finden. So hat Prof. Hyslop aus seiner ursprünglichen Versuchsreihe mit der bekannten Frau Piper etwa 50 Fälle ausgezogen, die auf diese Mindestvoraussetzungen angewiesen sind.[3]

Ein solches in alle Fernen schweifendes Zusammenlesen der Einzelinhalte, das zahlreiche und sehr verschiedene Personen gleichsam 'aufsuchen' müßte, um dann aus ihren z. Z. 'unbewußten' Erinnerungen Tatsachen zu schöpfen, geht anscheinend über das bisherige Begriffsschema der Telepathie sehr bedeutend hinaus. Allerdings ist der Versuch gemacht worden, gerade den schwierigsten Teil dieser Voraussetzungen überflüssig zu machen: nämlich das tätige Aufsuchen der entfernten unbewußten Belehrungsquellen seitens des Mediums. Dieser Versuch beruht auf der Annahme, daß im Trans geäußerte Tatsachen, die dem Sitzer nachweislich unbekannt waren, von diesem unterhalb der Schwelle des Bewußtseins bereits in früherer Zeit telepathisch erworben worden und somit ihm unterschwellig bewußt seien. Telepathie finde (so sagt diese Theorie) beständig und im allerweitesten Umfange statt, vielleicht vorzugsweise zwischen persönlich Vertrauten, die sich einander allmählich angepaßt hätten; und

1) Ausführliches bestät. Zeugnis des Arztes gleichzeitig im Druck ersch. — JSPR VIII 278ff.; auch Myers II 214ff. Vgl. hierzu Pr XVI 127. 2) Bekanntlich ist es gerade diese leidlich weitgehende Voraussetzung, vor welcher Manche der 'spiritistischen' Hypothese den Vorzug gegeben haben. 3) Pr XVI 132. (Ich zähle die Klassen III, IV und V.) Vgl. auch PS XXIV 473.

in dieser Masse des telepathisch Zuströmenden führe das Unterbewußtsein jedes Perzipienten eine gewisse Ordnung durch auf Grund einer persönlichen 'Note' (Index), die jeder zuströmende Gedanke an sich trage.[1] Dies telepathisch erlangte Gesamtbild dritter Personen — in unserem Falle also Verstorbener — übertrage sich dann, wiederum telepathisch, während der Sitzung oder sonstwann auf das Medium und werde von diesem zur Ausgestaltung der 'Persönlichkeit' des Toten verwendet, in dessen Namen es vorgäbe zu sprechen.

Dieser Gedankengang, welcher auch der Bekämpfung der spiritistischen Hypothese dienen soll, gestattet nun allerdings die Umgehung jener seltsam verwickelten Voraussetzung, nach welcher das Medium sich soz. mit einer telepathischen Frage an das Unbewußte eines Entfernten wendet, um von diesem, wiederum unbewußt, telepathische Auskunft zu erlangen; wobei noch gänzlich unerklärt bliebe, wie denn jene Quelle allererst 'aufgefunden' werde. Ich will es auch durchaus nicht als eine Schwierigkeit der neuen Annahme bezeichnen (betrachte es im Gegenteil als durchaus wissenschaftliche Folgerichtigkeit), daß sie, Telepathie einmal zugestanden, ihr eine sehr viel größere Ausdehnung zuschreibt, als die Beobachtung jenes winzigen Ausschnittes seelischen Lebens nachweist, den wir als unser Wachbewußtsein kennen. Nur darauf muß ich aufmerksam machen, daß wir mit dieser Annahme uns von den bisher besprochenen Typen der Telepathie beträchtlich entfernt haben. Jene Tatsachen der wirklich festgestellten Telepathie zeigten durchgehends entweder den zusammengefaßten Willen zum Experiment, oder aber (in den spontanen Fällen) ein erregendes Erlebnis von großer Bewußtseinsstärke, worauf die physikalische Theorie ja auch ausdrücklich sich stützte, indem sie besonders heftige explosive Hirnzellenvorgänge zum Ausgangspunkt der Übertragung machte. Wird man solche auch als physiologische Grundlage jener Vorstellungen voraussetzen, die nach der neuen Annahme telepathisch übertragen werden müßten: nämlich aller jener völlig gleichgültigen, ja z. T. nichtssagenden Inhalte, die der 'Sitzer' aus aller Welt her in seinem 'Unterbewußtsein' aufgespeichert haben, und sodann jener 'unbewußten' Erinnerung an sie, die er während der Sitzung auf das Medium übertragen soll, ohne es selbst zu ahnen? Wenn nicht, so wird man der fraglichen Hypothese zuliebe alle Phantasien über explosive Gehirnvorgänge fallen lassen und annehmen, daß — sagen wir gleich — der gesamte Erfahrungsinhalt unseres Lebens in Gestalt spezifischer und individuell-gesonderter Erregungsvorgänge im Hirne fortlebe und nach außenhin fortwirke. Je nach den Ansichten über das Wesen der Lokalisation im Hirn werden auch die Schwierigkeiten dieser Annahme größere oder geringere sein. In jedem Falle aber würden auch hier sich alle jene Schwierigkeiten melden, die wir in den

1) Dieser Gedankengang ist besonders von H. Carrington ausgebildet worden (Pr XVII 337; bes. 354ff.).

Voraussetzungen der Übermittelung hochzusammengesetzter Vorstellungen fanden, vermehrt um jene, welche die Hypothese der physikalischen Wirksamkeit unbewußter Inhalte an sich etwa birgt. Die Annahme eines tätigen Vorstellungslesens würde diesen Nöten zwar entgehen (falls sie nicht bloß eine andere Bezeichnung für den telepathischen Vorgang sein soll); aber sie würde eben damit über den Wirkungsbereich physiologisch-physikalischer Vorstellungen völlig hinausführen in ein Reich neuartiger Anschauungen hinein, das erst zu erobern wäre.

XXXIX.

'Hellsehen'.

Dasselbe scheint nun bezüglich der Tatsachen zu gelten, die unter dem Namen des Hellsehens behauptet werden. Verstehen wir darunter, wie oben angedeutet, das nicht durch Sinneswerkzeuge vermittelte tätige Sehen des verborgenen oder entfernten Gegenständlichen, so ist schon durch solche Begriffsbestimmung die Beteiligung telepathischer Vorgänge ausgeschlossen: fänden solche statt, so dürften wir eben nicht von tätigem Sehen reden. Das Lesen oder 'Sehen' fremder Gedanken ist nicht zu erweisen, indem die Möglichkeit unbewußter Telepathie sich nicht ausschließen läßt; das Sehen oder 'Lesen' ferner Gegenstände aber wäre zu erweisen, soweit sich die mögliche Beteiligung von Telepathie überhaupt ausschließen ließe. Ob dies je der Fall sei, ist eine Frage, die nur durch kritische Prüfung der Einzeltatsachen bzw. ihrer Berichte zu lösen ist. Sie drängt uns erstmalig ernsthaft in das Einzelne der Berichte hinein; denn von der verhältnismäßigen Eindeutigkeit der meisten Beobachtungen über Telepathie kann hier freilich nicht mehr die Rede sein. Die wissenschaftliche Problemlage regt uns also an, die Tatsachen, welche angeblich und auf den ersten Blick ein echtes Hellsehen verbürgen, unter dem Gesichtspunkte der zunehmenden Schwierigkeit zu betrachten, mit der irgendeine telepathische Tätigkeit als Mittel ihrer Fortdeutung aufzufinden ist. Dieser Gesichtspunkt empfiehlt sich aber außerdem noch im Sinne des Wunsches, ohne übertriebene Rücksicht auf wissenschaftliche Vorurteile oder Bevorzugungen die Tatsachen in einer Gruppierung darzubieten, die den Blick für das 'Natürliche' von Hypothesen — gegenüber der Gesamtheit des Erfahrungsstoffes — lebendig und ungetrübt erhält.

An den Anfang unserer neuen 'Reihe' würde ich darum unbedenklich einen großen Teil jener Erfahrungen stellen, die gewöhnlich ebenso unbedenklich unter der Etikette der spontanen Telepathie veröffentlicht werden: nämlich viele jener Fälle, in denen die Wahrnehmung bis zum vollen Bilde gediehen ist, vornehmlich wenn dieses Bild den angeblichen Agenten in seiner augenblicklichen wirklichen Umgebung zeigt. Denn hier fällt meistens auf — ein Umstand, der meines Wissens noch nicht hinreichend gewürdigt worden ist —, daß dieses Bild des Vorgangs und der Umgebung durchaus nicht mit jenem übereinstimmt, das im Bewußtsein des angeblichen Agenten im Augenblick der vorausgesetzten Übertragung vorhanden ist.[1] Ich will diese Tatsache hier durch zwei Beispiele verdeutlichen, die ich mehr wegen ihrer typischen Eigenart, als ihrer besonderen Glaubwürdigkeit aus Hunderten fast zufällig auswähle, was um so unbedenklicher ist, als ihnen eine Beweislast für die Wirklichkeit von Hellsehen noch nicht eigentlich auferlegt werden soll.

'Ich war', schreibt ein Perzipient, auf seine Internatszeit zurückblickend, 'damit beschäftigt, meine geometrische Schulaufgabe durchzunehmen,... als ich plötzlich ein Schlafzimmer meines Elternhauses, das wir das weiße Zimmer nannten, [vor mir] und auf dem Fußboden meine Mutter liegen sah, allem Anscheine nach tot. Das Gesicht muß mehrere Minuten angehalten haben, währenddessen meine wirkliche Umgebung zu verblassen und zu verschwinden schien; aber indem die Vision zerging, kehrte die tatsächliche Umgebung zurück, zuerst undeutlich und dann deutlich.'[2] Der zweite Fall läßt sich folgendermaßen knapp zusammenfassen: Sanders, ein Geistlicher, liegt in 'somnambulem' Zustande auf seinem Bette und lacht plötzlich herzlich auf. Auf die Frage, was es gebe, sagt er: 'Ich lachte über Dr. Witt,... er hatte blutige Mühe, nicht vom Zaun herunterzufallen, denn die oberste Planke drehte sich unter ihm und er versuchte sich oben zu halten.' Nach 15 Minuten trifft Dr. Witt ein und bestätigt den 'gesehenen' Vorfall: der Zaun, den er zu überklettern hatte, befand sich in 1— 1½km Entfernung von dem Somnambulen, 'jenseits eines Wäldchens mit dichtem Unterholz und eines Hügels,' also außerhalb des Augenbereichs des Perzipienten.[3]

In Fällen dieser Art kann von unmittelbarer Vorstellungsübertragung nicht die Rede sein. Nicht nur fehlt der beherrschende Bewußtseinsinhalt des angeblichen Agenten völlig (Sanders zB. hat nicht das Gefühl, von einem Zaun zu fallen), sondern dieser angebliche Agent wird, wie gesagt, als Gegenstand innerhalb einer Umgebung gesehen, die für ihn und in der er sich selbst ein reichlich anders gestaltetes Bild darbietet, wie für den Perzipienten. Da die fragliche Örtlichkeit aber diesem in jedem Falle bekannt gewesen zu sein scheint, so könnte immerhin ihre halluzinatorische Mitdarstellung auf Grund einer mehr 'abstrakten' Übertragung angenommen werden.[4] In den nicht minder zahlreichen Fällen dagegen, die den Agenten innerhalb einer Umgebung zeigen, die dem Perzipienten zuvor unbekannt war und dennoch wirklichkeitsgetreu dargestellt wird, entsteht neben der Forderung einer verwickelten Vorstellungsübertragung auch noch die einer noch verwickelteren soz. perspektivischen Vorstellungs*umarbeitung*, die aus der Ortswahrnehmung des angeblichen Agenten diejenige des ihn selbst *innerhalb* dieser Örtlichkeit von außen anschauenden Perzipienten modelt.

1) Vgl. oben Kap. XXXVI S. 353. 2) Gurney I 194. 3) Aus einem selt. amerik. Druck zit. bei Myers II 566. Vgl. etwa noch Gurney II 93 f. (Nr. 261); Pr X 217. 4) zB. im erstangeführten Falle der Mitteilung: Ich liege sterbend im 'weißen Zimmer'.

Ein Beispiel bietet folgender von dem namhaften amerikanischen Philosophen Josiah Royce gesammelte Fall: M., der 'Agent', hat sich nach Empfang einer tiefschmerzlich erregenden Nachricht, die indessen nichts mit der Perzipientin zu tun hat, auf sein Hotelzimmer in einem Orte des Staates Rhode Island begeben, mit abwärts gekehrtem Gesicht auf das Bett geworfen und längere Zeit in großer Erschütterung in dieser Stellung verharrt. Von der Perzipientin, Frau N., einer befreundeten Ärztin, erhält er am übernächsten Tage einen Brief, den ersten seit Monaten, mit der Anfrage, was 'am Freitag um 2 Uhr', d. h. um die genaue Zeit jener erregenden Erfahrung geschehen sei. Nach Frau N.s Bericht an Prof. Royce, datiert vom 16. August 1886, d. i. '8—9 Jahre' nach dem Ereignis, hatte diese, mit 'gleichgültigen Kleinigkeiten' im Sinn, in ihrem Zimmer gesessen, als sich ihr 'Geist zu leeren' begann, ihre Augen starr wurden, die Luft 'weiß zu werden schien. Es erforderte eine außerordentliche Sinnesanstrengung, [die Gegenstände um mich her] wahrzunehmen. Ich empfand darauf ein starkes und schmerzliches Mitgefühl mit irgend jemand, der litt... Nach einer kleinen Weile wußte ich auch, wer es sei, ohne sagen zu können, wie [mir dies Wissen kam]; einige Zeit danach sah ich in meinem Gehirn, nicht vor meinen Augen, deutlich ein großes viereckiges Zimmer, offenbar in einem Hotel, und die Person, die mir ins Bewußtsein gekommen war, mit dem Gesicht abwärts gekehrt auf dem Bette liegend, in den Schmerzen geistiger und körperlicher Angstqual. Ich fühlte mehr, als hörte, Schluchzen und Jammer, und wußte innerlich um die Art des Kummers; seine äußere Ursache wurde mir nicht übermittelt. Äußerste Erschöpfung folgte dieser Erfahrung, welche 40 Minuten sehr heftig anhielt und sich dann langsam verlor. Ich bemerke: 1. daß ich einige Zeit lang nicht an jene Person gedacht hatte und daß sich nichts in meinem Zimmer befand, was mich an sie hätte erinnern können; 2. daß die Erfahrung mit größerer Lebhaftigkeit erinnert wurde, als eine normal wahrgenommene, während von Träumen das Gegenteil gilt.'[1]

Daß hier gerade die Ursache des Kummers, das dem Bewußtsein des M. offenbar zunächst Gegenwärtige, *nicht* erfahren wurde, wohl aber das ihm wahrscheinlich völlig Unbewußte, nämlich die gleichgültige Umgebung des Augenblicks, spricht augenscheinlich nicht für die Anwendung des einfachen telepathischen Schemas. Anderseits ist es ein Mangel des Berichtes, daß die Wirklichkeitstreue der gesehenen Örtlichkeit nicht *ausdrücklich* erwiesen und bestätigt wird. — Andere Berichte indessen leiden nicht an diesem Mangel. Im folgenden Fall zB. wurde das Gesicht aufgezeichnet, ehe die Bestätigung seiner Richtigkeit eintraf.

Die Perzipientin, Mrs. B., saß bei einer Näharbeit in ihrem Hause, etwa 2 km von dem Orte des gesehenen Vorfalls entfernt, als sie den Sturz einer Freundin über zwei Stufen 'sah', die vom Bürgersteig in den Hof eines Hauses *hinaufführten*, welches die 'Agentin', Mrs. Conner, eine Freundin der B., erst einige Tage zuvor bezogen und das die B. eben deshalb *noch nie gesehen hatte*. Das Gesicht enthielt als weitere wirklichkeitsgetreue Einzelheiten die Kleidung, welche die Fallende z. Z. trug (welche der Perzipientin als solche bekannt, aber natürlich nicht die einzige der Agentin war), sowie einen unter dem Arm getragenen und ihr

1) PrAm I 397 ff. Vgl. zB. Gurney I 443; Podmore, App. 363; Owen, Footfalls 124 f.

beim Sturz entgleitenden Packen Papiere (Mrs. C. kam gerade von einer Arbeit in der Kongreßbibliothek in Washington). Die Gleichzeitigkeit von Vorfall und Gesicht ist durch diesbezügliche Nachforschung wenigstens wahrscheinlich gemacht. Endlich verdient bemerkt zu werden, daß Dr. Coues, der den Fall eine Woche nach dem Ereignis untersuchte, nicht nur die völlige 'Glaubwürdigkeit', sondern auch die 'seltenen übernormalen Fähigkeiten' (nicht der 'Agentin', sondern) der — Perzipientin bezeugt, die er genau kennt, aber auf ihren Wunsch ungenannt läßt.[1]

Mr. J. Bradley Dyne, ein Londoner Rechtsgelehrter, sandte an Gurney die folgende Beobachtung seiner Schwägerin. Das Datum des Vorfalls ist der 16. Dez. 1875. Die Dame, bei guter Gesundheit, hatte vom Morgen des Tages an eine ihr unerklärliche und nicht abzuschüttelnde Bedrückung verspürt. Während sie am Nachmittag allein saß, kam ihr der Gedanke an einen Arzt, Mr. X., der sie in früheren Jahren behandelt und zur Zeit ihrer letzten Begegnung sich besonders guter Gesundheit erfreut hatte. 'Mit einmal — ich glaube, bei offenen Augen, denn ich fühlte mich nicht schläfrig — schien ich mich in einem Zimmer zu befinden, in dem ein Mann tot in einem kleinen Bette lag. Ich erkannte sofort das Gesicht des Mr. X. und war gewiß, daß er tot sei und nicht nur schlafe. Das Zimmer erschien kahl und ohne Teppich oder Möbel...' Sie suchte sich die Wesenlosigkeit des Gesichts durch die Unwahrscheinlichkeit zu beweisen, daß X., dessen gute Vermögensverhältnisse sie kannte, falls gestorben, in einem Zimmer von solchem Aussehen aufgebahrt liegen sollte. Man erfuhr etwa eine Woche später, daß X., z. Zt. auf Reisen im Ausland, am gleichen Tage um ½4 Uhr morgens gestorben war, in einem Zimmer eines kleinen Dorfkrankenhauses, welches nach der Aussage seiner Witwe 'mit der obigen Beschreibung recht wohl übereinstimmte'.[2] — Hier fällt außer dem bereits grundsätzlich Besprochenen noch die Angabe auf, daß sich die Perzipientin in die gesehene Örtlichkeit hineinversetzt gefühlt habe, sowie der Umstand, daß das Gesicht dem Tode des angeblichen Agenten um einige Stunden nachfolgte. Gurney nimmt darum hier eine verspätet ins klare Bewußtsein aufsteigende Übermittlung an; Myers vermutet telepathische Übertragung des Bildes durch den Toten. Aber auch die erstere Annahme stellt uns vor die Schwierigkeiten, die dem naiven telepathischen Schema in den vorigen Beispielen entgegenstanden: Was der Perzipient sieht, ist nicht, was der Agent sah; dagegen könnte auch ein hellsehend erlangtes objektives Bild längere Zeit hindurch unbewußt bleiben und sein Vorhandensein einstweilen nur durch seinen Gefühlston verraten. Aber selbst diese an sich natürliche Voraussetzung würde durch die Annahme überflüssig gemacht, daß der Verstorbene bis zum Augenblick des Gesichts in seiner Lage verblieben, daß also das endlich zustande gekommene Bild mit dem Abgebildeten wirklich gleichzeitig gewesen sei.

In diesen und zahllosen ähnlichen Fällen kann also (um zusammenzufassen) kein Zweifel darüber bestehen, wer als telepathischer Agent zu betrachten sei, wie auch darüber, daß dieser Agent möglicherweise ein Interesse daran gehabt habe, sich dem Seher mitzuteilen; aber daß

---

1) Pr VII 35 ff. 2) Fairly corresponded with the above description. Gurney I 265 f. (Sperrung von mir.) Ich empfehle auch den bemerkenswerten Fall bei Owen, Footfalls 242 ff. aufmerksamer Erwägung. Vgl. auch Gurney II 506.

wirklich alles Gesehene einer telepathischen Übertragung entstamme, ist eine Annahme, die nur durch mannigfache und einigermaßen gezwungene Hilfsgedanken aufrechterhalten werden könnte. Zu diesen Hilfsgedanken mag sich entschließen, wer aus irgendwelchen 'wissenschaftlichen' Gründen entschlossen ist, das telepathische Schema durchaus nicht zu überschreiten. Ohne Frage aber würden wir es natürlicher finden, dem anscheinenden Agenten nur die Anregung, gleichsam die 'Einladung' zu einer hellsichtigen 'Wahrnehmung' zuzuschreiben, falls Bedenken gegen Hellsehen an sich nicht beständen oder auf andere zwingende Art beseitigt wären. Dabei mag die Natur einer solchen hellsichtigen Wahrnehmung an sich einstweilen noch völlig dahingestellt bleiben und nur die Verpflichtung unsres Gewissens oder theoretischen 'Gefühles' andeuten, der Künstelei von Hilfsannahmen zu entgehen, die das reine telepathische Schema uns aufzwingen würde.

Es könnte allerdings in einigen, wenn auch gewiß nicht allen Fällen dieses Typs aus den gezeigten Schwierigkeiten ein Ausweg dadurch gesucht werden, daß man die telepathische Tätigkeit gar nicht dem anscheinend zunächst dazu Berufenen, sondern einem zufällig Anwesenden, dem Perzipienten sogar Fremden, zuschöbe. Podmore, der unter den wirklichen Kennern des metapsychischen Tatsachengebiets am entschlossensten die Fälle anscheinenden Hellsehens durch Telepathie zu deuten sucht, hat diese Erklärung zB. auf die Erfahrung der Mrs. Paquet angewendet, welche im Augenblick, da sie eine Teebüchse an sich nimmt (um ein Gefühl der Bedrückung durch das anregende Getränk zu bekämpfen), ihren Bruder vor sich 'sieht', wie er, von einem Seil am Fuß erfaßt, über Bord fällt. Der Bruder, Edmund Dunn, war einige Stunden zuvor um 6 Uhr morgens in der gesehenen Art und Weise auf einem Schleppdampfer verunglückt.[1] Podmore vermutet hier die telepathische Übertragung (auf Mrs. P.) des Anblicks, welchen ein zufällig Anwesender von dem Unglück hatte, und der Leser begreift, daß eine ähnliche Deutung einigen der obigen Fälle untergeschoben werden kann. Immerhin scheint mir, daß auch diese Hilfsannahme an Künstlichkeit den anderen bisher bezeichneten nicht nachsteht. Es ist nicht 'natürlich', in dem Vorgang übernormalen Verkehrs zweier gemütlich eng verbundener Menschen die ausschlaggebende Rolle einem ihnen beiden völlig Fremden zuzuschreiben.

Zu solchen Gründen des wissenschaftlichen Taktes — denn um logisches Zwingen kann es sich natürlich nicht handeln — treten aber zuweilen noch andere. Mitunter beruht zB. die Verlockung, dem Fernseher die tätige Rolle zuzuschreiben, auf der Massenhaftigkeit anscheinend hellseherischer Leistungen gerade bei ihm. Es erscheint dann fast natürlicher, dem gewohnheitsmäßigen Seher eine besondere Gabe dazu zuzuschreiben, als an-

1) Pr VII 32 f. Vgl. Podmore, App. 349. 360.

zunehmen, daß gerade ihm besonders häufig der Zufall einen auf ihn 'abgestimmten' Agenten auf den verschiedenen Schauplätzen seiner Gesichte beschere.

Im 18. Jahrhundert befahl ein französischer Marineminister der Behörde auf der Isle de France, den Fall eines gewissen Bottineau zu untersuchen, der in einer Eingabe vom April 1780 behauptet hatte, Schiffe auf hoher See im Umkreis von 250 Meilen mit mathematischer Genauigkeit feststellen zu können. Am 15. Mai 1782 begann eine achtmonatige planmäßige Prüfung des Mannes, als deren Ergebnis die Untersuchungskommission erklärte: 'Bei 114 Ankündigungen, welche B. machte und bei denen er 216 Schiffe bezeichnete, hat er sich nur 4- oder 5 mal geirrt und solche Fälle als Verzögerungen gerechtfertigt, da jedesmal ein unvorhergesehener Umschlag des Wetters die Ursache derselben war.' In einem Falle erkannte und beschrieb er Schiffe, die 4 Tagereisen von der Insel durch ungünstige Winde aufgehalten würden und sich dann, bei Einsetzen einer Brise, nur noch 2 Tagereisen entfernt befänden. Diese Angaben wurden, wie alle anderen, durch das Eintreffen der Schiffe bestätigt.[1] Bei Bottineaus Erkundungen ist natürlich jeweils reiche Auswahl an möglichen telepathischen Agenten; aber ihr Tätigwerden könnte nur einer vorhergegangenen telepathischen 'Anfrage' zugeschrieben werden, indem es doch ein gar zu seltener Zufall wäre, wenn sie sich alle spontan bei einem Unbekannten soz. gemeldet hätten. Jene Anfrage aber würde wiederum ein vorheriges 'Auffinden' voraussetzen, das einem Akte des Hellsehens schon leidlich gleichkäme. Anderseits würde die ausnahmelose Befähigung jener Agenten zur telepathischen Beeinflussung Bottineaus ebenfalls einen seltsamen Zufall darstellen, wogegen ausnahmelos gelingendes Hellsehen des Mannes natürlich auf eine (freilich erst zu deutende) Gabe zurückführen würde.

Bottineau stellt übrigens einen Typ dar, der dem Ethnologen aus Schilderungen fast aller Völker der Erde wohlbekannt ist. Vom Zauberer, Medizinmann, Schamanen und ihresgleichen erwartet das Volk die Fähigkeit, meist in willkürlich erzeugter Ekstase mit dem Blick in die Ferne zu schweifen, um Personen, deren Aufenthalt man zu erfahren wünscht, oder verlorene Gegenstände zu 'finden': die aufgefundenen Personen, die der Seher meist nie gesehen hat, werden dann eingehend beschrieben und ihre Entfernung vom Aufenthaltsort des Sehers nebst der Zeit ihrer etwa bevorstehenden Ankunft angegeben. Einzelbeispiele sind ebenso zahlreich wie natürlich unbeweisend, da die kritischen Interessen der Metapsychik dem Ethnologen einstweilen noch fremd sind.[2]

Indessen hat sich auch die ausdrücklicher psychologisch interessierte experimentelle Forschung neuerer und neuester Zeiten mit Gaben vom Typ des Schamanen oder Bottineaus beschäftigt. Was die Zulu poetisch das 'Öffnen der Tore der Ferne' nennen, bezeichnet sie als hellsehendes Wandern, *travelling clairvoyance.* Die klassische Form des Experimentes läßt den Versuchsleiter, der mit der meist hypnotisierten Versuchsperson

---

1) Aus: Archiv d. französ. Marine, Geheime Aufzeichn., XIX bei Vesme II 553f.
2) S. zB. Matjuschkins bekannte Schild. in Journ. of the Anthrop. Inst., Nov. 1894 147ff.; Callaway, The Rel. of the Zulus 232; weiteres bei A. Lang, The making of Rel., 2. Aufl. (Lond. 1900) c. IV 65ff.; PS XI 52.

in 'Rapport' steht, an diese die Aufforderung richten, sich an irgendeinen entfernten, ihr unbekannten Ort zu begeben und zu berichten, was sie dort sehe. Ist der Versuchsleiter mit der betreffenden Örtlichkeit vertraut, so wird er nach der gegebenen Beschreibung bald erkennen, ob der Fernsehende die richtige Spur gefunden. Er lenkt nun dessen unsichtbare Schritte, sei es von Zimmer zu Zimmer, oder bestimmte Straßen entlang, durch Gärten und Höfe, und läßt sich Bauten und Gegenden, Menschen und Tiere beschreiben. Die lückenlose Genauigkeit der gegebenen Schilderungen läßt häufig keinen Zweifel darüber, daß der schlafende Seher wirklich irgendwie vor Augen hat, was er nach der Absicht des Versuchsleiters sehen soll. Um dem Leser eine deutlichere Anschauung von der Art und Ertragsfähigkeit solcher Versuche zu geben, ohne hierbei auf Beweiskraft besonderes Gewicht zu legen, mache ich zunächst einige kurze Auszüge aus den umfangreichen Berichten über Jane, das Weib eines Bergmanns in der Grafschaft Durham, die jahrelang aus Gesundheitsrücksichten 'mesmerisiert' wurde und in diesem Zustande Gefallen an dieser Art des Reisens fand. Mehrere gebildete Experimentatoren gaben sich mit ihr ab, aber Jane, die niemals Geld dafür nahm, drang stets auf Geheimhaltung ihrer Gabe, da sie nicht in den Ruf einer 'Hexe' kommen wollte.[1]

Dr. F. beschreibt zB. der Somnambulen einen Ort 'neben einigen Gittern, mit Bäumen darin, denen gegenüber ein Haus liegt, welches du betreten sollst'. Ohne weitere Andeutungen zu empfangen (!), ist sie anscheinend alsbald an dem Ort, den er im Sinne hat. 'Durch welche Tür sollen wir eintreten', fragt Jane sofort. (Das Haus des Mr. Stephens in Dockwray Square, an welches Dr. F. gedacht hatte, war das einzige an jenem Platze mit zwei Türen, und Dr. F. wurde daher durch die Frage in Erstaunen gesetzt.) Wir wollen durch die niedrigere Tür eintreten, sagt er. 'Sollen wir also den Korridor entlang gehen, erwidert sie, und in dieses Zimmer? Wer ist die Dame, die da sitzt?' 'Ich fragte, ob sie jung oder alt wäre. 'Nicht sehr jung und nicht sehr alt', erwiderte sie, 'aber sie sitzt da und sie ist eine Mama.' Ich forderte sie darauf auf, den Korridor entlang weiterzugehen, worauf sie alsbald ausrief: 'Welch ein Geruch! Welch ein Geruch! Dies ist ein Medizinhaus.' Sie beschrieb dann auf die Frage, was sie sehe, die vielen Flaschen auf den Borden, ein Buch auf dem Tisch, einen jungen Mann mit einem Messer, welcher Flaschen herabnahm und Arzeneien mischte, und einen Kopf...'nicht einen lebendigen Kopf'; es sei kein Gehirn darin.' (Dr. F. glaubte, sie meine eine phrenologische Büste, erfuhr aber später von Mr. Stephens, daß zu jener Zeit ein Schädel auf dem Tisch seines Sprechzimmers gelegen hätte.) Auf die Frage, ob noch jemand im Zimmer wäre, beschrieb Jane einen Mann mit zottigem Haar, dessen Namen sie als Wilson buchstabierte. Ob ein solcher z. Zt. anwesend war, konnte nicht in Erfahrung gebracht werden, aber einer namens Wilkinson war zugegen gewesen.[2]

Auch 'Hören' scheint gelegentlich in diese Wahrnehmungs-Exkursionen eingeschlossen zu sein.

---

1) S. das ganze Material Pr VII 53ff. 82ff. 2) das. 57. Der Bericht beruht auf 'contemporaneous notes'.

Jane wurde zB. in eine öffentliche Versammlung 'geschickt', die sie im ersten Augenblick für eine religiöse hielt, weil sie einen ihr bekannten Geistlichen dort erblickte. (Sie selbst war sehr religiös.) 'Ein Mann', sagte sie aber dann, 'redet, aber weder über Kirche, noch über Bibel; wir können ihn nicht verstehen. Es ist Unsinn. Und er spricht so viel von sich selbst, nicht wahr? Er ist ein sehr gemeiner Mensch; aber es sind in dem Raum sehr viele gemein aussehende Männer, und welch einen Lärm sie vollführen!'[1]

In andern Versuchen beschrieb Jane ebenfalls entfernte Zimmer, die Personen, die sich darin befanden, die Aussicht aus dem Fenster, die Möbel, einzelne Gegenstände (zB. 'ein Ding zum Durchgucken'), Handarbeiten usw., zuweilen ohne daß die sie magnetisierende und den Bericht liefernde Person die geringste Kenntnis von der Örtlichkeit oder ihren Bewohnern hatte.[2] Oder sie fand eine Person, die sie aufsuchen sollte, zu ihrem und aller Anwesenden Schrecken tot und im Begriff begraben zu werden.[3]

Ein anderes Subjekt ähnlicher Versuche des Herrn A. W. Dobbie 'fand' ihren abwesenden Vater, gab an, er sitze an einem großen Tisch in einem großen Zimmer und eine Menge Leute gingen ein und aus; er schreibe einen Brief an die A. B. (eine Zeitung nennend), vor ihm liege ein Buch, es seien goldene Buchstaben darauf: 'Sie las oder sprach langsam aus: W. L. W. [indem sie den vollen Familiennamen des Autors angab]. Diese sowie andere Aussagen über die Möbel im Zimmer konnten erst nach der Rückkehr des Vaters einige Tage später, da er 50 Meilen weit herkam, geprüft werden und erwiesen sich als vollkommen richtig, so daß sie den vorher zweifelnden Vater überzeugten. Das beschriebene Buch hatte er erst nach seiner Abreise von zu Hause erworben.'[4]

Fannie, eine hellsehende Somnambule des Dr. Wiltse (Kansas), nach dem 10 km entfernten Hause des anwesenden Mr. Howard 'geschickt', der seit einigen Tagen nicht daheim gewesen war, behauptete, daß der Zaun 'alt und niedergerissen' sei. Ja, sagte H. lachend, meine Frau hat mich zu Tode geplagt wegen des Zaunes und der Stufen zum Vorraum. 'Wie', unterbrach Fannie [die also die 'Suggestion' nicht aufgriff], 'die Stufen sind hübsch und neu!' Da irrt sie sich aber, sagte H., die Stufen sind schlimmer, als der Zaun. 'Sehen sie nicht', rief Fannie ungeduldig aus, 'wie neu und hübsch die Stufen sind? Nanu,' (sie schien, nach dem Ton zu urteilen, geradezu gekränkt zu sein) 'ich finde, sie sind wirklich hübsch...' H. erfuhr bei seiner Ankunft daheim zu seiner Überraschung, daß seine Frau in der Tat die Stufen durch neue hatte ersetzen lassen.[5] In einem andern Falle beschrieb Fannie, trotz dem Widerspruch der sie ausfragenden Miss F., zwei Pferde, 'ein graues und ein rotes', die sich nebst zwei schwarzen im Stalle der Fragerin befinden sollten. Die beiden ersteren gehörten Reisenden an, die in Miss F.s Abwesenheit angelangt waren und ihre Pferde eingestellt hatten.[6]

---

1) das. 83. Vgl. ähnlich weiter unten im Text; auch Gerüche werden erwähnt. 2) das. 61. 3) das. 91. 4) das. 64. 5) das. 76. Dr. W.s Bericht ist einige Jahre nach dem Versuch auf Grund 'sehr zähen Gedächtnisses' niedergeschrieben. 6) das. 73 — 'meaning a bay horse'. — Vgl. zu den obigen Beobachtungen etwa noch die des Herzogs von Orléans bei Vesme II 518f.; des Earl of Ducie, in The Zoist Nr. XXVI; der Mrs. de Morgan (nach Prof. Morgans Bericht), deutsch zB. in Sphinx IV 351; des Hrn. F. in PS XXXIV 606; des Dr. med. Sexton bei Perty, Spir. 16; der Miss Danvers in Pr X 418f.; Pr VII 205f.; XIV 57f.

Die an sich naheliegende Deutung, daß bei solchen Experimenten der Versuchsleiter die gesehenen Bilder durch Gedankenübertragung liefere, wird unterstützt durch die gelegentliche Beobachtung, daß unwahre Einzelheiten, die der Experimentator sich vorstellt, um die wandernde Hellseherin irrezuführen, sich in deren richtige Beschreibungen einschieben.[1] Aber diesem Umstande hält der andere die Wage, daß — wie der Leser bemerkt haben wird — Einzelheiten richtig beschrieben werden, die selbst dem Versuchsleiter unbekannt sind. — Gelegentlich ist die Einführung solcher Einzelheiten durch Dritte ausdrücklich zum Gegenstand des Experimentes gemacht worden.

Auf einer ihrer 'Reisen' hatte die erwähnte Jane an einem entfernten Hause zunächst einen Messingklopfer entdeckt, wo Dr. F., der Versuchsleiter, einen eisernen vermutete, und ein Schlafzimmer, wo nach seiner Meinung keines war. In ein anderes Zimmer geschickt und gefragt, ob ein Herr dort anwesend sei, verneinte sie dies. 'Nach einer kleinen Weile sagte sie, die Tür öffne sich, und fragte im Tone großer Überraschung: Ist das ein Herr? Ist er dünn oder dick? erwiderte ich. Sehr dick, gab sie zur Antwort, aber hat er ein Korkbein? Ich verneinte dies und suchte sie in die Irre zu führen. Sie [blieb aber bei ihrer Aussage und] beschrieb ihn als am Tische sitzend, mit Papieren neben sich und einem Glase Brandy und Wasser. Ist es nicht Wein? fragte ich. Nein, sagte sie, es ist Brandy. — Ist es nicht Whisky oder Rum? — Nein, war die Antwort, es ist Brandy, und jetzt, fuhr sie fort, geht die Dame [sie hatte eine Dame auf dem Sofa liegen sehen], ihr Abendessen zu besorgen, aber der dicke Herr ißt gar keins... Ich fragte dann, ob sie seinen Namen auf einem der umherliegenden Briefe sehen könne. Sie antwortete: ja, und als ich sagte, daß der Name mit E anfinge, buchstabierte sie den Namen Eglinton.' — Dr. F. war jetzt überzeugt, daß sie vollkommen auf dem Holzwege sei, soweit die Persönlichkeit des dicken Herrn in Betracht käme, und brach den Versuch ab. Am nächsten Morgen erhielt er aber von Mr. Eglinton die folgende Erklärung: Er war genötigt gewesen, früh zu Bette zu gehen, hatte aber seine Kleider bis zu einem völlig übertriebenen Grade mit Kissen ausstopfen und diese Figur an den Tisch setzen lassen, mit einem Glase Brandy und Wasser und den Zeitungen neben ihr. Der Name, fügt er hinzu, war richtig buchstabiert, obgleich er (Eglinton) bis dahin gewohnt gewesen war, ihn Eglington (mit einem g) zu schreiben.[2]

In einem andern, von Dr. Fahnestock mitgeteilten Falle wurde die Versuchsperson, Mrs. E., in Lancaster (Nordamerika) in ein Zimmer eines bestimmten Hauses in Baltimore 'geschickt', in welcher Stadt sie nie gewesen, woselbst nach Verabredung ein sonderbarer Gegenstand an oder in der Nähe der Uhr angebracht worden war, den sie richtig beschrieb: nämlich als 'eine dunkle Flasche, etwa so lang wie ihr Zeigefinger, aufgehängt an einer weißen Schnur, die um den Hals der Flasche gebunden wäre — leer und ohne Kork. — Diese Beschreibung war buchstäblich genau; aber niemand, der bei der Beschreibung zugegen war, konnte die geringste Ahnung davon haben.'[3]

---

1) S. die so angeregte Interpolation eines Regenschirms in ein sonst genau beschriebenes (nie gesehenes) Zimmer: Gurney I 96. 2) Pr VII 59f. 3) Aus Dr. Fahnestock, Statuvolism 229ff. bei Myers I 556.

Ist bei Einzelheiten des auf der 'Reise' Gesehenen, die dem Versuchsleiter unbekannt sind, stets mit der Möglichkeit ihrer telepathischen Mitteilung durch Dritte zu rechnen, so scheint diese Möglichkeit vollends zur Wahrscheinlichkeit zu werden bei Experimenten wie den letztangeführten, bei denen die willkürlich angeordnete Besonderheit ja doch soz. eine 'gespannte' Vorstellung des entfernten Mit-Versuchsleiters darstellt. Immerhin wollen wir nicht übersehen, daß auch diese Annahme sich in Verwicklungen verstrickt, die ihr die glatte Natürlichkeit benehmen, welche ihr auf den ersten Blick zu eignen scheint. Die angeblich aus der Ferne übertragene Vorstellung muß sich nämlich in den Gesamtablauf der hellsehenden Wanderung an einer bestimmten Stelle einschieben, d. h. sobald der betreffende 'Ort' des interpolierten Sonderversuchs erreicht ist. Daß eine Agenz des Veranstalters desselben erst in diesem Augenblick ins Spiel trete, ist natürlich eine ganz willkürliche und unwahrscheinliche Voraussetzung. Wir können ihr entgehen nur durch die Annahme, daß die Seherin die telepathische Mitteilung schon früher erhalten und das erlangte Wissen unbewußt aufgespeichert, aber erst im passenden Augenblick, durch Assoziation veranlaßt, hervorgeholt habe; eine Annahme, die sich nicht widerlegen läßt, aber wohl auch nicht ohne weiteres überzeugt.

Die Frage der Auffindung eines Agenten verwickelt sich nun aber noch weiter in einer nächsten Gruppe von Fällen, in denen es sich um die Auffindung von Leichnamen einsam Gestorbener, also meist Verunglückter, handelt. Zwei Beispiele mögen uns diese neue Wendung der Problemlage verdeutlichen.

Das erste hat den Vorzug, besonders genau untersucht worden zu sein; die zahlreichen ausführlichen Berichte und Bestätigungen wurden innerhalb weniger Tage nach dem Vorfall aufgesetzt. — Die Tatsachen sind in der Kürze folgende: Vom 31. Okt. 1898 an wurde ein gewisses junges Mädchen in Enfield (New Hampshire) von den Ihrigen vermißt. Am Tage vorher hatte eine Mrs. Titus, ein nicht-gewerbsmäßiges Medium, welches die Vermißte nicht kannte, zu ihrem Manne, der mit einer Schwester der Vermißten in einer Werkstatt arbeitete, gesagt: daß etwas Schreckliches geschehen werde; am folgenden Montag Morgen: daß es geschehen sei. Am Montag Abend hörten sie von dem Verschwinden des Mädchens, und Mrs. T. meinte, sie wäre 'im See'. Am Mittwoch Abend fiel Mrs. T. in Trans und sagte, als ihr Mann sie weckte, daß sie, falls er sie in Ruhe gelassen, bis zum Morgen das Mädchen gefunden haben würde. In der Nacht hatte sie zwei weitere Transanfälle, während welcher sie ihrem Manne sagte: sie sehe das Mädchen auf einem überfrorenen Balken der Brücke stehen, ihr Fuß sei ausgeglitten und sie selber rückwärts ins Wasser gestürzt, und sie liege an einem bestimmten Fleck hart an der Brücke, den Kopf nach unten zwischen zwei Balken, den Körper mit Schlamm und Geäst bedeckt, und der eine Fuß stehe ab mit einem neuen Gummischuh daran. Am nächsten Tage suchte ein Taucher an dem nach diesen Angaben festgestellten Orte nach und fand den Körper dort genau in der beschriebenen Körperhaltung. Die beigefügten Zeugnisse des Tauchers und eines Mr. Whitney (der die Nachforschungen betrieben hatte und auch den Taucher berief und bezahlte), geben an, daß der Leichnam in einer Tiefe von 18 Fuß gefunden wurde; daß das Wasser so dunkel war, daß niemand etwas darin zu sehen vermochte, und daß auch der Taucher selbst nichts sah, während er im Wasser war, sondern den Körper ausschließlich nach dem Getaste fand. Übrigens hatte er vorher zwei Tage lang den See vergeblich durchforscht, während 150 Männer die Wälder und das Seeufer absuchten. Man durfte ferner annehmen, daß Mrs. Titus seit 2 oder 3 Jahren die Stelle des Unglücks nicht betreten hatte; ihr Wohnort war 6 km entfernt davon. Nach der Aussage des Tauchers (aus Boston!) 'ging Mrs. Titus die Brücke entlang und kam an den Punkt und sagte: Dies sieht wie die Stelle aus, die ich in meinem Trans sah; dann nach einem Augenblick des Zögerns: Nein, nicht genau; und ging etwas weiter und hielt an einem andern Fleck und sagte: Dies sieht viel mehr wie der Fleck aus, den ich vergangene Nacht sah... Endlich sagte sie, sie sei sicher, daß dies der Fleck sei.'[1]

In einem andern Falle, der in manchem an diesen erinnert, fand eine gewerbsmäßige Hellseherin in Boston, Mrs. York, anscheinend auch in einer Art von Trans den genauen Ort in einem See, an dem die Leichen zweier vermißter Knaben zu finden wären. Sie beschrieb zugleich (und ich bitte, dies im Interesse späterer Erwägungen besonders zu beachten) die Ausfahrt der Knaben, die Art, wie das Unglück geschehen war, und dann die Stelle, wo sie lagen. Auch hier war der See schon einige Zeit lang mit Haken abgesucht worden, ehe sich eine Dame nach dem 25 km entfernten Boston begab, um die Seherin zu Rate zu ziehen. Wie Mrs. York voraussagte, wurden die Leichen, nachdem jene Botin zurückgekehrt war und die Angaben überbracht hatte, innerhalb weniger Minuten an der bezeichneten Stelle geborgen. Ich lasse einstweilen außeracht, daß die Hellseherin auf die Frage, wie sie ihr Wissen erlangt habe, erwiderte: Der Vater der Knaben sagte es mir. 'Wie wußte sie, schließt die erwähnte Botin ihren Bericht, daß der Vater der Knaben seit einigen Jahren tot war?'[2]

In diesen Fällen darf zunächst mit Sicherheit angenommen werden, daß kein Dritter, Lebender zur Zeit des Gesichts ein normal erlangtes Wissen von dem genauen Verbleib der Leichen besaß. Die Annahme, daß irgend einer der Suchenden in der bekannten 'zerstreuten' und 'unbewußten' Art die Lage der Körper sowie alle von der Hellseherin mitgeteilten Einzelheiten wahrgenommen habe, um sie dem Medium unbewußt telepathisch mitzuteilen, erscheint mir einer verzweifelten Ausflucht ähnlicher als einem wissenschaftlichen Argument; im Falle Titus, wo die Leiche 18 Fuß tief in dunklem Wasser lag, müßten wir diesem zerstreuten Beobachter ohnedies mindestens 'hyperästhetische' Kräfte zuschreiben. Will man telepathische Tätigkeit eines Lebenden um jeden Preis retten, so kommt vielmehr nur die Annahme in Frage, daß der Verunglückte selbst während seiner letzten bewußten Augenblicke die Vorstellung von der Örtlichkeit seines Todes auf irgend einen ihm fremden, aber zufällig empfänglichen Perzi-

1) Sämtliche Berichte und Zeugnisse nebst Erörterung durch Prof. W. James ('a decidedly solid document in favour of the admission of a supernormal faculty of seership') in P. II der neuen PrAm (auch in JSPR XIII 124ff. u. APS VI 295ff.). 2) S. die Berichte und Zeugnisse Pr XI 379—89. Vgl. The Zoist XIII 56.

pienten übertragen habe. Abgesehen von der früher besprochenen Verschiedenartigkeit der Vorstellungen im Agenten und Perzipienten müßte man hier aber auch noch die willkürliche Voraussetzung beträchtlicher Latenz der erhaltenen Mitteilung machen: Mrs. York wurde zu Rate gezogen, nachdem der See schon längere Zeit vergeblich abgesucht war; sie stand den Verunglückten, ja ihrem Heimatsorte völlig fremd gegenüber. Aber sie war gewohnheitsmäßig hellsehend und wurde es auch für den vorliegenden Fall in dem Augenblick, da sie befragt wurde! Man ermesse hiernach die gewundene Künstlichkeit der vorgeschlagenen Annahme. Mrs. York wollte freilich ihr Wissen von einem Verstorbenen haben. Aber angenommen dies, wären wir nicht auch damit vor die Annahme mindestens augenlosen Sehens gestellt? Was aber bleibt uns sonst außer aktivem Hellsehen? Nichts weiter scheint mir, als die Zuschiebung telepathischer Tätigkeit an den bereits toten Verunglückten selbst, zumal wenn wir die Wahrscheinlichkeit erwägen, daß die vom Medium gesehene Lage der Leiche sich seit dem Eintritt des Todes verändert hatte, durch Strömungen des Wassers u. dgl. Aber auch damit sind wir über die Begriffe der Hirnwellen-Telepathie jedenfalls gründlich hinaus.

Die letzten Beispiele haben uns beträchtlich demjenigen Tatbestand genähert, der für die Deutung durch physikalische Telepathie endgültig vernichtend wirkt: der Wahrnehmung eines Gegenstandes, der den Sinnen aller Lebenden überhaupt entzogen und an seinen Ort gelangt ist ohne Wissen irgendeines Lebenden. Diesem Tatbestand gegenüber drängt sich die Annahme echten Hellsehens überwältigend auf, sofern nicht besondere Gründe gegeben sind, die Quelle der Erfahrung in dem Wissen eines Verstorbenen zu suchen, der zu Lebzeiten den verborgenen Gegenstand an seinen Ort brachte. Wir werden Fällen dieser Art bei der Erwägung der spiritistischen Hypothese in der Tat begegnen. Davon abgesehen muß ich sagen, daß ich Beispiele der Fernwahrnehmung von in diesem Sinne völlig verborgenen Gegenständen mich nicht erinnere angetroffen zu haben; es sei denn, man entschließe sich zu der zweifelhaften Annahme, die unbestreitbare Tatsache des Auffindens von unterirdischem Wasser oder anderen verborgenen Stoffen durch die 'Wünschelrute' sei auf echtes Hellsehen zurückzuführen.[1] Doch muß ich hier die Erörterung dieser Hypothese vermeiden, da sie mich zu großer Weitschweifigkeit zwingen würde.

Dagegen begegnen wir der anscheinenden Tatsache der Wahrnehmung soz. völlig verborgener Gegenstände in der Form des Experiments auf große Nähe, und ich will diesen Tatbestand nicht völlig übergehen, weil der Kampf um das Hellsehen sich vielfach gerade an ihn angeschlossen hat.

Ein erster Typ von Leistungen besteht hier im Lesen von Schriftzügen

1) Mögl. Hindeutung darauf in gelegentl. *Sehen* des Wassers während dowsing: Pr XV 363 (359ff.). Tatsachen und Erörterung in einer ausgezeichneten Monographie Prof. Barretts in Pr XIII.

auf zusammengefalteten oder undurchsichtig eingewickelten oder sonstwie unsichtbaren Papierflächen. Daß dies ein Kunststück ist, das reisende Taschenspieler häufig in ihre Vorführungen aufgenommen haben, beweist natürlich nicht, daß es nicht auch zuweilen ohne 'Kunst' geschehe. Eine Vorstellung davon, auf welche Art gewisse Beobachter die Gewißheit davon erlangt zu haben glauben, gewinnt der Leser aus folgendem viel erörtertem Bericht des Freiburger Professors Max Schottelius.

Der Hellseher, Ludwig Kahn (von Prof. S. Ludwig H. genannt), ein 40jähriger Jude von reizbarer Konstitution, 'beauftragte mich, so schreibt Prof. S., drei Zettel... mit irgendwelchen Sätzen oder Zahlen in seiner Abwesenheit zu beschreiben, die Zettel vielfach fest zusammenzufalten, in die geschlossene Hand zu nehmen und ihn dann wieder in das Zimmer zu rufen. [Nachdem H. hinausgeführt war]... schloß [ich] die Doppeltüren, überzeugte mich, daß auch die andern nach dem Schlafzimmer und Badezimmer führenden Türen fest geschlossen waren, setzte mich an meinen Schreibtisch (mit dem Rücken gegen die Vorplatztüre) und überlegte nun, was ich etwa auf die Zettel schreiben könnte. Ich entschloß mich zu folgenden Sätzen: 1) Trüb' nie den Brunnen, der dich tränkte, wirf keinen Stein hinein. 2) 15. Nov. 1849. 3) Aphar ata weel aphar teschub. Das Schreiben dauerte etwa 5 bis 6 Minuten. Ich faltete darauf die Zettel achtfach zusammen und nahm zwei in meine linke, einen in meine rechte geschlossene Hand. Dann ging ich zur Tür, öffnete, überzeugte mich, daß H. noch neben der Personenwage stand und rief ihn herein. Er... trat neben meinen Schreibtisch, an dem ich mit den Zetteln in den geschlossenen Fäusten Platz genommen hatte. H. sagte mir dann, ich möge einen der drei Zettel irgendwohin legen und nur einen in jeder Hand behalten, damit er mir jeden Zettel für sich vorlesen könnte. Ich legte darauf einen der beiden in der linken Faust befindlichen Zettel — ohne die rechte Faust zu öffnen — abgekehrt von H. unter die Schreibunterlage meines Tisches. Dann fragte H.: Welchen Zettel soll ich nun zuerst lesen? Den in der rechten, den in der linken Hand, oder den unter der Unterlage? Ich wußte selbst nicht, welches der Inhalt des rechten, des linken und des dritten Zettels war, da ich dieselben alle ganz gleich zusammengefaltet und geschlossen in die Hände genommen hatte. Ich antwortete also auf seine Frage: 'Lesen Sie mir den Zettel, den ich hier in der rechten Hand halte!'— und zeigte ihm die geschlossene rechte Faust. Dabei beobachtete ich H., der etwa 1½ m rechts von mir an meinem Schreibtisch stand. Er sah nicht auf meine geschlossene rechte Faust, sondern starrte schräg nach oben an mir vorbei ins Leere; dabei wurde er blaß... Nach kaum einer Minute sprach H.: 'Trüb ein...' Nein, sagte ich, der erste Buchstabe des Wortes ist ein n, der letzte Buchstabe des Wortes ist ein e. 'Ach so, ja', antwortete H., und las schlank den etwas undeutlich mit deutschen Lettern geschriebenen Talmudvers vor... Den Inhalt der beiden andern Zettel las H. ebenso sicher und fehlerfrei, wie den ersten... Den dritten, unter der Schreibtischunterlage befindlichen, auf den ich mit lateinischen Lettern hebräische Worte geschrieben hatte, las er langsamer, da er die Sprache nicht kannte, aber sonst ebenfalls sicher und richtig.'[1]

1) Prof. Dr. M. Schottelius, 'Ein Hellseher', in JPN XX (1913) 236ff. Weitere Gutachten von Dr. med. Haymann (Assist. d. psychiatr. Klinik in Freiburg), Med.-Rat Dr. Neumann, Pfarrer Merta u. Assessor Dr. P. Engler bestätigen diese Ergebnisse nach eig. Beobachtung.

Was wird nun gegen die Vertrauenswürdigkeit dieses Versuchs von den Kritikern geltend gemacht? Das erste ist der Hinweis auf mögliche Tintenspuren des Löschblatts, mit welchem die Schrift getrocknet wurde, oder auf Eindrücke eines schreibenden Bleistifts in der Schreibunterlage oder gar dem Tischtuch. Da Prof. S. leider nicht angibt, welches Schreibmittel er anwandte, so bleibt dem Leser hier die Wahl zwischen zweien gleich vernichtenden Einwänden. Sodann gründet sich die Kritik auf die Vermutung 'heimlicher Einsichtnahme' in die Zettel seitens des Hellsehers. Prof. S., der zwei der Zettel nicht aus der geschlossenen Faust gelassen zu haben behauptet, bezeichnet es zwar als unglaubhaft, daß er solcher Taschenspielerei zum Opfer gefallen sei; wird aber von der Antwort niedergeschlagen, daß Hellsehen noch unglaubhafter sei![1] Hat er auch nicht beim Öffnen der Tür die Faust geöffnet? Und warum hat er die geschlossene Faust nicht einnähen und versiegeln lassen? Freilich, hätte er es getan, so wäre ihm sicherlich der Verdacht entgegengehalten worden, daß der Näher ein Mitverschworener des Sehers gewesen sei.

Der Leser möge selbst entscheiden, wieviel Gewicht er dieser Art von Kritik etwa beizulegen bereit ist. Neigt er der Annahme zu, daß sie ungenügend und willkürlich sei, so werden für ihn die Angaben des Hellsehers über die Art seines Sehens Interesse gewinnen und er wird zugeben, daß ihre Einzelheiten beträchtliche psychologische 'Natürlichkeit' besitzen.

H., der nach dem Versuch etwas angegriffen und erschöpft war, gab nämlich an, er sehe das Geschriebene 'so, wie die Zettel jetzt hier liegen'; er sehe 'die Schrift hell — aber nicht leuchtend — auf dunklem Untergrunde.. ohne deutliche Abgrenzung der Form, welche die Papierstücke haben...' Die scheinbare Distanz kann er nicht angeben. 'Er versenke sich ganz in seine Aufgabe, die Umgebung verschwinde während dieser Zeit für ihn, er sehe gar nichts außer dem Kreis, in welchem die Schriftzüge auftreten.' Das 'Kritzeln' mit der rechten Hand — (er hatte einen Bleistift von Prof. S.s Tisch genommen, ein höchst verdächtiger Umstand in Prof. Dessoirs Augen) — übe er, um sich zu konzentrieren. 'Wenn er sich in den Zustand des Hellsehens versetzt habe, wisse er gar nicht, ob [er etwas] und was er in der Hand habe... Wenn er bei Stimmung sei, körperlich sich wohl fühle, mit Personen arbeite, die ihm sympathisch sind, dann sei das Lesen leicht und wenig anstrengend, die Schrift sehr hell und deutlich... Ein Mittel, in ungünstigen Fällen dennoch hell zu sehen, bestehe darin, daß er e i n e n der zusammengefalteten Zettel kurze Zeit gegen seine Stirne drücke. Dann könne er oft... auch weitere von der gleichen Person geschriebene [Zettel lesen]. Nach einer Versuchsreihe sei er längere Zeit abgespannt, schlafe gewöhnlich die folgende Nacht schlecht und müsse einige Tage mit seiner Arbeit aussetzen.'

---

1) Dessoir, Vom Jens. 136. S. auch H. Henning in JPN XXI 68ff. (Oesterreichs Duplik das. XXII 75ff.) Man würde allerdings gern erfahren, auf welche Weise Hellsehen (seine Tatsächlichkeit vorausgesetzt) *jemals* experimentell festgestellt werden könnte, wenn seine — doch *willkürlich* normierte — Unwahrscheinlichkeit stets größer angesetzt werden darf, als die — wenigstens abschätzbare — Unwahrscheinlichkeit eines experimentellen Fehlers!

Schwerwiegend freilich ist die Vermutung, daß überhaupt kein Hellsehen, sondern nur Gedankenübertragung vorliege, für welchen Fall (unnütz zu sagen) Prof. Dessoir neben 'echter Telepathie' auch 'unbeabsichtigte Zeichengebung' und 'unbewußtes Flüstern' in Betracht zieht; bei der gegenseitigen Nähe der Versuchspersonen offenbar beachtliche Gedanken. Prof. Schottelius will freilich nicht gewußt haben, welche Schrift er in der linken und welche er in der rechten Hand hielt usw., weil sie 'alle gleich gefaltet' waren. Natürlich aber waren sie in Wahrheit nicht ganz gleich gefaltet und eine unbewußte Wahrnehmung und Erinnerung von geringfügigen Ungleichheiten der Faltung hätte ihn sehr wohl im entscheidenden Augenblick jedes einzelnen Versuches zu telepathischer Mitteilung befähigen können. Die ausdrücklichen Angaben der übrigen Versuchsleiter, Pfarrer Merta, Dr. Haymann und Dr. Engler, sie hätten selbst nicht gewußt, was auf dem jeweils gewählten Zettel gestanden, Dr. Englers Versicherung, 'eine direkte Gedankenübertragung könne deshalb nicht in Frage kommen',[1] mögen daher dem entschlossenen Zweifler nicht Genüge leisten.

In dem folgenden Beispiel, das ich A. Köttgens wesentlich älteren Mitteilungen über die Somnambule Maria Rübel entnehme, wäre nach der Versuchsanordnung ein möglicher Agent in der Ferne, soz. versteckt zu denken. Gegen seine Inanspruchnahme warnt den vorurteilslosen Beurteiler indessen die genauere Betrachtung des Lesevorgangs selbst, welche eine entschiedene und bis ins Einzelne gehende Benutzung des gegebenen Gegenstandes offenbart, und zwar im Unterschiede von der Vorstellung des angeblichen fernen Agenten von diesem Gegenstande. Ich gebe den Versuch in Köttgens offenbar leidlich gleichzeitig niedergeschriebenen Worten wieder.

'Herr G. Siebel aus Elberfeld hatte gestern einige Worte, die keinem als ihm selbst bekannt waren, in undurchsichtiges Papier eingeschlagen und gehörig versiegelt, dem Herrn J. Platzhof in Elberfeld mitgegeben, um sie mit hierher [nach Langenberg] zu nehmen und den Versuch zu machen, ob Maria sie lesen könne. Dies Papier war ihr schon gestern, nachdem es auf meine Bitte noch mit zwei Oblatsiegeln durch Herrn Platzhof versehen wurde, auf die Herzgrube gelegt, aber wegen der andern Versuche nicht gelesen worden. Heute wurde der Versuch wiederholt und eine Menge Personen harrten des Erfolges. Nachdem sie einige andere Gegenstände richtig angegeben, erklärte sie, sie wünsche nun ruhig zu bleiben, um sich ungestört mit dem Briefe beschäftigen zu können. Darauf wurde sie ganz stille und nur zuweilen bewegten sich ihre Lippen, wie bei einem Kinde, das ein fremdes Wort buchstabirt. Endlich sprach sie das Wort 'auch', dann das Wort 'uns' aus, korrigirte sich aber selbst und sagte: 'Das erste Wort heißt uch'. Auf die Bemerkung, das sei ja kein Wort, erwiderte sie: 'Ja, das sei auch nicht das ganze Wort, es sei noch ein Buchstabe da, den könne sie wegen eines roten Plackes, der ihn

---

1) JPN XX 245. 247f. 249.

zum Teil bedecke, nicht recht sehen. Wir ließen sie jetzt wieder ruhig, und nach einigen Augenblicken sprach sie gleichsam triumphirend das Wort Handlung aus und sagte: 'Das ist das letzte Wort; das davor kann ich noch nicht aussprechen.' Endlich sprach sie langsam und syllabirend aus: Mu-si-ka-lien-hand-lung. Obwohl wir von dem Brief nichts wußten, war es uns gewiß, daß das Ganze Kunst- und Musikalienhandlung heißen müsse. In dieser Voraussetzung wurde der Brief am 7. Juli durch Herrn Platzhof dem Herrn Siebel zurückgeliefert, nachdem Alle die Undurchsichtigkeit des Papiers und Unverletztheit des Siegels untersucht und bezeugt hatten. Das Wort hieß nicht: Kunst- und Musikalienhandlung, sondern Buch- und Musikalienhandlung. Der erste Buchstabe war wirklich durch das Siegellack etwas verdeckt worden, womit das Wort im Couvert war eingeklebt worden.'[1] — Hier wird der Zweifler natürlich geltend machen, daß — falls die Siegel wirklich unversehrt waren — die Schrift eben doch hyperästhetisch durch das Papier gelesen wurde; trotz der ausdrücklichen schriftlichen Versicherung des Herrn Siebel: daß es 'unmöglich war, durch den Brief zu sehen, selbst nicht wenn man ihn vor ein Licht hielt'; denn der Brief bestand aus 'sehr starkem Schreibpapier, wie gewöhnlich viermal zugeschlagen'. Gleichwohl bleibt die ungewöhnlich 'optische' Eigenart dieses Hellsehens auffallend, das sich durch einen Siegelfleck behindert findet. Wie denn auch die Rübel bei anderen Versuchen sich in ausgesprochen 'optischer' Weise verlas: zB. die Worte 'die Frauen' als 'der Fragen', und 'Bergischen' als 'Vergissen' auffaßte.[2]

Eine etwas andere Anordnung zeigten die Versuche, die um die Mitte des vorigen Jahrhunderts in vielen Städten Europas wie auch an mehreren seiner Höfe ein siebenbürgischer Rabbi, Hersch Dänemark, ausführte, der angeblich geschlossene Bücher an Stellen lesen konnte, die man ihm nach Seiten- und Zeilenzahl bezeichnete. Die besten Berichte schließen Gedankenübertragung seitens eines Anwesenden aus. So erzählt Dr. Friedenberg, ein Schriftleiter der Vossischen Ztg. (1847) u. a.: 'Ich hatte eine ins Rabbinische übersetzte[3] Reise in Afrika von Sam. Romanoli [mitgebracht], ein sehr seltenes, von H. D. gewiß nie gesehenes Werk... Er fragte uns, welche Zeile von einer gegebenen Seite er vorlesen solle; wir verlangten die 16. von oben. Darauf sagte er: Die kann ich Ihnen nicht lesen, denn dort ist eine leere Stelle im Buche, aber ich will Ihnen den Inhalt der 12. angeben, was er sofort tat. Beim Aufschlagen der Seite fand sich alles genau so, wie er gesagt.' Bei solchen Versuchen hielt D. 'den Finger aufs Buch gelegt, den verzückten Blick ins Leere gerichtet'. Diese 'Art von Verzückung' während des Lesens soll Allen an ihm aufgefallen sein. Das Buch, aus dem er las, durfte dabei mit einem leinenen, seidenen oder wollenen Tuch belegt sein.[4]

Ich würde indessen diese Versuche nicht berührt haben, wenn sie nicht von einem anderen, sehr viel berühmter gewordenen Hellseher unter wesent-

1) ATM IV 3. St. 110f. 2) das. 82ff. Vgl. 92. 109. 155f. 3) D. konnte nur hebräische Schrift lesen. 4) Perty, Blicke 188f. Die gebotenen Sicherungen gegen Betrug sind nach dem Berichte ungenügend. Mein eigenes Vertrauen stützt sich hauptsächlich auf die natürlichen Anzeichen e. halbekstatischen Zustandes D.s während des Lesens. Gutbezeugte und einwandfreie Fälle von Lesen verdeckter Schrift s. Crookes, Researches into Spiritualism 95f.; Theosoph. Review XXI 388; du Prel, Entd. I 166 (nach Teste); Chowrin, Exper. Unters. auf d. Gebiete des räuml. Hellsehens (München 1919); Petrowo-Solowowo 197. 210ff.; Prof. Dr. Benedikt in ZO 1918, H. 4, und bei Tischner u. v. Wasielewski, deren Schriften allgemein zugänglich sind.

lich schärferer, ja in der Tat einzigartiger Überwachung wiederholt worden wären.

Alexis Didier wurde von seinem Begleiter Marcillet, den selbst Elliotson als einen Mann von unbezweifelbarer Lauterkeit bezeichnete,[1] in Trans versetzt; seine Augen wurden dann mit Lederkissen bedeckt, über diese zwei Tücher in schräger Richtung und über diese noch ein drittes in wagerechter Richtung gebunden, worauf noch alle Zwischenräume mit Watte ausgefüllt wurden. Auf solche Weise geblendet, spielte er Écarté mit großer Geschicklichkeit und Schnelligkeit, auch wenn seine eigenen Karten mit der Oberseite abwärts gekehrt auf dem Tische lagen; wußte häufig auch die Karten in der Hand des Gegners; las Worte in versiegelten Umschlägen, beschrieb den Inhalt verschlossener Pakete u. a. m. Hiergegen wendet Podmore, wohl der denkbar zäheste Zweifler, ein, das beschriebene Verbinden der Augen sei ungenügend gewesen; doch muß auch er die überragenden Erfolge im blinden Kartenspiel augenscheinlich unwiderlegt lassen.[2] Andere Leistungen bemäkelt er durch verschiedene allgemeine Bedenken; aber am meisten 'nach Betrug aussehend' erscheint ihm das Lesen von Worten in Büchern 10 bis 150 Seiten hinter der jeweils aufgeschlagenen. Podmore will in keinem Berichte Angaben darüber gesehen haben, ob Didier, oder ob die Anwesenden die betreffende Stelle der Seite ausgewählt hätten.[3] Aber eben hierüber herrscht Klarheit in dem bedeutsamsten Bericht, der über Didiers Leistungen vorliegt, den Podmore verschweigt und der ihm von keinem Geringeren als A. R. Wallace vorgehalten worden ist. Dies ist das Zeugnis von Houdin, dem berühmten 'Fürsten unter den Taschenspielern', von dem Podmore zugestehen mußte, daß es 'ohne Frage sehr merkwürdig' sei und dem er nur durch die Annahme einer 'übernatürlichen[4] Schärfe des Gesichts' ausweichen konnte, die Alexis im Trans erlangen sollte. Der Versuch, der durch diese letzte Ausflucht um seine Unglaublichkeit gebracht werden soll, nahm folgenden Verlauf: Houdin, natürlich ein Adept in dieser Kunst, hatte selbst D.s Augen verbunden und dabei dessen 'ganzes Gesicht vom obern Rande der Stirn bis unter die Lippen herab' mit Watte bedeckt, 'als wäre es der Kopf einer sehr kostbaren Statue'. Nach wohlgelungenen Versuchen im Kartenlesen und Kartenspiel 'zieht R. Houdin, nachdem er die nutzlosen Binden von des Somnambulen Augen entfernt hat, ein eigenes Buch aus seiner Tasche und bittet ihn zu lesen, was acht Seiten weiter unten stehe, beginnend von einer gegebenen Stelle. Alexis sticht mit einer Nadel in die Seite zwischen dem 2. und 3. Drittel von oben und liest: *Après cette triste cérémonie*... [Houdin unterbricht ihn, um nachzusehen.] Nichts Derartiges steht auf der 8. Seite, aber auf der nächstfolgenden [dieser Umstand verdient vielleicht Beachtung; die 8. Seite war offenbar dem Lesenden abgekehrt, die 9. ihm zugekehrt], in derselben Zeilenhöhe, stehen diese Worte: *après cette triste cérémonie*.' Am Tage nach diesem Versuch (4. Mai 1847) erhielt de Mirville von Houdin eine schriftliche (und abgedruckte) Bestätigung der völligen Genauigkeit des Berichtes, worin Houdin u. a. sagt: 'Je mehr ich [die Vorgänge] überdenke, um so unmöglicher finde ich es, sie mit denen, die der Gegenstand meines Gewerbes und meiner Vorführungen sind, in eine Klasse zu setzen'; und 14 Tage später (16. Mai 1847) erklärt er in einem Schreiben, daß nach einer zweiten Sitzung unter noch 'sehr viel stärkeren Vorsichtsmaßregeln' und mit gleichwohl 'noch außerordentlicheren Ergebnissen' für ihn

1) Pr XIV 53. 2) das. 54. 3) das. 4) preternatural.

nicht der Schatten eines Zweifels an Alexis' Gabe des Hellsehens bestehe.[1] Was mir aber fast am schwersten in die Wagschale zu fallen scheint, ist die Tatsache, daß Didier gleichzeitig mit diesem Sehen ohne Augen eine Fülle anderer übernormaler Fähigkeiten entwickelte: indem er seinen Besuchern eine Masse von richtigen Mitteilungen selbst über fernste Gegenden und Menschen machte, die er — trotz Podmores kühnem Verdacht eines über ganz Europa seine Netze breitenden Erkundungsbureaus — auf normalem Wege sicher nicht erlangt hatte.[2]

In den letzten Beispielen kann (den Ausschluß betrügerischer Beihilfe vorausgesetzt) das Geschaute als 'völlig verborgen' und keinem Lebenden sichtbar angesehen werden. Dieser äußerste Typ des fraglichen Tatbestandes, die Wahrnehmung des Nichtwahrnehmbaren schlechthin, scheint endlich noch in einer natürlichen Gruppe verwirklicht, bei welcher die Notwendigkeit künstlichen Verbergens des Gegenstandes sogar fortfällt, indem dieser: das Innere des menschlichen Körpers, unter gewöhnlichen Umständen der Wahrnehmung überhaupt entzogen ist. Gleichwohl ist die Behauptung seiner Wahrnehmbarkeit für den Hellsichtigen eine ebenso alte wie häufige. Die Somnambulen der älteren Zeit glaubten oft in ihr leibliches Innere zu sehen und diese Inschau auch für die Erkennung und Behandlung von Krankheiten verwerten zu können. Daß sie diese angebliche Fähigkeit auch auf Andere, selbst Entfernte anwandten, war der Grund zur Entstehung einer weitverbreiteten hellsichtigen Praxis, die uns häufig — man war damals vorurteilsfreier — den Hellseher im Dienst approbierter Ärzte zeigt.[3] Ich will indessen den fraglichen Tatbestand der ausgeprägten Körperinschau zunächst an der Hand zweier neuerer französischer Forscher andeuten, von denen der eine, Dr. Paul Sollier, uns bereits als Theoretiker der Hysterie begegnet ist. Das Sehen des eigenen Innern trat nach seinen Beobachtungen gewöhnlich ein, während auf die Kranken die von ihm erfundene 'Erweckung' der einzelnen Gliedmaßen oder Organe angewendet wurde, die mit seiner Theorie der Hysterie im engsten Zusammenhang steht: der 'Befehl' des Wiederempfindens oder Wieder-in-Tätigkeit-tretens empfindungsloser oder 'eingeschlafener' Körperteile.

'Ich sehe,' behauptet eine von Solliers Versuchspersonen, 'deutlich im Innern, als ob ich drin wäre... Ich sehe in meiner Brust, in meinem Kopfe, wenn ich will... mit meinen Augen; es ist, als wäre ich offen;... im Unterleib ist es, als hätte ich Glas an Stelle der Haut, ich sehe hindurch; im Kopf ist es reflek-

---

1) Pr XIV 381. 2) Üb. Didier s. noch Macario, Du sommeil 199; The Lancet I (1844) 581ff., bes. 584b. Ähnl. Leistungen anderer Subjekte: Reichenbach II 607ff.; Esdaile 31; Buchanan I 184. 198; APS III 49f.; PS XXXI 514f. *Ganz* anders geartet die offenbar betrügerischen Versuche Eglintons, zB. Pr IV 82f. Gegen Hodgsons und Daveys Kritik das. 381ff. kann du Prel, Stud. II 215f. nicht verfangen. 3) zB. den berühmten A. J. Davis. Vgl. ferner Lebrun, Hist. crit. des pratiques superstit. (Amsterd. 1733) I 58 (Donna Pedegache); Kluge 192ff.; ATM II, 1 22; III, 3 6f.; XI, 1 34; Haddock 152ff. — Neuerdings vielfach 'Medien' in d. gleichen Rolle: zB. Mrs. Piper (Pr passim); APS V 40; PS XXXI 182. Ein guter Fall Mayo 214f. (psychometrisch auf große Entfernung; Pat. der Somn. unbekannt).

tiert, wie in einem Spiegel.' Das Gehirn sieht sie, 'als sähe ich ringsherum und dann im Innern'.[1]

Die Angaben gehen aber nicht nur auf Einzelheiten des groben Baues, sondern, wie man sehen wird, auch auf das Mikroskopische ein. Eine von Dr. Comars Kranken, ein einfaches Mädchen vom Lande, beschrieb ihm z. B. ihre Blase, 'wo zwei dünne Röhren einmündeten, und von wo eine andere, viel weniger lange, ausginge.' 'Sie fragte mich sogar eines Tages, während sie ihren Magen fühlte, 'ob sie auch die kleinen Falten fühlen müsse?' — Welche? — 'Alle die, die da im Innern sind und wo da kleine Körner mit Öffnungen sind.' — Eine andere beschrieb ihm den Verlauf mehrerer Schlagadern und deren Verästelung, und sagte schließlich nach besonders aufmerksamem Zusehen: das seltsamste sei, daß nach denen, die immer kleiner werden, es andere gebe, die gröber und gröber werden und die gegen das Herz zu aufsteigen... 'Sehen Sie, in meinem Herzen ist eine Flüssigkeit, die aus dem Herzen in die großen Gefäße tritt, dann in die kleinen; diese Flüssigkeit geht alsbald in andere gröbere Gefäße zurück; schließlich kehrt sie ins Herz zurück, von wo sie wieder ausgeht; aber es ist immer dasselbe, das da kreist, es hält nie an...' Über das Blut sagte sie: 'Da ist zuerst eine ganz weiße Flüssigkeit, und in dieser Flüssigkeit ist eine große Menge sehr kleiner roter Maschinen, fast rund, aber nicht völlig, sie sind flach, und die kleinen roten Dinger schwimmen in der weißen Flüssigkeit.' 'Dieselbe Kranke,' sagt Dr. Comar, 'beschrieb mir danach... ihre Lungen, Magen, Dick- und Dünndarm, ihre Nieren, ihre Leber, ihren Pankreas, indem sie während der Beschreibung am eigenen Leibe... ihre Umrisse nachzeichnete.'[2]

Auch das Gehirn in seinem mikroskopischen Bau selbst wird anscheinend gelegentlich sichtbar. Eine von Dr. Solliers Versuchspersonen beschrieb gewisse 'kleine Löcher in (hinter?) der Stirn', und gab auf unverfängliche Fragen noch an, daß darin 'kleine dünne Fäden [seien], die sich durcheinanderschlingen, wie ein Gewebe... mit Winkeln, Spitzen;... es sind da mehrere Schichten dieser kleinen Kammern.' Und eine fühlt und sieht Kegel (oder Zapfen) von verschiedener Form und Größe, aber in Wirklichkeit sehr klein und rings umstarrt von kleinen Fasern — wie Sollier ihre Angaben zusammenfaßt. 'Oh,' sagt die eine, 'wenn das wiederauflebt, so bringt es Mengen von Bildern mit sich, Erinnerungen, die sich mit den andern wieder vereinigen wollen... [Diese Löcher oder Kammern] dienen dazu, daß ich denke;... das zieht sich zusammen und entspannt sich beständig, wie eine Maschine in Vibration, ausgenommen diejenigen, welche schlafen.' — 'Wenn ich viel denken muß, geht das sehr schnell;... es ist [dann] auch roter (!); wenn die kleinen Spitzen sich zu bewegen, zu vibrieren anfangen, so macht das, daß mir das Bild vor meine Augen kommt;... aber die Bilder sitzen durch Fäden hier,' — dabei zeigt sie ihren Hinterkopf in der Höhe der Sehsphäre, — 'denn wenn sie schlafen, fühle ich dort nichts.'[3]

Daß in diesen Äußerungen durchweg leicht erkennbare histologische Wirklichkeiten angedeutet sind, wird nicht bezweifelt werden. Die meisten

---

1) tout autour — au dedans. Sollier, Autosc. 84 f. 2) 'wörtlich' (textuel) von Dr. Comar niedergeschrieben. Sollier, Autosc. 59. 61 (Comar, L'auto-représentation de l'organisme... Rev. Neurol. 1901 491 ff.). 3) Sollier 74 ff. 88 f., bes. 93. Vgl. Rud. Müller, Das hypn. Hellseh-Experiment... 2 Bde. (Lpz. 1898); ATM VII, 1 73; Kerner, Gesch. 94.

erklären sich selbst dem populären Wissen ohne weiteres: wie zB. Harnleiter und Harnröhre, Blutkreislauf und rote Blutkörperchen, Ganglienzellen samt Dendriten und Nervenfasern u. a. In den 'kleinen Falten' und 'kleinen Kammern mit Öffnungen', die Dr. Comars Kranke in ihrem Magen wahrnimmt, erkennt der Anatom unschwer die Schleimhautfalten (*rugae ventriculi*), Magengrübchen (*foveolae gastricae*) und verschiedene Arten der Magendrüsen mit ihren Orifizien. Ähnlich eingehend histologisch hatte schon Dr. Haddocks Somnambule Emma seine Lunge beschrieben: sie sah 'rosa Dinger, voller Löcher wie ein Schwamm', (eine leidliche Bezeichnung der Alveolen), 'mit Luft in den Löchern und Tausende kleiner Adern in allen Richtungen'.[1] — Diese Richtigkeit der augenlosen Körperschau zugestanden, erhebt sich gegen ihre Bedeutsamkeit nun natürlich der Einwand, daß hier ein gewisses einfaches anatomisches Wissen, aus normalen Quellen stammend, sich bei gegebener Gelegenheit halluzinatorisch äußere. Hiergegen haben wir nun zwar die ausdrückliche Bürgschaft der Versuchsleiter, daß ihre Subjekte, meist einfache und ungebildete Personen, ohne normale anatomische Kenntnisse[2] und sie selbst sich der Notwendigkeit bewußt gewesen seien, führende (suggestive) Fragen und sonstige Winke zu vermeiden; was aus mehreren Stellen ihrer Berichte hervorgeht. Unterdrückt man aber auch die Zweifel, die nach diesen Versicherungen noch nicht schweigen wollen, so verbleibt doch noch der Hinweis auf die Möglichkeit oder Wahrscheinlichkeit einer telepathischen Übertragung von Kenntnissen, welche die Versuchsleiter natürlich in reichstem Maße besaßen. Geradezu erregt, wenn auch durchaus nicht erwiesen wird dieser Verdacht durch die Aussage einer van Ghertschen Somnambulen, daß sie in ihrem Körper alles deutlich sehe, 'wenn der Arzt selbst mitsehe und durch seine Gedanken helfe; alles würde dann heller und deutlicher'.[3] Auch fällt die Art auf, in der die Aussagen einiger Versuchspersonen gewissen Lieblingstheorien ihrer Ärzte entgegenzukommen scheinen.

Größere Sicherheit gegenüber solchen Bedenken beanspruchen erst die Fälle, in denen das Wahrgenommene vermutlich — und vielleicht nachweislich — nicht nur den Versuchsleitern, sondern jedermann unbekannt war. Dies gilt möglicherweise von krankhaften Veränderungen des eigenen oder eines fremden Körperinnern, und zwar im besten Falle vor ihrer ärztlichen Feststellung.

Diesen Typ könnte zB. folgender Vorfall aus dem Leben der mehrfach erwähnten Anna Kingsford belegen (bei der, als einer ausgebildeten Ärztin, autoskopische Beobachtungen an sich natürlich bedeutungslos gewesen wären). Sie hatte eines Tages augenscheinlich in Maitlands Gegenwart gegen einen Anfall starker Übelkeit einige Tropfen Chloroform genommen, als sie wenige Sekunden darauf in somnambulen Zustand verfiel. 'Wie seltsam', rief sie in diesem aus, 'ich kann mein ganzes

---

1) Haddock 152ff. 2) Haddocks Emma, wenn auch völlig analphabetisch, war doch eines Arztes Magd. 3) ATM II, 1 49.

Inneres sehen und was es ist, das mich krank macht. Dicht unter dem Magen, zwischen Pylorus (Magenausgang) und Duodenum (Zwölffingerdarm), ist ein kleiner Abszeß, gefüllt mit schwarzem Eiter, erzeugt durch einen metallischen Körper, den ich mit dem Essen verschluckt habe.' Zu sich gekommen, stand sie der eigenen somnambulen Aussage völlig ungläubig gegenüber, erbrach aber gleich darauf dunkelgefärbten Eiter, 'wie aus einem eben geborstenen Abszeß, dessen Sitz ihr genau an der vorhin bezeichneten Stelle zu sein schien,' und in der Masse ein kleines Stück zackigen Metalls. Die Anfälle von Übelkeit hätten danach aufgehört.[1]

Ein verwandtes Beispiel nicht der Eigen-, sondern der Ferndiagnose entnehme ich den Leistungen der berühmten Frau Piper. 'Dr. Phinuit', der bekannte 'Kontrollgeist' dieses Mediums, hatte in einer Sitzung mit Herrn und Frau Dr. Thaw (10. Mai 1892) einem abwesenden nahen Verwandten, der schwer an Asthma litt, eine Nierenkrankheit nachgesagt, die daraufhin zwei Wochen später bei sorgfältiger ärztlicher Untersuchung zum ersten Male festgestellt wurde. 'W— kommt bald und plötzlich zu uns,' sagte Phinuit. 'Er wird einschlafen, und wenn er erwacht, wird er ein Geist sein. Herz wird anhalten. Nieren in Unordnung. Er ist durch und durch nicht in Ordnung.' Am 22. Mai bestimmte Phinuit die noch übrige Lebenszeit auf '6 Monate oder etwas weniger'. W— starb im Schlaf, infolge Versagens des Herzens, am 3. Sept. desselben Jahres.[2]

XL.

Theorie des Nahhellsehens.

Die vorstehende Übersicht über einige Gruppen anscheinend hellseherischer Leistungen wird erwiesen haben, daß Telepathie in der Tat das Mindestmaß der Begriffsmittel darstellt, womit den Tatsachen der Metapsychik überhaupt beizukommen sein könnte; sie wird also die nachträgliche Billigung des Lesers dafür erwirkt haben, daß ich s. Zt. auf die Erhärtung dieses Mittels durch Tatsachen verzichtete. Minder sicher ist, wie weit der Leser meinem Urteil beipflichten wird, daß die Zurückführung aller Erfahrungen des Hellsehens auf fremde telepathische Tätigkeit eine gekünstelte und insofern unwissenschaftliche Hilfsannahme zugunsten vorgefaßter Gedanken sei. Die Gewißheit, daß dem so sei, wird aber, wenn mich nicht alles täuscht, im Fortschritt der Tatsachendarlegung ständig wachsen, und ich will darum hier zu einigen theoretischen Erörterungen übergehen unter der einstweiligen Voraussetzung, daß die Abweisung der Deutung durch Telepathie schon jetzt gelungen und der Tatbestand des Hellsehens

1) Kingsford I 62. Die Beweiskraft des Berichts ruht allerdings völlig auf dem Vertrauen, das man in die Glaubwürdigkeit des reichlich wundersüchtigen, wenn auch ehrlichen Maitland zu setzen bereit ist. Vgl. Sollier, Autosc. 116f.; den Fall von Bertrand bei Podmore I 69f.; Wyld 175; v. Wasielewski 78f. 2) S. d. stenogr. Bericht Pr XIII 565f., dazu 352. Andre Beisp. Phinuitscher Diagnosen Pr VIII 34 (wo Ph. gegen die Ärzte recht behielt); VIII 120; XIII 496f.; VI 467.

wirklich gegeben sei. Auch dies zugestanden, wird es manchem zweifelhaft erscheinen, ob die angeführten Tatsachen wirklich durchweg einer natürlichen Gattung angehören; ob insbesondere die Fälle von Hellsehen in nächster Nähe von denen auf größere Entfernungen nicht zu sondern seien, in der Hoffnung, daß wenigstens jene irgendwie auf normale und anerkannte Vorgänge zurückzuführen sein möchten.

Es sollte mich zB. wundern, wenn sich dem Leser nicht der Versuch empfähle, die Tatsachen der Autoskopie mit den sog. Organ- oder Gemeinempfindungen in Zusammenhang zu bringen, zu deren Wesen es ja gehört, daß sie in krankhaften Zuständen sich weit über das normale Maß hinaus steigern.[1] Auch Solliers Behauptung, die Inschau verbinde sich mit dem Vorgang der Erweckung krankhaft 'eingeschlafener' Organe, könnte einen Fingerzeig in dieser Richtung geben, sofern hier eine Unterschiedsempfindlichkeit ins Spiel treten würde, die für gewöhnlich sich nicht betätigen könnte; indem gerade der stetige dumpfe Empfindungston des Körperinnern einer Empfindungslosigkeit fast gleichzusetzen ist. Es fällt ja ohnehin auf, daß den Subjekten selbst das innere Sehen in ein Fühlen übergeht;[2] warum also sollte jenes nicht Übersetzung solchen Fühlens sein? Die Angaben der Versuchspersonen vermengen tatsächlich häufig beide Arten des Erfahrens. So sagt die eine, sie sehe das Menstruationsblut, 'als ob ich Augen im Bauche hätte; ich fühle es'; eine andere, daß sie Teile ihres Gehirnes sehe und 'auch fühle'.[3] Der angeblich hellsehende Einblick in fremde und entfernte Leiber möchte dann immer noch durch telepathische Mitteilungen auf Grund eben solcher Innenempfindungen des durchschauten Andern zu erklären sein. Entgegnet man, daß von solchen gesteigerten Innenempfindungen in vielen Fällen nichts erwähnt werde oder zu erweisen sei, so ließe sich der bewährte Schritt ins Un- oder Unterbewußte tun, dessen Wahrnehmungsfähigkeit für kleinste Empfindungsbeträge ja so vielfach festgestellt ist. Auch ist die halluzinatorische Natur der Inschau zum mindesten in vielen Fällen ganz augenscheinlich, was sie ja sein müßte, wenn dies Sehen ein bloßes Übersetzen-in-Bilder von nicht-optischen Empfindungen wäre. Dr. Solliers Subjekte sahen vielfach das Innere ihres Körpers, Kopf, Wirbelsäule, Rippen, Lunge, Herz wie ein Bild vor sich, geradezu 'in der Luft', und zeichneten mit dem Finger die Umrisse vor sich nach.[4] Eine Versuchsperson sah ihr Nervensystem rings um sich her, sich selbst wie in einem Netze eingesponnen. 'Ich sehe nicht [das Gehirn] selbst,' sagte eine andere, 'ich sehe es wie in einem Spiegel... oder auf einem Schirm... Die Dinge, die ich am besten sehe, die sehe ich vor der Stirn.'[5]

Falls dem nachdenklichen Leser Zweifel aufsteigen, ob die Ableitung

---

1) Wundt I 361. 2) vgl. o. S. 404, Zl. 7 f. 29. 3) Sollier, aaO. 68. 97. 4) das. 60 62. 87. 5) das. 63. 85. Daß dieser halluz. Charakter sich mit echtem Hellsehen vertrage, werden wir später erfahren.

mikroskopischer Anschauungen — der Blutkörper, Hirnzellen, Nervenfasern, Magendrüsen — von Innen- und Organempfindungen nicht eine schlimme Überanstrengung des Grundsatzes bedeute,[1] so beeile ich mich darauf zu verweisen, daß uns noch ein anderer Weg frei steht, die Rückführung dieser Leistungen (falls wir sie nicht lieber gleich leugnen) auf halbwegs normale Vorgänge zu versuchen. Die Angaben eines der berühmtesten Körperinschauer und hellsehenden Diagnostiker scheinen diesen Ausweg anzudeuten.

Andrew Jackson Davis erzählt in seiner Selbstbiographie, wie ihm zu einer gewissen Zeit das innere Auge aufgegangen sei. 'Alle Dinge in unserem Zimmer... erschienen überraschend erleuchtet. Jeder menschliche Körper erglühte in vielen Farben..., jede Gestalt war eingehüllt in eine Lichtatmosphäre, die von ihr ausströmte... und den ganzen Körper durchdrang.' Nägel, Haare, Ohren, Augen, besonders der Kopf, alles hatte Lichtkreise um sich. Vor allem erschien unter diesen Umständen auch das Innere des Körpers wie Glas; zum ersten Male sah er die innern Organe, ein jedes als gesonderten Mittelpunkt von Licht. '[Ich sah von jedem Organ] die Form, einfach indem ich die Ausströmungen beobachtete, die es umgaben.' Lichtflammen erschienen an den verschiedenen Teilen des Herzens; besonders aber das Hirn erschien 'sehr leuchtend in prismatischen Farben'. Er sah die Gedanken als 'Flammen, als schöne Atmungen'; ähnlich die Strömungen vom Hirn durch den Körper, und die Nerven in einer 'milden goldenen Flamme'. Die Venen erschienen dunkel purpurn leuchtend, die Arterien hellstrahlend feurig, nur die Knochen 'sehr dunkel und braun'.[2]

Diese vielleicht phantastisch ausgeschmückte Schilderung eines weit zurückliegenden Erlebnisses weist uns immerhin auf jene schier zahllosen Beobachtungen verläßlicherer Personen, die sich seit längerer Zeit mit den 'Strahlungen' des menschlichen Körpers und seiner Organe beschäftigt haben.

Die Behauptung solcher Strahlungen ist sehr alt; sie zieht sich durch die Jahrtausende. Die Somnambulen der klassischen Zeit bestätigten sie aufs neue. Aber erst Reichenbachs Untersuchungen über das 'Od' und den 'sensitiven Menschen' stellten sie in einen Zusammenhang zahlreicher, sich gegenseitig ergänzender Beobachtungen und Versuche, und liehen ihnen den Nachdruck, den unabhängig erworbener wissenschaftlicher Ruf verleihen kann.[3] Reichenbach suchte durch die Aussagen zahlreicher Sensitiver (darunter Personen von guter Bildung) zu erweisen, daß alle Körper in einer quantitativen Abstufung, die ihren chemischen und elektrischen Eigenschaften entspreche, 'odische' Strahlen aussenden, die den Schwachsensitiven als Temperaturempfindungen angenehmer oder unangenehmer Art, stärker Sensitiven als Licht- und Farbenempfindungen bewußt würden. Die mächtigsten Strahler sollten Magnete, Kristalle und vor allem der menschliche Körper sein. In diesem sollten zB. das Blut und die Nerven selbstleuchtend erscheinen; die Finger sollten ein Licht ausströmen, das bei Druckabstauung des Blutzuflusses

1) Die Voraussetzung anatom. Wissens bleibt hier angesichts der sachverwandten Fälle von Krankheitsdiagnosen außeracht. 2) Davis, Staff 214—217. 3) Reichenbach war Chemiker und Geologe von Bedeutung.

in den Arm aufhörte.[1] Hauptsächlich vom Hirn aus sollte ein sog. odischer Strom, den Erregung jeder Art steigerte, längs den Nerven herabsteigen und ihnen bis in die letzten Verzweigungen folgen.[2] Die Sinnes- wie die inneren Organe erschienen als Quelle anderer, deutlich unterscheidbarer odischer Lohen. Diese sollten selbst äußere Gegenstände für den Blick der Sensitiven beleuchten können, durch Linsen konzentriert, durch Spiegel zurückgeworfen werden.

Reichenbachs Ergebnisse erweckten bei ihrem Bekanntwerden auf manchen Seiten stärkste Teilnahme und bewundernde Mitarbeit; aber schon zeitgenössische Kritiker suchten die Beobachtungen seiner Sensitiven ausnahmelos auf unbeabsichtigte Suggestionen der Versuchsleiter zurückzuführen. Braid bereits teilte Versuche mit, bei denen die Versuchsperson an den stärksten Magneten keinerlei Odflammen wahrnahm, bis ihr gesagt wurde, wonach sie ausschauen solle, worauf sie solche Flammen an hölzernen Kästen und nackten Wänden sah.[3] Daß solche Einwände weit entfernt sind, zu beweisen, was sie beweisen sollen, ist freilich selbstverständlich. Reichenbach hatte ausdrücklich die Wahrnehmungsfähigkeit für die Strahlungen der Körper als Besonderheit gewisser Personen bezeichnet. Daß andere, die zu keinen odischen Wahrnehmungen befähigt wären, gleichwohl zu entsprechenden Halluzinationen veranlaßt werden könnten, brauchte er keineswegs in Abrede zu stellen. Nicht nur sind den Reichenbachschen Beobachtungen durchaus entsprechende häufig vor wie nach ihm völlig spontan und ohne jede Erwartungssuggestion aufgetreten;[4] auch in den schier unübersehbaren Verzweigungen seiner eigenen Versuche und Entdeckungen ist soviel ungewollter und natürlicher Zusammenhang, daß man eigentlich über die Leichtfertigkeit staunen muß, die soviel Arbeit mit dem unstichhaltigen Einwande der suggerierten Halluzination beiseiteschiebt, ohne letzten Endes einen anderen Grund dafür zu haben, als die Idiosynkrasie gegen alles, was nur entfernt an 'Okkultismus' erinnern könnte. Daß vollends die neueren Anschauungen über Radioaktivität der Materie die Beweislast von Reichenbachs Angaben bedeutend vermindert haben, braucht kaum erwähnt zu werden.

Indessen liegt mir hier nichts an der Verteidigung des Od: ich wünsche es nur dem Gegner des Hellsehens als einen hypothetischen Ausweg anzutragen. In der Tat wurde die naheliegende Deutung der Sichtbarkeit des Körperinnern durch odische Abzeichnungen seiner verschiedenen Formgebilde bereits von Reichenbach vertreten, der von Höchstsensitiven erwartete, daß sie nach einigen Stunden in der Dunkelkammer den ganzen Leib durchschauen müßten.[5]

Von seinen Versuchspersonen fand zB. Frau K. ihre Finger ganz durchsichtig, wenn sie sie nahe an einen elektrischen Konduktor heranbrachte, so daß 'die Nägel-

1) zB. Reichenbach II § 1793f. 2) das. §§ 2022ff. 3) bei Podmore, Spir. I 120. 4) S. zB. die ganz spontane Aussage der ungebildeten kleinen Mary Delves, die dafür 'bestraft' wurde: Crowe 365. Ausschließung von Suggestion durch Reichenbach selbst zB. I 195 (§ 432). Vgl. auch die früheren und späteren, aber durchaus verwandten Beobachtungen: ATM XII, 1 19ff. (Nick); Allg. Ztg., Beil. v. 9. März 1851 S. 1082; Prof. Kielmeyer i. J. 1807 (bei Reichenbach § 2027); Dupouy 40. 43ff. 54. 58. 68 (nach Durville, Luys, Goudard); photographische Versuche von Jodko u. a. bei Dupouy 45ff.; PS XXXIII 585; Beob. an Pflanzen: Dupouy 23; PS XXXII 88f. u. sonst. 5) Reichenbach § 1786. 1827. Ebenso Dr. Kleins Somn. in ATM III, 3 115.

spitzen Elektrizität saugten'; sie unterschied dann Adern, Nerven, Sehnen, Bänderfasern usw.[1] Ähnlich hatte bereits eine Patientin Pététins ihr 'Inneres und die merkwürdigen Formen [ihrer] Körperorgane mit einem Netzwerk von Licht umgeben' und eben darum überhaupt wahrgenommen. 'Hier,' sagte sie zB., 'ist [mein Herz]: es schlägt immer zweimal, beide Seiten zugleich; wenn der obere Teil sich zusammenzieht, schwillt der untere an und zieht sich gleich darauf zusammen. Das ausströmende Blut leuchtet ganz hell und fließt durch zwei große Adern ab, welche aber etwas seitwärts liegen.'[2] Und eine Somnambule Heinekens fand alle ihre Glieder 'mit Licht durchströmt: ich sehe das Innere meines Körpers, alle Teile erscheinen mir gleichsam durchsichtig.'[3]

Aber der etwaige Gewinn aus der Zugestehung der fraglichen Tatsache würde alsbald wachsen: denn sie würde auch eine Deutung des Hellsehens lebloser Gegenstände auf geringe Entfernungen verheißen. Den Sensitiven leuchtet ja, wie wir sahen, auch das Anorganische in wechselnder Art und Stärke. Nicht nur jeder elektrische und magnetische Vorgang, jede chemische Umsetzung, jede Kristallisation soll von Lichterscheinungen begleitet sein;[4] auch das ruhende Element gibt Strahlen ab, so daß Reichenbachs Sensitive nach solcherlei Beobachtungen eine od-chemische Elementenreihe aufstellen konnten,[5] die mit den unabhängigen galvanischen und elektrochemischen Anordnungen der Laboratoriumsphysiker gut übereinstimmen soll.[6] Es ist nicht mehr, als wir danach erwarten, daß schließlich der Nahhellsehende sich durch das eigenartige Leuchten 'aller Dinge' zu seinen Wahrnehmungen instand gesetzt fühlt, wie jener Somnambule Donnets, der, nachts aus dem Keller Wein holend, ein Licht zurückwies, weil für ihn 'alle Gegenstände leuchtend' seien.[7]

Kommt die Wissenschaft mit ihren Lehren über Strahlungen den Reichenbachschen Forschungen auf der objektiven Seite entgegen, so geben ihr auf der subjektiven mannigfache Feststellungen über Hyperästhesie (Überempfindlichkeit) eine gewisse Möglichkeit, seine Forderung der Sensitivität anzuerkennen.

Daß solche Überempfindlichkeit vor allem ein Merkmal hypnotischer Zustände ist,[8] vertrüge sich dabei gut mit der Tatsache, daß auch Hellsehen so oft mit schlafartigen Bewußtseinslagen zusammenfällt. Aber auch außerhalb derselben sind zB. an Ophthalmiekranken, wie in Zuständen sog. Nyktalopie — des 'Nachtsehens' — außerordentliche Steigerungen der Netzhautreizbarkeit beobachtet worden, in denen das normalen Augen durch Dunkelheit Verborgene mit Leichtigkeit gesehen wird.

---

1) Reichenbach § 2252. 2) S. Mayo 129; du Prel, Mag. II 19. 3) bei du Prel, aaO.; vgl. Perty, M. E. I 281 (C. Krämer). Vgl. vielleicht auch gewisse Schauungen 'pflanzenphysiol.' Inhalts: Maitland 98f.; Bucke 271; Perty, aaO. 217 ('organisierte Lichtwelt'); ATM III, 3 115. 4) Reichenbach §§ 2347—69; Dupouy 41f. 65 (nach Charpignon und Luys). 5) Reichenbach I 705. 6) du Prel, Mag. II 124. 7) du Prel, Entd. I 76f. (nach Puységur); vgl. Esdaile 31; Haddock 66. Die hier angedeutete Hypothese befürwortet auch du Prel in Mag. I 38ff. 8) S. hierzu zB. Moll 100 (Geruch); Myers I 474, nach Liébeault (Gehör); Despine 321f.; Myers I 479, nach Bergson (Gesicht). Zur Theorie (Reizstauung infolge funktioneller Einengung) s. Marcinowski in ZH IX 34.

Verwandtes könnte ja bei Sensitiven wie bei Nahhellsehenden als Grundlage ihrer Leistungen angenommen werden, sei es als Dauerzustand, sei es als vorübergehende Wirkung der Hypnose. Eine mannigfach hellseherisch veranlagte Person berichtet bezeichnenderweise von sich eine 'fast übernormale Entwicklung des Gesichts, Gehörs, Getastes und Geruchs';[1] und Dupouy glaubte geradezu gesteigerte Durchblutung der Netzhaut bei Luzidität feststellen zu können. Auch hat man mehrfach eine charakteristische Besonderheit von Auge und Blick bei Hellsehern wahrnehmen wollen: ein 'eigentümliches Licht' ihrer 'scharfen Augen'.[2]

Die Hoffnung nun, durch Überempfindlichkeit des normalen Auges für Strahlen, welche 'undurchsichtige' Hüllen der Dinge oder des Körpers und natürlich auch das Lid des geschlossenen Auges[3] durchdringen können, die Leistungen des Nahhellsehens zu erklären, diese Hoffnung scheint freilich so schnell zu zerrinnen, wie sie entstanden ist. Einmal widersprechen ihr gewisse Beobachtungen, die eine Teilnahme des Auges als eines dioptrischen Apparats anscheinend überhaupt ausschließen. Nicht nur, daß gelegentlich von Kurzsichtigkeit der Nahhellseher berichtet wird[4] — diese ließe sich ja zeitweilig überwunden denken —; sondern auch die wiederholt festgestellte Tatsache, daß Nahhellseher nicht nur die Lider schließen, sondern auch die Augäpfel nach oben und innen verdrehen,[5] läßt nicht darauf schließen, daß sie überhaupt zu blicken beabsichtigen. Zettelleser halten denn auch meist das zusammengefaltete Papier nicht in der Blickrichtung des Auges, sondern etwa seitwärts fortgestreckt, oder an die Stirn gedrückt, oder sonstwie.[6] Auch sehen sie nie Spiegelschrift, wenn sie ein einseitig beschriebenes Papier (in undurchsichtiger Umhüllung) bald mit der einen, bald mit der andern Seite an die Stirn legen.[7] Vor allem aber müssen wir uns besinnen, daß ja die gesehenen Gegenstände, zumal des eigenen Körpers, vielfach außerhalb jeder möglichen Blickrichtung liegen, und daß auch, wo dies nicht geradezu der Fall ist, die Berichte nie ein Wort sagen von den außerordentlichen (und, wenn sie stattfänden, gewiß auffallenden) Verdrehungen des Kopfes, welche notwendig wären, um dem sensitiven Auge das Innere auch nur des Rumpfes oder gar der Brusthöhle darzubieten.

Wir befinden uns somit in einer seltsamen Zwickmühle zwischen Tatsachen, die eine Beteiligung der Augen überhaupt andeuten, und andern, die ihre völlige Ausschaltung, vollends als dioptrischen Werkzeugs, beweisen. Schenken wir, wie billig, den letzteren das größere Vertrauen, so lassen sich die ersteren immer noch durch den Willen des Subjektes zum 'Sehen' überhaupt erklären, einen Willen, der sich auch bei übernormaler Leistung soz. in das Organ des normalen Sehens verirren könnte; etwa nach Analogie der

---

1) K. E. Henry-Anderson in OR 1905 I 71. 2) S. APS VI 303. 3) Über angebl. ungehinderte Od-Wahrnehmung auch bei geschlossenen Augen bei gewissen Sensitiven s. Reichenbach II 23f. § 1676. 4) S. zB. PS XXIX 62 (Anna Yussuf Nail) und Wyld 173. 5) S. zB. Despine 340. Vgl. 317. 333, und v. Gumppenberg in Die Kritik IV (1895) 1792. 6) Vgl. o. S. 398 f. 7) Nach v. Wasielewski bei Tischner, Üb. Tel. u. Hellsehen 106.

Heiserkeit, die man zuweilen nach rein vorgestelltem Singen verspürt. Damit aber wäre die Verlockung zur 'natürlichen' Deutung der Tatsachen beseitigt und eine physiologische Erklärung des Nahhellsehens überhaupt einstweilen aufgegeben. —

Merkwürdigerweise aber hält die hypothetische Physiologie des Hellsehens noch andere Beobachtungen bereit, die ebenfalls, während sie auf der Mitwirkung leiblicher Organe 'irgendwie' zu bestehen scheinen, doch keine spezifische Anpassung des Organs an die Leistung erkennen lassen. Ich meine die gelegentlich schon gestreifte groteske Tatsache der sog. Transposition der Sinne oder paradoxen Wahrnehmung, d. h. der 'Wahrnehmung' durch abnorme, weil nicht dazu geschaffene, unspezifische Körperstellen. Wir werden auch diese Tatsachen nicht unbesprochen lassen dürfen, weil jede Aussicht auf normale Deutung metapsychischer Leistungen erwogen werden muß, ehe die Einführung neuer Grundbegriffe versucht wird.

Ich übergehe hier die 'abnorme Akustik': die hundertfach beschriebene Tatsache des 'Hörens' durch Fingerspitzen, Fußsohlen, Zehen, Magengrube usw., weil der naheliegende Einwand: daß hier normal gehört werde und die paradoxe Lokalisation nur eingebildet sei, ohne Umständlichkeit nicht erwogen, geschweige widerlegt werden könnte und die akustische Seite des Problems ohnehin nur geringes Interesse für unsern Zusammenhang hat.[1]

Das Sehen vermittelst paradoxer Körperstellen ist ähnlichen Einwänden natürlich sehr viel weniger ausgesetzt, und in den besten Versuchen darf man die normale Mitwirkung der Augen für ausgeschaltet halten; jedenfalls wäre es lächerlich, zu denken, die alten Experimentatoren, die hier hauptsächlich in Betracht kommen, hätten in diesem Punkte Sorglosigkeit walten lassen.[2] Gmelin ging u. a. so weit, den ganzen Kopf seiner Versuchsperson (Lisette Kornacher) in 'Taffet' einzuwickeln, 'so daß ich ihn um den Hals zusammenzog', und 'über ihrer Brust und Unterleib ein Stück schwarzen Taffet zu spannen'; trotzdem 'erkannte sie... vor die Herzgrube gehaltene Gegenstände... ohne Fehl'; während sie dieselben nicht erkannte, wenn er sie 'an ihrem Kinn ihr so vorhielt, daß [sie sie bequem durch eine Augenspalte hätte wahrnehmen können].'[3]

Die verrufene 'Herzgrube' ist indes nicht der einzige paradoxe Sehfleck: Ohr, Stirn, Scheitel, Schläfe, Hinterkopf, Schulter, beide Beine, Fußsohlen, Zehen, Ellbogen, Handflächen, Finger usw. werden vielfach erwähnt.[4] Vielleicht genießt die Hand sogar einen Vorzug. Esdaile veröffentlicht den Brief eines schottischen Geistlichen an Sir George Mackenzie (Präsident der Edinburger Phrenologischen Gesellschaft), dessen Versuchsperson imstande war, 'den Inhalt jedes beliebigen Geschriebenen zu erfassen,[5] indem sie bloß die Hand auf das Papier legte, ohne die Zeilen oder Buchstaben mit dem Finger nachzuziehen; und erst gestern abend

---

1) Die Tatsachen s. zB. ATM I, 1 20. 25 (Nordhoff); V, 1 12f. (Dr. Klein); Köttgen, Maria Rübel, die Hellseherin... (Halle 1819) 101ff. 107ff.; Esdaile 26. 98f.; Pr V 264f. (Dr. Fontan); Pr XIII 398f. (Mrs. Piper!). 2) S. zB. Dr. E. Gmelin, Materialien f. d. Anthropologie (Heilbronn u. Rothenburg o. T. 1791/3) II 72. 75. 3) Das. II 115. 4) Belege zB. bei Werner 322f.; Perty, M. E. I 219f. 282; Mayo 184f. 5) (?) — collect.

sah [sic] ich sie auf diese Art den Inhalt einer eben ins Zimmer gebrachten Mitteilung angeben, während ich selbst sie nicht ohne Kerze entziffern konnte, und zwar mit einer Geschwindigkeit, in der ich sie nicht einmal bei Tageslicht hätte lesen können.'[1]

Sieht man zur Deutung solcher Beobachtungen von der Annahme versteckt-normalen Sehens ab — bei der angewandten Vorsicht ein willkürlicher Einwand —, so möchte man am ehesten unbewußte Winke oder aber telepathische Hilfsleistungen des Versuchsleiters vermuten.[2] Indes auch diese Zweifel werden von Versuchen widerlegt, die ausdrücklich Gewicht darauf legen, daß die Einzelheiten der gestellten Aufgabe selbst dem Versuchsleiter unbekannt gewesen seien.

Tritschler zB. experimentierte mit dem 13jährigen Matthias Schurr in der Weise, daß er mit abgewandtem Gesichte Karten aus einem Pack herausgriff, sie in der Hand verschließend, und dann im völlig finstern Zimmer verdeckt unter die Bettdecke auf die Magengrube des ('magnetisch') schlafenden Knaben brachte, wo sie nach einiger Zeit und Anstrengung allmählich von ihm erkannt wurden.[3] Dr. Ferrus hielt seine Taschenuhr gegen das Hinterhaupt seines Subjektes in einer Entfernung von 3—4 Zoll, nachdem er die Zeiger, ohne hinzusehen, willkürlich auf gut Glück mehrmals herumgedreht hatte, und erzielte richtige Angaben ihres Standes.[4] Und Dr. Gibier berichtet über Versuche mit einer 20jährigen Jüdin, welche, 'eingeschläfert', die ihr aufgetragene erste Zeile einer bestimmten Druckseite las, in einem Buche, welches ebenfalls auf gut Glück herausgegriffen und mit dem Deckel nach oben einige Zentimeter 'über des Subjektes Haupt' geöffnet worden war, wobei die Augen der Person mit Watterollen und Tuch verbunden waren und die Versuchsleiter 'nicht wußten, bei welcher Seite [das Buch] aufgeschlagen worden war.' Die 'nach einem Augenblick des Zögerns gelesenen Worte waren: *l'idendité ramène encore à l'unité, car si l'âme...*', die ganze Zeile außer den zwei letzten Worten. Hier trat bereits Erschöpfung ein.[5]

Vermutet man nun aber wirkliche Wahrnehmung irgendwelcher Art durch die betreffenden Körperstellen, so empfiehlt sich zunächst natürlich eine Deutung durch — etwa hyperästhetisches — Tasten, oder Wärme-, chemisches, elektrisch-magnetisches oder irgendein sonstiges Empfinden der normalen Nerven und Organe dieser Stellen, das erst in zweiter Linie — falls überhaupt — in Gesichtsvorstellungen übertragen würde.[6] Dafür spräche die Beobachtung, daß manche Versuchspersonen zB. Gedrucktes oder Geschriebenes sorgfältig mit den Fingerspitzen betasten,[7] oder an-

---

1) Esdaile 28f. Vorzügliche Beob. von Dr. Fontan in RPh Aug. 1887; daraus in Pr V 263ff.; s. bes. 267f. (farb. Wollproben unter Glas mit den Fingerspitzen unterschieden). Vgl. ATM III, 1 104f. üb. die blinde Miss McEvoy; III, 2 90ff. 126f.; 131 (Kieser über A. Arst); III, 3 18 (van Ghert über Mme Millet); Haddock 99. 102f.; Pr XIII 449f.; Lombroso 4ff. (eigene Versuche); PS XXXIV 245. 2) So zB. Turtle Cooke 52; vgl. Gurney II 345—7. 3) Aus ATM I,1 bei Perty, M. E. I 329. 4) Aus Dict. de Méd. in PS V 324f. 5) Gibier 141f. — An allen diesen Berichten läßt sich billig mäkeln; doch ruht hier auf ihnen — wie man sehen wird — keine Beweislast. 6) So allg. Despine 174f. 7) Wie die Caroline V. bei Mayo 134; die blinde McEvoy in ATM III, 1 104ff.; Gmelin aaO. II 71f.

dere engumschriebene Wahrnehmungsstellen über die einzelnen Teile des zu 'Lesenden' hinzuführen scheinen,[1] oder zum mindesten dieses an die fraglichen Hautstellen anschmiegen oder andrücken.[2] Auch würden sich hiermit gelegentliche seltene Beobachtungen verknüpfen lassen, wonach die paradoxen Sehstellen Überempfindlichkeit schmerzhafter Art gezeigt hätten,[3] oder örtliche Rötungen, die sich gelegentlich zu sog. Ekchymosen fortbildeten, d. h. örtlichem Blutaustritt in geringer Menge; wie etwa bei der Mme Eugénie des sorgfältig beobachtenden älteren Despine, die von einem Dritten geschriebene Worte las, indem sie die Schrift an 'einen kleinen tiefroten Fleck' zu bringen suchte, wovon sie an jedem Fuße einen hatte; ihr Kopf war derweil in eine Schärpe und 'mehrere schwarze Stofftücher' eingewickelt.[4]

Aber die Hoffnungen auf Verständnis, die solche Einzelzüge wecken mögen, sind von kurzem Bestand. Geht schon das Lesen von flacher Schrift mit der ruhenden Hand oder gar anderen Hautflächen weit über das hinaus, was der feinstfühlende Blinde beim Lesen leistet, so verlieren wir ja bei zahlreichen Versuchen jede Beziehung zum Getast überhaupt, oft wohl schon durch Zwischenschaltung der Haarmassen;[5] noch deutlicher, wenn zB. das Lesen bei leicht abschätzbarer Entfernung der angeblich lesenden Stelle von der Schrift vor sich geht.[6] Die Auswege aber, die uns hiernach noch bleiben, sind schmal und steinig und verlieren sich bald in tiefes Gestrüpp. Irgendwelche den nervösen Endorganen der Haut zukommende Reize (und ein Überreichtum der Haut an mancherlei Endorganen ist ja gegeben) sollen auch ohne Berührung das Erkennen von Dingen ermöglichen. Die viel behauptete Erregbarkeit von Hautnerven durch Metalle[7] mag einzelne Fälle anscheinenden Nahhellsehens erklären: wie wenn zB. eine von Pététins Patientinnen 'bei verschlossenen Augen die Stunde und Minute auf einer Taschenuhr angab, indem sie den Zeigefinger auf dem Glase der Uhr umherführte.'[8] Braid, der bei einigen seiner Subjekte die Fähigkeit beobachtete, wenigstens die Form von Gegenständen zu unterscheiden, die der Nackenhaut, dem Scheitel, dem Arm oder der Hand bis auf $1^1/_2$ Zoll genähert wurden, führte diese Gabe, unter Berufung auf 'äußerst gesteigerte Empfindlichkeit der Haut', versuchsweise auf die kalorischen Eigenschaften der Dinge zurück, d. i. ihre Neigung, Wärme auszustrahlen oder zu verschlingen.[9] Gerade die Form von mehr

1) S. Perty, M. E. I 288 (über v. Gherts Somn.). Über verfeinerte Entfernungsschätzung bei Hautberührung s. Bramwell in Pr XII 177f. 2) Wie Dr. Bulteels Somn., bei Mayo 127. 3) S. zB. Perty, M. E. I 218 (nach Despine): Fingerspitzen. 4) Despine 167; vgl. 172. Über engste Begrenztheit der angeblich wahrnehmungsfähigen Stellen s. noch Mayo 184; Perty, aaO. 293. 5) S. zB. Mayo 184f. (Hinterkopf-Lesen 'junger Mädchen'). 6) S. Despine 169; Werner 322; Mayo 184f. (5—6 Zoll hinter linkem Ohr); ATM III, 1 107f. (bis zu 12 Zoll). 7) S. zB. über die Metallfühlerin K. Beutler: Passavant, 2. Aufl. 69f. Über die Möglichkeit von Hypersens. für Metalle, galvan. Kontaktstellen u. dgl. s. zB. Daumer, Mitteil. üb. Kasp. Hauser (Nürnb. 1832) I 11; II 40f.; Despine 161; Binet 293. 8) Bei Perty, M. E. I 158. 9) Bei Sidis, Suggestion 149; vgl. Despine 174f.

oder weniger ausgedehnten Gegenständen vermag ja aber auch der Blinde mit seinem rätselhaften Hautsinn zu unterscheiden.

Ein guter Selbstbeobachter unter diesen sog. Unglücklichen, Herr W. Hanks Levy,[1] will nicht nur hoch oder kurz, schmal oder umfangreich an ihm gegenüber befindlichen Dingen unterscheiden können (und zwar im Gehen wie ihm Ruhen), sondern auch ob ein Ding vereinzelt oder zB. ein weitreichender Zaun sei, ob ein solcher geschlossen oder aus Latten gebildet, ob geradlinig abgeschlossen oder mit Vorsprüngen nach oben versehen sei; oft auch ob er von Holz oder Stein sei. Er kann Türen und Fenster bezeichnen, gleichgültig ob offen oder geschlossen, und zwar Fenster leichter, wenn sie aus mehreren Scheiben, als wenn sie aus einer bestehen. — Dabei fällt als Parallele zu den oben berichteten Tatsachen auf, daß Blinde bisweilen den rätselhaften Sinn an engbegrenzte Körperstellen gebunden oder allmählich auf solche sich zurückziehend empfinden. W. Hanks Levy nannte als solche die Haut des Gesichts, wie denn auch dichte Verschleierung des Gesichts den Sinn vollkommen aufhob; und ein anderer, der zunächst Gesicht und Hände als wahrnehmend empfunden hatte, glaubte gegen die Mitte des zweiten Jahres nach seiner freiwilligen Erblindung eine 'Verörtlichung' des Sinnes zu bemerken, der sich auf der Stirn und den Schläfen 'wie in einem Brennpunkt' sammelte, wodurch größere Genauigkeit der Eindrücke und Sicherheit der Bewegungen bewirkt wurde.[2] Daß nicht Unterschiede der gewöhnlichen Lichtbestrahlung hierbei ausschlaggebend sind, scheint der Umstand zu beweisen, daß Dunkelheit dieses Sinnesvermögen nicht vermindert; während seine Verringerung bei Nebel doch Abhängigkeit von materiellen Einflüssen der Dinge erweist: Luftdruck soll es nicht sein, denn Stärke und Richtung des Windes sind ohne Einfluß.

Die Ratlosigkeit, in der uns solche Angaben einstweilen lassen, mag es erlaubt, wenn nicht gar geboten erscheinen lassen, das Nachdenken des Lesers auf den Boden noch dunklerer nicht bloß, sondern auch weniger verbürgter Tatsachen zu verlocken, um nichts unerwähnt zu lassen, was künftig vielleicht auf diese problematischen Vorgänge Licht werfen könnte. Rochas, ein phantasievoller Vorkämpfer des französischen Okkultismus, glaubte bei gewissen tiefhypnotisierten Subjekten die Empfindungsfähigkeit der Haut selber durch die bekannten 'mesmerischen Striche' (*passes*) 'exteriorisieren' zu können.

Von den ersten Strichen an verschwände die Sensibilität der Haut und des Geruches vollständig. Nach einiger Zeit seien diese Sinne nicht 'spezialisiert' für den Magnetiseur und die Personen oder Gegenstände, die er mit seinem Fluidum lädt'; sondern die Sensibilität exteriorisiere und lege sich bei fortgesetztem Streichen in S c h i c h t e n p a r a l l e l u m d i e O b e r f l ä c h e d e s K ö r p e r s. Die leuchtende Schicht, die für das Auge des Sensitiven seine Haut bedeckt, scheine sich nämlich in die Luft aufzulösen, erscheine aber nach einiger Zeit wieder in Gestalt eines leichten Nebels, der sich langsam verdichte und leuchtend werde und schließlich die Gestalt

1) Bei W. James, Princ. of Psychol. II 204f. Vgl. über Hendrickson bei Buchanan III 119ff. 2) Aus Mag. f. Litt. LXIII (1894) 883ff. in PS XXII 429. Eine akust. Deutung befürwortet Truschel in AGP XIV 133ff.

einer sehr dünnen *couche* annehme, die in einem Abstand von 3 oder 4 cm allen Umrissen des Körpers folge. Hinfort erzeuge Einwirkung auf die *couche* seitens des Magnetiseurs dieselben Empfindungen, die vordem durch Einwirkung auf die Haut erzeugt wurden. Bei fortgesetzter Magnetisierung bilde sich sogar eine Reihe solcher *couches*, in Abständen, die von Subjekt zu Subjekt zu wechseln scheinen, von denen die äußerste mehrere Meter von der Oberfläche des Körpers entfernt sei, und deren Sensibilität mit dem Abstand vom Körper abnehme. Nähere das Subjekt seine Hände einander so, daß die beiderseitigen *couches* zusammenfallen, so bewirke Reizung der letzteren gleichzeitige Empfindung in beiden Händen; nähere man die Hände einander so, daß die parallellaufenden *couches* beider Hände einander soz. zwischengeschaltet seien, so bewirke Durchfahren dieser gemischten Reihe etwa mit einer Flamme abwechselnd aufeinanderfolgende Empfindungen in beiden Händen.[1]

Den vom Gegner erhobenen Einwand unwissentlich geübter Normalsuggestion suchte Rochas experimentell zu entkräften; er 'zwickte' das Subjekt hinter dessen Rücken unerwartet, wobei Entfernungen von zunächst 10 cm, dann in Abständen bis auf 3—4 m anwachsende sich als wirksam erwiesen. Die so auf ihren Abstand vom Körper geprüften empfindlichen Schichten will er dann mit einer Flamme und Nadel nachgeprüft haben: das Subjekt schrie im entsprechenden Augenblick auf und klagte über Brennen oder Stechen. Geschlossene Türen, selbst Mauern hätten dabei kein Hindernis gebildet.[2]

Die sorgfältige, jedenfalls bewußte Ausschließung normaler Suggestionen[3] schließt nun freilich nicht telepathische Beeinflussung aus, und selbst M. Denis' Versicherung, daß er mit 'Gedankenbefehlen' bei seinem Subjekt nur selten Erfolg gehabt, widerstreitet nicht der Annahme größerer Wirksamkeit von ungewollt-unbewußten Suggestionen. Aber auch abgesehen hiervon: die Versuche, die vielfach einen dilettantischen Eindruck machen, bedürfen nicht nur der tatsächlichen Nachprüfung, sondern auch erst noch der elementarsten sachlichen Deutung.[4] Sieht man selbst hypothetisch die Schichten für wirklich an: die Rätsel beginnen damit erst. Was wäre ihr Material, was ihr Bau? Sie vermitteln anscheinend spezifisch verschiedene Empfindungen und lokalisieren sie;[5] sollen wir ihnen also auch spezifische Endorgane zuschreiben? Die Frage führt auf eine Schwierigkeit, die auch den andern Beobachtungen anhaftet, die zur Deutung der paradoxen Wahrnehmung herangezogen wurden. Gleich dem Lesen der metallenen Uhrzeiger, gleich dem kalorischen Hautsinn, gleich dem seltsamen sechsten Sinn der Blinden halten sich auch Rochas' *couches* innerhalb des Bereiches einfachster und gröbster Wahrnehmung. Keine

1) Rochas, Extér. 52ff.; vgl. PS XXIV 337f. (über Eusapia Palladino). 2) S. ÜW VII 14ff. 117ff. 153ff.; hier bes. 22 (Mitteil. v. Dr. Boudroux). Vgl. möglicherweise auch Pr X 413 oben. 3) S. zB. ÜW VII 155. Üb. photograph. Aufnahme couches-ähnlicher Gebilde durch Prof. Wagner i. J. 1891 (also 3 Jahre vor Rochas' Veröffentlichung) am Med. Nikolajew s. Petrowo-Solowowo 190. Rochas' Versuche wurden wiederholt von Dr. Joire (s. ASP 1897 u. 1903). 4) Couches als opt. Interferenzersch. aufgefaßt von Delanne (136 ff.). 5) Eine Ausnahme ÜW VII 154.

dieser Wahrnehmungsarten versteigt sich zB. bis zum Lesen geschriebener oder gedruckter Schrift. Keine Erscheinung aber ist erklärt, wenn sie nicht auch in ihren schwerstzudeutenden Formen erklärt ist. Die Schwierigkeit, die den verwickelteren Leistungen des Nahhellsehens gegenüber entsteht und die bezeichnenderweise meistens stillschweigend übergangen wird, beruht auf dem Fehlen eines dioptrischen Apparates, wie er für die Wahrnehmung feiner Gestaltungen selbst auf kurze Entfernungen unerläßlich erscheint. Die größte Fülle von Reizorganen der Haut nützt uns nichts, wenn keine Linse die ordnende Vermittlung zwischen dem flächenhaften Nebeneinander von Objekt- und Reizpunkten übernimmt, indem doch die von jedem Objektpunkt ausgehenden Reize unfehlbar sich zerstreuen müssen, ehe sie die Reizfläche der Haut erreichen. Wir hören zwar von Fingerlesern, die darauf bestanden, sich Brillengläser vor die Fingerspitzen zu halten, oder hinter konvexen Gläsern den Finger über der Schrift hin und her bewegten.[1] Aber diese Beihilfen erweisen sich schon durch ihre äußerste Seltenheit innerhalb des massenhaften Materials als leichtverständliche Einbildungen, wenn nicht gar scherzhafte Spielereien einzelner Subjekte. Im äußersten Falle böte die Linse ein entbehrliches Unterstützungsmittel.

Es ist bei dieser Lage des Problems zum mindesten verständlich, wenn nachdenkliche Beurteiler schon jetzt auf jede physikalisch-physiologische Deutung der Tatsachen verzichten mit der Vermutung, daß auch die paradoxen Wahrnehmungen auf 'völlig übernormale Art' vor sich gehen, daß sie also gar keine optische, vielmehr irgend eine verallgemeinerte telästhetische Wahrnehmung darstellen, die nur als visuell vorgestellt werde, und zwar in verworrener Weise, so daß sie zB. auf das Knie anstatt auf die Netzhaut des Auges bezogen werden könne.[2]

Die paradoxe Lokalisiertheit hätte danach keinen höheren Wahrheitswert als die ebenfalls gelegentlich behauptete Beziehung auf das normale Sinnesorgan: wie wenn zB. Despines Mlle A. beim Sehen mit Handfläche, Fußsohle oder Magen sich die Augen rieb,[3] oder Tritschlers Knabe, mit der 'Magengrube' lesend, doch mit den Augen wahrzunehmen glaubte;[4] oder wenn andere paradoxNahhellsehende behaupten, ihr Gesicht 'steige herab', 'fixiere' sich hier oder dort, das 'Licht' begebe sich an die und die Körperstelle, um ihnen die Dinge wie sonnenbeschienen zu zeigen,[5] oder 'schieße' (im Augenblick des Eintritts in Somnambulismus) 'wie aus den Augen auf einmal in die Fingerspitzen.'[6] Ausdrücklich scheinen denn auch manche Subjekte die paradoxe Reizstelle zu verleugnen, während sie doch sie scheinbar benutzen. Der Knabe Arst, der mit den Fingern sah, 'nannte dies auch nicht sehen, sondern wissen';[7] ein anderes Subjekt will bei solchem Sehen 'keine andere Empfindung haben, als geschehe es mit dem Gehirn, so wie dort das Sehen auch im wachen Zustande empfunden wird';[8] und Gmelins Somnambule soll auf

1) T. Glower in ATM III, 1 107; Dürr bei Perty, M. E. I 219. 2) So Myers I 192. 3) Perty, M. E. I 218. 4) Das. 329. 5) Despine 168. 6) Die Stadelbauer bei Kerner, Gesch. 7) Perty, aaO. 219. 8) Kerner, Gesch. 328. 331.

die Frage, ob sie denn mit dem Magen sehe, gesagt haben: 'Oh, was werde sie mit dem Magen sehen! Sie wisse es nicht, durch was sie empfinde; sie fühle es eben. Es falle ihr eben jedesmal eine gewisse Karte ein, und diese müsse sie nennen.'[1]

Dies alles spricht dafür, die paradoxe Lokalisierung dieser Wahrnehmungen als ein künstliches Erzeugnis von Suggestionen aufzufassen, die dabei stattfindende Wahrnehmung an sich aber als echtes Hellsehen. In der Tat genügen mitunter Äußerungen des Experimentators über das an Andern Beobachtete, diese Erscheinungen erstmalig an Subjekten zu erzeugen, die sie zuvor nicht gezeigt.[2] Zwar will Pététin die paradoxe Sinneswahrnehmung (in Gestalt von Hören durch den Magen) geradezu zufällig entdeckt haben, nämlich bei einem Sturz gegen den Magen seines Subjekts, dem er sich soeben noch auf keine Weise hatte vernehmbar machen können; während Esdaile, nachdem er von Pététins Ergebnissen gelesen, seine ersten gelungenen Versuche *ex abrupto* machte, als er sich ebenfalls zufällig in entsprechender Körperhaltung befand.[3] Aber wer die Geneigtheit des hypnotischen oder medialen Subjektes kennt, jeden denkbaren Wink zur Erzeugung neuer Phänomene auszunützen, wird in diesen Angaben keine Widerlegung der obigen Vermutung erblicken. Auch die Beschränkung der Fähigkeit auf die rechte Hand oder Seite,[4] bezw. ihre Steigerung auf dieser Seite mag sehr wohl im selben Sinne Idiosynkrasie und nicht gleich (mit Reichenbach)[5] auf die verschiedenartige 'odische Polarität' beider Seiten zurückführbar sein.

Eine nicht unbeträchtliche Stützung endlich findet die nicht-physiologische Deutung in der Beobachtung, daß in vielen Fällen das paradoxe Wahrnehmen in ein Hellsehen überzugehen scheint, das von solchen Wahrnehmungsstellen unabhängig ist.

Mr. Bulteels Patientin zB., die Geschriebenes mit der Hinterseite ihres Halses las, wobei 'unmittelbare Berührung durchaus erforderlich' war, habe 'außerdem' eine 'allgemeine Perzeptionsfähigkeit' besessen, die sie befähigt habe, noch ziemlich entfernte kommende Besucher anzukündigen oder die Züge von hinter ihrem Rücken Schach Spielenden zu verfolgen.[6] — Mrs. H. Anderson, die wir an mehreren Stellen unsrer Untersuchung als einen wahren Ausbund übernormaler Fähigkeiten höheren Grades kennen lernen werden, bekennt sich bezeichnenderweise d a n e b e n noch zu einer Art der Wahrnehmung, die an den Blindensinn erinnert und sich 'über ihren ganzen Körper' fühlbar mache: 'Ich kann sie nur beschreiben als Einhüllung in ein Netzwerk von Silberfasern, von denen jedes Bündel alle Vermögen jedes der andern Sinne besitzt.' Dieser Sinn lasse sie zB. im Dunkeln ihren Weg mit größter Sicherheit durch dicht gestellte Möbel finden.[7] — Ebenso lesen wir von einer Blinden, die außer Lesen normaler Schrift mit den Fingerspitzen auch noch das hinter ihr Gelegene und das Ferne sieht und angeblich selbst geschlossene Bücher liest.[8]

1) Gmelin, aaO. II 79f. 83. 2) Bei Myers I 500 (nach Fahnestock u. Dr. Arvello). 3) Esdaile 98f. 4) Wie zB. bei Dr. Haddocks Emma (Haddock 99f.). 5) Reichenbach II 603. 6) Mayo 127; vgl. Pététin bei Perty, M. E. I 158. 7) Henry-Anderson in OR 1905 I 71. 8) Aus Gaz. méd. de Paris in ÜW XIII 200.

Anderseits wird echtes Fernsehen gelegentlich ähnlich lokalisiert, wie die paradoxe Nahwahrnehmung.

Horner, durch 'Striche' über das Schädeldach hypnotisiert (und hierin könnte eben die Suggestion einer bestimmten Lokalisierung angedeutet sein), sieht plötzlich den über dem Versuchszimmer gelegenen Raum — 'nicht mit meinen Augen! Ich sehe von meinem Scheitel aus. Mein ganzer Scheitel scheint [mir] offen!' Er beschreibt darauf vollkommen genau (wie die Nachprüfung ergibt) die Einzelheiten des Zimmers (das er nur einmal einen Monat zuvor auf zwei Minuten betreten hatte, um mit dem Berichterstatter zu reden), zwei darin anwesende Personen, ihre Plätze und ihr Tun, außerdem ein sehr kleines Licht auf dem Tische in der Nähe der Lesenden. Bei anderer Gelegenheit ging ein Dritter in das besagte Zimmer hinauf, um durch eine verabredete Handlung Horners Hellsehen zu prüfen; tat dann aber etwas anderes, ohne doch das Subjekt dadurch irreführen zu können.[1]

Solche Beobachtungen eines Übergehens von anscheinend physiologischem Hellsehen in ein solches, das aller physiologischen Deutung zu spotten scheint, bei einem Individuum könnten theoretisch bedeutsam sein; handelt es sich doch hier für uns um die Frage, ob alle Leistungen anscheinenden Hellsehens einer Art seien. Die Tatsachendarstellung der anscheinend hellseherischen Leistungen, soweit sie mit der Frage nach einem etwaigen telepathischen Agenten zusammenhing, hatte in den Angaben über Nahhellsehen des völlig Verborgenen gewissermaßen ihre Krönung gefunden. Dann aber hatten wir selbst die Wesensgleichheit von Nah- und Fernhellsehen in Frage gezogen, weil wir erwarteten, für die ersteren Tatsachen eine physikalisch-physiologische Deutung zu finden, während eine solche für die des Fernsehens schon auf den ersten Blick im höchsten Maße unwahrscheinlich dünken mußte. Diese physiologische Deutung ist uns nun gleichsam zwischen den Fingern zerronnen. Freilich beruht dieses negative Endergebnis mehr auf Ratlosigkeit, als auf klarem Erkennen von Unmöglichkeiten. Und dieser Umstand mag uns vor überhastetem Einheitsstreben warnen: es darf nicht als undenkbar betrachtet werden, daß unter dem leichtfertig gefundenen Titel des Hellsehens sich Tatsachen von grundverschiedenem Wesen zusammengefunden haben. Immerhin liegt die überwiegende Wahrscheinlichkeit auf der Seite der einheitlichen Auffassung aller Tatsachen des Hellsehens, und in diesem Falle würde nicht nur die größere Eindeutigkeit und Glaubwürdigkeit des Nahversuches dem gesamten Tatsachenbereich als solchem zur Stütze dienen, sondern auch die 'theoretische Assimilierung' der Tatsachen des Nahhellsehens durch die des Fernsehens (und nicht umgekehrt) sich als das logisch Gegebene erweisen. Das Ergebnis dieser Vereinheitlichung aber wäre eine entschiedene Stärkung der Überzeugung, daß am Vorgang des Hellsehens ein menschlicher telepathischer Agent nicht beteiligt sei. Sollte indessen eine physiologische Deutung des Nahhellsehens

1) Esdaile 87ff., nach Topham in The Zoist Nr. XVIII.

sich künftig doch noch ermöglichen, so wäre eben dieser letztere Tatsachenbestand aus der Erörterung des eigentlichen Hellsehens auszuscheiden: unser theoretisches Interesse aber würde sich damit auf die Tatsachen des Fernsehens zurückziehen, als diejenigen, welche am ehesten wesentlich neue psychologische Erkenntnisse verheißen. Denn die Einsicht drängt sich uns hier schon auf, daß es schier hoffnungslos erscheinen muß — vollends nach Ausschaltung telepathischer Agenz —, das Fernsehen als ein physikalisch-physiologisch vermitteltes Sehen zu verstehen, in einem Sinne, wie die oben besprochenen und fehlgeschlagenen Deutungen das Nahhellsehen als ein solches zu verstehen suchten. Denn was würde eine solche Hoffnung voraussetzen müssen? Entweder (scheint mir) die typisch optische Erfassung irgendwelcher von dem hellsichtig geschauten Gegenstande ausgehender 'Strahlen' — ein Vorgang, dessen Veranschaulichung man nur zu versuchen braucht, um seine Undenkbarkeit zu begreifen; oder aber man müßte annehmen, daß ein organisiertes Wahrnehmendes sich aus dem Leibe in die Ferne begebe, um ortsanwesend in der Art des physiologischen Nahhellsehens wahrzunehmen. Diese Annahme erscheint vollends phantastisch bis zur Sinnlosigkeit. Doch angenommen selbst, daß sie nicht völlig phantastisch sei, so beweisen doch gewisse Überlegungen bündig, daß sie im besten Falle nur einen winzigen Teil der Wahrheit in sich bergen könnte.

Die inhaltliche Zergliederung der Ferngesichte selbst nämlich lehrt uns, daß diese Gesichte zwar die Wahrheit, aber nicht die Wirklichkeit selbst darbieten, und daher überhaupt nicht als 'objektive' Wahrnehmungen von Gegenständen angesehen werden dürfen. Sie erweisen sich damit als Erzeugnis der Seele in viel tieferem Sinne, als nach landläufiger Theorie die normale Wahrnehmung selbst ein solches ist.

XLI.

Rückschau.

Schon in seinem Habitus gleicht das Ferngesicht meist einer Halluzination. Nun mag es gewiß einen guten Sinn haben, auch jede Wahrnehmung als objektiv-gültige Halluzination zu bezeichnen; aber gerade entscheidende Merkmale dieser objektiven Bezogenheit fehlen dem Ferngesicht: neben der (vielfach mangelnden) sinnlichen Deutlichkeit vor allem die sinnvolle Lokalisiertheit vor dem Wahrnehmungsorgan und die feste Umrissenheit des Auftretens, wie sie der objektiven Wahrnehmung eignet. Ferngesichte bilden sich häufig aus Wölkungen, Nebeln, Lichtscheiben, hellen Punkten — typische Vorstufen von Halluzinationen, wie sie ja auch häufig in Kristallen geschaut werden, auf dunklen Spiegelscheiben und ähnlichen Beihilfen zur Erzeugung von Halbhypnose und Versinnlichung des Unterbewußten. Ferngesichte liegen, wenn sie da sind, nicht immer 'ordentlich' im Raume, vielmehr 'auf einer andern Ebene, als alles übrige Gesehene', in völlig unbestimmter, unbestimmbarer Entfernung, oder 'im Kopfe', sogar hinter dem Kopfe; werden irgendwo mehr 'gewußt' wie gesehen, und was dergleichen typische Paradoxien des Halluzinierens mehr sind.[1] Wir haben diese Art der Lokalisiertheit schon bei den Erzeugnissen der Inschau bemerkt, und es ist eine Stütze der theoretischen Assimilierung des Nahhellsehens durch das Fernsehen, daß jenes auch sonst vielfach mehr die Art von aufsteigenden subjektiven (wiewohl wahren) Vorstellungen von andeutendem und umschreibendem Inhalt an sich trägt, als die Art von objektiven Wahrnehmungen der Wirklichkeit.[2]

Aber auch inhaltlich gleicht das wahre Hellgesicht mehr einem subjektiven Gespinst oder einem Traum, als direktem Wahrnehmen des Wirklichen. Oft nimmt es zB. die Form eines Dramas an, an welchem der Seher, sogar der Kristallseher, selbst lebhaft handelnd teilnimmt, so daß es etwa geschehen kann, daß der Seher 'im Kristalle' Flucht und Kampf durchmacht, die ihn völlig außer Atem bringen;[3] oder daß eine auf 'Reisen' Geschickte zusammenzuckt, weil sie sich 'unterwegs' einen Fuß vertritt oder ihr jemand aufs Kleid getreten ist.[4] Das anscheinende Wachhellsehen ist hier eben gewissermaßen ein Wahrtraum in halbwachem Zustand und entspricht seiner Gestaltung nach durchaus dem dramatischen Nachttraum, der ja auch so häufig übernormal Erfahrenes halbphantastisch darstellt und doch Wahres mitteilt. Wie wenn zB. ein Perzipient den Tod seines verreisten Bruders in einem Traum erfährt, der ihn durch ein ihm fremdes Dorf an eine Gasthaustür führt, an der er u. a. nach seines Bruders Weib fragt und die Antwort erhält: Nicht dessen Weib, sondern Witwe sei dort; wobei die mehr als telepathische Natur des Traumes darin angedeutet ist, daß das Traumbild von Dorf und Gasthaus sich später als wirklichkeitsgetreu erweist, obwohl beides dem Träumer bis dahin völlig fremd und der Bruder nur zufällig auf einer Reise dort gestorben war.[5] Oder die subjektive Gestaltung des Ferngesichts erhellt daraus, daß zu dem unverkennbar Wahrgeschauten sich einzelne Entstellungen und Irrtümer gesellen, die augenscheinlich der persönlichen 'Masse' des Sehers entstammen;[6] ein Übelstand, der ja auch die überzeugendsten 'Sitzungen' guter hellsehender Medien immer wieder entstellt.[7]

---

1) S. zB. Mr. Thorpes Gesicht bei Gurney II 31f. u. Mrs. Hollands Aussage Pr XXI 185.
2) Man erwäge unter diesem Gesichtspunkt sorgfältig H. v. Gumppenbergs Ausführungen über 'Die Art der Wahrnehmung beim Hellsehen', in Die Kritik IV (1895) S. 1793ff., bes. 1797ff. (auch ÜW VI 140ff.). S. den Vergleich mit 'Träumen' bei Perty, M. E. I 332 (R. Görwitz).
3) Vgl. den sehr interess. Fall bei Maxwell 195f. 'Lebensgröße' der Gesichte selbst im kleinsten Kristall: das. 194.
4) S. den Fall bei du Prel, Entd. II 63.
5) Die Verläßlichkeit des Berichts auch in dieser Einzelheit vorausgesetzt. — Gurney II 391. Vgl. das. Nr. 121 (E. J. Hector) und Pr XI 390f. (Mrs. Jeffries 'findet' im Traum einen Vermißten als Ertrunkenen).
6) Vgl. o. S. 394, und etwa Pr VII 207ff.
7) S. zB. Pr XVII 97 (pipe); 108 (black dress); 126 usf.

Aber der stärkste Beweis für die Subjektivität des Hellgesichtes, unbeschadet seiner Wahrheit, gründet sich auf die lockere Freiheit seiner zeitlichen Beziehungen zur dargestellten Wirklichkeit. Es ist in den früher gegebenen Beispielen schon aufgefallen, daß Hellgesichte nicht immer dem geschauten fernen Tatbestand oder Geschehen zeitlich parallel ablaufen; daß sie zB. Augenblicke aus der Vorgeschichte eines gleichzeitigen Geschehens ebenfalls zur Darstellung bringen. Sie enthalten also ein Element der Rückschau, vermittelst dessen sie dann zuweilen jenen schon angedeuteten Charakter des dramatischen Ablaufs gewinnen, dessen Beginn in der Wirklichkeit mitunter weit vor dem Beginn des Hellgesichts zurückliegt, während in anderen Fällen der ganze wirkliche Ablauf vor dem Ablauf des Hellgesichts vollendet ist.[1]

Eine Perzipientin zB. (ich führe dies lediglich zur Verdeutlichung an) sieht einen erwarteten, aber ausbleibenden Freund in einer 'deutlichen Vision' an einem bestimmten Punkte der Stadt an einem 'zu vermietenden Hause' vorübergehen, seinen Zug und das Fährboot versäumen, den Fluß in einem kleinen Boot überqueren, das steile Ufer emporklimmen und dabei straucheln, durch ein gepflügtes Feld eilen und den Zug dadurch an einer Seitenstation einholen; aber sie sieht es, nachdem die völlig richtig geschauten wirklichen Ereignisse kurz zuvor bereits abgelaufen sind.[2]

Man mag dies für eine in den genauen Einzelheiten phantastische Dramatisierung dürftiger telepathisch-vermittelter Wissenselemente halten; ein Einwand, der mich indessen im Rahmen alles bisher Dargelegten und gleich Darzulegenden wenig wahrscheinlich dünkt. — Aussichtsreicher könnte zuweilen die Annahme scheinen, daß der Akt des Hellsehens tatsächlich früher begonnen habe, als der Ablauf der Gesichte, aber zum Teil oder als Ganzes bis zum Beginn der Gesichte unbewußt geblieben sei.

In dem oben angeführten Falle der Schwägerin des Mrs. J. B. Dyne zB. ging der Tod des befreundeten Arztes der Wahrnehmung des Toten in dem kleinen fremden Hospitalzimmer um etwa 10 Stunden voraus, die Perzipientin aber hatte sich vom Erwachen an bedrückt gefühlt. Hier ließe sich also annehmen, daß die hellsichtige Wahrnehmung in Wahrheit während des Schlafes der Perzipientin erfolgt sei, ihr Aufsteigen ins Bewußtsein aber während einer einsamen Nachmittagsruhe, wenn auch angeblich bei 'offenen Augen'. — Ein anderer Fall, der ähnlich gedeutet werden könnte, ist der des Mr. J. Hunter Watts, der eines Morgens, während er sein Haar kämmt, sich bei dem Gedanken ertappt, 'es sei doch schade, daß [eine — — wenn auch völlig wertlose — Gipskopie der Venus von Milo, die er im Garten stehen hatte,] durch den Wind in der Nacht heruntergeblasen und zerbrochen worden sei... Seltsam auch, dachte ich bei mir, daß der Kopf so säuberlich abgeschlagen ist, obgleich [*sic*] der Fall sonst keinerlei Beschädigung verursacht hat. Dann gab ich mir im Geiste einen Ruck, denn plötzlich kam es mir zum Bewußtsein,

1) APS VI 295ff. 302; Gurney I 202 (Nr. 24); 261 (Nr. 61); 263f.; II 601. 2) Das. I 262 (Nr. 62); vgl. Esdaile 78—80.

daß ich geträumt hatte, und ich lächelte bei dem Gedanken, daß solch ein elender Kitsch der Gegenstand meiner Träume sein konnte.' Ein zufälliger Spaziergang in den Garten (weil das Frühstück noch nicht aufgetragen war) brachte aber zutage, daß der 'Traum' der Wirklichkeit genau entsprach. Jede normale Wahrnehmung aus dem Fenster oder während Nachtwandelns ließ sich ausschließen.[1]

Die Annahme der zeitweiligen Latenz hellsichtiger Wahrnehmung findet eine weitere Stütze in der gelegentlichen Beobachtung, daß ein rückschauendes Gesicht durch nachfolgende Gesichte Ergänzungen und Verdeutlichungen erfährt,[2] als gelänge die vollständige halluzinatorische Ausmünzung des in der Tiefe schlummernden Wissens erst nach und nach. Anderseits muß jene Annahme offenbar um so willkürlicher und unwahrscheinlicher anmuten, je weiter sich der wirkliche zeitliche Ablauf des Geschauten in die Vergangenheit zurückerstreckt und je mehr erst der Zeitpunkt des Beginns des Schauens einen Anreiz zum Schauen überhaupt mit sich brachte, was offenbar besonders in experimentellen Fällen hellsichtiger Rückschau der Fall ist.

Eine Hellsichtige zB., Fräulein Eliza Dixon, wurde aufgefordert, einen verlorengegangenen goldenen Manschettenknopf zu finden; sie sah daraufhin die Vorgänge, die zu dem Verschwinden des Gegenstandes geführt hatten, in einer Reihe von Bildern, die ihr die Ereignisse mehrerer Tage wiederzugeben schienen. Sie durchwanderte schauend das Haus, beschrieb die Möbel, die Lage des (inzwischen gefundenen, aber unberührt gelassenen) Manschettenknopfes in einem Schubfach, dann den Knaben, der den Gegenstand dorthin gelegt hatte, die Ortsbewegungen des Knaben, während er den Gegenstand versteckte, hörte dann ein Gespräch zwischen Mutter und Söhnen, das Suchen der Eltern nach dem Gegenstande... Dann sagte sie: 'Jetzt ist es wie der nächste Tag, die Magd sucht unter dem Teppich usw....; jetzt scheint wieder ein neuer Tag zu sein; der kleine Knabe ist wieder in der Kinderstube, er hat den Manschettenknopf aus dem Spielelephanten genommen [in den er ihn zwei Tage vorher durch ein in die Brust gerissenes Loch hineingelegt haben sollte], jetzt hat er ihn in jenes Schubfach geworfen...' Soweit diese Angaben sich nachprüfen ließen, waren sie bis ins kleinste richtig, einschließlich sogar der Beschädigung des Spielzeugs, obgleich die Hellsehende nie das Haus betreten hatte, das sie nebst Insassen beschrieb.[3]

In den umfangreichsten typischen Gruppen von Rückschauleistungen kommen Ausflüchte wie die angedeuteten nicht mehr ernstlich oder schlechterdings nicht mehr in Frage. Das 'psychometrische Lesen' von Gegenständen[4] fördert meist eine Fülle von Wissen über die Geschichte des Gegenstandes, seiner Besitzer und anderer zu ihm in Beziehung stehender Persönlichkeiten zutage, wobei es lächerlich wäre anzunehmen, der 'Psychometer' habe alles dieses Geschaute unbewußt hellsichtig miterlebt,

1) Ähnlich zu erklären vielleicht der Fall Pr XI 378f. 2) S. zB. Pr XI 134 unten. 3) Pr VII 66f. Mischung von Erfahren des Gleichzeitigen und Kurzvergangenen auch Pr VII 206 oben. 4) Neuerdings auch Psychoskopie genannt.

während es geschah, oder die ihm meist unbekannten Teilnehmer an jenen Geschehnissen hätten sie ihm gleichzeitig telepathisch mitgeteilt.[1]

Ich wähle ein Beispiel aus der Erfahrung einer nicht-gewerbsmäßigen Hellseherin, die uns in anderen Zusammenhängen schon begegnet ist. Frau K. E. Henry-Anderson, während eines längeren Besuches in der Eingangshalle des betreffenden Hauses allein gelassen, bemerkte eine kleine rötlichbraune Elfenbeinschachtel, von der auf sie, sooft sie die Hand danach ausstreckte, ein 'fast Übelkeit erregendes Gefühl des Widerwillens und Grauens' ausging, wie sie es 'nie zuvor gefühlt'. 'Ich glaubte leise flüsternde Stimmen zu hören und eine wogende Menge von Gesichtern zu sehen, welche Schrecken und Furcht ausdrückten.' Seltsam gefesselt und abgestoßen zugleich, blickte sie minutenlang auf die Schachtel, ohne sie zu berühren. Hierzu entschloß sie sich erst abends nach einem Gespräch mit der Wirtin, bei der sie sich nach der Geschichte der Schachtel erkundigte, von der jene aber nichts zu wissen behauptete; doch versprach sie, der Hellseherin nach einem 'Versuche' mit der Schachtel zu sagen, wer ihr diese gegeben und woher sie stamme. Frau H.-A. nahm also die Schachtel in beide Hände und schloß die Augen. 'Augenblicklich war ich in ein fernes Land entrückt. Ich sah, wie die heiße afrikanische Sonne (ich fühlte, wußte, daß sie es sei) auf eine Stadt der Wilden herabbrannte.' Sie sah lange, niedrige Hütten, Palmdächer, Palmen und Sand. 'Das Bild verschob sich ein wenig und gerade vor mir sah ich ein langgestrecktes, niedriges Gebäude mit Pfeilern aus Palmbaum... und hinter den Pfeilern einen merkwürdigen Zaun, seltsam aus einander kreuzenden weißen Dingen hergestellt. Ich richtete mein geistiges Schauen angestrengt auf diese Hecke, und mit einem Ausruf der Furcht und des Schreckens sagte ich: Es sind Knochen! Große Knochen! Hinter diesen schaute ich etwas, was wie ein Altar aussah, auf welchem undeutlich zwei mächtige Hörner sichtbar waren. Das Gesicht schwankte wie ein Lichtbild und vom Hintergrunde her erschien die groteske Gestalt eines großen Mannes, angetan in Scharlach und Gelb.' Dieser stellte sich zur Linken des Altars auf und sie sah in seiner Rechten ein eigentümliches Schwert, das sie näher beschreibt. Die sich bewegenden Augen in seinem grausamen Gesicht waren auf die Seherin gerichtet. Hinter ihm erschienen andere, undeutliche Gestalten. — Die Schachtel stammte letzten Endes aus Benin und war der Besitzerin geschenkt von einem der ersten Europäer, welche die Stadt nach ihrer Einnahme betreten hatten. Sie bestand aus einem Stück eines Elephantenstoßzahnes, den jener von dort mitgebracht. Zwei Tage später traf die Besitzerin diesen Geber 'zufällig', erzählte ihm das Gesicht und erfuhr, daß jener Zahn eines der Hörner des Opferaltars des Tempels in Benin gewesen, den die Seherin genau beschrieben hätte. Der Altar war umgeben von einem Zaun, bestehend aus menschlichen Arm- und Beinknochen, und in jenen Zahn 'waren zahllose Darbringungen menschlichen Blutes gegossen worden.'[2]

Der psychometrische Gegenstand kann aber, und augenscheinlich mit Vorteil, durch die lebendige Anwesenheit eines Menschen ersetzt werden, dessen dem Seher unbekannte Vergangenheit dann den Inhalt der aufsteigenden Rückschaugesichte liefert. Auch gewerbsmäßige Medien ver-

---

1) Beispiele etwa Pr XVII 212; XXI 257f.; 329ff.; APS V 43. Vgl. PS XXVIII 405; Haddock 140ff.

2) OR 1905 I 135ff.

zichten ja auf Objekte, wenn sie statt dessen zB. die Hand ihres Kunden fassen können.

Zschokkes Gabe dieser Art, von der er in seiner Selbstbiographie eingehend und ziemlich kritisch berichtet, ist sehr bekannt, und ich mache daher nur auf die wichtigsten Einzelheiten ihres Auftretens aufmerksam. Er betätigte sie, völlig ungesucht, selbst bei ersten Begegnungen mit völlig Fremden und ihm 'höchst Gleichgültigen', zu seinem eigenen Erstaunen, ja 'geheimen Schauder', und hatte nie einen Nutzen von ihr. Die Einsicht in das vergangene Leben seiner Subjekte kam zu ihm als 'Bild', das 'mit vielen einzelnen... Umständen, einem Traume gleich, aber deutlich, zusammenhängend..., einige Minuten dauernd, an mir vorüberzog'. In einem ausführlicher von ihm berichteten Falle schloß es zB. 'eine kleine Spitzbüberei [ein], welche [das Subjekt, ein junger Mann,] an der eisernen Geldkasse seines Lehrherrn begangen hatte. Ich beschrieb das unbewohnte Zimmer mit seinen weißen Wänden, in welchem rechts von der braun angestrichenen Tür der kleine schwarze Geldkasten auf dem Tisch gestanden habe usw.' Gerade in solchen 'Nebendingen' des Schauplatzes, der Kleidung usw. will er verschwenderisch gewesen sein, und 'bei jeder Gelegenheit', wenn er seine Angaben nachgeprüft, hätten sie sich durchweg bestätigt. Während des Schauens versank er, bis er schließlich das Antlitz seines Subjektes nicht mehr deutlich wahrnahm, 'obgleich ich es, wenn auch vergeblich, anblicke', auch die Stimme nicht mehr deutlich vernahm, 'die ich doch anfangs als einen Kommentar zu dem Texte seiner Physiognomie benutzte'. In den letzten Jahren seines Lebens habe sich diese Gabe nicht mehr geäußert.[1] — Sie ist übrigens keineswegs ganz selten. Zschokke selbst will einen alten Tiroler gekannt haben, der sie besaß. Frau Henry-Anderson, von der soeben die Rede war, beansprucht sie für sich als ständige Begleiterin und beschreibt sie in durchaus ähnlicher Weise. 'Hinter den Leuten, die ich beobachte, erblicke ich einen dünnen weißen Nebel, auf dessen Oberfläche in den Farben des Lebens ein Drama abläuft, ein lautloses Theaterstück, dessen Sinn mir durch einen andern Sinn als Gehör oder Gesicht zukommt,... denn die Gedanken der Spieler mit all ihrem geheimen Hin- und Widerspiel liegen mir so offen, wie die meines eigenen Gehirns.' Untersuchung erweise stets die Wirklichkeitstreue dieser Bilder.[2]

Aber die Ansprüche der Psychometer reichen weiter zurück als das Leben ihrer Zeitgenossen. Es gibt vielzitierte Berichte, nach denen der Seher an irgendeiner geschichtlichen Stätte plötzlich den Raum erfüllt sieht von Gestalten in altertümlicher Tracht, die ein Schauspiel aufführen, wie es der Ort gesehen haben mag oder nachweislich gesehen hat.[3] Um die Deutung solcher Erlebnisse als halluzinatorischer Ausgestaltung geschichtlichen Wissens (wenn auch 'unbewußten') auszuschließen, müßte natürlich das Fehlen solchen Wissens erwiesen werden — ein negativer Beweis, der kaum jemals zu führen sein wird.

---

1) H. Zschokke, Eine Selbstschau (Aarau 1843) 227—9. 2) OR 1905 II 68. Ganz ähnlich Miss Goodrich-Freer, zB. Pr XI 125; Gurney I 238 (C. B. Morse); II 356—8; d'Espérance 117ff.; Wyld 174; RPJ 16. Aug. 1879; Daumer II 49; Pr VII 56, 3. Abs. (Jane). 3) S. zB. das Gesicht des Regierungspräs. v. Oerz, bei Hennings 624; vgl. Horst Deut. I 113.

Ich will daher zur Verdeutlichung nur ein Beispiel anführen, aus der sehr reichen seherischen Erfahrung der Miss A., einer hochstehenden englischen Dame, für deren persönliche Glaubwürdigkeit Myers selbst aus nächster Bekanntschaft bürgte. Am 23. Febr. 1890 befanden sich Miss A. und Lady Radnor in der Hungerford-Kapelle der Kathedrale in Salisbury, als Miss A. folgende Szene sah, die ich nach Lady Radnors Bericht kurz andeute: Ein hoher Stuhl, der die Aussicht den Chor hinab behindert — allmähliches Hereinströmen von Klerikern u. a. — ein stattlicher Mann schreitet langsam herein, angetan in Rot und Weiß mit Spitzenüberwurf, glatt rasiert, mit wenig gelocktem Haar und blaugrauen Augen — Andere in prächtigsten Gewändern — zahlreiche Knaben in Rot und Weiß und Spitzen, Kerzen und Bücher haltend — die Hauptperson kniet mit westwärts gekehrtem Gesicht einige Zeit vor dem Stuhl, den darauf zehn Knaben aufheben und vor den Altar tragen, worauf die Hauptperson zwei Schritte altarwärts tut und sich nach Osten kehrt — sie kniet wieder nieder und der prächtigst Gekleidete der andern Geistlichen setzt ihr eine Mitra aufs Haupt. 'Miss A. fragte, was sie sehe, und die Antwort kam in Klopftönen[1]: 'die Einführung des Briant Uppa'. Da die Möglichkeit eines solchen Namens bezweifelt wurde, ergab ein zweiter Versuch: 'Du irrst dich. Es ist Duppa, nicht Uppa. Brian Duppa.' Frage: Wer war Brian Duppa? Antwort: 'Chister.' Frage: Was war er? Antwort: 'Bischof hier.' — Wann? — '44—16. Seine Forschungen würden dir helfen. Manuskripte müssen in Winchester liegen.' — Am Abend nahm Lady R. Brittons 'Geschichte [der Grafschaft] Wiltshire' zur Hand, um sich über den Bischof zu unterrichten. Die Seiten, auf denen die Namen der Bischöfe standen, waren unaufgeschnitten, sowohl am äußern wie am obern Rande. Ich schnitt sie auf und ... wir fanden auf S. 149: 'Brian Duppa oder De Uphaugh, D. D. ... Erzieher des Prinzen Karl ... auf dem Stuhl von Chichester [vgl. oben Chister] ... Bischof von 1641 ...' Er soll Karl I. bei der Abfassung von dessen Buch *Eikon Basilike* geholfen haben, ein Buch, welches Miss A. einige Tage zuvor in meinem Boudoir angesehen hatte, welches aber ihn selbst oder seinen Namen nirgends erwähnt.' Lady R. stellt außerdem fest, daß die Lage des Altars, wie sie von Miss A. gesehen wurde, zwar von der gegenwärtigen abwich, aber mit der geschichtlich nachweisbaren früheren übereinstimmte.[2]

Andere Hellseher geben uns ausführliche Schilderungen Pompejis, seiner Umgebung und seines Lebens, unter der Anregung einiger Reliquien aus jener Stätte versunkener Herrlichkeit. Ja selbst in vorgeschichtliche Zeiten entführen uns die Psychometer, und wir vernehmen zB. Schilderungen von Jagden langhaariger Menschen niederer Rasse auf Riesenelephanten während des Donners eines Vulkanausbruchs, angeregt durch ein Elfenbeinbruchstück aus Kalifornien, das 20 Fuß tief in Lava gebettet gelegen hatte.[3] — Hier verlieren wir uns nun freilich nicht nur ins gar nicht Nachprüfbare und telepathisch Verdächtige, sondern auch ins Phantastische. Doch verzichte ich solchen und ähnlichen Berichten gegenüber nicht

---

1) Eine buchstabierende Sprache des Unterbewußten, deren Natur uns hier nicht zu beschäftigen braucht. 2) Uphaugh spr.: Up'å. D. D. = D. Theol. — Pr VIII 508f. Vgl. die Fälle das. 506f., 509, 510ff. 3) Aus Dentons Soul of Things in Sphinx XI 26,

nur auf jede klare Aussiebung des etwa Wahrgesehenen, sondern auch auf jede Sicherung dieses Elements gegen den 'telepathischen Verdacht'; ja selbst auf Erwägung der Verläßlichkeit der Berichte an sich. Der Grund für diese Gleichgültigkeit liegt darin, daß ich im Begriff stehe, die zur Erörterung stehende 'lockere Freiheit der zeitlichen Beziehungen des Hellsehers zur dargestellten Wirklichkeit' auf einem sehr viel bedeutsameren Gebiet zu erweisen, dessen gründlichere Behandlung den anscheinenden Fällen von Rückschau ihre Beweislast größtenteils abnehmen wird. Geht es doch in metapsychischer Forschung vielfach so, daß der verbleibende Zweifel an einem gewissen Typ des Geschehens alsbald untergeht in den Beweismassen eines noch schwerer glaublichen Typs, zu dessen Bekämpfung uns nur die Zugestehung des eben noch bezweifelten befähigt. So wehrt sich der Zweifler gegen die Tatsache des Hellsehens, indem er die der Telepathie voraussetzt, die er zuvor in Frage stellte. Und ebenso wird er froh sein, sich auf Hellsehen und darunter auch auf Rückschau als Abwehrmittel berufen zu dürfen, wenn ihn die nunmehr zu wägenden Tatsachen zwingen wollen, die zeitliche Freizügigkeit des Hellsehens auch in die Zukunft greifen zu lassen.

XLII.

Vorschau des angeblich Ableitbaren.

In Wahrheit betreten wir mit der Erwägung der Vorschau eine kritische Strecke unsrer ganzen Kette von Argumenten. Ließe sich echte Prophetie erweisen, d. i. das Vorauswissen des normal nicht zu Erwartenden, ließe sich insbesondere eine Vermengung echter 'Präkognition' mit den andern bisher behandelten Arten übernormalen Wissenserwerbs beobachten, so würde der Gedanke Wahrscheinlichkeit gewinnen, daß sie alle im Grunde einheitlichen Wesens sind und nur unserem beschränkten Blick unter der Herrschaft vorgefaßter Begriffe in so viel verschiedene Vorgänge zerfallen. Wäre dann für einen Teil dieses Tatsachenganzen — nämlich für die Prophetie — die physikalische Deutbarkeit unbestreitbar abgelehnt, so wäre sie gleichzeitig auch für die Gebiete beinahe unmöglich geworden, auf denen, solange wir sie gesondert betrachten, eine solche Erklärung bloß sehr großen Schwierigkeiten zu begegnen scheint. Die Tatsache der Telepathie ist ja nur deshalb verhältnismäßig leicht von der 'Wissenschaft' anerkannt worden, weil man — ausdrücklich oder nicht — an der Hoffnung ihrer physikalischen Deutbarkeit festhielt. Die krampfhaften Versuche, alles anscheinende Hellsehen in telepathische Vorgänge aufzulösen, entsprangen ihrerseits der Einsicht, daß wenn diese Versuche scheiterten, die Tatsache des Hellsehens allein schon genügen würde, das einheitliche physikalische Weltbild zu sprengen, d. h. die Einbeziehung des menschlichen Seelenlebens in die Weltformel des Mechanischen zu verhindern. Die physikalische Deutung der

Telepathie nun erschien uns bedenklich, die Auflösung des Hellsehens in Telepathie vielfach gekünstelt. Kaum in einem Falle aber war diese Kritik bis zu schlechthin zwingender Kraft zu steigern. Die Hoffnung, das physikalische Weltbild zu retten, würde erst vor der Tatsache echter Prophetie endgültig zusammenbrechen. Wir haben dies aus dem Munde jenes entschlossensten Zweiflers, der trotz gründlicher Kenntnis des Materials noch an der Hoffnung festhielt, jede glaubhaft berichtete metapsychische Tatsache zuletzt doch irgendwie auf Telepathie zwischen Lebenden zurückführen zu können. 'Das Vorauswissen der Zukunft', sagt Podmore, 'von der ins Einzelne gehenden Art [wie sie hier ins Auge gefaßt wird], würde die Zertrümmerung des ganzen Aufbaus der Wissenschaft in sich schließen. Wenn [diese] Dinge... wirklich vorfallen, so müssen wir uns daran machen, einen neuen Himmel und eine neue Erde zu errichten.'[1] Die Frage, ob der alte und verbreitete Glaube an Prophetie berechtigt sei oder nicht, hat mithin für unsern Gedankenzusammenhang, für die erweiterte Anthropologie, die wir hier suchen, und damit für das Problem einer vertieften Deutung etwa auch der geistlichen Erfahrungen geradezu entscheidende Bedeutung. Der Leser wird mir darum an dieser Wegscheide das Recht auf etwas größere Ausführlichkeit zugestehen, als ich mir bisher gestattet habe; den Lohn mag er hoffen in erhöhter Sicherheit des Standortes zu finden, nicht nur allem Folgenden, sondern auch allem Vorhergegangenen gegenüber.

Die Beweislast, die dieser gewagtesten aller metapsychischen Aufstellungen zufällt, ist natürlich eine besonders große, und nirgendwo mehr als hier muß — selbst unter den lockeren Bedingungen der Darstellung, die ich mir selbst gestellt habe — eine saubere Binnenkritik der vorgeblichen Fälle gefordert werden. Diese Kritik wird vor allem festzustellen haben, daß die Ankündigung des künftigen Ereignisses tatsächlich vor dem Ereignis gegeben war, und diese Feststellung wird je nach der Form der Ankündigung sehr wechselnden Bedingungen unterliegen.

Der einfachste Fall liegt vor, wenn sie zB. durch automatische Schrift erfolgte oder wenn eine anders dargebotene Vorschau noch vor dem Ereignis schriftlich festgelegt wurde. Dann ist fast nur noch bewußter Betrug auszuschließen, was meist nicht schwer ist. In allen andern Fällen kommen die Fehlerquellen ins Spiel, auf welche die neuere Psychologie des Gedächtnisses und der Aussage aufmerksam gemacht hat. Erinnerungstäuschungen mannigfacher Art; das unwillkürliche Hervorheben nebensächlicher Übereinstimmungen und Ähnlichkeiten zwischen Vorahnung und nachfolgendem Ereignis, daneben das sorglose Hinweggleiten über ihre inhaltlichen Abweichungen; das Deuteln an den Inhalten, um künstlich eine Übereinstimmung beider herzustellen, die an sich nicht besteht; das Außerachtlassen der Möglichkeit zufälliger Übereinstimmungen, also des statistischen Gesichtspunktes überhaupt; die mangelhafte Erwägung möglicher Deutungen von Vor-

1) Podmore, Natur 345. Genau so der Podmore geistesverwandte R. Hennig, Wunder und Wissensch. I 234.

ansagen durch unbewußte Schlüsse, etwa auf Grund vergessenen Wissens, oder der Selbstverwirklichung mancher anscheinender und geglaubter Prophezeiungen eben durch den Versuch, sie zu umgehen[1] — dies u. a. sind die Fehlerquellen, deren abstrakte Erwägung wohl geeignet ist, jede Hoffnung auf den Nachweis der Wirklichkeit von Vorschau geradezu im Keim zu ersticken. Ich glaube allerdings beobachtet zu haben, daß in gewissen Darstellungen des Problems die Gründlichkeit in der Erörterung dieser möglichen Fehlerquellen im umgekehrten Verhältnis steht zur Reichhaltigkeit in der Darbietung — ich kann leider nicht glauben: auch in der Kenntnis — des besten einschlägigen Tatsachenmaterials. Der oben gerügte Mangel in der Berücksichtigung der Berichte tritt bei keinem Typ metapsychischen Geschehens gleich peinlich in Erscheinung: indem verbreitete Arbeiten namhafter Gelehrter dieses unstreitig wichtigste Teilgebiet einer werdenden Wissenschaft mit einer Kürze und Flüchtigkeit abtun, die nachgerade einer Fälschung des Problembestandes gleichkommt.[2] Gegenüber solcher Verdächtigung oder Vernachlässigung muß gesagt werden, daß gerade das Kapitel der Prophetie sich einiger der bestbeglaubigten und eindeutigsten Fälle rühmen darf, die im ganzen Gebiete des Metapsychischen anzutreffen sind; wie denn L. Kuhlenbeck, Prof. der Rechte an der Universität Lausanne, behaupten durfte, daß er in zwei Fällen, die er gesammelt, die Beweismittel mindestens so stark finde, wie manche anderen tatsächlichen Feststellungen, 'auf Grund deren ich im Laufe meiner juristischen Praxis billigen mußte, daß Angeklagte zu schweren Strafen verurteilt wurden'.[3]

Von der abstrakten Bemängelung der Berichte durchaus verschieden ist jene Art der Binnenkritik, die auch an sich gut beglaubigte Fälle anscheinender Vorschau noch daraufhin prüft, ob dieser Anschein sich nicht durch irgendwelche Deutungselemente vor allem übernormaler Artung in einen Schein verwandeln lasse. Tatsächlich ist es möglich, für ganze Typen anscheinend prophetischer Erlebnisse solche Alternativdeutungen aufzustellen, und es wird sich empfehlen, die jetzt darzubietende Reihe von Beispielen unter dem Gesichtspunkt der wachsenden Schwierigkeit eben solcher Wegdeutung zu ordnen.

So läßt sich zB. ein Voraussehen menschlicher Handlungen dadurch entstanden denken, daß der Prophet die 'vorausgesehene' Handlung einem Andern (telepathisch) suggeriert und somit selbst die Verwirklichung seiner Ahnung bewirkt;[4] oder aber umgekehrt auf irgendeine Weise von den Absichten eines ganz selbständig Handelnden Kenntnis erlangt. Der Anschein der Prophetie wird freilich nur dann entstehen, wenn diese Kenntnis unbewußt erlangt wird, das Vorauswissen also dem Seher selber unbegreiflich erscheint; und in den meisten Fällen dieses Typs, die mir bekannt sind, müßte diese Kenntniserlangung entweder auf telepathische oder hellseherische Vorgänge zurückgeführt werden.

Wenn zB. ein Handlungsgehilfe träumt, er selber werde am nächsten Tage um 12 Uhr mittags für 150 Dollar *drap d'été* an einen Kunden verkaufen, so ließe sich

---

1) Vgl. hierzu zB. Hennig, aaO. 185. 2) S. zB. Dessoirs weniger als drei Seiten in Vom Jens. d. Seele, 2. Aufl. 124ff. 3) Ludwig, 2. Aufl. 78. 4) Vgl. etwa PS XXVI 564.

annehmen, daß die Absicht dieses Kunden, in eben diesem Geschäft eine so außerordentliche Menge eben dieses Stoffes zu kaufen, dem Träumenden telepathisch mitgeteilt worden sei. Die Unglaublichkeit des Vorgangs in den Augen des Perzipienten, dem 'in zehn Jahren nichts Derartiges vorgekommen war', könnte gerade eine solche Deutung begünstigen. Weniger natürlich würde sich diese Deutung damit abfinden, daß der Perzipient nur dadurch selbst zum Ausführen der geträumten Handlung kam, daß der Verkäufer des betreffenden Ladentisches kurz vor 12 Uhr abgerufen wurde, so daß der Träumer ihn zu vertreten hatte und für 148 oder 152 Dollar (die genaue Summe ist fraglich) *drap d'été* an einen Kunden verkaufte, der 'fast genau um 12' den Laden betrat.[1]

Daß unter diesen Fällen des Vorhersehens von Willenshandlungen Anderer willkürliche Todesfälle häufig sind, mag natürlich erscheinen, wenn wir bedenken, wie oft der erregende Todesvorgang den Inhalt 'bloß telepathischer' Halluzinationen bildet.

Ein Beispiel solcher Art teilt Sanitätsrat Dr. Droste mit, der sich für den 'wirklich unbestreitbaren Vorgang mit [seinem] sicher verläßlichen Worte' verbürgt: Ein 'sehr unterrichtetes' älteres Fräulein sitzt am Fenster mit ihrer Arbeit beschäftigt. 'Auf einmal schreit sie bei dieser Arbeit laut auf und bekommt heftige, anhaltende klonische und tonische Krämpfe; . . . sie habe deutlich gesehen, wie sich soeben hier an dem Hause ein Unteroffizier in den Mund geschossen habe und sein Gehirn bis zum Fenster des Zimmers gespritzt sei. Außer dem jungen Mädchen hat niemand einen Schuß gehört...' Man sucht sie zu beruhigen, indem man ihr klarmacht, sie könne doch im zweiten Stock von ihrem Sitze aus nicht sehen, was auf der Straße zugehe. Nach längerer Erregung wird sie zu Bett gebracht. Einige Zeit nach dieser Szene erschießt sich ein französischer Unteroffizier an der bezeichneten Stelle in der angegebenen Weise.[2]

Hier ist es offenbar denkbar, daß der Selbstmörder seine Tat schon z. Zt. des Gesichts, und zwar an jener Stelle auszuführen geplant, wo eine zufällig Empfängliche die Bilder seines Planens aufnahm. Daß diese Deutung den in solchen Dingen Erfahrenen befriedigen werde, will ich freilich nicht sagen: einmal nämlich gleicht der Vorfall in charakteristischer Weise anderen, die solche Fortdeutung nicht zulassen; sodann gibt der Umstand zu denken, daß — wie Droste mitteilt — die Perzipientin (und übrigens auch ihr Bruder!) 'zum öfteren den Tod der Menschen vorhergesehen haben', also ein typisches Ereignis an sich, dem doch nur ausnahmsweise eine darauf zielende Absicht vorausgeht.

Ohne weiteren Kommentar wird der Zweifler bereit sein, den folgenden Bericht in das hier eröffnete Fach einzuordnen: — Im Juni 1889 (der Bericht ist vom April 1892 datiert) saß die Perzipientin, Frau F. C. Mc. Alpine, an einem kleinen See der schottischen Grafschaft Monaghan in Erwartung ihrer Schwester, die lautlose

1) Owen, Debat. L. 262f. (Vom Perzip. selbst mitgeteilt, der übrigens den Traum bezeichnenderweise gleich am Morgen erzählt hatte.) 2) in AZP XI 655ff.: 'Üb. Ahnungen und Vorgewahrwerden.' Die Länge von 'einiger Zeit' wird leider nicht bestimmt. — Vgl. den Fall PS 1902 601.

Schönheit der Landschaft genießend. 'Plötzlich fühlte ich einen kalten Schauer mich durchkriechen, und eine sonderbare Steifheit der Glieder... Ich empfand Furcht und fühlte mich doch wie an den Platz gekettet und gleichsam gezwungen, das Wasser gerade vor mir anzustarren. Allmählich schien sich eine schwarze Wolke zu erheben, und in ihrer Mitte sah ich einen hochgewachsenen Mann in einem Anzug aus Halbtuch ins Wasser springen und versinken.' Die Dunkelheit schwand damit und nur ein Gefühl des Unheimlichen verblieb. Das Erlebnis wurde noch am selben Tage der Schwester und einem Bruder erzählt und die gedruckte Bestätigung des ersteren liegt vor. Eine Woche danach ertränkte sich ein Herr Espie, ein Bankbeamter, der Perzipientin unbekannt, genau an dem gleichen Uferfleck. Ein hinterlassener Brief gab die längere Zeit hindurch bestehende Absicht des Selbstmordes zu. Die Zeitungsnotiz über den Vorfall im *Northern Standard* ist vom 6. Juli 1889 datiert.[1]

Ein Bedenken der minder Skeptischen gegen die vorgeschlagene Deutung solcher Fälle knüpft sich natürlich daran, daß keinerlei Bezogenheit des angeblichen Agenten auf den Perzipienten, wohl aber eine solche auf den Ort der Tat gegeben ist. Die offenbare Analogie mit Fällen von Rückschau an einem bestimmten Orte würde eher empfehlen, auch das Schauen künftiger Ereignisse gelegentlich an die Anwesenheit des Perzipienten am Ort ihres Geschehens gebunden zu denken, und nicht an die Tätigkeit eines telepathischen Agenten, der ja in Fällen der Rückschau oft ein Abgeschiedener sein müßte. Diese Schwierigkeit fällt natürlich fort in den sehr viel zahlreicheren Fällen, wo die Vorahnung oder Vorschau den gewaltsamen Tod des Perzipienten selbst betrifft, zwischen ihm und dem etwaigen Agenten also eine persönliche Beziehung sehr ausgesprochener Art besteht, nämlich die des Mörders zu seinem ausersehenen Opfer.

Wenn Präsident Lincoln in der Nacht vor seinem Tode träumt (und den Traum seiner Frau erzählt), daß Diener in Trauerlivree im schwarzverhängten weißen Saal des Weißen Hauses ihm sagen: der Präsident sei in der Oper erschossen worden;[2] oder ein früherer Erzbischof von Autun in den zwei Nächten vor einem Mordanschlag auf ihn von einem solchen träumt, so daß er angeblich sogar den Angreifer zu erkennen vermag;[3] oder wenn ein 1790 gewaltsam ertränkter Uhrmacher aus Locle auf einem offenbar kurz vor seinem Tode geschriebenen Zettel bezeugt: 'Diese Nacht habe ich einen schrecklichen Traum gehabt. Mir träumte, zwei Männer hätten mich angepackt, gebunden und ins Wasser geworfen. Dies habe ich jetzt in fünf Wochen zum vierten Male geträumt',[4] so liegt eine telepathische Deutung in der Tat so nahe, daß wir den Berichten ihre zum Teil recht mangelhafte Beglaubigung willig nachsehen.

Nicht immer freilich ist diese Deutung so natürlich und widerstandslos, wie in den eben bezeichneten Fällen. Zuweilen ist der Perzipient nicht mit dem Opfer identisch und erscheint diesem gegenüber als ein leidlich zufälliger, 'versteckter', — wie in dem Traum, der die schwere Verwundung eines Gast-

1) Pr X 332f. 2) Nach Brander, Der Schlaf 26 in PS XXV 133. 3) Crowe 79.
4) Nach Prof. J. H. van Swinden (namhafter Philosoph u. Mathematiker) in PS XXVI 412.

wirtes Jost durch Messerstich angeblich an bestimmter Körperstelle einem Dritten angekündigt habe;[1] — oder die Vorahnung schließt wahre Einzelheiten ein, die man nicht ohne Schwierigkeit unter den Absichten des angeblichen Agenten vermuten kann: wie wenn Prof. von Gudden einige Tage vor seiner Berufung zu König Ludwig II. nach Hohenschwangau seiner Frau erzählt (die sich dafür verbürgt), er sei die ganze Nacht von dem Traumbild verfolgt worden, daß er mit einem Manne im Wasser kämpfe; wobei zu bedenken, daß zur Zeit der Traumes die Überführung des Königs nach Schloß Berg noch gar nicht geplant war.[2] Immerhin dürfte der Zweifler mit Recht die Schwierigkeiten auch des letzteren Falls nicht für unüberwindlich halten. Man sollte jedenfalls bereit sein, diese Deutung in jeder denkbaren Ausdehnung anzuwenden, denn irgendeine Angriffsfläche für sie bieten in der Tat zahllose Berichte über anscheinende Vorahnungen.[3]

Eine seltsame Spielart von Fällen dieses telepathischen Schemas bildet das gewissen Personen beinahe gewohnheitsmäßige 'Voraussehen von Begegnungen durch eingebildete Ähnlichkeit'.[4] Dies besteht darin, daß der Perzipient in einem völlig Fremden einen Bekannten zu erkennen glaubt, der dann in wenigen Augenblicken um eine Ecke biegt, die ihn bis dahin den Augen des Perzipienten schlechthin entziehen mußte.

Eine vorzügliche Beschreibung und Analyse dieser Tatsache verdanken wir zB. Frau Prof. Verrall (Cambridge), gleich ausgezeichnet durch ihre seherischen Gaben wie durch die Sorgfalt und den Scharfsinn, womit sie ihre Erlebnisse zu beobachten und zu zergliedern weiß. 'Ich habe', schreibt die gelehrte Dame, die seit Jahren über derartige Vorfälle Tagebuch führt, 'scharf zu unterscheiden gelernt zwischen gewöhnlichen Verwechselungen von Leuten, die sich ähnlich sehen, und diesen antizipatorischen Fällen: wenn ich bemerke, daß ich einen Fremden irrtümlich für einen Bekannten gehalten habe, während der Fremde nicht die geringste Ähnlichkeit mit jenem Bekannten hat, so erwarte ich zuversichtlich, den Bekannten bei der nächsten Wegecke zu treffen, und in dieser Erwartung täusche ich mich selten.'[5] — Diese Beobachtungen sind zu typisch und zu häufig und treten zu sehr in individuellen Schwärmen auf, als daß man sie für ein bloßes Spiel des Zufalls ansehen könnte.[6] Dagegen ist ihre Einordnung unter die Ahnungen mehr wie fraglich: telepathische Beeinflussung seitens des illusorisch wahrgenommenen sich Nähernden dürfte den Meisten eine befriedigende Deutung scheinen. Sie fallen dann in eine natürliche Gruppe mit den überaus zahlreichen Fällen des Vorauswissens eines unerwartet anlangenden Briefes, oder der Halluzinierung eines unerwartet Heimkehrenden oder eines Besuchers mehr oder minder kurz vor seinem Eintreffen; Fälle, die so typisch sind, daß die englische Forschung für sie eine besondere Etikette geprägt hat: *arrival-cases*, Ankunftfälle. Eine andere Alternativdeutung ist natürlich Hellsehen des Perzipienten. Aber zu dieser 'schwierigeren'

1) der seinen Traum sogleich seinem Weibe erzählt habe. — PS XXIII 669f. 2) du Prel, Mon. Seel. 334. — Hohenschwangau liegt ebenfalls an einem See. 3) Man erwäge zB. Gassendis Bericht bei Calmet I 206f. 4) 'prevision by fancied resemblance'; 'antileptische Telepathie' nach Andern. 5) APS II 309ff. 6) Weiteres hierüber: APS II 181ff. 247; Oppenheimer in BIGP 1904 162f.; du Prel, Entd. I 198 (6 Perzipienten).

Annahme würde sich die Mehrzahl doch erst in den sonst analogen Fällen entschließen, in denen der Gegenstand der 'Begegnung' ein lebloser ist, dessen ungesehene Nähe normalerweise nicht wahrgenommen werden konnte. Ich selbst habe es erlebt, daß eine mir nahestehende Dame, die mich überdies in zahlreichen Fällen von ihrer Begabung für übernormales Erfahren überzeugt hat, während eines Spaziergangs am Ufer des Schlachtensees bei Berlin mitten im Gespräch über abliegende Dinge die Gewißheit aussprach, sie werde jetzt Geld finden, und dann, nach einer scharfen Wendung des Waldweges, ein Groschenstück aufhob, das fast völlig im tiefen Sande verborgen lag.[1]

Indessen sind wir mit den letzten Bemerkungen in das Gebiet derjenigen Vorahnungen übergetreten, bei denen die Fortdeutung des prophetischen Elementes sich nicht mehr auf die Mittätigkeit fremder Bewußtseine beruft, sondern auf gegenständliche Wahrnehmungen des Subjektes der Ahnung selbst. Solche Wahrnehmungen brauchen unstreitig in vielen Fällen nicht einmal als übernormal angesetzt zu werden.

In einem Fall, den Splittgerber aus erster Hand mitteilt, wird ein bei der Arbeit fröhlich singender Schneider von 'unerklärlicher Angst' und dem 'bestimmten Gefühl' ergriffen, 'daß seinem schlummernden Kinde dort in der Wiege eine große Lebensgefahr nahe sei'; dazu hört der Mann, angeblich dreimal und immer bestimmter, zuletzt (da er nicht Folge leistet) 'wie rollenden Donner in seinem Herzen eine Stimme in seinem Innern: Stehe eilend auf und nimm das Kind aus der Wiege', worauf dann gleich 'in jener Gegend des Zimmers, in welcher die Wiege stand, die ganze Decke: Kalk, Lehm und Windelboden plötzlich von oben herunterstürzte, gerade auf die Wiege fiel und dieselbe mit Schutt und Trümmern bedeckte ...'[2]

Das Erlebnis scheint einen zu knapp-dramatischen und entsprechend scharf erinnerbaren Verlauf genommen zu haben, als daß eine kritische Zerlegung in eine zeitlich zerstreute Reihe von halben Zufälligkeiten sehr wahrscheinlich sein könnte. Aber eben darum läßt sich vermuten, daß irgend welche 'unbewußte', aber normale Wahrnehmung, die auch ein klares Bewußtsein als Anzeichen eines unmittelbar bevorstehenden Unglücks gedeutet hätte, die nächste Veranlassung der scharf ausgebildeten Halluzination gewesen sei.

Immerhin werden die Grenzen solcher Deutung auch gegenüber Vorahnungen derartig einfacher Unglücksfälle bald überschritten.

Die bekannte Berliner Seherin de Ferriëm gab zB., wie sie schreibt, am 18. April 1899 folgendes zu Protokoll: 'Ich habe heute ein merkwürdiges Gesicht gehabt. Ich erschaute und betrachtete eine zwischen Häusern eingepfercht stehende neue Kirche. Während ich das Gotteshaus ansah, vernahm ich einen furchtbaren Krach [und] sah gleich darauf die Glocke der Kirche abgestürzt daliegen... Soviel ich nach dem Gesicht urteilen kann, befindet sich die Kirche in Berlin.' — Am 19. April abends brachten Berliner Zeitungen die Meldung, die große Glocke des S. Simeonskirch-

1) Für 'Unverdächtigkeit' des Vorgangs bürge ich. — Vgl. auch PS XXVI 565f.
2) 'gleich': 'kaum hatte er'. — Splittgerber, Leben, 2. Aufl. 121—3. Ganz ähnlich Frau Dr. Schwinger bei Bormann 136f.; Jung, Theorie 79ff.; ÜW X 284.

turms in der Wassertorstraße 21 a sei um 2 Uhr nachmittags desselben Tages (des 19.) herabgestürzt, habe mehrere Balkenlagen durchschlagen und sei im Dachgewölbe steckengeblieben.[1] — Verwirft man die Annahme nachträglicher Fabrikation des Protokolles sowie die eines zufälligen Zusammentreffens, weil die Übereinstimmungen (der Zeit, des Ortes, der ungewöhnlichen Lage der Kirche) zu zahlreich seien, so wird man den Fall den soeben angeführten wohl nur dann anschließen können, wenn man mindestens noch telepathische Benachrichtigung durch einen Lebenden voraussetzt, der den gefahrdrohenden Zustand des Glockenstuhles auf irgendeine normale Weise wahrgenommen hätte. Andernfalls bliebe nur die Voraussetzung, daß die Seherin selbst hellsehend diese Wahrnehmung gemacht habe, zu der sie aber doch schwerlich irgendwelche Veranlassung hatte.

Ziemlich verwickelt und künstlich sind die Voraussetzungen, die im folgenden Fall die Annahme wahrer Vorschau überflüssig machen könnten. Dr. W. in Schottland träumte, daß er zu einem mehrere Meilen entfernt lebenden Kranken gerufen werde, zu Pferde dorthin aufbreche, unterwegs ein Moor überquere und dort von einem wütenden Stier angefallen werde, daß er sich an einen dem Tiere unzugänglichen Platz rette und erst nach langem Warten durch herbeieilende Leute von dort befreit werde. Alles dies traf am nächsten Tage ein. Der Weg war Dr. W. unbekannt, doch erkannte er das Moor wieder und wurde, wie er sagt, nur durch den Traum instand gesetzt, sogleich die rettende Richtung nach dem sicheren Zufluchtsort einzuschlagen, den er erst nach 3 bis 4 Stunden unter dem Beistand herzukommender Fremder verlassen konnte.[2] — Hier könnte man sich allenfalls durch die reichlich geschrobene Annahme helfen, daß die dem Arzte telepathisch und unterbewußt kundgewordene Absicht des Kranken, ihn zu sich zu bitten, Dr. W. veranlaßt habe, den Weg hellsehend in Augenschein zu nehmen, bei dieser Gelegenheit den Stier auf dem Moore zu entdecken, die mögliche Gefahr im Traum als wirklich zu erleben und sich eines Zufluchtsortes im voraus hellsehend zu vergewissern.

Außer der normalen oder übernormalen Wahrnehmung gewisser einfacher Tatbestände werden in Fällen wie den eben beschriebenen als Wurzeln der Vorahnung auch noch gewisse 'Schlüsse' aus diesen Wahrnehmungen vorausgesetzt, die ebenfalls gemeinplätzlicher Natur sind. Jede dieser Voraussetzungen ist nun beträchtlich gesteigerten Verwicklungen zugänglich. Zunächst haben wir den Typ der Voransage von Vorgängen meteorologischer Natur, die im äußersten Fall die möglichen Leistungen unserer Wissenschaft beträchtlich übersteigen. Sodann finden wir Voraussagungen über organische, besonders pathologische Vorgänge in Lebenden, die, falls sie nach Analogie normaler Vorgänge erklärt werden sollten, eine alles Normale übersteigende Einsicht in die innersten Lebensvorgänge voraussetzen würden.

Bei Wettervorahnungen muß natürlich die Möglichkeit einer unbewußtkörperlichen Empfindung sich anbahnender atmosphärischer Veränderungen in Ansatz gebracht werden, selbst über die Grenzen hinaus, die der wissenschaftlichen Vorausbestimmung gezogen sind.

---

1) de Ferriëm 69. 2) Crowe 72.

Merkwürdig, wenngleich schließlich auch noch hier unterbringbar erscheint die Voransage einer gewissen Franziska..., die bei Ansetzung eines Umzugs auf einen Donnerstag im März 1883, mehrere Tage vor dem Ereignis, eine so große Angst vor diesem Tage empfand, daß sie durch inständige Bitten ihren Vater zur Verlegung des Umzugs veranlaßte. Am Donnerstag riß ein Unwetter Bäume, Laternen und Telegraphenstangen um und Dachziegel von den Dächern; Hagel, Regen und Schnee schlugen Fensterscheiben ein. Am Sonnabend darauf, dem endgültigen Umzugstage, lachte die Sonne.[1]

Erdbeben sind ebenfalls ein Gegenstand vielfacher Voransagen gewesen. Aber auch hier wissen wir oder nehmen als natürlich an, daß sie sich von langer Hand her vorbereiten, und müssen daher die Möglichkeit zugestehen, daß die natürlichen Veränderungen ihrer Inkubationszeit irgendwie wahrgenommen und zu Erwartungsschlüssen verwendet werden. Bekanntlich hat man sogar an Tieren kurze Zeit vor Erdbeben häufig ein Benehmen beobachtet, das auf dergleichen Vorwahrnehmungen schließen ließ.[2]

Immerhin: die leidlich bestimmte Voraussagung eines Erdbebens durch einen Menschen 14 Monate vor seinem Eintritt ist entweder ein Spiel des Zufalls oder eine Leistung, die selbst die eben gemachten Voraussetzungen auf eine äußerst harte Probe stellt. Dem steht auf der andern Seite gegenüber, daß der Perzipient in dem Falle, den ich im Auge habe, sich auch durch andere metapsychische Leistungen ausgezeichnet haben soll.

M. Loustaneau, der nach einem abenteuerlichen Leben den Rest seiner Tage unter der Fürsorge der bekannten exzentrischen Lady Hester Stanhope in Syrien verbrachte, wurde von dieser stets als 'der Prophet' bezeichnet; er hatte ihr nämlich eines Tages gesagt: Heute, in diesem Augenblick, da ich mit Ihnen rede, entflieht Napoleon von der Insel Elba. Im April 1821 suchte Lady Stanhope den britischen Generalkonsul in Aleppo und Antiochien, John Barker, zum Verlassen seines Wohnorts zu bewegen, 'denn beide Städte werden ungefähr in Jahresfrist zerstört werden. Ich melde Ihnen dies im Namen des Propheten Loustaneau.' Im Mai 1822 berichtete Barker dies an Dr. Wolff, dessen Erinnerungen ich den Fall entnehme, mit dem Bemerken, er halte die Stanhope für verrückt. Im August 1822 war Wolff bei M. Lesseps, dem französischen Generalkonsul, zu Tische, als dessen Dragoman, M. Derche, von Lady Stanhope kommend, dieselbe Warnung brachte, 'denn im Namen des Propheten L. erklärte sie, daß innerhalb 14 Tagen Aleppo und Antiochien würden zerstört werden. Derche redete von einem Erdbeben. Wenige Tage nach dieser Unterredung verließ Wolff mit einer kleinen Karawane Aleppo. Bei dem 10 Meilen entfernten Orte Jusia trat das Erdbeben ein, welches Jusia, Aleppo, Antiochien, Lalakia, Hums und Hama zerstörte und 60000 Menschen tötete.[3]

Auch die Voransage von Grubenunglücken kann vielleicht in diesen Zusammenhang gestellt werden, wennschon es, wie ich nach meinen

1) PS XXIX 603. Vgl. J. F. Teller, Vom Wiederkommen, Wiedersehen und Erscheinen der Unsrigen... (Zeitz 1806) 165f.; Hastings 242. 2) PS XXIX 579; ähnlich Plinius üb. die Zeit vor dem Vesuv-Ausbruch. Vgl. Prof. Nowack über die 'Wetterpflanze' (abrus precatorius nobilis) in PS XXXI 382f. 3) [Dr.] H. Sengelmann, Dr. Joseph Wolff. Ein Wanderleben (Hamb. 1863) 55ff. Üb. Loustaneau vgl. noch [Dr. Meryon,] Memoirs of the Lady Hester Stanhope... (Lond. 1845) II 182.

geringen Kenntnissen annehmen möchte, eine Voraussetzung dieser Zuordnung wäre, daß Ansage und Ereignis zeitlich nicht zu sehr auseinander liegen; denn wie lange sollen wir die 'Wetter'-Bedingungen einer Grube in einem Zustande verharren lassen, der bereits einen katastrophalen Ausgang erschließen läßt? Ich weiß darum nicht, ob die folgende bekannte Vorschau des großen Grubenunglücks von Brüx-Dux im September 1900 durch Frau de Ferriëm eine derartige Deutung verträgt, da der Abstand zwischen Gesicht und Ereignis ein volles Jahr betrug; auch versteht sich von selbst, daß die räumliche Entfernung der Seherin vom Orte des Unglücks außerdem die Einschaltung eines telepathisch wirksamen Ur-Perzipienten am Orte selbst erfordert — falls wir nicht die Ansage lediglich für einen Zufallstreffer halten wollen.

Die Dame beschrieb, was sie sah, u. a. wie folgt: 'Die Ärzte kommen aus Brüx... das sind Böhmen. Die Weiber und die Kinder haben Kopftücher um. Ja, das sind Böhmen... Mit solch einem Zuge, der eben angekommen, bin ich schon gefahren. Da steht es dran; der kommt doch über Eger. Ja, es sind Böhmen... Ich höre, was [der Schaffner] sagt. 'In den Kohlengruben von Dux' sagt er; ich lese aber Brüx. Der da hats an der Binde...' Diese Aussagen sind wortgetreu im Druck niedergelegt in Godefroys Berichten über die Seherin vom 20. Sept. 1899, also ein Jahr vor dem Unglück. Sie setzte die Szene allerdings fälschlich um die Weihnachtszeit an, vielleicht verführt durch die wahrgenommene 'Hundekälte'; immerhin konnte ein Teil der Toten wirklich erst Ende Oktober bei starker Kälte herausgeholt werden.[1]

Auf andersartigen Grundlagen ruht die etwaige Fortdeutung anscheinender Vorahnungen von Katastrophen im Leben des menschlichen Organismus. Schon die Betrachtungen über das Hellsehen haben uns die Tatsachen organischer Inschau kennengelehrt, die wir ja auch 'unbewußt' verlaufen lassen dürfen und von denen sich gar nicht sagen läßt, wieweit sie etwa reichen, wie bestimmt anderseits die Schlußfolgerungen sind, die aus ihnen — 'unbewußt'! — sich gewinnen lassen. Aber abgesehen von diesen Wurzeln natürlicher Deutung verwickelt sich das Problem der Todes- oder Krankheitsansagen noch durch die weitere Möglichkeit (die bei Naturkatastrophen nicht gegeben war), daß die Prophezeiung, gleichviel woher stammend, sich selber verwirkliche, nämlich durch die Macht, welche Vorstellungen, Erwartungen, Befürchtungen erfahrungsgemäß über den Körper gewinnen können.

Indem wir den zweiten Gesichtspunkt als den 'natürlicheren', wissenschaftsgemäßeren zuerst besprechen, wollen wir ganz absehen von den schier zahllosen Voraussagungen organischer Vorgänge, von denen die Krankengeschichten der älteren Somnambulen und ihrer Nachfahren erfüllt sind. Diese zählen wir heute samt und sonders den Hysterischen

---

1) Bormann 130.

zu, deren übermäßige Suggestionszugänglichkeit nicht minder bekannt ist als ihre Sucht, den Arzt durch immer neue Symptome zu fesseln. Der Wunsch aber, ihn durch Voransage solcher Symptome zu verblüffen, würde diese Sucht sehr natürlich ergänzen. Schreitet die dabei vorausgesetzte Selbstschädigung tatsächlich zum autosuggestiven Selbstmord fort, so mag unser Urteil freilich stutzig werden; indes ist es nicht nötig, durchaus die 'hysterische Absicht' dazu vorauszusetzen. Der Gedanke des bevorstehenden Todes mag 'irgendwie' im Subjekt entstanden sein, sich dann aber sehr gegen seinen 'Willen' verwirklicht haben.

Eine junge Hysterische im psychiatrischen Institut in Reggio d'Emilia, an Tuberkulose beider Lungenspitzen leidend, aber in ziemlich gutem Allgemeinzustande, zeigte ihren Tod an, für dessen Bevorstehen die darauf angestellte Untersuchung keinerlei Anzeichen ergab. Die Kranke verlangte jedoch nach einem Priester und 'beklagte sich danach in unbestimmter Weise, daß etwas sie zu genieren schiene, ohne sagen zu können, was es sei'. Plötzlich trat eine Halluzination der Hölle ein, man führte die Kranke ins Bett zurück, aus dem sie gesprungen war, sie kreuzte die Arme über der Brust, sagte: Ich gehe, die Herrlichkeit der Engel des Paradieses zu sehen, 'und lag reglos da: sie war tot', zwei Stunden nach der Voransage. Die Temperatur betrug 38° und die Sektion deckte keinerlei Veranlassung des Todes auf. Der medizinische Berichterstatter, dem ich folge,[1] nimmt einen 'Scherz' der Kranken an, der sich autosuggestiv verwirklicht habe. Ein unterbewußter Wink möge von der Wahrnehmung von Toxinen in der Lunge ausgegangen sein.

Immerhin haben wir bei weitem nicht in allen Fällen von Ansage des eigenen Todes Hysterische vor uns, und der Leser wird finden, wenn er die nachstehenden Beispiele wägt, daß die Annahme einer sich selbst verwirklichenden Erwartungsvorstellung, wenn auch an sich unanfechtbar, doch nur mit zunehmender Gezwungenheit auf sie anzuwenden ist.

Das nachstehende Ereignis führt zwar ins 17. Jahrhundert zurück, der Bericht des Bischofs von Gloucester, auf den ich mich stütze, beruht aber nach seinen eigenen Worten auf den Angaben — *recital*, das kann fast heißen: dem Diktat — des Vaters der Perzipientin, dessen Wissen seinerseits, wenn ich den Bericht recht verstehe, auf ein zwischen Ahnung und Erfüllung abgefaßtes, an ihn gerichtetes Schreiben der Perzipientin zurückgeht. Diese, eine Tochter des Sir Charles Lee, war im Begriff, verheiratet zu werden, als sie eines Donnerstags nachts i. J. 1662 ein Licht in ihrer Kammer zu sehen meinte, der Magd klopfte und sie fragte, 'warum sie ein Licht in der Kammer habe brennen lassen?' Nach der Feststellung durch die Magd, daß weder ein Licht gebrannt habe, noch auch Feuer im Kamin zurückgelassen sei, gab sie zu, es könne ein Traum gewesen sein und legte sich wieder zum Schlafen hin. Gegen 2 Uhr wurde sie wieder erweckt 'und sah die Erscheinung einer kleinen Frau zwischen ihrem Bettvorhang und ihren Kissen, die ihr sagte, daß sie ihre Mutter sei [die bei der Geburt der Perzipientin gestorben war], daß sie glücklich sei und daß um 12 Uhr desselben Tages sie (die Perzipientin) bei ihr sein werde.'

---

1) G.-C. Ferrari in RS 4. sér. V (1896) 60.

Die junge Dame klopfte wieder ihrer Magd, kleidete sich an, schloß sich bis 9 Uhr ein, kam dann mit einem versiegelten Brief an ihren Vater zum Vorschein (vermutlich der Grundlage erster Hand für die Erzählung des letzteren) und brachte diesen ihrer Tante, Lady Everard, der sie das Vorgefallene berichtete und die sie um Bestellung des Briefes nach ihrem Tode bat. Ein Arzt und Wundarzt wurden gerufen, der Arzt aber 'konnte keine Andeutung von den Einbildungen der Dame finden oder von irgendwelcher körperlichen Gesundheitsstörung'. Nach dem aufgedrungenen Aderlaß ließ sie einen Geistlichen rufen, der Gebete mit ihr las, worauf sie geistliche Lieder zur Gitarre sang. 'Und kurz vor Schlag 12 Uhr erhob sie sich und nahm in einem großen Armstuhl Platz, holte ein- oder zweimal tief Atem und verschied.'[1] — Daß die Todesansage, wie so häufig, durch die Erscheinung einer Verstorbenen erfolgte, mag man für das Anzeichen einer Veranlagung halten, die auch zu visionärer Ausgestaltung unterbewußter Vorstellungen (neben ungewöhnlich starker Selbstbeeinflussung des Organismus) befähigt war. Am Ende gerät man auf den Gedanken, daß auch Sir Charles' 'gesunde' Tochter eine heimliche Hysterische mit Sexualverdrängung war, die 'lieber sterben als heiraten' oder gar einen Ungeliebten heiraten wollte.

Der folgende Fall wird von der Perzipientin selbst, allerdings 45 Jahre nach dem Ereignis, berichtet. Mrs. E. war gesund, hatte soeben eine Nacht gut geschlafen und war im Begriff sich anzukleiden, als sie wie von einem Eintretenden die lauten Worte gesprochen hörte: Heute um 6 Uhr wirst du sterben. Sie beschloß, nicht über das Erlebnis zu 'brüten', und besuchte, um sich abzulenken, ihre Schwester auf den ganzen Tag. Als die Uhr 6 zu schlagen begann, sagte sie zu sich selbst: Nun also, jetzt ist's 6 und nichts ist vorgefallen, 'aber ehe das Schlagen beendet war, stürzte Blut in starkem Strom aus beiden Nasenlöchern'. Die Blutung hielt lange an und der gerufene Arzt erklärte, daß das Leben mit genauer Not gerettet worden sei.[2] — Das Bemerkenswerteste ist, daß Mrs. E. sich nicht nur als weder phantastisch noch leichtgläubig noch überspannt noch neurotisch oder hysterisch bezeichnet, sondern auch ihr Leben lang Vorahnungen ihrer eigenen wie auch fremder Erlebnisse gehabt hat. Das Bezeichnende und Typische an dem Vorfall wäre demnach nicht in einer physiologischen Selbstbeeinflussung, sondern in einer Vorahnung zu suchen, die man als solche in diesem Falle schwerlich auf Zufall zurückführen wird.

Wir müssen nun aber natürlich auch in Fällen von Ansagen fremden Todes der Möglichkeit von Suggestivwirkungen den weitesten Spielraum gönnen, sooft die Gewißheit oder auch nur Möglichkeit gegeben ist, daß der Todeskandidat von der Vorahnung auch nur 'eine Ahnung' gehabt habe. Diese Freigebigkeit mag sogar in einem Falle angewendet werden, der im übrigen seltsam genug ist; nicht zuletzt durch die ausgezeichnete Bezeugung, für die kein Geringerer als Dr. Liébeault als Beobachter sich einsetzt.

In einer Familie in der Umgebung von Nancy machte im November 1883 eine junge Dame von 18 Jahren, die häufig in somnambulen Schlaf versetzt wurde, bei jeder Sitzung spontan die Angabe, daß eine nahe Verwandte der Familie, die sie

1) Aus J. Beaumonts World of Spirits... bei Welby, Predictions realized in modern times (Lond. 1862) 74ff. Nach Th. Arnolds Übers. (1721) auch bei Hennings 780ff. Vgl. Dr. Geleys Fall ASP XXVI 125ff. 2) Pr X 333f. Vgl. etwa noch Welby, aaO. 128f. (Ansage des eig. Todes auf Tag und Stunde; Zeugnis u. a. des Dr. Lavington, spät. Bischof v. Exeter.)

nannte und die in keiner Weise krank war, bald sterben, und zwar den 1. Jan. des kommenden Jahres nicht mehr erleben werde. Der Vater der Familie entnahm daraus die Veranlassung, sich um eine beträchtliche Versicherung des Lebens der also Bedrohten zu bemühen. (Der bezügliche Schriftwechsel, der die Äußerung der Ansage vor ihrem Eintreffen beweist, hatte Liébeault vorgelegen.) Die betreffende Verwandte starb wirklich, und zwar plötzlich, am 31. Dez.[1] — Wir können freilich nur vermuten, daß ihr die Prophezeiung zu Ohren gekommen war; aber gerade das Eintreffen derselben am letzten noch möglichen Tage könnte auf Suggestion und somit auf Bekanntschaft des Opfers mit seinem Todesurteil schließen lassen.

In der *Daily Mail* vom 31. Okt. 1905 findet sich ein Bericht, wonach am letzten Sonnabend vor diesem Datum der Schreiner Henry Malcolm White aus Grangemonth unerwartet in Dunblanc (West-Perthshire) bei seinem Bruder Alexander, einem Maurer, erschienen sei, weil er geträumt, daß A. gestorben sei, und er keine Ruhe gefunden habe, bis er 'kam, um selbst nachzusehen'. 'Der Bruder war damals noch bei guter Gesundheit, wurde aber gestern (d. h. am 30. Okt.) krank und starb innerhalb einer Stunde.'[2] Suggestive Wirkung ist natürlich auch hier nicht ausgeschlossen, zumal ein Traum, der einen einfachen Mann zu einer Reise veranlaßt, wohl Eindruck machen kann. Anderseits vermißt man Angaben, welche die Möglichkeit ausschließen, daß A., der Maurer, trotz angeblicher Gesundheit unbewußt an sich etwas wahrgenommen habe, was ihn zu trüben Ahnungen und ihrer telepathischen Weitergabe hätte veranlassen können.

Der Leser wird je nach bewußten oder unbewußten Denkneigungen entscheiden, was er von all solchen Deutungskünsten halten wolle. Im nächsten Fall indessen wird auch der ausgesprochene Zweifler gewisse unerwartete Einzelheiten entdecken, welche die Naivität der Annahme von Suggestion, deren 'Möglichkeit' auch hier nicht geleugnet werden soll, in einem eigentümlichen Licht erscheinen lassen.

Julia, eine gute Bekannte des namhaften englischen Tagesschriftstellers W. T. Stead, mit welcher dieser nach ihrem Tode in regem mediumistischem Verkehr zu sein glaubte, kündigte eines Tages im Januar 1908 durch die Hand ihres Freundes an,[3] daß M. E., eine Freundin der Julia, die bei Stead arbeitete und etwas leichtfertig war, 'in Jahresfrist bei [ihr] sein werde', er solle daher Geduld mit ihr haben. Diese Botschaft wurde in den folgenden Monaten hartnäckig wiederholt; aber nichts ließ ihre Bewahrheitung wahrscheinlich erscheinen. Als M. E. im Juli einen Nagel verschluckte und die Ärzte sie schon aufgegeben hatten, schrieb 'Julia': 'Sie wird gesund werden. Sie wird aber am Ende dieses Jahres sterben.' M. E. genas. Im Dez. erkrankte sie an Influenza, aber die Botschaft kam: 'Sie wird am Ende des Jahres eines unnatürlichen Todes sterben.' Zu Weihnachten meinte Julia: 'Ich kann mich um einige Tage geirrt haben, aber was ich sagte, ist wahr.' Am 10. Jan. schrieb sie: 'Besuchen Sie morgen M. E. und sagen Sie ihr Lebewohl. Sie werden sie nicht mehr auf Erden sehen.' Drei Tage später stürzte sich M. E. in einem Anfall von Delirium aus dem Fenster und war sofort tot. Stead besaß die automati-

1) Liébeault, Thérapeutique suggestive 282ff. 2) was seized with illness, ohne nähere Angabe. — APS II 322. 3) Die Glaubwürdigkeit des 'Geistes' als solchen braucht uns hier natürlich nicht zu beschäftigen.

schen Originalschriften mit den unterschriftlichen Beglaubigungen seiner zwei Sekretäre.[1]

Ich brauche kaum zu sagen, welches die unerwarteten Einzelheiten sind, welche die Seltsamkeit des Falles begründen. Nichts hindert uns, bei einer 'leichtfertigen', vielleicht halbhysterischen jungen Dame Delirium und Selbstmord infolge einer ihr vermutlich bekannt gewordenen Todesansage eintreten zu lassen. Aber das erklärt nicht die seltsame Sicherheit, mit welcher zweien möglichen, unter den Umständen doch doppelt wahrscheinlichen Todesursachen im voraus jede Bedeutung für den Fall abgesprochen wird. Dies erweckt in der Tat den Anschein, als liege die übernormale Wurzel des Eintreffens der Ansage wirklich in der Perzipientin (bzw. dem Perzipienten) und nicht in ihrem 'Opfer': als handle es sich in allen drei Fällen um ein Wissen, und nicht in zweien um bloße Einbildung, im dritten um Einwirkung auf eine Andere.[2]

Immerhin ist solche suggestive Einwirkung der Voransage hier wenigstens in einer Hinsicht sogar glaublicher als in den vorangehenden Fällen: sofern nämlich die Erfüllung durch Selbstmord, also eine willkürliche Todesart erfolgte. In den früheren Fällen blieb die Art der Vollstreckung des angeblichen suggestiven Auftrags durchweg im Dunkeln; wäre uns dagegen die nächste Ursache des Todeseintritts in jedem Falle bekannt, so entstünde die weitere Frage, ob ein solcher Vorgang denn auch wirklich autosuggestiv zu erzeugen sei. Meines Wissens beruhten die einzigen bekannten Fälle willkürlichen, aber nicht gewaltsamen, also von innen erzeugten Todes — des Penthesilea-Todes — auf willkürlichem Anhalten des Herzens.[3] Unsere Unwissenheit gestattet nicht die Leugnung noch viel weitergehender Möglichkeiten; immerhin sollte, wer sich bei Todesprophezeiungen so geläufig auf Suggestionswirkung beruft, die Verpflichtungen nicht vergessen, die eine solche Annahme seiner physiologischen Leichtgläubigkeit auferlegen könnte. In den vorstehenden Beispielen habe ich die Alternativdeutung durch autosuggestive Verwirklichung vorgeschlagen, weil die gute Gesundheit des 'Opfers' zur Zeit der Todesansage in jedem Fall entweder ausdrücklich bezeugt wurde oder doch nach dem Wortlaut der Berichte angenommen werden konnte. Wo wir dagegen Grund zur Annahme haben, daß zur Zeit der Todesansage sich bereits ein gefährlicher Krankheitszustand anbahnte oder aber in voller Ausbildung (wenn auch unerkannt) bestand, werden wir die andere der beiden erwähnten Deutungen wählen und zunächst geneigt sein, eine zutreffende Vorschau des Todes

---

1) Aus Rev. of Rev., Jan. 1909 bei Lombroso 284ff. 2) Vgl. die Fälle in MES II, 1 (1784) 72ff. (aus d. Akten des Obercollegii Medici), und in The Medium and Daybreak v. 4. Dez. 1874, ref. bei Perty, Spir. 289. 3) Nach Donders: Inhibition der Herzmuskeln durch eine ursprüngl. von d. Kontraktion der Halsmuskeln ausgehende Nervenreizung (bei Ziemssen, Handb. d. spez. Pathol. u. Ther., 2. Aufl., VI 311). Fälle 'willkürl. Sterbens': Dendy 372; PS 1903 42ff.; AR 1898 278; Contempor. Rev. XXIII (1873) 135 (der bekannte Col. Townsend).

auf irgendwelche unbewußte, unter Umständen hellsehend erlangte Einsicht in den gefahrdrohenden Zustand des Körpers zurückzuführen. Wir wissen ja, wie häufig anscheinend vollkommene Gesundheit eine innere Gefährdung des Lebens verschleiert und wie oft ein plötzlicher und 'unvorhergesehener' Tod auf Ursachen zurückgeht, deren genaue Kenntnis ihn unter Umständen aufs bestimmteste hätte voraussagen lassen.

Als typisch kann hier G.-C. Ferraris Bericht über eine anscheinend gesunde Person gelten, welche plötzlich ihres unmittelbar bevorstehenden Todes völlig gewiß wird, ihren Strickstrumpf beiseite legt, zur Beichte läuft und in einer Stunde tot ist. Besondere autodiagnostische Gefühle werden nicht erwähnt. Die ärztliche Nachforschung ergab die Zerreißung eines großen *Aneurysma sacciforme*, einer sackartigen Blutaderausbuchtung.[1] — Die 'natürlichste' Deutung scheint hier, daß die betreffende Person auf irgendeine Weise — durch innere Hyperästhesie oder meinetwegen Autoskopie — von dem sich (sagen wir) einleitenden Vorgang der inneren Verblutung Kunde erhalten und die äußerste Gefahr, in der sie schwebte, daraus erkannt habe. Dies setzt zwar bei der offenbar einfachen Person eine um so erstaunlichere prognostische Scharfsicht voraus, als nach medizinischer Erfahrung das Bersten von Aneurysmen nicht immer und noch weniger immer sofort zum Tode führt. Doch mögen wir, im Kampf gegen die Vorahnungen, uns wohl auch dies noch gefallen lassen.

Bei Voransagen des Todes Anderer (nicht des Sehers) kommt dagegen eine Deutung durch zoen- oder hyperästhetische Binnenwahrnehmung natürlich nur dann in Frage, wenn wir diese Annahme durch die weitere Annahme verwickeln, daß das so erlangte Wissen des Todeskandidaten zwar telepathisch einem Fremden, aber nicht normalerweise seinem eigenen Wachbewußtsein zugänglich gemacht worden sei. Anderseits könnte eine übernormale Deutung — soweit sie wahre Prophetie verwirft — auf hellsehende Körperdurchschauung sowohl seitens des Todgeweihten als auch seitens des Propheten[2] zurückgreifen, wozu im erstern Falle wiederum die Annahme telepathischer Benachrichtigung des Sehers treten müsste. Doch wird man der Einfachheit halber wohl lieber die ganze Leistung, soll sie nun schon einmal das Normale überschreiten, in den Perzipienten selbst verlegen wollen.

Das nachstehende Beispiel berichtet Mrs. Crowe von einem 'Bekannten', H., also zweiter Hand; doch wird es glaubwürdig durch den Umstand, daß das Subjekt, ein im tätigen Leben stehender Geschäftsmann, zweimal auf seinen Traum hin in leicht zu erinnernder Weise handelte. Dieser Traum, welcher ihm einen gewissen Freund gestorben zeigte, 'war so lebendig, daß H., obgleich er nicht den mindesten

---

1) RS 4. sér. V (1896) 59. Üb. plötzliche tödliche Perforation seit langem bestehender, beschwerdeloser Aneurysmen s. Strümpell, Lehrb. d. spez. Pathol. u. Ther. 19. Aufl. I 494.
2) Ein Fall ausdrückl. dieser Art (2. Hand) bei Mirville 57 (aus Dumas' Mémoires XIII): angebl. durch Sektion bestät. Vgl. den o. angef. Fall von Phinuit: Pr XIII 565f. Riechen des 'Todesduftes' (nach G. Jäger zuweilen Wochen vor d. Tode) kommt wohl nur bei gewissen Krankheiten in Frage. (Vgl. über Vorwissen der Hunde vom Tode ihres Herrn, angebl. durch Riechen, PS XVIII 128; XXXII 338f.)

Grund hatte, eine Krankheit seines Freundes anzunehmen, nicht umhin konnte, gleich am Morgen Erkundigungen bei ihm einzuziehen. Er erhielt die Antwort, daß Mr. A. ausgegangen und vollkommen gesund sei. Der Eindruck [des Traumes] war jedoch so lebhaft, daß H. außerstande war, eine nötige Geschäftsreise nach Glasgow anzutreten, ohne zuvor nochmals anzufragen, trotzdem sein Bote dazu beinahe [fünf km] zurücklegen mußte. Diesmal war sein Freund zu Hause und erteilte selbst die Antwort, daß er bei ausgezeichneter Gesundheit sei und irgend jemand H. zum besten gehabt haben müsse.' H. verreiste, ohne seine Sorge überwinden zu können, und hörte wenige Tage darauf — 'ich glaube: drei', sagt Mrs. Crowe — bei seiner Heimkehr, daß A. an einem 'Anfall von Entzündung' gestorben sei.[1]

Für das nachstehende Beispiel, dessen Deutbarkeit in bemerkenswerter Weise auf bereits erörterte Begriffe zurückgreift, besitzen wir ebenfalls die ausgezeichnete Bürgschaft Dr. Liébeaults. Dieser wurde am 9. Jan. 1886 von dem jungen M. S. de Ch... zu Rate gezogen, anscheinend wegen unüberwindlicher Angstvorstellungen. Demselben war am 26. Dezember 1879, im Alter von 19 Jahren, von der berühmten Lenormand vorausgesagt worden, daß er nach Verlauf von genau einem Jahre seinen Vater verlieren, demnächst als Soldat dienen würde, indessen nur kurze Zeit; daß er sich jung verheiraten, zwei Kinder haben und mit 26 Jahren[2] sterben würde. Diese Prophezeiungen, die er s. Zt. nicht ernst genommen hatte, waren bis auf die letzte vollkommen eingetroffen, und da sein 26. Geburtstag am 4. Februar bevorstand und sein vormaliger Skeptizismus völlig erschüttert war, so bedrückte ihn die Furcht vor dem Eintreffen auch der 5., letzten Vorhersagung. Da Liébeault den jungen Mann nicht zu hypnotisieren vermochte und eine suggestive Wirkung seiner Angst befürchtete, so schlug er ihm vor, mit ihm zusammen einen seiner Somnambulen aufzusuchen, welcher wegen zweier eingetroffener diagnostischer Voransagen 'der Prophet' genannt wurde. Mit M. de Ch... in Rapport gesetzt, erwiderte der Somnambule ihm auf eine bezügliche Frage, daß es noch 41 Jahre zu leben habe.[3] 'Die Wirkung dieser Worte war eine wunderbare; augenblicklich wurde Ch... wieder fröhlich und voll Hoffnung; und als der 4. Febr. überschritten war..., hielt er sich für gerettet. Er starb am 30. Sept. 1886, 'mit 26 Jahren', wie die Lenormand ihm gesagt hatte.'[4] — Der Fall könnte, wie gesagt, in die obige Gruppe der durch Suggestion verwirklichten Scheinprophezeiungen zu fallen scheinen; ließe sich doch annehmen, daß die Ausrottung der verhängnisvollen Einbildung nur eine oberflächliche gewesen sei, daß diese unbewußt fortgewirkt habe oder daß sie, was der Bericht freilich verschweigt, von neuem bewußt aufgetreten sei. Aber das hieße übersehen, daß die Ansage, nachdem sie zuerst verlacht worden, nur dadurch zur Suggestion wurde, daß der größere Teil ihres Inhalts bereits in Erfüllung gegangen war. Können aber diese erfüllten Ansagen z. T. auf Rechnung von diagnostischer Durchschauung gesetzt werden (wie der Tod des Vaters und die 'nur kurze Dienstzeit', die sogar aus der normalen Wahrnehmung schwächlicher Konstitution gefolgert worden sein mag), so könnte es naheliegen, auch den Rest (bis auf die banalen 'zwei Kinder') demselben Gesichtspunkt unterzuordnen.

1) was very well;... inflammation. — Crowe 58. 2) à vingt-six ans. 3) Soupçonnant le trouble de ce jeune homme, sagt Liébeault. Sprach etwa dieser 'Seher' nicht aus, was er zu wissen glaubte? 4) Pr XI 528f.

Aber auch der Deutung durch Hellsehen erwachsen bald Schwierigkeiten, die man als um so gewichtiger einschätzen wird, je vorurteilsloser man sie betrachtet. Es könnte nämlich zwar eine sehr genaue Einsicht in die krankhaften Veränderungen eines Körperinnern, verbunden mit außerordentlichem medizinischem Wissen (!), wahrscheinlich in allen Fällen die verbleibende Lebensdauer ungefähr einschätzen; aber selbst die außerordentlichste, nur eben noch 'endliche' Wissenschaft dürfte außerstande sein, den nicht unmittelbar bevorstehenden Tod auf den Tag zu bestimmen. Gerade ein solches Vorhersagen des Hingangs nach Daten ist aber typisch für eine umfangreiche Gruppe von Todesankündigungen. — Bei der Wichtigkeit dieses Umstandes mögen mehrere Beispiele erlaubt sein.

Großes Aufsehen und heftige Erörterungen erregte s. Zt. die Voransage des Todes König Friedrichs von Württemberg i. J. 1816 durch zwei Somnambule, die Krämer und die Wanner, die in Dr. Nicks und Dr. Kleins Behandlung waren. Die letztere hatte bereits vier Jahre zuvor das Todesjahr des Königs bezeichnet, seinen Tod aber zwischen den 18. und 20. April verlegt; später setzte sie dafür den Oktober ein. Die Krämer bestimmte am 17. April 1816 den 28. Oktober als den Tag, an welchem den König ein 'Kopf- und Brustschlag' treffen würde; Ende Oktober 'sehe sie ihn nicht mehr unter den Lebenden'. Diese Voraussagungen im 'magnetischen Schlafe' waren in Gegenwart u. a. des Ministers von Wangenheim, des Hofkaplans Harprecht, des Grafen von Gräveniz, des Prof. von Eschenmayer, des Dr. Lebret, Dr. Sturm, Dr. Klein gemacht worden. Wetten wurden entsprechend angeboten und gewonnen. Der König starb am 30. Oktober nach einer Unpäßlichkeit von wenigen Tagen. Vor dem 28. traten Brustkrämpfe ein, die in der Nacht auf diesen Tag (27./28.) sehr heftig wurden und am Morgen des 28. Lungenlähmung herbeigeführt hatten — 'Brustschlag' nach der volkstümlichen Ausdrucksweise. 'Kopfschlag' weist der Krankenbericht nicht ausdrücklich nach.[1]

Der folgende Bericht stammt von M. Henri Buisson, einem Journalisten. — 'Am 8. Juni 1887', schreibt er, 'sah ich meine Großmutter tot auf ihrem Bette ausgestreckt, mit einem Lächeln auf dem Gesicht, als wenn sie schliefe. Über dem Kopfende ihres Bettes schien eine strahlende Sonne. Im Mittelpunkt dieser Sonne las ich deutlich das Datum 8. Juni 1888; wobei Tag und Monat über die Jahreszahl gestellt waren... Am nächsten Tage... erzählte ich [diesen albdruckartigen Traum] meiner Mutter... [und diese] machte sich eine entsprechende Eintragung; mein Bruder und Schwester sahen diese Notiz, und danach sprach meine Mutter oft von ihr. Ein Jahr später, am 8. Juni 1888, starb meine Großmutter nach einem Unwohlsein von einer Viertelstunde. Was mir auffiel, war die Ruhe ihres Gesichtsausdruckes; er war so friedlich, wie ich ihn ein Jahr zuvor in meinem Traum beobachtet hatte.'[2]

---

1) ATM I, 1; III, 1; XII, 2 (auch Perty, M. E. I 238f. u. sonst). Daß der König um die Proph. gewußt, sie also als Suggest. habe wirken können, läßt nichts annehmen. — Ganz ähnlich Dr. Testes Fall bei Richet 274. Vgl. auch Flournoys Fall in APs IV (1905) 57ff. und seine Verteidigung das. 226f., sowie Dr. Suddicks Fall in Pr XI 432ff. 2) APS VI (1907) 207f. Üb. die gemachte Eintragung liegen Zeugnisse von Mutter und Geschwistern vor. — Eine Heiratsansage mit gesehener Datierung ('in 3 Jahren 4 Monaten 2 Tagen') s. bei Perty. M. E. II 287.

Das dritte Beispiel stammt von Mrs. Henry-Anderson, und ich führe es trotz seiner ganz ungenügenden Bewiesenheit an, weil es die hier fragliche Gruppe in besonders anschaulicher Form vertritt. Am 10. eines gewissen Monats sieht sich die Perzipientin im Traum vor einem Landsitz im Tudor-Stil, geht hinein, ersteigt eine Wendeltreppe, betritt ein sonniges Zimmer und sieht auf einem Sofa (wie sie glaubt) eine Freundin mit todbleichem Gesicht ausgestreckt, über die sich eine Krankenschwester beugt, die sie mit den Worten anblickt: O, dies ist der Tod. 'Und hinter mir hörte ich eine Stimme dreimal sagen: am siebzehnten.' Der Traum erregte sie so stark, daß sie ihn nicht nur mehreren Personen erzählte, sondern auch trotz großer Unbequemlichkeit eine 150 km weite Reise zu der vermeintlich gesehenen Freundin machte. Am 17. des nächsten Monats starb die Schwester der vermeintlich Gesehenen, die dieser sehr ähnelte: nur ihre Gesichtsfarbe war verschieden: die vermeintlich Gesehene war von rahm-weißer Blässe; Betty, die Schwester, rosig. Es liegt also nahe zu vermuten, daß in der Tat Betty gesehen, aber wegen ihrer 'Todesblässe' mit der von Natur blassen Schwester verwechselt wurde. Eine Krankenschwester war bei dem Tode Bettys wirklich zugegen, der auch in einem Tudor-Hause erfolgte, und zwar ganz unerwartet auf einem Sofa; auch die Richtigkeit der übrigen Einzelheiten des Zimmers, selbst des Sonnenscheins, behauptet die Perzipientin nach glaubwürdigen Angaben Anderer.[1]

Ich führe endlich noch einen Bericht des Herrn J. F. Edisbury an, zwar lange Jahre nach dem Ereignis abgefaßt, aber angesichts deren Eigenart offenbar doch nicht ohne Vertrauenswürdigkeit. — 'Im Jahre 1859 lebte ich als Studierender bei einem Arzte. In der Nacht des 9. Juni jenes Jahres hatte ich einen Traum, an dessen Einzelheiten ich mich nach dem Erwachen am Morgen nicht erinnern konnte, doch war das Datum [das darin vorkam], der 9. Juni 1864, meinem Gedächtnis tief eingeprägt. Ich ging ins Operationszimmer, erzählte dem Assistenten meinen Traum und sagte: Schauen Sie her, ich will das Datum auf das Unterteil dieses Kaminsimses schreiben: '9. Juni 1864. J. F. E.' Und wenn Sie [dann] noch hier sind, sollen Sie sehen, daß an diesem Tage ich sterbe oder ein Unglück mich treffen wird... Im Juni 1863 heiratete ich und am 9. Juni 1864 starb meine Frau, und erst am Abend dieses Tages kam mir wieder die Erinnerung an meinen Traum... Gegen Ende jenes Monats nahm ich zwei alte Freunde nach dem Operationssaal, und da stand meine Aufzeichnung: 9. Juni 1864. J. F. E.[2]

Dem aufmerksamen Leser wird nicht entgangen sein, daß in dem ersten dieser Beispiele die Natur der Krankheit (Arteriosklerose) eine Todesansage auf den Tag für menschliches Wissen sicherlich unmöglich machte, während im zweiten Falle die Krankheit nach den Angaben des Berichtes zur Zeit der Voransage überhaupt noch nicht begonnen hatte. Schon damit ist der hier vorgeschlagene Ausweg einer Deutung durch übernormale Körpereinsicht und daraus gezogene Schlüsse uns offenbar abgeschnitten. Aber nicht nur die sonderbar genaue Datiertheit der Ahnungen ist es, was den Eindruck erweckt, als würde hier überhaupt gar nichts 'erschlossen', vielmehr etwas unmittelbar in-der-Zukunft-gesehen;[3] sondern mehr

1) OR 1905 I 138f. 2) Pr V 318. Vgl. Mrs. M. Smiths Fall das. 319. Weitere Ahnungen des Todes Anderer mit Datumsangabe: ÜW VII 30; JSPR XII 340f. 3) I cannot *see*, von etwas Künftigem: Pr XX 211. 213 oben; XXI 311 u. 320. 326ff.

noch die wirklichkeitsgetreue Bildhaftigkeit, in welcher die äußere Inszenierung des Todesfalles (im Unterschiede von seiner inneren Verursachung) geschaut wird. Dagegen fehlt dasjenige Bild völlig, das der Voraussetzung nach doch die meiste Aussicht hätte, dem Seher zu erscheinen: nämlich ein Anblick des krankhaften innern Zustandes des Todgeweihten; und selbst abstrakt gefaßte Andeutungen der Todesursache sind nur in einem Fall gegeben, und tatsächlich in solchen Fällen äußerst selten. Wir finden hier also in reinster Form — nur eben in Anwendung auf die Zukunft — jenen Typ des Sehens verwirklicht, dessen Anwendung in der Rückschau uns die Frage beantwortete, ob denn wohl im Hellsehen Wirkliches unmittelbar wahrgenommen oder aber nur bildhaft dargestellt werde. Auch die Leistung des Propheten stellt sich eben häufig nicht als ein mühseliges Erschließen aus irgendwelchen übernormal bemerkten Tatsachen dar, sondern als ein unmittelbares Schauen von Vorgängen, die einmal sein werden. Die Vorahnung des Todes Fremder braucht dementsprechend nicht einmal das eigentliche Sterben abzubilden, sondern kann zB. eine beliebige Szene aus dem Verlauf der Krankheit oder der Behandlung des Leichnams enthalten.

Ein Beispiel für das erstere scheint mir ein Gesicht zu geben, in welchem die Herzogin von Hamilton 1882, im 'Halbschlaf' nach eben beendeter Schlummerlektüre und mit mehrmals willkürlich geöffneten und geschlossenen Augen, wie eine 'Bühnenszene' das folgende sah: Lord L. (den sie nur von Ansehen kannte, für den sie sich in keiner Weise interessierte und von dessen Krankheit sie nichts gehört hatte), 'in einem Stuhl, wie von einem Anfall übermannt, und einen Mann über ihn gebeugt dastehend, mit einem roten Bart. [Lord L.] saß neben einer Badewanne, über welcher eine rote Lampe deutlich sichtbar war'. Diese 'ganz außerordentliche Vision' erzählte die Herzogin am Morgen nach dem Gesicht ihrem Vater, dem Herzog von Manchester, sowie einem andern Herrn (der dies mündlich Myers berichtete), und kurz darauf auch dem Lord L. behandelnden Arzte, A. Cooper, der ihr daraufhin die Krankheit des Lord als geringfügig bezeichnete und seine rascheste Heilung vorhersagte. Eine Woche danach war der Kranke 'fast gesund', aber sechs oder sieben Tage später wurde Cooper plötzlich zu ihm beschieden: es war beiderseits Lungenentzündung eingetreten. 'In sechs Tagen war er tot. Zwei Krankenpfleger warteten ihm auf; einer war erkrankt. Aber als ich den andern sah', bezeugt Cooper, 'hatte ich ein genaues Abbild des Traumes der Herzogin [vor mir]. Er stand in der Nähe einer Badewanne über den Earl [gebeugt] und — seltsam — sein Bart war rot. Daneben war [auch] die Badewanne mit der ganz ungewöhnlichen roten Lampe darüber.'[1]

Diese realistische Bildhaftigkeit charakterisiert bekanntlich häufig auch jene Todesvorschau, die uns die Volkskunde unter dem Namen des 'zweiten Gesichts', der Späukenkiekerei u. dgl. als geradezu endemisch, oder doch

1) Pr XI 505f. (Bericht v. J. 1888, gezeichnet von Cooper u. d. Herzogin v. Hamilton, 'revised' vom Herzog von Manchester). Vgl. den überhaupt sehr bemerkenswerten Fall Pr V 322f.; Crowe 41; PS XLVIII 481f. und Mrs. Morrisons Fall ASP XVIII 712.

als Gabe sehr zahlreicher Personen in gewissen Landstrichen kennenlehrt.[1] Hier wird in solchen Fällen nicht das Sterben, sondern zB. das Begräbnis geschaut,[2] oder das Hereintragen des Sarges, oft verbunden mit später eintreffenden seltsamen Einzelheiten des Vorgangs.[3] Ebenso häufig, wenn nicht noch häufiger ist allerdings ein bloßes Erschauen der Tatsache des Einzeltodes in einer symbolischen Form, die von Ort zu Ort oder von Person zu Person wechselnd bestimmt ist: zB. hätten die schottischen Seher des *second sight* den Todgeweihten vielfach in ein Leichentuch gehüllt gesehen, dessen verschieden hohes Hinaufreichen an seiner Person die Länge der Zeit andeutete, die ihm noch zu leben verblieb.[4] Ich verzichte indessen auf Wiedergabe von Beispielen dieser ethnologischen Herkunft, deren Beweiskraft im Einzelnen fast durchgehends gleich null ist, während sie im Zusammenhang mit wohlverbürgten Fällen der Einzelbeobachtung immerhin schon durch ihre Massenhaftigkeit Eindruck machen. Wird dies aber billigerweise zugestanden, so tragen auch sie zur Stärkung der Erkenntnis bei, daß der Todseher es gar nicht (wie die Deutung durch Hellsehen uns glauben machen will) mit organischen Todesursachen zu tun hat, sondern mit der abstrakten Tatsache des bevorstehenden Sterbens einer bestimmten Person, oder allenfalls mit Szenen, die im Zusammenhang damit sich einem äußeren Zuschauer darbieten werden.

Ich gebe noch einen Fall dieser Art aus der Einzelbeobachtung der neueren Zeit, enthalten in einem Briefe des baptistischen Geistlichen James Hughes in Kimberley (Südafrika) an W. T. Stead, datiert d. 6. Febr. 1892, dessen wesentlichen Inhalt ich zusammenfasse: Am Morgen des 21. Mai 1891, zwischen 7 und 9, träumte James Denyer, ein 25 jähriger Mann, 'gesund, kräftig und von tadellosem Rufe', Aufseher in den De Beers-Minen in Kimberley, daß er im Wohnzimmer seines Bruders, des Rev. Ch. Denyer in Cradock wäre und schwere Fußtritte von Männern sich nähern hörte; daß er auf die Diele hinausträte und dort seinen Bruder auf einer Bahre hereintragen sähe. Dieser Traum wiederholte sich am Morgen des 22. Mai, mit Hinzufügung des Umstandes, daß der Träumende sich in des Bruders Studierzimmer jenseits der Diele begäbe und dort seinen Bruder im Sarge aufgebahrt erblickte. Am Morgen des 23. endlich träumte er, daß Tausende vor seines Bruders Hause ständen und ein Leichenzug das Haus verließe, worin er das einzige leidtragende Familienmitglied wäre; woran sich der Trauergottesdienst und die Beerdigung auf einem Friedhof schloß, den der Träumende 'wiedererkannte'. Diese Träume wurden erzählt, bevor James D. vom Tode seines Bruders hörte, der am Morgen

1) S. Martin. Zahlreiche Ermittelungen auch in Dr. Johnsons Journey to the west. Islands of Scotland (Lond. 1775). S. ferner ÜW IX 33ff. (Weber Mewes in Netzdorf); PS XXIII 70ff. (Boy Johannsen in Niebüll); Geh. Hofrat Enderlins Manuskr. (Karlsruhe 1783) bei Fr. Giehnke, Skizzen u. Studien (Würzburg 1871) 57ff. 2) S. zB. PS IX 226. 3) Vgl. Jung, Theorie 178 (Transport der Leiche auf ochsengezogenem Schlitten, verwirklicht durch späteren Schneefall und Requirierung der Pferde durch Truppen); ferner Steinbeck 440f. (auch bei Horst, Deut. I 140); ATM VIII, 3 100f. — Bezeichnenderweise auch in arrival-cases: zB. Gurney I 515. 4) Vgl. du Prel, Entd. II 110f. Ähnlich: Jung, Theorie 183; Abercrombie 370; ÜW X 330; PS XXIII 215; de Ferriём 71. 72; Bormann 153; Horst, Deut. I 134 (sich selbst im Sarge sehen); Zurbonsen 48f.

des 23. auf einem Amtsgang plötzlich auf der Straße verstarb (34 Jahre alt). Alle beschriebenen Einzelheiten der Träume sollen sich 'genau' erfüllt haben; doch haben wir hierfür nur Pastor Hughes' Zeugnis zweiter Hand. Immerhin erscheint gesichert, daß drei bildhafte Träume dem unerwarteten Todesfall vorausgingen. Der Brief enthält überdies die Angabe, daß James D. 'von seinem verstorbenen Bruder über einen Monat lang nicht [brieflich] gehört und nicht den geringsten Grund zur Annahme hatte, daß dieser nicht noch viele Jahre leben würde'.[1]

Ob dies nun heißen soll oder nicht, daß Pastor Denyer sich in vollkommener Gesundheit befand, jedenfalls macht es uns nochmals darauf aufmerksam, daß die Deutung der Todesansage aus 'diagnostischen Schlüssen' schließlich dort eine Grenze finden muß, wo selbst eine hellsichtige Durchschauung des ganzen Organismus nichts zu erschließen fände, weil der Betreffende zur Zeit der Ansage nach menschlichem Ermessen überhaupt noch völlig gesund ist, indem der spätere Tod entweder durch eine infektiöse, also gewissermaßen zufällige Krankheit herbeigeführt wird (deren äußerste Inkubationsdauer geringer ist als der Abstand zwischen Ansage und Tod); oder durch ein organisches Leiden, das zur Zeit der Ansage sicherlich noch nicht merklich im Anzuge war oder das einen so langwierigen Verlauf besitzt, daß eine Ansage seines tödlichen Ausgangs auf den Monat oder gar auf Tag und Stunde gänzlich außerhalb der Leistungsfähigkeit auch der umfassendsten m e n s c h l i c h e n Einsicht in den Organismus gelegen wäre.[2] Auch wird in Fällen von Tod durch infektiöse Krankheiten[3] sicherlich nur eine geradezu verzweifelte Skepsis sich darauf berufen, daß eine Voransage desselben sich auf die Wahrnehmung jener erworbenen oder ererbten konstitutionellen Disposition gegründet habe, wie sie ja die Pathologie in gewissem Umfang auch für ansteckende Krankheiten annimmt.

Aber selbst dieser entschlossene Zweifel muß verstummen gegenüber Todesansagen, die überhaupt nicht mehr aus dem Innern des Organismus heraus verwirklicht werden, sondern völlig von außen her, sei es durch U n g l ü c k s f ä l l e oder Mordanfälle oder Duelle u. dgl. m., die sämtlich zur Zeit der Ansage weder in der Natur in durchschaubarer Weise vorbereitet noch von Menschen geplant waren. Solche Voransagen eines gewissermaßen z u f ä l l i g e n Todes — zufällig in dem Sinne, daß die Kenntnis seiner Ursachen nur einer 'unendlichen' Einsicht verdankt werden könnte — u n t e r s c h e i d e n s i c h g l e i c h w o h l i n d e r A r t i h r e s A u f t r e t e n s i n

1) Aus Rev. of Rev. bei R. Pike, Lifes Borderland and beyond (Lond. o. J.) 105 ff. — 'Wiedererkannte' — recognized; kann auch heißen sollen: 'sich deutlich merkte'. 2) Vgl. Jean Pauls Tagebuch v. 15. Nov. 1790; E. M. Arndts Gesicht, seinen Tod 'im 91. Lebensjahr' ansagend, 20 Jahre vor seinem Ende: Deutsche Revue XVI, 2 (1891) 58 (H. v. Bunsen); Prof. Mayers Fall in MES V, 1 105; Konsistorialrat Bernhardis Fall in PS 67 (J. H. Fichte). 3) S. ÜW X 327 f. (Chemiker J. Meyer über einen Todesfall infolge Diphtherie außerhalb e. Epidemie; Pat. z. Zt. der Ansage 'bei ungewöhnlich guter Gesundheit und Kraft'). Ein Beispiel der ersten Gattung s. in PS XVI 17 ff.

nichts von denen, deren mögliche Wegdeutungen bisher erwogen wurden. Ihrer Natur entsprechend aber wird es auch gleichgültig, ob sie in der Form von Ansagen des eigenen oder eines fremden Todes auftreten. Von der letzteren Art will ich zunächst, gewissermaßen als stimmungmachende Einleitung, drei Fälle anführen, die zwar den höchsten Ansprüchen an Überzeugungskraft nicht genügen mögen, aber doch helfen, das Bild der Gattung abzurunden. Im ersten von diesen mag der entschlossene Zweifler die Ansage als einen Glückstreffer der gewerbsmäßigen Hellseherin ansehen, wenn auch gewisse ihrer Äußerungen nicht verfehlen dürften, auf den Unbefangenen Eindruck zu machen.

Mrs. P. wurde in Boston von einer Freundin zu einem hellsehenden Medium geführt. 'Obgleich ich erst am Tage vorher in Boston angekommen war, erkannten ihre 'Führer' augenblicklich, daß ich über das Wasser käme, und eröffneten nicht nur mein vergangenes Leben, sondern ein gutes Stück der Zukunft. Sie sagten, ich hätte ein Bild meiner Familie bei mir, und als ich es hervorholte, sagte mir das Medium (im Trans), daß zwei meiner Kinder in der Geisterwelt seien, und indem sie auf einen Sohn in der Gruppe wies: Dieser wird bald drüben sein; er wird plötzlich sterben, aber Sie müssen ihn nicht beweinen; er wird vor dem Übel, das ihm bevorstände, weggenommen. Es nicht oft erlaubt, diese Dinge zu sagen; aber wir sehen, daß es das beste für Sie ist, damit Sie wissen, daß es kein Zufall ist. Ich war erst wenige Wochen wieder zu Hause, als mein Sohn, ein wackerer Bursch von 17 Jahren, im Fußballspiel getötet wurde.'[1]

Der nächste Fall hat den Vorzug (der allerdings auch verschieden eingeschätzt werden wird), von dem jüngeren Fichte gesammelt und mitgeteilt zu sein; ein Zweifel wird sich allenfalls auf die ganz willkürliche Vermutung nachträglich zurechtgestutzter Ähnlichkeit zwischen Wahrtraum und Todesursache berufen.

Fräulein Vaihinger träumte im Spätherbst 1874, sie sähe den Sohn eines in Stuttgart wohnenden Verwandten, einen Knaben von etwa 14 Jahren, der den einen Daumen emporstreckte und dann von diesem Daumen aus starb. Sie erzählte diesen Traum mehreren Bekannten, die denselben 'toll wie man nur träumen kann' fanden. Aber nach wenigen Tagen kam der Junge einem Maschinenrade zu nahe, wurde von diesem schwer am Daumen verletzt und starb.[2]

Ein anderer, noch älterer Fall, den ich bloß in den Hauptzügen zusammenfassen will, bezieht, was er an Überzeugungskraft hat, großenteils aus dem seltsamen Ineinandergreifen zweier Vorahnungen, darunter eine von großer Verwickeltheit.

Der erste Perzipient, ein Pfarrer (dessen Name nicht genannt wird), gewann eine so starke Gewißheit seines drohenden Todes, daß er einem Freunde, dem Pfarrer Ulrici, seinen 'Leichentext' und die Angaben zu einem Nachruf überbrachte und während vier Wochen sein Ende als nahe bevorstehend bezeichnete. Am Ende dieser

1) Podmore, Stud. 349 (auch Pr V 311). Vgl. Prof. Richets Fall: Richet 281. 2) Perty, Spir. 292.

Zeit träumte Pfarrer Ulrici morgens um 6 Uhr unter Tränen, daß sein Freund von scheugewordenen Kutschpferden aus dem Wagen geschleudert und sein Kopf an einer Fichte zerschmettert würde, daß er (Ulrici) das Sterbehaus beträte, dort zahlreiche Menschen versammelt fände usw. Alles dies traf am Nachmittag desselben Tages um 5 Uhr ein. Ulrici wurde von der Magd des Freundes unter einem Vorwande ins Trauerhaus geholt, und während der Anwesenheit daselbst und des Berichtes — sagt er — 'schauderte mir die Haut vor jedem neuen Auftritt, den ich immer schon vorher wußte und der meiner Frau aus meinem erzählten [!] Traum auch schon bekannt war, da nicht einmal eine Veränderung des Anzugs von mehr als hundert Personen anzutreffen war...'[1] — Auch wenn man die letzte Versicherung billig in Frage zieht, wird man es schwer finden, die geschlossene Masse leicht zu erinnernder Tatsachen beiseite zu schieben, bestehend in der wochenlang fortgesetzten Todesansage eines Befreundeten, der dem überlebenden Berichterstatter seine eigene Leichenrede aufnötigt; in einem dramatischen Traum, der zu sofortigem Erzählen drängt, und einem mit wachsendem Grauen erlebten Übereinstimmen von Ereignissen mit diesem Traum, zum mindesten doch in groben Zügen. Diese, wie auch die zeitliche Übereinstimmung widersprechen dem Bedenken, daß Pfarrer Ulricis Traum eben durch die Ahnungen seines Freundes veranlaßt sein möchte, wobei doch diese bestimmten Ahnungen selbst noch zu erklären wären.

Die drei demnächst anzuführenden Fälle, die diese Gruppe abschließen mögen, wird man als außerordentlich bezeichnen dürfen, nicht nur hinsichtlich der Beglaubigung der Tatsachen an sich, sondern auch bezüglich der Eindringlichkeit, womit solche Vorfälle, soweit beglaubigt, für ein wirkliches Vorherwissen des 'Zufälligen' sprechen. Ich persönlich muß gestehen, daß eine kleine Anzahl solcher Fälle mir genügend erscheinen will, die Frage der Prophetie im bejahenden Sinne zu lösen. — Der zunächst wiederzugebende Fall, von Prof. William James und Dr. Hodgson untersucht, gewinnt, gleich dem zuletzt angeführten, noch ferner an Überzeugungskraft durch Kollektivität, d. i. Verteilung der übernormalen Wahrnehmung auf mehr als einen Perzipienten.

Der erste von diesen, Mr. T. F. Ivey, bezeichnet sich in seiner schriftlichen Aussage als vollständig gesund, nicht abergläubisch, keinen Sinnestäuschungen unterworfen und von Natur lebhaft und hochgestimmt. Sein 18jähriger Sohn hatte eine Stellung in einer Drogenhandlung einer benachbarten Grafschaft angenommen, und der Vater ließ ihn vollkommen willig ziehen, ohne sich die geringsten Sorgen um ihn zu machen. 'Vergangenen Herbst', schreibt Mr. Ivey am 1. Febr. 1894, 'fing ich an, in einer unbestimmten und unbeschreiblichen Weise mir wegen meines Sohnes Gedanken zu machen. Ich kann nicht sagen, daß ich unruhig war, nur unzufrieden, ohne zu wissen warum.' Er schrieb häufigere Briefe, der Sohn kam zu Besuch nach Hause, und nach seiner Abreise vermehrte sich die Unruhe. 'Es war, als ob das Licht aus meinem Leben gewichen und das Leben zwecklos und leer geworden wäre. Ein Gewicht, wie das von einem Mühlstein, schien mir mein Leben zu erdrücken... Im Dezember wurde dies Gefühl noch heftiger und irgend-

1) MES III, 1 47; vgl. die beiden Fälle ASP II 323, und Dr. Wiltses bemerkenswertes Gesicht Pr XI 573ff.

wie schien mein Sohn der Mittelpunkt von alledem zu sein. Nachts erwachte ich beständig mit Gedanken an ihn und . . . konnte nicht schlafen. Am Morgen des 17. Dezember erwachte ich einige Zeit vor Tage. Ich hatte das Gefühl, in eine Krise eingetreten zu sein. Ich stand auf, zündete ein Feuer an... und setzte mich davor nieder, um nachzudenken. Ich kann das entsetzliche Gewicht nicht beschreiben, das mich bedrückte...' Am Morgen berichtete ihm seine Frau, sie habe ihn im Traum an einem fremden Ort inmitten einer zahlreichen Familie gesehen, die sehr zutunlich gewesen, bis er — dies, wie man sehen wird, offenbar ein Mißverstehen des Gesehenen — plötzlich hingesunken und gestorben sei. 'Ich erwiderte, daß ich mich so elend fühlte, daß ich wünschte, der Traum wäre wahr; ich wäre so besorgt um Walter, daß mir das Leben zur Last würde.' Nach dem Frühstück ließ er die Tochter dem Sohne schreiben, er solle sofort nach Hause kommen, und den Brief mit dem ersten Zuge abgehen. Er ritt aus, erhielt um 12 Uhr mittags eine Botschaft, daß der Sohn schwer verletzt und bewußtlos wäre, und fuhr sofort auf einem Güterzuge hin. Der Verunglückte war in das Haus guter Freunde gebracht worden, deren Tochter er seit langem besuchte und die sehr an ihm hingen. Die Mutter, welche nachgefahren kam, behauptet, dieses Zimmer und diese Leute in ihrem Traum gesehen zu haben; selbst die Gegend umher glaubte sie zu erkennen. Auch daß der Vater bereits anwesend war, sie aber im Wagen nachkam, hatte ihr Traum enthalten. — Das Gefühl der Bedrückung war von diesem Tage an bei Herrn Ivey gänzlich verschwunden. Die Trauer, die er über den Tod des Sohnes empfand, war 'ein völlig anderes Gefühl'. Das Unglück war dadurch geschehen, daß Pferde durchgegangen waren und den jungen Mann an einen Baum geworfen hatten.[1]

An Erinnerungsverfälschung der nur wenig zurückliegenden Tatsachen ist hier im Ernst nicht zu denken. Eine durch mehrere Monate sich steigernde Unruhe, die zur Heimberufung des Gegenstandes dieser Unruhe führt an eben dem Tage, da ein tödliches Unglück die Heimkehr vereitelt, ist ein massiger Tatsachenzusammenhang, der durch eines Zeugen Mund genügend verbürgt wäre, auch wenn wir nicht die schriftliche Aussage einer zweiten Perzipientin besäßen und der Hauptperzipient durch seine Aussage selbst uns an weitere Zeugen verwiese, denen er von seinen Gefühlen noch am Morgen des verhängnisvollen Tages gesprochen hatte.

Im folgenden Fall ist die Zahl der Nebenzeugen, deren schriftliche und mündliche Aussagen wir besitzen, noch größer, und die Tatsache der mehrfachen Äußerung des todverkündenden Gesichtes ist so sicher festgestellt, als nur je vor gewissenhaften Richtern eine nicht ganz 5½ Jahre zurückliegende Tatsache festgestellt worden ist. Ich fasse zunächst den entscheidenden Hergang nach den mir selbst gegebenen mündlichen Auskünften der Perzipientin zusammen, Frl. Frieda Gentes in Berlin, bekannt als 'Traumzeichnerin' und Hellsehende.

Am 26. Sept. 1907 gegen 10 Uhr vormittags war Fräulein G. in der Hinterstube ihres Ladens in der Alexanderstraße unter den Händen ihrer Friseuse (sie ist durch

1) Pr XI 509ff. Vgl. den z. T. ähnlichen, glaubhaften Fall bei Werner 89ff. und vielleicht den von Prof. Hyslop verbürgten bei Richet 290f.

ein körperliches Übel zu dieser täglichen Hilfeleistung gezwungen), als sie plötzlich visionär ihre Schwester Elsa vor sich stehen sah 'mit zur Hälfte blauem Gesicht' (in ihrem schauenden Leben ein persönliches stehendes Symbol für den nahebevorstehenden Tod der gesehenen Person), worauf sie, nach ihrem eigenen Ausdruck, 'eine ganze Weile wie trunken', nach dem Zeugnis aller Beteiligten in höchster Erregung war. Sie erklärte ihrer Stiefschwester Emmi Scholz, die einen freien Tag bei ihr verbrachte und im Begriff gewesen war, mit ihr einen Pflaumenkuchen zu backen, ausdrücklich, daß die Schwester Elsa sterben werde, schickte die Friseuse unverrichteter Dinge fort, und zwar, da diese wiederkehrte, noch zweimal, und veranlaßte ihre in der Blücherstraße lebende Mutter, ein zweites Mal an diesem Tage nach dem Kaufhaus des Westens zu fahren, wo die vollständig gesunde Elsa Gentes angestellt war, um nach dieser zu sehen. Elsa G. kam bei dem bekannten Hochbahnunglück am Gleisdreieck ums Leben, welches am selben Tage gegen 2 Uhr stattfand. Daß das Vorgesicht mehrere Stunden vor diesem Zeitpunkt geäußert wurde, ist erstens durch die Anwesenheit der Friseuse erwiesen, welche täglich zwischen ½10 und 10 zu kommen pflegte[1]; sodann bezeugt unabhängig davon die Schwester Emmi Scholz u. a. das Gesicht und die sehr erregte und immer wiederholte Todesansage mit der Angabe: 'es mag zwischen 10 und 11 gewesen sein'; endlich bezeugt, gleichfalls völlig unabhängig, Fräulein Gentes' Stiefbruder Hermann Scholz, ein ordentlicher und gewissenhafter junger Mann, der z. Zt. als Aufzugsbediener in der Leinenfabrik von A. Samulon in der Magazinstraße angestellt war und täglich zum Mittagessen zur Schwester nach der Alexanderstraße kam, daß er an jenem Tage die Schwester 'fürchterlich erregt' vorgefunden habe: 'sie war zu unruhig, auch nur einen Augenblick zu sitzen, sondern lief fortwährend umher, aus dem Laden hinaus und wieder herein, während der Schweiß ihr vom Gesicht herablief. Sie weinte und sagte mir, ich solle [in die Blücherstraße] gehen und zusehen, was geschehen sei...' Ganz abgesehen von den sehr bestimmten Aussagen dieses Zeugen, ließ sich durch die Firma, bei der er diente, feststellen, daß Hermann Scholz an jenem Tage unmittelbar nach 1 Uhr bei der Schwester eingetroffen sein und sie spätestens vor 1,30 verlassen haben mußte. Weitere Bestätigungen von Einzelheiten kommen von Herrn Weingärtner, dem damaligen Bräutigam, und von Frau Scholz, der Mutter der Perzipientin. Es mag hinzugefügt werden, daß Elsa Gentes die verhängnisvolle Fahrt antrat, obwohl sie am Morgen des 26. aufgefordert worden war, häuslicher Umstände wegen an diesem Tage nicht, wie sonst täglich, zum Mittagessen nach der Wohnung der Mutter in der Blücherstraße zu fahren.[2]

Ein ähnliches gutverbürgtes Vorschauerlebnis, das überdies Bestandteile von Szenerie und Einfühlung aufwies, berichtete der Literaturhistoriker Dr. R. Schwinger in Heidelberg unterm 17. Oktober 1900 Herrn Dr. W. Bormann.

'Fräulein —m— hatte am Freitag, 5. Okt., früh morgens in halbwachem Zustande die dumpfe, immer wiederkehrende Empfindung, es seien ihr bei einem Eisenbahnunglück die beiden Beine abgefahren; sie sah neben sich beständig ein großes schwarzes Tor und es war Sonntag. Am Samstag erzählte uns Fräulein —m—

1) Diese Person selbst ist nicht mehr aufzufinden gewesen. 2) Ausführl. Bericht von mir in JSPR XVI 217—23.

von jener beängstigenden Vorstellung und berichtete uns auch, daß sie infolge davon die Einladung einer Freundin, mit der Bergbahn zum Schloß zu fahren, abgelehnt habe. Zwei Tage nach jenem Gesicht, am Sonntag, 7. Okt., ereignete sich das furchtbare Unglück in der Nähe der Station Karlstor, bei dem mehreren Menschen beide Beine abgefahren wurden. Dicht neben der Unglücksstätte ist ein großes, dunkles, zu einer Fabrik gehöriges Tor, in das man die Toten und Schwerverwundeten zunächst hineintrug.'[1]

In Fällen wie diesen wird im Grunde überhaupt nicht ein Tod vorausgesehen, d. i. eine bestimmte Phase des physiologischen Lebensablaufs, sondern ein 'zufälliges' Ereignis, d. h. ein solches, dessen Vorauserschließung einen soz. allwissenden Geist und ein unendliches Vermögen der Errechnung von Wirkungen aus Ursachen erfordern, also über alle menschliche Psychologie des Unbewußten unendlich hinausführen würde. Bedenken wir nun ferner, daß selbst Todesansagen, die zur Not als hellsichtig 'erschlossen' gedacht werden können, sich gelegentlich mit solchen vermengen, die einer derartigen Deutung völlig entzogen sind; daß Ansagen von zufälligen Todesfällen sich im Habitus durch nichts von jenen notdürftig wegdeutbaren unterscheiden; daß Todesansagen bei vielen Sehern nur einen Teil beständiger Vorahnungen bilden, deren Mehrzahl ebenfalls auf 'zufällige' Ereignisse im obigen Sinne zielen — so erscheint es mehr und mehr wahrscheinlich, daß die reichlich mühsame Deutung eingetroffener Todesansagen durch Suggestion oder unbewußte Schlüsse überhaupt nur ein Erzeugnis vorgefaßter Begriffe und unserer (letzten Endes) unwissenschaftlichen und unfruchtbaren Denkeinstellung diesen Tatsachen gegenüber sei. Versagt ein Deutungsbegriff gegenüber dem 'dicken Ende' einer kontinuierlichen Tatsachenreihe, so verliert er auch innerhalb seines möglichen Geltungsbereiches zum mindesten sehr an Interesse, während gleichzeitig die Wahrscheinlichkeit wächst, daß der Begriff, der allein die schwierigsten Fälle zu deuten vermag, auch die wahre Deutung der einfacheren enthalte. Auf alle Fälle haben wir es von jetzt ab ausschließlich mit Voraussagungen solcher Ereignisse zu tun, die wir angesichts der menschlichen Unübersehbarkeit ihrer Ursachen als zufällig bezeichnen; und da auf solchen Voransagen natürlich die schwerste Beweislast unseres Problems liegt, wird der Leser gewiß nicht abgeneigt sein, die Zugestehung einiger Ausführlichkeit noch ein wenig zu verlängern.

XLIII.

Vorschau des 'Zufälligen'.

Was die Glaubhaftmachung der Fälle an sich betrifft, so befinden sich, wie ja schon die letzte Gruppe erkennen ließ, manche der bestverbürgten

1) Bormann 135. Vgl. auch Crowe 40.

Beobachtungen überhaupt unter ihnen. Anderseits steht ihre Binnenanalyse, nachdem die bisherigen 'natürlichen' Wegdeutungen nicht mehr verfangen, unter dem Gesichtspunkt eines andern, des tiefstgreifenden Einwandes, der gegen die Prophetie in ihrer Gesamtheit überhaupt sich erheben läßt: der beliebten Zurückführung ihres Eintreffens auf 'Zufall'. Ich durfte mich im Bisherigen mit gelegentlichen Erwähnungen dieses Einwandes begnügen, weil ich ja von Gruppe zu Gruppe andere, vielleicht noch natürlichere Alternativerklärungen anbot. Es wird nunmehr zur Pflicht, über seine Tragweite Klarheit zu gewinnen und ihn bei allem ferner Anzuführenden fortlaufend zu erwägen.

Das statistische Argument des Zweiflers — wie man es nennen könnte — geht von der Annahme aus, daß die Zahl der überhaupt erlebten 'Vorahnungen' so groß sei, daß durch bloßen Zufall aus dieser Fülle der Möglichkeiten eine gewisse Anzahl von Treffern erstehen müsse; der Schein, daß diese zufälligen Treffer echte Voraussagungen gewesen seien, ergebe sich dann dadurch, daß die Erinnerung sie heraushebe und betone, während die überwiegende Masse der übrigen Fehlansagen vergessen werde. — Dieses Argument kann sich unleugbar auf die Tatsache berufen, daß Erlebnisse, die mit dem stärksten Anspruch auftraten, als Vorahnungen zu gelten, sich tatsächlich als Fehlschläge, also vermutlich als bloße Einbildungen erwiesen haben;[1] wenn auch bedauerlicherweise die Zahl dieser 'negativen Instanzen' sich niemals feststellen läßt, weil sie — wie ja gerade das Argument des Zweiflers voraussetzt — fast immer vergessen werden. Denn daß die Zahl der berichteten Fehlschläge gegen die Zahl der eingetroffenen Prophezeiungen geradezu verschwindet, wird niemand bestreiten, der die Quellen kennt. Ist nun aber auch eben darum die Statistik, auf die der Zweifler sich stützen will, mit mehr oder weniger Sicherheit dazu verurteilt, eine unerfüllte Forderung zu bleiben, so müssen seinem Argumente doch alle logisch irgend zulässigen Zugeständnisse gemacht werden, ehe man ihm etwa den Rücken kehrt. Niemand kann leugnen, daß die zufällige Erfüllung angeblicher Prophezeiungen wenigstens in gewissen Grenzen wahrscheinlich ist. Es lassen sich sogar gewisse natürliche Gruppen von Ereignissen aufstellen, denen gegenüber so reichlicher Anreiz zu Voraussagungen gegeben ist, daß man selbst ein häufiges zufälliges Eintreffen solcher Ansagen wohl erwarten sollte, — Gruppen also, die besonders gebieterisch die Durchführung einer Statistik fordern, ehe man ihnen Material zur Verteidigung der Wirklichkeit von Prophetie entnehmen dürfte. So finden wir zB. Berichte, die starken Eindruck hinterlassen, über Ansagen des eigenen Todes bei Beginn oder im Verlauf eines Krieges, am Vorabend einer Schlacht oder vor Antritt einer Seereise — Ansagen, die zuweilen mit einer Gewißheit auftreten, gegen die keine Be-

1) S. zB. Seiling in PS XXV 211ff.; das. 38. 477.

schwichtigung aufkommen kann, die sich oft durch längere Zeit wiederholen, die zu sofortigen letztwilligen Verfügungen antreiben und die in allen mir bekannten Fällen, oft auf den Tag genau, eingetroffen sind.[1] Anderseits sind leider der Tod in Kriegszeiten oder der Untergang auf hoher See so gewöhnliche Vorfälle und geben darum zu vorherigen Ahnungen, selbst zu Zwangsvorstellungen der Befürchtung so reichlichen Anlaß, daß man die Aufstellung einer Statistik durchaus als Vorbedingung einer auch nur vorläufigen Einschätzung solcher Treffer empfindet.

Gleichwohl genügen sehr einfache Überlegungen, uns eine Schwäche des statistischen Argumentes zu offenbaren, die von jeher empfunden und in verschiedenen Fassungen auch ausgesprochen worden ist und die wieder einmal beweist, wieviel leichter die allgemeine und abstrakte Geltendmachung von Zweifelsgründen, als ihre Verteidigung dem wirklichen Einzelfall gegenüber ist. Das statistische Argument zieht nämlich immer nur zwei einfache Gegebenheiten in Betracht, deren einfaches Übereinstimmen oder Nichtübereinstimmen es zum Gegenstande seiner Zählungen macht. Aber sowohl die Vorschau als auch das Ereignis sind nur in seltenen Fällen einfacher Natur. Je reichhaltiger und verwickelter die eine wie das andere aber wird, desto unwahrscheinlicher wird offenbar ihre Übereinstimmung aus bloßem Zufall. Daß ein Ereignis, dessen Erwartung einem 'in den Sinn kommt', wirklich eintrete, mag eine gewisse berechenbare Wahrscheinlichkeit für sich haben, die um so größer sein wird, je alltäglicher oder unter den Umständen natürlicher das Ereignis an sich ist. Daß diese Erwartung aber einen bestimmten Reichtum an Einzelheiten enthalte, daß dann alle diese Einzelheiten ihre Erfüllung finden und daß sie dem Vorahnenden in einer ganz bestimmten eindrucksstarken Weise kommen, dies ist augenscheinlich eine ganz andere Sache. Es wäre billig, hier einige prunkende mathematische Formeln einzuführen, um zu beweisen, daß schon eine verhältnismäßig geringe Verwickelung der Vorschau die zahlenmäßige Wahrscheinlichkeit ihrer Verwirklichung durch Zufall $= 0$, ihre Unwahrscheinlichkeit $= \infty$ mache. Persönlich bin ich überzeugt, daß der bloße gesunde Menschenverstand eines solchen mathematischen Beweises entraten kann und daß die Anschauung einer Anzahl konkreter Fälle stärkere Überzeugung bewirken dürfte, als das feinstgesponnene abstrakte Argument. Ich glaube auch, daß einige der oben wiedergegebenen Fälle von dieser Art sind, die den Vorurteilsfreien auf abstrakte Erwägungen verzichten läßt, insbesondere soweit diese Überzeugungskraft des Einzelfalls auf Reichtum an 'wahren' Einzelheiten und Genauigkeit der Datierung beruhen soll.

---

1) Soldatenproph. zB. PS VII 402ff.; M. Kemmerich, Profezeiungen... (München [1911]) 54f., 116ff.; Kreyher I 165f.; Splittgerber, Schlaf, 2. Aufl. I 253f.; II 101f.; C. Schurz, Lebenserinnerungen (Berlin 1907) 357ff. Einige histor. Beispiele bei H. Lauvergne, Die letzten Stunden... (deutsch Lpz. 1843) II 48ff. Seereisen: PS XXV 556ff.

Man mache sich aber ferner klar (was ich an dritter Stelle anführte), wie sehr sich Vorschau-Erlebnisse ihrer Form und Intensität nach fast immer von bloßen Erwartungen, Befürchtungen und banalen Voraussagungen unterscheiden, in welchem Maße sie dementsprechend im Leben vieler Perzipienten einzigartige oder auch einzige Erfahrungen von unvergeßlicher Eindruckskraft sind. Tritt die Prophezeiung in der Form eines Automatismus, etwa einer Halluzination auf, so ist das ohne weiteres einleuchtend, sofern es sich nicht ausnahmsweise um gewohnheitsmäßige Automatisten oder Medien handelt. Aber auch prophetische Träume, die eben als solche bei weitem am stärksten der Bezweiflung ausgesetzt sind, weil sie am leichtesten der nachträglichen Erinnerungsentstellung unterliegen — auch prophetische Träume haben fast immer eine Lebhaftigkeit, Gefühlsstärke und subjektiv überwältigende 'Bedeutsamkeit' an sich, die ihnen unter anderen Träumen derselben Person eine Ausnahmestellung zuweist.[1]

Ich greife, um dies zu erhärten, eine beliebige Reihe unter den von Myers im XI. Bande der Verhandlungen der Ges. f. psych. Forschung angeführten heraus: Eine Perzipientin gibt an, sie träume ziemlich häufig, aber wenige ihrer Träume hätten einen so starken Eindruck auf sie gemacht, als die beiden prophetischen, die sie mitteilt; Andere werden jäh aufgeschreckt oder erregt bis zum Krankwerden; in noch anderen Fällen äußert sich die 'außerordentlich lebhafte' Natur des Traumes darin, daß der Träumer sich fast gezwungen fühlt, ihn bald nach dem Erwachen zu erzählen oder aufzuschreiben oder gar — im Falle von Eheleuten oder anderen Schlafgenossen — alsbald jemand zu wecken, um den Traum zu berichten; prophetische Träume verfolgen den Träumer tagelang; sie stechen dadurch ab, daß sie — und keine andern desselben Träumers je — zu Handlungen im Zusammenhang mit ihrem Inhalt antreiben.[2] Alles in allem: sie machen offenbar einen ganz ungewöhnlichen Eindruck. Diese Eigentümlichkeit der prophetischen Träume unterschätzen offenbar diejenigen abstrakten Kritiker bedeutend, welche deren angebliche Erfüllung dadurch zu erklären suchen, daß irgendein bedeutendes Ereignis in die fließende, neblige Masse der jüngsten und jüngeren Traumerinnerungen hineingelesen werde. —

Wenn ich nun, entsprechend dem Ergebnis dieser allgemeinen Bemerkungen, mich wiederum konkreten Beobachtungen über Vorauswissen zufälliger Ereignisse zuwende, so ordne ich auch ferner das Material in Gruppen ein, selbst auf die Gefahr hin, daß vom Standpunkt irgendwelcher Theorie der Vorahnungen diese Gruppierung eine willkürliche und dem Kern der Sache äußerliche sei.

Eine erste natürliche Gruppe mögen die Fälle bilden, in denen, meist

1) Worin ihnen freilich, wie zu erwarten, die 'telepathischen' oder einfach-hellseherischen 'Träume' gleichen. S. zB. Gurney I 384; II 43; II 409; PrAm I 397ff.; ÜW VII 29; PS XXXIII 54 u. o. 2) Pr XI 487. 488; 497. 501. 506. 515. 520. 527. — (Sofortiger Bericht:) Pr XI 488. 491. 493. (495.) 513 (einziges Mal, daß je ein Traum erzählt wurde). 517. 519. 522. 532. 533; 492. — Das. 542; 498. 507. (509). — Bei dieser Stichprobe von 50 Druckseiten wurde kein einziger Traumfall ausgelassen, der Angaben der fraglichen Art nicht enthalten hätte.

in der Sprache des prophetischen Traumes, gewinnende Nummern einer Lotterie oder solche Nummern bekanntgegeben werden, die ein Rekrut in der Losziehung bei einer Aushebung erhalten wird. Dies könnte eine jener Gruppen scheinen, in denen die Überzeugungskraft von Treffern durch das Gegebensein eines natürlichen Anreizes zu Vorahnungen verringert wird: doch unterscheidet sie sich von den früher angeführten Gruppen dieser Art durch die meist sehr viel größere Zahl der gegebenen Möglichkeiten, gegen die sich der glückliche Zufallstreffer durchzusetzen hätte. Dies hat selbst die verbissene Zweifelsucht eines Podmore anerkennen müssen, und einigen Beispielen der zweitgenannten Gattung gegenüber zugegeben, daß sie zu weiterer Forschung in der gleichen Richtung nötigten, weil ihre Erklärbarkeit durch Zufall 'nicht leicht zu glauben' sei.[1]

Schon die ältere Literatur hat vielfach Fälle dieser Gattung aufbewahrt, deren Bezeugung freilich den heutigen Anforderungen nicht genügen kann. So berichtet das *Journal de l'âme*,[2] daß einer von drei Ausgehobenen des Jahrgangs 1825 in St. Genis-Laval ganz zutreffend die drei Nummern träumte, die diese drei beim Losen ziehen würden, nämlich die Zahlen 14, 35 und 115, welch letztere seine Nummer sein und ihn allein vom Dienst befreien würde. 'Da er beim Ziehen die Prophezeiung noch wiederholte, so erregte dies die steigende Aufmerksamkeit der Anwesenden, man sprach von Betrug und durchsuchte ihn in einem Nebenzimmer, ohne etwas bei ihm finden zu können.' Es ist offenbar der letztere Nebenumstand, der diesem Bericht auch in der vorliegenden Gestalt einiges Vertrauen sichert.

Von einem 'armen Mädchen' in München berichtet die Leipziger Allg. Ztg. vom Jahre 1839,[3] daß es im Traume fünf Lotterienummern 'im goldenen Schein' erblickte, sich ihrer am Morgen erinnerte, ihre kleine Barschaft auf sie setzte und 18.000 fl. gewann. Und von der Schauspielerin Hartmann wird erzählt, daß nachdem sie durch den Tod des Dichters Collin den für sie empfindlichen Verlust von 120 fl. erlitten hatte, die sie ihm ohne schriftliche Schuldverschreibung geliehen, Collin ihr im Traume erschienen sei und ihr anbefohlen habe, 'sogleich in der Lotterie auf Nummer 11, den ersten Ruf, 2 fl., nicht mehr und nicht weniger' zu setzen und es niemand zu sagen. Sie habe, indem sie den Auftrag ausführte, 130 fl. gewonnen.[4]

Ich führe die beiden letzten Fälle gerade als Beispiele von Voransagen im Traume mit besonderer Genugtuung an. In der Wegdeutung auch von Prophezeiungen spielt, wie erwähnt, der Gedanke der nachträglich fälschenden Bildsamkeit der Traumerinnerung eine so große Rolle, daß es gut ist, einmal auf eine natürliche Gruppe prophetischer Träume hinzuweisen, in welcher ihre Bewährung als Wahrträume eben von der Genauigkeit ihres Erinnertwerdens abhängt, indem diese Erinnerung allein den Träumer instandsetzt, dem Traume gemäß erfolgreich zu handeln.

Deutet hier die genaue Erinnerung immerhin auch auf eine leidlich lebhafte Natur des Traumes hin, so spricht sich in andern Fällen die aus-

---

1) Podmore, Natur. 347f. 2) Febr. 1857 254. 3) Nr. 243. 4) BP XII 106. Die drei letzten Fälle auch bei Perty, M. E. II 389f.

drückliche prophetische Absicht (wenn ich so sagen soll) des Erlebnisses noch besonders aus, sei es in seiner außergewöhnlichen halluzinatorischen Stärke, sei es in seiner beharrlichen Wiederholung, und hebt es damit erkennbar aus der Masse derjenigen nichtssagenden Vorahnungen oder richtiger: Vermutungen und Einbildungen heraus, die[1] vor Lotterien, Pferderennen und insbesondere Rekrutenaushebungen in solcher Masse zu erwarten sein sollen, daß Zufallstreffer nicht ausbleiben könnten. Beide Merkmale treffen zusammen in dem einzigen ausführlich wiedergegebenen der von Prof. Hulin gesammelten Rekrutierungsfälle.

Bei dem betreffenden Perzipienten, Charles-Louis Casset, trat die Voransage seiner Losnummer zuerst etwa zwei Monate vor der Aushebung auf folgende merkwürdige Weise ein. Eines Nachts, gleich nachdem er zu Bett gegangen [und offenbar in wachem Zustande], sah er in einer Ecke seines Zimmers eine undeutliche und große Gestalt (*forme*) sich bilden, an der er mit Deutlichkeit nur die Zahl 90 in 'etwa handhohen Ziffern' unterschied. 'Er erhob sich, schloß und öffnete die Augen, um sich zu überzeugen, daß er nicht träume', aber die Erscheinung blieb, bis er über erschreckten Gebeten einschlief. 'Vom ersten Augenblick an war es ihm gewiß, daß diese Nummer 90 diejenige sei, die er ziehen werde, und daß es eine gute Nummer sei.' Er hatte sich vorher um seine Aushebung beträchtlich gebangt, da seine Arbeit zu Hause nicht entbehrt werden konnte; war aber von jetzt ab völlig beruhigt und teilte allen, denen seine Ruhe auffiel, mit, daß er die Nummer 90 ziehen werde. Das Gesicht wiederholte sich mehrfach, selbst am Tage während der Arbeit, und noch in der Aushebestube, bevor er den Arm in die Lostrommel steckte. Dem Vorsitzenden der Kommission sagte er, es sei unnütz, daß er ein Los ziehe; 90 sei seine Nummer. Er wurde angewiesen, 'keine Witze zu machen', sondern einen Zettel zu wählen. Indem er diesen dem Vorsitzenden [geschlossen] hinreichte, wiederholte er, daß es die Nummer 90 sei. 'Diesen Bericht', sagt Prof. Hulin, 'erstattete er mir mit allen Anzeichen der Aufrichtigkeit und peinlichsten Genauigkeit... mit leiser Stimme und unter sichtbarer Erregung.' Casset versicherte überdies, außer den beschriebenen Gesichten nie im Leben eins gehabt zu haben.[2]

Als eine weitere Gruppe solcher Vorahnungen, bei denen allenfalls noch von einer verbreiteten natürlichen Neigung zu ihnen gesprochen werden kann (wenn auch nicht von so besonderen und zeitlich bestimmten Anreizen, wie zB. bei Lotterieträumen), lassen sich die Vorahnungen von Feuerschäden ansehen. Gelegentliche Brände unterhalten ganz natürlich bei Vielen die Furcht vor ähnlichem Unglück, und zumal in Träumen ist Feuer überdies wahrscheinlich ein stehendes Symbol für allerhand andere Dinge. Endlich darf nicht vergessen werden, daß Brandschäden häufig willkürlich erzeugt werden, ihre 'Vorahnung' also derselben gelegentlichen Wegdeutung durch Telepathie unterliegt, wie die anderer Verbrechen auch. Die mögliche Vermutung eines solchen Ursprungs ist die einzige Schwäche, die einem im übrigen ausgezeichnet verbürgten Falle

1) wie Podmore unwiderleglich bemerkt (Natur. 347). 2) JSPR Okt. 1894; auch Pr XI 546.

dieser Art anhaftet, den du Prel mit allen bestätigenden Zeugenaussagen ausführlich veröffentlicht hat.

Hier träumte eine dem Sammler persönlich bekannte Dame Anfang August 1886, daß sie 'vor einem gewaltigen Brande stehe'. Nach dem Erwachen erst — wie ihr schien — kam ihr die Befürchtung, daß ihre Wertpapiere, die der Brauereibesitzer B. in der Nachbarschaft in einem feuersicheren Schrank verwahrte, gefährdet seien, worüber sie eine zunehmende Angst empfand. Sie teilte ihrer Umgebung den Traum mit, der sich nach drei Tagen wiederholte; aber erst nach zehn Tagen und auf ihr unablässiges Drängen hin nahm ihr Mann die Papiere an sich, worauf sie Ruhe fand. Am 14. September, während sie in Tirol weilte, träumte sie, daß sie Zeugin eines großen Brandes sei, mit dem Gefühl der Befriedigung im Gedanken an ihre Papiere, und hörte zwei Tage später von der Zerstörung jener Brauerei durch Feuer, wobei die Papiere des Besitzers in dem angeblich feuerfesten Schranke verkohlt waren.[1]

In einem andern Falle, einer Prophezeiung des Brandes der Stadt Ahaus (1863) durch den westfälischen Spökenkieker Wildenhaus, ist die Frage der Brandstiftung sogar gerichtlich aufgegriffen, aber verneint worden. 'Als am 9. Okt. 1863 einige Häuser in Ahaus abbrannten, machte man [W.] darauf aufmerksam, seine Prophezeiung sei ja nun in Erfüllung gegangen; er aber erwiderte, jenen Brand habe er nicht gemeint, und man solle nur warten, denn die ganze Stadt werde in Feuer aufgehen... Am Abend des 13. Okt. brach dann nochmals infolge von Unvorsichtigkeit ein Feuer aus, und diesmal sank die Stadt innerhalb zweier Stunden bis auf wenige Häuser in Asche. Der damalige Landrat Frhr. von Kerckerinck-Borg nahm nun den Spökenkieker über seine Aussage zu Protokoll.' Der Mann kam aber als etwaiger Brandstifter 'gar nicht in Frage' und der Staatsanwalt ließ die Sache auf sich beruhen.[2]

Bemerkenswert u. a. wegen der großen Zahl übereinstimmender Einzelheiten von Ansage und Ereignis erscheint mir folgende Prophezeiung eines zufällig ausgebrochenen Brandunglückes, die überdies vor dem Eintreffen in einwandfreier Weise aufgezeichnet wurde.

In der Londoner spiritistischen Zeitschrift *Light* vom 15. Mai 1897[3] teilt 'ein ärztliches Mitglied der Ges. f. psychische Forschung' mit, es habe 'am vergangenen Sonnabend' von einer Freundin und Patientin eine Voransage des traurig bekannten Brandes v. 4. Mai im Pariser Wohltätigkeitsbazar erhalten, 'mit den Namen von acht Opfern sowie mit der Angabe, daß ungefähr 200 Menschen in einem gelegentlichen Gebäude durch Feuer umkommen würden. Am selben Abend hatte sie auch eine Vorschau des Schiffsunglückes in der Nähe von Aberdeen, wobei der volle Name des einen Dampfers und der erste Buchstabe des andern angegeben wurde, mit der Behauptung, daß elf Leben dabei verlorengehen würden. Diese Berichte [deren gemeinsames Auftreten das Gewicht jedes einzelnen offenbar erhöht] wurden auf eine

1) In Sphinx III 185; auch ref. in Entd. II 133f. 2) Zurbonsen 58f. Eine mögl. Proph. des großen Londoner Brandes v. J. 1666 s. in dem seltenen Heftchen (im Brit. Mus.) von Humphrey Smith: Vision... which he saw concerning London, in the 5th month, in the year 1660... (Lond. 1660) 2. Vgl. ferner Welby, aaO. 122—7; APS VI 208f. (sehr sonderbare Einzelheiten der Kleidung des Haupttätigen 'gesehen'); ÜW VII 205 (Schiffsbrand; Zeugnis vor der Erfüllung im Druck). 3) XVIII Nr. 853.

Postkarte geschrieben, die am Sonntag auf die Post kam', 3. Mai 12 h 15 m abgestempelt ist und vor ihrer Aufgabe von zwei Herren beglaubigt wurde. Diese Karte lag der Schriftleitung des *Light* vor: in ihr war außer den Namen einiger Opfer auch das Gebäude beschrieben und die Lampe des Kinematographen als Ursache des Brandes angegeben. — Es ist auffällig, daß gerade dieser Brand u. a. auch von der bekannten Mlle Couédon prophezeit worden ist[1] und daß sich in *Old Moores Almanack* auf das Jahr 1897, also 1896 gedruckt, die Worte finden: 'Fast mit Sicherheit werden wir in den letzten Tagen des April eine Nachricht von einem furchtbaren Feuer in Paris hören, welches viele Menschenopfer verschlingen wird, während eine Schar Banditen unter den Trümmern Beute zu machen versuchen wird.'[2]

Schiffsunglücke sind eine andere natürliche Gruppe von Ereignissen, deren leidlich verbreitete Befürchtung eine gewisse Anzahl zufälliger Erfüllungen von entsprechenden Ahnungen zuwegebringen könnte. Selbst wenn diese Ahnungen mehrmals hintereinander vor einer beabsichtigten Seereise auftreten und sogar die einzigen derartigen Erlebnisse einer öfters zur See reisenden Person sind,[3] wird man ihnen nicht ausschlaggebendes Gewicht beizulegen geneigt sein. Sehr bedeutend vermehrt sich dieses natürlich, wenn die Vorahnung ein dem Perzipienten unbekanntes Schiff mit Namen bezeichnet, während jener überhaupt keine Seereise im Auge, also auch keine Veranlassung hat, sich mit der Möglichkeit von Unglücken zu Wasser überhaupt zu beschäftigen.

Dies ist das Bezeichnende an einer Beobachtung Dr. Maxwells, eines Forschers von größter Genauigkeit und Umsicht, dem die Vision 8 Tage vor Eintreffen des geschauten Ereignisses mitgeteilt wurde. Die im Kristall gesehene Szene stellte einen großen Dampfer mit schwarz-weiß-roter Flagge auf hoher See vor, der den Namen 'Leutschland' trug. Das Schiff erschien von Rauch umgeben, eine Menge von Seeleuten, Fahrgästen und Männern in Uniform stürzten auf das Oberdeck, und die Seherin sah das Schiff untergehen. Acht Tage später berichteten die Zeitungen, daß auf der 'Deutschland' ein Kessel geborsten sei und der Dampfer habe beidrehen müssen; er ging aber nicht unter. Die (französische) Seherin hatte keinerlei Verbindung mit Deutschland und das Schiff war ihr, wenigstens bewußt, vollkommen unbekannt.[4]

Im nachstehenden Falle lenkt sich das Interesse auf gewisse bildliche Bestandteile. Nach einem in der Oktobernummer 1900 der 'Zeitschrift für Spiritismus' abgedruckten Bericht der Frau de Ferriëm an Herrn Godefroy hatte diese kurz zuvor folgendes gesehen: 'Es taucht vor mir eine schwarze Masse auf... ein Felsen im Meer, an dem [ein deutsches Kriegsschiff] zerschmettert ist. Viele Menschen gehen beim Untergange desselben zugrunde. Ich sehe [deutsche Matrosen] deutlich verzweifelt mit den Wellen kämpfen..., den Kommandanten, wie er seine Hände zum Himmel hochstreckt..., er trägt einen Bart, wie ihn Kaiser Friedrich trug, nur kürzer und ziemlich dunkel, fast schwarz... Ich sehe auch, daß es in fremdem

1) PS XXIV 391f. 680ff. 2) PS XXIV 329f. Old Moore hatte den Tod des Herzogs von Clarence auf den Tag vorausgesagt. 3) Beide Merkmale in einer (vor dem Unglücksfall erzählten) Ahnung in JSPR XV 264ff. Vgl. auch den Fall PS XXX 478f. (Zugunglück). 4) Maxwell 201f.

Lande ist...' Dies Unglück, weil deutlich gesehen, sollte nahe bevorstehen. Die 'Gneisenau' scheiterte am 7. Dez. 1900 am Felsen Morro Levante im Vorhafen von Malaga, und alle gesehenen Umstände, selbst Geste und Bart des Kommandanten (dies freilich fast eine Selbstverständlichkeit) sollen der Wirklichkeit entsprochen haben.[1]

Andere Gruppen von Vorahnungen eigenen Erlebens befassen sich mit wenn auch weniger dramatischen, so doch in das Einzelleben tief einschneidenden Ereignissen typischer Art, die eben darum als natürliche Anreize zur Erzeugung von Zukunftsbildern gewertet werden müssen. Ein Schüler sieht visionär sein spielend verlaufendes Abgangsexamen an einer fremden Anstalt voraus, während er bereits an allem Fortkommen auf der Schule überhaupt verzweifeln zu müssen glaubt;[2] eine Dame — ihre Verheiratung mit einem (angeblich) Unbekannten, während sie doch mit einem Andern verlobt ist.[3] In Fällen besonders der letzteren Art scheint mir aber dem Unbewußten mit seinen verdrängten Wahrnehmungen und geheimen Wünschen, seiner nachträglichen Zurechtstutzung der Erinnerung ein so weiter Spielraum gewährt, daß ich wenig Lust verspüre, auf so unsicherem Boden feste Schritte zu versuchen.[4]

Die Heiratsahnungen erweitern sich übrigens zu einer Gruppe von Fällen, deren ausdrückliche Rubrizierung als 'visionäre Vorbekanntschaft'[5] auf ihre verhältnismäßige Häufigkeit hinweist: immer lernt der Perzipient im Traum oder Gesicht einen Menschen kennen, der erst später in sein Leben tritt und den er dann wiedererkennt. Die Berichte dieser Art, soweit sie mir bekannt sind, gehen oft erstaunlich ins Einzelne,[6] berufen sich aber allzu ausschließlich eben auf die Erinnerung des Perzipienten (nach eingetretener Bekanntschaft) an sein Vorgesicht, als daß sie dem Verdachte subjektiver Fälschung, wenn auch natürlich ungewollter, sich entziehen könnten. Endlich zwingen die Berichte selbst im äußersten Falle nicht zu mehr, als eben der Annahme, daß die Bekanntschaft hellsehend erfolgt sei und das so erlangte Wissen dann eine Wurzel (vielleicht unbewußter) persönlicher Lebensführung geworden sei. In einzelnen Fällen wachsen sich diese biographischen Vorgesichte freilich zu einer Inhaltsfülle aus, die alle Auswegshypothesen auf eine einigermaßen harte Probe stellt, zumal wenn sich die Deutlichkeit und Verlässigkeit der Erinnerung darin auszusprechen scheint, daß sie den Perzipienten befähigt, nach Verwirklichung eines Teiles des Vorgesichts den Inhalt der noch ausstehenden Verwirklichung genau zu bezeichnen. Ich will zwei Beispiele dieser Gruppe anführen, von denen das erste überdies den

1) Bei Bormann 134. 2) S. den merkwürdigen Fall ÜW X 285 f. 3) S. PS XXV 197 f. Noch weit erstaunlicher ein älterer Bericht in The Spiritual Telegraph, woraus in Journ. de l'âme IV 255, Perty, M. E. II 371 f. u. sonst. Vgl. auch ÜW VI 240 f. 4) Zur Kritik dieser Gruppe (u. a. Idealbildung durch die Vision!) vgl. Dr. Ermacora in PS XXVI 563. 5) So Daumer, Reich 152 ff. Vgl. A. Maury, Le sommeil et les rêves (Par. 1865) 123; Steinbeck 438. 6) Vgl. in diesem Zus. die merkwürdigen Fälle bei Gurney II 591 f. u. 593 f.

Vorzug hat, daß das Vorwissen durch Visionen im Kristall oder Spiegel vermittelt wurde, also wahrscheinlich in einem Zustande, der eine klarere Auffassung und Erinnerung gestattete, als in Träumen meist der Fall ist.

Eine der Damen, deren übernormale Leistungen Dr. Maxwell beobachtete, sah u. a. im Spiegel ihres Kleiderschrankes 'einen Mann auf dem Bürgersteig einer bestimmten Straße; der Mann war in besonderer Art an der Stirn verwundet: ein Hautstück war abgerissen und hing über das Auge herab. Unter anderen Einzelheiten seiner Ausstattung war ein Sack, den der Mann um seinen Hals gewickelt hatte, und dieser Sack war mit den Buchstaben V. L. bedruckt. Die Dame sah auch sich selbst in der Vision, wie sie zu dem Verwundeten sprach, ihn in ein Hospital brachte und seine Wunde verbinden ließ.' Diese Vision ging am nächsten Morgen während eines Ausganges bis in die kleinsten Einzelheiten in Erfüllung.[1]

Der zweite Bericht wird, abgesehen von den oben angedeuteten allgemeinen Bedenken, durch die lange Zeitstrecke geschwächt, die hier dem Gedächtnis zugemutet wurde, wennschon die Perzipientin, eine 70jährige, die andere verwandte Erfahrungen gehabt hatte, versichert: 'Diese Träume sind so frisch in meiner Erinnerung wie ein gestriges Erlebnis.' Auch jede Bezeugung durch Andere wie durch Aufzeichnungen vor der Erfüllung fehlt. Immerhin mag der Bericht verdeutlichen, welcher Reichtum der Tatsachen auf diesem Gebiete der sorgfältigen Erforschung sich erschließen könnte, wenn erst das Bewußtsein von den wissenschaftlichen Verpflichtungen auch der seherischen Begabung ein mehr verbreitetes wäre. — Mit 16 Jahren träumte der Perzipientin, E. C. H. C., die in Marokko lebte und nie in der Schweiz gewesen war, daß sie vor einer alten Abtei mit angebauter Kirche stehe, vor deren einem Flügel eine ganz eigenartige Fontäne sich befinde, während zur Linken eine Pappelallee zu einem Gewässer hinabführe... Ihr zur Seite stehe ein großer, blonder, hübscher Junge von 17 Jahren; sie wisse nicht, wer er sei, finde es aber natürlich, daß er mit ihr ist; aus dem andern Flügel des Hauses trete eine alte Dame mit angenehmem Gesicht und lächelnden Verbeugungen, die französisch rede — zwergenhaft und verkrüppelt, mit sehr langen Armen. Sie öffne die Tür gegenüber der Fontäne und zeige ihr die Räumlichkeiten. Hinter einer Tür im Eßzimmer stehe ein altes Harpsichord; sie berühre eine Taste, die einen klirrenden Ton erzeuge, worauf die alte Dame erregt bitte, dies nicht zu tun... — Mit 43 Jahren ging die Perzipientin mit ihrem 17jährigen Sohn aus Frankreich auf die Haussuche in der Schweiz. Man empfahl ihr die Abtei von S. Sulpice am See. Sobald sie dort die Fontäne im Garten sah, die Pappeln und das Haus, kam ihr blitzartig die Erinnerung an den Traum. Und nun trat ein, was, falls genau berichtet, bedeutsam ist.[2] Sie sagte zu ihrem Sohn, daß sie das Haus nehmen wolle, 'denn ich sah es vor Jahren in einem Gesicht und kenne es'. Der Knabe war ungläubig, und 'um ihn zu überzeugen, sagte ich ihm, daß, falls es das Haus meines Traumes wäre, die Dame, der es gehöre, aus dem andern Flügel herauskommen würde... und daß ich ihn durch eine dunkle Diele mit Steinflur über eine Steinstufe aufwärts in ein langes Vorzimmer führen würde; daß wir dort uns nach links wenden und in ein Zimmer gehen, hinter dessen Tür wir ein altes Harpsichord finden würden, daß ich eine Taste an-

1) Maxwell 200. Vgl. die Fälle PS XXVIII 261; Splittgerber, Schlaf, 2. Aufl., I 120—2; du Prel, Entd. II 83; Richet 295f. (Figueroa). 2) Vor allem natürlich, weil es die Illusion des 'déjà-vu' ausschließen würde.

schlagen und was die Folge sein würde. Alles dies trug sich genau so zu, wie ich es vorauswußte und wie ich es vor 27 Jahren vorausgesehen hatte...'[1]

Zu den bedeutsamsten Fällen dieser Art — bedeutsam nicht nur für die Frage der Wirklichkeit von Prophetie, sondern auch für die Probleme, die sich daran knüpfen: der Selbstbestimmung, des Schicksals, der Vorsehung, der Daseinszwecke — zählen diejenigen, in denen die biographische Vorschau sich zu einer kurzen Übersicht aller wichtigsten Ereignisse der Zukunft eines Einzelnen erweitert. Ich verdeutliche diesen Typ durch eine Erfahrung, deren gedruckte Niederlegung, wenn auch nur zweiter Hand, doch vor dem Eintreffen wichtiger Einzelheiten stattfand.

Professor Dr. Dennert ist im Besitze der 'Mitteldeutschen Volkszeitung' (in Heiligenstadt) vom 24. Februar 1912, die einen Artikel des katholischen Missionars Wand enthält, geschrieben in Tschangtian am 31. Januar 1912: 'Etwas von der chinesischen Revolution.' Er berichtet darin von dem 'zweiten Gesicht' eines älteren Paters, der schon lange in China lebte: 'Er (jener ältere Pater) sagte u. a.: Vor etwa 20 Jahren sei er einmal an den Pocken erkrankt und habe 11 Tage vollständig bewußtlos gelegen. In diesen 11 Tagen habe er sein ganzes zukünftiges Leben durchlebt, alles bis in die kleinsten Einzelheiten, und alles sei genau so eingetroffen in den folgenden 20 Jahren, wie er es damals in der Krankheit vorauserlebt hatte: die Ermordung zweier Missionare (Prof. Dr. Dennert bemerkt dazu: die Missionare Nieß und Heule am 1. Nov. 1897), deren Grab im Garten, die Besetzung von Kiautschou, die Kirchenbauten, die er in der Folgezeit ausgeführt: sogar die Arbeiter, die dabei beteiligt waren und was er mit ihnen besprochen, alles habe er durchlebt. Auch die Kirche habe er damals schon gesehen, die er jetzt baue. Er würde sie nicht ganz vollenden, denn im Juni dieses Jahres müßten er sowohl wie seine Mitbrüder nach Tsingtau — der deutschen Kolonie — flüchten. Aber wie sie in Tsingtau ankämen, finden sie es schlimmer. Die Stadt würde von fremden Kriegsschiffen bombardiert und sei schon halb in Trümmer geschossen. Ingleichen nähere sich von der Landseite eine große Armee der Stadt, weshalb sie auch von dort flüchten müßten in ein Land, wo sie kleine Leute und den chinesischen ähnliche Häuser und Straßen gesehen hätten — wahrscheinlich Japan. Dann mußte er längere Zeit in der Fremde bleiben, kehrte aber schließlich wieder nach China zurück, wo er dann seine Kirche, die er gerade so vorfände, wie er sie verlassen, also nicht zerstört, vollenden würde. Tragisch sei sein Lebensende. Er würde nämlich in einem einsamen Gebirgstale von sechs Räubern erschossen. Er sagte, das früher Gesehene sei bisher alles so genau eingetroffen, daß er auch an dem Zukünftigen nicht zweifeln könne. Den Boxeraufstand zB. und wie er sich entwickeln würde, habe er lange vorher schon seinen Mitbrüdern gesagt.'

Wie Prof. Dennert weiter mitteilt, berichtet Prof. Zurbonsen, daß nach dem Berichte des apostolischen Vikars von Südschantung, Bischof A. Hennighaus, aus Jentschoufou vom 20. Okt. 1914, in der Tat 13 Patres und 3 Brüder von Schantung nach Tsingtau geeilt und dort mit eingeschlossen worden wären. Sie weilten während der Belagerung im Waisenhause. Unter ihnen befand sich auch jener

---

1) Lucifer II (1888) 194f. Vgl. Horst, Deut. I 169ff.; Splittgerber, Schlaf, 2. Aufl., I 86; BP VI 161ff.

Seher. Tsingtau wurde bekanntlich von der Land- und Wasserseite aus bestürmt und fiel am 7. November. Die Besatzung sowie alle übrigen Männer, auch die Patres, wurden kriegsgefangen nach Japan übergeführt. Die einzigen Irrtümer in der Voraussagung waren nach Prof. Dennert, daß der Seher die Zeit falsch deutete (1912 statt 1914) und daß er glaubte, er flüchtete nach Japan, während er als Kriegsgefangener dahin gebracht wurde.[1]

Das erstaunlichste Beispiel biographischer Fremdvorschau, von dem ich Kenntnis habe, entzieht sich leider aus äußeren Gründen der ausführlichen beweiskräftigen Wiedergabe. Persönlich habe ich keinen Zweifel, daß in diesem Falle einem 17jährigen Mädchen nicht nur eigene Schicksale, sondern auch Schicksale ihrer erst 24 Jahre später geborenen Tochter mit zahlreichen Einzelheiten vorausgesagt wurden, deren Eigenart jeden Gedanken an Zufallstreffer ausschließt. Unter diesen Einzelheiten der Voransage, die ausnahmelos eintrafen, war zB. die Vergewaltigung einer Freundin aus guter Familie und deren nachherige glückliche Verheiratung an einen Andern, die Trennung der eigentlichen Empfängerin der Ansage von ihrem Manne am Tage nach der Hochzeit (die 7 Jahre später durch den Ausbruch eines Krieges herbeigeführt wurde), die Zahl ihrer späteren Kinder und deren Aufeinanderfolge in Zeitabständen von 1, 2 und 14 Jahren; die seltsame Fügung im Leben dieser nachgeborenen Tochter, gleichzeitig Gattin und Braut zu sein, u. a. m.

Der Bericht des Paters Wand enthielt neben einzelbiographischen auch politische Ereignisse, betreffs deren sich nun freilich die Frage erhebt, ob zu ihrer Voransage nicht natürliche Überlegungen über den mutmaßlichen Gang der Entwicklung ausgereicht hätten. Der kommende Gang politischer Ereignisse ist ja nicht in das gleiche Dunkel gehüllt wie die künftige Geschichte eines Hauses, einer Familie, eines einzelnen Organismus. Die Grundlagen einer auf Schlüssen aufgebauten Vorschau liegen hier durch die Jahrhunderte ausgebreitet da, und das intuitive Urteil des tiefblickenden Geistes hat oft mit erstaunlicher Treue den Gang der Ereignisse auf bedeutend scheinende Zeiträume vorausgesagt.[2] Die Kunst des großen Staatsmannes gründet sich ja wohl ebensosehr, wenn nicht mehr, auf die Fähigkeit, den Gang der Ereignisse vorauszusehen, als ihn zu lenken.

Die berühmte Weissagung des M. Cazotte,[3] der Anfang 1788 an der Tafel des Herzogs von Choiseul die große Revolution, den Gottesdienst im Tempel der Vernunft, die Hinrichtung des Königs und mehrerer anderer Personen 'vor Ablauf von 6 Jahren' voraussagte, wird man vielleicht als ein Beispiel dieser Gattung anführen dürfen. Zwar soll die erstaunliche Rede, die uns angeblich wörtlich mitgeteilt wird, genaue Einzelheiten über den Tod mehrerer Ohrenzeugen enthalten haben (zB. daß M. Condorcet sich durch Gift dem Henker entziehen, M. de Chamfort erst einige Monate nach einem Selbstmordversuch mittelst Schermessers, M. Vicq d'Azyr nach sechsmaligem Aderlaß wegen Podagra sterben, La Harpe, der Freigeist, sich zum

1) Vossische Ztg. 1915 Nr. 174, aus d. Mitteldeutschen Volksztg. vom 24. Febr. 1912. Zurbonsen in: Gedankenkraft 205. 2) Ich erinnere an die bekannten politischen Prophezeiungen Geibels, Hamerlings u. Wildenbruchs. 3) Aus La Harpes Oeuv. chois. et posthumes (Par. 1806) u. a. bei Jung, Theorie 158ff.

Christentum bekehren werde usw.). Es liegen auch mehrere Zeugnisse vor von Personen, die jener Gesellschaft beigewohnt haben wollen und die versichern, daß Cazotte die Prophezeiung wirklich geäußert, und von Andern, die den Bericht von La Harpe noch vor der Revolution wiederholt gehört haben wollen. So schreibt 1825 die Gräfin de Genlis, sie habe die Anekdote hundertmal von La Harpe vor der Revolution erzählen gehört, 'und immer in derselben Gestalt, wie ich sie gedruckt gesehen habe', und ein Freund Vicq d'Azyrs berichtet, daß dieser ihm die Prophezeiung 'einige Jahre vor der Revolution' auf einer Reise in der Bretagne erzählt habe. Vicq d'Azyr war skeptisch, aber doch augenscheinlich beunruhigt. Baron Delamothe Langon bezeugt, die Gräfin de Beauharnais oft behaupten gehört zu haben, daß sie 'bei dieser sonderbaren geschichtlichen Tatsache zugegen gewesen war'. Doch ist es fraglich, ob gerade die erstaunlichen Einzelheiten der Prophezeiung vor ihrer Erfüllung aufgezeichnet wurden, und man ist berechtigt, einige Zurechtstutzung des Berichtes nach den Ereignissen zu vermuten.[1] Immerhin muß beachtet werden, daß nach dem Zeugnis des jüngeren Cazotte sein Vater 'zahllose Beweise einer hervorragenden Gabe der Prophezeiung gegeben, u. a. bei einer Errettung aus den Händen der Blutmänner seine Wiederverhaftung (mit nachfolgender Hinrichtung) binnen dreier Tage vorausgesagt hat, und daß Cazotte behauptete, die zukünftigen Begebenheiten würden ihm durch Gesichte, vermittelst der Geister, offenbart'.[2]

Außer Deutbarkeit durch natürliche 'Intuition' ist noch ein anderes, sehr viel gröberes Bedenken gegen politische Prophezeiungen im Auge zu behalten: wie bei keiner der früheren Gruppen muß hier die Möglichkeit bewußter Fälschung im Auge behalten werden. Die Interessen und Leidenschaften, die sich mit geschichtlichen Vorgängen verbinden, haben oft zur Veröffentlichung von 'Prophezeiungen' gegriffen als einem Mittel, den Gang der Ereignisse durch die Erwartung der abergläubigen Menge zu beeinflussen oder eine geschehene Umwälzung durch den angeblichen Nachweis, daß sie vorhergesagt war, zu rechtfertigen und befestigen. Unsere Bibliotheken enthalten in zahllosen Pergamenten, Flugblättern und Pamphleten den Niederschlag dieses frommen oder unfrommen Eifers.[3]

Man muß sich alle diese Möglichkeiten gegenwärtig halten, um mit Sicherheit herauszufühlen, wo bei politischen Voraussagungen die Grenzscheide zwischen normaler und übernormaler Voraussicht überschritten wird. Nach den früher dargelegten Grundsätzen werden wir solche Überschreitung dort erblicken, wo die Prophezeiung sich nicht mehr bloß auf allgemeine Linien der Ereignisse bezieht, sondern Einzelheiten, Personennamen, Daten, Ortsbestimmungen hinzufügt, die eine noch so weit getriebene 'induktive Intuition' nicht hätte erraten können. Zuweilen wird die Ver-

---

1) Buchanan III 82f. Die Memoiren der Baronin Oberkirch, welche die Frage entscheiden könnten, sind erst 1852 gedruckt. S. Bormann 172ff.; auch PS XXV 514ff. 578ff. 657ff.
2) Jung, Theorie 169; Buchanan III 82f. Vgl. andre Fälle bei Corrodi Teil 3, Bd. II Abschn. 2ff. 3) Beispiele bei I. Döllinger, Der Weissagungsglaube..., in Kl. Schriften, hersg. v. F. H. Rausch (Stuttg. 1890) 454ff.; in PS XXV 59f. (üb. Napoleon I.); Pröhle, Die Lehninische Weissagung (Berl. 1888) u. a.

quickung politischer Vorschau mit 'privaten' Einzelheiten unser Vertrauen in die erstere stärken. Das Beispiel des chinesischen Missionars, das uns zu dieser Gruppe überleitete, war von solcher Art. Man kann sich dies Mischverhältnis etwa auch an folgendem Beispiel aus Martins Aufzeichnungen über die schottischen Seher verdeutlichen, dessen Beglaubigung (durch Mitteilung der Vorschau an den Verfasser vor dem Ereignis) eine für damalige Zeiten leidliche genannt werden mag.

Ein Seher auf der kleinen Insel Eig erzählte seinen Nachbarn, daß er öfter eine Erscheinung gehabt habe von einem Mann in rotem Rock mit blauem Besatz, der eine sonderbare blaue Kappe mit sehr großer Stulpe vorn auf dem Kopf trug, und daß dieser Mann ein artiges Mädchen in dem Dorfe des Sehers geküßt habe; er behauptete daher, daß ein Mann in solcher Kleidung jenes junge Mädchen verführen oder heiraten werde. Diese allgemein für ganz unwahrscheinlich gehaltene Vision schadete dem Seher bei den Leuten sehr. Sie wurde auf der benachbarten Insel Skye viel besprochen und belacht, denn selten kam ein Fremder nach Eig, und das Mädchen dachte nicht daran fortzugehen. Normand McLeod von Graban erzählte die Geschichte im Sept. 1688 dem Verfasser (Martin) in Gegenwart zweier namhaft gemachter Zeugen. 'Ungefähr 1 ½ Jahre nach der letzten Revolution' (also wohl 1689 oder 1690) wurde ein Major Ferguson mit 600 Mann abgeschickt, um die königstreuen Inselbewohner zu unterwerfen, und nur ein Zufall (der Mord eines Soldaten durch Bewohner von Eig, die nach Skye hinübergefahren waren) führte ihn nach dem winzigen Eig. 'Zu derselben Zeit wurde das obengenannte sehr artige Mädchen durch einige Soldaten mit Gewalt an Bord eines der Schiffe gebracht, wo man es über 24 Stunden festhielt, mißbrauchte und sein schönes Haupthaar abschnitt.' Es verheiratete sich nichtsdestoweniger einige Jahre später.[1]

Wenden wir uns zu rein politischen Prophezeiungen, so fallen jedem die berühmten Vierzeiler des Nostradamus ein, die ja in echten Drucken aus dem 16. Jahrhundert vorliegen, also eine Hauptbedingung zur Feststellung wirklicher Voransagen erfüllen. Sie sollten sich auf einen Zeitraum von 2000 Jahren beziehen, und ihr Verfasser machte sich anheischig, für jeden Vierzeiler die Zeit der Erfüllung anzugeben. Bekanntlich ist aber ihr Text absichtlich so dunkel gehalten, daß die ironische Bemerkung fallen konnte, das Wunder liege nicht in den prophetischen Eigenschaften dieses Textes, sondern bloß in der Auslegekunst seiner Erklärer.[2] Äußere Rücksichten veranlaßten nämlich Nostradamus, die Wiedergabe seiner 'geoffenbarten Inspirationen' hinter einem kaum verständlichen Kauderwelsch zu verstecken und die Worte desselben noch in wunderlicher Weise durcheinander zu schütteln. Ich will dem Leser wenigstens eine, vielleicht besonders günstig gewählte Stichprobe vorsetzen, nach der er den Anteil wahrer Prophetie oder tollgewordener Auslegekunst nach eigenem Ermessen bestimmen mag. Die Form wenigstens dieser 'Gedichte' — eine absichtlich verdunkelte Wiedergabe einer Wiedergabe des ursprüng-

1) Martin 136f. 2) Dessoir, Vom Jens. d. Seele, 2. Aufl. 127.

lichen Erlebnisses — braucht nicht der Annahme zu widersprechen, daß Nostradamus, wie andere uns bekannte Seher, bestimmte Bilder mit Beigaben — Daten, Zahlen, Namen — geschaut habe.

Der 34. Vierzeiler des IX. Hundert, spätestens 1566 zuerst gedruckt, lautet:

Le part soluz mary sera mitré
Retour: conflict passera sur le thuille
Par cinq cens: un trahyr sera tiltré
Narbon: et Saulce par coutaux avous d'huille.

Wörtlich übersetzt: Der Gatte (*part*) allein betrübt (*mary=affligé*) wird mit der Mitra geschmückt werden nach seiner Rückkehr. Ein Angriff wird geschehen auf den Thuille durch fünfhundert: ein Verräter wird sein Narbon mit hohem Titel (*tiltré*) und Saulce unter seinen Vorfahren (*avous=aieux*) Hüter (*coutaux=custos*) des Öls. — Die geschichtlichen Ereignisse, auf welche diese Zeilen gedeutet werden, sind folgende: Am 20. Juni 1792 wurden die Tuilerien von einem Pöbelhaufen gestürmt und dem König als Schimpf die rote Jakobinermütze (rot ist auch die bischöfliche Mitra) aufgesetzt; 'nach seiner Rückkehr': denn am selben Tage des Jahres zuvor, 20. Juni 1791, hatte das Königspaar den vereitelten Fluchtversuch aus Paris gemacht. In der Nacht vom 9. auf den 10. August 1792 erfolgte unter Teilnahme der sog. fünfhundert *fédérés marseillais* der Angriff auf die Tuilerien. Der Grundstein zu diesem Schlosse war erst 1564 von Katharina von Medici gelegt worden. 'Narbon' wird auf den Grafen Narbonne-Lara bezogen, der in jenen Zeiten als Kriegsminister eine Stellung zwischen — oder über — Royalisten und Republikanern einzunehmen suchte, von beiden verdächtigt und schließlich vom Könige kurzer Hand entlassen wurde. Die durchweg vom royalistischen Standpunkt geschriebenen Prophezeiungen des Nostradamus können diesen nicht unbedingt Königstreuen wohl als 'Verräter' bezeichnen. Sauce (das l ist altertümlich) hieß der Gastwirt in Varennes, der Ludwig XVI. auf der Flucht erkannte und anhalten ließ; der Name ist selten. Schon seine Vorfahren waren Inhaber jenes Krämerladens gewesen, in welchem die Königin in jener Nacht im Gespräche mit Mme Sauce saß. 'Hüter des Öls' soll, wie etwa das deutsche 'Heringsbändiger', eine verächtliche Bezeichnung des Kleinkrämers sein.[1]

Eine Prophezeiung des Nostradamus auch ist es übrigens gewesen, die dem dritten Napoleon vor seinem Sturz Beängstigungen schuf, indem nach ihr das zweite französische Kaiserreich[2] '18 Jahre weniger ein Viertel' dauern sollte — die genaue Zeitdauer vom 2. Dez. 1852 bis zum 2. Sept. 1870. Die Tatsache dieser Beängstigungen auf Grund eben dieser angeblichen Prophezeiung — und das macht uns natürlich von der Frage der Echtheit der Prophezeiung selbst unabhängig — wird in der Nummer 241 der Berliner Bank- und Handelszeitung vom 30. Aug. 1870 erwähnt, wird sich also wohl in noch früheren zeitgenössischen französischen Drucken bezeugt finden.[3]

Die Genauigkeit von Zeitangaben ist schließlich das Eigentümliche aller jener politisch-geschichtlichen Prophezeiungen, die Anspruch auf Beachtung erheben können; wie ja auch auf dem Gebiete der biographisch-

1) Ich folge (auf d. Umweg über Kemmerich) der gründlichen Bearbeitung der Quatränen durch A. de Pelletier, Les oracles de Michel de Nostradame (Par. 1867). S. auch Bormann 245 ff. 2) 'Second Empire en Lutèce'. 3) S. NMR XII 152 und PS XXXVI 247. 276.

privaten Voransage die Verwendung von Daten einen der stärksten Gründe für die Wirklichkeit der Vorschau abgab.

Die nachstehende sehr bekannte Prophezeiung aus dem Jahre 1848 beruft sich auf eine Vision, die zwar erst 1862 aufgezeichnet wurde; aber da auch diese Aufzeichnung noch 8 bis 9 Jahre vor der Erfüllung zurückliegt, so tritt natürlich die Frage der Übereinstimmung von Vision und Bericht hinter derjenigen der Übereinstimmung von Bericht und Ereignis zurück. Die Perzipientin, Marie Bauer, eine Freundin Mörikes, hatte überdies ihr Erlebnis zu Ende der 40er Jahre einigen Damen des Mörikeschen Kreises erzählt, von denen wir ein diesbezügliches Zeugnis aus dem Jahre 1881 besitzen. Der Wert aller dieser Unterlagen beruht allerdings wesentlich auf der Voraussetzung, daß gerade die Zahlen der Vision — wie man sehen wird, ihr wichtigster Bestandteil — nicht nachträglich in den Bericht hineingefälscht worden sind, eine Annahme, gegen die nur der Ruf der Zeugin streitet. — Bei dem Begräbnis eines jungen Mannes in Mergentheim im Sommer 1848, während die Perzipientin mit patriotischen Gedanken bei dem in Frankfurt versammelten Parlamente weilte, fühlte sie sich 'plötzlich von einem eisigen Schauer erfaßt' und sah sich zur Seite 'einen jungen, ganz erdfahl aussehenden Menschen, in einen schwarzen Mantel gehüllt, mit großen, totenstarren Augen' sie anblickend. Dieser schaute zum Himmel auf, dann wieder sie an. Wie auch sie hinaufblickte, seinen Augen folgend, sah sie am wolkenlos blauen Himmel 'einen Erntewagen, der ganz in natürlicher Größe wie mit schwarzer Farbe darauf hingezeichnet... und so deutlich war, daß ich die einzelnen Garben hätte zählen können; selbst die eiserne Kette, welche vorn an der Deichsel herabhing, konnte ich Glied für Glied unterscheiden. Lange und unbeweglich blieb der Wagen stehen...' Sie schaute nach der neben ihr stehenden Tante, dann, dem Blick des Andern wieder folgend, nach oben: anstatt des Wagens 'stand klar und scharf gezeichnet eine Riesenkanone da, wie ich noch keine in der Wirklichkeit gesehen hatte'. Bei einem dritten Aufschauen hatte 'ein ganz natürlicher Weinstock, an dem ich Trauben und Laub genau unterscheiden konnte, ihren Platz eingenommen'. Beim vierten Male sah sie 'vier riesengroße Zahlen: 187 ganz klar, die vierte aber sah zuerst wie eine 0 aus, stand aber dann plötzlich als deutliche 1 da'. Die Zahlen zerflossen; der Nachbar war verschwunden. — 1883 fügt sie noch hinzu, daß die Vision ihr verständlich geworden sei im Zusammenhang mit ihren vorangegangenen Gedanken an die Paulskirche: 'Nicht durch solche, sondern durch einen blutigen Krieg wird die deutsche Einheit vollzogen werden in den Jahren, deren Zahl du schautest! flüsterte es in diesem Augenblick hinter mir — über mir — in mir? Ich weiß es nicht; niemand war sichtbar...' Die Hindeutung auf einen Krieg, der zwischen Korn- und Weinernte d. J. 1870 ausbrechen würde (die Kornernte war nach der französischen Kriegserklärung kaum hereinzuschaffen), ist zu scharf zeitlich bestimmt, um einer allgemeinen 'politischen Intuition' zugeschrieben zu werden. Zur richtigen Einschätzung des Vorgangs mag die Angabe beitragen, daß die Erscheinung des jungen Mannes, dessen Blick das Auge der Perzipientin lenkte, anscheinend diejenige des eben Begrabenen war, den diese mit Bewußtsein nie gesehen hatte, sowie daß die Perzipientin sich die Gabe des Wahrträumens überhaupt zuschreibt.[1]

---

1) Die Niederschrift ist einverleibt einem Bericht im Württ. Staatsanzeiger 1883 Nr. 8. Das Nachstehende aus diesem Bericht. Vgl. Frl. B.s angebl. Vorschau der Ermordung Alexan-

Was die Prophezeiungen des Weltkrieges betrifft, so haben wenigstens die von französischer Seite erfolgten bei uns ein literarisches Schicksal gehabt, dessen ungewollte Ironie ein eigentümliches Schlaglicht auf die Lage metapsychischer Forschungen überhaupt wirft.

In der 2. Auflage seiner Kritik des Übernormalen,[1] deren Vorwort vom Januar 1918 datiert ist, beruft sich Prof. Dessoir auf eine Arbeit Maeterlincks, wonach dieser unter 83 Voraussagungen mit Bezug auf den Krieg nur zwei ernsthafter Erörterung wert gefunden habe — bei der Massenhaftigkeit des natürlichen Anreizes zu Voransagen über das lange erwartete Ereignis m. E. nicht einmal ein so übler Hundertsatz. 'Die eine, von einem Pfarrer und aus den 60iger [!] Jahren stammend, betrifft den deutsch-französischen Krieg, den ihm folgenden Revanchekrieg, und bestimmt den Zeitpunkt für diesen mit den Worten: Man wird mich kanonisieren wollen, aber nicht die Zeit dazu haben. — In der Tat wurde die Heiligsprechung [dieses Propheten] im Juli 1914 vorbereitet und dann wegen des Kriegsausbruches aufgegeben.'[2] — Man wird nicht soweit gehen zu behaupten, daß die willkürlichen Bestimmer des Kriegsausbruches mit den Betreibern der Heiligsprechung im Einvernehmen gewesen seien. Unser Kritiker läßt denn auch diesen Fall ohne Kommentar. 'Der andere wird von W. Tardieu erzählt. Sein Freund Léon Sorel hatte ihm 1869 [!] eine Anzahl politischer und persönlicher Ereignisse prophezeit, und zwar so, daß diese mit jenen immer zeitlich zusammenfielen. Am 3. Juni 1914 wurde nun von Tardieu schriftlich niedergelegt, daß auf Grund der jetzt eingetroffenen persönlichen Ereignisse folgende politische Voraussage fällig sei: O mein Gott! Mein Vaterland ist verloren! Frankreich ist tot... Welch ein Unglück! Ah, nein, es wird gerettet! Es geht bis an den Rhein vor!...' 'Nicht übel', bemerkt der Kritiker hierzu ironisch. Aber was man im Januar 1918 als bloß leidlichen Treffer abtun konnte, war vor Ablauf des Jahres leider ein völliger geworden.[3]

XLIV.

Theorie der Vor- und Rückschau.

In keinem Abschnitte dieses Buches habe ich die oben begründete Notwendigkeit der Beschränkung in Auswahl und Darbietung des Stoffes so bitter empfunden wie in den letzten, entscheidenden Kapiteln, und damit die Notwendigkeit des Verzichts auf die Kraft der Überzeugung, die auch von der Häufung der Anschauung ausgeht: der Anschauung des Immerwieder und Immer-gleich zu allen Zeiten und an allen Orten. Im Besitze wesentlich reichlicherer eigener Anschauung fällt es mir denn auch schwer, zu beurteilen, welchen Grad von Überzeugtheit das Dargebotene beim

ders II. usw. in ÜW XI 172f. Anderes Verwandtes bei Splittgerber, Schlaf I 378f.; Gielnke, aaO.; OR 1907 II 308ff. 1) Vom Jens. d. S., 2. Aufl. 126f. 2) Le Figaro vom 1. April 1916. 3) Die Lit. üb. Weltkriegsprophez. ist bereits sehr umfangreich. S. etwa PS XLIV 93 und XLV 485f. ('Mme. de Thèbes'); XLVIII 39f. (Hauptmann v. Gillhausens Voraussage, versiegelt 3. Aug. 1914); F. Zurbonsen, Die Profez. zum Weltkrieg 1914/5; B. Grabinski, Das Übersinnl. im Weltkriege (Hildesh. 1917) u. a.

Durchschnitt meiner Leser bewirkt haben mag und inwieweit sie mir zu folgen bereit sind, wenn ich nunmehr die Absicht bekunde, die Vorschau 'zufälliger', d. h. durch keine endliche Steigerung normaler 'Voraussicht' und Vorausberechnung zu erschließender Ereignisse als eine wirkliche Tatsache in meine Überlegungen einzustellen. Wer sich gänzlich außerstande fühlt, diese Annahme mit mir auch nur zu 'riskieren', für den kann alles noch folgende nur sehr eingeschränktes Interesse haben.

Das lange Verweilen indessen bei der Frage dieser Tatsächlichkeit wird den Leser nicht haben vergessen lassen, daß ihre Behandlung für uns einen Teil unsrer Bemühungen um eine Theorie des Hellsehens bildet. Die Möglichkeit der Vorschau sollte beweisen, daß die 'Lockerheit' des Hellsehens in zeitlicher Hinsicht sich auf die Zukunft ebensosehr beziehe wie auf die Vergangenheit; beides aber sollte beweisen helfen, daß der Hellseher überhaupt nicht die Wirklichkeit sehe, sondern nur subjektive Symbole wirklicher Dinge und Geschehnisse. Selbst für das Sehen gleichzeitiger Wirklichkeit ließ sich erweisen, daß es seiner psychologischen Artung nach ein 'Vorstellen' oder Halluzinieren sei; von 'telepathisch' gewonnenen Inhalten verstand sich das ohnehin von selbst.

Bilden so die gewöhnlich unterschiedenen Arten übernormalen Erfahrens ihrem äußeren Auftreten nach eine einheitliche Gruppe, so liegt ein Hinweis auf ihre einheitliche innere Artung darin, daß sie nicht nur häufig zusammen auftreten (indem eine bestimmte Einstellung des Bewußtseins der Reihe nach bald diese, bald jene auftreten läßt), sondern auch ineinander übergehen, in dem Sinne, daß in einem einheitlichen, aber nicht einfachen Erlebnis 'telepathische', 'hellsehende' und 'vorschauende' Elemente sich unterscheiden lassen, ohne daß der Anteil des einen sich gegen den des andern überhaupt eindeutig abgrenzen ließe. Ich erinnere zB. daran, in wie zahlreichen Fällen aktives Hellsehen durch telepathische Beeindruckung ausgelöst erscheint, indem der Perzipient des angeblich rein-telepathischen Vorgangs in der Umgebung des Agenten anwesend zu sein glaubt und Dinge wahrnimmt, von denen nicht anzunehmen ist, daß er sie der telepathischen Mitteilung verdankt; und doch läßt das häufige Zusammentreffen solchen Hellsehens mit einem krisenhaften Erlebnis des anscheinenden Agenten keinen Zweifel darüber, daß der erste Anstoß — die 'Einladung' — zum Hellsehen von diesem 'Agenten' ausgeht.[1] — Auch zwischen unsrer zweiten und dritten Tatsachenreihe — Hellsehen einerseits, Rück- und Vorschau anderseits — haben wir fließende Übergänge und Ineinanderverwebung mehrfach beobachten können; nämlich in jenen Fällen, in denen das rück- oder vorschauende Wissen sich in Bildern darstellte, die mit einer dem Perzipienten normalerweise unbekannten Wirklichkeit übereinstimmten.[2] Ebenso aber glauben wir gelegentlich ein In-

1) Vgl. hierzu den Fall Pr VIII 505 und o. S. 355. 387 f. 2) Vgl. o. die Fälle auf S. 424. 444 f. 461. Weitere Beispiele von Ineinander von 'Hellsehen' und Vorschau s. ÜW X 322

einander von 'Telepathie' und Vorschau zu finden, ohne daß wiederum der Anteil der einen gegen den der andern sich eindeutig abgrenzen ließe.

Der Lehrer Karl Mittelmayer in Wallerdorf träumte zB., der Kooperator T. im nahen Künzing, der erst seit kurzem dort lebte und noch nie mit M. einen Ausflug gemacht hatte, lasse ihn durch einen die Frühmesse besuchenden Bauern aus Wallerdorf zu 1 Uhr zu einem Ausfluge nach Forsthart abholen: sie gehen durch die Dorfstraße, sehen bekannte pflügende Bauern und treffen in Forsthart eine Gesellschaft von Geistlichen und Lehrern. An einem Nachbartisch sitzt ein sozialistisch gesinnter Gütler, der mit offenbarer Absicht eine Ausgabe der 'Münchener Post' hervorholt. — Dies alles ging genau so in Erfüllung. Den Gütler ersuchte ein Herr um die Zeitung, und eine verlesene Stelle aus dem Zeitungsroman brachte die anwesenden Geistlichen in große Erregung. Die Frau des M. bezeugt die Erzählung des Traumes vor seiner Erfüllung.[1] — Es liegt hier offenbar nahe, den ersten Anstoß dieses Vorschautraumes in einer telepathischen Beeinflussung zu suchen, die der bereits gehegten Absicht des Kooperators zu dem gemeinsamen Ausfluge entsprang.

Diese innere Vermischung der einzelnen Arten übernormalen Erfahrens, die ja auch in der etwas schwimmenden volkstümlichen und wissenschaftlichen Terminologie zum Ausdruck kommt,[2] schafft, wie gesagt, ein Vorurteil zugunsten ihrer einheitlichen inneren Artung, das eine Theorie derselben, wäre sie möglich, vielleicht rechtfertigen könnte. Als die beste Art aber, zu einer solchen zu gelangen, erscheint es mir, diese vermutete Einheitlichkeit der übernormalen Erkenntnisvorgänge versuchsweise ('heuristisch') gelten zu lassen: die Grundgedanken zur Deutung einer Gruppe müßten sich dann auch für die Deutung der übrigen nützlich erweisen oder bei selbständiger Deutung dieser letzteren in ihr eine erwünschte Bestätigung finden. Soll aber zu diesem Behufe einer der Gruppen der Vortritt in der Deutung gegeben werden, so dürfte das offenbar nur diejenige sein, die unserm Denken als die schwerst begreifliche erscheint, ohne deren theoretische Bewältigung also die Hoffnung auf einheitliche Deutung des ganzen Gebietes gerade um ihre schönste und wichtigste Erfüllung betrogen wäre. Gelänge die Deutung dieser Gruppe nur in sich selbst, so wäre immerhin schon ein Wichtigstes geleistet; übertrüge sich ihre Deutung auch auf die anderen Gruppen, so wäre außerdem noch die weitergehende Hoffnung erfüllt. Schieben wir also unsere Theorie des Hellsehens hinaus, indem wir, eben zu ihren Gunsten, mit der theoretischen Erwägung der Vorschau beginnen.

Hierbei zwingt mich die Forderung logischer Vollständigkeit, wenigstens in aller Kürze auf eine denkbare Wegdeutung des ganzen Tatsachen-

---

(Frau G. Lukaschik); du Prel, Entd. II 182; Pr XI 390f.; PS XXI 504. 1) Brief an Dr. Bormann vom 27. Okt. 1899, in ÜW X 289. Vgl. auch Pr VIII 101—103. 2) Richet zB. empfahl früher 'telepathische Clairvoyance' für das 'Lesen' von vergessenen Erinnerungen Entfernter, spricht jetzt fast unterschiedslos von 'Kryptästhesie'.

gebietes hinzudeuten. Diese ähnelt jenem Gedanken, welcher einzelne Gruppen von Vorahnungen dadurch zu beseitigen suchte, daß er Ereignis und Ahnung aus einer Quelle entspringen ließ: indem der Wille zu einer bevorstehenden Tat sich telepathisch dem Seher kundtun und ihn so zu der scheinbaren Vorahnung befähigen sollte. In ähnlicher Weise könnte nämlich auch dem gesamten Tatsachengebiet gegenüber die Annahme versucht werden, daß alle Prophezeiungen bloß Kundgebungen einer Macht seien, die sowohl entschlossen als auch imstande wäre, alles das zu vollbringen, was jemals Gegenstand einer eingetroffenen Vorschau gewesen ist. Eine solche Macht müßte zB. imstande sein, Naturereignisse größten Stils herbeizuführen, die mit Gewißheit vorausgesagt wurden; sie müßte die Herzen der Menschen lenken und ihnen Worte und Handlungen eingeben können, um Auftritte so zu gestalten, wie sie in prophetischen Gesichten geschaut wurden; sie müßte im bestimmten Augenblick den Kessel einer Maschine zum Bersten bringen, die Bahn des Blitzes oder einer Granate lenken, zu festgesetzten Zeiten die Säfte menschlicher Leiber verderben, und was dergl. mehr ist. Und sie könnte, wenn alles dies in ihrer Macht stände, nach Belieben den Propheten spielen oder vielmehr Menschen den Propheten spielen lassen, indem sie ihnen Bilder, Erwartungen, Befürchtungen inspirierte, die sie im Laufe der Zeit zu verwirklichen gedächte. Bei alledem brauchte eine solche Macht durchaus noch nicht von einem phantastischen Willen zum Verblüffen beseelt zu sein; sie könnte mit der ganzen Würde der göttlichen Vorsehung, der moralischen Weltregierung, der väterlichen Lebensführung bekleidet sein. Leitet Gott oder ein zwischen Gott und Welt eingeschaltetes Geisterreich in persönlich-tätiger, willkürlicher Weise die Ereignisse der Natur und des Lebens, so kann der Mensch diese Ereignisse voraussehen, sobald sein Wissen von jenen beabsichtigenden Mächten erleuchtet wird.[1] Dabei müßten diese Vollstrecker vorgeschauter Ereignisse aber mindestens imstande sein, ein Ereignis auf einen bestimmten Tag festzusetzen und durch ein Wunder in den natürlichen Verlauf der Ereignisse einzuschalten. Dies letztere ist offenbar eine notwendige Voraussetzung: denn wiche der Wille jener Geistwesen, vor allem Gottes, nie und nirgends vom 'natürlichen Lauf der Ereignisse' ab; gingen Gottes 'Absichten' ausnahmelos parallel diesem 'naturnotwendigen' Laufe, so wäre auch sein Beabsichtigen im Grunde nur ein Vorhersehen und wir fielen auf die Annahme eines allwissenden Voraussehens alles Geschehens, also der noch erst zu deutenden Prophetie zurück.[2]

Nun mag auch eine solche Theorie nichts Undenkbares enthalten. Ich

---

1) Gedanken dieser Art s. zB. bei Jung, Theorie 142 f. (§ 141); Sir O. Lodge, La survivance humaine (Par. 1912; das engl. Orig. mir nicht zugänglich) 128. 2) Dies scheint mir Dr. Ermacora in einer sonst scharfsinnigen Abhandlung in PS XXVI zu übersehen; s. bes. aaO. 671.

glaube aber nicht, daß sie sich wissenschaftlichem Denken empfehlen wird. Und zwar nicht, weil sie Annahmen machte, die nicht in sichern Erfahrungsanalogien ihre Stütze fänden, sondern weil das wundermäßige Erzeugen einer Übereinstimmung von persönlicher Vorschau und Weltlauf eben doch in vielen Fällen ein geradezu spielerisches Kunststück darstellen würde; dazu nicht selten von so bittern Folgen für die zunächst Beteiligten, daß die Theorie mit Notwendigkeit zur Annahme eines satanischen Reiches gedrängt wäre. Wir müßten der verborgenen persönlichen Macht die bewußte Absicht zuschreiben, an einem bestimmten Tage einen Knaben unter einen Wagen zu schleudern, ein Schiff auf einen Felsen abzulenken, eine Kerze umzustoßen, um ein Haus in Brand zu stecken, und was dergl. mehr von früher gegebenen Beispielen gefordert wird. Erkennen wir an, daß solche Voraussetzungen, die mit dem strengen Begriff der Vorschau allerdings gründlich aufräumen würden, sich nie widerlegen lassen, so ist es doch ebenso sicher, daß es sich auf vielen Gebieten nicht um Gewißheiten, sondern um Wahrscheinlichkeiten handelt und daß gegen die Wahrscheinlichkeit von Annahmen, wie der eben angedeuteten, unsere wissenschaftlichen Instinkte sich auflehnen. Die unbefangene Betrachtung der Tatsachen hinterläßt weit eher den Eindruck, daß hier ein Ausblick getan werde auf ganz bestimmte Momente im Fluß der Ereignisse, die, wenn sie eintreten, durchaus 'natürlich' eintreten. Es ist die Möglichkeit dieses Ausblicks, die nach wie vor unser Problem bildet.[1]

Und hier ist es zunächst noch eine andere der bei der gruppenweisen Betrachtung der Vorahnungen versuchten Alternativdeutungen, die zu analogischer Übertragung auf das Gesamtgebiet des Vorauswissens reizt. Ich meine jene, welche die Voransage im Einzelnen aus einem Induktionsschluß hervorgehen ließ, der sich auf bereits gegebene und übernormal erkannte Tatsachen gründen sollte. Diese Deutung (fanden wir) versagt gegenüber 'zufälligen' Ereignissen der Zukunft, weil deren Erschließung nachgerade Allwissenheit und ein unendliches Vermögen induktiver Berechnung erfordern, damit aber alle 'menschlichen' Maße auch unbewußten Denklebens augenscheinlich weit überschreiten würde. Indessen: setzen wir ein unendliches Bewußtsein, ein unendliches Durchschauen der Welt und einen unendlichen Verstand voraus, so dürfen wir diesen wohl eine natürliche Erschließung und somit Voraussicht auch des 'zufälligen' Geschehens zuschreiben, d. h. eines Geschehens, dessen Ursachen sich ins Unendliche verzweigen. Die Zukunft ist eben schon gegeben, 'in Form der Kräfte und Gesetze, welche sie herbeiführen werden',[2] und 'derjenige,

---

1) Ich übergehe tautologische 'Deutungen', wie Schlenters 'Fernsinn' (Das zweite Gesicht [Lpz. 1893] 27), Sebregondis 'die Schranken der Zeit überschreitendes Gemeingefühl' (bei Zurbonsen 96), oder die ganz gedankenlose Subsummierung unter 'Kryptästhesie' bei Richet 304.
2) du Prel, Entd. II 357.

der alles sieht in dem, was ist, sieht alles, was sein wird'.[1] Dieses 'Alles' sieht freilich nur ein Allwissender, von dessen 'göttlichem Allwissen' aber das menschliche Vorauswissen ein 'Abglanz' sein könnte.[2]

Ich habe, wie der Leser noch sehen wird, keinen Einwand gegen diese Theorie, soweit sie einen Rückgriff auf ein allumfassendes kosmisches oder göttliches Bewußtsein enthält; es ist offenbar kein Zufall, daß uns die Tatsachen nunmehr immer wieder in diese Gebiete emporführen. Dagegen kann ich mich wenig mit dem Gedanken an ein rechnendes, 'induzierendes' Allbewußtsein befreunden, das zB. das Stürzen eines Wagens an einem bestimmten Stein oder das Zünden einer ungesehen glimmenden Kohle zu bestimmter Zeit aus den unendlich zahlreichen Tatsachenreihen erschließt, welche von allen Richtungen her zusammenlaufen müssen, um das Ereignis gerade so und zu solcher Zeit zuwegezubringen; — was sonst aber sollte mit dem Hinweis auf die 'notwendige Verkettung'[3] von Gegenwart und Zukunft angedeutet sein? Der Grund dieser meiner Abneigung ist derselbe, der mich schon die endliche, menschliche Induktion als Alternativdeutung bezweifeln ließ: daß nämlich die Vorschau ein mehr unmittelbares Ergreifen des Künftigen im Bilde zu zeigen scheint, dagegen fast nie ein Wissen jener Tatsachen, aus denen das Ereignis hätte 'erschlossen' werden können. Gerade das Zufälligste und Nebensächlichste, das gleichgültige Drum und Dran wird dem Seher oft mit peinlicher Genauigkeit gezeigt, während das eigentlich Ursächliche, alles, was 'erklären' könnte, was also ein berechnender Verstand vor allem im Sinn haben müßte, ihm verborgen bleibt. Dr. Wiltse zB. sieht in einer Reihe von Bildern ein Unglück, das sich nach einiger Zeit zutragen soll; er kennt oder erkennt dabei weder die Umgebung, noch die Handelnden, noch den Sinn dessen, was vorgeht. Diese gänzliche Verständnislosigkeit hindert ihn aber nicht, einen blutigen Handabdruck 'vorauszusehen', den ein schwerverletzt aus einem Hause Taumelnder am Türpfosten zurücklassen wird.[4]

Es ist wahr, daß diese Bildhaftigkeit nicht immer gegeben ist; daß zuweilen zB. nur eine unbestimmte Furcht oder ein soz. abstraktes Wissen ein kommendes Unglück vorherverkündet, so daß es wohl denkbar scheinen könnte, daß diese inhaltarme Ankündigung die menschlich-bewußte Übersetzung des rechnenden, schließenden höheren Wissens wäre. Allein auch hier ist es unzweifelhaft möglich, der unbestimmten Ahnung ein

---

1) Leibniz, zit. das. Ähnlich die indische Sâmkhya-Philosophie; s. R. Garbe, Die Sâmkhya-Philos. (Lpz. 1894) 187. 2) S. Zurbonsen 117f. Z.s sonstige Bemerkungen über 'tief in den Kreis des allgem. Natur- und Menschheitslebens versinken' sind augenscheinlich halb zu Ende gedacht. Auch H. B. Schindler (Das magische Geistesleben... [Breslau 1857] 139ff.) verknüpft den obigen klaren Begriff mit Halbdurchdachtem über den 'magischen Pol' der Seele, durch den der Mensch zum 'Inbegriff des ganzen telluren und kosmischen Lebens' und Spiegel 'aller kosmischen Zeiten, Zahlen und Maße' werde. 3) Schindler, das. 4) Pr XI 573ff Vgl. oben die Fälle S. 434. 444. 445. 446f. 448f. 451f. 461. 466.

außerbewußt gegebenes Bild zugrundeliegend zu denken; und jedenfalls sind ja die geschauten Bilder der künftigen Wirklichkeit der deutlichere Fall, der vor allem erklärt werden muß. Die einzige noch übrige Ausflucht, daß eben die Bilder das Einzige seien, was der unendliche rechnende Geist ins menschliche Einzelbewußtsein fallen lasse (nachdem er auch sie gewissermaßen 'errechnet' hat), — diese Ausflucht mag nicht streng widerlegbar sein, wirkt aber auch nicht eigentlich überzeugend. Denn letzten Endes entscheidet die Tatsache, daß ein deutlicher 'Abglanz' jenes vorausgesetzten Errechnens der Zukunft sich eigentlich nie in menschliches Erleben hinein verirrt.

Immerhin verdient ausdrücklich herausgehoben zu werden, daß wer die Theorie der unendlichen Vorausberechnung des Zukünftigen dennoch glaubt vertreten zu müssen, dies nur vermag um den Preis der Annahme, daß der endliche Geist eingebettet oder angeschlossen sei einem unendlich an Inhalt und Fähigkeit überlegenen, an dessen Wissen er unter bestimmten Umständen teilnehmen könne. Will man dann diesen überlegenen Geist als einen verborgenen Teil oder 'Pol' des Einzelmenschen fassen, so vervielfältigt und verwickelt man, wie mir scheint, die Hilfsbegriffe ohne genügenden Zwang. Die Leistung von Millionen soz. Allwissender könnte mühelos auch einem übertragen werden, nachdem uns das Teilhaben eines Geistes am Vorstellungsbesitz eines andern nun doch schon etwas banales geworden ist. —

Jenes mehr unmittelbare und eben darum bildhafte, ereignismäßige Erfassen des Zukünftigen suchen nun andere Theorien zu erklären, indem sie der ursprünglich erkennenden Instanz ein von Grund aus anderes Verhältnis zum zeitlichen Ablauf der Ereignisse zuschreiben, als dem menschlichen Bewußtsein. In ihrer gewöhnlichen Form versetzt diese Lehre den überlegen vorschauenden Geist überhaupt außerhalb der Zeit: zeitlicher Ablauf sei ein Merkmal der endlichen und täuschenden Erfahrung des Menschen, ein Bestandteil des 'Scheines'; in der 'wahren' Welt der Dinge und Geister 'an sich' sei Zeit nicht gegeben. Sei diese Welt-an-sich bewußt oder geistig, so doch nicht zeitlich-bewußt, und somit vollkommen unvorstellbar für uns, die wir Bewußtsein nur als zeitlichen Ablauf von erlebten Inhalten vorstellen können. Immerhin müßten wir jenem Wissen-an-sich eine Mannigfaltigkeit zuschreiben, die mit der Mannigfaltigkeit des menschlichen Zeitinhalts in einem soz. funktionalen Verhältnis stände: so daß ein jedes Element der einen Mannigfaltigkeit in der andern irgendwie 'vertreten' wäre, nur daß das 'Auffassen' dort nicht auf den zeitlichen 'Eintritt' zu warten hätte, sondern innerhalb der gesamten Mannigfaltigkeit jederzeit, weil zeitlos, auch das für uns erst Künftige wissend besitzen könnte — was auch immer solches Wissen 'dort' bedeuten mag.

Dieser Gedanke hat bekanntlich eine ehrwürdige Geschichte. Plato zB. schon hatte die Zeit als das rhythmisch bewegte Gleichnis (*eikōn*) eines Zeitlosen bezeichnet,[1] mit dem 'Himmel' (der Welt der Erscheinung) geboren und mit ihm wieder schwindend. S. Augustin, in einem berühmten Erguß über das dunkle Problem der Zeit, stellte den 'Zeiten, die nie stille stehen', die 'Herrlichkeit der ewig stillen Ewigkeit' gegenüber, in welcher 'nichts vor sich geht, sondern das Ganze gegenwärtig ist';[2] wovon das Echo durch die ganze Scholastik des Mittelalters schallt, welcher Begriffe wie das *totum simul* und das *nunc stans* geläufig sind,[3] und noch in Luthers kernigem Wort verpoltert: Gott sehe alles auf einen Haufen, nicht der Länge, sondern der Quere nach. Von Kant und seiner Gefolgschaft nicht zu reden.

Die Anwendung dieser Begriffe auf die Deutung menschlichen Vorauswissens wurde gemacht, sobald diese Tatsache ernstlich Gegenstand ruhiger Beobachtung und Überlegung wurde; wie etwa zur Blütezeit der deutschen Somnambulen. Passavant zB., dem die Ewigkeit das absolute Sein ist, die Zeit — das Sein, in dem die Momente des vollständigen Seins auseinandertreten, und der sich das göttliche Bewußtsein 'alle Dinge in ihrer Totalität zugleich ohne Sukzession umfassend' denkt, — Passavant läßt auch 'in einer größeren Konzentration der Seele — in der Ekstase — eine zeitlose Anschauung dadurch möglich werden, daß sie die Dinge weniger in ihrer Sukzession, sondern in ihrer Totalität, in ihrem Zugleichsein erkennt...';[4] und es ist in gewissem Sinne gleichgültig, ob man dies zeitlose Schauen allein dem göttlichen Geiste, oder dem Geiste-an-sich des Menschen, seinem 'magischen Ich' hinter dem empirischen (Perty), seinem 'transzendentalen Subjekt' (du Prel) oder einem besonderen Urvermögen[5] der Seele (Kuhlenbeck) zuschreibt.

Man mag sich diesen Gedanken dadurch näher bringen, daß man das 'ganze' zeitliche Geschehen flächenhaft ausgebreitet vorstellt: die beschränkte Auffassung des Menschen glitte mit dem Auge des Kurzsichtigen von Punkt zu Punkt darüber hin, das Auge des Geistes-an-sich dagegen übersähe die ganze Fläche mit einem Blicke, das Kommende nicht anders, wie das Vergangene. Oder man mag das 'ewige' Bewußtsein in den Mittelpunkt eines die Zeit darstellenden Kreises versetzen, von wo aus es das Ganze der Peripherie — des Zeitablaufes — anschauen kann, längs welcher sich das zeitliche Bewußtsein im Kreise hinbewegt.[6]

Solche naiv-räumliche Versinnlichungen können nun freilich bei genauer Betrachtung nicht darüber hinweghelfen, daß jede auch nur annäherungsweise wirkliche Veranschaulichung des geforderten Verhältnisses uns natürlich gänzlich unvollziehbar bleibt; eben weil wir dabei aus einer Grundbedingung des Anschauens und aller Anwendung von Erfahrungsbegriffen auf Anschauung uns hinausversetzen müßten, — als welche Kant eben die Zeit bestimmte. Bei dem hier von uns geforderten Begriff 'steht' uns eben einfach 'der Verstand still', und jener erweist sich letzten Endes als eine bloße Umschreibung der Forderung, daß der

1) Timaios 37, 38 (Ed. Bipont. 1786 IX 315ff.). 2) Confess. l. XI c. 11. 3) Vgl. S. Thomas Aquin., Summa Theol. I qu. 12 art. 10 ('alle Dinge werden [im Himmel] gleichzeitig und nicht aufeinanderfolgend gesehen'); Taulers Pred. 20 (bei Preger III 159); Eckehart 2, und Giord. Bruno: für Gott sei tutto il tempo in essenza e sustanza non altro che instante. 4) Passavant, 2. Aufl. 109. 5) im Benekeschen Sinn. 6) So Miss M. Joynt in einem gedankenreichen Aufsatz in OR Juni 1906 312.

prophetische Geist, um das Zukünftige voraussehen zu können, es eben sehen müsse. — Trotzdem hat man sowohl in wissenschaftlicher Theoretik wie in psychischer Erfahrung Beweise für die Richtigkeit der fraglichen Erklärung gesucht. In ersterem Betracht war zu erwarten, daß die Gedankengänge der Relativitätstheorie herzuhalten haben würden.

Nach dieser geht die Zeit in die Naturgesetze in derselben Form ein, wie die drei räumlichen Koordinaten, und die Welt der Physik wird damit aus einem Geschehen im dreidimensionalen Raume gewissermaßen zu einem Sein in einem vierdimensionalen. Nach relativistischer Anschauung werden mit Lichtgeschwindigkeit fortbewegte Längenmaße = 0, und gehen mit Lichtgeschwindigkeit fortbewegte Uhren unendlich langsam. Die Zeit stehe also still und die Ereignisse rücken zur Gleichzeitigkeit zusammen [?] in einer Welt, in der die Zeitmesser mit Lichtgeschwindigkeit hinschwimmen.[1] Die Relativitätstheorie wird somit von Manchen nachgerade als eine erfahrungsmäßige Bestätigung des transzendentalen Idealismus Kants betrachtet, wonach Raum und Zeit bloß menschliche Anschauungsformen sind, das Absolute aber transzendent, nämlich raum- und zeitlos ist. Denkt man sich soz. eindimensionale Wesen, so wäre ihre 'Anschauungsform' der Punkt, während sie, um eine Linie zu erfassen, sie in der Zeit erleben müßten, von Punkt zu Punkt sich forttastend; indes ein zweidimensionales Wesen von der Fläche aus die Linie — Vergangenheit, Gegenwart und Zukunft der Eindimensionalwesen — mit einem Blick übersehen würde. Die Anschauungsform der Zweidimensionalen wäre die Linie. Die Fläche könnten sie nur erschließen oder in der Zeit erleben; während ein dreidimensionales Wesen, sich in die dritte Dimension erhebend, die Fläche, also einen ganzen Lebenslauf der Zweidimensionalen, mit einem einzigen Blick übersehen könnte. Entsprechend wäre die Anschauungsform der dreidimensionalen Wesen — die Fläche, und sie könnten den Raum nur mit dem Verstande erschließen oder in der Zeit erleben, während ein vierdimensionales Wesen, sich in die vierte Dimension erhebend, den Raum [und offenbar auch das zeitliche Geschehen in ihm] mit einem einzigen Blick erfassen könnte.[2]

Solche Gedanken mögen für Viele etwas Verlockendes haben. Es ist aber selbstverständlich, daß sie uns über die Grenzen mathematischen Theoretisierens unter für uns unwirklichen Voraussetzungen nicht hinausführen. Vielleicht werden sie uns ermöglichen, das Postulat eines Geistes, für den Zeit nicht besteht, in mathematisch-physikalische Begriffe zu fassen; dagegen ist natürlich nicht zu hoffen, daß sie den Begriff der Allgegenwart uns Bewohnern einer Welt der stationären Maßstäbe anschaulich näher bringen.

Was die angeblichen psychologischen Beweise für die fragliche Deutung betrifft, so glaubte du Prel einen Hinweis auf die von ihm sog. 'Verdichtung des transzendentalen Zeitmaßes' in dem beschleunigten Ablauf gewisser psychischer Leistungen in abnormen Bewußtseinszuständen zu

---

1) Vgl. F. W. Beck, Jenseits v. Vergangenheit und Zukunft (Pfulling [1921]). 2) Das Vorstehende, außer dem [Eingeklammerten], nach Dr. L. Pick, Die vierte Dimension als Grundlage des transzendentalen Idealismus (Lpz. 1920) 10.

finden; ein Ablauf, der sich bei gewissen Träumen fast bis zur Zeitlosigkeit verkürzen sollte, nämlich bei jenen, die durch einen äußeren Sinneseindruck veranlaßt werden, der doch im Traume selbst als dramatisch bedingte Schlußwirkung erscheint. Man entsinnt sich zB. eines bekannten Berichtes bei Maury, der in einem langausgesponnenen Traume in sich dramatisch zusammenhängende Ereignisse während der französischen Revolution durchlebt, die ihn schließlich aufs Schafott führen, dessen Fallbeil ihn weckt und sich gleichzeitig als herabgefallene Bettvorhangstange erweist.[1] Dieser Sinneseindruck soll den Traum angeregt, also gleichzeitig an seinem Anfang und Ende gelegen, somit aber dem scheinbar Jahre umfassenden Traum kaum irgendwelche Zeit übriggelassen haben! Kaum irgendwelche; denn offenbar verläuft zwischen dem Augenblick, da der fragliche Sinneseindruck bereits ins Traumbewußtsein anregend hineinwirkt, und dem, in welchem er als Vorstellung darin bewußt wird, doch immerhin eine sehr geringe Zeit. Du Prel behauptet denn auch tatsächlich nicht völlige Zeitlosigkeit solcher Träume.

Gleichwohl kann die Tatsache der Subjektivität der Zeitschätzung nicht drastischer uns zu Gemüte geführt werden, als eben durch solche Beobachtungen. Es liegt dann nahe, diese nicht nur von Zustand zu Zustand, sondern auch von Wesen zu Wesen verschiedene Erfahrung des Zeitverlaufes auf die wechselnden Bedingungen der Ausfüllung objektiv gemessener Zeitstrecken mit Vorstellungen zurückzuführen, diese Bedingungen aber etwa in den physischen Grundlagen des Vorstellungslebens zu suchen. Verschiedene Organe des Vorstellens möchten dann in wechselndem Maße eine Verzögerung in den bewußten Ablauf hineintragen, und keines mehr, als dasjenige, welches unserm Wachen zugrunde liegt, in welchem uns die Erfahrung den langsamsten Verlauf aller seelischen Leistungen zeigt.

Etwas Derartiges dürfte Myers vorgeschwebt haben (der mir überhaupt von du Prel beeinflußt scheint), als er von mehrfachen Medien der Verzögerung sprach, durch die hindurch das zeitlose Vorstellen bis zur Verlangsamung des Wachlebens gelange. 'Stellen wir uns vor, schrieb er, daß ein ganzes Erdenleben in Wahrheit ein schlechthin augenblickhaftes[2], wiewohl unendlich zusammengesetztes Phänomen sei. Nehmen wir an, daß unser transzendentales Ich gleich unmittelbar jedes Element dieses Phänomens erkennt und unterscheidet, daß aber unser empirisches Ich jedes einzelne Element mittelbar und durch Medien hindurch empfängt, welche wechselnde Maße der Verzögerung bedingen; gerade wie wir den Blitz schneller wahrnehmen, als den Donner. Könnten dann nicht gerade so gut siebzig Jahre

1) Maury, Le sommeil et les rêves 161. Ähnliche Fälle bei R. Newbold in Pr XII 30; bei D. Syme, The Soul... (Lond. 1903) 197ff. und Fechner, Zend-Avesta, 1. Aufl., III 30f. (Lord Holland u. Cte. de Lavalette). Du Prels Deutung in: Oneirokritikon, Deutsche Vierteljahrsschr. 1869; Ph. d. M. 73ff.; Psychol. d. Lyrik 28ff. Vgl. auch Splittgerber, Schlaf, 2. Aufl.) I 96ff. und einige der 'Panorama'-Fälle, o. Kap. IX. Zur Kritik du Prels s. auch Egger in RPh XL 41ff. 2) instantaneous.

zwischen meinen Wahrnehmungen von Geburt und von Tod liegen, als sieben Sekunden zwischen meinen Wahrnehmungen von Blitz und von Donner? Und könnte nicht irgendeine Vermittlung des Bewußtseins das umfassendere, mehr innerliche Ich instandsetzen, dem engern, mehr äußerlichen [den kommenden Donner gewissermaßen im voraus anzuzeigen]?'[1]

Es leuchtet nun aber ein, daß die Annahme derartiger Zwischenstufen zwischen der All-Gegenwart des höchsten, innersten und der ausgedehntesten Zeitlichkeit des niedersten, äußerlichsten Bewußtseins zwar die Anschauung bereichern mag, zur Aufhellung der letzten eigentlichen Undenkbarkeit aber wieder nicht das geringste beitragen kann. Die größte denkbare 'Verdichtung' des Zeitmaßes läßt noch ein Nacheinander übrig, solange sie eben nicht bis zur Aufhebung der Zeit fortschreitet; gerade wie die größte Annäherung des Kegelschnittes an die Spitze des Kegels noch Fläche übrigläßt, solange eben nicht diese Spitze selbst erreicht ist. Wie aber erst die Spitze des Kegels jede geometrische Ähnlichkeit mit jedem beliebigen Kegelschnitt verliert, so stellt sich das ganze Problem der Prophetie erst dort ein, wo der Schritt von der größtmöglichen Verdichtung des psychologischen Zeitmaßes zur All-Gegenwart des Geistes-an-sich getan werden soll, unter Beibehaltung (wohlgemerkt!) eines sinnvoll geregelten Verhältnisses zwischen der besonderen zeitlichen Anordnung jedes Ereignisses im scheinbaren Flusse der Zeit und der Art seiner 'Vertretung' in dem zeitlosen Gesamtwissen des 'ewigen' Geistes-an-sich, — ohne welches Verhältnis dieses ja nicht den empirischen Unterschied von Früher und Später zugunsten des endlichen Geistes ausnützen könnte. Es ist dies immer der Punkt, wo uns der 'Verstand still steht', wo die 'Worte umkehren', wie der Inder von seinem Absoluten sagte, und das Ahnen und Hoffen an die Stelle des Erschauens und Erfassens tritt.[2]

Daß dieses Ahnen und Hoffen durch die erwähnten Veranschaulichungen mächtig gefesselt werde, ist freilich zuzugeben. Mehr und mehr werden wir empfinden, welche Erleichterung und Verdeutlichung mystischer Grundanschauungen (wie sie sich uns aufdrängen werden) durch den Begriff einer Weltanordnung gegeben wäre, nach welcher alles in Raum und Zeit verbreitete Werden und Geschehen irgendwie in einer völligen Einheit zusammenliefe, von der aus es insgesamt erfaßt werden könnte; wofür dann wohl kein besseres anschauliches Symbol zu finden sein mag, als der Mittelpunkt eines Kreises gegenüber seinem Inhalt; besser noch: einer Kugel gegenüber ihrem Inhalt. Und auch für die Erfaßbarkeit dieses Inhalts in

1) Myers II 273. Ähnliche Gedanken bei v. Hellenbach, Magie der Zahlen 144ff.; in K. E. v. Baers Vortrag: Welche Auffassung der Naur ist die richtige? (1862); bei K. Joël, Seele und Welt (Jena 1912) 402. Vgl. auch die buddh. Lehre von den verschiedenen Zeitmaßen der Göttersphären, die zuoberst in die Zeitlosigkeit des Nirwana münden (Beckh I 54f., nach Anguttaranikāya IV, 252ff.).

2) Den kuriosen Ausdruck einer angeblichen 'Erfahrung' dieser Verhältnisse ('wie Zeit gemacht wird') s. in der 'anästhetischen Offenbarung' B. P. Bloods, bei James, Varieties 389 Anm. 2.

jenem Mittelpunkt ließe sich dann vielleicht eine gewisse Symbolisierung gewinnen aus Begriffen wie dem der Spannung oder der potentiellen Energie, die das ausgebreitete 'aktuelle' Geschehen gleichsam in die Punkt- und Augenblickförmigkeit der 'Möglichkeit' zusammenfaßte und doch auch in dem geforderten funktionalen Verhältnis zu diesem Ausgebreiteten stände. Alles, was die Welt des Erlebens — meinetwegen des Scheines — an ausgebreitetem Geschehen enthält, enthielte dann eben jener aller Anschaulichkeit entrückte Mittelpunkt in einer Form des zusammengefalteten 'gespannten' Seins.[1]

Die Mehrzahl der Leser wird nun unstreitig alle diese Denkbeschwer für völlig vermeidbar und nur willkürlich herbeigezwungen erklären, weil sie den Gedanken der Scheinhaftigkeit der Zeit überhaupt nicht zugesteht, vielmehr die Wirklichkeit des Zeitverlaufs für etwas unbedingt Sicheres und Letztes erklärt, worüber hinauszustreben ein sinnloses Unterfangen sei. Ich will auf die oft und scharfsinnig verfochtenen Einwände gegen den Gedanken der Idealität der Zeit nicht eingehen; es ist unmöglich, dieses Kapitel u. a. noch mit einer vollständigen Erkenntnistheorie zu belasten, und aller Aufwand von Gründen würde nicht eine Einstimmigkeit erzwingen, die einige Jahrhunderte des Meinungsstreites nicht zuwegegebracht haben. Bleibe also jeder bei seinen Denkneigungen. Nur daran erinnere ich den Anhänger des Zeitscheines: daß auch dieser Deutungsversuch uns zu der Forderung einer überlegenen, übergreifenden und als geistig anzusetzenden Instanz geführt hat, welche die eigentliche Quelle des Vorauswissens für den endlichen Einzelgeist darstellt, sofern dieser irgendwie Zugang zu ihrem Wissen erlangt; indem es auch hier natürlicher sein dürfte, die überlegen-übergreifende Instanz — die ja praktisch eine Unendlichkeit ist — nur einmal gemeinsam für alle Einzelgeister anzusetzen, anstatt einer 'ineinandergeschobenen' Masse soz. individueller Unendlicher, nämlich der überzeitlichen Iche-an-sich der einzelnen Sterblichen. —

Wende ich mich nunmehr zu Deutungen der Vorschau, welche die metaphysische Wirklichkeit der zeitlichen Abläufe voraussetzen, so ist es mir im übrigen gleichgültig, ob man dabei eine Anschauung vorzieht, die alles Geschehen in bewußten Abläufen sucht, oder eine, die auch Abläufen außerhalb alles Bewußtseins Wirklichkeit zuschreibt. Jedenfalls wird nunmehr ein wirkliches zeitliches Geschehen innerhalb und außerhalb des Einzelbewußtseins angenommen und insofern der Boden des Realismus betreten.

Man empfindet sogleich, daß — zumal nach Ablehnung eines unendlichen 'Berechnens' der Zukunft — die Theorie der Vorahnung nunmehr einen verzweifelten Stand hat. Ist zeitliches Geschehen letzte Wirklichkeit, so

1) Diesen Gedanken faßte schon Aristoteles in den Begriff der *ἐνέργεια ἀκινησίας*, an den F. C. S. Schiller sehr anregende, aber — wie mir scheint — vielfach anfechtbare Spekulationen knüpfte, (Humanism 206ff. [ch. XII]; zuerst in Mind [New series] IX [1900] 457ff.)

ist das Künftige in einem endgültigen Sinne überhaupt noch nicht; und soll es nicht errechnet werden, so ist schwer einzusehen, wie denn ihm beizukommen sein möchte. Aus der Literatur entsinne ich mich denn auch nur noch eines Gedankens, der dieser Schwierigkeit Herr zu werden sucht. Bekanntlich gibt die heutige Psychologie dem Unterschied zwischen physikalischer und psychologischer Zeit eine bedeutsame Wendung in der Fassung des Gegenwartsbegriffes. Daß zwei Zeitmomente im mathematischen Sinne gleichzeitig bewußt seien, ist eben so unmöglich und widersinnig, wie anderseits ohne Frage die Jetztvorstellung im psychologischen Sinn eine 'gleichzeitig' gegebene ausgedehnte Größe ist, wenn auch, zum Unterschied von allen Raumvorstellungen, eine stetig fließende.[1] Der Augenblick, das Nun, umfaßt eine Reihe wechselnder Inhalte, an denen schon Fluß und Dauer, ein Früher und Später wahrzunehmen sind. Psychologen berechnen dieses Jetzt der banalen menschlichen Erfahrung auf mindestens einen kleinen Bruchteil einer Sekunde und höchstens einige wenige Sekunden.[2] Daß aber diese Spanne des Jetzt in Wesen von verschiedener geistiger Entwicklungshöhe verschieden groß sein könne, erscheint fraglos und wurde schon angedeutet: dem kurzlebigen Insekt mag wie eine ausgedehnte 'Stunde' erscheinen, was uns ein Augenblick ist; während sein 'Augenblick' für uns nichts Angebbares mehr enthalten kann.

Diese psychologischen Feststellungen nun würde der jetzt fragliche Gedanke durch die metaphysische Annahme eines Wesens ergänzen, dessen psychologische Gegenwartsspanne die unsrige noch unendlich viel mehr Male überragte, als die unsrige die des niedersten Bewußtseins, dem irgend welche Zeitvorstellung zukäme. Prof. Royce insbesondere hat die Theorie eines Ewigen Bewußtseins ausdrücklich auf Analogien aus der Beobachtung der psychologischen Gegenwartsspanne gegründet.

Wie wir zB. eine Melodie, unbeschadet des wesentlichen Nacheinander und Außereinander ihrer Elemente, auch als ein Ganzes und eine Einheit mit einemmal auffassen, 'nicht durch das Gedächtnis allein, sondern kraft wirklicher Erfahrung',[3] so lasse sich ein Ewiges Bewußtsein (im Absoluten) denken, 'welches zu der Gesamtsumme der Abläufe der Welt und der Gesamtheit der Zeit sich verhält, wie wir zu einer einzelnen Melodie oder einem einzelnen Rhythmus und zu dem kurzen und doch noch ausgedehnten Zeitraum, welchen diese Melodie oder dieser Rhythmus einnimmt'.[4] Im Grunde stimmten beide Auffassungsweisen überein; verschieden seien sie nur in ihren Ausmaßen. — Prof. Royce wendet seinen Gedanken nicht ausdrücklich auf die Erklärung der Prophetie an; es ist aber augenscheinlich, daß diese Deutung als Sonderfall in ihm enthalten ist: ein Bewußtsein, welches den gesamten Weltlauf als Gegenwartsanschauung umgreift, umgreift natürlich auch ein beliebiges Ereignis darin, das für ein endliches Erleben 'später' ist, als ein beliebiges anderes, und von einem endlichen Geiste aus diesem nicht abgeleitet werden kann.

1) Vgl. zB. Wundt, III 87, und W. James, Princ. of Psychol. über d. specious present. 2) J. Royce, The World and the Individual (N. Y. 1901) II 122. 3) Not through mere memory, but by virtue of actual experience. 4) das. 142.

Eine Verknüpfung des zeitlichen mit dem Ewigen Bewußtsein — und hierin käme diese Deutung auf das Schema aller bisherigen heraus — müßte also jenem auch das Voraussehen eines beliebigen Ereignisses ermöglichen.

Ich weiß nicht, ob einer meiner Leser sich soweit von dem vorgetragenen Gedanken hat bestechen lassen, daß er den Denkfehler übersieht, der ihm zugrundeliegt. Prof. Royce verrät ihn selbst durch eine jener plötzlichen kleinen Ungenauigkeiten des Ausdrucks, durch die eine uneingestandene Verworrenheit sich fast unwillkürlich im entscheidenden Augenblick zu verbergen sucht.

Wie könnte Gott — so läßt er sich einwenden — alles auf einmal sehen, wenn doch eben jetzt, in der Zeit, die unendliche Vergangenheit nicht mehr ist, und die Zukunft noch nicht? 'Ich erwidere: Genau in demselben Sinne sind alle Töne der Melodie entweder nicht mehr oder noch nicht, ausgenommen diese [bestimmte] Note, während sie ertönt. Und doch kann man eine [*sic*] Reihe dieser Töne mit einemmal [im Bewußtsein] erfassen'.[1] Warum, so fragt man, heißt es hier 'eine Reihe' und nicht: 'die Reihe der Töne'? Offenbar weil, 'während diese [bestimmte] Note ertönt', ich zwar 'eine Reihe' von Tönen als Einheit auffassen kann, nämlich die bis zu dieser Note erklungenen, aber nicht 'die' Reihe, nämlich die ganze Reihe, welche die Melodie ausmacht, also einschließlich der Töne, die bis zum Schluß der Melodie noch folgen sollen; denn diese sind noch nicht. Und doch würde die Richtigkeit des grundlegenden Vergleiches durchaus fordern, daß die einheitliche Auffassung bei jeder Note sich auf 'die' Reihe, d. h. die gesamte Tonreihe der Melodie beziehe, gleichwie ja auch Gott die ganze Reihe des Weltablaufs übersehen soll, selbst während ein beliebiges Ereignis desselben 'gegenwärtig' ist, die ihm folgenden aber 'noch nicht' sind. Wie aber das menschliche Bewußtsein seine psychologische Jetztspanne von der eben zuletzt erklungenen Note rückwärts rechnet, so kann auch die unendlich überlegene Spanne des Ewigen Bewußtseins sich von dem gegenwärtigen Augenblick des Weltverlaufes offenbar nur rückwärts unendlich viel weiter erstrecken; wogegen die an das Noch-nicht stoßende Grenze dieses einheitlich erfaßten Jetzt im Falle des endlichen und des unendlichen Bewußtseins offenbar zusammenfällt und mit dem mathematischen Jetzt einer objektiven Zeit identisch zu setzen wäre. Der Unterschied der psychischen Spannweite des Gegenwartsbewußtseins kann mithin nur darauf beruhen, daß in dem Ewigen Bewußtsein Elemente des Weltgeschehens noch zum Jetzt gehören, die für das endliche Bewußtsein bereits in den Bereich der Vergangenheit getreten sind. —

Nach Ablehnung auch dieser Auskunft weiß ich nun bloß noch einen weiteren Gedanken vorzubringen, um die Tatsache der Vorschau unter Anerkennung eines objektiven Zeitverlaufs dem Verständnis näher zu bringen; einen Gedanken, der meines Wissens unserm Problem gegenüber noch nicht verwendet worden ist. Dieser letzte Gedanke stützt sich auf die Annahme eines periodisch sich gleichartig wiederholenden Ablaufs des Weltgeschehens. Der Begriff der ewigen Wiederkehr, den schon im Altertum

1) das. 145.

die Stoa kannte und dem neuerdings Guyau und Nietzsche Volkstümlichkeit verschafft haben,[1] besagt etwa, daß die endliche Größe der Welt und die endliche Zahl ihrer Teilelemente auch nur eine endliche Zahl ihrer Zusammenordnungen zulasse, so daß nach Ablauf einer endlichen Zeit ein Zustand (B) erreicht werden müsse, der einem früheren (A) in jeder Hinsicht gleiche und somit der Anfang eines Ablaufs werde, der mit dem Ablauf A—B inhaltlich vollkommen übereinstimme. — Es ist mir unmöglich, die Richtigkeit dieses Gedankens an sich zu prüfen; er möge um des Argumentes willen zugestanden werden. Das völlig Neue, das er in unsre Voraussetzungen einführt, liegt offenbar in dem Umstande, daß das Vorgeschaute nicht bloß als ein Zukünftiges, sondern auch als ein Vergangenes Bestand hätte. Die weitere Voraussetzung, daß es — als Vergangenes — Spuren irgendwelcher Art hinterlassen habe, die zu seinem Vorgestelltwerden auch in einem endlichen Bewußtsein führen können, wäre uns durch die Beobachtungen über Rückschau bereits glaublich geworden. Diese Voraussetzung aber legt den weiteren Gedanken nahe, daß die 'Spuren' früherer Weltabläufe mit dem Fortschreiten des 'gegenwärtigen' Weltablaufs in eine gleicherweise stetig fortschreitende 'Erregung' geraten; wie etwa demjenigen, der einen Text nicht zum ersten Male liest, einzelne Zeilen, die den augenblicklich gelesenen mehr oder weniger nahe folgen, schon im voraus einfallen oder doch in 'Bewußtseinsnähe' rücken. Nun greifen ja gewisse Vorahnungen, nach menschlichem Maß gerechnet, ziemlich weit in die Zukunft vor, wenn auch die Mehrzahl sich auf unmittelbar oder doch nahe bevorstehende Ereignisse bezieht. Aber diese menschlichen Maße sind nicht die der Ewigkeit, und verglichen mit denen eines Weltablaufes würden selbst Prophezeiungen über Jahrhunderte hin bloß Vorwegnahmen des nächsten Augenblickes sein. Und wäre dem auch nicht so, so würde unser Vergleich doch lehrreich bleiben; denn auch beim wiederholten Lesen mögen uns selbst weitvorausliegende Teile des Lesestücks im voraus einfallen, sofern sie nur mit dem augenblicklich Gelesenen in einem inneren Zusammenhang stehen. Gerade ein solcher innerer Zusammenhang aber — nämlich der persönlichen Schicksalsgemeinschaft — ist ja sehr häufig zwischen dem Vorahnenden und dem Inhalt seiner Vorahnung gegeben. Man kann sogar so weit gehen zu sagen: Vorausgesetzt ein solches Welt- oder Erdengedächtnis, sollten wir eigentlich ein Voraussehen des Kommenden darin als die Regel ansehen und das seltene Auftreten von Vorgesichten im Einzelmenschen auf die Schwierigkeiten zurückführen, die sich der Übermittelung dieses übermenschlichen Vorauswissens an das Einzelbewußtsein entgegenstellen. Daß solche Schwierigkeiten der Versinnlichung, ja des bloßen Bewußtwerdens von übernormal erworbenem Wissen bestehen, ist ja aber eins der

1) Nietzsche, Also sprach Zarath., 'Von Gesicht u. Rätsel' (Gr.-8°-Ausg. VI 231f.); vgl. auch A. Blanqui, L'éternité par les astres, hypothèse astronomique (Par. 1872); Epikur, bei Lukrez, De rer. nat. II, 480ff.

banalsten Ergebnisse der Beobachtung. Sie werden bewiesen durch alles, was eine gelegentliche längere Latenz des Gewußten anzeigt, sowie durch die Notwendigkeit einer Methodik (Askese, Ekstatik u. dgl.), welche die Heraufsaugung des unterbewußten Besitzes in die Wacheinstellung begünstigen soll. — Die Tatsache, daß ein künftiges Ereignis mitunter bildhaft gerade so vorausgeschaut wird, wie es sich später einem einzelnen Zuschauer darstellen wird, würde diese Theorie dadurch erklären, daß gerade ein solches Bild schon einmal von einem einzelnen Zuschauer wahrgenommen und vermöge der teilweisen Gemeinschaft, die zwischen seinem Bewußtsein und dem Weltgedächtnis bestände, auch in diesem aufbewahrt worden wäre, aus welchem es im Verlaufe der 'Assoziationen', die dem Ablauf des Weltgeschehens entspringen, wieder in das Einzelbewußtsein des Sehers übertreten könnte. Anderseits würde die Theorie durchaus nicht ein bildhaftes Auftreten des Vorwissens in jedem Falle fordern. Wie normal erworbene, aber zeitweilig 'unterbewußte' Vorstellungen sich dem Bewußtsein gelegentlich durch unerklärliche Gefühle oder Antriebe zu Handlungen, oder wiederum durch unbestimmte assoziierte Vorstellungsbruchstücke — Ahnungen u. dgl. — kundtun können, so natürlich auch übernormal erworbene, aber noch außerbewußt verharrende, ja vielleicht auch Vorstellungen jenes größeren Bewußtseins selbst, mit welchem nach der Theorie das Einzelbewußtsein sich im Austausch befände. —

Sollen wir nun aber ein solches der Vorschau zugrunde liegendes Weltgedächtnis als eine materielle, oder eher als eine psychische Tatsache denken? Ich kenne keinen Begriffszusammenhang (und kann mir selbst auch keinen erdenken), welcher das erstere in befriedigender Weise zu denken gestattete, so sehr auch neuere Spekulationen über die 'Mneme' als Eigenschaft alles Daseienden und über 'Engramme' jeder Art als ihre Grundlagen dazu verlocken mögen.[1] Die Theorie der Vorschau verschmilzt hier offenbar mit derjenigen der Rückschau, und darum müssen hier die Begriffe erwogen werden, durch die man die letztere zu deuten gesucht hat, sofern sie uns etwa einer selbständigen Theorie der peinigenden Tatsache der Vorschau überheben könnten.

Ganz unglücklich und unklar erscheint mir der Versuch,[2] das Schauen des Vergangenen durch eine Fortpflanzung von Bildern alles Geschehens im Raume zu deuten, nach Analogie der Verhältnisse, die uns das Licht eines Sternes dort sehen lassen, wo vor Zeiten ein Stern — gewesen ist. Offenbar ist der Durchmesser der Erdbahn verschwindend klein gegen die Strecken, die das Lichtbild eines irdischen Ereignisses durchlaufen hat, ehe der Seher überhaupt an einen Punkt der Erdbahn kommt, an welchem er dieses Bild auffangen könnte. Ereignisse der Vergangenheit werden ja häufig geschaut am Orte ihres früheren Ablaufs, also (unter Vernachlässigung der verschwindenden Streckenzahlen der Erdbahn) an dem Ort, von

1) R. Semon, Die Mneme. 2) Vertreten zB. von Srichandra Basu, Introd. to esoteric science (ref. in ÜW VIII 450).

dem, nach der Voraussetzung, ihr Bild am weitesten entfernt sein müßte. Und was sollen wir von der Zumutung halten, daß ein endliches Auge das Bild eines eng umgrenzten irdischen Vorganges aufnehmen soll auf Entfernungen, die man als kosmisch bezeichnen darf? Solche Gedanken verdienen in der Tat Erwähnung nur als Hinweise darauf, wie wenig aussichtsreich die physikalische Deutung von Tatsachen wohl sein mag, die zu solchen verzweifelten Ausflüchten verleiten. Endlich aber: was könnte eine solche Theorie, selbst ihren Grundgedanken zugestanden, zur Deutung der Vorschau beitragen, bei der doch zu kosmischen Entfernungen noch kosmische Zeiten — und zwar 'kleine Ewigkeiten' — treten würden?

Bestimmtere Grundlagen einer Theorie könnte ein Gesetz zu versprechen scheinen, welches Dr. W. P. Montague von der Columbia-Universität folgendermaßen gefaßt hat: Was je an irgendeinem Punkt eines ausgedehnten Dinges vorgegangen ist, das geht dort noch vor und wird dort immer vorgehen; wofür die Erklärung in der Rückschlagswirkung liegen soll, die während der Ausbreitung der Wirkungen auf jedem Schritt dieser Ausbreitung stattfindet.[1] — Die Richtigkeit dieses Gedankens vorausgesetzt, scheint er — in unserm Zusammenhang — die Wahrnehmbarkeit eines Ereignisses am Orte seines Geschehens für alle Zeiten, aber auch für jedermann zu fordern; oder doch für jeden 'Sensitiven'. Rückschau am 'fremden' Ort, Rückschau angeregt durch 'psychometrische' Gegenstände fiele außerhalb des Rahmens einer solchen Deutung. Ebenso aber auch die Vorschau unter der Voraussetzung eines wiederholten gleichen Weltablaufs, sofern solche Vorschau nicht am Orte des Geschehens stattfände, was sie doch nur in Ausnahmefällen tut. In all diesem entsprechen also die Beobachtungen und Tatsachen nicht den Voraussetzungen, die aus dem Gesetze folgen würden.

Ich weiß nicht (bezweifle aber), ob die Vertreter einer weiteren Theorie geneigt sein werden, in Dr. Montagues Gesetz eine wissenschaftliche Bestätigung derselben zu sehen: 'Okkultisten' aller Zeiten haben nämlich von bildhaften Spuren gesprochen, die alles Geschehen in einem übermateriellen Medium hinterlasse; von astralen Abdrücken (*astral prints*), einer Art *eidola*, in denen jede Handlung und jeder Gedanke auf einer der 'höheren Daseinsebenen' für ewige Zeiten aufbewahrt werde. In dieser 'kosmischen Bildergalerie' vermöge der Seher gleichsam Umschau zu halten und die Vergangenheit weit genauer und unmittelbarer kennen zu lernen, als durch die mittelbaren Methoden der Wissenschaft vom Vergangenen. — Ob diese Behauptungen nun auf ein unerhörtes Geheimnis deuten oder nicht: ich muß gestehen, daß ich nie mit ihnen einen irgendwie angebbaren Sinn habe verbinden können. Ich kann mir nicht einmal annäherungsweise vorstellen, in welcher Weise diese Bilder sich von den Gegenständen oder den einzelnen Phasen (!) eines Vorgangs ablösen, noch in welcher Weise sie sich neben- und durcheinander erhalten; noch auch wie der Seher in diesem Durcheinander zu deutlicher Wahrnehmung gelangt. Und ich fürchte, daß die, die solche Behauptungen aufstellen, in diesem Punkte nicht günstiger daran sind, als ich selbst.

---

1) S. HJ 1903/4 291f.

Ein letzter zu erwähnender Versuch der physischen Deutung kosmischen Gedächtnisses ist auf dem Boden des Parallelismus folgerichtigster Form erwachsen: in der Lehre nämlich, daß nicht nur Spuren in einem Gehirn die Erinnerung des Vergangenen aufbewahren, sondern daß alle verbleibenden Wirkungen eines Menschen in der objektiven Welt — sein 'Tatenleib' — einem individuellen Gedächtnis als Unterlage dienen können.[1] Diese Lehre vom Tatenleib soll eine Art persönlicher Unsterblichkeit nach Verfall des Körpers ohne Aufgabe der parallelistischen Grundanschauung möglich erscheinen lassen. Allgemein gewendet aber führt sie zur Vorstellung eines kosmischen Gedächtnisses als bewußten 'Aspektes' aller physischen 'Spuren', d. i. Wirkungen, die alles Geschehen überhaupt hinterlassen hat. Im Falle einer Rückschauleistung müßte nun — auf der materiellen 'Seite' — das Gehirn des Sehers von den materiellen Spuren des vergangenen Ereignisses erregt werden, damit die entsprechenden kosmischen Erinnerungen sich in seinem Bewußtsein spiegeln; im Falle einer Vorahnung müßten — unter Voraussetzung der eben zur Erörterung stehenden Deutung von Vorschau — die Spuren des bevorstehenden Ereignisses aus dem ganzen Zusammenhang heraus soweit anklingen, daß sie einen gleichen Vorgang ermöglichen.

Ich brauche kaum zu sagen, daß diese Anschauungsweise von außerordentlichen Schwierigkeiten strotzt, ganz abgesehen von den Schwierigkeiten, die sie mit der parallelistischen Anschauung überhaupt gemein hat.[2] Wir sollen uns vorstellen, daß ein gewisser Teil des physischen Gesamtzustandes in einem ansehnlichen Weltbezirk unmittelbar und unter Umgehung der Sinnesorgane (denn es handelt sich ja nicht um Sinneswahrnehmung) in dem Zustand eines Einzelgehirns sich derartig spiegle, daß die Vorstellungen, die diesem Hirnzustand zugehören, das Abbild eines vergangenen oder bevorstehenden Ereignisses darstellen. Dieser 'gewisse Teil' des umgrenzten physischen Weltzustandes, der die 'Spuren' des fraglichen Ereignisses bildet, ist natürlich in den meisten Fällen außerordentlich verbreitet und — wenn ich so sagen soll — verzettelt, wie es die Wirkungen sind, welche das vorzustellende Ereignis (so häufig eine Tat) im Laufe der Zeit gehabt hat. Es ist doch aber offenbar äußerst schwierig, sich unter diesen verzettelten Spuren einen Zusammenhang zu denken, der im Augenblick seiner Einwirkung die gleichzeitige störende Einwirkung jedes andern Elementes des physischen Zustandes ausschlösse. Man sträubt sich, im Bereiche physischer Tatsachen jene 'Selektivität' zu erwarten, die im Bereiche des Psychischen durch Aufmerksamkeit, Willen, Interesse, Bedeutung u. dgl. m. erzielt wird, und ist dementsprechend geneigt, jene kos-

1) Fechner, Zend-Avesta, 3. Aufl., II 253ff.; Büchl. v. Leben nach dem Tode 8f. Vgl. W. James, A pluralistic universe (1909) 4. Vorles. — Ein vager Vorklang der Lehre bei Poiret (s. Corrodi III 489).

2) Die ich für widerlegt halte (Külpe, Joël, Busse, Becher u. a).

mische Aufspeicherung und des Sehers Schöpfen aus ihr von vornherein ausschließlich nach psychologischen Analogien zu fassen.

Doch wie immer dem auch sei: wem die angedeutete Anschauung möglich erscheint, der mag an ihr festhalten. Ich will ihn dann nur darauf aufmerksam machen, daß die letzte Theorie der Prophetie in ihrer einzigen wissenschaftlich beachtenswerten Begründung auch mit der Voraussetzung (nicht nur eines materiellen, sondern auch) eines psychischen, bewußten Zusammenhanges von überindividuellen, übergreifenden Ausmaßen rechnet, in welchen das Einzel-Ich eingeordnet ist, wie der Teil in das Ganze, und von welcher Einordnung es einen besonderen Gebrauch macht, wenn es übernormales Erkennen ausübt, weil in jenem übergreifenden psychischen Zusammenhang der Gesamtzustand der Welt über Raum und Zeit hinweg sich spiegelt, so daß jeder Teil dieses Zustandes daraus zu erfahren ist. —

Ich habe verschiedene Theorien der Vorschau dargelegt, ohne indes dem Leser zumuten zu wollen, daß er allem beipflichte, was ich zu ihrer Beurteilung gesagt habe: gegenüber den Schwierigkeiten letzter Fragen soll den Denkneigungen des Einzelnen der weiteste Spielraum gelassen werden. Das für uns Wichtige aber ist, daß alle angedeuteten Theorien in der eben formulierten Anschauung übereinkommen, die seit ältesten Tagen zum Bestande mystischer Weltansicht gehört hat: daß über oder hinter dem bewußten Einzelwesen übergreifende Zusammenhänge psychischer (oder quasi-psychischer) Art bestehen, die schließlich in einen letzten, alles umgreifenden Zusammenhang auslaufen.[1] Ich sage 'psychischer oder quasi-psychischer Art', um kein Vorurteil darüber zu schaffen, ob das innere Wesen jener Zusammenhänge durchaus unserm menschlichen Ich-Erleben entsprechend anzunehmen sei, selbst wenn es wegen seiner erkenntnisgebenden Leistungen als quasi-psychisch vorzustellen wäre. Als quasi-psychisch aber würden wir es auch noch bezeichnen dürfen, wenn der Gedanke der Überzeitlichkeit der höchsten wissengebenden Instanz sich durchsetzte; schon darum, weil sie eine wissengebende wäre und doch außerhalb alles objektiv-physikalisch Beschreibbaren läge. Auch wäre es m. E. übereilt, daraus, daß doch die kleineren Zusammenhänge (also auch die menschlichen Iche) als Teile der größeren gelten sollen, zu schließen, daß diese größeren nichts weiter und nichts anderes enthalten dürften, als jene kleineren. Es ist möglich (wie mir scheint) anzuerkennen, daß die größeren Zusammenhänge außer den Inhalten der kleineren noch eine Unübersehbarkeit eigener Inhalte besitzen könnten. Und was mehr ist: die Inhalte der kleineren Zusammenhänge (z. B. menschlicher Bewußt-

1) Von Neueren vgl. natürlich vor allem Fechner (Zend-Avesta, 3. Aufl., I 159ff.) und seine Schüler (Wille, Möbius u. a.); vgl. auch J. Bergmann, Unters. üb. Hauptpunkte der Philos. 281f.

seine) könnten in den größeren in parallelen Reihen von eindeutiger Sinnzuordnung noch einmal, oder beliebig häufig vertreten sein. Es ließe sich zB. denken, unter Voraussetzung eines metaphysischen Dualismus, daß das menschliche bewußte Erleben von seiner Bindung an einen physischen Organismus der Art nach bestimmt sei, daß diesem Erleben aber in dem größeren psychischen Zusammenhang eine andere Reihe quasipsychischen — oder meinetwegen 'überbewußten' — Erlebens parallel gehe, die von jener Bindung nichts weiß und die ihrerseits nur einen Teil sehr viel reicheren übermenschlichen Erlebens ausmacht, aus welchem aber ein Übertreten in menschliche Einzelbewußtseine möglich ist, — etwa in Form einer Sensualisierung (einer Versinnlichung) übernormalen Erfahrens. Vielleicht ließen sich Anklänge und Vorbereitungen solcher Gedanken auch in der Geschichte des Denkens auffinden: wie etwa in der Lehre der Upanischads vom Brahman-Ātman, in welchem aufgehend das Ich nicht länger selbstbewußt und weltentgegengesetzt sei;[1] oder in der Lehre Schellings vom Absoluten als dem Zusammenfallen von Objekt und Subjekt, und wo immer sonst.

Aber nicht auf geschichtliche Vertretungen der alten Lehre von übermenschlichen Bewußtseinszusammenhängen und von der bewußten Einheit der seelischen Welt überhaupt will ich hier verweisen, empfindet unsere Zeit sie doch als 'Spekulationen', denen geringe Glaubwürdigkeit zukommt; — wohl aber auf eine Tatsache der psychologischen Beobachtung, die den theoretischen Voraussetzungen, zu denen uns die Vorschau-Leistungen gedrängt haben, in sehr bemerkenswerter Weise entgegenkommt. Ich meine die Tatsachen des 'konzentrischen' Typs der Ich-Spaltung, bei welchem also eine Bewußtseinsphase die andere (oder die anderen) als Teil (oder Teile) in sich einschließt und ihnen doch als selbstbewußte Einheit gegenübersteht.[2] Es ist sonderbar, daß noch niemand (wenigstens soweit ich sehen kann) auf die große Bedeutung dieser merkwürdigen Tatsachen für jede Metaphysik von der Art der Fechnerschen hingewiesen hat. Alles Wesentliche und zugleich wunderbar Unglaubliche solcher Metaphysik finden wir hier in der Erfahrung menschlichen Lebens als Wirklichkeit: nämlich das Zusammenbestehen von Gemeinbesitz gewisser Bewußtseinsinhalte und Getrenntheit der Mittelpunkte von Ichbildung bei augenscheinlicher Überlegenheit (nach Umfang, Masse, Einsicht, Charakter) des einen Ich über das andere. Aber eben dies, ins Unendliche vergrößert, vervielfacht und vermannigfaltigt, behauptet die Metaphysik der Über-Iche und des All-Ich, zu der uns die Tatsachen der Prophetie drängten, wie immer wir sie dem Begreifen zu nähern trachteten. Es ist unverkennbar, daß der gemeinsame

1) zB. Brih. 2, 4, 12; oder Kena 3 und 11: 'verschieden ist's vom Wißbaren und doch darum nicht unbewußt.' (Deussen, Allg. Gesch. d. Philos. I. 2 [Lpz. 1899] 76.) 2) Vgl. o. S. 55 ff.

Grundgedanke aller solcher Deutungsversuche weniger 'in der Luft hängt', nachdem wir sein schematisches Analogon in psychologischer Erfahrung aufgedeckt haben; wenn er auch natürlich nicht durch solche Aufdeckung 'bewiesen' wird; wie wir denn mit Beweisen in metaphysischen Fragen vermutlich noch lange werden Zurückhaltung üben müssen. Auch würde diese metaphysische Ausnützung der Beobachtung konzentrischer Iche selbst mit der Annahme der bloßen Scheinhaftigkeit des Zeitverlaufes wohl verträglich sein. Was jene Ausnutzung hier sehr schwierig und widerspruchsvoll erscheinen läßt, ist ja lediglich die Verschiedenartigkeit der gewählten anschaulichen Symbole; im Bilde der konzentrischen Kreise erweitert sich jedes 'tiefer' gelegene Ich gegenüber dem von ihm beherrschten; im Bilde der Kugel und ihres Mittelpunkts dagegen schrumpft das Allesumfassende Ich zum Punkt zusammen. Beiden Symbolen ist aber gemeinsam, daß sie — jedes in seiner Art — eine Vermehrung der psychischen (bezw. quasi-psychischen) Inhalte andeuten sollen.

Wir dürfen also immerhin jener Übereinstimmung von selbständig angeregter Theorie mit weitabgelegenen Beobachtungen die verstärkte Ermutigung entnehmen, jenen Grundgedanken aller angedeuteten Theorien der Vorschau als wirklich grundlegenden versuchsweise festzuhalten, in der ahnungsvollen Hoffnung, daß er durch die zunehmend erweiterte und vertiefte Beschäftigung mit den Forschungsgebieten dieses Buches ständig an Leben und Farbe und damit an Glaubwürdigkeit gewinnen werde. Liegt er doch ohnehin im Zuge einer heute weitverbreiteten Denkart, die im Geistigen — und, dem parallel, im Lebenden überhaupt — das Moment des Einheits- und Formschaffens betont, gegenüber dem ewig ins Gleichgewicht und Einerlei strebenden 'Mechanismus', und somit in der Psychologie der Freiheit wie in der Lebenslehre der Vitalisten auf letzte, alle Einheiten und Formen umgreifende Welttatsachen hindrängen muß.[1]

XLV.

Theorie des 'Hellsehens' und der 'Telepathie'.

Indes hier metaphysisch weiterträumen mag, wem dieser Drang im Busen wirkt, liegt es zunächst im Zuge unseres Gedankenganges, wenn wir die Begriffe, zu denen die prophetischen Leistungen angeregt haben, versuchsweise auf die anderen Typen übernormalen Erkennens anwenden, von denen wir ja aus äußern und innern Gründen bereits vermuten, daß sie mit jenen eine Wurzel haben: nämlich auf die herkömmlichen Tatsachengruppierungen der Telepathie und des Hellsehens. Dieser Versuch ihrer Deutung durch Annahme übergreifender psychischer Zusammen-

---

1) Ob der hier andeutungsweise angenommene Dualismus als ein metaphysisch-endgültiger anzusehen und wie er etwa zu überwinden sei, auf diese Fragen könnte ich in der hier gebotenen Kürze nicht eingehen.

hänge steht jetzt entschieden unter günstigerem Vorzeichen, als er vor der Anerkennung der Prophetie gestanden hätte: denn es kann sich um die Rettung des herkömmlichen physikalisch-physiologischen Weltbildes nun schon nicht mehr handeln. Die bloßen Schwierigkeiten, welchen die Anwendung dieses Bildes auf die ersten Gruppen übernormalen Erkennens begegnete, dürfen uns jetzt weit eher veranlassen, diese Anwendung überhaupt fallen zu lassen, um es auch hier mit einer Deutung zu versuchen, die sich auf einem andern Gebiete solchen Erkennens bereits als unvermeidlich erwiesen hat.

Auch in der Anwendung auf die Theorie des Hellsehens nun scheint mir die oben berührte konsequent-parallelistische Form der neuen Grundanschauung besonderen Schwierigkeiten zu begegnen. Denn auf ihrem Boden läßt sich die Forderung nicht umgehen, daß eigentlich jeder beliebige Teil der Welt durch bloße physische Einwirkung auf unser Hirn von uns unmittelbar müsse wahrgenommen werden können;[1] so daß nicht einzusehen wäre, zu welchem Behuf uns die Sinnesorgane gegeben sind, deren Ausbildung doch eine bedeutende Leistung in der Geschichte des Lebens darstellt. Es bliebe überhaupt jener radikale Schnitt unerklärt, der zwischen einer Wahrnehmung physikalisch-physiologischer Art und einer übernormalen klafft; indem diese letztere so oft auf einer völligen Abkehr von allem beruht, was die andere fördert: von wachem Aufmerken und der gewollten Einstellung auf das Außen hin.

Jenem Dualismus der Praxis entspricht es weit eher, die übernormale Erkenntnis durch einen Rückzug der aufnehmenden Psyche von den körperlichen Kanälen der Wahrnehmung und ihre Hinwendung nach einer ganz anders gearteten Quelle der Erfahrung zu deuten. Als diese andere Quelle aber könnte dann eben jener übergreifende seelische Zusammenhang gedacht werden, in welchem sich die objektiven Tatsachen in weit größerem Umfange spiegeln, als im Einzel-Ich. Letzten Endes wäre eben von allem, was in der Welt besteht und geschieht, in einem übergreifenden Bewußtsein ein irgendwie geartetes Wissen vorhanden. Ferner müßten wir wiederum den Wissensverkehr zwischen dem Einzel-Ich und dem übergreifenden Zusammenhang (A) als einen eindeutig, wenn auch nur funktional bestimmten denken: d. h. das unmittelbare Wissen des A von irgendeinem Teil der Welt oder des Weltgeschehens dürfte zwar andersartig sein, als das Einzel-Ich von eben diesem Teil durch 'Wahrnehmung' erlangen würde; aber beide Arten des Wissens wären einander 'kongruent', so daß ein aus A geschöpftes Wissen des Einzel-Ich von etwas Objektivem dieselben Formen annähme, wie wenn dies Wissen unmittelbar von dem Objektiven herstammte.

Das hier vorausgesetzte unmittelbare Wissen von A um ein Objekt bietet nun freilich Probleme dar, an denen sich Mancher, seinen Denk-

1) Ich erinnere daran, daß Fechner ja auch (umgekehrt) die beim Denken auftretenden Hirnwellen an der Ausbildung des 'Tatenleibes' mitwirken läßt (Zend-Avesta. 3. Aufl., II 287).

gewohnheiten entsprechend, stoßen wird; aber es sind im wesentlichen die Probleme des Dualismus überhaupt. Löst man nicht alles Objektive in Vorgestelltes auf (und ich persönlich habe diesen Gedanken noch nie verständlich und widerspruchslos durchgeführt gefunden), so fordert der Weg vom transsubjektiven Objekt[1] zur Vorstellung, der für unser heutiges Wissen über das transsubjektive Objekt 'Großhirn' führt, immer einen Sprung, den letzten Endes nichts verdeutlichen kann. Der Sprung aber von dem vielen Objektiven der Welt zu dem Weltvorstellen in A scheint mir nicht wesentlich anderer Natur zu sein.

Glaubt aber jemand den Gedanken allgemein durchführen zu können, daß letzten Endes alles Sein ein Vorgestelltwerden sei und daß das Sein der Materie und der gesamten materiellen Welt eben mit ihrem Vorgestelltwerden in einem allumfassenden göttlichen Geiste zusammenfalle, so will ich mit ihm hier nicht streiten, da eine gründliche Durchsprechung der erkenntnistheoretischen Probleme meinen verfügbaren Raum um ein vielfaches überschreiten würde und ich Anhänger verschiedener Standpunkte soweit als möglich mit mir führen möchte. Nur will ich ihn darauf aufmerksam machen, daß ein solcher Gedanke die Durchführung der angedeuteten Theorie des Hellsehens nur erleichtern könnte: die Einordnung individuellen Vorstellens von Weltbruchstücken als Teils in ein letztlich allumfassendes Vorstellen der Welt dürfte dann das gelegentliche 'unregelmäßige' Hineinfallen einer Teilvorstellung in ein Sonder-Ich ohne besondere Schwierigkeiten verständlich machen.

Aber auch der konsequente (metaphysische) Parallelist könnte die hier versuchte dualistische Deutung des Hellsehens ohne weiteres wenigstens als einseitige Teilwahrheit gelten lassen. Nach ihm entspräche der physischen Einheit der Welt auch eine psychische, und wie unter gewissen Umständen besondere Fernwirkungen von jedem Punkt nach jedem andern (also auch nach jedem Gehirne) denkbar wären, so könnte dementsprechend auf der psychischen 'Seite' auch ein besonderes übernormales Erfahren im Rahmen und durch Vermittlung des Weltbewußtseins stattfinden. Es hat mich stets gewundert, daß Fechner die Tatsachen des übernormalen Erkennens nicht weit ausführlicher und gründlicher zur Stützung seiner Metaphysik herangezogen hat, als er tatsächlich tut.

Nun könnte man freilich auch gegen die dualistische Form der Theorie einwenden, daß wenn ein solches 'unmittelbares' Wissen um die objektive Welt in A gesetzt werden dürfe, nichts hindere, es auch in S, dem Einzelsubjekt, als möglich vorauszusetzen. Man würde dazu etwa zwei verschiedene Zustände von S zu unterscheiden haben, in deren einem S so in den

---

1) Nach v. Hartmanns Terminologie in seinen erkenntnistheoret. Schriften. — Als Beispiel der Auflösung der Welt in Vorgestelltes empfehle ich J. Wards Gifford-Vorlesungen: Naturalism and Agnosticism, 2. Aufl., 1903. Die Anwendung auf das Problem des Hellsehens mit bezeichnender Flüchtigkeit angedeutet bei Myers I 278.

Leib und das Hirn versenkt wäre, daß es das Objektive nur auf dem Umweg über Sinnesorgane wahrnähme; in dem anderen dagegen soweit vom Leibe befreit, daß es das Objektive 'unmittelbar' zu erfassen vermöchte, wie dies von A vorausgesetzt wird. Denn was sollte ein vom Leibe befreites unräumliches Ich im Raume begrenzen? Myers scheint an solche Möglichkeiten zu denken, wenn er das Hellsehen auf ein 'primäres telästhetisches Vermögen in uns' zurückführt, das 'den spezialisierten Sinnesorganen, die es für irdischen Gebrauch ausgebildet hat, vorhergeht und von ihnen unabhängig ist,' aber 'unter gewissen Umständen' seine unmittelbaren Leistungen wieder aufnimmt.[1] — Ich habe mit dieser Wendung des Gedankens keinen Streit; denn am Ende unterscheidet sie sich nicht einmal so sehr von der anderen. Ein Ich, dem die ganze Welt der Möglichkeit nach offen liegt, ist nachgerade ein allwissendes Ich und der Begriffsbestimmung nach kaum von jenem A zu unterscheiden, an das es nach der anderen Wendung des Gedankens 'Anschluß' suchen müßte, um allwissend zu werden. Bedenken wir, wie dunkel uns die Probleme der Individuation noch sind, wieviel mit dieser die Tatsache des Einzelleibes zu tun hat, wie problematisch aber außerhalb desselben die Dauerhaftigkeit und Einheit des Einzel-Ich sind, sowie die Grenzen und Beziehungen von Ich zu Ich und von Ich zu Über-Ich — so fühlen wir uns gewarnt, zwischen der Aufstellung vieler allwissender Einzel-Iche und derjenigen eines Rückgriffs leiblich-individualisierter Einzel-Iche auf ein allwissendes Ich einen endgültigen Unterschied zu machen.[2]

In manche Einzelheiten der beobachteten Tatsachen hinein nun wird sich die Fruchtbarkeit des theoretischen Grundgedankens verfolgen lassen. Zwei Beispiele hierfür seien angeführt.

Das erste bieten uns jene früher dargelegten Eigentümlichkeiten der hellseherischen Vorstellung, nach denen sie so häufig nicht als eine wirkliche Abbildung des erfahrenen Gegenständlichen, sondern als eine subjektiv gestaltete und gefärbte, wiewohl im Kerne wahre Darstellung davon erscheint. Mit andern Worten: das Hellgesicht ist ein psychologisches Erzeugnis von verwickelter Vorgeschichte. Nun könnte es gewiß genügend erscheinen, diese Vorgeschichte in die seelische Tiefe des 'Individuums' zu verlegen; dort wäre dann die eigentliche und ursprüngliche Form der Fernerfahrung zu suchen, die sich in der bewußtwerdenden subjektiv verkleidete. Indessen habe ich ja eben darauf aufmerksam gemacht, daß die Annahme eines solchen (potentiell) allwissenden 'transszendentalen Subjektes' von der hier vertretenen Grundanschauung eigentlich kaum noch zu unterscheiden ist. Jedenfalls aber verlegt sich die Vorgeschichte des Hellgesichtes — so widerstrebend sie einer physikalisch-physiologischen Deutung des Vorgangs gegenüberstände — ganz ungezwungen in einen übergreifenden psychischen Zusammenhang, der alles in Betracht kommende weiß und mit allen beteiligten

1) Myers I 191 f. 2) Ich komme auf diese Fragen noch zurück. Vgl. auch o. S. 474. Ganz unglücklich verworren, durch die Tatsachen und sogar durch das angeführte Beispiel aus Davis' Zauberstab (Lpz. 1874 249 ff.) widerlegt erscheint mir Zöllners Deutung des Hellsehens durch Erhebung der Seele in die 4. Dimension. (Zöllner III 96. 240 ff.)

Subjekten die Beziehung des Ganzen zum Teil, des Stammes zum Zweige, des Über- zum Eingeordneten unterhält. Selbst der Nahhellseher wendet sich ja mit seinem Suchen nicht an den Gegenstand: der Zettelleser zB. — erfuhren wir — blickt ins Leere, während er die verborgene Schrift etwa in geschlossener Faust hält. Was er sucht, ins Bewußtsein zu heben versucht, ist eine Vorstellung, die Vorstellung eines Subjektes, das sich keiner Augen bedient.

Ein zweites Beispiel bietet uns die Beteiligung willkürlich gerichteter Aufmerksamkeit bei hellseherischen Leistungen (vornehmlich experimenteller Art), die so häufig bemerkt worden ist.

Wir besitzen sorgfältige Selbstbeobachtungen von Subjekten, die sich durch angestrengtes 'Denken an' das in der Ferne zu Sehende in einen sinnenentrückten Zustand bringen, worin die Personen und Gegenstände des zu schauenden Ortes allmählich vor ihrem inneren Auge auftauchen.[1] Die 'reisende' Hellseherin wird umhergeschickt, erhält bestimmte Aufträge, sucht, und findet oft nur nach einer Weile und mit Mühe. '*I have to think*', so bezeichnet es eine,[2] 'ich muß daran denken, muß nachdenken', und bekennt sich zu einiger Anstrengung dabei.[3] Der Auftrag des Versuchsleiters veranlaßt die Seherin, auf die gesuchten Gegenstände ihre Aufmerksamkeit zu richten. 'Ohne dies', sagt eine Somnambule, 'bin ich wie inmitten eines unbegrenzten Horizontes, wo nichts meinen Blick aufhält.'[4] Selbst die endlich erlangte hellsichtige Vorstellung scheint mitunter leicht wieder zu versinken, wie etwas, was dem Geiste des Sehers nicht eigentlich zugehört.[5]

Um dies alles im Rahmen unserer Grundanschauung natürlich zu finden, brauchen wir nur eine solche Einbettung des Individuums in A vorauszusetzen, daß der Wille des Sehers, etwas Bestimmtes zu sehen, das entsprechende Wissen in A gewissermaßen aufruft und ihm, dem Seher, im sinnlichen Bilde bewußt werden läßt; gerade wie die Bemühung des Individuums, sich auf eine seiner eigenen Vorstellungen zu besinnen oder eine unbestimmte Vorstellung zu sinnlicher Deutlichkeit zu erheben, im Bereiche des Unbewußten eine Bewegung in Gang bringt, die zuletzt das Gewünschte zutage fördert. Das übermenschliche A erschiene demnach in gewissem Betracht als Fortsetzung des 'individuellen' Unbewußten.

Auch in spontanen Fällen, wie sie uns meist unter der Kennmarke der Telepathie vorgesetzt werden, sind übrigens mitunter dem Gesichte vorausgehende Anzeichen einer Hinwendung interessierter Gedanken auf den angeblichen Agenten, in Wahrheit auf den Geschauten hin zu bemerken.

Wenn Mr. Norway im Traum den gewaltsamen Tod seines Bruders sieht, an den er vor dem Schlafengehen geschrieben hat, so ist das freilich zweideutig. Aber wenn ein jüdischer Holzgroßhändler Herzen auf einer Wagenfahrt von Cher-

---

1) S. zB. Gurney II 673f. A. H. W. Cleaves Bericht; Cl. wurde am Ort seines Hellsehens gleichzeitig gesehen. Vgl. etwa das. 590. 2) Pr VII 64. 3) Auch Jane (s. o. S. 392 ff.) nannte dies — 'Denken'. Ein Beispiel ihres 'Suchens' Pr. VII 91. Entsprechendes bei 'transponiertem' Sehen: Werner 322; bei Autoskopie: ATM II, 1 86; bei Vorschau: PS XXVIII 323. 4) Dr. Lausanne, ref. in ATM III, 1 120f. 5) S. Mrs. E. bei Myers I 556 (nach Fahnestock).

son nach Odessa am 15. Sept. 1902, dem Todestage Zolas, den ihm völlig unbekannten Dichter plötzlich bleich vor sich auf dem Fußboden liegen sieht, während eine Knochenhand ihm den Mund zudrückt,[1] so möchte man in dem Umstande, daß Herzen in der Zeit vor dem Erlebnis Zolasche Romane gelesen, am Tage zuvor gerade einen beendet und im Augenblick des Gesichtes noch ganz unter dem Eindruck des Buches gestanden hatte, einen Wink für eine Deutung des Vorfalls erblicken, die dem Sehenden selbst die tätige Herstellung einer übersinnlichen Annäherung an den Geschauten zuschöbe, welche jenem im kritischen Augenblick die schauende Teilnahme sicherte.

Nicht im mindesten widerspricht diesen Beobachtungen die Tatsache, daß der Seher so oft, um zu sehen, sein Ich 'relaxiert', sich 'passiv' macht, eine 'Leere vor sich' schafft.[2] Denn dies ist ja die Methodik der Entbindung des Unterbewußten überhaupt; willkürliche Aufmerksamkeit aber geht dieser Entspannung voraus und sucht dann ihren Weg innerhalb des neuerschlossenen Gebietes; wie eine vor dem Einschlafen oder der Hypnotisierung aufgenommene Suggestion sich etwa im Schlafzustande verwirklicht.[3] Ist eine solche psychische Zielsetzung aber in keiner Form zu beobachten, so besteht noch immer eine treffende Analogie des Hellgeschauten mit (angeblich) 'freisteigenden' Vorstellungen — aus dem Besitz des Unterbewußten im normalen Falle, aus dem des Unterbewußten der Welt (A) im übernormalen, wobei eine geheime Zielstrebigkeit heute nur noch von Wenigen bestritten werden dürfte. —

Leichter noch als die Tatsachen sog. Hellsehens fügen sich die der sog. Telepathie in den Rahmen unsrer Grundanschauung; denn hier haben wir es von vornherein wenn nicht durchweg mit bewußten, so doch mit psychischen Tatsachen an beiden Enden des Vorgangs zu tun. Setzen wir voraus, daß beide Teilnehmer einer telepathischen Übermittlung — S_1 und S_2 — in der übergreifenden Instanz A 'verwurzelt' sind; daß ihr Vorstellen zugleich ein Vorstellen in A oder doch in dem quasi-psychischen Leben von A 'vertreten' ist; daß S_1 und S_2 einander in A ganz anders 'nahe' sind, als in der harten Welt der leiblichen Individualisierung, — so gewinnt der Vorgang ihres Vorstellungsverkehrs eine lebendige Analogie mit psychischen Vorgängen innerhalb eines sog. Individuums auf Grund der Vermutung, daß die Gesetze dieses Vorgangs in dem überindividuellen psychischen Wurzelboden teilweise denen von Vorgängen im Individuum gleichen. Die besondere Verknüpftheit zwischen Agent und Perzipient, die durch das Gelingen eines telepathischen Vorgangs angedeutet erscheint, ließe sich einigermaßen der besonderen Verknüpftheit vergleichen, die zwischen

1) Aus dem Hannoverschen Courier in ÜW X 474f. Herzen und sein Begleiter wollen nach der Ankunft in Odessa vergeblich die Zeitungen durchsucht und erst am folgenden Tage das Telegramm über den Tod Zolas gelesen haben, der durch Erstickung (Ofengas) bewirkt wurde.

2) 'Ein Vakuum', wie Mme Blavatsky in der Beschreibung ihres angebl. Hellsehens es nennt: Occultistin 152f.

3) Durch Suggestion erzwungener hellsicht. Traum: zB. bei du Prel, Stud. II 98f. (auch ÜW X 299f.); willkürl. Hellsehen im Schlaf: zB. ATM IV, 1 162.

gewissen Vorstellungsgruppen eines Individuums besteht. Und wie eine solche zB. durch zeitliche oder inhaltliche Nachbarschaft begründet wird, so wird ja auch die telepathische Verwandtschaft zwischen zwei Personen schon vom populären Urteil (und vielleicht nicht mit Unrecht) auf persönliche Sympathie, auf längeres Zusammenleben, auf gegenseitige Einstellung u. dgl. m. zurückgeführt.

Anderseits scheint unsre Grundanschauung weit eher, als eine physiologisch-physikalische Theorie, der Tatsache gewachsen zu sein, daß auch der telepathische Vorgang so häufig in Zustände des angeblichen Agenten fällt, die mit einer Erschlaffung des persönlichen Wachbewußtseins auch eine solche des nervösen Zentralorganes verbinden,[1] die also der Voraussetzung nach das Subjekt von der individualisierenden Leiblichkeit ab- und jenem übergreifenden psychischen Zusammenhange zugewendet zeigt, worin es die Bedingungen räumlich-materieller Vermittlung überspringt und den anderen Subjekten 'nahe' ist, wie eine Vorstellung der andern. — Und wiederum widerspricht dabei nach eben entwickelten Grundsätzen die Tatsache solcher Telepathie bei relaxiertem Wachbewußtsein in keiner Weise der ebenso gewöhnlichen Beobachtung, daß der experimentelle Wille[2] oder — in spontanen Fällen — ein Hindenken an den Perzipienten in Sorge oder Sehnsucht[3] das Zustandekommen telepathischen Verkehrs unverkennbar begünstigt.

Je einfacher aber die Unterordnung gerade des telepathischen Vorgangs unter die allgemeinen Begriffe der Theorie sich darstellt, desto eher dürfen wir uns durch die dargelegten Schwierigkeiten seiner physikalisch-physiologischen Deutung schrecken lassen, und jener andern schon darum den Vorzug einräumen, weil damit alle Gruppen übernormalen Erkennens auf jene eine Grundformel zurückgeführt wären, die sich uns zunächst gegenüber den Tatsachen der Vorschau aufdrängte. Insonderheit gestattet unsre Anschauung schließlich auch, den Vorgang des Gedankenlesens auf große Entfernungen, des Lesens im Unbewußten soz. Ahnungsloser, in jener nachbarlichen Mitte zwischen Telepathie und Hellsehen zu belassen, wohin es ja schon der wissenschaftliche Takt verwiesen hat, indem er es bald als aktive Telepathie, bald als telepathisches Hellsehen bezeichnete. Einer physikalischen Theorie muß diese Art angeblicher Telepathie die größten Schwierigkeiten verursachen;[4] nicht aber der hier vertretenen Anschauung; denn da auch die unbewußten Vorstellungen von S_2 (dem 'ahnungslos Angezapften') in A vertreten sind, so mag die suchende, fragende Erregung in S_1 (dem Gedankenleser) sehr wohl einen Vorgang der Reproduktion in A in Gang bringen, dessen Frucht auch S_1 zugute käme,

---

1) Vgl. üb. typische Hirnanämie bei telep. Agenten zB. Gurney I 384ff. u. Myers I 422 Anm.
2) Ausführl. Selbstbeobachtungen gelungener Versuche des Erscheinens in der Ferne s. Podmore, App. 228—30; Gurney I 104ff. 3) S. zB. Gurney I 228 (Nr. 36); 543 (201); 559 (211); II 67; Pr III 93—5; X 306ff. und viele andere. 4) Vgl. o. S. 382—6.

einigermaßen ähnlich wiederum dem Vorstellungssuchen innerhalb des Einzelsubjektes, das in einem bestimmten Augenblick die bewußten Inhalte eines anderen vergangenen Augenblicks wieder zur Oberfläche fördert.

Will schließlich jemand die Vorgänge des Nahhellsehens und der Telepathie auf geringste Entfernungen in der Weise von den gleichen Leistungen auf größere Entfernungen theoretisch absondern, wie es früher als immerhin denkbar bezeichnet wurde, so soll ihm dies unbenommen sein. An sich erscheint es freilich nicht unnatürlich zu denken, daß räumliche Nähe selbst einer der Umstände ist, die im Bereiche von A quasi-assoziative Nähe bedingen, selbst wenn wir natürlich A die Räumlichkeit im eigentlichen Sinne absprechen und ihm nur irgendwelche vertretende Spiegelung der räumlichen wie aller übrigen objektiven Verhältnisse zuschreiben.

XLVI.

Theorie der 'Psychometrie'.

Als ein Fall solcher Begründung von Beziehungen in A durch körperliche Nähe könnte dann vielleicht auch die mehrfach berührte Tatsache der Psychometrie erscheinen, d. h. der Anregung oder Erschließung übernormalen Erkennens durch einen Gegenstand, der dem Gegenstande des Erkennens (je länger desto besser) nahe gewesen ist: bei leblosen Dingen — Teile derselben, bei Lebenden — Gebrauchs- oder Kleidungsstücke oder körperliche Anhängsel, zB. Haare oder Nägel der Betreffenden.[1] Dabei scheint mir der Versuch nicht stichhaltig, die Benutzung des psychometrischen Gegenstandes für bloße Idiosynkrasie, für eine anregende Gewöhnung, eine Einbildung aus Überlieferung oder dgl. zu erklären, weil er sich so oft als entbehrlich erweise, oder gar nicht erst ins Spiel trete, oder nicht seine, sondern seines Besitzers Geschichte offenbare.[2] Dasjenige unter den Bedingungen einer Leistung, was auch entbehrt werden kann, braucht deswegen nicht unwirksam zu sein, wo es zu diesen Bedingungen hinzutritt; und die Wirksamkeit des Gegenstandes scheint mir kaum bestreitbar, wenn dieser dem Seher von jemand übergeben wird, der selbst von alledem nichts weiß, was der Gegenstand alsbald an Wissen erschließt; mag diese Wirksamkeit auch nur darin bestehen, daß er die 'Auffindung' desjenigen Entfernten erleichtert, aus dem der Seher sein übernormales Wissen schöpft.[3]

Beide möglichen Wirkungsweisen nun — die Offenbarung von Wissen durch den Gegenstand selbst und die Aufspürung des Besitzers zum Behuf des Lesens in seinem Wissen — haben Theorien von mehr oder minder physikalisch-physiologischer Richtung angeregt, und ich erwähne

1) Vgl. o. S. 423 ff. Weitere Beispiele: Buchanan I 42 ff. 62 f. (Briefe); Perty, Spir. 16 f. (nach Gregory); PS XVI 585 ff. (Mansfield) usw. 2) Vgl. Miss A. Johnsons Bemerkungen Pr XXI 361. Ein Fall, der diesem Zweifel unterliegen könnte: Pr VIII 137. 3) So Dr. R. Hodgson in Pr VIII 57.

sie hier, weil ich nichts übergehen mag, was sich als eine Umgehung oder auch nur andersartige Ergänzung unsrer metapsychischen Grundanschauung darstellen könnte.

Von der ersteren Annahme geht der scharfsinnige Dr. Bozzano aus, der den psychometrischen Gegenstand als ein Aufnahmegefäß für 'psychische Vibrationen' oder 'vitale Emanationen' auffaßt, wie die phonographische Platte ein solches für Schallschwingungen der Luft bilde; ja selbst vergleichbar dem Gehirn, welches ja auch die Eigenschaft habe, 'die Vibrationen des Gedankens aufzunehmen und in latentem Zustand aufzuspeichern'. Demnach vermöge aber das telästhetische (also hellsehende) Unterbewußtsein, wahrscheinlich nach einem Gesetz der Umkehrung, wie beim Phonographen, solche Vibrationen oder Emanationen aufzuspüren und zu deuten, gerade wie die bewußten Fähigkeiten der Seele die latenten Gedankenschwingungen wieder aufzunehmen vermögen. Auch die lebende Substanz sei ja schließlich 'rohe Materie'.[1] — Bei der großen Mannigfaltigkeit und anscheinend unbegrenzten Erweiterungsfähigkeit des Wissens, das durch den psychometrischen Gegenstand erlangt werden kann, wäre es hiernach nur folgerichtig, diesem im äußersten Falle dieselben reproduktiven Fähigkeiten zuzuschreiben, wie dem Gehirne selbst, dessen 'psychische Vibrationen' ihn geladen hätten, und deshalb wäre die Ersetzung des Gehirns durch einen psychometrischen Gegenstand der gewöhnlichen anorganischen Art, sagen wir: einen Klumpen Papiermaché, für möglich, vielmehr — in Anbetracht der großen Verletzlichkeit unsres Zentralorgans — wohl für wünschenswert zu halten. Wenigstens sofern man ein Gehirn für ein physisches Organ der Erinnerung hält, muß man ein starkes Argument gegen Dr. Bozzanos Theorie darin finden, daß die Natur ein so sonderbar verwickeltes Organ für eine Leistung geschaffen haben soll, die sie so viel einfacher sicherstellen konnte.

Aber wird auch das psychometrische Wissen nicht aus den Spuren von Vibrationen herausgelesen, so mögen doch die am Gegenstande haftenden 'vitalen Emanationen' (die ja auch Dr. Bozzano zur Wahl stellt) eine 'Spur' liefern, die zu dem Besitzer als Quelle übernormal zu erlangenden Wissens hinführt.

Etwas wie Imprägnierung von Gegenständen des täglichen Gebrauchs mit solchen Emanationen will ja sogar die Wahrnehmung der Sensitiven verbürgen; wie denn der phantasiereiche A. J. Davis, während er das — wir würden sagen: odisch leuchtende Arterienblut in Andern betrachtete, auch 'ein Element von Vitalität... in jeder Faser der Kleider auf ihrem Leibe' zu sehen meinte.[2] Und einem Gefühl für solche quasi-physiologische Imprägnierung könnte es auch zu entspringen scheinen, wenn der Psychometer den Gegenstand streichelt, drückt, in der Hand bewegt, um 'eine frische Stelle' daran zu finden;[3] wenn er fordert, daß Haare möglichst dicht an der Kopfhaut abgeschnitten, tote Gegenstände möglichst lange der Haut nahe gewesen seien, und bei Befolgung solcher Vorschriften anscheinend auch wirklich bessere Ergebnisse erzielt.[4]

---

1) APS IV 149f., auch PS XXXIV 94. Vgl. auch Dr. Kotiks Theorien: Kotik 101. 2) Davis, Staff 217. 3) S. zB. APS IV 15; Pr VI 476. 478; XVII 109. 4) S. zB. 'Phinuits' Versuche Pr VIII 23 (Abs. 3). 139f. Bei Gegenständen, die durch zu viele Hände gegangen, gibt er gemischte und verwirrende 'Einflüsse' an: zB. Pr VIII 140; XIII 444; XVII 92. 205.

Wie aber sollte diese Art der Imprägnierung des Gegenstandes (ihre Wirklichkeit vorausgesetzt!) den Seher auf die Spur seines abwesenden und mitunter allen Anwesenden unbekannten Besitzers behufs Anzapfung seines Wissens verhelfen? Wir wissen in der Welt des Normalen nur von zwei Arten, wie ein imprägnierter Gegenstand das Aufspüren der Person, die ihn imprägnierte, gestattet: entweder der Spürende verfolgt den Weg, auf dem sich jene Person vom Gegenstande entfernte; oder er bewegt sich auf den Mittelpunkt jenes Kugelraumes zu, der von dem imprägnierenden Element durch Ausstrahlung erfüllt ist, in einer Dichtigkeit, die gegen jenen Mittelpunkt, d. i. den Aufenthaltsort der imprägnierenden Person hin stetig zunimmt.

Ein wahrscheinlich den meisten Lesern bekanntes Beispiel der ersteren Art ist die berühmte Aufspürung der Mörder eines Lyoner Schankwirtes durch den Bauern Aymar i. J. 1692. Der Fall ist neuerdings von Dr. Hennig angezweifelt worden. Prof. Barrett, der namhafte Dubliner Physiker, nennt ihn 'so gut bezeugt, wie nur irgendeine Tatsache der Geschichte', und durch zeitgenössische Urkunden in seinem Besitz 'über jeden Zweifel erhoben'.[1] Aymars Leistung — übrigens eine unter vielen ähnlichen Aymars und Anderer[2] — ging unter den Augen und der genauen Untersuchung der gesetzlichen Körperschaften vor sich. Dr. Chauvin und M. de Vanini, Staatsanwalt in Lyon, beschrieben sie ausführlich noch im selben Jahre, und Dr. Pierre Garnier, Mitglied der Universität von Montpellier, erwähnt sie in seiner *Dissertation physique*, 1692. Kein zeitgenössischer Schriftsteller äußerte einen Zweifel.[3] — Aymar wurde durch die Bewegungen einer sog. Wünschelrute[4] auf dem Wege geführt, den die Mörder genommen hatten, 'Straße für Straße' durch Lyon, dann die Rhone hinab, z. T. im Boot, bis Beaucaire, wo er ins Gefängnis 'geführt' wurde und unter 15 Gefangenen vermittelst der Rute einen soeben wegen Diebstahls eingelieferten Buckligen als den Mörder bezeichnete. Dieser, auf dem Wege Aymars zurückbefördert, wurde fast allenthalben wiedererkannt, wo er gerastet hatte, legte daraufhin ein Bekenntnis ab und wurde verurteilt. Die Spur seines Mitschuldigen führte über die Grenze. Hierbei verdient folgendes Beachtung: Während der Suche nach dem Buckligen hatte Aymar das Haus eines Gärtners betreten, wo die Rute u. a. eine Flasche bezeichnete, aus welcher in Abwesenheit des Hausherrn, wie dessen Kinder erst jetzt gestanden, der Flüchtige und sein Genosse getrunken hatten. Aymars Gabe wurde auch dadurch auf die Probe gestellt, daß man das am Tatort gefundene Mordmesser nebst dreien durchaus gleichen, die man vom Verkäufer des ersteren beschaffte, im Garten der Schenke vergrub: Aymars Rute bewegte sich ausschließlich über dem am Tatort gefundenen.[5]

Man mag nun Aymars Leistung durch eine außerordentliche Überempfindlichkeit für irgendwelche Spuren erklären, welche die Verbrecher

---

1) Pr XV 253. 2) Vgl. über die abessinischen Lebashas: APS V 233f. (Ingenieur Ilg); PS XXX 772f.; Ztschr. d. Ges. f. Erdkunde in Berlin 1904 Nr. 2 (v. Erlanger). 3) S. C. de Vesme in APS V 268; Dr. Chauvin in Journ. des Sçavans, Jan. 1693. 4) Diese Bewegungen an sich mögen hier als eine Form des Automatismus zur Äußerung unterbewußten Wissens hingenommen werden. Näheres bei Prof. Barrett in Pr XV, bes. 276ff., 303ff. 5) Die beste moderne Darstellung des Falls bei Figuier, Hist. du Merveilleux, II ch. 5.

auf ihrem Wege hinterlassen hätten; mögen diese nun von irgendwelchen 'odischen' oder 'vitalen Emanationen' herrühren, oder meinetwegen von den 'Duftstoffen' des menschlichen Körpers, über welche Prof. G. Jäger vor Jahren sein dreibändiges Werk veröffentlichte. Jägers Anthropin, ein Bestandteil der fettigen Hautabsonderungen, sollte besonders reichlich an Haarwurzeln haften;[1] Haare aber sind bekanntlich bei Psychometern vorzüglich beliebt; und so mag man auch den Ausgangsort von Aymars Wanderung einem psychometrischen Gegenstande vergleichen und seine Leistung derjenigen des Polizeihundes, der die Spur des Verbrechers mit der Nase verfolgt.[2]

Aber von diesen wunderbaren Tieren wird noch eine andere Art des Aufspürens vollkommen glaubhaft berichtet: wobei nämlich der Gesuchte nicht auf dem Wege erreicht wird, auf welchem er sich vom Ausgangspunkt der Suche entfernte; sondern auf dem kürzesten Wege, soz. querfeldein, also unter sofortiger Zieleinstellung auf den Endpunkt der Suche. Ist dies ein Beispiel jener zweiten denkbaren Art von Aufspürung einer Quelle von Imprägnierung, bewegt sich also hier der Hund auf den Mittelpunkt eines Kugelraumes von Ausstrahlungen von Duftstoffen oder was sonst immer zu? Prof. Jäger zog noch Duftstoffe in der 2000. Potenz der Verdünnung inbetracht; aber schon die 12. Potenz der menschlichen Duftabgabe eines Jahres soll einen Raum von 100.000.000.000.000.000.000. (= 10^{20}) ccm, d. h. von dem doppelten Raumumfang der Erdatmosphäre erfüllen, die 2000. einen Raum, dessen Durchmesser, in Siriuslängen ausgedrückt, eine 646stellige Zahl erfordern würde.[3] Man muß danach zugeben, daß es innerhalb der Grenzen des Weltalls kein Entrinnen vor der Spürkraft eines guten Psychometers geben könne, falls diese auf der Wahrnehmung von Duftstoffen beruhend zu denken wäre.

Was aber nun helfen uns solche vergleichenden Hinweise auf normale Vorgänge des Aufspürens, solange der Psychometer doch augenscheinlich auf den krönenden Bestandteil der Leistung verzichtet: nämlich das Abschreiten der Spur oder die Hinbewegung auf den Mittelpunkt ihres Dunstkreises zu? Er verharrt am Orte des Versuchs in Ruhe, der Besitzer des Gegenstandes in der Ferne. Daß dessen Wissen, auch sein ganzer unbewußter Vorstellungsbesitz dem Psychometer zugänglich ist, beweisen uns Experimente an Medien mit immer steigender Gewißheit. Daß dagegen das Lesen von Gedanken Weitentfernter mitunter auch ohne Hilfe eines Gegenstandes gelingt, sollte nicht die Wirkungslosigkeit dieses Gegenstandes überhaupt beweisen. Führt also die Spur, die er bietet, den Psychometer nicht körperlich durch den Raum, wie bringt sie ihn an den Besitzer als Quelle seines Erfahrens heran?

---

1) PS XII 194ff. 2) Vgl. hierzu die Beobachtungen bei Gurney II 365 und Perty, M. E. I 30 (nach Dorov) und I 241 (nach Teste). 3) G. Jäger, Die Entdeckung der Seele, zit. PS XVIII 79f. 81.

Ich kann nur zwei mögliche Antworten auf diese Frage sehen. Die eine zieht sich, wie gesagt, ohne weiteres auf die allgemeinen Gedanken unserer Grundanschauung zurück: die ehemalige körperliche Nähe von Gegenstand und Besitzer liefert, wie die räumliche und zeitliche Anordnung der Dinge und Ereignisse in der Welt überhaupt, die Begründung von Assoziationen im übergreifenden Bewußtsein A, und der Seher, indem er sich dem Gegenstand nahebringt, schaltet lediglich sich selbst in diesen Zusammenhang von Erinnerungsreizen ein; gleichwie eine Vorstellung, die einem Gliede eines größeren Vorstellungszusammenhanges sich vergeschwistert, damit einen assoziativen Zugang auch zu den übrigen Gliedern desselben erlangt. Ist außer der Nähe und Zusammengehörigkeit auch noch physische Imprägnierung durch den Besitzer anzunehmen, so mag diese, als ein Element der physischen Zusammengehörigkeit oder Ähnlichkeit, selbst wieder ein Teil jener objektiven Grundlagen der Vorstellungsverknüpfung in A bilden. Über diese Verknüpfung würde den Seher der rein vorstellungsmäßige Weg zum Bewußtsein des Besitzers führen, oder — falls man dies vorzieht — zu seiner Vertretung in A. Augenscheinlich aber könnte neben dieser mehr dualistisch-spiritualistischen Form unsrer Grundanschauung auch die parallelistische (Fechnersche) den Tatsachen dienstbar gemacht werden, indem nämlich dem psychometrischen Gegenstande — und sei dies auch der Leib des mit einem Medium Experimentierenden, des 'Sitzers' — eine Einschaltung zugeschrieben wird in jenen Zusammenhang materieller Spuren (einen 'Tatenleib'), dessen psychisches Gegenstück mit dem Vorstellungsbesitz des 'anzuzapfenden' Einzelnen zusammenfällt oder doch zu ihm hinleitet.[1]

Man wird es als Unterstützung dieser ersten Antwort empfinden, daß das psychometrische Verfahren zuweilen auf dem Gebiete angewandt wird, welches den deutenden Rückgriff auf ein Überbewußtsein A am unmittelbarsten erforderte, nämlich auf dem der Vorschau, in Fällen also, wo von Verfolgung einer Spur bis zu einem wirklichen Schauplatz des Geschauten nicht die Rede sein kann.

Ein Beispiel solcher psychometrischer Vorschau berichtet aus soz. erster Hand ein guter Zeuge, nämlich der berühmte Linné. 'Mein Bruder Samuel, schreibt er in *Nemesis Divina*, war auf der Schule in Wexiö und begabt; ich, der für dumm gehalten wurde, war eben nach Lund gekommen. Alle nannten meinen Bruder Professor und prophezeiten, er würde ein solcher werden. Eine Wahrsagerin, welche keinen von uns gesehen hatte, verlangte etwas von unsern Kleidern zu sehen und äußerte vom Bruder Samuel: der wird Prediger; von mir: der wird Professor, reiset weit, wird bekannter als irgend einer im Reich; und schwur darauf. Meine Mutter, um sie zu hintergehen, zeigte ihr eine andere Kleidung, sagend, diese gehöre meinem Bruder. Nein, antwortete sie, die gehört dem, der Professor werden und weit entfernt wohnen wird.'[2] Ja auch die Fälle — wir kennen derer nun schon —, in denen

1) Vgl. hierzu die Ausführungen W. James' in Pr XXIII 120. 2) Bei Perty, Spir. 281.

die prophetische Leistung an die körperliche Anwesenheit des Sehers an einem bestimmten Ort gebunden erscheint,[1] werden wir auf der inzwischen erstiegenen Ebene des Wissens geneigt sein, als psychometrische Leistungen zu bezeichnen.

Die andere Antwort auf die Frage, wie denn die Spur, die von dem Gegenstande ausgeht, den Seher an das ferne Gesuchte heranbringt (da sie es nicht körperlich tut), würde uns über den bisherigen Kreis unserer Begriffe wesentlich hinausführen. Kann es sein, daß der Seher sie doch in einer konkreteren Weise verfolgt, als bloß innerhalb der Wissensmassen von A? Nämlich vermöge einer Ortsveränderung wirklicher Art, wenn auch nicht gerade des Leibes? Die Aufrollung dieser Frage ist eine der merkwürdigsten Anregungen, welche die beobachteten Tatsachen des Hellsehens (in oder außer Verbindung mit augenscheinlicher Psychometrie) in sich bergen.

XLVII.

Hinausversetzung des Bewußtseins.

Beginnen wir mit der Feststellung, daß das Sehen des Entfernten nicht immer ein unvermittelt eintretendes ist, sondern daß Andeutungen seiner räumlichen Entfernung und des Weges zu ihm im Bewußtsein des Sehers mehr oder minder bestimmt auftreten können.

'Dies Ding fühlt sich weit weg an — *this is feeling a long way off*', sagt Nelly, Mrs. Thompsons Transpersönlichkeit, bei einer Gelegenheit.[2] 'Mein Denken hat sich in die Ferne erstreckt', gibt eine andere Sensitive an, 'weit, sehr weit von mir habe ich einen Gegenstand gefunden, der mich affizierte; ... hierauf richtete ich meine ganze Aufmerksamkeit auf diesen Gegenstand, und ich gelangte endlich dazu, Ihren Freund zu sehen.'[3]

In andern Fällen kommt dem Seher nicht nur die Entfernung, sondern alsbald auch die Richtung zum Bewußtsein, in welcher das Gesuchte sich befindet.

Der Leser wird dies zB. als Einzelheit einer psychometrischen Glanzleistung von Dr. Haddocks Emma angegeben finden. Eine Summe von 650 Pfd. Sterling, welche der Firma Arrowsmith in Bolton eingesandt worden, war unauffindbar verschwunden, und Nachforschungen bei der Bank, in welcher Herr Lomax, der Kassierer der Firma, sie eingezahlt zu haben glaubte, blieben erfolglos. Als man Emma den Umschlag einhändigte, in welchem sich das Geld befunden hatte, beschrieb sie richtig Art und Zahl der Scheine (was sie ja noch dem Wissen des Lomax entnommen haben könnte), behauptete aber auch aufs bestimmteste, daß sie diese in der Bank sehe, deren Richtung sie wiederholt bezeichnete: 'sie könne die Spuren (*marks*) der Scheine in der roten Brieftasche sehen, und könne sie in der Bank sehen, und daß sie sich in einem Papier befänden, und zwar zusammen mit vielen andern

1) Vgl. o. S. 430f. und etwa noch ÜW. X 304f.; APS V 178. 2) Pr XVII 223.
3) Nach Dr. Lausanne in ATM III, 2 120f.

Papieren, in einem kleinen abgesonderten Teil der Bank; daß, falls sie lesen könnte (!)[1], sie uns sagen würde, was die andern Papiere wären; daß sie auf der Bank in Empfang genommen wären von einem Manne, der sie beiseite gelegt hätte, ohne eine Eintragung zu machen.'[2] Die Scheine wurden nach diesen Angaben in der Tat gefunden, und die Ansicht, daß Emmas Angaben nur Vermutungen des Herrn Lomax gespiegelt hätten,[3] erscheint mir unhaltbar angesichts der bereits erfolgten vergeblichen Nachforschungen auf der Bank, angesichts der Sicherheit, mit welcher E. sich gleichwohl weigerte, irgendwoanders auch nur zu suchen, und angesichts anderer Leistungen der gleichen Seherin, die sogar Podmore als 'sehr bemerkenswert' bezeichnen muß.

Aber die Angaben der E. zeigen noch mehr als ein Bewußtsein der Richtung: sie springen augenscheinlich nicht auf das ferne Gesuchte zu, sondern verfolgen einen Weg, den dieses zurückgelegt hat, bis an seinen augenblicklichen Ort, und Geschehnisse auf diesem Wege, also anscheinend eine räumlich-zeitliche 'Spur'.

So sah auch Mr. Dobbies Hellseherin, E. Dixon, ein gesuchtes goldenes Bleistiftfutteral, nachdem ihr einige Schmucksachen des Besitzers eingehändigt waren, erst 'auf der Straße in einer der Vorstädte liegen,... es ist [aber] jetzt nicht [mehr] da, es ist in einem hübschen einstöckigen Hause, mit einem Garten und Eisengitter davor und einem zweistöckigen Gebäude gegenüber', worauf sie den Herrn samt seiner Frau beschrieb, der den Gegenstand im Augenblick bei sich habe, und das Kästchen, worin sich der Gegenstand befinde. Dies alles bestätigte sich genau, als der Verlust angezeigt wurde und der Finder den Gegenstand brachte. Das Eisengitter und das zweistöckige Gegenüber waren sogar die einzigen in der ganzen Nachbarschaft. Der Hauptzeuge, der Besitzer des Bleistiftes, Friedensrichter Adamson in Adelaide, wird als 'einer der vernünftigsten und scharfsinnigsten Männer in Südaustralien' und einer der ersten Bürger seiner Stadt geschildert.[4]

Aber auch dies ist noch nicht alles. Was in diesen Beispielen sich nur andeutet, erscheint in anderen Fällen als beherrschende Eigentümlichkeit: nämlich daß das Hellsehen — zumal des Entfernten und Ausgedehnten — nicht immer seinen Gegenstand gleichsam abstrakt, losgelöst von jeder Art von Umgebung darbietet, sondern häufig in der Form eines umfassenden räumlichen Bildes, innerhalb dessen der Seher selbst eine Stellung einzunehmen und das er von einem ganz bestimmten Augenpunkte aus zu betrachten meint. Es besteht dann also wenigstens der Anschein, als sei der Seher mitten in der entfernten Szene anwesend, und demnach, als habe er sich von dem gewohnten Ausblickspunkt — aus seinem Leibe oder Kopfe — fortbegeben.[5] Nun werden gewiß auch übernormal angeregte wahre Halluzinationen zumeist diesen realistischen Zug der perspektivischen Beschauung von einem bestimmten Punkt aus darbieten; ja genau

1) Emma war, wie schon bemerkt, Analphabetin und Dienstmagd bei Dr. Haddock. 2) Haddock 117—124. 3) So Podmore, Spir. I 152f. 4) Pr VII 68f. 5) 'Ich bin ganz aus meinem Leibe heraus und zu [meiner Mutter] geführt und stehe wie ein Geist vor ihr in der Kammer': Kerner, Gesch. 102. Vgl. Perty, M. E. I 230f. (nach Barth).

betrachtet ließen sich alle bisher bezeichneten Einzelheiten — auch das Entfernungs- und Richtungsbewußtseins des Sehers — mit der idealistischen Theorie einer Vermittlung durch A recht wohl zusammenreimen. Wäre der Raum auch nur menschliche Anschauungsform, so könnte Belehrung durch ein überräumliches A doch wohl dem Einzelnen die 'unmittelbar' unschaubaren Verhältnisse bekanntgeben, die in A den räumlichen Verhältnissen entsprechen.

Was indessen auffällt — und darin besteht die neue merkwürdige Anregung, die ich nunmehr den Tatsachen des Hellsehens entnehme —, das ist, daß gerade ein Sichfortbegeben aus dem Leibe in vielen Fällen des Hellsehens dem Bewußtsein sich aufdrängt. — Hier gilt es wieder, einem für uns besonders wichtigen Tatsachengebiete durch Reihenbildung erhöhte Übersichtlichkeit und theoretische Fruchtbarkeit abzugewinnen.

Etwas zögernd eröffne ich diese Reihe mit einer Gruppe von Erfahrungen, die für die Möglichkeit einer Versetzung des Bewußtseins innerhalb des Körpers selbst zu sprechen scheinen. Der Mensch im normalen Zustande lokalisiert sein bewußtes Ich ziemlich bestimmt im oberen Teil seiner Schädelkapsel, sagen wir: in der Stirn zwischen den Augen. Rumpf und Glieder gehören innigst zu ihm; aber weit inniger ist er sein Kopf, der einzige Körperteil, dessen Verlust er sich nicht vorstellen kann, ohne sich gleichzeitig das Aufhören seines normalen Lebens vorzustellen. — Gewisse Personen nun in gewissen Zuständen denken und fühlen ihre Existenz wirklich an anderen Körperstellen, am häufigsten etwa an der Stelle, die der Laie als seine Herz- oder Magengrube bezeichnet.

Dies bekamen zB. die Magnetiseure der klassischen Zeit immer wieder von ihren Somnambulen zu hören bei Eintritt des sog. innern Erwachens, jedenfalls in einer leidlich 'tiefen' Phase ihrer Schlafzustände. Der Leser entsinnt sich der Mitteilungen über paradoxes Wahrnehmen durch abnorme Körperstellen. Eine dieser paradoxen Wahrnehmungsstellen war die 'Herzgrube'. Aber die Wahrnehmung durch sie ließ das Hirnbewußtsein bestehen. Es ist nun merkwürdig zu sehen, wie die Aussagen über Wahrnehmung durch die Herzgrube allmählich in Aussagen über Versetzung des wahrnehmenden Bewußtseins selbst an diese Stelle übergehen. — 'Wo bin ich? sagt eine Somnambule, ich bin nicht zu Hause im Kopfe, das ist ein seltsamer Kampf zwischen der Herzgrube und dem Kopf; beide wollen gelten, beide sehen und fühlen... Es ist, als müßte ich den Kopf hinabschicken in die Herzgrube, wenn ich etwas sehen soll. Mich schmerzt die Herzgrube, wenn ich oben denke, und doch ist es noch nicht hell genug da unten.'[1] — Bei völligerer Ausbildung dieses Vorgangs erscheint dann, wie eine Somnambule Kerners es ausdrückt, 'das ganze Leben aus [den] Gliedern auf die Herzgrube getreten', Denken und Wollen sitzen dann eben dort, gehen dort vor sich und lenken von dort aus den Körper. Sie bewege, sagte eine Somnambule, die Zunge nicht vom Kopfe, sondern von der

---

1) Werner, Symbolik der Sprache 124 (du Prel, Ph. d. M. 143). Vgl. du Prel, Mag. II 139 (nach Ann. du magn. animal V 147ff.) und M. Hanák, Gesch. e. natürl., durch sich selbst entwickelten Somnambulismus (Lpz. 1833) 55.

Herzgrube aus, und zwar viel leichter und freier, denke auch mit der Herzgrube viel sicherer, als wach mit dem Kopfe... Vor dem Erwecken, wobei sich das Leben für ihr Bewußtsein aus der Herzgrube in Kopf und Glieder zog, nahm sie von Kerner Abschied, glaubte also wohl gleichsam eine andere zu werden.[1] — In noch älterer Zeit finden wir eine ähnliche Erfahrung sehr deutlich ausgedrückt in einer früher viel zitierten Stelle des älteren Helmont. Er hatte Nagellus-Wurzel mit der Zunge versucht. Nach kurzer Zeit 'fühlte ich, sagt er, daß ich im Kopfe nichts dächte, verstünde, wüßte, noch mir einbildete nach der gewöhnlichen Weise: aber ich fühlte mit Verwunderung, klar, unterscheidbar und beständig,[2] daß alle diese Verrichtungen in der Herzgrube vor sich gingen und sich um den Magenmund[3] verbreiteten; und ich empfand dies so bestimmt und deutlich..., daß obgleich ich fühlte, wie Empfindung und Bewegung vom Kopfe aus sich über den ganzen Körper verbreite, dennoch das ganze Vermögen zu denken merklich und fühlbar in der Herzgrube war,[4] mit Ausschließung des Kopfes...' [Er sagt wiederholt, daß er sich dabei aufmerksam beobachtet habe.] 'Außerdem fand ich ganz deutlich, daß während der ganzen Zeit mein Denken und Betrachten viel klarer war,... es war eine gewisse Seligkeit in jener intellektuellen Klarheit. Es währte auch nicht kurze Zeit, widerfuhr mir auch nicht, als ich schlief, träumte oder krank war; sondern ich war nüchtern und gesund... Etwa nach zwei Stunden befiel mich zweimal ein leichter Schwindel.[5] Nach dem ersten bemerkte ich, daß das Denkvermögen zurückgegangen war, und nach dem zweiten fühlte ich, daß ich auf die gewöhnliche Weise dachte.[6]

Ausdrücke dieser Art erscheinen mir viel zu bestimmt, als daß eine Verwechslung mit banaleren Beobachtungen der Psychiatrie in Frage kommen könnte. Dem Irren kann jedes Glied seines Körpers der Sitz erstaunlicher Verwandlungen werden; mancher Kranke klagt über Stimmen in Bauch und Brust, über Doppelt- und Dreifachsein, über Volksversammlungen in verschiedenen Teilen seines Innern. Nichts hiervon kommt den oben bezeichneten Erfahrungen nahe. Der geisteskranke Halluzinant beobachtet den Hexensabbath in seinem Leibe ebensogut 'von seinem Kopfe aus', wie der Gesündeste seine normalen körperlichen Empfindungen. Hingegen ist der Ekstatische, der seine gesamte Seelentätigkeit nach der Mitte seines Körpers versetzt fühlt, nichts weniger als geisteskrank. Er schreibt sich im Gegenteil, wie wir sahen, unter Umständen erhöhte Klarheit des Geistes zu. Die Abnormität seiner Erfahrung darf darum nicht ohne weiteres als krankhaft angesehen werden.

Der nächste Schritt unserer Reihe muß zunächst als ein beträchtlicher erscheinen: er führt uns zu Erfahrungen, in denen das Bewußtsein sich bereits völlig außerhalb des Leibes weiß, ohne deshalb seine gewohnte Wahrnehmung der Außenwelt ganz zu unterbrechen; ja mehr: in denen

1) Nach Kerner bei Perty, M. E. I 292 f. 2) aperte, dilucide, discursive atque constanter. 3) os stomachi. 4) discursuum facultas notorie et sensibiliter ... 5) Vgl. o. S. 179 Anm. 5 üb. Synkope zwischen zwei Ichphasen! 6) Joh. Bapt. van Helmont, ... Opera omnia... (Francofurti 1707) 264 f. Eine früher ebenfalls viel angezogene Stelle des Cardanus (De rer. varietate l. VIII c. 34) ist sehr viel weniger ausdrücklich.

es seinen eigenen Leib unter den Gegenständen der Außenwelt wahrnimmt.[1]

Eine Erfahrung, welche Miss Rosemary Goreham mitteilt, ist nicht zum wenigsten darum merkwürdig, weil sie zeigt, wie gering die Einschränkung äußerlichtätigen Verhaltens zu sein braucht, um eine solche 'Exkursion' des Bewußtseins auszulösen. 'Vor nicht langem in einem Landhause in Hampshire zu Gaste, stand ich eines Abends, nachdem ich eben zum Diner mich umgezogen, in träumerische Stimmung versunken, mein Bild in einem langen Spiegel betrachtend,[2] als ich plötzlich zur Seite meines eigenen Leibes zu stehen und ihn zu beobachten glaubte. Ein flüchtiges Gefühl äußerster Leichtigkeit begleitete diesen Eindruck, zugleich ein Gefühl tiefen Mitleids mit diesem Leibe, der so blind [durchs Leben] dahinstolperte. Wie der Blitz war ich wieder zurück [im Leibe]. Das Spiegelbild zeigte [mir] ein spukig blasses Gesicht ... Ich hatte geglaubt, ein ganzes Menschenleben in einem Augenblick zu durchleben...'

Verwandt, auch in der Art der Auslösung, erscheint folgende von H. v. Gumppenberg mitgeteilte Beobachtung: 'Eine junge Dame meiner nächsten Verwandtschaft ... saß am Bett einer schwerkranken Freundin ... in regungsloser Versonnenheit auf ihrem Stuhle. Da wurde ihr plötzlich klar, daß ihr bewußtes Ich hoch oben an der Decke des Krankenzimmers sich befand, denn sie sah die Decke in unmittelbarster Nähe und sah mit vollkommenster normaler Deutlichkeit unter sich ihre eigene menschliche Gestalt sitzen, sah auch die schlafende Kranke aus der Vogelperspektive. Das Phänomen wirkte auf sie wie eine angstvolle Beklemmung, währte aber nur wenige Augenblicke...'[3]

Bedeutsamer noch für unsern Zusammenhang ist eine ähnliche Erfahrung, die der namhafte Elektrotechniker Cromwell F. Varley an sich machte, nachdem er als Mittel gegen Halskrämpfe einen Chloroformschwamm vor den Mund genommen hatte. Er sank im Bett zurück; 'nach einer kleinen Weile wurde ich wieder bewußt, sah meine Frau eine Treppe hoch [wo sie sich tatsächlich befand] und mich selbst auf dem Rücken, mit dem Schwamm vor meinem Munde, war aber gänzlich außerstande, mich zu bewegen'.[4]

Ein ähnliches Erlebnis im verwandten Zustande des Fast-Ertrinkens berichtet Frl. Nora Alexander. '...Ich hatte das Gefühl, als badete ich in einem herrlichen Strome goldenen Lichtes, ein kurzer Satz von vier Worten fiel mir ein, der mir die eine ewige Wahrheit zu verkörpern schien, und im nächsten Augenblick trieb ich auf Luft und beobachtete meinen Körper, wie er tief unten von den Wogen umhergeworfen wurde, aber ohne Anteilnahme an ihm...'[5]

Das anscheinend hellseherische Moment dieser Erlebnisse liegt zunächst

---

1) Ob diese Fälle mit den eben bezeichneten in einem natürlichen Zusammenhang der Steigerung stehen, mag einstweilen unentschieden bleiben. Dasselbe gilt von den Bilokationsgefühlen gewisser Scheintoter: zB. Hack Tukes Dict. of Psychol. Med. I 425 (aus Psychol. Mag. V, 3 15) und Crowe 133 (aus Binns Anatomy of sleep). 2) Ein bekanntes Auslösungsmittel auch des Sich-selbst-Verlierens, — was beachtenswert sein dürfte! 3) H. v. Gumppenberg, Philosophie u. Okkultismus (München 1921) 104f. 4) Rep. on Spiritualism of the Com. of the London Dialectical Soc. II. 5) OR 1907 297f. Vgl. den Bericht des Hrn. Macdona, M. P. in The Times, Nr. 37, 456 (Gefühl der Bilokation während Fast-Ertrinkens) und die (freilich größtenteils fragwürdigen und nicht immer eindeutigen) Erfahrungsberichte in L'année occ. et psychol. 1907 206ff.; 1908 249ff.; auch Hemme Hayen, bei Kanne I 23.

in der angeblichen Wahrnehmung des eigenen Körpers von einem Blickpunkt aus, den man in der Selbstbetrachtung mit normalen Sinnen nicht einnehmen kann. Deutlicher indessen als die vorige, geht folgende Beobachtung Varleys hierüber hinaus bis zur Wahrnehmung, im Zustande der 'Exkursion', von Teilen der wirklichen Umgebung.

Varley hatte gelegentlich auf Reisen die Absicht, rechtzeitig in der Frühe zu erwachen. 'Der Morgen kam und ich sah mich selbst im Bette fest schlafen, ich versuchte wach zu werden, konnte es aber nicht. Da erblickte ich einen Hof, in dem ein Haufen Bauholz lag, dem sich zwei Männer näherten. Sie stiegen auf den Holzhaufen und hoben einen schweren Balken herunter. Dabei fiel mir ein zu träumen, eine Bombenkugel schlüge vor mir ein, und als die Männer den Balken herabwarfen, träumte ich, daß die Bombe geplatzt sei. Dies weckte mich. Ohne eine Sekunde zu verlieren, sprang ich aus dem Bett und öffnete das Fenster. Da erblickte ich den Hof, das Bauholz und die Männer, genau so wie sie mein Geist soeben gesehen hatte. Ich hatte vorher noch gar keine Kenntnisse der Örtlichkeit. Am Abend, als ich diese Stadt betreten hatte, war es dunkel gewesen und ich wußte nicht einmal, daß ein Hof vorhanden war.'[1]

In den folgenden Fällen ist wiederum die Auslösung des hellsehenden Zustandes durch ein narkotisches Mittel erfolgt; dazu treten aber Angaben, nach denen die Subjekte sich außerhalb des Leibes in gleichsam körperlicher Gestalt zu wissen glaubten, sich wenigstens dementsprechend benahmen und dabei ihre 'Immaterialität' feststellen mußten.

Als völlig einzigartig (!) unter allen seinen Erfahrungen unter Haschisch berichtet Ludlow, er habe eines Tages während des Delirs bemerkt, daß 'die Seele... den Körper verlassen hatte... Aus der Luft, in der ich schwebte, blickte ich hinab auf mein ehemaliges Behältnis;... die Brust hob und senkte sich,... die Schläfen pulsierten und die Wangen färbten sich. Ich betrachtete den Körper prüfend und voll Verwunderung; er schien mich nicht m e h r anzugehen als der eines Fremden... Der Geist war sich bewußt des Besitzes aller menschlichen Fähigkeiten, Verstand, Gefühl und Wille... und stand doch völlig unabhängig beiseite. In diesem meinem bevorzugten geistigen Zustande wurde ich durch keinen Gegenstand der dichteren Welt gehemmt. Für mich selbst war ich sichtbar und berührbar, und doch wußte ich, daß kein körperliches Auge mich sehen könne. Durch die Wände der Zimmer konnte ich aus- und rückwärts hindurchgehen und durch die Decke die Sterne unverdunkelt schauen. Dies war weder Halluzination noch Traum ... Eine Stimme forderte mich auf, in den Körper zurückzukehren, indem sie sagte: '... Die Zeit ist noch nicht da.' Ich kehrte zurück...'[2]

Ähnlich behauptet Dr. F. Hartmann, unter der Einwirkung des Chloroforms beim Zahnarzt sich 'neben dem [Operations-] Stuhl stehend gesehen zu haben, in welchem mein Körper lag. Ich erschien mir selbst gerade als dieselbe Person, wie in meinem normalen Zustande. Ich sah alle Gegenstände im Zimmer, hörte alles, was gesprochen wurde; aber als ich versuchte, eins von den Instrumenten auf einem

1) Dial. Soc. Rep. II 113. 2) Ludlow 74f.; vgl. o. S. 289. 290. 291. 393 über 'Rücksendung'.

kleinen Tisch neben dem Stuhl aufzuheben, war ich dazu nicht imstande, da meine Finger hindurchgingen.' Ähnliches will er oft erlebt haben.[1]

Noch drastischer als Dr. Hartmann beschreibt Dr. E. v. Krasnicki seine Versuche, sich im Zustande der Exkursion seiner körperlichen Wirklichkeit zu versichern: Dreimal 'steht' er vom Nachmittagsschlummer 'auf', um sich immer wieder mit einem 'Ruck' auf dem Sofa zu finden. Während er im Zimmer 'umhergeht', versucht er nach dem Ofen zu schlagen, um seines Wachens gewiß zu werden, fühlt aber fast nichts, und selbst als er schließlich die Hand an den Ofen 'schmettert', keinen Schmerz.[2]

Der folgende Bericht bedeutet eine weitere Steigerung, sowohl was die beschriebenen gegenständlichen Wahrnehmungen, als auch was das tätige Verhalten der Exkurrierenden anlangt.

Das Subjekt, Frl. Sophie Swoboda, die unter heftigen Kopfschmerzen auf einem Sofa eingeschlafen ist, glaubt zu bemerken, daß ihre Mutter leise das Zimmer verlasse; erwacht daraufhin anscheinend, fühlt sich leicht und schmerzlos, erhebt sich und eilt der Mutter nach, um ihr die günstige Veränderung zu berichten. Sie findet die Mutter strickend beim Vater sitzen, der aus Schellings 'Mystischen Nächten' vorliest, stellt sich neben die Beiden, bleibt aber andauernd unbeachtet. Selbst als die Mutter sich nach einiger Zeit erhebt, um nach der Tochter auf dem Sofa zu sehen, kann sich diese ihr nicht bemerklich machen. Während die Mutter der eintretenden Schwester zuruft: Wie bleich ist sie! sieht sich Sophie selbst leichenblaß und mit geschlossenen Augen auf dem Sofa liegen. Als sie herantritt, fühlt sie sich wie von einem Schlage auf das Ruhebett geworfen, öffnet schwer und mühsam die Augen und richtet sich mit Hilfe der Damen auf. Sie setzt ihre Eltern darauf in Erstaunen, indem sie 'ihnen die gelesene Stelle und [im Gespräch] geäußerte Ansichten z. T. wortgetreu wiederholt, da sie doch drei Zimmer weit entfernt und die Tür geschlossen war'.[3]

Der nachstehende Bericht geht insofern wieder über den vorigen hinaus, als die Wahrnehmung sich auf Örtlichkeiten erstreckt, die dem Subjekt normalerweise unbekannt waren, und sich mit Erscheinungen von Autoskopie verbindet.

Herr H., ein begabter Radierer, Sohn 'medial' veranlagter Eltern, aber angeblich bisher ohne jedes Interesse an 'spiritistischen' Erfahrungen, hat sich eines Tages heimkehrend 'seltsam matt' gefühlt und auf einem Sofa ausgestreckt. 'Ich empfand Schwindel und Leere [im Kopf] und die Dinge der Umgebung schienen sich um mich zu drehen. Plötzlich fand ich mich in die Mitte des Zimmers versetzt, ... ich sah mich selbst auf dem Sofa liegen, ... sah [sogar] das Glimmen [der Zigarre in meinem Munde] ... Ich hatte den Eindruck, daß nichts in [meinem] Leben je so völlig wirklich gewesen sei [wie diese Erfahrung]. . .' Er glaubte tot und ein Geist zu sein und dachte mit Bedauern an Arbeiten, die er unvollendet gelassen. 'Ich näherte mich dem Körper, ... sah mich selber atmen, aber mehr als das, ich sah mein eigenes

1) OR März 1908 160. Eine übereinstimmende Selbstbeobachtung bei Wyld 205.
2) ÜW VII 31. Man lese und wäge den sonderbaren Bericht. Vgl. OR Febr. 1906 213 (Bericht eines Honours graduate, d. i. cum laude Promovierten).
3) PS VI 294 (mehrfach ähnl. Erfahrungen). Man beachte das 'Niedergeworfenwerden'.

Inneres und bemerkte, daß mein Herz langsam und schwächlich, wiewohl regelmäßig schlug. Ich sah mein Blut rot durch große Gefäße strömen.' Er versuchte die Lampe auszudrehen, die in gefährlicher Nähe des Bettes stand. 'Ich konnte das Rädchen mit dem gekerbten Rande vollkommen deutlich fühlen, ... aber meine Finger waren gänzlich außerstande [es] zu drehen. Ich sah [auch], daß obschon ich meine Hand durch mich selbst hindurchziehen konnte, ich dennoch meinen Körper zu' fühlen vermochte, der mir (falls ich mich recht entsinne) weiß angetan erschien. Er bemerkte dann, als er vor den Spiegel trat, daß sein Blick die Wand durchdrang, daß er die Rückseiten der Bilder und Möbel in seines Nachbarn Stube sehen konnte, deren Inneres vor ihm offen lag. '[Obgleich] kein Licht darin war, sah ich doch alles deutlich vermittelst eines Lichtstrahles, der von meiner Magengrube ausging... Sobald ich den Wunsch hatte, [diesen Raum] zu betreten, fühlte ich mich dahin versetzt... zum erstenmal in meinem Leben.' Er prägte sich den Anblick des Zimmers genau ein, merkte sich insbesondere die Titel mehrerer Werke auf einem Bücherständer u. a. m. Das weitere ist ihm aber nur dunkel erinnerlich. Er meint in Italien gewesen zu sein, weiß aber nicht, was er dort getan. Der bloße Gedanke führte ihn hierhin und dahin ... Früh um 5 erwachte er auf seinem Sofa, 'steif und kalt'. Am selben Tage noch betrat er unter einem unschuldigen Vorwande das Zimmer seines Nachbarn und überzeugte sich, wie er versichert, von der Richtigkeit seiner nächtlichen Beobachtungen in jeder Einzelheit.[1]

Die Berichte häufen sich und wiederholen sich doch nur. Ein Leutnant, in dessen Stube Kohlengas entweicht, 'steht' gleichfalls plötzlich mitten in seinem Zimmer, liest in einem Buche auf seinem Tisch, vermag aber das Blatt nicht umzuschlagen, geht durch die Wand ins nächste Zimmer, spricht zu dem dort zeichnenden Kameraden, berührt ihn, bläst ihn an, aber ohne sich bemerkbar machen zu können, kehrt in sein Zimmer zurück, sieht seinen Körper noch auf dem Bette liegen, geht durchs Fenster auf die Straße, zum Bahnhof, beobachtet das Manövrieren der Züge, betritt einen Tunnel, von dessen Dasein er nichts gewußt, wo er die Arbeiter beobachtet; er sieht schließlich seinen Burschen seinen Körper rütteln und das Fenster aufreißen... Die Wahrnehmungen des zeichnenden Freundes, des Tunnels und der Arbeiter darin werden am nächsten Tage nachgeprüft und als richtig festgestellt.[2]

Endlich stoßen wir auch auf Berichte experimenteller Exkurison: das Subjekt versetzt sich willkürlich aus dem Leibe hinaus, den es dann vor sich liegen sieht.

So schreibt Mlle Haemmerlé am 25.—26. Aug. 1902: 'Als ich mich abends zu Bett begab, fühlte ich mich aufgelegt zur Erzeugung eines Doppelgängers. Ich machte zuerst einen Versuch und sah auf sechs Schritte Entfernung meinen Körper im Bette liegen. Wieder zu mir kommend, sagte ich mir, daß ich imstande sei, einen größeren Versuch zu machen. Ich fühlte mich nach Frankreich versetzt,... [dachte an Sie (Rochas)] und befand mich gleich darauf am Fuße Ihres Bettes' usw.[3]

---

1) Gibier 146ff. Vgl. Dr. Wiltses Erfahrung Pr VIII 180, auf die ich in anderem Zusammenhang zurückkomme. 2) OR März 1908 159f. Vgl. Kerners Magikon IV 197ff. 3) Rochas in ASP Sept. 1906; daraus in PS XXXIV 83f. Vgl. Calmeil I 244f.; L'ann. occ. et psych. 1908 251ff. Chinesische Parallelen im Liĕ sien tschuan (übs. v. Laloy), ref. in AR XVIII 432.

Halten wir hier zu einiger kritischer Besinnung inne. Die vorgeführten Berichte entsprechen natürlich nicht den Anforderungen, die an Beobachtungen von so großer möglicher Wichtigkeit gestellt werden müssen.

Der geistige Rang der Zeugen, die zeitliche Unmittelbarkeit der Zeugnisabgabe, die Möglichkeiten nachträglicher Verfälschung — dies alles bleibt vielfach im Ungewissen. Den vorletzten Bericht (eines Ex-Leutnants) erhalten wir überhaupt nur aus zweiter Hand, dazu aus weiblicher und liebender, vielleicht bewundernd ausschmückender: von der Braut des Perzipienten. Ludlow berichtet zwar Selbstgeschautes, zeigt sich aber in seinem Bekenntnisbuch als ein Schilderer von phantastischem Hochflug; Dr. Hartmanns Bericht ist 24 (!) Jahre nach dem beschriebenen Erlebnis abgefaßt, er selbst ein 'Okkultist' im weniger vertrauenerweckenden Sinn des Wortes. Dr. Gibier glaubte anfangs selbst an Mystifizierung durch seinen Gewährsmann und wurde erst durch dessen Ernst und augenscheinliche Bestürzung über das Erlebnis davon abgebracht. So rät vieles zur Vorsicht in der Abschätzung gerade der Einzelheiten.

Immerhin ist die Beweislast, die auf diesen Einzelheiten des Gesamtvorgangs ruht, eine sehr ungleiche. Die Tatsache der subjektiven Empfindung einer Hinausversetzung aus dem eigenen Körper, selbst in Verbindung mit dem Anblick dieses Körpers, wird ja auch von der geltenden Psychologie nicht bestritten. Nur ihre Verarbeitung ist 'hüben' und 'drüben' eine verschiedene. Der akademische Psychologe könnte ihre Deutung etwa an Beobachtungen über Anästhesien und Parästhesien der Muskulatur oder der Haut zu knüpfen suchen: die Erfahrung des Sichdoppeltfühlens ist vielen krankhaften Zuständen geläufig: man glaubt noch Einen neben sich im Bette, glaubt zwei Paar Beine, zwei Köpfe oder dgl. m. zu haben. Störungen der Innervationsgefühle führen mitunter zu Wahnvorstellungen über die Haltung der Glieder und Halluzinationen von Bewegungen einzelner Gliedmaßen;[1] Fälschungen des Muskelgefühls zur Empfindung des Versinkens.[2] Die Einbildung des Fliegens ist wohl den Meisten aus dem normalen Traume vertraut, ihre vielfach beliebte 'okkultistische' Deutung aber durch mannigfache wissenschaftliche Deutungen wirksam bekämpft worden, in denen Atmungsempfindungen, Druckanästhesien der tragenden Körperfläche oder vorstellungsmäßige Anreize im Sinne der Psychanalyse eine Rolle spielen. Die Exkursionsempfindungen der Hexen älterer Zeit werden jetzt meist auf das Hyoszyamin zurückgeführt, das in dem Bilsenkraut der Hexensalbe enthalten war und neben narkotischem Rauschzustand — Erleichterung der Atmung und eben damit die Empfindung des Fliegens bewirkt habe.[3] Prof. Oesterreich beschrieb, unter dem Namen der Pseudolokalisation, Empfindungen von Kranken, die, während sie sich im Spiegel betrachten, nicht sicher sind,

1) Janet, Névr. I 22. 2) Nach Hitzig bei Dr. A. Cramer, Die Halluz. im Muskelsinn bei Geisteskranken... (Freib. 1889) 8ff. 3) Hennig, Wunder u. Wissensch. I 89.

wo sie sich lokalisieren sollen: ob sie nicht 'hinter sich' seien,[1] — ähnlich der obigen Schilderung Rosemary Gorehams. Und er verweist auf die Äußerungen von psychasthenischen Kranken Hesnards, die sich fragen, wo sie seien: 'Ich bin außerhalb meines Leibes', sagt einer geradezu; 'seine Person ist entfernt von ihm selber'.[2]

Von diesen Tatsachen der anerkannten Pathologie haben die erstgenannten, wie mir scheint, kaum etwas mit den hier fraglichen Erfahrungen gemein; die letztgenannten sind wahrscheinlich mit ihrer einfachsten Phase identisch. Aber sind diese Erfahrungen damit abgetan, daß ihr Vorkommen in krankhaften Zuständen festgestellt wird? Man begegnet nicht selten diesem eigentümlichen Schlusse. In Wahrheit ist doch, was bei Irren, Hysterischen oder Nervenschwachen beobachtet wird, damit noch nicht einer möglicherweise metapsychischen Deutung entrückt; vielmehr mag eine solche selbst dereinst zum Verständnis dieser noch keineswegs übermäßig verständlichen Leiden beitragen.[3]

Die eigentliche Kritik der fraglichen Erfahrungen dürfte woanders anzugreifen haben: sie müßte das Element übernormaler Wahrnehmung bezweifeln, auf das sie vor allem ihren Anspruch auf mehr als pathologische Bedeutung gründen. Nun ist dieser Anspruch in den angeführten Fällen unleugbar kein starker. Das Erblicken des eigenen Körpers wird man mühelos als Bestandteil eines parästhetischen Traumes zu begreifen glauben; und wo zu dieser Selbstwahrnehmung noch Beobachtungen der Umwelt treten, ist deren subjektive Färbung nicht nur leicht zu vermuten, sondern gelegentlich auch sicher zu erweisen. Da mehrere der angeführten Beobachtungen Narkosen betreffen, so darf uns zB. die Feststellung interessieren, daß Beschreibungen Chloroformierter, welche vorgaben, ihrer Operation Schritt für Schritt gefolgt zu sein, mit den wirklichen Vorgängen unter dem Messer mehrfach nicht die geringste Ähnlichkeit hatten.[4] Diejenigen der oben angeführten Fälle, in denen außer dem eigenen Leibe noch ein Teil der örtlichen Umgebung, auch der normalerweise unbekannten, gesehen sein sollte, entbehren durchaus der genügenden und unabhängigen Bezeugung des wirklichen Zutreffens dieser angeblich nicht traumhaft zu deutenden Elemente. Gegenüber Varleys zweiter Beobachtung mag man argwöhnen — was argwöhnt man nicht Berichten dieser Art gegenüber? —, er habe 'im Schlaf' die Arbeiter auf dem Hofe reden gehört, das Vorhandensein von Bauholz aus Geräuschen erschlossen und das Bild eines Hofes zurechtgeträumt, dessen später festgestellte Ähnlichkeit mit der Wirklichkeit größtenteils auf Einbildung beruht habe. Frl. Swobodas Bericht wiederum möchte man entgegenhalten, sie

1) Oesterreich I 268f. 2) Hesnard 61. 141. 3) Gänzlich verschiedenartige Dinge vermengt Jastrow (247), wenn er einen unzweideutigen Fall von extra-bodily feeling mit Beobachtungen über sog. Pseudointellektionen (vgl. o. Kap. XXXIV) zusammenstellt. 4) S. zB. Dunbar in JSPR XI 268.

habe das Lesen und Reden, das Gehen und Kommen im Halbschlaf gehört, alles weitere aber sei hinzugeträumt.

Immerhin ist anzuerkennen, daß die Einschätzung dieser Berichte wesentlich von dem Urteil abhängen wird, das man sich betreffs der Tatsächlichkeit von Hellsehen überhaupt gebildet hat. Gilt uns die Tatsache des Hellsehens durch das früher Beigebrachte für erwiesen, so wäre es am Ende unklug, ihre mangelhafte Erweisung in den vorstehenden Fällen übermäßig zu betonen, anstatt vielmehr nur das hinzutretende Besondere der subjektiven Exkursion in Betracht zu ziehen. Dieses Besondere bildet dann unstreitig einen neuen Typ, eine jener natürlichen Gruppen von Tatsachen, die sich bei erweiterter Einsicht in das weite Gebiet des Metapsychischen von selbst herausschälen. Dann aber erhebt sich die Frage, wie dieses Besondere selbst aufzufassen sei: ob es nämlich ein wirkliches Hervor- und Hinausgehen aus dem Leibe von etwas Wesenhaftem, dinghaft in sich Zusammenhängendem beweise, etwa gar (wie das Subjekt so häufig offenbar sich einbildet) von einem Leibe mit Gliedmaßen, die das Subjekt bewegen, mit denen es zu fassen vermöge; oder ob dies alles nur ein Bestandteil seines Träumens sei, wieviel auch wahres Erfahren in dieses Träumen sich mengen mag. Es erhebt sich also die Frage, ob überhaupt diese Wahrnehmungen im Zustande der Exkursion für echte Wahrnehmungen wirklicher Dinge zu halten seien — Wahrnehmungen mit den Sinnesorganen jenes Leibes, den der Exkurrierende zu besitzen glaubt —, oder ob auch sie nur eben wahre Halluzinationen seien, wie das bisher alle hellsehenden Wahrnehmungen zu sein schienen; ob also am Ende auch das Heraustreten aus dem Leibe, das Hingelangen an einen andern Ort und Wahrnehmen daselbst wie von einem natürlichen Blickpunkt aus — nur eine sonderbar realistische Einzelheit jenes Schöpfens aus dem Wissen von 'A' sei, soz. ein Sichumherversetzen des Subjekts in den quasi-räumlichen Verhältnissen oder dem Raumwissen von A in den Formen des räumlichen Sehens. Wie man sieht, eine Alternative von einschneidender Bedeutsamkeit, die zahllose weitere Fragen in ihrem Schoße birgt. Sei einstweilen nur festgestellt, daß in den bisher berichteten Tatsachen kein zwingender Grund enthalten scheint, über die Einschätzung der Wahrnehmungen-in-der-Exkursion als Halluzinationen, wenn auch wahrer, d. h. Wirklichkeit wiedergebender hinauszugehen. Und daß diese Deutung überhaupt, daß sie jedenfalls auch zutreffend sein könne, beweist ja jeder beliebige Fall, in welchem sich das Gefühl von Exkursion mit unbestreitbar halluzinatorischem Erkennen verbindet.

Hier ist einer. Mrs. Finch berichtet über einen Versuch, den Prof. Richet mit ihr machte, ihr den Namen eines Freundes und andere Einzelheiten über ihn telepathisch mitzuteilen. Dieser Versuch mißlang eine Nacht und einen Tag lang. 'In der nächsten Nacht ging ich zu Bett mit dem festen Entschluß, den Namen des Freundes zu finden, oder wenigstens seinen Anfangsbuchstaben. Kaum hatte ich den Kopf auf die Kissen gelegt, so glaubte ich mich außerhalb meines Körpers zu befinden. Letzteren sah ich regungslos auf dem Bette liegen. Ich bewegte mich vom Bette fort, um Prof. Richet aufzusuchen, als zu meiner Freude [sein] Traumbild ... hereinkam. Sogleich ergriff mein Traum-Ich dieses Traumbild Richets bei der Hand — es war alles so lebendig, daß ich die ganze Szene wieder vor mir sehe — und sagte zu ihm: Nun wir beide außerhalb des Körpers sind, können Sie mir den Namen Ihres Freundes sagen. Das Traumbild, in einer Unterredung, verweigerte dies brüsk: sie müsse ihn selbst finden, und wandte sich wie zum Gehen, 'und in diesem Augenblick sah ich die zwei großen Buchstaben P. P. aus seiner Stirne springen', was sie ihm triumphierend nachrief. 'Dann wandte ich mich schnell zu meinem Körper, in der Absicht, aufzuwachen und die eroberte Erkenntnis niederzuschreiben ... Ich wachte in der Tat auf und notierte die Zeit. Ich hatte genau eine halbe Stunde geschlafen ... Und als ich die Anfangsbuchstaben aufschrieb, strömten andere Einzelheiten über den Freund in meine Seele. [Alles war] völlig zutreffend.'[1]

XLVIII.

Wahrnehmbarkeit des Hinausversetzten.

Es gibt aber eine zweite Gruppe von Erfahrungen des Hellsehens, die das Problem der Exkursion und der hellsichtigen objektiven Wahrnehmung stellen. Diese Beobachtungen schweigen meist über irgendwelche Wahrnehmung der 'Abreise' von dem äußerlich geschauten eigenen Leibe des Sehers, versetzen diesen vielmehr unmittelbar an einen bestimmten Blickpunkt am Orte des Gesichtes; dagegen gründet sich der Anschein einer Exkursion, nämlich einer übernormalen Anwesenheit am Orte des Geschauten, auf den weiteren Umstand, daß der Seher am Schauplatz seines Gesichtes selbst gesehen wird. Der Seher tritt dort als 'Phantom' auf, und in vielen Fällen weiß er auch um sein Gesehenwerden; mit anderen Worten: das Phantom, das Subjekt einer solchen 'Telephanie',[2] ist seiner selbst bewußt. — Ein paar Beispiele mögen dies zunächst verdeutlichen.

'Am Abend des 27. Okt. 1906 [eines Sonnabend], schreibt Herr L. Primavesi, hatte ich in meinem Schlafzimmer gelesen, war dann aufgestanden und hatte drei Schritte auf das Bett zu gemacht. Eine Lampe mit Lichtschirm befand sich hinter meinem Rücken, und nichts vor mir konnte Spiegelungen erzeugen. Etwa 10 Sekunden lang war es mir, als befände ich mich im Hause einer Freundin in einem Vorort unserer Stadt (Antwerpen) und als sähe ich ein starkes Licht, wie von einer unverhängten Lampe, zu meiner Rechten. Als ich zu mir selbst kam, stellte ich fest, daß die Uhr 11.47 zeigte. Am Montag darauf besuchte ich meine Freunde, und ehe

1) Aus Light in PS XXXIV 592 f. Andere Selbstbeob. Scheintoter, Narkotisierter und Ekstatischer betr. ein Ineinander von anscheinend objekt. Wahrnehmungen und traumhaft-halluz. Bildern s. de Ferriëm 12 f. 34; OR Aug. 1907 73 ff.; St. Martin, Corresp. [with] Kirchberger (Exeter 1863) 21. 2) Der Ausdruck von Aksakow vorgeschlagen.

ich von dieser Erfahrung gesprochen hatte, sagte die Dame: Ich sah Sie hier vergangenen Sonnabend. Sie sei, berichtete sie, mit einer Arbeit beschäftigt gewesen und habe, als sie die Augen erhob, mich in schwarzer Kleidung in einer Ecke des Zimmers stehend erblickt. Sie habe mich gefragt, weshalb ich so spät komme, und einen Augenblick darauf mich weniger deutlich gesehen; darauf sei ich verschwunden, wie eine Wolke hinschmilzt. Sie habe nach der Uhr geschaut, die etwas nach $^3/_4$12 gezeigt habe. Die Lampe befand sich an der Stelle, an welcher ich sie zu sehen geglaubt, und nicht an ihrem gewöhnlichen Platz. Ich hatte am Sonnabendabend schwarze Kleidung getragen.'[1]

In der folgenden Erfahrung, von Mrs. Parker in London berichtet, wird das Subjekt der Telephanie, Mr. L., ein amerikanischer Magnetiseur, der den Gatten der Dame behandelte, bemerkenswerterweise nicht von demjenigen wahrgenommen, in dessen unmittelbare Nähe er sich versetzt fühlt, sondern von einer Dritten, etwas Entfernten: eben der Berichterstatterin. — [Während mein Gatte, schreibt Mrs. P., im Rollstuhl im Garten saß] 'blickte ich ... um 2 Uhr aus dem Fenster und sah einen Mann vor seinem Stuhle stehen, der mit ihm zu reden schien. Ich ... hielt ihn für einen Fremden, da ich weder seine Gestalt erkannte, noch den breitkrämpigen Filzhut und seltsam geschnittenen Mantelkragen, den er trug.' Einen Augenblick später, als sie wieder hinsah, war er verschwunden. Mr. Parker, der übrigens nicht geschlafen haben wollte, hatte nichts wahrgenommen. Zwei Tage darauf sagte Mr. L. von sich aus zu Mrs. P.: 'Es ist sehr seltsam, aber dieselbe Erfahrung ist mir zweimal widerfahren, seitdem ich Ihren Gatten behandle, daß ich, während ich mich ganz woanders befinde, plötzlich das Gefühl habe, als stehe ich ihm zur Seite, in Ihrem Saal oder dort draußen im Garten.' Dies sei ihm zuletzt 'vorgestern, etwa um 2 Uhr' zugestoßen. Mrs. P. bemerkte jetzt zum erstenmal, wie sie behauptet, seinen Mantel und Hut, deren Ähnlichkeit mit der Kleidung der Gestalt, wie auch die des Mannes selbst, ihr jetzt auffiel.[2] — Der Garten war ein öffentliches *Square*, und der Möglichkeit, daß Mrs. P. die Gestalt eines Dritten nachträglich als die des L. 'erkannt' habe, steht nur die Versicherung des Patienten entgegen, daß niemand bei ihm gewesen, sowie das anscheinend ziemlich genaue Zusammentreffen der Zeitangaben von Agent und Perzipientin. Die besondere Bedeutung des Falles beruht dann, wie gesagt, auf dem Umstande, daß L. nicht eigentlich 'der Perzipientin erschien', vielmehr nur soz. zufällig von ihr bemerkt wurde, während er in der Nähe desjenigen zu stehen glaubte, dem seine Gedanken und darum wohl auch sein Erscheinen eigentlich 'galten'.

Diese Besonderheit würde sich bedeutsam zuspitzen, wenn das Phantom des Subjektes, das sich an den Ort seines Schauens versetzt fühlt, von jemand gesehen würde, dem dies Subjekt seinem Aussehen nach überhaupt unbekannt wäre; und noch mehr, wenn das Subjekt nachträglich auf Grund dieses Aussehens identifiziert würde.

Ein Beispiel für den ersteren Typ ist zB. die Erfahrung der Mrs. P. R. Wilmot, die sich kurz folgendermaßen zusammenfassen läßt: Herr E. R. Wilmot, am 3. Okt. 1863 auf der *City of Limerick* von Liverpool nach New-York in See gegangen, träumt

1) Leo Primavesi im Antwerpener Bull. du bur. d'étude des phén. spir.; daraus in APS V 127f. (Alsbald berichtet.) 2) Gurney II 162f.

am 8. Tage eines heftigen Sturmes, daß seine Frau ihn in seiner Kabine besuche, 'angetan mit Nachtkleidung'. 'An der Tür schien sie zu bemerken, daß ich nicht der einzige Fahrgast in der Kajüte sei, zögerte ein wenig, trat dann an meine Seite vor, neigte sich herab und küßte mich... Als ich erwachte, sah ich mit Überraschung, daß mein Kabinengenosse, dessen Koje sich über der meinen befand, aber nicht gerade über ihr — weil unsre Kajüte sich am Heck des Schiffes befand —, auf den Ellbogen gelehnt mich starr ansah.' Es erwies sich, daß dieser Mitreisende, W. J. Tait, ein ernster und glaubwürdiger Zeuge, Wahrnehmungen gemacht hatte, die 'genau mit [Herrn W.s] Traum übereinstimmten'. Unmittelbar nach W.s Heimkehr berichtete ihm seine Gattin, sie habe in der betreffenden Nacht, nach anhaltendem sorgenvollem Denken an den Abwesenden, etwa um 4 Uhr morgens den Eindruck gehabt, daß sie sich hinausbegebe, ihn zu suchen, den Ozean überquere, die Bordseite eines niedrigen schwarzen Dampfers ersteige und am Heck eine Kabine betrete. 'Sage mir,' sprach sie, 'gibt es solche Kajüten wie die, welche ich dort sah, in denen die obere Koje weiter zurückreicht, als die untere? Ein Mann befand sich in der oberen Koje und blickte mich gerade an, und einen Augenblick fürchtete ich mich hineinzugehen; bald aber trat ich an die Seite deines Bettes heran, neigte mich hinab und küßte dich... Die Beschreibung, die meine Frau von dem Dampfer gab, war genau in allen Einzelheiten, wiewohl sie ihn nie gesehen hatte.'[1]

Ein Beispiel der zweiten Art — also der nachträglichen Identifizierung des Phantoms durch jemand, dem es zur Zeit seiner Erscheinung unbekannt war — bietet der nachstehende Vorgang.

'Betas' Frau hatte wiederholt Träume von einem Hause, dessen innere Einrichtung sie genau beschrieb, obwohl ihr kein Gedanke daran auftauchte, wo sich dies Haus befinden möge. Im Jahre 1883 mietete Beta im schottischen Hochland von Lady B. ein Haus mit Jagd und Fischerei. Während Lady B. das Haus noch bewohnte, schlief er in einem Zimmer, das 'vor längerer Zeit von einer kleinen Dame spukend besucht worden sein sollte, die beständig darin erschienen war'. Doch sah er selber nichts dergleichen. Als seine Frau ihm nachgereist kam, war ihr das ganze Haus bekannt und ein genaues Abbild ihres Traumhauses, mit welchem sie 'beim Augenschein vom Vorflur bis zum Dache jede kleinste Einzelheit in Übereinstimmung' fand. Als sie wieder in den Vorflur hinabstieg, sagte sie: 'Nein, das kann schließlich doch das Haus nicht sein, da es in meinen Träumen eine andere Zimmerreihe auf jener Seite gab.' Erst jetzt wurde sie unterrichtet, daß es eine solche Zimmerreihe tatsächlich gebe, die sich nicht an den Vorflur anschließe, und bei ihrer Besichtigung erkannte sie jeden Raum auch davon wieder. Immer aber noch meinte sie, daß ein Schlafzimmer dieser Reihe in ihrem Traum als Gesellschaftszimmer erschienen sei, und es wurde festgestellt, daß dies der Fall gewesen, indem die Einrichtung eben erst verändert worden sei. Als zwei Tage später Betas Frau Lady B. vorgestellt wurde, rief diese aus: 'Oh, Sie sind ja die Dame, die in meinem Schlafzimmer umging' usw.[2]

1) Sehr ausführlich, mit Nebenzeugnissen, Pr VII 41ff. 2) Aus The Spectator in ÜW X 41f. Vgl. hierzu ferner Th. Pommers Bericht bei Daumer I 179f.; v. Güldenstubbe bei Perty, Spir. 82; Eckartshausen 95ff.; Harrison 152f. 161ff.; Prof. Kuster bei Perty, M. E. II 133 (briefl. Berichte sich kreuzend, Agentin unabhängig-kollektiv gesehen); PS VII 483f.; XXXIV 82f.; APS II 321f.; Gurney I 164f. (Ag. sieht und 'ruft' am fernen Ort, wird aber selbst nur gehört).

Diese Erfahrung, die wahrscheinlich eine bessere Beglaubigung durch alle Beteiligten verdient hätte, als ihr zuteilgeworden, zeigt eine beträchtliche Steigerung bezüglich der Masse des Hellgesehenen sowohl, als auch der Zahl der Exkursionen. Außerdem findet sich in ihr ein Element jener biographischen Vorschau, die wir bereits aus einem früheren Kapitel kennen.[1] — Eine andere Richtung, in welcher die fraglichen Tatsachen einer Steigerung fähig sind, wird durch die zunehmende Reichhaltigkeit im angeblichen Benehmen des gesehenen Phantoms bezeichnet.

Unter diesem Gesichtspunkt führe ich nachstehendes Erlebnis an, das ein englischer Geistlicher, P. H. Newnham, aus seiner Oxforder Studentenzeit berichtet. Er litt damals an heftigen neuralgischen Kopfschmerzen, die jedesmal in Schlaf übergingen. Eines Abends um 9, als diese Schmerzen unerträglich geworden und er darauf eingeschlafen, hatte er 'einen einzigartig deutlichen und lebhaften Traum... Ich träumte, ich sei zu Besuch in der Familie der Dame, die später meine Frau wurde. Die jüngern [Mitglieder derselben] waren zu Bett gegangen, und nachdem ich am Kamin stehend im Geplauder mit Vater und Mutter verweilt hatte, wünschte ich ihnen gute Nacht, nahm meinen Leuchter und begab mich nach meinem Schlafzimmer. Im Hausflur angelangt, bemerkte ich, daß meine Braut sich jetzt erst nahe dem obern Treppenabsatz befand. Ich lief die Treppe hinauf, holte sie auf der obersten Stufe ein und schlang von hinten meine beiden Arme unter den ihren um ihren Leib, obgleich ich mein Licht in meiner Linken trug... Damit erwachte ich und eine Uhr im Hause schlug fast unmittelbar darauf 10. Der Eindruck des Traumes war so stark, daß ich am nächsten Morgen meiner Braut einen genauen Bericht schickte. Von ihr erhielt ich, nicht in Beantwortung meines Briefes, sondern mit diesem sich kreuzend, ein Schreiben, worin sich die Frage fand: Dachtest Du an mich gestern abend gerade um 10 Uhr ganz besonders? Denn als ich die Treppe hinauf zu Bette ging, hörte ich deutlich deine Fußtritte auf den Stufen und fühlte, wie du deine Arme um meinen Leib schlangst...'[2]

Etwas weiter noch geht folgender Bericht, nicht nur hinsichtlich der Mehrsinnigkeit der Wahrnehmung, sondern auch hinsichtlich des Umfangs des Hellgesehenen (denn natürlich müssen wir annehmen, daß Newnham nichts sah, was ihm nicht vertraut war). Hier nun kommt die Exkurrierende plötzlich zu sich mit dem Ruf: 'O, ich bin in X. gewesen', und zwar in einem ihr bekannten Zimmer, wo sie zwei alte Freundinnen und zwei Fremde gesehen habe, die unter Geplauder und Gelächter sich zum Schlafengehen bereiteten. 'Eine von ihnen sah sie das Gas ausdrehen, folgte ihnen treppauf, trat in eins [der oben gelegenen Schlafzimmer] ein, sah Bessie einige Sachen in einen Kasten legen, sich auskleiden und ins Bett steigen; darauf ging sie auf sie zu, nahm sie bei der Hand und sagte: Bessie, wir wollen Freunde sein.' Unabhängig von dieser Aussage wird uns bezeugt, daß Bessie um die gleiche Zeit aufgeschrieen habe: Ich habe eben N. gesehen; sie berührte mich und sagte: Wir wollen Freunde sein. Aber auch die übrigen Wahrnehmungen, vor allem die beiden Fremden, entsprachen der gleichzeitigen Wirklichkeit.[3]

---

1) S. o. S. 460 ff. 2) Gurney I 225; Myers I 418 f. 3) Gurney II 159 f. Vgl. den Fall der Constance S. Bevan das. I 318 f.; ferner Lombroso 292 f. 515; Kerners Magikon III 182; Theosoph. Rev. XXXIII 442.

Die volle Entwicklung in dieser Richtung ist in einer Geschichte gegeben, die aus dem 18. Jahrhundert überliefert wird und seitdem zu dem eisernen Bestand auch der populär-mystischen Literatur gehört hat. Joseph Wilkins, ein englischer Geistlicher, der 1800 starb, erzählt, daß er i. J. 1754, von Hause abwesend, ohne besondere Veranlassung mit größter Lebhaftigkeit geträumt habe, daß er, auf der Reise nach London begriffen, unterwegs sich nach Gloucestershire begebe, um seine Lieben zu besuchen. Er erreichte sein Vaterhaus, fand die Vordertür verschlossen und trat daher durch die Hintertür ein. Die Leute waren zu Bett, er ging in des Vaters Schlafzimmer, der Vater schlief, aber zu der wachen Mutter sagte er: Mutter, ich habe eine weite Reise angetreten und bin gekommen, dir Lebewohl zu sagen. Worauf sie erwiderte: O lieber Sohn, du bist tot. Ein oder zwei Tage später erhielt er einen Brief von seinem Vater, adressiert an ihn, falls er am Leben, an seine überlebenden Freunde, falls er tot sei. In jener selben Nacht nämlich, wie sich herausstellte, hatte die Mutter, während der Vater geschlafen, gehört, daß jemand die Vordertür zu öffnen suchte, dann durch die hintere eintrat, und hatte ihres Sohnes Fußtritt erkannt, der in ihr Zimmer kam und die obigen Worte zu ihr sprach. Worauf sie geantwortet: Mein lieber Sohn, du bist tot. Sie hatte ihren Mann geweckt und ihm dies mitgeteilt; behauptete selbst aber während des Herganges wach gewesen zu sein.[1]

Beschränkt sich die Exkursion auf eine geringe Entfernung, so kann es natürlich geschehen, daß Körper und Phantom des Subjekts von einer Person gleichzeitig wahrgenommen werden. Von Frl. Swoboda, die wir bereits als ungesehene Exkurrierende kennenlernten, liegt ein Bericht dieser Art vor; ich gebe ihn, unbeglaubigt, wie er im übrigen ist, zur Verdeutlichung des Typs hier wieder.

Frl. Sophie, neben Frau N. auf einem Sofa sitzend, während ihre Freundin Irma (Frau N.s Tochter) Klavier spielt, lehnt sich zurück, schließt die Augen, tritt dann im Geiste an die Seite der Spielerin und bemerkt, wie die Hausfrau verwundert nach ihr (am Klavier) sowie nach ihrem Platz auf dem Sofa blickt, wo sie (Sophie) nun sich selbst mit geschlossenen Augen liegen sieht. Sie eilt in ihren Körper zurück, schlägt die Augen auf, und Frau N. versichert ihr, sie habe sie neben dem Klavier und zugleich auf dem Sofa gesehen.[2]

Es ist kaum nötig zu sagen, daß — wie das letzte Beispiel schon andeutete — die Exkursion auch willkürlich vorgenommen, also zum Gegenstand eines Experimentes gemacht werden kann.

ZB.: Ein Subjekt, 'Harry', dem dies möglich ist, hat sich um 11 Uhr nachts zu Bett begeben, 'konzentriert' seine Gedanken auf zwei ihm bekannte Damen, ver-

1) Ich kann nicht sagen, wo dieser berühmte Fall zuerst das Licht der Presse erblickt hat. Er findet sich in Jos. Taylors Apparitions (Lond. 1815) und einem alten Bande des London Magazine. Harrison (150ff.) entnimmt ihn einem 'Leben' des Rev. J. Wilkins. Abercrombie, s. Zt. ein Gelehrter von Ruf, setzte sich für ihn ein (endorsed), so daß die (Lond.) Ges. f. psych. Forsch. ihn dem 1. Bericht ihres Litt. Komitees einfügte (Pr I 122f.). Danach in fast allen Sammelwerken (Welby, Gerber, Crowe, Perty, BP usw.). — Einen noch erstaunlicheren Fall dieser Art s. bei Delanne 95f. (aus Dr. Brittons Man and his relations). 2) Perty in PS VI 346.

liert das Bewußtsein seiner Umgebung, glaubt im Schlafzimmer jener Damen zu stehen, blickt sich um und achtet besonders auf einen Gegenstand auf dem Ankleidetisch. Die Damen berichten von sich aus einem Dritten (ihrem Onkel), sie hätten H. um 11 Uhr nachts in seinem braunen Rock in ihrem Zimmer stehen sehen, er habe sie angelächelt, sich zum Ankleidetisch begeben, dort etwas geprüft, und sei, ohne seine Stellung zu ändern, verschwunden.[1]

Ich habe die Frage der Glaubwürdigkeit dieser Berichte bewußt vernachlässigt; vor allem die der Glaubwürdigkeit jener Einzelheiten, die dem naiven Leser am ehesten den Eindruck erwecken könnten, daß er in diesen Phantomen objektive Wesenheiten im Raume vor sich habe. Diese Einzelheiten werden alsbald genauer für sich besprochen werden, und auf dem hellseherischen Anteil der Vorgänge als solchem liegt hier schon nicht mehr die Beweislast. Mir lag zunächst nur daran, jenen Typ von Berichten deutlich werden zu lassen, in welchem sich Fernsehen und Telephanie in der Weise verbinden, daß das innere Erleben des Phantoms (wenn ich so sagen darf) mit den Wahrnehmungen der Ortsanwesenden mehr oder weniger sich deckt. Die Genauigkeit dieser Deckung läßt sich wohl in keinem der angeführten — ich darf wohl sagen: in keinem der mir bekannten — Fälle erweisen, gegenüber der Möglichkeit oder Wahrscheinlichkeit, daß der eine der Nächstbeteiligten seine Erinnerungen und Aussagen denen des andern nachträglich angeähnlicht habe. Gerade die seltsameren Übereinstimmungen, das Sichberührtfühlen, das angebliche Öffnen von Türen u. dgl. m. mögen auf diese Weise nachträglich eingeschoben worden sein.

Aber auch zugestanden, daß diese Genauigkeit der Deckung hier und da wirklich gegeben sei, ist das wissenschaftliche Denken natürlich weit entfernt davon, dergleichen Erfahrungen deshalb als das gelten zu lassen, was sie dem naiven Betrachter zu sein scheinen. Es hat sie bisher gewöhnlich als Fälle von doppelter, gegenseitiger Telepathie gedeutet: der eine Agent rege den einen Perzipienten zur Halluzination seiner (des Agenten) Gestalt an, während dieser Perzipient jenem Agenten die halluzinatorische Vorstellung seiner (des Perzipienten) Gestalt und Umgebung verschaffe. Daß so viele der Berichte die Exkursion, einige auch ihre Wahrnehmung in einen 'Traum' verlegen, könnte dieser Deutung nur willkommen sein. Hier und da erscheint ja das lediglich Traumhafte des Exkursionserlebnisses mit Händen greifbar: wir hören zB. nichts davon, daß Newnhams künftige Schwiegereltern, mit denen er vor dem Zusammentreffen mit seiner Braut geplaudert haben will, auch nur seine Gestalt gesehen hätten. Telepathisch zusammenhängende Träume, sogar von ineinandergreifenden

1) PS VII 484—6. Einen Fall experiment. travelling clairvoyance (Aussendung) mit nachprüfbaren Angaben und gleichzeitigem Gesehenwerden s. Pr VII 206f. (Dr. Backman).

Inhalten auf soz. idealem Schauplatz, sind ja ohnehin eine der banalsten Tatsachen der metapsychischen Forschung.[1]

Aber selbst die Annahme — wofür die allgemeinen Gründe dem früher Gesagten entnommen werden mögen —, daß in vielen der angeführten Fälle sich echtes Hellsehen mit Telepathie verbinde, daß also die Doppelseitigkeit des Hergangs entstehe, indem der Hellsehende zugleich am gesehenen Orte telepathisch eine Halluzination seiner Gestalt erzeuge — selbst diese Annahme bliebe natürlich noch weit zurück hinter der Auffassung, die das naive Denken kaum umhin kann, sich von Vorfällen wie den beschriebenen zu bilden. Diese Auffassung beruft sich erstens darauf, daß der Hellsehende hier nicht so sehr ein Fernes aus der Ferne zu schauen, als vielmehr am Orte des Geschauten wie ein normal Blickender anwesend zu sein glaubt. Und diese Beobachtung kann natürlich nur an Nachdruck gewinnen in Verbindung mit jener andern, daß dem Blicken in der Ferne so häufig ein bewußtes Hinausgehen aus dem Leibe vorausgeht, wobei der verlassene Körper selbst zu Beginn der 'Reise' aus nächster Nähe geschaut wird. Das naive Bewußtsein beruft sich aber vor allem auf die Art des Auftretens solcher Phantome des Hellsehenden, welche nicht nur dem Bewußtsein des Hellsehers in allem Einzelnen entspreche, sondern auch häufig die Art eines wirklich anwesenden Lebenden sei. Er glaubt zu sprechen und wird gehört; er glaubt zu handeln und wird so handelnd gesehen; er glaubt zu berühren und wird gefühlt. Hält man dem naiven Beurteiler vor, daß gerade diese Übereinstimmungen die Deutung durch Telepathie herausfordern, indem ja bei Hellsehen ein Hindenken zu dem Ferngesehenen und somit seine telepathische Beeinflussung an sich wahrscheinlich sei, so hängt jener seinen Glauben an das verblüffend 'natürliche' In- und Aneinander so vieler Merkmale wirklichen Reisens: das Verlassen des Leibes, das Anschauen des Leibes, das Bewußtsein der Fortbewegung, das Bewußtsein der Anwesenheit und das Wahrgenommenwerden am Ziele, das natürliche Verhalten. Irgendwie, meint er, müsse der Hellseher wirklich in der Ferne 'anwesend' gedacht werden, und vielleicht sei er es wirklich las das, woran die Welt von jeher im Grunde als an ein objektives Ding, wenn auch besonderer Art, geglaubt habe: als 'Gespenst'.

Die Beobachtungen über Hellsehen führen so unausbleiblich auf dieses altehrwürdige Fragezeichen. Damit aber streifen wir erstmalig ein Problem, das für die besonderen Zwecke unsrer Untersuchungen offenbar entscheidendes Gewicht hat: das der persönlichen Fortdauer nach dem Tode. Denn käme das Hellsehen (in irgendeinem Falle) durch ein objektives Gespenst zustande, so wäre ein solches Gespenst eines Lebenden von vornherein nicht leicht vom Gespenst eines Toten zu unterscheiden; wie die

---

1) Ein gerade in diesem Zusammenhang sehr beachtenswertes Beispiel (fast als aus erster Hand zu werten) s. Crowe 107. Vgl. auch Gurney II 154.

vorübergehende Exkursion während des Lebens das Vorbild der dauernden Exkursion nach dem Tode abgeben würde. Anderseits gewönnen wir vielleicht in einem objektiven Gespenst des Verstorbenen irgendwelche Grundlagen für das Verständnis der Möglichkeit, daß sich menschliches Einzelbewußtsein nach der Auflösung des Leibes erhalte. Eine solche Erhaltung aber müßte wiederum Licht werfen auf Erlebnisse (wie die mystischen), welche innerhalb des irdischen Lebens eine Bedeutung beanspruchen, die angeblich erst bei der Abkehr von diesem Leben und der Hinkehr zu einem jenseitigen zu begreifen wäre.

Wir haben also hinfort ein doppeltes Interesse an jenem 'äußern' Bestandteil des beschriebenen Typs von Ereignissen: dem Phantom — wie ich fortfahren will zu sagen, um volkstümlichen Vorurteilen keinen Einfluß zu gönnen. Ja unser Interesse verliert sogar zeitweilig die Theorie des Hellsehens (mit der wir doch beschäftigt sind) aus den Augen und spitzt sich auf jene andere Tatsache zu, auf die wir dabei gestoßen sind. Das Phantom ist uns zu einem Eigenproblem geworden; und es mag die Mühe lohnen, wenn wir diesem nicht verächtlich aus dem Wege gehen, etwa indem wir uns sofort auf eine ausschließlich telepathische Deutung der 'wahrgenommenen' Exkursion festlegen. Dabei wird es sich aber empfehlen, daß wir, entsprechend dem eben bezeichneten erweiterten Interesse, die Erörterung nicht auf das Material beschränken, das uns in Fällen vom letztbesprochenen Typ geboten wird. Auch 'telepathische' Phantome überhaupt drängen sich unsrer Untersuchung auf, sowie Phantome Verstorbener, darunter vor allem auch 'Spuk'-Phantome, die ja von Manchen für telepathische gehalten werden, zugleich aber den verhältnismäßig besten Anspruch auf Rückführung auf Verstorbene haben. Und das um so mehr, als wir gar nicht umhin können, eine 'Innenseite' des Phantoms, d. h. ein bewußtes Subjekt in Verbindung mit dem Phantom (wie der letzte Typ es zeigte) weit häufiger anzunehmen, als uns ausdrücklich durch seinen 'Agenten' bezeugt wird. Schon Myers wies in einer Einschaltung zu Gurneys Werk darauf hin, daß der abnorme Zustand, in welchem der Agent einer Erscheinung sich fast immer während ihrer befindet, eine nachfolgende Erinnerungslosigkeit für die etwaigen eigenen Erlebnisse 'als Phantom' wahrscheinlich mache, jedenfalls hinreichend erkläre; und ferner, daß die Mehrzahl solcher Agenten, selbst wenn sie eine Erinnerung an ihre hellsehende Exkursion bewahrten, uns nicht von ihr berichten könnten, da sie eben Sterbende sind und der Tod meist unmittelbar nach dem Erlebnis ihren Mund für immer schließt.[1] Und er fügte die wertvolle Andeutung bei, daß Hypnotisierung eines Agenten, dessen Doppelgänger soeben gesehen worden, vielleicht die Erinnerung an ein Schauen des Ortes der Erscheinung vom Standpunkt des gesehenen Phantoms aus zutage fördern würde.[2]

1) Gurney I 303ff. 2) aaO. 314, in Verbindung mit einem Einzelfalle.

XLIX.

Objektivität von Phantomen.

Mache ich mich also daran, die Frage der Objektivität von Phantomen überhaupt etwas gründlicher zu prüfen, so soll damit die Annahme subjektiver, d. h. hier: halluzinatorischer (wenn auch in vielen Fällen telepathisch-wahrer) Phantome natürlich nicht fraglich gemacht werden; vielmehr wird von der Voraussetzung solcher Phantome als einer Selbstverständlichkeit ausgegangen. Nach dem bekannten 'Zensus' der englischen Gesellschaft für psychische Forschung erinnern sich etwa 10 v. H. aller Menschen, Halluzinationen gehabt zu haben, wovon die erdrückende Mehrzahl menschliche Gestalten zum Inhalt hat.[1] Nur gegenüber einem Teil von diesen kann die Frage der Objektivität überhaupt in Betracht kommen, wenn wir unter Objektivität zunächst 'mehr-als-halluzinatorische Natur' verstehen. Das akademische Denken verschafft dem Begriff der Halluzination in dieser Anwendung natürlich ein außerordentliches Gewicht, und nur um die Verminderung dieses Gewichts kann es sich zunächst handeln.

Einige von den populären Bedenken gegen dieses Gewicht haben wir in der letzten Beispielreihe kennengelernt. Wir werden aber wesentlich über diese hinausgehen müssen, um es auch nur einigermaßen zu verringern. In der Tat beruft sich schon das naive Urteil auf sehr viel mehr Merkmale als die bisher angedeuteten, wenn es an Objektivität von Phantomen glaubt. Großen Eindruck bezieht es zB., wie angedeutet, aus dem natürlichen, lebensvollen Benehmen, das die Berichte nicht müde werden zu schildern. Phantome bewegen sich im Raume, regen die Glieder,[2] nehmen verschiedene Stellungen ein, setzen sich, lehnen sich an Gegenstände an, ersteigen Treppen, treten durch Türen, schütteln den Kopf, schlagen die Augen zum Himmel auf, bewegen den Mund usw. ins Endlose. Dergleichen Äußerlichkeiten gewinnen natürlich an Bedeutung, wenn sie etwas für den Erscheinenden besonders Charakteristisches, aber als solches dem Perzipienten Unbekanntes enthalten; — wie bei jener Gestalt, die 'zwei- oder dreimal ein Knie über das andere schlägt und wieder herabnimmt' — was sich erst nachher als eine eigentümliche Gewohnheit des Gesehenen herausstellt;[3] oder wenn sie soz. vom Standpunkte des Erscheinenden aus Sinn annehmen, d. h. wenn sie seine vorauszusetzenden oder besser: seine nachträglich wahrscheinlich zu machenden Gedanken ausdrücken und so geradezu zu Mitteilungen des 'Anwesenden' werden.

Miss N. N. zB. sieht ihren Freund Bertie ins Zimmer treten, springt auf, um ihm einen Stuhl ans Feuer zu schieben, weil er zu frieren scheint und es draußen schneit,

---

1) Pr X 39. 44, Tabelle I und V. 2) Die wenigsten sollen ausdrücklich nur 'gleiten' Pr X 310). S. zB. Gurney I 425. 517 Anm. 3) Gurney II 176.

und schilt ihn, daß er ohne Mantel gekommen sei. Bertie geht durchs Zimmer und setzt sich dem Kamin gegenüber. 'Er sagte kein Wort, führte aber die Hand an die Brust und schüttelte den Kopf, was ich dahin mißverstand, daß er in der Brust eine Erkältung spüre und die Stimme verloren habe, was ihm oft widerfuhr...' Dr. G. tritt ein und fragt sie, zu wem sie spreche, und sie schilt noch einmal vor ihm über den Jungen. 'Ich werde nie das Entsetzen vergessen, das sich auf des guten Doktors Gesichte malte, da er wußte (was ich nicht wußte), daß der arme Junge eine halbe Stunde zuvor gestorben war.'[1] — Hier könnte es scheinen, daß das Phantom des eben Verunglückten seine Unfähigkeit zu sprechen trotz besten Wollens anzudeuten gesucht habe.

Unter 'Spuken' scheinen übrigens diejenigen Phantome angetroffen zu werden, die das Element lebensgleichen Benehmens im höchsten Grade zeigen. Wir verstehen dabei unter einem Spuk — im Einverständnis mit dem volkstümlichen Begriff — eine Erscheinung oder Gruppe von Erscheinungen, die sich mehr oder weniger an eine bestimmte Örtlichkeit, seltener an eine bestimmte Persönlichkeit oder Familie heften und dort oft lange Zeit hindurch mit leidlicher Gleichförmigkeit wiederkehren. Der typische Spuk schließt sich dabei an die vergangene Personengeschichte des Ortes an, und zwar nicht selten — auch darin hat der Volksglaube wahrscheinlich recht — an ein Ereignis von ausgesprochen dramatischem oder tragischem Charakter, welches er mitunter bis ins Einzelne wiederholt, worauf dann eben seine dramatische Natur, aber auch sein sinnvolles Benehmen beruht.

Es muß nun freilich gesagt werden, daß gerade die Natürlichkeit des Benehmens von Phantomen das Bedenken erregt: es sei hier manches hinzu-illusioniert oder nachträglich hinzu-erinnert, wenn nicht gar hinzuberichtet. Eine irgendwie dramatisch-ausdrucksvolle Haltung wird leicht durch Bilder ergänzt, die ihre Vor- und ihre Folgegeschichte ausmachen könnten. Wird zB. die Gestalt in der Nähe des Kamins gesehen, so hat sie sich an dessen Sims 'angelehnt';[2] wird sie etwa zuerst vom Rücken und dann von vorne gesehen, oder vielleicht ihr Gesicht nur zeitweilig deutlicher, so hat sie sich auf Anruf 'umgedreht',[3] und was dergleichen Vermutungen und Verdächtigungen mehr sein mögen. — Aber wären auch solche Bedenken widerlegt, so würde ein wirklich natürliches, scheinbar sinn- und lebensvolles Benehmen für die naive Auffassung von Phantomen doch nichts beweisen, denn auch unbezweifelte Halluzinationen — und durchaus nicht nur die der Geistesgestörten — sind häufig in derselben Weise charakterisiert.[4]

---

1) Gurney I 532f. Vgl. II 88 (minutenlange, auch 'gefühlte' 'mesmerische Striche' eines Phantoms); Podmore, Stud. 287f. (sinnvolle Gesten), und den Fall der Mrs. Goffe, auf Grund sorgfältiger Untersuchung durch Rev. Th. Tilson bei Baxter, The certainty of the world of spirits (Lond. 1691) 147—51 (ch. VII). 2) Vgl. Crowe 151. 3) Das. 152. 4) S. zB. den erstaunlichen Fall bei Clarke, 39ff.

Stärkeres Interesse würde das 'Benehmen' des Phantoms erst erregen, wenn Einzelheiten desselben in sinnvoller Weise auf das gleichzeitige Verhalten des Perzipienten Bezug nähmen. Falls gut beobachtet, könnte dies andeuten, daß das Phantom sich seines Wahrgenommenwerdens und seiner Behandlung seitens des Ortsanwesenden bewußt sei. Dies aber würde objektive Anwesenheit des Phantoms zwar nicht beweisen, sich jedoch besonders natürlich mit dieser Annahme vertragen. Von Bertie hieß es, daß er auf die Vorwürfe der Freundin hin den Kopf geschüttelt habe; man könnte sagen: um sie als ungerecht zurückzuweisen. Doch müßten sich mit der Bedeutsamkeit des Symptoms natürlich auch die Ansprüche an die Glaubwürdigkeit der Berichte gerade in diesen Einzelheiten sehr verschärfen.

Man errät indessen sogleich, daß dieses Element der mimischen Unterredung oder der dramatischen Gegenseitigkeit (wenn ich so sagen darf) einiger Steigerung fähig ist: wovon der äußerste Grad gegeben wäre, so oft mit dem Phantom sich eine Unterredung anknüpfen ließe. Daß nun Phantome zu reden scheinen, wissen wir bereits, und es ist eine so allgemein berichtete Tatsache, daß sie weiterer Belege nicht bedarf. Auch sind ja Halluzinationen des Auges und Ohres, und seien sie auch telepathisch erzeugte, keineswegs seltsamer als solche des Auges allein.[1] Die berühmten Phantome des Aufklärers und 'Proktophantasmisten' Nicolai, die den gleichberühmten Blutegeln wichen, sprachen vielfach in wohlgefügten Diskursen. Läßt sich vollends ein bedeutsam 'wahres' Phantom hören, 'ohne den Mund zu bewegen', oder schweigt es, während der Perzipient seine Gedanken zu verstehen oder geradezu, wie einer sagt, 'in seinem Herzen wie in einem offenen Buch zu lesen' meint,[2] oder glaubt der Perzipient in einer knappen Äußerung des Phantoms weit mehr zu verstehen, als zunächst in ihr enthalten ist[3] — so liegt die Annahme vorstellungsmäßiger telepathischer Beeinflussung mit halluzinatorischer Ausgestaltung mehr wie nahe. — Bedeutsamer für unser Problem des objektiv anwesenden Phantoms ist es schon, wenn der Inhalt seiner Reden ein Bewußtsein von den Einzelheiten dieser Anwesenheit, dem Ort und der Anwesenheit des Perzipienten an ihm verrät; wenn zB. das Phantom eines Lebenden, auf der Straße wahrgenommen, den Perzipienten anredet: 'Geh nach Hause, mein Junge, ich bin verletzt',[4] oder ein anderes, dem der Perzipient zuruft: Miles, wo bist du hergekommen? 'in seiner natürlichen Stimme, aber sehr schnell' erwidert: 'Um Gottes willen, sage niemand, daß ich hier bin.' Aber auch abgesehen von der Frage, ob gerade die entscheidenden Worte völlig verlässig erinnert seien, ist kein Grund einzusehen, warum eine zwar 'wahre', aber vom Perzipienten persönlich-

1) Das. 32ff. Telepath. Beispiele zum Überfluß bei Flammarion 70f. 97; Gurney I 532.
2) S. zB. Gurney I 425. 448; II 67. 3) Wie vielleicht in dem bemerkenswerten Fall von E. Mamtschitsch, Pr X 387ff. 4) Gurney I 524.

dramatisierte (telepathische) Halluzination nicht solcherlei natürliche Einzelzüge enthalten sollte.

Der zuletzt angezogene Fall führt indessen bereits das Element ein, das hier für unsere Frage am meisten Gewicht haben dürfte: ein Gespräch zwischen Perzipienten und Phantom leitet sich ein. Es fehlt nicht an Beobachtungen, die diese Besonderheit in hoher Entwicklung zeigen und zugleich keinen Zweifel darüber lassen, daß der Anteil des Phantoms am Gespräch in der Tat auf den wechselnden Anteil des Andern, körperlich Anwesenden, Bezug nimmt. Einige der außerordentlichsten Phantomberichte der gesamten Literatur dürften dies belegen — außerordentlich nicht nur in sich selbst, sondern auch durch die Gewichtigkeit ihrer Bezeugung und die Nüchternheit ihrer Darstellung.

Eine von diesen bezeichnet R. D. Owen, der die Zeugnisse für sie sammelte, als die bestverbürgte Gespenstergeschichte, von der er wisse — und Owen darf jedenfalls das Vertrauen eines Weltmannes von hoher Intelligenz und ursprünglicher Unvoreingenommenheit beanspruchen. In diesem Falle sah Miss S. wiederholt zwei Phantome in altmodischer Kleidung — 'Zeit der Königin Anna oder des ersten Georg' —, die schließlich zu sprechen begannen, sich als Mann und Frau und die früheren Besitzer des betreffenden Hauses ausgaben, ihren Namen — Children — nannten und genaue Angaben über Vornamen und Todesjahr (1753) machten. Sie antworteten auf Fragen. 'Die Stimme, behauptete Miss S., erschien hörbar wie die eines menschlichen Wesens und wurde, wie sie glaubte [aber offenbar ohne genügenden Grund], auch von Andern in einem Nebenzimmer gehört,... indem man sie nachher fragte, mit wem sie sich unterhalten.' Nachfragen, welche die Wahrheit jener Aussagen der Phantome bestätigen sollten, blieben anfangs fruchtlos, und erst nach einiger Zeit und auf Umwegen erfuhr man von alten Leuten der Nachbarschaft, daß allerdings eine Familie Children in früherer Zeit das Haus bewohnt habe. Aber erst Owen, der etwa ein Jahr später Miss S.s und Mrs. R.s (ihrer Freundin) Bericht empfing, vermochte durch Nachforschungen unter Handschriften und Schmökern des Britischen Museums die Bestätigung der Einzelangaben der Phantome (Vornamen, Todesjahr) zu erlangen, die ihm vor diesen Nachforschungen mitgeteilt waren. Mrs. R. und Miss S. waren sicher, daß sie nie den Namen Children gehört, der übrigens ein äußerst seltener ist.[1]

Was nun den Beitrag solcher Beobachtungen zu unserem Problem betrifft, so verbürgt die Tatsache der Unterredung mit einem Phantom an sich natürlich nicht einmal die objektive (telepathische) Veranlassung solcher Erscheinung. Phantome, über deren ausschließlich subjektive Entstehung kein Zweifel besteht, wie die Gesichte des Wahnsinns und des

---

1) Owen, Footfalls 303—12. Vgl. Hennings 590 (nach Wedels Diss. med. de spectris); Calmet (deutsche Übs.) II 138 ff. (M. Bezuels sofort bericht. Erfahrung); Harrison 40 ff. (Lord Tyrones berühmte Erscheinung bei Lady Beresford); Welby, Predict. realized 79 f. (Rev. Hughes' [Cambridge] Bericht über Mr. Shaws [vom St. Johns Coll., Cambridge] Gespräch mit dem toten Mr. Nailor); ÜW X 471 f. (Fr. Kaibel); Podmore, Stud. 287 f.: Pr III 83 ff.; VIII 236; XI 547 ff.; Gurney II 460.

Traumes in den meisten Fällen, lassen sich auf regelrechte Gespräche ein.[1] In Owens Bericht haben wir zwar besondere Gründe, die Phantome mindestens für wahre, d. h. von außerhalb des Wahrnehmenden veranlaßte Halluzinationen zu halten; auch wollen wir uns einstweilen nicht daran stoßen, daß die telepathische Wirkung hier anscheinend einem Verstorbenen zuzuschreiben wäre, sondern dies besondere Problem bis auf später verschieben. Gleichwohl ist nicht einzusehen, warum der telepathische Verkehr zweier Personen, und sei es der eines Toten mit einem Lebenden, sich nicht gelegentlich in die geordnete Form der Wechselrede fügen sollte und warum nicht von der einen Seite überdies die Anregung einer halluzinatorischen Erscheinung, wenn nicht gar das hellsehende Bewußtsein der Anwesenheit dazutreten könnte. Besteht eine solche Annahme doch nur in der Zusammenfügung und Systematisierung von Teilvorgängen, die uns einzeln bereits als wirklich gelten.[2] —

Die Reden des Phantoms machen einen Bestandteil seines lebenswahren Benehmens aus. Wir hätten sie aber auch unter einem andern Gesichtspunkt betrachten können, der den naiven Glauben an die Objektivität von Phantomen vielfach beherrscht: unter dem Gesichtspunkt ihrer Wahrnehmbarkeit durch mehrere Sinne, deren Wahrnehmungen sich zudem in natürlicher Weise ergänzen. Solche Mehrsinnigkeit von Phantomen ist nichts Seltenes. Wir haben einen Bericht, wonach die Perzipientin sich geküßt fühlt und erst beim Aufblicken — sieht.[3] Oder — ein häufiger Fall — der schlafende Perzipient fühlt sich durch eine Berührung, einen Schlag, ein Drücken seiner Hände, eine Last auf seinem Körper geweckt und schaut erst nach dem Aufschlagen der Augen, entsprechend jenen vorausgegangenen Wahrnehmungen, das Phantom.[4] Ich gehe aber auf Einzelheiten nicht ein, weil der Gedanke in der Tat viel zu einleuchtend ist, daß derartige Erlebnisse, wenn auch als 'wahr', doch ihrer Form nach als halluzinatorische Ausgestaltungen sehr einfacher telepathischer Einflüsse deutbar seien; ja daß in ihnen der eine Bestandteil der Halluzination den andern erst wachrufe kraft eines Bedürfnisses nach Abrundung und Verlebendigung des Gesamterlebnisses. Ein solches anzunehmen, liegt aber vollends nahe, wenn die empfundene Berührung einem für den vorauszusetzenden Agenten typischen, dem Perzipienten wohlvertrauten 'Klischee' angehört, das gleichsam nur des Anschlags bedarf, um als Gesamterfahrung aufzutreten.

Ein Beispiel liefert uns jener alte Baron R., der die Gewohnheit hatte, sich und

1) S. zB. Gurney I 476; AMP 6. Ser. VII 379; das. 1855 542; 1856 389. 2) Eine bemerkenswerte Reihe von Versuchen in der Beantwortung telep. übermittelter Fragen (Rev. Newnham und Frau) s. Pr III 8—23. Vgl. Pr IX 61ff. 3) Gurney II 138. 4) S. zB. das 'experimentelle' Phantom des Rev. C. Godfrey bei Podmore, App. 228ff. und die Fälle bei Gurney I 434f. 437; Crowe 319f.; in Kerners Magikon III 367; Monthly Rev. 1830 229 (Byrons bekannter Bericht üb. Capt. Kidds Erlebnis); Pr X 132f. (fühlendes Berühren des Phant. seitens des Perzip.).

Andern zuweilen die Haare vom Nacken kopfaufwärts zu streichen, und der einem Freunde, der sich dies verbeten hatte, das scherzende Versprechen gab, er werde ihm schon noch einmal die Haare aufstreichen, und sei es selbst in der Todesstunde. Dieser Freund habe nun eines Tages eine kalte Hand gespürt, die ihm die Haare in die Höhe strich, und die Worte gehört: So stirbt man. Die Stunde, die er notierte, erwies sich angeblich genau als die Todesstunde des Barons.[1]

Dasselbe kritische Deutungsmittel der halluzinatorischen Abrundung des Erlebnisses wenden die Verfasser des mehrfach erwähnten Zensusberichts aber noch auf andere Einzelheiten auch 'einsinniger' Phantome an, die dem naiven Urteil sehr starke Beweise von Objektivität der Erscheinungen zu liefern scheinen: wie zB. die Beobachtung, daß Phantome häufig von undurchsichtigen Gegenständen teilweise — und perspektivisch-natürlich — verdeckt werden.[2] Und ein Sonderfall solchen Verdecktwerdens durch undurchsichtige Gegenstände ist das Verschwinden eines Phantoms beim Schließen und sein Wiedererscheinen beim Öffnen der Augen;[3] oder das Sichtbarwerden eines zunächst bei geschlossenen Augen durch einen andern Sinn wahrgenommenen Phantoms zugleich mit dem Öffnen der Augen.[4] — Auch die andere Tatsache schließt sich hier an, daß man von einem Phantom sich abwenden oder auch das Zimmer verlassen kann und es beim Wiederhinblicken oder bei der Rückkehr ins Zimmer am selben Flecke finden;[5] ja Dr. Paterson bringt einen Bericht, wonach die Perzipientin eine volle halbe Stunde hindurch das Zimmer verließ und wieder betrat, ehe das Phantom, beim fünften Wiedereintritt, verschwunden war.[6]

Aber das naive Urteil, welches meint, daß Halluzinationen auf einer Ebene für sich lägen und sich darum nicht teilweise verdecken lassen dürften; daß sie beim Schließen der Augen auch fortbestehen und beim Abwenden des Blickes sich mitbewegen müßten — dies Urteil irrt in jedem einzelnen Falle. Der psychologische Versuch hat längst erwiesen, daß subjektive, suggestiv erzeugte Gesichte wenigstens zuweilen durch zwischen sie und das Auge gebrachte Gegenstände verdeckt werden.[7] Ebenso aber haben experimentell erzeugte Halluzinationen des Gesichts auch häufig die Eigenschaft, beim Wegwenden des Blickes oder Verlassen des Zimmers soz. 'zurückzubleiben', beim Wiederhinblicken oder bei der Rückkehr 'wieder dazusein', ja sogar aus größerer Entfernung kleiner und undeutlicher, bei Annäherung größer und deutlicher zu erscheinen.[8] Die übliche, in manchen Fällen erwiesene Erklärung hierfür ist, daß der Halluzinierende bei der Ausgestaltung seiner Bilder sich an irgendein äußeres, wenn auch

1) Horst, Deut. II 135. 2) zB. von der Lehne eines Sofas, der Ecke eines Arzneikastens: Gurney I 425; II 530. 3) S. zB. Pr X 189 f. Die Lider vertreten hier gewissermaßen den verdeckenden Gegenstand. 4) Gurney II 526. 5) Vgl. das. I 428, wo das Phant. erst beim dritten Hinsehen verschwunden ist. 6) Crowe 179; vgl. 155. 7) Bezügl. spontaner, aber fraglos subjekt. Halluz. s. Prof. Vignolis Beob. Pr X 141. 8) Vgl. Pr X 108.

winziges Wahrnehmungselement anlehnt, das er mit seiner Halluzination gewissermaßen umspinnt und überdeckt. Jede optische Beeinflussung dieses objektiven *point de repère* — Vergrößerung oder Verkleinerung, Umkehr oder Verdoppelung, Verschwinden- oder Wiederauftretenlassen — würde dann auch die Halluzination in entsprechender Weise beeinflussen. Man braucht auch nicht Bedenken zu tragen, Phantome an *points de repère* zu knüpfen, weil sie telepathischen, also 'zentralen' Ursprungs seien; denn das zentral Erzeugte mag immerhin — diese Dinge sind ja noch leidlich dunkel — um einen äußeren Anhaltspunkt sich gleichsam kristallisieren. Bei Phantomen, die sich im Raume bewegen, wird freilich eine solche Annahme hinfällig: doch bleibt auch dann dem psychologischen Kritiker der Rückgriff auf die suggestive Rolle der Erwartung, die stets im Sinne größerer Natürlichkeit und Abrundung eines Erlebnisses arbeite.

Ähnliche Erwägungen dürften auch auf zwei andere Besonderheiten sich anwenden lassen, in denen sich die seltsam wirklichkeitstreue Abrundung mancher Phantome besonders schlagend ausspricht: ich meine ihre Fähigkeit, einen Schatten zu werfen und sich zu spiegeln.

Soweit Phantome als halbdurchsichtig beschrieben werden, die Gegenstände hinter ihnen also mehr oder minder deutlich erkennen lassen, scheinen sie sich freilich des Anspruchs auf einen Schatten von vornherein zu begeben.[1] Aber diese Durchsichtigkeit dürfte die Ausnahme sein; vielmehr erreicht die Undurchsichtigkeit von Phantomen zuweilen einen solchen Grad, daß sie selbst starke Lichtquellen, wie helle Fenster und brennende Lampen, für das Auge des Beschauers verdecken. 'Ich beobachtete die Gestalt, sagt ein Perzipient, wie sie das ganze Zimmer umschritt, wobei sie zwischen mir und dem Licht auf dem Putztisch hindurchging. Einen Augenblick verbarg sie mir das Licht, bis sie den Teppich vor dem Kamin erreichte, wo sie verschwand.'[2] — Daß nun ein Phantom, welches eine Lampe für ein Auge verdunkelt, auch einen Schatten werfen werde — am deutlichsten, wenn dieses Auge sich außerhalb der Verbindungslinie von Phantom und Lichtquelle befindet —, ist schließlich nur natürlich zu erwarten. Wir besitzen ausführliche Berichte, die diesen Umstand aus eigenem Antrieb mit großer Ausdrücklichkeit vorbringen, einen Umstand (sollte man meinen), der schwerlich Erwähnung finden würde, wenn er nicht zur Zeit der Erscheinung selbst für sich aufgefallen wäre und Eindruck gemacht hätte.

Eine Mrs. P. beschreibt uns die Gestalt eines Herrn in Marineuniform, die in ihrem Schlafzimmer um 1/2 10 Uhr abends auftrat, während sie halbsitzend in ihrem Bette die Angelegenheiten des nächsten Tages überdachte. Entsprechend der

---

1) S. zB. Pr X 75. 77. 2) Pr X 188; vgl. das. 75, und H. D. Jenckens Zeugnis im Bericht des Kom. d. Dialekt. Ges. (deutsch) II 19.

Stellung der Lampe 'war das Gesicht für mich im Schatten' (wobei also Teile des Phantoms andere Teile beschatteten). Sie berührte ihres Mannes Schulter, mit der ganz ruhigen Frage: Willie, wer ist das? Worauf sich dieser umwandte und den vermeintlichen Eindringling anschrie, der darauf zweimal den Namen des Ehemanns 'mit gebieterischer und vorwurfsvoller Stimme' aussprach. Die Gestalt bewegte sich darauf auf die Wand zu; 'als sie an der Lampe vorüberkam, fiel ein tiefer Schatten in das Zimmer, als hätte ein körperliches Wesen durch Dazwischentreten seines Leibes das Licht abgeschnitten'. Die Gestalt verschwand dann 'in die Wand hinein'. Sie stellte den Vater des Perzipienten dar und ihr Ausruf vermittelte diesem eine z. Zt. äußerst wichtige Warnung.[1]

Fragen wir nun aber, wie sich Erscheinungen, die man mit Gewißheit für Halluzinationen hält, in eben dieser Hinsicht verhalten, so finden wir, daß auch sie wenigstens genügende 'Dichtheit' besitzen, um soz. 'hinter' ihnen liegende Gegenstände zu 'verdecken'. So beschreibt Prof. G. Lyon Turner vom Lancashire Independent College in Manchester die Vision eines zehnarmigen Kronleuchters (!) an der Decke seines Schlafzimmers, welche an ihrer Stelle verharrte, wenn er seinen Kopf bewegte, und die dahinter gelegenen Gegenstände verdeckte oder sehen ließ, 'genau so, wie ein wirklicher Kronleuchter [an seiner Stelle] getan hätte'.[2] Der Psychologe drückt dies technisch so aus, daß jede 'völlig exteriorisierte' Halluzination einem wirklichen Gegenstande auch darin gleiche, daß sie ihre Stelle im Gesichtsfelde für sich allein beansprucht; eine Halluzination, die andere Dinge hinter sich erkennen läßt, sei eben nur unvollständig ausgebildet. Diese Tautologien mit Anschauungen konkreter Vorgänge zu erfüllen, fällt ihm aber nicht leicht, und der Versuch verwickelt alsbald in die streitenden Theorien über den zentralen (Gehirn-beschlossenen) oder peripherischen, retinalen (auch die Netzhaut beanspruchenden) Ursprung der Halluzinationen überhaupt. Die Einzelheiten dieses Problems möchte ich dem Leser und mir nach Möglichkeit ersparen: die Tatsachen nötigen in jedem Falle zu ziemlich verwickelten Annahmen, vor allem angesichts von Phantomen, die sich in Bewegung befinden. Eine retinale Theorie müßte hier offenbar einen Ablauf stetig wechselnder, absonderlich umgrenzter Erregungen der Netzhaut vom Zentrum her voraussetzen, die gleichzeitig die so erregten Stellen derselben allen äußeren Einwirkungen entzögen. Aber auch unter der Voraussetzung rein zentralen Ursprungs würde es sich fragen, ob die Tatsache des 'Verdeckens', also des Fehlens jedes gleichzeitigen Teilbildes der Wirklichkeit an dem jeweiligen Orte des Phantoms nicht eine ebenso verwickelte, von Augenblick zu Augenblick wechselnde Hemmung der Netzhautelemente vom Gehirn aus anzunehmen nötige. Die Verfasser des Zensus-Reports, die sich für die zentrale Theorie der Halluzination entscheiden[3], glauben diese An-

1) Pr VI 26ff. Vgl. Home 291, und Mrs. W.s Beob. in Pr X 188. 2) Gurney I 490.
3) Pr X 136ff.

nahme machen zu müssen.[1] Aber soweit ich sehe, ziehen sie dabei bewegliche Phantome nicht in Betracht. Um der Verwicklungen willen, die diese in das Problem bringen, möchte ich von einer solchen Hemmung der Netzhaut theoretisch absehen und an eine rein psychische Ablenkung der Aufmerksamkeit durch den am stärksten fesselnden Wahrnehmungsinhalt, nämlich das Phantom, denken.

Was nun aber das Schattenwerfen solcher 'völlig exteriorisierter' Halluzinationen anlangt, so kann man es natürlich nicht als unmittelbar mit dieser Vollausbildung gesetzt betrachten. Ein Schatten muß fallen, wie ihn eine Lichtquelle vorschreibt, die nichts mit der Halluzination selbst zu tun hat. Handelt es sich wirklich um Halluzination, so kann er natürlich wieder nur das Erzeugnis einer unbewußten 'Erwartungssuggestion' sein, die der Natürlichkeit der Erscheinung in allem übrigen entspringt. Für diese Annahme fehlt es nicht an Bestätigungen. Mrs. Verrall zB., eine vorzügliche Visualisiererin, konnte die Gebilde ihrer optischen Phantasie veranlassen, Schatten zu werfen, wenn sie sich vorstellte, 'daß sie wirkliche Dinge sehe und nicht Gedächtnis- oder Phantasiebilder'; wo sie dann auch einen ganz bestimmten Abstand von ihr hatten. Ohne diese besonders hinzutretende Vorstellung waren sie zwar so lebhaft gefärbt wie wirkliche Dinge, aber unkörperlich flach, und warfen keinen Schatten.[2] Schwierigkeiten erwachsen dieser Deutung allenfalls in den Fällen, da die Wahrnehmung eines Schattens der Wahrnehmung des Phantoms vorausgeht. Der Zensus-Bericht enthält zwei solche Fälle, und wir finden den einen ohne ein weiteres Wort der Begründung als Beispiel für die suggestiv-systematisierende Rolle der Erwartung verwendet, gleichzeitig mit einem andern Falle, in welchem die Wahrnehmung des Schattens der Erscheinung folgt und der darum fraglos als ein solches Beispiel verwendet werden darf.

Jener erste Bericht stammt von Miss A. S. und beschreibt, wie sie eines Abends etwa um 11 im Empfangszimmer eines Virginischen Landhauses saß, während der Mondschein von ihrem Rücken her durch die offene Tür ins Zimmer strömte. 'Der Schatten einer menschlichen Gestalt fiel auf den mondbeschienenen Fußboden. Den Kopf halb wendend, erblickte ich eine hochgewachsene Frau in Weiß, mit dem Rücken zu mir gekehrt [von der Perzipientin irrtümlich für ihre Base gehalten, die kurz zuvor bei ihr gesessen]. Ich richtete eine gleichgültige Bemerkung an sie. Sie gab keine Antwort und ich wandte mich nun völlig zu ihr hin. Sie ging darauf aus der Tür die Eingangsstufen hinab...'[3]

Am aussichtsvollsten einem solchen Bericht gegenüber erscheint der Einwand — und vielleicht war dies die Meinung der Verfasser des Reports —, daß der Schatten 'primär' die Halluzination ausmache, die Wahrnehmung der Gestalt beim Wenden des Blickes aber das suggestive Er-

1) Das. 188. 2) Pr VIII 480. 3) Pr X 187 f.

gebnis der Erwartung darstelle. Aber der Einwand würde versagen, wenn das Phantom, das seinen Schatten vor sich hersendete, als die sinnvolle 'Erscheinung' eines Lebenden oder Toten erweisbar wäre (was sie in Miss S.s Falle allerdings nicht gewesen zu sein braucht). Daß eine beliebige subjektive Halluzination in der Wahrnehmung eines menschlichen Schattens bestehen könne, ist nicht zu leugnen; und am Ende auch nicht, daß ihr die Halluzination einer Gestalt folgen könne, die nach vertrauten Gesetzen diesen Schatten hätte werfen können. Daß aber eine 'wahre', also telepathisch erregte Halluzination mit der Wahrnehmung eines unerkannten, schier gestaltlosen Schattens beginnen und danach erst in der Erscheinung des Agenten gipfeln solle, ist eine reichlich gekünstelte Annahme. Denn der Schatten einer Gestalt bedeutet nicht eine unvollkommene Entwicklungsstufe dessen, was als die subjektive Ausgestaltung der telepathischen Einwirkung aufzufassen wäre, sondern ein in sich völlig selbständiges und nur in der Ordnung der Wirklichkeit abgeleitetes Element äußerer Wahrnehmung, das eben darum irgendwelchen Sinn erst erhält, nachdem seine 'natürliche' Bedingung schon gegeben ist. Der Zensus-Bericht selbst enthält nun merkwürdigerweise einen solchen Fall, der aber wegen eines sonstigen Nebenumstandes anders rubriziert wurde.

'Ich saß', schreibt Miss H. Wilson, die Hauptperzipientin, '[am Sonntagabend] zwischen 7 und 8 mit dem Rücken der mir näheren von zwei Kerzen zugewendet, [die auf dem Tische brannten und] deren Licht auf mein Buch fiel. Plötzlich verschwand das Licht, so daß ich nicht weiterlesen konnte. Ich blickte mich rasch um und sah einen dunklen Schatten [etwa vom Durchmesser eines menschlichen Körpers] zwischen mir und den Kerzen hindurchgehen. Der [fast schwarze] Schatten war so kompakt, daß er fast wie aus [festem] Stoff zu bestehen schien, aber ich nahm keinerlei Gestalt wahr. Wir beide, [mein Vetter F. T. und ich] riefen aus: Ich glaubte, beide Kerzen wären im Verlöschen, und F. sagte: Mir schien es von der Türe herzukommen. Nachdem der Schatten vorüber war, waren die Kerzen vollkommen hell und reglos...' Hier ist einiger Grund vorhanden, die Erscheinung mit einem bestimmten Ereignis in Verbindung zu bringen; denn in derselben Nacht um 3 Uhr starb der Bruder der dritten anwesenden Person, Mrs. H., die aber infolge ihrer Stellung und Haltung von einer Mitwahrnehmung ausgeschlossen gewesen zu sein scheint.[1] Hier entspricht natürlich der im 'Bericht' sog. Schatten dem (anscheinend nur undeutlich wahrnehmbaren) Phantom; während die anfängliche Verdunkelung des Lichtes den hier erörterten (geworfenen) Schatten darstellt. Wir werden ohnehin in der Folge Gründe sehen, einen anscheinend gestaltlosen Schatten, wie er hier beschrieben wird, als Äquivalent eines gestalteten Phantoms zu betrachten.

Die Annahme einer 'unterbewußten' Ausgestaltung des ganzen Vorgangs (natürlich auf telepathische Beeinflussung hin), d. h. die Annahme der 'natürlichen', situationsgemäßen Halluzinierung erst eines Schattens

1) Das. 313 f.

und dann des räumlich entsprechenden Phantoms, welches soz. schon vor der einleitenden Wahrnehmung des Schattens durch die unterbewußte Phantasie lokalisiert worden wäre — eine solche Annahme könnte zwar auch Fälle wie die letzten erledigen, die ja überdies äußerst selten zu sein scheinen. Wären sie häufiger und im entscheidenden Bestandteil genügend verbürgt, so würden wir allerdings in die Lage kommen, die Künstlichkeit der eben angedeuteten Auslegung gegen die Schwierigkeiten der Annahme objektiver Phantome abzuwägen. —

Ähnliche Überlegungen könnte man schließlich auch auf jene andere Besonderheit gewisser Phantome anzuwenden versucht sein, welche derjenigen des Schattenwerfens theoretisch ähnlich ist: das Gespiegeltwerden. Der Zensus-Bericht enthält einen Fall, in welchem die Perzipientin, Mrs. T. E., ganz unerwartet das Phantom einer Frau durch ihr Zimmer gehen sieht (das Haus hatte den Ruf der Spukigkeit), welche Gestalt 'so deutlich war, daß, als sie ihre Augen auf den Spiegel an der Wand des Saales ein wenig zu ihrer Rechten fallen ließ, sie die Seite oder das Profil der Gestalt darin gespiegelt sah'.[1] Diese Sachlage würde offenbar der Wahrnehmung eines Schattens neben oder nach der Wahrnehmung einer Gestalt entsprechen (ist doch auch ein Schatten selbst nur die Aufhebung — oder Verlegung — einer Reflexion des Lichtes) und würde dieselbe Deutung herausfordern. Aber auch hier findet sich der seltsamere Fall, daß das Spiegelbild vor dem Urbild wahrgenommen wird.

Dieser Art erwähnt der Bericht drei Fälle, von denen er einen ausführlich mitteilt. Das Phantom einer Verstorbenen wurde von der Perzipientin, die an sie im Augenblick nicht dachte, in einem Spiegel, wie 'an der Tür stehend', reflektiert gesehen und beim Wenden des Kopfes ebendort direkt erblickt.[2]

Ein anderer Bericht enthält dieses Element zwar nur aus zweiter Hand, hat aber andere Vorzüge, die ihn merkwürdig erscheinen lassen. — Miss Du Crane erzählt, daß sie am Abend des 1. Nov. 1889, zwischen $9^1/_2$ und 10 Uhr in ihr Schlafzimmer hinaufgegangen war, von dem eine offene Tür in ihrer Mutter Schlafzimmer führte. 'Das einzige Licht war der Schimmer, der in beide Zimmer durch die venezianischen Rollvorhänge drang. Während ich am Kaminsims stand, erschrak ich über das plötzliche Erscheinen einer Gestalt, welche geräuschlos aus dem Außenzimmer auf mich zuglitt. Die Erscheinung war die eines jungen Mannes von mittlerer Größe in schwarzer Kleidung und Hut. Sein Gesicht war sehr blaß, die Augen niedergeschlagen, wie die eines tief Nachdenkenden, der Mund von einem Schnurrbart beschattet. Das Gesicht war ein wenig leuchtend, was mich instandsetzte, die Züge deutlich zu unterscheiden, obgleich wir z. Zt. sehr wenig Licht hatten. Die Erscheinung glitt weiter auf meine Schwestern zu, welche innerhalb des Zimmers ganz nahe der Außentür standen und die gerade ihres Reflexes im Spiegel gewahr geworden waren. Einige Zoll von ihnen verschwand sie so plötzlich, wie sie gekommen. Während die Gestalt an uns vorüberglitt, fühlten wir deutlich eine

---

1) Das. 186. 2) Das. 187.

kalte Luft, welche sie zu begleiten schien. Eine meiner Schwestern sah die Erscheinung nicht, da sie sich gerade abgewandt hatte, fühlte aber die kalte Luft.'[1]

Ich sagte, man könnte versucht sein, solche Beobachtungen ähnlich zu beurteilen wie Berichte über schattenwerfende Phantome. Indessen stehen sie augenscheinlich nicht auf einer Stufe. Denn was dem Schatten abging: das An-sich-selber-Sinn-haben, das geht einem im Spiegel wahrgenommenen Phantom eben nicht ab. Im Gegenteil: eine halluzinatorische Theorie könnte ein im Spiegel gesehenes Phantom gerade für das ganze Ergebnis des telepathischen Eindrucks erklären, das danach im Raume wahrgenommene aber für eine suggestive Nachgeburt. Ist doch das bloße Blicken in den Spiegel, ähnlich der Verwendung von Glaskugeln oder Flächen spiegelnder Flüssigkeiten, ein bewährtes Mittel, die Ausbildung von Halluzinationen zu befördern. Wenn solche Einwände, auf Miss Du Cranes Erzählung angewendet, nicht recht überzeugen wollen, so liegt das an einer andern Eigentümlichkeit des Falles; daran nämlich, daß das Phantom von Mehreren in übereinstimmender Weise wahrgenommen wurde und daß sich die Wahrnehmung des Spiegelbildes anscheinend in diesen ganzen Zusammenhang von Wahrnehmungen natürlich einordnete.

Damit aber betreten wir neuen Boden. Es entsteht die Frage, ob eine solche gleichzeitige Wahrnehmung durch mehrere Perzipienten — eine kollektive Wahrnehmung — nicht an sich einen Beweisgrund zugunsten objektiver Phantome enthalte. Wird doch in gewissen erkenntnistheoretischen Erörterungen der Begriff der Objektivität eines Dinges geradezu dadurch bestimmt, daß es für jede beliebige Anzahl von Subjekten eine ständige 'Wahrnehmungsmöglichkeit' bilde.

Der Ausdruck Kollektivwahrnehmung hat eine geringe Zweideutigkeit an sich, sofern man auch solche Phantome als kollektiv-wahrgenommen bezeichnet, die in verschiedenen Zeitpunkten von verschiedenen Perzipienten beobachtet wurden, wie dies zB. mit Spukgestalten an bestimmten Örtlichkeiten meist der Fall ist. Beschränken wir aber den Begriff (mit geringen Ausnahmen) auf solche Phantome, die gleichzeitig von Mehreren wahrgenommen werden, so enthält die kritischer sichtende Literatur auch von dieser strenger umschriebenen Gattung sehr zahlreiche Fälle. Einige kurze Beispiele mögen zunächst den massenhaft vertretenen Typ verdeutlichen.

Das erste, von Miss Emma M. Pearson berichtet, gehört in die Klasse jener zahlreichen Erscheinungen, die nach dem Volksglauben einen Tod in der nächsten Verwandtschaft anzeigen. Miss Pearson war z. Zt. in Gemeinschaft mit zwei Damen ihrer Verwandtschaft, Mrs. Coppinger und Mrs. John Pearson, mit der Pflege ihrer schwerkranken Tante, Miss Harriet Pearson, beschäftigt. In der Nacht des 22. Dez.

---

1) Aus JSPR März 1892 bei Podmore, Stud. 275.

1864 befand sich Mrs. John Pearson am Bett der Kranken, während die Erzählerin und Mrs. Coppinger in einem anstoßenden Zimmer in ihren Betten lagen. 'Das Haus war auf den Treppen und ihren Absätzen erleuchtet, unsere Tür weit offen. Etwa um 1 oder 2 Uhr früh am Morgen des 23. Dez. fuhren Mrs. Coppinger und ich im Bette hoch; wir waren beide wach, da wir auf jedes Geräusch im Nebenzimmer achteten. Wir sahen Jemand an der Tür vorübergehen, klein von Wuchs, in ein altes Umlegetuch gehüllt, eine Perücke mit drei Locken auf jeder Seite und eine alte schwarze Haube auf dem Kopf. Mrs. Coppinger rief aus: Emma, steh auf, das ist Tante Ann [die sechs Jahre zuvor verstorbene Schwester der Kranken]. Freilich, sagte ich, dann wird Tante Harriet heute sterben. Wir sprangen auf und Mrs. John Pearson kam aus dem Krankenzimmer gestürzt und sagte: Das war die alte Tante Ann; wo ist sie hingegangen?...' Niemand wurde gefunden. Die Magd lag im oberen Stock in Schlaf. Miss Harriet Pearson starb um 6 Uhr nachmittags desselben Tages.[1]

Der folgende Fall verbindet das Merkmal der Kollektivität mit dem eines leidlich lebendigen Benehmens und wahrer, aber dem Perzipienten bisher unbekannter Einzelheiten der Erscheinung.

Mme Obaleschew berichtet, daß sie am 17. Jan. 1861, 11 Uhr abends, in Odessa wach und gesund im Bette liegend, ihrer Magd befohlen hatte, ihr das einmonatige Kind zu reichen, das zu weinen begonnen, und es zu stillen angefangen hatte, als sie, die Augen 'zufällig auf die Tür richtend, die mir gegenüber lag, langsam [meinen Schwager Nikolai Nilowitsch Sikow] eintreten sah, in Pantoffeln und einem Schlafrock aus karierter *bayette*, in dem ich ihn noch nie gesehen hatte. Sich dem Lehnstuhl nähernd [der neben dem Bette nahe dem Kissen stand], und sich auf dessen Armlehnen stützend, stieg er über die Füße der Magd [die sich neben dem Bett auf den Fußboden gesetzt hatte, das Gesicht nach dem Lehnstuhl gerichtet und die Füße unter diesen gestreckt] und setzte sich langsam in den Sessel. In diesem Augenblick schlug die Standuhr 11. Da ich gewiß war, daß ich deutlich meinen Schwager sah, wandte ich mich an die Magd mit dieser Frage: Du siehst, Claudine? ohne aber meinen Schwager zu nennen. Die Magd, vor Schrecken zitternd, erwiderte mir sofort: Ich sehe Nikolai Nilowitsch. Bei diesen Worten erhob sich mein Schwager langsam, überstieg von neuem die ausgestreckten Füße der Magd, wandte sich und verschwand hinter der Tür, die in den Saal führte...' Mme O. hatte dies Erlebnis der Schwägerin brieflich mitgeteilt, bevor sie die Nachricht erhielt, daß N. N. Sikow am selben Tage (den 17. Jan.) in Twer gestorben sei. Es stellte sich ferner heraus, daß der Verstorbene sich eine Woche vor seinem Tode einen Schlafrock von dem beschriebenen Muster hatte anfertigen lassen und diesen im Augenblick des Todes trug.[2]

Ganz abgesehen nun von der Möglichkeit, daß der Perzipient eines Phantoms einen Anwesenden durch ungewollte Winke in Worten oder Gesten zu einer der seinen ähnlichen Halluzination veranlasse, liegt es auf der Hand, daß ein telepathischer 'Impakt', wie er einen Abwesenden

---

1) Pr. VI 20 f. 2) Pr X 218f. Vgl. das. 347; III 127 u. a. Vgl. auch den eigenartigen Fall achtfacher Perzipienz bei Gurney II 213.

treffen und zum Halluzinieren veranlassen, so auch diese Wirkung bei Zweien oder jeder beliebigen andern Anzahl von Personen haben kann; oder daß ein einziger primärer Empfänger des Impakts seinerseits die Halluzination auf andere Anwesende telepathisch übertragen kann.[1] Trotz des Bedenkens, daß direkte Übertragung von Halluzinationen dort nicht beobachtet werde, wo sie sich am leichtesten zeigen könnte — wie bei Geisteskranken sogenannter *folie à deux* oder bei Epileptischen, die selbst ihre Anfälle aufeinander übertragen[2] —, wird sich die Tatsache nicht abstreiten lassen: beweist uns doch der Zensus-Bericht mit Zahlen, daß in der Klasse der unzweifelhaften Halluzinationen, welche leblose Gegenstände zum Inhalt haben, die kollektiven Falle verhältnismäßig häufiger sind, als Halluzinationen von solchem Inhalt überhaupt.[3] Damit scheint jeder Grund zu entfallen, von der bloßen Kollektivität auf Objektivität zu schließen.

Dieser Schluß würde noch verfehlter erscheinen, wenn die gleichzeitigen Wahrnehmungen in kollektiven Fällen sich als verschieden erwiesen, während eine solche Mannigfaltigkeit der Bilder offenbar nicht gegen ihre telepathische Übertragung von einem Perzipienten auf den andern zu sprechen brauchte, indem der telepathische Eindruck von jedem Einzelnen verschieden verarbeitet werden könnte.

Allerdings scheint mir vieles von dem, was unter dieser Rubrik — Ungleichheit kollektiver Wahrnehmung — berichtet wird, den eigentlichen Punkt zu verfehlen, der aus dieser Tatsache einen Beweis für Subjektivität machen könnte. Der Zensus-Bericht enthält zB. einen Fall, in welchem B eine Gestalt durchs Zimmer fliegen sieht, C eine 'Anwesenheit' empfindet und 'etwas wie sehr leise Musik' hört.[4] Andere Fälle werden erwähnt, in denen B eine Tür sich öffnen, C außerdem ein Phantom eintreten sieht; oder B Fußtritte hört, während C das Phantom wahrnimmt, das sie zu verursachen scheint; oder B sich berührt fühlt, C ein Phantom die Berührung ausführen sieht. Aber keine von diesen Beobachtungen enthält, was der Subjektivist erwarten müßte: einen Widerspruch der Wahrnehmungen von B und C in sich selbst; im Gegenteil, wo die beiderseitigen Wahrnehmungen sich nicht geradezu ergänzen, widersprechen sie jedenfalls nicht der Voraussetzung einer ungleichen Befähigung zur Wahrnehmung von B und C.

Andere Einzelheiten der Kollektivität scheinen geradezu vor einer subjektivistischen Unterschätzung dieses Tatbestandes zu warnen. Ich denke hierbei zB. an die Tatsache, daß unter den Perzipienten kollektiver Fälle sich häufig auch Tiere finden.

Ich finde es unmöglich, in der mir gebotenen Kürze dem Leser durch Beispiele, deren eine ungewöhnliche Fülle zur Verfügung steht, auch nur annähernd ein Ge-

1) Vgl. Gurney II 169—72; das. die Vermutung gelegentlicher Latenz bei dem eigentlichen 'Adressaten' der telep. Beeindruckung! (Gurneys Begriff der 'Quasi-Kollektivität'!) Vgl. hierzu die Fälle I 214. 524; II 61. 216. 255f. 2) Myers, bei Gurney II 279ff. 3) Pr X 323. 4) Das. 317f. Vgl. auch Gurney II 180; Pr III 89.

fühl der schlechthinnigen Gewißheit zu vermitteln, womit ich diese Tatsache behaupte. Ich darf sagen, daß in jedem einzelnen Falle, dessen ich mich entsinnen kann, in welchem die Anwesenheit eines Tieres berichtet wird in einer Stellung, welche die Wahrnehmung des Phantoms gestattet hätte, dieses Tier durch sein Verhalten auch unzweideutig sein Mitwahrnehmen bezeugt habe. Der naheliegende Einwand, daß erst das Betragen der menschlichen Perzipienten die Tiere zu einem Verhalten veranlasse, das wir fälschlich für eine Äußerung oder Folge ihrer Mitwahrnehmung ansehen, wird durch zwei Überlegungen widerlegt: Einmal geht die Reaktion der Tiere auf das Phantom in zahlreichen Fällen weit über das Maß der Unruhe oder dergleichen hinaus, das man in ihnen durch Äußerungen des Schreckens oder der Verstörtheit ihrer Herren veranlaßt denken könnte: Niemand wird vernünftigerweise behaupten, daß die erstaunte Geste, das Zittern, der unwillkürliche Ausruf eines menschlichen Perzipienten ein anwesendes Tier veranlassen könnte, wie wahnsinnig nach einem Ausgang zu suchen oder mit gesträubten Haaren und in Schweiß gebadet sich unter Möbeln zu verkriechen.[1] Sodann aber widersprechen dem obigen Einwand diejenigen kollektiven Fälle, in denen die Wahrnehmung des Tieres derjenigen der menschlichen Anwesenden augenscheinlich vorausgeht. Die Verfasser des Zensus-Berichtes, die mehrere Beobachtungen dieser Art anführen,[2] suchen ihnen mit der Erwiderung zu begegnen, daß hier eben das Benehmen des Tieres — etwa eines Hundes, der aus beliebigem Anlaß in bestimmter Richtung blickt und knurrt — den suggestiven Anlaß zur Halluzination seines Herrn gegeben habe. Indessen wird diese Erwiderung hinfällig, so oft eine anderweitige Veranlassung der 'Halluzination' nachweisbar ist, diese zB. augenscheinlich auf einen Sterbenden zurückgeht. Und merkwürdigerweise enthält der Zensus-Bericht selbst einen solchen Fall![3]

Ist also die echte Mitwahrnehmung der Tiere nicht zweifelhaft, so ist es allerdings die Bedeutung dieser Tatsache für unser Problem. Um diese zu bestimmen, müßte über die Fähigkeit der Tiere zur telepathischen Beeinflussung und zur Halluzination Klarheit herrschen. Von der ersteren bin ich persönlich überzeugt durch Berichte, wonach Tiere den in der Ferne eintretenden Tod ihres Herrn mit gleichzeitigen Äußerungen heftigster Erregung begleiten; und man wird sie vielleicht gelten lassen, da sie ja hier dem Zweifler zu dienen bestimmt sind. Über die letztere weiß ich nichts zu sagen, glaube aber ihre Möglichkeit nicht *a priori* leugnen zu dürfen. Und so wird auch der Beitrag, den diese Gruppe von Fällen für unsern Problemzusammenhang liefert, zunächst wohl nur in einer verstärkten Mahnung liegen, den seltsam vieldeutigen Charakter der Tatsachen im Auge zu behalten und unsre Anschauungen vor übereilter Erstarrung zu bewahren.

Aber auch im Bereiche menschlicher Perzipienz ist die Tatsache der

1) Vgl. zB. die Fälle bei Gurney II 150; Flammarion 166f.; Dr. Schuppe in PS XXVI 658ff.; PS XXIII 255ff. 2) Pr X 326ff. (Im folklorist. Sinn vgl. hierzu Odyss. XVI, 115ff.)
3) Das. 227, ohne kritische Bedenken (auch gegen die Perzipienz des Hundes) unter death-coincidences abgedruckt, in der Erörterung der tierischen Mitperzipienz aber unerwähnt gelassen! — Vgl. auch den Fall bei Calmet I 274 (1. Hand).

Kollektivität Verwicklungen unterworfen, die unser Urteil in der gleichen Richtung beeinflussen. Die schon erwähnte Ergänzung der Wahrnehmungen mehrerer Perzipienten ist nämlich mitunter von einer besonderen Art, welche Objektivität der Wahrnehmung zu verbürgen scheint. Die Einzelwahrnehmungen greifen ineinander, stützen einander, wie die Wahrnehmungen eines objektiven Dinges im Raum durch mehrere Subjekte tun müßten. Häufig auch liegen derartige Einzelwahrnehmungen auf verschiedenen Sinnesgebieten; wir können dann — in gelehrter Redeweise — von bi- und trisensualer Kollektivität sprechen. Diese würde natürlich wieder am bedeutsamsten sein, wenn die Wahrnehmungen völlig gleichzeitig sind; schwächer, wenn sie kurz aufeinander folgen.[1] Ich gebe ein Beispiel dieser Art, in welchem freilich telepathische Beeinflussung der zweiten Perzipientin durch die erste nicht ausgeschlossen ist, um so mehr, als ein besonderer Grund zur Erscheinung des Toten gerade an diesem Tage nicht nachgewiesen ist.

Frl. L. A. Lister, zu Besuch bei ihrer vor einigen Wochen Witwe gewordenen Freundin, betrat auf der Suche nach einem Buch den Saal des Hauses. 'Ich sah zu meinem höchsten Erstaunen [den] Gatten am Tische sitzen; sein Ellbogen ruhte auf dem Tische, nahe dem Buch... Ich beschloß es zu holen und schritt darauf zu. Er schien zu lächeln, als kenne er meine Gedanken.' Nachdem sie das Buch der Freundin gebracht, 'ohne etwas von dem Erlebnis zu sagen', ging sie ins Bad, von wo aus sie nach '20 Minuten' die Freundin 'lachend' die Tür zum Saale öffnen, 'sehr bald' aber die Treppe in großen Sprüngen hinabeilen und 'wie wild' die Glocke im Eßzimmer läuten hörte. Als sie kurz darauf die völlig Erblaßte, Zitternde fragte, was vorgefallen sei, erhielt sie zur Antwort: Ich habe meinen Mann gesehen, ... oder wenigstens nicht wirklich gesehen, aber er sprach zweimal zu mir; ich rannte aus dem Zimmer und er folgte und legte seine kalte Hand auf meine Schulter. (Das letzte vielleicht ein Erzeugnis der Einbildung.)[2]

Wir sehen in solchen, natürlich unbefriedigenden Beobachtungen den Keimzustand jener mehr entwickelten Fälle von örtlich verankertem Spuk, in denen eine größere Zahl oft voneinander unabhängiger Perzipienten bald etwas sieht, bald hört, bald sich berührt fühlt. Es ist ja nicht zuletzt dies örtliche Element des Spukes, was ihm für die Objektivitätsfrage eine gewisse Bedeutung gibt. Von einer telepathischen Einwirkung möchte man eher erwarten, daß sie sich ihre Subjekte nach rein persönlichen Gesichtspunkten unabhängig von ihrer Anwesenheit hier oder dort aussuchen werde. Eine solche telepathische Beeinflussung könnte im Falle des Spuks nur entweder von dem Verstorbenen ausgehen oder von einem Lebenden, der sowohl den Verstorbenen als auch seinen ehemaligen Wohnort im Sinne hätte und das Bild des Toten auf diejenigen übertrüge, die diesen Wohnort betreten. Aber warum nur auf diese? Warum nur während dieser örtlichen Beziehung zum Toten? Und warum so häufig

1) Vgl. Pr III 89; X 309 unten. 2) Pr V 445.

auf Alle, die solche Beziehung eingehen, wo doch telepathische Empfänglichkeit bei weitem kein Gemeingut Aller ist? Es erscheint natürlicher, die Häufung der Wahrnehmungen vielmehr auf die Örtlichkeit selbst zurückzuführen. Diese aber ließe sich wohl nur so wirksam denken, daß sie entweder der Anlaß zu rückschauenden Halluzinationen, also zu hellsehenden Erlebnissen würde, geschöpft etwa aus dem allgemeinen Gedächtnis (A) — hieran möchte man besonders bei Spuken denken, die eine bildhaft-dramatische Szene mit mehr als einer Person enthalten[1] —, oder daß sie wirklich ein Überbleibsel des Spukenden objektiv-gegenwärtig enthielte. Die erstere Annahme würde die gleiche weitverbreitete Zugänglichkeit für übernormale Erkenntnisse voraussetzen, wie die telepathische Theorie des Spukes. Nur die Theorie des 'objektiven' Spukes käme um diese Annahme fast völlig herum. Die Kollektivität von Spukfällen ist nun freilich meist eine zeitlich-verstreute und mehrsinnige: der Typ, zu dem auch der letztangeführte Bericht gehörte. Damit aber fehlt ihm viel von der eindrucksvollen Natürlichkeit, die aus der Gleichzeitigkeit sich ergänzender verschiedensinniger Wahrnehmungen entstände. Doch wird auch diese letztere zuweilen beobachtet.

Eine Angabe solcher Art, aber zweiter Hand, findet sich zB. innerhalb der ausführlichen und sorgfältigen Berichte über den Spuk im Hause der Familie M. Hier sahen vier oder mehr Perzipienten während eines langen Zeitraums zu vielen Malen und meist unabhängig voneinander zwei verschieden aussehende Gestalten sich durch das Haus bewegen, hörten laute Klopftöne, sahen Türen sich öffnen und zuzeiten Licht, empfanden eine 'Anwesenheit', spürten einen eisigen Hauch in der Nähe der Phantome u. dgl. m. Eines Tages nun fühlte sich ein Besucher des Hauses, M. H. T., am Arm berührt, sah aber nichts. Einige Zeit darauf fragte er die Tochter des Hauses, ob sie an jenem Tage den Geist gesehen hätte. Sie sagte: Ja, ich sah ihn Sie am Arm berühren.[2]

Ein noch stärkerer Anschein objektiver Gegenwart könnte durch zwei Verwicklungen entstehen, deren die Tatsache gegenseitiger Ergänzung kollektiver Phantombeobachtungen fähig ist. In diesen beiden Gruppen würden die mehrfachen Wahrnehmungen durchaus so ineinander greifen, wie es einem wirklichen Gegenstand im Raum gegenüber ohne weiteres natürlich wäre, bei Halluzinationen auf Grund telepathischer Gemeinschaft aber nur vermöge eines äußerst sonderbaren Zufalls geschehen könnte. In der ersten dieser Gruppen würde ein kollektiv gesehenes Phantom seine Ansprüche auf objektive Anwesenheit dadurch steigern, daß es sich mehreren voneinander unabhängigen Perzipienten kurz nacheinander an so verteilten Stellen im Raume zeigte, wie ein wirkliches, im Raume sich fortbewegendes Wesen sie in den gleichen Zeitabständen einnehmen müßte. Man könnte diesen Tatbestand als sukzessionale Kollek-

1) S. zB. den Fall Pr VIII 178f.; vielleicht auch VI 60f. 2) Pr X 345.

tivität bezeichnen. Die Überzeugungskraft einer Kette von Berichten, wie sie hiernach zu fordern wäre, hinge augenscheinlich von vielen Zufälligkeiten namentlich genauester Zeitbestimmung ab, so daß wir sie nur in Glücksfällen erwarten dürfen. Ich weiß nicht, ob dieser Glücksfall irgendwo in der weitschichtigen Literatur in vollendeter Form gegeben ist. Leidlich nahe an das Ziel bringt uns ein Absatz in dem ausgezeichneten und sehr eingehenden Bericht über den Spuk im Mortonschen Hause.

Es handelt sich dabei um die Wahrnehmungen des 12. Aug. 1884. An diesem Tage, 'etwa 8 Uhr abends', schreibt Miss R. C. Morton, die wissenschaftlich geschulte Hauptberichterstatterin, 'während es noch ganz hell war, sang meine Schwester E. im hintern Saal. Ich hörte, wie sie unvermittelt innehielt, auf den Hausflur heraustrat und mich rief. Sie sagte, sie hätte die Gestalt, ... während sie am Klavier saß, dicht hinter sich gesehen. Ich ging mit ihr in das Zimmer zurück und sah die Gestalt an ihrem gewohnten Platz im Erkerfenster ... [Nach etwa 10 Minuten] ging sie durchs Zimmer, dann den Gang entlang und verschwand .. durch die zum Garten führende Tür. Meine Schwester M. kam darauf[1] aus dem Garten herein und sagte, sie hätte die Gestalt draußen gesehen, während sie [Miss M.] die Küchentreppe heraufstieg. Wir alle drei gingen daraufhin in den Garten hinaus, als Mrs. K.[2] aus einem Fenster des ersten Stockes uns zurief, daß sie [die Gestalt] soeben den Rasen vor dem Hause habe überqueren sehen und längs dem Fahrweg nach dem Obstgarten zu gehen.'[3] — Die dem Gesamtbericht beigefügten Pläne scheinen sich mit der Auffassung der drei Wahrnehmungsbilder als aufeinanderfolgende Teile einer einheitlichen Gesamtbewegung sehr gut zu vertragen, wennschon Miss Morton, falls sie die Wichtigkeit unserer Frage gekannt hätte, ihnen wahrscheinlich einige weitere Bezeichnungen beigefügt hätte, durch die ihre Verwendung im Zusammenhang mit der obigen Stelle des Berichtes gefördert worden wäre. Immerhin finden wir, daß ein Zimmer, in welchem die Gestalt gelegentlich 'von Mr. und Mrs. K. gesehen worden war' und das darum wahrscheinlich das Schlafzimmer dieses Ehepaares und das Zimmer war, aus dessen Fenster Mrs. K. die oben erwähnte Wahrnehmung machte, über der 'zum Garten führenden Tür' und gewissermaßen auf dem Wege von dieser dem Fahrweg entlang zum Obstgarten gelegen ist. Die erwähnte Küchentreppe, die augenscheinlich ins Kellergeschoß führt, befindet sich in dem kleinen Vorbau des Hauses, der auch die Gartentür enthält. Es ist somit wahrscheinlich, daß durch ein Fenster dieses Aufgangs der Raum außerhalb der Gartentür zu überblicken gewesen sei. —

Die zweite Gruppe von Verwicklungen, durch welche die Tatsache der Kollektivität für unser Problem entscheidende Bedeutung gewinnen könnte, beruht auf der Möglichkeit, daß ein Phantom gleichzeitig von mehreren Perzipienten aus solchen Stellungen wahrgenommen werde, daß ihre Wahrnehmungen zwar verschieden sind, sich aber stereoskopisch ergänzen. Auch von diesem Tatbestand, den ich daher als stereoskopische Kollek-

---

1) then. Wir erfahren leider nicht, eine genau wie große Zeitspanne das Wort bezeichnet.
2) Die älteste, verheiratete der Schwestern. 3) Pr VIII 317. Vgl. auch den Pr III 146 von Mrs. Sidgwick besprochenen Fall.

tivität bezeichnen möchte, kann man sagen, daß im Falle telepathisch-halluzinatorischer Phantome nur der sonderbarste Zufall ihn erzeugen könnte, dessen Wahrscheinlichkeit überdies mit der Häufung solcher Fälle sehr schnell abnehmen müßte. Anderseits sind die Anforderungen an Genauigkeit und Ausdrücklichkeit der Berichte hier wieder besonders hohe, und es läßt sich erwarten, daß die theoretische Ahnungslosigkeit der meisten Perzipienten gerade die Berichte, die hier Wert gewinnen könnten, im Entstehen verdorben haben wird. Ich kenne denn auch nicht einen Fall in der Literatur, der das Ideal eines solchen Berichtes in einwandfreier Weise verwirklichte. Diejenigen, die ihm am nächsten kommen, versagen an der Stelle, wo eine gesteigerte Ausdrücklichkeit entscheidend gewesen wäre.

Die folgende Beobachtung mag dieses Versagen am entscheidenden logischen Ort verdeutlichen. Nach dem bei Gurney abgedruckten Bericht sieht A, während er eine schwierige Flötenmusik spielt, 'einen Schatten von etwa grauer Farbe neben mir zur Rechten stehen, etwas schräg vor mir. Ich sah nicht die ganze Gestalt, sondern was ich sah, war ein Teil eines schattenhaften Gesichts, die Umrißlinie der Stirn und Nase, des Mundes, Kinnes und ein Teil des Halses...' Er äußert aber nichts, bis B, die ihn begleitet, unabhängig äußert, sie habe 'Jemand hereinkommen gefühlt: ich sah Rücken und Schultern der Gestalt eines Mannes, sie ging wie ein Schatten hinter dir vorüber, stand zu deiner Rechten und verschwand dann.'[1] Eine Angabe hätte den Beschreibungen der beiden Perzipienten zu stereoskopischer Ergänzung verhelfen können: die Angabe der Stellung, in der sie selbst sich zueinander befanden. Aber wir schauen vergeblich nach Aufklärung darüber aus.[2]

Und so wird, wie ich fürchte, auch die Erörterung der stereoskopischen und damit der Kollektivität insgemein mit einem Fragezeichen abschließen. Auch würde ich mich nicht wundern, wenn nicht nur sie, sondern die bisherigen Erörterungen dieses Kapitels überhaupt dem Leser einigermaßen quichotisch erschienen wären. Trotz aussichtsreicher Ansätze liefen sie ja durchweg in die Zugestehung möglicher Wegdeutungen aus und erschienen nirgends stark genug, das überwältigende Vorurteil gegen die Objektivität von Gespenstern zu überwinden. Nun kann man gewiß diese Ansätze verschieden einschätzen. Einige der wiedergegebenen Beispiele scheinen mir dem gar zu eilfertig totgesagten Problem entschieden neue Lebenskraft zuzuführen. Aber wäre dies auch noch so sehr eine Überschätzung: ich würde die lange Erörterung nicht bedauern, wenn sie nur deutlich gemacht hätte, auf welcherlei Punkte die Beobachtung von Phantomen zu richten wäre, um die Frage im Fluß zu halten.

---

1) Passed across behind you. — Gurney II 200f. Nur impliziert, nicht ausgesprochen ist stereoskop. Kollektivität in dem Falle bei Perty, Spir. 307ff. 2) Die umgekehrte Unterlassung im Fall Nr. 324, Gurney II 205. Vgl. auch den Fall Wilmot o. S. 512f.

L.

Objektive Wirkungen von Phantomen.

In Wahrheit freilich sind die wichtigsten Kriterien jener strittigen Objektivität bisher noch kaum berührt worden. Was liegt zB. näher, als zu fragen, ob nicht Gespenster Wirkungen an den Sachen im Raum hervorbringen, ob sie nicht zB. materielle Gegenstände bewegen oder zerstören können, und etwa dann durch solche Leistungen auch jenes eigene innere Leben bekunden, das für gewisse Phantome durch das eigene Bewußtsein des Exkurrierenden verbürgt scheint?

Wir sind dieser Frage bisher am nächsten gekommen, als von Berührungen durch Phantome die Rede war. Immerhin ist es vor allem der Laie, der eine Berührung nicht ebenso leicht als Halluzination betrachten zu können glaubt, wie eine Gesichtswahrnehmung; eine Abneigung, die sich freilich nur steigern kann, wenn die Berührung die extreme Form empfangener Hiebe annimmt, wenn zB. auf die Wahrnehmung eines Schattens und die Empfindung seines Gewichtes ein Schlag zwischen die Augen folgt, der des Perzipienten — man möchte hier sagen: des Rezipienten Nase anschwellen läßt.[1]

Aus einem Spukhause stammt die Angabe einer Mrs. W., daß während sie 'abends im Dunkeln die Treppe herabkam, [sie] einen kräftigen Klaps auf dem Rücken fühlte...' In demselben Hause war zu verschiedenen Malen die Gestalt eines Mannes gesehen und gesprochene Worte — 'ich kann es nicht finden' — von Mehreren gleichzeitig gehört worden.[2] — In Flammarions Sammlung behauptet ein gewisser A. Michel, er habe als 12jähriger Knabe 'genau um die Stunde', da seine Großmutter starb, gegen $^1/_2$8 Uhr abends, als er bereits ins Bett gesteckt war, 'eine Ohrfeige von außerordentlicher Gewalt erhalten. Ich habe auf der rechten Backe über 6 Monate lang den Eindruck einer rechten Hand behalten, der besonders nach dem Spiel bei gerötetem Gesicht sehr deutlich war, wie Hunderte von Personen feststellten, indem der Abdruck der Hand weiß abstach.'[3]

Kann aber nicht einmal das Verbleiben einer Spur — die schon fast einer objektiven Wirkung ähnelt — einen zwingenden Grund gegen die halluzinatorische Natur solcher Berührungsempfindungen liefern, wenn wir an die stigmatisierende Wirkung mancher Suggestionen, also subjektiver Vorstellungsgebilde denken, so erst recht nicht die bloße 'Kraßheit' solcher Erfahrungen.

Den Weg von hier zu strenger gegenständlichen Wirkungen von Phantomen möchte ich nun über gewisse Beobachtungen nehmen, die zunächst den Begriff des gehörten Gespenstes nicht überschreiten. Gehörte Phan-

1) Crowe 285. 2) Pr III 103f. Einen Fall von 'sehr deutlichen' Berührungen an verschied. Körperstellen als 'Todesanzeige' s. Owen, Footfalls 276. Vgl. auch Pr X 204f. 3) Flammarion 183f. (Nr. CLV). Vgl. die 'Ohrfeige', welche M. D.... in einem Spukhause nahe Castelnaudary erhielt: Rev. Spirite III (1860) 50, und den Bericht BP III 182 ('fernwirkende' Fauststöße einer in 'magnetischem Schlafe' Liegenden).

tome lernten wir bisher nur als redende kennen, und fanden es leicht, das Hören als Halluzinieren zu deuten. Das gehörte Gespenst, von dem hier die Rede ist, kann auch als ein halluziniertes gedacht werden, unterscheidet sich aber von jenem durch den Inhalt seiner Geräusche, die sich als Geräusche von objektivem Tun an den Dingen darstellen und zudem unmerklich in Beobachtungen von solchem Tun an sich überführen.

Ich erwähne zunächst jene Spukgeräusche (häufig verbunden mit gesehenem Spuk), die über rein menschliche Laute, wie Atmen, Stöhnen, Sprechen, Schreien hinausgehen. Man kann auch den Klang von Schritten zu diesen gegenständlichen Geräuschen zählen[1] — beiläufig einer der häufigsten Bestandteile von Spuken—, wiewohl man da, wo eben nur Schritte beobachtet werden, die illusionierende Umdeutung irgendeines häufigen und regelmäßigen Geräusches, wenn auch an sich spukigen Charakters, vermuten mag.[2]

In einem Fall, von Miss Morris 1888, 6 Jahre nach den Erlebnissen berichtet, finden wir diese Fußtritte massenhaft auftreten. Am Abend des Tages, an welchem Miss M. mit den Ihrigen das Haus bezogen hatte, hörte sie, während sie mit einem Buch im Saale saß, 'schwere Fußtritte um den Tisch gehen, an dem ich las'. Die bald darauf eintretende Schwester machte dieselbe Wahrnehmung, glaubte aber, die Schritte kämen vom obern Stock her, der wie das ganze Haus von den M.s gemietet war, wo sich aber z. Zt. niemand befand, außer einem kleinen schlafenden Kinde. 'Diese Nacht konnte ich gar nicht schlafen, denn unablässig hörte ich diese ...unermüdlichen Fußtritte im Zimmer herum und dieTreppen auf und nieder gehen. Schlief ich ein, so weckten sie mich wieder... und ich fühlte, daß jemand im Zimmer sei... Dieselbe Erfahrung hatte ich jede Nacht.' Drei Wochen später, eines Nachmittags, als Miss M. singend und tänzelnd auf das Notenpult zuschritt, um einige Walzer ans Klavier zurückzutragen, sah sie plötzlich 'die Gestalt einer Frau, vom Kopf bis zu den Füßen in ein schweres, tiefschwarzes Gewand gehüllt; ihr Gesicht war tieftraurig und totenbleich. Sie stand da und blickte mich starr an.' Eine ähnliche Gestalt wurde später in Verbindung mit sehr starken Klopftönen in Tür und Fußboden gesehen.[3]

Selbst wo 'Schritte' das einzig Beobachtete sind, will der Beobachter häufig über das Unzweideutige, ja Persönlich-Charakteristische des Geräusches keinen Zweifel zulassen.

Kein Geringerer als Linné vermochte zB. den folgenden Bericht zu verfassen: 'Um 12 Uhr in der Nacht vom 12. auf den 13. Juli 1765 hört meine Frau, daß Jemand lange und mit schweren Tritten in meinem Museum auf und ab geht und weckt mich. Ich höre es auch sehr gut, obgleich ich weiß, daß Niemand dort ist, die Türen verschlossen sind und der Schlüssel bei mir. Nach einigen Tagen erhalte ich Nachricht, daß mein besonderer, vertrautester Freund, der Kommissar Karl Clerk, zur selben Zeit gestorben sei, und wahrlich, der Gang war dem seinigen so gleich, daß, wenn ich in Stockholm ihn gehört, ich Clerk am Gange erkannt haben würde.'[4]

---

1) S. zB. Pr I 107. 109f.; II 146f.; III 122f. 135. 2) Mrs. Sidgwick in Pr III 80. Später folgende Fälle werden zeigen, daß eine solche Illusion zuweilen kaum in Frage kommt. 3) Pr VI 256—8. 4) Aus Linnés Nemesis divina bei Perty, Spir. 210.

Natürlich kann nur die hervorragende Beobachtungsgabe des Berichtenden einigermaßen über die Fraglichkeit solcher Ähnlichkeiten des Schrittes hinweghelfen. Immerhin ist gegenüber den Schwächen des Falls die doppelte Perzeption zu beachten.

Nächst 'Schritten' wird kein anderes Spukgeräusch so sehr verdächtig scheinen, als das häufig beobachtete Rascheln, Streichen, Schleifen, Knistern,[1] das der in diesen Dingen Unbelesene unbedenklich für Erzeugnisse trocknender Wände, wehender Lüfte, berstender Tapeten, laufender Ratten u. dgl. erklärt. Es ist nur die Verbindung mit andern Erscheinungen, was auch diesen Geräuschen ihren typischen Spukcharakter sichert. Andere gehen indessen in Kraßheit, Deutlichkeit und Gegenständlichkeit noch weit hierüber hinaus.

Ein Geräusch, als ob Möbel, Kisten u. dgl. umhergeschoben würden, wird nicht ganz selten berichtet.[2] Miss B. beschreibt ein anderes Geräusch, 'als ob ein großes Schlüsselbund heftig auf den Ankleidetisch geschleudert würde'.[3] Eine Perzipientin gibt an, sie habe einen Stein, der gegen eine Tür lehnte, 'deutlich' fortbewegen und ebenso deutlich die Tür in den Angeln sich drehen gehört; und doch wurde bei sofortiger Nachprüfung der Stein an seinem Platz und die Tür geschlossen gefunden.[4]

Auch solche krassere Arten des Spukgeräusches werden sehr häufig nicht nur kollektiv wahrgenommen, sondern verbinden sich auch in ganz realistisch-natürlicher Weise mit der Wahrnehmung von Phantomen oder doch mit Geräuschen von ausgesprochen 'menschlicher' Art.

So hörte Miss K. B. in einem Hause, das seit einem Selbstmorde spukig geworden war, das Geräusch von umhergeworfenen 'mächtigen eisernen Kisten und andern schweren Gegenständen; dann, wie das Küchenfeuer einige Minuten lang heftig geschürt und gestochert wurde, und unmittelbar danach das ganz fürchterliche und quälende Husten eines Mannes, sehr laut und heftig'. Dies verband sich zu andern Zeiten mit der Wahrnehmung von Fußtritten und schließlich derjenigen eines Phantoms.[5]

Über den Spuk in der Familie T. in West Brompton (London), wo wiederholt und von Mehreren ein Phantom gesehen wurde, meldet der ausführliche Bericht: 'Fußtritte wurden gehört...; Türen wurden zugeschlagen, wo keine Türen oder nur verschlossene Türen waren; ein Lärm wurde gehört, als würde ein metallenes Teebrett die Treppe hinabgerollt... Ein Geräusch, als würde ein Streichholz angezündet, wurde später mehrfach bei Nacht und bei Tage und von mehreren Personen gehört.'[6].

Während des Spuks im Z.schen Hause, wo Phantome eine beträchtliche Rolle spielten (1885—86), berichtet W. L., der *butler*, über erheblichen Lärm im Keller. 'Es klang, möchte ich sagen, als würden eine Menge Fässer gerollt und Bretter gestapelt.' Alles war an seinem Platz und in Ruhe, wenn er der Sache auf den Grund zu gehen suchte. 'Ich hörte Türen zuschlagen und vor meiner Tür einen Lärm, als ob zweie miteinander rängen.' (Dieses Geräusch eines 'Handgemenges' wurde

---

1) S. zB. Perty, Spir. 309f. 2) S. zB. Pr I 112; II 147; X 341 (in Verbindung mit Fußtritten, Phantomen usw.). 3) Pr II 143; vgl. 145. 148f. 4) APS II 245. 5) Pr X 341f. 6) Pr III 135. 136.

auch vom Kindermädchen beschrieben.) 'Der Lärm wuchs so sehr an, fährt der *butler* fort, daß ich nicht im Bette bleiben konnte, sondern aufstand, um nach der Ursache zu forschen. Aber ich konnte nichts sehen, obgleich der Lärm unverändert anhielt. [Während ich dastand,] knallte die Tür der Vorratskammer zu, aber ich konnte nichts sich bewegen sehen. Ich ging ins Bett zurück, und in weniger als zwei Minuten hörte ich Fußtritte auf der Treppe [am Kopfende meines Bettes] auf und nieder gehen.' Am 9. März 1886 sah er eine Gestalt, die ihn angeblich mit kalter Hand berührte, als er floh. Diese Gestalt wurde öfter gesehen und man trat schließich auf mediumistische Weise mit ihr in Verkehr, wobei sie gewisse Wünsche äußerte.[1]

Alles dies ist massenhaft belegbarer, typischer 'Spuk': das örtlich wahrgenommene Klangbild bestimmter klar beschreibbarer Verrichtungen, ohne daß doch am Orte der Wahrnehmung irgend etwas Derartiges wirklich geschieht. Dabei nehmen fast immer alle in Hörweite Befindlichen an der Wahrnehmung teil, und es ist meist ein vergangener 'dramatischer' Ausgangspunkt des Spuks zu entdecken, der diese 'kollektiven Halluzinationen' sinnvoll dem Ort ihres Auftretens verbindet. Aber über die Möglichkeit der Anwendung dieses Begriffes zwingt uns das Vorgebrachte offenbar noch nicht hinaus, mag es uns auch nötigen, den wahren Ursprung solcher kollektiver Halluzinationen dem spukenden 'Toten' zuzuschreiben.

Ich könnte scheinen noch einen Schritt zurück zu machen, wenn ich hier in besonderer Gruppe die mehr unartikulierten Klopf- und Schlagtöne anführe, die in Verbindung mit manchen Spukphantomen auftreten. Es wird sich indessen bald zeigen, daß und weshalb wir mit dieser Gruppe tatsächlich dem Tatbestande der Objektivität uns nähern.

Etwas fragwürdig zwar (im Sinne des Subjektivisten) muten mich hier die Fälle an, in denen eine Gestalt außerhalb eines Fensters stehend gesehen wird, an das sie anscheinend angeklopft hat, um die Aufmerksamkeit auf sich zu lenken;[2] oder in denen der Perzipient durch lautes Klopfen geweckt wird und, nachdem er die Augen geöffnet, das Phantom an seinem Bette stehen sieht.[3] Legt sich in jenen der Verdacht einer abrundenden Gedächtnisillusion nahe, so in diesen der andere, daß die Klopftöne als Teilerscheinung des Erwachens traumhafter Natur gewesen, — auch wenn das Phantom selbst telepathischen Sinn hat. — Indessen steigert das Phänomen sich nicht nur mitunter zu außerordentlich krassen Formen, sondern wird auch in der überzeugendsten Weise kollektiv wahrgenommen.

In einem von H. B. Garling mitgeteilten Falle war die Erscheinung eines soeben Gestorbenen, von dessen Tode die Perzipienten aber noch nichts wußten, im Laufe

---

1) Pr VI 276ff. Vgl. den sonderbaren Bericht aus Stans (Schweiz) bei Daumer, Reich 83, und den Fall bei Jung, Theorie 332f., bes. 338f. 2) S. den von Dr. Lindsay Johnson, F.R.C.S. berichteten Fall APS III 252ff. und Rev. M. Frost in Pr X 225. 3) S. zB. Gurney I 452.

des Tages auf der Straße gesehen worden und verschwunden, und erst abends erfolgten von allen Anwesenden gehörte 'fürchterliche Schläge', unter denen 'die Tür im Rahmen zu zittern schien', und die einige schlafende Dienstboten aus dem hintern Teil des Hauses herbeiriefen; während ein Terrier gegen seine sonstige Gewohnheit sich zitternd unter das Sofa verkroch.[1]

In Spukfällen wird ähnliches nicht selten, und zwar mit der größeren Ruhe und Ausführlichkeit beobachtet und beschrieben, wie gehäufte Wiederholung sie ermöglicht.

Klopflaute bilden zB. den weitaus überwiegenden Bestandteil einer sorgfältigen, tagebuchmäßig durchgeführten Beobachtung des Generals J. D. Campbell. So notiert er am 13. Nov. 1882: '...hörte drei sehr laute Krache in meinem Schlafzimmer, etwa eine Minute nach Betreten des Bettes. Der Ton war nicht zu beschreiben, — etwa ein Mittelding zwischen dem Zerspringen eines Baumstammes durch Blitz, dem plötzlichen Brechen eines dreizölligen Brettes über einem festen Stützpunkt und dem Knall einer Büchse, aber länger andauernd...' Von solchen Tönen erschollen meist drei zur Zeit, und General C. erblickte darin eine Andeutung von Verstand, da er wiederholt das Ansuchen um diese Zahl gestellt hatte. Die Klopflaute wie auch das gelegentliche unerklärliche Anschlagen der Glocken wurden von mehreren Personen gehört. General C. vernahm bei einzelnen Gelegenheiten undeutliches leises Weinen und hörte seinen Namen rufen, und ein anderer Perzipient sah zweimal eine Gestalt.[2]

In einem andern gutbezeugten Falle, den Prof. Barrett sammelte, sahen mehrere Einwohner eines Hauses, unabhängig voneinander und ohne gegenseitige Verständigung, die Gestalt einer alten Frau in grauem Umlegetuch. 'Wir wurden', berichtet aber H. C. S. B. gleichzeitig, 'Nacht für Nacht durch das Erklingen starker Schläge geweckt, wie ich sie beim Zerkleinern von Torf mit dem Spalthammer habe hervorbringen hören, und vernahmen bei Tage und bei Nacht schwere Fußtritte, die treppauf und treppab gingen... Eines Nachts, als ich infolge eines schmerzhaften Fußes völlig wach lag, erfolgte ein lauter Ton neben meinem Bett, wie vom Fallen eines schweren Körpers, ja das ganze Zimmer erzitterte von dem Fall. Meine Schwester [die neben mir schlief] fuhr aus tiefem Schlaf und rief im Tone der Angst aus: 'Was ist es? Was ist es?' Was hast du gehört, fragte ich. 'Etwas Schweres, das dort fiel', sagte sie und deutete auf den Fleck, an dem ich es gehört hatte, welches genau der Fleck war, an dem [die Gestalt] mir erschienen war. Sie stand auf und durchsuchte das Zimmer, fand aber keine Erklärung... Häufig ist in diesem Zimmer, sowohl bei Tage als auch spät abends, mein Kleid gezerrt worden, wie von einer greifenden Hand.'[3]

Mit der letzterwähnten Einzelheit gelangen wir zu Berichten von objektiven Leistungen der Phantome, wie wir sie normalerweise nur durch Hände ausgeführt denken können. Hier wäre zunächst die Gewissenhaftigkeit vieler Gespenster zu rühmen, welche sich über ihre natürlichen Ansprüche auf Durchdringung der Materie hinwegsetzen und bei ihrem Eintritt und

1) Vgl. die Fälle bei Gurney II 130 und Flammarion 67ff. (Gen. Parmentier).
2) Pr V 477—85. 3) as if grasped by a hand. — Pr II 141—4.

oft auch Abschied die Zimmertür öffnen und schließen.[1] Etwas sehr Gewöhnliches ist das Auf- und Zugehen von Türen in Spukhäusern, wenn auch nicht immer in unmittelbarer Verbindung mit den örtlichen Phantomen. Ich möchte, zunächst ohne alle kritischen Bemerkungen, zwei Fälle kurz wiedergeben, in denen sich diese Einzelheit mit andern bereits besprochenen verbindet.

Mrs. G., die vor etwa 14 Tagen (im Winter 1887) umgezogen ist, hört eines Nachts Schluchzen und Stöhnen, dazwischen ein schweres Aufschlagen, und von einer sehr angenehmen Stimme die Worte: 'O vergib mir'. Sie weckt die Magd und führt sie ins Zimmer. Das Schluchzen und Stöhnen beginnt wieder, mit schwerem Trampeln von Füßen und 'solchen Schlägen, als würden schwere Kisten mit Geschirr umhergeworfen'. Von der Zeit ab hören die Kinder häufig Ähnliches und sehen ein Gesicht 'um die Ecke der Tür gucken'. Es folgen schwere Schläge gegen die Schlafzimmertür, Erzittern des Bettes, weitere Erscheinungen eines Mannes, Angstanfälle des Hundes, das Geräusch von Fußtritten, das anscheinende Niederdrücken von Türklinken, weiße Lichter, wiederholtes Sich-öffnen und -schließen der Türen 'von selbst', Läuten der Hausglocke, Weinen und Sprechen. Über diese Beobachtungen liegt ein gleichzeitig von Mrs. G. geführtes Tagebuch sowie ein längerer zusammenhängender Bericht vor. Die Magd und einige Herren, die der Sache auf den Grund zu kommen suchten (aber nicht kamen), bezeugen unabhängig einige dieser Tatsachen, namentlich die kollektive Wahrnehmung einer Gestalt. Auch Miss Morris, die frühere Inhaberin des Hauses, hatte dieselben Erfahrungen gemacht, insbesondere auch 'eine Gestalt in Schwarz, mit sehr blassem Gesicht und trostlosem Blick' gesehen. Urkundliche Beweise liegen vor, daß am 28. März 1879 eine Mrs. M. F., 42 Jahre alt, sich in diesem Hause erhängt hatte.[2]

'Mir selbst geschah es häufig', berichtet eine andere Perzipientin, Mrs. W. B. R-d., 'daß Türen sich für mich öffneten, wenn ich ein Zimmer betreten wollte, als ob eine Hand schnell die Klinke gedrückt und die Tür aufgerissen hätte.' Dazu wurden in dem Hause wiederholt und von Mehreren 'Schluchzen und Seufzen, tiefe lange Seufzer zu allen Tageszeiten', eine Gestalt, 'Licht' in Verbindung mit 'eiskaltem Wind' und mannigfacher Lärm: anscheinende Fußtritte, Umherspringen, Klirren der Fenster usw. wahrgenommen, was auch den Hund mit größter Angst erfüllte. 'Eines Nachts', schreibt Mrs. R-d., 'wurde ich erweckt, fühlte einen eisigen Wind durch mein Zimmer wehen und hörte lautes Schluchzen; die Bettvorhänge wurden zurückgezogen und ich an meinem Haar gezerrt.' Auch beschreibt sie das zeitweilige Gefühl, als sehe ihr jemand zu, — die so oft beschriebene Empfindung einer 'Anwesenheit'.[3]

Ich könnte äußerst zahlreiche Beispiele dieser Art geben, versage es mir aber, weil sie von größter Einförmigkeit sind. — Von den mehr nach Objektivität schmeckenden Angaben haben wir als leidlich fragwürdig einige schon früher ablehnend besprochen. Einige weitere, wie das Zittern und Schüttern von Gegenständen, wird der harmlose Zweifler vermutlich

1) Gurney stellt hierzu seine Nrn. 15. 30. 190. 495. 530. 537. 591. 659. 670. 676. 696 und 698 zusammen. Vgl. auch PS XXI 51ff., bes. 55. 2) Pr VI 259—69. Vgl. Pr X 344f. und Kerner, Seherin 453 Anm. 3) Pr III 115f.

auf 'zufällige' Einflüsse oder auf Einbildung zurückführen, das Läuten von Glocken vielleicht auf noch banalere Eingriffe einer tückischen Menschheit. Dieser harmlose Zweifler ist ein Mann der glücklichen Einfälle, und man darf ihm die Hausbackenheit seiner Deutungen nicht verübeln, so sehr es auch fraglich sein mag, ob sie einer Woche in einem Spukhause standhalten würden, oder auch nur der eingehenden Aussprache mit einem gebildeten Bewohner eines solchen; — gegen die rührende Leichtgläubigkeit des Spuksüchtigen mögen sie immerhin ein Gegengewicht abgeben. — Von den übrigen Einzelheiten der obigen Berichte werden zwei uns noch oft begegnen, so oft, daß wir ihre typische Wirklichkeit allmählich lebhafter 'fühlen' werden: die Klopf- und Lärmphänomene und die Empfindung des 'kalten Windes', — ein seltsamer, gar nicht leicht zu erfindender Umstand von erstaunlicher Verbreitung. Bleibt als die scheinbar 'objektivste' aller erwähnten Leistungen das Öffnen und Schließen von Türen. Sowohl Gurney als auch die Verfasser des Zensus-Berichtes (zu schweigen von weniger vorurteilslosen Kritikern) haben dies für Teile des halluzinatorischen Gesamterlebnisses erklärt,[1] und ich sagte schon, daß man dies, zumal bezüglich 'einmaliger' Phantome (auf die sich jene Kritiker fast ausschließlich bezogen), in möglichst weitem Umfang wird gelten lassen müssen. Halluziniere ich das Auftreten eines Phantoms, warum sollte ich nicht mit seinem Eintreten durch die Tür, oder gar mit seinem Niederdrücken der Türklinke beginnen, und entsprechend schließen? Dieser Gedanke ist einleuchtend und vermutlich richtig.[2] Ob in allen Fällen, mag fraglich erscheinen. Schon manchen der obigen Berichte tut er einigermaßen Gewalt an. Andere sträuben sich gegen ihn mit jedem Worte.

Im Hause des Advokaten Joller (wo der Spuk vom Herbst 1860 bis zur freiwilligen Aufgabe des Hauses im Okt. 1862 dauerte) öffneten sich vielfach Türen, die man verschlossen hatte. 'Kaum [waren die Kinder] weg, stand die vorher geschlossene Schreibzimmertür des Vaters wieder offen; sie schlossen sie noch einmal zu. Bald meinten sie, ganz deutlich die dumpfen Tritte eines über die Stiege Herunterkommenden zu vernehmen. Da ging die Kammertüre auf; auch diese schlossen sie und schoben, so gut es gehen wollte, den Nachtriegel vor; dessenungeachtet öffnete sie sich wieder.'[3]

Aber das Inventar der objektiven Leistungen von Phantomen ist hiermit nicht abgeschlossen. Nur im Vorübergehen erwähnen will ich eine Gruppe von Berichten, nach denen in der Todesstunde eines dem Beobachter Nahestehenden gewisse seltsame Wirkungen in dessen Hause oder

---

1) Pr X 191 Anm. 2. 2) Vgl. Gurney, Fall Nr. 686, und Pr III 144 Anm. 3) PS XIII 57. Vgl. Pr III 81f. 115f.; Jung, Theorie 293f. (1. Hand); Sphinx XXI 217ff. (A. Matkowsky üb. d. Spuk in Harvestehude). Das 'weltberühmte Gespenst auf dem Carolino zu Braunschweig' vollbrachte gleiches. Das oft berichtete Fortziehen von Bettvorhängen oder Bettdecken muß wegen der möglichen Voraussetzung von Halbschlaf verdächtig erscheinen. S. zB. Gurney I 416; II 487; Harrison 49f.; Pr III 111; PS XXII 568.

Umgebung erfolgen, wie das scheinbar ursachlose Stehenbleiben aufgezogener Uhren, das Zerspringen von Ringen, Spiegeln oder Möbelstücken, die Selbstzertrümmerung von Gläsern in kleine Bruchstücke, das Bersten von Klaviersaiten, das Herabstürzen oder Bewegtwerden von Gegenständen u. dgl. m.[1] Wir hören etwa von einem Bilde, das in der Todesstunde des Dargestellten sich von der Wand abhebt und 'mit lautem Schalle' an sie zurückklappt,[2] von einem 'schweren Reitermantel', der sich in der Sterbestunde des Bruders seines Besitzers von einem Stuhle 'langsam bis zur Manneshöhe emporhebt, eine Sekunde stehen bleibt und dann ebenso langsam wieder auf den Stuhl zurücksinkt',[3] oder von Klaviertasten, die sich unberührt scheinbar selbst anschlagen.[4]

Die äußersten Zumutungen in dieser Richtung stellt der Bericht 'eines biedern Gewerkmeisters' und Spiritisten, Herrn K. in Lichterfelde, wonach dieser und seine Schwester unmittelbar nach dem tieferregenden Hinscheiden ihrer Mutter, einer Wäscherin, vom Waschfaß in der Küche her ein Geräusch vernahmen, welches die Schwester veranlaßte, hinzugehn und den Bruder zu rufen; worauf beide sahen, wie sich 'an der Wäsche alle die Manipulationen vollzogen, die geschehen, wenn die Wäsche gewaschen und ausgewrungen wird; nur war hier die Person, die hantierte, für uns unsichtbar. Wir sahen nur die Wäsche sich von selbst heben, schwingen und ausgewrungen in das nebenstehende Gefäß fallen. Und dies alles mit einer Hast und einem Eifer, daß wir uns verwundert ansahen. Meine Schwester eilte zur Nachbarin. Auch sie wurde Zeugin des Vorgangs. Nach etwa 4—5 Minuten nahm die Kraft und Schnelligkeit der Bewegung ab, bis gänzliche Ruhe eintrat. Nichts ähnliches hat sich später ereignet.'[5]

Ich lege nicht viel Gewicht auf Fälle dieser letzten Gruppe, weil ihre Bezeugung nicht durchweg eine gute ist, vor allem aber weil in keinem der besser beglaubigten die Wahrnehmung eines Phantoms auch nur angedeutet wird.[6] Und ehe man seine Zuflucht nimmt zur Voraussetzung eines unsichtbar bleibenden Phantoms (wie ja auch in Spukhäusern die Vorgänge nicht immer mit der Erscheinung eines solchen zusammenfallen), mag man noch lieber die fraglichen Leistungen einem (telepathisch-unterrichteten) anwesenden Lebenden zuschreiben, der in einem bald zu besprechenden Sinne als 'physikalisches Medium' dienen würde. — Die folgenden Beispiele nun teilen die erwähnte Zweideutigkeit nicht. Von einem Phantom zB., das eine Kerze löscht, berichtet das Ehepaar Gwynne aus einem Spukhause:

1) S. zB. Daumer, Reich 94; PS XXV 289ff.; Uhr anhalten: PrAm 429; Pr XIV 240f.; Ringbruch: Pr XIV 243; Schles. Ztg. 1859 Nr. 175 S. 859; Tischplattensprung: Sphinx XII 11; Hausglockenlärm: Flammarion 168f. (CXXXII) usw. 2) PS XII 385ff. (1. Hand). 3) Daumer, Reich 102. Vgl. auch PS VIII 372f. 4) Berichte von Victorien Sardou u. a. bei Flammarion. 5) Berichtet von A. Schumann in ÜW VII 400f. Vgl. auch BP I 124; II 11. 6) S. solche Andeutungen PS 1902 413. 414; ÜW X 331.

Mann und Frau sahen eine gekleidete Gestalt am Fußende des Bettes vorüber auf den Kamin zuschreiten. 'Ich sah deutlich, bezeugt Mrs. Gwynne, wie das Phantom die Hand über das Nachtlicht legte [das auf dem Kaminsims stand], welches sofort ausgelöscht wurde.' Mr. Gwynnes Bericht sagt bloß, er habe den Arm der Gestalt erhoben gesehen, mit der Hand auf den Kaminsims weisend, auf dem das Nachtlicht brannte; in diesem Augenblick habe Mrs. G. seinen Arm ergriffen und das Licht sei erloschen.[1]

Der folgende Bericht enthält Ähnliches in wesentlich undeutlicherer Form, aber verbunden mit Einzelheiten von sachlichem Interesse. In dem fraglichen Hause war im Jahre 1880 die schlecht behandelte Frau eines Werkmeisters gestorben, welcher zwei Monate später aus unbekannten Gründen die Wohnung verließ. Einen Monat nach dem Einzug der neuen Mieter, Namens Bauer, vernahm eines Nachts Frl. Berta B., 'plötzlich wachwerdend, ein leises Geräusch, ähnlich schlürfenden Schritten unbeschuhter Füße. Die Schritte kamen durch das Zimmer der Großmutter in unser [Kinder]zimmer herein, dann stieg es wehend den Kästen entlang, daß die Messingringe an den Schubladekästen leise erklangen; schließlich hauchte ein lichter Nebel knapp an meinem Bette vorbei und ziemlich rasch wieder durch die Tür in der Großmutter Zimmer zurück, wobei ich deutlich einen kalten Luftzug sowie einen penetranten Wachskerzen- und Leichengeruch[2] verspürte...' Die Mutter fragte unabhängig sofort, ob die Großmutter umhergeschlichen sei (diese hatte aber geschlafen), und der große mutige Hund verkroch sich mit gesträubtem Haar hinter dem Bette der Großmutter. Als man ihn endlich dazu brachte, hervorzukommen, 'war sein Haar durch und durch naß von Schweiß'. In der nächsten Nacht beobachteten alle drei Frauen (und der Hund!) um die gleiche Zeit denselben Spuk. Desgleichen in der dann folgenden Nacht, wo auch der Vater anwesend war. Seine Kerze verlosch, als der Spuk vorüberzog und 'wie mit leisem, winselndem Gewimmer zur Tür hinausrauschte'.[3]

Ich schließe unsere Reihe mit der Erwähnung einer ebenfalls typischen Spukwirkung, die völlig ins Reich der abenteuerlichen Gespenstergeschichten zu führen scheint und mir nur aus älterer und nicht erstklassiger Literatur bekannt ist. Sie mag als fragwürdige Anregung hier stehen, sofern sie, künftig besser beobachtet, nicht nur die Objektivität von Phantomen außer Frage stellen, sondern auch die verzweifelten Probleme ihrer Physiologie in Gang bringen könnte. Es handelt sich nämlich dabei um die einzigen Wirkungen spontaner Phantome, die sowohl fortbestehen, als auch ihrer Art nach unter Umständen eine normale Erzeugung fast ausschließen: nämlich um Brandwirkungen. Melanchthon bereits hatte von einer seiner Tanten berichtet, daß sie von dem Phantom ihres verstorbenen Gatten, dem sie die Hand gereicht, an dieser eine dauernde Schwärzung davongetragen; doch gibt es auch mehrere Geschichten von verbrannten Gegenständen, die von Gespenstern berührt wurden

---

1) Gurney II 202f. (Nr. 321); vgl. Daumer I 167. 2) Ein bemerkenswerter Fall von pestilenzialem Leichengeruch in Verbindung mit gehörtem Spuk in The Daily Chronicle, 15. April 1908 (gleichzeit. Bericht). 3) PS XXIII 255ff. (Bestät. durch Familienglieder; Aufzeichnung kurz nach d. Vorfällen).

und somit dauernde, untersuchbare Zeugnisse einer Einwirkung lieferten, die jedenfalls nicht auf Suggestion zurückzuführen war.

Unter diesen ist die merkwürdigste wohl die vom Mädchen von Orlach. Diese Person, bei der ein 'Geist' längere Zeit hindurch erschien, gab ihm schließlich zum Abschied die Hand, aber (aus Furcht) durch das Sacktuch hindurch. In dieses Sacktuch, welches noch 1867 existierte und auf Daumers Bitte von Hrn. Lehrer Müller in Geislingen in Augenschein genommen und eingehend beschrieben wurde, brannte die Hand des Gespenstes angeblich eine Anzahl Löcher ein, die, durch bloß gebräunte Stellen verbunden, die deutliche Abbildung einer Hand ergaben. 'Die Brandstellen gaben keinen Geruch von sich, sagt Kerner, und auch im Momente des Glimmens bemerkte das Mädchen keinen Geruch.'[1]

Auch der ehemals berühmte 'Geist' in Gefängnis der Eßlinger, über den Kerner ein ganzes Buch mit eigenen und fremden Zeugnissen füllte, soll Löcher mit seiner Hand in ein Tuch gebrannt haben.[2] Geschlossene Türen krachten, wenn er sie durchschritt; er klopfte, schüttelte, klirrte an Fenstern, zog an Teppichen, seufzte und stöhnte für jedermann hörbar; verbreitete 'unerträglichen Modergeruch' und einen 'kühlen Wind' beim Vorüberschreiten; raschelte — gleich so vielen guten Spuken — 'wie Papier', hatte eine Helle um sich, oder ward auch nur von Einigen als eine sich bewegende Helle gesehen; ja er ließ sich zu dritten Personen schicken, die seines Besuches nicht gewärtig waren; oder erschien freiwillig Dritten und gab nachher, von der Eßlinger befragt, wo er erschienen sei, die richtige Antwort. Kurz, er benahm sich wie das leistungsfähigste aller Gespenster. Man lese Kerners erstaunliches Buch, und man wird empfinden, wieviel schwerer es heutzutage ein Gespenst hat, sich gegen eine Welt von Zweiflern (einschließlich Herrn Podmore) durchzusetzen.

LI.

Metaphysikalische Leistungen.

Es ist wohl unbestreitbar, daß wenn wir nur die Hälfte dieser letzten Berichte, so wie sie dastehen, glauben dürften, die Frage des objektiven Phantoms seiner Lösung nahe wäre. Hinterläßt die letzte Reihe einen unbefriedigenden Eindruck, so liegt das nicht an inhaltlicher Dürftigkeit, sondern an unzulänglicher Beglaubigung vielfach gerade der entscheidenden Einzelheiten. Diese empfundene Verdächtigkeit geht aber letzten Endes auf die Einsicht zurück, daß jene Beobachtungen und Berichte unter Verhältnissen zustande kamen, unter denen wissenschaftlich genaue Beobachtungen und Berichte nicht leicht zu erwarten sind. Fast alle Beobachtungen kamen dem Perzipienten überraschend und schwanden flüchtig dahin; fast alle müssen alsbald einen Geisteszustand bewirkt haben, welcher sorgfältiger Auffassung und Einprägung des wirklich Vorfallenden nicht zuträglich war, und nur wenige Berichte sind genügend bald und

1) J. Kerner, Geschichten Besessener neuerer Zeit (Karlsr. 1834) 41f. 47f.; Daumer II 83. 87ff. 313f. — Vgl. ferner Imbert II 142f.; Perty, M. E. II 182. 197. 198; Jung, Theorie 225ff.; Kerner, Seherin (Orig.-Ausg.) II 136f. 2) Kerner, Ersch. 210; vgl. 14.

ausführlich abgefaßt, um die hundert angeborenen Schwächen des Zeugnisses auszuschließen.

Es ist daher von großer Wichtigkeit, daß viele, wenn nicht die meisten Einzelheiten der vorgeführten Fälle auch unter wesentlich günstigeren Bedingungen beobachtet worden sind. Ich will nicht sagen, daß die Beobachtung von Phantomen und von übernormalen, 'metaphysikalischen' Leistungen, die wir dem Experiment verdanken, von Störungen psychischer Herkunft — Erregung, Überraschung, Voreingenommenheit u. dgl. — frei sei. Es ist sogar aus eben dieser experimentellen Natur ein neues Hemmnis erwachsen, von dem die spontanen Fälle fast völlig frei sind: der bezweckte und raffinierte Betrug, zu dessen Ausschaltung unablässig besondere Vorkehrungen des Experiments erfordert werden. Dennoch kann mit Bestimmtheit behauptet werden, daß in einzelnen Fällen (die dann die 'Stützung' der andern übernehmen müssen) die experimentelle Beobachtung von Phantomen und metaphysikalischen Leistungen eine Höhenlage erreicht hat, die bezüglich Umsicht der Anordnungen und Sicherheit der Feststellungen nur wenig, falls überhaupt, unter dem Niveau liegt, das auch in andern vollgültigen Wissenschaften vielfach allein erreicht, oder selbst nur angestrebt wird. Wenn wir diesen experimentellen Nachprüfungen und Bestätigungen der spontanen Vorgänge nunmehr einige Aufmerksamkeit schenken, so versteht es sich von selbst, daß wir den verbreiteten populären Standpunkt, der diese Erscheinungen von vornherein für 'spiritistische' hält, d. h. für Wirkungen von Verstorbenen, zunächst vollkommen beiseitelassen. Es handelt sich für uns immer noch bloß um die Frage der Objektivität jener Erscheinungen und Wirkungen überhaupt, und wir werden aus naheliegenden Gründen diese Objektivität ebenso dankbar dort feststellen, wo nur eine der beiden Tatsachen uns gegeben ist, als da, wo beide verbunden auftreten. —

Unser erster Versuch einer Verankerung des zufällig Bemerkten im experimentell Beobachteten gilt den anscheinend phantomgeborenen Lärmerscheinungen, insonderheit jenen, die ich gleich bei ihrer Einführung als die scheinbar wesenloseren, in Wahrheit aber bedeutsameren bezeichnete. Klopflaute — *raps* — sind das meistberichtete, in einigen Fällen sicherst-verbürgte, endlich dasjenige Phänomen, auf dessen Wegdeutung der kindlichste Erfindungsreichtum verschwendet worden ist. Aus dem Meer der Berichte hier einen Tropfen, um den unbewanderten Leser mit der Eigenart dieser Dinge bekannt zu machen.

Klopflaute bestehen, wie es scheint, in einer ohne Berührung hervorgebrachten örtlichen, fast punktuellen Erschütterung eines mehr oder weniger festen Materials, die sich denn auch nicht bloß durch das Ohr, sondern gleichzeitig durch den Tastsinn feststellen läßt. Ich verweise zB. auf die sorgfältigen Beobachtungen R. D. Owens, welcher in einem Felsenriff Klopflaute erhielt. 'Gleichzeitig mit jedem *rap* fühlte ich [vermöge der aufgelegten Hand] eine leichte, aber unverkennbar deutliche Erschütterung des Gesteins.'[1] Ihr tonlicher Charakter hängt wesentlich von Härte und Bau jenes Materials ab, und daher sind Klopflaute sehr verschieden, je nachdem sie in bezw. auf einer Tischplatte, einer Tür, einer Wand, einem Buch, einem Papierbogen, einem Kleidungsstück, einem Glase oder sonstwo erzeugt werden. Indessen ist auch in dem gleichen Material der Klang nicht immer derselbe. Anstatt kurz und scharf, können die Klopflaute in demselben Stoff auch dumpf sein, wie wenn sie dem gedämpften Aufprall eines weichen Körpers entstammten; sie können in eine Art von Kratzen, Sägen, Knabbern u. dgl. übergehen. Außer ihrem Toncharakter wechselt aber auch ihre Stärke sehr bedeutend von Fall zu Fall, vom leisesten Knistern oder Knacken bis zu Detonationen, die durch ein ganzes Haus gehört werden. Endlich ist auch ihr Rhythmus den mannigfachsten Abwandlungen zugänglich.

Schon diese kurzen Angaben enthüllen eine Menge von Ähnlichkeiten zwischen den Klopftönen des mediumistischen Versuchszimmers und den nicht eigentlich 'menschlichen' Lautbestandteilen des Spuks. Auch sind sie keine Erfindung der modernen Spiritisten, die durch die Vorgänge in Hydesville in Mode gekommen wäre, vielmehr der älteren Forschung, selbst der völkerkundlichen in allen Weltteilen wohlbekannt.[2] Sie nehmen häufig einen Umfang und Formen an, die ihre 'natürliche' Erzeugung ohne 'Entdeckung' ausschließen: wie wenn uns R. D. Owen, gewiß kein schlechter Zeuge, von kolossalen Schlägen auf dem Tisch berichtet, die 'das Haus erzittern lassen', und zwar bei 'heller Gasbeleuchtung';[3] oder Architekt Winkler (Charlottenburg) Klopftöne an der Wand eines mit Wasser gefüllten Zinkgefäßes beschreibt, in dem die Füße des Mediums ruhig freischweben, wobei 'ein Ausbauchen der Zinkwandung deutlich fühlbar' wird;[4] oder Dr. Maxwell, ein äußerst scharfsinniger Beobachter, sie aus der Spitze eines schreibenden Bleistifts ertönen hört, auf dessen anderes Ende er 'sehr sorgfältig seine Hand' drückt, um festzustellen, daß er 'die ganze Zeit fest und ruhig auf dem Papiere bleibt'.[5] Auch werden Klopftöne stets von allen, auch zufällig Anwesenden gehört, die sie in keiner Weise erwarteten,[6] und erfolgen zuweilen deutlich in Gegenständen, von denen das Medium 2—3 m entfernt ist.[7]

Unter solchen Umständen will ich mich hier nicht mit eingehenderen Erhärtungen der Abnormität dieser Erscheinung aufhalten, deren Wichtigkeit für unsern Zusammenhang immerhin nur eine geringe ist. Wer die besten Beschreibungen der Tatsachen kennt[8] und gleichwohl an der Ansicht festhält, daß Klopftöne ausnahmelos durch 'normale' Verwendung von Fingerknöcheln oder Fingernägeln, Stiefelabsätzen, 'schnappenden Sehnen' oder gar maschinellen Vorrichtungen erzeugt werden, den vermag ich beim besten Willen nicht um seine Besonnenheit des Urteils zu beneiden.

Kommen wir zu Leistungen der spontanen Phantome, die ein Bewegen von Gegenständen einschließen, so läßt sich sagen, daß sie

1) Owen, Deb. L. 269. 2) S. zB. Jacolliot 231. 239. 246. 3) Owen, Deb. L. 276f. 4) PS XXIII 484ff. 5) Maxwell 79. 6) das. 90. 7) das. 74. 8) Überzeugend sorgfältige Beschreibungen zB. bei Maxwell 72—92; Prof. Barrett: Pr IV 29ff.; Prof. Alexander: Pr VII 177ff.; Crookes 86f.; Vesme III 201f. 206; Rep. of Dial. Soc. Com. 383. 386.

von den 'metaphysikalischen' Leistungen der Medien weit übertroffen werden.

Was zB. das zur Spielerei gewordene 'Tischrücken' anlangt, so hat die Wissenschaft sich ihm gegenüber mit Erklärungen bemüht, die schon veraltet waren, als man sie aufstellte. Die übliche Deutung durch unwillkürliche Muskelantriebe[1] wurde, selbst unter Zulassung von Berührung, durch zwischengeschaltete Apparate widerlegt,[2] wie etwa von Brettern, die auf Rollen oder Kugeln auf dem Tische frei beweglich waren,[3] oder von Gefäßen mit Flüssigkeit, in die das Medium seine Hände ohne Berührung der Wände eintauchte.[4] Ebenso erzielte schon früh Prof. Thury in Genf[5] Bewegungen eines Tisches, dessen Oberfläche zwecks Ausschließung von Berührungen gleichmäßig mit Mehl bestäubt war, wenn die Zirkelteilnehmer ihre Hände über dem Tisch zusammenschlossen.[6] Überdies sind Bewegungen von Tischen und andern Möbelstücken zuweilen von solchem Charakter und Umfang, daß 'unwillkürliche Muskelantriebe' sie so wenig erklären könnten, wie die Ortsveränderungen des Hausrats bei einem Familienumzuge. Prof. Barrett bezeugt, daß bei einer Gelegenheit 'ein schwerer Spieltisch in [seinem] eigenen Hause bei Tageslicht umhertrabte. Die Bewegungen hätten selbst durch die vereinigten Muskelanstrengungen aller Anwesenden nicht erzielt werden können'.[7] Überdies geht in Fällen von Erhebung schwerer Gegenstände, zB. von Tischen bei bloßer 'Berührung', der Auftrieb zuweilen fast über jedes Maß von Leistungsfähigkeit normaler Muskelkraft hinaus. Dr. E. v. Krasnicki zB. suchte einen erhobenen Tisch herabzudrücken, was ihm 'trotz der furchtbarsten Anstrengungen' und mit Zuhilfenahme seines ganzen Körpergewichtes nicht gelang, 'während die zwei schwachen Frauen, die mit ausgestreckten Händen den Tisch auf ihren Fingerspitzen balancieren ließen, dazu lachten und nicht den geringsten Druck zu verspüren erklärten...' Das Herabdrücken, um das sich noch ein anderer Herr 'im Schweiße seines Angesichts' vergeblich bemühte, gelang schließlich, indem dieser sich mit der ganzen Körperschwere sitzlings auf den Tisch fallen ließ, wobei sich dieser senkte — nicht mit einem Ruck, sondern 'als ob er durch einen halbdichten Körper, etwa wie durch weichen Lehm, hindurchgedrückt würde'.[8] Der 'kritische und skeptische' Rev. O. B. Frothingham teilte Savage mit, 'daß er und sechs andere Männer oben auf einem großen Tafelklavier gesessen hätten, während es in die Luft erhoben wurde,... [weil] ein zartes Frauenzimmer die Oberfläche des Klaviers mit ihren Fingern berührte'.[9] — Auch die in Sitzungen nicht selten gut beobachtete

---

1) Darauf beruhten die Erklärungen Chevreuls, Babinets und Faradays. 2) von den Prof. Thury, Crookes, Butlerow und Hare; näheres bei Vesme III 180ff. Vgl. die Tatsache, daß sich die Tische oft gegen die Hände zu bewegen, schon früh von Seguin, einem hervorragenden Ingenieur, geltend gemacht. (S. Mirville 433; vgl. auch PS XIX 553.) 3) PS XIX 552. 4) Acevedo II 221. 5) M. Thury, Les tables tournantes... (Genève 1855); von Flournoy (Des Indes 356) als ein 'Muster wissenschaftlicher Beobachtung' bezeichnet. 6) Erhebung ohne jede Berührung auch nach Prof. Barrett in JSPR XII 7; Crookes 88; PS V 368 (A. R. Wallace); X 125f. (E. W. Cox, F. G. S.); V 201 (Dr. med. Nichols); Owen, Deb. L. 281ff.; bei der Palladino: Acevedo II 194. 223ff.; APS VI 282; PS XX 4ff.; Pr XXIII 331f. u. sehr oft. 7) Barrett 19; vgl. Pr VII 173ff. Die lächerliche Annahme der Verwendung versteckter Maschinerie muß dem gänzlich Unbelesenen überlassen werden. 8) PS XXIII 304f. Vgl. Barrett 116f. (nach General Boldero); d'Espérance 210ff.; Pr IV 80f. (C. C. Massey). 9) Savage 61. Vgl. über das 'Tanzen' mehrerer Zentner schwerer Möbelstücke in Gegenwart der Angélique Cottin (untersucht u. a. von Arago): Vesme III 149; Figuier, Hist. du Merv. IV ch. 9.

Erhebung des Mediums mitsamt seinem Stuhl auf den vor ihm stehenden Tisch ist eine Leistung, deren Größe jede unentdeckte normale Ursache ausschließt.[1]

Die bisher erwähnten Leistungen hatten das Gemeinsame einer gewissen groben Formlosigkeit; sie ähnelten auf den ersten Blick Vorgängen wie Explosionen, Stößen oder Abstoßungen in einer oder sehr wenigen Richtungen.[2] Aber bei weitem nicht alle metaphysikalischen Vorgänge sind dieser Art, und unsere flüchtige Übersicht, die ja doch theoretischen Erwägungen vorarbeiten will, muß diese Unterschiede schon hier durch Sonderung der Darstellung bemerklich machen. Die Beobachtung behauptet vielfach Bewegungen schwerer Gegenstände durch den Raum auf bestimmten verwickelten Bahnen und ihre vorsichtige Niederlegung an offenbar beabsichtigten Punkten, etwa in den Händen Anwesender; ferner ihre intelligente und zweckentsprechende Handhabung in der Ruhelage, wie auch während ihrer Umherbewegung, — wie etwa das Fächeln mehrerer Personen der Reihe nach durch einen ohne Berührung sich entsprechend bewegenden Fächer, das Spielen auf Musikinstrumenten, das Schürzen oder Lösen von Knoten u. dgl. m. Die Beglaubigung dieser (sagen wir) handmäßigen Leistungen ist nicht in allen Fällen so überwältigend, wie die der bisher erwähnten; auch ist bis heute unter Sachverständigen der Streit der Meinungen nicht völlig abgeschlossen, hauptsächlich weil eben nicht alle Beobachter die überzeugendsten Beobachtungen haben machen können; werden doch ihren Untersuchungen durch den vielfach versuchten Betrug Bedingungen auferlegt, wie sie keine andere wissenschaftliche Arbeit sich gefallen zu lassen braucht. Immerhin darf man sagen, daß manche der schärfsten und in den Methoden des Betrugs geübtesten Beobachter sich jetzt von der Wirklichkeit des so lange Fraglichen überzeugt haben, nachdem sie die Möglichkeiten von Täuschung und Irrtum durch Verschärfung und Verfeinerung der Versuchsanordnung aufs äußerste eingeschränkt haben.[3]

So ist das bekannteste der 'physikalischen Medien', die berühmte Eusapia Palladino, im Winter 1908 von den Herren Feilding, Baggally und Carrington unter etwa folgenden Bedingungen geprüft worden: In einem von den Beobachtern bewohnten Hotelzimmer in Neapel wurde ein Eckdreieck von 80 cm Höhe (das 'Kabinett') durch einen an Draht aufgehängten Vorhang abgeteilt. Vor der Ankunft des Mediums wurde das Zimmer durchsucht, unnützes Mobiliar entfernt, nach dem Eintritt des Mediums die Tür verschlossen und dieses selbst an einen glatten, einfachen, genau untersuchten Tisch gesetzt, mit dem Rücken dem Kabinett zugewandt, in

1) S. zB. PS XX 20 (Eus. Palladino); A. R. Wallace, My Life (Lond. 1905) II 292 (Miss Nicholl) u. sehr oft. 2) Auch des Chemikers Prof. Dr. R. Hare klassische Experimental Investigation . . . (N. Y. 1855) gelangt nicht über derartige Leistungen hinaus. 3) Die ergötzlichste Darstellung des betrügerischen physikalischen Mediumismus bietet J. W. Truesdell, The bottom facts concerning the science of spiritualism... (N. Y. 1883), die gründlichste neuere H. Carrington, The physical phenomena of spiritualism, fraudulent and genuine (Boston 1907).

einem Abstand von $2-2^1/_2$ Fuß zwischen Stuhllehne und geschlossenem Vorhang.[1] Eine Gruppe elektrischer Glühbirnen von verschiedener Lichtstärke hing von der Decke herab in einem Abstand von ca. 6 Fuß vom Kopfe des Mediums. Hände und Füße desselben wurden durch Hände und Füße der neben ihm sitzenden Versuchsleiter in wechselnder Weise kontrolliert.[2] Um die Hinlänglichkeit dieser Hand- und Fußkontrolle hat sich hauptsächlich der Meinungsstreit gedreht, der lange das Neapeler Medium umtobt hat, zumal alle seine Beobachter sich überzeugt haben, daß dieses, wenn schlecht aufgelegt und 'kraftlos', nach Gelegenheiten sucht, eine oder beide Hände zu befreien, um den Phänomenen nachzuhelfen oder völlig ausbleibende vorzutäuschen. Auch die genannten Herren haben, besonders an drei 'schlechten Abenden', derartiges beobachtet; sie kommen aber zu dem zweifelsfreien Endergebnis, daß unter gewissen Bedingungen die Kontrolle des Mediums leicht sei und die beobachteten Leistungen durch keinerlei Vertauschung — und damit Befreiung — von Händen oder Füßen erklärt werden können.[3] Abgesehen hiervon waren Hände und Füße des Mediums wiederholt mit Stricken gefesselt.[4] Die normal-unerklärlichen Ergebnisse wurden aber weder durch verstärkte Gründlichkeit der Kontrolle im ungünstigen, noch durch ihr Nachlassen im günstigen Sinne beeinflußt.[5] Zwei von den drei genannten Beobachtern durften als besondere Kenner betrügerischer Kunstgriffe gelten, waren als solche zu den Versuchen abgeordnet und legten diese ausschließlich auf Feststellung des Gegebenseins oder Nichtgegebenseins betrügerischer Mittel an. Alles Beobachtete wurde augenblicklich einer anwesenden Stenographin in die Feder diktiert, und diese fast minutenweise fortschreitenden Sitzungsberichte geben laufend die jeweils angewandten Kontrollmaßregeln und die jeweils eingeschaltete Lichtstärke der Zimmerbeleuchtung an.

Es ist nicht möglich, auf die Bedingungen aller Serien von Sitzungen einzugehen, von denen einige in der Geschichte dieser Forschungen klassischen Rang haben.[6] Genüge es zu sagen, daß auch unter den namhafteren ihrer Beobachter, darunter die Professoren Richet, Lombroso, Morselli, Bottazzi,[7] Schiaparelli, Curie, Lodge, Flammarion, Bergson, v. Schrenck-Notzing u. a. m. die Ansicht vorherrscht, daß ein bedeutender Teil der physikalischen Vorgänge bei der Palladino über das normal zu Leistende hinausgehe und einer, wie man sagt, 'telekinetischen' oder 'teleplasmatischen' Fähigkeit zuzuschreiben sei, also eine Wirkung in die Ferne ohne Vermittlung der normalen Gliedmaßen beweise.

Während der oben beschriebenen Sitzungen in Neapel nun wurden Leistungen der jetzt fraglichen 'handmäßigen' Art in großer Zahl und z. T. unter ausgezeichneten Bedingungen beobachtet. Drei- oder viermal erschien ein kleiner ins Kabinett gestellter Tisch im Gewicht von 3,4 kg über des Mediums Schulter, 'als wäre er von jemand innerhalb des Kabinetts aufgehoben worden, und landete auf dem Sitzungstisch [vor dem Medium] in horizontaler Lage... Nachdem der kleine Tisch in dieser Weise hinter dem Vorhang hervorgekommen, bewegte er sich häufig um-

1) Über Körperuntersuchungen des Med. durch gelegentl. teilnehmende Damen s. Pr XXIII 502. 505. 2) Bei einzelnen Gelegenheiten waren Hände und Füße des Med. an die der Sitzer gefesselt. 3) Pr XXIII 325ff. 391ff. 436ff. 456ff. u. sonst. — 'Vertauschung': das Med. führt allmählich die Hand des einen Kontrollierenden an die des andern heran, bis schließlich beide nur eine Hand kontrollieren und die zweite frei wird. 4) das. 401. 507f. 5) das. 323f.! 6) Die Bibliographie der Palladino von 1895—1907 allein umfaßt 29 Seiten in Morsellis Psicologia e Spiritismo. 7) Prof. der Physiologie in Neapel.

her, bisweilen sich dem Medium nähernd, bisweilen von ihm sich entfernend, oder erhob sich, während er in einer gewissen Entfernung von ihm stand, ohne sichtbare Berührung.'[1] Gegenstände, die (Eusapias Wunsch und Gewohnheit gemäß) im Kabinett niedergelegt waren, wurden wiederholt aus diesem hervortransportiert: eine Trompete, ein Spielklavier, ein Brett mit feuchtem Ton u. a. m.[2]

Ich will also im Nachstehenden die Voraussetzung machen, daß durch die besten Sitzungen mit der Palladino ein gewisser fester Boden gewonnen ist, von dem aus auch die ganz ähnlichen, wenn auch nicht von so taschenspielerisch geschulten Beobachtern festgestellten Leistungen anderer Sitzungsreihen und anderer Medien von Rang ein Ansehen gewinnen, das sie sonst nicht gehabt hätten. Von diesen will ich das Glaubwürdigste oder theoretisch Wichtigste in meine Darstellung einbeziehen, aber doch so, daß fast überall auch ähnliche und verbürgte Leistungen der Palladino als 'Stützung' angegeben werden. Und zwar will ich zunächst eine ganz kurze beschreibende Übersicht einiger derjenigen objektiven Leistungen geben, die noch mehr als das bloße Hinführen von Gegenständen durch die Luft, einen 'handmäßigen' Charakter an sich tragen.

Ein Typ solcher Leistungen ist das Spielen von Musikinstrumenten ohne Berührung seitens des Mediums oder der Beisitzer, ohne Berührung wenigstens derjenigen Vorrichtungen, auf denen ihre Spielart beruht.

Berühmt in dieser Hinsicht ist D. D. Homes Ziehharmonika. Diese habe in seinen Sitzungen gespielt, während er sie am tastenlosen Ende festhielt, indes die Tasten durch ein trommelförmiges Gehäuse jeder menschlichen Berührung entzogen waren.[3] Noch etwas weiter geht ein Bericht A. R. Wallaces über eine Sitzung, die er und Crookes (also zwei Naturforscher von Weltruf) mit Home hatten: 'Das Zimmer war gut erleuchtet, und ich [unterm Sitzungstisch befindlich] sah deutlich Homes Hand sein Instrument halten, welches auf und nieder ging und eine Melodie spielte ohne jede sichtbare Ursache. Als ich dies angab, sagte er: Jetzt will ich meine Hand fortnehmen, was er auch tat; aber das Instrument spielte fort.'[4]

In der dritten von mehreren Sitzungen mit Eusapia P. im Jahre 1907 in der Turiner Psychiatrischen Klinik — Sitzungsleiter Prof. Lombroso, Dr. Imoda und Dr. Andenino — erhob sich eine Mandoline vom Kabinettstisch und 'wurde auf den Sitzungstisch getragen, wo sie, von Allen gesehen, ganz von selbst spielte, erst eine Saite zur Zeit, mit hellem Ton, wie von einem Fingernagel gezupft; dann alle Saiten, als wenn ein Finger über sie hingeführt würde...'[5] — Dr. E. Bozzano wiederum beobachtete in einer Sitzung mit der Palladino das Öffnen eines Klavier-

1) Pr XXIII 335f. Vollständige Kontrolle von Händen und Füßen hierbei: s. 368. 431. 434. 2) S. zB. das. 496 (VIII. Sitzung), und Carringtons Nachtrag S. 502f. Üb. andere, äußerlich viel eindrucksvollere, soz. phantastische, 'lebendige' Bewegungen von Gegenständen s. zB. APS V 122 (Eusapia); Barrett 19; ÜW XI 8 (Med. Politi); bei D. D. Home: Home 39; Home, Révél. 218; OR 1907 I 37f. 3) Home 38. 4) Wallace, My Life II 286f. Vgl. PS XXXIV 220; APS IV 238; V 308. 5) APS V 309. Ähnlich in einer von Morsellis Sitzungen dess. Jahres, das. 125; vgl. PS XX 15.

deckels und das Anschlagen eines 'feierlichen' Motivs, schließlich eines Arpeggio über die ganze Klaviatur, ohne normale Berührung.[1]

Ein noch feinerer Typ derartiger Leistungen ist das Schürzen und Lösen von Knoten in Schnüren, Bändern oder Tüchern.

Crookes bereits hatte sich hierfür verbürgt.[2] Prof. Friedr. Zöllner, um dessen Berichte der Kampf noch heute nicht abgeschlossen ist, der aber im Lichte neuerer Errungenschaften mehr und mehr als früher Märtyrer einer entstehenden Wissenschaft erscheint, — Zöllner erhielt durch Slade Knoten sogar in nahtlosen Bändern, die aus einem Stück Leder geschnitten waren.[3] Dr. Nichols erzielte sie durch Eglinton in einer Schnur, deren Enden mit dem Petschaft eines dritten Herrn auf seiner (Nichols') Besuchskarte festgesiegelt waren, die seine eigene Namensschrift trug, um Vertauschungen vorzubeugen.[4] Und auch das Umgekehrte — das Lösen fester Knoten — ist wiederholt bei der Palladino beobachtet worden.[5]

Ein dritter Typ dieser feineren, handmäßigen Leistungen, um den vielleicht mehr gestritten worden ist, als um alle andern zusammen, ist die Erzeugung schriftlicher Mitteilungen auf Tafeln oder auf Papier durch unberührt sich bewegende Griffel oder Bleistifte.

Der leichtfertigen Behauptung Podmores, daß nie zwischen sicher versiegelten aufeinandergelegten Tafeln geschrieben worden sei, läßt sich der lückenlose Bericht Zöllners entgegenhalten.[6] Dieser versiegelte einige Tafeln viermal ihrer Längsseite entlang, nachdem er sich von ihrer Unbeschriebenheit überzeugt hatte, legte sie auf eine entfernte Ecke des hellerleuchteten Experimentiertisches, bedeckte Slades regungslose Hände mit den seinen, sah dann die Tafel sich teilweise heben und verschieben, hörte lautes Schreiben in ihrem Innern, öffnete die Siegel sofort nach Beendigung der Schrift im Beisein Anderer und fand beide Seiten beschrieben mit einer sinnreichen Erörterung der Versuche und ihrer Aufnahme.

Dr. phil. et med. Elliott Coues, Prof. der Anatomie und Biologie an der Smithsonian Institution, erklärte sich bereit zu bezeugen, 'daß ich bei hellem Tageslicht, wenige Zoll von meinem Gesicht, ein Stück Griffel, das Niemand berührte, sich heben und bewegen und durch diese seine Eigenbewegung lesbare und verständliche Sätze hervorbringen sah, welche intelligentes Denken voraussetzten; und daß derselbe Vorgang gleichzeitig in derselben Weise und in dem gleichen Sinne noch von andern Personen außer mir beobachtet wurde, deren Sehvermögen dem meinen gleich oder überlegen war.'[7]

---

1) PS XXVIII 626. Einen umherschwebenden, die Gesellschaft fächelnden Fächer beschreibt Crookes 91. 2) Crookes, das. 3) Zöllner II, 2 906. Selbst Carrington, der gewiegteste Entlarver, tastet diesen Versuch nicht an. Vgl. auch Aksakow bei Barrett 45. 4) The Spiritualist v. 12. April 1878. Auf das damit gegebene Problem der Durchdringung von Materie durch Materie gehe ich hier nicht ein, betone vielmehr nur den 'handmäßigen' Charakter der Leistung. 5) S. zB. PS XXXIV 218 (Morselli, Barzini u. a.) u. Pr XXIII 500. 6) Zöllner III 263f. Vgl. überhaupt 247ff. 7) RPJ 27. Febr. 1892; auch PS XIX 456ff. Vgl. PS XXI 342f.; Perty, Spir. 60f.; Owen, Deb. L. b. III ch. III; Myers II 226.

LII.

Materialisationen.

Die bisher angeführten metaphysikalischen Leistungen decken sich augenscheinlich z. T. mit denjenigen, die als anscheinende Beweise der Objektivität spontaner Phantome oben zusammengestellt wurden. Aber ihre Bedeutsamkeit für unser Problem erhellt doch eigentlich erst daraus, daß sie — handgemäß ihrer Art nach — auch als von Händen phantomhafter Art ausgeführt beobachtet werden.

In seinem oben angeführten Bericht über Homes Ziehharmonika, die dieser angekündigtermaßen fahren ließ, fährt A. R. Wallace fort: 'Ich sah [nunmehr] eine abgesonderte Hand [das Instrument] halten, während Homes zwei Hände von allen Anwesenden über dem Tische gesehen wurden.'[1] Die Frage, ob eine andre 'abgesonderte' Hand die Tasten spielte, bleibt hier ohne Antwort. Doch lesen wir anderswo und häufig genug, daß Leistungen, wie das Spielen von Musikinstrumenten, während der Ausführung durch 'Hände', die keines Lebenden normale Hände waren, beobachtet worden seien.[2]

In einer Sitzung der Herren Wallace und Crookes mit Home am 22. Mai 1871 hielt dieser — nach den Worten Crookes' — die Harmonika 'unter den Tisch,... und ein sehr schönes Musikstück mit Baß und Oberstimme wurde gespielt... A. R. Wallace blickte unter den Tisch und sagte, daß er deutlich eine Hand das Instrument auf- und niederbewegen und auf den Tasten spielen sehe. Home hatte eine Hand auf dem Tisch und hielt mit der andern das obere Ende der Harmonika, während Wallace jene Hand am unteren Ende sah, wo die Tasten sich befanden.'[3]

Was das Schreiben ohne Menschenhand anlangt, so bezeugt Zahnarzt R. Wiesendanger, er habe, während seine Rechte Slades Linke auf dem Tische festhielt (was er außer durchs Gefühl auch in einem Spiegelbilde feststellen konnte), unter den Tisch blickend 'im Tageslicht' die dem Versuche dienende Schreibtafel von seiner und Slades freier Hand gehalten gesehen, 'und über der Tafel eine fremde Hand, den Griffel haltend...'[4]

Ein Bericht über eine Knoten schürzende oder lösende Hand ist mir nicht gegenwärtig; doch finde ich einen über eine ähnliche Leistung bei Crookes, indem dieser einen Finger und Daumen die Blütenblätter einer Blume in Homes Knopfloch zerpflücken und einzelne davon vor mehreren Personen in seiner Nähe niederlegen sah.[5]

Auch die Bewegung von Gegenständen auf soz. willkürlichen Bahnen hat die Beobachtung schon seit langem auf dem Getragenwerden durch 'Hände'

1) Wallace, My Life II 287. 2) Ich übergehe im folgenden die höchst bedeutsamen Feststellungen Crawfords (Dublin) und v. Schrenck-Notzings über metaphysikalische Leistungen durch (anscheinend) verhältnismäßig ungestaltete Ektoplasmen des Med. (rutenartige Projektionen, Fasern, Kabel usw.) und gehe im Sinn und Interesse des weiteren Gedankengangs sofort auf menschlich-anatomisch gestaltete Werkzeuge der Leistung ein. Vgl. W. J. Crawford, The reality of psychic phenomena, 2. Aufl. (London 1919); Experiments in psychical science (London 1919); v. Schrenck-Notzing, Die physikalischen Phänomene des Mediumismus (München 1920). 3) Mehrfaches Kerzenlicht. — Pr VI 106. Vgl. Home, Révél. 78. 80. 4) PS XIII 152; Crookes 93 (leuchtende Hand, schreibend gesehen); vgl. Home, Révél. 81; Petrovo-Solowowo 205ff. 5) Crookes 42. Vgl. Jacolliot 267; Aceved II 82.

beruhend gefunden. So sah Prof. Zöllner unter einwandfreien Bedingungen das Hintragen einer Schelle durch eine Hand, die dann auf seinen Wunsch sich in seine Rechte legte und sie herzhaft drückte, während er gleichzeitig mit seiner 'linken Handfläche beide Hände Slades bedeckte und festhielt'.[1]

Hände und ihre Tätigkeit sind aber unter den schärfsten Bedingungen auch in vielen Sitzungen der Palladino in einer Weise beobachtet worden, die m. E. einen Zweifel an der Wirklichkeit dieser Tatsache ausschließt.

Die niederste Stufe der Wahrnehmung dieser Hände ist gegeben, wenn der Beobachter sie hinter dem Vorhang des Kabinetts durch ihn hindurch fühlt, während die Hände des Mediums einzeln von Zweien kontrolliert werden.[2] Hier ist natürlich am ehesten illusive Umdeutung eines bloß harten Gegenstandes denkbar. Doch werden auch dann zuweilen deutlich die einzelnen Finger unterschieden.[3] — Kommt die Hand hervor, so ist die Feststellung ihrer Formen durchs Getast fast immer eine sichere. In der VI. Sitzung in Neapel 1908 diktiert Baggally: 'Eine Hand kommt hinter dem Vorhang hervor und drückt mich fest auf meine Schulter. Ich fühle den Daumen und die vier Finger, die jetzt mit sehr beträchtlicher Kraft abwärts drücken. Ihre [Eusapias] rechte Hand ruht auf meiner linken. Ich kann ihre beiden Knie mit meiner Rechten fühlen, die ich unter den Tisch gestreckt halte. Ihr rechter Fuß ist auf meinem linken Fuß und unsere Knie berühren sich.' Gleichzeitig diktiert Carrington: 'Ich hielt ihre linke Hand am Daumen auf ihrer linken Hüfte. Ihr linker Fuß dabei auf meinem rechten. Ihr Kopf gegen meinen gedrückt.' (Licht von einer 110 Volt-Rubinglasbirne, jetzt aber mit einem Bogen braunen Seidenpapiers und einem seidenen Taschentuch abgedämpft, um ihr blendendes rotes Licht zu mildern.[4]) Zehn Minuten später diktiert Feilding: 'Ich werde wieder berührt; ich werde gefaßt von Fingern und ich kann die Nägel ganz deutlich fühlen.' Gleichzeitig sind Carrington und Baggally der Kontrolle je einer Hand des Mediums 'schlechthin gewiß.' (Licht wie oben.)[5] Auch Carrington gibt an, daß er in dieser Sitzung die einzelnen Finger und den Daumen während der Berührung wiederholt fühlte.[6]

Solche gefühlte Hände nun werden auch gesehen, zuweilen sogar im Akte der Berührung oder des Greifens selbst, und zwar nicht nur mehrsinnig von einer Person, sondern auch kollektiv-mehrsinnig von mehreren.[7]

Einen Fall kollektiver Wahrnehmung einer solchen Hand durch zwei verschiedene Sinne bringt der stenographische Bericht der VII. Sitzung mit folgenden Worten:

'12. 9 a. m. Baggally: Ich sah deutlich eine Hand von der äußersten Rechten des Vorhangs hervorkommen; sie packte meine linke Schulter und ich fühlte ihren Daumen und vier Finger. Meine Kontrolle ist dieselbe wie zuvor, d. h. ich kontrollierte die Rechte des Mediums die ganze Zeit.

Carrington: Ich sah die weiße Hand, die mir etwa 3 Sekunden lang außerhalb [des Kabinetts] zu bleiben schien...

---

1) Zöllner III 273f. 2) S. zB. Pr XXIII 434; vgl. PS XIX 555 (Mailänder Sitzungen). 3) Pr XXIII 448. 4) das. 421. 5) das. 448. 449. 6) das. 457; vgl. 453. 518. Ähnliche gute Beob. (von Podmore verschwiegen) s. Owen, Deb. L. 307—11. 7) Ein Beispiel bloßen Erblickens s. Pr XXIII 430 (stenogr. Bericht 11 Uhr 10 Min.).

Feilding: Ich halte ihre linke Hand unbedingt [sicher] in meiner Linken und ihren linken Fuß auf meinem rechten und meine rechte Hand über ihren beiden Knien.'[1]

Derselbe Beobachter wurde bei anderer Gelegenheit von einer gleicherweise gesehenen und gefühlten Hand gepackt und so heftig gegen das Kabinett gezogen, 'daß sie mich fast von meinem Stuhl herabzog'. Beide Hände des Mediums wurden derweil laut Stenogramm gleichzeitig von Carrington und Baggally gehalten.[2]

Abgesehen von dem Umstande, daß zuweilen zwei Hände gleichzeitig sichtbar oder durch Zusammenschlagen hörbar werden, während die berühmte 'Vertauschung' doch nur eine befreien könnte,[3] liegt ein weiterer Hinweis darauf, daß diese Hände nicht die des Mediums sind, in den Abweichungen jener von diesen in Größe und Charakter. Die Phantomhände sind (nach Dr. Venzanos zusammenfassenden Worten) von verschiedener Länge; zuweilen groß und robust, wie die eines Mannes von herkulischem Körperbau, zu andern Zeiten zart und weich, als gehörten sie einer Frau an; zuweilen sind es kleine Hände wie die von Kindern verschiedenen Alters.[4] Prof. Foà glaubte diese Verschiedenartigkeit noch objektiver feststellen zu können. Als er eine dreifach in schwarzes Papier gehüllte photographische Platte über den Kopf der Eusapia hielt, strengte sich eine unsichtbare Hand an, sie ihm zu entreißen. Die Platte zeigte nachher das Abbild von vier großen Fingern, die weder die Foàs, noch die des Mediums gewesen sein sollen. Dies Abbild will Lombroso auf die Ausstrahlungen der Phantomhand zurückführen.[5]

Aber die gründlichste Methode, die Objektivität dieser Hände zu erweisen, besteht wohl darin, daß man während ihres Bestehens in irgendwelchem Material bleibende Abformungen von ihnen zu gewinnen sucht.

Man arbeitet dabei neuerdings vielfach mit Flächen plastischen Tons, der in oben offenen Kästen eingeschlossen und durch darübergespannte Papier- oder Stoffüberzüge normal-unzugänglich gemacht wird. Unter solchen Bedingungen, welche die Verhütung von betrügerischen Machenschaften sehr erleichtern, wurden Abdrücke von Händen auf dem Ton erzielt, die sich in Einzelheiten, zB. der Form der Finger und der Hautoberfläche bedeutend von denen des Mediums unterschieden.[6] Prof. Acevedo beschreibt u. a. Abdrücke einer Kinderhand, die er im Ton unter versiegeltem Papier erhielt, wobei Nägel und Furchen deutlich zu unterscheiden waren.[7]

Solche Eindrücke scheinen überdies zuweilen von der Art gewesen zu sein, daß ihr normales Zustandekommen aus inneren Gründen überhaupt undenkbar erscheint. Schon die ältere Experimentiertechnik arbeitete zB. mit zwei Gefäßen, von denen das eine geschmolzenes Wachs oder Paraffin, das andere Wasser ent-

---

1) das. 477. 2) das. 450f. Vgl. das. 472f. 498f. 549; Maxwell 148; APS III 31f. (!); Documents 478. 3) Fälle bei Lombroso 73. 4) APS VI 97; vgl. 103f.; V 306; Acevedo II 241; Barzini in PS XXXIV 288. 5) Lombroso 232 Abb. 54. 6) S. PS XXXII 699f. (Eusapia P.) Vgl. auch Lombroso 91f.; PS XIX 557f. 7) Acevedo II 250ff. Vgl. PS XX 26; APS V 211 Abs. 2.

hielt; die Phantomhand hatte sich dann abwechselnd in diese Gefäße einzutauchen, bis sich aus mehreren nacheinander aufgetragenen und abgekühlten Wachs- oder Paraffinschichten eine Hohlform der Hand gebildet hatte, die nach der 'Dematerialisierung' zurückblieb. Der Beweis für den übernormalen Ursprung dieses steifen 'Handschuhs' sollte dann darin liegen, daß sein Handgelenk-Teil zu eng war, um eine materielle Hand durch ihn herausschlüpfen zu lassen, ohne die Form zu zerbrechen. Daß dieser Beweis in den besten Fällen (was man auch über die Fähigkeit von Taschenspielern, ihre Hände 'dünn' zu machen, sagen mag) ein strenger sei, erscheint mir unleugbar. Man kann sich über mehrere derartige Beobachtungen in Aksakows bekanntem Werk unterrichten.[1]

Solche Hohlformen in Paraffin erzielten aber auch neuerdings in einwandfreier Weise die Herren Dr. Geley, Prof. Richet und M. A. de Gramont im Pariser Metapsychischen Institut mit dem Medium Franek-Kluski. Die mit Paraffin bedeckte Hand pflegte dabei, ehe sie sich ins kalte Wasser tauchte, die Hände der Kontrollierenden zu berühren und nach Vollendung des Versuches den leeren Paraffinhandschuh ebendort niederzulegen. Fast alle Abgüsse hatten die Größe (aber nicht die sonstigen Eigentümlichkeiten) der Hand eines Kindes von 5—7 Jahren, konnten also schon deshalb nicht von der Hand des Mediums hergestellt sein. Das Paraffin wurde auch mehrmals kurz vor der Sitzung und unbemerkt vom Medium blau gefärbt, bezw. mit unsichtbarem, erst nachträglich durch Zusatz von Schwefelsäure sichtbar zu machendem Cholestearin vermischt, so daß eine betrügerische Herstellung der Gussformen außerhalb der Sitzung sogleich entdeckt worden wäre. Ferner unterschieden sich die Gussformen von den Händen des Mediums auch bezüglich der Handlinien, der Nägel und der Länge der Finger. Und im übrigen geben die Sitzungsberichte die Gewißheit einer sorgfältigen Kontrolle der Hände des Mediums seitens der Experimentierenden.[2]

Mit dem Vorstehenden befinden wir uns bereits inmitten der dornenvollsten Probleme einer künftigen Wissenschaft: im Tatsachengebiet der Materialisationen. Daß nicht alles Schwindel sei auf diesem fruchtbarsten Boden des Schwindels, scheinen mir die angeführten Beobachtungen bereits unwiderleglich zu beweisen. Anderseits ist, sobald sie als wahre Tatsachen anerkannt sind, durchaus kein Halten mehr. Denn gibt uns das objektive Phantom der Experimentalsitzung nur erst den sprichwörtlichen kleinen Finger, so drängt es geradezu alsbald nicht nur die ganze Hand uns auf, sondern alles, was noch 'daran hängt'. Glauben wir ihm erst die Hand, so ist schlechterdings nicht abzusehen, warum wir ihm nicht auch den Arm, den Rumpf, den Kopf, die ganze Gestalt glauben sollten. Ich will und darf mich daher über diesen beträchtlichen und doch nunmehr fast geringfügigen Rest entsprechend kürzer fassen.

In der Tat hängt für die Beobachtung diese Hand, welche greift, zieht, stößt, trägt, in Ton sich abdrückt — an einem sichtbaren, fühlbaren und

---

1) Animismus u. Spiritismus I 165ff. Andere verwandte Beobachtungen und ihre Erörterung s. PS XXXIII 9ff. (Gellona) und Acevedo 252. 2) Dr. G. Geley, Materialis.-Exper. mit M. Franek-Kluski (Lpz. 1922) 35ff. Weitere Erörterung völlig unzulässiger normaler Deutungen der Entstehung der Gußformen das. 46ff.

handelnden Arm;[1] dieser Arm geht in eine Büste über, und auf dieser Büste sitzt ein Kopf, der sicherlich nicht der Kopf des Mediums ist.

Ich habe dabei nicht jene dunklen, höckerigen, kopfartigen Gebilde im Auge, 'der Schnecke einer Kniegeige vergleichbar', oder Dinge, die der Zweifel allenfalls dahin auslegen mochte, es habe 'eine große Hand sich die Gardine umgelegt und mit den gekrümmten Fingern ein schwarzes Profil nachgeahmt',[2] — wiewohl die Kontrolle während dieser Erscheinungen es ausschließt, daß diese Finger die der Eusapia gewesen seien.[3] Sondern ich meine Dinge, die ausdrücklich als menschliche Köpfe und Gesichter beschrieben werden,[4] die dem Auge einen bestimmten Ausdruck zeigen[5] und sich mit der Hand abtasten lassen: 'Ich unterschied', sagt der bekannte Barzini, sicherlich ein scharfer und nüchterner Beobachter, '[unter dem sich auswölbenden Vorhang hinter dem Medium] die Stirn und bewegte meine Handfläche abwärts über die Backen und die Nase; und als ich die Lippen berührte, öffnete sich der Mund und faßte mich unter dem Daumen; ich fühlte deutlich den Druck eines scharfen Bisses. Im selben Augenblick drückte eine Hand gegen meine Brust und schob mich zurück, die Vorhänge bauchten sich aus und fielen kraftlos zurück. Diese ganze Zeit über blieb das Medium sichtbar. Es war durch einen Abstand von mindestens anderthalb Fuß von dem 'unsichtbaren Menschen' getrennt.'[6]

Vor allem aber hat die Palladino auch (unter Bedingungen, die Betrug ausschlossen) eine ganze Reihe von Kopfabdrücken geliefert, deren Anblick (selbst in der Wiedergabe) beinahe genügt, um ihren ganz 'besonderen' Ursprung glaubhaft zu machen. Dies mag albern klingen; der Leser sehe indessen selber zu, ob er nicht auch den Eindruck davonträgt, daß dies nicht vorbereitete Kunstprodukte, geschweige Abdrücke des Mediums seien, dessen Bild man dazu nicht einmal zu kennen braucht.[7]

Daß Phantome, die soweit gediehen sind, auf eigenen Füßen zu stehen beanspruchen, kann ihnen am Ende nicht verdacht werden, so wenig wie dem Forscher, daß er die 'Besonderheit' dieser Füße durch Messungen festzustellen sucht, die sie als länger oder kürzer, verglichen mit denen des Mediums, erweisen sollen.[8]

In manchen Fällen werden die handelnden, mechanisch wirkenden Gliedmaßen — Hände, Arme oder Füße — ausdrücklich als Teile von Phantomen beobachtet.

So beschreibt Crookes in seiner klassisch gewordenen kleinen Schrift 'eine dunkle, schattenhafte, halbdurchsichtige Gestalt', welche 'den Vorhang mit ihrer Hand bewegte, die Harmonika spielend durch das Zimmer glitt, allen Anwesenden mehrere Minuten lang sichtbar'.[9] — Mit solchen Angaben stehen wir endgültig der berüchtigten voll-materialisierten Menschengestalt der mediumistischen Sit-

---

1) S. zB. Geley, aaO. 30; Falcomer 32. 2) Dessoir, Vom Jens. d. Seele, 2. Aufl. 168. Vgl. Pr XXIII 370. 440. 445f. 453. 475f. usw. Abb. in APS V 313. 3) Pr XXIII 446. 453. 546. 4) zB. APS VI 277. 5) APS V 306. 6) das. 124 (auch PS XXXIV 219); ebenso APS V 310. Ein Fall stereoskop.-kollektiver Wahrnehmung eines Kopfes: APS VI 111. 7) zB. in Rev. Spirite 1887 427. Porträts der Eusapia in Pr XXIII 320/1; APS VI 215; Documents (Phot. 1). 8) S. zB. Wallace, My Life II 328f. ($1^1/_4$ Zoll länger). Ebenso Dr. Venzano in APS VI 91. 9) Crookes 94.

zung gegenüber, den meisten wenigstens aus Crookes' bekannten Schilderungen der 'Katie King' vertraut,[1] die aber in allem erreicht und in manchem überboten wurde von zahlreichen andern Berühmtheiten der spiritistischen Literatur: Herrn Livermores 'Gattin', die vor seinen Augen in ihrer echten Handschrift direkte Schrift lieferte und in hundert Sitzungen ihm hundert Beweise ihrer Wirklichkeit und persönlichen Identität gab;[2] Dr. Grays 'Franklin', dessen Gesichtsausdruck alle Vorgänge um ihn her verständig begleitete;[3] Mme d'Espérances Yolanda, die ihre Glieder im Takte der Musik bewegte und Melodien nachahmte, die man ihr auf dem Harmonium vorspielte, aber 'den Gebrauch der Blasebälge nicht verstehen konnte';[4] und hundert anderen Phantomen in allen Formen und Größen beider Geschlechter, die sich benehmen wie Menschen, gehen und reden, Dinge anfassen und heben, Hände schütteln und Küsse austeilen.[5] Wollten wir die soz. apokryphe Literatur des Gegenstandes nur einen Augenblick gelten lassen, der Satz stände sogleich fest, daß Phantome von lebenden Wesen überhaupt nicht zu unterscheiden seien[6]. Die romanhaft-phantastische Art der Berichterstattung und die völlige Mißachtung von Maßregeln gegen Betrug verbieten indessen die Berücksichtigung dieser Literatur von vornherein. Aber selbst wo von anscheinend zureichenden Vorsichtsmaßregeln berichtet wird — wo dem Medium, das in Trans liegt, die Ärmel an die Hosen genäht, die Glieder mit dünnsten Fäden an die Stuhllehne gebunden, die Hände mit Reis gefüllt, die nackten Füße in Mehlschüsseln gesteckt sind —, hören wir von voll-ausgebildeten Phantomen, die umhergehen, lebhaft gestikulieren, fließend und sinnvoll sprechen, die Hände der Sitzer bis zum Wehtun drücken, hörbar und fühlbar küssen u. dgl. m.[7] Nur erscheinen die Gewährsmänner selbst nicht immer in jeder Hinsicht vertrauenswürdig, es fehlt an Mehrfachbezeugung, und die Berichte sind vielfach allzu kurz und offenbar nicht sorgfältig abgefaßt.

Ich will in das undurchdringliche Dornengestrüpp der Einzelkritik dieser Berichte keinen Schritt tun. Ihre Unzulänglichkeit nach heutigen Begriffen erschwert ihre Einschätzung ebenso sehr, wie sie die großartige Verwerfung in Bausch und Bogen dem Nichtkenner erleichtert. Immerhin sind wir auf jene älteren oder leichter in Frage zu ziehenden Berichte nicht angewiesen: denn von voll-erwachsenen Materialisationen meldet auch das Eusapianische Schrifttum, das einer nicht nur neueren, sondern auch in allem, was Kontrolle von Medien betrifft, sehr viel erfahreneren Zeit angehört; dessen verhältnismäßig seltene Vollgestalten überdies an Glaubwürdigkeit sehr gewinnen durch ihre Verbindung mit einem Medium, dessen Teilmaterialisationen wohl den höchsten Grad von Glaubwürdigkeit besitzen, der überhaupt von Tatsachen erreicht werden kann, die nicht jederzeit von jedermann und unter jederlei Bedingungen feststellbar sind.

1) das. 103ff. 2) Owen, Deb. L. — Vgl. das. 378. 3) das. 403. (Dr. Gray — 'one of the most accurate and dispassionate of observers'.) 4) d'Espérance 247ff. 5) das. 275ff.; Ferriëm 36f.; ÜW XIV 456. 465; PS XXIV 168; OR Dez. 1907. 6) Vgl. Werke wie Flor. Marryat, There is no death (Lond. 1891); The spiritual world (Lond. 1894) u. a. m. 7) S. zB. Acevedo II 86; PS XXVIII 513ff.; XXXII 581. 583. 636. 638f. (Politi); ÜW IV 75ff.; X 465f.; APS II 392ff.; Falcomer 77f.; d'Espérance 282f. 285ff.

Ein Beispiel solcher Eusapianischen Höchstleistungen enthält der Bericht einer Sitzung, die am 26. Dez. 1901 im Minerva-Club zu Genua stattfand. Die Türen und Fenster des Zimmers waren 'hermetisch geschlossen und versiegelt. Das Kabinett wurde gebildet durch die Nische eines der beiden Fenster des Zimmers', die durch den üblichen Vorhang abgesperrt war, vor welchem der bekannte weiße Holztisch stand; zwischen Tisch und Vorhang befand sich der Stuhl des Mediums. Herr Vassallo kontrollierte das Medium zur Linken, Frau Ramorino zur Rechten. Zur Linken des ersteren saßen Dr. Venzano und der Ingenieur Ramorino, zur Rechten der letzteren — Prof. Porro und Cav. Erba. Gegen Ende der Sitzung und in völliger Finsternis 'sagte Herr Vassallo, daß eine Hand, die einer jungen Person anzugehören scheine, seine rechte Backe liebkosend streichle. Er fragte, ob es die Hand [seines Sohnes] Naldino sei, und der Tisch antwortete bejahend. V. äußerte darauf den Wunsch, Naldino solle an seinem (Vassallos) Leibe einen Gegenstand suchen, den er zu Lebzeiten sehr gerne gemocht habe. Gleich darauf fühlte er, daß eine Nadel aus seiner Krawatte gezogen wurde; sie gehörte seinem Sohne [Naldino] und dieser hatte sie sehr wertgeschätzt... Darauf fühlte sich [V.] plötzlich in den Armhöhlen von zwei Händen gefaßt, die ihn aufhoben... und etwa zwei Schritte außerhalb des Kreises der Teilnehmer und hinter seinen eigenen Stuhl zogen, d. i. über drei Fuß entfernt vom Medium. Unter diesen Umständen legte er die Hand des Mediums, um sie nicht fahren zu lassen, aus seiner Rechten in seine Linke, welche die des Dr. Venzano hielt, so daß Eusapia, welche reglos verharrte, unter der wachsamen Beobachtung dreier Kontrollpersonen war. Danach fühlte V., wie ein menschlicher Körper etwa von seiner eigenen Größe sich auf seine linke Schulter lehnte und ein Gesicht, das nach seiner Meinung dem des verstorbenen Naldino glich, sich einige Zeit hindurch an sein Gesicht drückte. Er erhielt mehrere Küsse, deren Klang von Allen gehört werden konnte, und während dessen waren in einer weichen Stimme abgerissene Sätze hörbar, die auf die wiederholten Fragen Vassallos Antwort gaben. Dr. Venzano, welcher aufstand, ohne die Kontrolle fahren zu lassen, folgte der Richtung der Stimme und vermochte mehrere Worte in Genueser Dialekt zu verstehen... Fast gleichzeitig [damit] verschwand die materialisierte Form und der Tisch forderte Licht. Sobald die weiße elektrische Lampe angedreht war, sah man eine menschliche Gestalt, eingehüllt in den Vorhang des Kabinetts, dem noch aufrechtstehenden Vassallo sich nähern und ihn umarmen, während eine Hand, ebenfalls vom Vorhang bedeckt, V. faßte und einige Zeit hindurch festhielt. Das Medium verharrte alle diese Zeit über reglos auf dem Stuhl und seine Hände verblieben in Berührung mit denen der Kontrollierenden.'[1]

Ein anderes Beispiel entnehme ich Bozzanos Bericht über die Sitzung vom 16. Juni 1901 im Hause der Familie Avellino. 'Zu meiner Linken und etwa einen Meter entfernt war eine kleine Tür, durch deren Öffnung ein schwaches Licht drang. Plötzlich erfaßten Johns[2] Hände meine Schläfen und drehten meinen Kopf in dieser Richtung. Ich verstand, daß diese Handlung einen Zweck hätte, und verdoppelte die Sorgfalt meiner Beobachtungen. Sehr bald bemerkte ich ganz am Boden etwas wie einen schwarzen Kegel von ungewissen, rauchigen und wechselnden Umrissen. Es hatte den Anschein, als wäre diese kleine Masse, die sich allmählich vor mir

1) APS VI 109f. (Sofortige Niederschrift, aber nicht gleichzeitiges Stenogramm.) Über Naldino vgl. auch Lombroso 89; ferner Bozzano in PS XXVIII 629. Dauerndes Schattenwerfen s. auch ÜW X 464f.; APS VI 172.

2) Eusapias Transpersönlichkeit.

verdichtete, von einer schnellen, kreisenden Bewegung erfüllt, oder besser gesagt: erschüttert. Sie nahm sehr rasch an Umfang und Länge zu, bis sie in wenigen Augenblicken die Höhe und den Umfang eines Mannes erreichte. Dann, in weniger Zeit, als ich brauche um es zu erzählen, wurde ich gewahr, daß diese Form das Aussehen und die Umrisse eines menschlichen Wesens angenommen hatte. Diese Form war nicht mehr als zwei Schritte von mir entfernt. Meine Genossen bemerkten alle, daß das Licht, welches durch die Tür drang, unerwartet und fast völlig abgeschnitten wurde...[1] Zwei Hände ergriffen meine Hand und hoben sie empor. Ich fühlte darauf einen weichen, langen Bart, der mehrmals über den Rücken meiner Hand hinfuhr und mir ein Kitzeln verursachte. Danach wurden meine Finger veranlaßt, über die Züge eines Gesichtes hinzufahren. Ich konnte mich so vergewissern, daß es nicht Johns Gesicht war...' Dr. Venzano machte dann ähnliche Erfahrungen; er fühlte u. a. das Innere des Mundes der Gestalt ab, deren rechtem Oberkiefer mehrere Zähne fehlten. Dies, erklärt er, entsprach genau den Zahnverhältnissen eines verstorbenen nahen Verwandten.[2]

Ich füge endlich noch folgende Beobachtung des scharfsinnigen Venzano bei, enthalten in einer gleich nach der betreffenden Sitzung gemachten Aufzeichnung: 'Trotz des matten Lichtes konnte ich deutlich Frau Palladino und die übrigen Sitzer sehen. Plötzlich nahm ich wahr, daß sich hinter mir eine Gestalt von ziemlicher Größe befand, die ihren Kopf auf meine linke Schulter lehnte und heftig schluchzte, so daß die Anwesenden es hören konnten; sie küßte mich wiederholt. Ich nahm deutlich die Umrisse dieses Gesichtes wahr, welches mein eigenes berührte, und fühlte das sehr dünne und reiche Haar in Berührung mit meiner linken Backe... Klopflaute des Tisches gaben den Namen einer nahen Verwandten an, die keinem Anwesenden außer mir bekannt war. Sie war vor nicht sehr langer Zeit gestorben, und aus Unverträglichkeiten des Temperamentes hatten sich ernsthafte Zwistigkeiten mit ihr ergeben. So wenig erwartete ich diese typtologische Auskunft, daß ich zunächst an eine zufällige Übereinstimmung des Namens dachte; aber während ich im Geiste dies überlegte, fühlte ich einen Mund mit warmem Atem mein linkes Ohr berühren, welcher mit leiser Stimme in Genueser Mundart eine Reihe von Sätzen flüsterte, deren Gemurmel den Sitzern hörbar war. Diese Sätze, mehrmals unterbrochen von Weinen, baten mich um Verzeihung wegen des mir geschehenen Unrechts, mit einer Fülle von Einzelheiten in bezug auf Familienangelegenheiten, die nur der betreffenden Person bekannt sein konnten... Ich hatte kaum die ersten Silben [einer Bitte, auch mir zu verzeihen,] geäußert, als zwei Hände... sich mir auf die Lippen legten und mich verhinderten weiterzusprechen. Die Gestalt sagte dann zu mir: Ich danke dir, umarmte und küßte mich und verschwand.'[3]

---

1) Vgl. hierzu oben S. 525 ff. 2) APS VI 158f. (kritische Bedingungen). 3) Aus Vassallo, Nel mondo degli Invisibili und Bozzano, Ipotesi Spiritica e Teoriche Scientifiche in APS VI 164. — Ich übergehe eine Erörterung der zahlreich hergestellten Photographien von Materialisationen. Sie würde sehr umständlich sein und in jedem Falle gesonderte Beweise für die Phantomhaftigkeit des Photographierten voraussetzen. — Ebenso glaube ich die Hypothese, nach welcher die 'physikalischen' Leistungen in jedem Falle vom Med. direkt bewirkt, alle Wahrnehmungen von Gliedmaßen oder Gestalten aber als Halluzinationen vom Med. den Sitzern aufgezwungen werden, ihrer äußerst unglaubhaften Voraussetzungen wegen übergehen zu dürfen. Vgl. hierzu Pr XXIII 341ff.

LIII.

Theorie der Materialisationen.

Jedes Zugeständnis der 'Objektivität' von Phantomen nun stürzt uns alsbald in ein brandendes Meer von marternden Fragen, und das Ziel, nach welchem unsere ausgedehnte Darlegung hingestrebt hat, erweist sich als nichts weniger denn ein Ruhehafen.[1]

Eine Deutung des Phantoms könnte man zunächst durch entschlossene Fortentwicklung der Annahme von 'Richtungskräften' zu gewinnen hoffen, wie sie als Erklärung der reicheren metaphysikalischen Leistungen ohne Zuhilfenahme von stofflichen Phantomen oder Phantomteilen versucht worden ist.[2] E. v. Hartmann, der weder die Materialisationen, noch die metaphysikalischen Leistungen der Medien zu leugnen vermochte, gelangte zu einer solchen Theorie durch die Erwägung von Schwierigkeiten, die sich der Annahme menschenähnlicher wirklicher Phantome entgegenstellen.

Gegen objektive Leistungen wirklicher phantomhafter Gliedmaßen nämlich machte er geltend: eine solche handelnde Hand müsse entweder an einem unsichtbaren Körper sitzen; dieser aber wäre, eben weil er unsichtbar ist, so undicht anzunehmen, daß er durch den Fußboden sinken müßte, nicht gehen und eine dichter materialisierte Hand nicht halten und führen könnte; jedenfalls könnte ein solcher Körper nur durch Ladung mit Kräften gehalten und bewegt werden, die ihn durch ihre Beziehungen zur Erde, den Zimmerwänden, dem Medium usw. leiteten und auch seine Verbindung mit der Hand sicherten. Oder aber die Hand müßte, falls sie an keinem unsichtbaren Körper säße, unmittelbar durch solche Kräfte getragen und bewegt werden; da diese Kräfte aber aus dem Medium stammen und von ihm gelenkt werden, so sei es einfacher anzunehmen, daß dieses die physikalischen Leistungen unmittelbar hervorbringe, anstatt — was eine 'weitere Komplikation' wäre — erst eine Hand zu bilden, die dann genau die gleichen Voraussetzungen erfordern würde. Zumal wer einer dynamischen Theorie der Materie huldige, könne sich mit der Annahme vom Medium gesetzter 'sekundärer Kraftzentren' begnügen, die sich an der Oberfläche des zu bewegenden Gegenstandes genau so anordnen, wie die Oberfläche einer Hand sie darbieten würde; er brauche also nicht die weitere Annahme zu machen, daß gleichzeitig alle die Kraftzentren gesetzt würden, 'welche den Atomen und Molekülen der Hand in ihrer ganzen Dicke entsprächen'. Die etwaige gleichzeitige Sichtbarkeit der Hände usw. aber würde dann durch Zusammenhänge von 'Glimmpunkten' zu deuten sein; 'sei es nun, daß die glimmenden Lichtpunkte vom Medium selbständig in den Raum

1) Ich übergehe, als m. E. unzulänglich, die Deutungsmöglichkeiten zweier Begriffe: 1. der angebl. 'Gedankenbilder' (vgl. zB. A. Besant u. C. W. Leadbeater, Thoughtforms [Lond. 1905] 18. 21; Dr. H. Baraduc, Les vibrations de la vitalité humaine [Par. 1904] 189; über 'Gedankenphotographie' s. zB. PS XXIII 99; Borderland IV 32. 432); 2. der angebl. 'Umkehrung' des opt. Sehvorgangs (vgl. Staudenmaier 41; Dr. Ermacora in PS XXVI 558; Dr. Fotherby in APS IV 21).

2) E. v. Hartmann, Die Geisterhypothese des Spiritismus... (Lpz. 1891) 106f. Vgl. auch Ostwald in ANPh IX (1910) 212.

hinausgesetzt werden, oder daß sie als kleine Lichtsphären bestimmte Gasmoleküle der Zimmerluft oder [ihre] Staubteilchen' als Stützpunkte benutzen.[1]

Man darf auf einem Forschungsfelde, das beinahe nichts als Rätsel bietet, keine Hypothese für ausgeschlossen erklären, die nicht logische Widersprüche in sich selbst enthält; und dieses Mindestrecht darf auch v. Hartmanns Gedanke beanspruchen. Davon abgesehen aber muß man sagen, daß keine Analogie im ganzen Umkreis unseres Naturwissens diesem sonderbaren realistischen Doketismus zu Hilfe kommt, ja daß zahlreiche Beobachtungen an Materialisationen ihm sehr scharf widersprechen. Will man sich noch die Vorstellung gefallen lassen, daß der bloße Wille eines Menschen aus irgendwie sichtbaren Kraftpunkten eine leere Hülle oder Haut von menschlicher Formung erbaue, so wird diese Vorstellung doch bis zur Unerträglichkeit strapaziert durch die unerläßliche weitere Annahme, daß solche Hülle, von den Gedankenfäden eines menschlichen Willens gezogen, wie eine kraft- und lebenerfüllte Marionette sich bewegen und im Raume wirken könne. Jeder beliebige Bericht über lebhafter handelnde Phantome oder nur phantomhafte Glieder bringt dies peinlichst zum Bewußtsein.[2] —

Aber der Leser, dem zugemutet wird, sich von den phantastischen Schwierigkeiten dieser Hypothese abschrecken zu lassen, wird nun nachgerade Ungeduld empfinden: Wohin denn soll er getrieben werden? Soll ihm die Annahme als einfacher und natürlicher empfohlen sein, daß Phantome wirklich seien, was sie dem naiven Beschauer zu sein scheinen: zeitweilig sichtbar werdende Wesen von menschlichem Bau; und phantomhafte Glieder — Teile solcher Wesen, nicht nur der 'Hülle' nach, sondern in all den Einrichtungen, welche menschliche mechanische Leistung ermöglichen? Ich deutete schon an, daß v. Hartmann seinerseits gerade seine Hülsentheorie als eine Vereinfachung gegenüber einer solchen Annahme empfand, die ihm unüberwindliche Schwierigkeiten zu bieten schien.

Diese Schwierigkeiten stellen sich in verschiedener Fassung dar. Phantome sollen einerseits genügend stofflich sein, um schwere Gegenstände bewegen zu können; anderseits nicht stofflich genug, um durch materielle Widerstände aufgehalten zu werden. Die Hände bei der Palladino zB. scheinen zuweilen den Vorhang des Kabinetts zu durchdringen, wenn sie auch zu andern Zeiten von ihm aufgefangen werden.[3] Die Tonabdrücke werden anscheinend durch Hände (und Köpfe) bewirkt, und diese Glieder werden gleichzeitig über den Kästen gesehen;[4] aber dieselbe 'leuchtende' Hand, die den Ton knetet, hat einen darübergespannten Bogen Papier durchdringen müssen, der dabei weder zerrissen, noch verschoben

1) aaO. 108f. 116f. 123. v. H.s Gedanken sind in den heutigen Theorien der Ektoplasmen (Crawfords 'Hebel' u. a.) erweitert und überholt. S. W. J. Crawford, aaO., und The psychic structures at the Goligher circle (Lond. 1920). 2) Vgl. o. S. 559—62, und etwa noch APS V 309. 3) S. PS XXII 248. 4) Acevedo in PS XXVII 154.

wurde.[1] — Ein ähnliches Bedenken wird durch die Wahrnehmung einzelner handelnder Gliedmaßen nahegelegt, deren zugehörige Körper unsichtbar und — wie man deshalb annehmen möchte —, falls überhaupt vorhanden, von geringerer Dichtigkeit sind: Warum aber sinkt dann dieser undichtere Körper nicht durch den Fußboden? Wie geht er umher? Und wie kann er dem dichteren Gliede einen Halt bieten?

Der Widerspruch erstreckt sich weiter: dieselbe Gestalt, die mechanisch wirkt und dem Fußboden genügenden Widerstand bietet, um nicht zu versinken, läßt sich angeblich in vielen Fällen nicht tasten.

Mme d'Espérance scheint nicht imstande gewesen zu sein, ihre Yolanda zu fühlen, wenn sie die Hand nach ihr ausstreckte, oder Y. zwischen ihr und dem Vorhang des Kabinetts hindurchging, wobei der Zwischenraum nicht mehr als 3—4 Zoll betrug; auch fühlte sie kein Gewicht, wenn Y. sich auf ihren Knien niederließ.[2] — Oder man lese die folgende Schilderung Barzinis, dessen selbstverständliche Zweifelsucht gewiß auch nicht über Nacht zur Anerkennung solcher Tatsachen gelangt ist: 'Eusapia zieht die Arme stark an sich: Prof. Morselli fühlt sich an mehreren Stellen durch den Vorhang hindurch... berührt... Er fühlt, wie sich eine Person hinter dem Vorhang an ihn lehnt und ihm die Arme drückt. Wir alle sehen diese Arme, umgeben vom Vorhang. Ich erhebe mich sofort, und das Medium an mich ziehend, stecke ich den Kopf in die Öffnung des Vorhangs, um ins Kabinett zu blicken. Letzteres... ist leer. Morselli greift hinter den Vorhang, dort wo er sich bläht, und stellt fest, daß niemand da ist. Das, was von außen den Eindruck eines menschlichen Körpers macht, der sich bewegt, ist im Innern nur eine Ausbauchung des Stoffes...'[3] — Die Vorstellung eines Hülsenmenschen, mehr noch: eines bloßen Fassadenmenschen scheint hier mehr wie nahegelegt.

Diese Schwierigkeiten sind nicht zu unterschätzen; sind sie aber vernichtend, zumal bei dem flüssigen Zustande unseres heutigen Wissens in allen Teilfragen des Problems? Die Tatsache, daß Phantome so selten zu sehen sind, daß sie in Experimentalsitzungen beständig entstehen und vergehen, auftreten und verschwinden, hat ja längst dahin geführt, daß der Begriff der Materialisation (und Dematerialisation) eben eine innere Veränderung ihres objektiven Materials ausdrücken soll, entsprechend dem Übergang aus dem unwahrnehmbaren in den wahrnehmbaren Zustand. Welcher Art diese Veränderung sei und wie sie etwa bewirkt werde, läßt sich natürlich einstweilen mit Bestimmtheit nicht sagen; aber auch ohne uns in die physikalische Problematik unserer Tage zu verlieren, glauben wir zu begreifen, daß die neueren Anschauungen über Materie: die Auflösung des Atoms in eine kleine Welt von Einheiten, Spannungen und Bewegungen in sich, uns in dieser Hinsicht weit größere Hoffnungen eröffnen, als die vergleichsweise Starrheit früherer Anschauungen. Jeden-

1) das. 153f. Die Palladino saß derweil 'wie tot' da. Vgl. v. Hartmann, aaO. 107 über die zwischen 2 zusammengesiegelten Tafeln schreibende, also ein Griffelstück haltende Hand.
2) Aksakow, Démat. 186f. 3) PS XXXIV 219.

falls wird der eine Endzustand dieser Phasenreihe schwankender Dichtigkeit uns durch unabhängige Beobachtung glaublich gemacht: nämlich der Zustand der Objektivität trotz 'materieller' Unwahrnehmbarkeit. Gerade das Experiment hat den Beweis erbracht, daß 'feste' Materie in einen Zustand übergehen kann, in welchem sie andere ebenso 'feste' Materie durchdringt.

Bekannt sind Zöllners Versuche mit Slade, bei denen enge, aus einem Stück Holz gedrechselte Holzringe über den Stiel eines dreibeinigen Tischchens gezogen wurden, wohin sie doch weder über die Füße, noch über die Tischplatte gelangen konnten; oder auf Darmsaiten, wobei sich Brandgeruch entwickelte und auf den Darmsaiten, anscheinend an den Durchtrittsstellen, weiße Male erschienen, wie sie auch durch Erhitzung erzielt werden konnten;[1] sowie andere Versuche, bei denen in 'endlose' Darmstreifen Knoten geschlungen wurden.[2] Seitdem sind ähnliche Beobachtungen veröffentlicht worden, bei denen Ringe oder Stühle von einem menschlichen Arm herabfielen, während die Hand eine andre in festem Griffe hielt oder sogar mit dieser zusammengebunden war.[3] (Die Gewißheit in diesen Fällen ist sehr stark.) Ebenso werden (neben zahllosen schwindelhaften Fällen) auch einige echte 'Apporte' überzeugend berichtet, d. h. das Herbeischaffen materieller Gegenstände in geschlossene Räume. Für einen der besten, das Hereinbringen einer Glocke aus einem geschlossenen Nebenzimmer, setzt sich das ruhig-sichere Zeugnis von Crookes ein.[4]

Für unsern Zusammenhang am wichtigsten wären natürlich Fälle von 'Apporten' lebender Körper, weil der Eintritt solcher in einen verschlossenen Raum die Frage aufwerfen würde, ob dabei der lebende Organismus oder die Eintrittsstelle oder beide zugleich zeitweilig für Materie durchdringbar gemacht würden. Das erstere könnte als das Unglaublichere erscheinen, ist aber genau betrachtet nicht schwieriger vorstellbar, als die zeitweilige Dematerialisierung eines Stückes Holz oder Leder. Es würde aber offenbar eine ziemlich genaue Parallele zu dem darstellen, was wir im Falle erscheinender und verschwindender Phantome der mediumistischen Sitzung beobachten. Allem Spotte nun zum Trotz, den eine solche Behauptung natürlich sogleich herausfordert, muß ich sagen, daß ich mindestens zwei Fälle von 'Apporten' menschlicher Körper kenne, deren ausführliche und sorgfältige Beschreibung und Bezeugung für mein Urteil die Möglichkeit eines Zweifels ausschließen. Die große Länge der Berichte verbietet allerdings ihre überzeugende Wiedergabe hier.[5]

Im Zustand Materie-durchdringender Materie müßte sich also auch

---

1) Zöllner II, 2 925; PS VI 210. 211f. Verwandtes s. PS VII 3f. 111f.; XXVIII 578; XXXII 197. 260. 324. 2) Vgl. PS XXVII 537—40. 542 (Med. Sambor). 3) Bolton 64ff. Vgl. APS III 261 (mäßig bezeugt). Verwandtes s. PS XX 23; Pr XV 419. 421 (Med. Sambor). 4) Crookes 96f.; vgl. Bolton 73f.; APS III 261f.; Pr IX 121. 263. 266ff.; XI 38. 5) The Medium 5. Dez. 1873; 26. Mai, 10. Juni 1871; auch Spiritual Mag. 1871 289ff. Vgl. auch PS XXVIII 457f. u. ASP XI 3ff. 65ff. über den Austritt des Med. (Salmon) aus sicher verschlossenem Käfig und Holzkasten (Zeuge: Dr. Gibier, Direktor d. Instit. Pasteur in New York), Aksakow, An. u. Spir. I 288 und etwa Apgesch. 8, 39f.

das Phantom kurz vor der Materialisation befinden, oder der unwahrnehmbare Teil des Phantoms während einer teilweisen Materialisation. Aber mehr: wie der experimentelle Apport beweist, ist die Dematerialisation eine dem Willen unterworfene Leistung, — so dunkel uns ihr Hergang auch ist; — und tatsächlich hätten wir nur anzunehmen, daß nicht nur Materialisationen als Ganzes, sondern auch ihre Verwirklichung von Augenblick zu Augenblick und von Teil zu Teil einigermaßen dem Willen unterworfen sei, um den größten Teil der obigen Schwierigkeiten zu beheben. Dabei erscheint die hier in Rechnung gestellte Möglichkeit einer teilweisen Materialisierung auch an sich durch Beobachtung vielfach belegt: nicht sowohl durch die Tatsache des Auftretens einzelner Körperstücke — die ja schließlich als abgeschlossene, so beabsichtigte Gebilde gelten könnten; als vielmehr durch die Tatsache der vollkommeneren und deutlicheren Materialisierung von Einzelstücken innerhalb eines offenbar umfassender 'angelegten' Ganzen, also eines im übrigen nur 'angedeuteten' ganzen Phantoms oder Gliedes.[1] Ebenso kann der Vorgang der Dematerialisierung auch von Phantomteilen als unabhängig beobachtet gelten, und zwar beobachtet durch eben den Sinn, der uns im allgemeinen die Eigenschaften der Durch- oder Undurchdringlichkeit feststellen läßt: das Getast.

Einschlägige Wahrnehmungen sind zB. häufig gemacht worden, wenn Beobachter Teile des Phantoms — vornehmlich Hände — umfaßt hielten und nicht fahren ließen. Crookes' Schilderung des dann häufig folgenden Vorgangs ist bekannt: 'Ich habe eine dieser [in Homes Nähe erscheinenden] Hände mit meiner eigenen gehalten, fest entschlossen, sie nicht entschlüpfen zu lassen. Keinerlei Abmühung oder Anstrengung loszukommen wurde gemacht, sondern sie schien sich allmählich in Dunst aufzulösen und entschwand auf diese Weise meinem Griff.'[2] Und fast die gleichen Worte gebrauchen die besten Beobachter der Palladino.[3]

Ein Blick nun auf die einzelnen Formen unserer 'Schwierigkeiten' belehrt uns über die Fruchtbarkeit dieser Annahme einer zeitlichen und räumlichen Verschiebbarkeit des materialisierten Zustandes. Ein dematerialisiertes Glied kann sich in einen fest umschlossenen Raum — zB. zwischen Schreibtafeln oder durch die Papierdecke eines Kastens mit Ton — einführen und doch an seinen Endorganen genügend materialisiert sein, um einem Griffel Halt zu bieten oder den Ton zu kneten. Das fühlbare Phantom, das Barzini und Prof. Morselli zu greifen und dessen Anblick sie zu erhaschen trachteten, mag gerade unter der Einwirkung des geöffneten Vorhangs sich wieder bis zur Unsichtbarkeit und Ungreif-

1) S. zB. Livermore bei Owen, Deb. L. 387. 397. 407; ÜW XIV 450; PS XXXIV 739.
2) Crookes 93. Vgl. Home 57. 61 (Hiram Powers); 162 (Graf A. Tolstoi); 348; APS V 149 (H. D. Jencken). 3) S. APS VI 95f. (Dr. Venzano u. Prof. Bottazzi); das. V 210. 306; Pr XXIII 583; PS XXXIV 527. Ähnlich Livermore über 'Estellas' Haar, bei Owen, Deb. L. 390.

barkeit dematerialisiert haben usw. Hier geht es zu, wie in einer Lösung, welche die Fähigkeit hätte, in raschem Wechsel und örtlicher Sonderung Kristalle auszufällen oder wieder zu lösen.

Hiermit scheint nun freilich v. Hartmanns eigentliches Bedenken noch unberührt: daß nämlich das materialisierte Teilglied an einem unsichtbaren, folglich undichteren, folglich nicht tragfähigen Körper sich befinde, der auch selbst in den Boden versinken müßte, falls er nicht durch Kräfte gehalten und bewegt würde, die ihn durch ihre Beziehungen zur Umgebung sicherten; diese Kräfte aber müßten aus dem Medium stammen, und eben dies lasse die Annahme unmittelbarer Teilschöpfung durch das Medium einfacher erscheinen. — Daß diese Gedanken an sich zwingend seien, vermag ich bei unserer Unwissenheit nicht zu finden. Was unsichtbar und ungreifbar ist, kann immer noch ein hochorganisiertes Ansatz- und Austrittsfeld von Kräften sein, die den Einwirkungen der Schwerkraft usw. auf ein anhängendes materielles Glied gewachsen wären. Und wieviel von diesen Kräften auch letzten Endes aus dem Medium stammen mag: ihre ausschließliche und unmittelbare Bindung an dieses anzunehmen, erscheint mir übereilt. Es erscheint durchaus nicht unmöglich, das nur teilweise sicht- und greifbare Phantom als ein in sich geschlossenes System von Kräften aufzufassen, innerhalb dessen die wahrnehmbaren und wirkungsfähigen Teile statisch und dynamisch fest verankert wären, gleichwie das ganze Gebilde im umgebenden Raume. Immerhin mag hierzu ein gewisser Mindestgrad der Materialisierung auch der unwahrnehmbaren Teile erforderlich sein, bei dessen Fehlen oder Verminderung eben, wie so häufig beobachtet, das Phantom dort, wo es steht, in sich zusammenbricht, ja geradezu im Boden versinkt, bis etwa 'nur der Kopf noch sichtbar' ist;[1] was bei Entstofflichung von unten her das natürliche wäre.

LIV.

Probleme des 'Astralleibes'.

Im ganzen glaube ich nicht, daß die bisher erwähnten Schwierigkeiten an sich uns zwingen können, die naivere Theorie des voll-ausgebildeten Phantoms zugunsten der Krafthülsen-Theorie fallen zu lassen. Damit ist diese natürlich so wenig widerlegt, wie jene bewiesen. Im Gegenteil erheben sich erst jetzt die eigentlichen verwirrenden Fragen, die an die Denkbarkeit nur zeitweilig wahrnehmbarer (oder gar: existierender) 'menschlicher Wesen' von auch innerer Ausbildung sich knüpfen. Welche Deutung ihres Ursprungs könnte diesen abenteuerlich ausschweifend erscheinenden Begriff unsrer Fähigkeit zu glauben etwa näher bringen? Soweit ich in

1) S. Gen. Peters Zeugnis ÜW XIV 470f. Vgl. Perty, Spir. 144. 151 ('Katie King'). 168; d'Espérance 256; ÜW II 158 (Zeuge: Ingenieur Matuszewski); Richet 371.

meiner Unwissenheit die verschiedenen Möglichkeiten überschauen kann, stellen sie sich wesentlich in folgender Einteilung dar: Entweder ist das Vollphantom erst zum Zwecke seines Erscheinens geschaffen und auferbaut, und zwar durch den Willen des Mediums oder durch den Willen eines Andern (etwa eines Verstorbenen), wenn auch mit den Mitteln des Mediums. Oder aber es war bereits vollkommen vorgebildet und, wenn auch unwahrnehmbar, vorhanden, und zwar im Medium, aus dem es bloß hervortrat, oder außerhalb und unabhängig von diesem.

Daß der Gedanke des fast plötzlichen Aufbaus eines innerlich vollausgebildeten Organismus aus ungestalteten Stoffen durch den bloßen Willen eines Lebenden oder Verstorbenen außerordentliche Zumutungen an unsre theoretische Phantasie stelle, braucht nicht gesagt zu werden. Auch ist er insofern keine ehrliche Alternative zur Hülsen-Theorie, als er die Schwierigkeiten dieser letzteren nicht nur in dem Maße vervielfältigt enthält, in welchem eben ein Rauminhalt seine Oberfläche quantitativ übertrifft; sondern auch inhaltlich in dem Maße gesteigert, in welchem organische und funktionelle Differenziertheit über formlose Einheitlichkeit hinausliegt. Die Hilfsannahme aber, daß dabei ein lebender 'Keim' benutzt und zu abnorm beschleunigtem Wachstum gezwungen werde, wäre nur wenig glaubhafter und fände überdies in den Beobachtungen, wie wir sie bald genauer kennen lernen werden, nicht die geringste Stütze.

Die einzige Stütze, welche diese Hilfsannahme allenfalls auftreiben könnte, läge in der Einsicht, daß das uns normal erscheinende Zeitmaß organischen Wachstums keine schlechthin feststehende Größe darstellt, sondern etwas Relatives und — wenn man will — Zufälliges ist. Glaubhafte Versuche an 'magnetisierten' Pflanzen berichten von schier unfaßlicher Beschleunigung ihrer Entwicklung vom Keim bis zur Vollreife.[1] In derselben Richtung weisen vollgültig bezeugte Fälle gewisser 'Wunderheilungen', welche uns nötigen, die in ekstatischem Zustand angeregte fast 'augenblickliche' Herstellung bedeutender Massen differenzierter Gewebe anzunehmen, die kurz zuvor völlig fehlten oder nur ansatzweise oder in krankhafter Veränderung vorhanden waren;[2] desgleichen wissenschaftlich feststehende Beobachtungen über Personen, die in wenigen Jahren die physiologische Vollreife eines Erwachsenen erlangten.[3] Unsere Zeit des siegreich vordringenden Vitalismus findet auch sicherlich immer weniger Schwierigkeiten in dem Begriff einer plastischen Kraft und eines konstruktiven Vermögens rein 'seelischer' Mächte, die wir auch sicherlich bei dem flüssigen Zustande unsres heutigen physikalischen und physiologischen Wissens nicht allzu streng an Zeitmaße gebunden denken dürfen, deren Alleinglaublichkeit doch schließlich nur auf ihrer Gewohntheit beruht. — Es ist freilich zu überlegen,

1) Ich kann hierauf ausführlich nicht eingehen. Vgl. etwa du Prel, Ph. d. M. 156; Stud. I 47ff.; JM 20. Jan. 1899; BIGP 1905 Nr. 2; d'Espérance 263ff. (auch PS 1886 455ff.)
2) S. zB. Dr. med. L. v. Hoestenberghe, Dr. med. E. Royer u. Dr. med. A. Deschamps S. J., Guérison subite d'une fracture (Brüssel 1900); A. Loth, Le miracle en France au 19. siècle (Par. 1894) 201ff.; Annales de Lourdes XXIV 112ff. 163ff.; Dr. Boissarie, Lourdes... (Par. 1891) 107f. u. a. m.
3) Zusammenstell. zahlreicher Fälle bei M. Hirschfeld, Sexualpathologie (Bonn 1917) I 66ff.

daß wir nicht nur in der Richtung alles bisher Beobachteten noch ein sehr beträchtliches Stück weitergehen müßten, um zu jener Neuschaffung von Phantomen zu gelangen; sondern daß auch die Frage der Beschaffung eines Keimes (falls ein solcher unerläßlich scheint) einstweilen ungelöst bliebe oder nur durch neue Hilfsannahmen lösbar wäre.

Doch scheinen zahlreiche Beobachtungen neuester Zeit, die nicht ohne Vorgänger in älteren Berichten sind, uns immer wieder zur Erwägung solcher Unglaublichkeiten zu zwingen. Zu oft und zu deutlich beobachtet man die Bildung von Phantomteilen, namentlich Händen und Köpfen (die sich dann der näheren Prüfung auch 'innerlich' als differenzierte organische Gebilde ausweisen), aus greifbaren Massen, die dem Medium entströmen.

'Es ist eine Art von flüssigem, teigigem Brei,' sagt Richet, 'der aus des Mediums Mund und Brust kommt und sich nach und nach organisiert, indem er die Form eines Gesichts oder eines Gliedes annimmt;[1] eine weißliche Substanz, welche kriecht wie ein lebendes Wesen mit feuchten, kalten, protoplasmaartigen Verlängerungen, die sich unter den Augen der Teilnehmer in eine Hand, einen Finger (mit Knochengerüst!), einen Kopf, zuweilen in eine ganze Gestalt verwandeln.'[2] Ja v. Schrenck-Notzing teilt uns mit, daß er diese ektoplastische Masse mikroskopisch untersucht, und Epithelzellen, Leukozyten und Fettröpfchen in ihr festgestellt habe.[3]

Die andere mögliche Ansicht, die in der Materialisation nur die Sichtbarmachung eines schon vorhandenen organisierten Leibes sieht, ob dieser nun dem Medium oder einem 'Geiste' zugehört, ist bekanntlich als Lehre vom *soma psychikon*, vom siderischen oder Astralleibe in zahlreichen Religionen und Philosophien des Altertums vorangedeutet[4] und hat über die Zeit der Renaissance hinweg bis in die Wissenschaft des 19. Jahrhunderts hinein selbst akademisch fortgewirkt, bis sie im Spiritismus und in der modernen Theosophie eine Auferstehung der Massengläubigkeit erlebte.[5] Natürlich mußten mit der fortschreitenden Erkenntnis des feineren Körperbaues die Voraussetzungen und Folgerungen dieser Lehre für den ehrlichen Denker verzweifelte Formen annehmen. Soll dieser 'feinere' Leib in seiner Organisierung ein wirkliches leistungsfähiges Duplikat des normal-wahrnehmbaren sein, so muß er, scheint es, nicht nur dessen Knochen, Bänder, Muskeln und Nerven 'im großen ganzen' wiederholen, sondern auch die im Haushalt des Lebens nicht minder wichtigen

1) Richet 366. 2) das. 402. Vgl. v. Schrenck-Notzing, Materialisationsphänomene, *passim*; Geley, De l'inconscient au conscient (Par. 1919) 59; Richet 407ff. 3) v. Schrenck-Notzing, aaO. 2. Aufl. 321f. 4) Vgl. das Ka der Ägypter, linga sharira und kamarūpa der Inder, fravashi der Perser, nephesh der Hebräer, *εἴδωλον* der Griechen, *πνευματικὸν* oder *αὐγοειδὲς ὄχημα* der Neuplatoniker u. a. m. 5) Vgl. zB. I. H. Fichte, (Anthropologie, Buch 2 Kap. 3); Fechner, Zend-Avesta 3. Aufl. II 337f.; [Irrenarzt Dr.] Fr. Groos, Der unverwesliche Leib als das Organ des Geistes... (Heidelb. 1837) und: Die geist. Natur des Menschen (Mannh. 1834) 51—54. Neuerdings theosophisch (zB. A. Besant, Man and his bodies), bei v. Hellenbach ('Meta-Organismus'), du Prel ('Astralleib') u. v. a. Auf Leibniz' Monadol. § 72f. u. a. weist Bormann 13 hin.

tausend Arten kleinster Gebilde, die uns erst das Mikroskop offenbart; er muß ein Gefäßsystem und einen Kreislauf darin, er muß einen Verdauungskanal und am Ende gar eine Bewegung von Nahrung darin haben; — wenn auch alles in 'feinerer' Materie.

Man kann nicht sagen, daß sich unsere modernen 'Okkultisten' die Hervorhebung dieser Folgerungen haben angelegen sein lassen. Die Theosophie, mit ihrer systematisierenden Lehrhaftigkeit, entzieht sich ihnen halbwegs durch die Unterscheidung von ätherischem und Astralleib. Von diesen soll nur der erstere ein wirkliches Abbild des 'dichten' Leibes sein, gebildet aus den 'feineren' Atomen 'höherer' Materie,[1] während dem 'Astralleibe', zumal beim 'wenig entwickelten' Menschen, nur eine 'lockere Organisation' und 'unbestimmte Umrißlinien' zukommen, die erst im höherstehenden Wesen zunehmend bestimmter innerer Organisiertheit und Stabilität weichen. Nur eine gewisse plastische Bildsamkeit wird ihm anscheinend in jedem Falle zugeschrieben, die ihn seine normale Gestalt wieder annehmen läßt, wenn seine Umrisse durch Druck verändert wurden. Zwar wird auch von Organen und Organisierung des Astralkörpers geredet. Aber die Fragen, wieweit diese Organisation im Einzelnen gehe und was — soweit sie sich von der Organisation des fleischlichen Leibes unterscheide — das genauere funktionelle Verhältnis jenes Leibes zum Leibe der klassischen Physiologie sei, diese Fragen werden nicht nur bezüglich des Astral-, sondern auch bezüglich des ätherischen Leibes mit Stillschweigen umgangen.[2] — Genauigkeit war nie die starke Seite menschlicher Allwissenheit.

Um so bemerkenswerter ist es, daß selbst ein wissenschaftlich gründlich geschulter Geist außerhalb aller Theosophie den Mut haben konnte, den Gedanken eines metamateriellen Leibes von voller morphologischer Übereinstimmung mit dem materiellen zu fassen; ein Dilettant, wenn man will, wiewohl Physiker von Fach; doch werden ja in diesen Fragen selbst die Besten nicht so bald über die Stufe des Dilettierens hinausgelangen.

Mr. Fournier d'Albe geht bei seinen Betrachtungen aus von den neueren mikroskopischen und mikrochemischen Einsichten über den Bau der lebenden Zelle und der sich daraus ergebenden Unterscheidung von verhältnismäßig wesentlichen und unwesentlichen Bestandteilen. Zu den ersteren zählt er natürlich den Zellkern, hebt aber auch hier hervor — in allem Tatsächlichen auf Wilsons große Autorität gestützt —, daß von den Bestandteilen des Kerns (Chromatin, Linin, Paralinin, Pyrenin, Amphipyrenin) nicht alle die gleiche Wichtigkeit besitzen mögen, wiewohl die Unvollkommenheit unsres Wissens die genaue Bestimmung dieser Wichtigkeit im Einzelnen verhindere. Den jedenfalls vorauszusetzenden wesentlichsten Bestandteilen gibt er den Namen Psychomeren und hält ihre teilweise Identität mit Weismanns Biophoren für möglich. — Es ist nun sein eigentlicher Gedanke, daß eine zusammenhängende Herausziehung aller dieser lebenswichtigsten Elemente denkbar sei, die mithin eine Art gasförmigen Körpers von der Gestaltung

1) A. Besant, Ancient Wisdom, 2. Aufl. (Lond. 1899) 63. 2) Das. 94—105. Bezeichnende Unbestimmtheit auch bei Daumer I 75.

des menschlichen Leibes, aber von weit geringerer Dichtigkeit als die Luft, ergeben würde. Die Möglichkeit einer solchen Aussonderung der lebenswichtigen Bestandteile des gesamten Organismus glaubt unser Verfasser durch die neuesten Anschauungen über den Aufbau der Materie verbürgt. Die das Atom bildenden kreisenden Elektronen, die nur durch fernwirkende Kräfte miteinander verbunden und deren Abstände voneinander relativ nicht geringer seien, als die Abstände der Planeten voneinander, geben hinreichenden Raum für alle Arten gegenseitiger Durchdringung. Nach dieser Anschauung sei der Leib selbst eine Art von Nebel, und nichts widerspreche der Möglichkeit, aus ihm einen feineren Nebel zu extrahieren (und zwar in kurzer Zeit und wiederholt) oder diesen dann in seine frühere Lage zurückzubringen.[1]

Der gewichtigste Einwand gegen diese kühnen Spekulationen wird sich wohl darauf berufen, daß sie die notwendige 'Ähnlichkeit' des fleischlichen und des Psychomeren-Leibes nicht durchweg voraussetzen können. Gewisse Teile unseres Körpers, u. a. die in seiner mechanischen Wirtschaft bedeutsamen, sind unverhältnismäßig arm an jenen 'vitalsten' Zellelementen und würden daher in einem Psychomeren-Leibe nicht entsprechend vertreten sein: zB. die knochigen, die fettigen, die bindegewebigen Teile. Tiefer würden die Unterschiede im Gebiete des Nervensystems greifen. Die große Ausdehnung der meisten Neuronen (der Nervenzellen mit ihren mannigfachen Fortsätzen) steht in einem sehr mißlichen Verhältnis zu dem geringen Gebiet, das die für sich fortbestehenden Psychomeren vertreten würden. Und Ähnliches gilt für die so wichtigen Isolierungsvorrichtungen der Nervenfasern. — Aber vor allem: jede organische Funktion besteht mehr oder minder in einer Wechselwirkung von Elementen, die eben darum nicht voneinander getrennt werden können, ohne ihres Sinnes in der Wirtschaft des Lebens verlustig zu gehen. Auch das Wesen der Psychomeren besteht vor allem in ihrer Funktion innerhalb des vollerhaltenen Lebens; ihre Herausziehung aus diesem Zusammenhang würde sie der Möglichkeit ihres natürlichen Wirkens berauben und eben darum, scheint mir, zum alsbaldigen Untergang verurteilen. Der Psychomeren-Leib wäre eine Anhäufung von Schwungrädern ohne Achsen, von Blüten ohne Stengel und Wurzel, von Herzen ohne Adern und Blut.

Diese Schwierigkeiten würden anscheinend schwinden, wenn wir den hypothetischen 'feineren' Leib nicht bloß zu einem qualitativ-besonderen Auszug, vielmehr zu einem wirklich genauen Duplikat des 'groben' Leibes zu machen uns entschlössen. Der weitergehende und folgerichtigere Gedanke dürfte sich dann auch als der einfachere erweisen. Der Begriff von Materien innerhalb Materien, Äthern innerhalb Äthern liegt der modernen Physik nicht ganz fern[2]: warum also sollte diese Schichtung des Objektiven soz. in Ebenen von wachsender 'Feinheit' nicht auch dem lebenden Körper als Ganzem und gleichsam von Atom zu Atom zugeschrieben werden? Der ganze Körper bis auf seine allerletzten Teile herab wäre hiernach eine ineinandergeordnete Mehrheit von Körpern, vereint im Leben, begrifflich trennbar nach ihrer Zugehörigkeit zu verschiedenen

---

1) E. E. Fournier d'Albe, New light on immortality (Lond. 1908) 106—110. 145—149.
2) Vgl. zB. Whetham, The recent devel. of phys. science 279.

Stufen materieller Einheiten, und vielleicht — wer weiß? — unter Umständen auch physisch so trennbar. Sicherlich brauchte eine solche Trennung, selbst durch den 'magischen' Willen eines Mediums, nicht wunderbarer zu erscheinen, als die Errichtung eines wirkungsfähigen 'Hülsenleibes' draußen im Raume durch eben diesen magischen Willen.

Auch Gedanken dieser besonderen Art haben vielleicht schon ihre modernen Klassiker gefunden. Crookes dürfte sie bei den bekannten Andeutungen seiner Präsidentenrede vor der Britischen Gesellschaft zur Förderung der Wissenschaften im Auge gehabt haben, als er den Geist-Körper (*spirit-body*) als kontinuierlich mit dem physischen Leibe bezeichnete, *raised to an indescribable number of vibrations*; und ähnliche Anschauungen vertraten die Professoren B. Stewart und P. G. Tait in einem ehedem vielgelesenen Buche i. J. 1876.[1] Indem sie ein Entstehen der Atome aus ultramateriellen Elementen voraussetzten (eine Vorstellung, die damals noch in den Formen der Wirbel-Theorie sich aussprach), sowie ein Übergehen von Wirkungen von einem Niveau auf das andere, gelangten sie zu der Vermutung, der unsichtbare Körper, der den Tod überdauere, bestehe eben aus jenen ultramateriellen oder feineren Bestandteilen.

Aber — forschen wir nun wieder — hat dieser so näher definierte unsichtbare Körper einen Säftekreislauf, wie der sichtbare? Bedarf er der Nahrung, wie dieser? Hat er ein Geschlecht und pflanzt er sich fort? Wie bewegt er sich? Vergeht er? Oder ist er unzerstörbar? — Fragen über Fragen — und einstweilen keine Aussicht auf Antwort.

Aber alles dies sind schließlich Spekulationen. Gibt es denn auch Erfahrungsbeweise für das Dasein des Astralleibes? Ich weiß nur wenig von Versuchen solcher.

Die bekannten Integritätsgefühle Amputierter sind ins Feld geführt worden,[2] doch kann sich ihre metaphysiologische Auslegung gegen die bündige wissenschaftliche Deutung der Tatsachen schwerlich behaupten, die sich auf fortbestehende Erinnerungsvorstellungen der verlorenen Gliedempfindungen und daraus entstehende Illusionen und Halluzinationen beruft.[3] — Wir lesen zwar auch von erfolgreicher magnetischer Behandlung von Schmerzen, die 'im' verlorenen Gliede gefühlt wurden, wobei diese Behandlung sich nur auf das unsichtbare Duplikat des verlorenen Gliedes erstreckte.[4] Und gegen die naheliegende Deutung dieses Erfolges durch Suggestivwirkung richten sich andere Beobachtungen, wonach zB. Stiche 'in' das fehlende Glied hinein auch dann schmerzhaft empfunden wurden, wenn alle Vorsichtsmaßregeln ergriffen waren, um das künstlich geblendete Subjekt über den Zeitpunkt des Versuchs im unklaren zu lassen.[5] Aber weder muten mich diese Versuche sehr vertrauenerweckend an, noch schließen sie, genau ge-

---

1) The unseen universe (Lond. 1876) bes. 198ff. 231. 240ff. 251. Vgl. auch S. D. Mc Connell. The evolution of immortality (N. Y. 1901) ch. XV. 2) S. zB. H. Ch. Bastian, The muscular sense, in Brain X (1888) 1ff.; Weir Mitchell, Injuries of nerves and their consequences 345ff.; Valentin, Lehrb. d. Physiol. d. Menschen (Braunschweig 1843) II, 2 713ff. — Okkultist. Auslegung zB. bei J. Gillingham, The seat of the soul discovered (1870); Serjeant Cox, The mechanism of man (Lond. 1876); Wasenmann in PS XXIX 256f. 3) Bastian, aaO. 37ff.; Wundt II 33f. 4) du Prel, Mon. Seel. 165. 5) Dr. Luys, ref. in ÜW III 79f.

nommen, telepathische Suggestion aus. — Verbliebe uns nur die angebliche Beobachtung, daß Sensitive oder Hellsehende — an deren erhöhte Wahrnehmungskräfte wir nun schon glauben gelernt haben — die fehlenden Gliedmaßen noch zu sehen vermögen. Kerner zB. behauptet von der Frau Hauffe (leider ohne auf irgendwelche Einzelheiten einzugehen), sie habe 'die ganze Form des verlorenen Gliedes... noch immer im Bilde des Nervengeistes (durch den Nervengeist gebildet...) am Körper' gesehen.[1]

Die Beobachtungen zur Begründung der Lehre vom unsichtbaren Leibe sind, wie man sieht, dürftig genug, und die oben besprochenen Hypothesen gleichen Sinnes, die ihnen zu Hilfe zu kommen suchten, überragen sie nur wenig an Überzeugungskraft. Der Antrieb, die einen wie die andern gleichwohl im Auge zu behalten, entstammt der nicht fortzuschaffenden Tatsache, daß menschenähnlich auftretende und anscheinend seelisch selbständige Vollphantome zuweilen in verhältnismäßig geringerer Bindung an ihr Medium auftreten; hierin verschieden von jenen teleplastischen Bildungen, die wir ohne weiteres als echte Schöpfungen des Mediums zu erfassen meinen. Es wird notwendig sein, daß wir diesen wechselnden Beziehungen zwischen Phantom und Medium noch einige Aufmerksamkeit schenken.

LV.

Phantom und Medium.

Eins nun scheint hier unbestreitbar: daß Phantome wie auch metaphysikalische Leistungen (deren Verwandtschaft ja schon ihr unmerkliches Ineinanderübergehen bezeugt) in irgendeinem Sinn und Umfang immer Leistungen eines Mediums sind. Beide erfordern von diesem eine gewisse körperliche und seelische Aufgelegtheit und Gesundheit,[2] nehmen 'Kraft' in Anspruch,[3] erschöpfen im Maße ihres Auftretens,[4] und machen daher nach leistungsreichen Zeiten Perioden des Aussetzens zum Zwecke neuer 'Ansammlung von Fluidum' nötig.[5] Besonders während reicher Phantombildung ist das Medium vielfach mehr oder minder gelähmt, im Atmen behindert, seelisch gehemmt — 'wie im Traume' —, wenn nicht in ausgesprochenem Trans.[6]

Mrs. Finch beschreibt in einem solchen Falle 'Ziehen im Magen und Zittern im ganzen Körper... Während der ganzen Zeit, in der die Materialisationserscheinung den Teilnehmern sichtbar blieb, hatte ich das Gefühl, als wäre ich buchstäblich in Stücke zerrissen und als sollte mein Leben aus meinem Körper fließen... Instinktiv verließen meine Füße den Boden und es überkam mich ein sonderbares

---

1) Kerner, Seherin 150 (Orig.-Ausg. I 83). 2) Vgl. Vesme III 152 (üb. Angél. Cottin); Home, Révél. 166; ÜW IV 282. 3) Vgl. ASP V 122, Abs. 3; PS XXIV 341; Crookes 94 ('power exhausted') u. oft. 4) Vgl. Mme. d'Espérances typisch-psychasthenische Symptome nach erfolgreicher Sitzung: PS XXIV 214. 5) S. Mrs. Finch in PS XXXIV 718ff. 6) d'Espérance 231; vgl. Aksakow, Démat. 179f. 183; Seiling in ÜW II 20.

zusammenziehendes Gefühl, als würde mein Körper ganz starr und wie ein Ball, Kopf und Füße verbunden.' Sie war sich der außerordentlichsten Nervenanstrengung bewußt, zeigte starke Überempfindlichkeit für geringe Geräusche, konnte kein Wort hervorbringen, und die Zeit erschien ihr außerordentlich verlängert. Dabei war sie sich bewußt, daß nicht ein 'Geist', sondern 'ein Teil [ihrer] eigenen Individualität' in solcher Weise mit ihrem Körper verführe.[1] — Entsprechend steigt die Erschöpfung nach Abschluß erfolgreicher Materialisationssitzungen zuweilen bis zu ohnmachtartigen Zuständen an: das Medium liegt sprachlos, bleich, in kalten Schweiß gebadet da; selbst das kräftigste fühlt sich matt und leidend, hat schnellen Puls und schweren Atem.[2]

Die Frage, welcher Art die Ausgaben seien, die diese Erschöpfung herbeiführen, drängt uns freilich alsbald in jenes dichte Gestrüpp von Verlegenheiten, das auf dem jungfräulichen Boden künftiger Wissenschaften zu wuchern pflegt. Subjektive Empfindungen wie objektive Wahrnehmungen deuten darauf hin, daß es sich dabei nicht so sehr oder nicht allein um eine Verausgabung von 'Kräften' handle (etwa infolge Zerfalles chemischer Verbindungen im Körper), sondern mindestens auch um eine Abgabe von etwas Stofflichem.

Die gewöhnlichsten jener subjektiven Empfindungen werden in auffallender Einmütigkeit des Bildes von den meisten Medien mit der Auflagerung von feinsten Geweben, 'Spinneweben', zumal auf Gesicht und Händen verglichen.[3] Nehmen diese 'Sommerfäden' zu, so könne man sich einbilden, einen feinen seidenen Schleier über den Kopf oder die Hände geworfen zu haben.[4] Bei noch aufmerksamerer Selbstbeobachtung scheint sich eine Deutung dieser Empfindungen einzustellen: das Medium glaubt nämlich zu fühlen, 'wie feine Fäden aus den Poren seiner Haut herausgezogen würden'.[5] Bei einem 'Planchette'-Schreibenden geht 'ein eigentümlich ziehendes Gefühl in den Handnerven' (das wir vielleicht als Äquivalent der 'Spinneweben' deuten können) in eine Empfindung über, 'als ob mit feinen Saugpumpen aus den Nerven an den Fingerspitzen etwas herausgezogen würde. Die Planchette [auf welcher die Hand auflag] begann zu knistern und krachen..., [dann] sich zu bewegen' usw.[6] — Maxwell, der verschiedene Empfindungen von Jucken in den Handflächen und Fingerspitzen sowie von Spinneweben auf Händen, Gesicht, Rücken und Schenkeln beschreibt, führt auch Angaben Anderer an, welche die Haut ihrer 'Hände gleichsam von kleinen Löchern durchbohrt empfänden, durch die etwas entwiche'.[7] Ja eins seiner Subjekte, ein begabter und hochgebildeter Mann und durchaus imstande, seine eigenen Symptome zu zergliedern, gibt an, 'es scheine ihm, als ob etwas aus seiner Magengrube entweiche', und daß er bei besonders lauten Klopftönen ein krampfähnliches Gefühl in der epigastrischen Gegend habe, oder die Empfindung, 'als ob etwas Materielles in solchen Augenblicken aus ihm gezogen würde'.[8]

---

1) PS XXXIV 722 ff. — Beschreibungen wahrer 'Wehen' des Med. während Materialis. s. in v. Schrenck-Notzing, Materialisationsphänomene. 2) S. ÜW IV 282; X 466 (E. Palladino); APS V 380 f.; PS XXVIII 518 (Mrs. Salmon); Perty, Spir. 52 (Home). 3) OR 1907 I 115. 4) S. das.; vgl. Maxwell 329. 331; PS XVIII 550 f. 5) d'Espérance 229. 6) PS XXIV 292 f. 7) Maxwell 114. 116. 8) das. 88. 119. 270.

Mme d'Espérances Schilderungen ihrer Materialisationssitzungen gehen einen Schritt weiter. Auch sie gibt an, daß sie im Kabinett alsbald das Gefühl habe, als seien ihr Rumpf und Hände mit Spinneweben eingehüllt, ein Gefühl, das sie veranlaßt, sich zu reiben, und das dann vorübergeht. 'Dann habe ich die Empfindung, als ob die Luft mit Stoffen sich anfülle, und mein Atem ist gehemmt.' Auf jene Empfindung der Lufterfüllung folge die Wahrnehmung von 'Dampfmassen', die sich nicht fassen lassen, nach allen Seiten sich wälzen, dann plötzlich stillstehen, 'und dann weiß ich, daß [eine Gestalt sich bildet, daß] ein lebendes Wesen mir zur Seite ist. Der Dampf kann auch nur auf einen Augenblick auftreten und die Gestalt alsbald dasein. Aber immer habe ich ein Gefühl der Leere, welches einsetzt, sobald ich die Spinneweben spüre.'[1]

Diesen Empfindungen des Mediums entsprechen Wahrnehmungen Dritter.

Herrn Gibson, der den 'feinen seidenen Schleier' über seinem Kopfe fühlt, wird von Sensitiven gesagt, sie sähen etwas, 'was sich als grauer Nebel beschreiben lasse, um mein Haupt [gelagert]'.[2] Auch die milchigen, leuchtenden, leidlich formlosen Wolken oder Nebel fallen einem ein, die in vielen Sitzungen von den Teilnehmern durch den Raum sich hinbewegend oder in der Luft hängend, meist in der Nähe von Kabinett oder Medium wahrgenommen werden.[3] Zeitliche und örtliche Zusammenhänge lassen sie zuweilen als eine Vorbereitungsstufe von Phantomteilen oder Phantomen erscheinen[4] und liefern einen Grund (neben andern) gegen ihre durchgehende Rückführung auf optische Illusionen, zu denen an sich das Auge gerade im Dunkel oder Halbdunkel ja reichlich neigt. Sind die Ausscheidungen vollends von jener schon erwähnten 'breiigen' Art, so ist an Sinnestäuschung nicht länger zu denken.

Wir hätten also Tatsachen in eine Reihe geordnet, die von Ausströmungen aus dem Medium bis zu geformten Gestalten führt und somit diese als eine Leistung eben des Mediums erscheinen lassen könnte. — Ein anderer bedeutsamer Zusammenhang zwischen beiden zeigt sich in einer gewissen Gemeinsamkeit motorischer und sensibler Vorgänge.

Eine Gemeinschaft der ersteren Art kündigt sich ja bereits in der Abhängigkeit des Verlaufes metaphysikalischer Leistungen vom Willen des Mediums an. Das Medium weiß es nicht nur voraus, wenn etwas sich ereignet, — wie denn die Palladino häufig durch ein 'Aufgepaßt' die Blicke Aller darauf hinlenkt,[5] — es leitet auch die Ereignisse, will sie also im Einzelnen; dies beweist nicht nur die 'Vernünftigkeit' so vieler dieser Leistungen, zB. das allbekannte Buchstabieren oder Kodexreden durch Klopflaute oder Bewegungen von Gegenständen,[6] sondern auch das (namentlich bei Eusapia) hundertfältig beobachtete Zusammenfallen der metaphysikalischen Leistungen mit gewissen, an sich oft ganz unähnlichen Muskelanstrengungen des Mediums. Eine Bewegung der Hand auf die Tischplatte zu, ein Ballen der Faust, ein Niederdrücken der Fußsohle oder dgl. genügt an-

1) Aksakow, Démat. 175; vgl. 226. 2) OR 1907 I 115. 3) zB. Maxwell 142 ff.; APS V 357 (Eusapia); Home, Révél.: une clarté phosphorescente se glissant, tremblante, le long des murs, ou bien encore des émanations lumineuses s'exhalant des corps humains... 4) zB. Maxwell 143. 146. 5) zB. APS V 121. 6) S. zB. Maxwell 106. 310; Jacolliot 214, u. v. a.

scheinend, um Klopflaute ganz außerhalb des Bereiches dieser Bewegungen zu erzeugen; Seufzen, krampfhafte Windungen der Arme und Hände begleiten eine Erhebung des Tisches und enden mit ihr;[1] ein Kneifen der kontrollierenden Hand 'erzeugt' scheinbar ein Zupfen der Gitarre; Stoß- oder Zugbewegungen der Hände bewirken Fortgestoßen- oder Herangezogenwerden entfernter Gegenstände usw.[2] — Oder um mit ausgesprochenen Phantomleistungen zu belegen: während der Erzeugung von plastischen Abdrücken im Kabinett reibt Eusapia ihre entsprechenden Fingerballen auf dem Sitzungstisch außerhalb des Kabinetts, indem sie sagt: 'Wie hart es ist; es ist zu hart; bringen Sie die Kreide fort';[3] und Mme d'Espérance behauptet, daß sie ihre Muskeln sich zusammenziehen fühle, als griffen ihre Hände, während das Phantom die Handlung des Greifens ausführt.[4]

Die letzte Erwähnung der Eusapia zeigt übrigens neben einer Gemeinsamkeit der Bewegungen auch eine solche der Empfindungen, oder vielleicht richtiger: ein Empfinden seitens des Mediums dessen, was das Phantom empfinden müßte, wenn das vorauszusetzende Glied einem bewußt-empfindenden Phantom angehörte. Diese anscheinende Verlegung der Reizbarkeit des Mediums in den Körper des Phantoms hat sich auch in zahlreichen Fällen voller und sichtbarer Ausbildung des letzteren, und hätte sich vielleicht bei noch mehreren — oder allen? — feststellen lassen, wenn diese Feststellung stets gesucht worden wäre.

So empfand Eusapia Schmerzen, wenn die in ihrer Nähe beobachteten Arme gestochen wurden, 'als wären sie ihre eigenen'.[5] Und Mme d'Espérance will bei Versuchen, Paraffinabgüsse der Hand des Phantoms zu erhalten, das Brennen des geschmolzenen Stoffes an ihrer eigenen Hand verspürt haben. Berühre sie selbst ihr Phantom Yolanda, so habe sie die Empfindung, 'als berühre ich mich selbst', als 'berühre ich etwa die eigenen Hände'. Berühren andere das Gesicht des Phantoms, so habe sie die Empfindung, 'als ob Finger sich in meine Wange eindrückten'.[6]

Diese Gemeinschaft der Empfindung zwischen Medium und Phantom findet nun eine merkwürdige Beleuchtung durch gewisse behauptete Beobachtungen über eine besondere Art seiner Bildung.

Ich habe früher Angaben Rochas' über die Exteriorisierung empfindender 'Schichten' angeführt.[7] Aber bereits Rochas behauptete, bei Fortführung des Vorgangs der Exteriorisierung bildeten diese Schichten hinausverlegter Empfindung soz. zwei Halbphantome zu beiden Seiten des Körpers, die sich dann zusammenschlössen (zuweilen durch Aufstieg über den Kopf der Versuchsperson) und — wie er meinte — den 'Astralkörper' zur Darstellung brächten, der durch ein 'Band' — ich bitte dies im Auge zu behalten — mit dem Körper des Subjektes in Verbindung stehe. 'Beweise' für diese sonderbaren Aufstellungen scheint er,

---

1) PS XIX 535; XX 5. 2) APS VI 275f. ('vieni, vieni'); ÜW VII 65; Maxwell 104. 173f.; Pr XXIII 514. 517. 547. 562 u. oft. 3) PS XXXIV 525. 4) Aksakow, Démat. 180. 182. 5) Lombroso 88; vgl. ÜW V 86; XIV 204. 6) Aksakow, Démat. 182. 185. 191; vgl. d'Espérance 298; PS 485; XXII 484; XXIV 338 (Eusapia). 7) s. o. S. 415f.

abgesehen von Aussagen von Versuchspersonen,[1] wesentlich durch Abtasten der Luft gewonnen zu haben.[2]

Unabhängig davon will H. Durville in jahrzehntelangen Versuchen zwar ähnliche, jedoch in wesentlichen Einzelheiten abweichende Beobachtungen gemacht haben.

Auch er fand, daß seine Subjekte 'unter der Einwirkung des Magnetismus' ihre Empfindung bis zu einer Entfernung von 3 m nach außen verlegten und dies Organ dann in Gestalt eines Dampfes, eines weißlichen oder grauen Fluidums in einer Entfernung von 20—80 cm zu beiden Seiten ihres Körpers sich verdichten sahen. Er fand aber nicht, wie Rochas, selbst bei dessen eigenen Subjekten, die beiden (auch gefärbten) Halbphantome zu beiden Seiten des Körpers von völlig naturwahrem Äußern: vielmehr fanden bei seinen Versuchen die Verdichtungen in *colonnes flottantes* mit unregelmäßigen Umrissen statt. Bei fortgesetzter Magnetisierung vereinigten sich diese beiden Säulen, etwa an der Stelle der linken, zunächst zu einer unbestimmten dampfigen Masse, höher und breiter als das Subjekt, die dann aber, bei noch fortgesetzter Magnetisierung des letzteren, schrumpfte, leuchtender wurde, allmählich menschliche Form annahm und schließlich der genaue Doppelgänger des Subjektes wurde, zumal in der oberen Körperhälfte. Der Bildungsstoff dieses Phantoms — und hier wiederholen sich uns bereits vertraute Angaben — entwich aus allen Teilen des Körpers des Subjektes in Gestalt von Effluvien, besonders aber aus der Stirn, dem Scheitel, der Brust, der Magengrube und der Milz. Dieses Ausströmen ist, wenigstens während der ersten Versuche der Verdoppelung, von unangenehmen, selbst schmerzlichen Empfindungen begleitet, die aber rasch nachlassen. Außer diesem, angeblich durch den Magnetiseur beständig ersetzten Stoff sollte das Phantom aber noch weiteres Bildungsmaterial aus der Atmosphäre beziehen. Dies Phantom ahmte dann alle Stellungen und Gesten des Subjektes nach; seine Objektivität erwies sich angeblich durch die Möglichkeit, es im Spiegel zu sehn und zuweilen auch zu photographieren. Auch konnte das Phantom angeblich physische Wirkungen ausüben. In einem Falle wurden, wenn es den Tisch verrücken oder schlagen wollte, seine Hände auf oder dicht über dem Tisch so undurchsichtig, daß weder das Subjekt noch andere Sensitive den Tisch noch durch sie hindurch erblicken konnten. Bei noch fortgesetztem Magnetisieren des Subjektes wurde das Phantom selbständiger, im Ausdruck dem Subjekt angeblich unähnlicher (auch in seinen Bewegungen) und schließlich der Sitz des persönlichen Bewußtseins des letzteren. Es gehorchte aber noch vielfach dem Willen des Magnetiseurs. Stets war das Subjekt mit seinem Phantom vermittelst einer 'fluidischen Schnur' verbunden, die zum Schluß die Dicke etwa eines kleinen Fingers hatte, meist zylindrisch, mitunter aber auch bandförmig war, stellenweise Schwellungen aufwies, gewöhnlich, aber nicht immer, am Nabel des Subjektes ansetzte oder einige Zentimeter oberhalb und links des oberen Randes der Milz, und etwa an der entsprechenden Stelle des Phantomes mündete. Dies Band war gewissermaßen elastisch und konnte, wenn gereckt, einen deutlich empfundenen

---

1) S. bes. die entsprech. Aussagen von Lecomtes Subjekten Mireille u. Laurent, ref. in ÜW IV 204. 2) Üb. Photographierung von anschein. Zwischenstufen zwischen couches und Phantom s. Petrowo-Solowowo 190f.; von exteriorisiertem Phantom: du Prel, Mag. I 71f.

Zug auf das Subjekt ausüben. Durch diese Verbindung sollte nach Durvilles Meinung ein Austausch in beiden Richtungen stattfinden: indem das Subjekt dem Phantom Substanz zuleitete und dieses jenem, wie auch die Empfindungen, die das Subjekt mehr oder weniger vermittelst seiner verschiedenen Organe ausdrückt [*sic*]. Das Phantom sei zu Beginn sehr empfindlich, und die leichtesten Berührungen würden schmerzlich vom Subjekt empfunden. Die Verdoppelung hörte langsam auf, indem das Subjekt erwachte, in rückwärtsiger Bewegung durch die Phasen seiner Einschläferung. Bisweilen verschwand das Phantom plötzlich infolge einer starken Erregung. — Durville nennt im ganzen 8 Subjekte bei Namen, mit denen er seine Versuche angestellt habe, ohne daß es ausgeschlossen ist, daß er andere nicht namentlich aufführt. Seine Beschreibung scheint teils auf den Aussagen anwesender Sensitiver, teils auf denen der Subjekte zu beruhen. Selbst gesehen hat er wohl nichts, wenn auch einige Ausdrücke dies anzudeuten scheinen könnten.[1]

Daß seine Beobachtungen der Nachprüfung bedürfen, ehe sie Vertrauen verdienen, ist eben so sicher, wie daß sie große Wichtigkeit besäßen, wenn sie es verdienten. Darauf deutet schon die bemerkenswerte Übereinstimmung, die zwischen ihnen und so vielen anderen besser verbürgten Beobachtungen der hypnotischen und der spiritistischen Praxis in Einzelheiten besteht, deren unabhängige Erfindung oder Halluzinierung in verschiedenen Gegenden der Forschung kaum wahrscheinlich erscheint und von denen wir einigen immer wieder begegnen werden: ich erwähne zB. die 'Ausströmungen', die eigentümlichen Empfindungen des Subjektes während dieser, seine Empfindungslosigkeit während der vorgeschrittenen Leistung, die sonderbare Einzelheit eines Phantom und Medium verknüpfenden 'Bandes'. — Dieses letztere bildet anscheinend den Mittel- und Ausgangspunkt einer andern Gruppe von Beschreibungen der Phantombildung, die mit denjenigen Durvilles vielleicht mehr Verwandtschaft besitzen, als auf den ersten Augenblick scheinen könnte.

Bei 'Dr.' Monck sah Colley die phantomhafte Bildung 'aus [des Mediums] linker Seite hervorwachsen. Zuerst erschienen mehrere Gesichter von großer Schönheit, eins nach dem andern... [Darauf], während ich dicht neben dem Medium stand, es sogar berührte, sah ich so deutlich wie möglich mehrere Male Haupt und Körper einer Frau in vollkommener Bildung teilweise aus Dr. Monck etwa in der Gegend des Herzens hervorgehen. Dann, nach mehreren Versuchen, verließ eine vollausgebildete Gestalt das Medium, erst in einem nebligen Zustande, aber während des Hervorgehens fester werdend, und stand als gesonderte Persönlichkeit [in verklärtem, weißem Licht] zwei oder drei Fuß [von ihm] entfernt, mit ihm durch ein dünnes Band wie von Spinneweben verbunden, welches auf meine Bitte Samuel, die 'Kontrolle', mit des Mediums linker Hand abtrennte...' Dieser verbindende Faden erschien nach einiger Zeit wieder, als das Phantom sich dem Medium zu nähern begann, und während Colley angeblich aufmerksam hinblickte, wurde die Gestalt langsam in den Leib des Mediums 'zurückgesogen'.[2]

1) H. Durville in JM 1. trimestre 1908 (auch Année occ. et psych. 1008 201ff.). 2) Dr. Monck befand sich während dieser Vorgänge im Trans und im Zustande veränderter Persönlichkeit. — Aus The Spiritualist bei Podmore, Spir. II 245f. Vgl. APS II 392ff.; ÜW XIV 201ff.

Archidiakonus Colley ist nun im allgemeinen ein, wenn auch grundehrlicher, so doch im übrigen so wenig Zutrauen erweckender Beobachter, als Monck ein völlig einwandfreies Medium ist. Und obgleich die geschilderten Beobachtungen so krasser Natur sind, daß man fast meinen möchte, ein Schwachsinniger hätte sie anstellen und beschreiben können, so würde Herrn Colleys Beschreibung vielleicht mit dem Schlagwort Halluzination beiseite zu schieben sein, wenn nicht die gleichen Vorgänge bei anderen Medien, wie auch bei Monck selbst, von bessern Beobachtern bezeugt würden. Und mag auch selbst ein Alfred Russell Wallace durch seinen radikalen Spiritismus bei Vielen das Vertrauen verloren haben, das seine wissenschaftlichen Leistungen ihm sichern sollten, so wird es doch schwer fallen, angesichts der grobschlächtigen Einfachheit der fraglichen Erscheinungen und der ausgezeichneten Bedingungen ihrer Beobachtung dem großen Empiriker in diesem Falle das Recht zum Zeugnis abzustreiten. Noch in einer seiner letzten Veröffentlichungen fand er es möglich, folgende Beschreibung einzurücken:

'Bei vollem Tageslicht [an einem hellen Sommernachmittage], einige Fuß entfernt vor uns stehend, schien Monck in Trans zu fallen, zeigte auf seine Seite und sagte: 'Sehen Sie!' Wir sahen nun einen matten weißen Fleck auf seinem Rock auf der linken Seite. Dieser wurde heller, schien zu flackern und sich nach oben und unten auszudehnen, bis er ganz allmählich eine wolkenartige Säule bildete, welche von der Schulter bis zu den Füßen [des Mediums] reichte, nahe seinem Leibe. Dann trat [Monck] etwas zur Seite, während die wolkige Gestalt stillstand, aber mit ihm verbunden durch ein nebliges Band in der Höhe der Stelle, an welcher sie sich zuerst zu bilden begonnen.' Monck trennte dann mit der Hand dieses Band, und er und das Phantom entfernten sich voneinander bis auf 5—6 Fuß. 'Die Gestalt hatte jetzt das Aussehen eines dicht eingehüllten weiblichen Wesens angenommen, dessen Arme und Hände eben zu sehen waren.' Monck sagte: 'Sehen Sie', und klatschte in die Hände, worauf das Phantom die Hände ausstreckte und schwächer, aber deutlich hörbar auch klatschte. 'Die Gestalt bewegte sich dann langsam zurück zu ihm, wurde blasser und kleiner und anscheinend in seinen Körper eingesogen, wie sie aus ihm hervorgewachsen war.' Wallace hält dafür, daß die Einzelheiten der Beobachtung 'irgendwelche normale Art der Erzeugung dessen, was wir sahen, schlechterdings ausschlossen'.[1] —

Halten wir hier inne, um die angeführten Beweise für einen Lebenszusammenhang von Phantom und Medium im Lichte der Fragestellung zu überschauen: ob das Phantom eine Leistung bezw. eine feinere Leiblichkeit des Mediums, oder eine solche von abgesonderter Bedeutung sei. — Von den angeführten Beobachtungen waren die ersten — über das Erschöpfende der Leistung — augenscheinlich mehrdeutig, gleichsam theoretisch indifferent: sie könnten allen Formen der Deutung, selbst einer

1) A. R. W., My Life II 330 f. Vgl. auch PS IX 83 f. (aus The Banner of Light, 15. Dez. 1881); ÜW XIV 446; Col. Leans Zeugnis das. 408; PS XXI 485; Delanne 250.

doketistischen, wie der v. Hartmannschen Hülsentheorie, dienstbar gemacht werden. Und das gleiche gilt am Ende von jenen Beobachtungen, welche eine Stoffabgabe seitens des Mediums andeuten: diese Stoffe könnten auch dazu dienen, den 'feineren' Leib des Mediums oder den eines Andern sichtbar zu machen, ja selbst eine Phantomhülse aufzubauen.

Aber die Zweideutigkeit geht weiter: sie betrifft auch die Beobachtungen über Gemeinschaft von Bewegung und Empfindung zwischen Medium und Phantom. Ja die ersteren würden sich sogar besonders leicht einer rein doketistischen Theorie unterordnen, sofern die direkte Ausführung einer 'magischen' Bewegung sehr wohl das Medium selbst zu entsprechenden normalen Bewegungen seiner Glieder veranlassen könnte: soz. als normal-motorischem Echo seiner Zielvorstellung; nicht unähnlich den unwillkürlichen Bewegungen, mit denen wir einer beobachteten schwierigen Muskelleistung Anderer soz. nachhelfen. Sieht man das Phantom als einen selbständigen fremden 'Astralkörper' an, so müßte man zur Erklärung der motorischen Synchronie annehmen, daß infolge der mediumistischen Beihilfe zu seiner Sichtbarmachung ein inniger psychischer (telepathischer?) sowie dynamischer Zusammenhang zwischen ihm und dem Medium bestehe, — eine Annahme, die mehr Probleme aufstellt, als sie löst. Faßt man dagegen das Phantom als den feineren Leib des Mediums selber auf, so läge sogar eine Schwierigkeit darin, daß sich letzteres bei zeitweiligem Verlust eines so lebenswichtigen Gebildes überhaupt noch bewegen könnte. Schiebt man diese Schwierigkeit beiseite, so würde allerdings gerade unter dieser Voraussetzung die motorische Synchronie wieder besonders natürlich erscheinen.[1] Die Tatsache der Hinausverlegung der Empfindung ins Phantom anderseits ist in jedem Falle so seltsam vieldeutig und unverständlich, daß man ihr zunächst wenig Anregung für die eine oder andere Theorie entnehmen dürfte.

Was endlich die bisher mitgeteilten Beobachtungen über die Bildung von Phantomen anlangt, so wird man eine Verlockung zu doketistischen Gedankengängen allenfalls in der Beschreibung der sog. Schichten suchen können. Erscheint hier nicht die Ausgestaltung menschenähnlich geformter 'Hülsen' als etwas beinahe naturnotwendig und abseits von aller Absicht experimenteller Materialisation Eintretendes? Nun, auch wenn wir die Schilderungen auf Einzelheiten hin pressen dürfen (während sie doch wohl im besten Falle nur erste Andeutungen unbestimmtester Art bieten), so scheint — selbst nach Durvilles Angaben — die Ausbildung eines Phantomes ein weit über Schichtenlagerung hinausgehender Vorgang zu sein. Nichts widerspricht ausdrücklich der Auffassung, daß die schließlich einheitliche *colonne flottante* gewissermaßen eine Matrix sei, eine Zusammenballung von Materie in besonders verwendbarem Zustande,

---

1) S. zB. Ochorowicz in PS XXI 100f.

die zur Sichtbarmachung einer zunächst unsichtbaren Leiblichkeit des Subjektes verwendet werden solle. Und betrachten wir, im Zusammenhang mit den Schilderungen Durvilles, aufmerksamer diejenige Wallaces, so dürfte eine ähnliche Auslegung auch ihr gegenüber statthaft erscheinen. In der Tat ist die Verwandtschaft beider Arten von Darstellung, wie ich schon andeutete, gar nicht zu verkennen. Die zweite geht nur eben von der Wahrnehmung dessen aus, was die erstere nach Abschluß des Vorgangs erwähnt: jenes sonderbaren 'fluidischen Bandes', einer Art Nabelschnur, zwischen Medium und Phantom. Im übrigen bildet sich das Phantom in jener nebligen Mutterlauge, die durch das entstehende 'Band' hindurch vom Medium auszugehen schien, vielleicht aber nur scheinbar ausschließlich durch dieses hindurch angehäuft worden war!

Dürften wir aus allgemeinen Gründen die Deutung des objektiven Phantoms als wirklichen entwickelten Lebewesens für die vergleichsweise 'natürlichste' halten, so wäre durch die bisher mitgeteilten Einzelheiten seiner Entstehung und Abhängigkeit vom Medium allerdings noch nicht zweifelsfrei festgestellt, ob es den feineren Leib des Mediums, oder ein sichtbar gewordenes selbständiges Wesen vorstelle. Im ersteren Falle möchte man allerdings erwarten, daß sich die Entstehung des Phantoms etwa als Hervortreten oder seitliche Absonderung eines fertigen Körpers darstelle, ein Vorgang, der leicht durch die Schilderungen verdeckt werden könnte, falls die wahrgenommenen Vorstufen wirklich nur eine Ansammlung von Material zur Sichtbarmachung bedeuten. Im übrigen haben wir Andeutungen einer solchen Entstehung schon oben erhalten, und wenigstens als Ursprung von Teilphantomen (oder Phantomteilen) scheint der unmittelbare Austritt nicht ganz selten beobachtet zu werden.

So schreibt zB. Herr Berisso im Bericht über eine Sitzung mit der Palladino vom 15. Juli 1895: 'Eusapia wurde unruhig und aufgeregt. Plötzlich wölbte sich die rechte Seite des [hinter ihr hängenden] Vorhangs hervor und bedeckte teilweise den Vorderarm des Mediums, der von Dr. Venzano kontrolliert wurde. Kurz darauf sahen meine Frau, Dr. Venzano und ich deutlich eine Hand und einen Arm in einem dunklen Ärmel aus der vorderen und oberen Gegend der rechten Schulter des Mediums hervorgehen. Dieser Arm bewegte sich über das Vorhangstück hin, das auf dem Tische lag, ergriff das Glas und führte es an Eusapias Mund; sie lehnte sich zurück und trank mit Gier. Danach stellte der Arm das Glas auf den Tisch zurück und wir sahen, wie er sich schnell zurückzog und verschwand, als kehrte er in die Schulter zurück, aus der wir ihn hatten hervorgehen sehen.' Beide Hände lagen während dieses Vorgangs sichtbar auf dem Tisch unter Kontrolle.[1]

Ja wenn wir der Beobachtungsgabe gewisser 'Okkultisten' größeres Vertrauen schenken dürften, als sie mir in der Tat zu verdienen scheint, so wäre bei Mme d'Espérance sogar das Sich-erheben einer ganzen Gestalt unmittelbar 'aus [dem

1) APS VI 100f. Zwei linke Arme bei Eusapia (Beob. Dr. med. Galeotti): PS XXXIV 528; zwei linke Hände (Prof. Ochorowicz): PS XXI 100. Vgl. ÜW IV 14 Anm. 37.

sitzenden Medium] heraus' — ja 'anscheinend das Medium selber' — gesehen worden, welches doch 'auf seinem Stuhle regungslos sitzen' blieb, während sein Doppelgänger sich in eine weißliche Lichtsäule hineinbegab, welche sich 'ungefähr zwei Schritte vor dem Medium' gebildet hatte, wie eine draußen vorbereitete Matrix zur Verdichtung des Phantoms, das sich nach diesem 'Bade' alsbald wie eine Lebende zu benehmen vermochte.[1]

Unstreitig enthalten solche Beobachtungen eine gewisse Verlockung, in ihnen ein einfaches Hervortreten feiner Duplikate der betreffenden Körperteile zu sehen. Und doch ist dieser Gedanke weder unabweislich, noch ohne Alternative. Denn auch abgesehen von einem Rückgriff auf die Theorie der Hülsen oder gar der organischen Neubildungen, könnte man diese überzähligen, 'ektenischen' Gliedmaßen immerhin auch für die 'feineren' Gliedmaßen eines dritten, selbständigen Wesens halten, welches sie dadurch bis zur Sichtbarkeit materialisierte, daß es sie durch die entsprechenden Gliedmaßen des Mediums hindurchführte, etwa wie wir ein feinmaschiges Modell durch eine gesättigte Lösung hindurchbewegen, um es in Kristallen des gelösten Stoffes darzustellen. Ja wir können die Möglichkeit voraussetzen, daß ganze Körper dritter Wesen, wenn nicht gerade aus dem Medium heraustreten, so doch im engsten Zusammenhang mit ihm, scheinbar aus, in Wahrheit vielleicht vielmehr in jenen Wölkungen sich sichtbar machen, die in allgemeiner Weise die Beteiligung des Mediums an der Materialisation beweisen.

Ein erster Grund für die Annahme solchen fremden Ursprungs könnte gegeben scheinen, wenn Phantome nicht nur selbständig handeln (was ja auch das exteriorisierte Medium vermöchte), sondern gelegentlich auch soz. gegen dieses; wie wenn die sich neugierig umwendende Eusapia von einer der Kabinetthände einen Stüber ins Gesicht erhält.[2] Aber nach dem, was wir über seelische Abspaltungen charakterfremder 'zweiter Persönlichkeiten' wissen, kann auch dies nicht als Beweis des persönlich-gesonderten Ursprungs von Phantomen gelten.

Stärker erscheint das Argument, welches sich auf die körperliche und seelische Übereinstimmung des Phantoms mit bestimmten Persönlichkeiten (meist natürlich Verstorbener) gründet: wofür einige der oben beschriebenen Vollphantome Beispiele abgeben. Ich will von der psychologischen Frage solcher Identifizierung hier ganz absehen. Aber man überlege zB. Phantome, die in irgend welchen 'besonderen Kennzeichen' — polizeilich gesprochen — einem Dritten gleichen, sei dies auch ein Verstorbener: wie in dem Fehlen bestimmter Finger oder Zähne, in bestimmten Verkrüppelungen u. dgl. m.,[3] und die unter Umständen erst durch diese besonderen Kennzeichen nachträglich identifiziert werden.[4]

---

1) ÜW I 11f. (Der Bericht, von A. Weinholtz u. M. Rahn, flößt nur mäßiges Vertrauen ein.)
2) PS XIX 557. 3) zB. Spiritual Mag. 1873 122; Light 1884 71; APS VI 159.
4) zB. PS XXXII 701 (Tonabdruck).

Die Strenge dieses Argumentes bricht sich nun freilich an der denkbaren Annahme — die ja unter Spiritisten häufig und sogar von einem Manne wie A. R. Wallace gemacht worden ist —, daß selbst der hervorgetretene 'feine' Leib des Mediums vermittelst einer Art von Selbstplastik fremde Gestalten nachahmen könne. Zwar finde ich keine ausreichenden Belege für diese Behauptung; aber fordert nicht die Annahme der Neuschöpfung von Phantomen durch das Medium noch weit höhere Grade plastischer Leistung?

Einen Grund gegen die spiritistische Deutung solcher Eigengestalt des Phantoms und zugunsten der mediumistischen Plastik würde jene vielfach behauptete Tatsache abgeben, die man als individuelle Polymorphie des Einzelphantoms bezeichnen könnte: die Tatsache nämlich, daß ein und derselbe 'Geist' sich zu verschiedenen Zeiten in verschiedener Gestalt gezeigt habe, zB. entsprechend verschiedenen Lebensaltern; oder gar, um sich für die Anwesenden erkennbar zu machen, vor ihren Augen die erwachsene Form abgelegt und die kindliche angenommen habe.[1] Indessen zählen die mir bekannten Belege für diese Behauptungen durchweg zu den fragwürdigeren Beobachtungen, wozu ich auch die der berühmten 'Katie King' zählen möchte, deren Abarten sich übrigens nur durch geringe Äußerlichkeiten, wie schwärzeres oder weißeres Aussehen, unterschieden haben sollen.[2] In andern, eher glaubhaften Fällen besagt die Angabe, daß das Phantom 'bald als Erwachsener, bald als Kind erschienen' sei, ausdrücklich nur, daß es seinem Umfange nach bald größer, bald kleiner erschienen sei, was dann auf die wechselnde 'medianime Kraft' des Mediums zurückgeführt wird; Beweis: die anscheinend größere Erschöpfung bei Entwicklung des Phantoms zu größerem Umfang.[3] Aber auch wenn wir hierbei nicht an betrügerische Unterschiebung ausdehnbarer Puppen denken, bliebe die Tatsache im Sinne unserer Frage durchaus mehrdeutig; denn auch halbes Versinken sowie mancherlei Zufälligkeiten der äußern Beobachtung mögen ein und dasselbe Phantom bald größer und bald kleiner erscheinen lassen.

Eine Gruppe von Tatsachen endlich wird einstweilen den Anschein des selbständigen Ursprungs gewisser Phantome aufrechterhalten: nämlich die Beobachtung ihrer gelegentlichen Entstehung ohne erkennbaren äußeren Zusammenhang mit dem Medium, ihrer Bildung aus 'Wölkungen', wie den oben beschriebenen, aber in einiger Entfernung und anscheinend unabhängig vom Medium, gleichsam von einem abgesonderten Zentrum aus; sei es, daß dieses die nötigen 'Materialien' aus den Sitzern,[4] aus dem Raum oder aus dem Medium (dann aber in einer mehr mittelbaren Weise) an sich zieht. Die Beschreibungen solcher Vorgänge sind

1) S.-A. Bracketts Bericht bei Erny, Le psychisme expérimental... (Par. 1895) 151. Entsprechende Selbstbezeugungen von Phantomen zB. PS XXVIII 519; XXXIV 716; ÜW IV 77. Dadurch würde natürlich die Voraussetzung unmöglich, daß die Materialisation die bloße Sichtbarmachung einer schon zuvor — und dann doch wohl in bestimmt gegebener Form — bestehenden Wesenheit sei. 2) The Spiritualist 1873 87. 120; 1874 I 206; 1876 II 257 (nach Aksakow). 3) S. APS V 313 (Dr. Mucchi in Lombrosos Klinik über Eusapia); vgl. PS XXVIII 577 (Mrs. Salmons 'Ellan'). 4) Vgl. hierzu das nächste Kap.

zuweilen sehr merkwürdig und werden, wenn erst Wiederholung oder Verbesserung der Methoden die wichtigen Einzelheiten verläßlich herauszuheben gestatten, unstreitig zur Aufhellung dieser dunklen Tatsachen viel beitragen.

So 'sah Dr. Venzano in einer Sitzung mit der Palladino am 29. Dez. 1900 in Gegenwart von Prof. Morselli plötzlich... zu seiner Linken, etwa eine Handbreit von seinem Gesicht entfernt, gewissermaßen eine kugelförmige, dampfartige weißliche Masse sich bilden, die sich zu einer deutlichen Form verdichtete, [nämlich] einem Oval, welches allmählich die Gestalt eines menschlichen Kopfes annahm, dessen Nase, Augen, Schnurrbart und spitzer Bart genau unterschieden werden konnten. Diese Form kam und berührte sein Gesicht, und er fühlte eine warme und lebende Stirn sich an die seine drücken und ein oder zwei Sekunden lang verweilen. Dann empfand er die Berührung des ganzen Umrisses des Gesichts an seinem eigenen..., dann das Aufdrücken eines Kusses, worauf die Masse sich nahe dem Vorhang in Dampf aufzulösen schien.'[1]

Sonderbarer, bei genauer Betrachtung aber leidlich übereinstimmend mit der vorigen, ist die Schilderung, die Dr. Paul Gibier von einem Materialisationsvorgang entwirft: 'Auf dem Fußboden am Kabinett zeigt sich ein weißer Punkt... Nach 2 oder 3 Sekunden nimmt er die Größe eines Eies an und bewegt sich wie die Eierschalen, die man in einer Schießbude auf einem Wasserstrahl tanzen sieht. Schnell verlängert er sich, wird eine Säule von ungefähr 1 m Höhe und 10 cm Durchmesser, dann 1,5 m mit zwei Querbalken am obern Ende in T-Form. Es sieht aus wie Schnee oder eine dichte Dampfwolke. Die Seitenarme des T bewegen sich und entsenden eine Art von Schleier; der Gegenstand wird größer und nimmt erst undeutlich, dann immer klarer die weißliche Gestalt einer verschleierten Frau an. Zwei weiße Arme kommen unter dem Schleier hervor und werfen ihn zurück. Er verschwindet, und wir sehen eine reizende Mädchenfigur..., die mit kaum vernehmlicher Stimme uns den Namen Lucie angibt.'[2]

Es wäre albern, über derartige Berichte, die sich leicht sehr vermehren ließen,[3] ausführlich zu theoretisieren; ist es doch ganz ungewiß — selbst ihre Glaubwürdigkeit als Ganzes zugegeben —, wieviel Gewicht man den Einzelheiten der Schilderung beilegen darf. Gleichwohl möchte ich dem Leser anheimgeben, sie im Lichte der einzelnen zur Wahl gestellten Theorien zu erwägen. Eine unverkennbare Verwandtschaft der Angaben untereinander kann um so weniger verfehlen, Eindruck zu machen, je mehr von solchen Berichten man unter die Lupe nimmt. Immer hören wir von dem Anschein ansteigender Massen — vielleicht einer nach oben zu fortschreitenden Verdichtung irgendwelchen Materials entspringend —, von eigenartigen Bewegungen innerhalb dieses Bildungsraumes des Phan-

---

1) Sitzung v. 29. Dez. 1900, in Gegenwart v. Prof. Morselli. — APS VI 117; vgl. 108f. (wo Kollektivität der Beob. deutlicher ist). Auch die 'Gliedmaßen' bei der Palladino entspringen durchaus nicht immer aus ihr. (Vgl. auch PS XXI 342 üb. Mme d'Espérance.) 2) Aus ASP in PS XXVIII 516. Vgl. die 'schnelle kreisende Bewegung' in Bozzanos Bericht o. S. 562. 3) d'Espérance 254f.; PS XXIV 311; XXVII 236; ÜW XIV 447f.; Erny aaO. 184 (Med. Roberts in einem Käfig mit verschlossener, vernähter u. versiegelter Tür).

toms; von zunehmender Ballung, schließlich von einem meist plötzlichen Abschluß des Vorgangs, gleich einem schnellen Auskristallisieren aus übersättigter Lösung nach Erreichung eines kritischen Punktes: dem Hervortreten des fertigen Phantoms.[1] Ich sehe in allem diesem nichts, was gegen eine Theorie streiten könnte, die wenigstens in gewissen Materialisationen die Sichtbarmachung eines unsichtbaren Körpers innerhalb einer Matrix materieller Verdichtung erblickt. Ja einer der Schriftsteller, die mit wissenschaftlichen Begriffen die Denkbarkeit eines 'feinen' Leibes verteidigen, hat gerade aus seinen Voraussetzungen die Wahrscheinlichkeit von Bildungsvorgängen wie den beobachteten gefolgert; ein Gedanke, der sich leicht auf abgeänderte Formen seiner Theorie übertragen ließe.

'Die physikalische Theorie der Ionisierung und Kondensierung, sagt Herr Fournier d'Albe, hat uns mit der Tatsache vertraut gemacht, daß die kleinsten geladenen Partikeln die wirksamsten Beförderer der Kondensation sind. In der Tat würde es genügen, einen sehr kleinen Teil der zahllosen Elektronen innerhalb des Körpers zu extrahieren, um eine starke Kondensierung in der umgebenden feuchten Luft zu erzielen.' Schon ihre Aufgabe innerhalb der Ökonomie des Lebenden habe ja zum Teil in einer Kondensation und Assimilation des ihnen zugänglichen Materials bestanden. Eine zeitweilige teilweise Wiederaufnahme dieser Tätigkeit würde die Erscheinungen der Materialisation ergeben: 'Der unsichtbare Seelenkörper wird zuerst als feiner dünner Nebel, dann als Wolke, als hohe Dampfsäule erscheinen, aus der eine vollendete Gestalt... hervorgehen würde, um [nach einiger Zeit] sich wieder in Nebel aufzulösen und unsichtbar zu werden.'[2]

Gerade auch die Besonderheiten dieses umgekehrten Vorgangs der Dematerialisierung wird man mit den angedeuteten Vorstellungen nicht übel zusammenstimmend finden. Einige Berichte sprechen von einem stückweisen Zerfallen, Verschwinden, Sichauflösen,[3] wie wenn Teile mit ungleicher Geschwindigkeit in einen weniger dichten Zustand übergingen; alle aber scheinen darin einig, daß das Phantom gleichzeitig — oder doch schließlich — verschrumpfe, in sich zusammenbreche und gleichsam versinke,[4] — ein Vorgang, den die eben wieder berührte Theorie geradezu zu fordern scheint.[5]

Ehe ich aber die Besprechung des Sitzungsphantoms zu Ende bringe, muß ich auf eine Einzelheit eingehen, deren Berücksichtigung der Leser gewiß schon mit Ungeduld gefordert hat, um so mehr, als sie geeignet scheint, wenn nicht geradezu die Objektivität von Phantomen überhaupt unglaubhaft zu machen, so doch wenigstens die Hypothese des feineren Leibes in beiderlei Sinne zu widerlegen: ich meine den Umstand, daß

---

1) Vgl. hierzu Bozzanos Bericht, o. S. 562, und etwa noch J. Farmer. zit. in ÜW XIV 446.
2) Fournier d'Albe, New light on immortality 148 f. 159. Betr. Anwendbarkeit dieses Gedankens auf die Tatsachen des Emporwachsens u. der Größe-Verschiedenheit der Phant. s. das. 149.
3) S. Erny, aaO. 145. 4) S. zB. PS XXVII 237; XXVIII 517. 5) S. Fournier d'Albe, aaO. 149.

Phantome nicht nackt, sondern bekleidet erscheinen.[1] Zwar mag, wer die plastische 'Herstellung' von menschlichen Gestalten irgendwelcher Art für denkbar hält, auch die Herstellung von Geweben und Kleidungsstücken annehmen. Aber wer in Phantomen bloß-sichtbargemachte Leiber feinerer Art sieht, muß offenbar entweder wegen der Kleider dieser Gespenster auch an Gespenster von Kleidern glauben, oder seine Hypothesen mischen, d. h. die Leiber für nur sichtbargemacht, ihre Kleider aber für *ad hoc* erzeugt erklären und damit offenbar eine starke Stütze seiner Voraussetzungen fahren lassen. Das Problem wird sich schwerlich beseitigen lassen, indem man als objektiv nur gelten läßt, was ohne Kleider auftritt (zB. für sich erscheinende Köpfe und Hände), jedes bekleidete Phantom dagegen für halluziniert oder schwindelhaft erklärt; die Feststellungen phantomhafter Kleidungsstücke erscheinen an sich nicht weniger sicher als die von Phantomen selbst.[2]

Bei einigen jener Abdrücke im geschlossenen Kasten zB., die zu den bündigsten Beweisen für objektive Phantombildungen zählen, ist aufgefallen, daß die sich abdrückenden Hände und Köpfe augenscheinlich von einem stofflichen Gewebe bedeckt gewesen waren — 'fein wie Seidenbatist oder auch stärker, so daß es an gewöhnliche Leinwand erinnert' —, dessen Muster, ja auch Falten sich deutlich auf dem plastischen Material abzeichneten.[3]

Dürfen wir den Berichten Begünstigter trauen, so ist die Materialisierung und Dematerialisierung solcher Gewebe, gerade wie die von Phantomen selbst, nicht ganz selten unmittelbar beobachtet worden.

'In einer Sitzung reichte [W. Crookes' berühmte] Katie etwas zum Anfühlen hin mit den Worten: Fühlt dieses, es ist Geistergewebe. Als man es durch die Finger zog, fühlte es sich an wie Spinneweben; feine Seide war grob und rauh dagegen. Nun fühlt es materialisiert, fuhr sie fort, und jetzt fühlte es sich an wie ein dichter gewebter Stoff.'

Den Vorgang der Dematerialisierung eines Stücks phantomhafter Kleidung wollen unter günstigen Umständen die Herren Livermore und Dr. Gray beobachtet haben: sie schnitten ein Stück von der Kleidung eines Phantomes ab und nahmen es soz. unter die Lupe. 'Eine Zeitlang, berichtet Owen, war das Gewebe stark, so daß man daran ziehen konnte, ohne es zu zerreißen. Sie hatten beide Zeit, es kritisch zu untersuchen, ehe es dahinschmolz — *melted away*.'[4]

Sind nun wirklich die Kleider mancher Phantome weder Halluzinationen noch schwindelhaft beschaffte 'normale Kleider', so können sie wohl nur entweder übernormal apportierte wirkliche oder *ad hoc* 'erschaffene' oder magisch sichtbar gemachte sein, nachdem sie unsichtbar bereits be-

1) Ausnahmen scheinen selten zu sein; s. zB. Calmet (deutsch) I 313ff. 2) Vgl. APS VI 100 (Berisso üb. Eusapia, 15. Juli 1905). Üb. abgeschnittene Gewandproben bei Mme d'Espérance (nicht recht überzeugend) s. PS XXI 340. 342. 394f. 3) Acevedo II 250ff.; vgl. PS XXXII 702 (Dr. Gellona). Eine direkte Beob. dieser Benutzung will du Prel gemacht haben (PS XIX 558). 4) Owen, Deb. Land 397.

standen. Das erstere sollen manche 'Geister' behaupten,[1] und zwar soll nach diesen 'Gewährsmännern' die Beschaffung zuweilen auch so erfolgen, daß Teile der Kleidung des Mediums dematerialisiert und zur Materialisierung von Gewandungen des Phantoms benutzt werden. Man mag darin eine Verbindung der ersten und dritten Möglichkeit sehen; und ob die letztere in reiner Form jemals auch nur als verwirklicht behauptet worden sei, vermag ich nicht zu sagen. Dagegen wäre jenes kombinierte Verfahren sogar experimentell erwiesen, wenn wir gewissen Beobachtungen und Berichten trauen dürfen.

Es wird nämlich mehrfach behauptet, daß die Versuchsleiter Stücke der Gewandung eines Phantoms herausgeschnitten und entsprechende 'Wunden' sich nach dem Verschwinden des letzteren am Kleide des Mediums wiedergefunden hätten. Dieser Umstand müßte natürlich im höchsten Maße verdächtig erscheinen, wenn uns nicht gleichzeitig versichert würde, daß das ausgeschnittene Stück gelegentlich sehr viel größer gewesen sei als die später entdeckte entsprechende Schnittwunde der Kleidung des Mediums, oder daß zB. die angeschnittene Gewandung des Phantomes weiß und von feinem Gewebe, das verwundete Kleid des Mediums aber dunkel und dichter gewesen sei.[2] Crookes ging übrigens weiter und forderte Katie King auf, nachdem er ein Stück aus dem Saum ihres Gewandes geschnitten, dieses wieder ganz zu machen: Katie habe darauf den verwundeten Teil mit einem andern Teil des Gewandes bedeckt, und nach 3—4 Sekunden bereits habe er (Crookes) durch Prüfung sich überzeugen können, daß die Wunde verschwunden war.[3]

Die Hypothese der bloßen Sichtbarmachung 'ätherischer' oder 'astraler' Kleider faßt sich am natürlichsten in die allgemeinere Annahme zusammen, daß jedes sichtbare Ding sein 'feineres', unsichtbares, ätherisches Ebenbild in sich trage, welches u. U. extrahiert werden, wie auch seine materielle Form überdauern könne. Man mag sogar sagen, daß sich eine solche Annahme eigentlich von selbst verstehe, sobald man erst der Hypothese eines unsichtbaren Menschenleibes in irgendeiner Form zugestimmt hat. Auch haben 'Sensitive' zuweilen behauptet, diese ätherischen Duplikate oder Gegenstücke (*counterparts*) in den Dingen zu sehen. Andere Hinweise auf Tatsächlichkeiten dieser Art wird man vielleicht dort erblicken mögen, wo sich die anscheinende 'Verdoppelung' eines Gliedes des Mediums bekleidet zeigt wie dieses selbst, so daß der Anschein entsteht, als habe das abgespaltene 'feinere' Glied auch das entsprechende Duplikat der umschließenden Kleidung gleichsam mitgeführt.

Ein Beispiel hierfür könnte vielleicht der oben angeführte Arm mit Hand sein, der aus der rechten Schulter der Eusapia hervorkam, um ein Wasserglas an ihren Mund zu führen: 'bedeckt von einem dunklen Ärmel'.[4] Auch bei dem als Medium hervorragenden W. Stainton Moses beobachtete man zuweilen 'Phantomarme

1) Nach Dr. Gibier, in PS XXVIII 580. 2) The Spiritualist 1876 II 257; d'Espérance 337f.; PS XXII 490. 3) S. ÜW XIV 461. 4) APS VI 100.

und -hände, die eine Verdoppelung der Arme des Mediums, der Rockärmel, Hemdmanschette und alles übrigen darstellten und sich gewöhnlich, von der Schulter ausgehend, oberhalb der wirklichen Arme hinausstreckten'.[1]

Wir befinden uns hier augenscheinlich in der Nähe jenes altehrwürdigen, so oft durch Mediums Mund und Hand verkündeten Glaubens an eine ganze Welt des Unsichtbaren, worin nicht Kleider bloß, sondern so ziemlich alles zu finden wäre, was unsere Erde besitzt, und der Gläubige mag dann aus jener Welt auch alle sonst in Sitzungen zutage geförderten Dinge herleiten; er mag zB. wirklich Blumen aus der Äther- oder Astralwelt in jenen Blüten sehen, von denen Owen berichtet, daß sie vor den Augen der Umsitzenden verschwunden seien. 'Wendet euer Auge nicht von den Blumen, sagte die Kontrolle, beobachtet sie genau. Wir taten es. Sie nahmen allmählich an Umfang ab, während wir darauf hinblickten, bis sie zu bloßen Flecken wurden und dann vor unsern Augen verschwanden.'[2]

Wir wollen diese Gedanken hier nicht weiter verfolgen. Wer in ihnen oder ähnlichen keine Deutung dafür finden kann, daß auch Phantome ihrer Abneigung gegen Nacktheit[3] folgen können, und dennoch die Hypothese des ätherischen Leibes nicht ebenso bündig ausschließen will, der mag hier eben doch die Theorien mischen, d. h. Kleider und Besitz des objektiven Phantoms allein als magische Schöpfungen aus ungestalteter Materie oder aus ähnlich gestalteten Dingen auffassen. Und schließlich — warum sollen nicht auch die mannigfachen Verschiedenheiten der Phantome, die uns nirgends in einem Begriffe völlig zur Ruhe kommen ließen, in Wahrheit auf eine Verschiedenheit des Wesens zurückführen? Die Geisterstimmen des Trans haben diese weitherzige Form der Lehre vertreten, und ernstere Forscher, wie Wallace, neigen ihr auf Grund von Beobachtungen zu. 'Zuweilen', sagte Homes Kontrolle, während er im Trans lag, 'erzeugen wir das wirkliche Ebenbild dessen, was wir waren, so daß wir genau so erscheinen, wie ihr uns auf Erden fandet; zuweilen projizieren wir ein Bild, das ihr seht; zuweilen veranlassen wir seine Erzeugung in eurem Hirn; zuweilen seht ihr uns, wie wir sind, mit einer wolkenartigen Aura von Licht umgeben.'[4] Ob dies nun hohle Phantasien eines träumenden Mediums sind oder die ersten lallenden Andeutungen einer künftigen Wissenschaft — wer will es sagen?

Uns selbst mag solches Geständnis möglicher Mehrdeutigkeit als ein mageres Ergebnis so langatmiger und dornenvoller Erörterungen erscheinen. Dennoch möchte ich darum nicht bedauern — und hoffe, daß auch der Leser nicht bedauern werde —, diesen Weg gegangen zu sein, der doch auch für uns noch lange nicht zu Ende gegangen ist. Soviel man auch

---

1) 'darstellten' — reproduced. — Myers II 546. 2) Owen, Deb. L. 395. 3) Vgl. d'Espérance 244. 4) Home 413; vgl. ÜW XIV 452.

von allem Berichteten abstreift (bei der offenbaren Minderwertigkeit so vieler Beobachter und Beobachtungen in diesem Felde), so bleiben doch gewisse Tatsachen bestehen, an denen m. E. der Vorurteilslose nicht mehr rütteln kann. Dies Mindestmaß aber schon ist von so unerhörter Natur, daß es zu völlig neuartigen Begriffsbildungen zwingt. Auch wirft es einen Schimmer der Wirklichkeit auf Vorgänge, deren Bezeugung an sich von geringerem Gewicht ist, vor allem wenn wir eine Übereinstimmung in seltsamen Einzelheiten feststellen zwischen wohlverbürgten Berichten und solchen, von denen jeder einzelne für sich genommen nur wenig Beachtung verdienen würde. So verstrickt uns der Zusammenhang des Ganzen unentrinnbar in Vergleichungen, Hypothesen, Spekulationen, deren Abenteuerlichkeit es fast unmöglich macht, bei ihrer Durchführung völlig ernst zu bleiben und uns das Gefühl zu erhalten, daß wir von Wirklichkeiten reden und nicht in papierenem Spintisieren verloren sind. Sooft uns aber dies Gefühl vollkommen zu verlassen droht, ruft es ein Blick auf die unverrückbaren Ausgangspunkte der Erörterung wieder zurück, und wir machen uns klar, daß die traumhafte Sonderbarkeit des Erörterten mit der Neuartigkeit der Tatsachen allen gangbaren wissenschaftlichen Begriffen gegenüber ganz natürlich gegeben ist. Auch ist ja an sich wahrscheinlich, daß die wirklich wesentlichen Elemente der fraglichen Tatsachen einstweilen noch völlig unsrer Beobachtung entschlüpfen und nur ihr äußerer Saum, beinahe nur ihr zufälliges Äußere uns zugänglich wird. Aber da mit der Wissenschaft von diesen Dingen doch einmal ein Anfang gemacht werden muß, so ist es nicht zu tadeln, wenn man nun wenigstens einige allgemeine Züge der Tatsachen zu fassen, zu ordnen und selbst zu deuten sucht. Bleibt man sich nur der durchaus vorläufigen Natur solcher Versuche bewußt, so können sie, weit entfernt, schädlich und verwirrend zu wirken, sogar als Schulung des Blickes für künftige Arbeit Wert gewinnen.

LVI.

Freiluftphantom und Materialisation.

Nehmen wir indessen den Faden unsres Argumentes wieder auf, ehe er uns vollends entgleitet; der innere Schwung der Untersuchung und der Zusammenhang der Tatsachen haben uns weiter fortgeführt, als wir voraussehen konnten, da wir den eben begangenen Weg betraten. Mit einer Theorie des Hellsehens beschäftigt, stießen wir auf die Tatsachen des Exkursionsbewußtseins und der Telephanie des Hellsehers. Die Tatsachen der Telephanie und des Spuks verstrickten uns dann in das Problem der Objektivität des Phantoms, denn der Fernerscheinende erwies sich angeblich als in der Ferne Wirkender; diese fragwürdigen objektiven Wirkungen aber fanden wir am stärksten verbürgt im Rahmen des metaphysikalischen Mediumismus, wo sie ebenfalls in engster Verbindung mit erweislich objektiven Phantomen auftraten. Der so durchmessene Weg hat uns Einsichten gebracht, die ihre Wichtigkeit für unsre Gesamtuntersuchung immer deutlicher erweisen werden; aber hängt sein Ende noch nützlich mit seinem Anfang zusammen? Soll etwa das objektive Phantom der mediumistischen Sitzung identisch sein mit dem Phantom der Telephanie des Fernschauenden? — Gehen wir in Ordnung vor: wickeln wir das zweifelhafte Fadenende rückwärts wieder auf, bis zu der Stelle, wo es in die gerade Richtung unsrer Theorie des übernormalen Erkennens einmündet.

Der erste Schritt rückwärts führt uns von experimentellen Materialisationen zu den 'spontanen' Phantomen, zu telepathischen und Spukerscheinungen. Mit den Bürgschaften ausgestattet, die uns jene verschafften, stehen wir dem Problem des objektiven Spuks und der objektiven Telephanie doch anders gegenüber, als nach der reichlich unbefriedigenden Erörterung dieser Frage in ihren eigenen Grenzen. Objektivitätsmerkmale, die damals nur zu denken gaben, ohne zu überzeugen, geben jetzt mindestens sehr viel mehr zu denken. Andere Merkmale erscheinen uns in einem völlig neuen Lichte, vor allem die behauptete Fähigkeit mancher 'Freiluftphantome' zu objektivem Wirken.

Öffnet und schließt das Sitzungsphantom den Deckel eines Koffers,[1] warum nicht ein 'spontanes' Gespenst eine Zimmertür? Oder selbst: packt und kneift die Hand eines Experimentalgespenstes den Arm eines Sitzers, warum soll der Freiluftgeist nicht einen Schlafenden wecken, indem er ihn 'rüttelt'?[2] Hat uns das Sitzungszimmer an Klopflautunterhaltungen wie an das Alltäglichste des Alltäglichen gewöhnt, warum sollen wir dem Spuk nicht trauen, wenn er sich auf Grund eines ähnlichen Kodex in Gespräche einläßt?[3] Hört man während Eusapias Materialisationssitzungen Händeklatschen und Fußtritte,[4] warum sollen Spuke, die sich hauptsächlich durch solche Geräusche kundgeben, nicht die gleichen Ansprüche auf 'Objektivität' haben wie die Phantome der Palladino? Wenn die Hände der Phantome dieses Mediums ihre Nägel in das Fleisch der Sitzer pressen können, warum schließlich sollen wir einer Zeugin nicht glauben, die behauptet, nach dem Tode ihres ältesten Sohnes von dessen Finger wiederholt berührt worden zu sein, und zwar so, daß 'die Vertiefung [dieses Druckes] deutlich auf meiner Hand zu sehen war, während die Berührung gefühlt wurde; und zuweilen ist [dies] auf [meine] Bitte mehrere Male [nacheinander] wiederholt worden, damit Andere es sehen könnten'.[5] Noch harmlosere, flüchtigere, noch mehr nach Halluzinationen schmeckende Erlebnisse beginnen uns nachdenklich zu stimmen. Gurneys Sammlung enthält mehr als einen Bericht, wonach ein Agent — zB. in todähnlichem Trans — seinen Besuch in der Ferne damit einleitet, daß er an eine bestimmte Tür klopft, welches Klopfen gehört wird.[6] In einem typischen Falle dieser Art 'träumt' die Agen-

1) S. Maxwell 100: Nichtsichtbarkeit der Bewirkung. 2) Ein Fall von 'Griff', ohne Gesichts-, aber mit Gehörswahrnehmung: Gurney II 472f. 3) S. dazu etwa Pr II 148; X 340 (auch Anm.). 4) zB. APS V 353. 5) Pr X 206 (Ber. v. Mrs. A. C. S., bestät. von ihrem Gatten). 6) S. Gurney II 595f.; 599.

tin 'in einer Art von Trans', daß sie nach Southampton geht und zweimal an der Tür ihrer Schwester anklopft, die ihr beim zweiten Male öffnet. Aber die Unfähigkeit, sie anzureden, bringt die Agentin mit einem Gefühl des Unbehagens zu sich. Dieser Traum entsprach angeblich im Einzelnen der Wirklichkeit: die Schwester hörte das zweimalige Anklopfen, öffnete beim zweiten Mal und sah — niemand.[1]

Während so einige der anscheinenden Objektivitätsmerkmale spontaner Phantome durch die Beobachtungen an den experimentellen des Mediumismus Gewicht gewinnen, werden wir auf die objektivistische Bedeutsamkeit anderer durch die Beobachtungen des Experimentierraums beinahe erst aufmerksam. So würde man vielleicht versucht sein, die Empfindungen von Kälte, die so häufig Telephanien und Spuke begleiten, leichtfertig genug für subjektive Schreckwirkungen zu erklären, wenn sie nicht im Bereiche des metaphysikalisch-wirksamen Materialisationsmediums eine hervorragende Rolle spielten. — Um zunächst Belege aus ersterem Gebiet zu geben:

Miss Du Cranes früher mitgeteilter Bericht über ein auch im Spiegel wahrgenommenes Phantom erwähnt, daß mehrere Perzipientinnen eine 'kalte Luft' gespürt hätten, welche die Erscheinung 'zu begleiten schien', ja daß eine der Schwestern nur diese spürte, weil ihr Blick von der Erscheinung fortgerichtet war. In einem andern, gleichfalls kollektiven Falle sahen zwei Brüder, nachdem sie 'durch eine unwiderstehliche und unerklärliche Macht' plötzlich und gleichzeitig geweckt waren, die Gestalt ihres Vaters zwischen ihren Betten stehen, die Hand erheben und auf die eigenen Augen weisen: 'eine unerklärliche Kälte', sagen beide aus, 'wie von einer eisigen Atmosphäre (*sic*) war der vorherrschende Eindruck'.[2] In einem von Dr. med. Marie de Thilo mitgeteilten Falle wird die Kollektivität durch eine Katze begründet, welche 'wütend knurrt und zitternd und in Schweiß gebadet aufrecht sitzt'. 'Die Tür erzitterte; ich sah eine Gestalt erscheinen, eingehüllt in eine Art nebliger weißer Masse ... Sie kam an mich heran. Ich fühlte einen eisigen Hauch über mich hinwehen.'[3] — In einigen Fällen geht der kalte Lufthauch dem Erblicken der Gestalt voraus,[4] was natürlich noch weiter gegen eine subjektivistische Deutung spricht. — Auch typische Spuke zeigen, wie gesagt, dies Merkmal: zB. die sorgfältig beobachtete Gestalt einer alten Frau im Hause der Mortons[5]. Ein gleichfalls unabhängig-kollektiv wahrgenommener Spuk, von dem Frau de Ferriëm berichtet, 'rauscht mit eiskaltem Hauch stark hörbar vorüber',[6] und in dem von Mrs. R-d beschriebenen Spukhaus, wo die Beobachtungen u. a. Fußtritte, Seufzer, Erscheinungen einer Gestalt und Öffnen von unberührten Türen betrafen, fühlte

1) Harrison 146 (aus H. Spicer, Sights and Sounds [Lond. 1853]). Vgl. Lombroso 293f. (aus Dr. Joire, Les phén. psychiques), u. den höchst bedeutsamen Fall Pr XX 328ff. (Vogelfußabdrücke in ausgestreutem Kalk, durch die völlig unbeteiligte Mrs. Verrall [!] mehrere Stunden vorher automatisch angekündigt.) Ganz ähnlich in dem berühmten Drummer of Tedworth-Fall, s. Görres III 376. Umwerfen von Stühlen in versiegeltem Zimmer: s. Dr. Dariex' u. A. sehr kritische Experimente Pr. VII 193ff. 2) Gurney II 618. 3) I felt an icy breath pass over me. — Flammarion, Fall CXXX, in Pr XV 430. Vgl. Pr V 410; Gurney 249; Pr X 200f. 4) zB. Pr V 409ff. (auch mit Berührung). Vgl. Gurney II 512. 5) vgl. o. 536, u. Pr VIII 319f. 325. 6) de Ferriëm 26; vgl. Lombroso 320 (Fr. Raffles) u. Pr III 125 o. (mit Berührung).

die Berichterstatterin eines Nachts 'einen eisigen Wind durch mein Zimmer wehen und hörte laute Seufzer; die Bettvorhänge wurden zurückgezogen und mein Haar gezupft. In einer andern Nacht wurde ich geweckt durch ein helles Licht in meinem Zimmer und denselben kalten Wind.'[1] — Auch der Spuk in der Haftzelle der Eßlinger offenbarte sich mitunter gleichzeitig durch ein 'gelbliches Licht' und 'kühlen Wind', aus welchem die Stimme zu kommen schien. Kerner sagt aus, daß er selbst und Richter Heyd 'deutlich einen kalten Wind auf uns blasen fühlten, wenn nach der Behauptung [der Eßlinger] der Geist nahe war, obgleich keine Öffnung vorhanden war, durch welche Luft hätte eindringen können'.[2]

Im Bereich des experimentellen Mediumismus nun ist, wie gesagt, die Beobachtung dieser 'eisigen Kälte' in Verbindung sowohl mit metaphysikalischen Leistungen als auch mit Materialisationen etwas durchaus Banales.

Crookes fand sie zuweilen so heftig, 'daß ich sie nur der Kälte vergleichen könnte, die man fühlt, wenn man die Hand auf einige Zoll gefrorenem Quecksilber nahebringt'.[3] Maxwell beobachtete sie ständig in Experimentalsitzungen, oft der Erzeugung einer abnormen Bewegung vorausgehend, oft sie begleitend, oft auch für sich allein auftretend.[4] Dr. Lampa, damals (1894) Assistent für Physik an der Wiener Universität, fand, daß während der Bewegung des Tisches beim sog. Tischrücken unter diesem die Temperatur um etwa 10° C. sinke.[5] — In manchen Fällen wird über den Zusammenhang dieser Erscheinung mit dem Auftreten einer materialisierten Gestalt nicht der geringste Zweifel gelassen. 'Ein kalter Wind', heißt es im Bericht über eine von Eusapias Sitzungen (1907), 'kam hinter dem Vorhang [des Kabinetts] hervor, der sich plötzlich öffnete, als wäre er von zwei Händen geöffnet worden, und ein menschlicher Kopf erschien, mit bleichem, hagerem Gesicht von bösem Ausdruck. Er verweilte einen Augenblick und verschwand.'[6] — Durville hatte 'den Eindruck von Kälte, eines Hauches oder eines Frostes' in der Nähe des Phantoms, das sich bei seinen Versuchen in 50—60 cm Abstand von seinen Subjekten bildete.[7]

Ohne über solche Beobachtungen ausführlich zu theoretisieren (was sicherlich verfrüht wäre), können wir ihnen doch gewisse allgemeine Hinweise im Zusammenhang unserer Suche nach Objektivitätsmerkmalen entnehmen. Kälte entsteht, wo Wärme, also eine Form der Energie verschlungen bezw. abgegeben wird. Als abgebend hat sich uns bei allen unzweifelhaft objektiven Erscheinungen das Medium erwiesen; ja gerade wo es am unzweideutigsten abgibt, wird die Kälte am sinnfälligsten empfunden: ich verweise auf das Kalt-Erscheinen jener Ausströmungen, die so oft in scharfer örtlicher Umschreibung am Medium beobachtet werden: jene 'Art von Wind', die M. Meurice 'aus seiner Schulter austreten' fühlt;[8]

---

1) Pr III 116. Ähnlich Perty, M. E. II 157f. (Mitt. 1. Hand). 2) Crowe 390—2; vgl. 401, und o. S. 547. 3) Crookes 86. 4) Maxwell 114f. Ständig bei W. St. Moses (zB. Pr XI 37), Home (Révél. 266), d'Espérance (228f.). 5) PS XXI 42. Vgl. Crookes 86 ('um mehrere Grade'); Prof. Butlerow (bei Home; zit. in ÜW XI 51). 6) APS V 306. 310; PS XXXIV 722. 739; Acevedo II 245; Daumer, Reich 211; OR 1907 I 115. 7) Aus JM 1907-8 bei Lombroso 291; vgl. ÜW IV 203. 8) Maxwell 310.

den 'eisigen Lufthauch', welcher der Mrs. Finch 'anhaltend aus [ihrer] linken Seite zu kommen' scheint;[1] den bekannten 'kalten Hauch', den so viele Beobachter aus Eusapias Schädelnarbe sowie aus ihren Händen ausströmend empfunden haben.[2] Erscheint das Phantom als Kälte ausströmend, so liegt die Annahme nahe, daß eben es selbst dasjenige sei, was Energie verschlingt. Empfinden doch manche Sensitive gewisse Lebende als 'kalt' (im Unterschiede zu andern, die ihnen 'warm' erscheinen, ein Unterschied, den sie zugleich als den von anti- und sympathisch fassen), und geben sie doch als Grund dafür an, daß jene 'kalten' ihnen 'magnetische Kraft' entzögen, während sie von den 'warmen' deren Überschuß an solcher empfangen.[3]

Falls solchen Andeutungen irgend ein Wert für uns zukommt, so liegt er in dem Hinweis, daß die Entstehung der metaphysiologischen Kälte ein Vorgang von soz. polarem Ursprung ist: daß an ihm zwei Wesen beteiligt sind: ein Energie spendendes und ein Energie verschlingendes. Liegt aber der nicht-menschliche Pol dieses Vorgangs im Falle der Materialisationssitzung häufig unstreitig in einem objektiv-gegenwärtigen Wesen, so wird das Erlebnis der Kälte auch bei Freiluftphantomen zu einem Merkmal der Objektivität.[4]

Noch ein anderes Kennzeichen spontaner Phantome hat für uns durch die Beobachtungen des Experimentierzimmers Bedeutung gewonnen: die Art seiner Bildung. Diese wird häufig so beschrieben, daß es zum mindesten möglich ist, das spontane Phantom als eine Materialisation zu fassen, gleichgültig für welche Theorie dieser letzteren man sich entscheide.

Die Vorstufen des spontanen Phantoms werden zuweilen zB. als wolken- oder schleierartige Anhäufungen bezeichnet, oder als Säulen und halbgeformte Ansammlungen schwachleuchtender Nebel von der ungefähren Höhe eines menschlichen Wesens.[5] Ein Perzipient beschreibt ganz typisch eine 'Rauchsäule etwa 2 Fuß hoch, beinahe weiß, die in ein anderes Zimmer sich begab'.[6] — Die allmähliche Verdichtung solchen einhüllenden Nebels auf eine erkennbare Gestalt hin schildert zB. folgender Bericht: '...Die Tür am Ende des Durchgangs erschien wie von Nebel verdunkelt. Während [der Berichterstatter] darauf zuging, zog sich der Nebel soz. auf einen Fleck zusammen, verdichtete sich[7] und formte sich zu den Umrissen einer menschlichen Gestalt, deren Kopf und Schultern immer deutlicher wurden, während der übrige Körper in einen florartigen, faltigen 'Mantel' eingehüllt schien ... Das volle Licht des Fensters fiel auf das Ding, das so dünn und fein ... war, daß das Licht auf der Füllung einer lackierten Tür durch den untern

1) PS XXXIV 722. 2) S. zB. APS III 22; V 306f. 352; VI 106; Pr XXIII 458 u. oft Vgl. Reichenbach II 181, wonach Narben bedeutender Verwundungen verstärktes 'Licht' zeigen. 3) S. ATM XI, 1 43ff.; Kaspar Hausers Mitt. bei Daumer, Mitteil. über K. H. I 10; Reichenbach I 139ff.; ders., Die Dynamide I 117. 182. 184 (nach du Prel, Stud. I 154). 4) Auf das scheinbare Fehlen eines Med. in solchen Fällen komme ich u. zurück. 5) Pr X 125; Gurney II 75. 6) Gurney II 123. 7) deepened — 'verdunkelte sich'? 'senkte sich'?!

Teil der Kleidung hindurch sichtbar war. Es war völlig farblos, eine Statue in Nebel gemeißelt.'[1]

Andersartige äußere Lichtverhältnisse könnten die Ursache sein, daß in anderen Fällen sowohl die Vorstufe wie das entwickelte Phantom selbstleuchtend erscheinen.

Der Geist im Gefängnis der Eßlinger wurde zB. von Herrn Fraas als 'ein Licht von wechselnden Umrissen gesehen, das sich im Zimmer umherbewegte'. Ein Perzipient ebendort sah 'ein Licht um uns, obgleich noch immer keine Form', hörte aber Schritte und eine Stimme: 'Siehst du mich jetzt? Und da zum ersten Male sah ich eine schattenhafte Gestalt, ... konnte aber keine Gesichtszüge unterscheiden'.[2] — Aber auch voll-ausgebildete Phantome werden zuweilen in wechselndem Grade als selbstleuchtend beschrieben, etwa 'wie ein Blitz in der Gestalt von eines Kindes Schatten', oder 'wie ein lichter Schatten';[3] und wir begegnen sogar Angaben, die an die Lichter erinnern, die man mitunter bei Materialisationen in der Bildungsmatrix auf- und niedergleiten sieht, wie wenn zB. ein Perzipient von einem 'milden, züngelnden Lichte' spricht, das 'über die ganze Gestalt zu spielen schien'.[4]

Daß solche Erscheinungen an Beobachtungen bei der experimentellen Materialisation erinnern, ist unbestreitbar. Die Genauigkeit dieser Analogien kann verschieden eingeschätzt werden. Aber für wie genau man sie auch halten mag: ihr Wert als Bürgschaft der Objektivität wird dadurch beeinträchtigt, daß ähnliche Arten der Bildung auch bei unbezweifelbaren Halluzinationen beobachtet werden. Was möchte man mit größerer Sicherheit für Halluzinationen erklären, als die Visionen in Glaskugeln oder Spiegeln (ihrer gelegentlichen 'Wahrheit' natürlich unbeschadet)? Und doch setzen diese sehr häufig mit 'Lichtern' oder 'rauchartigen Wölkungen' ein, aus denen dann die Bilder hervortreten.[5] Gegenüber diesen zu äußerster Vorsicht mahnenden Parallelen bedarf es natürlich von Fall zu Fall besonderer Gründe, um den Einzelheiten der Bildung spontaner Phantome irgend welche Bedeutsamkeit zu sichern. Bezüglich der 'Wölkungen' kommt hier vielleicht der Umstand in Frage, daß diese gelegentlich bei auffallendem Lichte anders erscheinen, als bei bloßer Durchleuchtung durch das von ihnen umhüllte Phantom, — ein Verhalten, das im Falle einer Halluzination zum mindesten sonderbar wäre.

So erzählt Pfarrer Thomas P. Hölze, über dessen Wert als Zeugen ich nichts anzugeben weiß, er habe u. a. 'eine große und sehr klare Erscheinung bei sehr schwacher Morgenhelle draußen' stehen gesehen; er schlug Licht, 'und in diesem Lichte zeigte sich mir eine weitausgedehnte bleichweiße feine wolkige Metallmasse; und in dieser entdeckte ich während des Lichtscheins vom Bilde keine Spur mehr.

1) Gurney I 526 (Nr. 193). Vgl. das. 527; II 182. 449f. 2) Ähnlich PS XXIV 164; Acevedo II 240. 245 (Eusapia P.). 3) Gurney I 104ff.; II 74; Pr X 285. 4) Gurney I 561. Vgl. o. S. 579f. 5) S. zB. Pr VIII 478. 500; Maxwell 194. Vgl. die 'schwarze Wolke' vor Mrs. McAlpines Vorschaugesicht (im Freien): Pr X 332; Flournoy, Des Indes 121 über traînée lumineuse als Erscheinungsform 'Léopolds'; Boismont 257ff. (Fieberhalluzin.); Gurney II 97 Anm. 1 (entsprech. Schwinden von Halluz.).

Wie dann das Licht erlosch, zeigte sich in dieser Masse das farbige Bild fast ebensogut wie vorher, während ich [jetzt] von der übrigen Masse nichts bemerkt hätte, wenn ich nicht eigens darnach mit den Augen geforscht hätte.'[1]

Die anscheinende Leuchtkraft mancher spontanen Phantome deutet ihren objektiven Charakter zuweilen auch dadurch an, daß sie eine Wahrnehmung von Gegenständen ermöglicht, die normalerweise unsichtbar geblieben wären.[2]

Der folgende seltsame Fall betrifft einen identifizierbaren Spuk, dessen Lichtausgabe den Perzipienten instandsetzte, im Dunkeln zu lesen. Dieser Perzipient, der jedem Spiritisten bekannte Baron v. Güldenstubbe, kann zwar schwerlich als guter Zeuge gelten, aber vermutlich hat die bekannte Sorgfalt und Verstandesschärfe des Sammlers dieses Falles, R. D. Owen, den Zeugen vermocht, sein Bestes zu geben, und der Bericht erscheint nüchtern und sorgfältig. — Baron v. G. hatte am 16. März 1854 bei Licht im Bett gelesen, als er nacheinander 8—10 'elektrische Schläge' empfand. Er ging [offenbar mit dem Licht] in den Saal, kehrte aber ohne Licht ins Schlafzimmer zurück, um ein Taschentuch zu holen, und sah 'bei dem Licht, das durch die offene Tür des Saales fiel, gerade vor dem Kamin ... ein Etwas, das wie eine dunkle Säule grauen Dampfes, ein wenig leuchtend, aussah'. Da er es für eine Spiegelung hielt, beachtete er es nicht, fand aber, als er noch einmal aus dem Saal zurückkehrte, um Holz zu holen, daß 'die Erscheinung [jetzt] ... nahezu bis zur Decke des [12 Fuß hohen] Zimmers reichte'. Ihre Farbe war nunmehr das Blau einer Spiritusflamme und sie leuchtete stärker. Während er hinschaute, 'wurde allmählich in ihrem Innern die Gestalt eines Mannes sichtbar', etwas dunkler blau, als die 'Säule', und mit nur allmählich deutlicher werdenden Umrissen, Gesichtszügen und natürlichen Farben. Die endlich völlig lebensgleiche Erscheinung wurde genau betrachtet und wird uns in allen Einzelheiten geschildert. 'Nach einigen Minuten löste sich die Gestalt von der Säule los und bewegte sich vorwärts, wobei sie langsam durch das Zimmer zu schweben schien, bis sie sich [G.] bis auf drei Fuß genähert hatte.' Sie erhob die Hand, schien sich grüßend zu neigen, bewegte sich nach einiger Zeit aufs Bett zu, gegenüber dem Kamin, kehrte dann mit einer Wendung nach links zum Kamin zurück, wobei ihr Rücken deutlich sichtbar wurde, trat wieder auf den Baron zu und wiederholte diese Runde vollkommen lautlos noch etwa neunmal. Darauf wurde sie undeutlicher, 'und während die Gestalt dahinschwand, bildete die blaue Säule sich allmählich wieder und schloß sie wie zuvor ein. Diesmal leuchtete sie übrigens sehr viel heller, so daß das Licht den Baron instandsetzte, ein oder zwei Verse einer in Colonelschrift[3] gedruckten Bibel experimentweise zu lesen ... Ganz allmählich verblaßte das Licht, indem es zeitweilig aufzuflackern schien, wie eine verlöschende Lampe.' Erst tagsdarauf erfuhr G. auf Erkundigungen hin von der Frau des Hauswarts, daß die Erscheinung bis in die geringsten Einzelheiten auch der Kleidung einem in jenem Zimmer verstorbenen Herrn Caron geglichen, von dem — oder gar dessen Aussehen — er nie zuvor gehört hatte; und daß auch Andere ihn ebenso gesehen hätten.[4]

---

1) UW III 101f. 2) Vgl. den gelegentl. 'Lichtschein', der die Gegenstände im Zimmer deutlich erkennbar macht, bei Eusapia P.: Acevedo in PS XXVII 150. 3) minion-type, eine Schriftart zwischen 'Petit' und 'Nonpareille'. 4) Owen, Footfalls 282ff.; vgl. d. Fall Pr X 345.

In noch anderen Fällen scheint die Objektivität des Lichtes, das von der Erscheinung ausgeht, dadurch angedeutet, daß es nicht nur vor aller Wahrnehmung der Gestalt gesehen wird (was ja auch die einleitende Phase einer Halluzination bedeuten könnte), sondern unabhängig von dem Erscheinungsort des Phantoms, als welches zunächst durch natürliche Hindernisse dem Blick entzogen bleibt, während das Licht bereits dort wahrgenommen wird, wo es hinstrahlen müßte, falls das Phantom eine Quelle objektiver Helligkeit wäre.

Diese Bedingungen würde, falls in jeder Einzelheit verlässig, der Bericht eines Perzipienten erfüllen, der eines Nachts in seinem Hotelzimmer einen Lichtschein bemerkte, der hinter der hohen Fußlehne seines Bettes emporzudringen schien, sich in der Meinung, das längst ausgegangene Feuer in dem eben dort gelegenen Kamin habe sich neu entzündet, ohne die mindeste Unruhe auf den Knien im Bette erhob und, über jene Fußlehne blickend, die Erscheinung eines Mannes gewahrte, von dessen Gestalt und dem Raum um sie her das Licht auszugehen schien. Das sehr charakteristische Gesicht dieses Phantoms sei, wie sich nachträglich herausgestellt, das eines Schwindsüchtigen gewesen, der einige Monate zuvor in demselben Zimmer gestorben war.[1]

In einem andern, von R. D. Owen angeführten Falle wurde das Licht im Zimmer zuerst und die Gestalt einer Frau erst beim Sichumdrehn im Bette bemerkt, in welchem das Subjekt schlaflos lag: 'das Licht, bei dem ich [die Gestalt] sah, ging von ihr selber aus. Ich beobachtete [sie] aufmerksam'.[2]

Wenn nun auch zugestanden werden mag, daß die Objektivitätserweise mediumistischer Materialisationen den verwandten Ansprüchen der Freiluft-Phantome eine neue Grundlage geben, so ist dieser Gewinn doch einstweilen ein reichlich vieldeutiger; die verwirrende theoretische Dunkelheit, die jenem Begriff der Objektivität auf dem einen Gebiet anhaftete, muß auch dem andern lästig fallen. Selbst die Deutung fordert wenigstens Gehör, wonach die anscheinend unmittelbare Wahrnehmung des Phantoms lediglich Halluzination sei, seine objektive Wirkung aber — mediumistische Leistung des Perzipienten. Diese engste Deutung muß sich ja der herkömmlichen Auffassung sehr empfehlen, welche Erscheinungen zB. Sterbender oder in Gefahr Befindlicher als telepathisch veranlaßte Halluzinationen ansieht; und auch für Spuke ist ja, wie schon erwähnt, eine ähnliche Erklärung vorgeschlagen worden.

Was hier — freilich mit großer Künstelei — nur für einen Teil der Gesamtvorgänge vorausgesetzt wird: die metaphysikalische Betätigung des Perzipienten, das würden die weitergehenden Theorien des objektiven Freiluftphantoms sowohl für die Erscheinung, als auch für die Wirkungen desselben in Anspruch nehmen: sie würden den Perzipienten nicht nur als metaphysikalisches, sondern auch als Materialisationsmedium an-

---

1) Pr V 463. 2) Owen, aaO. 296ff. Vgl. die Berichte Pr VI 61; X 79f. 293f.; Lord Castlereagh bei Mirville 240ff. und 'Spuke', die nur in 'Licht' (im Zimmer) bestehen.

sehen. In dieser Forderung werden Manche vielleicht einen vernichtenden Einwand gegen die Objektivität spontaner Phantome überhaupt erblicken: denn eines Mediums als Behelf des Erscheinens und Wirkens bedürfe doch jedes Phantom, und wie dürfe man jedem Perzipienten eines solchen die seltenen Fähigkeiten eines Mediums zuschreiben? — Aber weder die Allgemeingültigkeit der ersten Voraussetzung, noch die Unzulässigkeit der zweiten ist streng erwiesen. Daß wir den innigen Zusammenhang so vieler Phantome mit einem nahe anwesenden Medium zugestehen, nötigt uns nicht, solchen Zusammenhang oder solche Nähe für eine Vorbedingung jedes objektiven Phantoms zu erklären. Warum sollten einige unter ihnen die Bedingungen ihrer Selbstdarstellung nicht auch in der außermenschlichen Natur um sich her finden? Der Zusammenhang von Medium und Phantom ist zu wenig begriffen, als daß über seine Unumgänglichkeit mit Gewißheit geurteilt werden könnte.

Wäre aber auch die Voraussetzung erwiesen, daß Phantome zu ihrer Selbstdarstellung eines anwesenden menschlichen Mediums bedürfen, so verböte nichts, diese medialen Hilfeleistungen, worin immer sie auch bestehen mögen, dem Perzipienten, der doch stets zugegen ist, oder sonst einem nahe anwesenden Lebenden zuzuschieben; oder gar anzunehmen, daß objektive Phantome eben nur solchen Perzipienten gegenübertreten, die solche Hilfeleistungen aufbringen können. Daß zum mindesten eine soz. passive Medialität, die sich anreizen und ausnutzen läßt, sehr verbreitet ist, hat ja gerade das mediumistische Experiment immer wieder vorausgesetzt und festgestellt, wenn es auch natürlich dem Medium die Rolle eines hauptsächlichen Sammel- und Austrittsbodens der benötigten Kräfte beläßt.

Für diese weitherzige Auffassung spricht schon die ganz allgemeine und alte Erfahrung, daß der 'Zirkel' ein 'harmonischer' sein müsse, daß gewisse Personen, und zwar durchaus nicht die allzu wachsamen Zweifler, die Leistungen stören, daß die 'Kette' oder der 'Strom' möglichst zu schließen sei, u. dgl. m.[1] Es sprechen dafür auch die sehr häufigen Hindeutungen 'des' Mediums auf einen oder mehrere der Beisitzer: daß sie 'Medien' seien, deren 'Kraft' helfe oder zu 'entwickeln' sei.[2] Es sprechen ferner für sie gewisse Empfindungen, die den Sitzungsteilnehmern häufig die Gewißheit geben, daß wirklich bei geschlossener 'Kette' etwas wie ein Strom durch sie alle 'zirkuliere', an dessen Erzeugung sie also vermutlich teilhaben, und diese Empfindung verstärkt sich häufig in dem Augenblick, da die Kette unterbrochen wird oder eine sonstige Störung oder Ablenkung eintritt, indem die plötzliche Unterbrechung zuweilen 'ein Gefühl plötzlichen Unwohlseins erzeugt, wenn die Unterbrechung mit dem Vorsichgehen der Erscheinung zusammenfällt ... Die Empfindung der Unterbrechung des Stromes ist [dann] ganz deutlich.'[3]

---

1) Serjeant Cox in PS X 313; Mrs. Finch das. XXXIV 653; Maxwell 117. 2) zB. PS XXVIII 513; Maxwell 50. Vgl. Eusapias häufiges aiutate me (Documents 484. 487). 3) Maxwell 117f. (Vergleich mit Empfindung nahe starker Dynamomaschine).

Es spricht für unsere Annahme aber auch die Beobachtung, daß das Maß des Gelingens einer Leistung mitunter geradezu der Zahl der Teilnehmer zu entsprechen scheint, die Erhebung eines Tisches zB. mit 5 oder 6 Personen leichter und gründlicher erzielt wird, als mit einer oder zweien,[1] und daß der Synchronismus von objektiver mediumistischer Leistung und Muskelbewegung des Mediums sich auch an den Teilnehmern einer Sitzung beobachten läßt.[2] — Es spricht für sie endlich noch die Erschöpfung, das Gefühl der 'Ausleerung', welche (außer dem Medium) auch die Sitzungsteilnehmer, und zwar ungefähr im direkten Verhältnis zur Ergibigkeit der Sitzung, nach ihrer Beendigung spüren.[3] Nach den Sitzungen mit der Palladino in Choisy-Yvrac ist diese Erschöpfung dynamometrisch festgestellt und recht beträchtlich gefunden worden: die Summe der Einzelverluste kam der mittleren Kraft eines Mannes gleich.[4] — Die höhere Mediumität ist mithin, nach Dr. Ochorowicz' Ausdruck, eine psychophysische Kollektivleistung, die sich aus sehr wechselnden Summanden zusammensetzen kann, so daß zB. an Stelle eines guten Mediums mehrere schlechte treten können.[5]

Besteht somit die Möglichkeit, auch fälschlich sogenannten Nichtmedien gelegentliche Hilfeleistungen bei der Objektivierung von Phantomen zuzuschreiben, so lassen sich anderseits auch Andeutungen dafür entdecken, daß Perzipienten selbst einmaliger Freiluftphantome wirklich solche Leistungen aufbringen. Sehr viele berichten, sie seien während der Erscheinung gehemmt, benommen, 'übel', unfähig zu reden oder zu stehen gewesen.[6] Dies bleibt nun freilich zweideutig, sofern ja auch ein bloß halluzinierender Zustand in dieser Weise sich äußern könnte. Merkwürdiger schon ist die Beobachtung, daß zuweilen selbst Perzipienten einmaliger Erscheinungen jene eigenartigen Hautempfindungen angeben, die wir als typische Begleitmerkmale von Leistungen metaphysikalischer Art oder von Materialisationen kennen.[7] Derartige deutlichere Hinweise auf ein mediumistisches Verhalten des Perzipienten mögen sehr viel seltener sein, als auf Seiten des Phantoms Andeutungen seiner Objektivität; wo diese sehr stark sind und Hinweise jener Art gleichwohl fehlen, müßten wir uns darum mit der Annahme begnügen, daß das Phantom die Bedingungen seiner Entwicklung auch außerhalb des Perzipienten verwirklicht finde, oder daß sich diesem seine Beihilfe subjektiv nicht verrate.

Trotz der Möglichkeit nun, spontane Phantome in einzelnen Fällen den Materialisationen der Experimentalsitzung gleichzustellen, ist der Geltungsbereich dieser Vergleichung wahrscheinlich doch nur ein geringer. Daß wir aber den Begriff des rein-halluzinatorischen Phantoms gar fallen lassen, davon kann selbstverständlich die Rede nicht sein.

---

1) das. 110f. 2) Vgl. hierzu Maxwell 57. 83f. 106. 109f.; PS XXIV 339. 3) Maxwell 87. 4) Aus APS 1897 in PS XXIV 407. 5) S. zB. Dr. Warcollier in APS V 52. 6) S. zB. Daumer II 121; Jung, Theorie 225ff., bes. 231. Auch die Abwesenheit von 'Geburtswehen' (Vgl. o. S. 575, Anm. 1.) beim vorauszusetz. Med. spricht für eine Selbständigkeit des Phantoms. Kerner, Ersch. 2. 3. 7) Vgl. zB. Prof. Pertys eigene Beob.: M. E. I 121f.; vgl. Spir. 84 u. o. S. 575f.

Wollte man ihn zum Überfluß beweisen, so bedürfte es nur der Erinnerung an jene Fälle, in denen nicht der vorauszusetzende Agent selbst erscheint, sondern jemand, an den er in seiner Krise zu 'denken' Veranlassung hat,[1] wiewohl dieser von der Krise nicht einmal Kunde haben mag;[2] oder in denen mehrere Lebende gleichzeitig erscheinen, denen man nicht allen und gleichzeitig die Fähigkeit zur körperlichen Exkursion wird zutrauen wollen;[3] oder in denen das Phantom in soz. unmöglicher Stellung erscheint: im Bette liegend, im Wagen fahrend, neben einem Sarge stehend u. dgl. m.,[4] oder Gegenstände bei sich oder Kleidungsstücke anhat, die keiner Wirklichkeit entsprechen, oder denen wir aus sonstigen Gründen eine über halluzinatorische 'Wahrheit' hinausgehende Objektivität nicht zuschreiben mögen.[5] —

So klar nun die im Vorstehenden herausgearbeitete Alternative zwischen rein-objektiven und rein-halluzinatorischen Phantomen auch ist (und vielleicht gerade wegen ihrer trockenen Klarheit), setzt sie mein Denken nicht völlig zur Ruhe. Etwas in dem Reichtum der schier unergründlichen Tatsachen warnt mich, einem Schema übertriebenen Wert zuzuschreiben, das mir mehr aus bisherigen Denkgewohnheiten, als aus der fruchtbaren Anschauung dieser neuartigen Tatsachen gewonnen erscheint. Und zwar ist es von den beiden Gliedern der Alternative weit eher das subjektivistische, an welches sich das Gefühl des Zweifels heftet. Allzu selbstzufrieden, scheint mir, hantieren wir mit dem Begriff der telepathischen Halluzination. Bereits bei der ersten Erwägung dieses Begriffs habe ich darauf hingewiesen, wie wenig selbstverständlich die inhaltliche Ableitung dessen, was der Perzipient wahrnimmt, aus dem Vorstellen des angeblichen Agenten ist, sobald jene Inhalte reichlich verwickelte und dem Perzipienten bislang vollkommen fremde sind. Diese Schwierigkeiten veranlaßten uns schon damals, die harte Grenze zwischen Telepathie und Hellsehen aufzuheben. Inzwischen ist uns der Begriff des Hellsehens selbst zu einem Sammelbegriff verflüssigt worden, der seltsam zwischen objektiven und subjektiven Vorgängen hin und herspielt. Der Hellsehende 'befindet sich' in unzähligen Fällen, nach Aussage seines eigenen Bewußtseins, am ferngeschauten Orte; er wird von Andern eben dort wahrgenommen; er verrät diesen Andern auf mannigfache Weise sein Bewußtsein der Anwesenheit, und er bekundet in einzelnen Fällen diese Anwesenheit durch objektive Wirkungen, w ä h r e n d doch seine äußere Erscheinung oft — und gerade in Fällen solcher objektiven Wirkungen — alle Merkmale einer bloßen Halluzination an sich trägt!

In einem von Dr. Maxwell sorgfältigst beobachteten und beschriebenen Fall zB. sieht M. Meurice einen ihm unbekannten Verstorbenen, H. B., zu wiederholten

1) S. zB. Pr X 259 f. 2) das. 261 ff. 3) S. zB. Wallace, My Life II 332 f. (Kollekt. Wahrnehmung!) 4) S. zB. Gurney I 544. 548; II 98. 195. 603 f.; Pr X 114; Perty, M. E. II 156 f. (Fernsehen des Gesehenen ('Agenten') ausdrückl. bezeugt.) 5) zB. 'Spruchbänder' mit Inschriften (wie bei Owen, Footfalls 306).

Malen mit einer Fülle seltsamer, aber nachprüfbarer und richtiger Einzelheiten des körperlichen Äußern, der Bewegung (!), der Kleidung und anderer Gebrauchsgegenstände, wobei aber nicht nur zu Zeiten diese Einzelheiten in gesonderten, umrissenen Einzelbildern aus einer bläulichen 'Wolke' hervortreten, sondern auch die Gesamterscheinung den Verstorbenen an verschiedenen Tagen entsprechend verschiedenen Perioden seines Lebens darbietet, aber stets mit äußerster Lebenstreue; also in der Art einer Reihe von 'wahren' Rückschaubildern. Dazu hört aber M. Meurice nicht nur den Verstorbenen in für ihn sehr charakteristischer Weise reden, — zB. ein ungeduldiges '*thut, thut, thut*!' äußern, wenn sein 'gefühlter' Versuch zu erscheinen 'nicht gelingt', — sondern erlebt ihn auch sehr häufig als richtigen Spuk. Diese Spukvorgänge bestehen in Folgendem: 1. Fußtritte verschiedenen Charakters, darunter ein ungleicher Schritt ('als wenn ein Bein schwerer aufträte, als das andere'), der für H. B. charakteristisch war. Diese Schritte ertönen am häufigsten im Gang des unbewohnten zweiten Stockwerks des Hauses, worin M. Meurice lebt. 'Dann scheint sich die Tür eines Schlafzimmers genau über M.s Schlafzimmer zu öffnen und die Fußtritte ertönen in [diesem] Zimmer. M. ist häufig aufgestanden — diese Geräusche ertönen etwa um 2 Uhr morgens —, hat aber nie etwas oder jemand gesehen.' 2. 'Das Öffnen von Türen und Fenstern ... Dem Geräusch des Öffnens einer Tür geht immer ein Geräusch voraus, wie wenn eine Hand im Dunkeln nach der Türklinke suchte. Diese selben Geräusche hört M. an einer seiner Schlafzimmertüren ... Bisweilen hört er das Fenster seines eigenen Schlafzimmers sowie das des Zimmers im obern Stockwerk geöffnet und geschlossen werden ...' 3. Lärm wie von bewegten Möbeln, oder von einer schweren Person, die auf einem Bette niedersitzt, wobei die Matratze knarrt. 4. Geräusche wie von dem Ausschütten eines Sackes Korn oder Nüsse auf den Fußboden des obern Schlafzimmers; wie von harten Schlägen auf den Fußboden; wie von Flügelschlägen; wie von raschelndem Papier. 5. Seufzer und tiefes Atmen. — Diese Geräusche werden nicht bloß von M. wahrgenommen, sondern auch von einer Magd, die das gleiche Stockwerk mit M. bewohnt, sowie von M.s Schwester, die, während sie bei ihm zu Besuch lebt, wiederholt von dem Schritt und dem 'Versuchen' am Türgriff aus dem Schlafe geweckt (!) wird. Auch sie ist gleich der Magd den Geräuschen, die sie anfangs ihrem Bruder zuschrieb, vergeblich nachgegangen. Endlich fühlt M. zuweilen eine Hand leise seinen Kopf streicheln.[1]

Alles dies gehört einem Typ des Geschehens an, der uns nun schon wohlvertraut ist: er zeigt die Verbindung von Wahrnehmungen, die wir nur als Halluzinationen glauben fassen zu können, mit solchen, die eine örtliche Anwesenheit unabhängig vom Perzipienten zu bekunden scheinen. Wir wissen auch schon, daß der einzige Versuch, die letztere zu umgehen, auf der Voraussetzung eines Agenten kollektiver telepathischer Halluzinationen beruht. Die nächstliegende naive Auffassung würde den Agenten in dem Toten selber suchen (der ja häufig auch als der Spukende erscheint), der sich — vielleicht 'träumend' — in seine alte Behausung versetze, Handlungen wiederhole, die er im Leben vollzog, die Laute höre, die diese

1) Maxwell 287ff. — Mitteil. des Verstorbenen, deren Inhalt keinem der Nächstbeteiligten bekannt war, s. 303ff.

Handlungen begleiteten, und diese telepathisch dem oder den Perzipienten aufzwinge.[1] Gegner der spiritistischen Annahme werden, wie bereits angedeutet, mit Vorliebe die Veranlassung der Spukhalluzination in einen Lebenden verlegen, der an den Spukort denke; eine Ansicht, die das unverkennbare Brandmal jener erklügelten Theorien an sich trägt, die mehr aus vorgefaßten Ansichten, als aus unpersönlicher Hingabe an die Tatsachen entstehen. Aber beide Theorien haben sich mit der Schwierigkeit abzufinden, daß die Wahrnehmungen des Perzipienten von vorausgesetzten Träumen des toten oder lebenden Agenten sich in einer Weise unterscheiden, welcher die telepathische Theorie sehr viel umständlicher gerecht wird, als eine 'lokale'. Der angeblich Träumende träumt sich als innerhalb einer bestimmten Örtlichkeit anwesend und handelnd; der Perzipient vernimmt diese Tätigkeit nicht selten in leidlicher Entfernung von jener Örtlichkeit her: zB. das Schlagen von Türen in einem anderen Stockwerk.

Suchen wir dagegen nach einer objektivistischen Deutung für die 'örtlichen' Spukvorgänge, so bietet sich uns nach dem Bisherigen kaum etwas anderes, als der Rückgriff auf den Begriff 'astraler' Duplikate der Dinge: astrale Türen müßten schlagen, astrale Kisten rollen, astrale Sofas knarren u. dgl. m. Die Tatsache, daß selbst der stärkste Spuklärm mitunter nicht von allen Anwesenden gehört wird,[2] müßte dann ähnlich gedeutet werden, wie die gelegentliche Nichtwahrnehmung seitens einiger Anwesender von Phantomgliedern, die ihre Objektivität durch physische Leistungen bezeugen.[3] Die quasi-objektiven Vorgänge des Spukes hätten ihr 'Niveau' für sich, und nur der, dessen Sinne für dieses Niveau im Augenblick erschlossen wären, könnte sie wahrnehmen.

Gegen diese Voraussetzung spräche (ganz abgesehen von der Frage der Glaublichkeit einer allumfassenden Astralwelt), daß die Wahrnehmung eines Spukes sich immer auf diesen zu beschränken scheint, während nach jener Annahme eigentlich doch wohl in dem Augenblick, da sich der Sinn für jenes neue Niveau erschlösse, eine Menge zufällig 'naher' Gestalten und Gegenstände zur Wahrnehmung gelangen müßte. Dem neuen Sinne müßte sich eine neue Welt erschließen, anstatt vereinzelter Erscheinungen in besonderer Auswahl.

Können wir uns aber weder bei einer durchaus halluzinatorischen, noch bei einer naiv-objektivistischen Deutung des Spukes beruhigen, welcher dritte Begriff etwa böte uns einen Ausweg aus dieser Wirrsal? Welche Art von Metaphysik der Materie, welche Art von Erkenntnistheorie ließe uns in diesem Schweben zwischen Subjekt und Objekt irgend festen Fuß fassen? Werden die Entwickelungen, die unsere physikalischen Grundbegriffe gegenwärtig erschüttern, in ihrem Ergebnis auch hier zu größerer

---

1) Vgl. zB. Gurney II 525. 2) S. zB. Pr II 149. 3) S. zB. Crookes 91f. 98: APS V 369; Barrett 23f. (auch JSPR 1889 127f.).

Klarheit führen? Schon verkünden Denker von weitem Umblick die Auflösung der Absolutheit der Materie. Mit der Veränderlichkeit von Gewicht, Trägheit und Masse schwänden ihre konstanten Eigenschaften dahin; ihre Schöpfung und Vernichtung trete in den Bereich der Denkbarkeit, vielleicht gar der experimentellen Möglichkeit.[1] 'Die Welt rauscht auf aus ihrer plastischen Stauung, ... sie ist nicht mehr ... starres Sein, sondern ... flüssige Funktion, werdender, wechselnder Zustand ... Der 'Weg auf zum Geiste hin und vom Geiste her' tut sich wieder auf ... Der Äther, Wiege und Grab der Materie, ist nur das Symbol jener Indifferenz, in der das Materielle zum Immateriellen, ja zum Geistigen übergeht.'[2] Irgendwo auf der Verbindungslinie zwischen dem, was unser vorläufiger Dualismus[3] als die subjektive Vorstellung, und dem, was er als objektive Materie ansetzt, würde dann auch dereinst der Begriff gefunden werden, der uns die rätselvolle Tatsache des 'Gespenstes' — und offenbar zugleich auch die der Materialisation! — denken ließe: des Phantoms, das zu wechselvoll und bildsam, von Darstellungsabsichten bedingt erscheint, um nur als materielles Etwas, und zu selbständig und fremd dem Beobachter gegenüber, um nur als dessen Vorstellung gefaßt zu werden.

LVII.

Das Transdrama.

Es gibt nun noch ein Tatsachengebiet, auf welchem sich die Probleme, vor die wir uns hier gestellt finden, in besonders eigenartiger und fruchtbarer Abwandlung sich wiederholen: der vollentwickelte Trans der Medien zeigt nicht nur das lebenswahre Phantom eines Unbekannten 'anwesend' und diese seine Anwesenheit durch 'natürliches' gesprächsweises und mimisches Verhalten zum Ausdruck bringend; sondern anscheinend auch den merkwürdigsten aller Eingriffe in die Objektivität: nämlich die Handhabung — nicht lebloser Gegenstände, sondern des verwickeltsten aller Werkzeuge: des menschlichen Organismus. Aber diese Dinge wollen in ihrer Ordnung und ohne vorgefaßte Meinung besprochen werden.

Die Grundzüge dieses mediumistischen Transdramas, wie man es nennen könnte, wiederholen sich bei fast allen Medien, sind aber in einigen neueren Fällen — ich nenne die Damen Piper, 'Thompson', Holland[4] — mit einer Ausführlichkeit und Gründlichkeit studiert worden, die kaum auf einem Sondergebiete der Psychologie übertroffen sein mögen. Hiernach erscheint während des Transzustandes das Ich des Mediums mehr oder weniger verdrängt durch Persönlichkeiten, die herkömmlicherweise

---

1) Nach O. Lodge, Life and matter, bei K. Joël, Seele und Welt 358. Vgl. auch Geley in PS XLVII 226f. über Ideoplastie, und Fournier d'Albe in PS XLVI 37ff. 90ff. 161ff. 2) Joël, aaO. 359ff.; vgl. 392f. 3) vgl. o. S. 488. 4) Vgl. etwa auch M. Karadja, Spiritist. Phänomene u. spiritualist. Offenbar. (Lpz. 1901).

als 'Kontrollen' oder 'Kontrollgeister' bezeichnet werden. Unter diesen nehmen eine oder mehrere eine bevorzugte Stellung ein, indem sie den Verkehr des Mediums mit den andern 'Geistern' großenteils zu vermitteln vorgeben. Wir können sie als die 'Impresarios', oder besser: 'Spielleiter' des mediumistischen Dramas bezeichnen. In der Transrede und Transschrift des Mediums geben gewöhnlich diese Spielleiter vor, unmittelbar zu Worte zu kommen.[1]

Merkwürdig ist nun, was diese Mittelspersonen des mediumistischen Dramas über die Art berichten, in der ihnen ihr übernormales Wissen zukommt. Im einfachsten Falle geben sie vor, nur 'Bilder zu sehen,' wie 'Nelly' es gelegentlich ausdrückt, der schelmische und liebenswürdige Kontrollgeist der Mrs. Thompson.[2]

'Es ist wie eine Wandtafel und auf Wandtafel kommt Bilder' — Nelly hat oft eine kindliche Sprache — 'und ich sage Ihnen, während sie kommen.'[3] ZB. sagt sie von einem verstorbenen Freunde Dr. van Eedens: 'Er scheint keine Frau gehabt zu haben; ich sehe ihn allein schlafen.' So auch sieht sie vergangene Handlungen des Sitzers im Bilde: 'Haben Sie (zur Professorin Harrison gewendet) etwa aus einer Flasche in eine andere — aus einer weithalsigen in eine andere — gegossen? Ich sehe es ganz deutlich.'[4]

In einzelnen Fällen erlangt die Transpersönlichkeit ihr Wissen sogar durch gesehene Schriftzeichen — 'vor meinen Augen, nicht meiner Mutter [d. i. des Mediums] Augen', sagt Nelly —;[5] oder durch das Hören von Worten, — 'wahre' Halluzinationen des Ohres.[6] Alle diese Arten des unzweifelhaft halluzinatorischen übernormalen Wissenserwerbes sind uns bereits wohlvertraut.

Das bedeutsamste dieser 'Bilder' nun aber ist wiederum die Gestalt, das Phantom des sich mitteilenden 'Geistes', gesehen von der Transpersönlichkeit des Mediums (dem 'Spielleiter'), und dieses Bild verquickt sich nicht nur mit andern mehr epischen Bildern und Auditionen rückschauender Art, — wie wenn sich zB. mit der Vision eines erschossen Vorgefundenen das Hören eines Schusses verbindet;[7] es übernimmt auch selbst die Rolle des direkt Mitteilenden: es buchstabiert zB. Sätze hervor, indem es beim wiederholten Hersagen des Alphabetes die gewünschten Buchstaben durch Handbewegungen bezeichnet;[8] es bedient sich gelegentlich einer unverkennbaren Zeichensprache der Hände;[9] es äußert seine Gefühle mit erregten Gebärden oder durch Lachen;[10] vor allem aber: es redet persönlich zum Spielleiter, der die gehörten Mitteilungen des Phantoms durch Transrede oder -schrift oder durch Klopftöne weitergibt, wie ein Bericht-

---

1) S. die Selbstbezeugungen Pr XX 78. 79 (Abs. 2). 421 (2). 423 (2); XXI 385; XXII 97 (4). Individuelle Charakteristik dieser Personen: Pr XX 80 (3). 82 (4). 2) Pr XVIII 153; vgl. 155. 3) Pr XVII 226. 4) Pr XVII 107. 212f. Vgl. 188; XVIII 116. 5) Pr XVIII 156; vgl. XVII 95. 6) Pr XVII 95. 7) Okkultistin 27. 8) ein seltener Fall (zB. Pr XVIII 301). 9) zB. Pr VI 489f. 10) Pr XVII 91. 105; VI 479.

erstatter Gehörtes weitergibt, — zusammenfassend und durchaus nicht immer wörtlich, und mit reichlich eingestreuten 'sagt er' oder 'sagt sie'. — Auf einem Höhepunkt angeblicher Verwicklung faßt Nelly den Vorgang einmal folgendermaßen zusammen: 'Sie [d. h. die Geister] müssen das Wort sagen, müssen sich äußern und es Mrs. Cartwright sagen [dies ist Mrs. Thompsons andere Hauptkontrolle], und sie sagt es mir.'[1] — Und kommen die andern 'Geister' gelegentlich (wie wir sehen werden) unmittelbar zu Worte, so bestätigen sie ihrerseits diese Darstellung. 'Ich faßte Rector bei unserer letzten Begegnung', sagt Myers $_P$[2] einmal, 'und buchstabierte ihm das Wort *Plotinos* deutlich vor.'[3] Denn 'der gute alte Rector' — versichert uns Myers $_P$, im Leben ein bedeutender Klassizist — 'versteht [ja nicht] ein Wort Latein'. Auch bezeichnen diese 'Geister' oder mittelbaren Kontrollen ihren Anteil meist als ein Reden, welches das Medium bezw. der Spielleiter zu 'hören' habe,[4] wobei sie zuweilen 'schreien' oder ihre Worte immerfort 'wiederholen' müssen,[5] um den gewünschten Eindruck zu erzielen. Umgekehrt hören wir den Spielleiter zuweilen klagen, daß seine Mitspieler, die er zum besten des Sitzers auszuholen hat, nicht genügend reden, sich allzu ruhig verhalten.[6] Wir erleben es aber auch, daß der Spielleiter, soz. sich selbst vergessend, die Rolle seines Schützlings übernimmt, indem er nicht nur seine Worte (in der ersten Person) wiederholt, sondern auch seine Gebärden nachahmt und seine Gefühle durchlebt; so daß der Sitzer für einen Augenblick — bis ihn eine eingestreute Bemerkung der Kontrolle aus solcher Täuschung reißt — den 'Geist' des Dargestellten unmittelbar, und nicht die Hauptkontrolle im Medium anwesend glaubt.[7]

Soweit unterscheiden sich die Erlebnisse des Mediums von denen zahlloser Perzipienten von Freiluftphantomen nur durch den abnormen Bewußtseinszustand während der Wahrnehmungen. Aber die zuletzt berührte Phase — das lebensgleiche Mimen des 'Geistes' seitens des Impresario — leitet uns zu einer weiteren Entwicklung des Dramas über, die — falls sie in Wahrheit bedeutete, was sie dem ersten Anschein nach besagt — jene oben bezeichnete merkwürdigste aller objektiven Wirkungen eines ortsanwesenden Phantoms darstellen würde: der 'anwesende Geist', soeben noch auf die Dienste eines Dolmetschers angewiesen, bringt das Medium unmittelbar in seine Gewalt. Dieser Anschein eines Übergangs von bloßem visionärem Erfahren des Mediums im Trans zu seiner Besessenheit durch den Geist eines Abgeschiedenen ist in vielen Fällen von einer

1) Pr XVIII 129; XVII 102. 104. 2) d. h. der durch Mrs. Piper redende angebliche Myers. 3) Pr XVII 170 (4); oder vgl. Hodgson-P, der selbst vielfach die Rolle des Impresario spielt, über Prudens: Pr XXII 88. 4) Der Ausdruck findet sich sehr häufig, zB. Pr XX 29 (2). 48 (4). 96 (4). 183 (4). 5) Pr XXII 44 (4). — Pr XX 267 (2); XXII 15 (1). 54 u. 78 (3). 80 (4) u. oft. 6) Pr VI 499. 7) S. die drastische Zurückweisung dieses Irrtums durch 'Phinuit' Pr XIII 56f. ('... ich rede für ihn, ... ich suche ihn nachzuahmen...')

Lebenswahrheit, die Manchen als Beweis gelten mag, daß Anschein und Wirklichkeit sich hier decken.

Diese dramatische Realistik entfaltet sich zB. in gewissen erregten Augenblicken, in denen der Spielleiter, der für gewöhnlich die Worte des anwesenden Geistes übermittelt, verdrängt zu werden scheint, indem dieser vorübergehend selbst bis an die 'Maschine' vordringt, die Kontrolle wenigstens soweit unmittelbar in die Hand bekommt, wie kurz zuvor der Spielleiter, und dann wieder in sich und seine abseitigere Stellung zurücksinkt. — Während einer Sitzung am 12. März 1892 hatte 'Phinuit'[1] Angaben über eine gewisse Annie D. gemacht. Gegen Schluß bewegte sich Mrs. Pipers rechter Arm in Krampfstellung langsam aufwärts, bis sich die Hand über dem Kopf des Mediums befand. Phinuit rief aus: 'Sie hat meine Hand fortgenommen ... sie will schreiben.' Nachdem der Hand ein Bleistift gegeben und ihr starkes Zittern durch Umfassen des Handgelenks unterdrückt war, schrieb sie: 'Ich bin Annie D — [der Familienname richtig wiedergegeben], ... Ich bin nicht tot ... Ich bin nicht tot, sondern lebe ... Ich bin nicht tot ... Lebt wohl ... Ich bin Annie D —.' Der Bleistift wurde losgelassen und Phinuit murmelte: 'Gib mir meine Hand zurück, gib mir meine Hand zurück' usw.[2]

Bei andern Gelegenheiten scheinen wir den Übergang des andrängenden Geistes zur selbständigen Kontrolle, das Überranntwerden des Torwächters gleichsam, noch deutlicher zu beobachten. 'Hier kommt eine Dame — sagt Phinuit einmal — ... sie faßt mich an. Sie faßt meine Hand. Sie macht mir Zeichen. (Die Hand des Mediums macht Bewegungen und Bleistift und Papier werden gefordert. Dann schriftlich:) Guten Tag, Will ...' und es folgt eine Mitteilung in der ersten Person.

Die sekundären Kontrollen — der Ausdruck ist jetzt unmißverständlich — bestätigen ihrerseits ausdrücklich den Eindruck, den solche Szenen, von außen gesehen, hervorrufen. 'O, daß Sie mich verständen', schreibt Mrs. Hollands Hand am 16. April 1907. 'Aber ich habe so selten Gelegenheit zu sprechen — es ist wie beim Warten am Fahrkartenschalter, und ich werde immer vom Schalterloch fortgestoßen, ehe ich des Mediums Geist beeinflussen kann.'[3] Überhaupt spinnt die Selbstdarstellung des Binnenlebens des Trans jene von außen beobachtbare Realistik mit bemerkenswerter Folgerichtigkeit auf 'die andere Seite' hinüber.

So behauptet zB. Phinuit von einer gewissen Etta einmal, sie sei so zudringlich gewesen, daß es ausgesehen habe, als würde sie ihn in Stücke reißen.[4] Ein anderes Mal beschwert er sich über seinen Mitspielleiter 'George Pelham'. Mrs. Piper, die als 'G. P.' gesprochen hatte, war wach geworden, fühlte sich aber unbehaglich und verfiel nach wenigen Minuten von neuem in Trans. Phinuit, der jetzt sofort auftrat, schien ein wenig erregt: 'Das lasse ich mir nicht gefallen. George Pelham ist ein gescheiter Kerl, aber ich will Ihnen sagen, er kam an mir vorüber, und wissen Sie, was er tat, er ließ das Medium los, ohne mir überhaupt ein Zeichen zu geben; er tat es versehentlich; er sagte es mir darauf, und darum kam ich zurück, um

---

1) die schon erwähnte Haupt-Kontrolle der Mrs. Piper. 2) Pr XIII 291f. (Dr. Hodgsons Bericht). Vgl. die Zwischenspiele Pr XVI 327 (3); VI 468f. 3) 16. April 1907. — Pr XXII 215 (3). 4) Pr XIII 440 (1).

es Ihnen zu sagen ...'[1] — Oder — seine Unterhaltung mit dem Sitzer mehrfach unterbrechend — scheint er zu einem im Geiste anwesenden Dritten zu sprechen: 'Nun, haben Sie's nur nicht so eilig; Sie werden bald hinreichend Zeit zum Reden haben', und erklärt dann: er habe zu einem jungen Mann, der im Geiste sei, geredet, der es sehr eilig hatte, mit seinen Mitteilungen zu beginnen.[2]

Der Anschein solcher Vorgänge ist eindeutig; aber entspricht ihm die Wirklichkeit? Beobachten wir hier tatsächlich ein Herandrängen wahrer fremder Iche an das Medium, ihr Eindringen in dieses und seine Besessenheit durch sie? Beweist das zuvor gesehene Phantom wirklich seine echte Anwesenheit und eine ganz eigenartige, noch unverständliche Objektivität dadurch, daß es den Bewegungsapparat des Mediums zu dem seinen, oder doch zu dem seines 'Bewußtseins' macht, sich gleichsam in ihm inkarniert? Das lang erwogene Problem des Phantoms stellt sich uns damit wieder unter einem neuen Gesichtswinkel dar, und die gesamte Problemlage verwickelt sich immer noch weiter, anstatt sich zu vereinfachen.

Aber mehr noch: wir treten hiermit einem Problem in seiner entscheidenden, zugespitzten Form gegenüber, das schon durch alle vorhergegangenen Betrachtungen gespukt hat — und spuken mußte: dem Problem der persönlichen Fortdauer des Ich nach dem leiblichen Tode. Wir sind in dies Problem, ohne zu wollen, mehr und mehr verstrickt worden, fast seitdem wir die übernormalen Erkenntnisse zu erwägen begannen; ja wir haben fast nirgends vermeiden können, mit der Tatsache überlebender Einzelgedächtnisse und insofern Einzel-Iche zu spielen, sie vorübergehend und versuchsweise in Rechnung zu stellen. Dies war in der Tat nicht mehr als natürlich bei dem innigen Zusammenhang, in welchem alle hier behandelten Fragen mit einander stehen. Denn schon die theoretischen Erwägungen des übernormalen Erfahrens führten uns sogleich über die Grenzen angeblich hirngeborenen und hirnbegrenzten Erkennens hinaus: sie führten zum Begriff eines Wissens jenseits aller Einzelhirne. Damit war der Boden gebrochen. Tatsache und Begriff der Exkursion ferner gaben uns das Wesentliche der Annahme persönlichen Daseins jenseits des Todes eigentlich schon an die Hand; denn was ist die Exkursion anderes, als ein Sterben während des Lebens? Und was wäre die Fortdauer anderes, als eine länger dauernde Exkursion nach Abschluß des Lebens? Unter den Phantomen — die wir mindestens in vielen Fällen als die äußere Erscheinung einer vollzogenen Exkursion begriffen — begegneten wir immer häufiger solchen, die Verstorbene darstellten, und diese Gattung ließ sich in alle die rätselhaften Formen der 'Objektivität' hinein verfolgen, mit denen die Erforschung der Phantome uns vertraut machte: nicht nur Spukgestalten, die sich als 'ortsanwesend' erwiesen, — selbst Phantome der Sitzung, die anscheinend den bündigsten Kriterien der

1) das. 416 (2). 2) Pr XIV 16 (2); vgl. 27 (3). 34; XVI 343.

Objektivität genügten, stellten sich als Abbilder (oder was sonst) von verstorbenen Einzelnen dar; und in jener Objektivität ihres Auftretens mochten wir glauben, geradezu ein Mittel zu erfassen, durch welches jene den Tod als Einzelne zu überdauern vermochten. Jetzt, in der anscheinenden Tatsache der objektiven Besitzergreifung eines Lebenden, scheint der den Tod Überdauernde das Mittel gefunden zu haben, durch Mitteilung von Einzelinhalten seine überlebende Identität zu erweisen. Der vollentwickelte dramatische Trans des Mediums erscheint mithin als die entscheidende Form,. in welcher das spiritistische Grundproblem sich uns aufdrängt, und wir wollen vom Wege nicht abbiegen, den uns die Untersuchung geführt hat, wenn auch für den Augenblick das Problem des Phantoms, das uns an diesen Punkt gebracht hat, von einem noch tiefer greifenden verdrängt zu werden droht; in der Hoffnung, daß die Fäden, die hier fast abzureißen scheinen, sich schließlich doch wieder mit erhöhtem Nutzen werden knüpfen lassen.

Um also zur Bühne des mediumistischen Trans zurückzukehren, so fehlt es natürlich nicht an Begriffen, die eine subjektivistische Deutung wenigstens der dramatischen Vorgänge als solcher zu ermöglichen scheinen. Den Transzustand selbst zunächst faßt man als eine aktive Autohypnose auf, in die das Medium mit bestimmten Erwartungssuggestionen versinke. Diese bewirken zunächst, daß sich das hypnotische Ich als eine neue Persönlichkeit gebärde, vergleichbar den Personationen (theatralischen Rollen), wie sie Hypnotisierte unter äußeren Suggestionen so leicht übernehmen und so vollkommen durchführen; oder den Einfühlungserscheinungen gewisser Schauspieler und Schriftsteller, welche die Gestalten ihrer Schöpfung beinahe bis zu beginnender Verdoppelung des Ich in sich leben fühlen, so daß sie 'deren' Handeln und Reden schon fast wie von außen beobachten können.[1] Nur sei im Falle des Mediums die Suggestion eine mittelbare und mannigfache, und seien einzelne der Personationen, entsprechend seinen stärkeren somnambulen Anlagen, mehr andauernd und vollkommener, so daß sich einige dieser Pseudopersönlichkeiten zu festen Typen ausbildeten, in denen das Traumleben des Mediums sich mehr und mehr verdichte: jenen ständigen Kontrollgeistern, die als die Spielleiter des Dramas auftreten, dessen übrige Personationen den mehr gelegentlichen und vorübergehenden Anregungen der ständig wechselnden Kundschaft ihren Ursprung dankten.[2]

Diese Gedanken treffen am überzeugendsten eben auf jene primären

---

1) Vgl. die interess. Angaben de Curels, bei Binet in AP I 119ff., und der Schauspielerin Bartet AP III 279ff. (Oesterreich I 461) und Pr XVII 351. Über die scharfe Beobachtungsgabe und phantasievoll-konstruktive Arbeit gewisser Transzustände s. die wertvollen Selbstbeobachtungen v. Mrs. Finch in PS XXXIV 591f. 721. Ein gutes Beispiel von Entstehung von Transpersönlichkeiten aus weit zurückliegenden und längst 'vergessenen' Erinnerungen s. in JSPR XII 287f. 2) Vgl. hierzu Pr XXI 245f. 272ff.; XXII 409.

Kontrollen zu, die bei vielen Medien auch die einzigen überhaupt sind; wobei die renommistische Phantastik des Trans zu zahllosen 'Inkarnationen' Homers, Ciceros, Luthers, Shakespeares, Franklins, Napoleons und Darwins in den beschränktesten der Medien geführt hat.[1] Jedenfalls ist erst die Frage nach dem Status der wechselnd herantretenden Abgeschiedenen die Form, in der das spiritistische Identitätsproblem für uns brennend wird. Dieses Problem aber knüpft sich für den Einzelfall entweder an formale oder an inhaltliche Besonderheiten der Selbstdarbietung des Abgeschiedenen. Die übliche Erörterung der Frage zieht nur diese letzteren in Betracht, die ja ohne Zweifel von größter Wichtigkeit sind: wenn der 'Geist' etwas mitteilt, was er allein wissen kann, so soll er sich ausreichend als solcher bezeugt haben. Mit der Frage, ob die angeblich anwesenden Jenseitigen ein solches Wissen offenbaren, mag denn auch hier begonnen werden.

LVIII.

Probleme spiritistischer Identifizierung: 1. Allgemeine Kriterien.

Wir können, ehe wir auf Mitteilungen im engeren Sinne von Wissensinhalten eingehen, die Erscheinung der Jenseitigen selbst unter diesem Gesichtspunkt betrachten. Auch diese ist zuweilen dem Medium sowohl als dem Sitzer im ganzen oder in Einzelheiten fremd, die dem Subjekt der Erscheinung aber natürlich vertraut sein müssen und die es durch seine Erscheinung eben gewissermaßen mitteilen kann. Dabei darf im Augenblick davon abgesehen werden, was diese Erscheinungen an sich selber seien. Selbst wenn man sie nur als hypnotische Gesichte des Mediums faßt, vergleichbar anderen visionären Leistungen des Unterbewußten (wie der 'Kristallschau'), so sind es doch Gesichte von übernormal-erlangten Inhaltseinzelheiten, und es fragt sich bloß, ob diese Inhalte auf einen Verstorbenen als ihren Ursprung hindeuten. Ich will, da die Piper-Aufzeichnungen in dieser Hinsicht wenig ergiebig sind, einige Beispiele aus älteren Quellen anführen, davon das erste aus den *Arcanes de la vie future dévoilés* von A. Cahagnet, dessen Berichte mit großer Sorgfalt hergestellt sind.[2]

Cahagnets Medium, die damals sog. Somnambule Adèle Maginot, besaß die Fähigkeit, die verstorbenen Angehörigen ihrer Besucher im Trans 'aufzurufen' und zu 'sehen'. Eines Tages, während sie im Schlafe lag, kam der Abbé d'Almignana zu ihr mit der Aufforderung, die vor einigen Jahren verstorbene Schwester seiner Pflegerin, namens Antoinette Carré, aufzurufen. Adèle beschrieb nunmehr deren Gestalt, die sie sah: Größe, Haar, anscheinendes Alter, die kleinen grauen Augen, die 'an der Spitze etwas verdickte' Nase, die gelbliche Gesichtsfarbe, den flachen Mund, den starken Busen, das Fehlen einiger Vorderzähne, die Schwärze der wenigen noch vorhandenen, einen kleinen Fleck auf der Backe, die Kleidung. Der Abbé,

1) S. zB. Podmore, Spir. I 54f.; II 33; OR 1907 I 199. 2) S. Myers II 573.

der die Verstorbene nicht gekannt hatte, zeichnete alle diese Angaben auf und las sie der lebenden Schwester Marie Françoise Carré vor, die ihre Genauigkeit bezeugte und sich nur des Flecks auf der Backe nicht entsinnen konnte. Aber ein ankommender Heimatgenosse, dem sie die Beschreibung vorlas, erkannte danach die Beschriebene und bezeichnete die Stelle des Fleckes, was diesen nunmehr auch der Schwester ins Gedächtnis zurückrief.[1]

Beispiele dieser Art sind außerordentlich häufig; sie bilden für den Belesenen einen zwar deutungsbedürftigen, aber in seinem Tatbestand reichlich beglaubigten Typ. Sehr häufig verbindet sich das Schauen der Fremdgestalt mit automatischen Mitteilungen — mündlichen, schriftlichen, 'typtologischen' — seitens des Gesehenen.

Eine Erfahrung dieser Art berichtet Aksakow von seiner eigenen, mediumistisch begabten Frau. In einer Sitzung zu zweien am 26. Febr. 1873 hatte ihre Hand eine Mitteilung von sehr persönlichem Charakter geschrieben, die von der verstorbenen Tochter der Gräfin A. Tolstoi zu kommen vorgab, an diese letztere adressiert war und auf eine frühere Sitzung anspielte, der diese Dame beigewohnt hatte. Als Frau Aksakow zu sich kam, behauptete sie, soeben eine Frauengestalt gesehen zu haben, die sie beschrieb, die aber weder sie noch Herr Aksakow identifizieren konnten, während Frau A. sie $1^1/_2$ Monate später gelegentlich eines Beileidsbesuches bei der Gräfin Tolstoi in einem Bildnis der verstorbenen Tochter der Gräfin sofort wiedererkannte.[2] Auch Mrs. Piper erkannte übrigens den ihr im Trans erschienenen G. Pelham in einem Packen vorgelegter Photographien Verschiedener wieder.[3]

Vorgänge dieser Art unterscheiden sich offenbar nur in einem psychologischen Sonderumstand — dem Trans des Perzipienten — von ähnlichen Wahrnehmungen wirklichkeitsgetreuer Erscheinungen im anscheinenden Wachen, wie wir deren so viele kennengelernt haben. Auch das Freiluftphantom und der Spuk stellen ja häufig einen Verstorbenen dar und enthalten dann vielfach 'wahre' Einzelheiten, die dem Perzipienten zuvor normalerweise völlig unbekannt waren. Beispiele dafür ließen sich leicht in großer Zahl anführen;[4] aber die Probleme, die sie uns aufgeben, sind uns nicht neu. Nicht nur das (nach herkömmlicher Anschauung) telepathisch erzeugte Phantom eines Lebenden wies häufig wirklichkeitsgetreue Einzelheiten auf, die dem Perzipienten normalerweise unbekannt waren; sondern vollends nachdem die angeblich telepathischen Halluzinationen in die Tatsachen anscheinenden Hellsehens übergegangen waren, schien dem Wissenserwerb unbekannter Einzelheiten kaum noch eine Grenze gesetzt, weder eine räumliche noch eine zeitliche: was irgendwo war, was irgendwann gewesen war oder gar sein würde, erwies sich auch letzten Endes

---

1) Bei Delanne 41ff. Vgl. Ber. d. Kom. d. dialekt. Gesellsch. II 54ff.; III 210; PS XXXII 134; APS V 35f.; Pr III 100ff. 2) Aksakow, An. u. Spir. II (IV, B, 8, a). Vgl. das bemerkenswerte Erlebnis desselben Med. PS 1874 I 122ff. 3) Pr XIII 417. 4) Eine sorgfältig untersuchte Erfahrung dieser Art seitens der scharfsinnigen Mrs. Verrall s. JSPR XII 290—4. Vgl. den Spukfall der Mrs. O'Donnell JSPR VIII 326; Mr. J. E. Husbands Bericht Pr V 416f.; Pr V 418ff. 460f. u. v. a.

als für den Hellseher erfahrbar und schaubar, so daß die Theorie sich zur Annahme einer geradezu allwissenden Wissensquelle über allen Einzelwesen gedrängt fand. Damit scheint sich aber auch die Frage nach dem Wesen der im Trans vom Medium geschauten Phantome zu erledigen: nämlich im Sinne ihrer psychologischen Gleichsetzung mit den 'wahren' Halluzinationen des Hellsehens, der Kristallschau und dergl., — wenigstens solange wir die Hoffnung auf einen 'dritten' Begriff des Phantoms nicht zu verwirklichen vermögen. Diese Gleichsetzung stützt sich auf nichts so überzeugend wie auf das episch-darstellerische Element, das diesen gesehenen Geistern des Trans so häufig eignet und sie weit eher zu visionären Erzählungen stempelt (wie die Gesichte des Rück- oder Vorschauenden), als zu gesehenen wirklichen Bewohnern einer anderen Welt.

Wenn zB. Nelly von einer gewissen Verstorbenen sagt: 'so oft ich [sie] sehe, sehe ich ihr Bein entsetzlich bluten'; oder von der Art des Selbstmordes eines Andern erfährt, indem sie eine offene Luftröhre erblickt; oder den verstorbenen Erzbischof Benson 'mit der Königin reden sieht, wie ein großer Mann';[1] oder wenn Dr. Phinuit auf das Fußleiden einer Verstorbenen aufmerksam gemacht wird, indem er sie ihren Fuß emporhalten sieht,[2] so ist das offenbar wesentlich dasselbe, wie wenn zB. Mrs. Prior im 'Kristall' die verstorbenen Schwestern der ihr völlig unbekannten Frau Wenzel, die beim Ringtheaterbrande umgekommen waren, 'in Flammen, welche ein Gebäude ganz einhüllen', erblickt.[3]

Stellt der Rückgriff auf die Allbewußtseinstheorie des Hellsehens in Zeit und Raum die weitestgreifende Ausflucht gegenüber der populären spiritistischen Deutung der fraglichen Phantomerscheinungen dar, so verlegt eine wesentlich bescheidenere die Quelle des Neuen, das die Erscheinung des Toten darbietet, in den Geist und das Wissen eines Lebenden, dem jenes Neue in allen Einzelheiten bekannt gewesen sei. Wir haben diesen Gedanken schon als versuchte Deutung von Spuken überhaupt kennen gelernt, und Herr Podmore, der ihn dort am nachdrücklichsten vertrat, hat ihn ganz allgemein auf Erscheinungen Toter angewandt.[4] Es ist in der Tat leicht zu sehen, daß keiner der oben angeführten und bezeichneten Fälle eine Einzelheit der Erscheinung darbietet, die nachweisbar keinem Lebenden bekannt war; in den meisten anführbaren Fällen läßt sich sogar leicht ein lebender Mitwisser solcher Einzelheiten auftreiben, der entweder dem Schauplatz der Erscheinung nahe war oder sonst mit ihr oder dem Perzipienten in irgend welcher Beziehung stand, wenn er nicht geradezu ein Interesse an der Übertragung jener Einzelheiten oder, was ja fast dasselbe ist, an ihrer Verheimlichung hatte.

Wir haben zB. einen Fall, wo eine vor 9 Jahren Verstorbene ihrem Bruder, einem kaufmännischen Reisenden, unerwartet bei der Arbeit erscheint, und zwar

1) Pr XVII 126. 106; XVIII 138. 2) Pr XIII 444. 3) PS XXXIV 530. Vgl. das. 466ff. üb. Fr. Luise Osol. 4) Pr VI 229ff.

mit einer hellen roten Schramme auf der Wange, welche die Mutter zu ihrem eigenen Entsetzen versehentlich der Leiche beigebracht hatte und von der kein anderer Lebender wußte. Die Mutter fiel fast in Ohnmacht, als sie von dieser Wahrnehmung hörte.[1] — Wenn Ertrunkene zuweilen 'in durchnäßten Kleidern', 'triefend von Wasser' erscheinen,[2] so läßt sich sogar die noch einfachere Annahme verteidigen, daß die Anregung der Erscheinung seitens des Ertrinkenden noch vor seinem Tode erfolgt sei.

Ich brauche nach früher Gesagtem nicht zu betonen, daß mir dies eifrige Suchen nach telepathischen Agenten für jede Einzelheit des Gesehenen gegenüber der Mehrzahl der Fälle letzten Endes unnatürlich und unbefriedigend erscheint. Ehrlicher auf alle Fälle berührt mich der Versuch, die unbekannten Phantome auf frühere, 'halbbewußt' aufgenommene, aber bewußt 'völlig' vergessene Wahrnehmungen (Kryptomnesie) zurückzuführen, ein Vorgang, den der Forscher auf diesen Gebieten ja gar nicht sorgsam genug beständig in Rechnung stellen kann. Frau Aksakow zB. hatte bei einer früheren Gelegenheit der Gräfin Tolstoi als Medium gegenüber gesessen, und man kann schwerlich sicher sein, daß sie zu keiner Zeit ein Bild von deren verstorbener Tochter gesehen. Indessen bin ich selbstverständlich weit entfernt, von diesem Versuch, das übernormale Problem auf das Gebiet des Normalen zurückzuziehen, mehr als gelegentliches und vereinzeltes Gelingen zu erwarten. —

Gehen wir von der äußern Erscheinung Verstorbener zu ihren Mitteilungen im engeren Sinne über (auf die sich die spiritistische Lehre ja stets in erster Linie berufen hat), so wollen wir auch hier, unserm Ausgangspunkt entsprechend, vor allem die einschlägigen Leistungen des Trans inbetrachtziehen, ohne aber gelegentliche Griffe in das psychologisch verwandte Gebiet der Freiluftphantome zu vermeiden.

Bekanntlich sind nun die Phantome des Transdramas, als Mitteilende betrachtet, sehr starker Bezweiflung im subjektivistischen Sinne ausgesetzt, (die freilich — wohlverstanden — das Übernormale des Transerfahrens in weiten Grenzen unangetastet läßt). Allerdings sind die herkömmlichen Gründe gegen die Auffassung, die sekundären Kontrollgeister seien die dargestellten Persönlichkeiten selbst und nicht Personationen des somnambulen Mediums, keineswegs alle von gleicher Stärke. So ist es zwar wahr, daß diese Persönlichkeiten meist keine besonders hohe Intelligenz offenbaren;[3] daß sie zuweilen Ansichten auch über jenseitige Dinge äußern, die man mit ziemlicher Sicherheit als Blödsinn bezeichnen darf;[4] daß ihre Selbstdarstellung vielfach eine beschränkte ist und daher sehr verschiedene Beurteilungen ihrer Lebensähnlichkeit zuläßt;[5] daß sie sich oft auch in Zusammenhangslosigkeit und Selbstwidersprüche verliert,[6]

---

1) Pr VI 17f. Vgl. Gurney I 365 u. Pr VIII 208. 2) zB. Gurney II 451. 488 u. sonst; Crowe 152. 153. 3) Pr XV 26f. 4) S. zB. das. 32f. 5) S. zB. Pr XIII 332. 429; VIII 29. 33. 6) Pr XV 23.

und was dergleichen mehr ist. Aber nicht nur käme die Möglichkeit in Frage (die uns oft genug 'von drüben her' als Wirklichkeit behauptet wird), daß der Geisteszustand der Abgeschiedenen wenigstens zeitweilig ein stark beeinträchtigter sei — wie denn auch gar kein Grund vorliegt, ihnen ohne weiteres ein sehr vermehrtes Wissen oder gar metaphysische Allwissenheit zuzuschreiben —; sondern sofern ihre Selbstdarstellung durch den Spielleiter bezw. das Medium vermittelt wird, ist eine Trübung des Bildes geradezu zu erwarten.

Indessen hat es hierbei keineswegs sein Bewenden. Die häufig zu beobachtende Tatsache, daß der angebliche Geist nicht weiß, was er als solcher wissen müßte, könnte zwar hier und da auf jene 'Beeinträchtigung' zurückgeführt werden; doch wächst mitunter solche verzeihliche Gedächtnisschwäche zu einer Höhe der Ratlosigkeit und des Irrtums an, auf der eine in die Enge geratene Maskerade des Mediums offen zutage zu liegen scheint.

Die Kehrseite dieser in die Augen springenden Mängel ist dann das allbekannte 'Angeln' der Medien, das ständige, oft äußerst geschickte, oft leidlich plumpe Lavieren, Ausweichen, Aushorchen, versteckte Fragen, Raten, Versuchen, Vertuschen von Mißerfolgen, Ausstopfen der Lücken mit leerem Gerede, das über gefährliche Augenblicke hinweghelfen soll, Einspringen auf jeden Wink des Sitzers, auch den absichtlich irreführenden, — lauter Kunstgriffe und Winkelzüge, in denen die kluge und doch verräterische Arbeit des somnambulen Mediums sich unwillkürlich ans Licht drängt.

Zu diesen negativen Gründen gegen die spiritistische Auffassung treten positive desselben Sinnes, wie zB. mannigfache Hinweise darauf, daß auch die sekundären Transpersönlichkeiten ihre Selbstdarstellung vielfach aus dem Vorstellungsbesitz und den charakteristischen Bildungs- und Ausdruckselementen des Mediums speisen.[1] Und was die normal nicht gewußten Bestandteile der Mitteilungen anlangt, so verringern Medien und Transpersönlichkeiten selbst deren spiritistische Ansprüche zuweilen dadurch, daß sie nicht nur gelegentliches Lesen der Gedanken des Sitzers zugestehen,[2] sondern auch ein Schöpfen aus dem Wissen entfernter Lebender, und zwar in den entwickelten Formen des Transdramas.[3] —

Es ist nun bemerkenswert, daß obgleich alle diese Einwände ohne Ausnahme längst zu den Banalitäten der ernsthaften Medienforschung gehören, das Problem doch bei weitem nicht einstimmig als negativ entschieden angesehen wird. Sieht man auch völlig ab von den klassischen Zeugen von Bedeutung, mit denen der ältere Spiritismus sich brüsten durfte, so findet man heute unter Fachleuten von Rang und Urteil manche, die

1) zB. Pr XV 33. 2) S. zB. Pr VI 488: Phinuit: I read your thoughts then. I can't generally. 3) Vgl. Pr VI 487; Delanne 129 (aus A. Kardecs Livre des esprits); Pr XVIII 182—6.

ihre Zustimmung zur spiritistischen Grundlehre auf eben das Material gründen, auf welches auch die obigen Einwände sich beziehen: nämlich auf die einzelinhaltlichen Mitteilungen der Transmedien, vor allem auf die ausführlichen und Jahre hindurch fortgesetzten Untersuchungen an einem kleinen Kreise hervorragender Automatistinnen.[1]

Auf Prof. Lodges und Prof. Hyslops Urteil[2] wird man vielleicht verhältnismäßig am wenigsten bauen mögen. Gegen Myers' *perfervidum ingenium* könnte sein unverhohlenes starkes Bedürfnis nach Gewißheit des Fortlebens geltend gemacht werden. Mehr Bedeutung darf vielleicht Prof. James' Fortschritt von sehr zurückhaltenden zu beinah eindeutig spiritistischen Urteilen beanspruchen.[3] Dr. Hodgson wird man als den Fall eines entschieden kritisch und skeptisch Veranlagten, durch genaue Erforschung eines Einzelfalles aber Bekehrten ansprechen müssen.[4] Sehr zu beachten ist auch das spiritistische Endurteil dreier so gründlicher und scharfsinniger Bearbeiter wie Mr. Piddington, Mrs. Sidgwick und Miss Johnson. Was Herrn Podmore anlangt, so sprechen die einlenkenden Urteile in seinem letzten Werk[5] eine sehr beredte Sprache, wenn man die eingefleischte Verneinung und verbohrte Zweifelsucht seiner vorausgegangenen Arbeiten bedenkt.[6]

Eine solche Übereinstimmung im höchsten Maße Urteilsfähiger erschiene unverständlich, wenn die berührten Einwände für die ganze Masse des Materials bezeichnend wären. In Wahrheit ist selbst das Piper-Material von einer verwirrenden Vielgestaltigkeit und Verschiedenwertigkeit, die es dem vorurteilslos sich hingebenden Leser schwer macht, ein bestimmtes allgemeines Urteil länger als für Augenblicke festzuhalten. Mit Äußerungsperioden, die einen Verstorbenen im Besitz alles Kleinguts persönlicher Identifizierung inkarniert erscheinen lassen, wechseln Abschnitte, welche das ganze Elend mediumistischen Komödienspiels zu enthüllen scheinen.[7] Indessen sind wir nicht genötigt, auf diesen klassischen Fall und die ähnlich eingehend erforschten der drei, vier andern Parademedien der englischen Ges. f. psych. Forschung uns zu beschränken. Auch das ältere und übrige Schrifttum enthält einzelne Berichte, die man sehr unrecht täte außeracht zu lassen, weil die Umgebung, der sie entstammen, nicht immer die vornehme Wissenschaftlichkeit der genannten Gesellschaft zur Schau trägt. Auf dieser breiteren Grundlage wollen wir denn auch die inhaltlichen Kriterien angeblicher Verstorbenen-Äußerungen besprechen.

In manchen Fällen, die zuerst berührt werden mögen, ist es nicht so sehr oder nicht allein der Einzelinhalt oder eine Summe von Einzelinhalten

1) bes. in Pr VIII XIII. XVI—XVIII. XX—XXII usw. 2) Lodge, The Survival of man, zB. 336; Hyslop in Pr XVII 360ff. 3) Vgl. zB. Varieties 524 und The Will to believe (1904) 314 mit Pr XXIII 35f. 116ff. 4) Pr XIII 405f. (370ff.) 5) Natur. 209f. 319. 326. 330. 6) Neuerdings u. a. Lombroso. Vgl. auch Prof. Dr. med. Bianchi bei Falcomer 101ff. Den Gipfel obskurantistischer Beiseiteschiebung des ganzen Problemgebiets bezeichnet Münsterbergs Urteil in Psychology and life 252. 7) Vgl. Podmores Urteile in Natur. 325—7.

der Mitteilungen, sondern schon der allgemeine Charakter der mediumistischen Leistung, was auf ihren Ursprung außerhalb des Mediums zu schließen zwingt und gleichzeitig den spiritistischen Anschein erzeugt. Dies ist zB. der Fall, wenn des Schreibens Unkundige automatisch oder im Transzustand schreiben, oder der Musik Unkundige in dieser Weise musizieren, oder des Rechnens Unkundige Rechnungen ausführen, oder wenn Medien in Sprachen sprechen, die ihnen bewußt und unterbewußt fremd sind. Über Vorgänge aller dieser Arten besitzen wir glaubwürdige Zeugnisse.

Diejenigen über schreibunkundige Schreibende beziehen sich meist auf kleine Kinder; ja selbst das Schreiben eines halbjährigen Knaben, Sohnes des Rechtsanwalts Jencken, wird uns in einer Weise berichtet, die ernsthafte Forscher von der Wirklichkeit der Vorgangs überzeugt hat.[1] Das fließende Spielen z. T. schwieriger Klavierstücke seitens seiner 13jährigen Tochter (die dessen normal vollkommen unfähig war und 'keine Note kannte') wird aus eigener Beobachtung vom Gouverneur Talmadge des Staates Wisconsin (1854),[2] die automatische Lösung einer jedem Anwesenden normalerweise unbekannten mathematischen Aufgabe durch ein solcher Rechnung unfähiges Medium — von Dr. Urysz durchaus vertrauenswürdig bezeugt.[3] Aber auch abgesehen von Bedenken, die sich gegen die Tatsachentreue einiger (nicht aller) von solchen Berichten geltend machen lassen, ist immerhin zu bedenken, daß der Inhalt jener Schriften und Leistungen in keinem Falle Beweise für das Fortleben bestimmter Personen enthalten hat, daß vielmehr die Leistung an sich in jedem einzelnen Falle auch durch die übernormale Tätigkeit eines Lebenden bewirkt gedacht werden kann. Wir besitzen nämlich einen sehr bedeutsamen Bericht über die anscheinende 'motorische Kontrolle' eines automatisch Schreibenden durch einen Lebenden: Dieser (ein im Trans befindliches Medium) führte dabei, hinter dem Rücken des Schreibenden sitzend und von diesem ungesehen, mit der Hand in der Luft jedes Wort und Satzzeichen aus, das der Schreibende jeweils einen Augenblick später zu Papier brachte. Die Bedingungen der Beobachtung (durch Dr. Venzano u. A.) bei gutem Licht waren so günstige, daß die Schriftzeichen der Hand in der Luft für sich gelesen werden konnten.[4] Nun war Mrs. Jencken, die Mutter des oben erwähnten 6monatigen Schreibmediums, bekanntlich selbst ein Medium von größtem Ruf, und wenn wir eine ähnliche Beeinflussung durch des Schreibens, Spielens und Rechnens Kundige auch in den andern bezeichneten Fällen annehmen dürfen, so entfällt offenbar der Zwang, einen Abgeschiedenen als Urheber der Leistung anzusetzen,

1) Zusammenstellung ält. Fälle bei Aksakow, An. u. Spir. II. S. auch Pr IX 122ff. u. dazu Myers II 486. 2) Nach Linton bei Podmore, Spir. I 281. 3) PS XXXIII 524f. 527 (Wurzel aus einer 20stell. Zahl). 4) S. APS III 35f. Die Annahme gleichzeitiger (etwa telep.) Kontrolle durch einen anwesenden 'Geist' ist jedenfalls die schwierigere.

auch dort, wo diese selbst durch einen solchen bewirkt zu sein behauptet, ohne diese Behauptung inhaltlich zu erweisen.

Was hier schließlich vermißt wird, nämlich ein objektiver Hinweis des Inhalts der Leistung auf spiritistischen Ursprung, ist nun in den besten Fällen von Reden in nichtgekannten Sprachen meist unzweideutig gegeben.

Die bekanntesten Beobachtungen dieser Art sind wohl diejenigen, welche John Worth Edmonds, ehemaliger Senator und Richter des Obersten Gerichtshofes des Staates New York, an seiner Tochter Laura anstellte, deren mediumistische Leistungen auch sonst von mannigfacher Art waren. Sie kannte nach dem Zeugnis ihres Vaters außer ihrer englischen Muttersprache nur ein wenig Französisch von der Art, wie es in Mädchenschulen beigebracht wird. 'Gleichwohl hat sie [unter der angeblichen Kontrolle von Geistern] in neun bis zehn verschiedenen Sprachen zuweilen eine Stunde lang und mit der ... fließenden Fertigkeit eines Eingeborenen sich mit Personen unterhalten, welche die betreffende Sprache als ihre Muttersprache redeten.' Der meistangeführte Vorfall dieser Art bezieht sich auf den Besuch, den ihr ein Grieche namens Evangelides abstattete, der ihr völlig fremd war, aber von ihrer Gabe gehört hatte. Ein reichliches Dutzend Personen war dabei zugegen. Herr Evangelides 'sprach gebrochenes Englisch, aber Griechisch fließend. Alsbald sprach ein Geist zu ihm durch Laura in englischer Sprache und teilte ihm soviele Einzelheiten mit, daß er ihn als einen Freund identifizierte [einen Bruder des griechischen Patrioten Marco Bozzaris], der einige Jahre zuvor in seinem Hause [in Griechenland] gestorben war, von dem aber keiner von uns je gehört hatte. Gelegentlich sprach der Geist durch Laura ein Wort oder einen Satz auf griechisch, bis Herr Evangelides fragte, ob er verstanden würde, falls er griechisch spräche. Die weitere Unterhaltung, über eine Stunde lang, wurde von seiner Seite ausschließlich griechisch, von ihrer Seite bald griechisch und bald englisch geführt. Zuweilen verstand Laura [selbst, die danach bei Bewußtsein gewesen zu sein scheint,] den Sinn ihrer oder seiner Worte nicht. Zuweilen wiederum verstand sie ihn, obgleich er griechisch redete, wie auch die griechischen Worte, die sie selber äußerte.' Herr Evangelides, der durch dieses Erlebnis tief erschüttert war, gab nach Beendigung der Unterredung an, daß er während ihrer das Medium durch Einführung privater Angelegenheiten sowie durch häufigen Wechsel des Gegenstandes der Unterhaltung auf die Probe gestellt habe; daß aber sein Griechisch stets verstanden worden sein müsse und daß das Griechisch des Mediums fehlerfrei gewesen sei. Weitere Zusammenkünfte unter ähnlichen Bedingungen verliefen in derselben Weise. Keiner der übrigen Anwesenden, versichert Edmonds, verstand Neugriechisch.[1]

Aus der Zahl anderer von Richter Edmonds zusammengestellter ähnlicher Beobachtungen, die ihm auf einen Aufruf hin aus dem Publikum mitgeteilt wurden, sei nur noch der Fall der Mrs. Warner erwähnt, die nach dem Zeugnis ihres anwesenden Gatten mit einem jungen Deutschen sich in dessen Muttersprache unterhalten (von der sie im Normalzustand nicht ein Wort kannte) und ihm u. a. die letzten Worte seiner verstorbenen Mutter mitgeteilt habe, so daß der junge Mann überzeugt war, der Geist seiner Mutter sei anwesend und habe mit ihm gesprochen.

---

1) Edmonds, Spiritual Tracts Nr. 10; E. u. Dexter, Spiritualism, Introd.

Frau W. habe nie ein Wort über die Familie des Betreffenden erfahren gehabt. — Von demselben Medium bezeugt Mr. James Merrill, der von Kindheit an bis zu seinem 18. Lebensjahre unter Indianern gelebt hatte, deren Sprache er infolgedessen fließend sprach, daß er 'die vollkommene Überzeugung gewonnen habe, Mrs. Warner verstehe in ihrem Normalzustande nicht das Geringste von irgend einem indianischen Dialekt, während ich selbst erfahren habe, daß sie während ihrer Besessenheit durch einen indianischen Geist wirklich in einer indianischen Sprache zu reden imstande ist'.[1]

F. Podmore, dessen Zugeständnisse als die eines entschlossenen Gegners natürlich besonders zu werten sind, faßt in seinem Hauptwerk noch einige andere Fälle zusammen, denen sein allesverneinender Geist — der grundsätzlich wenigstens mäkelt, wo er nicht widerlegen kann — anscheinend nichts anzuhaben vermag. 'Wir besitzen vorzügliche Zeugnisse dafür, sagt er, daß Mr. Ruggles [im Trans] französisch gesprochen habe, eine Sprache, die er seiner eigenen Angabe nach nicht verstand.' Die Zeugnisse für ähnliche Leistungen der Damen Thompson und Hersley sind 'ziemlich gut'. Die Beweise, daß die Herren Ruggles und Mansfield in Sprachen geschrieben haben, die ihnen unbekannt waren, seien 'in den meisten Beziehungen unantastbar': eine Mehrheit von Zeugen trete dafür ein, die Zeugnisse seien frisch, die Schriften — in französischer, deutscher, lateinischer, griechischer, gälischer, chinesischer und andern Sprachen — liegen vor; nur der 'steifnackigste Ungläubige' könne auf noch strengeren Beweisen dafür bestehen, daß die genannten Medien wirklich garkeine Kenntnis der betreffenden Sprachen besaßen.[2] — Was den berühmten Mansfield anlangt, so dürfte die übernormale Natur seiner Sprachleistungen schon durch folgende Beobachtungen wahrscheinlich gemacht werden. 'Ich habe, schreibt Dr. N. B. Wolfe, Mansfield zwei Mitteilungen gleichzeitig schreiben sehen, die eine mit der rechten, die andre mit der linken Hand [in sog. Spiegelschrift], [beide über verschiedene Gegenstände] und beide in einer Sprache, von der er keine Kenntnis hatte. Während er dabei war, unterhielt er sich mit mir über geschäftliche Angelegenheiten oder setzte die vor diesem Doppelschreiben begonnene Unterhaltung fort ... In einem Falle, dessen ich mich deutlich erinnere, sagte mir Mansfield, während er mit beiden Händen in zwei Sprachen schrieb: Wolfe, haben Sie einen Mann in Columbia gekannt, namens Jacobs? Ich bejahte und er fuhr fort: Dieser ist hier und wünscht Ihnen zu sagen, daß er diesen Morgen aus seinem Körper abgeschieden ist. Diese Ankündigung erwies sich als wahr.'[3]

Die spiritistische Deutung der 'Xenoglossie' *an sich* leidet nun freilich offenbar an einer ähnlichen Schwäche, wie die der zuvor erwähnten Leistungen. In mehreren der angeführten Fälle wird die Anwesenheit einer Person, welche die dem Medium unbekannte Sprache beherrschte, ausdrücklich erwähnt, und in keinem Fall — soweit ich sehen kann — ist sie ausdrücklich ausgeschlossen. Und wären selbst Fälle gegeben, in denen *kein* Anwesender die fremde Sprache beherrschte, so würden auch diese

1) Vgl. auch Dr. F. C. S. Schiller über F. in Pr IV 221ff. Neuere Zusammenstell. bei Podmore, Spir. I 262; II 19; Richet 164ff. 2) aaO. I 257ff. — S. 261: excellent evidence (betr. Ruggles). 3) Startling facts in modern spiritualism (Cincinnati 1874) 48.

dem Bedenken unterliegen, daß doch für eine übernormale Kontrolle oder Willensübertragung, wie sie hier anzunehmen wäre, Entfernung keine Rolle spiele oder zu spielen brauche. Zum Überfluß führt uns Aksakow (der doch der spiritistischen Deutung der fraglichen Tatsachen das Wort redet), einen Fall an, in welchem das Reden in einer fremden Sprache augenscheinlich unter dem telepathischen Einfluß eines Lebenden erfolgte. Die spiritistische Deutung solcher Vorgänge empfiehlt sich dagegen dringender, wenn zu der Beherrschung der dem Medium fremden Sprache noch eine lebenswahre Darstellung des ihm unbekannten Verstorbenen tritt, einschließlich der Hervorbringung einzelner Wissensinhalte, die am natürlichsten auf dessen persönliche Erinnerung zurückzuführen sind. Der Anschein hiervon ist offenbar in einigen der erwähnten Fälle gegeben gewesen, wiewohl wir gerade von dieser Seite der Vorgänge nichts näheres erfahren. Jedenfalls liegt auf ihr die Last des Problems, das wir nunmehr an diesem Kernpunkt zu fassen suchen müssen.[1]

LIX.

2. Einzelinhaltliche Kriterien spiritistischer Identifizierung.

Was also diese im engeren Sinne inhaltlichen Kriterien der Identifizierung anbetrifft, so möchte man meinen, daß sie im Einzelfall ohne Schwierigkeit festzustellen sein müßten: nämlich in Form von Inhalten, die entweder zur Zeit der Mitteilung dem angeblichen 'Geiste' allein bekannt wären, oder doch außer ihm nur Personen, von denen aus irgend welchen Gründen anzunehmen wäre, daß sie an der Mitteilung keinen Anteil haben; und zwar würde von diesen beiden Arten von Inhalten die zweite natürlich die sehr viel häufiger vertretene sein. Ich will, ehe ich die Gültigkeit solcher Schlußfolgerungen wäge, dem Leser einige Beispiele jener Vorgänge geben, auf welche die Spiritisten am zuversichtlichsten den Beweis für die individuelle Fortdauer zu gründen pflegen. — Die zunächst anzuführenden beziehen sich auf Ankündigungen des eigenen Todes durch kürzlich Verstorbene.

Die nachstehende wird durch die vier Teilnehmer einer Sitzung, u. a. den Gutsbesitzer A. Narzew und den Tambowschen Stadtarzt Tuluschew protokollarisch bezeugt. In dieser Sitzung (am 18. Nov. 1887) in Herrn Narzews Hause in Tambow ließen sich scharfe Klopflaute im Fußboden, darauf in der Wand und Decke, schließlich in der Mitte des Tisches hören, durch die vermittelst des hergesagten Alphabets nach einigen Vorfragen der Name Anastasia Pereligin sowie das Folgende hervorbuchstabiert wurde: 'Ich bin ein unglückliches Weib. Betet für mich. Gestern

1) Ich übergehe, als ihrem Wesen nach schwer einschätzbar, Fälle von Verwendung (seitens d. Med.) der charakteristischen Mimik, Gesten und Handschrift Verstorbener. S. zB. PS XXI 276; XXIV 215; d'Espérance 145; Owen, Deb. L. 390; Podmore, Stud. 132f.; Pr XX 14f. 26. 306; XVIII 231ff. 242.

im Laufe des Tages starb ich im Hospital. Vorgestern vergiftete ich mich mit Streichhölzern.' Wie alt sie sei? Siebzehn Schläge. Was sie gewesen? 'Ich war Dienstmagd. Ich vergiftete mich mit Streichhölzern.' Weshalb? 'Ich will [es] nicht sagen. Ich will nichts weiter sagen.' Die vier Teilnehmer bezeugen urkundlich, daß sie von dem Dasein und Ableben der A. P. nichts gewußt hätten. Dr. T. erklärt, daß er der Mitteilung anfangs keinen Glauben schenkte, weil die Polizei ihm als Stadtarzt jeden Selbstmord sofort hätte anzeigen müssen. Aber auf die Angabe der A. P. hin, daß sie im Hospital gestorben sei, wandte er sich an Dr. Sundblatt, den Arzt des einzigen in Tambow bestehenden Krankenhauses, das seiner Amtstätigkeit gänzlich entzogen war, ohne Angabe von Gründen mit der Frage, ob ein frischer Fall von Selbstmord eingeliefert worden sei. Der im Druck vorliegende Brief des Dr. Sundblatt bestätigt die Angaben der A. P. in jeder Einzelheit. Auch im Krankenhaus hatte sie sich vor ihrem Tode geweigert, die Gründe ihrer Tat anzugeben. Dies Hospital liegt etwa 5 km vom Hause des Herrn Narzew entfernt.[1]

Unter solchen Fällen des Auftretens eines jüngst Verstorbenen und dem Medium völlig Unbekannten ist der des Abraham Florentine von Manchen als einer der besten angesehen worden, u. a. auch von W. Stainton Moses selbst, durch den die Ankündigung erfolgte. A. F. trat während zweier Sitzungen auf, welche M. mit seinen Freunden Dr. und Mrs. Speer im August 1874 in Shanklin auf der Insel Wight abhielt. 'Er sagte, daß er am Kriege [der Vereinigten Staaten gegen England 1812—4] teilgenommen habe und kürzlich, am 5. August, in Brooklyn, U. S. A., im Alter von 83 Jahren, 1 Monat und 17 Tagen [gestorben sei] ... Die Art der Mitteilung war sehr eigentümlich. Wir saßen zudritt um einen schweren Spieltisch, den zwei Personen mit Mühe bewegen konnten. Anstatt der bei uns gewöhnlichen Klopftöne begann der Tisch zu kippen. So ungestüm war der redende Geist, daß der Tisch sich [schon] mehrere Sekunden, ehe wir zu dem gewünschten Buchstaben gelangten, erhob. Um [zB.] T anzugeben, erhob er sich, in einer völlig unbeschreiblichen Weise vor Aufregung zitternd, etwa bei K, und fiel dann bei T herab mit einem Schlag, der den Fußboden erzittern ließ. Dies wiederholte sich, bis die ganze Botschaft vollständig war ... Ich war [dabei] in tiefem Trans ...' — Da keiner der Anwesenden von A. F. etwas wußte, so wurde ein Bericht über die Sitzung mit der Bitte um etwaige Auskunft in englischen und amerikanischen Fachzeitschriften veröffentlicht. Dies führte zunächst zu der Nachricht seitens eines Beamten für Landforderungen ehemaliger Kriegsteilnehmer, Wilson Miller, daß er bei der Durchsicht einer Liste solcher Bewerber unter Nr. 11518 dem Namen Abraham Florentine begegnet sei, und auf diesem Wege weiter zu der Auskunft des Generaladjutanten des Hauptquartiers des Staates New York: A. F. sei am 2. Sept. 1814 als Freiwilliger in Kapitän Nicoles Kompanie des 1. N. Y. Miliz-Regiments eingetreten, habe drei Monate gedient, sei mit Ehren verabschiedet worden und habe den Landanteil Nr. 63395 erhalten. Dr. E. Crowell in Brooklyn suchte außerdem mit Hilfe des Adreßbuches A. F.s Witwe auf und erfuhr, daß ihr Mann am 5. August 1874 im Alter von 83 Jahren, 1 Monat und 27 Tagen gestorben sei, am Kriege gegen England teilgenommen habe und ziemlich ungestüm gewesen sei. Mr. Moses, Geistlicher der Staatskirche und Oxforder Magister, gibt wiederholt die Versicherung, daß die

---

1) Pr VI 355ff. Vgl. die viel verwickeltere, m. E. aber schwererwiegende Todankündigung der Blanche Abercrombie durch W. St. Moses: Pr XI 96ff.

Teilnehmer an der Sitzung weder von A. F. etwas gewußt, noch Freunde in Amerika besessen, die ihnen die Mitteilung hätten machen können.[1] — Der Leser wird bemerken, daß A. F. seine Lebensdauer um zehn Tage zu kurz berechnet. Da seine Frau Geburts- und Todestag angibt, so dürfte sie im Rechte sein.

Es gibt einen Begriff von der Massenhaftigkeit solcher Beobachtungen, daß eine der verbreitetsten spiritistischen Wochenschriften, das *Banner of Light* in Boston, Jahrzehnte hindurch eine ständige Spalte als *Message Department* unterhalten hat,[2] worin mediumistische Mitteilungen Verstorbener Platz fanden, welche der Voraussetzung gemäß nur durch Verwandte oder Freunde bestätigt werden konnten, die erst durch solche Veröffentlichung ausfindig zu machen waren und — wie die ebenso ständige Spalte *Verification of Messages* uns belehrt — in vielen Fällen tatsächlich ausfindig gemacht wurden und die erhoffte Bestätigung erteilten. Daß alle oder auch nur ein beträchtlicher Teil dieser Veröffentlichungen auf betrügerischer Fabrikation von spiritistischen Beweisfällen beruht habe, wird selbst der Zweifler nicht annehmen wollen.

Die nächstfolgenden Beispiele behaupten das Auftreten von Verstorbenen, die an sich den Teilnehmern des Zirkels oder dem Medium nicht fremd sind, ihre Anwesenheit aber durch Mitteilungen einer größeren oder geringeren Zahl den Zirkelteilnehmern unbekannter Inhalte zu erweisen suchen.

Die zahlreichen Leser von Aksakows bekanntem Werk dürften sich zB. an die Mitteilungen der Schura (Alexandrine) ** durch Frau und Frl. v. Wieslers Planchette erinnern. Schura, eine jugendliche Anarchistin aus vornehmer Familie — kein ganz seltener Typ im damaligen Rußland — hatte sich am 15. Jan. 1885 vergiftet, bald nachdem ein junger Mann aus der besten Petersburger Gesellschaft, Michael **, wegen revolutionärer Verbindungen verschickt und auf einem Fluchtversuch erschossen worden war. Schura trat zuerst am 22. Jan. 1885 auf und forderte von Frl. v. Wiesler in der ungestümsten Weise, mit Nikolai, Michaels Bruder, einem Studenten am Technologischen Institut, eine Zusammenkunft zu verabreden, um ihn in ihrem (Schuras) Namen vom Umgang mit gewissen 'Taugenichtsen' abzubringen; wobei Schura die Überzeugungen, um derenwillen sie freiwillig den Tod gesucht hatte, als 'empörende Irrtümer' bezeichnete. Weder Frau v. Wiesler noch ihre Tochter wußten um Nikolais sozialistische Neigungen. Die Bekanntschaft der beiden Familien war eine oberflächliche; so oberflächlich, daß Schuras dringende Zumutung, den Nikolai zu einer Sitzung einzuladen, damit sie ihm ihre Identität beweisen könne, als gesellschaftliche Unmöglichkeit empfunden wurde. Frl. v. Wieslers anhaltendes Zaudern entlockte Schura äußerst heftige Worte der Zurechtweisung, von der Art, wie sie nicht in Wörterbüchern zu finden sind, aber für die Ausdrucksweise der verstorbenen Schura charakteristisch waren. Die fortgesetzten Bedenken ihrer Freundin schob Schura, die in jeder Sitzung wiederkehrte, Frau v. Wieslers Einfluß in die Schuhe. Gegen diese legte sie eine unverhohlene Gereiztheit

---

1) Pr XI 82ff. Vgl. den Fall des J. Chamberlain bei Capron, Modern Spiritualism... (1855) 284ff. (Auch bei Aksakow u. Podmore.) 2) 'Abteilung für Geisterbotschaften'.

an den Tag und erwiderte ihr auf jede Zwischenfrage: 'Schweigen Sie, schweigen Sie', während sie ihre Tochter mit Zärtlichkeiten überschüttete und zu raschem Handeln antrieb. Am 26. Febr. waren ihre ersten und letzten Worte: 'Es ist zu spät. Du wirst es bitter bereuen ... Erwarte seine Verhaftung.' Schura trat seitdem nie wieder auf und die Sitzungen wurden abgebrochen. Eine jetzt endlich erfolgte Mitteilung an Nikolais Eltern brachte nichts Verdächtiges zutage. Aber am 9. März 1887 wurde in seinem Zimmer unerwartet von der Geheimpolizei Haussuchung gehalten, er selbst verhaftet und binnen 24 Stunden verschickt. Es stellte sich jetzt heraus, daß er in den Monaten Januar und Februar 1885 an anarchistischen Versammlungen teilgenommen hatte, d. h. während der Zeit von Schuras Auftreten. Deren Äußerungen, über welche gleichzeitig gemachte Aufzeichnungen vorlagen, erschienen allen Beteiligten äußerst charakteristisch für ihr persönliches Auftreten zu Lebzeiten. Was die Beziehungen zwischen Schura und Frl. v. W. anlangt — ein augenscheinlich wichtiger Punkt —, so bezeugt Frau v. W., daß sie und ihre Tochter im Dez. 1880 dem Senator N., Schuras Großvater, einen Weihnachtsbesuch abgestattet hatten (Schura war damals kaum 13 Jahre alt, aber schon ein großer Bücherwurm), und daß die beiden Mädchen einander während des Winters zuweilen auf einige Entfernung im Erholungssaal ihrer Schule sahen, die übrigens von Schura bald mit einer andern vertauscht wurde. Sie sahen sich dann noch zweimal, ohne ein Wort miteinander zu sprechen. Ihr 'Gedankenaustausch' hatte sich auf ein Kindergespräch beschränkt, während Frau v. W. sich eigentlich nie mit Sch. unterhalten hatte. 'Es ist mithin ersichtlich, daß die Beziehungen dieser Damen zu Schura nur die oberflächlichsten waren und daß sie nichts von deren politischen Geheimnissen wissen konnten.'[1]

Ich führe noch einige Beispiele an, die den Eindruck dieses Typs verstärken, wenn auch nicht bereichern werden.

'Am 5. August 1854 starb in St. Louis (Amerika) ein gewisser O. F. Parker. Am Tage darauf erfolgte durch Mrs. Ferguson, Gattin des Rev. J. B. Ferguson in Maryville (Kentucky), durch automatisches [Sprechen oder Schreiben] eine lange Mitteilung, in der sich O. F. Parker an Mr. Ferguson, seinen Vetter und vertrauten Freund, zu wenden vorgab. Um seine Identität zu beweisen, erwähnte er zunächst eine Unterhaltung, die sie vor einiger Zeit über eine besonders persönliche Angelegenheit miteinander gehabt hatten. Die Schrift fuhr dann fort: 'Aber du sollst andere Beweise haben. Ich hatte angeordnet, daß meine Bücher zur Bestreitung meiner Beerdigungsunkosten verkauft würden; aber es unterblieb. Ich fürchte auch, es werden gegen meine Lebensversicherung technische Einwände erhoben werden, und falls das geschieht, wünsche ich, daß du den Verkauf meiner Bücher anordnest, um meine Schulden zu bezahlen ... Die Police ist jetzt in Mr. Hitchcocks Händen. Um dir ferner zu zeigen, daß ich es bin, erinnere ich dich an die Rechnung, die du dem Mr. Hough bezahltest. Das Medium ahnt nichts davon, wie ich weiß, und auch du wohl weißt ...' Noch andere Angelegenheiten wurden erwähnt. Mr. Ferguson fügt dem Bericht folgendes Urteil hinzu: 'Zur Zeit, da die obigen Mitteilungen erhalten wurden, war ein kurzes Telegramm die einzige Nachricht vom Tode Parkers, die wir besaßen. Seitdem ist uns jede Einzelheit [der Mit-

1) PS 1889 572ff. Vgl. 'John Smiths' Fall in Pr IX 109f.

teilung] bestätigt worden. Seine Police, die er erwähnt, war infolge irgend welcher Nachlässigkeit ohne Quittungen über die Zahlung seiner Prämien, was uns allen erst sechs Wochen nach seinem Tode bekannt wurde ... 'Zur Zeit, da P. uns [jene] Mitteilungen zukommen ließ, vermutete ich die Police in Mr. W. Merriwethers Händen, zu dessen Sicherstellung sie ausgestellt worden war. Im Laufe der letzten Unterredung über diese Angelegenheit, die ich mit P. zu seinen Lebzeiten hatte, teilte er mir mit, daß er die Absicht habe, sie bei Mr. M. zu deponieren, und unterbrach seine Fahrt nach St. Louis zu diesem Zweck in Kentucky ... Nicht weniger als elf unterschiedliche Einzelheiten sind in der Mitteilung enthalten, die Niemand unter den obwaltenden Umständen hätte berichten können, außer dem Geist unseres Vetters und Freundes.' Alle diese Einzelheiten erwiesen sich nachträglich als richtig.[1]

R. D. Owen teilt folgenden ähnlichen Fall mit, über den er von den Nächstbeteiligten, Capt. G. und Mrs. G., einen Bericht erhielt, dessen Einzelheiten er, wie er angibt, noch am selben Tage (9. April 1865) in eine Niederschrift brachte und in dieser Form Capt. G. zur Verbesserung und Bestätigung vorlegte. Capt. G. wiederum konnte sich auf Notizen stützen, die er zur Zeit der Vorfälle selbst gemacht hatte, welche übrigens nur 12 Monate zurücklagen. Der Bericht in *The Debatable Land* beruht demnach auf zeitgenössischen Aufzeichnungen und ist so gut wie erster Hand. — Capt. G.s Bruder Jack war im Dez. 1863 gestorben. Im März des folgenden Jahres sprach er während Sitzungen, welche Mrs. G. mit einer Freundin abhielt, durch den Tisch (Mrs. G. hatte ihre mediumistische Gabe eben erst entdeckt) und äußerte einen Wunsch betreffend den Verbleib seines Verlobungsringes, über den Capt. G. und seine Frau in unpassender Weise verfügt hatten, da ihnen die Bedeutung des einzigen Ringes, den der Verstorbene getragen, nicht bekannt gewesen war. Auf Umwegen fand dieser Umstand seine Aufklärung. Bei einer nachfolgenden Gelegenheit gab der Verstorbene genaueste Auskunft über hinterlassene Schuldforderungen, die inzwischen gegen ihn geltend gemacht worden waren und von denen Capt. G. nichts gewußt hatte. Er gab an, daß er bei seinem Tode dem G. 35 Doll., dem C. 50 Doll. geschuldet habe; von S., der sich ebenfalls gemeldet, habe er 40 Doll. geliehen gehabt, ihm aber 50 Doll. wiedergegeben, von welchem Überschuß ihm S. noch 3 Doll. schulde. Die beiden ersten Behauptungen wurden bestätigt, als die beiden Gläubiger auf Capt. G.s Aufforderung zum erstenmal die Höhe ihrer Forderung angaben. 'S. stellte eine Rechnung über 40 Doll. aus. Als ihm Capt. G. bei ihrer Vorweisung sagte, Jack habe ihm 50 Doll. zurückbezahlt, wurde S. verwirrt und behauptete, er habe geglaubt, diese Summe habe ein Geschenk für seine Schwester sein sollen.' Der Verstorbene erwähnte schließlich, John Gr., der Schuster, habe noch 10 Doll. für ein paar Stiefel von ihm zu fordern — 'weder Capt. G. noch Mrs. G. wußten von dieser Schuld' —, und C. G. schulde ihm noch 50 Doll. C. G. behauptete, als ihm die Forderung eingereicht wurde, er habe seine Schuld bis auf 15 Doll. abgezahlt. 'Ich nehme an [sagte Capt. G. zu ihm], daß Sie sich darüber durch Quittungen ausweisen können? C. G. versprach mir, diese zu suchen, kam aber später und bezahlte die 50 Doll.' — Den Schuster Gr., der keine Rechnung eingereicht hatte, stellte Capt. G. auf die Probe, indem er ihn besuchte und fragte, ob er ihm etwas schulde. Dies wurde verneint, und Capt. G.

1) Aus J. B. Ferguson, Spirit communion (1854) — ohne Kritik bei Podmore, Spir. I 255f.

wandte sich zum Gehen, als der Schuster hinzufügte: 'Aber Ihr verstorbener Bruder, Mr. Jack, hat mir eine kleine Rechnung unbezahlt gelassen.' — Wofür das sei? — 'Für ein Paar Stiefel.' — Und welches ihr Betrag sei? — 'Zehn Doll.' Diese wurden ihm sogleich bezahlt.[1]

Um neben diese Beispiele der älteren vermischten Literatur wenigstens ein winziges Bruchstück aus dem unübersehbar angewachsenen urkundlichen Material betreffend die drei oder vier klassischen Medien der Ges. für psych. Forschung zu stellen, schließe ich mit einigen kurzen Anführungen aus den selbst sehr beträchtlichen Akten der als G. P.-Kontrolle bekannten Persönlichkeit.

George Pelham (Pseudonym) war ein junger Rechtsgelehrter von literarischen und philosophischen Neigungen, der im Febr. 1892, 32 Jahre alt, durch einen Unfall in New York ums Leben kam. Etwa zwei Jahre vor seinem Tode hatte er mit Dr. Hodgson eine längere Unterredung, in der er die Ansicht vertrat, ein zukünftiges Leben sei unglaubhaft und sogar undenkbar, selbst aber gelobte, falls er als erster von ihnen stürbe und sich 'noch existierend' fände, alles daran zu setzen, um die Tatsache seines Fortlebens zu offenbaren. Er selbst hatte nur einmal, am 7. März 1888, eine Sitzung bei Mrs. Piper gehabt, innerhalb einer Reihe von solchen unter der Leitung eines Ausschusses der Amerikanischen Ges. f. psych. Forschung. Bei dieser Gelegenheit war er sowohl den beteiligten Ausschußmitgliedern, als auch dem Medium persönlich unbekannt gewesen, dem er überdies, wie das die Regel bei solchen Versuchen ist, unter falschem Namen gegenübertrat.[2]

Am 22. März 1892, also einige Wochen nach G. P.s Tode, hatte einer seiner Freunde, Mr. John Hart (Pseud.) eine Sitzung mit Mrs. Piper, bei der, nach einigen richtigen Angaben über andere Bekanntschaften des Sitzers, Dr. Phinuit, damals noch 'Spielleiter' des Piperschen Trans, die 'Anwesenheit' eines George behauptete, der zu Mr. Hart 'sprechen wolle'. G. P., dessen Mitteilungen 'durch' Phinuit den Rest der Sitzung ausfüllten, gab seinen eigenen Vor- und Zunamen, die Namen einiger seiner und des Sitzers vertrautesten Freunde, und erwähnte Einzelheiten, die sowohl dem Sitzer wie auch Dr. Hodgson, dem Sitzungsleiter, unbekannt waren, sich aber nachprüfen und als wahr erweisen ließen ... James und Mary Howard, Mann und Frau, nahe Freunde G. P.s, bei denen er lange gelebt hatte, und ihre Tochter Kate wurden dann in stark persönlicher Weise erwähnt. 'Sage Kate', sagte G. P., 'sie wird verstehen. Ich werde ihre Fragen lösen.' [Hierzu bemerkt Mr. Hart: Dies hatte für mich im Augenblick keinen besonderen Sinn ... Am Tage nach der Sitzung gab ich Mr. Howard genauen Bericht über die Sitzung. Diese Worte ... machten den größten Eindruck auf ihn ... Er erzählte, daß George während seines letzten Aufenthalts in ihrem Hause häufig mit Kate, einem 15jährigen Mädchen, über Fragen wie Zeit, Raum, Gott, Ewigkeit gesprochen und sie auf die Dürftigkeit der üblichen Lösungen aufmerksam gemacht hatte. Er fügte hinzu, daß er früher oder später diese Probleme lösen und ihr die Lösung mitteilen werde, und brauchte dabei fast genau dieselben Worte, wie die Mitteilung in der Sitzung. Mr. Hart wußte, wie er hinzufügt, hiervon nichts; desgleichen Dr. Hodgson, der übrigens damals mit den Howards nicht bekannt war.] Des

1) Vgl. den Fall in Dr. Binns' Anatomy of sleep 462f. 2) Pr XIII 295.

weiteren sagte G. P.: '... John, falls du es bist, sprich zu mir. Sage Jim (James Howard), daß ich ihn zu sehen wünsche. Er wird mir kaum glauben, glauben, daß ich hier bin ... o guter Junge. Alles wurde dunkel, dann ward es hell ... Geh hinauf in mein Zimmer.' J. H.: Welches Zimmer? '... Studierzimmer ... Ich habe alle meine Sachen in Verwirrung zurückgelassen. Könntest du wohl hingehen und sie für mich in Ordnung bringen. Menge Namen. Menge Briefe ... Wollte ich könnte mich auf mehr besinnen, aber ich bin verwirrt. Club. Ging in den Club. Zwei Dinge im Club in Ordnung zu bringen.' Welcher Club? 'Sein Taschentuch ... Ich ließ es im Club.' Welcher Club? 'Unser ... Hast du es gefunden?' Ja, nein, du hast mir nicht gesagt, in welchem Club. 'Ich traf dich dort. Das sieht nicht nach dir aus, John ... Rogers ... Du mußt Rogers sagen, daß er mein Taschentuch holt. Ich vergaß es. Er fand es. Rogers hat ein Buch von mir.' [Dazu bemerkt J. H., daß seine letzte Begegnung mit G. P. im Schauspieler-Club in New York stattfand. Hart sowohl als auch G. P. kannten Rogers, welcher damals ein gewisses Manuskriptbuch von G. P. besaß, das nach G. P.s Tode gefunden und R. zur Herausgabe gegeben war. G. P. hatte zu Lebzeiten versprochen, daß über dies Buch nach seinem Tode in einer besonderen Weise verfügt werden würde. Diese Art der Verfügung, welche der lebende G. P. ... beabsichtigt hatte, wurde auf eine Frage J. H.s jetzt sowie in nachfolgenden Äußerungen, die wegen ihres persönlichen Inhalts nicht veröffentlicht werden können, nachdrücklich und wiederholt eingeschärft, und wäre diese Weisung sofort befolgt worden, wie G. P. wünschte, so hätte viel nachfolgendes Unglück und Verwirrung vermieden werden können. — Weder Hart noch Rogers wußten etwas von dem Taschentuch.][1]

Nach etwa zwei Wochen hatten dann die Howards, seine nächsten Freunde, eine Sitzung mit Frau Piper, 'und diesen gegenüber — ich führe Dr. Hodgsons Zusammenfassung vom Jahre 1897 auszugsweise an — zeigte er, indem er sich unmittelbar der Stimme [des Mediums] bediente, eine solche Fülle persönlichster Erinnerungen und eigentümlichsten Wissens und für G. P. charakteristischer geistiger und gefühlsmäßiger Besonderheiten, daß sie, obgleich zuvor ohne Sinn für irgendwelche Art der übersinnlichen Forschung, der Überzeugung nicht widerstehen konnten, daß sie in der Tat mit ihrem alten G. P. sich unterhielten. Und diese Überzeugung wurde verstärkt durch spätere Erfahrungen. Nicht am wenigsten bedeutsam war zu jener Zeit seine Sorge wegen der Verfügung über ein gewisses Buch und gewisse genau bezeichnete Briefe, deren Inhalt zu geheimer Natur ist, um erwähnt zu werden ... Noch später, während einer Sitzung mit seinen Eltern in New York, zeigte er weitere genaue Kenntnis privater Familienangelegenheiten ... und in mehreren Sitzungen der Howards wurden passende Bemerkungen gemacht über verschiedene [dem Medium] überreichte Gegenstände, die dem lebenden G. P. gehört hatten oder ihm vertraut gewesen waren; er fragte nach andern persönlichen Eigentumsgegenständen, die in den Sitzungen nicht vorgelegt wurden, und bewies genaue und ins Einzelne gehende Erinnerung an Ereignisse, die mit ihnen im Zusammenhang standen. In Fragen, die das Wiedererkennen von Gegenständen und ihre persönlichen Assoziationen betrafen, hat der sich mitteilende G. P., soweit mein Wissen reicht [und Dr. H. war natürlich der genaueste Kenner der Piper-Akten überhaupt], sich nie geirrt ... Endlich sind die Äußerungen

---

1) das. 297ff.

dieses G. P. nicht launisch oder wechselvoller Art gewesen; sie haben vielmehr alle Anzeichen einer in sich geschlossenen lebenden und fortbestehenden Persönlichkeit offenbart, die sich eine Reihe von Jahren hindurch mitteilte und dieselben Eigentümlichkeiten eines selbständigen vernünftigen Wesens zeigte, gleichgültig ob Freunde des G. P. bei den Sitzungen zugegen waren oder nicht.'[1]

Etwa 150 Sitzer sind ihm im Laufe der Zeit anonym oder pseudonym gegenübergetreten: unter diesen hat G. P. in jedem einzelnen Falle, d. h. in 30 Fällen, seine früheren Freunde sofort als solche erkannt und auch — unter *ex hypothesi* so sehr veränderten Umständen — einen jeden sofort in den charakteristischen Formen ihrer besonderen Beziehungen geistiger oder freundschaftlicher Art behandelt. In keinem Falle behauptete er mit Jemand bekannt zu sein, den er im Leben nicht wirklich gekannt hatte. Seine Äußerungen waren reich an genauen und bedeutsamen Anspielungen auf Vorfälle der Vergangenheit, seine Arbeit, Bücher und Handschriften, die persönlichsten Angelegenheiten der Freunde und mehrfach auf Geschehnisse in zeitlicher und örtlicher Ferne, von denen keiner der Anwesenden Kenntnis hatte. Die Ähnlichkeit der persönlichen Eigenart der Transpersönlichkeit mit der des Verstorbenen wurde fast durchweg für beträchtlich erklärt und überzeugte Viele davon, daß sie wirklich George Pelham vor sich hätten.

Die übliche Kritik von Beobachtungen dieser Art nun, die außerordentlich zahlreich sind, arbeitet mit sehr verschiedenen Begriffen. Mitteilungen wie die des Abraham Florentine erledigt sie am einfachsten mit der Berufung auf vergessene Erinnerungen an zufällig gelesene Todesanzeigen oder Nachrufe in herumliegenden Zeitungsblättern, oder auf 'unbewußt' gebliebene Wahrnehmungen solcher Urkunden.[2] Die Medien und Zirkelteilnehmer pflegen sich gegen solche Zuschiebung sehr lebhaft zu verwahren; doch empfiehlt es sich nicht, im Interesse der Kritik, solchem Einspruch Bedeutung beizulegen. Überdies lauert hinter der Vermutung von 'Kryptomnesie' stets die Verdächtigung der Mitteilungen als betrügerisch erdichteter, und sie ist in Fällen, die der Kritik sonst erhebliche Schwierigkeiten bereitet hätten, — fast scheint es: mit Vorliebe gegen verstorbene Medien — erhoben worden, auch wo ihr die allernachdrücklichste Ehrenbürgschaft der Nächsten und Urteilsfähigsten gegenüberstand.[3] — Was unbewußte Wahrnehmung und Kryptomnesie nicht erklären, das deuten dann hauptsächlich wiederum telepathische Mitteilungen an das Medium seitens Personen, denen die mitgeteilten Tatsachen normalerweise bekannt sind. Es steht ja, wie wir wissen, ohnehin fest, daß Medien oft genug im Namen Lebender reden und schreiben und dabei Dinge offenbaren, die ihnen nachweislich unbekannt waren, und daß sich derartige Leistungen äußerlich in nichts von ähnlichen Äußerungen im

1) das. 328f. Vgl. etwa auch VI 458ff. über O. Lodges 'Uncle Jerry', und XXIII 110f.
2) S. auch zB. Flournoys Kritik des 'Syndikus Chaumontet' und des 'Curé Burnier' bei Mlle Smith: Des Indes 406ff. und APS I (1901) 232ff. 3) Vgl. Podmores Verdächtigungen des Rev. Moses (Spir. I 285; Natur. 327) mit Myers' Zeugnis Pr XI 110; Hum. Pers. II 225. 227.

Namen Abgeschiedener unterscheiden, oft nicht einmal in der Anwendung einer andern als der 'ersten Person' der Rede.[1] Nun waren offenbar in allen angeführten typischen Fällen von Identitätsbeweisen durch Tatsachenmitteilung gleichzeitig Lebende vorhanden, denen diese Tatsachen nicht unbekannt waren. Im Falle der Anastasia Pereligin und vielleicht auch in dem des O. F. Parker könnte man sogar in den Sterbenden die Agenten einer Mitteilung sehen, die einige Zeit im Medium latent geblieben wäre, ehe sie gelegentlich der Sitzung zutagetrat. Ein derartiger Latenzzustand wird ja häufig zB. bei unbewußten Wahrnehmungen beobachtet, die sich erst später, etwa im Traum einer folgenden Nacht, ins Bewußtsein emporarbeiten. In Owens Falle könnte die lange Zeitdauer zwischen dieser vermuteten telepathischen und der mediumistischen Mitteilung gegen die Annahme einer Latenz zu streiten scheinen, wenn wir nicht hörten, daß die letztere Mitteilung geschah, sobald das Medium seine automatistische Gabe entwickelte. Verschmähen wir dennoch die Annahme so langer Latenz als unwahrscheinlich und fordern Wissenserlangung kurz vor der Äußerung,[2] so muß allerdings die große Zahl der vorauszusetzenden telepathischen Agenten (nämlich der Schuldner und Gläubiger) die Annahme von Telepathie seitens Lebender erschweren. Die Agenten sind gleichsam versteckt und die Voraussetzung einer von ihnen ausgehenden aktiven Übertragung auf das Medium leidet an peinlicher Willkürlichkeit. (Auch ist zu bemerken, daß wenigstens in Mrs. Pipers Falle der Trans sich auffällig von einer bei ihr herbeigeführten Hypnose unterschied und daß alle telepathischen Versuche während dieser völlig mißlangen!)[3]

Es wiederholen sich hier offenbar z. T. Gedankengänge, die sich uns bei der Erörterung der Alternative zwischen Telepathie und Hellsehen aufdrängten,[4] nur in besonderer Anwendung auf anscheinende Botschaften Verstorbener und unter Hinzutritt eines neuen möglichen Deutungsbegriffs, nämlich der spiritistischen Hypothese. Es bleiben uns nämlich nach Verabschiedung der im engeren Sinne telepathischen Theorie nur mehr drei mögliche Annahmen: die eines völlig freischaltenden Lesens seitens des Mediums in den unbewußten Erinnerungen entfernter Lebender (und zwar denkbarerweise jedes beliebigen Lebenden); oder die seines Schöpfens aus einem Überbewußtsein, welches das Wissen aller Einzelnen umfaßt; oder endlich die seiner Unterrichtung durch individuelle Abgeschiedene. Und unter diesen drei Annahmen nimmt die zweite offenbar eine Sonderstellung ein: sie umfaßt gewissermaßen jede der anderen,

---

1) Ein ausgezeichnetes Beisp. aus Steads eigener Automatisten-Erfahrung bei L. Deinhard, Das Myster. d. Menschen 94ff. Vgl. Pr IX 52ff. 65f.; VI 299ff. 344ff.; Delanne 130; W. H. Harrison, Spirit people... (Lond. 1875) 39. 173ff. 2) Diese Überlegungen würden freilich hinfällig unter der Annahme eines zeitlosen 'Über-Ich'. 3) Prof. W. James in Pr VI 653f. Ebenso W. Roßberg üb. seine Frau: PS XLV 296. (R. erhoffte 20 Jahre hindurch vergebl. verläßliche Mitteil. von einem bestimmten Verstorbenen.) 4) Vgl. S. 383 ff. 387 ff.

sofern ein Überbewußtsein den Besitz sowohl der Lebenden wie der Verstorbenen einschließt. — Den Begriff eines Zusammen-'Lesens' des im Namen Abgeschiedener Mitgeteilten überhaupt befürwortet nun augenscheinlich die Tatsache, daß ein 'Geist' nicht selten auf 'Anrufung' hin auftritt, oder sobald einer der Sitzer 'an ihn denkt'; wobei natürlich nur diejenigen Fälle in Frage kommen sollen, in welchen Inhalte zutagetreten, die zum mindesten dem Unbewußten eines Abwesenden entnommen sein müßten.[1] Hier geht der eigentliche erste Anstoß offenbar vom Medium oder Beisitzer aus und wendet sich entweder mit einer Art 'Frage' an einen Entfernten, gleichsam Aufzusuchenden, oder 'liest' in dessen Gedanken. Ist der Beisitzer 'Agent' dieser 'Frage', so müßte die Antwort seitens des Entfernten — immer 'unbewußt' — entweder unmittelbar an das Medium oder zunächst an den 'fragenden' Sitzer ergehen, der sie dann dem Medium telepathisch, und wiederum unbewußt und ungewollt, zu übermitteln hätte. Es ist klar, daß diese überaus verwickelten Voraussetzungen sich kaum noch unterscheiden von der (durch ganz andere Überlegungen nahegelegten) Annahme eines umfassenden Bewußtseins, welches alle Einzelpersonen und ihr Wissen als Teile umschließt und innerhalb dessen das erwähnte Fragen und Antworten etwa den gleichen Sinn hätte wie das Suchen einer Vorstellung und ihr 'Einfallen' innerhalb des Einzelgeistes.[2] Die erste unserer drei möglichen Theorien geht also unmerklich in die zweite, als die einfachere, über. Unsere mystische Grundhypothese offenbart sich damit aber überraschenderweise als ein eigenartiges Mittel der Auflösung auch gegenüber der spiritistischen Grundlehre. Ihre Gegnerschaft gilt nämlich offenbar auch denjenigen Fällen anscheinender Mitteilungen Verstorbener, die man als die vergleichsweise beweiskräftigsten ansehen darf, solange man ausschließlich individuelle Quellen der Mitteilungen in Frage zieht: Fällen nämlich, in denen der mitgeteilte Inhalt, soweit sich feststellen oder aus seinem Wesen schließen läßt, zur Zeit der Mitteilung keinem Lebenden normalerweise bekannt war. Fälle anscheinend dieser Art sind selten, und die Reinheit des Typs unterliegt zumeist schwer abzuweisenden Zweifeln. — Ich gebe zunächst zwei Beispiele zur Verdeutlichung.

Mrs. W. A. Finney in Rockland (Massachusetts) berichtet, daß ihr Bruder einige Zeit vor seinem Tode einen Ziegelstein in zwei Stücke brach, deren jedes er mit Tinte bezeichnete und deren eines er ihr übergab mit der Bitte, es wohl aufzuheben, während er selbst das andere verstecken wolle, so daß Niemand außer ihm den Ort kenne, den er nach seinem Tode zum Beweise seiner Fortdauer offenbaren wolle. Einige Monate nach seinem Hinscheiden 'begannen wir (meine Mutter und ich) zuhause am Tisch zu sitzen, ... schließlich fing dieser an, sich zu neigen, und mittels Hersagens des Alphabetes buchstabierte er hervor: '... Ihr werdet

1) Ein hübsches Beisp. dieser Art s. in APS III 39f. (Dr. Venzano). 2) Vgl. o. S. 492. 494f., und allgemein die Ausführungen S. 384f.

das Stück Ziegelstein im Schrank unter dem Tomahawk finden. Benja.' Ich ging in das [betreffende] Zimmer ... und schloß den Schrank auf, der von Niemandem berührt worden war, seitdem er ihn verschlossen und den Schlüssel beiseite gelegt hatte. Dort fand ich das Stück Ziegelstein genau [der Angabe entsprechend] ... Es war in ein Stück Papier eingewickelt [das mit Leim verklebt war], und in [das Innerste einer] Muschel gestopft [worüber noch ein Papier geklebt war, so daß nichts außerhalb der Muschel zu sehen war], und auf den Boden des Schranks genau unter das Tomahawk gelegt.'[1]

Frau Major L. B. in Savannah (Georgia) berichtet unter dem 16. Sept. 1888, daß sie nach dem Tode ihres Gatten, der am 1. April desselben Jahres erfolgt war, eine fällige Schuldverschreibung des Richters H. W. Hopkins nicht habe finden können und in der zweiten Hälfte des Mai einen Versuch machte, vermittelst eines alphabetischen Zifferblattes mit Zeiger in Verkehr mit dem Verstorbenen zu kommen. 'Wir legten unsere Hände auf den Zeiger und er buchstabierte ohne weiteres: 'Sieh in meinem langen Schubfach nach und suche Willie [Hopkins] auf.' Ich wurde aufgeregt, lief zum Schreibtisch und zog das unterste Schubfach heraus, [das der Major immer das lange genannt hatte und] wo seine Unterwäsche verwahrt wurde, schüttete den Inhalt auf den Fußboden und begann zu suchen. Unter all den Sachen war eine Weste; in ihrer kleinen Brusttasche war der Schein ... Es war die Weste, die man ihm am Tage seiner Erkrankung abgezogen hatte. Er war am ersten Tage seiner Krankheit bewußlos. Die Weste war nach oder während seiner Krankheit durch einen Freund in das Schubfach gelegt worden ... Dieses war unseres Wissens nicht geöffnet worden, nachdem er uns verlassen, bis zur Entdeckung des Scheines ... Ich hatte angeordnet, daß das unterste Schubfach nicht angerührt werden solle ...' Mutter und Tochter versichern auf das bestimmteste, daß sie weder selbst die Weste hineingelegt noch auch für möglich gehalten hätten, daß ein so wichtiges Papier sich in dieser Weste und an diesem Orte befinde.[2]

In beiden Fällen ist es offenbar unmöglich, die Annahme auszuschließen, der Verstorbene habe noch zu Lebzeiten, etwa in dem Augenblick, da er den versteckten Gegenstand an seinen Ort brachte, das Wissen darum in einem daran Interessierten latent niedergelegt. Im zweiten Falle ist überdies die Möglichkeit gegeben, daß die Personen, die dem Erkrankten die bewußte Weste abzogen, bei dieser Gelegenheit das Vorhandensein eines Papiers darin 'halbbewußt' bemerkt, in der Not — wieder unbewußt — ihren Verdacht auf dieses Papier gelenkt und den kryptomnesischen Inhalt entweder selbst als Medien zutage gefördert oder aber den wirklichen Medien telepathisch mitgeteilt hätten. Diese Annahmen sind allerdings reichlich künstlich angesichts der ausdrücklichen Versicherung, die Aufbewahrung des Papiers in der Weste sei nicht für möglich gehalten worden. — Etwas gewaltsamer vielleicht — ohne indes unmöglich zu sein — muten die vorgeschlagenen Alternativdeutungen gegenüber folgendem Bericht an:

---

1) Pr VIII 248ff. (gut bezeugt). Vgl. möglicherweise den Fall Roßberg: PS XLV 301f.
2) Pr VIII 238ff. (ausführlich dokumentiert). Vgl. den Fall JSPR VII 188. (Auch bei Myers II 347.)

Der Rev. Savage hatte einen Sohn verloren, mit dem ihn das freundschaftlichste Vertrauen verbunden hatte. Bei Mrs. Piper mit ihm in Verbindung gebracht, empfing er die Aufforderung, einem Schubfach, welches viele lose Papiere enthielt, gewisse zu entnehmen und zu vernichten. Mrs. Piper hatte aller Wahrscheinlichkeit nach nie den Verstorbenen gesehen. Savage, der von dem Inhalt des Schubfaches keine Ahnung hatte, suchte darin nach, 'und sofort begriff ich den Sinn und die Wichtigkeit dessen, was mir aufgetragen war'. Die Papiere enthielten Dinge, die der Verstorbene 'nicht um eine Welt an die Öffentlichkeit hätte gelangen lassen mögen'.[1]

Ähnliche Überlegungen auf den folgenden Fall anzuwenden, mag dem Leser überlassen bleiben:

Dr. O. Vidigal in San Paulo, Brasilien, erhielt durch ein Medium von seiner Mutter, die ein Vierteljahr zuvor (16. Juni 1893) gestorben war, die Nachricht, daß sie die Summe von 75 Milreis in der Tasche eines Kleides stecken gelassen habe, welches noch in ihrem Zimmer hänge. Dieses Zimmer war seit ihrem Tode nach bestem Wissen der Beteiligten nicht betreten worden und das Dasein des Geldes Niemandem bekannt, obgleich die Familie sich in Geldschwierigkeiten befand. Dr. Vidigals Frau begab sich sofort in das bezeichnete Zimmer und fand in einem der beiden dort hängenden Kleider genau die angegebene Summe eingenäht. Das Medium in diesem Falle war ein 10—12jähriges spanisches Mädchen, welches einen oder zwei Tage zuvor in Brasilien gelandet und am Tage der Sitzung von Dr. Vidigal auf dem Einwandereramte gedungen worden war.[2]

Man braucht nur eine geringe Neigung zu spiritistischen Überzeugungen zu haben, um in solchen Vorfällen einen Beweis für sie zu erblicken. Gleichwohl liegt, wie angedeutet, die schier unüberwindliche Schwäche aller auf Einzelmitteilungen fußenden Identitätsbeweise in der Unmöglichkeit, für die Wissenserlangung des Mediums jede Quelle in lebenden Mitwissern oder in einem übermenschlichen Bewußtsein auszuschließen.

Ein ernsthafter Anlauf zur Durchbrechung dieser theoretischen Sackgasse ist indessen doch noch zu verzeichnen, und es ist der sonderbarste und unerwartetste, der sich wohl hätte erdenken lassen. Er besteht in einer Reihe angeblich vom Jenseits aus unternommener Versuche, durch mehrere Medien gewisse Inhalte mitzuteilen, die zwar nicht eigentlich als Erlebnisinhalte der Verstorbenen bezeichnet werden können, aber doch als von ihnen persönlich geformte und angeordnete Wissensinhalte sich ausweisen: und zwar eben durch die Art ihrer Mitteilung durch verschiedene Medien. Diese auf den ersten Blick unverständliche Formel mag zunächst durch eine kurz zusammenfassende Darlegung des Planes und Sinnes jener Versuche erläutert werden, die ich in den Worten der

1) Savage 106ff. 2) Zusammenfass. des sehr langen Originalberichts (JSPR Okt. 1898) bei Podmore, Natur. 297f. Ein ähnlicher, sorgfältig dokumentierter Fall in Pr VIII 200ff. Vgl. ferner PS VI 470ff. 445 (1. Hand von I. H. Fichte mitget.); Perty, Spir. 79 (nach Ber. d. Kom. d. Dial. Ges.); Funk 157ff.; PS XXXIII 525f. (Dr. med. Urysz); Pr VIII 238ff.; VI 353ff. (aus PS 1889 131. 568f.).

Forscherin gebe, die diesen Plan nnd Sinn in den automatischen Schriften und Reden der beteiligten Medien gewissermaßen entdeckte; denn der urkundliche Niederschlag jener Versuche — und dies ist ein besonders vielsagender Umstand — fand sich seit Jahren in den Materialsammlungen der Ges. f. psych. Forschung niedergelegt, ehe ihre Art und Bedeutsamkeit verstanden wurden.

Es war beim Studium der gedruckten Korrekturbogen von Mrs. Verralls Bericht über ihre automatischen Schriften, daß Miss Alice Johnson[1] die Entdeckung machte, ‘daß in mehreren der bemerkenswertesten Fälle die Äußerungen in der Schrift der einen Schreiberin[2] durchaus nicht einfache Wiederholungen von Äußerungen in der Schrift der anderen waren, sondern verschiedene Äußerungsformen einer und derselben Vorstellung zu enthalten schienen, wobei die eine die Ergänzung der anderen bildete ... Wir erhalten [also] nicht einmal [in beiden Schriften] dieselbe Vorstellung in verschiedener Weise ausgedrückt, wie dies [ja sehr] wohl aus direkter Telepathie zwischen ihnen sich ergeben könnte. Was wir erhalten, ist eine bruchstückweise Äußerung in der einen Schrift, die keine besondere Pointe oder Bedeutung zu haben scheint, und eine andere bruchstückartige Äußerung von gleicher Sinnlosigkeit in der anderen; fügen wir aber die zwei zusammen, so sehen wir, daß sie einander ergänzen und daß beiden ein Vorstellungszusammenhang zugrundeliegt, der nur teilweise in jeder [einzelnen] zum Ausdruck gelangt. Ich überzeugte mich durch das Studium dieser Fälle, daß in der eigentümlichen Form, welche sie annahmen, ein besonderer Zweck verborgen lag, um so mehr als in Mrs. Verralls Schrift sich häufig Bemerkungen mit ihnen verknüpften, welche augenscheinlich die Aufmerksamkeit auf eine besondere Art von [spiritistischem] ‘Beweis’ zu lenken suchten. Der Gedanke drängte sich mir also auf, daß wir, falls überhaupt durch irgendeine Methode, dann vielleicht durch diese hier zu zwingenderen Beweisen als bisher gelangen könnten für die Betätigung einer dritten Intelligenz, die von den Bewußtseinen beider Automatisten unabhängig wäre. Es ist [offenbar] schwierig vorauszusetzen, daß die telepathische Erlangung eines Bruchstückes zur Erzeugung eines andern Bruchstückes führen könne, welches nur nach sorgfältiger Vergleichung als mit dem ersten zusammenhängend erkannt werden kann.’[3]

Es ist leider aus räumlichen Gründen ganz unmöglich, auch nur ein Beispiel dieser Querentsprechungen (*cross-correspondences*) in einer volles Verständnis sichernden Ausführlichkeit wiederzugeben. Überblickt man die Gesamtmasse der erhaltenen Schriften dieser Art, so gelangt man zu folgender Bezeichnung ihres Wesens: Eine Reihe von Äußerungen durch verschiedene, räumlich weit voneinander getrennte Medien geben vor, von mehreren Verstorbenen — hauptsächlich führenden Mitgliedern der Ges. f. psych. Forschung — herzustammen; in diesen Äußerungen ver-

1) Eine der scharfsinnigsten Arbeiterinnen auf diesem Gebiete, research-officer der Ges. f. psych. Forsch., früher Prof. Sidgwicks Privatsekretärin. 2) von mehreren Haupt-Automatistinnen der Ges.: damals besonders Mrs. Verrall, Mrs. Piper u. Mrs. Thompson. 3) Pr XXI 373 ff. (teilweise umgestellt). Man lese das ganze Kap., aaO. 369 ff.

birgt sich ein Plan und eine Methode, die ein volles Verständnis jener angeblichen Abgeschiedenen für Einwendungen bezeugen, die seitens der Kritik bisher gegen vorgebliche Äußerungen Verstorbener geltend gemacht wurden; ein Plan und eine Methode überdies, die fraglos von keinem Lebenden bewußt formuliert worden waren, ehe sie in einem Teil jener Äußerungen bereits verwirklicht vorgefunden wurden; endlich versehen die vorgeblichen Verfasser dieser Äußerungen diese selbst im Sinne des besagten methodischen Planes mit einem laufenden Kommentar, dessen Sinn — und dies ist wiederum wichtig — erst verstanden wurde, nachdem unabhängig davon der innere Plan der Äußerungen selbst entdeckt worden war.[1] — Von diesen zahlreichen kommentierenden Äußerungen seien hier einige wenige angeführt.

Am 27. Okt. 1902 schreibt Mrs. Verrall (zum Teil auf griechisch): 'Schreibe auch du in Gemeinschaft — ein Anderer muß es lesen ... Mrs. Forbes hat die andern Worte — stückle zusammen. Füge die ihrigen zu deinen.' — Am 31. desselben Monats: 'Sie haben nicht alles verstanden — versuchen Sie fernerhin. Sie hat einige unvollständige Worte erhalten, die hinzuzufügen sind ... und den Schlüssel abgeben.' — Am 15. Jan. 1903: 'Warten Sie auf das Wort. Er sagte: Ich will die halbe Botschaft an Mrs. Verrall schicken und Sie haben die andere Hälfte. Sagen Sie dies Hodgson — aber Sie haben das Wort noch nicht erhalten ... Es kam vor einiger Zeit durch Mrs. Piper, aber sie sollten es Ihnen nicht sagen.' — Am 10. Aug. 1904: 'Dies nun ist etwas anderes.[2] Sitzen Sie regelmäßig und warten Sie. Ich wünsche etwas gänzlich Neues zu versuchen — Sie sollen nicht erraten, und Sie werden wahrscheinlich nicht verstehen, was Sie schreiben. Aber behalten Sie es alles und sagen Sie noch nichts davon. Dann zu Weihnachten oder vielleicht früher können Sie Ihre eigenen Worte mit denen einer Andern vergleichen und die Wahrheit wird dann zutagetreten ... Nur ein langer Versuch kann irgendwelchen Nutzen haben. Fangen Sie jetzt an und schreiben Sie die Worte, die ich gebe' usw. usw.[3]

Daß hier eine Intelligenz am Werke ist, welche plant und leitet und mit dem wachen Bewußtsein keiner der zunächst beteiligten Personen identisch ist, geht aus dem Zusammenhange solcher Äußerungen unabweislich hervor. Der einzige Ausweg, der dem entschlossenen Zweifler verbleibt, liegt in einer Theorie, nach welcher das 'Unterbewußtsein' einer dieser Beteiligten — etwa der Mrs. Verrall, denn von dieser stammen bei weitem die meisten Selbstbekundungen der angeblichen Unternehmung — den Plan ersonnen, diesem Plan entsprechende Anteile dem Unterbewußtsein der beteiligten Automatisten telepathisch übermittelt hätte und mit diesen — immer unterbewußt, denn sie 'wissen' alle nichts davon — übereingekommen wäre, unter fortdauernder Benutzung telepathischen Gedan-

1) Noch Mrs. Verrall, in deren Schrift diese kommentierenden Äußerungen sich vorzugsweise finden, hatte sie im allg. als unverständlich bezeichnet (Pr XX 39). 2) D. h. ein anderes Experiment, als das zuvor versuchte der Inhaltsbestimmung eines hinterlassenen Briefumschlags. 3) Pr XXI 378ff.

kenverkehrs die verwickelte Komödie zu spielen, in der — dem Anschein nach — eine Anzahl selbstbewußt auftretender Abgeschiedener als beratende, von Ort zu Ort sich bewegende, Hand und Mund der Medien lenkende Experimentatoren auftreten.[1] Gegen eine solche Deutung würde augenscheinlich nicht verschlagen, was Miss Johnson als einen Beitrag zu ihrer Widerlegung anführt: daß sich nämlich Äußerungen jener vorgeblichen Abgeschiedenen über das Wesen ihrer Methode völlig unabhängig von Mrs. Verralls Andeutungen auch in der Schrift der Mrs. Forbes (einer Teilnehmerin an mehreren Querentsprechungen), und zwar fast ausschließlich in Verknüpfung mit beweiskräftigen Stücken der Schrift vorfinden, für deren Zuerteilung an eine unabhängige Intelligenz also an sich schon Gründe bestehen.[2] Denn jene Alternativhypothese fände, wie angedeutet, keine unüberwindliche Schwierigkeit darin, auch andere Teilnehmer, außer der ursprünglichen Erfinderin der Methode, als unterbewußt tätige, soz. bewußte Vertreter des Planes anzusetzen.

Wir sehen auch hier wieder, zu welcherlei verwickelten Hypothesen der Gegner der spiritistischen Annahme greifen muß, um sich der anwachsenden Masse der Tatsachen gegenüber in seiner Stellung zu halten. Gleichwohl finden wir auch hier bestätigt, daß ein schlechterdings zwingender Beweis für den Fortbestand persönlicher Wesen selbst durch die findigsten Versuchsbedingungen, von denen wir bisher wissen, aus bloßen Inhalten der mediumistischen Mitteilung nicht erbracht werden kann. Gerade aus der Möglichkeit, die für den Menschen letzten Endes besteht, jeden beliebigen Inhalt vergangenen oder künftigen Geschehens zu erfahren, ergibt sich ohne weiteres die Unmöglichkeit, jemals aus normalerweise nicht wißbaren Inhalten einen strengen Beweis für die spiritistische Lehre zu gewinnen. Der logisch argumentierende Spiritist muß auf diesem Grund und Boden allein dem entschlossenen Zweifler gegenüber ein für allemal seine Sache verlorengeben.

LX.

Spiritistische 'Natürlichkeit' des Transgeschehens.

Freilich ist damit die Problemlage nicht erschöpfend ausgesprochen. Denn Wissenschaft, in einem fruchtbaren Sinne gefaßt, hat es nun einmal nicht bloß mit dem exakt und zwingend Feststellbaren zu tun, sondern arbeitet innerhalb weiter Strecken mit Wahrscheinlichkeiten verschie-

---

1) Vgl. hierzu aus der umfangreichen Diskuss. über Querentspr. bes. Prof. Pigou in Pr XXIII 286ff.; G. Balfours Erwiderung das. XXV 38ff.; Podmore, The newer Spiritualism (Lond. 1910) ref. in Pr XXV 77ff.; G. Geley, Contrib. à l'étude des corresp. croisées (Par. 1914) u. a. 2) Pr XXI 389f. Auch in Mrs. Verralls Schriften stehen die meisten jener Selbstbekundungen in dieser bedeutsamen Verknüpfung.

denen Grades, und zu diesen Strecken würde die Erforschung eines Jenseits fraglos gehören. Macht die Umgehung der spiritistischen Lehre Annahmen von großer Verwickeltheit nötig, so wird diese Verwickeltheit gegen die Einfachheit und vergleichsweise Natürlichkeit der spiritistischen Hypothese gewogen werden müssen, solange kein Beweis ihrer Unrichtigkeit oder Unmöglichkeit geführt worden ist — von welchem Beweise nach den noch weiter greifenden Lehren früherer Abschnitte hier gewiß nicht die Rede sein kann.

Man darf ja nicht glauben, daß die Tatsachen sich immer oder auch nur meist in jenem einfachen Schematismus darstellen, wie er in den oben kurz wiedergegebenen Schulbeispielen gegeben schien. Die angebliche Mitteilung aus dem Jenseits vollzieht sich vielmehr häufig in Formen verwickelter Dramatik, und es ist die Gesamtheit dieses mediumistischen Dramas, einschließlich der darin enthaltenen Brocken übernormalen Inhaltwissens, auf die sich häufig gerade der stärkste Anschein spiritistischen Geschehens gründet. Es fragt sich mithin, ob diese Realistik des Transdramas — sein Verlauf also in Formen, die ihm natürlich wären, falls dritte unabhängige Intelligenzen im Spiele wären — nicht zuweilen bis zu solchen Graden unerwarteter Feinheit in der Durchführung gedeihe, daß ihre Deutung durch somnambule Schauspielerei des Mediums nachgerade unwahrscheinlicher werde als die Annahme, die durch jene Deutung aus dem Felde geschlagen werden soll. Ich denke hier an gewisse Grundverhältnisse des dramatischen Transgeschehens, die den spiritistischen Voraussetzungen in besonders eindrucksvoller Weise entsprechen; sodann aber an gewisse Einzelzüge, die sich erst bei aufmerksamer Betrachtung der Urkunden offenbaren: kleine Auftritte, verstreute Kulissenbemerkungen der Kontrollen, vorüberhuschende Verwicklungen, die in ihrer ungesucht-verblüffenden Natürlichkeit, ihrer zufälligen Nebenherigkeit gänzlich außerhalb der Berechnung einer Schaustellung liegen und ebensowenig in den Verlauf eines passiv-dramatischen 'Traumes' zu gehören scheinen. Ein auf diese Eigentümlichkeiten gegründetes Argument beruft sich also weder auf Inhalte der Mitteilung, die angeblich nur der Verstorbene mitteilen könnte, noch auf die dramatischen Formen im allgemeinen,[1] sondern auf Dinge, die z. T. so versteckt sind, daß der naive Eindruck sie nicht einmal beachtet und beachten kann, und von denen darum auch nicht anzunehmen ist, daß sie Teile einer beabsichtigten Komödie sind. —

Das geringste Gewicht in dieser Beziehung dürfte die außerordentliche, ins Einzelne gehende Genauigkeit haben, mit der in vielen Transdramen die einzelnen Auftretenden von Anfang bis zu Ende die ihnen eigentümlichen Rollen durchführen.

---

1) Wovon o. S. 604 ff. die Rede war.

Mrs. Verrall, deren Urteil stets sorgfältigst erwogen ist, hat dies zB. an den einzelnen Kontrollen der Mrs. Forbes hervorgehoben: ihre Dramatisierung und die Verteilung der verschiedenen Aussagen unter ihnen sei 'auffallend genau durchgeführt'. Angeblich beweiskräftige Bestandteile mehr oder minder bruchstückartiger Natur werden 'H.' zugeschrieben, und die allgemeine Leitung der Vorgänge 'Edmund Gurney'. Die klarsten, fließendsten und bestimmtesten Aussagen kommen von 'Talbot Forbes', der gelegentlich einzugreifen scheint, um deutlich auszudrücken, was vorangegangene Versuche unklar gelassen haben.[1] Und ähnliche Fälle ließen sich wohl manche anführen.

Wollte ich diese Realistik der Rollendurchführung in alle ihre möglichen Formen hinein verfolgen, so wäre nicht leicht ein Ende zu finden; das Studium der Urkunden unter diesem Gesichtspunkt kann nicht dringend genug empfohlen werden. Ein Beispiel mag hier genügen: ich meine den seltsamen Umstand, daß zuweilen der vorgeblich Abgeschiedene Tatsachen äußert, die so, wie er sie darstellt, nur noch ihm bewußt sein können, weil alle nächstbeteiligten Lebenden wissen, daß sie sich seit seinem Tode geändert haben.[2] Es müßte angenommen werden, daß der Tote aus irgendwelchem Grunde — und es lassen sich viele dafür erdenken — wenigstens in diesen Fällen der irdischen Entwicklung nicht gefolgt sei. Dagegen würde eine 'Darstellung' des Toten durch das Transbewußtsein des Mediums wohl fraglos unwillkürlich die Dinge so erwähnen, wie sie diesem bekannt sind, zumal das Medium von den vorgegangenen Veränderungen als Veränderungen meist gar nicht wissen dürfte.

Ein anderer seltsam realistischer Zug ist gegeben, wenn der Kontrollgeist das Medium zeitweilig fahren läßt, um — wie er behauptet — von anderswoher Erkundigungen zu beziehen.

'Ich will gehen' — sagt eine Transpersönlichkeit der Mme d'Espérance einmal, nachdem sie auf eine Frage des Sitzers sich zunächst besonnen hat — 'ich will gehen und einen Mann fragen, den ich kenne. Warten Sie, bis ich zurückkomme.' Nach kurzer Zeit 'kam sie zurück' und hatte die gewünschte Auskunft erlangt.[3] — In einer Sitzung mit Mrs. Piper unterbricht der (inzwischen gestorbene) Hodgson die Unterhaltung mit den Worten:

'Lassen Sie mich erst Myers rufen; er soll selbst hören.'

(Eine Pause. Dann schreibt Myers:)

'Ja. Sind Sie hier? ...

Zeichnete Mrs. Verrall eine (folgt Bild einer Schranke)?'[4]

Auch 'Nelly' behauptet gelegentlich, daß sie 'schwer gearbeitet habe' während der Pause zwischen zweien ihrer Gastrollen, um sich über Den oder Jenen zu unterrichten; daß sie etwa jemand, den sie suchte, nicht habe finden können, dagegen jemand anders gefunden habe.[5]

---

1) Pr XX 275. Vgl. auch Prof. Newbold (Pr XIV 7) üb. differentielles Auftreten 'Jüngst-', 'gewaltsam Verstorbener' u. a. Kategorien von Kontrollen. 2) Vgl. hierzu den von V. Cavalli mitgeteilten Fall in JSPR IX 284. 3) d'Espérance 134; vgl. 166. 170; Savage 97. 4) Pr XXII 154. 5) Pr XVIII 138 (Abs. 2). 137 (3). Vgl. 'Phinuits' Behauptung üb. sein 'Umhersuchen' nach den 'Geistern': Pr VI 480.

Und dabei ist der Kenntniszuwachs nach solchen unterbrechenden Abwesenheiten fast immer ein wirklicher, kein bloß angeblicher, vielmehr zu Zeiten sehr bedeutsamer.[1]

Man beobachte zB. auch folgende seltsam 'echt' anmutende kleine Szene: Die Myers-Kontrolle der Frau Thompson hatte Abmachungen wegen vermehrter künftiger Sitzungen vorgeschlagen, und 'Mrs. Cartwright' erwiderte ihm, die Frage müsse Edmund Gurney und Mr. D. vorgelegt werden, 'die augenblicklich die Spielleitung innehaben'.[2] Sie entfernt sich also, um diese zu Rate zu ziehen, unterbricht bei ihrer Rückkehr eine Unterhaltung zwischen 'Myers' und dem Sitzer, entschuldigt sich wegen dieses Einbruchs und fügt hinzu: 'Ich kann das verworrene Gemurmel von Stimmen hören. Ich unterbreche. Ich habe Mr. D. gefragt. Er meinte usw.'[3]

Diese angeblichen Ausflüge ins Jenseits zu bestimmten Zwecken zeigen nun aber eine bedeutsame Entwicklung. Befindet sich der auf ihnen Befragte der Voraussetzung nach im Geisterreich, so entzieht sich die Tragweite der Realistik des Vorgangs natürlich größtenteils unsrer Beurteilung. Anders, wenn der sich Entfernende während seiner Abwesenheit von dem einen Medium sich durch ein anderes zu äußern vermag. Das Drama bereichert sich dann um einen zweiten irdischen Schauplatz, und seine Natürlichkeit beruht auf dem Ineinanderpassen der Geschehnisse auf diesen beiden Schauplätzen.

Einen Fall dieser Art berichtet zB. Prof. Hare. Am 3. Juli 1855 um 1 Uhr nachmittags zu Cape May Island ersuchte er einen 'Geist', der sich in der Rolle eines Schutzgeistes dauernd in seiner Nähe gehalten haben soll, zu seiner Freundin Mrs. Gourlay in Philadelphia sich zu begeben und durch sie ihren Gatten Dr. Gourlay aufzufordern, sich auf der Bank von Philadelphia nach dem Fälligkeitstermin eines gewissen Wechsels zu erkundigen; die Antwort würde er, so lautete die Verabredung, durch sein Medium um $^1/_2$4 Uhr nachmittags desselben Tages in Empfang nehmen. Diese Antwort entsprach genau dem Bescheide, den Dr. Gourlay auf der Bank erhalten hatte, aber nicht den Erinnerungen des Fragenden. Es stellte sich nämlich nach Hares Rückkehr in die Stadt heraus, daß am Nachmittag des 3. Juli Mrs. Gourlay in einer mediumistischen Unterhaltung mit ihrer verstorbenen Mutter begriffen war, als Hares Sendbote sie unterbrach und sich seines Auftrags entledigte. Dr. G. und sein Schwager hatten sich darauf zur Bank begeben und den ihnen erteilten Bescheid auf demselben Wege in umgekehrter Richtung an Hare zurückgelangen lassen. Von seinem Erfahrungsanteil an diesen Vorgängen machte Hare den übrigen Beteiligten erst Mitteilung bei ihrem ersten Zusammentreffen, nachdem er in allgemeiner Weise nach etwaigen 'Botschaften' in der Zwischenzeit gefragt hatte. Die Entfernung zwischen Cape May Island und Philadelphia beträgt nahezu 150 km.[4]

---

1) S. zB. Pr XVII 179ff. 2) who are giving orders now. Vgl. Pr XVIII 299 üb. the circle above. 3) Pr XVIII 146. 4) Hare, Exper. investig. of the spirit manifestations (N. Y. 1858) § 115ff. 247. Vgl. das. 294f.; Aksakow, An. u. Spir. II, Kap. III, 7; Light, 18. Dez. 1886 (G. D. Featherstonhaugh); Lombroso 286f.; Perty, Blicke 112; Harrison 202f. (Berührung durch den 'Sendboten'); Perty, Spir. 188 ('Magnetisierung' durch diesen); APS III 52 (metaphysik. Wirkungen durch diesen); Der Türmer XIV (1911) 92; Pr X 175; XVIII 205ff. 295—301. Die Beispiele ließen sich sehr vermehren.

Einer der merkwürdigsten Fälle solchen ineinandergreifenden Doppelauftretens, der beinahe zwei Geister zu verbürgen scheinen könnte, wird uns aus der Transgeschichte der Mrs. Piper mitgeteilt, leider nur in Form eines zusammenfassenden Berichtes.

F., ein naher Verwandter der Frau Eliza Mannors (Pseud.), die zuerst am 17. Mai 1892, einige Monate nach ihrem Tode, in Mrs. Pipers Trans sich gemeldet hatte, war seinerseits gestorben und die Nachricht in einer Bostoner Morgenzeitung veröffentlicht worden, wo Dr. Hodgson sie gelesen hatte, während er sich zu einer Sitzung mit dem Medium begab. 'Die erste Schrift in dieser Sitzung, berichtet Dr. H., kam, mir unerwartet, von Mme Eliza. Sie erklärte in deutlicher und kräftiger Schrift, daß F. mit ihr anwesend, aber unfähig sei, unmittelbar zu sprechen, [und] daß sie mir zu berichten wünsche, in welcher Weise sie F. geholfen habe, sie zu erreichen. Sie sei, sagte sie, an seinem Sterbebette zugegen gewesen und habe zu ihm gesprochen, und wiederholte, was sie gesagt hatte — eine ungewöhnliche Form des Ausdrucks —, und gab zu verstehen, daß er sie gehört und erkannt habe. Dies wurde bis ins Einzelne bestätigt auf die einzige damals noch mögliche Art und Weise: durch einen sehr nahen Freund von Mme Eliza und mir, wie auch des nächsten überlebenden Verwandten von F. Ich zeigte [nämlich] meinem Freunde den Bericht der Sitzung, und diesem Freunde berichtete jener Verwandte, welcher am Sterbebette zugegen gewesen war, einen oder zwei Tage später ungefragt, daß F., kurz bevor er starb, gesagt habe, er sehe Mme Eliza, die zu ihm spreche; und wiederholt habe, was sie sagte. Die so wiedergegebenen Ausdrücke, welche jener Verwandte meinem Freunde gegenüber anführte, waren dieselben, die ich von Mme Eliza durch Mrs. Pipers Trans erhalten hatte, zu einer Zeit, als der Vorgang am Sterbebette mir natürlich vollkommen unbekannt war.'[1]

Man mag hiermit eine Erzählung des Mr. E. Paige vergleichen, die allerdings in der vorliegenden Gestalt etwa 11 Jahre nach den beschriebenen Ereignissen aufgesetzt ist. Mr. Paige berichtet, daß er während der letzten Krankheit seiner Frau, die an Magenkrebs starb, 'als ein Fremder' (pseudonym) zu dem Medium S. N. White ging, die ihm im Namen seiner verstorbenen Schwägerin Maria verschiedene richtige Angaben machte und den baldigen Tod seiner Frau voraussagte. 'Innerhalb dreier Tage, fuhr die Kontrolle fort, wird Eliza Anne [die Kranke] sagen, daß sie mich gesehen habe, und Mutter auch, falls ich Mutter bewegen kann, mitzukommen.' (Diese Mutter war etwa 45 Jahre früher gestorben, die Schwägerin vor 6—8 Jahren.) 'Ich behielt diese Einzelheiten, berichtet Paige weiter, für mich, aber innerhalb dreier Tage kam die Krankenschwester, welche die Pflege meiner Frau versah, zu mir gelaufen und sagte, daß der Zustand sich verschlechtert und sie das klare Bewußtsein verloren habe; daß sie Maria und Mutter angerufen habe und aus dem Bett gesprungen und auf die Tür zugelaufen sei mit dem Rufe: 'Halt, Maria; halt, Mutter! Geht noch nicht fort.' Maria gab dann im Verlaufe weiterer Sitzungen verschiedene Vorschriften über die Kost der Kranken und sagte schließlich auf die Frage, wie lange diese noch zu leiden haben werde, ..: 'Wenn sie das nächste Mal sagt, daß sie mich gesehen hat, so gehe nicht wieder von ihr.' Einige Tage darauf, als ich die Pflegerin etwa um 3 oder 4 Uhr morgens ablöste, sagte diese:

1) Pr XIII 378 Anm.

'[Ihre Frau] behauptet, sie habe wieder Maria gesehen.' Wenige Minuten darauf sagte meine Frau: 'Ich muß gehen.' Und starb.'[1]

Ich schließe die Reihe mit einem Falle, bei welchem das Interesse sich schon fast mehr dem 'Inhaltlichen' zuwenden dürfte. Varley erzählt, daß er während eines Aufenthaltes in Beckenham im Winter 1864/65 einen seiner Mitarbeiter in Birmingham zurückgelassen habe. Eines Nachts nun habe er, durch Klopflaute aufmerksam gemacht, einen militärisch bekleideten Geist in seinem Schlafzimmer erblickt, der durch Mrs. Varley gesprochen habe. Er gab sich als der (Varley unbekannte) Bruder des Herrn in Birmingham zu erkennen, den er besucht zu haben behauptete, der seine Mitteilung aber nicht verstanden habe. Er bat also Varley, für ihn eine Botschaft an jenen zu schreiben, was denn auch geschah; worauf der Herr in Birmingham zurückschrieb: Ja, ich weiß, daß mein Bruder Sie besucht hat, denn er kam [wiederum] zu mir und war imstande, mir wenigstens dies zu berichten. 'Der Geist, fügt Varley hinzu, hatte mir mitgeteilt, daß er in Frankreich, wo er die Schule besuchte, erstochen worden sei, was aber nur seinem überlebenden Bruder und seiner Mutter bekannt, dem kränklichen Vater jedoch verheimlicht worden sei. Als ich dies dem Überlebenden erzählte, erbleichte er und bestätigte es.'[2]

Es wird dem Scharfsinn des Lesers gewiß nicht entgangen sein, daß auch in Fällen wie den hier angeführten der Anschein echten spiritistischen Geschehens sich vielfach in bloßen Schein verwandeln läßt, sofern eben nur das Medium im Trans mit übernormalen Fähigkeiten beliebigen Umfangs ausgestattet wird. Zieht angeblich eine Kontrolle ins Dunkel des Geisterreiches hinaus, um Auskünfte einzuholen, so brauchen wir nur das Medium während der Zwischenzeit bis zur Einbringung jener Nachrichten mit Gedankenlesen, Fernsehen und was sonst beschäftigt zu denken. Auch streitet es ja nach dem, was wir über unabhängige Abläufe innerhalb der Seele wissen, letzten Grundes nicht gegen diese Auffassung, daß während jener suchenden Tätigkeit des Unterbewußtseins das Medium häufig wach, ja zuweilen sogar auf Wunsch der 'Kontrolle' geweckt worden ist,[3] die eben dadurch zu ihrem Ausfluge frei werden will; noch auch, daß diese Pause mitunter sehr lang und größtenteils durch Wachsein des Mediums ausgefüllt ist. — Tritt der 'Geist', wie in den letzten Fällen, an zwei Schauplätzen auf, so verwickelt sich freilich die antispiritistische Deutung noch weiter, läßt sich aber zuweilen doch noch durchdrücken: wie etwa im Falle Paige-White durch die Annahme, daß das Transbewußtsein des Mediums die Kranke und Sterbende mehrmals telepathisch veranlaßt habe zu halluzinieren.[4] In andern Fällen streift der Versuch einer solchen Deutung allerdings ans nahezu Sinnlose. So hätte zB. das latente Transbewußtsein der Mrs. Piper das Sterbebett-Erlebnis des F., den sie sicherlich gar nicht kannte, 'arrangieren' müssen, ehe es in einer späteren Sitzung

1) Pr VIII 227f. Vgl. Pr X 175 (Miss E. K. B.s Bericht). 2) Aus Ber. d. Kom. d. dial. Ges. bei Perty, Spir. 302. 3) Pr XVII 92f. 4) R. Wedel, Beiträge z. Grenzwissenschaft (1899) 74. Vgl. hierzu auch v. Hartmann, Die Geisterhyp. des Spiritismus 61.

im Namen des angeblichen Geistes der Mme Eliza dem Dr. Hodgson davon erzählte.[1] In Varleys Falle müßte man gar annehmen, daß das Unterbewußtsein seines Mitarbeiters außerstande gewesen sei, sich dessen Bewußtsein, dagegen wohl imstande, sich der fernen Mrs. Varley verständlich zu machen; ganz abgesehen davon, daß es dieser etwas mitgeteilt hätte, was es — wie aus dem Erbleichen zu schließen — sicherlich Gründe hatte geheimzuhalten. —

Bedeutsamer noch als das vorstehend Besprochene ist ein anderes formales Bestandstück des mediumistischen Trans, das man als jenem verwandt bezeichnen kann. Der spiritistischen Hypothese liegt die Annahme nahe, daß auf der Höhe der Transvorgänge, d. i. wenn anscheinend der Körper des Mediums von fremden Ichen besessen und benutzt wird, die 'Persönlichkeit' des Mediums aus diesem Leibe völlig verdrängt sei. Da sie sich dann etwa im Zustande eines 'Geistes' befände, dem doch gerade die spiritistische Hypothese vor allem Erinnerung zuschreiben muß (denn auf Erinnerungsbeweise gründet sie sich ja in erster Linie), so wäre auch zu erwarten, daß das aus der Verdrängung heimkehrende Medium Erinnerungen aus dieser Verdrängung mitbrächte, die mit dem Transinhalt nichts zu tun hätten. Der Geist des Mediums würde also hier eine ähnliche Rolle spielen, wie in den oben besprochenen Erkundungs-Fällen der Geist eines Abgeschiedenen.

In Wahrheit zeigt das zu sich kommende Medium fast immer volle Erinnerungslosigkeit für die Geschehnisse des Trans, wobei etwa nachklingende Erinnerungen an diese (auch unter spiritistischer Voraussetzung) sich ungezwungen aus dem Zusammentreffen von Medium und Geist auf 'gemeinsamem Boden' — etwa in der Phase des Erwachens — erklären lassen dürften. Nun braucht solche Erinnerungslosigkeit unstreitig nicht im mindesten das bewußte Verlöschen des Mediums während seiner vorausgesetzten Abwesenheit zu beweisen; sie könnte vielmehr bei der Verschiedenartigkeit des vorausgesetzten Exkursions-Ich von dem im Leibe wachenden sogar als etwas ganz Natürliches erscheinen.[2] Die Frage ist bloß, ob wenigstens in einigen Fällen das *ex hypothesi* heimkehrende Medium Erinnerungen mitbringt, die von den Inhalten des vorausgegangenen Trans vollständig abliegen und als Nachklang eines während des Transgeschehens fortgeführten Eigendaseins angesehen werden können. Und dies scheint in der Tat der Fall zu sein.

Von Mrs. Thompson berichten die Beobachter, daß während 'die Geister durch ihren Mund reden, sie selbst von andern Dingen träumt. Sie erzählt zuweilen ihre Träume nach dem Erwachen'.[3] Als sie zB. am 29. Nov. 1899 in einer Sitzung mit Dr. van Eeden aus dem Trans erwacht, behauptet sie, 'in der jüdischen Sphäre'

---

1) bezw. der Schwester der Mme Eliza. — Vgl. Pr XIII 471 f. 2) Vgl. die gewöhnl. Erinnerungslosigkeit zwischen Hypnose und Wachen u. a. m. (o. S. 72). 3) Pr XVII 77.

des Jenseits gewesen zu sein: 'Nur Juden dort. Sagen Sie's sicher Herrn Myers.' Sie sei schon einmal dort gewesen, habe aber vergessen, es zu erwähnen, und eine Dame in jener Sphäre habe ihr gesagt: 'Sie haben vergessen zu berichten, was ich Ihnen bei Ihrem letzten Besuche hier sagte: daß Sie sehr gut zu meinen Verwandten gewesen seien.' Diese Äußerung fand Mr. Myers durchaus verständlich: ein jüdischer Freund von ihm hatte kurz zuvor eine erfolgreiche Sitzung gehabt.[1] — Mit der Deutung dieses angeblichen Besuchs in der 'jüdischen Sphäre' haben wir es hier natürlich nicht zu tun. Wichtig ist uns hier bloß, daß die Transäußerungen, die mit dieser angeblichen Heimkehr des Mediums aus der jüdischen Sphäre abschlossen, 'nicht das Geringste mit Juden zu tun hatten': Mrs. Thompsons Transerinnerungen und die Transäußerungen waren vollkommen unabhängig voneinander. Nelly hatte während des Trans behauptet, ihre Mutter sei mit 'Mrs. Cartwright' und einer andern Kontrolle 'in ihre eigene Heimat gegangen, d. h. die Sphäre, die diesen Kontrollgeistern als Wohnung dient', und Mr. Piddington glaubt auf diesen 'Widerspruch zwischen Transtraum und Transerinnerungen' aufmerksam machen zu müssen. Der Widerspruch mag unbestreitbar sein, aber er erhöht, wie mir scheint, die spiritistische Natürlichkeit des Vorgangs; denn selbst wenn wir nicht annehmen, daß Mrs. Thompsons Geist während des Trans zwei Ausflüge nacheinander gemacht habe (einen in 'Mrs. Cartwrights Heimat' und den andern in die 'jüdische Sphäre'), so braucht gerade nach spiritistischer Deutung des Transgeschehens die 'anwesende' Nelly doch sicher nicht zu wissen, wohin die 'abwesende' Mrs. Thompson sich begeben hatte.

Hierzu tritt nun aber noch der Umstand, daß die Exkursion des Mediums während des Trans auch von dessen gleichzeitigen Kontrollen angeblich beobachtet wird. Ich will hierfür nur ein Beispiel geben, in welchem sich diese Beobachtung überdies höchst merkwürdig mit einer andern und andersartigen Feststellung desselben Tatbestandes verschränkt.

Die Transpersönlichkeiten zeigen sich meist befähigt, beim 'Psychometrisieren' von Gegenständen anzugeben, ob deren Eigentümer 'im Leibe', d. h. am Leben, oder bereits 'im Geiste' seien.[2] (Ich verweise auch auf die eigenartige Angabe von Miss Goodrich-Freer, das lebende Phantom führe für den Seher irgendwelche Andeutungen seiner eigenen Umgebung mit sich: der Dinge, mit denen es in irgendwelcher wirklichen Beziehung stehe; die Toten dagegen schienen von jeder Art von Umgebung gelöst zu sein.)[3] — In einer seiner ersten Sitzungen mit Mrs. Piper nun hatte Dr. Hodgson dem Medium einen Brief eingehändigt, der 'Phinuit' zu einer richtigen Beschreibung des Absenders befähigte, sowie in Verbindung damit (und offenbar mit gutem Sinn) zu der Beschreibung einer Dame — groß, blond usw. Bei einem zweiten, später eingehändigten Briefe rief Phinuit sogleich aus, dies sei der 'Einfluß', den er in Verbindung mit dem ersten Briefe beschrieben. Tatsächlich paßte die anfangs gegebene Beschreibung einer Dame auf die Absenderin des zweiten Briefes, nämlich — Mrs. Piper selbst! Darf man darin angedeutet finden, daß die psychometrische Leistung echt war, so gewinnt das nun Folgende eine

---

1) Pr XVIII 168f. Vgl. übrigens die Tatsache der Nichtgemeinsamkeit von Erinnerungen zwischen 'Phinuit' und Mrs. Piper (Pr VIII 55f.). 2) Pr VI 487f. (in the body; in the spirit). 3) The living phantasm, d. h. wohl: das Phantom des Lebenden. — Pr XI 131.

eigenartige Bedeutung. Dr. Hodgson nämlich fragte Phinuit, 'ob die Schreiberin[1] dieses zweiten Briefes im Leibe oder im Geiste sei. Er antwortete sofort: 'Im Leibe', fügte jedoch hinzu: 'Aber nein; das ist seltsam. Da ist sie ja im Geiste und spricht zu einer alten Dame.' Dies schien Phinuit zu verwirren, und nach einigen gemurmelten Selbstgesprächen ging er zu etwas anderem über. Mehrmals am Ende der Sitzung erwähnte er das Medium als 'zurückkehrend', 'lachend', 'Fragen stellend', 'den Sitzer zu berühren suchend' usw.'[2] — Die kleine Szene erscheint unbezahlbar in ihrer Art. Phinuits Verwirrung ist unter spiritistischen Voraussetzungen nur zu begreiflich. Soweit sich der psychometrische Einfluß Lebender und Toter an sich unterscheidet, mußte Phinuit offenbar sofort das Urteil 'im Leibe' fällen. Anderseits befindet sich unter jenen Voraussetzungen das Medium während des Besessenheitstrans allerdings gewissermaßen auch 'im Geiste', d. h. in der Lage eines Toten, sofern es die dauernde Exkursion des Gestorbenen vorübergehend verwirklicht. Der psychometrische Gegenstand hätte demnach Phinuit auf die Spur der Mrs. Piper-in-Exkursion geführt, wie er ihn *ex hypothesi* in anderen Fällen auf die Spur eines Geistes führt, und dementsprechend sieht er denn auch Mrs. Piper als handelnde Person in seinem Transdrama. — Man kann mir entgegenhalten, daß Phinuits spiritistischer Rang verdächtig sei[3] und folglich nicht aus seinem Auftreten eine wirkliche Verdrängung des 'Geistes' der Mrs. Piper abgeleitet werden dürfe, wie sie bei wahrer Besessenheit durch einen Andern allenfalls nötig werden möchte; eine solche Ableitung könne nur bestehen, wenn die Annahme begründet wäre, daß eine 'Teilpersönlichkeit' die andere aus dem Leibe verdrängen könne; diese Annahme aber sei auf dem Boden der geltenden physiologischen Psychologie natürlich barer Unsinn. Ist dies nun auch richtig, so haben wir die Anschauungen dieser physiologischen Psychologie doch schon ziemlich weit hinter uns gelassen; und ob wir, bei den Anschauungen, zu denen unsere Tatsachen uns mehr und mehr drängen, von jener Annahme noch weit entfernt sind, wird Mancher am Ende schon jetzt bezweifeln. Doch würde ich vorgreifen, wollte ich hier näher auf die Frage eingehen.[4]

Mag uns denn die erhobene Schwierigkeit daran erinnern, daß in der Tat für alle bisher berührten Stücke spiritistischer Realistik, auch für die letzten, sich subjektivistische Deutungen mit einiger Mühe zurechtklauben lassen. Es ist ja doch nicht geradezu ausgeschlossen, daß das Medium in völlig gesonderten Bewußtseinströmungen einerseits eine selbständige Exkursion träume, anderseits in der Maske einer Kontrolle die Mittelsperson eines halluzinatorischen Dramas abgebe, innerhalb dessen es alle Arten übernormalen Erfahrens zur Geltung bringe.

Aber der Wirklichkeitsanschein des spiritistischen Transgeschehens verästelt sich nun noch weiter in einer Fülle kleiner und kleinster Geschehnisse, deren Verlegung auf den Schauplatz des einen (wenn auch gespaltenen) Subjektes ständig wachsende Schwierigkeiten macht. — Um auf Einzelnes einzugehen: Ich verwies schon oben[5] auf kleine Vor-

1) Engl. the writer, was natürlich keine Andeutung gibt, daß der Fragende eine Frau im Sinn habe. 2) Pr VIII 23f. 3) Vgl. Pr VI 448f. 655. 4) Vgl. u. Kap. LXXV. 5) S. 606f.

fälle des Dramas, die den Anschein erwecken, als ginge der angebliche Geist zeitweilig von Mitteilungen an den redenden Spielleiter zu eigenem Sprechen durch das Medium über. Dies läßt sich natürlich leicht als ein geschickter Zug der Darstellung oder als ein vorübergehendes Hingerissenwerden des darstellenden Bewußtseins auffassen, und mag häufig auch nichts anderes sein. Prof. O. Lodge, der solche Züge schon früh innerhalb des Phinuit-Dramas beobachtete, hat nun aber darauf hingewiesen, daß zuweilen nach solchen anscheinenden unmittelbaren Ergreifungen des Mediums durch einen der 'Geister' — der Spielleiter Phinuit nicht zu wissen scheine, was jener während der kurzen Versenktheit ins Fleisch gesagt hat.[1] — Nun wissen wir zwar, daß auch künstliche somnambule Persönlichkeiten häufig von Erinnerungslosigkeit gefolgt sind, und die Amnesie nach solchen Zwischenspielen direkter Kontrolle wäre ja eben eine solche — nach der Theorie, gegen die wir im Augenblicke Gründe suchen. Indessen wird man Bedenken tragen, einmalige oder vorübergehende Unterbrechungen der Mitteilung durch den Spielleiter mit wahren Personationen oder Pseudopersönlichkeiten auf eine Stufe zu stellen. Anderseits ist schlechterdings kein Grund ersichtlich, weshalb die Transpersönlichkeit, die doch grundsätzlich die Rolle eines Allwissenden anstrebt, eine solche Erinnerungslosigkeit vortäuschen sollte — eine Feinheit der Maskerade, auf die nur ein gewiegter Psychologe verfallen könnte. Unter spiritistischen Voraussetzungen dagegen möchte es natürlich scheinen, daß ein Geist, der eben erst mit dem Trans-Ich — sagen wir: telepathisch — in Verkehr stand, diesen Verkehr unterbricht, wenn er sich — unter Verdrängung dieses Trans-Ich — vorübergehend in die Leiblichkeit des Mediums versenkt. Sein Verhältnis zum Trans-Ich ist zwar dann genau dasselbe, welches zuvor das Trans-Ich zu ihm unterhielt; anderseits ist ihm die neue Lage eine ungewohnte, und wir wissen ja fast nichts von den Bedingungen, denen ein so hemmungsloser Gedankenverkehr unterliegt, wie er dem Anschein nach für gewöhnlich zwischen Spielleiter und sekundärer Kontrolle besteht.

Die hierdurch nahegelegte Beteiligung mehrerer Personen an der Transäußerung kommt noch in anderen unnachahmlich natürlichen, als Maskerade schier unbegreiflichen Zwischenspielen zum Ausdruck. — In den oben beschriebenen Querentsprechungsversuchen zB. standen, nach der dramatischen Selbstdarstellung dieser Versuche, die eigentlichen jenseitigen Versuchsleiter nicht nur dem Medium, sondern auch dessen schreibendem Trans-Ich (dem *scribe*) gegenüber.[2] Ihr Verkehr sowohl untereinander, als auch mit dem *scribe* scheint aber meist in solcher 'psychischen Nähe' des Mediums vor sich gegangen zu sein, daß sich der ganze

1) Pr VI 453. 2) S. zB. Pr XXI 383: Wait for the word. He said, I will send the half message to Mrs. V.

Gedankenaustausch während des Experimentes durch die schreibende Hand des letzteren sichtbar niederschlagen konnte. Wir finden da nun Intermezzi wie das folgende, in zwei verschiedenen Handschriften geschriebene Stück:

Dann ist da eine Verszeile zu erinnern Heaven *lies about us in our infancy — dies hat eine besondere, eine ganz besondere Bedeutung.*
Wiederhole die Zeile noch einmal
Sie ist niedergeschrieben. geh zum nächsten Versuch über
Cäcilia war ein Name der gewünscht wurde
Ich kann dies nicht klar machen
. . . .
Du gibst nicht auf die Verhaltungsmaßregeln acht
Ich kann nicht hören was sie sagen oder verstehen was sie tun.
Sage Donnerstag war gemeint.
Donnerstag war gemeint.[1]

Daß dieses Gespräch 'Komödie' sei, erscheint mir unglaubhaft; eine Mehrheit von Beteiligten ist offenbar wirklich gegeben. Alle diese wissen, wie es scheint, daß ein Experiment im Gange ist. Aber — und dies bringt die ungesuchte Natürlichkeit auf den Gipfel — einer von ihnen steht der Schreibleistung des Mediums näher als die Andern; nicht so, daß seine Gedanken allein geschrieben werden (denn auch die eines Andern werden geschrieben), sondern so, daß er wahrnehmen kann, was geschrieben ist und was nicht — was den Andern nicht möglich ist.[2] Auf die Theorie dieser verschiedenen 'Nähe' kann ich hier nicht eingehen; vermutlich ist der eine Unterredner der 'Schreiber', d. i. die Transpersönlichkeit des Mediums. Wo aber sollen wir dann den oder die andern suchen, es sei denn außerhalb des Mediums, also dort, wo sie nach der Selbstbezeugung und dem Inhalt des Experimentes zu suchen sein sollen? Der Gesprächsanteil dieser Außenstehenden würde dann offenbar in einer anderen Weise niedergeschrieben als der des *scribe*; er sickert gleichsam ungewollt in den Schreibapparat hinein,[3] während der *scribe* mit Absicht und Bewußtsein schreibt. Im übrigen will ich aber nicht die Verteilung der Handschriften auf die anzunehmenden Personen des Dramas vornehmen: sie stellt dem Scharfsinn des Deuters manche Aufgabe; aber ihr offenbarer Mangel an Folgerichtigkeit dürfte durch den eben geäußerten Gedanken eines verschiedenen Anschlusses an den Schreibapparat zu erklären sein.

Ein verwandtes Beispiel bietet der folgende Absatz aus Mrs. Verralls automatischen Schriften:

Σ ist der [oder das] erste der [was] erkannt werden muß aber es sind andere da. schreibe getzt [*mow*] selber(1) Otranto pice(2) cur non cetera?(3) quia non comprehendit illa nostr a(4) fac quiescat(5). Signum illud pro bono, sed non omne(5).[4]

Mrs. Verrall scheint mir zu weit zu gehen, wenn sie die fünf bezifferten Sätze auf fünf verschiedene Sprecher verteilt; aber eine Mehrheit Beteiligter ist auch

1) Pr XX 73. 2) Vgl. zB. Pr XXI 179: 'Erreicht Sie dies?' 3) Vgl. hierzu 'Nellys' Äußerung Pr XVIII 240 o. 4) 15. März 1903 — Pr XX 71 (3): Otranto pice [mit Pech?] warum nicht weiter? weil diese unsre.. [es] nicht auffaßt sorge dafür daß [sie] still hält jenes Zeichen ist gut aber [es ist] nicht das ganze...

hier unverkennbar, und zwar zum mindesten noch eine Zweiheit außer dem *scribe*, d. i. dem automatistischen Bewußtsein der Schreibenden — der *illa nostra*. Von diesen Zweien fordert der Eine den Andern auf, in direkterer Weise als zuvor zu kontrollieren. Dies führt indessen zu dürftigen Ergebnissen, und der Auffordernde, der das Stocken bemerkt, forscht nach dem Grunde, als den der eben noch Schreibende das 'Nichtauffassen' des Mediums bezeichnet; womit er eine Ablenkung durch Vorstellungsbewegungen des Mediums meinen mag, oder doch nach Ansicht des Auffordernden meint, denn dieser verlangt nunmehr die 'Herstellung von Ruhe', d. i. einer passiveren Aufnahmestellung des Apparates.[1]

Auch die Piper-Urkunden liefern verwandte Beispiele. Man lese zB. das kleine Zwiegespräch, welches sich in Mrs. Pipers Sitzung vom 29. April 1907 zwischen die direkten Mitteilungen einschiebt und unwillkürlich mit niedergeschrieben wird:

Myers $_P$: Sie meinen meine Erwähnung des Horaz. [Mrs. Verrall, die Sitzerin, hatte Myers eine Frage mit Bezug auf eine bestimmte Ode des Horaz vorgelegt.]

Mrs. Verrall: 'Meine Erwähnung des Horaz?'

Rector[2] (schüttelt abweisend die Hand): Verwirrung bezüglich Ihrer Frage ... Geben Sie ihm einen Augenblick Zeit, daß er das Wort 'Verfasser' [das erst nicht verstanden worden war] auffassen kann ...

Myers $_P$ (zu Rector!): Sie brachten die lateinische Botschaft sehr klar heraus und ich bin sehr befriedigt ... Die andere Antwort müssen Sie jetzt beschaffen, so daß sie [d. h. die Sitzerin] mich verstehen kann.

Rector (zu Myers!): Schön, ich will versuchen.

(zu Mrs. Verrall!) Er möchte wissen, ob er auf die Horazfrage am Mittwoch antworten könne? usw.[3]

Besonders lehrreiche Beispiele einer solchen schwerlich traumgespielten Vielheit der Persönlichkeiten innerhalb des Dramas bietet endlich eine Phase des Trans, von deren Aufhellung wir unter spiritistischen Voraussetzungen ohnehin besonders wertvolle Aufschlüsse über das Transgeschehen hätten erwarten dürfen. Während der Besessenheit des Mediums durch andere Geister ist, wie wir sahen, jenes dem Anschein nach durch diese von seinem Körper getrennt und tritt erst mit der Selbstablösung der Kontrolle in ihn zurück. Merkwürdig ist nun die seltsame Realistik, die sich in dem Zustande zwischen Besessenheit und Wachen entfaltet, die also namentlich während des Zusichkommens des Mediums beobachtet wird. Ich will ein oder zwei Beispiele dieser Phase des Zusichkommens — der *waking stage* — aus den automatistischen Urkunden der Piper-Sitzungen wiedergeben, zum bessern Verständnis aber eine kurze zusammenfassende Schilderung des Transverlaufes bei diesem berühmtesten aller Mitteilungsmedien vorausschicken.[4]

Der Vorgang wird dadurch eingeleitet, daß das normale oder Überschwellenbewußtsein zu versinken, das Unterschwellenbewußtsein aufzusteigen scheint.

---

1) Vgl. noch Pr XIII 380; XXII 198 (3). 228. Die Beispiele ließen sich sehr vermehren.
2) der Spielleiter. 3) Pr XXII 159; vgl. XIV 18. 4) Nach Dr. Hodgson, Pr XIII 397—401 (gekürzt). Vgl. damit XXII 24

Dabei wird eine Phase durchschritten, 'während welcher das Unterbewußtsein in Sicht zu kommen scheint, ehe das Oberbewußtsein noch vollständig geschwunden ist. In diesem Zustande ist sich Mrs. Piper anscheinend traumhaft sowohl des Sitzers als auch der Geister bewußt; sie scheint sich soz. zweier Welten teilweise bewußt zu sein, sie sieht Gestalten und hört Stimmen, ehe sie das Bewußtsein ihrer gewöhnlichen sinnlichen Umgebung völlig verliert. In der nächsten Phase offenbart sich nur ihr Unterschwellenbewußtsein, welches in unmittelbarer Beziehung nicht so sehr zu unserer gewöhnlichen sinnlichen Welt, als vielmehr zu einer anderen steht. Sie wiederholt dann zB. Worte, die von irgendeinem 'Geist' an sie gerichtet werden, oder richtet selbst Worte an einen Geist. In der nächsten Phase verschwindet auch dieses Bewußtsein; der Körper scheint nicht länger von irgendwelchem Bewußtsein beherrscht zu sein. Der Oberleib zeigt eine Neigung, vornüber zu fallen, und wird auf Kissen gebettet. Bald darauf setzt eine ganz leichte Erregung im Oberkörper ein, der unter die Kontrolle eines neuen Bewußtseins geraten zu sein scheint.' Der linke und der rechte Arm werden von je einer Persönlichkeit beherrscht und diese schreiben im Namen der angeblichen Abgeschiedenen. Die Rückkehr aus dem Trans durchläuft die beschriebenen Phasen in umgekehrter Ordnung, aber meist langsamer, und Mrs. Piper wiederholt wiederum mündlich, was ihr anscheinend von den sich Mitteilenden gesagt wird, als wäre sie selbst ein Geist, der ihren Körper ähnlich den anscheinend anwesenden Geistern kontrollierte, aber noch nicht im Vollbesitz desselben. In dieser letzten Durchgangsphase traten wiederholt jene bedeutsamen Inhalte erstmalig auf, die den Gegenstand der Querentsprechungsversuche bilden.

Dieser Darstellung 'von außen' oder 'vorne' entsprechen die Angaben, welche die sich äußernden Intelligenzen ihrerseits über den Hergang machen, wie er ihnen — gleichsam 'von innen' oder 'hinten' gesehen — erscheint. Der durch Mrs. Piper sich äußernde angebliche Myers-im-Jenseits spricht zB. wiederholt von einer Rückkehr des 'Lichtes' (d. h. des Mediums, wie es sich dem Auge der Geister darstellt) in den Körper, und daß in diesem Augenblick die Geister es fassen und ihm etwas 'geben', ein Wort, eine Zeile, die Gegenstand eines der erwähnten Versuche ist.[1]

Ich gebe nunmehr ein ausführliches, wennschon leicht gekürztes Beispiel des in der Phase des Erwachens Gesprochenen aus dem Protokoll der Sitzung vom 6. März 1907.[2]

(Mrs. Piper riecht an einer Blume, die sie anscheinend in der linken Hand zu halten glaubt [und die die Geister ihr bringen][3].)
..... (vieles nicht verstanden).
Sie hier.(2) Dann, ja dann.(1)
Ich bedaure sehr ....(3)
... ein Freund von mir im verflossenen Leben (?)
Jawohl, ich werd' es tun.(3)
... *Moaning at the bar when I put out to sea* ... [Wehklagen an der Hafenschwelle, da ich in See stach; ein Zitat aus Tennyson und Teil einer Querentsprechung](1)

---

1) S. zB. Pr XXII 96 (3). Das. 155 sagt Myers-P: 'Jawohl, ich zitierte diese Verse [bei Mrs. Verrall]. Ich sagte sie auch diesem Licht [Mrs. Piper], während Hodgson [der derzeitige 'Spielleiter'] es für mich festhielt', [d. h.] 'während es [in den Körper] zurückkehrte'. (Pr XXII 156). 2) Pr XXII 150f. 3) Das. 178 (2).

Freue mich, daß ich [in sie] eingegangen bin(4 ?)
(Pause)
Weil ich mich freue. Sehr angenehm.(3)
(Erregtes Atmen.) Was ist es [was gibt es]?
Rosen. (Riecht an der Rechten.)(5)
Wunderschön(5)
Bedaure(3)
Wie geht es Ihnen ?(3) Ich gehe, ich gehe.(4 ?) Bedaure.(3)
Hören Sie das ?(4) (Nickt mit dem Kopf.) Zu dumm, Arthur Hallam.(1)
Adieu. Margaret. Ich freue mich so sehr, daß ich kam.(4)
(Klemmt das linke Auge.) Wird dunkel.
....
So sind denn alle — alle fortgegangen. Sie haben mich ganz allein gelassen. Da war einer: Arthur Hallam. Myers sagte, er wäre es.... Er sagt also, er wird Beweise liefern; und er freut sich, daß er einen guten bestimmten Plan hat. In seiner innersten Seele —(3a)
....
Sie sagen, es ist hier nicht angenehm, und es gefällt mir nicht besonders. Ist das ein Kopf ? (Zeigt.) Ja, es ist ein Kopf. Warum haben Sie einen Schleier vor ?(6 ?)
Ein Schnappen in meinem Kopf. Ich möchte Ihnen etwas sagen, aber ich kann nicht.
Da oben ist ein Herr, der mir was zu sagen versucht, aber — ich weiß nicht, was es war.(2)
Er sagte, es ergriffe ihn in innerster Seele zu Ihnen zu sprechen, und er freue sich so.(3a) Ich freue mich so.(4) (Schließt die Augen.)
Ich sehe Sie gar nicht. (Lange Pause.)
Hörten Sie meinen Kopf schnappen ? Es klang wie ......

Hier noch einige Brocken aus der gleichen Phase anderer Sitzungen.

Rector, Myers, worüber reden sie ? — Das ist Mr. Hodgson — — Ja, ich will es übergeben — — Addio ... Was tut Rector da drüben ? Ach, ich hörte ein solches Geplapper! Gehen Sie ? ... *Semper* — — — — *Tyrannus*. Was sagt Mr. Hodgson ? ... Wer ist der Mann mit einem langen Bart ? ... Was sagt Mr. Myers da immer wieder ? (Ein Taufname, viermal wiederholt.) Mr. Myers hat Rector beim Ohr. Flüstert hinein. Was ist das letzte — — — ? O! Er schreibt es ... *Laus Deo*.(1) Das ist recht.(4) Hallo — Freut mich — — ja. Ton Stern anstatt des vierten Tons Tons Jawohl Tons Ich höre Sie ... Mr. Myers sagt: Aus — bildete er einen Stern; (1) und sie ließen mich nicht gehen, bis ich es sagte.[1]

Es würde zuviel Raum beanspruchen, wenn ich das fesselnde Chaos dieser oder vieler ähnlicher Urkunden stückweise durchanalysieren wollte, und der Leser wird es im allgemeinen nicht schwierig finden, die Rollen der Redenden wie der Angeredeten zu verteilen. Um ihm nach bestem Vermögen behilflich zu sein, habe ich eine mögliche Verteilung der einzelnen Brocken durch Kennziffern anzudeuten gesucht. Mit (1) bezeichne ich jene belangreichen Mitteilungen, welche den Sachinhalt eines im Gang

1) Das. 296. 304 (4). 392: vgl. 96 (3). 165 (3). 209: XVI 322.

befindlichen Experimentes darstellen, mit (2) die Hinweise auf des Mediums Wahrnehmungen der anwesenden Jenseitigen, der primären und sekundären Kontrollen des vorhergegangenen Trans. In den mit (3) bezeichneten Worten erblicke ich Bemerkungen, die das Medium an diese Sichtbaren richtet, in den mit (4) bezeichneten dagegen unwillkürlich in den motorischen Apparat des Mediums übergetretene Äußerungen dieser Sichtbaren. Weitere Äußerungen (5) deuten an, daß das gesehene Drama sich in seltsamen Formen fortspinnt, seine Personen nicht nur sichtbar sind, sondern auch handeln, wie sie in einem ähnlichen Fall auf Erden handeln würden; andere (6) schließlich, daß Mrs. Piper allein ist und, wie es scheint, in einem noch halb-traumbefangenen Zustande von verworren-phantastischer Vorstellungsverknüpfung mit Neigung zur Halluzination.[1]

Die Theorie solcher Vorgänge, rein für sich betrachtet, wird schwerlich zu völliger Eindeutigkeit sich erheben lassen. Nur die Voraussetzung einer in irgendwelchem Maße 'beabsichtigten' 'Darstellung' seitens des hypnotischen Mediums scheint mir durch den Grad ihrer Natürlichkeit ausgeschlossen. Mehrere voneinander unabhängige Iche scheinen hier wirklich, ein jedes von seinem Standpunkt aus, miteinander zu reden. Dabei finden sich aber zuweilen in diesen kleinen Dramen der Phase des Erwachens gewisse unnachahmliche Kleinzüge, die wenigstens einzelnen Personen der Handlung ihren Schauplatz außerhalb des physiologischen Apparates des Mediums anweisen und uns damit über die bloße Annahme einer Mehrheit von 'Persönlichkeiten' wesentlich hinausführen.

Nach der Gewinnung eines sinnvoll bedeutsamen Namens — Kittie Murdoch — begann Mrs. Piper redend in die Phase des Erwachens einzutreten: 'Ich verstehe Sie ... ja wirklich, ich verstehe Sie, Kittie ...' (Sie tastet nach ihrer Brust. Miss M. starb an typhöser Lungenentzündung.) 'Die Dame erzählte mir von ihrer Schwester und ich will [es] Ihnen sagen. Ich höre die Stimme sagen: Sagen Sie [es] ihr, sie muß es jemand namens Edward sagen [sinnvoll!] daß ... er arbeitet zu viel ... wollen Sie mein Hirn loslassen ... er wird sich schon machen, [ich] kann nichts mehr hören' (verliert wieder das Bewußtsein) usw.

Es liegt mehr wie nahe, in den Worten 'Wollen Sie mein Hirn loslassen' die Abwehr eines Versuchs zu erblicken, den einer der 'Anwesenden' macht, noch einmal zur unmittelbaren Beherrschung des Sprech- oder Schreibapparates zu gelangen;[2] dieser Anwesende wäre dann wirklich außerhalb des Mediums und würde von diesem als außerhalb Stehender erfahren. Allerdings mag es nicht völlig ausgeschlossen erscheinen, die Worte als Ausdruck des bloßen Gefühls des Trans-Ich zu deuten, daß es in Gefahr stehe, zu 'versinken' und durch ein anderes Teil-Ich des Mediums verdrängt zu werden.

1) Vgl. zB. Pr XXII 95 (2). 2) Vgl. Pr XX 187: let me write; das. 23 (3): leave your hand to me.

Ein anderes Beispiel möge uns abschließend noch einen weiteren Schritt tun lassen. Inmitten eines ihrer Automatismen schreibt Mrs. Verrall die Worte nieder:

Sage ihnen das. Lange haben sie gewartet, wir wissen nicht warum — aber können nichts weiter tun. Berühre sie nicht — laß sie allein machen. Die Berührung verwirrt ...[1]

Die letzte Bemerkung scheint von einem nicht mit dem Transmedium — 'sie' — Identischen an einen Dritten gerichtet zu sein, der im Begriff steht (und dabei von dem Sprecher beobachtet wird), eine direktere Kontrolle des Mediums zu versuchen, als bei seiner Befähigung zur Mitteilung ratsam ist. Wir stoßen hier in äußerst natürlicher Einkleidung auf die Behauptung von Schwierigkeiten der Kontrolle bei der Äußerung durch das Medium. Nun muß man sich aber klarmachen, daß von Schwierigkeiten der Kontrolle unter völlig nicht-spiritistischen Voraussetzungen natürlich keine Rede sein kann, sondern höchstens von Schwierigkeiten der Wissensbeschaffung. Diese dürften aber nicht eigentlich einem Widerstande gleichkommen, und gerade dies ist, wie wir gleich sehen werden, der gewöhnliche Charakter der 'Schwierigkeiten' des Transdramas. Unter nicht-spiritistischen Voraussetzungen könnten Schwierigkeiten und Widerstände bei der Kontrolle nur als Teil der 'Komödie' vorgeschoben werden, um Ratlosigkeit und Mißlingen zu verdecken.[2] Lassen die vorkommenden Behauptungen von Schwierigkeiten einen solchen Zweck vermuten? Schon die obigen Belege geben zu erkennen, daß dies durchaus nicht immer der Fall sein kann. Mrs. Verrall schrieb anfangs gleichsam für sich; niemand forderte oder erwartete zunächst von ihr 'Beweise', wie von anderen Medien, denen Sitzer und Versuchsleiter ständig soz. auf die Finger sahen. Trotzdem diese Klagen, selbst mitten im Gelingen: 'Warum kann ich nicht fortfahren? Es scheint so klar — schreiben Sie es nieder;' oder: 'große Widerstände heute früh — helfen Sie sie beseitigen.'[3] Damit sind offenbar nicht Schwierigkeiten der automatischen Schrift gemeint, die ja glatt genug hinfließt, sondern solche der Beeinflussung des Mediums.[4]

Die 'spiritistische Natürlichkeit' dieser Schwierigkeiten erstreckt sich aber bis in Einzelheiten. Unter der bloßen Voraussetzung einer (telepathisch genährten) Trans-Komödie der Personationen müßten wir erwarten, daß alle diese Pseudopersönlichkeiten, sobald ihr Wissensstoff einmal gegeben ist, mit gleicher Leichtigkeit oder Mühseligkeit die automatische Äußerung sowohl durch die Hand als durch den Mund beherrschen würden. In der Wirklichkeit sind die Schwierigkeiten der einzelnen

---

1) Pr XX 70 (3). 2) Vgl. hierzu etwa 'G. P.' in Pr XIV 47 (3); XVIII 292 (4); XXI 186 (2) usw. 3) Pr XX 196 (why can't I go on. It seems so clear — put it down —); XXII 97 (2). 289 (2). 4) Vgl. die allg. Klagen XIII 424 (1); XX 207 (3). 240 (4); XXII 47 (1). 79 (1). 113 (2).

Kontrollen bei einem Medium, die der gleichen Kontrolle bei mehreren Medien, endlich die der Äußerung durch Hand oder Mund bei einem Medium für mehrere Kontrollen — durchaus verschieden, wie es natürlich erscheint, wenn von Fall zu Fall eine wirkliche Benutzung verschiedener Apparate durch verschiedene Benutzer anzunehmen ist, wobei verschiedene Grade der Geschicklichkeit oder der gegenseitigen Angepaßtheit in Frage kommen.

Am 7. Nov. 1902 schrieb zB. Mrs. Verrall: 'Ihre [d. i. die für Sie bestimmte] Botschaft kommt durch Mrs. Forbes — ich bin jetzt im Begriff es zu tun — sie ist leichter [zu handhaben] — sagen Sie ihr das.'[1] — Anderseits kam es zB. in Mrs. Forbes' Schrift häufig vor, daß eine lange und verworrene Äußerung der Edmund-Gurney-Kontrolle u. a. von einer klaren und viel kürzeren Botschaft von 'Talbot' (ihrem verstorbenen Sohne) gefolgt war.[2] Oder Mrs. Verrall schrieb am 1. Febr. 1904 das Folgende: 'Schreiben Sie den Klang. *Fin is ill* — *Fin* hören Sie nicht? R kriegen Sie das nächste Wort für mich. *Fin* — *sway* das ist der Klang — horchen Sie nochmals *fin sway out in on* sagen Sie das schreiben Sie diesen Klang mit Sinn. *Outinon. Fin is way out Inn* nein — nicht richtig. Es ist eine Botschaft betreffs Fin — sie ist dringend.' (Dann einige unleserliche Striche, und schließlich:) 'Lassen Sie mich es sagen. Es ist eine plötzliche Krankheit, von der sie sieht, daß sie ihre Schwester befallen wird — jetzt spricht Mrs. Cartwright — sie [d. h. der andere 'Geist'] will es Ihnen mitteilen. Nicht in ihrem eigenen Hause in London, woanders. Sagen Sie dies Jemand.'[3]

Was endlich Unterschiede in der Handhabung von Hand oder Mund betrifft, so betrachte man etwa folgendes kleines Zwischenspiel in Mrs. Thompsons Sitzung vom 1. Mai 1900:

'Was ist das?' fragt Nelly. 'Er will sagen — [den Geist meinend] — Mrs. Cartwright spricht es laut aus. Sie kann es nicht laut aussprechen. Schreiben Sie es', wendet sich Nelly augenscheinlich beratend an ihre Mitspielleiterin. Das Medium ergreift darauf Bleistift und Papier und schreibt in Mrs. C.s gewählter Ausdrucksweise: 'Er ersucht mich, Ihnen seine Absicht zu übermitteln, Ihnen am 30. Mai, womöglich unter vier Augen, Eröffnungen über sein Privatleben, im Unterschiede zu seinem Berufsleben, zu machen.'[4]

Mit alledem soll nicht ausgeschlossen sein, daß die Verschiedenheit der Schwierigkeiten sich mitunter auch auf telepathische Übermittelungen (anstatt nur auf unmittelbare Besitzergreifungen) beziehe; nur sind dies allem Anschein nach Übermittelungen, die von den anscheinenden Kontrollen während des Trans und in 'psychischer Nähe' des Mediums ausgeübt werden, nicht aber Leistungen des Gedankenlesens seitens des Mediums, die sich (nach nicht-spiritistischer Anschauung) während der Sitzung auf den Sitzer, außerhalb derselben aber auf Entfernte beziehen müßten.

---

1) Pr XX 240: she is easier. Ähnlich XXII 113 (Myers-V). 2) Pr XX 226. 244. 3) Pr XX 211. Die engl. Worte, die ich natürlich unübersetzt lassen muß, kamen in größerer Schrift. 4) Pr XVIII 141f.; vgl. XIII 421; XX 415 ganz u.

Denkbarerweise ist es eine solche telepathische Übermittlung, was die Kontrollen als ein 'Reden zum' Medium oder Sitzer, zuweilen geradezu als ein 'Schreien' darstellen: 'Ihr seid eine stupide Gesellschaft, schreibt Phinuit einmal, wenn ihr nicht verstehen könnt, während ich doch schreie, so laut ich nur kann, um mich euch verständlich zu machen.'[1] 'Ich wiederholte das Wort immerzu', sagt Myers $_P$, oder behauptet, dem schlafenden Piddington das Wort Turm 'zugerufen' zu haben. 'Ihr Geist schien die Vorstellung zu fassen.'[2]

Noch ein anderer Umstand erscheint mir in diesem Zusammenhang bemerkenswert, sofern er nicht nur das Bestehen von 'Apparat'-Schwierigkeiten andeutet, die durch unterschiedliche Handhabung vermehrt oder vermindert werden können, sondern auch die Anwesenheit einer Mehrheit von Persönlichkeiten, für die eine Handhabung des Apparates in Frage kommt. Ich meine den Umstand, daß die Spielleiter anscheinend einen wirklich fördernden, Hinderungen beseitigenden Einfluß ausüben.

Gelegentlich, wenn Verwirrung und Hast die Abwickelung der Vorgänge zu stören beginnen, tritt 'Imperator' mit seinem 'Kreuz' hinzu und 'die Schrift wird ruhiger', sagt Prof. Hyslops Bericht.[3] — Man beachte auch die lebendige Szene, in welcher 'Rector', der schon vorher das Amt eines Klärers in Anspruch genommen hat, noch einmal wenigstens entschuldigend hineinspricht — oder vielmehr hineinschreibt — (ich lasse sie besser unübersetzt):

[der 'Geist':] *I should have said that* [?] *I wished I would have had you have .. d ... them before now.*

[Rector:] *He speaks too rapidly, fearing he may forget something ...*

[der 'Geist':] *h .. had said all I wished* usw.[4]

Überhaupt ist es ja anerkannt, daß die Trans-Leistungen der Mrs. Piper sich auffallend verbesserten, namentlich die Leichtigkeit und Angenehmheit des Übergangs in den Trans sich erhöhten, seitdem die um 'Imperator' gruppierten Spielleiter das Medium 'in die Hand genommen' hatten. Sie behaupteten, die Maschine sei noch nicht völlig in Ordnung.[5]

Die 'Schwierigkeiten' der Kontrolle werden uns übrigens 'von drüben her' selbst häufig und übereinstimmend in Ausdrücken ausgelegt, die nicht eigentlich den Anschein der Erfindung an sich tragen (was sie fast sicherlich müßten, wenn das ganze mediumistische Drama nur durch seelische Spaltungen des Mediums zustande käme), vielmehr unter spiritistischen Voraussetzungen einen hohen Grad von 'Natürlichkeit' besitzen. Wendet sich nämlich im Trans gelegentlich wirklich ein Geist an einen Mitteilungsapparat des Mediums, so ist *a priori* zu vermuten, daß er sich zunächst gewissen jener metaphysiologischen Tatsachen gegenüber befinden werde, über deren Art wir aus früheren Betrachtungen betreffs 'Strahlungen',

---

1) Pr XXII 179. 2) Pr XXII 54; XX 44. Vgl. die häufige Aufforderung zu lauschen (listen), zB. Pr XX 29 (2). 48 (4). 96 (4); XXII 232. 3) Pr XVI 336. Vgl. das. 308: er erhalte [den sich mitteil. Geist] klar; 321, wo Hyslop sen. verspricht, 'mit größerer Klarheit wiederzukommen, mit Hilfe dieses [— Pause —] + Mannes, der das Kreuz trägt'. 4) Pr XVI 335 (4). 5) Pr XIII 408f.

feinerer Leiblichkeiten und metaphysikalischer Leistungen allerdings nur die unbestimmtesten Andeutungen entnehmen können.

Die Angaben der Piper-Kontrollen nun über ihre Art und Kunst, den Apparat des Mediums zu benutzen, lassen sich etwa folgendermaßen zusammenfassen: Alle Menschen besitzen, eingeschlossen in ihren Körper von Fleisch und Blut, Leiber aus 'lichterzeugendem Äther'. Das Verhältnis von Mrs. Pipers ätherischem Körper zur ätherischen Welt, in der die Kontrollen zu leben behaupten, bringt es mit sich, daß ein besonderer Vorrat eigenartiger Energie im Zusammenhang mit ihrem Organismus sich ansammelt, der ihnen als ein 'Licht' erscheint. Mrs. Pipers ätherischer Körper wird von ihnen beseitigt, und ihr gewöhnlicher Leib erscheint als eine von diesem 'Licht' erfüllte Hülse. Mehrere Kontrollen können gleichzeitig mit diesem Licht in Berührung sein. Es bestehen in Mrs. Pipers Falle zwei hauptsächliche Massen desselben: die eine im Zusammenhang mit dem Kopf, die andere in Verbindung mit rechtem Arm und Hand. Zeitweilig war die mit der Hand verbundene 'heller' als die mit dem Kopf verknüpfte. Wenn der sich Mitteilende mit dem Licht in Berührung kommt und seine Gedanken denkt, so haben diese die Neigung, durch Bewegungen in Mrs. Pipers Organismus wiedergegeben zu werden. Sehr wenige können auf den Stimmapparat einwirken, selbst wenn sie in Berührung mit dem Lichte des Kopfes sind, aber nahezu alle können Schrift erzeugen, wenn sie mit dem Lichte der Hand in Berührung sind. Von der Menge und Helligkeit dieses Lichtes hängen unter sonst gleichen Umständen die Mitteilungen ab. Ist Mrs. Piper unwohl, so ist das Licht schwächer, und die Mitteilungen haben die Neigung, weniger zusammenhängend zu sein. Auch wird dasselbe während einer Sitzung verbraucht, und wenn es sich verdunkelt, so besteht eine Neigung zur Zusammenhangslosigkeit sogar in sonst klaren Mitteilungen. In allen Fällen erzeugt die Berührung mit dem Licht eine leichte Verwirrung, und falls die Berührung zu lange anhält oder das Licht sehr dunkel wird, so neigt das Bewußtsein des sich Mitteilenden dazu, vollständig zu versinken.[1]

Daß diese Behauptungen — wenn auch in einer theoretisch noch gar nicht verständlichen Weise — an jenes früher Vorgebrachte erinnern, wird kaum bestritten werden.[2] Vor allem ist ihr unverkennbarer quantitativ-energetischer Einschlag merkwürdig. Selbst der Grundsatz der Summierung — oder wenn man will: Multiplizierung der Kraft — des 'Lichtes' — durch den Zusammentritt 'harmonischer' oder 'sympathischer' Persönlichkeiten fehlt nicht ganz.[3] Andere quantitativ-dynamische Verhältnisse finden wir in der häufigen Behauptung und Beobachtung angedeutet, daß die Kontrolle des Leibes um so schwieriger wird, je weiter sie greift; daß sie oft eine große Anspannung erfordert, die zuweilen

---

1) Nach Dr. R. Hodgson, dem auch unveröffentlichte Dokumente zur Verfügung standen, Pr XIII 400. Vgl. XX 86 (2). 227 (1): 'das Licht ist trübe', 'es ist nicht klar'; VI 450; XVII 104; XX 88: 'es ist dunkel'; XVI 327: I am Prudens, and I give light; XX 207 (4): no power; u. ä. oft. Äußerungen von Kontrollen über Zusammenhänge dieses 'Lichts' mit sog. 'magnetischen Auren'. 'Vibrationen', 'spirit-body' u. ä. s. zB. Pr XI 93; Funk 147f. 2) Vgl. bes. S. 408 ff. 415 f. 496 f. 571 ff. 574 ff. 577 f. 594 ff. und mehreres in K. LXII u. LXXIX. 3) Vgl. die Ermahnungen, mit Andern zusammen zu 'sitzen': Pr XX 102 (4). 103 (1). 227 (1).

gerade noch aufgebracht wird, um dann mit einem 'Schnapp' (*snap*) abzureißen;[1] daß die Kontrolle überhaupt einer Anstrengung bedarf, um sich gleichsam festzuklammern und das Medium nicht 'fahren zu lassen'.[2]

Ich bin natürlich weit entfernt davon, diese Angaben für schon gegenwärtig ernsthaft verwertbar zu halten. Sie teilen durchaus den chaotischen Andeutungsreichtum so vieler anderer Beobachtungen der Metapsychologie,[3] und falls sie wirklich Winke einer künftigen Wissenschaft enthalten, so bezeichnen sie einen Zustand derselben, vergleichbar etwa dem Zustande der Nervenphysiologie zur Zeit des Galen oder der Entwicklungslehre zur Zeit des Empedokles. Gleichwohl glaube ich, daß wer in den Behauptungen über ätherische und metätherische Leiblichkeiten bewandert ist, der Vermutung nicht widerstehen wird, daß hier immer noch eher künftig zu verwertende Winke über wirkliche Dinge gegeben seien, als metaphysische Phantastereien eines komödiespielenden hypnotischen Ich. Und das ist es ja allein, worauf es mir hier ankommt.

LXI.

Abschließende Theorie des Transgeschehens.

Das Gewicht zugunsten der spiritistischen Grundlehre, welches die in den letzten Kapiteln angedeuteten Tatsachen besitzen, mag nun verschieden eingeschätzt werden: daß es beträchtlich sei, wird niemand leugnen können, zumal wenn er auf dem Boden der Tatsachen und Theorien steht, die in den Kapiteln über die hellseherischen Leistungen erarbeitet wurden. Es handelt sich ja dann hier nicht mehr darum, einer 'physikalisch-physiologischen' Weltanschauung das für sie außerordentliche Zugeständnis der spiritistischen Lehre abzunötigen; vielmehr nur darum, innerhalb des umfassenderen Zugeständnisses von übergreifenden Bewußtseinszusammenhängen außerhalb menschlicher Leiber — das geringere Zugeständnis des überdauernden Einzelbewußtseins außerhalb seines Leibes durch Wahrscheinlichkeitsgründe zu empfehlen. Am wenigsten streitet gegen ein solches Zugeständnis, was von allem Anfang an eingeräumt worden ist: die fraglos subjektivistische Deutbarkeit vieler, auch übernormaler Bestandstücke der Transleistung. In jedem Falle wird eine abschließende Theorie des Transgeschehens in diesem eine Mischleistung anerkennen müssen, in der sich Beiträge des Mediums (auch nach seiner metapsychischen Seite) und der Abgeschiedenen in schwer entwirrbarer Weise verschränken; ja zu der — soweit nicht wahre Besessenheit in Frage

---

1) S. die interessante Beob. Pr XVIII 237f. 2) let go, zB. Pr XIII 416 (Mitte).
3) Der metaphysiologisch 'Furchtlose' sei zB. auf Lecomtes Versuche mit Mireille und der Kontrolle 'Vincent' hingewiesen: ÜW IV bes. 152. 176. 207f.

kommt — die psychischen Massen des Mediums den Hauptanteil liefern. Die vorausgesetzten Kontrollen wissen es jedenfalls genau (und ihr Wissen davon sickert beständig in die automatischen Äußerungen hinein), daß es jene Massen sind, worein sie ihre Keime zu versenken haben, bzw. die somnambule Persönlichkeit, zu der sich diese Massen im Zustande der eigentlichen Empfänglichkeit zusammenballen.

Bei Mrs. Verrall zB. ist dies, wie bemerkt, der *scribe*, das schreibende Trans-Ich,[1] dessen bloßes Tätigsein den Jenseitigen die Möglichkeit zu geben scheint, ihre Brocken in Umlauf zu bringen; das sie denn auch ermahnen, 'oft zu schreiben',[2] wie um sich eben die Gelegenheit zum Eingriff zu sichern. Aber auch dies Hineinstreuen von Brocken geschieht eben darum mit dem Bewußtsein, daß ihre ständige Umspülung durch den psychischen Strom des Mediums eine Gefahr für das Verstandenwerden bildet, die desto größer ist, je behender, lebendiger und reicher ausgestattet, je mehr geneigt also zu jeder Art von selbständigen Abschweifungen[3] die Psyche des Mediums ist; so daß die Kontrollen zuweilen geradezu die Sehnsucht nach 'einfältigen Sensitiven' und einem 'ruhigen Gehirn' aussprechen.[4]

Soweit die Schwächen der Selbstdarstellung der Geister durch diese Grundannahmen nicht ausreichend gedeutet sind, mag als fernere Erklärung dafür — unter spiritistischen Voraussetzungen — die Vergeßlichkeit der Abgeschiedenen bezüglich der eigenen Vergangenheit, zeitweilige Verwirrung oder die Unfähigkeit vorausgesetzt werden, Vorgänge der irdischen Welt noch nach dem Tode wahrzunehmen.[5]

Aber auch bezüglich positiver, aus dem Medium und seinen normalen Fähigkeiten nicht ableitbarer Bestandstücke der Transleistung fühlt sich die Theorie mehr und mehr zu Mischformen gedrängt. Einerseits muß natürlich der Sitzer stets als mögliche Wissensquelle im Auge behalten werden,[6] wie er auch sonst, in nicht geklärter Weise, je nach seiner 'Sensitivität' zum Gelingen von Mitteilungen (die nicht aus ihm stammen) beizutragen scheint.[7] Und selbst soweit der Boden der spiritistischen Hypothese beschritten wird, mag man sich einerseits den Geist zunächst nur als telepathisch mitteilend denken,[8] das Medium aber aus diesen Mitteilungen und eigenen Zutaten — seinem 'Erangelten', Erratenen oder Erdachten — die Personation des Geistes wie eine Maske bildend. Dann aber mag sich offenbar auch das hellsehend Erlangte des Mediums dem ihm persönlich Mitgeteilten beimischen und unter der Maske der Transpersönlichkeit mit unterlaufen.[9] Die beliebte Benutzung psychometrischer Gegenstände durch das Medium könnte dabei jedem dieser Einschläge in gleichem Maße dienen: der 'Anzapfung'

---

1) das seine 'Ich-Selbständigkeit' durch vielfach eingestreute Urteile und Zweifel erweist; s. zB. Pr XX 69 (4); XXII 228. 2) Pr XX 159 (1). 247 (4). 272 (1). 315 (3). 347 (3) u. oft. Natürlich werden damit auch spiritistisch-bedeutungslose Automatismen vorausgesetzt; vgl. hierzu XX 94 (2). 104; XVII 72f. 3) Pr XX 403 (25. Jan. 1903); 422 o.: something has led you astray; 371. 379: falsche Auffassung seitens des Med. beklagt! 4) Pr XXI 205 (2). 214. 246 (4). Vgl. 242 (1); XXII 191 (3). 205 (2); XVIII 162; XX 71 (3): fac quiescat; 89 (2): you cant hear tonight. your head is full; 141 (1). 173 (3); XXI 228f. Anm. 295 (4). Vgl. XX 48 (4). 103 u.: listen in sleep. 5) S. bes. Pr XIII 333—5 und die Stenogramme der Sitzungen 413ff. oft. 6) Unverkennbare Beispiele hierfür Pr XIII 320; XIV 9. 24. 7) Vgl. hierzu Pr XV 35f.; XVII 71. 8) Vgl. Mrs. Sidgwicks scharfsinnige Analyse des 'Dramas' Pr XV (bes. 17. 20. 38). 9) Vgl. 'Nellys' Angaben Pr XVIII 135.

einer allwissenden Quelle ebensosehr wie der 'Aufrufung' des 'Geistes' mit seinem Wissen und Erinnern. Phinuit bringt diese Zweideutigkeit gelegentlich sehr charakteristisch zum Ausdruck. Von einem Geiste behauptet er, er könne ihn 'kaum hören, er ist so schwach; es ist so lange her ... er sagt, wenn Sie etwas aus seinem Besitze hätten, so würde es ihm helfen und ihn stärker machen. Er findet es sehr schwierig zurückzukehren. Es ist ein kleines Schmuckstück mit seinem Haar darin ... Diese Kapsel hilft ihm sich erinnern ...'[1] Und Prof. Hyslops 'Vater' verlangt selbst nach einem Gegenstande, der ihm helfen soll, 'länger hier zu bleiben', oder bei dessen Anblick er 'klarer' werden könne.[2]

Sehr bezeichnend für diese ineinanderspielenden Formen des Wissenserwerbs ist auch der häufig gebrauchte Ausdruck des Mediums-in-Trans, daß ihm der Geist bald 'ferner', bald 'näher',[3] die Verbindung zwischen ihm und diesem bald enger, bald loser sei; daß sie zu gewissen Zeiten überhaupt aufgehoben zu sein, zu andern (wie wir sahen) nachgerade in Besessenheit überzugehen scheint. Die Nähe der Geister — so drückt es ein scharfsinniger Analytiker einmal aus[4] —, wenn sie als anwesend oder innerhalb Hör- oder Gesichtsweite Nellys dargestellt werden, schwankt in einer krampf- und launenhaften Weise; sie schießen in den Brennpunkt und wieder aus ihm heraus, wie Gestalten in einem Kinematographen; und die besten, beweiskräftigsten Dinge werden gesagt in den Augenblicken, da sie (die Geister) als dem Trans-Ich 'sehr nahe' hingestellt werden; während ihr Versagen ihrer Entfernung zugeschrieben wird: 'Edmund Gurney ist jetzt hier', sagt eine von Miss Rawsons Kontrollen, 'er ist zu hoch, um zu sprechen.'[5] — Und vielleicht können wir die anscheinende Besitzergreifung des Mediums selbst, den Eintritt seiner 'Besessenheit', als die äußerste Steigerung dieser 'Nähe' des Geistes auffassen. Sowohl die Eindrücke des Sitzers, als auch die der Transpersönlichkeit deuten ein solches Ineinandergleiten von Informierung des Mediums und Verdrängung aus seinem Leibe an. Ein Beispiel liefert eine Beobachtung des bekannten Dr. Fred. van Eeden,[6] die der genauen Erwägung des Lesers empfohlen sei und von der ich hier der Kürze halber nur folgende Zusammenfassung anführe: 'Während einiger Minuten ... hatte ich schlechthin das Gefühl, als spräche ich zu meinem Freunde selbst. Ich sprach holländisch und erhielt sofortige und richtige Antworten. Der Ausdruck der Freude und Befriedigung in Miene und Geste, als wir einander zu verstehen schienen, war zu lebenswahr, um für bloße Schauspielerei gehalten zu werden. Völlig unerwartete holländische Worte wurden ausgesprochen,[7] Einzelheiten wurden angegeben, die meinen Gedanken fern lagen ... Aber nunmehr sehr auf der Hut, konnte ich gerade während dieser aufs Höchste fesselnden wenigen Minuten entdecken, wo soz. der Zukurzschuß sich einschlich. Ich konnte den Vorgang verfolgen und wahrnehmen, in welchem Zeitpunkt die echten Erscheinungen aufhörten und die unbewußte Schauspielerei begann. In kaum wahrnehmbaren Abstufungen übernimmt das Medium die Rolle des Geistes, vervollständigt die Mitteilung, gibt ihr die nötige Abrundung und füllt die Lücken durch Ausbesserung und Anordnung.'[8] — Ja nach einer ähnlichen Szene gab das

1) Pr VI 471f.; vgl. 502. 2) Pr XVI 336; vgl. 338 und Nellys Angaben XVIII 155. 3) zB. Pr VI 468; XVIII 236. 4) Mr. Piddington in Pr XVIII 141. 5) Pr XVIII 301; vgl. Nelly üb. Erzbischof Benson das. 138. 'Geister' selbst bedienen sich dieser Bezeichnungen: zB. XVI 321. 6) Pr XVII 108ff. 7) Das Med., Mrs. Thompson, verstand kein Holländisch. 8) Das. 82f.

erwachte Medium Mlle Smith bezeichnenderweise an: 'Ich habe eine Dame gesehen, die manchmal neben mir, manchmal in mir selbst zu sein schien, ich kann dies Gefühl nicht näher beschreiben ..., und sie lieferte dann eine genaue Beschreibung der ihr unbekannten Verstorbenen.[1] — Wir empfangen hier geradezu den Eindruck eines Verschmelzens zweier Iche in wechselnden Graden, ein Begriff, dem wir im Grunde schon früher begegnet sind[2] und der uns auch ferner wieder packen wird.[3]

Hindert also das Zugeständnis subjektiver (dem Medium entstammender) Elemente im Transgeschehen nicht die Zulässigkeit einer spiritistischen Deutung an sich, so ist es anderseits auch kein Zufall, daß diese Deutung alsbald eine so verfließende Form annimmt. Gerade die theoretischen Grundbegriffe, durch die wir jene übernormalen Fähigkeiten zu begreifen suchten, deren mögliche Anwendung seitens des Mediums einen spiritistischen Identitätsbeweis schier unmöglich macht, gerade diese Grundbegriffe haben auch die Neigung, auf die spiritistischen Grundannahmen auflösend zu wirken. Nur wenn man sich dies ganz klar macht, erfaßt man die eigentümliche Problemlage, in die wir uns hier verstrickt finden. Wir setzen ein übergreifendes Bewußtsein voraus, in welchem die Einzelbewußtseine mit ihrem Wissen enthalten sind und dessen Gesamtwissen unter Umständen dem Einzel-Ich zur Verfügung steht. Aus diesem Über-Ich schöpft unter Umständen auch das Medium, das im Leibe ist. Aber die 'Geister', die nach der Voraussetzung außer dem Leibe sind und doch im Über-Ich — wie bringen sie es fertig, ihr Wesen und Wissen noch von jenem Über-Ich zu scheiden? Und welcher Unterschied besteht denn überhaupt noch zwischen einem Schöpfen des Mediums aus dem Über-Ich und seinem Schöpfen aus dem Einzel-Ich eines Abgeschiedenen? Wenn Individuation im Diesseits augenscheinlich im Zusammenwirken mit einem Leibe zustande kommt, kommt sie im Jenseits überhaupt noch zustande? — Es wird uns also die Frage brennend: wie wir in jenem Ozean von Geist, den wir die Tiefe der Überwelt erfüllend denken, den Tropfen des Einzel-Ich — wenn auch nur zeitweilig — vom Untergang retten können, und damit eine Hypothese, die sich so vielem mediumistischen Geschehen gegenüber als die natürlichste empfahl. Wir haben ersichtlich mit der Hypothese des Allgeistes so viel zugestanden, daß wir es nunmehr schwierig finden, das geringere Zugeständnis der spiritistischen Hypothese aufrechtzuerhalten. Wir haben diese letztere soweit überholt, daß sie nachgerade wie das geringere Licht in dem helleren verschlungen zu werden droht.

In dieser Verlegenheit nun kommen uns gewisse Tatsachen, die uns die frühere Untersuchung zugeführt hat, in einem Sinne zu Hilfe, der uns den innigen Zusammenhang aller hier behandelten Beobachtungs- und

1) Aus APS 1897 in PS XXVI 482f. 2) o. S. 65ff. u. sonst. 3) u. K. LXXV.

Problemreihen empfinden läßt. Der Sammelbegriff des Phantoms hatte für uns schon vor der letzten Erörterung des Transgeschehens ähnlich verschwimmende Grenzen angenommen, wie sie hier der des Einzel-Ich aufweist. Jener Sammelbegriff erstreckte sich von Beobachtungen, die den Gedanken eines organisierten 'feineren' Leibes nahelegten, bis zu anderen, die wir als reine (wenn auch 'wahre') Halluzinationen deuten mußten, und irgendwo inmitten dieses begrifflichen Spektrums narrte uns ein gesuchter, aber nicht zu greifender 'dritter' Begriff des Phantoms, der es uns erkenntnistheoretisch und metaphysisch hätte verständlich machen sollen, daß Phantome, die nicht objektive Leiber irgendwelcher Art sind, doch in irgendeinem Sinne ortsanwesend sein, ein Bewußtsein dieser Ortsanwesenheit verraten und unter Umständen selbst Wirkungen an den Dingen im Raum ausüben können.

Dasselbe Spektrum läßt sich naturgemäß innerhalb der Reichweite eines anderen Sammelbegriffes verfolgen, den uns die Fülle der Tatsachen aufdrängte. Auch die Exkursion beobachteten wir einerseits als Herauswachsen eines Phantoms aus einem Medium; eines Phantoms, das seine Objektivität durch metaphysikalische Leistungen erwies. Am anderen Ende verlor sich die Tatsache der Exkursion in die des Fernsehens: der Verlegung des bloßen Blickpunktes des Bewußtseins an einen weit vom Körper abliegenden Ort. Und wieder lag irgendwo in der Mitte zwischen diesen beiden Enden die Tatsache, daß der Fernseher (oder fernsehend Exkurrierende) unter Umständen ein Phantom erzeugt, das sein Verlassen des Leibes beobachtet; das zwar nicht leibliche Objektivität besitzen mag, aber schon durch sein Benehmen eine bewußte Ortsanwesenheit in der Ferne zu verraten scheint.[1]

Beide Tatsachenreihen nun haben für das spiritistische Problem offenbar entscheidende Bedeutung: sofern sie nämlich die Möglichkeit bieten, den individualistischen Gesichtspunkt in das Gebiet des außerkörperlichen geistigen Geschehens hineinzutragen. Sie schaffen in der unentschiedenen und scheinbar unentscheidbaren Problemlage, die uns die Darstellung des Transgeschehens hinterließ, gerade genügendes Übergewicht der einen Seite, um eine schwer zu schätzende Wahrscheinlichkeit zu praktischer Gewißheit werden zu lassen. Die Tatsachen der objektiven Exkursion beweisen uns, daß individuelles Bewußtsein und Erinnern fortbestehen können nach Preisgabe des sichtbaren Leibes; und die Tatsachen der objektiven Phantomatik beweisen uns die Möglichkeit und Wahrscheinlichkeit, daß auch dem körperentwichenen Bewußtsein ein Träger zur Verfügung stehe für den Fall, daß ein solcher als Grundlage der Individuation unentbehrlich sein sollte. Der individuelle Überlebende erscheint gewissermaßen als mindestens potentielles Phantom. Diese Über-

1) Vgl. o. S. 519f. 521.

legungen in Verbindung mit den oben zusammengestellten realistischen Zügen des Transdramas scheinen mir eine annähernde Gewißheit zu begründen, daß die spiritistische Grundannahme wahr ist und sich der allgemeinen mystischen Grundlehre vom übergreifenden Bewußtseinszusammenhang natürlich einfügt.

LXII.

Vehikel der Hinausversetzung des Ich.

Dieser Rückgriff auf früher beschriebene Tatsachen führt uns auf eine schon einmal gebrauchte Formulierung zurück: Der Tod ist eine anhaltende Exkursion von mindestens beträchtlicher Dauer, die Exkursion ein vorübergehender Tod; beide äußern sich in der Möglichkeit des Auftretens eines Phantoms von unbestimmtem Grade der objektiven Wirksamkeit im Raume. Daß die Exkursion und die ihr entsprechende Telephanie sich in der Tat häufig dem Tode soweit nähern, als sie es dürfen, um eben bloße Exkursion zu bleiben, d. h. ihr Subjekt wieder 'zu sich' kommen zu lassen, beweisen viele der angeführten Beispiele, die uns das Subjekt in Koma, Ohnmacht oder tiefster Hypnose zeigen.[1] Daß dagegen umgekehrt auch der Tod eine Exkursion sei und als solche die Möglichkeit von Phantomentwicklung berge, kann uns offenbar auf zweierlei Weise verbürgt werden: durch Aussagen derer, die ihn von innen erlebt, und derer, die ihn von außen beobachtet haben. Aussagen der ersteren Art nun sind äußerst selten; nicht nur weil sie einen Zeitpunkt und Vorgang betreffen, der für die Mehrzahl der Menschen überhaupt allen Aussagen ein Ende setzt; sondern auch weil seltsamerweise 'Geister' von auch nur leidlichen spiritistischen Ansprüchen fast nie nach ihrem Erleben des Todes gefragt worden sind. Immerhin besitzen wir 'Geisteraussagen' über den erlebten Vorgang des Sterbens, die so eigenartig mit dem übereinstimmen, was man nach früheren Ausführungen erwarten möchte, daß sie, wenn ich so sagen soll, wohl verdienten echt zu sein.

So zB. wenn der seiner Schwester erscheinende L. v. Güldenstubbe sagt: er habe sich zuerst in einem Zustande doppelten Bewußtseins gefühlt; er wußte, daß sein Körper im Bett liege und doch ihm nicht mehr ganz angehöre; zugleich, daß sich um seinen Geist eine ätherische Hülle lege, ... und er fühlte, wie er mit der Ausbildung jener Hülle sich einem anderen Geiste nähern könne usw.[2]

Ein Bericht eines Abgeschiedenen, dessen Äußerungen Prof. Barrett 'unter [spiritistischer] Voraussetzung am einfachsten glaubt erklären zu können', beginnt mit den Worten: 'Ich hatte zuerst das dunkle Bewußtsein von Gestalten,

---

1) Vgl. Plutarch: τὸν ὕπνον εἶναι τὰ μικρὰ τοῦ θανάτου μυστήρια. 2) Perty, Spir. 86f. Vgl. hierzu W. T. Stead, After death, 6. Aufl. (Lond. 1905) 2; 'G. P.' in Pr XIII 303, u. die noch fragwürdigeren Aussagen Jules Michels in Rev. Spirite 1861 123f.

die sich im Zimmer und um das Bett bewegten. Dann wurde die Tür geschlossen und alles war still. Ich nahm dann zunächst wahr, daß ich nicht auf dem Bette lag, sondern ein wenig über diesem in der Luft schwebte. Ich sah in dem trüben Lichte den Körper gerade ausgestreckt und mit zugedecktem Gesicht. Mein erster Gedanke war, wieder in ihn einzugehen, aber der Wunsch danach verging mir bald völlig ...' Es werden dann Ortsbewegungen im Zimmer, im Hause, ins Freie beschrieben, die dabei gesehenen Personen richtig bezeichnet, die Verwunderung ausgedrückt, daß niemand den Berichtenden gehört oder gesehen habe usw.[1]

Beachtenswert sind auch die Angaben des verstorbenen Sohnes der Frau Guthrie, deren Mitteilung wir Prof. Hyslop verdanken: 'Er lag auf dem Bett und fühlte, daß er aus seinem Körper herausgehoben würde, und in dem Augenblick verließ ihn der Schmerz völlig. Sein erster Antrieb war, in seinen Körper zurückzugelangen, aber er wurde davongezogen, in eine Wolke aufgenommen und schien ein Teil von ihr zu sein. Er hatte das Gefühl, als würde er von unsichtbaren Händen in verdünnte Luft gebracht ...' Der Sterbende hatte 5 Minuten vor dem Tode gesagt: 'Mir scheint, sie nehmen mich nun fort ...'[2] Dies erinnert daran, daß auch nach ärztlicher Beobachtung die letzte geäußerte Empfindung Sterbender überaus häufig die der Aufwärtsbewegung ist.[3]

Einen teilweisen Ersatz für Aussagen Abgeschiedener könnten nun freilich die Aussagen soz. Zweimal-Gestorbener bieten, wenn wir so diejenigen bezeichnen wollen, die kurz vor ihrem endgültigen Sterben schon einmal in einen Zustand gerieten, in welchem sie für tot gehalten wurden (den wir also wohl als einen ersten, aber noch rückgängig gemachten Anlauf zum Sterben betrachten können), und die dann vor ihrem endgültigen Tode berichten konnten, wie jener erste Anlauf ihnen erschienen sei. Eine Selbstbeobachtung nun von Exkursion seitens eines solchen scheintot Gewesenen und dann, nach seiner Berichterstattung, endgültig Gestorbenen ist mir im Augenblick nicht gegenwärtig; aber selbst wenn keine aufzufinden wäre, müßte man das als Zufall anerkennen. Denn einige subjektive Berichte von Exkursionen, die wir besitzen, stammen von Personen, deren Erhaltung am Leben nach ihrer Erfahrung nur einem Zufall zuzuschreiben war. Einen solchen Bericht, von dem Rev. Bertrand, werden wir sogleich in anderem Zusammenhange kennenlernen; aus einem zweiten, von Dr. med. Wiltse verfaßten will ich hier dasjenige anführen, was im augenblicklichen Zusammenhang Bedeutung hat.

Dr. Wiltse, schwer an Typhus erkrankt, war schließlich vier Stunden lang ohne Puls und wahrnehmbaren Herzschlag und wurde von mehreren Anwesenden für tot gehalten. Er glaubte, eine Zeitlang bewußtlos gewesen, dann aber wieder zu sich gekommen zu sein, und zwar als sein 'wahres Ich', aber noch im Leibe, dessen anatomische Wunder er mit der Anteilnahme des Arztes beobachtete.[4] 'Ich über-

1) Barrett 68. 2) Lifted out of .... drawn away ... J. Hyslop, Psychical Research and the Resurrection 87. 3) Gewöhnlich natürlich durch Anästhesie der Körpertragfläche gedeutet. S. H. Piéron in RPh Dez. 1902 546f. (Contrib. à la psychol. des mourants). 4) Vgl. o. S. 403ff.

legte in Ruhe folgendermaßen: Ich bin gestorben ... und doch bin ich ein Mensch wie nur je. Ich bin im Begriff, den Körper zu verlassen. Ich beobachtete den merkwürdigen Vorgang der Trennung von Seele und Leib. Durch eine Kraft, die anscheinend nicht mir zugehörte, wurde das Ich [die mit allen Geweben des Körpers verwachsene 'lebende Seele'] seitwärts hin und her geschaukelt, ... wodurch ihre Verbindung mit den Geweben des Körpers sich löste. Nach einer kleinen Weile hörte diese seitliche Bewegung auf, und [von den Füßen aufwärts schreitend] fühlte und hörte ich gewissermaßen das Zerreißen zahlloser winziger Fesseln ... Ich erinnere mich deutlich, wie [schließlich] mein ganzes Ich im Kopfe zusammengefaßt war ... Als ich [aus dem Schädel] hervortrat, sah ich zwei Damen mir zu Häupten sitzen. Ich schätzte den Abstand vom Kopfende meines Bettes bis zu den Knien der einen Dame und schloß, daß ich genügend Raum haben würde, dort zu stehen ... [Indessen] schwebte ich auf und nieder und seitwärts, wie eine Seifenblase, die am Pfeifenkopf haftet, bis ich endlich mich vom Körper losriß und sanft zu Boden sank, von wo ich mich langsam erhob und bis zum vollen Wuchs eines Menschen ausdehnte. Ich schien transparent, von bläulicher Farbe und vollkommen nackt zu sein. Hiervon peinlich berührt und auf Flucht bedacht, fand ich mich bekleidet, als ich die Tür erreichte, und beruhigt wandte ich mich wieder den Anwesenden zu. Dabei berührte mein linker Ellenbogen den Arm eines von zweien Herren, die in der Tür standen. Zu meiner Überraschung ging sein Arm durch den meinen anscheinend ohne Widerstand hindurch [und der Betreffende bemerkte nichts von der Berührung. Seinem Blicke folgend,] sah ich meinen eigenen toten Körper ... Ich war überrascht von dem bleichen Aussehen des Gesichtes. Ich hatte tagelang in keinen Spiegel geblickt und geglaubt, ich sei nicht so blaß, wie die meisten Schwerkranken ... Ich sah eine Anzahl Personen um den Körper herumsitzen und -stehen und bemerkte insonderheit zwei Frauen, die anscheinend zu seiner Linken knieten ... Ich habe seitdem erfahren, daß dies meine Frau und meine Schwester waren.' W. suchte sich des weiteren den Anwesenden bemerklich zu machen, aber ohne Erfolg, und begab sich dann zur Tür hinaus.[1]

Übrigens finde ich auch eine mediumistische Mitteilung seitens eines Zweimal-Gestorbenen verzeichnet, deren spiritistische Deutbarkeit zwar nicht bewiesen ist, deren Inhalt aber so natürlich dem hier Gesagten sich einfügt, daß die Versuchung, sie für echt zu halten, in der Tat sehr stark ist: denn der Scheintote und bald danach wirklich Gestorbene behauptet, während seines Scheintodes die Erfahrung des Gestorbenseins gemacht zu haben — ein nach unserer Anschauung eigentlich notwendiger Irrtum.

'Mrs. Artemisia Coffinberry erhielt 1857 von ihrem Schwager A. E. die Angabe, er habe die irdische Sphäre verlassen und sei in die himmlische eingetreten. Bald darauf belehrte sie ein Brief, derselbe sei erst einige Tage nach jener Mitteilung gestorben, habe sich aber zur Zeit derselben in kataleptischem Zustande befunden. Nach seinem [endgültigen] Tode erschien er und sagte: Er habe uns damals besucht und uns jene Nachricht erteilt; sei dann aber ins Leben zurückgekehrt und habe einige Tage bis zu seinem Ende zwischen diesseitigem und jenseitigem Dasein hin und her geschwankt.'[2]

---

1) Pr VIII 180ff. 2) Bei Daumer I 170. Vgl. Gurney II 305; Wieland, bei du Prel, Mon. Seel. 241.

Diesen Beobachtungen 'von innen' entsprechen, wie angedeutet, andere, an Sterbebetten 'von außen' gemachte, welche die Aussendung eines Phantoms im Augenblick des Todes zum Gegenstand haben, die also dem Hellsehenden die einleitende Phase jenes Vorgangs vor Augen führen, dessen räumliche Fortentwicklung das Phantom des Gestorbenen in größerer Entfernung vom Leichnam zur Beobachtung kommen läßt. Ich schicke eine Beobachtung voraus, die anscheinend im Unbestimmten steckengeblieben ist, aber offenbar mit den nachfolgenden in eine Gruppe gehört.

'Der verstorbene Dr. Edward Clarke ['einer der scharfsichtigsten Beobachter und fähigsten Naturforscher unserer Zeit'] erzählte dem bekannten Schriftsteller O. W. Holmes, daß er einmal, neben einer sterbenden Frau sitzend, ein Etwas von dem Körper aufsteigen sah, das wie ein sich entfernendes Wesen erschien. Die Überzeugung, sagte er, die sich seinem Geiste aufdrängte, daß etwas in diesem Augenblick sich von dem Körper entfernte, war stärker, als Worte auszudrücken vermöchten. Dr. Holmes fügt hinzu, daß er eine Dame, deren Zeugnis von großer Zuverlässigkeit war, dieselbe Erfahrung fast in denselben Worten habe berichten hören.'[1]

Die folgende Beobachtung eines Herrn T. A. bringt der Zensusbericht der Londoner Ges. f. psych. Forschung als Beispiel für das Hervorgehen vollausgebildeter Halluzinationen aus unbestimmten schattenhaften Formen. — 'Ich sah, sagt der Perzipient, einen schwärzlichen Dampf meines Vaters Haupt verlassen, als er — vor etwa 12 Jahren — starb, und dieser Dampf formte sich zu einer Gestalt in voller Lebensgröße, und die sieben folgenden Nächte [hindurch] sah ich sie in meinem eigenen Zimmer, ... jede Nacht lichter werdend, bis sie in der siebenten völlig strahlend, ja blendend erschien. Sie hielt etwa $1^1/_2$ Min. an. Es war dunkel, sooft das Phantom erschien; ich völlig wach, beim Zubettegehen; mein Alter 32 Jahre.'[2] — Daß der Dampf, aus dem das Phantom sich zu bilden scheint, aus dem Kopfe des Verstorbenen hervorgeht, befindet sich in beachtenswerter, weil vermutlich unbewußter Übereinstimmung mit andern ähnlichen Beobachtungen Hellsehender, wie sie sich nicht selten in spiritistischen Zeitschriften finden. Im *Banner of Light* berichtet eine gewisse Mary Carpenter, daß sie selbst im Trans am Sterbebette ihrer Mutter das allmähliche Absterben der Glieder und die Bildung 'eines lichten Balles über dem Kopfe'[3] beobachtet habe, welcher anwuchs und zu einer menschlichen Form wurde, 'die schließlich nur durch einen silbernen Faden mit dem Körper in Verbindung stand'. Sie sah dann angeblich die Verstorbene, von Geistern begrüßt, aufwärts steigen und entschweben.[4]

Einen in Einzelheiten verwandten Bericht lieferte der berühmte A. J. Davis, der aus einer den Kopf der Sterbenden umgebenden 'leuchtenden Atmosphäre' sich einen zweiten, halbleuchtenden Kopf bilden sah, danach in ähnlicher Weise die übrigen Teile eines 'geistigen Leibes', der sich dann erhob und nur durch den Faden eines 'vital-elektrischen Stromes' zeitweilig mit dem Leichnam verbunden

---

1) Zit. bei J. F. Clarke, Ten Great Religions (1883) 321. Vgl. die ähnl. 'Beobachtung' PS XXV 204. 2) Pr X 117. 3) Hagiologische Parallelen hierzu sind häufig, aber an sich natürlich wertlos. 4) Ich finde diesen und ähnl. Fälle in einem abstrusen Broschürchen von Dr. G. v. Langsdorff, Der geistige Körper der Seele.

blieb: solange dieser bestehe, meint Davis, sei eine 'Rückkehr' noch möglich.[1] Doch verzichte ich auf ausführliche Wiedergabe von Einzelheiten, die bei der dilettantischen Großspurigkeit des echt amerikanischen Berichtes den Leser mehr abstoßen als fesseln würde. Die Übereinstimmung in absonderlichen Einzelheiten springt immerhin in die Augen.

Die Wichtigkeit, die der Begriff der Exkursion somit für die Auffassung des Sterbens besitzt, muß aber den fragenden Blick auch auf andere Zustände des nicht-wachen Lebens lenken, sofern wir eben den Tod als äußersten Gegensatz des Wachlebens auffassen. Was am Ende einer Reihe vollendet ist, dürfte sich auf ihren Zwischenstufen wenigstens anbahnen: ein mindestens verändertes Verhältnis dessen, was den Tod überdauert, zum Leibe möchte also wohl das eigentliche Wesen auch von Schlaf, Hypnose, Ekstase und ähnlichen Zuständen bezeichnen. Daß eine durchaus befriedigende rein-physiologische Theorie dieser Zustände nicht gegeben sei, dürfte der Vorurteilslose heute ohnehin zugestehen. Eine wahre Theorie derselben würde vor allem die nach mannigfaltigen Gesichtspunkten geschichtlich entstandenen Rubriken ersetzen durch eine nach inneren, wesentlichen Merkmalen sondernde Einteilung, und es erscheint nach allem Vorhergegangenen nicht ausgeschlossen, daß eine Grundlage dieser Einteilung eben im Begriff einer zunehmenden Lockerung des Zusammenhangs zwischen exkursionsfähigem Ich und Nervensystem zu suchen sein werde. Die erfahrungsmäßigen Hinweise auf eine solche Theorie sind freilich einstweilen äußerst dürftige, und ihre übereilte Verarbeitung wäre der Gefahr des gröbsten Dilettantismus ausgesetzt.[2] Ich will daher nur zwei Belege geben, die sich auf gewisse nicht näher zu rubrizierende hypnotische Zustände beziehen.

Eine Kranke Charpignons gab ihm folgende Beschreibung ihrer nächtlichen Ekstasen, in denen sie, nach Art so vieler Somnambulen, Aufschlüsse über den Gang ihrer Krankheit erhielt: 'Ich gerate, sagte sie, in einen Zustand ähnlich dem, in den mich die magnetische Behandlung versetzt; dann dehnt sich mein Körper allmählich aus und ich sehe ihn [d. h. offenbar den normalen Körper, nicht das, was sich ausgedehnt hat] sehr deutlich in einiger Entfernung, unbeweglich, bleich und kalt, wie einen Toten; was mich anlangt, so erscheine ich mir als leuchtende Dampfwolke und bin mir bewußt, getrennt von meinem Körper zu denken ... Nach einigen Minuten, höchstens einer Viertelstunde, nähert sich dieser Dampf mehr und mehr meinem Körper, ich verliere das Bewußtsein, und die Ekstase ist vorüber.'[3]

---

1) A. J. Davis, The Great Harmonia... (Boston u. N. Y. 1851) 163ff. Vgl. PS X 365 (Mrs. de Morgan) und die eigentümliche, ihrer Länge wegen leider nicht wiederzugebende und zu erörternde Beobachtung JSPR XIII 308ff. Die theosophische 'Empirie' behauptet, daß bald nach dem Tode nur der 'ätherische' Leib über dem Leichnam schwebe, 'alles übrige' aber sich bereits fortbegeben habe. (Marques 55.) 2) S. zB. A. Besant. Ancient Wisdom 70. 98ff. 150. 399; vgl. A. Kniepf in PS XXIV 43. 3) J. Charpignon, Physiologie, Médecine et Métaphysique du Magnétisme (Par. 1848) 105; vgl. 104f.; Mayo 138 (üb. zwei Hellseher Williamsons); PS XXXIV 669f.; Delanne 38.

Oberst Rochas, dessen Versuche allerdings nicht annähernd so vertrauenerweckend, als sie, nach den meist kurzen Berichten zu schließen, verblüffend erfolgreich sind, will die Exteriorisation des Doppelgängers während des 'magnetischen Schlafes' — sagen wir also: in tiefer Hypnose — sogar photographisch erwiesen haben. Seine Somnambule, beim Photographen Nadar magnetisch eingeschläfert, gab an, ihr Phantom etwa 1 m von sich entfernt stehen zu sehen, was Rochas durch 'Berühren' der angegebenen Stelle bestätigte, indem diese Berührung von der Somnambulen gefühlt wurde. Eine entsprechende viertelstündige Einstellung des Apparats — während welcher die Somnambule ihren Doppelgänger 'bläulich leuchtend, kaum unterscheidbar am Körper, aber mit Ausströmungen aus den Füßen und sehr deutlich im Profil, ... umgeben von beweglichen Flammen' zu sehen vorgab — lieferte auf der Platte 'ein Profil, aber unter der Nase und am rechten Auge zwei Flecken, deren mikroskopische Untersuchung die Überzeugung hervorrief, daß kein Plattenfehler vorlag'. Nach der Lage dieser Punkte im Bilde will dann Rochas zwei entsprechend gelegene 'hypnogene' Punkte an der Somnambulen entdeckt haben, von denen er vorher nichts gewußt habe.[1]

Die für unsern Gedankenzusammenhang wichtigste Anwendung aber findet der Exkursionsbegriff des Sterbens offenbar auf die herkömmlich sogenannten ekstatischen Zustände, die ja schon frühzeitig Erfahrung und Nachdenken in engste Beziehung zu den Vorgängen des Sterbens gesetzt haben, insofern der Ek-statische — d. h. wörtlich: der seelisch dem Leibe Entrückte — im Leben vorübergehend erfahren sollte, was er im Tode endgültig erfahren würde.[2]

Von religiösen Mystikern sind gewisse Arten des Ekstase-Erlebnisses bekanntlich oft als ein 'Entrissenwerden der Seele aus dem Körper' beschrieben worden, eine 'gewaltsame Erhebung, gleich als ob die Seele in einem Augenblick tausend Millionen Meilen durcheilte';[3] 'man sollte meinen, sagt S. Teresa, der Geist trete aus dem Leibe heraus — *parece que sale del cuerpo* —, und doch ist man sicherlich nicht tot; ... man kann nur einige Augenblicke lang nicht sagen, ob man im Körper sei oder nicht. Man glaubt, in einer völlig anderen *region* gewesen zu sein und ein völlig anderes Licht geschaut zu haben.'[4]

Die gleiche begriffliche Befruchtung muß sich dann aber natürlich auch auf die ekstatisch vermittelten Erkenntnisse erstrecken, und dies veranlaßt mich nun endlich, in der 'Abwicklung unseres Fadens'[5] den letzten jener theoretischen Schritte rückwärts zu tun, die uns in die Erörterung des Phantoms hineinführten, d. h. die Frage zu stellen, ob etwa die Tatsachen der Exkursion im metaphysiologischen Sinne ein neues Licht auch auf die Vorgänge des Hellsehens zu werfen vermöchten. Wir tun damit also den Schritt von den spontanen und Spuk-Phantomen

1) Bei du Prel, Mag. I 71 f. Vgl. o. S. 577 f. 2) S. Reitzenstein 193 üb. die spätgriechische Gleichsetzung des ἐκστῆναι in der Vision und des ἐκδημῆσαι im Tode. Vgl. Rohde II 33 (Dionys.). 3) S. Alph. Liguori in Homo apostol., app. I Nr. 17 (bei Poulain 262). 4) S. Teresa, Mor. VI c. 5 üb. vuelo del espiritu. Angebl. Beob. von 'feurigen Kugeln' u. dgl. über ekstat. Heiligen sind häufig; s. zB. Görres II 308 ff. 5) Vgl. o. S. 591.

zu den Phantomen der selbstbewußten Telephanie und der Exkursion, gelangen also zur Frage, von der wir ursprünglich ausgingen: ob Fernsehen überhaupt, ob es jemals dadurch zustande komme, daß sich der Fernseher als Phantom nach dem Orte des Geschauten hinbegebe.[1] — Ich wüßte nicht, wie diese Frage anders der Lösung nähergebracht werden könnte als durch Beobachtungen, die uns einen Akt des Fernsehens eingeleitet und vollzogen zeigten durch etwas, was den Leib des Hellsehers verließe, wie Phantome den Leib verlassen.

Nach einigen der Berichte nun, die uns mit der Tatsache der Exkursion zuerst bekannt machten, nahm der Exkurrierende nicht bloß einen Teil seiner Umgebung, einschließlich des eigenen fleischlichen Körpers wahr, sondern glaubte auch selbst in einem Leibe zu sein, der sich ihm als Doppelgänger des verlassenen Leibes darstellte.[2] Aber weder vermochten jene Berichte recht davon zu überzeugen, daß es sich dabei um Hellsehen des Unbekannten handle, noch erwies sich jene Leiblichkeit des Exkurrierenden unzweideutig als etwas Objektives. Immerhin näherten sich Varleys und Dr. Wiltses Beobachtungen[3] der ersteren Anforderung beträchtlich, und des letzteren Erfahrung erinnerte überdies an gewisse vorgetragene Theorien des 'feineren' Leibes durch die Angabe: der Sterbende habe gefühlt, wie, 'beginnend bei den Zehen, unzählige kleine Bande gerissen seien', während der Leib, in welchem W. dann exkurrierte, sich allmählich nach dem Kopfe hin zusammengezogen habe, aus welchem er 'austrat', und daß er mit dem verlassenen Leibe durch 'eine Art dehnbaren Bandes verknüpft' gewesen sei. An jene Reihe von Beobachtungen nun wieder anknüpfend, will ich einen Bericht anführen, der sowohl das Element des Fernsehens noch deutlicher enthält, als auch in den Einzelheiten der Exkursion noch bestimmter an Beobachtungen von Phantomen erinnert.

Dieser Bericht eines hugenottischen Geistlichen, L. J. Bertrand, an Dr. Hodgson und Prof. James gerichtet, ist zwar ungefähr 30 Jahre nach dem Erlebnis aufgesetzt; die maßgebenden Einzelheiten sind aber zu typisch, als daß man sie nachträglicher Mythenbildung zuschreiben möchte. — M. Bertrand, ein leidenschaftlicher Bergfahrer, erzählt, daß er bei einer Besteigung des Titlis nach Überwindung der gefährlichsten Strecke zurückgeblieben sei, während seine Gefährten mit dem Führer dem Gipfel zustrebten, wobei er ihnen das Versprechen abnahm, mit Rücksicht auf Wetter und Gelände den 'linken' Anstieg und 'rechten' Abstieg zu benutzen. Er hatte sich dann am Rande eines Abhanges niedergesetzt — den Rücken gegen den Fels gelehnt, die Beine überhängen lassend — und eine Zigarre in Brand gesteckt, als er sich plötzlich von einer Lähmung ergriffen fühlte, die ihn sogar verhinderte, das Streichholz fortzuwerfen, das ihm schon den Finger verbrannte. 'Dies, dachte ich, ist der Schneeschlaf. Rühre ich mich, so rolle ich in den Abgrund; rühre ich mich nicht, so bin ich in einer halben Stunde ein toter Mann.' Er beobachtete dann,

1) Vgl. o. S. 500. 2) o. S. 506 f. 513 ff. 3) S. o. S. 504 f. 657 f. Dr. Wiltse sah nämlich auch die Straße, als er 'zur Tür hinausging': Pr VIII 182.

nicht unähnlich Dr. Wiltse, das allmähliche Absterben der Füße und Hände, sodann der Knie und Ellenbogen, endlich des Rumpfes, das Erkalten des Kopfes, und schließlich, mit einer äußerst schmerzhaften Empfindung am Herzen, das ihm wie von Zangen gequetscht und gezerrt erschien, das 'Ausgehen' des Lebens. 'Gut, dachte ich, endlich bin ich, was man einen Toten nennt, und hier bin ich nun, ein Luftball in der Luft,[1] ein Fesselballon, an die Erde gebunden durch eine Art dehnbaren Fadens, immer weiter aufwärts steigend. [Aber] wie seltsam! Ich sehe besser als je zuvor.' Er 'sah' den eigenen blassen Körper (angeblich mit der Zigarre im Munde und dem Streichholz in der Hand), fühlte sich sehr lebendig und voll Verlangen, den Faden zu durchschneiden, der ihn an seinen Leichnam band. Dann nahm er wahr, daß seine Gesellschaft den 'rechten', anstatt, wie versprochen, den linken Anstieg nahm, daß W., welcher der letzte und angeseilt hatte sein sollen, weder das eine noch das andere war, und daß der Führer, hinter die jungen Leute versteckt, sich Huhn und Madeira aus den Speisevorräten der Gesellschaft zu Gemüte führte. 'Hallo, sagte ich, dort geht meine Frau nach Luzern, und doch sagte sie mir, sie würde nicht vor morgen ... abreisen. Sie sind ihrer fünf vor dem Hotel in Lungern [*sic*] ... Ich muß gestehen, ... ich fühlte weder Trauer noch Freude darüber, daß ich sie verließ. Ich bedauerte bloß, daß ich den Faden nicht durchschneiden konnte. Plötzlich hielt ein Schlag oder Stoß (ein *shock*) meinen Aufstieg an und ich fühlte, daß jemand den Ballon abwärts zog. Mein Schmerz kannte keine Grenzen.' Bertrand war von den zurückgekehrten Genossen aufgefunden worden und der Führer war dabei, seinen steifen und kalten Körper mit Schnee zu reiben. 'Ich konnte nunmehr weder sehen noch hören, aber ich konnte meinen Herabstieg verfolgen, und als ich meinen Körper wieder erreichte, fühlte ich eine letzte Hoffnung: der Ballon schien viel zu groß für den Mund zu sein.' Indessen wurde der Ballon vom Leichnam verschlungen. M. Bertrand bekennt hier eine gewisse Erinnerungslücke. 'Alles schien mir Verwirrung und Chaos zu sein.' Dann bemächtigte sich seiner Wut und Erbitterung, dazu Verachtung gegen den Führer, der in Erwartung eines guten Trinkgelds ihm vorrechnete, er habe ihn vom Tode errettet. Bertrand schrie ihn an: Ob er ihn für einen Narren halte? Er sei mehr lebendig gewesen, wie sie alle. Warum sie nicht den verabredeten Weg gegangen? Der Führer suchte sich durch Gründe zu entschuldigen. Aber als ihm Huhn und Madeira vorgehalten wurden, glaubte er gewiß zu sein, daß er den Leibhaftigen vor sich habe. Es ist im Hinblick auf die Glaubwürdigkeit der Geschichte wertvoll zu erfahren, daß der Mann Reißaus nahm und sich freiwillig seines Lohnes begab. 'Ich habe ihn bis heute nicht bezahlt.' Auch was M. Bertrand von seiner Frau gesehen, erwies sich als richtig. Er behauptet, später genaue Kenntnis von Orten gehabt zu haben, die er in seinem todähnlichen Zustand zum ersten Male gesehen.[2]

Bertrands Erwähnung eines 'Ballons' (am 'Faden') an Stelle eines Phantoms möchte zunächst nicht als das erscheinen, was wir in diesem Zusammenhang erwartet (oder gar gewünscht) hätten. Ich bemerke indes, daß gerade diese Einzelheit dem Belesenen als typisch erscheinen muß, wie auch wir ihr bereits begegnet sind.[3] Dieser ihr typischer Charakter

---

1) ball of air in the air. 2) Pr VIII 194ff. Ich gebe einen alles Wesentliche enthaltenden Auszug. 3) Vgl. o. S. 660. Charpignons Fall.

mag hier durch noch ein Beispiel unterstrichen werden, welches eine ähnliche Beobachtung, aber 'von außen' gemacht, berichtet.

Sie stammt von Mr. Ch. Jupp, einem guten Zeugen, Vorsteher des Waisenhauses in Craigellachie. 'Eines Nachts, berichtet er, erwachte ich plötzlich ohne ersichtlichen Grund und fühlte den Antrieb, mich herumzuwenden, indem mein Gesicht der Wand, mein Rücken den Kindern [im Schlafsaal] zugewendet war. Ehe ich mich umwandte, blickte ich auf und sah ein mattes Licht im Zimmer', [das er der herabgeschraubten Gasflamme im Vorraum zuschrieb.] 'Doch wurde mir bald klar, daß dem nicht so sei. Ich wandte mich herum und hatte einen wunderbaren Anblick. Über dem zweiten Bett nächst meinem und auf der gleichen Seite des Zimmers schwebte eine kleine Lichtwolke, [etwa fünf Fuß hoch] ... von der Helligkeit des Mondes in einer gewöhnlichen Mondnacht. Ich saß im Bette auf, blickte nach der seltsamen Erscheinung hin, griff nach meiner Uhr und stellte fest, daß die Zeiger auf 5 Min. vor 1 wiesen ... Ich war völlig wach ... Um 6 Uhr ... nahm ich den kleinen Knaben [über welchem die Erscheinung gesehen worden war] aus dem Bette, setzte ihn auf meine Knie und zog ihm einige Kleidungsstücke an ... Indem er mir mit einem außergewöhnlichen Ausdruck fest ins Gesicht sah, sagte er: O Mr. Jupp, meine Mutter kam diese Nacht zu mir. Haben Sie sie gesehen? ...' (Die Mutter war etwa ein halbes Jahr zuvor gestorben.)[1]

Beobachtungen dieser Art, die nicht ganz selten sind, mögen M. Bertrands Ballon als etwas leidlich Typisches erscheinen lassen. Was seine Deutung anlangt, so erinnere ich zunächst an gewisse alte Lehren (die in heute gangbaren 'Geheimlehren' fortleben), wonach der Mensch außer fleischlichem, ätherischem und astralem Körper noch mehrere nicht nach Menschenbild geformte Leiblichkeiten (Vehikel) haben soll, deren Beschreibung an Bertrands Angaben erinnert. Diese Lehren — auf deren Einzelheiten ich nicht eingehen will — über innerste Träger des Bewußtseins treten mit dem Anspruch auf, Ergebnisse sorgfältiger und weit zurückreichender hellseherischer Beobachtungen zu sein.[2] Nun haben wir ja reichlichen Grund zu glauben, daß gewisse Personen mehr sehen als andere und daß ein beträchtlicher Teil des Mikro- wie des Makrokosmos der Mehrzahl von uns verhüllt ist. Ernsthaft erörtern wird man jene Lehren freilich erst können, wenn die Seher aus ihrer Namenlosigkeit heraustreten, wenn wir über ihre 'persönlichen Gleichungen', auch ihre etwaige seelische Pathologie, über die innere Geschichte und Verlaufsart der Versuche sowie die Einzelheiten der Aussagen Genügendes erfahren, um ihre Glaubwürdigkeit einem wägenden Urteil zu unterwerfen. Die Berichterstatter selber räumen gelegentlich die Möglichkeit von Irrtümern ein, und daß gerade die bestimmteren Angaben zunächst nur versuchsweise seien.[3] Um so mehr fragt man sich vor allem, mit welchem Grade von Sicherheit denn die angeblich oft nur als 'aura'-artige Umhüllungen des fleischlichen

1) Pr III 87ff. Vgl. Gurney II 215; den Fall in Kerners Magikon III 223ff.; PS XXI 413ff.
2) S. zB. die beiden Vorreden bei Marques. Vgl. (außer theo- und anthroposophischen Werken) d. 2. Abt. der Taittiriya-Upan. (bei Deussen 228ff.). 3) Marques, Vorr.

Körpers wahrnehmbaren 'höheren Vehikel' von jenen banaleren Ausströmungen zu unterscheiden seien, von denen seit Reichenbach auch in besonnenen Kreisen soviel verlautet hat und die sich, gerade wie jene verborgensten Leiblichkeiten,[1] vor allem an die Farbenwahrnehmung der Sensitiven zu wenden scheinen.[2]

Nun hören wir freilich auch von Beobachtungen, die jene verborgenen 'eiförmigen' Körperlichkeiten der inneren Bewußtseinslagen anscheinend eindeutiger verbürgen, als es Erlebnisse wie das Bertrandsche könnten.

Ein denkbares Schema solcher Eindeutigkeit wäre annähernd verwirklicht, wenn dem exteriorisierten Bewußtsein gleichzeitig die äußere Anschauung des eigenen Leibes sowohl als auch Phantoms gegeben würde. M. Lecomte berichtet nun in der Tat, daß die von ihm eingeschläferte Mme Z. ihren irdischen Leib und außerdem, einen Meter von diesem entfernt, ihren Astralleib als leuchtende bläuliche Wolke sich bilden gesehen (also sich selbst wohl außerhalb beider befunden?) habe. Diese Angabe wurde scheinbar objektiv bestätigt und die Beobachtung zu einer kollektiven gemacht: denn die gleichzeitig eingeschläferte Mireille sah angeblich diesen Astralleib der Mme Z. und eine leichte bandartige Verbindung zwischen Erden- und Astralleib, in deren Mitte aber eine weit heller leuchtende Stelle, nach Mireilles Meinung zum Geiste der Mme Z. gehörig, der dem Astralkörper nicht völlig gefolgt wäre, weshalb denn diese auch Astral- und Erdenkörper gesehen habe.

Aber die Befürchtung wird nicht widerlegt, daß die Aussagen der Subjekte und ihre Übereinstimmung auf gegenseitiger Beeinflussung oder auf Beeinflussung beider durch die Anschauungen des Versuchsleiters beruht habe; wie ich überhaupt gestehen muß, daß ich kein anderes Gebiet metapsychischer Forschung so widerwillig und mit dem gleichen Gefühl der Unsicherheit gegenüber allen Behauptungen betrete, wie die triebsandüberwogten Einöden des neueren französischen 'Okkultismus'.

Diese Bemerkung gilt aber auch den Belehrungen, die uns die Pariser Dilettanten der Geheimforschung auf eine letzte Frage zuteil werden lassen, die uns die soeben angedeuteten Tatsachen unwiderstehlich aufdrängen. Selbst die Wirklichkeit jener göttlichen Seifenblasen zugestanden, kann man doch den Wunsch nicht unterdrücken, in die Geheimnisse ihres organisierten Innenlebens einen genaueren Blick zu tun. Die Vorstellung, daß die 'höchsten' und 'feinsten' der Bewußtseinsträger des Menschen bloße homogene Nebeleier, wenn auch aus 'Materie von unvorstellbarer Feinheit' darstellen sollen, ist zu abgeschmackt, um auch nur einen Augenblick erwogen zu werden. Irgendwelche Organisiertheit, ja mit Vorliebe eine von 'unvorstellbarer' Differenziertheit, fordert das denkende Gemüt für sie. Von einer solchen aber schweigt der Mund der

1) Das. 54. 2) Vgl. hierzu Dr. J. St. Hooker, Human rays and their spectra, in Lancet 12. Nov. 1904; C. W. Leadbeater, Man visible and invisible... (Lond. 1902) 80ff.; Prof. Fleischer, Üb. d. farbigen Lichterscheinungen der Sufi's, in ZDMG XVI 235ff.: Probst-Biraben in RPh 1906 II 495.

Adepten, wie auch — *a fortiori* — von den funktionellen Beziehungen, die zwischen diesen Lichtkugeln und den banaleren Gebilden des geformten Leibes anzunehmen seien.

Der fantasievolle Dr. Baraduc freilich versichert uns, er habe die 'Kugeln' von sechs Personen gesehen, photographiert und Experimenten unterworfen. In der *boule d'azur* der Damen T. und Sy. habe er etwas wie innere Strömungen in leuchtenden Farben erblickt, die sich in symmetrischer Harmonie durcheinander schoben, ohne sich je zu begegnen, in Wirbel oder Strudel von regelmäßiger Gestalt in den Tinten des Regenbogens[1] übergehend. Mme Sy. befand sich dem Tode nahe, während er diese 'unvergeßlichen Eindrücke' sammelte, die ihn an die Legende der drei leuchtenden Kugeln erinnern, in denen S. Franz von Assisi sich während der Messe exteriorisiert haben soll.[2] Baraduc gewährt uns Einblick in seine Schauungen durch eine Zeichnung von allerdings staunenswerter Symmetrie, in der sich mannigfache Schleifen um einen knopfartigen Mittelpunkt anordnen, mit deren Wiedergabe ich indes meinen Verleger nicht glaube bemühen zu müssen. Baraducs Art zu beobachten, zu denken und zu beschreiben macht auf den unbefangenen Leser durchweg einen Eindruck, der ihn zu äußerster Zurückhaltung des Urteils bewegen muß. Es mag indessen erwähnt werden, daß etwa an derselben Stelle des Buches uns die Photographie eines der Baraducschen Subjekte, Mlle Suzanne de L., dargeboten wird, in einem Zustande, den der Verfasser — mit der unausrottbaren Vorliebe seiner Landsleute für klangvolle Kunstausdrücke — als *autohypnose médiuminique* bezeichnet: Körper eiskalt — *glacé*. Man bemerkt hier einige Fuß über dem Kopfe der Schlafenden eine Art Ballon — *la boule irisée de spiritualité* —, zu welchem ein 'Faden' sich hinaufzieht, dessen Ansatzstelle am Körper sich nach dem Bilde nicht leicht bestimmen läßt.

Es würde mir schwer fallen, diese Dinge zu besprechen, ohne im mindesten von der Ernsthaftigkeit wissenschaftlicher Rede abzuweichen. Gleichwohl habe ich sie nicht vorgebracht, lediglich um sie dem Schmunzeln oder Gelächter des Lesers preiszugeben. In einem Buche, das so viel alte Lehre und Aberglauben der Beachtung der Wissenschaft empfiehlt, wäre die Festsetzung von Grenzen, wo Glaublichkeit aufhöre, übel am Platze. Die gangbare Anschauung vom Menschen haben wir schon jetzt zu gründlich hinter uns gelassen, um nicht die Möglichkeit zuzugestehen, daß (sagen wir) etliche Kontinente unentdeckter Wahrheiten auch hier noch vor uns liegen. Daß dem Mikrokosmos Mensch die Möglichkeit der Anpassung für mehr 'Niveaus' offenstehe, als die Physiologie schon heute einräumt, ist uns bereits geläufig, und daß zwischen dem Chemismus dieser Physiologie und den Wurzeln des Individuums im größeren Bewußtsein sich noch andere mögliche Träger seines Einzellebens einschieben mögen, als etwa das gestaltete Phantom (oder das, was uns als Phantom erscheint), ist ein Gedanke, der eigentlich für uns keine Schrecken mehr haben sollte. Was ich dagegen glaube betonen zu müssen, ist, daß wir für Annahmen

1) tourbillons irisés et réglés. 2) H. Baraduc, Les vibrations de la vitalité... (Par. 1904) 272ff.

dieser weitergehenden Art nicht entfernt so sichere Grundlagen der Erörterung haben wie jene, die zur Erörterung des Phantombegriffes zwangen.

In der Tat scheinen verschiedene Einzelheiten in Berichten von der Art des Bertrandschen den Weg anzudeuten, auf welchem wir von diesen gestaltlosen Körpern zu unsern Phantomen zurückfinden können. Die Angaben von Charpignons Subjekt zB. über eine Ausdehnung seines Körpers vor Bildung der 'leuchtenden Dampfwolke' erinnern deutlich an die der Durvilleschen Versuchspersonen über den Zusammenhang der Bildung des Phantoms mit dem vorherigen Auftreten bloßer leuchtender 'Massen';[1] dieser aus 'Schichten' entstandene Doppelgänger aber scheint in seinen Vorstufen etwa in der Mitte zwischen menschengleichem Phantom und Kugelleib zu stehen; er wird bald zu diesem, bald zu jenem, und legt so die Vermutung nahe, daß die Kugel selbst nur eine Erscheinungsform jener Vorstufen, soz. die Matrix einer Phantombildung sei.[2]

Laurent, der die leuchtenden *couches* des Subjekts Mireille sich plötzlich zu einem *double* verdichten sah, gab weiter an, daß dieser *double* in Gestalt einer leuchtenden Säule aufsteige, mehr kugelförmig werde, aber fortgesetzt durch eine Art Schweif (offenbar den 'Faden', wie andere es nennen) mit dem materiellen Körper zusammenhänge.[3] — Ähnliche Angaben hat Rochas von demselben Laurent über Beobachtungen an sich selbst erhalten, indem dieser in tiefer Hypnose auf die Frage, wie er sich befinde, die Antwort gab: Sein exteriorisierter Doppelgänger suche die Form einer Lichtkugel anzunehmen.[4]

Entsinnen wir uns auch, daß selbst während mediumistischer Experimentalsitzungen häufig ein Beobachter nur 'leuchtende Wolken', der andere am gleichen Orte geformte Glieder oder Gestalten sieht, etwa gar in der Ausführung objektiver Leistungen begriffene. Wie denn auch für den Blick Hellsichtiger sogar die lebende Menschengestalt zuweilen wie in die Wolken ihrer 'Emanationen' gehüllt, von ihnen geradezu verhüllt erscheint. Entsinnen wir uns endlich, daß die seltsame Einzelheit des verbindenden 'Fadens' uns bereits in Beschreibungen entgegentrat, die ein gestaltetes Phantom in Verbindung mit einem physischen Körper zeigten. Nach alledem liegt es eigentlich nahe, auch Herrn Bertrands 'Fesselballon' nicht für das gestaltlose Etwas zu halten, das er auf den ersten Blick zu sein scheint, sondern für die Verhüllung eines sehr viel mehr, und zwar menschlich Gestalteten. Tatsächlich finden sich auch Berichte, denen zufolge das Bewußtsein der Entleiblichung als bloße Nebelmasse alsbald in das eines gestalteten und sogar handelnsfähigen Körpers übergeht. Das Beispiel, das ich anführe, gleicht dem Falle Bertrand überdies darin, daß es beträchtlichen hellsehenden Wissenserwerb behauptet, sich unserem augenblicklichen Zusammenhang also besonders passend einordnet.

---

1) o. S. 578. 2) Vgl. o. S. 561 f. 578 ff. 585. 594 ff. und den erwähnten Fall PS XXI 413 ff. 3) ÜW IV 204. 4) Aus ASP V 271 in ÜW IX 250.

Herr W. A. Laufmann, ein kaufmännischer Reisender, der bei einer Gelegenheit in Omaha fast zwei Tage lang 'für tot' gelegen hatte, beschreibt zunächst den Vorgang seines 'Sterbens' nicht unähnlich den Angaben Dr. Wiltses. 'An jenem verhängnisvollen Morgen wurde ich mir plötzlich einer unbeschreiblichen Empfindung bewußt, die an den Füßen einsetzte und durch meinen ganzen Körper und oben zum Kopf hinaus schlug. Ich hatte das Bewußtsein von etwas gleich einem Watteball, der sich loslöste und ausbreitete, der Form nach in der Größe[1] eines Mannes, wenigstens drei Fuß größer als ich. Ich stand mitten im Zimmer und sah deutlich meinen toten Körper auf dem Bette liegen. Ich machte mich daran, das Zimmer zu verlassen, und begegnete einem der Ärzte. Ich wunderte mich, daß er nichts zu mir sagte, aber da er sich nicht bemühte, mich anzuhalten, begab ich mich auf die Straße hinaus.' Hier traf er einen Bekannten, Herrn Milt Blose. 'Ich versuchte, ihn zur Begrüßung auf den Rücken zu klopfen, aber mein Arm ging geradewegs durch ihn hindurch ... Es war mir ganz unmöglich, seine Aufmerksamkeit zu erregen ... Ich sah ihn deutlich die Straße überqueren und ein Miniatur-Ferris-Rad in einem Fenster anschauen.' Laufmann begab sich dann wieder ins Hospital zurück, durch die Tür in sein Sterbezimmer, sah wiederum seinen Leichnam und hörte die Ärzte den Fall erörtern. Als einer von ihnen experimentweise seinen Füßen einen elektrischen Apparat anlegte, 'hatte ich deutlich die Empfindung [davon], während ich draußen mitten im Zimmer stand' — man erinnert sich der angeblichen Empfindungsgemeinschaft zwischen Medium und Phantom[2] —, 'und unter heftigstem Schmerzgefühl wußte ich, daß ich wieder im Leibe sei'. Herr Laufmann besitzt Briefe und Telegramme, aus denen hervorgeht, daß Herr Milt Blose an dem betreffenden Tage wirklich in Omaha war und, wie von L. gesehen, die Straße hinabschritt und das Ferris-Rad anschaute.[3]

Versuchen wir es also, angeregt durch solche Berichte, mit der äußersten Annahme: daß auch Bertrands 'Fesselballon' nur die umhüllende 'Aura' oder 'Atmosphäre' eines menschlich-gestalteten Doppelgängers gewesen sei, der sich durch den Raum hinausbegeben habe, um an Ort und Stelle gleichsam normal wahrzunehmen, was dem zum Leibe heimgekehrten Bewußtsein dann als ein Ferngesicht erscheinen mußte. Dies wäre dann die konkreteste Form jenes Aufspürens des Entfernten, wovon die Tatsache der Psychometrie eine Andeutung zu enthalten schien.[4] Die Frage, wie denn der 'feine' Körper des Phantoms die grobmateriellen Dinge wahrnehmen könne, würde wahrscheinlich nicht größere Schwierigkeiten darbieten, als die Frage nach der Möglichkeit seiner objektiven Betätigung. An einem reizevermittelnden 'Medium' würde es jedenfalls bei solcher Wahrnehmung seitens des Phantoms nicht fehlen: wären selbst die normalen Reize zu 'grober' Natur, um auf einen solchen Leib zu wirken, so würde man etwa eben auf 'feinere', als gewissermaßen ihre 'Duplikate' zurückgreifen, die von den ätherischen Duplikaten des Wahrgenommenen

1) So! (in form the size...) 2) S. o. S. 577. 3) Borderland IV 438f. 4) Vgl. o. S. 496 ff. Natürlich könnten dann in diesen Zusammenhang auch einige jener Fälle gehören, welche ein Wahrgenommenwerden des Fernsehenden am hellsichtig wahrgenommenen Schauplatz zeigten (o. S. 511 ff.).

ausgehend zu denken wären. (Daß aber eine solche Anschauung, falls möglich befunden, auch das Problem des Nahhellsehens auf neue Grundlagen stellen würde, liegt auf der Hand: denn dieses fiele dann geradezu mit dem Fernsehen zusammen; es wäre ein Sehen des 'feineren' Leibes ohne Exkursion, gleichsam daheim.)[1] Die Anwesenheit eines wirklichen Leibes am ferngesehenen Orte könnte u. a. in der schon früher erwähnten Tatsache zum Ausdruck kommen, daß die Wahrnehmung des Fernen von einem örtlich-nahen Blickpunkt aus stattfindet, wie ihn ein sehendes Auge inmitten der wahrgenommenen Szene einnehmen müßte, und daß dieser Blickpunkt sich häufig in jedem Stadium der anscheinenden Exkursion genau so verändert, wie es einem normalen Auge entsprechen würde.

Von einem 'Traume' (der ja eine Exkursion decken könnte) sagt die Perzipientin, sie habe ihren Vater nicht wirklich fallen gesehen (der Vater war plötzlich erkrankt), 'sondern ich war am Platze, gerade als die Kutsche abfuhr [in welcher der Erkrankte tatsächlich fortgeschafft worden war], und sah deutlich, daß zwei Personen auf dem Kutschensitz saßen, aber der Rücken des einen Mannes, der meinen Vater hielt, verhinderte mich, ihn zu erkennen; den Mann auf dem Kutschbock sah ich deutlich und erkannte in ihm einen Droschkenbesitzer aus Hastings, und er war wirklich der Mann, der meinen Vater an jenem verhängnisvollen Morgen fuhr.'[2]

Auch die Tatsache einer bewußten optisch-konkreten Fortbewegung im Raume haben die früher gegebenen Beispiele von Exkursion und von Fernsehen bereits erkennen lassen. Die ersteren zeigten gewissermaßen die ersten Schritte der fraglichen Wahrnehmungsreise: der Exkurrierende sieht seinen Körper, das Zimmer, begibt sich dann ins Nebenzimmer, aus dem Hause hinaus, über die Dächer der Stadt usw.[3] Dann reißt der Faden ab: phantastische Gesichte hüllen ihn sehr häufig ein. Aber das Experiment der hellsehenden 'Reisen' scheint ihn oft am Endpunkt seiner Fahrt wieder auftauchen zu lassen: er 'ist' nun in den fremden Räumlichkeiten, geht auf Wunsch des Versuchsleiters von Zimmer zu Zimmer, durchsucht die verborgensten Schlupfwinkel usw.;[4] und dies örtliche Spiel des Suchens hat, wie wir wissen, oft einen außerordentlich realistischen Anstrich.

Die uns bekannte Jane fragt einmal, als sie einen gewissen Herrn aufsuchen soll: Jetzt sind wir in einer großen Stadt. Sollen wir die Straße zu diesem kleinen Dorfe einschlagen? 'Da ich, sagt Dr. F., aus ihrer Beschreibung entnahm, daß sie an dem gesuchten Hause schon vorüber war, antwortete ich: Nein, du mußt dieselbe Straße wieder zurückgehen; du bist ein wenig zu weit. — Können wir dann in dies Haus mit dem kleinen Pförtnerhäuschen und einem Garten hineingehen? — Ich

1) Tatsächlich behauptet Durville Übertragung aller Wahrnehmungen auf das exteriorisierte Phantom: Ann. occ. et psych. 1908. 2) Gurney II 441; vgl. 506. 3) S. o. S. 505 ff. 4) S. o. S. 392 ff. 501.

sagte ihr wieder, daß sie zu weit gegangen sei, denn das Haus, das ich nach ihrer Beschreibung erkannte, liegt einige hundert Meter über dasjenige hinaus, zu dem sie gehen sollte.' — Dann kommt sie zu dem richtigen Hause, erblickt den gesuchten Herrn, beschreibt seine Quäker-Kleidung und Quäker-Redensweise usw.![1]

Was aber besonders ins Gewicht fällt: die Erfahrung auch solcher hellsehend-blickender Ortsbewegung in der Ferne beginnt zuweilen deutlich mit jenem Gefühl des Aus-dem-Leibe-hinausgehens, welches gerade im Zusammenhang mit den Vorgängen der Phantombildung für uns Bedeutung erlangt hat.

Eine Somnambule, von der Dupotet berichtet, gab an, beim Fernsehen sei es ihr, 'als ob etwas in mir, das ich selbst bin, fortginge, sich hinschwinge und sich dann an dem betreffenden Ort befinde. Ich höre dann, was an dem Ort gesprochen wird, wohin ich mich versetzt habe, ich rieche die Gerüche, die dort verbreitet sind', sie empfindet die Temperatur usw. Auch brauche sie Zeit, diese Hinversetzung vorzunehmen.[2]

Deutlicher sind die Angaben eines Mediums, das in Katalepsie die typischen Erscheinungen des reisenden Hellsehens darbietet: ein unbekanntes Haus durchstreift, seine Möbel und Bewohner beschreibt; ein Buch, das dort gelesen wird, zwar anfangs nicht erkennen kann, dann aber, vom Versuchsleiter aufgefordert, näher heranzutreten, und dieser Aufforderung angeblich folgend, den Titel richtig feststellt — *Le Diable à la Cour* —, diese ganze Leistung nun aber in folgender Weise einleitet: 'Er habe das Gefühl, aus sich hinauszugehen, plötzlich frei zu werden und in der Luft zu fliegen; dann wurde er von Schreck ergriffen und sagte: er fürchte zu fallen. Er begann, unruhig die Eindrücke zu beschreiben, die er während seiner Reise hatte ... Er sah Häuser, Straßen, Lichter unter sich, ... bis er in ein Haus gelangte. Auch fürchtete er sehr, gesehen zu werden.'[3]

Alles Vorstehende enthält augenscheinliche Verlockungen zur Annahme, daß Fernsehen wenigstens zuweilen durch Anwesenheit-in-der-Ferne eines Körpers zustandekomme. Ich sage Verlockungen; denn um zwingende Gründe handelt es sich offenbar nicht. Die Gründe dieser Ablehnung eines Urteilszwanges sind in den früheren Ausführungen zum Problem des Fernsehens bereits gegeben. Örtliche Bestimmtheit des Blickpunktes (wenn auch nicht bis zum Verdecktwerden wesentlicher Teile des Bildes durch andere) findet sich auch in rück- oder vorschauenden Gesichten,[4] bei denen doch Festlegung des Blickpunktes durch anwesende Sinnesorgane gar nicht in Frage kommt. Auch das Bewußtsein einer wahrnehmenden Fortbewegung von Ort zu Ort ließe sich, wie gesagt, mit einer mehr idealistischen, leibfremden Deutung des Hellsehens am Ende

1) Pr VII 83. Vgl. Charpignon, aaO 89f. 2) Dupotet in JM XVI 435. 498. 3) Aus Estudos psychicos 1905 in APS II 243f. — Körperliche Symptome nach Abschluß einer Hellsehleistung, wie: 'elektr. Schläge' durch den ganzen Körper, Unwohlsein, Nicht-wach-werden-können u. dgl. sind wohl nicht eindeutig: zB. PS 1904 571ff.; PrAm I 446; Kerner, Seherin 172; ders., Gesch. 102; Crowe 128f.; Gurney I 555 Anm.; Année occ. et psych. 1908 251. 4) S. zB. Dr. Wiltses Erfahrung: Myers I 669 o.; Pr VIII 505.

ebensogut vereinigen.[1] Was aber die zuweilen feststellbaren deutlichen Anzeichen einer Exkursion zu Beginn des hellseherischen Erlebnisses anlangt, so darf nicht übersehen werden, daß ein rein 'geistiger' Erwerb von Fernwissen im Zustande der Hinausversetzung aus dem Leibe erleichtert sein könnte, ohne daß diese bis zur Fernanwesenheit fortschritte. Diese Vermutung kann sich immerhin auf Andeutungen in der Erfahrung berufen. Die Subjekte hellsehender Exkursionen nehmen nicht nur Dinge wahr, die sie unter Voraussetzung einer Exkursion hätten 'optisch' wahrnehmen können (wie M. Bertrand den eigenen Körper und den Aufstiegsweg seiner Gefährten), sondern sehen, erfahren und begreifen gleichzeitig auch Dinge, die eine solche Wissensquelle nicht haben könnten, oder vermutlich nicht haben, (wie M. Bertrand vielleicht das Vorhaben seiner Frau in Luzern, oder wie das Subjekt einer später wiederzugebenden Erfahrung — das zunächst auch die Gebäude und den Sonnenschein 'tief unter sich' wahrnahm — gewisse 'Dinge, die später in Erfüllung gingen'.)[2] Sind mithin jene theoretischen Verlockungen an sich schon zweideutig genug, so stellen sich der Theorie, für die sie sprechen sollen, auch noch Schwierigkeiten bodenständiger Art entgegen, die von dem Grade der Glaublichkeit eines 'feineren' Leibes ganz unabhängig sind.

Als die geringste davon erscheint mir die heikle Frage, wie denn die vorauszusetzende, mitunter notwendigerweise sehr schnelle Fernversetzung der fraglichen Körperlichkeit zu denken sei. Wir wissen so wenig von der Physik, geschweige von der Physiologie des 'objektiven' Phantoms, daß ausreichende Möglichkeiten einer Erklärung hier wohl vorausgesetzt werden dürften. Aber wie gering dieses Wissen auch sein mag: müssen wir dem 'feinen' Leibe des Hellsehers nicht eine solche Wichtigkeit für die normale Lebenswirtschaft zuschreiben, daß seine zeitweilige Trennung vom Körper einen fast todähnlichen Zustand herbeiführen müßte? Diesen todähnlichen Zustand beobachten wir nun ja in vielen Fällen, in denen der Tatbestand der Exkursion einigermaßen deutlich gegeben schien.[3] Auch die Subjekte von Fernerscheinungen, bei denen wir gleichzeitiges Fernwahrnehmen ja stets als möglich, wenn nicht als wahrscheinlich ansetzen müssen, befinden sich, wie erinnerlich, sehr häufig in Zuständen wie Schlaf, Ohnmacht, Koma, Narkose, Giftbetäubung u. dgl.;[4] wie ja Ähnliches selbst in Fällen einfachen Fernerfahrens häufig ist, die im übrigen deutliche Hinweise weder auf eine Exkursion noch auf bloßes Bildsehen enthalten.[5] Gleichwohl besteht die Tatsache, daß nicht nur bloßes bildhaftes Erleben des Ferngeschehens bei nur leicht getrübtem Wach-

1) S. o. S. 510. 2) Auch Charpignons Subjekt 'verstand' in der 'Dampfwolke' (vgl. o. S. 660) 'mehr Dinge, als im bloßen Somnambulismus'. 3) Vgl. o. S. 504 u. 505 u. 506 f. 4) S. zB. Gurney I 225. 384; II 85. 86. 89. 227. 258. 384 ff. 5) Man beachte selbst an Swedenborgs berühmtem Hellgesicht eines Stockholmer Brandes das wiederholte Verlassen der Gesellschaft, in der er sich z. Zt. befand: Kant, Träume e. Geistersehers... (Kehrbach) 47.

bewußtsein der wirklichen Umgebung stattfinden kann,[1] sondern daß auch in Fällen, in denen der Anschein der Exkursion zum mindesten durch angebliches Abschreiten der fernen Örtlichkeit und durch Erscheinen daselbst[2] erzeugt wird, doch genügendes Leben und Bewußtsein zurückbleiben, um ein fortlaufendes Berichten des gleichzeitigen Verlaufs der Fernereignisse zu ermöglichen. Jane, Fanny, Park, Emma und andere 'reisende' Hellseher sind zwar in einer Art Trans, reden aber, wie wir wissen, beinahe ungehemmt über das, was sie gleichzeitig in der Ferne sehen und erleben.

Nun dürfen wir allerdings bei unsrer Unwissenheit das Gewicht auch solcher Tatsachen nicht überschätzen. Wir können nicht mit völliger Sicherheit behaupten, daß so viel Leben, als das entfernte Phantom und somnambul-beschreibende Subjekt im äußersten Falle bekunden, nicht wirklich gleichzeitig möglich sei; oder daß zwei so ortsverschiedene Körperlichkeiten nicht ein gemeinsames Bewußtsein haben könnten, so sehr auch die klare Alternative von Bewußtsein entweder im physiologischen oder im Exkursions-Leibe die Regel sein mag.[3] Wir kennen verwandte Seltsamkeiten bereits als 'Gemeinschaft von Bewegung und Empfindung' zwischen Medium und materialisiertem Phantom, und auch abgesehen davon sind unsere Ansichten über das Verhältnis des Einzelbewußtseins zu seinem 'Organ' bereits reichlich über die harten Grenzen der üblichen Ansicht hinausgediehen. Sollten sich freilich diese Zugeständnisse als zu weitherzig erweisen, so fände sich eine Deutung des Fernsehens durch körperliche Exkursion auf Fälle zurückgedrängt, die den Leib des Sehers tatsächlich in todartigen Zuständen zeigen; wobei natürlich die Zulässigkeit dieser Deutung außerdem noch von dem Grade der Glaublichkeit abhinge, den man der Annahme eines menschlich-gebauten 'feineren' Leibes und der Möglichkeit seiner Hinausversetzung überhaupt zugestände. Sollten sich Fälle jener Art nicht finden, oder die Annahme des feineren Leibes sich als unhaltbar erweisen, so hätte die Untersuchung, die uns von den Tatsachen des Hellsehens Schritt für Schritt bis zu der Tatsache des objektiven Experimental-Phantoms fortriß, mit einer Enttäuschung geendet, soweit die Theorie des Hellsehens an ihr interessiert war. Diese Theorie würde dann mit weniger greifbar-körperhaften Fassungen des Exkursions-Begriffes sich abzufinden haben, soweit sie sich nicht gleich auf den idealistischen Gedanken des umfassenden Über-Ich zurückzöge, der sich ja jedenfalls nicht weniger, als eine exkursionistische Theorie, auf ausdrückliche Behauptungen gewisser Fernseher berufen kann.

---

1) S. zB. PrAm I 397; Flournoy, Des Indes 368; Gurney I 194. 2) Das letztere, neben Ortsbewegung, in dem vielzitierten Falle aus Steinbeck (Splittgerber, Schlaf 2. Aufl. II 120f.). Vgl. Gurney II 51. 3) Dies behauptet von sich Dr. F. Hartmann, in OR März 1908 160.

'Um entfernte Gegenstände wahrnehmen zu können,' sagte Alexis Didier, 'macht sich meine Seele vom Körper nicht los; mein Wille lenkt meine Seele, meinen Geist, ohne daß ich dieses Zimmer, in welchem ich bin, verlasse.'[1] — Und auch die Auguste K. meinte, 'die Ferne habe beim Fernsehen gar nichts zu tun, denn der Geist wird nicht versendet ... Es bleibt sich gleich, ob eine Somnambule von etwas in Afrika oder von etwas im Nebenhause spricht, doch das ist der Unterschied, daß es leichter ist, wenn die Person, von der sie etwas erzählt, schon einmal in ihrer Nähe war.'[2]

Immerhin mögen zwischen einer solchen Theorie und einer exkursionistischen noch andere mögliche Formen liegen, die ein Element quasiobjektiver Exkursion verwerten, und sie würden jenen einstweilen nicht bestimmbaren Formen entsprechen, in denen wir die Objektivität und örtliche Anwesenheit solcher Phantome vermuteten, die offenbar nicht metaphysiologische Leiber darstellten.[3] Mit andern Worten: es ist sehr wahrscheinlich, daß der Problembestand des Hellsehens durchaus parallel läuft demjenigen des Phantoms. Wo die Möglichkeit eines örtlichen Phantoms besteht, da besteht auch die eines unkörperlichen Wahrnehmens, wobei vermutlich die theoretische Mehrdeutigkeit beider Begriffe den gleichen Sinn hat.

LXIII.

'Subjektivität' des körperlosen Erlebens.

Hieraus aber würde sich sogleich eine weitere wertvolle Folgerung ergeben. Den Fortbestand des Einzelnen nach dem Tode können wir, soweit er 'objektiv' ist und über die abstrakte Aussonderung gewisser Gruppen von Vorstellungen und Erinnerungen innerhalb des Über-Ich hinausgeht, mit der gleichen fruchtbaren Unbestimmtheit eben als jene 'Möglichkeit eines örtlichen Phantoms' definieren. Aus der Zusammenstellung dieser und der vorigen Begriffsbestimmung aber würde mit gleicher Wahrscheinlichkeit folgen, daß der Zustand der Abgeschiedenen wenigstens zum Teil demjenigen des exkurrierenden Hellsehers ähnlich sei. Diese Wesensverwandtschaft erscheint an sich wahrscheinlich: ist es doch in dem einen wie im anderen Falle der metapsychische und metaphysiologische Mensch, der 'Geist' und das 'Gespenst' im Menschen, dessen Einordnung in die tiefsten Bezüge des All begriffen werden soll. Eine ausreichende Theorie des Hellsehens würde demnach nicht nur die Rätsel des menschlichen Wesens und seines Verhältnisses zur Welt uns deuten, sondern damit zugleich auch das der Art seines Fortlebens nach dem leiblichen Tode.

---

1) Schindler, Das mag. Geistesleben 144. 2) Bei Fechner, Zend-Avesta 1. Aufl. III 90.
3) Gelegentliche seltene Aussagen Hellsehender über vom Gehirn ausgehendes 'Licht' oder 'Sehstrahlen', die zum Schauen erfordert würden, sind mir einstweilen zu vieldeutig, um theoretische Verwendung zu gestatten. S. zB. ATM II, 1 160f.; Werner 327; Perty, M. E. I 225; Haddock 66; Pr VII 90 u.

Ich will nun nicht der Versuchung erliegen, die hier an mich herantritt, die Art dieses Fortlebens im Einzelnen auf Grund der 'Quellen' zu untersuchen. Davor warnt ja schon die trübe und unsichere Natur dieser Quellen; denn selbst wenn wir für bewiesen halten, daß wirkliche Äußerungen individueller Abgeschiedener zu uns gelangen, wäre hier doch die Glaubwürdigkeit jeder einzelnen Aussage über die Art ihres Fortlebens als solcher zu prüfen; Aussagen also, wie sie nie zu Identitätsbeweisen benutzt werden können (eben weil sie nicht nachprüfbar sind), während sie jederzeit jenen trüben Massen von Transäußerungen des Mediums angehören mögen, in die wir ja in jedem Falle uns die echten Äußerungen Jenseitiger eingebettet denken. Dagegen darf es uns auffallen, wie viele Züge jenseitigen Lebens, deren Echo wir immer wieder von drüben her vernehmen, mit der hier aus Tatsachen abgeleiteten Vermutung übereinstimmen, daß der Zustand der Jenseitigen subjektiv als hellsehende Exkursion und objektiv als Möglichkeit von Phantomen bestimmt werden könne.

Daß sie sich selbst in einem gestalteten Leibe glauben, sich selbst also so erscheinen, wie sie auch uns erscheinen,[1] mag mehrdeutig sein; aber diese Mehrdeutigkeit der jenseitigen Erscheinung ist uns ja durchaus vertraut geworden. Dabei fassen sie in der Problematik des objektiven Phantoms festen Fuß durch die andeutungsreiche Bezeichnung ihres Leibes als lichthaft[2] und seine ebenso bemerkenswerte Vergleichung in dieser Hinsicht mit dem Lichthaften, durch das sie, wie wir sahen, das Medium zu erkennen, worin sie also den Geist-im-Menschen zu sehen behaupten.[3] Daß sie sich durch den bloßen Willen zur Ortsveränderung fortzubewegen glauben,[4] entspricht einer Eigentümlichkeit des lebend Exkurrierenden und des Hellsehers gleichermaßen; nicht minder aber am Ende, daß sie sowohl untereinander, als auch vielfach mit den Lebenden und ihrem Treiben durch unmittelbare Gedankenübertragung — also 'telepathisch' — zu verkehren behaupten.[5] Dabei ist es ein Zug, der uns wiederum von den Tatsachen übernormalen Erfahrens her bekannt ist, daß dieser Verkehr von einer sonderbaren 'zeitlichen Lockerheit' zu sein scheint. 'G. Pelham' sagt gelegentlich ausdrücklich, daß er 'keine Vorstellung von Zeit' habe,[6] und Phinuit versichert, einen Sitzer, den er erst am Morgen desselben Tages gesprochen, 'vor etwa einer Woche getroffen' zu haben.[7] Nelly ist nicht viel besser daran, kann aber doch einmal den Eintritt der Sidgwick-Kontrolle auf 'halb 5 Uhr [nachmittags]' ansagen.[8] Ein anderes Mal, als G. P. von einer Sitzung fortgeschickt wird, um zu beobachten, was die befreundeten Howards zur Zeit tun, kehrt er wieder, Phinuit unterbrechend, und berichtet ausführlich allerlei, was Mrs. H. — am Nachmittag des vorhergehenden und am Abend des vorvorhergehenden Tages getan hat![9]

---

1) zB. 'G. P.', Pr XIII 301; vgl. auch Rev. Spirite 1859 321f. 351. 2) Phinuit: Spirits are all light: Pr XIV 37. 3) Imperator Pr XI 93; XIV 18 u.; XVI 305. 313: I see your spirit in the body. Vgl. auch XIII 438 (G. P. sehe den lebenden R. H. trough the spiritual, 'sofern er Geist sei'). 4) Pr XI 88. Vgl. XX 238. 249; XXI 254. 5) Pr XIII 380. 6) Pr XIII 433. Vgl. Home 414: spirits have no time. 7) Pr VI 481; vgl. auch XIII 424 o.; XIV 14. 8) Pr XVIII 202f. 237. 9) Pr XIII 305; vgl. VIII 24f.

Vor allem aber ist es die eigene gegenständliche Umwelt der Abgeschiedenen (soweit wir von einer solchen sprechen dürfen), die sich, wenn nicht aller Anschein trügt, am besten nach Analogie des subjektiven Aspektes übernormalen Erfahrens begreifen läßt. Die verwirrende Vielgestaltigkeit dessen, was Jenseitige hierüber behaupten, erstreckt sich nämlich von einer angeblichen Wahrnehmung unserer sinnlichen Wirklichkeit bis zu entlegenen Arten des Daseins, denen wir mit unserer Vorstellung nicht mehr nahen können, — eine Vielgestaltigkeit, die uns immer wieder gedeutet wird durch den Gedanken einer Entwicklung im Geisterreiche, die von völliger Erdennähe bis zu gänzlicher Menschenferne führt.[1] Mitten inne nun zwischen diesen Polen des Spektrums liegt ein angebliches Umwelterleben der Geister, das in seinen allgemeinen Formen der Erdenwelt gleicht, in seinen Einzelheiten aber von dieser abweicht nach der Seite des anscheinend Phantastischen und Traumhaften. Wir entsinnen uns aus einem frühern Zusammenhang gewisser phantasievoller Jenseitsgesichte Lebender, die wir schon ihres unglaubhaften Charakters wegen ohne weiteres als Ausgeburten subjektiven Halluzinierens beiseite schoben.[2] Es ist jetzt an der Zeit zu betonen, daß ähnliche Schilderungen des Jenseits auch in Mitteilungen gegeben werden, die von Jenseitigen selbst zu stammen behaupten.

Die umfangreichsten dieser Darstellungen sind meist durch automatische Schrift vermittelt und überraschen angeblich durch ihren Inhalt das schreibende Subjekt nicht weniger, als die staunende Mitwelt.[3] Sie berichten von einer Welt, die z. T. aus den ätherischen Ebenbildern so ziemlich alles dessen bestehen soll, was uns auf Erden als banale Wirklichkeit umgibt.[4] Menschen, Tiere, Pflanzen, Häuser, Möbel, — alles hat sein Duplikat (*complement*), das dort drüben als feste Wirklichkeit erscheint, während sein materielles Ebenbild den Geistern durchdringbar ist. Insonderheit hören wir viel von Landschaften verschiedener Art, unter denen lachende blumige Gefilde und sonnige Wiesen, bevölkert von seligen Gestalten in Weiß, — das berühmte 'Sommerland' der Spiritisten — eine hervorstechende Rolle zu spielen scheinen; Schilderungen, die uns an gewisse typische Visionen Ertrinkender und einzelner Märtyrer erinnern.

Es liegt nun offenbar kein Anlaß vor, diesen angeblichen Selbstschilderungen des Jenseits ein größeres Maß von objektiver Richtigkeit zuzuschreiben, als jenen früheren Schilderungen auf Grund von Visionen Lebender; ihr wirklich spiritistischer Ursprung ist ja in nahezu allen Fällen weit mehr als zweifelhaft. Dennoch hat sich die Problemlage für uns seit der Erwägung jener Visionen so gründlich verschoben, daß ich Begriffe zu erkennen glaube, die uns gestatten, jene Selbstschilderungen in gewissem Sinne zu 'retten', selbst unter der Voraussetzung, daß sie

1) Ich komme hierauf im 2. Teil des Werkes zurück. Vgl. auch o. S. 653. 2) s. Kap. XXX. 3) S. zB. [Binney,] Das Leben jenseits des Grabes..., übers. v. Dr. R. Friese (Lpz. 1881) S. X. 4) Vgl. o. S. 588 f. die Erörterung der Phantom-Bekleidung.

von Jenseitigen stammen, daß also jene Unglaublichkeiten wirklich von denen behauptet werden, die es 'eigentlich besser wissen sollten'. Die Suche nach einer mystischen Erkenntnis, welche die Bedeutsamkeit erwecklicher Erfahrungen verbürgen könnte, hat uns nämlich inzwischen auf langen Umwegen zur Anerkennung einer übersinnlichen Welt geführt: zur Annahme geistigen Lebens über dem Bewußtsein unserer Erfahrung und selbst zur hypothetischen Zugestehung eines gewissen Überlebens der Einzelpersönlichkeit jenseits des Todes. Da aber diese Welt des Geistes und der Geister doch irgendwie beschaffen sein muß, so erscheint es jetzt fraglich, ob wir mit Recht im voraus alle bestimmten Schilderungen dieser Welt für subjektives Gespinst erklärt haben. Es müßte doch wenigstens gezeigt werden, warum gerade da, wo das anscheinend bewiesene Jenseits sich endlich zu Schilderungen seiner Art herbeiläßt, alle wirklich gelieferten als subjektiv und phantastisch beiseite geschoben werden dürfen; oder aber es müßte diese völlige Beseitigung selbst abgelehnt und eine wenigstens teilweise 'Rettung' jener Gesichte sowohl als dieser Selbstschilderungen versucht werden. Die ganze Arbeit der letzten Kapitel muß uns verlocken, dem letzteren Weg den Vorzug zu geben; wiewohl die gelungene Ableitung einiger Jenseitsgesichte aus persönlichen Quellen des Sehers uns auch nicht mehr als eben eine solche teilweise Rettung erhoffen läßt, mithin eine erkenntnistheoretische Höherbewertung entweder einiger Visionen im ganzen, oder eines gewissen Bestandteils einiger oder aller.

Dieser letztere Gedanke legt indessen schon den Begriff nahe, der mir in erster Linie den Versuch jener teilweisen Rettung zu ermöglichen scheint. Der Begriff eines wahrheitgebenden objektiven Einschlags in Visionen, die im übrigen ihrem psychologischen Wesen nach Halluzinationen von subjektiver Ausarbeitung sind, ist uns wohlvertraut: das telepathisch und hellsichtig Erfahrene erwies sich in vielen Fällen durchaus nicht als glatte Abschrift wirklichen Geschehens; selbst soweit es nicht geradezu mit Unrichtigem vermischt war, erschien es vielmehr als eine großenteils dem Subjekte des Sehers entstammende, vielfach umschreibende und symbolisierende Darstellung eines Kernes von objektiv-richtigem Erfahren.[1] Die Theorie muß demnach vermuten, daß der 'eigentliche' übernormale Erwerb des Sehers sich häufig gar nicht mit der vorstellungsmäßigen Ausdeutung in seinem Bewußtsein deckt. Insbesondere geht uns hier die dramatische Symbolik an, mit der sich das übernormal Erfahrene so häufig im Geiste des Perzipienten umkleidet.

In prophetischen Gesichten zB. hat, wie schon gezeigt, der gewohnheitsmäßige Seher meist seine persönliche Zeichensprache für die Einzelheiten des vorausgesehenen Geschehens; wie wenn zB. die Höhe, bis zu der eine gesehene Person ins

1) S. o. S. 379. 421.

Leichentuch gewickelt oder irgendwie gefärbt erscheint, die größere oder geringere zeitliche Nähe ihres Todes anzeigt; oder ein ins Haus getragener Sarg bevorstehende Krankheit, ein herausgetragener dagegen Tod in demselben Hause bedeutet;[1] oder leicht abwendbare Widerwärtigkeiten durch gesehene weiße, — schweres, nicht zu bezwingendes Unheil durch graue Mäuse angezeigt werden.[2] — Telepathisches Erfahren eines in der Ferne erfolgenden Todes äußert sich sehr häufig in symbolisierenden Formen: wie wenn zB. eine Perzipientin träumt, daß sie einen Brief empfängt, dessen Umschlag in der Handschrift ihres Vaters (des Sterbenden) die Worte trägt: O Tod, wo ist dein Stachel?[3]

Nicht selten nehmen, was uns besonders interessieren darf, telepathische Halluzinationen des 'bürgerlichen' Typs sogar Formen an, die an die mehr ausgearbeiteten Jenseitsgesichte erinnern.

Der Perzipient sieht zB. den eben Gestorbenen, von dessen Tod er 'noch nichts weiß', auf einer Wolke zum Himmel schweben, in lichter, verklärter Gestalt,[4] oder — noch mehr entwickelt — als Führer einer tausendköpfigen Engelschar, die unter Klängen herrlicher Musik über dem höchst überraschten Seher auftaucht und samt den Tönen sich in der Ferne verliert.[5] A. J. Davis fühlt, nach Hause zurückkehrend, an der Pforte einen schwarzen Schleier über sein Gesicht fallen, sieht dann ein goldenes Licht, anstatt der Winterlandschaft einen himmlischen Frühling und einen Palast, den ihm die Stimme seiner Mutter deutet: 'Komm her, mein Kind, ich wünsche dir mein neues Heim zu zeigen', worauf er beim Eintreten die Mutter sterbend vorfindet.[6]

Noch dramatischer ist der Wahrtraum einer 'Dame von Geist' in Chartres (von dem Calmet berichtet, der sie 'sehr genau kannte'), die im Schlaf 'das Paradies sah, welches in ihrer Einbildung eine prächtige Halle war, darin in verschiedenen Rängen die Engel und Geister der Seligen sich befanden und Gott in der Mitte auf einem strahlenden Thron den Vorsitz führte. Sie hörte jemand klopfen ... und sah, als S. Peter öffnete, zwei hübsche Kinder, eines in einem weißen Gewande, das andere völlig nackt. S. Peter nahm das erste bei der Hand und führte es an die Stufen des Thrones, ließ aber das andere bitterlich weinend vor der Türe stehen.' Diesen Traum berichtete die Dame nach dem Erwachen mehreren Personen. Ein Brief brachte ihr am Nachmittag aus Paris die Nachricht, daß eine ihrer Töchter mit zwei toten Kindern niedergekommen, von denen nur eins getauft worden war.[7]

Wie nun bei Hellgesichten irdischen Geschehens der halluzinatorische Charakter und selbst der ausschweifend-phantastische Inhalt der Vision keine Gründe gegen ihre objektive Bedeutsamkeit abgibt, so wäre es mindestens denkbar, daß auch ein phantastisches Sichselbsterleben der Geisterwelt und dementsprechend die Phantastik der halluzinatorischen Einblicke ins Jenseits in einzelnen Fällen soz. mit einem Zipfel an Wirklich-

1) Martin 105; Perty, M. E. II 227. 279 (nach Horst); Kerners Magikon IV 301ff. Vgl. o. S. 446. 451. 2) Okkultistin 74; vgl. OR 1905 I 71, u. Bozzano, Symbolism in metapsych. phenom., in APS VI 235ff. 3) Gurney II 414.416f. 4) Splittgerber, Leben 2. Aufl. 304. 5) Gurney I 552. (Dies Musik-Element zahlreicher bedeutsamer 'Halluzinationen' verdiente übrigens, zum Gegenstand einer eigenen Arbeit gemacht zu werden.) 6) Davis, Staff 181f. 7) Zit. bei E. Smedley, M. A., The occult sciences... (Lond. u. Glasgow 1855) 259f.

keiten gebunden wäre; daß auch bei diesen irgendwo hinter der vorstellungsmäßigen Darbietung eine erkenntnishafte Berührung mit Seiendem vorhanden wäre, die ihnen irgendwelche objektive Bedeutsamkeit sicherte. Beide Arten des Erlebens befinden sich natürlich den irdischen Hellgesichten gegenüber in dem großen Nachteil, daß sie nicht, wie diese in zahllosen Fällen, eine Vergleichung mit der dargestellten Wirklichkeit gestatten; es ist uns dort immer nur das eine Glied der denkbaren Vergleichung gegeben, das andere aber um so mehr entzogen, je mehr wir — im Sinne der obigen Begründung — die subjektiv-symbolische Seite der Ausgestaltung betonen. Im Falle des Jenseitsschauens Abgeschiedener vollends scheinen wir allen festen Boden unter den Füßen zu verlieren, weil wir ja nicht einmal die persönliche Identität des Schauenden, geschweige seine 'persönliche Gleichung' bezüglich einer etwaigen Ausgestaltung des Gesichtes feststellen können.

Und doch ist unsere Lage nicht ganz so verzweifelt, wie sie auf den ersten Blick erscheinen mag, wenn wir nur als feststehend gelten lassen wollen, daß Abgeschiedene persönlich fortleben, irgendein Zustand und irgendeine Umwelt ihnen also doch zuzuschreiben seien; daß darauf bezügliche Schilderungen überhaupt von ihnen zu uns gelangen, und daß halluzinatorische Phantastik des Erlebens immerhin objektiven Erkenntniswert haben könne. Wer diese Sätze zugesteht, wird keine sonderlichen Schwierigkeiten finden, phantastisch erscheinende Selbstschilderungen des Jenseits als wenigstens teilweise in jenseitiger Wirklichkeit gegründet zu denken. Es ist ja ohnehin zu überlegen, daß möglicher-, ja wahrscheinlicherweise der Sinn von Wirklichkeit und Objektivität für Diesseits und Jenseits nicht der gleiche ist. Es ist zB. wahrscheinlich, daß Glück und Leid der Abgeschiedenen sich auf ein Fortspinnen beglückender oder quälender Erinnerungen aus dem Erdenleben gründe, daß zB. gewisse spukhafte Äußerungen Abgeschiedener sich am leichtesten aus dem beunruhigenden Fortwirken bestimmter Wünsche erklären lassen; dieses Fortwirken aber können wir wohl am ehesten als ein träumendes Wiederdurchleben denken. Darüber hinaus aber mögen wir vermuten, daß die sinnlichen Symbole irdischer Religionsüberlieferung auch ins Bewußtsein der Jenseitigen hinein sich erhalten; daß diese also nicht nur die metapsychischen Wirklichkeiten selbst in einer soz. phantastisch-symbolischen Art erleben, sondern auch ihr Erinnern und Wünschen von vornherein mit jenen natürlich-ausgebildeten und -ererbten religiösen Symbolen verweben. Auf solche Weise aber erschaffen sie sich eine subjektive Welt, deren Mit- und Nacherleben im Geiste eines Andern dann wiederum im selben Sinne objektive Bedeutung hätte, wie das Erkennen irgendeines psychischen (wenn auch rein-subjektiven) Vorgangs in einem Lebenden durch einen andern Lebenden. (Wir hörten ja schon durch Jenseitige selbst — und müssen es ohnehin beinahe für selbstverständlich halten —, daß der geistige Verkehr der Abgeschiedenen ein telepathischer sei.) Mit einem Wort: wenn es denkbar — oder wahrscheinlich — ist, daß die jenseitige Welt im Grunde eben nur aus Subjekten besteht,[1] so wird für ihre Bewohner die Subjektivität jedes Andern eben zur einzigen denkbaren Objektivität, womit sich Objektivität im irdischen Sinne völlig auflöst.

Dieser Gedanke einer weitgehenden Subjektivität des jenseitigen Seelenlebens ist auch keineswegs neu, vielmehr hat er sich, selbst außerhalb aller metapsychischen Forschung, dem Denken auch derer aufgedrängt, die zunächst am meisten geneigt sein mußten, eine gegenständliche Wirklichkeit jenseits aller irdischen Sinne anzuerkennen.

Um innerhalb des christlichen Kulturkreises zu bleiben, so ist ja unter den frühen Kirchenvätern der Gedanke einer subjektivistischen Umdeutung der krasseren Jenseitsvorstellungen nachdrücklich vertreten worden. Clemens der Alexandriner bezeichnete das 'Feuer' der jenseitigen Qualen als 'ein geistiges', das die Seele durchdringe,[2] und nach Origenes entzündet jeder Sünder selbst die Flamme seines eigenen Feuers: sein Gewissen werde verwundet durch seine eigenen Stiche.[3] — In neuerer Zeit hat bedeutsamerweise gerade Swedenborg, dessen Jenseitsschilderungen *ex auditis et visis* das äußerste Maß an Bildlichkeit und Erdenhaftigkeit zu erreichen scheinen, verwandte Gedanken nachdrücklich vertreten. Er, der die eben Verstorbenen nicht einmal wissen läßt, 'daß sie etwas verloren haben, weil sie wie zuvor in einem Leibe und dessen Empfindungen sind, Verstand und Willen, Neigungen und Empfindungen, Vergnügungen und Wünsche haben, wie auf der Welt';[4] Swedenborg, der im Geiste von Gott zusammenberufenen Kirchenversammlungen beiwohnte, in deren endlosen Reden die halbe Bibel zitiert wurde;[5] der Engel zusammentreffen sah und sie lange dogmatisch-philosophische Gespräche führen hörte; der sich selbst in himmlische Landschaften versetzt fand, in denen er sich mit Geistern erging, die ihm ausführlichste Aufklärungen gaben,[6] — Swedenborg nahm doch selbst der Peinlichkeit solcher Darstellungen den Stachel durch eine idealistische oder subjektivistische Deutung, nach der die Geister nicht einmal Ausdehnung haben, der Zeit nicht unterworfen, vielmehr die räumliche Welt, in der sie leben, und der menschliche Körper, als den sie sich gegenseitig anschauen, nur Erscheinung seien. Was den Geistern als gegenseitige Nähe erscheine, sei dem inneren Wesen nach ihre gegenseitige Ähnlichkeit, was als Entfernung, ihre Verschiedenheit.[7] Alle Erscheinung in der jenseitigen Welt sei Korrespondenz (wie der große Kunstausdruck der Swedenborgschen Lehre lautet), d. h. entspringe inneren Zuständen, Neigungen und Abneigungen. Dies sei 'der Grund, warum die-

1) Vgl. Beckh II 52f. üb. die Überwelten des Buddhismus. 2) Stromata VII, 6. 3) De princ. II, 10, 4. Ähnlich Ambrosius u. Hieronymus. (Bei Hügel II 216; vgl. I 160.) Vgl. Görres III 481 üb. eine bezügliche Vision des Petrus Petronius, und J. Boehme, Vom übersinnl. Leben § 36f.: 'Was in [der Seele] offenbar wird, entweder der Himmel oder die Hölle, darinnen stehet sie;... es ist kein Einfahren; denn Himmel und Hölle ist überall gegenwärtig.' Ähnlich babistisch: Roemer 50f.; buddhistisch: L. A. Waddell, The Buddhism of Tibet... (Lond. 1895) 89. 4) Göttl. Offenbarungen von Em. Sw., deutsch v. Tafel, II 251. 5) S. die lange Schilderung in Wahre christl. Religion 188. 6) zB. das. 386f. 661. 7) das. 64.

jenigen, die in der Neigung zum Guten und Wahren und daher in der Weisheit und Einsicht sind, in herrlichen Palästen wohnen, um welche Paradiese mit Bäumen sind, welche korrespondieren, und um diese — Äcker und Felder, auf welchen Herden liegen, welche Apparenzen sind. Entgegengesetzte Korrespondenzen sind aber bei denen, welche in bösen Neigungen sind. Diese sind entweder in den Höllen in Zuchthäusern eingeschlossen, in welchen keine Fenster sind ..., oder sie befinden sich in den Wüsten und wohnen in Hütten, um welche alles unfruchtbar ist und wo sich Schlangen, Drachen, Nachteulen und anderes dergleichen aufhält, was ihrem Bösen korrespondiert. Zwischen dem Himmel und der Hölle ist ein Mittelort, welcher die Geisterwelt genannt wird. An diesen kommt der Mensch gleich nach dem Tode, und hier findet ein ähnlicher Verkehr des Einen mit dem Andern statt, wie unter den Menschen auf der Erde. Hier ist auch alles, was erscheint, Korrespondenz.'[1]

LXIV.

Metapsychologie des mystischen Erkennens: 1. Jenseitsgesichte.

Könnte es hiernach fast scheinen, als verbürge gerade die subjektive Phantastik der jenseitigen Selbstschilderung ihren Ursprung in entkörperten Bewußtseinen, so wird es anderseits dadurch glaublicher, daß auch die Phantastik der Jenseitsgesichte irdischer Seher nicht ihrer Anregung durch wirkliche Berührung mit dem Jenseits widerspreche. Verlockt doch alles Vorausgegangene uns zu der Annahme, daß der irdische Seher im Augenblick seines Schauens sich dem psychologischen Zustande der Abgeschiedenen wesentlich nähere, indem es eben der 'Geist' in ihm sei, der die entscheidende Berührung mit der übersinnlichen Welt ermögliche. An erfahrungsmäßigen Hinweisen auf diese psychologische Verwandtschaft zwischen dem irdischen und dem abgeschiedenen Jenseitsschilderer fehlt es nicht völlig. — Einen solchen können wir darin finden, daß häufig gewisse Einzelheiten der visionären Erfahrung auf das Statthaben einer Exkursion hindeuten.

In dem früher angeführten Falle glaubte sich zB. Skilton mit Blitzesschnelle aufwärts zu bewegen und die Gegend unter sich entschwinden zu sehen; bei der Rückkehr tauchte das Gelände abermals in der Entfernung vor seinen Blicken auf. W. St. Moses sah sich gelegentlich einer ähnlichen Erfahrung neben seinem Leibe stehen und glaubte sich durch die Zimmerwand hinauszubegeben. Engelbrecht, der Hölle und Himmel durchwanderte, wurde zunächst 'mit dem ganzen Leibe aufgenommen und weggeführt', und bei der Rückkehr 'deuchte ihm, er würde wieder mit seinem ganzen Leibe auf sein Lager gelegt', wonach ihm die körperlichen Sinne wiederzukehren begannen. Thespesios wiederum will 'den Leib ver-

---

1) das. 282.

lassen', sich dann nach einiger Verwirrtheit aufgerichtet haben und, von einem Lichtschein (!) getragen, hingeglitten sein, bis er sich schließlich wieder wie vom Sturmwind fortgerissen und zum Leibe zurückgebracht fühlte, in welchem er bei dieser ganzen Exkursion, wie eine Seele ihm sagte, seinen 'Anker' zurückgelassen hatte, — eine schwer zu bestreitende Parallele zu all jenen 'Schnüren' und 'Fäden', in denen soviele Exkurrierende die Verbindung ihrer noch nicht gestorbenen 'Seele' mit dem Leibe verkörpert finden.[1]

Daß wir den Zustand des Jenseitsschauenden so häufig wahrscheinlich als Exkursion auffassen dürfen, ist für unsern Zusammenhang aber vor allem darum bedeutungsvoll, weil dieser Zustand, wie wir aus zahlreichen Beobachtungen wissen, ein wahrer Fruchtboden übernormalen Wissenserwerbes überhaupt ist. Daß aber ein Zustand, der so häufig nachprüfbare irdische Erfahrungen übernormaler Art beschert, auch Erfahrungen aus jenem Dasein erleichtern werde, welches alles Übernormale recht eigentlich in sich zusammenfaßt, das ist am Ende eine natürliche Vermutung, — auch wenn der Objektivitätsgehalt dieser Erfahrungen natürlich nicht 'nachprüfbar' ist.

Tatsächlich zeigt die Beobachtung nun aber Exkursionen nicht nur als Fruchtboden von nachprüfbaren irdischen Erfahrungen übernormaler Art einerseits und nichtnachprüfbaren jenseitigen anderseits; sondern sie zeigt auch die eine Art der Erfahrung in engster zeitlicher und persönlicher Verbindung mit der anderen. Bloß durch Personalunion — wenn ich so sagen darf — verbunden sind beide Arten der Erkenntnis, wenn der exkurrierende Jenseitsseher auch sonst ein häufiger Hellseher irdischer Wirklichkeiten ist.

Dies trifft zB. auf Skilton zu, der eine Anzahl prophetischer Träume beschreibt, die ihm nahe bevorstehende Unglücksfälle auf der Bahn vorhersagten und ihn gelegentlich zu deren Verhütung instandsetzten.[2] Als klassischer Fall aber ist hier natürlich Swedenborg selbst zu nennen, nicht weniger ausgezeichnet durch seine massenhaften Gesichte der Geisterwelt, als durch seine irdisch-hellseherischen Einzelleistungen. Die von Kant besprochenen[3] sind zu bekannt, als daß ich mehr als an sie zu erinnern brauchte; sie sind aber keineswegs die einzigen.[4] Auch ist bei seinen Leistungen zu beachten, daß er selbst sie auf Mitteilungen aus dem Geisterreich zurückführte. In der Geisterwelt wollte er erfahren haben, daß Wesley (dem er es auf den Kopf zusagte) ihn zu sprechen wünsche, was Wesley mit dem Bemerken zugab, er habe gegen niemanden davon gesprochen.[5] Und aus der Geisterwelt holte er, nach seinen Angaben, die Kenntnis aller jener Geheimnisse, die er mitunter nach mehrtägiger Zurückgezogenheit zu enthüllen wußte und die unter Lebenden meist nur einen, zuweilen auch keinen Mitwisser hatten.[6] Bezeugt ist,

1) S. o. S. 577 ff. 659. 663. 665 ff. Vgl. die Berichte o. S. 287. 289—92. und u. Kap. LXVIII.
2) Ein guter Zeuge! (S. Pr V 335.) Vgl. Tertullian, De anima c. 9 und Haddock 201.
3) Träume e. Geistersehers... (Kehrb.) 45 ff.
4) S. anderes, zB. die eidlich bezeugte Voransage von Tag und Stunde seines Todes, bei Perty, Spir. 268.
5) Perty, das.
6) S. Kant, aaO. 46 f.; Jung, Theorie 93—6.

daß — wie sich gehört — während seiner Kenntniserlangung, so oft sie beobachtet wurde, 'seine Seele nicht mehr gegenwärtig war und daß etwas Außerordentliches mit ihm vorging'.[1]

Ein Beispiel für nicht nur persönliche, sondern auch zeitliche Verbindung irdischen und jenseitigen Hellsehens bietet uns die schon berührte Erfahrung des Dr. Wiltse im Zustande des Scheintodes.

Seine Vision steht inhaltlich nicht ganz auf einer Stufe mit jenen ausgeführten Gemälden von Hölle und Himmel, deren wir früher so viele kennenlernten; aber sie enthält doch eine Folge von Bildern, die den vollzogenen Eintritt in das Reich der Jenseitigen zu symbolisieren scheinen. Ehe sie aber eintraten, hatte Dr. Wiltse anscheinend irdische Wirklichkeiten wahrgenommen, die ihm normalerweise wahrscheinlich nicht bekannt sein konnten: wie zB. die Auswaschungen, die ein mehrtägiger schwerer Regen während seiner Krankheit in den Straßen bewirkt hatte.[2]

Ein anderes Beispiel, das hier ausführlicher mitgeteilt sei, enthält das Element des Hellsehens freier von Zweideutigkeiten. Das Subjekt dieser Erfahrung, Thomas Say (geb. 1709 in Philadelphia), Sattler und später Apotheker von Beruf, hatte sich aus Überzeugung den Quäkern angeschlossen und genoß große Achtung und allgemeines Vertrauen in seiner Vaterstadt. Der augenscheinlich sehr sorgfältige eigenhändige Bericht (dessen Datum ich nicht angegeben finde) ist wörtlich wiedergegeben in einer Lebensbeschreibung, die der Sohn dem hochbetagt verstorbenen Vater widmete. — Say machte im Alter von 16 oder 17 Jahren eine Zeit der religiösen Zweifel durch, betreffend das Dasein Gottes, der Seele und ihrer Unsterblichkeit, als er von einer Brustfellentzündung befallen wurde. 'Am neunten Tage, schreibt er, zwischen 4 und 5 Uhr, fiel ich in einen Trans und verblieb darin bis um 3 oder 4 des nächsten Morgens ... Ich verließ meinen Körper, [der darauf von den Anwesenden und dem herzugerufenen Arzt ohne Puls, aber mit einer Spur von Atmung gefunden und, wenn nicht für tot, so doch für sterbend gehalten wurde.] ... [Dann] hörte ich ... ununterbrochen die Stimmen von Männern, Weibern und Kindern Gott dem Herrn und dem Lamme Loblieder singen, die meine Seele entzückten. Meine Seele ergötzte sich auch an den herrlichen Wiesen, die ich auf allen Seiten erblickte, wie sie nie in dieser Welt gesehen wurden; durch diese zog ich hin, von Kopf zu Fuß in Weiß gekleidet und in meiner völligen Gestalt ohne Ermangelung irgendwelchen Gliedes. Während ich einem höheren Zustande der Seligkeit entgegenstrebte, wandte ich meine Augen zur Erde, die ich deutlich sah, und erblickte drei mir bekannte Männer im Sterben. Zwei davon waren Weiße, deren einer zum Frieden einging, während der andere verworfen ward. [Die beiden, die zum Frieden eingingen, waren ebenfalls weiß gekleidet, das Kleid des dritten aber, der 'verworfen ward', war 'einigermaßen weiß, aber fleckig'.] Es erschien ein wunderschönes, durchscheinendes offenes Tor, und als ich und der Eine, der zum Frieden einging, es erreicht hatten, trat er hindurch; als ich aber eintreten wollte, trat ich in meinen Leib ein[3] ... [Während ich den Umstehenden das Gesehene berichtete], hörte ich noch immer die melodischen Lobgesänge, und solange ich sie hörte, empfand ich keinen Schmerz; als sie mich aber verließen, kehrte der

1) S. Em. Swedenborgs Leben u. Lehre, her. v. J. G. Mittnacht (Frankf. a. M. 1880) 81.
2) Pr VIII 182 u. und 187 (Frage 3). 3) I stepped into the body.

Schmerz in meiner Seite zurück ... Man schickte [zu den Dreien, die ich hatte sterben sehen], und der zurückkehrende Bote berichtete, daß sie alle gestorben seien, und [zwar] in den Zimmern usw., wie ich es berichtet hatte. Der Dritte [jener Männer] war ein Neger, namens Cuffe, welcher der Witwe Kearny gehörte, den ich in der backsteingepflasterten Küche sterben sah, und als sie [den Leichnam] auf ein Brett legten, entfiel sein Kopf ihren Händen, da er etwa sechs Zoll vom Brett entfernt war; was ich nebst den anderen Umständen seiner Aufbahrung deutlich sah, denn die Wände bildeten kein Hindernis für meinen Blick.' Dies wurde während eines nachfolgenden Gespräches mit der 'Witwe Kearny' in mehreren Einzelheiten bestätigt; auch wurde erwiesen, daß die drei Männer gerade zur Zeit des Gesichtes gestorben waren, 'und alle Umstände ihres Todes erfanden sich so, wie [er] sie berichtet hatte'.[1]

Ein solches Ineinander von irdisch-übernormalem und jenseitigem Erfahren wird natürlich erscheinen, wenn wir beide als wesentlich einer Art angehörig auffassen, also auch das letztere als ein telepathisch-hellseherisches, mit allen jenen Möglichkeiten subjektiver Ausgestaltung des Erfahrenen, die uns bei der Telepathie und dem Hellsehen Lebender geläufig geworden sind. Tatsächlich bekunden gerade irdische Jenseitsseher nicht selten den Eindruck, daß sie während ihrer Gesichte mit den Abgeschiedenen in Vorstellungsaustausch gestanden hätten.

Skiltons Bericht enthielt, wie erinnerlich, derartige Angaben; und S. Alphonso Rodriguez meinte, es sei ihm gewesen, als erkenne er jeden der Geister besonders, als sei seine Seele gleichzeitig ganz in jedem Einzelnen und ganz in Allen gewesen und als habe sie sich gleichzeitig mit Vielen unterredet. Auch Thespesios empfand sich als 'nach allen Seiten hin Auge'![2] Das Bewußtsein des Eingetauchtseins in ein telepathisches Element (sozusagen) könnte kaum besser ausgedrückt werden.

Für eine subjektivistische Auffassung des wirklichen Jenseits, wie sie oben angedeutet wurde, liegt somit offenbar eine Schwierigkeit weder in dem augenscheinlich symbolischen Charakter so vieler Visionsinhalte, noch auch in den inhaltlichen Widersprüchen, die zwischen einzelnen Jenseitsgesichten bestehen. Soll die Vision nicht so sehr objektive Wirklichkeit geben, als vielmehr eine symbolische Übertragung in anschauliche Bilder, so darf auch die persönliche Gleichung jedes einzelnen Sehers in den Einzelheiten dieser Übertragung zum Ausdruck kommen.

Wie bei irdischen telepathischen oder Vorschaugesichten mag es zB. einer persönlichen Idiosynkrasie zuzuschreiben sein, wenn ein Seher die einzelnen 'Geister' im Jenseits bald in Licht, bald in Dunkel getaucht, ein anderer sie in wechselndem Maße fleckig und schmutzig, weiß oder schwarz erblickt. Solche Symbolismen wären nicht im mindesten seltsamer, als wenn, wie oben erwähnt, der Erdenseher den nahe bevorstehenden Tod des einen Menschen durch ein höher, den ferner-

1) Aus A Short compilation of the extraordinary life and writings of Thom. Say... (Philadelphia 1796) 66ff. in JSPR XIII 87ff. Vgl. auch Crowe 135f.; Pr III 92f.; Dazza 277ff. Antike Parallelfälle bei Vesme I 235. 247. 2) S. o. S. 287.

liegenden eines andern durch ein weniger hoch gewickeltes Leichentuch dargestellt findet. Auch ist der Wissenserwerb, den wir hier vorauszusetzen hätten, keineswegs unmittelbarer und faßlicher, als in jenem Falle des Wanderers unter den Schatten.

Ein anderes symbolisches Element von vielfach persönlicher Färbung — das sich auch in schwer angebbaren Abstufungen zur Objektivität hinüberschattiert — ist vielleicht der Führer, den so viele Jenseitsfahrer bei sich sehen und der eine unverkennbare Verwandtschaft zwischen ihren Visionen und dem Transdrama der Medien begründet, das ja auch ein reiches Jenseitserfahren in 'Bilder' — und zwar vielfach symbolische — kleidet. Aber selbst wenn die subjektivistische, spaltungspsychologische Deutung des mediumistischen Führers, des 'Spielleiters', auch auf den Führer der Jenseitswanderer übertragen würde, wäre die Bedeutsamkeit der Fahrt noch nicht in Frage gestellt. Der Führer wäre auch dann noch zum mindesten die Personifizierung einer überlegen-anordnenden, übernormal-empfänglichen Bewußtseinsphase, einer Leistungsschicht sozusagen, die zwischen dem bildlichen Vorstellen und dem nur übernormal Erfahrbaren stände. Doch brauche ich kaum zu sagen, daß die durchgehende Berechtigung einer solchen Deutung bei weitem noch nicht erwiesen ist, weder für den Trans der Medien, noch für die Fahrten ins Geisterreich.

Dies freilich bleibt unserer quasi-objektivistischen Deutung des Jenseits schließlich anhangen: daß sie auf jede bestimmtere Kritik der Jenseitsvisionen verzichten muß. Wo im einzelnen Gesichte die Grenzen liegen mögen zwischen dem reinen Phantasieren des Sehers und seiner direkten oder symbolischen Übernahme von Vorstellungseinflüssen aus dem Jenseits, das wird sich gerade unter Voraussetzungen wie den hier gemachten niemals sagen lassen.[1] Ein Beweis für die jenseitig-objektive Bedeutsamkeit einer Vision wird nie zu führen sein, aus dem einfachen Grunde, daß aus dem bloßen Charakter von Halluzinationen nie ihre Bedeutsamkeit erschlossen werden kann. Dagegen darf die allgemeine Möglichkeit jenseitiger Bedeutsamkeit im Falle von Visionen des Geisterreichs nie aus den Augen verloren werden.

LXV.

Die 'mystische Weltanschauung'.

Die letzten Betrachtungen haben uns indessen nicht nur bis an die verdämmernden Grenzen einer neuartigen Anthropologie, sondern auch unmerklich über die Wasserscheide dieses Buches hinübergeführt:

1) Ich sehe hier ab von der Möglichkeit verfälschender Darstellung der Vision, vornehmlich traditionellen Anschauungen zuliebe.

bisher befanden wir uns im Aufstieg; jetzt hat der Abstieg bereits begonnen. Denn mit den Bemerkungen über eine mögliche teilweise 'Rettung' auch 'phantastischer' Jenseitsvisionen haben wir den ersten Schritt zur Anwendung unserer metapsychischen Einsichten auf die Typen der mystischen Erfahrung getan. Unser Weg hatte uns, wie der Leser weiß, durch eine Reihe subjektivistischer Auslegungen dieser Erfahrung geführt, und diesen verfielen zunächst auch die Ansprüche des Mystikers, das Jenseits zu 'schauen' und damit seinen 'praktischen' Erfahrungen eine mehr als irdische, geschweige pathologische Bedeutung zu sichern. Der an letzter Stelle vorgebrachte Anspruch des Mystikers auf übersinnliche Fähigkeiten gründete sich dann auf angebliche Beweise für die Fähigkeit, Gedanken Anderer zu lesen, eigene Gedanken in der Ferne wirksam werden zu lassen, Entferntes zu schauen, selber in der Ferne zu erscheinen, das Künftige unmittelbar zu wissen u. dgl. m.; übernormale Leistungen, deren Glaubwürdigkeit wahrscheinlich gemacht werden konnte durch ihre Übereinstimmung mit Tatsachen, welche neuere Forschung teils festgestellt hat, teils festzustellen im Begriff ist. Indem wir uns dann Schritt für Schritt den wachsenden Problemen hingaben, zu denen diese Tatsachen unwiderstehlich fortzogen, erstand uns allmählich in ungefähren Umrissen eine neue Welt von unverkennbarem innerem Zusammenhang, in welchem auch die sog. spiritistischen Tatsachen unweigerlich, wenn auch mit einiger Unbestimmtheit ihre Stelle fanden. Daß die so neu erworbenen Einsichten die Beurteilung der zuvor behandelten Erfahrungen des mystischen Lebens sehr bedeutend beeinflussen müssen, erscheint noch vor aller besonderen Ausdeutung unmittelbar einleuchtend, und in der Tat hat denn auch das letzte Kapitel uns eine erste derartige Rückanwendung aufgedrängt und eben damit, wie ich sagte, uns die Paßhöhe unsres Gedankenganges überschreiten lassen. Hinfort mit den fließenden Wassern absteigend, haben wir in diesen Rückanwendungen fortzufahren und dabei, wenn nicht genau, so doch im großen ganzen den Weg der früheren Darstellung mystischer Erfahrung in umgekehrter Richtung zu durchschreiten. Wir können also zunächst in der Erörterung der Frage fortfahren, wieweit die neuen Einsichten uns eine veränderte Einschätzung der verschiedenen Arten angeblicher mystischer Erkenntnis erlauben, ehe wir die mystischen Instinktwandlungen samt ihren Nebenerscheinungen im Lichte unsrer erweiterten Anthropologie betrachten.

Jene angeblichen mystischen Erkenntnisse befaßten sich freilich größtenteils mit 'Gebieten' der übersinnlichen Welt, in die uns unsere induktive Metapsychik nur äußerst spärliche Blicke hat tun lassen: sie beanspruchen vielfach geradenwegs in die göttliche Tiefe zu dringen, sowie in Gebiete, die zwischen dieser und der Welt der menschlichen Abgeschiedenen sich erstrecken sollen. Und doch läßt sich nicht verkennen, daß die Anschauungen, die sich uns aufgedrängt haben, nicht unfruchtbar auch bezüglich dieser fernerliegenden Mysterien sind; daß sie in der Tat ein unverkennbares Entgegenkommen bekunden gegenüber dem, was man etwa — mit einiger Weitherzigkeit des Begriffs — als die mystische Weltanschauung aller Zeiten bezeichnen könnte. Das Bestehen einer solchen mehr oder minder einheitlichen mystischen Weltanschauung wird bestritten werden, und ich will auf Einzelheiten der geschichtlichen Frage ihres Bestehens in diesem psychologischen Versuch nicht eingehen. Mag eine 'synoptische Konkordanz' der mystischen Grundlehren noch so sehr zu wünschen sein: sie wäre nicht herzustellen ohne umfangreiche philologisch-historisch-kritische Vorarbeit, die vor allem überall durch sekundäre Zuwächse zu primären Kerngebilden vorzudringen hätte. Da diese hier nicht geleistet werden kann, will ich nur kurz und dogmatisch angeben, was mir persönlich die theoretischen Grundlehren einer solchen mystischen Weltanschauung zu sein scheinen, um auf die natürliche Verwandtschaft hinzuweisen, die zwischen ihnen und den oben erschlossenen Grundbegriffen besteht.

Mystische Grundlehre ist, daß die Welt — mindestens aber die Welt des bewußten Lebenden — innerlichst Einheit sei; daß ein Wesen, ein Leben, ein Bewußtsein letzten Endes alles umfasse: die un- oder (besser wohl) überpersönliche Gottheit jenseits aller Götter,[1] welche die Welt umschließe,[2] aus sich treten lasse, und wiederum in sich hereinnehme,[3] — Begriffe, von denen dahingestellt sein mag, ob sie überall ein zeitliches Geschehen, oder nicht zuweilen mehr ein metaphysisches Verhältnis bezeichnen.[4] Dies Gegründetsein alles Einzelnen in Gott drückt sich aber weiter aus in einem metaphysischen Stufenbau der Welt (wenn ich so sagen darf), d. i. in der Tatsache, daß die Wesen ihrem metaphysischen Status nach Gott näher oder ferner sind, oder — wenn man ein sehr deutlich umschreibendes Bild will — auf verschiedenen metaphysischen Niveaus stehen, die wie kleinere und größere Kugelschalen Gott, als den Mittelpunkt des Alls, umlagern; wobei natürlich festzuhalten ist, daß diese Schichtung ausschließlich qualitativ-'hierarchisch', keineswegs räumlich zu fassen ist.[5]

Dabei ergibt sich dann die weitere Folgerung, daß — da alle Wesen letztlich in

1) Beispiele: Kena-Upan. 3, 14ff. (Deussen 206f.); Çvetâçvatara-Up. 3, 7ff. (298ff.); Maitrâyana-Up. 6, 17 (342); Tao Teh King I, 1ff.; XXV, 1ff.; das *ζῶον μακάριον* und *τέλειον* der Stoiker, der *πατὴρ πάντων*; Eckehart, bei Windelband, Gesch. d. Philos. 1. Aufl. 265; persisch: Roemer 22. Über die verbreitete Synthese von Pan- u. Polytheismus s. zB. K. Joël, Der Ursprung der Naturphilos. aus dem Geiste der Mystik (Basel 1903) 78; Ramakrishna 36; Maitrâyana-Up. 4, 6 (327). 2) Üb. diesen Panentheismus (im Gegensatz zu Pantheismus u. Hylozoismus) der älteren Naturphilos. s. Joël, aaO. 81. 3) Vgl. zB. die indische Lehre von den Kalpas und Brahman-Nächten (Hopkins, Rel. of India 421f.) und Heraklits *ἄνω* und *κάτω ὁδός*. 4) 'Ich will vieles sein...': Chandogya-Up. 6, 2, 3; Sufi: RPh 1906 I 521; christlich: Thomas Aquin., Summa theol. qu. XLVa 1 § 3 (Parmae 1852) II 83: emanatio totius entis ab uno; Müller 318. 320. — Dies die mystische Auffassung des 'Falles'; s. zB. Boehme, Von göttl. Beschaulichkeit 2, 2, 4—10 (Claassen I 170). 5) Beachtenswert in diesem Zusammenhang sind die zwischen Begriffen, Gottesteilen, Naturkräften, Einzelwesen hin- und widerschillernden altpers. amshaspand; vgl. AR VI 257; VII 345ff. Ähnlich alexandrinisch u. frühchristlich: Müller 412f. 475.

Gott wurzeln[1] — selbst die gottfernsten ihre Wurzeln durch alle Schichten der Gottferne — alle Mäntel der Kugel — hindurchsenden. Ein Wesen, das seinem metaphysischen Status nach in einem Teil seines Wesens die größte Gottferne erreicht, wird damit zu einem vollständigen Abriß oder Durchschnitt der Welt, was die geschichtliche Mystik zuweilen in dem bekannten Begriffe des Mikrokosmos (des Menschen) als Auszug und Abbild des Makrokosmos zum Ausdruck brachte, wonach jedes Niveau des Seienden von dem entsprechenden im Menschen zu erkennen sei,[2] und sich selbst völlig Erkennen für diesen gleichbedeutend sei mit Erkennen Gottes und der Welt.[3] Denn auf jedem metaphysischen Niveau sollte der Mensch unter Umständen zu Leben und Erkennen erwachen und damit ein Nachbar der Wesen werden können, denen jenes Niveau wesenseigentümlich ist.[4]

Diese Lehren — von einer Hierarchie der metaphysischen Seins- und Lebensschichten, von einer entsprechenden Hierarchie der Wesen, von einer ebenso entsprechenden Hierarchie der Lebens- und Erkenntnismöglichkeiten im Menschen, und von dem Münden und Wurzeln aller dieser Hierarchien in Gott, dem All-Einen — diese Lehren bilden, wie mir scheint, das abstrakteste Skelett dessen, was man mit der erwähnten Weitherzigkeit als die mystische Weltanschauung (in theoretischer Hinsicht) aller Völker und Zeiten bezeichnen kann. Wieweit diese Begriffe sich in Übereinstimmung befinden mit Grundanschauungen heutiger Wissenschaft oder doch wissenschaftlich begründeter Philosophie, darüber mögen die Ansichten geteilt sein; wiewohl jene Übereinstimmung wahrscheinlich größer ist und sich auf mehr verschiedene Lehrtypen der Philosophie bezieht, als mancher auf den ersten Blick vermuten möchte. Doch können uns diese fraglichen Übereinstimmungen am Ende gleichgültig sein in einer Untersuchung, die ja die Unzulänglichkeit des wissenschaftlichen Tatsachenmaterials gerade nach der Richtung hin zu erweisen sucht, aus welcher die stärksten Anregungen zu mystischer Weltanschauung ohnehin zu erwarten sind.

Es ist denn auch unleugbar, daß die Grundlehren dieser Weltanschauung sehr viel mehr Verwandtschaft zeigen mit den Begriffen, zu denen uns die neuen, von der Wissenschaft noch nicht allgemein anerkannten Tatsachen anregten. In ungefährer Weise — und alles scharfe und trockene Dogmatisieren muß uns zuwider sein in dieser Region des Ahnens — in ungefährer Weise erkennen wir zunächst in der tiefsten übergreifenden psychischen Einheit — dem 'allwissenden' Geist als letzter Quelle alles übernormalen Erfahrens — den all-einen Gott der mystischen Welt-

1) mit dem *θεῖον πνεῦμα* der Alexandriner, dem apex mentis, der synteresis, dem Abgrund des Geistes oder 'Fünklein' der mittelalterl. Mystik; d. muga-no-taiga des japan. Buddhismus (L. Hearn, Kokoro 252) u. a. 2) S. zB. J. Boehme, De tribus principiis, WW ed. Schiebler III 14; Gichtel, Theos. III 2415f.; Ruysbroeck: Was wir sind, das schauen wir. 3) Vgl. H. More: nullus in microcosmo spiritus, nullus in macrocosmo deus. 'Ist nicht Kern der Natur Menschen im Herzen?' — dies ist 'myst. Weltanschauung' *in nuce*. 4) Sehr klar im Buddhismus: s. Beckh II 52f.

anschauung, der (wie jener) die Einzelwesen in sich schließt, sie erschafft, bewegt und verschlingt. Für den Menschen anderseits ist uns die Hierarchie von Erkenntnismöglichkeiten beinahe ein vertrauter Gedanke geworden, mindestens im Sinne unbegrenzter Erweiterungsfähigkeit seiner Erfahrung; ob aber und inwieweit diesen Möglichkeiten auch eine metaphysische Stufenleiter der Lebensmöglichkeiten auf verschiedenen 'Niveaus' entspreche, diese Frage blieb für uns gerade so im Ungewissen hangen, wie die einer Hierarchie von Bewußtseinsträgern innerhalb oder jenseits des materiellen — und des etwaigen 'feineren' — Leibes. Hätte die Frage des objektiven Grundes von Phantomen, der örtlichen Anwesenheit eines leiblosen Ich deutlich gelöst werden können, wir würden vielleicht auch hier noch engere Verwandtschaft zwischen unseren Grundbegriffen und denen der mystischen Weltanschauung finden, als uns einstweilen möglich ist. Wohl aber muß bemerkt werden, daß eben diese Hierarchie von übermenschlichen Wesen uns eine Möglichkeit geben könnte, den erkennenden Aufstieg des einzelnen Menschen in die metaphysische Überwelt zu begreifen, auch wenn es sich als unmöglich erweisen sollte, diesen Aufstieg durch den Übertritt des Einzelbewußtseins auf einen 'jenseitigen Bewußtseinsträger' und den damit erfolgten Anschluß an ein höheres Niveau der Objektivität zu deuten. Im ersteren Falle nämlich ließe sich annehmen, daß der Menschengeist an dem umfassenderen Wissen und Schauen des höheren Geistes teilnehme, nicht so sehr 'telepathisch' (was nach unseren Grundsätzen wieder erst durch das Enthaltensein beider in einem noch größeren zu erklären wäre), sondern durch einen Vorgang unmittelbarer teilweiser Verschmelzung und damit Erkenntnisanteilnahme.

Dagegen kommen unsere Begriffe dem Glauben an eine Hierarchie der Wesen zwischen Mensch und Gott unstreitig entgegen, sofern sie anzunehmen gestatten, wenn nicht gar wahrscheinlich machen, daß zwischen den seelischen Synthesen der uns vertrauten Stufen — Mensch und Tier — und der letzten, allumfassenden des Weltbewußtseins sich andere von wechselndem Umfang der Synthese einschieben.[1] Fechner befand sich bekanntlich in Übereinstimmung mit viel altem Glauben und Lehren, als er diese Mittelglieder zwischen göttlichem und menschlichem Geist in den Planeten als Bewußtseinseinheiten suchte. Doch sind wir nicht an diese Spezialisierung des Gedankens gebunden. Gegenüber der großen Mannigfaltigkeit mystischer Lehren in Einzelheiten dieses Glaubens können wir uns auf die unbestimmte Vermutung von mittleren Bewußtseinssynthesen überhaupt beschränken und sie durch die Annahme ergänzen, daß die übersinnliche Erkenntnis des Menschen in dieser Hierarchie der Synthesen jeweils so hoch hinaufgreife, als soz. der 'Abstand' zwischen Subjekt und

1) 'Geisterlehren' dieses Inhalts s. bei A. R. Wallace, The scientif. aspect of the supernatural, ch. 9. Vgl. auch E. Maitland u. A. Kingsford, The perfect way 3. Aufl. (Lond. 1890) 125 u. eine mittelalterl.-jüd. Schrift bei Horst, Zauberbibliothek III 134ff., bes. 270f.

erfahrenem Inhalt nötig mache. Womit wir uns jedenfalls den mystischen Lehrbegriff zueigenmachen, daß der Hierarchie der Wesen eine Hierarchie der Erkenntnismöglichkeiten entspreche.

LXVI.

Metapsychologie des mystischen Erkennens: 2. unio mystica.

Wenden wir uns nunmehr dem Versuch einer Deutung auch der übrigen mystischen Erkenntnisakte zu und halten dabei im allgemeinen eine von abstrakteren zu konkreteren Behauptungen absteigende Bewegung ein, so können wir zunächst auf jene Schauungen eingehen, die den Ekstatischen angeblich zu einer unmittelbaren Erkenntnis Gottes erhoben. Dieser Anspruch knüpfte sich, wie erinnerlich, nicht zuletzt an jene anscheinend ganz einheitlichen Zustände, die den Mystiker in den letzten Abgrund der Wesen, die göttliche Nacht, das Urlicht, die stille Wüste der Gottheit eintauchen sollten.[1] Der Psychologe faßt sie auf als reine Gefühlserlebnisse ohne angebbaren halluzinatorischen Inhalt, oder doch höchstens von einer dumpfen Lichtempfindung getragen. Ich bin auch jetzt sehr weit davon entfernt, dieser Auffassung mit Bestimmtheit zu widersprechen. Kann uns doch die Deutung des Mystikers selbst bedenklich scheinen gerade wegen der inhaltlichen Armut dieser Zustände, gegenüber der inhaltlichen Höchstfülle, die das 'göttliche' Bewußtsein auszeichnen müßte. Daß dieses *ex hypothesi* die letzte Einheit aller Vielheit von Weltinhalten begründet, darf natürlich nicht dazu verführen, in ihm Einheitlichkeit oder Einzelheit des materialen Inhalts zu suchen.

Und doch bestehen vielleicht Möglichkeiten, den fraglichen Erfahrungen die inzwischen erworbenen Einsichten wenigstens hypothetisch zugutekommen zu lassen. Man könnte sie zB. deuten als Zustände der Entrückung oder beginnenden Exkursion — etwa gar der Bewußtseinsübertragung auf ein ekstatisches 'Vehikel' — ohne artikulierte Erkenntnis. Sie entsprächen dann gleichsam dem Erwachen in einem neuen Leibe und Leben, aber soz. mit geschlossenen Augen; der 'Zönästhesie' einer Verinnerlichung, ohne Wahrnehmung oder Denken. So etwa möchte ein Kind, das im Mutterleibe plötzlich zu erhöhtem Bewußtsein erwachte, die wohlige Empfindung der bergenden Wärme genießen, ohne noch die neue Welt zu ahnen, deren Bürger es bereits zu sein begonnen und für die es die Sinnesorgane schon besitzt, aber nicht benutzt. Ich möchte zum Vergleich an die seligen Wonnen gewisser Somnambuler erinnern, die außer diesen Gefühlen auch nichts weiter erleben, als allenfalls 'Licht',[2] und doch in einem Zustand sich befinden, der nachweislich — wenn er nur erst die

---

1) S. o. S. 334 f. 2) Dr. Görwitz' Subjekt sagte beim Erwachen: 'wie ist es dunkel in der Stube', obgleich mehrere Kerzen brannten: du Prel, Stud. II 166.

'neuen Augen' aufschlägt — bedeutend erweiterter Wahrnehmung fähig ist. Die Inhaltsleere dieser Zustände wäre dann am Ende nicht so groß, als sie auch dem Mystiker zunächst erscheint. Wie im formenleer erscheinenden Pflanzenkeim die Fülle der späteren Gestalten potentiell enthalten und somit verborgen ist, so verbirgt sich hinter dem Verstummen des Nichts-angeben-könnens vielleicht die 'dunkle' Ahnung eines Überreichtums neuen, aber eben darum noch gar nicht assimilierbaren Erkennens. Dies könnte vielleicht das merkwürdige Bekenntnis der Seligen von Foligno andeuten: '[Zwar] sieht die Seele schlechthin nichts, das die Zunge berichten könnte oder [der Verstand] begreifen, und doch sieht sie zu gleicher Zeit schlechterdings alles, ... denn jenes Gut, das ich sehe, ist vollständig, und die anderen Dinge sind ein Teil.'[1]

Dies erinnert ohne weiteres an gewisse Begriffe, die gelegentlich der theoretischen Erwägung der Vorschau erstmalig zur Sprache kamen. Jene Tatsachen begründen möglicherweise die Forderung, das Herz der Welt als ein der Zeit enthobenes Sein zu denken, welches alles, was im Werden der anschaulichen Welt sich auseinanderlegt, gleichsam implicite enthält; überdies in einer Art, die wir nur als 'quasi-psychisch' bezeichnen dürfen; von der unser räumlich-zeitliches, in Subjekt und Objekt auseinanderfallendes Bewußtsein sich aber keinerlei Anschauung bilden kann. (So erhebt sich der meditierende Buddhist, nachdem er die 'Sphäre der Unendlichkeit des Raumäthers' durchschritten, zur 'Sphäre der Unendlichkeit des geistigen Bewußtseins', demnächst zur 'Sphäre des Nichts', danach aber zur 'Sphäre jenseits von Bewußt und Nichtbewußt'.[2]) Nun suche man, soweit möglich, den Begriff zu fassen, daß ein begrenztes Ich, ein Ich der Zeit- und Raumanschauung, unter Preisgabe seiner persönlichen 'Inhalte', aber Beibehaltung seiner Bewußtseinsform von Ichhaftigkeit,[3] sich in jenen Bereich eines Welt-Ich über aller menschlichen Anschauung erhebe (oder versenke), welcher die Fülle aller Anschaulichkeit 'implicite' enthält (ähnlich wie ein Mittelpunkt von 'Spannungen' die Gesamtheit auseinanderfahrender Wirkungen) — man wird dann immerhin die Möglichkeit ahnen, daß sich Erfahrungen ergeben, wie sie als *unio mystica* so oft beschrieben worden sind: als das Untertauchen in eine Nacht, die doch das höchste Licht sei; in ein Alles-Begreifen, über das doch menschlichem Denken nichts mitgeteilt werden könne.

Nächstdem erwähne ich gewisse Schauungen, die ebenfalls die äußersten metaphysischen Grenzen des Seins zu streifen vorgeben, aber doch die eben erwähnten an Faßlichkeit des Inhalts beträchtlich übertreffen. Ich

1) Thorold 148f. 2) So übers. die techn. Ausdrücke Beckh II 48f. Vgl. 54 üb. arūpadhatu (Sphäre der 'Formlosigkeit'). Auf beide Endtermini folgt erst die Sphäre der höchsten Transzendenz: nirodhadhatu. 3) Dieser Ausdruck wird in Kap. LXIX an Deutlichkeit gewinnen.

habe sie im ersten Teil des Buches nicht angeführt, weil ihre Beleuchtung durch die inzwischen gewonnenen Ansichten mir doch beinahe fruchtbarer erscheint, als ihre eilfertige naturalistische Fortdeutung. Sie beschäftigen sich mit den letzten Tiefen der Gottheit, der Dreieinigkeit, ihrem Verhältnis zur Schöpfung, den höchsten Wesen und Daseinsebenen, und ähnlichen Dingen. Ihre Besprechung hier wird aber nicht verfehlen, auf manche Gebilde auch jener früheren Reihe ein neues Licht zu werfen (um deren erneute Vergegenwärtigung ich hier den Leser bitten muß).

Dieser Art ist etwa das folgende Erlebnis Jakob Boehmes, dem sich nach ernstem Suchen (wie er sagt) nicht nach dem göttlichen Geheimnis, sondern nach gänzlicher Ergebung in Gottes Willen die Pforte öffnete, so daß er in einer Viertelstunde mehr sah, als viele Jahre auf hohen Schulen ihn hätten lehren können: 'Ich sah und erkannte das Wesen aller Wesen, den Grund und Ungrund; item die Geburt der hlg. Dreifaltigkeit, das Herkommen und den Urstand dieser Welt und aller Kreaturen durch die göttliche Weisheit. Ich erkannte und sah in mir selber alle drei Welten, als 1. die Göttliche, Englische oder Paradiesische; 2. die finstere Welt, als den Urstand der Natur zum Feuer; 3. diese äußere sichtbare Welt, als ein Geschöpf und Ausgeburt oder als ein ausgesprochen Wesen aus den beiden inneren geistlichen Welten ...'[1]

In Manchem erinnern hieran die Schauungen des englischen Mystikers John Pordage, eines Freundes der Jane Leade und Mitbegründers der Philadelphischen Gesellschaft. Das Wesentliche seiner Angaben läßt sich etwa wie folgt zusammenfassen (wobei nach Möglichkeit seine eigenen Worte verwendet werden); bei allem Schwulst ist seine Darstellung im Grunde klar und äußerst systematisch, und verrät den Mann von Bildung, — Bildung seiner Zeit.[2]

Öffnet sich das göttliche Auge des Menschen, so erscheint der 'ausströmende Ozean der Gottheit' als 'ein heller, durchsichtiger Nebel oder Dunst, der die ganze Tiefe des kosmischen Abgrunds[3] erfüllt', ein erstaunliches Gesicht, das sich in 'toten Worten und Buchstaben' nicht ausdrücken läßt und das keine Vorstellung, Form oder Gleichnis völlig wiedergeben kann.[4] (Gleichwohl sagt er gelegentlich, seine Form sei 'rund oder kugelförmig, denn das sei die vollkommenste aller Formen'.) Dies nun — 'die unermeßliche Tiefe des kosmischen Abgrunds der Ewigkeit ist Gottes allumfassender, unbegreiflicher, allgegenwärtiger Körper; die ewige Körperlichkeit der hlg. Dreieinigkeit, die alle Dinge umschließt ... Es ist in allen Wesen und durch alle Wesen ausgegossen; nichts kann es [von sich] ausschließen ... Alle Dinge entspringen aus ihm ... und haben ihr Dasein in ihm.'[5] Dieser Körper Gottes, sagt er an anderen Stellen, ist der Weisheit kristallischer Spiegel, worin alle Dinge wahrhaftig und intellektuell dem Auge des Geistes sich

---

1) Brief an Caspar Lindner v. J. 1621. 2) Unstreitig auf eigenen ekstat. Erfahrungen beruhend. Vgl. dazu die Zeugnisse der J. Leade in ihrer Vorrede zu seiner Theologia Mystica, or the Mystic Divinitie of the Aeternal Invisibles... by... J[ohn] P[ordage] M. D. (Lond. 1683) S. 7. 77. 3) Pordage: Abyssal globe. 4) aaO. 41. 5) das. 49.

darstellen. Niemand wisse, außer Gott selbst, was reine Gottheit sei (nämlich jene gleichförmige, allumfassende, alles durchdringende Kraft). Diese Kraft des Vaters ist es, was die stille Ewigkeit völlig erfüllt und als hellste Durchsichtigkeit und Klarheit erscheint. 'Stille Ewigkeit' aber ist die wahre Natur und der Zustand jenes metaphysischen Ortes, — ein 'majestätisches Schweigen und eine erhabene Stille' erfüllen den 'Empfangssaal der Gottheit'.[1]

Aber neben diesen halbwegs anschaulichen Kennzeichen schreibt unser Seher seiner Gottheit auch rein-seelische und moralische zu. 'Die göttliche Natur [sei] nichts anderes als Liebe, die in Gottes ewigem Herzen ihren Sitz hat und von ihm ausströmt. Gottes inwendige Form und Bildnis ... ist nichts als seine wesentliche Heiligkeit. Die göttliche Weisheit ist eine fließende, bewegende Kraft, eine bewegende Bewegung, die unmittelbar von Gottes ewigem Auge ausgeht, ein heller Strahl oder Blick, der aus dem Auge der Ewigkeit hervorbricht.' Anderseits verwahrt er sich gegen irgendwelche hierauf zu gründende Vermenschlichungen Gottes. 'Ich forschte in dem ursprünglichen Wesen Gottes: und fand, daß keine zum Verzeihen geneigte Gnade[2] noch rachsüchtige Gerechtigkeit, noch Zorn, noch Tod, noch Fluch, ... Leid oder Übel in dem einsamen abstrakten Wesen der Gottheit anzutreffen sei;' diese würden ihr nur zugeschrieben, sofern sie sich in die Eigenschaften der ewigen Natur eingeführt habe.[3]

Die Gesichte Pordages vermittelten ihm aber auch Anschauungen der höchsten Stufen der himmlischen Hierarchie. Er erwähnt zunächst die sieben Geister Gottes, von ihm ausgehende Kräfte, abgeleitete Ströme, die unmittelbar aus dem Körper des hlg. Geistes hervorgehen; Abwandlungen der alles bewirkenden Kraft des hlg. Geistes, unpersönlich und der obersten Einheit durchaus ähnlich. Demnächst beschreibt er eine unzählbare Menge reiner, einfacher Geister, die ebenfalls unmittelbar von der obersten Einheit ausgehen, nicht (wie die Engel) aus den Formen der ewigen Natur geschaffen wurden. Und es ward ihm 'ausdrücklich gesagt und ausdrücklich aufgetragen, sorgfältig zu beobachten', daß zwischen diesen Geistern und der Dreieinigkeit nur quantitative Unterschiede beständen, und daß jene aus dem Wesen und nach dem Ebenbilde des Geistes der Ewigkeit erzeugt wären. 'Diese Worte wurden meinem Geiste offenbart an dem allerheiligsten Ort.' Unter sich seien jene Geister alle gleich und auch von derselben Größe, Gestalt und Form.[4] Sie nähren sich von den durchdringenden Kräften des Liebesherzens ... und baden immerzu in jenen Strömen unbekannter Wonnen, die von dem Herzen der Gottheit ausgehen, denn sie genießen ununterbrochen die *visio beatifica.* Ihr Ort ist der Himmel der Himmel, der nicht mit dem Himmel der Engel und anderen Himmeln zusammenfällt; ihr Geschäft aber ist es, den Willen des Höchsten auszuführen, und ihr Verkehr untereinander geschieht auf dem Wege bloßer Gedanken.[5]

Halten wir einen Augenblick inne, ehe wir weitere Proben betrachten. — Ich weiß sehr wohl, wieviel geduldige Willigkeit dazu gehört, über derartige Expektorationen nicht einfach mit dem geringschätzigen Lächeln hinwegzulesen, das unser aufgeklärtes Denken für jeden abstrusen, chaotisch-ringenden Jargon bereit hat. Man muß in langer Beschäftigung

1) das. 49. 54. 56. 2) Dies wohl der Sinn des vermutlich nachlässig-fehlerhaften pardonable mercy. 3) aaO. 43. 50. 66. 47f. 4) das. 72. 74f. 84. 91. 5) Das. 87. 92. 93. Vgl. des Gnostikers Valentin Schauung bei Hilgenfeld, Ketzergeschichte 304 (nach Weinel 177).

mit mystischen Schriften gründlich in dieser Leute 'Lande gegangen', um bereit zu sein, ihre Worte immer wieder auf möglichen Hintersinn zu belauschen; um auch nur zum Versuch geneigt zu sein, durch das mühvolle Gestammel und die wahrscheinliche darstellerische Verfälschung zu einem möglichen Kern von wirklich Geschautem sich hindurchzutasten. Persönlich bin ich, im Zusammenhang aller metapsychischen Forschung, nicht abgeneigt, einen solchen Kern als denkbar anzunehmen: also eine gewisse Berührung der Seher mit einer Welt übergreifender, übermenschlicher Persönlichkeiten 'unterhalb' der letzten geistigen Synthese der Welt. Was Boehme 'sah', läßt sich im wesentlichen als jene qualitative metaphysische Schichtenhaftigkeit der geistigen Welt bezeichnen, die wir als einen Grundbegriff der 'mystischen Weltanschauung' kennenlernten, der sich mit unseren eigenen früher entwickelten Anschauungen wohl vertragen möchte. In sich selbst, sagt er, sah und erkannte er die göttliche, die finstere und die äußere sichtbare Welt, und dies erschien ihm als ein Einblick in die Abstammung und Schöpfung der Welt und ihre letzten Kräfte; als ein innerer Anblick der Welt, im Gegensatz zum äußeren. Etwas ähnliches u. a. behauptet aber auch Pordages Vision. Dieser führt den Begriff einer metaphysischen Schichtenhaftigkeit der Welt und eines damit gegebenen Gefälles der schaffenden geistigen Kräfte unter dem Bilde einer Hierarchie von Geistern durch, über deren Personenhaftigkeit vielleicht ein gewisses Dunkel gebreitet bleibt, die man dagegen ohne Gewaltsamkeit auch als Verbildlichungen des in alles Einzelwirken sich teilenden Kräftelebens des geistigen Kosmos auffassen könnte, sofern ihnen ein bloß quantitativer Unterschied von dem göttlichen Geiste, als der Quelltiefe alles Lebens, zugeschrieben wird.[1] 'Abwandlungen der alles bewirkenden Kraft des hlg. Geistes' nennt sie Pordage; und solche Äußerungen sind immerhin gegen gewisse mehr vermenschlichende Angaben bei ihm zu wägen, die er über das gottschauende und -genießende Leben jener höchsten Geisteswesenheiten und ihren Gedankenverkehr untereinander macht. Vielleicht kommen wir dem letzten Sinn des Sehers am nächsten, wenn wir an Lebensebenen mit eigentümlichem Kräftespiel denken, die aber auch durch typische, ihnen angemessene Einzelwesen charakterisiert werden können. An der Ausgestaltung des Gesichts mag dabei das veranschaulichende Vorstellen des Sehers immer noch sehr bedeutend beteiligt sein, und der eigentlichen übersinnlichen Berührung, dem vorübergehenden Eintauchen seines Ich in jene Welt mag sich damit eine Deckschicht symbolischer Bilder übergelagert haben, nicht unähnlich den Vorgängen, die wir bereits am Zustandekommen der konkreten Jenseitsvision beteiligt vermuteten.

---

1) Ich spreche immer von geistigen Kräften; denn von einer Wahrnehmung physikalischer Kräfte, als 'Ursachen der Bewegungsänderung', zu reden, wäre natürlich sinnlos.

Daß meist an einem Kern des Schauens sowohl die sinnliche Ausgestaltung, als auch die Darstellung des Erlebnisses durch den Seher sich vergreifen, dieser Gedanke wird natürlich insbesondere durch Selbstbekenntnisse von Ekstatikern nahegelegt, deren kirchliche Erziehung ihnen viel festere Regeln des Fürwahrhaltens an die Hand gab, als aller theosophische oder hermetische Schulbetrieb jemals tun könnte. Ich will aus dem Bereich der katholischen Mystik ein Beispiel geben, das dem Stoffgebiete der eben besprochenen Gesichte zuzugehören scheint. Es ist enthalten in einem Berichte der uns schon bekannten Marie de l'Incarnation.

An einem Pfingstsonntag (das Jahr wird nicht genannt) während der Messe erhob sie zufällig die Augen zum Altar und 'nahm zuerst die kleinen Cherubim wahr, die an diesem angebracht waren. Dann wurden [mir die Augen] plötzlich geschlossen [d. h. wohl: das sinnliche Wahrnehmen und Bewußtsein schwand ihr plötzlich] und mein Geist fand sich der allerheiligsten ... Dreieinigkeit gegenüber ... Dieser Eindruck war ohne Formengestalt irgendwelcher Art, aber [doch] klarer und verständlicher, als das Licht selbst. Ich empfand zuerst, daß ich in der Wahrheit sei, darauf sah ich die Gemeinschaft der drei göttlichen Personen untereinander, die Geistigkeit des Vaters, die, [indem] sie sich selbst betrachtet, den Sohn erzeugt von Ewigkeit zu Ewigkeit. Meine Seele sah sodann, daß die gegenseitige Liebe des Vaters und des Sohnes durch eine wechselseitige Liebesergießung den hlg. Geist erzeugt, aber ohne Vermischung irgendwelcher Art. Ich begriff gleichzeitig die göttlichen Wirklichkeiten, die in den Worten Spiration und Produktion, aktive und passive Spiration ausgedrückt werden. Aber es gibt keine Worte, die mir gestatteten, das klar auszusprechen. Bei aller Unterschiedlichkeit der drei göttlichen Personen, die ich sah, nahm ich [doch auch] ihre Einheit der Essenz nach, sowie auch ihr innerliches und äußerliches Wirken wahr, und das in einem Augenblick, ohne jeden Zeitverfluß. — Vermittels desselben Eindrucks erleuchtete die allerheiligste Dreieinigkeit meine Seele betreffs [ihres] äußeren Wirkens, und zwar zuvörderst bezüglich der obersten Hierarchie der Engel, der Cherubim, der Seraphim, der Throne usw., wie sie ihnen ohne jede Vermittelung ihre heiligen Willensentschließungen zu erkennen gibt. Ich sah auch deutlich die erhabenen Beziehungen jeder der drei göttlichen Personen ... zu jedem der englischen Chöre. Ich sah den ewigen Vater in den Thronen wohnen, ... ich sah das Wort sich den Cherubim mitteilen durch den Glanz seiner Lichter,[1] und ich begriff daher, daß es ganz Licht und ganz Wahrheit sei, in sich selbst vermöge der ewigen Zeugung, und nach außen, sofern es davon mitteilt. Ich sah gleicherweise den hlg. Geist inmitten der Seraphim, die er mit seiner Liebesglut erfüllt ... Diese höchste Hierarchie der Engel offenbarte dann die göttlichen Willensregungen den andern himmlischen Geistern, gemäß den Aufträgen, die sie dazu erhalten hatte. Meine Seele war wie verloren und vernichtet im Angesichte dieses gewaltigen Glanzes.'[2]

An diesem Bericht ist eine wesentliche Verwandtschaft mit John Pordages Schauung nicht zu verkennen, und was über diese gesagt wurde, mag teilweise auch auf die der Ursulinerin angewendet werden. Nur der

1) lumières — Erkenntnisse? 2) Chapot I 166ff. Vgl. S. Teresa IV 196 (Mor. 7 c. 1) und ihren 2. Brief an P. Rodrigo Alvarez; sowie Alvarez de Paz bei Poulain 275f.

katholisch-dogmatische Ton klingt vernehmlich vor, und dementsprechend verstärkt sich der Verdacht einer nachträglichen begrifflichen Ausdeutung von Erfahrungen, die an sich nicht sehr weit über die der mystischen Gottesnacht hinausgegangen sein mögen. Auch bei Boehme und Pordage war von der Dreieinigkeit die Rede; aber keiner von ihnen ließ sich ähnlich weit auf Einzelheiten ein, wie die Priorin. Was diese von den Beziehungen der drei göttlichen Personen zueinander sagt, nimmt sich z.T. wie eine glatte Abschrift theologischer Dogmen aus. Und in der Tat scheint die Vision in eine Zeit gefallen zu sein, da sich die Selige mit den Schriften des Pseudodionys beschäftigte. Immerhin sind gewisse Äußerungen der Seherin zu beachten, die den eigenartig ekstatischen Charakter des Erlebnisses über allen Zweifel heben.

Sie gab nämlich an, ihr Gesicht sei eine *impression subite*, d. h. wohl: sie sei in einem Augenblick vollständig gewesen, während dessen alle seelischen Kräfte ausgesetzt hätten. Ferner: die Offenbarung sei eine 'rein intellektuelle' gewesen, 'ohne jede sinnlich wahrnehmbare Form; sie habe nichts mit dem gemein gehabt, was uns unter die Sinne fällt oder in Worten ausgedrückt werden kann; ja man könne sie nicht einmal dem Lichte vergleichen, denn selbst das Licht habe etwas zu materielles; die Vision sei lauter, deutlich, beständig, von jeder Ungewißheit frei, ununterbrochen und [in ihrer Ganzheit] gleichzeitig gewesen'.[1]

Dies klingt nun selbstgewiß genug; aber subjektive Überzeugungskraft besitzt die mystische Vision fast immer; wie weit wir ihr in Fällen, wie diesen, Wert beimessen können, bleibt ungewiß; wir können nur immer wieder die unbestimmte Möglichkeit ihrer Anregung durch vorübergehendes Eingetauchtsein in eine geistige (vielleicht auch objektive) Überwelt vermuten; ein starkes Element hinzutretender Deutung durch bereitliegende Begriffe aber scheint mir dabei das mindeste Zugeständnis zu sein, das wir dem naturalistischen Zweifler machen müssen.

LXVII.

Metapsychologie des mystischen Erkennens: 3. Kosmische Schauungen.

Es ist indessen möglich, daß einige dieser Schauungen tatsächlich nebenher noch ein Element von wesentlich größerer Konkretheit — wenn auch durchaus dem abnormen Schauen angehörig — in sich bergen,[2] ein Element, das sich als beherrschendes wiederfindet in einem andern zahlreich vertretenen Typ der mystischen Vision. Man könnte ihn als Schauen der Gotterfülltheit der Welt oder des Enthaltenseins aller Dinge in Gott bezeichnen. Einige Beispiele mögen ihn in allgemeinen Umrissen andeuten.

1) Vgl. ihre zweite Vision der Dreieinigkeit: Chapot I 129ff 2) Vgl. o. S. 691 Pordages Aussage üb. den 'allumfassenden, allgegenwärtigen Körper Gottes'.

Von einer gewissen 'wunderbaren Klarheit' sagt S. Johann vom Kreuze, in ihr 'erfasse die Seele vollkommen, wie die geschaffenen Dinge, welchen Grad sie auch in der Stufenleiter der Wesen einnehmen, in [Gott] allein ihr Leben haben, ihre Kraft und ihre Dauer ... Die Seele sieht im vollen Lichte und so, daß sie nicht zweifeln kann, daß alle Dinge, sofern sie einfache Geschöpfe sind, vollkommen unterschieden von Gott sind; sie erkennt sie in ihm mit dem, was ihre Kraft und soz. die Wurzel ihres Wesens ausmacht. Aber zu gleicher Zeit sieht sie, daß in seiner Wesenheit Gott alle diese Dinge ist, mit einer unendlich überragenden Überlegenheit; sie erkennt sie viel besser in ihrem göttlichen Prinzip, als in sich selbst. Und dieses Erwachen Gottes in ihr ist die Quelle unaussprechlicher Freuden: denn sie läßt die Geschöpfe durch Gott und nicht mehr Gott durch die Geschöpfe erkennen.'[1]

Auch S. Teresa berichtet, und diese ausdrücklich aus eigener Erfahrung, daß ihr 'im Gebete in sehr kurzer Zeit gezeigt wurde, ohne daß ich irgendeine Gestalt oder Form sah (obschon es mir auf das klarste vorgestellt wurde), wie man in Gott alle Dinge sehe und wie er sie sämtlich in sich begreife. Ich weiß das nicht zu beschreiben, ... es muß doch etwas sein, das gesehen wird, weil ich es mit einem Gleichnis erklären kann ... Ich erlaube mir nämlich zu sagen, die Gottheit sei wie ein klarer Diamant, der weit größer ist als die ganze Welt; oder wie ein Spiegel ...[2] auf eine höchst erhabene, unaussprechliche Weise; und daß alles, was wir tun, in diesem Diamant gesehen wird, so daß derselbe alles in sich einschließt.'[3]

Offenbar Ähnliches schildert Angela von Foligno in folgenden Worten: 'Alsbald wurden die Augen meiner Seele aufgetan und ich sah eine Fülle Gottes, in welcher ich die ganze Welt erfaßte, diesseits der See und jenseits, die Seen und die Tiefen, in denen allen ich nichts als die göttliche Macht sah, in einer gänzlich unbeschreiblichen Weise; und meine Seele, von Staunen erfüllt, rief aus und sprach: Diese Welt ist Gottes voll. Und ich erfaßte die ganze Welt, fast als wäre sie ein kleines Ding. Und ich sah die Macht Gottes alles überragen und alles füllen, und er sprach zu mir: Ich habe dir etwas von meiner Kraft gezeigt.'[4]

Es ist natürlich unmöglich, selbst bei liebevollster Nachempfindung jedes Wortes dieser Äußerungen, eine bestimmte Anschauung von ihrem Sinne zu bilden, und zwar gerade unter der Voraussetzung, daß sie über alle bildliche Rede hinaus auch metaphysische Bedeutsamkeit besitzen. Die weitestgehende Auslegung würde hinter ihnen ein unmittelbares Erfahren dessen wittern, was der Metaphysiker nur als begriffliche Forderung kennt; ein 'Schauen' dessen, was die Welt 'im Innersten zusammenhält': eben jener Bezogenheit des räumlich und zeitlich Ausgebreiteten auf eine transzendente Einheit, der wir immer wieder als einer Grundforderung des mystischen Denkens begegnet sind und die ich als denkbare Deutung schon anderer ekstatischer Erlebnisse empfohlen habe. Der Anspruch auf solches Erleben und Erfassen ist ja erhoben worden, solange es reife Mystik gibt.

---

1) S. Jean IV 625 ff. (La vive flamme d'amour, str. IV, v. 1 u. 2.) 2) Vgl. o. S. 691 Pordage: glasse. 3) S. Teresa I 410f. (c. 40); vgl. IV 182f. und Hildegard 76 (7. Vis.). 4) Thorold 136; vgl. 154. 159. Vgl. noch das Gesicht des Br. Giovanni della Vernia bei Mantegazza, Ekst. d. Menschen 300.

Die Upanischads zB. sind, wie man weiß, erfüllt von der Lehre, daß Vollkommenheit und Erlöstheit bei dem nur sei, der alle Wesen und Dinge im Selbst (im ātman) und das Selbst (auch kosmisch brahman genannt) in allen Dingen und Wesen zu schauen wisse. Der Sufi hatte ebenfalls einen besonderen Namen — *marifet* — für jene Stufe der Erkenntnis, auf der man nur Gott und in jedem Atom das All sieht.[1] — Vielleicht darf ich auch folgende Äußerungen des eigenartigen Mystikers Hiel (Heinrich Janson) an dieser Stelle der verständnisvollen Erwägung des Lesers empfehlen. Er hatte seine Seele durch 'Gottes Gnade (den Christus Gottes) aus dem verteilten Tode aufgenommen und in sein einwesig vollkommenes Wesen gebracht' gefühlt. 'Und in diesem wesentlichen Leben ... war mir sein wesentliches Anschauen gegenwärtig im Lichte des Lebens, ... also daß [meine Seele] in Gott nichts sahe dann Geist und Wesen. Welcher Geist und Wesen Himmel und Erden begriff und regierte. Und dargegen sahe sie auch, wie das menschliche Wesen, in seiner blinden irdischen Verteiltheit, von demselben Wesen Gottes [abgefallen] war: und nicht wußte, ... daß ein wesentlicher Gott wäre, der Himmel und Erde durch sein Wesen regierte.'[2]

Der Standpunkt dieser Lehren ist anscheinend ein monistischer. Aber auch der Dualist könnte solche Erfahrungen zu deuten suchen: durch eine zeitweilige auflösende Erweiterung des Einzelbewußtseins bis zu einer übergreifenden psychischen Einheit, in welcher ein Wissen und Erkennen so großer Vielheit sich zur Einheit der Apperzeption zusammenfände, wie sie dem Menschen unfaßlich ist: ein Zustand also, in welchem der Mystiker plötzlich einen Vorgeschmack scheinbarer Allwissenheit hätte, oder doch eine solche Masse des Einzelnen sehen, wissen oder ahnen würde, daß er wohl vermeinen könnte zu begreifen, wie die 'Welt' und 'alle' Wesen in Gott enthalten seien, d. h. im Bewußtsein Gottes, das der Mystiker hier mit seinem eigenen, maßlos erweiterten verwechselt hätte. Stellt man sich solche größere Einheit seelischen Lebens als Bildnerin und insofern Schöpferin 'objektiver', 'materieller' Welt vor — wie ein dualistischer Vitalismus in irgendwelcher Weise wohl müßte —, so würde dieses 'Enthalten-sein' noch einen tieferen Sinn empfangen. —

Dies wäre das eine Extrem einer metaphysischen Deutung der angeführten Berichte. Aber wie ich schon sagte, lassen diese seltsamen Schauungen vielleicht eine wesentlich bescheidenere, wenn auch immer noch übernormale Auslegung zu, die sich freilich, je tiefer man sie verfolgt, desto weniger von der eben angedeuteten unterscheiden würde. Es fallen nämlich gewisse Ausdrücke auf, nach denen der Mystiker hier tatsächlich irgend etwas sinnlich-konkret gesehen haben will. Von Klarheit und Licht zumal ist viel die Rede: in diesem 'vollen Lichte' erscheinen die Dinge 'vollkommen unterschieden von Gott'. Ist etwa dieses Licht die 'Wurzel ihres Wesens', von der S. Johann v. Kreuze spricht? Auch die Heilige von Avila meint, es 'müsse doch etwas sein, das gesehen wird', und sie

1) Ferîd ed-dîn Attar (nach Ethé, aaO.); vgl. auch Probst-Biraben in RPh 1906 II 494.
2) Arnold III 26.

wendet das Gleichnis an: die Gottheit erscheine ihr dabei 'wie ein klarer Diamant, größer als die ganze Welt, oder wie ein Spiegel'. Vielleicht — ich rede notgedrungen in lauter Möglichkeiten — gibt uns eine Äthervision des Dr. W...[1] noch deutlicher den Wink, den ich hier zu erraten glaube.

In einem Zustande, worin das Subjekt bei völliger Empfindungslosigkeit 'sich bereits verloren' hatte, sagte es folgendes aus: 'Die Materie ist in Dunst aufgelöst. Ich sehe die Urnatur. Es ist ein Dunst, weiß wie Milch; es ist ein Licht, das noch weißer ist ... Um alles dies zu sehen und zu beurteilen, muß man von der Materie entbunden sein ... Ich weiß, was ich wissen wollte. Schreiben Sie es nieder: Es ist der Geist, der die Materie trägt; er ist der Mittelpunkt. Die Anziehungskraft, die Magie der Anziehungskraft, die Seele — ist Gott in der Vervollkommnungsfähigkeit der Materie, die ich in einem Punkte zusammenfließen sehe, der Alles ist. Obschon nur ein Punkt, ist doch Gott die Achse; alles dreht sich um ihn, alles strebt danach hin. Es ist eine Kraft, ein Gesetz ... Gott, von welchem alles ausgegangen, ist ein weißes, reines, einheitliches Licht; die Strahlen, welche bis zu uns dringen, sind nur im Verhältnis der Entfernung unseres Erdballs von diesem göttlichen Punkte in Strahlen geteilt.'

Das einzig Faßliche in diesen typisch chaotischen Worten ist wieder die Bezeichnung Gottes als Licht, und dieses Licht, wenn es alle Dinge in ihm enthalten zeigen, wenn die Welt dieses Gottes voll sein sollte, müßte die hellsehend geschauten Dinge in Nähe und Ferne durchdringen, sich wie ein Lichtnebel oder 'strahlendes Element' auch durch ihr Inneres ausbreiten. Wir sind schon bei Sensitiven und Hellsehern, deren Blick die Dinge durchdrang, auf Aussagen darüber gestoßen, daß sie die ganze Körperlichkeit von solchem Lichte gebadet sähen, und Manche vertreten die Ansicht, daß es eben eine feinere 'strahlende' Materie sei, was ihnen dieses Innere sichtbar mache; etwas von der Art dessen, was Andern als 'odische' Ausströmungen des lebenden Körpers erscheint. Ich habe Beispiele hiervon gelegentlich der theoretischen Erwägung des Nahhellsehens gegeben.[2] Aber das Licht, das wir dort in verstärktem Maße aus dem Einzelkörper hervorstrahlend fanden, dürfte in geringeren Graden der Wahrnehmbarkeit den Raum erfüllen und die Gesamtheit der Dinge umhüllen und durchdringen. Wie nun die Psyche des Hellsehers das Einzelne, so 'sähe' die 'größere' Psyche weit umfassender die Welt in jenem Lichte gebadet und 'enthalten'; wobei natürlich die Frage gar nicht erst zu stellen wäre, wie denn dies Sehen ohne lichtbrechendes Organ und 'Licht-erzeugenden' spezifischen Nerv zustande komme; denn eben dies unmittelbare Vertretensein der Welt in einem umfassenden Bewußtsein war ja die Grundannahme, zu der die Tatsachen des Hellwissens uns führten. In der Weltseele ruht, nach dieser Annahme, die Gesamtheit des Objektiven — ihr Grundelement wie alles einzelne Gestaltete, das ganze tosende und flam-

---

1) Cahagnet, Heil. 145ff. 2) S. o. S. 408ff.

mende, unserem Auge verhüllte Kräftespiel des Kleinsten und des Größten — als Wahrgenommenes und Gewußtes; wie das Einzelich begrenzt hellsehend wird, sofern es dem höheren Ich ein Einzelwissen entnimmt, welches ihm die materielle Zwischenschaltung seiner Sinnesorgane nicht vermitteln kann, so hätte, wer das 'Enthaltensein der Dinge in Gott' wahrnimmt, durch eine gründlichere Verlegung seiner Bewußtseinsschwelle an dem allgemeineren und umfassenderen Weltwahrnehmen des höheren Bewußtseins Anteil gewonnen, sofern dieses ein alldurchdringendes 'leuchtendes' Grundelement der Dinge wahrnimmt.

Es wäre nur natürlich, wenn diesem massenhaft erweiterten Objekt gegenüber das erstaunte Ich das Bewußtsein der gewohnten persönlichen Synthese verlöre und damit gewissermaßen sich selbst zu verlieren, gleichsam die Dinge selbst zu werden glaubte, die plötzlich so massenhaft ihm zudringen. Etwas derartiges scheint zuweilen schon bei umgrenztem Hellsehen selbst auf kurze Entfernung der Fall zu sein, vielleicht infolge Verlustes des festen Bodens der Selbstlokalisierung des 'ganz Anschauung' gewordenen Subjektes.

'Ich fand mich in alles verwandelt, was ich ansah', sagt Cahagnet im Rückblick auf ein ähnliches Erlebnis, wie das des Dr. W... 'Ich betrachtete ein Bündel Holz und sah in mir alle einzelnen Stücke, aus denen es bestand; ich sah äußerlich ihre Rinden und innerlich ihre Adern und Säfte, ... ich drang in die Gegenstände ganz ein, die nicht materiell in meinem Zimmer vorhanden waren. Ich besaß das Bewußtsein meiner totalen Individualität in den engsten Poren dieser Gegenstände. Sobald meine Beobachtung der Einzelheiten aufhörte, fand ich, daß ich ganz der Gegenstand war, den ich betrachtete ... Er war für mich das, was mein materieller Körper ist: ich war er und er war ich.'[1]

Weit stärker ist dieser Klang des Ichverlustes an die Dinge natürlich bei noch größerer Erweiterung des hellseherischen Umkreises und höherem Aufstieg in das auflösende Überich. Das folgende Beispiel läßt dabei deutlich das Motiv jenes 'fließenden Lichtes der Gottheit'[2] anklingen, das die Welt durchspült und sichtbar macht und so allanwesend ist, wie das Allbewußtsein selbst.

In einem Zustande teilweiser Demesmerisierung, worin die Augäpfel emporgerollt und somit blind waren, gab Dr. Haddocks mehrfach angeführte Somnambule an, daß sie 'jeden Gegenstand in einem höchst strahlenden Lichte sehe, vollkommen verschieden von dem gewöhnlichen Licht, sei es Sonnen- oder künstliches Licht. Dabei sehe sie aber alle umgebenden Gegenstände auf einmal, gleichsam verbunden und eins geworden[3] durch dieses fließende Licht, und doch verblieb ein Bewußtsein ihrer gesonderten Identität. Im allgemeinen erschienen dabei die Gegenstände sehr vergrößert und strahlend.'[4]

Eine noch merkwürdigere Schilderung dieser Art entstammt der Feder Edward

---

1) aaO. 111. 2) Bekanntlich der Titel einer Schrift Mechthilds v. Magdeburg (hrsg. v. P. Gall Morel, Regensb. 1869). 3) at once, as if united by... 4) Haddock 81f.

Carpenters, eines neueren englischen Mystikers, der nach ehrenvollster Universitätslaufbahn im Alter von 37 Jahren freiwillig Arbeiter wurde.[1] Über eigene Erfahrungen von der Art, die uns hier beschäftigt, äußert er sich wie folgt: 'Sehen bedeutet immer das Bewußtwerden von Licht; so besteht hier [bei kosmischem Bewußtsein] das Bewußtsein eines inneren Lichtes, natürlich außer Zusammenhang mit dem sterblichen Auge, das aber dem Auge des Geistes den Eindruck verschafft, daß es sieht, und [zwar] vermittels des Mediums, welches soz. die inneren Oberflächen aller Dinge und Menschen bespült — wie kann ich es ausdrücken? Und doch ist dies[er Ausdruck] höchst mangelhaft, denn in jenem Bewußtsein weiß man sich selbst als jene Dinge und Menschen, die man wahrnimmt[2] (und das ganze Weltall), — ein Bewußtsein, in welchem Gesicht und Getast und Gehör alle in einer Identität verschmolzen sind. Auch kann dies nicht verstanden werden, ohne daß man sich darüber klar wird, daß dieses Vermögen tief und innig in dem Jenseits der moralischen und emotionellen Naturanlage wurzelt, und jenseits der Denkregion des Gehirns ... Wenn ich gesagt habe 'Ich, Natur', so geschah es, weil ich, zur Zeit wenigstens, empfand: 'Ich, Natur'; wenn ich gesagt habe: 'Ich bin eins mit dem niedersten [Wesen]', so war es, weil ich das, was ich empfand, nicht direkter ausdrücken konnte, als in diesen Worten ... Mir erscheint es mehr und mehr einleuchtend, daß das Wort Ich eine fast unendliche Ausdehnung der Anwendbarkeit hat. Bisweilen sind wir uns fast einer Verschmelzung unserer und einer fremden Individualität bewußt ... Sind wir wirklich gesonderte Individuen, oder ist Individualität eine Illusion, oder aber ist nur ein Teil des Ich und der Seele individuell, und nicht das ganze?'[3]

Von hier zu einer theologisch-religiösen Deutung und Wertung ähnlicher Erfahrungen ist augenscheinlich nur ein Schritt, den manche Seher auch außerhalb der Kirche unbedenklich tun.

'Ich kann mir jetzt, sagte eine der Somnambulen Kerners, Gott als Schöpfer, aber nicht sichtbar denken. Ich sehe Alles, ehe es zum Sichtbaren und Handgreiflichen wurde, ganz natürlich, aber ich kann es nicht aussprechen ... Ich könnte, hätte ich Worte, die Schöpfung beschreiben. Ich lese es als Natursprache. [Diese] aber vernehme ich nicht als Worte, sondern als Wille. Sie läßt sich mit unseren Worten nicht erschöpfen und übersetzen.'[4] — Und Helmont meinte, in dem Zustande der Nachinnenwendung 'unterscheide die Seele alle Gegenstände, auf die sie ihre Aufmerksamkeit richtet; sie kann sich mit ihnen vereinigen, ihre Beschaffenheit durchdringen und selbst zu Gott gelangen und in ihm die wichtigsten Wahrheiten erfahren'.[5]

Ganz ähnlich bekundete Boehme, nachdem er in seinem 'Eifer so hart wider Gott und alle Höllenpforten angestürmt' und schließlich 'bis in die innerste Geburt der Gottheit durchgebrochen' und gleichsam von den Toten auferstanden war: 'In diesem Lichte hat mein Geist alsbald durch alles gesehen und an allen Kreaturen, an Kraut und Gras Gott erkannt, wer, wie er, und was sein Wille sei.'[6]

---

1) Geb. 1844, zeitweilig Fellow von Trinity Hall, Cambridge, Vf. u. a. von Civilization, its cause and cure; in Deutschland bekannt durch 'Wenn die Menschen reif zur Liebe werden'.
2) The sense is a sense that one is those... things and persons...
3) Aus The Labour Prophet, Mai 1894, bei Bucke 204.
4) Kerner, Gesch. 257f.
5) bei Steinbeck 250f.
6) Aurora c. 19 (Werke, hrsg. v. Schiebler, II 212f.).

Oder man lese folgendes Bekenntnis einer Namenlosen nach einer Unterredung über Whitmans Dichtungen: 'Ich verließ meinen Freund und schritt langsam heimwärts, mich an der ruhigen Schönheit des Abends weidend, als ich mir einer unsagbaren Stille bewußt ward[1] und gleichzeitig alle Dinge um mich her von einem weichen Licht umflossen schienen, heller und ätherischer, als ich je gesehen. Dann flüsterte eine Stimme in meiner Seele: Gott ist Alles. Er ist nicht fern im Himmel; er ist hier. Dies Gras unter deinen Füßen ist Er; diese reiche Ernte, dieser blaue Himmel, diese Rosen in deiner Hand — du selbst, ihr alle seid Eins mit Ihm. Alles ist gut in Ewigkeit, denn Gott ist überall und zu aller Zeit ...'[2]

Ja es ist möglich, daß in manchen der weiter oben angeführten Schauungen von ausgesprochen theologischer Deutung sich ein den letzten Fällen vergleichbares Element verborgen habe. So knüpft Pordages Bericht augenscheinlich an Erfahrungen des allgemeinen Enthaltenseins-in-Gott an, wie ich sie soeben zu deuten versuchte. Der 'helle, durchsichtige Nebel', der die Tiefe des Kosmos erfüllen und durch alle Wesen ausgegossen sein soll, von dem alle Wesen ausgehen und in dem sie ihr Dasein haben, läßt sich am Ende mit der 'Gotterfülltheit der Welt' nach Angela von Foligno, der 'Kraft und Wurzel des Wesens aller Dinge' anderer Ekstatiker vergleichen. Selbst das Bild, das Pordage gebraucht — dieser Körper Gottes sei der Weisheit kristallischer Spiegel, worin alle Dinge den Augen des Geistes sich darstellen —, stimmt mit dem der hl. Teresa, dem Bilde vom 'Diamanten' und dem 'Spiegel' überein. So fließen dem Ekstatiker umfassendstes Hellsehen und Gottschauen zuletzt beinahe in eins zusammen, und wir gewinnen von der induktiven Metapsychik her allmählich einen Zugang zum Herzen der religiösen Mystik.

Es ist nun offenbar zu erwarten, daß die Erweiterung des Bewußtseins zuweilen zu dem Anspruch des Sehers führen werde, nicht nur Dinge überhaupt oder ihr Verhältnis zu irgendwelcher Einheit der Welt geschaut, sondern dabei auch genauere Einsichten in ihr Wesen und ihren Bau gewonnen zu haben. Ich übergehe als zweideutig oder nicht recht faßlich gewisse Ansprüche dieser Art bezüglich der Welt des Einzelnen und Nahen, wie etwa die Behauptung mancher Mystiker, in gewissen Zuständen über Bau, Wesen und Nutzen von Mineralien und Pflanzen ein 'eingegossenes' Wissen erlangt zu haben.[3] Wo dies bestimmtere Formen annimmt, da geht es offenbar in das hellsehende Durchschauen der nächsten Umgebung über, wie wir es früher an profanen Beispielen reichlich kennenlernten.

So schreibt die Bourignon, sie 'sehe die Erde als einen Kristall, und durch ihre Oberfläche erblicke ich was in ihr ist. Die Pflanzen, die Steine, die Metalle und

1) Dies deutet einen ekstaseartigen Zustand an. 2) C. Y. E., bei Bucke 297f.
3) S. Hildegard (Scivias), J. Boehme, G. Fox, der Zisterz. Candidus (Görres II 196f.) u. a. Vgl. Palmer 12; Reitzenstein 118; Weish. Salom. 7, 17ff., und bezügl. Somnamb. Haddock 154f. 158f.; Davis, Staff 219.

alles ist, wie wenn es im Wasser sichtbar wäre ... Mir sieht das Feuer wie reines Gold und durchsichtig aus. Die Luft sehe ich voll glänzender Lichter, die ich für Körper der verstorbenen Seligen halte, die ich in meinem verderbten Zustande noch nicht erkennen kann. Aber besonders sehe ich durch alle Menschenleiber hindurch, sehe ihre Adern, ihre Nerven, ihre Knochen, ihre Eingeweide und ihr In- und Auswendiges hell, glänzend und künstlich gebaut.'[1]

Dagegen will ich kurz auf ähnliche Ansprüche von größerer Spannweite hinweisen, vor allem weil sie in ihrer kosmischen Umfänglichkeit sich der 'religiösen' Bedeutsamkeit der meisten mystischen Einsichten nähern. Von dieser Art sind etwa die Ansprüche in den Selbstbekenntnissen der hl. Hildegard, wenn sie an Guibert von Gemblours schreibt:

'Das, was ich sehe, vermag ich nicht vollkommen zu erkennen, solange ich im Körperlichen wirke und die Seele nicht sieht ... Meine Seele steigt bei diesen Visionen, je nachdem es Gottes Wille ist, in die Höhe des Firmamentes und durchdringt die verschiedenen Klimate und erweitert sich nach mancherlei Völkern hin, selbst wenn dieselben in fernen Gegenden und Orten sind. Weil ich das nun auf diese Weise in meiner Seele sehe, so habe ich auch eine Anschauung vom Wechsel der Wolken und anderer natürlicher Dinge. Das nehme ich aber weder mit dem äußerlichen Auge noch mit dem Ohre wahr, auch nicht mit dem Denken meines Verstandes, noch mittels meiner vereinigten fünf Sinne, sondern einzig und allein in meiner Seele bei offenstehenden äußeren Augen, auch ohne in Ekstase zu geraten, denn ich schaue es wachend Tag und Nacht.'[2]

Von dem sel. Hermann Joseph lesen wir, daß er in einer Nacht 'den Aufstieg des Mondes und der Sterne betrachtete und sich erfreute an der Klarheit des Himmelsgewölbes. Indem sein ganzes Innere diesem Anblick zugeneigt war und von dem Liebreiz der Schöpfung ergriffen, mit dem innigen Wunsche, sie besser zu erkennen', wandte er sich an Gott mit der Bitte um Einsicht, die ihn zu einer völligeren Kenntnis Gottes selbst führen könnte. Über dieser Bitte 'ergriff ihn die Verzükkung, und er ... ward plötzlich teilhaftig einer neuen Wissenschaft. Alsbald erweiterte Gott den Umfang seines Gesichts; er zeigte ihm das Firmament und seine Sterne, er ließ ihn ihre Art und Größe verstehen, oder, daß ich mich klarer ausdrücke, ihre Schönheit und Unermeßlichkeit. Da er wieder zu sich gekommen, vermochte er uns nichts zu erklären; nur sagte er, daß diese Erkenntnis der Geschöpfe so vollkommen und so berauschend gewesen wäre, daß keine Sprache sie ausdrücken könnte.'[3]

Eine ähnliche Erfahrung beschreibt einer, der zu sterben geglaubt hatte, M. Constant Savy: 'Plötzlich, offenbar den Übergang von diesem zum andern Leben bezeichnend, kam eine dicke Finsternis, und ihr folgte ein strahlendes Licht ... [Er scheint dann Verstorbene wahrgenommen zu haben und fährt fort:] Aber welch ein Unterschied zwischen dem Glück, das ich jetzt empfand, und den Gefühlen der Welt, die ich verließ ... Es war durchdringend, ohne stürmisch zu sein, ... und gewährte doch die Hoffnung auf ein noch größeres Glück. Dich sah ich nicht, mein Gott! Aber ich liebte dich stärker, als ich in dieser Welt getan. Ich verstand

1) Corrodi III 445f. 2) Hildegard 49. 3) Hermann v. Steinfeld, Prämonstratenser des 13. Jahrh. — A. S. Boll. 7. April, Nr. 32 (Poulain 272).

dich besser, ... und die Spuren deines Wesens in allen Dingen erschienen mir deutlicher und heller ... Ich sah mit größerer Deutlichkeit einen Teil der Wunder Deiner Schöpfung. Die Eingeweide der Erde hatten keine Geheimnisse für mich, ich sah ihre Tiefen, ich sah die Insekten und andern Geschöpfe, die in ihnen wohnen, ... die geheimen Wege und Kanäle der Erde. Ich zählte ihr Alter in ihrem Busen, wie einer das Alter eines Baumes im Herzen seines Stammes zählt; ich sah alle Wasserläufe, die das Meer speisen; ich sah den Rückstrom dieser Wässer, und es war wie die Bewegung des Blutes im Körper eines Menschen; ... ich sah die Tiefen der Vulkane, ich verstand die Bewegungen der Erde und ihre Beziehungen zu den Sternen, ... ich sah alle Länder mit ihren verschiedenen Bewohnern und Sitten, ... und eine Stimme sprach zu mir: Wie du selbst, so sind alle diese Menschen das Ebenbild des Schöpfers und wandern zu Gott ...'[1]

Ich teile ferner einiges aus den durchweg lehrreichen Selbstbekenntnissen einer von Dr. Buckes Korrespondentinnen mit, C. M. C., die nach langem Sehnen nach 'erweitertem Leben und tieferer Liebe' eines Tages ihre große Stunde u. a. in folgender Weise erlebte:

'Als ich früh zur Ruhe ging, um allein zu sein, schwanden mir die äußeren Dinge bald dahin. Ich sah und begriff den erhabenen Sinn der Dinge, die Gründe für alles, was zuvor verborgen und dunkel gewesen war, ... daß das Leben eine geistige Entwicklung sei, ... eine Phase im Fortschritt der Seele ... Und immer noch nahm der Glanz zu. Dann plötzlich senkte sich etwas wie eine schnell herankommende Flutwelle des Glanzes und der Herrlichkeit auf mich herab ... Ich fühlte, daß ich mich verlor, ... war aber außerstande, mich zu halten. Es kamen Augenblicke der ekstatischen Hingerissenheit, ... die vollkommene Weisheit, Wahrheit, Liebe und Reinheit! Und mit der Ekstase kam die ... Erleuchtung. Ich sah mit durchdringender innerer Schau die Atome und Molekeln, aus denen die Welt anscheinend zusammengesetzt ist — ich weiß nicht, ob materiell oder geistig —, wie sie sich umordnen, indem der Kosmos in seinem ununterbrochenen, ewigen Leben von Zustand zu Zustand fortschreitet ... Kein Glied [in der Kette] ausgelassen, alles an seinem Ort und zu seiner Zeit. Welten, Weltsysteme, alle verschmolzen in einem harmonischen Ganzen. Allumfassendes Leben gleichbedeutend mit allumfassender Liebe! ...' Bei einer späteren Gelegenheit, während sie tief ergriffen die Blumen im Garten betrachtete, hatte sie plötzlich das Gefühl, daß 'tief in meinem Innern ein Schleier, ein Vorhang plötzlich sich zerteilte und ich des Lebens und Bewußtseins der Blumen mir bewußt wurde. Sie waren in Erregung, und ich wußte, daß sie elektrische Funken ausschickten ... Das Gefühl, das mich mit diesem Gesicht befiel, war unbeschreiblich; ich wandte mich und ging ins Haus, von unsagbarer heiliger Scheu erfüllt.'[2]

Immerhin lernt der Mystiker, wenn er so angeblich die Fernen der Erde und des Himmels und das Innere der Wesen durchdringt, durch seine Intuition nur Dinge von jener Art, wie sie die mühsamere Erfahrungsarbeit des Sinnenmenschen eben auch erlangen und äußern könnte, wenn

---

1) Bei R. Pike, Lifes borderland... 98f. Auf die großartigen kosmischen Gesichte A. J. Davis' und ihre kritische Erörterung kann hier aus Gründen des Raumes nicht eingegangen werden. 2) Bucke 267ff.

jenem auch tatsächlich nie gelingt (sei es infolge seines Mangels an 'Bildung', sei es wegen der überwältigenden Massenhaftigkeit des plötzlich Geschauten), seine Gesichte in Worte und Begriffe zu fassen. Das ist es, was der ehrliche Mystiker immer wieder, wenn auch mit Schmerz sich eingesteht.

Als der Barnabit Franz Xaver Bianchi dem Arzt und Philosophen Pietro Magno, der ihm seine Wissenschaften anpries, von seinen eigenen jugendlichen Bemühungen in diesen berichtete, konnte er das Bekenntnis einer umfassenden, aber ergebnislos verlaufenen Schauung hinzufügen. 'Auch ich, sagte er, habe in meiner Jugend diese Kenntnisse mit Eifer erstrebt, und habe sogar Gott gebeten, mir bei ihrer Erlangung beizustehen, damit ich meinem Orden um so nützlicher würde. Nach dem Gebete [um Gottes Beistand in meinen Studien] fand ich mich einmal von einem hellen Licht umflutet; es schien mir, daß ein Schleier sich vor den Augen des Geistes hob, und die Wahrheiten der menschlichen Wissenschaften, selbst die, welche ich nicht erlernt hatte, wurden mir offenbar durch eine eingegossene Erkenntnis... Dieser Zustand des Schauens dauerte etwa 24 Stunden; dann, als wäre der Schleier wieder gefallen, fand ich mich unwissend wie zuvor. Gleichzeitig sprach eine innere Stimme zu mir: Da siehe das menschliche Wissen; wozu dient es? Ich bin es und meine Liebe, was man ergründen sollte.'[1]

Erlebnisse dieser Art mögen es gewesen sein, die den persischen Mystiker zur Behauptung trieben, 'es spiegle sich im menschlichen Herzen das All wieder; es erscheine alles darin, was ist, so wie es ist';[2] oder die in den begeisterten Versen des Rumî wiederklingen:

Ich bin der Wesen Kette, — ich bin der Welten Ring,
Der Schöpfung Stufenleiter, das Steigen und der Fall;
Ich bin, was ist und nicht ist, — ich bin — o, der du's weißt,
Dschellaleddin, o sag es: — ich bin die Seel' im All.[3]

Die Einschätzung solcher Aussagen darf dem naturalistischen Psychologen von seinem Standpunkt aus leicht erscheinen. Indessen muß sie natürlich völlig von der Einordnung dieser Erlebnisse in allgemeinere Zusammenhänge abhängen. Für uns sind diese Zusammenhänge längst gegeben. Wer die Tatsachen des Hellsehens in dem früher besprochenen Umfange zugesteht und ihrer angegebenen Deutung zustimmt — nämlich der Voraussetzung einer Erhebung des Einzelgeistes über die Schranken seiner Sinnlichkeit, oder gar über ihre Formen, durch Teilnahme an der Erkenntnis eines überindividuellen Geistes —, der kann nicht nur zugestehen, sondern muß eigentlich fordern, daß auch hellseherische Einblicke in größere Weltbezirke und Weltzusammenhänge gelegentlich vorkommen, wennschon seltener als jene begrenzten Erkenntnisakte, die soviel mehr den Interessen und Fähigkeiten des Einzelnen entsprechen mögen.

---

1) Aus dem Leben des F.-X. B. von Baravelli c. 4 bei Poulain 273. 2) Hallâg, bei Kremer 72. 3) Bei Ethé, Morgenländ. Stud. 114. Vgl. die bekannte Stelle in Platons Sympos. 210 E, von Rohde (II 284 Anm. 1) als 'ein visionäres, plötzlich und nicht in diskursivem Denken erlangtes Erfassen des Weltzusammenhangs' bestimmt.

LXVIII.

Metapsychologie des mystischen Erkennens: 4. Unaussprechbare Einsichten.

Gestehen wir aber erst soviel zu, so führt uns nunmehr ein kleiner Schritt — immer in gleichen oder ähnlichen Grundbegriffen erfolgend — zur mindestens teilweisen 'Rettung' auch einer weiteren Gruppe mystischer Erkenntniserlebnisse: nämlich jener Einsichten, deren Tiefe und Weite im umgekehrten Verhältnis zu ihrer Ausdrückbarkeit zu stehen schien; in denen der Mystiker Unendliches, ja 'Alles' begriffen zu haben glaubte, ohne doch bei wachem Bewußtsein etwas Genaueres über sie aussagen zu können.[1] Durch diese ihre Unaussprechlichkeit in 'diskursiven' Begriffen oder anschaulichen Bildern charakterisierten sie sich als Intuitionen im verwegensten Wortsinn. Auch der — nach gewöhnlichem Sprachgebrauch — intuitiv Erkennende weigert sich ja meist, sein Wissen zu zerlegen und auszudeuten, und beschränkt sich auf die Behauptung, er wisse eben; nur kann er wenigstens den Inhalt seines Wissens bezeichnen. Der Mystiker kann nicht einmal dies. Wir einigten uns daher früher darüber, daß ein sinnvoller Inhalt dieser angeblichen Erkenntnisakte überhaupt nicht gegeben sei und daß das täuschende Erkenntnisgefühl durch den ungehemmten Ablauf beliebiger Vorstellungen (ohne erkenntnismäßige Verknüpfung untereinander) in einem gelösten, 'dissoziierten' Zustande des Seelenlebens erzeugt werde.

Nun ist aber die neuere Psychologie von sich aus darauf aufmerksam geworden, daß 'Gefühls'erlebnisse häufig nicht völlig ohne Erkenntniseigenschaft seien.[2] Ohne daß wir uns in Einzelheiten dieser tiefgreifenden Frage verlieren, mag doch so viel hier gesagt werden: Der Anteil von Gefühl einerseits und von Diskursivität, d. i. inhaltlicher Zerlegbarkeit und schrittweiser Angebbarkeit anderseits ist bei den einzelnen Erkenntnisvorgängen ein sehr verschiedener. Nehmen wir an, daß letzten Endes ein solches Zerlegen und Angeben doch immer möglich sei, so muß doch eingeräumt werden, daß die zur Erkenntnis zusammengefaßten Einzelinhalte in vielen Fällen völlig unter der Schwelle des Bewußtseins bleiben, so daß das Bewußtsein tatsächlich nichts weiter zeigt, als ein blitzartiges Erfassen des Ergebnisses, umspült von starken Gefühlen der Gewißheit, des Wertes des Erkannten usw. Eben darum sprechen wir von gefühlsmäßigem Erfassen einer Wahrheit.

Hierzu tritt aber noch die Feststellung, daß an jedem Erkenntnisvorgang außer den (etwa anschaulich) angebbaren Inhalten auch 'formale' Funktionen beteiligt sind, die als solche überhaupt nicht im gewöhnlichen Sinne bewußt und aufzeigbar werden, sondern nur dadurch glaublich zu machen sind, daß man den Unterschied zwischen einem erkenntnismäßigen Zusammenfassen gewisser In-

---

1) S. o. S. 326 ff. 2) Vgl. zB. Maier, Theorie des emotionalen Denkens.

halte und dem bloßen (assoziativen) Ablaufen eben derselben Inhalte sich zu Bewußtsein führt. Vollkommen richtig bezeichnete ja deshalb Kant diese Denkfunktionen als eine 'verborgene Kunst in den Tiefen der menschlichen Seele, deren wahre Handgriffe wir schwerlich jemals unverdeckt vor Augen legen werden'.[1] — Endlich aber: wie aus der Einzelvorstellung — über Vorgänge der Aussonderung, der Gliederung, des Inbeziehungsetzens, der sprachlichen Fixierung hin[2] — der Weg zur Allgemeinvorstellung, zum Allgemeinbegriffe führt, so wird auch aus dem Einzelurteil (das als solches schon inhaltliche und formale Elemente vereinigt) das allgemeine Urteil, der abstrakte Satz, die umfassende Erkenntnis, deren Umfänglichkeit durch den Umfang ihrer beherrschenden Begriffe, die Reichweite ihrer Beziehungen bestimmt wird. Dabei erscheint indessen — wenigstens auf wichtigen Erkenntnisgebieten — diese Entwicklung von unten nach oben zwar als das Natürliche menschlicher Urteilsentstehung, nicht aber als die Rechtfertigung des Abstrakten durch das Konkrete. Vielmehr ruht im machtvollen Denken die Allgemeinerkenntnis in sich selbst, entsteht gleichsam durch ein Teilhaben des Denkers an einer Welt der Ideen und Begriffe und ihrer Beziehungen, zumal in ihrer Anwendung auf die allgemeinsten Formen der Anschaulichkeit.[3]

Die Anwendbarkeit dieser Gedanken auf die 'unaussprechbaren' mystischen Einsichten gründet sich nun vor allem darauf, daß die früher erarbeitete Theorie des übernormalen Erkennens uns eine ungeheuer erweiterte Vorstellung von dem unterschwelligen Gebiete des Menschengeistes verschafft hat. Die Ausdehnung dieses menschlichen 'Unterbewußtseins' fällt ja letzten Endes zusammen mit der Ausdehnung des Allgeistes, nach welchem zu jenes 'offen' steht, in welchen hinein sich der Einzelgeist erheben, in welchem er sich vorübergehend beinahe verlieren kann. In Zuständen des Ich-Verlustes wird der Besitz jedes beliebigen Übergeistes an Anschaulichkeit, an formalen Zusammenfassungen des Weltwissens, an Allgemeinvorstellungen (oder was wir an quasi-psychischen Äquivalenten davon in ihm voraussetzen wollen) der Möglichkeit nach zum Besitz des Einzel-Ich. Der Möglichkeit nach, — denn in der Wirklichkeit muß nachgerade erwartet werden, daß eine vorübergehende Versenkung in das Erkenntnisleben des Über-Ich den Einzelnen mit Gaben beschenken werde, die seinen Händen entgleiten, wenn er in seine Endlichkeit zurückkehrt; wie ein zum Meeresboden versenktes Gefäß, über die Oberfläche zurückgehoben, eben nur den Inhalt seines geringen Fassungsvermögens dauernd sich erhalten kann. Nach allen psychologischen Analogien müssen wir annehmen, daß keine Brücke der Erinnerung zwei Zustände von so verschiedenen Ausmaßen der Synthese vereinigen werde. Ein zweijähriges Kind, das auf Minuten 'zum Erwachsenen würde', könnte nach der Rückkehr zu seinem beschränkten Bewußtsein offenbar nicht mehr davontragen, als das überwältigende 'Gefühl', etwas erlebt,

---

1) Kant, Kritik d. rein. Vern. (Kehrb.) 145. Ich verweise auch auf die Arbeiten der Külpeschen Schule zur Psychologie des Denkens. 2) S. zB. Wundt III 574. 3) 'Ideales Sein' von 'Wahrheiten an sich' nach Husserl, Bolzano u. a.

gesehen, begriffen zu haben, was es in den lallenden Silben seines Sprachschatzes gar nicht ausdrücken kann. 'Erkenntnis' war da, aber nichts von ihr verbleibt. Dies ist es genau, was der Mystiker von den fraglichen Erlebnissen behauptet; und wiederum dürfen wir sagen, daß wir nach unabhängig gewonnenen Grundanschauungen solche Erlebnisse nicht nur begreiflich finden und also zugestehen mögen, sondern geradezu fordern und zu finden erwarten müssen.

Es wäre also nicht einmal nötig zu leugnen, daß die 'unaussprechlichen' Erkenntnisse der Mystiker letzten Grundes auf anschauliche Inhalte zurückgehen. Nur wären dies nicht anschauliche Erlebnisse eines Einzel-Ich; es wäre die dem Einzelnen umfaßliche Wissens- und Schauensfülle des Über-Ich. Gewiß sind Diskursivität und Intuition, soweit diese auf angebbare Einzelinhalte Bezug nimmt, nicht bloß Gegensätze, sondern auch Verwandte: lange Einzelerfahrung bereitet ein schließliches 'intuitives' Überblicken und urteilsmäßiges Zusammenfassen großer Inhaltsmassen vor. Umgekehrt aber müßte sich die Intuition eines übermenschlichen Geistes für das Einzel-Ich in eine schier unvollziehbare Masse von diskursiven Denkschritten zerlegen. Darum versagt es, wenn es von seiner vorübergehenden Teilnahme an jener Intuition etwas aussagen soll.

Durch zunehmende Allgemeingültigkeit der Begriffe erhebt sich zwar auch die Diskursivität des Einzelnen zu Sätzen von geradezu kosmischer Bedeutsamkeit: die letzten Grundlehren der mathematischen Naturwissenschaft sind solcher Art. Wodurch indessen unterscheiden sich diese von den letzten Erkenntniserlebnissen des Mystikers (deren Bedeutsamkeit zugestanden)? Vermutlich durch ihren — metaphysisch betrachtet — annäherungsweisen, vorläufigen, teilwahren Charakter. Dies werden alle diejenigen zugeben, die eine mechanistische Metaphysik für unmöglich halten; und wir wissen, daß es deren selbst im Lager der zünftigen Naturwissenschaftler gibt. Die begriffliche Mechanisierung der Welt ist zum großen Teil gelungen, und darum wird sie zum mindesten einen Teil der letzten Wahrheiten ausdrücken. Aber das, was jenen Teil überragt, bliebe weiterem anschaulichem Erfassen vorbehalten, welches nicht mechanistisch 'lauten' und vielleicht über die anschaulichen Grundlagen des mechanistischen Weltbildes — Raum, Zeit, Bewegung — überhaupt hinausführen würde. Das Erleben der Welt tritt damit in Gegensatz zu ihrer abstrakten Beschreibung, die Diskursivität der letzteren zur Intuition des ersteren in seiner umfassendsten, 'göttlichen' Form; an welcher nur der Ekstatische auf Augenblicke teilnehmen könnte. Und wissen wir denn, ob in diesem göttlichen Bewußtsein die uns geläufige Scheidung von Ich und Sinnenwelt, Subjekt und Objekt, nicht nachgerade einen anderen Sinn empfängt; so daß der darin Untertauchende in einer ihm unbegreiflichen Weise zu dem würde, was er 'erkennt'? Gerade sofern jede Art von Metaphysik zuletzt in irgendwelcher Form die Daseins- und die Erkenntnisgrundlagen der Welt zusammenfallen lassen muß (um überhaupt die Möglichkeit eines Erkennens der Welt zu begreifen), wird man zur Vermutung geneigt sein, daß in der Intuition, sofern sie über diskursives Erkennen hinausgreift, der Mystiker mit dem Seienden oder der Natur Eins werde.

Die klassische deutsche Philosophie, die der Mystik näher steht, als Mancher ahnt, und die in ihren späteren Vertretern wahrscheinlich ohne Erlebnisse halbmystischer Intuition überhaupt nicht abgeleitet werden kann, geriet auf diesen Gedanken in dem berühmten Begriff der intellektuellen Anschauung oder des mystischen Verstandes. Schon bei Kant besagte dieser Begriff, daß der göttliche Geist die Vernunft sei, welche mit ihren Formen zugleich den Inhalt erzeuge;[1] die Vereinigung mit dem göttlichen Geiste, könnte der Mystiker also schließen, müsse den Erleuchteten recht eigentlich erleben lassen, wie die Welt (das Seiende und Erscheinende) 'gemacht' wird. Ganz mystisch behauptete Fichte, seine Lehre setze voraus 'ein ganz neues inneres Sinnenwerkzeug, durch welches eine neue Welt gegeben wird, die für den gewöhnlichen Menschen gar nicht vorhanden ist. Sie ist nicht etwa Erdenken und Schaffen eines Neuen, nicht Gegebenen, sondern Zusammenstellung und Erfassung eines durch einen neu zu entwickelnden Sinn Gegebenen'.[2] In der Redeweise der späteren Identitätsphilosophie ist jene intellektuelle Anschauung das unentbehrliche Organ alles transzendentalen Philosophierens, der unbeweisbare, in sich selbst evidente Grund aller Evidenz, der absolute Erkenntnisakt, — eine Art der Erkenntnis, welche für den bewußten empirischen Standpunkt stets unbegreiflich bleiben muß, weil sie nicht wie dieser ein Objekt hat, weil sie gar nicht im Bewußtsein vorkommen kann, sondern außerhalb desselben fällt.[3] Alles Philosophieren, lehrte also Schelling, besteht in einem Erinnern des Zustandes, in welchem wir eins waren mit der Natur ... Die Zeit wird kommen, da die Wissenschaften mehr und mehr aufhören werden und die unmittelbare Erkenntnis eintreten, ... wo 'das reale Leben des All geistig mitzuleben' möglich ist. Menschen, in denen 'die Natur sieht', die 'in ihrem Sehen Natur geworden sind', sind die 'wahren Seher, die echten Empiriker'.[4]

Dies ist augenscheinlich echt mystisch gedacht, wenn nicht gar erlebt. Indessen fällt ja schließlich weder die Heranziehung von Autoritäten, noch die abstrakte Erwägung von Möglichkeiten unter die beherrschende Methode dieses Buches, sondern die ständige Anknüpfung an Einzelbeobachtungen metapsychischen Inhalts. In dieser Hinsicht könnten für uns wichtig werden Erfahrungen, welche die unfaßbare mystische Intuition wenigstens zeitlich verschlungen zeigen mit übernormalem Erkennen der 'nachprüfbaren' Art (also den Grundlagen aller metapsychischen Hypothesen); sodann Beobachtungen, nach denen die mystische Intuition in Zustände fällt, die sich eindeutiger, als die 'Ekstase' schlechthin, als metapsychisch-abnorm zu erkennen geben: nämlich Zustände der Exkursion, d. h. einer ersten Annäherung aus dem sinnlichen Ich-

1) Krit. d. Urteilskr. § 77. 2) Nach v. Hartmann 313 (aus: Einl. zur Wissenschaftslehre). 3) Schelling, WW. I, 1 181f. 4) Nach N. Losskij, Die Grundlegung des Intuitivismus (Halle 1908) 153ff.

zustande heraus an den der Ich-Versenkung im All. — Meine eigene Ausbeute an Belegen dieser Art ist gering; doch fehlt es nicht völlig daran.

Um ein Beispiel der ersteren Art zu geben, so glaubt zB. der narkotisch 'verstehende' Mr. Fielde, während ihm Gedanken kommen, mit denen er 'endlose Bücher füllen' will, auch 'alle Vorgänge des Hellsehens zu verstehen' und, 'an verschiedenen Orten lebend, mehrere Zeitgenossen zu sein ...',[1] was anscheinend ein Bewußtsein telepathischer Gemeinschaft oder der Verschmelzung mit ihnen andeutet.

Ein mögliches Beispiel für den zweiten Zusammenhang betrifft ein Subjekt, dem wir sowohl mehrere Bekenntnisse narkotischer Einsichten verdanken, als auch die deutliche Beschreibung einer Exkursion: den mehrfach zu Worte gekommenen Ludlow. Ich finde nämlich an einer Stelle seines Buches eine Beschreibung, welche nahelegt, daß er diese Erfahrung in maskierter Form — also ohne die einleitenden optischen Wahrnehmungen der körperlichen Umgebung — gerade während seiner Intuitionen öfter gemacht habe. 'Im Augenblick der hingerissensten Seligkeit [auch des mystischen Begreifens, dürfen wir nach Früherem ergänzen] vernimmt die Seele den Schrei der physischen Natur, der aus den Mauern des Fleisches sich zu ihren Höhen des Schauens emporschwingt ... Die Bande (*cords!*), welche die beiden geheimnisvollen Teile unserer Zweiheit zusammenbinden, sind bis aufs äußerste gespannt ... Häufig inmitten der hinreißendsten Einsichten habe ich es empfunden, wie mich diese Bande abwärts zogen, so deutlich, wie wenn es wirkliche Sehnen wären.'[2]

Auch Cahagnets Subjekt Gaspart macht Angaben, die auf Exkursion schließen lassen, neben sonstigen, die eine telepathische Gemeinschaft mit Andern andeuten, also den eben zuvor berührten Punkt betreffen. 'Ich habe, sagte er zu Cahagnet, den Todeskampf und den Tod durchgemacht, ... ich habe meine Seele, ebenso wie die deine, unter menschlicher Gestalt gesehen, aber durchsichtig und soz. phosphoreszierend; ... ich kann dir nicht sagen, mit welcher Leichtigkeit die Seele sich von der Materie trennen kann, um mit der Welt der Ursachen in Verbindung zu treten; ... sie kann in die Gedanken eines jeden eindringen, sich mit ihm identifizieren, er sein und ihn in sich glauben.'[3]

Solche Vorgänge, wenn sie die Deutung vertragen, die ihnen hier versuchsweise beigelegt wird, wären in der Tat die greifbarste Illustration jener Überzeugung des platonischen Sokrates, daß 'wenn wir je etwas rein erkennen wollen, wir uns vom Leibe losmachen und mit der Seele selbst die Dinge schauen müssen'; weshalb er die 'Weisheit' erst nach dem Tod erwartete.[4] Bedeutet wirklich der Tod den Beginn einer anhaltenden Exkursion, so enthielte freilich erhöhtes Erkennen in einer solchen auch ein Versprechen wenigstens möglicher vermehrter Einsicht nach der Auflösung. Oder gar bei beginnender Auflösung — nämlich des Zusammenhangs zwischen dem Ich und seinem Leibe —, welche demnach

1) A.-M. Fielde, ref. in RS 3. sér. XVI (1888) 221f. 2) Ludlow 165. Vgl. über 'Herabgezogenwerden' o. S. 578 u. 663. 3) Vgl. Cahagnet, Heil. 189 und Engelbrechts 'Verständnis' der Bibel während seiner Exkursion, o. S. 289. 4) Phädon p. 66f. (ed. Bipont. I 149ff.).

die Einleitung einer Exkursion bedeutete? In der Tat darf an dieser Stelle die Versuchung verzeihlich erscheinen, auch jene Erlebnisse unaussprechlicher Einsicht kurz vor dem Tode oder in der Todesstunde der naturalistischen Deutung zu entziehen, der sie gewöhnlich anheimfallen.

Von einigen Fällen, die Daumer zusammenstellt, sei nur der Theologieprofessor Möhler genannt, der im Sterben ausrief: 'Jetzt habe ich's gesehen; jetzt weiß ich's. Jetzt wollte ich ein Buch schreiben, das müßte ein Buch werden — aber nun ist es vorbei.'[1] — Und anscheinend ganz typisch berichtet ein für tot gehaltener Verletzter, während seines Scheintodes seien die herrlichsten Gedanken durch seine Seele gegangen; doch könne er kaum mehr erinnern, als daß sie herrlich, groß und — unaussprechlich gewesen.[2]

Die vorstehenden tastenden Versuche einer Rechtfertigung der mystischen Intuition beruhen teils auf abstrakt-theoretischen Ableitungen von Wahrscheinlichkeiten, teils suchen sie aus dem Zustande des Begreifenden ein Vorurteil zugunsten seiner Intuitionen zu schaffen. Der an sich nächste Weg der Rechtfertigung, nämlich aus dem Inhalt der Intuitionen selbst, ist uns ja meist schon darum versperrt, weil dieser Inhalt nicht einmal angedeutet werden kann. Zuweilen indessen, wie der Leser sich erinnert, ist das ratlose Schweigen des Sehers kein völliges, und es liegt nahe, die meist unbestimmten Andeutungen, die wir dann erhalten, mit den Anschauungen zu vergleichen, die wir selbst über das Jenseits-der-Sinne entwickelt haben. Man wird im allgemeinen sagen dürfen, daß eine solche Vergleichung unser Vertrauen in die mystische Intuition eher stärkt, als abschwächt. Soweit solche halbwegs zur Äußerung gelangende Intuitionen unmittelbarer einem philosophischen Interesse dienen, befürworten sie augenscheinlich jenen spiritualistisch oder — wenn man will — psychologisch-vitalistisch eingestellten Pantheismus, der auch unsere theoretischen Folgerungen aus den 'nachprüfbaren' metapsychischen Leistungen ausdrückt. Sie liefern Lehren von harmonistischem, auf Synthese gerichtetem Charakter, daneben Andeutungen eines allgemeinen Dynamismus des gesetzlich wirkenden göttlichen Willens. Gott — die überragende Einheit alles natürlichen und geistigen Geschehens — ist mit seinem Wissen und Willen überall gegenwärtig; seine rastlose Energie durchflutet das All; in seiner höheren Einheit schwinden alle Gegensätze der Dinge dahin. Er ist nicht Materie; vielmehr Immaterialität das wahre Wesen der Welt, zum mindesten der Welt, in welcher der innere Mensch ein Bürger ist. In diesen Worten, Worten, Worten — aber wie soll man anders diesen letzten Dichtungen der Wirklichkeit zu Leibe rücken? — drücken sich vielleicht die Grundlinien jener früher angeführten stammeln-

---

1) Gest. 12. 4. 1838. — Daumer 298f. 2) Dr. Hoze v. Richterswyl, bei Perty, M. E. I 49. Vgl. Rohde I 55, bes. Anm. 1.

den Rauschbekenntnisse angeblich Schauender aus;[1] in einem Falle sogar, nach eigenem Zeugnis des Sehers, im Gegensatz zu 'tiefsten bisher festgehaltenen Überzeugungen des [wachen] Verstandes'.

LXIX.

Metapsychologie des mystischen Erkennens: 5. Ewigkeitsbewußtsein.

Ehe ich indessen diese Rettungen intellektualer Mystik zum Abschluß bringe, will ich noch einen Typ erkenntnisgebender Erfahrungen erstmalig zur Sprache bringen,[2] dessen Verständnis durch die Ergebnisse vorausgegangener Abschnitte bedeutsam gefördert wird: ich meine das häufig bei Erweckten (aber nicht nur bei ihnen) anzutreffende subjektive Bewußtsein, daß man das 'ewige Leben' — nicht etwa nach dem Tode erlangen werde, sondern gegenwärtig habe; daß man jetzt 'unsterblich', richtiger vielleicht: der Zeitlichkeit entrückt und mitten in der Ewigkeit sei. Früher gegebene Beispiele haben diese Einzelheit schon vorübergehend angedeutet, aber keine Vorstellung von ihrer Häufigkeit und Reichhaltigkeit gegeben. Einige weitere Angaben — fast zufällig zusammengelesen — mögen daher zunächst jene Andeutungen ergänzen.

Rufen wir buddhistische Lehre als Vertreterin indischer Mystik auf, so stoßen wir auf die Auffassung des Nirvana-Erlebnisses als Entrückung in die 'unsterbliche (oder todentrückte) Sphäre', was Beckh auch mit 'ganz über aller Zeitlichkeit liegend' umschreibt.[3] Daß diese Sphäre 'mit dem Körper berührt', d. h. schon im Leibe erlebt werden könne,[4] beweist den erfahrungsmäßigen Ursprung der Lehre. — Innerhalb griechischer Gedanken- und Erfahrungswelt finden wir das 'Gefühl der Göttlichkeit und Ewigkeit' der Seele im ekstatischen Erlebnis bakchischer Kulte 'blitzartig' sich offenbarend,[5] und bei Plato den geläufigen Gedanken, die durch Philosophie völlig 'rein' gewordene Seele erreiche ein Ziel 'außer Raum und Zeitverlauf, ohne Vergangenheit und Zukunft, ein ewiges Jetzt'.[6]

Von hier führt ein Schritt, den neuere religionsgeschichtliche Forschung immer kleiner erscheinen läßt, zu allbekannten evangelischen Ausdrücken wie: daß Gott (und seinen Abgesandten) erkennen das ewige Leben sei.[7] Und die gleiche Sprache hat seitdem die Mystik immer geführt. Gottes Geist sei über der Zeit, sagte die Deutsche Theologie, in der Vereinigung mit ihm finde man also das Himmelreich und ewiges Leben auf Erden. Wer sehend wurde im göttlichen Licht, besitzt nach Ruysbroeck das ewige Leben; deutlicher: das Gefühl der Ewigkeit seiner Seele.[8] Von den Begharden berichtet Bischof Johann von Ochsenstein, daß sie behaupteten, ewig zu sein und schon hienieden in der Ewigkeit zu leben.[9] — Im Anfang des

1) Man lese o. die Aussagen James' (S. 328) und der beiden Ungenannten (S. 329). 2) Ich werde daher auch die naturalistischen Deutungen hier besprechen. 3) Amatā dhātu: Anguttaranikāya IV S. 423f. u. a., bei Beckh II 54. 4) Das. 117. 5) Rohde II 33. 6) Das. 286. Vgl. bes. das ἀθάνατος Sympos. 212A; verwandt: Soph. 254A; Rep. 6, 500D. Sufisch: Palmer 24. 7) Ev. Joh. 17,3 u. ö. 8) Ruysbroeck 153; üb. sentiment de son éternité s. Jundt, aaO. 113. 9) Jundt, aaO. 52. Vgl. Eckehart 30.

17. Jahrhunderts lehrt zB. Ezechiel Meth, Neffe des Mystikers Esaias Stieffel, daß die äußeren Sakramente wertlos, der Geist Gottes alles sei; daß Christus persönlich und wesentlich mit ihm sei und alles, was er tue, mittue, so daß er ohne Sünde sei; daß er kraft der Beiwohnung Christi unsterblich, daß er schon gestorben sei und das ewige Leben schon hier gewiß und vollkommen habe.[1]

Überspringen wir noch zwei Jahrhunderte, so finden wir zB. bei Schelling in andern Worten die gleiche Lehre wieder; ein neuer Beleg für den Zusammenhang gewisser Philosophien mit Mystik. 'Uns allen, meint er, wohne ein geheimes, wunderbares Vermögen bei, uns aus dem Wechsel der Zeit in unser innerstes, von allem, was von außen her hinzukam, entkleidetes Selbst zurückzuziehen und da unter der Form der Unwandelbarkeit das Ewige in uns anzuschauen. Diese Anschauung ist die innerste, eigenste Erfahrung, von welcher alles, alles abhängt, was wir von einer übersinnlichen Welt wissen und glauben ... In diesem Moment der Anschauung schwindet für uns Zeit und Dauer dahin: nicht wir sind in der Zeit, sondern die Zeit — oder vielmehr nicht sie, sondern die reine, absolute Ewigkeit ist in uns.'[2]

Man wird schwerlich bezweifeln können, daß hier im Grunde überall die Erfahrung spreche, und nicht bloß der abstrakte Lehrbegriff. Im übrigen ist an ausdrücklichen Selbstbezeugungen von Erlebnissen eben dieses Typs kein Mangel.

In einem Gespräche Muhameds mit Ssaid werden letzterem die Worte zugeschrieben: 'Tag und Nacht sind mir wie ein Blitz verschwunden, ich umfaßte zumal die Ewigkeit vor und nach der Welt, so daß in solchem Zustande hundert Jahre oder eine Stunde dasselbe sind.'[3] — Die ehrw. A. de St. Barthélemy will in einer Ekstase von Augenblicksdauer die 'Ewigkeit Gottes' gesehen haben.[4] Bradley, dessen erweckliche Erfahrungen uns James berichtet, will durch sie alle Todesfurcht verloren haben.[5] — Ausführlicher ist das Zeugnis jener 'modernen Mystikerin', deren Vertrauen zu besitzen Prof. Flournoy das Glück hatte. 'Ich war, schreibt sie von einer ihrer Ekstasen, nicht länger meines Körpers noch meiner selbst bewußt. Worte vermögen nicht zu beschreiben, was ich erfahren habe ... Vor allem verschwand der Eindruck der Zeit, des Ablaufs der Vorstellungen. Wir alle haben hundertmal versucht, uns vorzustellen, was die Ewigkeit, die Nicht-Zeit sei. Ich glaube in sie eingetaucht gewesen zu sein. Es war eine Art inneren, aber nicht abstrakten Lichtes, das mich durchdrang, das ich aber nicht zurückwarf. Einerseits hatte ich das Gefühl, nicht mehr zu sein, anderseits umfaßte ich das Unsichtbare, die Realität der Gegenwart, ich möchte fast sagen: des Lebens Gottes. Ich bin schlechthin gewiß, daß ich nichts gesehen, nichts gefühlt, nichts gehört habe; und doch war Jemand um mich und in mir, in dem Sinn, daß ich seine Realität empfand, ein Etwas, was mehr innerlich ist, als äußerlich. Es war eine Unermeßlichkeit und eine Innerlichkeit zugleich.'[6]

---

1) Bei Ideler I 153f. Des Es. Stieffel typisch myst. Lehren das. 157. 2) Schelling WW. I, 1 318f. 3) Zit. bei v. Hartmann 317. 4) Bei Poulain 264. 5) Bei James, Varieties 191; vgl. auch Dixon I 220f. (üb. Prince). 6) intimité. — Flournoy, M. M. 63. Vgl. H. Amiel, Fragments d'un journal intime, ed. E. Scherer (Genf 1887) I S. XIV.; R. Jefferies, The Story of my heart, 8. Aufl. (Lond. 1904) 61: Pratt 256.

Das Bewußtsein des 'ewigen Lebens' ist hiernach vornehmlich eine Erwerbung abnormer, im äußersten Falle ekstatischer Zustände; wie übrigens zu erwarten wäre, wenn es einer Annäherung an das Über-Ich verdankt würde. Eben darum aber erscheint es bemerkenswert, daß auch abseits von ausgesprochen erwecklichen Erfahrungen in ekstasoiden, wie etwa in tieferen hypnotischen Zuständen ein ähnliches Bewußtsein des Unsterblichseins sich häufig einstellt. Du Prel hat geradezu behauptet, daß 'die unerschütterliche Überzeugung von der Unsterblichkeit ein konstantes Merkmal bei allen Somnambulen, und selbst bei den Gläubigen unter denselben viel entschiedener, als im Wachen' sei.[1]

Merkwürdig sind zB. die Äußerungen eines Transmediums, der schon erwähnten Mrs. Finch, einer (wie gesagt) scharfen Selbstbeobachterin, — merkwürdig, weil diese im Wachen ausdrücklich den Gedanken der Unsterblichkeit der Persönlichkeit ablehnt, vielmehr ihre Auflösung in dem großen unbekannten Göttlichen erhofft. 'Aber während einer Sitzung, wenn sich soz. die innere Vision offenbart, fühle ich, wie eine Änderung in mir vorgeht; ... dann glaube ich ... an die Unsterblichkeit der Persönlichkeit; ich fühle ... die Ekstase der Gemeinschaft und (wie mir scheint) des unmittelbaren Einflusses einer göttlichen Persönlichkeit und das Einströmen der Inspiration aus einer entfernten Quelle der Erkenntnis.'[2]

Aussagen dieser Art sind sicherlich nicht ohne weiteres zu 'verstehen'; sie spielen augenscheinlich um eine besondere Art von Erfahrung herum, die nicht jedermann zuteil wird; aber was diese sei, ja ob sie überhaupt in allen Fällen die gleiche sei, ist nicht leicht zu sagen. Einige der angeführten Bekenntnisse könnte man, wenn sie allein ständen, als Äußerungen lediglich gehobenen Selbstbewußtseins deuten wollen: den Glauben, man 'könne niemals sterben'; das Schwinden aller Todesfurcht; das Bewußtsein, schon auferstanden zu sein — möchte man als Anzeichen jener exaltierten Ich-Veränderung fassen, die ja einen Teil der Erweckung ausmacht. Andere Worte freilich übertönen dergleichen sparsame Deutungen und weisen auf ein wirklich verändertes Verhältnis des Ichbewußtseins zur Zeit hin: man hat Gottes Geist über allem Verlauf; man lebt in der Ewigkeit; man schaut das Ewige in uns an; Zeit und Dauer schwinden — solche Worte beanspruchen entscheidendes Gewicht für sich; sie fordern, daß man die zweideutigen nach ihnen auslege, nicht sie nach jenen.

Nun sind ja abnorme Veränderungen der Zeitauffassung dem Psychologen nicht unbekannt, und es liegt nahe, sich von ihm die banale Deutung einer Erfahrung zu erbitten, die mit so großen metaphysischen Ansprüchen auftritt. Alle angeführten Erlebnisse sind ja zugestandenermaßen mehr oder minder ekstatische, gehören also einem Zustande an, in welchem die experimentell ermittelten Bedingungen normaler Zeitauffassung ver-

1) Du Prel, Ph. d. M. 496. Er gibt allerdings keine überzeugenden Beispiele. 2) PS XXXIV 654f.

ändert sind. Diese Bedingungen beziehen sich sowohl auf die Art, Menge und Verteilung der in der objektiven Zeiteinheit dargebotenen Empfindungs- oder Vorstellungsinhalte, als auch auf den psychischen Zustand, dem die Auffassung dieser Inhalte als aufeinanderfolgender zufällt. (Denn immer setzt natürlich die psychologische Theorie der Zeitauffassung den objektiven Ablauf voraus, leitet also bloß die Erfassung der Zeit, nicht diese selbst ab; sieht sie doch als Einheit dieser Erfassung nicht den ausdehnungslosen mathematischen Augenblick an, sondern ein 'psychologisches Jetzt' als bereits gleichzeitig gegebene ausgedehnte Größe.[1]) Der nähere Nachweis, wie aus der Apperzeption rhythmischer Eindrücke unter Mitwirkung von Gefühlsmomenten sich die Vorstellung eines regelmäßigen Zeitverlaufs entwickle, mag in den Lehrbüchern nachgeschlagen werden.[2] Wichtiger für unsere Zwecke, als diese Ableitung der normalen und richtigen Zeitapperzeption, sind die mannigfachen Beobachtungen über deren abnorme und krankhafte Veränderungen, zumal derjenigen, die das Subjekt aus der normalen Zeit in einer Weise hinausversetzen, die mit den ekstatischen Erfahrungen der Erhebung in die 'Ewigkeit' etwa verglichen werden könnte. Ich erinnere zunächst an gewisse Erfahrungen jener Kranken, deren gerade apperzeptive Störungen uns schon einmal zu Vergleichen mit dem mystischen Erleben anregten: der Psychasthenischen. Jene apperzeptiven Störungen, die ihnen oft die ganze Welt unwirklich werden lassen, sind es offenbar auch, die ihr Zeitbewußtsein in eigentümlicher Weise verändern.

So beklagt sich zB. Janets Bei ..., 'daß sie den Zeitsinn verloren habe, die Bedeutung der Worte: gestern, heute, morgen nicht [mehr] verstehe; der Tag verstreiche, ohne daß sie begreife wie; sie glaube immer im selben Augenblick zu sein. — Eine Andere meint, wenn sie sehr krank sei, so scheine ihr keine Zeit mehr zu bestehen.[3] — Die Zeit, sagt ein Dritter, scheint mir endlos zu dauern; ... mir ist, als schwelle mein Wesen allmählich an, ... als vergrößere es sich um Welten und um Jahrhunderte, dann findet eine Art von Entladung statt und alles verschwindet und hinterläßt mir einen furchtbaren Schmerz in Kopf und Magen ... Die Ewigkeit existiert also wirklich, ich habe sie eben erst gesehen, gefühlt ... Dies ist das Ergebnis einer unmittelbaren, unverkennbaren Wahrnehmung, augenscheinlicher, als mein Ichbewußtsein.'[4]

Diese Äußerungen scheinen alle auf die gleichen Vorbedingungen hinzudeuten; auf Bedingungen zudem, die mit denen des mystischen Ewigkeitsbewußtseins eine gewisse Verwandtschaft haben. Zwar liegt hier keine Ekstase vor, aber die Blässe und der Erinnerungsschwund, die den äußeren Eindrücken der Psychasthenischen eigen sind, haben den Erfahrungsbestand der Welt verarmen lassen, also eine Vorstufe jener Wandlung gesetzt, welche die Ekstase so häufig auf den Gipfel führt. Es ge-

1) Wundt III 87. Vgl. o. S. 480. 2) zB. Wundt III 23. 3) Janet, Obs. 292. 293.
4) Vile..., das. 137.

schieht nichts; aus der Langenweile wird Leere; das Gleichmaß der Wüstenfarbe täuscht auf die Dauer ein Nichts vor, — und das, worin nichts geschieht, wo die Welt stille steht, ist das nicht eben die 'Ewigkeit'? Findet doch schon die experimentelle Normalpsychologie, daß eine Aufeinanderfolge schwächerer Eindrücke langsamer erscheint, als eine solche stärkerer Eindrücke in der objektiv gleichen Zeit.[1] Was hier die experimentelle 'Hemmung' der Eindrücke beginnt, das vollendet im Falle der Psychasthenischen die tiefere Hemmung durch die Krankheit.

Willkürliche Rauschzustände durch Gifteinwirkung können aber ähnliche Veränderungen setzen, und wir werden diesen narkotischen Veränderungen der Zeitauffassung um so stärkeres Interesse entgegenbringen, als uns gerade die Halbnarkose bereits als Grundlage mystischer Ansprüche begegnet ist.

Der Kulturhistoriker Symonds spricht nach einem Äthertraum von einer 'langen, zeitlosen Ekstase'.[2] Dr. Marshall in Cambridge hat unter der Einwirkung von indischem Hanf die Empfindung, daß die Zeit aufgehört habe, zu bestehen: 'ich sah beständig nach der Uhr, weil ich glaubte, es müßten Stunden verstrichen sein, während nur einige Minuten vergangen waren.' Und noch als er viel später einen Bahnsteig hinabschreitet, scheint ihm 'ein beträchtlicher Zeitraum zwischen dem Niedersetzen des Fußes und dem Sichvergegenwärtigen, daß es geschehen sei, zu liegen'.[3] — Clarke berichtet von einem befreundeten Arzt, dem, während er (gleichfalls im Hanfrausch) die Treppe vom Arbeits- zum Schlafzimmer emporsteigt, die dazu verbrauchte Zeit genügend lang zu einer Reise von Boston nach Washington und zurück erscheint. 'Es bedurfte eines Jahrhunderts, um die Uhr aufzuziehen.'[4]

Die Selbstherrlichkeit, mit der das Ich in solchen Zuständen über der Zeit zu stehen und mit ihr zu schalten glaubt, ist in der Tat mitunter verblüffend bis zu einer gewissen Lächerlichkeit.

'Siehst du, das ist eine Sekunde', meint eins von Cahagnets Subjekten. 'Ich sagte, siehst du; du siehst sie aber nicht, ich jedoch sehe sie. Nun, ich will, daß diese Sekunde 10000 Jahre dauere; wohlan, sie hat 10000 Jahre gedauert; in diesem Augenblick sind 10000 Jahre nicht mehr als eine Sekunde, ... und ich begreife, daß alles dies so sein muß. Mein Gott, ich begreife die Ewigkeit ... E-wig-keit — ich habe 3000 Jahre gebraucht, um dieses Wort auszusprechen, weil es mir gefallen hat, es 3000 Jahre lang auszusprechen.'[5]

Die Ursachen solcher Verschiebungen der Zeitauffassung sind den zuvor bezeichneten offenbar ähnlich. Dr. Marshall führt die anscheinende Zeitverlängerung in seinem Falle auf 'einen völligen Verlust der Erinnerung für eben Geschehenes' zurück.[6] Je enger die Verwebung des Bewußtseins

1) W. Wundt, Grundriß der Psychologie 177. Üb. d. Rolle der Aufmerksamkeit bei der Zeitauffassung überhaupt s. Wundt III 54ff. 2) dateless. 3) Pr XIX 68. 69. 4) Clarke 182. Vgl. PR V (1898) 195; Ludlow 33. 187; Despine 74f.; Dr. E. E. Jones in PR XVI (1909) 51 (The Waning of consciousness under chloroform). 5) Cahagnet, Heil. 132. 6) Pr XIX 68. Dr. Dunbar bestätigt dies aus eig. Erfahrung: das. 71.

mit der Umgebung sei, desto schneller scheine die Zeit zu fließen; dagegen um so langsamer, je mehr sich jene Verknüpfung löse. Schließlich schwindet die genaue Anordnung der Vorgänge in der Zeit überhaupt; man weiß nicht mehr, ob man etwas als dauernd oder vorübergehend, als längst oder jüngst vergangen bezeichnen solle; wie zB. Dr. Kingston nicht imstande war anzugeben, ob gewisse Dinge am Tage zuvor oder erst vor wenigen Minuten sich ereignet hätten. Sowohl der Verlust der deutlichen Erinnerung, der zeitlichen 'Lokalzeichen' — vielleicht unter Beihilfe von Veränderungen des Fühlens überhaupt —, als auch der Verlust eines großen Teiles äußerer Eindrücke und damit des genauen Zusammenhangs mit dem objektiven Ablauf — entleeren die Zeit; bis zu dem Grade, daß das Entstehen der subjektiven Überzeugung verständlich wird, man sei schon einigermaßen aus der Zeit hinaus und in die Ewigkeit versetzt. Der Unterschied dieser narkotischen Erfahrungen von den psychasthenischen scheint mir vor allem in der schärferen Ausprägung des subjektiven Poles, des Ich der Apperzeption, zu bestehen. Dieses ist seiner selbst gewisser, es beobachtet und kritisiert sogar; nur sein Verhältnis zur Objektivität ist völlig verändert. —

Nun gibt es aber noch eine ganz anders geartete Ursache, aus welcher in abnormen Bewußtseinszuständen zuweilen das Gefühl entspringt, der Zeit entrückt und ein Bewohner der Ewigkeit geworden zu sein: nämlich, anstatt der bisher betrachteten Verarmungen, eine unerhörte Steigerung des Bewußtseinsinhaltes in der Zeiteinheit.

Ludlow bemerkt einmal im Verlaufe seiner narkotischen Selbstbeobachtungen, daß er in einer halben Minute (nach der Uhr) eine ihm endlos scheinende Vorstellungsreihe durchlaufen habe. 'Angesichts dieser ersten erhabenen Offenbarung über die Zeitrechnung der Seele stand ich zitternd in atemlosem Erschauern da.'[1] — Hier ist etwas der Hemmung des Rausches oder des psychasthenischen Zustandes Entgegengesetztes eingetreten: die Aufhebung aller Hemmung. Ein Haschischgenießer beschreibt diese geradezu als das Gefühl, 'als sei etwas aus meinem Gehirne fortgenommen, wie etwa die Unruhe einer verdorbenen Uhr, und als liefe die ganze Kette meiner Erinnerungen von selbst mit unerhörter Zusammenhanglosigkeit und Schnelligkeit ab'.[2] Wir finden ein ähnliches Abschnurren der Vorstellungen bekanntlich in maniakalischen Zuständen; wir sind ihnen aber auch schon früher in der Form der 'panoramatischen' Rückerinnerung an das eigene Leben (meist kurz vor dem Tode oder in Lebensgefahr) begegnet, wo sich eine unleugbar sehr große Zahl von Vorstellungen in eine sehr kurze Zeitspanne, in Darwins Fall zB. in die wenigen Sekunden eines Sturzes von 7 bis 8 Fuß Höhe zusammendrängte; auch in der Form jener Träume, die sich nachweislich häufig in einer objektiven Zeitspanne abspielen, die gegen ihre subjektive Dauer und die Masse des in ihnen Erlebten geradezu verschwindet.[3]

---

1) Ludlow 33. Vgl. den interess. Fall des 'englischen Gelehrten' PS 1902 633. 2) Hervey, Les rêves et les moyens de les diriger 480. Vgl. Ludlow 134. 3) o. S. 109. 477.

Daß diese Beschleunigung des Vorstellungsablaufs die subjektive Zeitschätzung, ja Zeitwertung gründlich verändern muß, liegt auf der Hand.

Rev. Robert Hall versichert nach einem siebentägigen manischen Anfall, ihm schienen sieben Jahre seit dessen Beginn verflossen, so vieles habe sein Geist inzwischen durchlebt und durchdacht, so völlig sei ihm alles gegenwärtig gewesen, was Lesen oder Nachdenken ihm je zugeführt;[1] und Ludlow wird durch die soeben angeführte Erfahrung — eine 'Offenbarung' scheint sie ihm — geradezu zu dem Ausruf getrieben: 'Mein Gott, ich bin in der Ewigkeit.'[2] — Ganz ähnlich sagt Maitland von einer Zeit seiner Schriftstellerei, da ihm Gedanken in unerhörten Massen inspiratorisch zuströmten, ausdrücklich, daß Vergangenheit, Gegenwart und Zukunft ihm alle als dasselbe erschienen und daß er zur Vermutung gelangt sei, Zeit und Raum besäßen keine Wirklichkeit und 'im Geiste sein' bedeute, von ihnen unabhängig sein. 'Ich ... konnte ausrufen: ... Ich weiß, daß ich unsterblich bin.'[3]

Daß jede dieser Arten profaner Erfahrung von 'Ewigkeit' ihre psychologische Parallele in religiös-mystischen Erfahrungen finde, wollen wir zunächst voraussetzen, um dem Standpunkt der naturalistischen Wegdeutung möglichst entgegenzukommen. Dennoch darf man wohl bezweifeln, daß selbst unter dieser Voraussetzung der Zweck des Kritikers erreicht werde. Es ist weder das erste noch das letzte Mal, daß wir auf die naive Unzulänglichkeit des Gedankens stoßen: der Nachweis von Parallelen in profaner oder gar pathologischer Erfahrung beraube eine Tatsache ihrer metapsychischen, oder sagen wir: mystischen Bedeutsamkeit. Vielmehr ist doch umgekehrt selbstverständlich, daß etwa bestehende metapsychische Wirklichkeiten auch in solcher Erfahrung — ja mit Vorliebe in pathologischer — ans Licht drängen werden. Was insonderheit die eben besprochenen Tatsachen anlangt, so gilt nicht, daß die Erfahrung von 'Ewigkeit' in Rausch oder Krankheit die ähnliche Erfahrung der Mystiker in Verruf bringe, sondern umgekehrt, daß auch in diesen Rausch- und Krankheitserlebnissen bedeutsame Übereinstimmungen mit wahren mystischen Erfahrungen aufzusuchen seien. In der Tat enthalten die Ewigkeitserlebnisse infolge Inhaltsleere mitunter deutlich genug ein Merkmal, das unser Interesse im höchsten Maße herausfordert: man kann es als die abstrakte, oder nahezu abstrakte Erhaltung des Ich-Pols (im Gegensatz zu den bewußtseinfüllenden Inhalten) bezeichnen; eine Erfahrung, die wir freilich in andern Fällen, als den bisher angeführten, mit sehr viel größerer Schärfe ausgeprägt finden.

So beschreibt J. A. Symonds gewisse Erfahrungen, die ihn immer mehr oder weniger plötzlich überfielen, 'in der Kirche oder in Gesellschaft oder während des Lesens; immer aber, wie mir scheint, wenn meine Muskeln in Ruhelage waren. Dieser Zustand bestand in einer schrittweisen, aber schnell vorschreitenden Vernichtung von Raum, Zeit, Empfindung und den zahlreichen Elementen der Erfahrung, die unser sog. Selbst zu charakterisieren scheinen. Im selben Maße wie

1) Dendy 240. 2) Ludlow 33. 3) Maitland 75f. 78.

diese Bedingungen des gewöhnlichen Bewußtseins schwanden, gewann das Erleben eines unterliegenden oder wesentlichen Bewußtseins an Intensität. Zuletzt blieb nichts als ein reines, absolutes, abstraktes Selbst. Das All wurde form- und inhaltlos. Aber das Selbst verblieb in lebhaftester Schärfe und mit dem Gefühl eines durchdringenden Zweifels an der Wirklichkeit, bereit, wie es schien, [auch noch] die Existenz — wie eine Blase um sich her — zerplatzen zu sehen, ... [in der] Überzeugung, daß dies der letzte Zustand des bewußten Selbst sei ... Die Rückkehr zu den gewöhnlichen Bedingungen bewußten Daseins begann damit, daß ich zuerst den Tastsinn wiedergewann, und dann durch das allmähliche, aber schnelle Hereinströmen vertrauter Eindrücke und der Tagesinteressen ... Oft habe ich mich gefragt beim Erwachen aus diesem formlosen Zustande nackten, klar-bewußten Seins: Welches ist die Unwirklichkeit? Der Trans des glühenden, leeren, bewußten, zweifelnden Selbst, aus dem ich hervorgehe, oder diese umgebenden Erscheinungen und Umkleidungen, die jenes innere Selbst verschleiern?'[1]

Baraduc gibt an, daß eine seiner Patientinnen, Mme T., ihm ähnliche Erfahrungen beschrieben habe, wenn er sie in sehr tiefe Hypnose versetzt, worin sie Namen, Stand und Adresse vergessen hatte und fast aller Sinne beraubt, aber mit ihm noch 'in Rapport' war. 'In diesem Zustand erwirbt sie das sehr scharfe Bewußtsein, daß sie ist; sie behauptet auf das entschiedenste ihr Ich (*son SOI*). Auf die Frage: was sind Sie? erwidert sie: Eine Lichtkugel [im Finstern].'[2]

Die normale Erfahrung des aus der Ohnmacht zu sich Kommenden wird vielfach in Ausdrücken beschrieben, die den obigen ähneln.

H. B., nach einem Fall auf den Kopf wieder zu sich gekommen, gibt an: 'Im ersten Stadium war ich mir einfach bewußt, daß ich etwas sei; was das war, wußte ich weder, noch verlangte ich, es zu wissen. Ich wußte nicht, was Wissen sei. Ich war ruhig, seelisch glücklich, und es gab für mich weder Vergangenheit noch Zukunft, keine Zeit, keinen Ort; nichts als den winzigen Fleck Bewußtsein — Ich ...'

Nach einer narkotischen Erfahrung (N_2O) findet F. W. H. Myers ähnliche Ausdrücke. Er spricht von einem 'Bewußtsein kaum-bedingten Seins, aus dem der Begriff der Persönlichkeit und die einzelnen Sinne langsam hervorzutreten scheinen, nicht nur als ein Fortschritt und eine Entwicklung, sondern als ein Verlust und eine Beschränkung'.[3]

In der Tat entstammen die meisten Zeugnisse für ähnliche Erfahrungen der Narkose. In einigen wird die Entblätterung des seelischen Inhalts nicht ganz bis zur Nacktheit des leeren Ich- oder Existenz-Bewußtseins getrieben; in anderen geht sie noch über diese bis zur subjektiven Auslöschung hinaus. Aber in allen erscheint das Wissen ums eigene Dasein überraschend stark und klar, verglichen mit der Dürftigkeit der übriggebliebenen 'Inhalte'.

'Es verblieb, sagt ein Bericht, bis zum endgültigen Erlöschen der bewußten Erfahrung ein Wissen um persönliche Identität.'[4] — Und nach dem früher erwähn-

1) Brown, J. A. Symonds 29—31, gekürzt. 2) Une boule de lumière dans une boite noire. — Baraduc, aaO. 274. 3) Pr VII 115f. Vgl. möglicherweise die Aussage üb. 'hysterische Ohnmacht' bei L. Binswanger in JPPF III 235. 4) Prof. Hill u. Mrs. D. S., Loss and recovery of consciousness under anaesthesia, Psychol. Bull. VII, 3 81.

ten Oxforder Studenten (dem nachmaligen Professor C. F. S. Schiller) bestand der Vorgang darin, 'daß die Inhalte des Bewußtseins, die *feelings*, sich allmählich verringerten, bis ich fast, wennschon nicht völlig, bis zum bloßen ungefärbten Bestande des Bewußtseins der Existenz, beinahe abgelöst von aller Empfindung, herabsank'.[1] — H. Spencer führt verwandte Angaben eines akademisch Gebildeten über seine Erfahrungen während einer zahnchirurgischen Narkose an. '... Schließlich schwieg alles, ... irgendwo schien eine einfältige 'Gegenwart' schwerfällig einzudringen und wie etwas unsagbar Schmerzliches und Kummervolles aufzuragen.' Aber: 'das, was ich seitdem als die Einheit des Bewußtseins zu bezeichnen gelernt habe, trat keinen Augenblick von der Bühne ab, selbst nicht im Augenblick des allerletzten, unhörbaren Herzschlages.'[2]

Es ist überhaupt bemerkenswert, wie häufig die letzten Inhalte des von der Lähmung hart bedrängten Ich in Denkakten von großer Abstraktheit und Schärfe bestehen.

'Nachdem alle Empfindungen vollständig unterdrückt waren, sagt ein Bericht, verblieb noch ein inneres Bewußtsein, das größtenteils völlig normal war. Das Gedächtnis erschien leidlich bestimmt und die Denkfähigkeit nur leicht geschädigt.'[3] — Auch Dr. Dunbar spricht von dem 'völlig wachen Intellekt' ... Es 'ging mir auf, daß der subjektive Idealismus die einzige logisch [berechtigte] Weltanschauung sei und daß deshalb meine Erfahrung Wirklichkeit sein müsse. Dann allmählich begann ich zu begreifen, daß ich der Eine sei, und das Weltall, dessen Prinzip ich war, trat in das Gleichgewicht der Vollständigkeit.'[4] — Ebenso schreibt der skeptische Sir W. Ramsay, F. R. S.: 'Unter dem Einfluß eines Narkotikum ... weiß ich, daß Berkeleys Theorie des Seins [der absolute Idealismus des *esse = percipi*] wahr ist, und ich glaube auch, weil ich es mit schlechthinniger Gewißheit weiß, daß die Existenz als Ich das einzige ist, wovon ein vernünftiger Mensch überzeugt sein kann: daß alle andern Wesen Erzeugnisse meines Bewußtseins sind, und daß, obwohl sie für sich selbst wirklich sein und ein jedes seine eigene Welt haben mögen, sie für mich lediglich ein Teil meiner Gedanken sind.'[5]

Die letzten Äußerungen mögen nicht mehr ganz der gleichen Gattung angehören, wie die zuvor wiedergegebenen. Aber auch sie, gleich jenen, widersprechen durchaus der Behauptung Spencers, daß in der Narkose stets die 'höchsten' Fähigkeiten zuerst, die nächsthöchsten danach, und erst zuletzt die niedersten gelähmt werden.[6] Mit Recht bemerkt Dr. Dunbar, daß vielmehr die Fähigkeit, die den ganzen Hergang beobachte und beurteile, selbst die höchste intellektuelle Fähigkeit darstellen müsse.[7] Eher schon könnte man sich an die Darstellung Wundts erinnert fühlen, wonach das Selbstbewußtsein im Laufe seiner Entstehung sich von den bleibenden Gefühls- und Vorstellungsgruppen der Organzustände und Körperbewegungen hinweg entwickle, bis es bei der Identifizierung mit

---

1) PR V 195. 2) H. Spencer, Princ. of Psychol. 3. Aufl. I 636f. Ähnlich E. Jacobson, Consciousness under anaesthetics, AJP XXII (1911) 335. 3) E. E. Jones in PR XVI 53f. 4) Was balancing itself into completeness. — Pr XIX 73. 5) Pr IX 239—42. 6) Spencer, aaO. 640 (Umkehrung des psychogenetischen Aufbaus im Abbau). 7) JSPR XI 267.

den Willens- und Apperzeptionsvorgängen samt den daran gebundenen Gefühlen anlange.[1] Die hieraus sich ergebende zunehmende Objektwertung des Körpers finden wir in den letztangeführten Erfahrungen auf die Spitze getrieben: jeder Rest jener ursprünglichen Elemente der Ichvorstellung ist mit der ganzen Empfindungswelt abgestorben, das Kopf-, das Hirn-, das Denk-Ich beherrscht die Bühne. Dagegen scheinen die Grundlagen auch dieses verinnerlichten Selbstbewußtseins in einigen der zuvor gegebenen Beispiele verlassen. Wir hören nichts mehr von Gedächtnis-, Denk-, Apperzeptions-Leistungen; das abstrakte Selbst und Sein allein verbleibt, und doch erscheint dies Bewußtsein als 'das klarste, das gewisseste alles Gewissen'.

Diese Worte stehen in dem Bericht, den der Dichter Tennyson über einen ihn zuweilen befallenden 'Trans' hinterlassen hat, einen 'wachen Trans — ich weiß kein besseres Wort dafür —, den ich seit meiner Knabenzeit häufig gehabt habe, wenn ich mich ganz allein befand. Er überkam mich, wenn ich ganz im stillen meinen eigenen Namen wiederholt mir vorsprach, bis plötzlich, gewissermaßen aus der Intensität des Persönlichkeitsbewußtseins heraus, alle Individualität sich aufzulösen und in grenzenloses Sein zu entschwinden schien. Dies aber war kein verworrener Zustand, sondern der klarste von allen klaren, der gewisseste von allen gewissen, das Übernatürlichste[2] von allem Übernatürlichen, mit Worten schlechterdings nicht zu beschreiben, — worin Tod eine fast lächerliche Unmöglichkeit war: indem der Verlust der Persönlichkeit (falls dies der Fall war) nicht als Verlöschen erschien, sondern als das einzig wahre Leben. Ich schäme mich meiner schwachen Beschreibung. Aber sagte ich nicht, dieser Zustand sei in Worten nicht zu fassen?'[3]

Diese Schilderung führt in bedeutsamer Weise aus der zuletzt betrachteten Gruppe in die zuvor beschriebene zurück. Ist dies Bewußtsein des abstrakten Ich gleichbedeutend mit dem Erleben der Ewigkeit und Unsterblichkeit? Tennysons Bericht ist nicht der einzige, der dies andeutet.

K. Pfeuffer beschrieb einen narkotischen Versuch an einem 'kräftigen Studenten', der nach allerhand subjektiven Erscheinungen (wie Knattern, Lichtfunken, Angstgefühlen) folgendes angab: 'Noch einen Augenblick und ich empfand von alledem, aber auch von der Außenwelt überhaupt, ja von meinem eigenen Körper nichts mehr. Die Seele war gleichsam ganz isoliert und getrennt von dem Körper. Dabei fühlte sich der Geist aber noch als solcher, und ich hatte den Gedanken, als sei ich jetzt tot, hätte aber ein ewiges Bewußtsein ...'[4]

Vorausgesetzt nun, daß beide Arten der Erfahrung im Grunde eine seien, oder doch ineinander übergehen: welchen Sinn könnte es haben, daß ein völlig oder nahezu inhaltleeres Ich als 'unsterblich' und 'ewig'

---

1) Wundt III 374f. 2) weirdest. 3) Lord A. Tennyson. A memoir by his son (Lond. 1897) I 320. Ähnlich im Gedicht The ancient sage. Vgl. Flournoy, M. M. 53 (Mitte). 4) Ztschr. f. rationelle Medicin VI (1847) 80f.

gefühlt wird? Die Frage ist um so brennender, als doch nach früheren Aufweisungen auch dieses Buches die Ich-Bildung innerhalb des empirischen Menschen unter Umständen eine gespaltene, insofern also eine z. T. vorübergehende, zeitweilige ist. — Hier muß nun erinnert werden, daß wiewohl die einzelne Ich-Synthese ihrer Inhaltlichkeit nach eine vorübergehende ist, Ich-Bildung überhaupt doch jenes letzten Grundes unerklärliche 'Wunder' ist, welches psychische Dauer allererst ermöglicht — Dauer im Leben, wie auch Dauer jenseits des Todes —, und in dessen immer mehr sich erweiternden Kreisen das Einzel-Ich in Iche zunehmend höherer Ordnung übergeht. Dies ist eine leidlich nackte Formel; aber was verlangt man mehr? Über letzte Formeln zu grübeln, ist sinnlos; sofern was alles Übrige erst erklären soll, doch selbst als 'Wunder' erscheinen muß. Die Tatsache der bewußten Synthese, des Zusammenhangs einer Mehrheit bewußter Inhalte in einem Ich, ist durchaus wunderbar in diesem Sinne, und es kommt weiter lediglich auf Verwendungsart und -ausdehnung dieses Wunders an. Ich habe Gründe angegeben, weshalb ich dies Wunder nicht nur (wie die Erfahrung lehrt) 'innerhalb' und 'unterhalb' des menschlichen Normal-Ich, sondern auch 'oberhalb' seiner sich vollziehend denke; und da mag denn am Ende der alte mystische Gedanke Sinn gewinnen, daß das Ich in allen Ichen dasselbe sei: dasselbe in der All-Synthese des 'Brahman' und in der Einzel-Synthese nicht nur des menschlichen Ich, sondern auch seines einzelnen Aktes der Einheit der Apperzeption, wie Kant sagen würde. Ist es aber diese schließlich ganz unableitbare Einheit, die nicht nur unsere Dauer, sondern überhaupt unser Zeitbewußtsein ermöglicht,[1] so erscheint am Ende nichts natürlicher, als der Ton der Selbstgewißheit, womit gerade kraftvolle Denker in den Leistungen ihres Geistes ein Überzeitliches gespürt und sich damit zur Teilhaberschaft an dem 'ewigen' Sein der Vernunft bekannt haben. Im aktiven Erinnern, im Reflektieren auf die Zeit, im logischen Akte des Aufeinanderbeziehens zeitlich ausgebreiteter Vorstellungen vermeint diese profan-intellektualistische Mystik das außerzeitliche Wesen des Geistes — im Unterschiede von allem zeitlichen bloßen Ablauf von Vorstellungen — unmittelbar am Werke zu sehen.[2] Ebenso aber auch in allem höchsten Werten, im Setzen eines Sollen, das sich in der Zeit bloß auswirken soll, ohne von zeitlichen Dingen abhängig zu sein; weshalb zB. für Fichte das sittliche Ich sich seiner Ewigkeit und Unvergänglichkeit unmittelbar sicher ist.[3] Ist es übrigens im Grunde dies synthetische Ich, was Erinnern im höheren Sinne (d. i. Erkennen des Vergangenen als Vergangenen) möglich macht,

1) 'Man muß irgendwie außerhalb der Zeit stehen, um sie betrachten zu können': Weininger, Geschlecht u. Charakter 3. Aufl. 168. Üb. Wert und Überzeitlichkeit s. R. Eucken, Der Wahrheitsgehalt der Rel. (Lpz. 1901) 219ff. 2) So bereits indisch. Vgl. Deussen, Syst. des Vedânta (1883) 313ff. Durch Empfang des νοῦς wird der Hermetiker unsterblich: Reitzenstein 118. 3) Üb. d. Bestimm. des Menschen, WW II 315.

so braucht es uns auch nicht zu stören, daß das Erinnern jener abstrakten Ichzustände im äußersten Fall das Erinnern eines Nichtinhaltlichen wäre. Anderseits brauchen wir aber auch nicht den gelegentlichen Behauptungen Glauben zu schenken, daß der abstrakten Icherfahrung ein völliges Verlöschen des Ich gefolgt sei. Vielleicht lag jenem Erinnern noch ein Rest von Bewußtseinsinhalt zugrunde, der in diesem 'Verlöschen' auch noch schwand.

Oder ging vielmehr die angebliche Inhaltlosigkeit des Ich-Erlebnisses über in die Inhaltsüberfülle eines höheren Ich, die nur eben für das empirische Ich nicht erinnerbar ist, weil sie außerhalb seiner Art von Anschaulichkeit liegt? Die Deutung der fraglichen Erlebnisse würde dann mit gewissen Deutungsbegriffen der 'unaussprechlichen' mystischen Erkenntnisakte zusammenfallen: das Ich, das sich seiner 'Ewigkeit' bewußt wird, wäre eingegangen zu denken in jenes Über-Ich, welches die Fülle des Geschehens im (potentiellen, 'gespannten') Zustande des 'quasi-psychischen' oder zeitlosen Seins enthielte.[1] An eine solche Möglichkeit führt uns die Betrachtung des andern Typs profaner Ewigkeitserlebnisse heran: desjenigen der Vorstellungs-Überfüllung des Ich. Auch diese Erfahrungen lassen sich in eine Reihe ordnen je nach dem Grade der Vorstellungs-'Verdichtung', der in ihnen verwirklicht ist,[2] und der äußerste Fall dieser Reihe, den wir freilich niemals nachweisen können, würde natürlich ein Bewußtsein behaupten, welches dem Zeitverlauf enthoben und insofern 'ewig' ist. Die Zustände der Beschleunigung (oder Verdichtung) des Vorstellens würden hiernach Annäherungen an jenes 'göttliche' Bewußtsein darstellen, welches — nach Luthers Ausdruck — 'alles auf einen Haufen sieht'.

Wer diese theoretischen Voraussetzungen der Möglichkeit von Vorschau unvollziehbar findet, für den mag die Tatsache der Vorstellungsverdichtung doch noch in anderer Beziehung ein Licht auf das mystische Ewigkeitsbewußtsein werfen. Das übersinnliche Schauen und 'Verstehen' glaubten wir mehrfach darauf zurückführen zu dürfen, daß dem Menschen tatsächlich in gewissen Zuständen eine ungeheure Erweiterung seiner Anschauungskapazität gegeben sei, wobei sich also sein Vorstellungsmaterial nicht so sehr durch Zusammenschiebung der Aufeinanderfolge, als durch Ausdehnung des Feldes der gleichzeitigen Apperzeption vermehre. Auch dies aber würde einer Annäherung an das kosmische Bewußtsein gleichkommen und könnte dem Mystiker, mit dem Gefühl der Versetzung in eine andere Welt, auch in erhöhtem Maße jenes Bewußtsein der Erhabenheit über Zeit und Tod geben, das schon der Normalbewußte so oft aus der Hochspannung seines Erkennens und Wertens zieht. Auch ist es nicht erforderlich, daß ein so begründetes Ewigkeitsgefühl in jedem

---

1) S. o. S. 479. 2) Vgl. o. S. 477 f.

Falle mit dem klaren Bewußtsein bestimmter übersinnlicher Anschauung und Einsicht zusammengehe; diese Anschauung und Einsicht könnte vielmehr auch unterbewußt bleiben und nur das Gefühl einer maßlosen Erweiterung des Horizonts, eines Schwindens der Ich-Grenzen in der Tiefe, einer Versenkung in den göttlichen Geist dem wachen Ich vermitteln. Etwas derartiges ist es wohl, was stets die eine Bedeutung der Ausdrücke 'Ewigkeit', 'ewiges Leben', 'Leben des Geistes' ausgemacht hat. Tatsächlich tritt ja die mystische Überzeugung der Unsterblichkeit mitunter auch im Rahmen umfassender Einsichtserlebnisse auf.

So bekennt die obenerwähnte C. M. C. nach ihren kosmischen Schauungen[1]: 'Das Gefühl der Vollständigkeit und ewigen Dauer[2] in mir selbst ist eins mit dem der Vollständigkeit und Dauer der Natur. Dies Gefühl ist völlig verschieden von irgendeinem, das ich vor meiner Erleuchtung hatte, und entsprang dieser ... Ich habe das Gefühl, als sei ich so unterschieden und abgetrennt von allen andern Wesen, wie der Mond im Raume, und gleichzeitig unlöslich Eins mit der ganzen Natur.' — Noch deutlicher ist der fragliche Zusammenhang in der Erfahrung Dr. Buckes selbst, dessen Zeugnissammlung soeben benutzt wurde. Dieser hatte einen Vorfrühlingsabend zu Beginn seines 36. Lebensjahres mit Freunden über dem Lesen von Dichtungen, besonders Whitmans verbracht. Während der Heimfahrt [und] ganz plötzlich fand er sich gewissermaßen von einer feuerfarbigen Wolke eingehüllt. Gleich darauf überkam ihn ein Gefühl überwältigender Freude, begleitet oder unmittelbar gefolgt von einer völlig unbeschreiblichen intellektuellen Erleuchtung ... Unter anderm sah und wußte er — nicht daß er etwa nur zu dem Glauben gelangte, — daß der Kosmos nicht tote Materie, sondern ein lebendes Wesen sei; daß des Menschen Seele unsterblich, daß das Weltall so gebaut und geordnet sei, daß ohne alle Möglichkeit des Schwankens und Zweifelns alle Dinge auf das Wohl eines Jeden und Aller hinarbeiten; daß das Grundprinzip der Welt das sei, was wir Liebe nennen, und daß die Glückseligkeit eines Jeden schlechthin gesichert sei. Er erhebt den Anspruch, daß er in den wenigen Sekunden, während derer die Erleuchtung anhielt, mehr gelernt habe, als vorher in Monaten und sogar Jahren des Nachdenkens und Forschens, und daß er vieles lernte, was Forschen und Nachdenken ihn nie hätte lehren können.[3]

Sind die für solche Erfahrungen der Ewigkeit und Unsterblichkeit umschriebenen Deutungen einigermaßen richtig, so ist nun auch ihre Vermengung mit den 'Ewigkeits'-Erfahrungen der Psychasthenischen nicht zu befürchten. Auch hier wird 'die Welt fahren gelassen' und die 'Beziehungen zu Raum und Zeit' verwischen sich.[4] Aber die Wurzel dieses Traumhaftwerdens der Wirklichkeit scheint eher der angstvolle Verlust der persönlichen Ich-Apperzeption zu sein: man 'weiß nicht mehr, wer man ist',[5] und klammert sich an allerhand Kunstgriffe, durch die man die eigene Identität wiedergewinnt. Reines und gedämpftes Objektbewußtsein ohne Ich-Synthese scheint diesen Zustand zu bezeichnen, im Gegensatz

1) S. o. S. 703. 2) permanence. 3) Bucke 7f. 4) So in einem Fall bei Crichton-Browne, Dreamy mental states 17ff. 5) Das. 17.

zum ruhigen Ich- und Daseinsbewußtsein ‘ohne’ Inhalte, durch das sich die mystisch gewerteten Erfahrungen so oft auszeichnen. Ob aber im Falle der Psychasthenischen das ‘Wunder’ der persönlichen Synthese sich zeitweilig ‘aufgelöst’, oder in eine unterbewußte Gegend zurückgezogen habe — wie in Fällen ‘konzentrischer Ich-Spaltung’ mit sehr reduziertem Normal-Ich —, das sind Fragen, deren Beantwortung der Erfahrung überlassen bleiben muß: die Hypnotisierung Psychasthenischer mag sie vielleicht lösen.

LXX.

Metapsychologie des mystischen Erkennens: 6. Automatistische Offenbarungen.

Ich erspare dem Leser und mir selbst den Versuch einer ‘Rettung’ nun auch noch der früher an erster Stelle besprochenen automatistischen Offenbarungen, womit unsere rückschreitende Rechtfertigung der intellektualen Mystik zum Abschluß käme. Ersichtlich sind sie für unsere Zwecke die unergiebigsten, indem sie den eigentlichen Vorgang der Erkenntnisgewinnung (einen solchen vorausgesetzt) fast noch mehr verhüllen, als selbst die Visionen, in denen wir zum mindesten ein überwiegendes Moment subjektiver Ausgestaltung ohne weiteres anzuerkennen haben. Die subjektivistischen Einwände, die den vielfach kindisch-phantastischen und einander widersprechenden ‘Inhalten’ automatischer Offenbarungen gelten, haben daher unstreitig ein besonders freies Feld der Anwendung. Ich möchte es also im allgemeinen dem Leser überlassen, soweit ihm gut dünkt, die bisher entwickelten Grundsätze der Rettung auch auf dieses Gebiet anzuwenden, hier dagegen nur eine Tatsache hervorheben, die ihm dabei zu Hilfe kommen könnte. Unsere bisherigen Überlegungen lassen den Zustand der Exkursion als Begünstigung übersinnlichen Wissenserwerbs erscheinen. Nun fallen aber gerade in die Exkursion zuweilen ‘Belehrungen’, die an Ausdrücklichkeit keineswegs hinter den automatistischen Offenbarungen zurückstehen. Die Form dieser Belehrungen, als von einem geschauten ‘Andern’ ausgehend, mag dabei ein Teil der Dramatisierung verborgenen Wissenserwerbes sein, so gut wie die angebliche Herkunft mancher automatischen Belehrungen von einem selbständigen ‘Geiste’. Soviel ist psychologisch jedenfalls einleuchtend, daß ein solcher Offenbarungsempfang in der visionären Exkursion durchaus homolog wäre dem Offenbarungsempfang durch die schreibende Hand oder den unwillkürlich redenden Mund; denn was in der Vision sich in einem geschauten Lehrer personifiziert, wäre eine Leistung eben jener Bewußtseinsschicht, die sich im andern Fall durch den Automatismus des Redens oder Schreibens äußert. Eine spiritistische Deutung aber würde beide Arten der Offenbarung erst recht zusammenfallen lassen. — Nach diesen einleitenden Bemerkungen gebe ich die Belege ohne weiteren Kommentar, auch ohne auf die empfangenen Lehren als solche einzugehen, lediglich zur Verdeutlichung der Tatsache, daß derartige Belehrungen tatsächlich zuweilen in einen Zustand der Exkursion fallen; was die Vermutung stärken muß, daß selbst hinter phantastisch erscheinenden Offenbarungen dieser Art sich ein Kern verberge, der eine wirkliche Berührung mit dem Jenseits andeutet.

Der erste Fall wird in manchen Einzelheiten einen phantastischen Eindruck machen. Ich gebe ihn indessen, unter Streichung unwesentlicher Weitläufigkeiten, unbedenklich wieder. Es ist nicht ausgeschlossen, daß gerade diejenigen Einzelheiten, die jetzt am meisten unser Kopfschütteln, wenn nicht gar eine durchaus unwissenschaftliche Heiterkeit herausfordern, dereinst die Ausgangspunkte theoretischer Einsichten werden. Dem Eigenbericht des Patienten schickt der behandelnde Arzt die Angabe voraus, daß jener plötzlich das Gefühl einer herannahenden Ohnmacht geäußert habe, worauf der Puls schließlich erloschen sei, der Körper sich gestreckt habe, steif und kalt geworden und alle Wiederbelebungsversuche vergeblich gewesen seien. — Der Berichterstatter schickt voraus, daß ihm von jeher das Leben wie eine kleine purpurne Flamme im Innern des Herzens erschienen sei. Er habe diese Flamme dort jederzeit gleichsam mit inneren Augen gesehen; in kranken Tagen habe sie schwächer, in guten heller gebrannt. Beim Herannahen der Ohnmacht sei nun diese Flamme blaß und flatternd geworden, und das Persönlichkeitsbewußtsein, 'welches gewöhnlich im Gehirn ist', habe sich 'soz. gegen ein [anderes] ähnliches vertauscht, das aber in dem innern Atem lokalisiert war;[1] d. h. ich glaubte mich zu identifizieren mit einem innern Atem. Dieser Atem sammelte sich um das Herz herum an und beobachtete das Verblassen jener Flamme [und] sah sie verschwinden. (Fragen Sie mich nicht, mit welchen Augen) ... Mein Bewußtsein war [nun] völlig in diesem Atem lokalisiert. 'Ich' also [d. h. dieser Atem] begann sehr schnell zu vibrieren, umherzuwogen, und fühlte bald, wie ich emporschwebte (als [selbst]bewußter Atem ... !) durch eine Öffnung in der Mitte des Rückgrats. Ich bewegte mich aufwärts in einer Spirale.' Er glaubte dann durch den Schädelhohlraum hinauszutreten, mit einem heftigen Schlag der Trennung und mit unbeschreiblichem Freudegefühl. 'Ich war frei ... Als der [selbst]bewußte Atem dem Haupte entsprang, nahm er Form an, eine Form strahlenden Lichtes, und in dieser Gestalt schoß ich in die freie Luft hinaus. Dort oben wurde ich empfangen von Jemand, den ich gut kenne und der mir gewisse Mitteilungen zu machen begann. Um uns herum waren viele schlafende Kugeln,[2] und er forderte mich auf, diese zu beobachten ... Die ganze Atmosphäre war lichtartig; Kugeln [wie] von Elektrizität zogen eilig in allen Richtungen dahin. Auch war da eine geordnete Bewegung wie von entsendeten und zurückkehrenden Strahlen ... Dann fühlte ich einen leichten Zug an mir [ausgeübt] und sah einen schattenhaften Faden, ... der sich abwärts von mir durch die Luft und in eine Öffnung hinein erstreckte. Es war, als wenn dieser Zug ... meinen Bewußtseinszustand verändert hätte, denn ich hörte nun auf, die Wunder um mich her zu sehen, und sah statt dessen die Gebäude und den Sonnenschein auf dem Schnee tief unter mir ...

1) in the breath within (vgl. u. Kap. LXXIX und o. S. 502 f.). 2) spheres. Vgl. o. S. 287. 660 ff.

Ich fühlte mich schnell abwärts und rückwärts gezogen, ... [zuletzt] durch ein Fenster und in ein Zimmer hinein. Dort bemerkte ich nur einen jungen Mann, anscheinend tot auf einem Ruhebett liegend.' Er fühlte sich nun wieder in den Kopf hineingezogen, seine strahlende Gestalt wurde zu einem 'rauchigen Faden, einem Atem', der in Spirallinien in den Körper hinabstieg,[1] 'mein Bewußtsein machte einen neuen plötzlichen Wechsel durch ... Das Hirnbewußtsein war wieder mein'. 'Ich habe nur hinzuzufügen, daß was mir gesagt wurde, während ich außerhalb des Leibes war, seitdem alles in Erfüllung gegangen ist.' Wir erfahren nichts Näheres; doch scheint es sich, neben gewissen Lehren, auch um Voransagen gehandelt zu haben.[2]

Die zweite der anzuführenden Beobachtungen, in Vielem mit der vorigen übereinstimmend, ist in dem Briefe eines Mitglieds der Theosophischen Gesellschaft enthalten und wurde, wie so viele seltsame Erfahrungen, während der Lachgas-Narkose gelegentlich einer Zahnoperation gemacht. Das Element der Belehrung tritt hier stärker in den Vordergrund, ich lasse aber die betreffenden Ausführungen selbst beiseite. Nach einer ersten kurzen Bewußtlosigkeit schienen der Körper und alle übrigen Dinge verschwunden zu sein und ein dunkelblaues Gewölbe sich nach allen Richtungen hin auszudehnen. 'Ich schien mir keine Gestalt zu haben, aber um ein formloses Selbst war ein schwaches weißes Licht, welches mir als eine Art formlosen Körpers diente, und von ihm ging — ich kann es nur so nennen — ein leuchtender Draht aus, von dem ich wußte, daß er mich mit meinem fleischlichen Leibe verband. Nahe bei mir, mich fast berührend, war ein anderer formloser Leib von diesem sanften weißen Licht, gerade wie ich selbst, ... [und] in beträchtlicher Entfernung waren andere weiße Lichter, ... die sich erstreckten, soweit ich nur sehen konnte ... Dann begann eine Stimme zu sprechen. Ich kann die genauen Worte nicht erinnern.' Doch gibt die Stimme kurze lehrhafte Erklärungen und eine Warnung vor Zweifeln. Dann folgt der übliche Zug am Faden und die Rückkehr in den Körper in einer Spiralbewegung, 'ein äußerst unangenehmer Vorgang ... Nie in meinem ganzen Leben hatte ich einen so lebhaften Eindruck von irgend etwas'.[3]

Wie die Deutung solcher Vorgänge nun auch ausfallen mag: die vorstehenden Rechtfertigungen ekstatischen Begreifens in ihrer Gesamtheit werden uns jedenfalls endlich verstehen lassen, wie einseitig beschränkt die Begriffe waren, die uns den ekstatischen Zustand zunächst als eine Gattung der Hypnose oder des Somnambulismus bestimmen ließen.[4] Jene erste Begriffsbestimmung berücksichtigte lediglich äußerliche, soz. vom diesseitigen Ende aus beobachtbare Merkmale dieses Zustandes, sowie seine einfachsten und banalsten inneren Bestimmungen. Aber hinter der gleichbleibenden Maske jener äußeren Merkmale verbirgt sich ein Spektrum inneren Lebens, dessen 'entfernteres' Ende den Begriffen des üblichen Psychologismus völlig entzogen ist und — wie ich glaublich zu machen suchte — nur denen einer kosmischen Metapsychologie sich erschließt.

---

1) Diese Einzelheiten dürften am meisten cum grano salis aufzufassen sein. 2) Zit. in Borderland I 259. 3) Lucifer XIV (1894) 265 f. Vgl. auch D. D. Homes Erfahrung: Home, Révél. 57 ff. 4) o. Kap. VII.

LXXI.

Metapsychologie des mystischen Erkennens und psychologistische Kriterien.

So wenig zwingend die Rechtfertigungsversuche mystischen Erkennens, die ich hiermit zum Abschluß bringe, in vieler Hinsicht auch sein mögen, so lassen sie sich, wie gesagt, schlechterdings nicht umgehen, nachdem einmal der Glaube an eine Welt normal-unerkundbaren geistigen Seins durch Beobachtungen aufgedrängt ist; denn dieser Glaube macht die Tatsache unmittelbaren Erfassens jener Welt mehr als wahrscheinlich. Die unsichtbare Welt besteht, und jedes vorgebliche intuitive Erfassen dieser Welt verdient daher von vornherein ein günstiges, weit eher als ein feindliches Vorurteil. Dies aber um so mehr, als ja keine der naturalistischen Wegdeutungen zwingende Gründe gegen die positive Wertung mystischer Erkenntnisakte, vielmehr jede von ihnen nur mögliche Auslegungen bietet. Ja mehr noch: manches, was einer naturalistischen Deutung das Wort zu reden scheint, verträgt sich sehr wohl auch mit einer tiefergreifenden metapsychischen Erklärung.

So liegt zB. in dem Nachweis einer künstlichen (etwa narkotischen) oder spontan-degenerativen Auflockerung des Ich während des mystischen Erkenntnisaktes[1] durchaus kein Beweis für dessen Wertlosigkeit.

Vor diesem Fehlschluß schützen uns die früheren Feststellungen über die Begünstigung, welche die abnormen, nicht-wachen, entspannten Bewußtseinslagen dem Eindringen und Bildwerden übernormalen Erfahrens vom nachprüfbaren Typ gewähren. Schlaf, Traum, Ekstase, Ermüdung, Krankheit, selbst Degeneration stellen vielfach beinahe die günstigsten Vorbedingungen für ein solches dar und werden willkürlich aufgesucht, um die metapsychische Leistung zu entbinden. Überdies ist ja, wenigstens seinem psychischen Allgemeinbilde nach, der mystisch Schauende nicht immer so psychopathisch, wie nach naturalistischer Deutung sein vorübergehendes Erkennen ihn erscheinen lassen soll. Seine wache Vernunft leistet oft Erstaunliches; er ist ein fähiger Bürger, ein tüchtiger Geschäftsmann und Organisierer, mitunter Gelehrter oder Politiker von Ruf.[2] Und doch wertet er seine Erleuchtung meist mit einem Nachdruck, wie keine Leistung seiner wachen Vernunft. Bei typisch Jenseitigen ist uns dies geläufig und nicht verwunderlich. Aber selbst der gewiegte, mit allen Zweifeln wohlvertraute Psychologe spricht von der 'blendenden Überzeugungskraft und Tiefe' der Offenbarung des philosophischen Rausches.[3] Wenn solche Äußerungen auch natürlich nichts beweisen, so sollten sie immerhin zum Nachdenken anregen. Der naturalistische Psychologe vergleicht die erkennende Ekstase dem Träumen und der halben Ohnmacht, den Räuschen und Delirien. Aber Niemand, der einen andern zurechnungsfähigen Bewußtseinszustand neben seinem gewöhnlichen erlebt hat, gesellt ihn seinen Träumen und Räuschen bei. Kein Nichtmystiker anderseits hat sich zum Ausdruck ver-

---

1) S. o. S. 327—30. 2) Diese reichlich belegbare Tatsache wird im 2. Teil des Werkes noch zu besprechen sein. 3) W. James! Vgl. auch Ludlow 149. 178f.

stiegen: das Licht des Rausches oder Traumes sei heller als die Vernunft und das Gewisseste des Gewissen.

Noch weit geringer ist das kritische Gewicht des Hinweises auf inhaltliche Verwandtschaft zwischen der Intuition und dem gewohnten oder höchstgewerteten normalen Vorstellungsleben des Subjektes.[1] Philosophische Köpfe, meint man, werden im ekstatischen Rausch philosophische 'Offenbarungen' haben, religiöse Geister — religiöse. Der Spieß läßt sich aber ohne logischen Fehler auch umdrehen: In wem die verborgene Tiefe des Geistes vom 'philosophischen' oder 'religiösen' Wesen der Welt her gespeist wird; wer eine gewisse Transparenz für das Metaphysische mitbringt und eben damit die Neigung zu Intuitionen, in dem werden sich auch 'bewußt' der Drang und die Fähigkeit zur Beschäftigung mit jenen Gebieten regen. Die gelegentliche Ekstase wäre dann die Blüte seines gewohnheitsmäßigen Arbeitens; aber sie brauchte sich nicht aus diesem zu speisen: sie könnte es selber speisen.

Ebensowenig vernichtet der gelegentliche Nachweis äußerer Anregung einer 'Intellektion'[2] jeden Anspruch auf ihre Gültigkeit. Wir kennen die Möglichkeit, daß 'nachprüfbares' übernormales Erfahren nach längerer Latenz durch zufällige äußere, assoziativ-verwandte Eindrücke ins Bewußtsein gehoben werde.[3] Es wäre offenbar ein ähnlicher Hergang, wenn die mystische Intuition durch einen irgendwie 'verwandten' äußeren Eindruck ausgelöst würde.

Liefert aber die Einordnung der mystischen Einsicht in den biographisch-psychologischen Zusammenhang des Einzelnen keinen zwingenden Grund gegen ihre Bedeutsamkeit, warum sollte ihre Einordnung in den geschichtlichen, also soz. in den biographisch-psychologischen Zusammenhang der Gesamt-Mystik einen solchen liefern?[4] Schließt denn die Tatsache normaler Überlieferung von Lehren die Möglichkeit aus, daß ihr späteres Auftreten, bei aller Übereinstimmung mit früherem, doch auf selbständigem Erfassen beruhe? Als wenn nicht Jeder mit eigenen Augen sehen und bezeugen könnte, was schon zuvor von Andern mitgeteilt war!

Aber wir müssen noch weiter gehen. Auch der gelungene Nachweis völlig subjektiver, ja restlos sinnloser Einzel-'Erkenntnisse' bei Mystikern würde nichts gegen die metaphysische Bedeutsamkeit anderer Erlebnisse ähnlicher Artung beweisen; ja nicht einmal solcher, die mit jenen sinnlosen und völlig subjektiven in engster Vermischung aufgetreten wären. Wir begegneten früher der gelegentlichen Aufforderung einer sich mitteilenden Transpersönlichkeit an das Medium, 'oft zu schreiben',[5] d. h. die 'automatische Haltung' (selbst mit wertlosem Inhalt) dauernd herbeizuführen,

---

1) S. o. S. 332. 2) S. o. S. 331 f. 3) Vgl. hierzu Gurney in Pr V 406 f. und die Beispiele Pr XI 139; Lombroso 23 f.; Podmore, App. 65. 4) S. o. S. 296 ff. 321. 5) S. o. S. 652.

um damit den Eintritt bedeutsamer Mitteilungen zu begünstigen. Hier also ist die Beimischung subjektiven, selbst sinnlosen Offenbarungsgutes geradezu bezweckt, und mit gutem Grunde bezweckt. Ähnliches gilt aber auch vom mystisch Schauenden. In jedem Falle müssen wir seinen Zustand als einen so 'flüssigen', so unzureichend eingeübten auffassen, daß ein Hervorsprudeln rein persönlicher Einbildungen gleichzeitig mit den bedeutsamen Einsichten durchaus als das Natürliche erscheinen darf. Und selbst wo ein Gemengsel vermieden wird, wäre ein Abwechseln noch lange nicht vermieden; so daß auf erkenntnisgebende Erlebnisse solche von völliger Bedeutungslosigkeit folgen mögen.[1] Bei einem solchen Ineinander wird der automatistisch Offenbarende vermutlich nur selten die metaphysische Bedeutsamkeit einzelner seiner Erzeugnisse unmittelbar erfühlen können; eher schon der Schauende, wie uns zB. das unterscheidende Gefühl für die Erkenntnishaftigkeit gewisser, eben der Wahrträume erwarten läßt.[2] Dagegen tritt für das Bewußtsein des ekstatisch 'Begreifenden' dieses Alternieren zuweilen deutlich hervor, und es lohnt, die Tatsache eines solchen Unterschiedsbewußtseins festzustellen, selbst wenn sich gar nicht sagen ließe, wie weit es etwa Wahrheitswert besitze.

Rochas zB. berichtet von einer jungen Frau von 'größter [hypnotischer] Empfindlichkeit', mit der er längere Zeit Versuche anstellte, ohne mehr zu beobachten als ekstatisch-somnambule Zustände, deren lebhaft halluzinatorischer Inhalt — quasi-religiöse Bilder — sich ohne weiteres aus den Erinnerungen des Subjekts erklären ließ; eine Erklärung, die auch Mme Z. sich ohne Widerspruch gefallen ließ. Am Ende eines Monats des Experimentierens sei jedoch eine von Deleuze, Chardel, Charpignon u. a. beschriebene 'Krise' eingetreten: Erinnerung für alle vorhergegangenen Visionen und Geringschätzung der irdischen Dinge. 'Mme Z. erklärte, daß sie dieses Mal wirklich aus ihrem Körper hinausgeführt worden sei; daß sie nicht, wie in den vorhergegangenen Sitzungen, bloß ihre Erinnerungsbilder gesehen habe, sondern daß ihre Seele unmittelbar mit dem Geiste Gottes in Verkehr gewesen sei; daß im übrigen diese Dinge sich nicht erklären ließen und daß es Entweihung sei, von ihnen vor Leuten zu sprechen, die nicht daran glaubten.'[3]

Ja eine solche persönliche Unterschiedsempfindlichkeit äußern bezeichnenderweise selbst gewohnheitsmäßige Narkotiker. 'Die Gebiete der Intuition, schreibt Ludlow, und die der ungeordneten, ausschweifenden Phantasie waren in meinen Gesichten stets voneinander durch eine scharf gezogene und erkennbare Grenzlinie geschieden. Das Vernünftige und das Ungereimte mochten miteinander abwechseln, aber sie mischten sich nie. Das Licht, welches das eine erhellte, war von dem das andere bescheinenden so verschieden, wie eine Sonne am Mittag von Lampenlicht ist. Auch wußte ich während jedes gesonderten Schauens genau, welches Vermögen des Geistes, [Phantasie oder Intuition, augenblicklich] am Werke war.'[4]

---

1) Wie beim profanen Hellsehen; s. zB. Perty, M. E. I 231; II 159. 2) S. o. S. 455. 3) Rochas, États 73f. 4) Ludlow 172. Vgl. die im AT. geläufige Unterscheidung wahrer und falscher Propheten, zB. 1 Kön. 22; Jerem. 28; Hesek. 13.

Aber dieser Gedanke subjektiver Beimischungen fordert offenbar eine noch tiefere Fassung: Auch das metaphysisch Bedeutsame der mystischen Offenbarung müssen wir uns — wie schon öfter angedeutet — gefärbt und geformt denken durch die psychischen Massen dessen, in dem sie zutage tritt. Im Falle des mystischen Schauens ist uns dieser Gedanke bereits ein Hauptmittel der 'Rettung' geworden: der Inhalt der Jenseitsvision brauchte, um wahr zu sein, nicht als wirkliche Abbildung, sondern nur als bildliche, etwa symbolische Übersetzung derjenigen Wirklichkeit gedacht zu werden, mit der wir den Seher in Berührung vermuteten. Sehen wir von automatistischen Offenbarungen, als offenbar mindestens im gleichen Maße subjektiv mitbestimmt, in diesem Zusammenhange ab, so ist doch nachdrücklich zu betonen, daß auch bei der mystischen 'Einsicht' eine solche persönliche Färbung, wenn nicht Übertragung vorausgesetzt werden darf; nicht zum mindesten dort, wo die Offenbarung ohnehin eine längere unterbewußte Reifung — eine 'Inkubation' — durchmacht, ehe sie ins persönliche Bewußtsein tritt. Auf solche Vorgänge deutet zB. Boehme gelegentlich unmißverständlich hin:

'... Im Innern sah ich es wohl, als in einer großen Tiefe, denn ich sah hindurch als in ein Chaos, da alles innen liegt, aber seine Auswirkung war mir unmöglich. Es eröffnete sich aber von Zeit zu Zeit in mir als in einem Gewächs, wiewohl ich zwölf Jahre damit umging und dessen in mir schwanger war, und einen heftigen Trieb in mir befand, ehe ich es konnte ins Äußere bringen: bis es mich hernach überfiel als ein Platzregen, was der trifft, das trifft er ...' Nur was er 'mit dem äußeren Prinzip [seines] Geistes' begreifen konnte, will er denn auch niedergeschrieben haben.[1] — Und wenn A. J. Davis sagt: 'Ich sah während des erleuchteten Zustandes deutlich ein neues und höheres psychisches Programm voraus', und damit auf das bevorstehende Transdiktat seiner Offenbarungen anspielt, so hat er offenbar ähnliche Vorgänge im Auge.[2]

Hiernach aber versteht es sich vollends von selbst, daß sogar an einer Uneinigkeit der Offenbarungen untereinander nicht entscheidender Anstoß genommen werden darf. Denn ganz abgesehen von der Möglichkeit, daß die einander scheinbar widersprechenden Seher soz. an verschiedenen Stellen ins Jenseitige Einlaß gefunden (soweit nämlich das Jenseitige selbst als ein Mannigfaltiges zu denken ist), bleibt immer noch die Erklärung, daß das sich Widerstreitende eben dem Gebiete der persönlichen Zutaten angehöre. Die Eigenart mystischen Erkennens läßt jedenfalls erwarten, daß es bei seinem Abstieg ins sinnliche Bewußtsein sich nicht einer diesem Bewußtsein angepaßten und darum ohne weiteres verständlichen Sprache bedienen, sondern nach Ausdrucksmitteln von vielfach persönlicher und darum zweifelhafter Prägung ringen werde, — soweit es bei der Verschiedenartigkeit von sinnlichem und übersinnlichem Leben

---

1) Claassen I 10; vgl. Aurora 7, 11. 2) Davis, Staff 285; vgl. 311.

überhaupt erinnert werden kann![1] Das begriffliche Stammeln des 'ungebildeten' Mystikers, die Widersprüche der mystischen Systeme untereinander sind der packende Ausdruck dieser verzweifelten Lage. Doch kann uns dies nicht länger als Verurteilung gelten. 'Wehe uns, sagte Carlyle, wenn wir nichts in uns haben, als was wir ausdrücken und Andern vorweisen können.'

Auf keinem Gebiet aber ist diese symbolisierende Verhüllung mystischen Erkennens durch die 'Massen' des Sehers in größerem Umfang zu erwarten, als auf dem Gebiete moralisch- oder religiös-gerichteter Schauungen; aus dem einfachen Grunde, daß hier in jedem von uns eine besondere Fülle überlieferter anschaulicher Symbole und lehrhafter Begriffe bereitliegt. Was aber dem nachdenklichen Leser hierbei vor allem aufgehen wird, ist dies: daß in der Tat schon 'auf den ersten Blick' ein Sinn jener Symbole und Begriffe im Rahmen der hier entwickelten metaphysischen Anschauungen sich ahnen läßt. Von dem ganzen Begriffskomplex 'Sünde', 'Fall', 'Wiedergeburt', 'Erlösung', 'Heiligung durch den göttlichen Geist' u. dgl. m. empfinden wir schon nach dem bisher Besprochenen ohne weiteres, daß er irgendwie mit dem innern Anschluß des handelnden Menschen an die geistige Überwelt, an sein metapsychisches Inneres zu schaffen habe. Die Lage dieses Problems mag so dunkel sein wie sie will: daß es nicht für uns zu umgehen ist, bedarf keines weitern Beweises. So sicher scheint mir dies, daß ich sagen möchte: Selbst wenn einstweilen nicht die geringste Einsicht zu erlangen wäre, wie praktisches mystisches Leben durch die Voraussetzungen der Metapsychologie im Einzelnen zu deuten sei, so müßte doch mit Gewißheit daran festgehalten werden, daß erst in metapsychischen Deutungen ein volles Verständnis jenes Lebens zu finden sei. Religiöse Erfahrung hat sich selbst von jeher auf einen 'unsterblichen' Teil des Menschen und sein inniges Verhältnis zu einem 'größeren Geiste' zurückgeführt; anderseits haben Tatsachen wissenschaftlicher Beobachtung uns zu Annahmen geführt, die mit diesen Lehren die größte Ähnlichkeit haben: ist es also denkbar, daß in Wahrheit zwischen jener Erfahrung und diesen Beobachtungen keinerlei Verknüpfung in den letzten Grundlagen bestehe?

Der Leser begreift ohne weiteres, worauf ich hinauswill. Ich habe früher[2] eine Verteidigung des mystischen Schauens und Begreifens angedeutet auf dem Boden des reinen Psychologismus: jenes Schauen bewege sich in Bildern, jenes Begreifen in Begriffen, die psychologischen Symbolwert für die sittlichen Entwicklungen des Religiösen haben. Nach allem inzwischen Verhandelten zwingt sich uns geradezu die Frage auf, ob dieser Symbolwert nicht auch ein metapsychischer sei. Indem ja aber das mystische Begreifen und Schauen durchweg der einzig faßliche Ausdruck dessen ist,

---

1) Vgl. hierzu S. Jean III 62f. (Sub. III, 13). 2) o. S. 311f.

was der Mystiker im Bereich des Wollens, der Instinkte und Antriebe und der Gefühle erlebt, eröffnet sich uns hier die Aufgabe, auch die 'voluntaristische' Mystik (im Unterschied von der intellektualen) durch die gewonnenen metapsychischen Tatsachen und Hypothesen zu deuten. Wir setzen damit offenbar in gerader Richtung den Weg fort, den uns seit Überschreitung der 'Wasserscheide' unser Abstieg geführt hat.

LXXII.

Verwandtschaft der Auslösung metapsychischen Erkennens und erwecklicher Erfahrungen.

Ein erster, mehr an der Oberfläche haftender Hinweis darauf, daß die Erwartung einer solchen Deutung eine natürliche sei, liegt in der Tatsache, daß die Methodik der Entbindung der erwecklichen Erlebnisse und Wandlungen in weitem Umfang übereinfällt mit der Methodik und den günstigsten Bedingungen der übernormalen Erkenntnisleistungen 'nachprüfbarer' Art. Ist unsere Deutung der letzteren, nämlich durch Anschluß des Einzelnen an ein übergreifendes psychisches Wesen, wohlbegründet, darf mithin ihre Entbindung aufgefaßt werden als die Erleichterung eines Anschlusses an jenes Wesen, so könnte der Gebrauch derselben Methoden im erwecklichen Leben ebenfalls das Zusteuern auf einen solchen Anschluß andeuten. Die geistliche Methodik nun haben wir kennengelernt in den Anstrengungen der Asketik und in der Begünstigung und Hervorrufung der Bekehrung sowie jener Blüte des erweckten Standes: der Ekstase.[1] Alle jene Arten der Begünstigung des geistlichen Wesens hatten den Sinn einer Entspannung, Abtragung, Vernichtung des 'Ich' — bald des eigensüchtigen, bald des wachen, wirklichkeitangepaßten —, eine Doppeltheit, die zu denken gibt und auf deren Sinn ich alsbald zurückkommen werde. Ihnen gegenüber fördern und pflegen sie einerseits 'innere', weltabgewandte, ich-entspannte, anderseits hypnoide und ekstatische Zustände (wie das *recueillement*, die Meditation, die Kontemplation, die *unio mystica* sie darstellen). Auch der Zustand bei der Bekehrung fiel häufig in diese Klasse. — Daß nun die künstlichen oder natürlichen, methodischen oder spontanen Begünstigungen der übernormalen Erkenntnisleistungen ähnlicher Art sind, ist uns gelegentlich schon aufgestoßen. Doch ist diese Übereinstimmung von viel größerem Umfang, als die bisherigen spärlichen Andeutungen klar machen.

Eine gewisse annähernde Parallele zu moralischer Entselbstungspraxis bildet schon die vielfach vertretene Beobachtung, daß geistige Einfalt — d. h. doch wohl: ein Mangel an gewohnheitsmäßiger starker Betätigung ich-gespannten, auch 'egoistischen' Denklebens, wie es dem Gebildeten.

---

1) S. o. S. 4 ff. 30 f. 36. 38. 73. 102 f.

dem Kritischen, dem Verstandesmenschen eigen ist — das gewohnheitsmäßige Auftreten übernormaler Erkenntnis begünstige. Wie schon dem Paracelsus aufgefallen war, daß Divination und Weissagung 'am mehristen beyn einfaltigen Leuthen ist' und bei denen 'gern wirkt, die züchtiglich in ihrem Wandel seyndt und gemeiniglich in eynfaltigen und unachtbaren Leuthen',[1] so gilt auch bei Heutigen vielfach die Ansicht, daß sich magisches Erkennen bei den 'einfachen Gemütern' des schlichten Landvolks, den abseits von den großen Straßen des Lebens in Dumpfheit und Einfachheit hinlebenden Stämmen verhältnismäßig häufiger finde, dagegen beim Eindringen der 'Kultur' und des hitzigen Kampfes ums Dasein mit seiner angespannten Verselbständigung des Geisteslebens zu schwinden beginne.[2] Die entsprechenden Auszeichnungen seitens der Religion liegen natürlich im Lobe der Armut im Geiste und Torheit in Gott, und im Tadel des 'Griechentums', des selbstsicheren Vernunftwesens, — beide im Interesse erwecklichen Lebens gespendet.

Der hier sich sozialpsychologisch andeutende Erfahrungssatz, daß eine gewisse Schlaffheit des persönlichen Denkwillens und Entspannung der Aufmerksamkeit u. U. eine Begünstigung metapsychischer Leistungen darstelle, bestätigt sich in der Psychologie derjenigen Zustände, in denen (auch bei geistig Hochentwickelten) für den Einzelnen die günstigsten Voraussetzungen solcher Leistungen bestehen.

Innerhalb des noch wachen Lebens ist es die passive Einstellung der 'Erwartung',[3] des stillehaltenden Schweigens, vorzüglich im Dunkeln, oder der 'Konzentration', d. h. des Anhaltens aller eigenen Gedanken,[4] was den Eintritt metapsychischer Leistungen fördert, — ein deutliches Analogon der mystischen Passivität, jenes 'Rede, Herr, dein Knecht höret', wovon das bekannte Wort Weigels gilt: 'Wäre ich nur eine halbe Stunde ... als ein Klotz, ich wäre ein Prophet oder Apostel.'[5] Die Sprache der metapsychischen Praxis klingt hier mitunter verblüffend an die der mystischen an. So schreibt ein neuerer Sachkenner unter der Überschrift: Kann Psychometrie entwickelt werden?: 'die Hauptsache sei, daß man sich selbst soweit als möglich vernichte und ausschalte';[6] und in Mrs. Verralls Falle empfiehlt die Persönlichkeit der automatischen Schrift ein 'gläubiges Verhalten' auf Seiten des Subjekts als Begünstigung der Leistung.[7] Auch ist es merkwürdig, daß unter den auszuschaltenden Hemmnissen metapsychischen Erfolges einer Sitzung auch 'Unzufriedenheit und moralisches Unbehagen, Furcht und Sorge' angeführt werden,[8] eine besonders deutliche Parallele zur vorbereitenden moralischen Entlastung (zB. durch Beichte), zur Reinigung und Vereinheitlichung im Rahmen des mystischen Lebens.

1) WW hrsg. v. Huser II 508. 414 (du Prel, Entd. II 77). 2) S. zB. du Prel, Entd. II 120; Horst, Deut. II 96; Zurbonsen 15. 21. 25; Splittgerber, Schlaf 2. Aufl. I 234f. 3) Vgl. Flournoy, Des Indes 56 über attente. 4) S. H. Callaway im Journ. of the Anthrop. Inst. I 176 über die Zulu. Anderes bei du Prel, Entd. II 191ff. 5) Bei Corrodi III 310. Vgl. Boehme, Vom übersinnl. Leben § 3; Der Weg zu Christo § 9. 6) J. B. Tetlow in Borderland IV 246. 7) Attitude of belief: Pr XX 90. 369f.; vgl. XI 121f. (Goodrich-Freer). 8) Maxwell 62; Mrs. Verrall in Pr XX 94. 104.

Daß darüber hinaus zB. Schlaf, selbst Schläfrigkeit das übernormale Erkennen begünstigen, schließen wir aus der Häufigkeit von Wahrträumen, die ja selbst unter den wenigen früher angeführten Tatsachen eine beträchtliche Rolle spielten.[1] Noch deutlicher ist der Gegensatz zu sinnlicher Wirklichkeitsanpassung, zu Ich- und Willensspannung natürlich in der Ekstase, die uns als Begünstigung metapsychischer Leistungen oft genug begegnet ist: deutlicher, weil die ganze vorbereitende Praxis des Ekstatikers diesen ihren Aspekt unterstreicht.[2] Daß in dem verbreiteten Geschlecht der Medien und Somnambulen der Trans, also wieder die Ekstase, fast immer die Vorbedingung übernormaler Leistung, jedenfalls der gesteigerten Leistung darstellt, braucht gar nicht erst erwähnt zu werden.

Angesichts der ungeheuren Bedeutung, welche Krankheiten verschiedener Art nicht nur für die bloße Lösung von der Sinnenwelt an sich, sondern augenscheinlich auch für die Entbindung tieferen jenseitigen Lebens haben, ist auch die Beobachtung wertvoll, daß metapsychische Leistungen sehr häufig mit eben diesen auslösenden Ursachen Hand in Hand gehen. Mrs. Finch, eine scharfe Selbstbeobachterin, bemerkt nicht nur den günstigen Einfluß mäßiger Nahrungsaufnahme, sondern hat auch 'an [sich] selbst wie an anderen Medien für Hellsehen und sonstige metapsychische Leistungen beobachtet, daß Ermüdung nicht ungünstig sei', ja daß sie während körperlicher Leiden oder der Erholung nach Krankheiten sich metapsychisch besonders gut aufgelegt gefühlt habe; 'ich bin selten so hellsehend gewesen, als wenn ich völlig ermattet oder etwas leidend war'.[3] Derartige verallgemeinernde Angaben, wie auch Beobachtungen über metapsychische Einzelerlebnisse (wenn nicht gar einzige Erlebnisse) gerade während einer Krankheit oder ihrer Nachwirkungen sind zu häufig, als daß man hier ein bloß zufälliges Zusammenfallen annehmen möchte.[4] — Auch das Problem der 'Mystik im Irrsinn', das du Prel in einer, wie mir scheint, verfehlten, weil diagnostisch ungenauen Arbeit zu lösen gesucht hat,[5] wird vielleicht in diesem Zusammenhang eine kundigere Feder dereinst noch beschäftigen. Selbst in Fällen vollkommener Gesundheit des magisch Erkennenden finden wir meist andere der angeführten begünstigenden Bedingungen verwirklicht; soweit aber auch diese nicht gegeben scheinen, werden wir in jenen Fällen eben ein ausnahmsweises Hindurchbrechen des magischen Hintergrundes erblicken, ohne daß deshalb die 'Begünstigungen' ihre theoretische Bedeutsamkeit einbüßen.

Übrigens hat auch die ganze namenlose Menschheit — so kann man wohl sagen, denn hier handelt es sich ja um Erscheinungen von geographischer Allgegenwärtigkeit — seit Alters die Erfahrung bekundet, daß ein auf Schwächung des sinnlichen Menschen, Ausschaltung der persönlichen Leidenschaften, Verminderung der Spannung von Leib und Seele gerichtetes 'Training' die beste Vorbereitung ekstatischer Neigungen zum Zwecke der Erschließung magischer Fähigkeiten sei. Dieses Training besteht etwa in einer längeren Zurückgezogenheit, verschärft durch Still-

---

1) Exper. Bestätigung der Begünstigung durch Schlaf bei Dr. A. G. ... in ASP II 334.
2) Vgl. Schellings Mitteil. in Jahrbücher der Medicin II 43ff., bei Kluge 222ff.; Lady S. bei Crowe 476; Dr. Mayer in ATM VI, 1 31. 3) PS XXXIV 714. 715. Vgl. den Fall: Myers II 404f. 4) Üb. schlechte Gesundheit großer Medien s. zB.: Home 11. 166. 241; Podmore, Spir. II 275 (W. St. Moses). Vgl. ferner Reichenbach II 540; Lombroso 22; Kluge 367; Podmore, App. 205 (bei nervöser Erschöpfung); Dr. Sollier in BIGP Nov.-Dez. 1904; Theos. Rev., Juni 1906 (nach Apoplexie); E. Lacoste, in ASP 1899 257 (bei Typhus); Petrowo-Solowowo 202. 5) Du Prel, Stud. 92ff.

schweigen, Entbehrungen aller Art und mehr oder minder strenges Fasten — namentlich Fleischenthaltung — bis zur gänzlichen Abmagerung, wozu zuweilen erschöpfende Leibesübungen (Tänze) treten.[1] Es rechnet also mit den psychologischen und physiologischen Auswirkungen einer leidlich scharfen Askese: lauter Züge, die wir in der Vorbereitung der erwecklichen Erlebnisse wiederfinden.

Ich bezeichnete den Hinweis, den dieser Parallelismus der Begünstigungen von erwecklichen Erfahrungen und metapsychischen Leistungen enthält, als einen oberflächlichen. In der Tat wird seine Beweiskraft dadurch vermindert, daß das Unterbewußte, um dessen Entbindung es sich hier wie dort handelt, nicht etwas eindeutig Bestimmtes ist. Gerade auf dem 'praktischen' Gebiet enthält es ja die unübersehbaren Massen alles desjenigen normal Vererbten und normal Erworbenen, was unser Fühlen und Wollen, unsre Instinkte und unsern Charakter bestimmt; und daß dies alles nicht genüge, um die Erweckung abzuleiten, eben das ja wäre erst zu beweisen. Dennoch gibt es zu denken, daß die 'Abtragung' des 'Welt-Ich' immer gerade das Ich der 'allgemeinen' Liebe zutage fördert (und nicht gelegentlich auch andere, in dem Betreffenden verdrängte oder verborgene Charakterseiten), und daß eben diese Abtragung auch die Fähigkeiten des 'allgemeinen' Erkennens begünstigt, die wir durch den Anschluß an einen umfassenden Geist glaubten deuten zu müssen. Ist also der Hinweis auch kein Beweis, — wer heißt uns in Fragen wie diesen nach Beweisen suchen?

Tiefer scheint ein anderes Bedenken zu greifen. Bezweckte nicht die mystische Askese (im weitesten Sinne) vor allem das Absterben der selbstsüchtigen Instinkte? Ist aber dieses Streben wirklich psychologisch identisch mit der Entspannung des tagwachen Ich, die der magisch Erkennende doch zunächst bezweckt? Ist umgekehrt kraftvolle Tätigkeit und gespannte Aufmerksamkeit des tagwachen Ich identisch mit egoistischen Neigungen? Betätigt nicht vielmehr auch der selbstloseste Heilige oft sehr beträchtliche 'tagwache' Energie in 'persönlichen' Leistungen, wenn auch im Dienste seines Gottesreiches, und setzt er damit nicht eben jenen seelischen Zustand, der das Eintreten übernormaler Erfahrungen verhindern soll?

Die Lösung dieser Schwierigkeit liegt in dem Verzicht, die beiden Arten der Entspannung völlig zur Deckung zu bringen. Wir fordern weder im Falle des Heiligen, daß die Entspannung des Ich eine ebenso dauernde sei, wie die Änderung der Instinkte; noch auch im Falle des Profanen, daß jede Entspannung schon genüge, um eine Erweckung herbeizuführen, auch wenn sie genügt, ein magisches Erfahren zur Vorstellung werden zu lassen. Der erstere Verzicht ist zulässig unter der Annahme, daß die Entspannung, im kritischen Augenblick eintretend, eine innere Umlagerung und damit

---

1) Die ethnologischen Belege sind zu zahlreich, um hier angegeben zu werden.

einen Dauerzustand schaffe, dessen eigentlich lenkender Antrieb dabei immer noch ein metapsychischer sein könnte. Diese Umlagerung aber würde nur erfolgen können, wenn soz. die harte Kruste krampfhafter Willensversteifung, mit der die egoistischen Instinkte die Persönlichkeit überspannen, erst gründlich aufgelockert oder dünn gerieben wäre. Die Triebkraft dieser Instinkte müßte erst zum Stillstand kommen, und dies würde durch häufige Wiederholung der 'entspannten Einstellung' mehr oder minder erzielt. In einem solchen Augenblicke größter Passivität: der Selbsthingabe in der Krise,[1] fände in den beherrschenden Gründen der Seele ein dynamischer Wechsel und eine dauernde Neueinstellung statt, die den Einzelgeist mehr als zuvor unter den führenden Einfluß des größeren Geistes brächte. (Dies ist ja die Ansicht, zu der uns der Zusammenhang immer deutlicher drängt.) Ist dieser Umschlag erfolgt, so würde eine neue 'aktive Einstellung' im Dienste der veränderten Innenpsyche stehen; selbst wenn sie auch den augenblicklichen Zustrom der inneren Führung abschnitte. Der mystische Einfluß würde fortwirken, wiewohl er zeitweilig versiegt wäre. Er würde aber wiederzukehren suchen in neuen Phasen der Ich-Entspannung, d. h. die aktive Einstellung würde von vornherein eine weniger beständige und hartnäckige sein.[2]

S. Teresa, in die juristischen Einzelheiten einer Klostergründung vertieft, verschließt sich den leisen Stimmen der Ahnung nicht minder, als der härtestgesottene Geldkönig in seinem Arbeitsgemach. Dennoch unterscheidet sich die apperzeptiv-gespannte Haltung ihres Geistes von derjenigen des Krösus sehr wesentlich, wenn nicht auf den ersten Blick, so doch auf den zweiten und dritten: nämlich in der lockeren Labilität und beinahe Zufälligkeit ihrer Wirklichkeitsanpassung, die in jedem Augenblick bereit ist, durch Entspannung den zartesten Stimmen der Tiefe Gehör zu verschaffen. Man kann diesem Gedanken vielleicht auch die Wendung geben, daß die selbstsüchtige, ihr praktisches Ich betonende Natur die überhaupt gespanntere sei. Man überlege zB. die banale Beobachtung, daß Ärger, Zorn, Haß — also Regungen des 'selbstsüchtigen Ich' — den Eintritt des Schlafes verhindern können, also jener Ich-Entspannung, die nach dem besprochenen Bedenken mit Entselbstung nichts gemein haben soll. Mit dem Durchbruch versöhnlicher Stimmung löst sich auch das Wach-Ich auf — 'im Arm der Liebe schliefen wir selig ein' —, aus dem einfachen Grunde, daß die versöhnliche Liebe jede tiefgehende und krampfhaftere Spannung aufhebt.

Die Entspannung, die der Mystiker braucht, ist also jedenfalls kein einfacher und kein bloßer Oberflächen-Vorgang. Sie wendet sich an Mittelglieder im Bereiche des unterbewußten Seelenlebens, die wir zunächst ganz allgemein als Keim- und Brutstätten der automatischen Vorgänge auffassen können. Die Entspannung entbindet zunächst den Automatismus, und dieser mag als solcher jedem denkbaren Wertungsgebiete angehören. Aber der Automatismus ist zugleich die Sprache des

1) S. o. S. 103. 2) Vgl. hierzu auch o. S. 115 f.

Übernormalen, in der Gestalt sowohl des einzelnen magischen Erfahrens, als auch — nach der Ansicht, auf die wir hier zusteuern — der erwecklichen Neubildung und 'Führung' des Fühlens und Wollens. Fragt man also, warum nicht jede Entspannung den Eintritt magischen Erkennens oder gar einer Erweckung bewirke, wenn doch — gerade nach unserer Grundanschauung — die Quellen des Übersinnlichen jedem Einzelnen gleichermaßen zur Verfügung stehen, so wird die Antwort wieder auf jene Mittelglieder hinweisen. Die 'egoistische' Lebensbejahung, alle Instinkte des Willens zum Dasein, zur Macht, zum Genuß, auf denen das Leben gewöhnlich beruht, bestehen (psychologisch betrachtet) in Dauerspannungen, von denen unser Wesen bis in beträchtliche Tiefen durchzogen und getragen ist. Die oberflächliche Ich- und Aufmerksamkeits-Entspannung, die so häufig die Vorstufe hypnoider und ekstatischer Zustände oder automatischer Äußerungen bildet, berührt tatsächlich nur etwa die Oberfläche dieser Dauerspannungen. Gleichwohl gehört sie mit diesen einer Gattung an und eröffnet einen natürlichen Zugang auch zu ihnen.

LXXIII.

Die Hypothese des mystischen Christus.

Indessen gibt es einen m. E. sehr viel gewichtigeren Hinweis darauf, daß die Quelle übernormalen Erkennens und diejenige erwecklicher Erfahrungen einem Quellgebiet angehören, als die Beobachtung ihrer gleichartigen Auslösung. Weil uns die Tatsachen 'nachprüfbaren' magischen Erkennens letzten Endes eine unsichtbare Welt des seelischen Geschehens und der lebendigen Einflüsse gewährleisteten, konnten wir von der Vermutung nicht lassen, daß in den Offenbarungen der Mystiker irgend etwas Bedeutsames verborgen liege. Nachprüfbare Überleistungen mußten den nicht-nachprüfbaren zuletzt als logische Stütze dienen: das war der Sinn unsres Gedankenganges. Daß nun der Mensch jener Offenbarungen in sehr vielen Fällen auch der Mensch der erwecklichen Erlebnisse ist, mag schon ein Vorurteil zugunsten metapsychischer Bedeutsamkeit der letzteren begründen. Aber soviel gewisser die metapsychische Bedeutung der nachprüfbaren übernormalen Leistungen als die der 'Offenbarungen' ist, soviel stärker müßte das günstige Vorurteil sein, das durch ein persönliches Zusammengehen jener ersteren Leistungen mit erwecklichen Erlebnissen begründet würde. Mit anderen Worten: wenn nicht nur Offenbarungen des mystischen Typs, sondern auch Leistungen des hellseherisch-prophetisch-spiritistischen Typs bei Heiligen und Erweckten sich besonders häufig zeigten, so läge es nahe zu schließen, daß auch das beherrschende Kennzeichen dieser Personen — ihre Heiligkeit oder Erwecktheit — auf einem besonderen Verhältnis zu jenen überindividuellen geistigen Zusammenhängen beruhe, die das magische Erkennen erklären; denen gegenüber die Heiligen eben durch ihre überhäufigen magischen Leistungen eine besondere 'Offenheit' bekunden würden. Noch anders ausgedrückt: wenn ein gewisser Menschentyp sich durch zwei Besonderheiten vom Durchschnitt abhebt, von denen die eine (seine überhäufige magische Tätigkeit) erweislich ins Übersinnliche greift, die andere (seine Erwecktheit) mit größter Schärfe des Selbstbewußtseins ihre Herkunft aus dem Übersinnlichen behauptet, so ist es natürlich, nicht nur zu schließen, daß beide in der Tat einem Wurzelgebiet entstammen, sondern auch die übersinnlichen Voraussetzungen der einen Besonderheit versuchsweise auf die Deutung der andern anzuwenden.

Daß nun mit jener Überhäufigkeit tatsächlich zu rechnen sei, wird niemand bezweifeln, der die Biographik der Erweckten kennt. Jedes typische Heiligenleben enthält entweder eine beträchtliche Zahl verstreuter Geschichten, wie sie das Herz des Metapsychologen erfreuen, oder geradezu einige besondere Kapitel, welche die Leistungen des Heiligen im Lesen geheimster Gedanken oder Erblicken des Verborgenen, seine Erscheinungen in der Ferne, seine magische Naturbeherrschung und andere verwandte Züge beschreiben. Fraglich also kann zum mindesten nicht die biographische, sondern nur die wirkliche Überhäufigkeit derartiger Leistungen im Leben der Erweckten sein; denn — wie kaum wiederholt zu werden braucht — die Beweiskraft solcher Berichte ist ja in den meisten Fällen gleich null, und das Urteil der Wissenschaft und der Gebildeten hat sie darum auch stets als Ausgeburten des Aberglaubens, als nachgebildete Mythe oder als fromme Fälschung beiseite geschoben. — Nun können wir allerdings nicht bezweifeln — nach allem seit der ersten Erwähnung dieser Tatsachen[1] Ermittelten —, daß dieses vernichtende Urteil weit übers Ziel hinausschießt. Ganz abgesehen davon, daß die Beweiskraft einzelner der fraglichen hagiologischen Berichte eine beträchtliche, gelegentlich sogar starke ist, muß die kritische Erweisung völlig gleichartiger Geschehnisse außerhalb der Hagiologie das stärkste Vorurteil zugunsten wenigstens vieler jener Berichte erregen. Sobald die berichteten Tatsachen an sich einmal als Naturereignisse von wohlbekanntem Typ erwiesen sind, darf man auch die Zeugnisschwäche der hagiologischen Berichte milder beurteilen, indem man sie als natürliche Folge der kritischen Naivität ihrer Verfasser hinnimmt, die natürlich die Beweislast nicht voraussehen konnten, welche eine spätere ungläubige Zeit ihnen auferlegen würde. Und schließlich darf nicht übersehen werden, daß die Hagiologie kein abgeschlossenes Kapitel der Vergangenheit ist, daß vielmehr auch die Gegenwart — und dann zuweilen die Augen kritischerer und

1) o. Kap. XXXVI.

zeugnisfähigerer Zuschauer — das Beisammen von Heiligkeit und metapsychischer Überbegabung beobachten.

Eine Einengung der Grundlagen unseres Schlußverfahrens auf die wenigen glaubwürdigen — etwa modernen — Fälle hagiologischer Metapsychik würde also der geschichtlich-zufälligen Lage des Problems nicht im entferntesten entsprechen. Um die Häufigkeit metapsychischer Leistungen innerhalb des erweckten Lebens richtig einzuschätzen, müssen freisinnigere Grundsätze angewendet werden. Einer der wichtigsten aber scheint mir hier in einer offenäugigen Zeugniszulassung der umfassenden, wenn auch soz. namenlosen Erfahrung der Menschheit zu allen Zeiten zu bestehen; keine verächtliche Instanz selbst neben der experimentellen Erfahrung einer beschränkten Zahl von Gelehrten neuerer Zeit.

Um nur wenige Kulturkreise zu streifen: Indien, nach allgemeinem Urteil ein klassisches Gebiet religiöser Erfahrung und metapsychischer Begabung, war sich seit Alters darin einig, bei den Heiligen und Jenseitigen auch die Fähigkeiten übernormalen Erkennens und Wirkens zu suchen: die Lehre von den *siddhis* ist das bekannteste Zeugnis dafür.[1] — Bei den Juden sehen wir den Propheten großen Stils als 'religiösen Prediger' unmerklich aus dem *nabi* als (u. a.) gewerbsmäßigem Hellseher und Zukunftleser hervorwachsen, ja beide Typen noch vereinigt in Samuel, der um den Preis eines Viertelsekel wegen verlorener Esel und anderer Gegenstände seine Ratschläge erteilt, wie ein modernes Medium von Beruf.[2] — Auch für das Griechentum — wo seine Religion aufhört, Verklärung des Diesseits zu sein — verband der göttliche Mensch (der *theios anthropos*) 'tiefstes Erkennen, Seher- und Wunderkraft und eine Art persönlicher Heiligkeit'.[3] 'Es gilt in der erzählenden Literatur als selbstverständlich, daß solche Männer die Zukunft vorauswissen, Kranke heilen, oder gar Tote auf Augenblicke wieder beleben können.'[4] — Das Christentum zeigt sofort bei seinem Eintritt das Leben seines Stifters — darin das Vorbild aller seiner Heiligen — durchsetzt von Taten des Hellsehens und der Weissagung und anderen Wundern,[5] und seine älteste und verbreitetste Kirche macht die Heiligsprechung des Einzelnen vom Beweise nicht nur außerordentlicher mystischer Frömmigkeit, sondern auch einiger 'Wunder' abhängig.[6] Noch

1) S. zB. Ākankheyya-Sutta in Majjhima-Nikāya, bei Warren, Buddh. in transl. 303f.; reiches südind. Material bei Pillai, bes. 31—38; vgl. auch SBE XI, Numerical coll. III, 60 u. a. — Islamisch: zB. Asín 217; W. M. Patton in ERE XI 64b (Beisammen von Gotteinwohnen und übermenschlicher Erkenntnis u. Macht). 2) S. hierzu A. Sabatier, Religionsphilosophie 122ff. Weitere jüd. Lehrbehauptungen dieser Art bei Horodetzky in AR XVI 153f. 3) So formuliert von Reitzenstein 12. 4) Das. 13; vgl. 129. 151 (aus Lukan, Phars. V, 161ff.). Ähnliches bei Pythagoras, Empedokles u. a.: Joël, Urspr. der Naturphilos. 85f. 5) Zusammenstellung zB. bei Kreyher II 130ff. Über Häufigkeit von Vorschau unter frühen Christen s. Origenes, Contra Celsum I c. 46. 6) Vgl. Prosp. de Lambertinis [später Papst Benedikt XIV], De servor. Dei beatificatione et beator. canoniz. (Bononiae 1734—8) IV 50ff. (l. IV c. V: de miraculorum necess. in causis beatific. et canoniz.). L. exemplifiziert überwiegend mit 'Heilungen' (c. VIII—XVIII); sind ihm etwa die zahllosen hagiograph. Berichte über Hellsehen in Raum und Zeit u. ä. schon 'natürlich' erschienen? Für uns von Belang sind namentlich c. XXIV (Herrschaft üb. Elemente u. Tiere), XXVI (u. a. üb. Lichtentwicklung, S. 360ff.), XXXII (üb. Erscheinungen, S. 450ff.). — Vgl. S. Jean II 326 über 'Unterscheid. der Geister' als Frucht des Reinwerdens. — Eine Bestätigung meiner allg. These finde ich bei Casartelli in ERE XI 60b.

heute bezeichnet unsere Sprache als Propheten ebensowohl den sittlichen Führer und Anwalt von Heiligkeit, als auch den gewohnheitsmäßigen Enthüller des Verborgenen und Zukünftigen.

Die Einfügung von metapsychischen Tatsachen in die Schilderung der Heiligen (im breitesten Sinne) steht nun aber in aller menschlichen Berichterstattung so gut wie einzig da. Diese Einzigkeit wäre unerklärlich, wenn das Vorkommen solcher Tatsachen annähernd gleichmäßig auf alle Gattungen von Menschen verteilt wäre, die eine Berichterstattung überhaupt herausfordern. Denn wenn eine unbedingte und ununterscheidende Neigung des Menschengeschlechts zur Verherrlichung seiner 'Helden' durch Andichtung solcher 'Wunder' bestände, so wäre nicht einzusehen, warum nicht jede Gattung von Helden — über eine gewisse Zahl von glaubwürdigen magischen Geschehnissen hinaus, die ihnen als bloßen Menschen zukäme — auch im gleichen Maße noch legendarisch mit solchen Geschehnissen beschenkt worden sein sollte. Tatsächlich besteht diese Gleichmäßigkeit durchaus nicht. Die Berichte übernormaler Leistungen sind typisch für die hagiologische Biographik, und sie fehlen vergleichsweise fast völlig in der nicht-hagiologischen.

Warum sind die Idealkriterien der Ritter- und Königschaft, des Entdecker- und Erfindertums, des gelehrten und künstlerischen Schaffens nicht im gleichen Maße, oder überhaupt in irgendwelchem nennenswerten Maße mit ähnlichen Forderungen verquickt? Sie alle haben ihre Ansprüche an Übermenschlichkeit; aber diese ist von anderer Art, sie erweist sich fast durchweg auf den ersten Blick als rein legendarisch, und keine neue Wissenschaft hat je zu ihrer Verteidigung sich aufgeworfen. Vom 'Könige' hat lange das volkstümliche Ideal eine übernatürliche Heilkraft gefordert; aber auch diese Forderung ging auf Zeiten zurück, in denen sich die königliche Würde noch nicht völlig von der des Priesters und Propheten gesondert hatte. Gelehrte der alten Zeit haben oft einen magischen Schimmer um sich gehabt; aber soweit sie nicht eben Mönche und Asketen waren, hatte dies seinen Grund darin, daß sie ihrer Zeit voraus waren, so daß ihre Wundertaten zu den Kinderspielen erst sehr viel späterer Tage werden konnten. Und ähnliches wird von anderen Typen des Helden gelten.

Mag also viel von den massenhaften Wundern auch der Hagiologie in frommer Absicht erfunden sein (und nachweislich ist ja manches davon erfunden), so beseitigt dieses Zugeständnis doch nicht die Frage, warum gerade die fromme Erfindung so häufig diese Bahnen gewandelt sei, oder was dasselbe ist: warum die Zuschreibung metapsychischer Tatsachen sich immer an die Helden gerade des 'Geistes Gottes' geheftet habe. Übertreibung schließt sich immer an einen Kern von Wahrheit an; und da, wo immer in einer und derselben Richtung erfunden wird, kann das Vorhandensein eines ständigen und wesentlichen Anreizes dazu mit Sicherheit vorausgesetzt werden.

Dies sind die Gründe, weshalb ich mich durch die geringe Beweiskraft der hagiologischen Einzelberichte nicht abhalten lasse, die verhältnismäßige Überhäufigkeit metapsychischer Leistungen bei Heiligen als Tatsache in mein Argument einzustellen; daraus dann aber, wie gesagt, den Schluß zu ziehen, daß auch Heiligkeit des Wesens einem metapsychischen Wurzelboden entsprieße, nämlich dem 'Anschluß' des Heiligen an ein übergreifendes geistiges Wesen. Dabei wird eine Verschiedenartigkeit der 'Ausnutzung' jener übergreifenden Einheiten jenseits der menschlichen Individuation natürlich anzunehmen sein, da ja doch das Instinkt-Erleben des Mystikers nicht mit dem konkreten Erkennen übernormaler Herkunft inhaltlich übereinfällt. Jene Ausnutzung bezieht sich im letzteren Falle auf das Über-Ich als Subjekt des umfassenderen Wissens um das Weltgeschehen; in der Erweckung dagegen erlebt der Mensch — so könnte man vorläufig annehmen — das Eingetaucht- oder Eingewurzeltsein in jenem umfassenderen geistigen Untergrund der Wesen in einer weit allgemeineren Weise, gleichsam als neues Klima, als neuartige Lebensstimmung, als Durchstrahlung und Durchglühung eigener Art. Das Über-Ich wird zu einer Quelle 'erweiterter' praktischer Instinkte, sofern es eben die Gesamtheit der Wesen unmittelbar in sich faßt und ihrem ganzen Lebenssinne nach vertritt, also nicht bloß imstande ist, das vorstellungsmäßige Wissen eines Einzelnen in dem Andern nachzuerzeugen, sondern auch die Interessen des Einen in dem Andern, oder Aller in dem Einen, in persönlich verarbeiteter Weise wiedererstehen und vertreten sein zu lassen.

Aber auch hiermit ist noch nicht alles gesagt. Gerade diejenigen psychologischen Tatsachen, die uns den Grundriß unserer metapsychischen Anschauungen von einem hierarchischen Aufbau des Geistes in immer umfassenderen Kreisen gaben, — gerade die Tatsachen der Ich-Spaltung vom 'konzentrischen' Typ[1] müssen uns anregen, dem umfassenderen Ich jeweils auch eigenpersönliche Artung zuzuschreiben. Ein Über-Ich — das Wort in aller seiner Jeweiligkeit und Relativität gefaßt — stellt niemals bloß die Summe der in ihm enthaltenen Iche dar, sondern besitzt immer noch sein Eigenleben dazu, nicht nur in Hinsicht des Erkennens, sondern auch in praktischem Betracht. Es sei mit aller Schärfe ausgesprochen, daß wir hier im zwingenden Zusammenhang induktiver Untersuchungen auf den Begriff des 'persönlichen' Gottes als einer metapsychologischen Hypothese stoßen, die wir 'nötig haben'.[2] Damit gewinnt der soeben vorgetragene Gedanke eine sehr erweiterte und vertiefte Fassung. Tritt der Heilige, wie die Überhäufigkeit seiner metapsychischen Erlebnisse andeutet, in seinem erweckten Leben in einen engeren Zusammenhang mit dem Über-Ich, so bedeutet dieser Zusammenhang nicht nur den engeren

1) o. S. 55 ff. 2) Ich spiele natürlich auf Laplaces Wort vor Napoleon I. an. Hundert Jahre später bezeichnete ein führender deutscher Naturforscher 'im letzten Grunde... jedes Sonderproblem [als] einen Teil des Gottesproblems'. (H. Driesch, Philos. des Organischen, 2. Aufl. [Lpz. 1921] 508.)

praktischen Zusammenschluß mit den übrigen Einzelwesen, sondern bringt den Erweckten auch in eine neuartige Verknüpfung mit persönlichem Wesen und Wollen jenes höheren Geistes: er wird 'heilig', weil er in eine Beziehung der praktischen Formung und Inspiration zu einem 'heiligen' Gotte tritt und an dessen Wesen teilzuhaben beginnt, in welchem alle Wesen im Innersten, der Erweckte aber in offenerer Weise, 'leben, weben und sind'.[1]

Die letzten Überlegungen gestatten uns dann auch, keinen Widerspruch gegen die vorgetragene Hypothese in der offenbaren Tatsache zu erblicken, daß die Fähigkeiten übernormalen Erkennens auch bei Lebenden von ausgesprochen unheiliger Art angetroffen werden, jedenfalls bei solchen, denen sonderliche religiöse Neigungen ausdrücklich abgesprochen werden.[2]

Es denkt zB. wohl niemand ernstlich daran, allen ernstzunehmenden Medien eine vom Durchschnitt der Menschen abstechende Heiligkeit und Geistigkeit zuzuschreiben.[3] Auch könnte es ja auffallen, daß gerade Heilige — also nach der Voraussetzung diejenigen, denen der Besitz übernormaler Fähigkeiten am wesentlichsten zukommt, so häufig diese nicht nur als unwesentlichen und zufälligen Besitz bezeichnen,[4] sondern auch mit Geringschätzung von ihnen sprechen, ja vor ihnen warnen und von ihnen befreit zu werden bitten. Doch mag das wohl der Einsicht entspringen, daß diese vielbewunderten Leistungen einen Anreiz zur Eitelkeit und somit eine Gefahr für die Entselbstung des mystischen Weges bedeuten;[5] oder aber die Sammlung stören, deren der Heilige zu den mannigfachen Übungen des inneren Lebens bedarf;[6] oder jedenfalls nur eine Durchgangsstufe zu den letzten mystischen Zielen darstellen, also nicht um ihrer selbst willen erstrebt werden dürfen.[7] — Die Kirchen haben sich mit der Wundergabe der Bösen abgefunden, indem sie die angeblich übermenschlichen Einsichten und Kräfte nicht nur als Geschenk der göttlichen Gnade priesen, sondern auch als Eingebungen und Versuchungen des Teufels und der Dämonen für möglich erklärten, die durch gelegentliche wahre Offenbarungen etwa gar ihren gewöhnlichen Täuschungen erhöhtes Gewicht zu verschaffen suchten.[8] Dieser Ausflucht wird sich die kritische Metapsychologie allerdings schwerlich anschließen können, so sehr sie die ihr zugrunde liegende Tatsache anerkennen muß. Denn was die Kirchengeschichte (im weitesten Sinn) zur Erscheinungslehre des Übernormalen beiträgt, findet sich tatsächlich zum guten Teil nicht in den Urkunden des Heiligenlebens, sondern in denen der Exorzisten, in den Berichten über psychische Epidemien von vielfach bösartigem Charakter bis in die neueste Zeit, und in der weitläufigen Geschichte jener unheimlichsten aller mystischen Massenbewegungen: des Hexen- und Zauberer-Wesens.[9]

---

1) Apostelgeschichte 17, 28. 2) So auch Gutberlet, Lehrb. der Apologetik II 220; vgl. Zoepf 182. 185. Dr. Adlers 'Beobachtung' besonders häufigen Zusammengehens telepath. Fähigkeiten mit 'starkem Aggressionstrieb' (Fortschritte der Med. 1908 582) möchte ich allerdings als irreführend bezeichnen. 3) Vgl. zB. Pr XVII 70 (üb. Mrs. Thompson); APS VI 216 (üb. Eusapia P.). 4) zB. S. Bonaventura, De profectu religios. II, c. 76. 5) S. zB. de Cort S. LI; Ramakrishna 53. 6) S. zB. Keller, Yoga 19. 7) Yogasutra III, 36. 49; ebenso buddhistisch: Beckh II 17. 8) So S. Thomas Aquin., Summa theol. 2, 2, q. 172, art. 5. 9) Reiche Belege bei Görres IV, Calmeil und in d. bekannten Sammelwerken. Ethnolog. Parallelen bei Westermarck II 650ff. u. ö. Hexenwesen als durchgehende

Das römische Rituale nennt ganz allgemein als Merkmale wahrer 'Besessenheit' u. a. die Kenntnis künftiger Dinge, das Fernsehen im Raume, das Lesen von Gedanken, das Verstehen und Sprechen 'fremder' Sprachen.[1] Wir mögen die Natürlichkeit der kirchlichen Klassifizierungen bestreiten und sie wissenschaftlich umtaufen, wie wir wollen: gerade wenn wir in Hexen, Besessenen und Zauberern wesentlich Hysterische sehen und in ihrem Massenauftreten hysterische Epidemien, so bleibt die Tatsache bestehen, daß typische Menschengruppen von vielfach boshaftem und unheiligem Wesen übernormale Fähigkeiten in Häufung gezeigt haben. Denn natürlich haben wir, nachdem diese Fähigkeiten überhaupt einmal festgestellt sind, zur Leugnung ihres Vorkommens bei diesen Massentypen nicht bessere Gründe, als bei der typischen Gruppe der Heiligen, bezüglich derer wir uns bereits der uralten Erfahrung der Menschheit gebeugt haben. Und alles dies bezieht sich nicht nur auf die Tatsachen der übernormalen Erkenntnis, sondern ebensowohl auf die der übernormalen Naturbeherrschung, wie wir sie in den metaphysikalischen Leistungen der Medien kennen lernten. So alt und verbreitet wie die metapsychischen Begriffsbestimmungen der Besessenheit und des boshaft-zauberhaften Wissens ist auch die Behauptung einer 'schwarzen Magie' neben einer 'weißen', d. h. doch zunächst: einer boshaft betriebenen neben einer wohlwollend betriebenen; wenn wir wieder von der orthodoxen Behauptung absehen, daß jene durch teuflische und diese durch göttliche Kräfte wirke.

Ich glaube nun, wie gesagt, daß die Schwierigkeiten, die aus diesen Tatsachen erwachsen, sich überwinden lassen. Man kann zunächst denken, daß selbst jene starke Ich-Kontraktion, d. h. Absonderung vom 'allgemeinen' Leben und Betonung der Einzelheit-Instinkte, welche den Egoismus der 'Bösen' ermöglichen, wenigstens zu Zeiten von einer Entspannung des Ich abgelöst werden könne, die vorübergehend eine ähnliche 'Offenheit' nach dem Über-Ich zu bewirken würde, wie die gründlichere und dauerndere Entspannung des wirklich Ent-Ichten; oder aber, daß ein Eingriff vom Über-Ich her gelegentlich mit solcher Macht erfolge, daß er selbst die härtere Kruste des stärker verspannten Ich durchbreche; gleichwie bei starker 'Kontraktion' der Aufmerksamkeit ein heftiger äußerer Reiz sich bemerkbar macht, während dem schwachen der Eintritt ins Bewußtsein verwehrt bleibt. Nur müßten solche 'offene' Haltungen dem Über-Ich gegenüber oder solche erfolgreiche Eingriffe vom Über-Ich her im Falle des härter abgeschlossenen Ich im allgemeinen viel seltener Platz greifen, als im Falle des tiefer Entspannten, und eben dies ist es, was die Erfahrung am menschlichen Durchschnitt wohl unbestreitbar lehrt und was wir als Überhäufigkeit magischer Leistungen bei Heiligen zur Grundlage unserer Hypothese machten.

Diese Gedanken würden freilich nicht genügen, um gewohnheitsmäßige übernormale Erkenntnisleistungen bei einzelnen wirklich Bösen

---

Antithese des Christentums: Soldans Gesch. der Hexenprozesse (neu bearb. v. Heppe, Stuttgart 1880) I 313. 1) Einzelbeispiele: Calmet I 157 (Nicola Aubry). 166ff.; Calmeil II 5. 29. 44. 56; Kreyher I 151 u. a. m.

zu erklären. Und sollte auch Mancher bestreiten, daß dieser Fall in der Erfahrung gegeben sei, so liegt mir doch zuviel daran, die Schwierigkeiten in ihrer schärfsten Form zu erwägen, als daß ich mir diese Möglichkeit zunutzemachen wollte. Setzen wir also den Fall des gewohnheitsmäßigen Hellsehers von augenscheinlich unheiligem Charakter als wirklich, so bleiben uns gleichwohl noch zwei Auswege. Entweder wir führen die übernormale Leistung auf Mitteilung seitens Unsichtbarer zurück, — wie wir wissen, in zahllosen Fällen die Alternative zu einer nicht-spiritistischen metapsychischen Deutung. Dies entspricht der üblichen Unterscheidung des Mediums vom wertvoll Inspirierten: daß jenes im Grunde ein passives Werkzeug sei, dieser dagegen das Übersinnliche in die Tiefe seiner tätigen Persönlichkeit aufgenommen habe. — Diese verbreitete Erklärung findet aber, wie wir wissen, ihre Grenzen: es sind die Grenzen der Zulässigkeit spiritistischer Deutung überhaupt. Darum müssen wir zweitens die Möglichkeit zur Wahrscheinlichkeit erheben, daß die Bosheit gewohnheitsmäßiger Hellseher nur eine mehr oder weniger oberflächliche Erscheinung sei: daß sich in ihnen Wach-Ich und Trans-Ich, Bewußtsein und Unterbewußtsein auch charakterologisch unterscheiden, indem diesem ein größeres Maß ich-entspannter Instinkte eigen sei, als jenem. Aus der Psychologie der Vorbekehrungszeit[1] ist uns diese charakteristische Sonderartung des verborgenen Komplexes geläufig. Im Falle des bösartigen Hellsehers oder Mediums aber wäre dieser Komplex eben nicht zum Durchbruch gekommen; die sittliche Überlegenheit würde sich daher — wie zahlreiche Erfahrungen zu bestätigen scheinen — auf seine Transzustände beschränken.

Ein weiterer Gedanke vermag diese Überlegungen in allgemeiner und bedeutsamer Weise zu ergänzen. Es läßt sich nämlich vermuten, daß häufig ein übernormales Wissen bereits durch einen mäßigen anschlußgewährenden 'Aufstieg' in der Stufenleiter geistiger Zusammenhänge ermöglicht werde, ohne daß dabei die 'Höhe' (oder 'Tiefe') auch nur vorübergehend erreicht zu werden brauchte, in welcher die 'göttlichen' Quellen der Heiligkeit fließen. Es ist ja ohnehin zu bedenken, daß der magisch wirkende Böse doch gleichsam nur an den 'äußerlichsten' Gaben der Überwelt teilhat, — äußerlich in dem Sinne, in welchem unser Wissen uns äußerlicher ist, als unser Charakter; wurzeln aber die Charaktereinflüsse der Überwelt zutiefst, so würde auch eine viel tiefergreifende Ich-Entspannung, eine viel stärkere Lockerung der 'Decke', eine viel weitergreifende Verlegung des Ich-Zentrums 'nach unten zu' erforderlich sein, um den Menschen jener Einflüsse, anstatt bloß neuartigen Wissens teilhaftig zu machen.

So führen nach buddhistischer Lehre (und fast genau entsprechend nach der des Yogasutra) gewisse Versenkungen die Seele zwar zur höheren wahrhaftigen Er-

1) Vgl. o. S. 101 f. und u. Kap. LXXVI.

kenntnis und zu jenen *iddhis*, in denen wir unsere metapsychischen und metaphysiologischen Leistungen wiederfinden (*vibhūti* im Yoga-System); aber erst eine fortgesetzte Konzentration, die — nach Beckhs Ausdruck — bis in das Gebiet des Unterbewußten hineinarbeitet und die *saṁskāras* zerstört — jene 'latenten Bildekräfte', in deren Begriff die buddhistische Tiefenpsychologie so viele Rätsel des Metapsychischen zusammenfaßt[1] —, erst eine solche äußerste Versenkung gelangt zur Überwindung des endlichen Ich, zum Nirvana, zur Berührung mit der 'unsterblichen Sphäre', zum Bewußtsein der Befreiung,[2] — worin wir unstreitig das östliche Analogon der *unio mystica* zu sehen haben.[3]

Hiermit wäre allerdings nur erst die Möglichkeit magischen Erkennens, nicht aber die Möglichkeit magischen Handelns bei sittlich Bösen erklärt. Aber dies letztere haben wir ja nie auf das Enthaltensein des Einzel-Ich im Über-Ich zurückgeführt; vielmehr müssen wir es künftigen Einsichten teils der normalen, teils der Metaphysiologie überlassen. Das magische Handeln bildet ein an sich moralisch gleichgültiges Können, das erst in den Händen eines Charakters (als Zusammenfassung von Beweggründen) an sittlicher Beurteilung Teil nimmt.[4] —

Die erhobene Schwierigkeit vermag uns also nicht davon abzuhalten, in der Überhäufigkeit von übernormalen Fähigkeiten bei heiligen Personen einen Hinweis auf den metapsychischen Ursprung auch von Heiligkeit zu erblicken. Diese Ursprungsherleitung aber ist die wesentlichste Rückanwendung aller unserer metapsychologischen Bemühungen auf die Tatsachen der religiösen Erfahrung im praktischen Sinne, deren Darstellung und vorläufig rein naturalistischer Deutung die ersten Kapitel dieses Buches gewidmet waren. Auch scheint mir unleugbar, daß das, was wir — mit einiger geschichtlicher Lockerheit — als die mystische Weltanschauung bezeichneten, seit Alters den Grundgedanken dieser Hypothese vorweggenommen hat.

Ich wüßte zwar nicht, daß sie irgendwo oder -wann die hellseherische Einzelleistung durch ein unserer Hypothese gleichendes Dogma ausdrücklich erklärt hätte. Dagegen läßt sich nicht nur auf Lehren der mystischen Theoretik hinweisen, wonach die allgemeineren mystischen Einsichten und Schauungen von einer Teilnahme am Wesen Gottes abhängen, so daß 'je tiefer man in die Gottheit in seinem inneren Grund eindringet, je heller kann man alles sehen und klärer unterscheiden';[5] sondern auch das andere Glied unserer Vergleichung, die Erweckung, wird von der mystischen Weltanschauung leidlich ausdrücklich auf die Teilnahme des Einzelnen an einer übergreifenden geistigen Wesenheit zurückgeführt, in welcher die Einzelnen in höherem Sinne Eins seien, als durch alle Mittel normal-irdischen Verkehrs. Eine Andeutung hiervon liegt ja schon in der Lehre, daß der Auf- oder

1) Vgl. Beckh II 82 u. ö., und o. S. 735 ff. 2) das. II 16 (Yoga); 107 (buddh.); 112. 117. 3) Über den fraglos auch positiven Begriff des Nirvana vgl., außer Beckh aaO., Mohl in Journ. Asiatique, 5. sér. VI 94 f.; Hopkins, Rel. of India 427, u. a. m. 4) Auch das mana u. ä. der Naturvölker ist ja moralisch indifferent: R. R. Marett, On the threshold of religion (Lond. 1905) 120. 5) Gichtel, Theos. II 1075.

Abstieg des Menschen auf der Stufenleiter der möglichen Daseinsweisen abhänge von seinem 'moralischen' Charakter: eine bestimmte Art seiner Willensnatur hebt ihn empor, eine andere drückt ihn herab.[1] Erleuchtung und 'Tugend' rücken dadurch in engste Verwandtschaft. Wer sich mit Gott in Harmonie setzt, d. h. sein niederes Selbst überwindet, darf ihn schauen. Daraus folgt aber die Umkehrung, daß wer im Zustande des Gottschauens, der Gottnähe ist, die höchste Tugend besitzen müsse, und des weiteren natürlich: daß das Gotteingetauchtsein geradezu die Quelle der höchsten Tugend sei.

Sofern dieser allumfassende Gott eine Tatsache auch in der Tiefenpsychologie des Einzelnen ist, setzt das System natürlich voraus, daß der moralische Aufstieg des mystischen Weges letzten Endes bloß erweckt, was bereits vorgebildet lag: in der verborgenen Einheit des Geisteslebens, an der jeder Einzelne teilnimmt. Hierin begründet sich die Art, wie die Mystik von jeher die angeblich geschichtlichen Erlösungstatsachen der Religion in psychologische Erfahrungstatsachen umgedeutet hat.[2] Dem zum Buddha gewordenen Prinzen Gotama stellt sie den verborgenen Buddha in jedem Wesen gegenüber, dessen Erweckung die Erlösung einleitet; dem geschichtlichen Christus Jesus — den mystischen Christus, den 'glimmenden Zunder göttlichen Lichtfeuers', der in jedem Menschen schlummere, durch dessen Enthüllung Christus immer wieder Mensch werde.[3] 'Denn Gott führet keinen neuen oder fremden Geist in uns; sondern er eröffnet [bloß] mit seinem Geiste unsern Geist, als das Verborgene der Weisheit Gottes, welche in jedem Menschen lieget.'[4] 'Die heilige Seele [aber] ist e i n Geist mit Gott.'[5] In Gott wiederum ist sie mit allen Andern verbunden, wie die Reben durch den Weinstock, an dem sie hangen und in dem sie alle Eins sind, so wie der 'Vater' im 'Sohn' und der Sohn im Vater ist, und alle 'zur Einheit vollendet'.[6]

Als Lehre vom 'Fünklein' und *apex mentis* zieht sich diese Lehre durch alle mystischen Systeme des Mittelalters und der letzten Jahrhunderte. 'Durch den höchsten Teil unserer Seele, den Ursprung unserer höchsten Kräfte, sind wir zum lebendigen Spiegel Gottes geworden, dem er sein Bild aufgedrückt hat ... Dieses Bild Gottes ist der Sohn, das Leben, die ewige Ursache aller Geschöpfe ... Dieses Bild ist in allen Menschen wesentlich und persönlich; jeder hat es ganz und ungeteilt, und doch haben alle Menschen nicht mehr davon, als einer. So sind wir alle eins, geeint in unserem ewigen Vorbilde, dem Bilde Gottes, das unser Aller und unserer Wesenheit Ursprung ist.'[7] — 'Gottes Kinder', sagt Boehme, 'sind in Christo nur Einer, der ist Christus in Allen.'[8] Wer aber Christus, den 'Sohn'[9] hat, oder den Geist; in wem — können wir übersetzen — der Wurzelzugang zu Gott frei und offen steht, der hat das 'ewige Leben', den neuen Geist, den Instinkt der Erweckten: die Liebe Gottes und des Nächsten in dem entselbsteten Ich. Denn die höhere

---

1) S. zB. Proclus, Theol. Platon. I, 24ff. (Windelband, Gesch. d. Philos. 179). 2) Vgl. o. S. 325. 3) J. Boehme, Von der Menschwerdung Christi. 4) Ders. an Caspar Lindner 10. Mai 1622, bei G. C. A. v. Harless, Jac. Böhme und die Alchemisten, 2. Aufl. (Lpz. 1882) 86. 5) Aurora 11. 6) Ev. Joh. 17, 21—23. 7) So zusammengefaßt bei Engelhardt, Richard von St. Victor und Joh. Ruysbroek (Erlangen 1838). Vgl. Preger II 124 (Egwint); Gichtel, Theos. I 63; Hügel I 265f.; Evans, Shakers 44f.; J. C. Vawdrey, The meaning of the communion of saints (Lond. 1904) 77. 8) Vom übersinnl. Leben § 21. — Über genauere Durchführung dieses Gedankens in mystischen Gemeinschaften s. zB. Guyon, Vie II 141; McCully 108; Mrs. Oliphant, Lawrence Oliphant 201. 244f. 383f. 9) In den hermetischen Schriften teilweise vertreten durch den νοῦς. S. zB. Zielinski in AR VIII 342.

Liebe im Menschen ist der Ausdruck seiner Wurzelung in Gott, ist der Gott in ihm, wie in allen Andern; woraus die Mystik unbedenklich die Schlußfolgerung zieht, in dem Nächsten liebe Gott sich selbst.[1] 'Liebe ist Gott selbst'; 'reine Liebe ist nichts anderes als Gott'; 'die göttliche Liebe ist nichts anderes als Gott, der sich durch seine eigene unermeßliche Güte in unsere Herzen ergießt'.[2] 'Die Liebe [unter den Menschen], schreibt ganz ebenso ein Mystiker unserer Tage, ist bloß ein anderer Name für Christus, welcher das Haupt des Leibes [der Gläubigen] ist; ... Christus ist es, der das ganze Menschengeschlecht zur Einheit macht; ... er ist der gemeinsame Ursprung der Empfänglichkeit und Sympathie, der Jeden mit dem Andern verknüpft und aus Tausenden eine lebende geistige Einheit macht.'[3]

Natürlich bedeutet dieser mystischen Auffassung die Bekehrung, die Wiedergeburt, der entscheidende Eintritt der Instinktwandlung — den Durchbruch nach jener mystischen Einheit, dem Geiste Gottes zu;[4] wie ja nach mystischer Auffassung auch der Mensch Jesus erst Christus oder 'Gott' geworden ist, als er im 30. Lebensjahre den Geist empfing;[5] aber auch umgekehrt der Wiedergeborene, die 'in der Liebe mit Gott vereinigte Seele, ein zweiter Christus ist';[6] ward doch der Logos Gottes — Mensch, 'damit wir Götter würden'.[7]

In der Mystik des Islam erscheint dieser mystische Christus als 'Geist der Menschheit',[8] welcher Unsterblichkeit verleiht und dessen Aufbrechen im Einzelnen mit der Ausscheidung alles Tierischen, Grausamen und Teuflischen zusammengeht.[9] Noch der moderne Babist spricht vom 'himmlischen Geist', der verbindend zwischen dem menschlichen und dem rein göttlichen oder heiligen Geiste stehe (wie der Sohn') und von allen Lüsten und Einbildungen der materiellen Welt löse; durch den der Vollkommene die alles durchdringenden Kräfte des (kosmischen) Geistes erhalte, sich selbst als einen Teil des Absoluten erkenne und schon hienieden über Raum und Zeit erhaben werde.[10] Liebe ist bei den Babis, wie bei den Sufis, als Wesen des reinen Geistes zugleich die Kraft, welche die Welt in Fugen hält.[11] Man kann wiederum kaum deutlicher die sittliche Erweckung auf die metaphysische Einheit der Wesen zurückführen, die zugleich den erkennenden Geist 'über Raum und Zeit erhaben macht'.[12]

Aber auch in die neuere Philosophie und Wissenschaft unseres Kulturkreises ist das Echo dieses alten mystischen Glaubens gedrungen. Bekannt ist Schopenhauers Rückführung des Mitleids und damit 'aller echten d. h. uneigennützigen Tugend und jeder guten Tat' auf die Erkenntnis, daß 'mein wahres inneres Wesen

1) S. zB. Pastoralcorrespondenz ... des Cardinals P. M. Petrucci (deutsch, Regensburg 1837) 164. 2) S. Catarina Gen., Vita (in A. S. Boll.) 53b. 67c.; vgl. Drane II 125 (aus d. Dialog). 3) John Watson [Ian Maclaren], In answer to prayer 35. Vgl. Emersons Essay The Oversoul, Abs. 4 Schluß; Driesch, aaO. 565f. und Tolstoi (zB. im Kunstwart XXV 374). Ähnlich schon Plato (bei Zeller, Philos. d. Gr. II, 1, 3. Aufl. 513) und die Stoa: der Trieb nach Gemeinschaft zwischen den einzelnen Vernunftwesen stammt daher, daß die vernünftige Seele in Allen dieselbe ist (M. Aurel, Betracht. I, X, 9; XII, 30; Seneca, Ep. 95, 52). 4) zB. Tauler, bei Preger III 188f. 5) S. Grass 256 (Chlysten); Mead, Fragm. of a faith forgotten 191. 6) Nach der Logik einer kirchl. Heiligen: s. Drane II 125. Ähnlich im MA. die Amalrikaner und Ortliebarier (Preger I 176. 193). 7) Athanasius, De incarn. Verbi Dei c. 54. Vgl. Evans, Skakers 44f., und o. S. 38 Anm. 3. 8) Spirit of humanity, bei Palmer 56. 9) das. 55. 10) 'Abbās Effendi, bei Kremer 163. 11) E. H. Winfield, Masnavi i Ma'navi (Lond. 1887) Introd. 12) Vgl. Probst-Biraben, RPh 1906 II 497 (nach Mohy ed-din) üb. 'hierarchische Bewußtseine' und telepath. Verkehr zwischen Einzelseele und psychismes supérieurs.

in jedem Lebenden so unmittelbar existiert, wie es in meinem Selbstbewußtsein sich nur mir selbst kundgibt'. 'Jede ganz lautere Wohltat', vermochte daher der Philosoph zu sagen, '... ist, wenn wir bis auf den letzten Grund forschen, eigentlich eine mysteriöse Handlung, eine praktische Mystik, sofern sie zuletzt aus derselben Erkenntnis, die das Wesen aller eigentlichen Mystik ausmacht, entspringt, und auf keine andere Weise mit Wahrheit erklärbar ist', aus der Erkenntnis nämlich, daß der Wohltäter und der Empfänger derselbe seien, wobei also jener 'sein eigenes Wesen an sich in der fremden Erscheinung [des Empfängers] wiedererkennt'.[1]

Daß bei Fechner Gedanken von ähnlicher Zielrichtung zu finden sind, versteht sich von selbst. Sie gipfeln etwa in dem Satze, daß 'das Höchste, Beste, Allgemeinste in uns und allen Geistern, worin alle ein Band finden, als Gottes Wehen und Wohnen in uns' aufzufassen sei. Denn Gott ist ja das 'verknüpfende allgemeine Wesen'.[2] — Von etwas andern Voraussetzungen her stieß Eucken auf die Einsicht, daß 'eine innere Gemeinschaft der Individuen und ein gegenseitiges Seelenverständnis nicht möglich [sei] ohne eine Welt, die uns vom tiefsten Grunde unseres Wesens her umfaßt und zusammenhält'.[3] Und die gleiche Ahnung spricht aus Goethes Worten: 'Was ist das Heiligste? Was tief gefühlt, die Geister zusammenbindet.' Ja noch in der neuesten systematischen Ethik tauchen verwandte Gedanken auf, wenn die Unableitbarkeit altruistischer Regungen aus egoistischen Instinkten dazu führt, jene als Funktionen der Zugehörigkeit des Individuums zu größeren psychischen Einheiten zu fassen, als den Ausdruck seines Teilhabens an einem Gesamtbewußtsein und Allgemeinwillen.[4]

Diese leidlich weitreichende Einstimmigkeit unter Mystikern und Denkern vieler Jahrhunderte ist beachtenswert genug. Doch soll sie hier selbstverständlich nicht als Beweis eines Satzes eingeführt werden, den ich vielmehr als Ergebnis einer besonderen Induktion hinzustellen gesonnen bin: als versuchsweise metaphysische Folgerung aus der Überhäufigkeit des Zusammenbestehens von Heiligkeit, Gottesliebe und Menschenliebe (im umfassendsten und unpersönlichsten Sinne) mit jenen Erkenntnisleistungen, die mir am natürlichsten aus der Voraussetzung eines übergreifenden psychischen Zusammenhangs der Wesen und Gewußtwerdens der Welt erklärbar erscheinen. Dabei braucht aber kaum gesagt zu werden, daß mit dieser Annahme nur ein erster Schritt zur Begründung einer metapsychischen Theorie erweckten Wesens getan ist; während ihr Ausbau erst versucht werden könnte, wenn über den 'diesseitigen' Anteil des Gesamtkomplexes völlige Klarheit herrschte. Von solcher Klarheit aber kann einstweilen keine Rede sein. Die Lehre vom menschlichen Gefühlsleben ist noch immer der Tummelplatz widerstreitender Ansichten, auf die hier schon aus räumlichen Gründen nicht eingegangen

1) WW (Grisebach) III 651. Vgl. Kants bedeutsame Ausführungen in Träume e. Geistersehers ... (Kehrb.) 24f.; G. Teichmüller, Üb. d. Wesen der Liebe (Lpz. 1879) 96. 100. 103. 2) Zend-Avesta, 3. Aufl. I 203; vgl. 187f. u. Das Büchlein vom Leben nach d. Tode, 1. Aufl. 11. 3) Der Wahrheitsgehalt der Religion 224f. 4) Wundt, Leslie Stephen, Green, Bosanquet u. a.

werden kann.[1] Nehmen wir an — um dem Gegner metapsychischer Lehren den weitesten Boden einzuräumen —, daß ihre endgültige Gestalt innerhalb der Schulpsychologie eine wesentlich physiologisch-bestimmte sein wird, so versteht sich von selbst, daß eine zuletzt ins Mystische übergehende Theorie der erweckten Liebe nicht den mindesten Grund zu haben brauchte, solcher physiologischen Psychologie des Gemüts- und Willenslebens innerhalb ihres Geltungsbereichs zu widersprechen. Wie selbst der psychologische Dualismus alle physiologischen Feststellungen (im Unterschiede von Hypothesen!) restlos zu verarbeiten verpflichtet ist, so würde auch eine Metapsychologie der Liebesmystik sich lediglich zur Ergänzung jener physiologischen Psychologie berufen fühlen. Sie würde eine Verwurzelung des Liebesaffekts (und seiner zahllosen Auswirkungen!) in nervösen Vorgängen, in 'Spannungs-' und 'Lösungs'-Zuständen des Zentralorgans, und seine 'Entwicklung' im Verlaufe der Stammesgeschichte ohne weiteres anerkennen, und dennoch behaupten, daß seine Quellen einer außerordentlichen Vertiefung fähig seien durch die Erweckung, d. i. den Eintritt eines Zustandes, in welchem das Lebensgetriebe des Einzelnen der übergreifenden Seeleneinheit offener gegenüberliegt. Diese gibt seinem Lieben nicht nur eine neue Resonanz (ohne doch damit die physiologische Organisation auszuschalten), sondern vor allem auch neue Antriebe und neue Ziele, wie sie den zusammenfassenden, das Lebensganze vertretenden Tendenzen des Übergeistes entsprechen. Ihm, nicht mehr sich selber, auch nicht bloß dem 'sozialen Ganzen', sondern den jenseitigen Schicksalen seines Geschlechts und seiner selbst lebt nunmehr der Einzelne und strebt er in seinem Lieben zu. Eine solche 'Inspiration' der physiologischen Persönlichkeit aus einer Gegend des Nicht-physiologischen werden nur die für unmöglich halten dürfen, die an eine restlose Deutung aller geistigen Leistungen durch letzten Endes physikalische Kategorien glauben. Ihrer dürften aber selbst unter Schulpsychologen heute nur mehr wenige sein.

Bei dieser Einbeziehung des physiologischen Anteils wird dann endlich auch das Verhältnis des religiösen Liebens zur Geschlechtlichkeit seine endgültige Deutung finden. Wir haben früher gesehen, inwiefern die erweckte Liebe dem Geschlechtstrieb den Rücken kehrt, wieweit sie auf das Gebiet des Geschlechtlichen überzuspringen oder gar sich mit ihm zu verbinden vermag.[2] Inzwischen haben wir das Verständnis dafür gewonnen, daß eine solche Zulassung der Geschlechtlichkeit auch im mystischen Lieben seiner metapsychischen Deutung nicht widerspricht. Unter den tief in der Natur begründeten Einheitsbeziehungen zwischen den Wesen ist die körperlich-geschlechtliche Annäherung die äußerlichste und

---

1) Zur Orientierung kann dienen das Sammelreferat v. M. Kelchner in Arch. f. Psych. XVIII, Lit. 116ff. 2) S. o. S. 202 ff. 262 ff.

greifbarste; aber eben als Drang zur Verschmelzung ist sie ein Analogon. und darum nicht nur Symbol, sondern natürlicher Begleitvorgang aller innerlichen und geistigen Instinkte des Ineinswachsens,[1] die doch alle zuletzt auf jener wurzeltiefen metaphysischen Einheit des Lebens beruhen, die nirgends unmittelbarer zutagetritt, als in mystischer Erfahrung überhaupt und in mystischem Lieben besonders. Zwischen solchem mystischen und geschlechtlichen Lieben würde sich die introvertierte, 'schwärmerische', 'höhere' Liebe gewissermaßen als ein Mittelglied einordnen. als die Zubereitung eines Ansatzbodens, aus dem bei weiterer 'Vertiefung' die noch mehr vergeistigte und verallgemeinerte Liebe des Erweckten erwachsen könnte. Denn dieser liebt eben allgemeiner und geistiger, weil ein größerer seelischer Zusammenhang zur unmittelbaren 'Inspiration' seiner gesamten Organisation des Liebens geworden ist. Ob seine sexuelle Organisation dabei zum Mitspiel fortgerissen wird, ist eine Frage, die der Feststellung jener tieferen Inspiration gegenüber geradezu äußerlich erscheint. Jedenfalls stellt die Theorie der Liebe, zu der wir jetzt durchgedrungen sind, das übliche naturalistische Deutungsschema erst recht auf den Kopf. Nach diesem Schema bildet, wie wir wissen, der physiologische Trieb durchaus und in jedem Sinne das Primäre, jede Art des höheren Liebens seine durchsichtige Maskierung. Nach der hier erarbeiteten Ansicht ist jener Drang nur eine periphere Ausgestaltung der Lebenseinheit der Wesen, die sich außerdem in tausendfältigen Wirkungen auf allen Höhenlagen der Geistigkeit äußert.

LXXIV.

Über-Ich und erweckliche Erfahrungen.

Neben dieser Anwendung unserer Grundhypothese auf die Haupttatsache des mystischen Charakters, seine Art der Gottes- und Menschenliebe, fällt es uns nunmehr zu, sie auch noch an andern Sondererfahrungen des erweckten Lebens zu erproben. Mögen diese Erprobungen auch nicht einem Beweise der Hypothese gleichkommen, so dürfte ihre Gesamtheit doch zu deren Festigung beitragen. — Ich beginne mit gewissen eigenartigen Berichten, die nicht so sehr das Erleben des einzelnen Erweckten, als das einer Gruppe geistlich Erregter betreffen.

'Bei Gelegenheit einer Erweckungsversammlung [in Beddgelert, Wales] am 6. Febr. 1905 überkam plötzlich ein merkwürdiger Einfluß die Leute, ein [brausender] Ton schien durch den Raum zu ziehen, die Gesichter von Männern und Frauen erschienen verändert, und sie fielen nieder in einem Tumult der Erregung.'[2] — 'Es ist jetzt zu schrecklich hier,' sagte Roberts selbst bei einem offenbar ähnlichen Vorgang, 'als daß wir singen könnten. Ich habe nie etwas Ähnliches erlebt.'[3] Ein

1) Vgl. o. S. 247 f. 2) APS 1905 I 325; Bois 383; vgl. Phillips 205. 3) Bois 418.

Augenzeuge findet einmal einen bezeichnenden Ausdruck dafür. 'In einer Walliser Versammlung ruft ein Engländer aus: O Gott, was bedeutet das? Wir sind bestürzt, erschreckt. Was bedeutet diese seltsame, diese wunderbare, diese einzigartige Atmosphäre?'[1]

Ähnliche Angaben, z. T. in den gleichen Ausdrücken, finden sich zB. in den Schilderungen Finneys aus seiner Erweckertätigkeit. Der Kreisamtmann B. in Utica hörte von den Erweckungsvorgängen in Rome und belustigte sich in Gesellschaft seiner Freunde weidlich darüber. Bald darauf mußte er in Geschäften nach Rome reisen und 'fuhr in seinem Einspänner-Schlitten hin, ohne sich besondere Gedanken zu machen,[2] bis er den alten Kanal, etwa eine [engl.] Meile von der Stadt, überschritt. Sobald er hinüber war — sagte er —, überkam ihn eine seltsame Empfindung, eine so starke Furcht und heilige Scheu, daß er sie nicht abschütteln konnte. Er hatte das Gefühl, als durchdränge Gott die ganze Atmosphäre. Dies, sagte er, wuchs an, bis er das Dorf erreichte.' Der Hausknecht des Gasthofs, in welchem er abstieg, schien in ähnlicher Stimmung zu sein, als fürchte er sich zu reden; nicht anders die Leute, die zu sprechen er gekommen: sie konnten sich kaum zur Sache zwingen. 'Er sagte, daß er mehrmals während der kurzen Zeit, die er dort verbrachte, jäh vom Tisch aufstehen, zum Fenster gehen und hinausblicken und seine Aufmerksamkeit abzulenken suchen mußte, um sich der Tränen zu erwehren ... Er beeilte sich, nach Utica zurückzukehren und sprach in Zukunft nicht mehr leichtfertig von den Vorgängen in Rome.' Einige Wochen später wurde er selbst bekehrt.[3]

Ich behaupte natürlich nicht, daß derlei Beobachtungen einer naturalistischen Deutung durchaus unzulänglich seien: einer Deutung, die sich etwa auf 'Wallungen' des Unterbewußten und deren normal-suggestive Übertragung von Person zu Person berufen würde, also auf Erscheinungen der Massenpsyche im bildlichen Sinne. Immerhin glaube ich, daß die früheren Erörterungen uns berechtigen, diese Beobachtungen für zweideutig zu erklären. Sie könnten sehr wohl andeuten, daß hier ein wirkliches, alle Beteiligten umschlingendes und verschmelzendes Überbewußtsein, soz. eine telepathische Gruppe bestanden habe, die sich in unbestimmter Gemeinsamkeit des Fühlens äußerte, zugleich aber auch alle Antriebe in sich barg, den Einzelnen erwecklich zu beeinflussen. Es mag als merkwürdig angeführt werden, daß gelegentlich einzelne Beobachter geradezu geglaubt haben, leidlich bestimmte räumliche Grenzen einer solchen übersinnlichen Gruppe feststellen zu können.

'Etwas sehr Merkwürdiges war, schreibt Haslam, daß in einem gewissen Umkreis von Franks Hause die Leute sehr empfänglich für die göttliche Wahrheit waren und daß es ein Leichtes war, sie dahin zu bringen, daß sie ihre Herzen dem Herrn ganz hingaben ... Über diese Grenzlinie hinaus aber waren die Herzen wieder hart und völlig gleichgültig gegen alle göttlichen Dinge.'[4]

Wir sind schon früher der Tatsache begegnet, daß Bekehrungen zuweilen auf telepathischem Wege ausgelöst werden.[5] Fälle dieser Art brauchen

1) Das. 221. 2) without any particular impresssion upon his mind. 3) Finney 142. 4) Haslam, Vom Tode zum Leben 127; vgl. 71. 93. 5) S. o. S. 351 f.

natürlich nicht mehr zu beweisen, als daß die Abläufe innerhalb des Subjekts, die nach naturalistischer Auffassung die Bekehrung ausmachen, gleich jedem beliebigen andern Vorstellungsablauf ebensogut telepathisch wie auf normalem Wege angeregt werden können. Nach allem inzwischen Verhandelten bieten sie aber, zusammen mit den eben beschriebenen, offenbar ähnlichen Vorgängen, eine besonders natürliche Anwendung einer Theorie, welche Erweckung und Vorstellungsgemeinschaft auf verwandte Wurzeln zurückführt.[1]

Gehen wir zu den inner-individuellen Einzelerfahrungen der Erweckung über, so wird es nicht schwer fallen, das Erlebnis von 'Heiligkeit' in seinem ganzen Umfang, einschließlich des Gegensatzgefühls für die eigene 'Sündhaftigkeit', Niedrigkeit und Geschöpfhaftigkeit auf die innere Gegenüberstellung mit einer höheren Welt übermenschlichen Geistes zurückzuführen. Daß das Ich erschauere, daß ihm schwindle, wenn das Über-Ich in seiner Tiefe aufdämmert; daß es dieses Aufdämmern in der Beleuchtung jener Ideale erlebe, denen es in der Entselbstung überhaupt nachstrebt und die ihm letzten Grundes aus dem Über-Ich zuströmen — das alles erscheint ohne weiteres natürlich.

Ebenso natürlich aber die Verwobenheit dieses Erlebens mit dem, was der Fromme die Erfahrung der 'Gegenwart Gottes' nennt: denn in der Tat gehen ja beide Arten des Erlebens ineinander über. Ich führe einige Bekenntnisse an, nach welchen diese 'Gegenwart Gottes' angesichts der Natur, meist in einer Art leichter Ekstase, erlebt wurde: das Alleben als ein überpersönlicher Geist, von dem der Erlebende sich als einen Teil empfindet; — Bekenntnisse, die unsere Hypothese natürlich wieder nicht beweisen sollen, sie aber in einer besonderen Anwendung verdeutlichen und gleichsam dem Gefühle näherbringen mögen.

'Ich erinnere mich, schreibt ein Geistlicher, der Nacht und beinahe des genauen Flecks auf dem Hügel, da meine Seele sich sozusagen dem Unendlichen erschloß und die beiden Welten ineinanderstürzten, die innere und die äußere. Tiefe rief der Tiefe; und der Tiefe, die mein eigener Kampf im Innern aufgedeckt hatte, antwortete die unergründliche Tiefe draußen, die über die Sterne hinaus sich dehnte. Ich stand allein mit Ihm, der mich gemacht hatte, und aller Schönheit der Welt, und Liebe, und Schmerz, und selbst Versuchung. Ich suchte Ihn nicht. Aber ich fühlte den völligen Einklang meines Geistes mit dem seinen. Die gewöhnliche Empfindung der äußeren Dinge schwand. Für den Augenblick blieb nichts, als unaussprechliche Freude und Erhebung. Es ist unmöglich, das Erlebnis völlig zu beschreiben ... Die Dunkelheit verhüllte einen Gegenwärtigen, den ich um so mehr fühlte, als ich ihn nicht sah. Ich hätte nicht mehr daran zweifeln können,

1) Vgl. möglicherweise die 'Übertragung' übernormaler Erkenntnisakte durch körperliche Nähe (zB. Ludwig 24; Goethe, Dichtung u. Wahrheit [Cotta 1829] 59).

daß Er da war, als daß ich da war. Ja, wenn möglich, empfand ich mich als den weniger Wirklichen von beiden ... Mein höchster Glaube an Gott und meine wahrste Vorstellung von ihm wurden damals in mir geboren ... [Und] nachdem ich [so] einmal die Gegenwart von Gottes Geist gefühlt, habe ich sie nie wieder auf lange verloren.'[1]

Eine andere Korrespondentin Starbucks spricht sich folgendermaßen aus: 'Ich war den ganzen Tag auf den Felsen gewesen, durch die Flut [vom Lande] abgeschnitten. Ich kümmerte mich wenig um [den Ablauf der Zeit], sondern blickte den ganzen Tag hinaus auf die Wogen, die auf mich zugerollt kamen und dann zurückwichen. Ich war von Ehrfurcht erschüttert durch die Kräfte und Offenbarungen, [die sich] vor mir [entfalteten, und zu religiösen Gedanken angeregt]. Ganz plötzlich überkam mich ein Gefühl der Nichtigkeit und eine Empfindung der Unermeßlichkeit der Welt, des Daseins und der Allgegenwart Gottes. Ich fiel auf meine Knie, und mein innerstes Wesen schien an etwas teilzunehmen, das höher war als ich selbst, und mit ihm zu verkehren. [Nach meiner Heimkehr] erschien mir das Leben neu, ich war emporgehoben worden, das Gesichtsfeld war vergrößert; in mir war Liebe zur Menschheit und Entschlossenheit, die Lasten Anderer zu tragen.'[2]

Die für uns wichtigsten Ausdrücke dieses Bekenntnisses wiederholen sich fast wörtlich in dem folgenden. 'Zu jener Zeit kam mir bisweilen das Bewußtsein von Gottes Nähe. Ich sage Gott, um zu beschreiben, was nicht beschrieben werden kann. Eine Gegenwart, möchte ich sagen, doch das läßt zu sehr an Persönlichkeit denken, und die Augenblicke, von denen ich spreche, enthielten nicht das Bewußtsein einer Persönlichkeit, sondern etwas in mir ließ mich fühlen, als sei ich ein Teil von etwas Größerem, als ich, welches mich beherrschte. Ich fühlte mich eins mit dem Grase, den Bäumen, den Vögeln, Insekten, mit Allem in der Natur.'[3]

Auch C. M. C., das Subjekt der oben wiedergegebenen Naturoffenbarungen und Unsterblichkeitserlebnisse, hatte bezeichnenderweise andauernd das 'sich vertiefende, zu Zeiten fast bis zur Schmerzlichkeit anwachsende Gefühl einer heiligen Gegenwart ... Ich hätte mich nicht gewundert, wenn selbst die Felsen und Berge in einen gewaltigen Lobgesang ausgebrochen wären. Der 'zerrissene Vorhang', das 'Allerheiligste des Tempels', ... ich sah, daß dies Symbole waren, Versuche des Menschen, seiner innern Erfahrung Ausdruck zu geben ... Wir glauben zu sehen, aber in Wahrheit sind wir blind. Wenn wir sehen könnten —!'[4]

Endlich mag die folgende nahe verwandte Erfahrung Horace Traubels, eines Whitman-Jüngers, hier ihren Platz finden. 'In jener überwältigenden Nacht, schreibt er, da ich über das Geländer der Fähre lehnte, verlor ich diese Welt um eine andere und sah in der Angst und Wonne weniger Minuten Dinge offenbart, die mir bisher verborgen waren. Wem Ähnliches begegnet ist, der wird verstehen, was das bedeutet ... Ich könnte das leibliche und geistige Element des Augenblicks nicht [voneinander] trennen. Mein physischer Körper machte die Erfahrung des Verschwindens in geistigem Licht. Alle strengen Linien des Vordergrundes

---

1) Nach Starbuck bei James, Varieties 66f. (... the darknes held a presence). 2) Starbuck 200f. 3) Nach Starbuck bei James, aaO. 394 Anm. 2. 4) Bucke 272.

der Dinge schwanden. Ich ward eins mit Gott, Liebe, dem All, endlich von Angesicht zu Angesicht zu mir selbst gekommen.'[1]

Wir haben früher[2] die Erfahrungen der Gegenwart Gottes auf Regungen unterbewußter Massen zurückgeführt; die eben wiedergegebenen Beispiele ihrerseits passen sich besonders glücklich unserer Grundhypothese an. Hier nun ist der Ort, sich klar zu machen, daß die zweite Deutung der ersten nicht widerspricht, sondern sie auf natürliche Weise ergänzt: eine wichtige Einsicht, die sich ja bei genauem Zusehen auf den Gesamtbestand der früheren psychologistischen Auslegungen anwendet. Die Religionspsychologie ist in jedem Falle Tiefenpsychologie im Sinne der Psychanalyse. Aber die Tiefe der menschlichen Seele ist kein abgeschlossener Raum; sie steht offen nach dem Überseelischen zu, und ihre letzte Tiefe ist der 'Abgrund Gottes'. Stellt sich das Erlebnis der 'Gegenwart Gottes' dar als das Bewußtsein, ein Teil von etwas Größerem zu sein, so verträgt es sich gut mit einer Hypothese, die aus vielerlei ganz andersgearteten Tatsachen der Erfahrung zu eben diesem Begriff gelangte; womit freilich nicht gesagt sein soll, daß diese Hypothese auf jede Erfahrung anwendbar sei, die dem Subjekt als 'Gegenwart Gottes' imponieren mag. Die metapsychische Deutung ist eine Ergänzung, die wir jedem religionspsychologischen Tatbestand gegenüber in Bereitschaft halten, nicht aber jedem derartigen Tatbestand aufzwingen sollen. —

Die Anwendung, die wir von unsern Grundanschauungen jetzt auf die Erfahrungen der praktischen Mystik machen, wirft aber auch neues Licht auf gewisse übersinnliche 'Einsichten', die mehr oder minder unmittelbar auf eben dies praktische Verhältnis zum Jenseits Bezug haben.

Wenn Boehme in seinem 'Licht' das 'wahre Wesen Gottes und der Menschen und ihr Verhältnis zu einander' erfaßt, oder die *New lights* in der Erweckung die 'Dinge des Geistes' verstehen, die 'Reinheit Gottes und die Notwendigkeit einer neuen Geburt'; wenn Gichtel den Sündenfall, die Erbsünde, die Erlösung, die Wiedergeburt, den Heilsplan Gottes in einem höheren Sinne erfaßt, oder jener junge methodistische Geistliche die 'Wege der Vorsehung und die Entwicklung des menschlichen Geschlechts'; wenn Maria de S. Teresa 'begreift, daß die göttliche Essenz in ihrer Seele sei, wie ein Wesen, davon sie ganz durchflossen wäre, und daß die göttliche Herrlichkeit im Innersten unseres Selbst ihren Sitz habe', oder Mrs. Edwards auf mystische Weise 'weiß, daß sie gewißlich zu Gott gehe, und soz. in das göttliche Wesen hineinfallen und von ihm verschlungen werden würde',[3] so lassen sich solche 'Einsichten', die das geistliche Schicksal der Seele betreffen, — fast durchweg sogar ohne Mittelschritte — als Ausdruck jener Wahrheit fassen, die wir in unserer Hypothese zu ergreifen suchen. Überdies ist wirklich nur ein Schritt von ihnen zu etwas mehr spezialisierten Fassungen. Finneys erleuchtetes Erfassen der 'Rechtfertigung durch den Glauben' braucht in der Tat

---

1) Das. 286. Vgl. hierzu Heiler 341 f. (P. de Lagarde, M. v. Meysenbug). 2) o. S. 111 f.
3) S. o. Kap. XXXIII S. 316 ff.

nicht mehr zu sein, als die Übersetzung eines Erlebnisses, das im Aufleuchten jener Tiefe, die den 'Glauben als Zustand' begründet, den Einzelnen hinaushebt über seine Individualität als Sitz aller Vereinzelung und Icheinkapselung, d. i. Sünde, und ihn dem Lebensbereich der 'Heiligkeit' einverleibt. Erlebt oder faßt der Einzelne diesen Bereich als persönlich — und wieviel Persönlichkeit mag zwischen dem Menschen und der Überpersönlichkeit eines All-Ich zwischengeschaltet sein! —, so kann er wohl zu dem Ausdruck gelangen, er habe erkannt, daß 'sein Erlöser lebt',[1] ja 'daß Jesus der Sohn Gottes sei'.[2]

Wir stoßen so immer wieder auf den Zugang zur Einsicht, daß theologische Begriffe und Anschauungen Symbolwert besitzen, nicht nur für psychologisches Geschehen, sondern auch für metapsychisches. Die früheren Ausführungen über die erstere Beziehung brauchen hier nicht ausdrücklich auf die letztere übertragen zu werden; es genügt zu sagen, daß sie an der vertiefenden Ergänzung teilnehmen, die der Psychologismus durch die inzwischen erarbeiteten Anschauungen durchweg erfährt. Alles Vorstellungsmäßig-konkrete am erwecklichen Erlebnis dürfen wir jetzt erst recht als diesseitiges Symbol, als Übersetzung des Göttlichen ins Menschliche fassen. Es wäre sicherlich ein vermessenes Unterfangen, in der Anwendung von Begriffen wie Persönlichkeit, Unpersönlichkeit oder Überpersönlichkeit auf die göttliche Tiefe der geistigen Welt irgendwelche Schärfe und Bestimmtheit anzustreben. Das aber ist gewiß, daß in menschlichem Denken über den 'persönlichen' Gott der überwiegende Anteil lediglich Symbolwert haben kann. In den eben angeführten Erfahrungen der 'Gegenwart Gottes', denen ich metapsychische Bedeutsamkeit zusprach, durchläuft die Ausprägung zum Persönlichen sehr mannigfache Grade, und wir wissen, wie viele vertieft-Religiöse ihre Erfahrung ganz unmittelbar als ein Erleben des 'himmlischen Vaters', des liebenden persönlichen Gottes deuten;[3] ganz zu schweigen von denen, die ihr mystisches Erleben und Emporstreben in die Formen eines persönlichen Romans, etwa gar in halluzinatorischer Ausgestaltung, zu bannen wissen.[4] Wieviel hieran menschliche Spiegelung sei, braucht nunmehr nicht einmal gefragt zu werden, wenn es gilt, die metaphysische Wahrheit solchen Erlebens einzuschätzen. Wäre immerhin der 'Gott' durchaus nur als Symbol der 'Gottheit' aufzufassen,[5] so bliebe doch richtig, daß aus der Tiefe, über welcher solche Symbolik als Schleier schwebt, dem Frommen alle letztgültige Erweckung, Erleuchtung und Führung im Persönlichsten zuströmt. Eben darum verringert sich die Tiefenbedeutung einer Erweckung auch nicht durch das völlige Fehlen jener symbolischen Elemente: wie wir denn dem Fall einer soz. atheistischen Bekehrung bereits begegnet sind.[6]

---

1) Kanne, o. S. 319. 2) Gichtel. 3) H. St. Chamberlain, Mensch und Gott (Münch. 1921) 35 u. ö.; Starbuck 127. 4) S. o. S. 90 ff. 217 ff. 257 ff. 5) Bekanntlich in der Mystik eine gangbare Unterscheidung. 6) o. S. 321. Vgl. auch C. M. C., bei Bucke 267 ff. u. a. m.

LXXV.

Metapsychologie der seelischen Spaltungen.

Soviel zunächst über den Zusammenhang materialer Bestandstücke der erwecklichen Erfahrung mit unserer Hypothese. Unsere nächste Aufgabe muß es sein, gewisse formale Eigentümlichkeiten dieser Erfahrung im Lichte der inzwischen erarbeiteten Begriffe einer vertieften Betrachtung zu unterziehen: nämlich vor allem die Neigung des Mystikers zur seelischen Gespaltenheit, zu abnormen Bewußtseinsphasen aller Art, zur automatischen Leistung, zur Ausbildung zweiter, führender 'Persönlichkeiten'. Auch diese Eigentümlichkeiten sind dem Mystischjenseitigen nicht ausschließlich eigen; aber sie treten bei ihm mit einer Überhäufigkeit auf, die so auffallend ist, daß jeder Versuch, sie zu beweisen, nicht nur unmöglich, sondern auch überflüssig erscheint.[1] Diese Überhäufigkeit muß wiederum einen Grund im Wesen mystischen Seelenlebens haben, und es wird nicht schwer fallen, diesen im Zusammenhange mit unsern Grundanschauungen aufzuzeigen.

Nähern wir uns dieser Aufzeigung durch die Frage, welche genauere Auffassung von den Haupttatsachen seelischer Spaltung jene Grundanschauungen überhaupt nahelegen. — Wie hier nicht mehr zweifelhaft sein kann, wird diese Auffassung vorwiegend von psychologischen Gesichtspunkten ausgehen müssen, die in physiologischen Nachweisungen lediglich ihre Ergänzung finden können. Die Berechtigung zu dieser Stellungnahme erweist sich nicht nur aus allgemeineren Feststellungen früherer Abschnitte, sondern nicht zuletzt auch aus dem geradezu chaotischen Zustande, in welchem die rein-physiologische Hypothesenbildung diesen Fragen gegenüber sich befindet, — weshalb ich denn auch ein genaueres Eingehen auf sie dem Leser glaube ersparen zu dürfen.

Das 'Wunderhafte' der Ich-Synthese, von dem ich oben sprach, tritt ganz besonders zutage, so oft wir den Vorgang ihrer Zersetzung gleichsam unter die Lupe zu nehmen vermögen. Wir erkennen dann zwar stets ein 'Motiv', einen Anstoß, einen Willen oder dgl. zur Spaltung, d. h. zu neuen Synthesen; aber die Wirkungsweise dieser Anlässe, das Wie-sie-es-machen, bleibt durchaus unergründlich. Es soll oder muß ein neuer Zusammenhang entstehen — und alsbald entwindet er sich der Gesamtmasse, wobei nur Eines einzuleuchten scheint: daß Anlaß wie Ergebnis eben durchaus 'psychischer' Natur sind und in den klarsten, faßbarsten Fällen auch nicht den Schatten einer Verlockung zu physiologischer Deutung erkennen lassen. Psychologischer Artung ist ja zB., was die Psychanalyse als Anlaß zur Ichspaltung aufzuweisen sucht: Abwertungen, Geschmacksurteile, 'Verdrängungen' dessen, was verurteilt wird oder mit

1) Vgl. o. S. 118 f.

dem gewünschten Innenleben unverträglich erscheint. Aber lassen sich hier zuweilen noch physiologische Hintergründe ahnen, so schwindet jeder Ausweg aus dem rein Psychologischen, wenn wir den Anlaß zur Spaltung im bloßen Willen eines äußeren Experimentators finden, also gleichsam der willkürlichen Erschaffung neuer Iche 'aus Nichts' beiwohnen — aus Nichts, heißt das, soweit innere Anlässe zur Neusynthese in Frage kommen, nicht aber deren Inhalte, die natürlich den Gesamtmassen des alten Gesamtich entnommen sind.

Ich denke hierbei an die suggestive Erzeugung sog. Pseudopersönlichkeiten in der Hypnose: Auf bloßen Befehl 'wird' das Subjekt, was ihm aufgetragen wurde: eine bestimmte, ihm bekannte Persönlichkeit; oder zB. ein 'Priester', ein 'General', ein 'Trunkener', ein 'altes Weib', ein 'Kind' oder was sonst, und paßt der aufgetragenen Rolle sein Denken und Handeln mit verblüffender Naturtreue an.[1] Es liegt natürlich nahe zu sagen (und es ist meist nichts andres gesagt worden, als dies): daß die Impersonation eine gehorsam übernommene Komödie sei, die mit größerer oder geringerer Selbsthingabe, vielleicht zuweilen mit leidenschaftlicher Einfühlung durchgeführt werde. Auch wird man in weiten Grenzen diese fast selbstverständliche Deutung nicht bezweifeln. In gewissen Fällen indessen macht man die merkwürdige Beobachtung, daß solche künstliche Persönlichkeiten ihrem Ursprungszustande gegenüber, wie auch untereinander (falls nämlich mehrere in einem Subjekt erzeugt werden) erinnerungslos sind, während sie in sich, nämlich wenn sie mehrmals zu verschiedenen Zeiten auftreten, Erinnerungszusammenhänge bilden, sogar wenn diese verschiedenen Gelegenheiten des Auftretens durch große Zeitstrecken getrennt sind.[2] Dr. Sidis hat sogar zwischen dem normalen und dem künstlichen Ichzustand etwas wie jene typische Durchgangssynkope beobachtet, wie sie vor 'Auftritten' spontan gebildeter Teil-Iche die Regel ist.[3] Dem Subjekt V. F. war in der Hypnose der Auftrag gegeben worden, nach dem Erwachen auf ein verabredetes Zeichen hin Dr. Dendy, ein ihm bekannter Arzt, zu 'werden'. Auf dieses Zeichen hin 'sah V. F. zuerst wie benommen aus; seine Augen verloren ihren natürlichen ... Ausdruck, als würde ... sein Geist von einer dichten Wolke eingehüllt. Nach einigen Sekunden ... war alles wieder klar. Er stellte Dr. Dendy mit äußerster Lebenstreue dar. Ich sage, er stellte ihn dar; aber das war es nicht; er schien sich als Dr. Dendy zu fühlen, er war Dr. Dendy.'[4] Um es kurz zu sagen: künstliche Persönlichkeiten verhalten sich häufig wie wahre alternierende Ichphasen.[5] Deuten wir diese durch eine 'psychische' Spaltung, durch wahre Doppeltheit der Ichsynthese, so dürfen wir jenen die gleiche Deutung nicht vorenthalten.

Der Gedanke einer hier stattfindenden Ich-Schaffung könnte ungeheuerlich und die allgemeinere Deutung durch ihre Anwendung vernichtet scheinen, wenn man sich nicht den Unterschied des hier vertretenen Aktualismus von dem Dualismus des metaphysischen Seelenglaubens klar

---

1) Sehr frühe Versuche von Dupotet (bei du Prel, Stud. I 226f.), dann sehr häufig, bes. von Richet. Vgl. auch Sidis, Suggestion 255ff. 261ff. und o. S. 608. 2) S. Janet, Aut. 163f.; Actes 273f. 3) S. o. S. 179 Anm. 5. 4) to feel like Dr. Dendy. — Sidis, Suggestion. 5) Vgl. o. S. 52f.

macht. Die Suggestion soll nicht das Wunder der Erschaffung einer Seele, also eines metaphysischen Wesens aus dem Nichts, sie soll nur innerhalb jenes äußerst labilen und elastischen Geschehens der Synthetisierung, als welches das Bewußtsein überall sich erweist, zur Bildung eines neuen Zentrums, eines neuen 'Wirbels',[1] eines neuen Kristallisationspunktes den ersten Anstoß geben; eines Zentrums, das sich in weit problematischerer Weise an die nervösen Grundlagen wendet und darum weit leichter sich verflüchtigen kann, als ein normal-gewordenes Ich. Doch will ich klar und offen aussprechen, daß es mir durchaus nicht schwer fällt zu glauben, ein solches 'künstliches Ich' bestehe nach seinem Schwinden ebensogut als vergessenloses Erinnern fort, wie das Bewußtsein eines Abgeschiedenen. Es gibt eben keine 'totale Amnesie'; dieser Satz darf gewagt werden. Und unstreitig könnte auch — ich entsinne mich im Augenblick keines entsprechenden Versuchs — die Erinnerungslosigkeit nach künstlichen Persönlichkeiten beseitigt werden; die Methode aber wäre wieder dieselbe, die auch das Teil-Ich geschaffen hat und so viele Amnesien überwindet: der einfache Befehl zu erinnern. Wir wissen, daß er jedem Hypnotisierten gegenüber Erfolg hat; daß er die normalerweise der Hypnose folgende Erinnerungslosigkeit scheinbar durch ein Wort, in Wahrheit natürlich durch den gehorchenden 'Willen' des Subjektes aufhebt, wie er ja auch umgekehrt in der Hypnose Erinnerungslosigkeit — völlige oder beliebig teilweise — für die eigene wache Vergangenheit oder — allen Regeln zuwider — auch für die Erlebnisse früherer Hypnosen setzen kann, ja selbst dem Erwachenden die Erinnerung seiner wachen Vergangenheit (im ganzen oder in Teilen) zu nehmen vermag.[2] Daß es wirklich nur der suggestiv angeregte 'synthetische Wille' des Subjektes ist, dem dies unumschränkte Schalten und Walten gelingt, das wird, wenn nötig, durch Fälle erhärtet, in denen jede äußere Suggestion fehlte, dagegen ein Interesse an der Erinnerung oder ein Wunsch, sie zu erhalten, bestand.[3] Das Bedeutsame aber ist, daß der Wille diese Überschleifung der Erinnerung auch über normalerweise bestehende Hindernisse bewirken kann. Was aber ist dieser Wille anderes als eine neue Bezeichnung für das 'Wunder' der Synthese überhaupt? Oder wie sollte es wohl gelingen, diesen Willen, der mit den psychischen Inhalten schier nach Belieben schaltet, restlos physiologisch zu deuten? Wie sollten wir, heißt das, den nervösen Parallelvorgang, der dem Wunsche zu erinnern 'entspräche', jene physiologischen Hemmungen überwinden lassen, die sich (nach monistischen Begriffen) der Erinnerung, will sagen: der physischen Assoziation in den Weg stellen? Wir gerieten in lauter *ad hoc* zu erfindende Hypothesen.

Einen besonders günstigen Standpunkt zur Beobachtung des fraglichen

---

1) Im Sinn der Vortex-Theorie der Atome gesprochen! 2) Bramwell 100ff. Vgl. ATM XI, 1 117; 3 133. Ein Beispiel (v. Eeden) in ZH VI 8. 3) S. zB. Marcinowski in ZH IX 31; Passavant 95.

Willens-Wunders in Tätigkeit gibt vielleicht der Augenblick jenes Zusammenfließens zweier synthetischer Ströme, wovon bereits in unserer ersten Übersicht der Tatsachen psychischer Spaltung einige Beispiele gegeben wurden. Ihr Wesentliches mag sich der Leser nochmals vergegenwärtigen an der vielleicht merkwürdigsten Schilderung dieses Vorgangs, von der ich Kenntnis habe.

Sie bezieht sich auf den früher angeführten Fall von alternierender Ichspaltung des Rev. Hanna.[1] Während eines Zustandes 'oszillierenden' Bewußtseins, in welchem also der Kranke sich bald in der ersten, bald in der zweiten Phase befand, bemerkten seine Ärzte zum ersten Mal das vorübergehende gleichzeitige Vorhandensein beider Erinnerungsketten. Bald danach legte sich Hanna auf ein Sofa nieder, klagte über Kopfschmerz und verfiel in einen Zustand anscheinend zunehmender Geistesabwesenheit und Reglosigkeit. Nur langsam und mühsam gewann er die Sprache und Fähigkeit der Bewegung zurück (wobei er wiederum Kenntnis seines ganzen Lebens bekundete). Er selbst beschrieb später seinen damaligen inneren Zustand in folgenden Worten: 'Beide Leben, das des ersten und das des zweiten Zustandes, stiegen auf ... Sie erschienen wie jede andere Erinnerung an die Vergangenheit, ... aber sie waren verschieden [voneinander]. Ich hatte zwischen den beiden zu wählen, und das schien mir unmöglich. [Sie erschienen] wie zwei verschiedene Personen. Die Vernunft sagte mir, daß ich Einer sei, und doch erschienen [mir] zwei Iche und ich hatte daher zwischen ihnen zu wählen ... Auch hatte ich ein unerklärliches Gefühl, daß beide mein waren ... Es schien unmöglich, eins zu vergessen; beide suchten im Bewußtsein zu verharren ... Ich entschloß mich [also], beide Leben als meine anzunehmen.' — Und in einer späteren autobiographischen Niederschrift heißt es noch: 'Die [beiden] Leben wurden ständig mehr und mehr persönlich, bis schließlich durch einen wohlüberlegten Willensakt die beiden ergriffen wurden und ein halbes Jahr bis zum heutigen Tage geblieben sind, obschon es einige Zeit hindurch nach der Heilung schwer war, die abgesonderten Teilstücke jedes der beiden Leben ineinanderzuschachteln, um eine ununterbrochene Lebensgeschichte herzustellen.'[2]

Was war nun jenes Ich des Mr. Hanna, das zwischen den beiden vor ihm liegenden Erinnerungsmassen glaubte wählen zu müssen und doch nicht wählen zu können, und das schließlich beide als 'sein' anerkannte? dem beide Massen 'als zwei verschiedene Personen' erschienen, während 'ein unerklärliches Gefühl' ihm sagte, daß beide sein wären? das beide anerkannte — *recognized* —, und doch nicht in der Art, wie man alte Erinnerungen heraufholt, sondern wie ein 'völlig neues Leben'?[3] Wäre dies wählende Ich entweder das des ersten oder das des zweiten Zustands gewesen, so hätte — möchte man meinen — die Beschreibung der Heilung nicht umhin können, einen Unterschied in der Art zu betonen, wie dies Als-eigen-erkennen sich auf die einen und auf die andern Inhalte bezog. Das Ich des 'ersten' Zustandes hätte die Inhalte dieses

1) o. S. 52f. 2) Sidis u. Goodhart 187—197. 226 (gekürzt; Sperrungen von mir).
3) aaO. 195. 196.

Zustands in einem intimeren Sinne als seine eigenen empfinden müssen, während ihm die des andern nur etwa auf dem Umweg über Berichte des Arztes oder über die Zugehörigkeit zu dem gleichen Leibe als 'Hannas' Erlebnisse erscheinen konnten. Und entsprechend das Ich des zweiten Zustandes. Unser aktualistischer Pluralismus des Ich dagegen läßt uns den Vorgang wohl richtiger so beschreiben, daß in jenen kritischen Minuten von Hannas Leben das 'Wunder' der Ich-Synthese sich auf einer höheren Ebene der Umfassung eingestellt habe, womit die niederen Ichsynthesen (als solche, nicht hinsichtlich ihrer Inhalte) hinfällig geworden seien und aufgehört hätten zu bestehen; wie die Kugelform kleinerer Tropfen aufhört zu bestehen, wenn sich diese zu einem Tropfen größeren Umfangs vereinigen. Die eigentliche psychologische Erscheinungsform des Wunders ist aber wiederum, nach Hannas eigenem Ausdruck, der 'Wille' zur Synthese.

Übersehen wir übrigens nicht, daß der Wille (angeregt durch Suggestion) nicht nur erinnern lassen kann, was normaler-, will sagen: physiologischerweise hätte vergessen sein müssen; sondern auch vergessen lassen, was erinnert hätte werden müssen; und zwar, wie bekannte Versuche beweisen, mit einer bis ins Kleinste gehenden künstlichen Auslese der Vorstellungen, zB. einzelner Buchstaben oder Zahlen, Worte oder Namen.[1] Mehr noch: der Wille kann auch nicht-wahrnehmen lassen, was normalerweise hätte wahrgenommen werden müssen; vielleicht der für den Physiologen paradoxeste Sonderfall synthetischer Selbstherrlichkeit, den wir aber in den gefälligen Taschen des 'Wunders' wohl mitverschwinden lassen dürfen. Ich erwähne als schlagendstes Beispiel für diesen Sonderfall die Erfahrungstatsache der 'negativen Halluzination'[2] oder 'systematischen Anästhesie'[3]: die Tatsache, daß die Fremd- oder Selbstsuggestion bestimmte Dinge oder Personen für das hypnotisierte oder wiedererwachte Subjekt vollkommen (d. i. durch alle Sinne) unwahrnehmbar machen kann.

Der Systematisch-anästhetische nimmt zB. einen Menschen, den man ihm als nicht-existierend bezeichnet hat, durch keinen seiner Sinne wahr; hört ihn zB. nicht reden oder in die Hände klatschen, auch wenn sein Klatschen mit dem eines Dritten abwechselt; fühlt ihn nicht stechen, sieht nicht sein Bild im Spiegel; sieht zuweilen selbst nicht unmittelbar von ihm gehaltene Gegenstände, oder aber sieht diese in der Luft schweben.[4] Das Blatt eines Kartenspiels etwa, das durch einen posthypnotischen Befehl aus der Welt der Sinnendinge gestrichen wurde, wird bei keinem Durchblättern oder Aufzählen des Spieles wahrgenommen. Selbst ein einzelner willkürlich gewählter Buchstabe verschwindet in allen seinen Vertretern aus allem Geschriebenen oder Gedruckten, das dem Subjekt unter die Augen kommt.[5]

---

1) S. zB. J. Liégeois, De la sugg. hypnotique ... (Par. 1884) 37ff. 2) nach Bernheim. 3) nach Binet und Féré. 4) Vgl. du Prel, Stud. II 35ff.; s. auch Pr VIII 469. 5) Janet, Aut. 275. — Die Tatsache der neg. Hall. war schon Deleuze, Bertrand, Teste, Charpignon

Die monistische Psychologie, als deren Vertreter hier Wundt angerufen werden mag, erklärt die Nichtwahrnehmung zunächst, wie bei allgemeinen suggerierten Anästhesien, durch eine positive Ablenkung der Aufmerksamkeit, sei es auf irgend eine stellvertretende positive Halluzination, sei es auch nur auf 'die als Schallbilder nachwirkenden Worte' des betreffenden Befehls. Soweit dies nicht ausreicht, wird an die 'eigentümliche Beschaffenheit der Gesichts- und Gehörseindrücke im schlaftrunkenen und somnambulen Zustand' erinnert. 'Indem die Gegenstände, die nicht gerade durch die besonderen Bedingungen der Beobachtung bevorzugt sind, in größere Ferne gerückt erscheinen, werden sie überhaupt unbestimmter und undeutlicher gesehen.' Auf die Suggestion zB., eine von drei anwesenden Personen sei nicht vorhanden, treten die übriggebliebenen in den Vordergrund des Bewußtseins, und der unbestimmte Eindruck der dritten werde nicht apperzipiert; Wundt scheint sogar nahezulegen, daß das Subjekt in Wahrheit auch das Nichtwahrzunehmende wahrnehme, aber eben auf die Suggestion hin die Wahrnehmung leugne. 'Jedenfalls ist das letztere imstande, das Hinwegsehen über an und für sich schwache Eindrücke zu erleichtern.'[1]

Diese Gedanken erscheinen mir durchaus ungenügend. Sie erklären keinesfalls zB. die gänzlich unbeachtete Hinnahme von Nadelstichen in die Nase, unter die Nägel, in die Schleimhäute des Auges, die ein durch Wortsuggestion unwahrnehmbar Gemachter an einem Subjekte ausübt, das auf die gleichen Eindrücke seitens Anderer völlig normal reagiert. Bernheim, der diese Versuche an einer weiblichen Versuchsperson ausführte, simulierte schließlich den Beginn eines geschlechtlichen Überfalls: er hob ihr unvermutet die Röcke und kniff sie in die Waden. 'Obgleich von Natur sehr sittsam, ließ sie es ohne Erröten zu; ... sie gab schlechterdings durch nichts zu erkennen, [daß sie merke, was ihr geschah]. Ich bin überzeugt, daß sie in diesem Zustand ohne den geringsten Widerstand hätte vergewaltigt werden können.'[2] — Während dieser Versuche war die Versuchsperson wach: man darf sich also nicht mit Wundt bei ihr auf Abschwächung der Wahrnehmungen im somnambulen Zustand berufen; sie befand sich auch nicht in dem hypnoiden Zustande, den die Ausführung posthypnotischer Befehle meist herbeiführen soll: denn sie verhielt sich gleichzeitig den übrigen Personen gegenüber normal-wach; anderseits waren die zugemuteten Wahrnehmungen zu lebhaft und von zu großer persönlicher Wichtigkeit, als daß eine 'Ablenkung der Aufmerksamkeit' ihre anscheinend völlige Nicht-Wahrnehmung erklären könnte.[3]

Das Paradoxe der 'systematischen Anästhesie' liegt nun offenbar darin, daß man, um dieses Nicht-wahrnehmen bestimmter Dinge seitens des Subjektes zu erklären, ihm doch eine Wahrnehmung eben dieser Dinge zuschreiben muß, welche ihre Auswahl und entsprechende Ausschaltung ermögliche. Das Subjekt muß wahrnehmen, um nicht wahrzunehmen. Dies macht anscheinend eine zweite Instanz nötig, da von einem Wählen 'im Bewußtsein' nichts zu finden ist;[4] und es liegt natürlich nahe, diese

bekannt. Fälle spontaner neg. Hall. s. bei Prince 189. 538. 540 (auf 'Sallys' Wunsch!); Moll 105 (bei Geisteskranken, nach Forel). 1) Wundt III 669 Anm. 1. 2) Aus RH Dez. 1888 bei Binet 305ff. 3) Vgl. auch die Möglichkeit schwerer Operationen an Wachen bei völliger Schmerzlosigkeit auf bloßen Wortbefehl: zB. Sidis, Suggestion 26 (5 Zahnwurzeln). Die gleichen Gründe würden auch gegen Moll 247ff. ausreichen. 4) Die Notwendigkeit dieser Zweiheit anerkennt Dessoir, D. Doppel-Ich 23; Prince scheint, nach

Instanz in einem gleichzeitig verlaufenden Strom von Unterbewußtsein zu suchen, der die 'Nicht-wahrnehmungen' des Hauptbewußtseins gewissermaßen an sich risse. Tatsächlich ist ja die Wahrnehmung jenes Nichtwahrgenommenen nicht nur physiologisch durch Pupillenreflexe und optische Nachbilder,[1] sondern auch psychologisch dadurch belegt, daß ihr Inhalt in automatische Leistungen eingeht[2] und in nachfolgender Hypnose als 'eigene' Erfahrung erinnert werden kann;[3] also in einer Bewußtseinsphase, die jener entspricht, welche wir als gleichzeitig mit dem vorherigen Wachen verlaufend annehmen dürfen. Es ist also anscheinend in solchen Fällen ein zweites Bewußtsein vorhanden, welches die verschwundenen Inhalte dem ersten entzieht, vielleicht indem es sie in einer besonderen Weise sich einverleibt. Bildet sich aber ein solches zweites Bewußtsein in Fällen wie den fraglichen gleichsam *ad hoc*, oder ist es von vornherein gegeben? Und wenn dies letztere — dann bei allen Menschen? oder nur bei Subjekten solcher sonderbaren Versuche? Oder könnten solche Versuche nicht schließlich bei Allen mit Erfolg ausgeführt werden, wie ja auch fast Jeder — Experimente beweisen es — sich zu automatischem Schreiben ausbilden kann?

Man erinnert sich, wie häufig die metapsychologische Forschung auf den Begriff eines Unterbewußtseins-an-sich, eines 'unterschwelligen Ich',[4] eines 'transzendentalen Subjektes'[5] gedrängt worden ist, dem dann alle Leistung zugeschoben wurde, die von außerhalb lenkend, ergänzend, gelegentlich also wohl auch entziehend und absondernd in das wache Ichleben eingreift. Das Bedenkliche dieser Begriffsbildungen liegt, wie mir scheint, in der übereilten Aufstellung — der Hypostasierung geradezu — einer neuen Einheit. Anstatt zunächst die äußerst mannigfaltigen Leistungen, die uns von 'unten' zukommen, einzeln auf Herkunft und Daseinsbedingungen zu untersuchen, schafft man sogleich ein 'zweites' 'Ich' oder 'Selbst', das dann die banalsten Automatismen, die rätselvollsten Krankheiten (wie Hysterie) und die verblüffendsten Wunder des Übernormalen gleicherweise erklären soll.[6] In Wahrheit beobachten wir nicht nur völlige Ungleichartigkeit der Leistungen, sondern auch Mehr-als-Zweiheit der unabhängigen psychischen Verläufe. Müßten die fraglichen Theorien nicht

---

einigem Sich-drücken (Prince 72f.), ein zweites Bewußtsein im Umfang der unterdrückten Empfindungen anzunehmen (das. 74; vgl. 192f.): wählen also doch die betr. Empfind. sich selber aus? Jastrow hilft sich mit einem witzigen, aber unzutreffenden Vergleich aus dem Leben — 'Schneiden' von Bekannten —, den er alsbald wieder verleugnet, um das Problem auf spätere Erörterungen zu verschieben, die es aber nicht wiederaufnehmen (Jastrow 280ff.). Fontan (RS 11. Mai 1889 587) benutzt, in einigen gequält-verworrenen Auslassungen, die Zweiheit, erklärt sie dann aber für Fiktion! — Die Ratlosigkeit eines theoret. Standpunktes ist meist lehrreicher als seine Erfolge.

1) Fontan, aaO. 586; Janet, Aut. 275; Binet 300.

2) zB. automatische Schrift: Janet, Aut. 279 (der 'Arm' schreibt: 'sie[!] kann nicht; sie sieht sie nicht'). Vgl. Binet 313f. 322; Dessoir, aaO. 18ff.

3) S. zB. Binet 308; ebenso Moll, Dessoir, Bernheim u. a.

4) Myers: subliminal self.

5) Du Prel.

6) S. bes. Myers' Hauptwerk.

zB. das Ich der Hypnose mit dem Unterschwellen-Ich gleichsetzen? Aber auch das hypnotische Bewußtsein kennt die Tatsache der negativen Halluzination,[1] wie auch die des Automatismus, zB. des unbewußten Planchetteschreibens von Antworten auf sonst offenbar nicht gehörte Fragen.[2]

Wir erhalten sogleich Luft, wenn wir die Fesseln dieses Individualismus der Zweipoligkeit sprengen und die 'transzendentalen Subjekte' der Einzelpersonen im Sinne unserer Grundbegriffe auflösen, oder doch wenigstens verflüssigen. Die psychische Synthese des sog. Individuums verläuft nie einheitlich, sondern fast immer in wechselnder Vielheit der Ballungen. Die Zusammenhänge bilden und lösen sich; der synthetische Griff vollbringt sein Wunder bald mit weiterer, bald mit knapperer Spanne. Aber immer steht hinter selbst der weitesten Umklammerung die Möglichkeit noch tieferer Synthese, zum mindesten der Herübernahme von Inhalten aus noch weiteren Zusammenhängen: jede Synthese ruht gleichsam im Schoße einer größeren, und wenigstens in diesem Sinne liegt in der Tat unter jedem Bewußtsein ein 'Unterbewußtsein', welches führend, schenkend und gelegentlich auch — stehlend einzugreifen vermag, wie wir letzteres zB. in der Tatsache der negativen Halluzination verwirklicht finden. Es ist meist eine andere, und immer eine höhere Instanz vorhanden, an die sich eine Suggestion — entstamme sie nun dem Subjekte selbst, oder komme sie von außen — wenden kann, um die Ausübung jenes 'Wunders' veränderter oder erweiterter Synthese herbeizuführen.

Wie sonst wohl sollten wir es erklären, daß zB. in einem so synthesenreichen Individuum — das Wort wird immer ironischer! — wie Miss Beauchamp der Befehl des Arztes an eines der vielen Iche nicht bloß lauten konnte: 'Bleiben Sie Sie selbst',[3] und dabei gegen Neigungen zum Umkippen erfolgreich sein — dies erschiene noch einigermaßen verständlich —, sondern auch: 'Wechseln, 2' — '*change*, 2', oder sonstwie.[4] Auch ist anscheinend immer eine höhere Instanz vorhanden, die noch mehr erinnert, als die jeweils zuletzt erreichte. Selbst in jenem klassischen Fall von 'konzentrischer' Ichspaltung, Janets Leonie, ergab die Beobachtung, daß die umfassendste, 'dritte' Persönlichkeit in eine sonderbare 'Ekstase' fallen konnte (in der sie ihren Arzt nicht mehr sprechen hörte, sich selig fühlte und zu ihrer Linken ein blendendes Licht sich erheben sah),[5] nach welcher sie auch noch das zu erinnern vermochte, was sie zuvor nicht hatte erinnern können.[6] —

Es verlohnt sich, in diesem Zusammenhang noch einmal ein Beispiel überlegener Tiefenleistung heranzuziehen, das uns schon früher[7] die Tatsache psychischen Doppelverlaufs überhaupt belegen sollte: nämlich die bekannten Versuche, die an den außerordentlichen Zeitsinn des 'Unterbewußtseins' sich wenden.

---

1) S. zB. Dessoir, aaO. 23. 2) S. zB. PS XV 503. 3) Prince 519. 4) Das. 302. 5) Vgl. hierzu o. S. 577 f. 596 f. 650. 659 ff. 6) Janet, Actes 276. — Ich brauche kaum auszuführen, in wie eigenartiger Weise hier die vielerörterte Frage, ob der Mensch stets 'bewußt' sei, — verschwindet. 7) o. S. 46 f.

Dem Hypnotisierten wird die Ausführung einer gewissen Handlung nach (sagen wir) 378,529 Minuten aufgetragen, und das Subjekt durch sofortiges Erwecken an der Umrechnung in Tage und Stunden scheinbar gehindert.[1] Nun findet zwar häufig nachweislich eine derartige Umrechnung im somnambulen Bewußtsein statt; bezeichnenderweise aber erfolgt die Ausführung des posthypnotischen Befehls auch dann im richtigen Augenblick, wenn jene Umrechnung nachweisbar eine fehlerhafte war.[2] Eine Versuchsperson Bramwells, Miss D., gab in neuerlicher Hypnose auf Befragen an, das Ergebnis ihrer Berechnung sei falsch, sie wisse aber nicht, wie sie zur Gewißheit der richtigen Zeitpunkte der Ausführung gelangt sei. 'Ich fühle bloß, daß sie es sind.' Keinerlei Erinnerung an die Erlangung dieser Gewißheit ließ sich feststellen. 'Miss D. versicherte mir, daß sie nie an die Suggestionen gedacht hatte, seitdem ihr diese gegeben worden; sie vollzog sie einfach einem Drange gehorchend ..., ohne sich an ihre Berechnung oder auch nur an die Suggestionen selbst zu erinnern.' Auch hatte Miss D. während der Stunde, in welche die Ausführung der Suggestion fiel, 'keine Gelegenheit, nach einer Uhr zu sehen; sie befand sich während der ganzen Zeit in Hypnose'.[3]

Der Antrieb zur Ausführung, auf Grund des Wissens um den richtigen Zeitpunkt, tritt also wie ein regelrechter Automatismus aus einer Bewußtseinsschicht 'unter' selbst der hypnotischen hervor; wie ja auch der normale Schläfer, der sich vorgenommen hat, zu bestimmter Zeit etwas zu tun, mitten in irgendeinem Traum durch den hereinschießenden Gedanken des Erwachens (oder den bloßen Zwang dazu) aus dem Schlafe gerissen wird.[4] Eine noch 'tiefere' oder umfassendere Phase seines Ich besitzt hier offenbar ein soz. überlegenes Verhältnis zum Zeitablauf, welches ihr sehr viel genauere Schätzungen gestattet, als dem Wachbewußtsein möglich sind, — eine Feststellung, die vielleicht, wenn erst ausreichend verstanden, auch auf die Tatsachen der Prophetie und des oben besprochenen Bewußtseins der 'Unsterblichkeit' Licht werfen wird.[5] —

Der hier im Grunde immer wieder benutzte Begriff eines mehrfachen Gegebenseins der gleichen Inhalte in mehreren übereinander liegenden Synthesen findet seine Bekräftigung endlich noch im Rahmen einer andern Beobachtung. — Zu solchen Synthesen rechnen wir nicht nur wechselnde Teilpersönlichkeiten, sondern auch somnambule Phasen, deren psychologische Verwandtschaft mit jenen uns ja längst geläufig ist. Nun ist die Bewußtseinslage eines Schlafzustandes der des Wachens, wie man meinen sollte, um so näher verwandt, je vollständiger sie ist, je geringer also in ihr, nach physiologischer Anschauung, die Hemmungen und Ausfälle gegenüber dem vollen Wachen sind. Der vollständigste Somnambulismus müßte nahezu hemmungslos und vollkommen

1) Versuche von Beaunis u. Liégeois, Delboeuf, Bramwell, Mitchell u. a. Ähnlich übrigens schon Dupotet (aus JM in ÜW X 301). 2) Gegen die Benutzung von Uhren bei der schließlichen Bestimmung des Fälligkeitsaugenblicks entscheiden schon die älteren Versuche von Kerner (Gesch. 72. 215. 297) und Eschenmayer (ref. ÜW. X 302). 3) Bramwell 123f. S. auch Pr XII 179ff. 4) Ein Beispiel bei Splittgerber, Schlaf, 2. Aufl. I 54 Anm. 5) Vgl. hierzu o. S. 474ff.

erinnert in das volle Wachen übergehen; ja ein wirklich 'vollständiger' Somnambulismus wäre ein volles Wachen, oder: das Wachen ließe sich als hemmungsloser Vigilambulismus bezeichnen. In Wahrheit lehrt uns aber die Beobachtung, daß ein somnambuler Zustand sich auswachsen kann, bis er die Grenzen des Wachseins erreicht hat, und dann als Ganzes versinken und einem ebenso vollständigen Wachsein Platz machen kann, ohne Erinnerung zu hinterlassen.

Janet und seine Arbeitsgenossen haben derartiges bei Hysterischen beobachtet, d. h. (nach ihrer weitverbreiteten Auffassung) bei Subjekten, die große Stücke ihres Besitzes aus ihrer psychischen Synthese hatten fallen lassen.[1] Nun, diese Kranken können ganz 'zu sich' kommen und ihre psychische Vollständigkeit wiedererlangen, wenn man sie in tiefe somnambule Hypnose versetzt. Die Augen sind dann offen, solange man sie nicht willkürlich geschlossen halten läßt; die Sinnesorgane arbeiten vollkommen; die Empfindlichkeit des Körpers ist lückenlos; die Erinnerungen umfassen das ganze Leben; der Wille ist 'vollkommen normal' und 'von größerer Spontaneität und Unabhängigkeit', als im hysterischen Wachzustande. Tatsächlich sind die Kranken jetzt überzeugt, daß sie vollkommen wach sind, und erscheinen auch allen Andern so; bleiben sie jahrelang in solchem Somnambulismus, so führen sie das Leben normaler Menschen.[2] Janet sagt geradezu: ihr Somnambulismus sei 'in der Tat nicht ein dem Wachen entgegengesetzter Schlaf, sondern ein anderer Wachzustand, der sich dem gewöhnlichen Wachzustand gegenüberstellt'.[3] Indessen lassen sich diese Zustände selten lange aufrecht erhalten. Sie strengen die Kranken oft ungebührlich an. Diese sinken wieder in ihren zerfahrenen und unvollständigen Zustand zurück — und zeigen natürlich Erinnerungslosigkeit für die Dauer des 'somnambulen' Zustandes (wie Leonie I und II für Leonie III usw.).

Es liegt natürlich nahe, das Recht der Bezeichnung eines solchen zeitweiligen vollständigen Zustandes als Somnambulismus überhaupt zu bestreiten: was hier als Somnambulismus erscheine, sei eben der normale Wachzustand, wie er etwa vor der Krankheit bestand und bei wirklicher Heilung dauernd bestehen würde; der ausfallreiche, wiewohl gewohnte Zustand der Krankheit dagegen entspreche dem eingeengten, teilweisen Wachsein des normalen Menschen, sei also ein somnambuler — oder, wenn man so will: vigilambuler Zustand. Aus einer solchen Auffassung würde sich jedenfalls die Erwartung ergeben, daß eine Genesung, die anders als durch anscheinende Versenkung in Hypnose herbeigeführt wäre, auch für jene Zeiten der seelischen Vollständigkeit Erinnerung mit sich bringen werde. Das gesunde Ich wäre nicht bloß ähnlich, sondern identisch mit jenem somnambul-vollständigen: der Erinnerungszusammenhang zwischen ihnen müßte demnach ein vollkommener sein. In Wirklichkeit zeigt der durch 'Genesung' vollständig gewordene Zustand der ehemaligen Hysterischen für den zeitweiligen 'vollständigen' Somnambulismus vollkommene Erinnerungslosigkeit.

1) S. o. S. 133. 2) S. zB. Janet, Aut. 69—74. 130. 134; Hack Tuke 32. 3) s'oppose. — Janet, Actes 258. Vgl. Reichenbach II 554. 684f.

Janet, dem die obige Schlußfolgerung vollkommen bewußt ist,[1] stellt selbst mit anerkennenswertem Freimut den Widerspruch zwischen den Beobachtungen und den Erwartungen aus der Theorie fest.[2] Vogt schließt diese hysterischen Somnambulen, bei denen 'man sich vielfach nicht des Eindrucks erwehren kann, ein Wachsein vor sich zu haben', während man 'dem somnambulen Träumer ansieht, daß er zu den Schläfern gehört', bezeichnenderweise von seinen theoretischen Betrachtungen aus![3] Andere sind nicht so ehrlich. Dr. Azam, der den vollständigen Somnambulismus mit seinem *fonctionnement total* einem 'gewöhnlichen [d. h. wachen] Menschen sehr ähneln' läßt (ohne daß indessen noch irgendwelche Unterschiede angegeben werden), erklärt die zugestandene Erinnerungslosigkeit einfach dadurch, daß sich der Somnambul-vollständige eben — im 'Zustande des doppelten Bewußtseins', 'im zweiten Zustande' befinde, was wiederum durch — die Erinnerungslosigkeit bewiesen wird![4] So stellt sich, wo Begriffe fehlen, das magische Aushilfsmittel des Wortes rettend ein.

Schon solche Beobachtungen lassen das Problem anklingen, ob es denkbar sei, daß ein Gehirn mehr als einer derartigen vollständigen Persönlichkeit die ausschließliche objektive Grundlage biete, ohne daß sich jene Persönlichkeiten bis zur Ermöglichung von Erinnerung einander nähern. Wir werden diesem Zweifel alsbald wieder begegnen. —

Das Ergebnis der vorstehenden Betrachtungen läßt sich im Rahmen unsrer früher entwickelten Grundanschauungen etwa so zusammenfassen: In dem psychischen Ozean, auf welchem alle 'Individuen' soz. Oberflächentropfen sind, verdämmert in Abstufungen die seelische Tiefe jedes Einzelnen. Diese Tiefe bietet die Möglichkeit fast beliebiger mehrfacher Synthesen, so daß die normale Wachsynthese unseres Ich lediglich als ein Sonderfall erscheint. 'Unterbewußtsein' ist für Jeden in unendlicher Ausdehnung vorhanden, und es bedarf geringer Anstöße, damit sich hierin ein Unter- oder Neben-Ich von mehr persönlicher Geschlossenheit herausschäle. Bei 'Medien' finden diese Neusynthesen auf geringen Anlaß hin gewohnheitsmäßig und massenhaft statt. Aber auch Laien entdecken oft zufällig, unter den Händen des Hypnotisierers oder bei gelegentlicher Teilnahme an einer 'Sitzung', diese im Grunde allgemein menschliche Fähigkeit in sich.

Ich verweise zB. auf die lehrreichen Erfahrungen des Rektors Ch. H. Tout bei Versuchen dieser Art. 'Etwa eine halbe Stunde, schreibt er, [nachdem wir uns erwartungsvoll hingesetzt], fühlte ich eine seltsame Empfindung mich überkommen: ... es war mir, als sei ich soz. zur Seite getreten und als hätte ein anderes geistiges Wesen die Herrschaft über meinen Körper erlangt. Ich war bloß noch ein untätiger Zuschauer, der mit Anteilnahme dem, was geschah, beiwohnte. Mein zweites Ich schien eine Mutter zu sein, die von Gefühlen mütterlicher Liebe und Sorge

1) Janet, Aut. 342. 2) Das. 343; vgl. das unwillkürl. Geständnis auch in d. Fig. 11 auf S. 340, und Actes 258. 3) Vogt in ZH VII 293. 4) Dr. Azam in RS 2. Aug. 1890 141.

für irgend Jemand überwältigt war, ... und ich hatte ein deutliches Bewußtsein davon, daß ich das Aussehen und den Ausdruck einer solchen annahm, die auf ihr Kind herabsieht. Ich lächelte sogar inwendig bei dem Gedanken, wie albern ich aussehen müsse, aber ich machte keinen Versuch, dem Antrieb zu widerstehen ... Nach einer kleinen Weile wurde ich wieder ich selbst.'[1]

Rektor Tout glaubt selbst nicht an eine spiritistische Deutung seiner Erfahrung, und wir folgen ihm darin gern. Was er darbot, war also eine suggestiv angeregte 'Personation'; doch mit dem wichtigen Nebenumstand, daß diese sich dem Eigenich des Subjektes näherte[2] bis zum Gefühl der Zweiheit; also einen Zustand erzeugte, der dem oben beschriebenen des Mr. Hanna nicht unähnlich war.[3] Aber gerade dies Gefühl der Zweiheit — welches mir recht eigentlich als die kritische Erfahrung zugunsten der hier vertretenen Anschauung erscheint — tritt nicht nur häufig ohne allen 'spiritistischen' Anreiz, sondern auch in psychodynamisch geradezu entgegengesetzten Zuständen auf; ein Beweis für die Normalität, sozusagen die Allgemeinmenschlichkeit seiner Grundlagen.

An dem einen Pol nämlich finden wir es bei den Psychasthenischen und Geisteskranken, die ja häufig das Gefühl bekunden, 'als ob zwei Personen durcheinandergingen', deren eine etwa mit ihren Gedanken sich 'immer mehr nähere'.[4] 'Ich hatte die Empfindung', sagte eine Kranke Geißlers, 'als führte ich ein doppeltes Dasein. Alles, was ich tat und sagte, schien das eine Ich zu tun, daneben aber hatte ich das deutliche Gefühl, daß noch ein zweites Ich da war, und dieses Ich sah auf die Handlungen des ersten wie auf die eines fremden Wesens.'[5] — Am andern Pol aber finden wir diese Verdoppelung des Ich gerade bei Gesundesten, in Augenblicken der äußersten Spannung und Kraftentfaltung. Soldaten zB. berichten sie als ihre Erfahrung in Augenblicken höchster Erregung der Schlacht: sie schauen dann sich selbst und ihrem Tun wie von außerhalb ihres Körpers zu.[6] — Der bekannte amerikanische Kanzelredner und Politiker H. W. Beecher erzählte einem Freunde,[7] daß 'während seiner berühmten Ansprache an den Pöbel in Liverpool z. Zt. des [amerikanischen] Bürgerkrieges er das Gefühl gehabt habe, als befinde er sich in einigem Abstand über der Rednerbühne und beobachte sein anderes Ich, wie es den Pöbel in seine Gewalt brachte; er habe dabei die Erfahrung von zwei unterschiedenen Persönlichkeiten gehabt'. — Eine offenbar verwandte Erfahrung berichtet zB. der merkwürdige B., dessen Bekenntnisse Perty veröffentlichte. Während dieser in Gesellschaft 'Turandot' vorlas, erschien ihm (nicht etwa Gozzi oder Schiller, sondern) Shakespeare in großer Deutlichkeit; ohne einen Augenblick dies Gesicht zu verlieren, las er 'begeistert und Alle hinreißend' fort, befand sich aber derweil in einem so 'eigentümlichen Doppelzustand', daß nur 'der geringste Teil seines Geistes mit der Lesung beschätigt war und er fast nichts um sich her wahrnahm', sich vielmehr 'im Geiste mit Shakespeare unterhielt'.[8] —

---

1) Pr XI 310. Vgl. PS XXXII 85 (Frau Marg. E...). 2) Vgl. o. S. 66. 111 f.
3) Über Sich-zwei-fühlen bei suggerierten Personationen s. auch Sidis, Suggestion 258.
4) Prof. Österreichs Ka ... in JPN VII 262. 266. Vgl. die Beispiele bei Österreich I 380 ff.
5) AGP VII 42 f. Vgl. B. Leroy in RPh XLVI 159. 161. 6) Notiz im 'Rostocker Anz.'
7) Funk 110 f. 8) Perty, Blicke 60.

Die meisten der beschriebenen Vorgänge scheinen mir bezeichnenderweise unstreitig dem 'konzentrischen' Typ der seelischen Spaltung anzugehören. Dem Ich des Redens und Handelns steht ein überlegenes Ich gegenüber, das nicht nur die Inhalte jenes Handelns auch besitzt, sondern außerdem noch das handelnde Ich beobachtet und gegebenenfalls beurteilt. Dies ist besonders deutlich in Fällen beträchtlicher Zerrüttung des umschlossenen Ich, wie in Geisteskrankheiten oder in der vorübergehenden Verwirrung des narkotischen Rausches.[1]

Henri de Varigny spricht aus eigener Erfahrung geradezu von 'zwei Seelen' beim Kokaingenießer, von denen 'die eine durch das Mittel vergiftet ist und unter seiner Wirkung Tod und Martyrium erleidet; während die andere, normale seine Schrecken verlacht und spricht: Welcher Unsinn, das sind ja nichts als durch die Einspritzung hervorgerufene Halluzinationen'.[2] Auch Ludlow bemerkte an sich, daß 'ein Teil des Ich dem andern, delirierenden zusah, beobachtend, nachdenkend, alle Erscheinungen ruhig erwägend'.[3] Es fällt uns hierbei natürlich ein, daß gerade in narkotischen Zuständen sowie solchen, die mit psychasthenischem Wirklichkeitsverlust zum mindesten die Art der Auslösung gemein hatten,[4] das Erlebnis des 'abstrakten Selbst' besonders häufig eintrat.[5]

Aber noch einen anderen Umstand kann ich nicht umhin, wenn auch mit aller gebotenen Zurückhaltung, hervorzuheben: daß nämlich dieses zweite, überlegene, beobachtende Ich nicht selten ein Bewußtsein des Abseits-vom-Leibe-seins, man möchte sagen: der beginnenden Exkursion bekundet.

In Henry W. Beechers Worten deutete sich etwas derartiges an; aber auch Narkotiker und Psychastheniker sprechen nach Erfahrungen der Verdoppelung davon. Dem Dr. W. Watson Campbell war es während des eigentümlichen Gefühls des Zweiseins, 'als hätte eine zweite Seele meinen Körper eingenommen und als wäre meine eigene verdrängt worden, verweilte aber noch in der Nähe'.[6] — Eine Hysterische, E. N., geht noch weiter: Während sie das typische Gefühl hat, daß sie dem 'Ablauf ihrer Bewußtseinszustände wie denen einer Fremden als einfache Beobachterin beiwohne',[7] sieht sie einige Meter vor sich ihr eigenes Spiegelbild und hat den 'Eindruck, gleichsam aus ihrem wirklichen Körper hinausgeführt zu sein'.[8]

Haben solche Angaben irgendwelche Bedeutung, so unterstützen sie jedenfalls die dualistisch-psychologische Auslegung, die hier aus allgemeineren Gründen für die Spaltungserscheinungen empfohlen wird. —

Daß durch solche psychologische Deutung gleichwohl der Mitwirkung physiologischer Faktoren nichts von ihrer Wichtigkeit genommen

---

1) Vgl. o. S. 165. 2) H. de V., La confession d'un cocaïnomane, Rev. des Rev. XV (1895) 514. Ähnlich unter Haschisch nach Polli in Transact. St. Andrews Med. Grad. Assoc. III 90. 3) Ludlow 23. 4) In den Spiegel sehen, den eigenen Namen nennen usw. 5) S. o. S. 718 ff. 6) Dr. W. Watson Campbell, Rep. of an exper. with cannabis indica, in Medic. Times and Gazette 1863 II 194. 7) Dugas denkt hierbei mit Recht, wie ich meine, an wirkliches dédoublement mit Automatismus: RPh XXXVII (1894) 34. 8) B. Leroy, aaO. 161.

werden soll, brauche ich nach den verwandten Ausführungen eines früheren Abschnitts nicht erst zu betonen.[1] Das Problem der offenbaren Beteiligung des physiologischen Zustands an jeder im Leibe stattfindenden psychischen Leistung besteht aber für den Dualismus in jeder Hinsicht, nicht nur in seiner Anwendung auf die Psychologie der Ichspaltungen; ist er überhaupt denkbar, so wird er auch auf diesem Sondergebiet mit der Beobachtung physiologischer Bedingungen und Beeinflussungen sich auseinandersetzen können. Arbeiten Hirn und Psyche stets zusammen am Aufbau bewußten Lebens im Leibe, so dürfen, ja müssen auch physiologische Zustände und Vorgänge die Möglichkeiten psychischer Synthese und ihrer Äußerung durch den Organismus beeinflussen. Hemmende und zerrüttende Schädigungen oder Erschöpfung des physischen Organs heben die Möglichkeit vollständiger Synthese im Leibe auf (d. h. im Zustande des Zusammenarbeitens psychischer und physischer Faktoren). Zieht sich das Psychische nicht von seiner Aufgabe in Exkursion zurück (am gründlichsten im Tode), so hat es sich mit Teilleistungen im Organ, auf Grund von psychischen Teilsynthesen, zu begnügen, — vorausgesetzt, daß psychischen Spaltungen wirklich physiologische entsprechen, wie unsere klassische Physiologie wohl lehren dürfte, bislang aber schwerlich erwiesen hat. Oder, falls der Zerfall aus besagten Ursachen noch vermieden wird, so bildet doch der Zusammenhalt eine um vieles erschwerte Aufgabe: wie denn die angespannte Erhaltung Hysterisch-dissoziierter im vollständigen, 'wachen' Zustande diese übermäßig anstrengt und ermüdet, so daß sie häufig nach Schlaf verlangen (d. h. nach Auffrischung des Organs), oder nach Elektrisierung, 'magnetischen Strichen' u. dgl. m.[2] Und wie hier zeitweilige, so mag in anderen Fällen dauernde Kräftigung des Organs den Anlaß zu psychischer Spaltung beheben. — Umgekehrt aber hindert nichts die Annahme, daß Spaltung auch rein-psychischen Ursprungs sein könne, um sich 'erst dann' mit dem physischen Organ als Schauplatz irdischer Auswirkung auseinanderzusetzen. Die Einzelprobleme, die auf dem Boden dieser Voraussetzung entstehen und an den Beobachtungen der Spaltungspsychologie sich entzünden, sind ebenso mannigfaltig wie reizvoll. Ihre Lösung hätte zu erklären, auf welche Weise sich die psychischen Teilverläufe in die Empfindungs- und Bewegungsapparate, vielleicht in die physiologischen Grundlagen der Erinnerung teilen; wie anderseits die anscheinend häufige gemeinsame Benutzung nervöser Sondergebiete zu denken sei; wie endlich ihr Verkehr untereinander, soweit er nicht ein telepathischer ist, sich auf dem Umweg über den gemeinsamen Besitz an physiologischen Grundlagen vollziehe.[3]

Ohne mich indessen in ein Dickicht zu verlieren, das eine künftige

1) Vgl. zB. üb. vasomotorische Vorgänge bei Félida X ...: Binet 13. 16; eigenartige Kopfempfindungen: du Prel, Ph. d. M. 342f.; Auslösung durch Kopfsturz: Sidis u. Goodhart 91: usw.
2) Janet, Aut. 134f. 3) Vgl. hierzu G. Balfour in Pr XIX 392.

Wissenschaft aufzuhellen haben wird, will ich hier abschließend nur hervorheben, daß, wie viele Beobachtungen auch eine begründende und fördernde Rolle physiologischer Bedingungen bei Spaltungen beweisen mögen, jedenfalls nicht nur allgemeine theoretische Erwägungen, sondern auch Einzelbeobachtungen die Körperentbundenheit zum mindesten von Teilichen befürworten.[1]

Nehmen wir als Beispiel 'Sally': Daß sie selbst sich als 'bloß Gedanken ohne einen Körper'[2] oder als einen 'Geist' bezeichnete, der, falls sie wolle, auch unabhängig von ihrem Körper sein könne, der ihr nicht gehöre, noch ein Teil von ihr sei, und den sie bloß benutze,[3] — das mag man als subjektiven Ausdruck ihres rein apperzeptiven und gleichsam empfindungslosen Wesens betrachten. Seltsamer ist ihre schon erwähnte Behauptung, daß sie nie schlafe,[4] und die kaum zu bezweifelnde Tatsache, daß sie nicht hypnotisiert werden konnte.[5] Diese Nichthypnotisierbarkeit wäre schwer zu begreifen, wenn Hypnose bloß in funktionellen Hemmungen des Hirns bestände und Sally (objektiv genommen) nur eine bestimmte funktionelle Einheitsgruppe von Miss B.s Gehirn bedeutete. Sie scheint in dieser Hinsicht tatsächlich eine Sonderstellung eingenommen zu haben. Wurde nämlich die hypnotisierte Miss B. — B II, eine Synthese von B I und B IV — erweckt, ohne (wie meist) wiederum in B I oder B IV zu zerfallen, so ergab sich die gesunde Miss B.; diese aber wußte nichts von Sally.[6] Auch die dämmerigen Erinnerungen jener Teilpersönlichkeiten, die als Echos der vollständigen Miss B. gefaßt werden müssen, entstammten niemals Sallys Leben;[7] und ebensowenig kamen die vernünftigen automatischen Antworten, die Dr. Prince während eines Delirs erzielte, von Sally her.[8] Sally war immer noch ein 'Extra', dem gewöhnlichen Schema solcher Fälle gegenüber. Man kann nach all diesem verstehen, daß ein so besonnener Forscher wie Prof. Dr. W. McDougall der Ansicht zuneigt, in einem Hirn könne kaum genügend Nervenmasse gegeben sein, um eine so vollständige Person wie Sally, samt ihren Eigenerinnerungen, neben den Misses Beauchamp unterzubringen; eine solche volle Zweibeseeltheit würde die Nutzlosigkeit (unter normalen Umständen) einer Hälfte des Hirns vorauszusetzen zwingen, und diese Voraussetzung sei im äußersten Maße unwahrscheinlich.[9] Solche Gedanken, einmal aufgegriffen, könnten dann aber auch die weitere seltsame Tatsache deuten, daß Sally einem organisch gesetzten Delir, nämlich Fieber gegenüber volle Gesundheit und beobachtende Überlegenheit bewies.[10] Sie benutzte also anscheinend den Körper, ohne mit ihm im gleichen Maße verwoben zu sein, wie die andern Persönlichkeiten.

In dem Falle der Alma Z., der mit dem der Sally einige Ähnlichkeit hat, tat die Nr. 3 — oder *The Boy*, wie sie sich nannte — gelegentlich seltsame Äußerungen in gleichem Sinne. 'Also Nr. 1 kam, ihr Lieblingskonzert [das Beethovensche C-Dur-Konzert] zu hören', sagte sie zum Arzte. Ja, woher wußtest du das? 'O, ich war hier und hörte auch zu.' Wo warst Du? fragte ich. 'Ich saß auf der Logenbrüstung. Ich sah, wie Sie mit ihr redeten. Wie sehr sie die Musik genoß!'[11]

---

1) Wie ja eigentlich schon die eben berührten Andeutungen von Exkursion. 2) just houtght. 3) Prince 377. 489. 362. 4) Das. 150. 153, — von Dr. P. für Selbsttäuschung gehalten, aber nicht widerlegt. 5) Die angebl. 'Hypnose' S. 109 widerlegt durch die Angaben S. 140. 6) Das. 272. 7) Das. 264. 8) Das. 257. 9) Pr XIX 428. 10) Prince 83f. 114ff. 458. 471. 11) Sidis, Suggestion 132ff.

Nimmt man solche Selbstbezeugungen ernst, so kann man ihre Tendenz nicht besser ausdrücken, als durch die Formel: daß sich derartige Teil-Iche wie 'Geister' verhalten, die ihren Körper nur zeitweise 'besitzen'. In der Tat fallen ja die augenblicklichen Erörterungen von Natur größtenteils überein mit denen über das Wesen der Transpersönlichkeiten von Medien und der spiritistischen 'Kontrollen'. Auch diese Erwägungen ließen uns notwendigerweise in einem gewissen Halbdunkel zurück, worin die Grenzen von Unterschwellen-Ich, Fremd-Ich und Über-Ich einigermaßen ineinander verschwammen. Nach den letzten Ausführungen begreifen wir diese Mehrdeutigkeit noch besser. Der Unterschied zwischen einer Transpersönlichkeit des Mediums und dem Ich eines Abgeschiedenen erscheint immer geringer, wie auch der zwischen der Besessenheit des Organismus des Mediums durch die eine oder durch das andere. Aber auch Mischformen zwischen diesen beiden Grenzfällen muten uns nunmehr immer natürlicher und begreiflicher an: denn beobachten wir Phasen der Verschmelzung oder Halbverschmelzung von Teil-Ichen eines 'Individuums', warum sollte ein teilweises oder selbst zeitweilig völliges Verschmelzen von einander fremden Ichen (wie dem von Medium und Geist) nicht ebenso denkbar sein? Wir sind dahin zielenden Behauptungen schon mehrfach im Vorübergehen begegnet;[1] auch hört man von Psychometern ihre Leistung gelegentlich darauf zurückführen, daß sie mit der Persönlichkeit des 'Gelesenen' angeblich verschmelzen.[2] Im Grunde ist der psychologisch-metapsychische Status aller hier in Frage kommenden Iche der gleiche: sie sind Teilsynthesen innerhalb zunehmend sich erweiternder Kreise seelischer Synthesen. — Es ist denn auch nicht zufällig, daß das merkwürdigste Beispiel, das ich für die Körperlosigkeit eines Teil-Ich eines lebenden Individuums anzuführen weiß, in durchaus spiritistischen Formen zur Beobachtung gelangte, und ich muß es als einen Glücksfall ansehen, daß mir die ahnungs- und absichtslose Empirie einen 'Fall' tatsächlich beschert, wie ich ihn nach den hier vertretenen Theorien schließlich irgendwo zu finden erwarten mußte. Auch sind gerade diejenigen Bestandteile des Falles, die hier unser Interesse beanspruchen, gut bezeugt und sorgsam nachgeprüft, und ich löse sie aus dem ganzen Gewirr von Einzelheiten um so lieber heraus, als ich dadurch einer allzu weitläufigen Unterbrechung unseres Gedankengangs entgehe.

Am 15. Dez. 1889, Sonntags während des Morgen-Gottesdienstes, 'sahen' Miss A. und Mr. B. (gleichzeitig und unabhängig, wird uns zu verstehen gegeben)[3] eine dunkel gekleidete Gestalt, die durch automatische Schrift angab, daß falls man

1) Vgl. die Fälle Staudenmaier (o. S. 63), Héléne Smith (66), Mrs. Thompson (653 f.), Carpenter (700), Fielde (709), Gaspart (709) und den Fall Mouttet bei Cahagnet, Heil. 198.
2) Mündliche Mitteil. des Hrn. Dr. Marcinowski.
3) Der letztere nach Myers, der B. kannte, ein 'ausgezeichneter Zeuge': Pr IX 83.

Abends 'sitze', sie versuchen wolle, sich zu zeigen und ihre Wünsche zu äußern. Abends erhielt man Klopflaute im Tisch, und 'Miss A. sah die Gestalt eines Mannes auf einer gewöhnlichen Hospitaltragbahre liegen und anscheinend seinen Doppelgänger daneben stehen. B. sah gleichzeitig die stehende Gestalt. Durch Klopflaute gab dies Wesen darauf seinen Namen an: John Black, und seine Adresse: Wassergasse, Brixton,[1] Kendal Villas 2. 'Einmal gestorben[2] durch Erschütterung des Rückenmarks. S. Bartholomäus-Hospital.' Was man für ihn tun könne? 'Bitten Sie Gertrud um das Testament.'[3] Wo diese lebe? 'Bitten Sie Dr. Fyfe um Beistand.' Was dessen Adresse sei? 'Montpellier-Platz 42.' (Ein Adreßbuch erwies die Richtigkeit dieser Angabe.) Was Gertruds Familienname sei? 'Tryon.' Wann er gestorben sei? '13. Januar', schien die Antwort zu sein. 'Ich war es, der Gertrud nach dem Unglücksfall vergaß. Bitte suchen Sie Gertrud auf und geben sie ihr Geld zum Unterhalt.' Wo er Gertrud zuletzt gesehen habe? 'Richmond.' Hier mußte abgebrochen werden. Während dieser Zeit machte die Gestalt ständig Zeichen der Zustimmung, wenn ihre Klopflaute verstanden wurden, und eine sehr kalte Luft blies zeitweilig über unsere Hände.'

In einer zweiten Sitzung, am Abend des 18. Dezember, bat Black durch dieselben Verständigungsmittel abermals um Beistand, gab an, der Unglücksfall sei ein 'Zug—Zusammenstoß—Victoria—Bahnhof—nahe' gewesen, als er aus Richmond kam; 'Symons — auch im Zusammenstoß —' habe ihm ärztliche Hilfe geleistet; er schulde der Gertrud Geld, man solle sich bei Dr. Fyfe nach der Adresse erkundigen, nach Kendal Villas schreiben, wo seine 'Frau' — Witwe, warf man ein — 'nein, Frau' lebe ... Eine Stimme, die schon mehrfach sich mit Unterbrechungen den Klopftönen beigemischt hatte, wurde hier lauter und sagte: 'Es ist alles ganz richtig. Erkundigen Sie sich nach dem Unglücksfall vom 1. Januar oder 31. Dezember.'[4] — Auf Erkundigungen bei der Polizeibehörde in Brixton lief unterm 19. Dez. 1889 die Nachricht ein, daß ein John Black in dem angegebenen Hause wohnhaft sei, am vergangenen Sonntag die Tochter des Hausmeisters W. geheiratet habe, augenblicklich abwesend sei, aber in einigen Tagen zurückerwartet werde. Nachforschungen in den '*Times*' brachten den Bericht über einen Zusammenstoß von Eisenbahnzügen bei Longborough Junction auf dem Wege von Richmond nach dem Victoria-Bahnhof am 31. Dez. 1888 zutage, worin als einer der am schlimmsten Verletzten ein Mr. Black aus Brixton erwähnt wurde, der in das S. Bartholomäus-Spital hatte abgefertigt werden müssen. 'Ein Dr. Simonds leistete den Verwundeten Hilfe.' Der Hausarzt dieses Hospitals gab auf telegraphische Anfrage an, Black habe das Hospital am 11. Januar [1889] verlassen.

In einer dritten Sitzung am 21. Dez. 1889 machte Black in der bisherigen Weise noch folgende Mitteilungen: 'Der wahre John Black ist hier; das bin ich ... Am 7. Januar [1889, d. h. zur Zeit, da er sich noch im Hospital befand] war (wurde?) ich gezwungen, John Blacks Körper zu verlassen ... John Black, in meinen Körper ging ein Anderer ein. Ich bin jetzt ohne Körper, verstehen Sie nicht? ... Ich und er sind ein und derselbe. Zwei in einem Körper. Ich heiratete Gertrud Tryon. Nicht der Andere. Ja, ja, helfen Sie mir — helfen Sie mir, es Ihnen klarzumachen.' Auf die Frage, ob er mit Gertrud kirchlich getraut

---

1) Water-lane, Brixton (eine südl. Vorstadt von London). 2) once dead. 3) Wort fraglich. 4) Diese Stimme, die sich als George Smith bezeichnete, übte fast durchweg einen absichtlich verwirrenden Einfluß aus. Ich schalte diesen Teil des Dramas aus.

worden sei: 'Nein, ich versprach, sie im Januar zu heiraten. Ich will, ich muß Hilfe erlangen ... Ich war sieben [!][1] Tage lang besinnungslos, und als ich zu mir selbst kam, sah ich eben den Andern in meinem Körper; ich konnte nicht wieder hinein, darum ist es mir nicht möglich, mein Versprechen zu halten.' Ob er nicht irgendwelchen Einfluß auf J. Black habe und wieder in seinen Körper eingehen könne? 'Ich kann es, wenn er fürchterlich aufgeregt ist. Ich flehe Sie an, helfen Sie mir.'[2]

Das Eintragebuch des S. Bartholomäus-Hospitals bestätigt, daß John Black einige Zeit bewußtlos gewesen, 'aber nicht bei seiner Einlieferung'. Er habe bei der Einlieferung an 'Nervenerschütterung (*shock*) und Schmerzen im Kopf' gelitten. Dr. med. A. T. Myers gelang es, Black aufzufinden — der tatsächlich in dem durch Klopftöne angegebenen Hause gelebt hatte, aber inzwischen verzogen war — und am 25. Februar 1893 auszufragen. 'Er gibt an, berichtet Dr. Myers u. a., daß er sich nie ganz von dem Unfall erholt habe; er sei seitdem ein wenig verändert.[3] Er habe zu leichterer Arbeit übergehen müssen und leide zeitweilig an Kopfschmerzen und vermindertem Sehvermögen. Seine Erinnerung an den Unfall und die Zeit im Krankenhause war wenig ergiebig. Schlafreden oder -wandeln stellte er in Abrede.'[4]

Fassen wir zusammen, um zu der naheliegenden Anwendung des Berichts auf unser augenblickliches Problem zu gelangen. Black hat eine Unfallerschütterung erlitten, von der Art, wie sie nachweislich häufig veränderte Persönlichkeit setzt und den Beginn von gegenseitig-erinnerungslosen alternierenden Ichphasen bildet.[5] Nach diesem Schock, dem sehr bald eine Zeit der Bewußtlosigkeit folgt — erfahrungsgemäß ein Zustand, in welchem Wandlungen und Umschläge der Person sich vollziehen können —, ist Black 'ein wenig verändert'. Miss Beauchamp als B I oder B IV war, wie erinnerlich, ebenfalls ihrem früheren vollständigen Selbst gegenüber 'verändert', nachdem sie einen Schock erlitten. Sowohl als B I wie als B IV hatte sie Erinnerung an ihr Leben vor dem zerrüttenden Schock, und solche Erinnerung für sein Vorleben dürfen wir auch bei Black voraussetzen. Aber B I und B IV, die seit dem Schock einander in Miss B.s Leben ablösten, hatten für einander keine Erinnerung. Und hier beginnt der Fall Black von dem geläufigen Grundplan abzuweichen. Nehmen wir an, der Black-nach-dem-Unfall sei eine Art Bl I gewesen, mit dem ein charakterologisches Komplement Bl IV (um entsprechende Bezeichnungen zu wählen) hätte abwechseln können, so müssen wir bedauern, daß dieser Bl IV nie zur Erscheinung kam, oder aber daß sein alternierendes Auftreten nie bemerkt und beschrieben wurde. Unter der Voraussetzung aber, daß die Fälle Beauchamp und Black wirklich wesensverwandt sind, könnte es nun scheinen, als erhielten wir im Falle Black einen gewissen Einblick in

1) Vgl. o. '7. Jan.' Die Einlieferung fand am 31. Dez. statt. 2) Ich übergehe hier andere Sitzungsergebnisse, die noch weitere Personen einführten und über den übernormalen Charakter des Falls keinen Zweifel lassen. 3) Since then he had been somewhat an altered man. 4) Pr IX 84—92. Der Name Black ist Pseudonym. 5) Vgl. o. S. 52.

den Zustand alternierender Persönlichkeiten vom Typ BI und BIV während ihrer Perioden der Unterdrückung. Eine solche Persönlichkeit, die sich als den 'andern' Black empfindet, ist nämlich währenddem imstande, bei einer 'Sitzung' gewissermaßen als 'Geist' aufzutreten und leidlich geordnete Erinnerungen aus ihrem ungespaltenen Vorleben auszusprechen. Dieser 'andere' Black empfindet sich als in der Exkursion befindlich, als außer dem Leibe, in den er 'nicht hinein kann'; er glaubt dementsprechend schon 'einmal gestorben' zu sein,[1] bezeichnet sich als 'jetzt ohne Körper', aber doch augenscheinlich imstande, den Körper wieder zu benutzen (wenn er 'hineinkann'), nämlich wenn Black 'fürchterlich aufgeregt' ist, — eine gewöhnliche Vorbedingung zeitweiliger Ichsynthese. Daß er sieben Tage lang besinnungslos gewesen sein will, braucht keine Schwierigkeiten zu machen: wir hören oft aus dem Munde Verstorbener — die wir ja hypothetisch genau so zum Zeugnis zulassen müssen, wie Black —, sie seien nach dem Abscheiden zunächst 'betäubt' oder 'von Schlaf befangen' gewesen. Und das Bedenken, daß unsere Auffassung uns zwingen könnte, ein doppeltes Gegebensein der Erinnerungen des noch gesunden Black anzunehmen, mögen wir außer acht lassen, solange uns eine rein-physiologische Theorie des Gedächtnisses nicht bewiesen ist; ganz abgesehen davon, daß wir über derartige Erinnerungen auch des angeblich exkurrierenden Teil-Black nichts Ausdrückliches hören und daß unsere Grundanschauungen ja ohnehin ein mehrfaches Gegebensein der gleichen Inhalte in mehreren übergeordneten Synthesen voraussetzen.

In einem scheint sich der Fall Black von dem der Miss Beauchamp freilich zu unterscheiden. Wir finden den angeblich exkurrierenden Teil von Black bei Bewußtsein; von einem solchen Bewußtsein aber während ihrer Zeiten des 'Fortseins' wußten die Teile der Miss B. anscheinend nichts: sie mußten eher glauben, nicht existiert zu haben, und die übliche Theorie läßt sie ohne Frage während dieser Zeiten nicht existieren. Die übliche Theorie mag Recht haben; wir müßten viele und bessere 'Fälle Black' haben, um jene Theorie zu erschüttern. Hier, wo wir im metaphysischen Dunste baden, mag doch gesagt werden, daß wir immerhin glauben dürfen, BI und BIV hätten während ihres 'Fortseins' ein später vergessenes Dasein der Exkursion geführt, oder hätten es doch führen können, falls sie sich nicht in andern, unwesentlichen Dingen von den Black-Teilen unterschieden. Aber vielleicht hätte BII (wenn Blacks späteres Leben in alternierenden Phasen verlaufen wäre) auch nach dem Wiedereintritt ins Fleisch seine Unterredungen mit jenen Sitzungsteilnehmern vergessen gehabt, deren Bericht uns zu diesen Spekulationen angeregt hat.

---

1) 'Am 13. Jan.' 'scheint' er zu sagen, meint der Bericht. Dies mag ein Irrtum der Sitzer sein; wir würden eher das Datum des Unglücksfalles zu hören erwartet haben.

Tatsächlich haben wir ja einen Massentyp von Persönlichkeitsalteration, der zuweilen unzweideutig Erinnerung der Teilpersönlichkeiten auch außerhalb des Leibes zeigt: ich meine den Trans der Medien. Wir lernten schon Fälle kennen, in denen das Medium nach seiner Rückkehr anzugeben wußte, was es inzwischen erlebt habe.[1] Nun ist natürlich die Vergleichbarkeit dieser Tatsachen mit dem Falle Black solange zweifelhaft, als nicht der spiritistische Anspruch für jene widerlegt ist; aber gerade wer diesen Anspruch leugnet, muß um so eher die obige Deutung des Falles Black übernehmen, wiewohl er — mit seltsamer Ironie der Problemlage — gerade dann wieder sehr verminderten Grund hätte, jenen spiritistischen Anspruch zu bekämpfen.[2]

LXXVI.

Metapsychologie der mystischen Seelenspaltung.

Die Tatsache nun, daß Teil-Iche wie die des Black oder der Miss B. sich dem Charakter nach voneinander unterscheiden, hat uns schon auf einer früheren Stufe unsrer Untersuchung ein bescheidenes Licht für das Verständnis religiöser Vorgänge geliefert;[3] hier mag sie uns, entsprechend den inzwischen gemachten Fortschritten, zu einer wesentlich wichtigeren Einsicht anregen, welche die Anwendung des soeben Besprochenen auf die Metapsychologie des Erweckten darstellen wird.

Teilpersönlichkeiten — fanden wir — offenbaren zuweilen soz. den spiritistischen Status; sie nehmen insofern eine Mittelstellung ein zwischen gehirnumschlossenem Ich und Überich. Nun ist — nach einer Hypothese, die ich durch immer neue Anwendungen glaubhaft zu machen suche — die psychologische Annäherung des Einzelnen an das Überich charakterologisch nicht gleichgültig; vielmehr vermuten wir im Überich Quelle und Anstoß zur überhaupt tiefstgehenden Charakterwandlung: zur Erweckung. Aus der Nebeneinanderstellung dieser beiden Sätze ergibt sich uns folgerichtig die Annahme, daß aus dem Überich die Anregung zur Bildung charakterologisch bedeutsamer Teilpersönlichkeiten zu erwarten sei.

Hier nun steigt sogleich die Erinnerung an eine Lehre auf, welche vor Zeiten allen denen geläufig war, die sich der Erforschung von Ichphasen und Teilpersönlichkeiten mit mindestens offenem Auge auch für jenseitige Bezüge widmeten: ich meine die Lehre der alten Somnambulenforscher von der religiös-'moralischen' Erhöhung des Ich in 'zweiten' Zuständen. Wie nahe diese Tatsache, falls sie feststände, unsern augenblicklichen

---

1) Vgl. o. S. 638 f. 2) Die Tatsache des genauen Wiederanknüpfens Eines Abschnitts einer Phase an den letztvorhervergangenen (o. S. 54. 90) spricht bei genauer Überlegung nicht gegen die hier angedeutete Möglichkeit. 3) S. o. S. 63 ff.

Zusammenhang angehen würde, brauche ich kaum zu sagen. Wir sind nunmehr bereits vertraut mit dem Gedanken, daß gewisse wachferne Ichphasen dem Überich näher stehen, als das festgefügte Wach-Ich. Ihre enge Verwandtschaft mit Zuständen der Exkursion, ihre Begünstigung übernormaler Erkenntnisakte allein schon beweisen dies. Zwischen einem durch Abkehr von der Sinnenwelt erzielten 'zweiten' Zustande und einem solchen von der Überwelt her angeregten dürfte ein wesentlicher Unterschied aber schwer zu finden sein. Die Überwelt wirkt immerzu in uns, und in geringerer oder größerer Tiefe sind wir alle Glieder von ihr. Jene Abkehr von der Sinnenwelt würde also nur aufdecken, was in einiger Tiefe in uns angeregt war, in noch größerer stets vorhanden ist.

Was nun die fragliche Lehre selbst betrifft, so ließe sich zugunsten der behaupteten Tatsache zunächst ja schon daran erinnern, daß bekanntlich die großen ekstatischen, somnambulen und automatistischen Bewegungen aller Zeiten überwiegend religiös-moralischen Charakter getragen haben, während wir kaum von Massenerscheinungen somnambul-automatischen Charakters hören, in denen politische oder ästhetische oder banal-praktische oder sonst welche andere Vorstellungen den wesentlichen Inhalt gebildet hätten. Die vielleicht am weitesten ausgreifende dieser ekstatisch-automatistischen Bewegungen ist noch heute allenthalben im Gange: ich meine die 'spiritistische', die ja doch ihrer Mindestdeutung nach in einem massenhaften Auftreten spontaner und künstlicher Somnambulismen und automatischer Schrift und Rede besteht. So mannigfaltig nach Form und Inhalt die Erzeugnisse dieser Umwelt aber auch sein mögen, die 'im großen und ganzen' religiöse und moralisierende Bestimmtheit spiritistischer Transreden und -schriften ist jedenfalls unverkennbar.[1] Konnte doch ein so gründlicher Kenner wie Frederic Myers das Urteil fällen, daß 'der fast durchgehends hochstehende moralische Ton echter automatischer Äußerung — ob nun angeblich von Geistern, oder augenscheinlich vom Automatisten selber stammend — weder genügend beachtet, noch ausreichend erklärt worden sei'.[2] — Und nicht nur für ihren Lehrinhalt gilt dies, sondern auch ihre Wirkung auf den Automatisten selbst bewegt sich meist in der gleichen Richtung.

'Ich wich den Lebenden aus', sagt zB. Le Baron von der Zeit nach dem Eintritt seiner Automatismen, 'um im Dunkel des Waldes oder auf den Gipfeln der Hügel mit den Geistern zu reden, das Haupt den Himmeln entblößend; ... ich wurde asketisch gesinnt und ... im höchsten Grade empfindlich in Fragen meiner eigenen geistlichen und moralischen Unwürdigkeit ...' Diese Stimmung war offenbar eine unmittelbare Folge des Automatismus, der auf äußerste Selbsthingabe und -aufopferung drang.[3]

---

1) Vgl. zB. die Fälle W. St. Moses (Pr XI 110); 'Le Baron' (Pr XII 277ff.); Knorr-Schmidt (PS XXXIII 655ff.); Miss A— (Pr IX 73ff.). 2) Myers II 133. Ebenso Dr. Hodgson Pr XIII 369. 3) Pr XII 285; vgl. 288 und Mrs. Verralls Schrift XXI 200 Mitte.

Es ist aber ferner bemerkenswert, wie oft uns ausdrücklich versichert wird, daß solche moralisch-religiöse Triebkräfte des Automatismus dem wachen Ich des Betreffenden durchaus ferngelegen hätten,[1] wodurch die Tatsache sich erst völlig unserem augenblicklichen Zusammenhang einordnet, welcher ja nicht Häufigkeit somnambuler oder automatischer Leistungen bei Religiösen,[2] sondern Religiosität der somnambul-automatischen Phase bei Profanen belegen will. Wird sich vom naturalistischen Standpunkt aus der Zweifel erheben, die von Anfang an beliebte Deutung 'spiritistischer' Vorgänge durch Teilnahme von 'Geistern' habe erst assoziativ das Vorstellungsganze der Religion und der ethischen Eschatologie heraufbeschworen und damit den ferneren Inhalt der Bewegung suggestiv beeinflußt? Der Einwand würde den Tatsachen gegenüber nicht standhalten. Doch mögen wir ihm ausweichen, indem wir unser Problem vom Gebiete geschichtlich schwerfaßlicher Gesamtbewegungen auf das der persönlichen Einzelbeobachtung hinüberspielen, wo ja jene fragliche Lehre der alten Somnambulenforscher recht eigentlich ihre Blüte gehabt hat.

So sagt noch Perty, ein verhältnismäßig besonnener Kenner des literarischen Niederschlags jener Zeit, daß 'ein tiefer religiöser Zug durch diese höheren Zustände' der Somnambulen gehe, so daß unmoralische Menschen ihnen darin widerwärtig seien. S e l b s t u n s i t t l i c h e Personen erhöben sich zu sittlichem Empfinden und Gehaben, solange sie sich im magnetischen Schlafe befinden.[3] — Kluge faßte die Meinung der älteren Magnetiseure dahin zusammen, daß in den tiefsten 'magnetischen' Zuständen der Kranke 'zu größeren und edleren Gefühlen gesteigert sei; höchste Unschuld und Reinheit ... geben ihm das Ansehen eines Verklärten';[4] und selbst noch ein Beobachter unserer Tage von so reicher Erfahrung wie Bramwell glaubte sagen zu dürfen: irgendwelche Veränderungen in der sittlichen Gesinnung, die er bemerkt habe, seien ausnahmelos zugunsten des hypnotisierten Subjekts (verglichen mit seinem Wachzustande) gewesen.[5] — Auch die Somnambulen der älteren Zeit selbst behaupteten oft, daß in ihren 'höchsten' Zuständen ihr religiöses Gefühl lebhafter, ihr Glaube fester, ihre Liebe zu Gott und Menschen heftiger, kurz ihre moralische Natur erhöht sei.[6]

Allerdings erheben sich gegen diese Urteile, vollends in ihrer verallgemeinerten Form, Bedenken, die sich zuweilen bis zur Behauptung des geraden Gegenteils verdichten: also der moralischen Unterwertigkeit der 'unterbewußten' Zustände, meist als Parallelerscheinung ihrer intellektuellen Minderwertigkeit.

---

1) zB. in den eben zit. Fällen der Fr. Knorr-Schmidt und Miss A—. 2) Wie o. Kap. VII u. VIII. 3) Perty, M. E. I 251. Ebenso Dupotet in JM XI 443. 4) Kluge 112f.; vgl. 240ff.; A. Wienholt, D. Heilkraft des thier. Magnetismus (1802—5) III, 3 S. 259. 261ff. 272ff. 305ff.; Cahagnet, Heil. 369; Reichenbach I 387f.; Braid, bei Bramwell 292. 5) Bramwell 1. Aufl. 327; vgl. Perty, Spir. 15. 6) S. zB. Perty, M. E. I 290 (üb. Heinekens Somn.); ATM I, 2 42; Deleuze, Hist. crit. du magnétisme animal II 173; Bramwell 323 (nach Dr. Allden); Vogt in ZH IV 40. — Ähnl. bei Narkotisch-Hypnoiden: Ludlow 96. 98. 140. 175; Cahagnet, Heil. 133. 140.

So bezeichnet Dr. Sidis das, was er *subwaking self* nennt, nicht nur als bestenfalls rein reproduktiv, unpersönlich, dumm, völlig kritiklos und leichtgläubig, sondern auch als feige, unterwürfig, gesetzlos, roh und unmoralisch;[1] und Prof. G. T. W. Patrick, in Übereinstimmung mit Urteilen Podmores, betont neben den 'primitiven' Zügen 'zweiter' Persönlichkeiten — dem Vorherrschen in ihnen von Gedächtnis und Einbildungskraft, im Gegensatz zu klarer Vernunft — auch den im allgemeinen niedrigen moralischen Ton ihrer Äußerungen (zB. im pseudo-spiritistischen Trans), ihre Gemeinheit und Unehrerbietigkeit, — lauter Züge, die an den geistigen Charakter des Wilden, des Kindes und wohl auch des Weibes erinnern sollen.[2]

Am schärfsten hat sich dieser Zwiespalt der Meinungen zugespitzt in der vielerörterten Frage der Möglichkeit (oder Unmöglichkeit) spontan erfolgender oder suggerierter unmoralischer Handlungen — zB. Verbrechen — im somnambulen oder posthypnotischen Zustande. Das einschlägige Schrifttum enthält eine große Zahl vielangeführter Paradefälle von Verbrechen, die von anscheinend 'moralisch' lebenden Personen während spontanen Nachtwandelns versucht oder ausgeführt wurden. Der Ruhm des Mönches, der sich im Schlafe mit einem Dolch an das Bett seines geistlichen Oberen schlich und die Kissen durchlöcherte,[3] ist schon beinahe mythisch; und ähnliche nachtwandlerische Angriffe von Schülern auf ihre Lehrer, Ehemännern auf ihre Frauen usw. werden von Bernheim, Charpignon u. a. berichtet.[4] Weit zahlreicher noch sind Angaben über Verbrechen, die im künstlichen Somnambulismus der Hypnose oder im posthypnotischen Zustand auf Suggestionen hin von Personen ausgeführt wurden, deren wahrer Natur derartige Handlungen angeblich völlig fern lagen.[5]

Aber hier, wo die Frage des moralischen Unterbewußtseins am schärfsten verneinend entschieden scheint, beginnt sich auch das Blatt zu wenden. Nicht nur besteht nämlich unter Fachleuten keine Übereinstimmung darüber, wieweit auf den Erfolg 'verbrecherischer' Suggestionen zu rechnen sei, — indem Einige angeben, gar keinen oder fast keinen erzielt zu haben,[6] — sondern auch die Deutung der wirklich ausgeführten suggerierten Untaten ist eine strittige, wie schon die langwierige Erörterung dieser ja auch praktisch wichtigen Frage erkennen läßt. In den Augen der Einen[7] ist allerdings das hypnotische Subjekt ein willenloses Werkzeug der Eingebungen des Versuchsleiters, und würde darum auch vor Verbrechen nicht zurückschrecken, die nicht, wie die experimentellen Vergiftungen mit Zucker oder Erdolchungen mit Messern von Pappe, von vornherein

1) Sidis, Suggestion 245f. 293ff. 2) PR V (1898) 559. 577f.; vgl. Podmore, Spir. II 136f. 3) Boismont 232. 4) Vogt in ZH IV 40f.; ÜW XIII 114f. u. a. Somn. Selbstmordversuche: Hack Tuke 18f. 5) S. zB. Bernheim 149; Liégeois, Rapp. sur les sugg. crim., ref. in JPN XVII 338. 6) S. zB. Bramwell 318—30; Rieger u. Virchow, Der Hypnotismus 23f.; Gerrish in JPN XVII 262. 7) zB. Liébeault.

auf einen harmlosen Verlauf angelegt sind. Nach dem Urteil Anderer[1] geht das Subjekt, wenn es nicht sogleich mit entschiedener, oft entrüsteter Weigerung der Suggestion sich verschließt, nur zum Schein auf diese ein und ist sich während der Ausführung der Harmlosigkeit seines Tuns durchaus bewußt.

Hier scheint wirklich ein Widerspruch zwischen gültigen Beobachtungen vorzuliegen, so daß wir also eine Mannigfaltigkeit der Tatsachen anzuerkennen und ihre scheinbare Zwiespältigkeit durch vermittelnde Gedanken auszugleichen hätten. Es läßt sich zB. annehmen — und ist auch behauptet worden —, daß die verbrecherische Suggestion geheimen und unterdrückten Neigungen einzelner Subjekte, etwa gar zu einer bestimmten Handlung, entspreche und sich dadurch ihrer Ausführung empfehle;[2] daß der Widerstand aber wachse, je mehr diese suggerierte Handlung dem Charakter des Subjekts widerspreche;[3] daß Eingebungen, die den innersten Beweggründen eines Menschen wirklich zuwiderlaufen, von ihm auch in der Hypnose entweder gar nicht, oder nur mit äußerstem Widerstreben ausgeführt werden; oder daß gewisse Subjekte unter der Einwirkung der Suggestion ihr Gewissen einschläfern durch beschönigende Gründe, welche die Tat empfehlen und als hinzutretende Selbstsuggestionen wirken.[4] Immerhin scheint die Tatsache, daß im somnambulen Zustande moralisch-verwerfliche Handlungen überhaupt begangen werden, der allgemeinen Lehre der alten Somnambulenforscher zu widersprechen. Die naive Gleichsetzung von Somnambulismus und 'moralischem Zustand des Menschen' scheint damit jedenfalls widerlegt, und es könnte dann naheliegen zu vermuten, daß Personen, die im somnambulen Zustande sich besonders 'moralisch' zeigen, diese Eigentümlichkeit überhaupt in sich tragen und in jenem Zustande nur offener an den Tag legen; oder aber in jenen für Suggestionen besonders empfänglichen Zuständen ein getreues Abbild ihrer Umwelt zeigen, die ja häufig eine moral- und religiondurchtränkte ist.

Allen diesen Einwänden gegenüber nun haben die alten Verehrer somnambuler Moralität ein Auskunftsmittel in Bereitschaft, das gerade in unserem Zusammenhang nachdenklich stimmen muß. Nicht vom 'somnambulen' oder jedem beliebigen 'zweiten' Bewußtseinszustand schlechthin nämlich behaupten sie moralische Erhöhung, sondern, wie schon oben mehrfach angedeutet, von gewissen 'tiefsten' Zuständen des Somnambulismus, vor allem dem damals sog. 'Hochschlaf'.[5]

'Wir müssen behaupten', schrieb zB. Charpignon bereits im Jahre 1848,[6] 'daß der wirklich Ekstatische immer von möglichst vollkommener Liebe und Moralität beseelt ist, ob er nun im gewöhnlichen Leben so ist oder nicht; denn im

1) Gilles de la Tourette, Delboeuf u. a. 2) Delboeuf, Forel u. a. 3) S. Moll 152. 4) Bernheim. L'hypnotisme et la sugg. ... (Par. 1897) ch. II. 5) Doppel- oder Wonneschlaf: Werner 346; Perty, M. E. I 290 (nach Heineken). 6) Physiol., méd. et métaphys. du magnétisme 102.

letzteren Falle verwandeln sich, sobald die Ekstase eine vollkommene ist, seine Gefühle ganz und gar, und seine wache Denkungsart verkehrt sich in ihr Gegenteil. Im Somnambulismus dagegen [d. h. offenbar im weniger tiefen] behält das Subjekt zumeist seine gewöhnlichen Neigungen bei, und nur in diesem Zustande hat man eine Beeinflußbarkeit zum Schlechten beobachten können.'

Auch A. J. Davis, der immerhin Erfahrungen besaß, verfocht die moralische Erhöhung anscheinend nur bezüglich der 'höchsten' Zustände des hellsichtigen[1] Somnambulismus, denen er 'ein selbstloses Gefühl für die Menschheit, Wahrheit und Förderung edler Grundsätze' zuschrieb, während alle 'kleinlichen und gemeinen Neigungen nicht nur untergeordnet wären, sondern aufhörten zu bestehen'; und dies habe er an sich selbst erfahren, obgleich er auf fremde Anregung hin versucht habe, selbstsüchtige Gefühle in jenen höchsten Zustand hinüberzunehmen. 'Ich war ein verändertes Wesen,' alles Selbstische war 'vernichtet'.[2]

Nun bestehen ja auch für den modernen Psychologen bedeutende Unterschiede zwischen Schlafzustand und Schlafzustand, vor allem in bezug auf den Grad und die Ausdehnung der 'Dissoziation'. Er kennt einen Zustand des verworrenen Träumens, in welchem tatsächlich der individuelle Charakter aufgehoben oder verkehrt erscheinen kann. Von alters her ist denn auch behauptet worden, daß der banale Schlaftraum unmoralischer sei, als das Wachen.[3] Anderseits lehrt die Beobachtung 'zweite' Zustände kennen, in denen nicht nur Charakter und Persönlichkeit erhalten sind, sondern auch Sinnesfähigkeiten und Geisteskräfte sich gesteigert zeigen;[4] ganz abgesehen von übernormalen Fähigkeiten. Und gerade die Berichte über jene Trans- oder automatischen Äußerungen, in denen sich eine religiös und moralisch erhöhte Persönlichkeit aussprechen soll, heben auffallend häufig einen gleichzeitigen intellektuellen Zuwachs hervor.

Erwägen wir also die offenbar sehr verschiedene Wertigkeit unterbewußter Zustände — wofür dies Buch ja schon zahlreiche Belege verschiedener Art geliefert hat —, so mag die Behauptung der alten Somnambulenforscher von der ethisch-religiösen Überlegenheit gewisser besonders 'tiefer' Zustände durchaus glaubhaft und jedenfalls durch die 'Unmoralität' gewisser Träume oder hypnotischer Handlungen keineswegs widerlegt erscheinen. Auch trifft sie ja zusammen mit der Erfahrung der religiösen Mystik aller Zeiten und Länder, nach welcher mit dem fortschreitenden Abstieg in die eigene Tiefe eine ebenso fortschreitende Hinbewegung auf das eigentliche Erlebnis der 'Heiligkeit', auf die Gottheit zu verbunden ist. Beobachtungen sowohl, als auch unser gesamter Gedankengang führen uns also in natürlichem Fortschritt zu der Annahme, daß von jener überpersönlichen Tiefe her charakterologisch besondere, abweichende Teilpersönlichkeiten den Anstoß zur Entstehung empfangen können.

---

1) lucid. 2) A. J. Davis bei Harrison 213f. 3) Antike Belege bei du Prel, Ph. d. M. 97. 4) S. zB. Flournoy, Des Indes 18. 162f.; Dupotet in JM XVIII 377ff.; Despine 95; PS XXIII 527. Vgl. o. S. 77f. 103f.

Diese Einsicht läßt sich auch noch anders ableiten: Die seelische Tiefe ist der psychologische Ort der Ekstase, und ekstatische Erlebnisse im Rahmen wahrer Jenseitigkeit erscheinen uns jetzt nachgerade als etwas Selbstverständliches.[1] Die Ekstase aber erfaßten wir schon auf einer frühen Stufe der Untersuchung[2] als Homologon des Automatismus, und die am reichsten entwickelte Form des Automatismus ist die 'zweite' Persönlichkeit. Die Gegend, in welche die Ekstase das Ich entführt, ist also notwendigerweise auch die Quellgegend eines zweiten Ich.

Hiermit aber ist weit mehr abgeleitet, als auf den ersten Blick erscheinen mag. Die Überlegungen, die es natürlich erscheinen lassen, in dem Überich die Quellgegend von zweiten Persönlichkeiten und dementsprechend von Automatismen zu suchen, übertragen sich ohne weiteres auf die Beobachtungen von 'Führung' im mystischen Leben (sei es in anonymer, sei es in Form eines personifizierten 'Führers' oder Gottgeliebten); auf jenen Tatsachenkomplex umfassendster Führung, den wir als 'Vergottung' kennenlernten,[3] sowie auf die Deutung jener tiefgelegenen Region des Friedens inmitten der Stürme mystischer Dürre, welche so oft die Einleitung zur Vergottung bilden.[4]

Es geht uns also hier, wie ich hoffe, das volle Verständnis auf für die Natürlichkeit des unterbewußten Habitus überhaupt innerhalb des mystischen Lebens. Diese Natürlichkeit entspricht, vom Standpunkt unsrer Grundhypothese aus, durchaus der Natürlichkeit automatischer Äußerung des übernormal-Erfahrenen von 'nachprüfbarem' Inhalt. In beiden Fällen schreibt sich der unterbewußt-automatische Charakter der Einfügung in das persönliche Tagesleben daher, daß die letzte Quelle der Inspiration nach 'Tiefe' und Überlegenheit von diesem Wachleben beträchtlich abliegt, also zunächst zu Zwischenbildungen drängt, die dem Wachbewußtsein mehr oder minder selbständig gegenüberstehen und mit ihren Äußerungen in dieses gleichsam einbrechen. Doppelt natürlich aber muß es uns danach erscheinen, daß der Automatismus der Äußerung übernormalen Erkennens der 'nachprüfbaren' Art sich zuweilen geradezu von religiösem Gefühl umwittert zeigt.

So schreibt Mrs. Henry-Anderson, deren metapsychische Leistungen früher erwähnt wurden, daß wenn der weiße Nebel vor ihr aufsteigt, auf welchem ihre Wahrgesichte ihr erscheinen, sie sich 'eines seltsamen und schwer beschreibbaren Gefühls bewußt' sei. 'Worte, Gedanken und ihr Ausdruck kommen mir mit einer Leichtigkeit, die mich kaum im Zweifel darüber läßt, daß zeitweilig eine größere Kraft, als meine eigene, meine Lippen und mein Hirn benutzt. Der erste Ausdruck dieser Gedanken hat mich zuweilen erschreckt (denn ich höre meine eigene Stimme

---

1) Vgl. auch Andeutungen von Exkursion während panoramatischer Lebensschau mit erwecklichem Charakter: zB. PS XXVII 454f. 2) o. S. 99f. 3) o. S. 38ff. 112ff. 4) o. S. 163f.

als eine Unbeteiligte ...). Ein außerordentliches Gefühl von Kraft und Wissen — ich möchte sagen: auch Vorauswissen — ist damit verbunden. Und ich weiß, während ich rede, daß eine der großen Kräfte des Weltalls [aus dem tiefern Geheimnis des Lebens her] mich vorübergehend überschattet ... Ich bin lediglich ein Werkzeug.'[1]

LXXVII.

Metapsychologie des mystischen Komplexes.

Hiermit erledigt sich uns denn in letzter Instanz die Frage nach dem Ursprung jenes Komplexes, der im erwecklichen Leben führt. Wir sind endgültig über den üblichen Standpunkt des naturalistischen Psychologismus hinausgelangt. Unser Gewinn dabei ist ein ähnlicher, wie er dem Biologen zufällt, der sich von den Verblendungen der Lebensmechanistik freimacht. Der Mechanist gerät, entwicklungsgeschichtlich rückschreitend, unfehlbar an den Punkt, wo er seinen Grundsätzen, daß alles Lebende von Lebendem, jede Zelle von einer Zelle stamme, untreu werden muß. Ähnlich leitet der Religionspsychologist die Gnadenerfahrung des Mystikers aus der 'Inkubation' seiner angestrengten Asketik ab, oder, wo dies versagt, aus irgendwelchem halb oder ganz verschüttetem Erbgut, das in der Erweckung zum Durchbruch komme. Aber alles stammesgeschichtliche Zurückschieben führt ihn nicht über gewisse Urphänomene hinaus, die mit der Gemeinschaft bewußter Wesen stets schon gegeben sind. Wir unserseits haben diese Urphänomene nunmehr ausdrücklich in den mystischen Untergrund des geistigen Lebens verlegt und gewinnen damit Raum für die Vermutung, daß auch das angestrengte Sichselbstbilden des geistlichen Menschen[2] unter Umständen schon eine mystisch begründete Erscheinung sei: ein erstes Frühlingssteigen von Säften, die berufen sind Früchte zu treiben, und in vielen Fällen nicht einmal Knospenhüllen zu sprengen vermögen.

Damit ist aber zugleich gesagt, daß wir eigentlich keine zwingenden Gründe mehr haben, anscheinend voraussetzungslose Erweckungen, Bekehrungen ohne vorhergegangene Inkubation, als unmöglich zu bezeichnen. William James, ein Psychologe ohne Vorurteile, hat vier Fälle namhaft gemacht, die ihm unter diesen Begriff zu fallen schienen,[3] und die Urkunden der großen Erweckungsbewegungen berichten häufig von Bekehrungen, die soz. aus blauem Himmel Personen befallen, bei denen man etwas derartiges schlechterdings für ausgeschlossen gehalten hätte: wahre Teufel in Menschengestalt, mit einem Vorleben angeblich ungemilderter Bosheit und Gemeinheit, die 'in einem Augenblick' die Wandlung zu seligen

1) OR 1905 I 69. 2) S. o. Kap. I. 3) Varieties 236 Anm. (Zwei dieser Beispiele — Ratisbonne u. Gardiner — sind allerdings nachweislich völlig unzureichend.)

und liebenden Kindern Gottes durchmachten.[1] Bedenkt man freilich, wie vielsträhnig in der vererbten Anlage der Einzelne fast immer ist, so wird man doch noch bezweifeln, ob nicht auch in solchen sonderbaren Bekehrungskandidaten irgendwo ein leidlich fruchtbarer Kernkomplex religiöser Bildung versteckt gewesen sei. — Und doch sind für den hier von uns erreichten Standpunkt diese Zugeständnisse an den Psychologismus eigentlich wesenlos geworden. Der Beweis einer Erweckung ohne jede individuelle oder erbliche Inkubation wird aus naheliegenden Gründen nie zu erbringen sein; aber im Grunde — bedürfen wir seiner nicht mehr; denn der Begriff der Anlage selbst hat sich uns unerwartet vertieft: 'Gott' gehört im Grunde zur persönlichen 'Anlage' eines Jeden. Der Quell des Lebens, auch des geistlichen, rinnt schließlich im Erbgut des Einzelnen ebensogut, als in seinen persönlichsten Inspirationen; der Unterschied liegt nur im Grade der Unmittelbarkeit. Die Wirkungen des schöpferischen Überich pflanzen sich von Geschlecht zu Geschlecht fort, und setzen doch gleichzeitig in jedem Einzelnen von neuem an, langsam bildend, oder plötzlich zum Ziele schießend. Die 'freie Gnadenwahl' des Einzelnen durch Gott ist schließlich nur der äußerste Typ eines Vorgangs, der sich in der fortschreitenden Vergeistigung ganzer Geschlechter auch beobachten ließe. Und so mag es nie als Tatsache zu erweisen und doch jederzeit als Möglichkeit anzunehmen sein, daß ein Einbruch aus dem Überich — ursachlos für unser beschränktes Verstehen — den Einzelnen erfasse und im Nu dermaßen verändere, daß er sich kaum noch selbst erkennt und eine 'neue Kreatur' geworden zu sein meint.

Der Begriff der Inspiration, auf den wir hier gestoßen sind, verhält sich also letzten Grundes gleichgültig gegen Fragen der Erblichkeit; es ist ihm wichtiger festzustellen, daß allenthalben und jederzeit ein schöpferischer Druck der Überwelt stattfinde, der — bald individual-, bald massenpsychologisch — auf die geistige Geschichte irdischer Wesen Einfluß gewinne. Von diesem Standpunkt aus ließe sich eine ethnologische Geschichte der religiösen und ethischen Inspiration schreiben, die einen bedeutsamen Parallelismus der Erscheinungen in sehr verschiedenen Ländern und Zeiten festzustellen hätte.

Da sich mir jede Ausführlichkeit hier verbietet, will ich den Leser nur flüchtig auf drei fast wahllos herausgegriffene Beispiele verweisen. Ein ihm wohlbekanntes bietet der israelitische Prophetismus mit seiner neuartigen Verkündigung des Herzens-Verhältnisses zur Gottheit, gegenüber der bisherigen Gesetzesreligion, und seinen mannigfachen ethischen Anregungen.[2] — Aber ganz die gleichen Vorgänge finden sich zB. unter den Rothäuten Amerikas. Der 'Prophet' wird — anscheinend während einer Epidemie — vom Bewußtsein seiner Sündigkeit gepackt,

1) Gibson 187f. 330; vgl. auch 51. 176f. 185. 2) Über das Neuartige des jüd. Prophetismus s. zB. C. Cornill, D. israel. Prophetismus (Straßb. 1906) 178; K. Marti, Gesch. d. isr. Rel. (Straßb. 1907) 179ff.: W. Bousset, Das Wesen der Religionen (Halle 1903) 120.

fleht zum Großen Geist um einen Ausweg, wird durch eine symbolische Vision endgültig erweckt und beginnt nun Reinheit und Umkehr zu predigen, die sich besonders auf Abkehr von Zauberei, Raufereien, Mord, Trunksucht und Mißhandlung der Frauen erstreckt. Viel Volk läuft ihm zu; wer bekennt, wird aufgenommen, und eine Auswanderung führt zu friedlicher Kleinstaatbildung.[1] — In Japan wächst ein kluges, ernstes, liebevoll-mildtätiges und frommes Mädchen heran, Maëkawa Miki (geb. 1798). Verehelicht und Mutter dreier Kinder, fällt sie eines Tages in 'Konvulsionen, ihre Stimme nimmt einen ernsten, erschrecklichen Klang an, und sie fängt an zu verkünden, daß sie von den Göttern erkoren sei als ein Werkzeug zur Ausrichtung ihres himmlischen Willens zu der Menschen Heil'. Ihr Leben wird von da ab noch heiliger, sie verschenkt ihre ganze Habe an die Armen, trägt jedes Leid — auch den Tod ihrer Kinder und häufige Einkerkerung — mit unbeugsamer Festigkeit und Heiterkeit, und verkündet ihre Lehre: *Ten-ri* ist die himmlische Vernunft und die Menschen sind göttlichen Geschlechts; wer den Glauben hat und reinen Herzens ist, wird schon hienieden eins mit der Gottheit und damit selig und fröhlich; durch Selbstverleugnung und kindliches Verhalten vor Gott erbaut man den geistlichen Tempel. Diese und andere typisch-mystische Lehren begründen eine Religionsgemeinschaft, die heute mit 6 Millionen Anhängern in Japan an vierter Stelle steht und in welcher Arbeitsamkeit und gegenseitige Hilfeleistung blühen.[2]

Soz. ganz von innen beobachten wir diesen 'schöpferischen Druck' in manchen Schilderungen ekstatischer Erlebnisse, die mit dem Auftrag der Wirksamkeit innerhalb der unerweckten Welt enden. Man könnte diesen typischen Zug als das Motiv der apostolischen Rücksendung bezeichnen.

S. Katharina von Siena hat eines Sonntags 'um die Terz' vier Stunden lang wie 'tot' dagelegen und derweil, von 'diesem sterblichen Leibe frei geworden', die 'Qualen der Hölle und des Fegfeuers' und danach 'die Seligkeit des Himmels und die Herrlichkeit [Christi]' geschaut. 'Und als ich eine gewisse Hoffnung gefaßt, daß ich nun ... in einen Stand ewiger Freude eingetreten, sprach unser Herr zu mir: Tochter, siehst du jene unseligen Sünder? ... Ich habe dir diese Dinge gezeigt, weil ich will, daß du in die Welt zurückkehrst, meinem Volke ihre Sünden und Übertretungen zu erklären, und die große Gefahr, die über ihnen schwebt, wenn sie sich nicht bessern ... Es ist eine große Zahl von Seelen in der Welt, die durch dich gerettet werden sollen ... Von jetzt ab ist es mein Wille, daß du die Weise deines Lebens änderst. Du sollst nicht länger in deiner Zelle verharren, sondern hinaus in die Welt gehen, Seelen zu gewinnen. Du sollst von Stadt zu Stadt ziehen, wie ich dich heißen werde; du sollst mit der Menge leben und öffentlich reden; ich werde Einige zu dir senden und werde dich zu Andern senden, wie es mir gefällt; sei du nur bereit, meinen Willen zu tun. — Während der Herr diese Worte sprach, ward meine Seele plötzlich dem Körper wiedergegeben.'[3]

Ganz ähnlich geht es zB. der eigenartigen amerikanischen Sektiererin Jemina Wilkinson (geb. 1751), die nach einer wilden und eigenwilligen Mädchenzeit unter religiöse Einflüsse gerät, mit plötzlichem Ernste in sich geht, Schönheit und Witz

1) M'Nemar 111 ff. 2) H. Haas, Tenrikyo, in Ztschr. f. Missionsk. u. Religionswiss. XXV (1910) 129 ff. 3) Drane I 119 ff. (zuverlässige Beob.).

fahren läßt, und in mehrstündigem, fast 'leblosem' Trans ihre Sendung empfängt von einer Stimme, die 'durch den ganzen Himmel erschollen' sei: Wer will hingehen und der todgeweihten Welt predigen? Worauf sie erwidert habe: 'Hier bin ich, sende mich', und herabgesandt worden sei. Seitdem las sie angeblich die Gedanken Aller und gründete unter dem Namen Jerusalem eine Kolonie von Jenseitigen, denen die Heirat verboten war.[1]

So oder ähnlich wiederholt sich der Vorgang inspiratorischer Einflußnahme jenseitiger Bindekräfte überall und zu allen Zeiten. Die Göttersymbole und damit der konkrete Inhalt von Visionen und Dogmen wechseln (bei der alten O-Miki zB. waren es Shinto-Gestalten beiderlei Geschlechts), nur der triebkräftige Kern bleibt immer derselbe. —

Aber die Fruchtbarkeit unsrer vertieften Auslegung reicht noch weiter. Sie fügt sich als eine natürliche Ergänzung nachgerade allem ein, was vor ihrer Erarbeitung im Sinne naturalistischer Psychologie zur Deutung erwecklicher Vorgänge beigebracht wurde. — Von den verschiedenen psychologistischen Hypothesen über Natur und Herkunft des Erweckungskomplexes: seiner versuchsweisen Auffassung als kindlich, primitiv, weiblich, geschlechtlich, sozial,[2] erschien zwar jede einzelne unbefriedigend, hinterließ aber doch den Eindruck einer gewissen Annäherung an Wahrheit. Dieser Eindruck läßt sich jetzt verständlich machen. Über Zusammenhänge des Geschlechtlichen und des Sozialen mit dem Mystischen ist bereits Einiges angedeutet worden. Aber auch die übrigen Begriffe entziehen sich nicht dem Rückgriff vom jetzt erreichten Standpunkt aus.

Sowohl das Kind, als auch das Weib, sowie den Primitiven (ja selbst das Tier) betrachtet auch die geltende Psychologie als besonders nahestehend und innig verwachsen mit jenem Gebiet des Unpersönlich-gemeinschaftlichen und Urtümlichen, — des Instinktmäßigen, der 'Natur' (im Gegensatz zum 'Persönlichen' des 'Geistes'), des der Gattung mehr, als dem Einzelwesen Zugehörigen, — welches wir ganz allgemein dem 'unterbewußten' Wesen zuweisen. Ebenso erscheinen das Geschlechtliche und die Sozialität als Vertreter des Lebenswillens der Gattung, dem der Einzelne dient. Es ist nun aber merkwürdig zu sehen, wie selbst dem naturalistischen Psychologen die Verlegung des Schwerpunkts in diese tieferen und unpersönlichen Gebiete unwillkürlich eine fast mystische Färbung annimmt.

Die Introversion (im Sinne der Psychanalyse) nennt Jung die 'selten stillbare Sehnsucht nach allen tiefsten Quellen [des] eigenen Seins, nach dem Leibe der Mutter, und in ihm nach der Gemeinschaft mit dem unendlichen Leben in den unzähligen Formen des Daseins'.[3] Die 'Rückkehr zum Infantilen' bedeutet ihm 'nicht nur Regression und Steckenbleiben, sondern auch die Möglichkeit der Auf-

1) Dr. H. F. Frost in AJI Juli 1895 13ff. Vgl. o. d. Fall S. 289. 2) S. o. Kap. XIXff.
3) JPPF IV, 1 (1902) 249.

findung eines neuen Lebensplanes. Die Regression ist so recht eigentlich auch Grundbedingung des Schöpferaktes'.[1] — Das Weib wiederum bedeutete einer älteren, mehr intuitiv und dichterisch urteilenden Psychologie ohne weiteres die Vertreterin 'des Sympathetischen in allem Weltzusammenhange, ... [der] stillen Musik im Innersten der Weltseele, die Sterne, Sonnen, Körper, Geister in diesem ewig wandelnden Rhythmus ... sich bewegen macht, [des] Weiblichen des Universums ... Das Weibliche ist etwas Allgemeines an allem Leben, die leiseste Psyche des Daseins, und daher der feine Zusammenhang der weiblichen Natur mit den allgemeinen Organisationen, Einwirkungen und Weltkräften'.[2]

Hier stehen wir schon unserer Hypothese Auge in Auge gegenüber. Und in der Tat: um den teilweisen Sinn solcher phantastischen Ergüsse zuzugestehen, brauchen wir, unter Anerkennung der mehr 'unterbewußten' Geistesanlage des Weibes (aber auch des Kindes und des Wilden), uns nur der Vieldeutigkeit dieses Begriffs zu entsinnen. Das 'Unterbewußte' ist ja recht eigentlich der Durchgangsraum für die verschiedensten Richtungen des Lebens: es ist sowohl der Aufnahmebehälter dessen, was aus dem Reiche des Willkürlichen, Persönlichen hinabsinkt zum seelischen Mechanismus, als auch der Keimboden des in mancherlei Sinne Fortschrittlichen.[3] Ich habe mich früher im Rahmen des Gedankengangs auf das Primitive des Weibes berufen müssen; ich darf jetzt daran erinnern, daß heutige biologische Betrachtung, wie am Kinde, so am Weibe gelegentlich auch auf entwicklungstheoretisch-fortschrittliche Merkmale hinweist. Sie stützt sich dabei auf den Grundsatz, daß der eigentliche Entwicklungsschub soz. an den Anfang jedes Einzellebens falle, daß also das Ungeborene auf der Entwicklungslinie verhältnismäßig höher stehe, als der Säugling, der Säugling als das Kind, das Kind als das erwachsene Wesen. Das Kind bietet die Versprechungen des Aufstiegs, die der Erwachsene nur zum Teil zu halten vermag; dem Pubeszens ist meist eine gewisse Genialität eigen, die sich, außer beim 'Genie', in der Banalität des spätern Voll-Ich verliert;[4] und was ist Genialität anderes, als das eigentlich Fortschrittliche und Lebensteigernde, das keimkräftig Bewegliche, Unverbildete und Unerstarrte, das auch den tiefern Bezügen der Welt Erschlossene, der 'Entwicklungsschub' in reinster Form? — Nun scheinen aber manche Beobachtungen nicht nur die Überlegenheit des Mädchens über den gleichaltrigen Knaben in körperlicher und geistiger Hinsicht zu erweisen,[5] sondern auch eine allgemeinere und tiefere Verwandtschaft des weiblichen mit dem kindlichen Typ: dem Typ also, der sich als der führende Typ der Entwicklung darstellt. Der Fortschritt der Rasse — so etwa faßt Ellis zusammen — sei ein Fortschritt in der Jugendlichkeit; der Mensch

1) Das. V 396. Vgl. das o. S. 311 über den anagogischen Aspekt der Introversion Gesagte. 2) Th. Mundt bei Bloch 83f. Vgl. Paracelsus: 'Die Frau ist der Welt näher, denn der Mann' (das. 61). 3) Vgl. o. S. 260f. 4) Vgl. das berühmte Goethe-Wort üb. d. wiederholte Pubertät der genialen Natur (zu Eckermann, 11. März 1828). 5) S. zB. H. Ellis, Man and woman 103f. 176. 179.

werde weiblicher und damit kindlicher. Daß das Ewig-Weibliche uns hinanziehe, sei mithin eine biologische Wahrheit.[1]

Lassen wir diesen Satz gelten,[2] so kann er offenbar durch naheliegende Wendungen für unsere Hypothese fruchtbar gemacht werden. Das Kindliche, das Weibliche, das Primitive, ob nun entwicklungsgeschichtlich höher oder nicht, ist jedenfalls das Flüssigere und Bildsamere, insofern es dem treibenden Keimboden von Geist und Natur inniger eingeschmiegt ist; es hat etwas von der größeren Fruchtbarkeit des Chaos gegenüber der gehärteten Form des Fertigen. Diesen Fruchtboden aber erfassen wir nunmehr mit den Begriffen des Vitalismus und — mehr noch — einer Mystik des Allgeistes. Wer sich dem Überich nähert, der nimmt, wie wir wissen, den Weg über das dämmerige und gestaltenreiche Gebiet des Unterbewußten, und insofern nähert er sich in einem wesentlichen Betracht dem Typ des Weiblichen, des Kindlichen und Primitiven. Entsprechend fanden wir früher, daß Frauen (auch Frauenhafte) und Primitive sich durch besondere Häufigkeit metapsychischer Leistungen auszeichnen; ja man hat geradezu — mit Recht oder Unrecht — die Ansicht vertreten können, daß die übernormalen Fähigkeiten ein Überrest primitiven Geistesguts seien.[3] Weiblichkeit, Kindlichkeit, Primitivität einerseits, Jenseitigkeit anderseits bilden also Kreise, die sich teilweise überschneiden, ohne zusammenzufallen; und dies erklärt jenes Gefühl teilweiser Wahrheit, das den Versuch begleitet, den erwecklichen Komplex allein durch jene Begriffe zu bestimmen.[4]

LXXVIII.

Metapsychologie der mystischen Neurose.

Die Tatsache nun, daß sich in Frauen, Kindern und Primitiven auch ein engeres Verhältnis zur Neurose begründet, als in andern natürlichen Gruppen, mag uns hier zu einem weitern Schritte rückgreifender Deutung anregen, der so naheliegt, daß der Leser ihn in Gedanken schon vorweggenommen haben dürfte. Aus der natürlichen Verbindung zwischen echter Jenseitigkeit und unterbewußtem Habitus ergibt sich ohne weiteres auch die Natürlichkeit spaltungsneurotischer Bildungen in mystischen Naturen. Ist doch die Schizophrenie gewissermaßen die äußerste, ins Kraut geschossene Form jenes Habitus; und gerade je mehr wir den Gegensatz von mystischem Komplex und 'natürlichem Menschen' metaphysisch vertiefen, desto begreiflicher wird, bei vorhandener Anlage,[5] die Erzeugung hysterischer Symptome auf Grund von Gesetzen, wie sie auch dem durch Verdrängung entstandenen Komplexe dienstbar

1) Das. 23ff. 392. 2) Näher eingehen auf diese Fragen kann erst der 2. Teil des Werkes. 3) Vgl. Podmore, Stud. 413ff. und o. S. 732f. 4) Vgl. o. S. 187. 191. 201. 5) Vgl. o. S. 265ff.

sind. Schon der einfachste Automatismus führt ja, wie wir wissen, meist Anästhesien der benützten (und insofern abgespaltenen) Körperteile mit sich, dazu häufig Gliederschmerzen, Kopfweh und Schwindel; und das Auftreten ekstasegeborener Teilpersönlichkeiten gibt, wie wir früher sahen, zu Krampfzufällen Gelegenheit, — alles Symptome auch der Hysterie. Wir wissen auch, daß Medien zwar zuweilen als 'gesund', häufig aber als hysterisch imponieren; und der Grund ist offenbar ein verwandter;[1] nur daß bei ihnen die wesentliche und gewohnheitsmäßige Berührung mit dem Metapsychischen klarer erweisbar ist, als im Falle des automatistischen Heiligen. Wie aber die gewohnheitsmäßige metapsychische Einwirkung Medien 'hysterisch' macht, so werden bezeichnenderweise auch bei klinischen Hysterischen in gewissen Arten von Anfällen ziemlich häufig metapsychische Leistungen, besonders hellseherische, beobachtet,[2] und würden wohl noch öfter beobachtet werden, wenn die Aufmerksamkeit unsrer Nervenärzte in diesen Fragen willig und geschult wäre. Das hellseherische Können ist dann gelegentlich jener 'zweiten' Persönlichkeit vorbehalten, die wie ein ruhiger Untergrund unter der stürmischen Oberfläche der kranken Seele ruht[3] und schon in diesem Betracht an den überlegenen metapsychischen Unterbau erinnert, den wir unter jedem Einzelnen, ob leidend oder gesund, voraussetzen.

Im Falle der Medien wie der Heiligen ist jedenfalls der Mehrbesitz im Vergleich zum Durchschnitt der Menschen ein außerordentlicher. Beide, mit einer Hälfte ihres Wesens einer Welt angehörend, die dem Durchschnitt verschlossen ist, erscheinen uns insofern als 'Genies', denen eine gewisse Krankhaftigkeit dann wie etwas Natürliches anhaftet; sofern das Geniale eine überlegene Wirklichkeitserfassung bedeutet, deren voller Auswirkung nur eben das menschliche Gefäß nicht immer standhält. Im Genie ist, nach den Worten eines ärztlichen Beurteilers, 'die Kraft zu gewaltig für das Organ',[4] und wir entsinnen uns aus dem Früheren, daß ebenfalls ärztliche Beobachtung sich gezwungen sah, die hysterische Spaltung zuweilen aus einer 'psychischen Überleistung' abzuleiten.[5] Diese Überleistung aber scheint mir im Falle gewisser Jenseitiger eben auf den überwältigenden Antrieb metapsychischer Wirklichkeiten zurückzugehen. Dieser Antrieb aus dem Innersten ist es, was häufig schon die überraschend frühe Introversion des Mystisch-jenseitigen[6] begründet, späterhin aber jene gewaltsamere 'Ansaugung',[7] die sein Seelenleben spaltet und der Neurose überliefert, wobei — ich wiederhole früher Gesagtes — die nun-

---

1) Vgl. den gedanken- und beobachtungsreichen Vortrag von Mrs. Finch in Light 1907 247 (auch PS XXXIV 588 ff.). 2) Vgl. zB. die flüchtige Andeutung betr. Hellsehen bei Janets Extatique: PS 1902 68 f. 3) Vgl. o. S. 165 (A. Winsor). 4) Dr. C. Pelman, Psychische Grenzzustände (1881) 36. 5) Breuer u. Freud, Stud. üb. Hysterie 205. Ich bitte o. S. 268 nachzulesen. 6) Vgl. o. S. 265. 7) o. S. 267. Vgl. in diesem Zusammenhang auch die Ausführungen bei Dr. G. Geley, L'être subconscient, 2. Aufl. (Par. 1905) 112 f.

mehr in äußerste Gegensätzlichkeit gedrängten Instinkte offenbar eine sekundäre Rolle in der Begründung neurotischer Symptome spielen.

Von der neurotischen Introversion gilt also schließlich, was von unterbewußten Zuständen, von automatistischen und halluzinatorischen Einstellungen, von 'vertieften' Ichphasen im allgemeinen gilt: sie kommt der Berührung des Einzelnen durch die übersinnliche Welt entgegen (ohne daß sie solche Berührung bewiese), und anderseits entsteht sie unter dem Einfluß einer solchen Berührung, oder ihrer Anbahnung. Der Hysterische an sich ist kein Heiliger; und der Heilige braucht kein Hysterischer zu sein; aber die Annäherung an die Welt des Heiligen begünstigt, zumal bei 'Veranlagten', die Entstehung von Hysterie, wie umgekehrt bestehende Hysterie vom 'vertieften' Typ eine Annäherung an die Welt des Heiligen begünstigen mag. Denn ist auch neurotische Introversion vergleichsweise seicht gegenüber mystischer Introversion, so sind doch beide in bestimmtem Sinne Stufen und Abarten eines psychologischen Vorgangs. — Mit diesen Gedanken sind wir endgültig über den Geltungsbereich der psychanalytischen Begriffe hinausgelangt. Die Psychanalyse enthält unstreitig ein genügend bedeutendes und wertvolles Stück Tiefenpsychologie, um ihre faszinierende Wirkung auf so viele Geister begreiflich erscheinen zu lassen. Aber sie läßt, wie die geltende Psychologie überhaupt, die eine Hälfte der geistigen Tatsachen außer Betracht, — Tatsachen, die uns völlig neue Einsichten in den letzten Ursprung gewisser Arten neurotischer Verdrängung und Spaltung gewähren.

Und mit geringen Änderungen werden sich diese Gedanken auf die wesentlich psychologisch zu deutenden 'Geisteskrankheiten' übertragen lassen. Unbestreitbares Irresein liefert keinen bündigen Beweis gegen irgendwelche mystische Bedeutsamkeit des Erlebens. Der Anhauch des Göttlichen zertrümmert oft den minder festgefügten Geist; ist doch der völlig festgefügte jenem Anhauch häufig überhaupt kaum zugänglich; die Lockerung des Ich aber, die er voraussetzt, geht allzu leicht in Formen über, die nach Maßstäben irdischer Tauglichkeit als krank zu bezeichnen sind. Aber selbstverständlich wäre die mystische Bedeutsamkeit in Hysterie oder Paranoia von Fall zu Fall zu prüfen, indem die äußerliche Übereinstimmung bedeutsamer und ganz bedeutungsloser Vorgänge jedenfalls eine völlige sein mag. Gleichwohl bleibt die Möglichkeit bestehen, eine unterbrechungslos in sich geschlossene Reihe von Bildern aufzustellen, die mit dem wirren Getriebensein durch erd- und leibgeborene Gewalten in den Randgebieten der Seele begänne und mit dem friedevollen Ruhen auf dem führenden und tragenden Strom der göttlichen Tiefe endete.

Um aber auch die andere Hauptform der hagiologischen Neurose, die Psychasthenie, wenigstens flüchtig in diesem Zusammenhang zu berühren, erinnere ich zunächst an das, was über ihre natürlichen Beziehungen zur

Hysterie gesagt wurde,[1] um eine künftige metapsychische und metaphysiologische Vertiefung der Theorie auch in ihrem Falle möglich erscheinen zu lassen. Die Psychasthenie ist im wesentlichen das Leiden der ungenügenden 'Nervenkraft', der herabgesetzten psychischen Spannung gegenüber den Aufgaben des leiblichen Wachlebens. Bedenken wir nun, daß ein großer Teil der asketischen wie der ekstatischen Übung in einer Abtragung eben der gespannten Wachsynthese besteht, so erhellt die Begünstigung, die eine bestehende psychasthenische Verfassung unter Umständen auch echtem, mystischem Leben gewähren mag. Diese Verfassung bietet überdies in besonderem Maße die Möglichkeit starker Schwankungen der Synthese: des Wechsels von Krampf und Erschlaffung;[2] und auch von diesem besondern Dynamismus kann man offenbar annehmen, daß er entweder (als Anlage) einer Einwirkung aus der metapsychischen Tiefe entgegenkomme, oder (als erworbener) die Folge einer solchen Einwirkung darstelle. Denn der Eingriff aus der überpersönlichen Geistwelt her ist begreiflicherweise oft ein außerordentliches, von Stürmen des Gefühls begleitetes Erlebnis, dessen Wellenschlag weder rasch verebben, noch ohne Spuren bleiben kann. Die nächste Folge erwecklicher Erlebnisse ist jedenfalls sehr häufig ein ausgesprochen maniakalischer Zustand — und zwar auch bei ursprünglich 'gesunden' Personen —, eine Übererregung, die zu außerordentlichen Leistungen ohne Ermüdung befähigt.[3] Es soll gewiß nicht außerachtgelassen werden, daß profan-maniakalische Zustände sich religiös verkleiden können;[4] oder daß die reichliche Verwendung bloß 'automatischer Zentren' im religiösen Leben bei dieser Unermüdbarkeit eine Rolle spielen mag; obschon dies sicher noch keine Erklärung ist, wenn die Leistung eine ausgesprochen persönliche und synthetische ist; wie zB. Mme. Guyon ihren vielbändigen Bibelkommentar halbautomatisch und ohne Beschwerde in den Nächten weniger Wochen schrieb, während sie nur 1—2 Stunden schlief und ihre Tage in ununterbrochener Unterhaltung verbrachte.[5] Jedenfalls werden wir die Möglichkeit im Auge behalten müssen, daß eine Erhöhung der nervösen Spannung metapsychisch angeregt werde: — wennschon nicht durch Zuleitung 'metätherischer Energie',[6] sondern durch Erschließung physiologischer Vorräte. Denn auch der Ekstase höchster Artung wird ja von den Mystikern häufig eine belebende und stärkende Wirkung von zuweilen beträchtlicher Dauer zugeschrieben,[7] und wir sollten uns in unserer biologischen Unwissenheit hüten, auf solche Vorgänge allzu eilfertig das dynamische Schema[8] einer bloßen und ursprünglichen Psychasthenie anzuwenden, während wir ihm wohl die Einsicht entnehmen dürfen, daß die Höchsterregungen des

1) o. S. 142 f. 2) Vgl. das o. S. 152—157 über ekstat. Erhebungen u. émotions sublimes Gesagte. 3) Vgl. zB. J. Livingstone bei Gibson 4 f. 99; Phillips 232. 356; Davenport 187; Calmeil II 290. 4) S. o. S. 121. 5) Delacroix 157. 6) Ein Begriffsvorschlag Myers' (I 217 f.). 7) Vgl. o. S. 154. 8) Vgl. o. S. 138 f. 153.

mystischen Lebens häufig nur um den Preis einer tiefen Erschöpfung oder einer Zerstörung des nervösen Gleichgewichts zu haben sein mögen. —

Erscheint somit jede Art von Neurose durchaus natürlich im Rahmen metapsychischer Jenseitigkeit, so dürfen wir sie doch, wie angedeutet, nicht für eine unvermeidliche Beigabe mystischen Lebens halten. Nicht nur an lebhaft Frommen, auch an mystisch Erlebenden im engeren Sinne wird völlige Gesundheit Leibes und Geistes oft genug beobachtet.[1] Es ist eben darum wahrscheinlich, daß bei der Erkrankung Mystischer eine zufällige Anlage zur Neurose oder die Schädigungen der oft geradezu unsinnigen asketischen Selbstbehandlung wesentlich mitwirken.[2] Wobei daran zu erinnern ist, daß der modernen Pathologie der Begriff einer durch Erschöpfung erzeugten Hysterie nicht unbekannt ist, wenn auch die Rolle der 'Anlage' dabei eine natürlich schwer durchschaubare sein mag.[3] Unter diesem Gesichtspunkt muß es auffallen, daß die orientalische Mystik im gleichen Maße weniger neurotische Züge an ihren Jüngern erkennen läßt, wie sie eine sehr viel gründlicher durchgearbeitete Theorie der Askese aufweist, mit dem ausgesprochenen Zweck, 'die Gefahren der Hysterie bei denen zu vermeiden, die mit den höheren Ebenen [geistigen Lebens] in Berührung kommen'.[4] Diese Theorie ist fraglos in sehr Vielem phantastisch und wissenschaftlich wertlos; aber die uralte praktische Erfahrung, die sie ausdrückt, dürfte um so bedeutsamer sein. (Ich erinnere bloß an die verbreitete indische Übung, den Eintritt ins mystische Leben erst in vorgerückten Jahren und nach Erfüllung der Pflicht zur Fortpflanzung zu vollziehen.) Es wäre immerhin denkbar, daß die Anregung zum ekstatisch-mystischen Leben, die das orientalische Christentum unter die westeuropäischen Völker warf, zu rasche Früchte getragen habe, als daß umfassende Erfahrung auch hier eine prophylaktische Überlieferung hätte aufkommen lassen können.

LXXIX.

Metaphysiologie des mystischen Lebens.

An diesen Andeutungen über den letzten Sinn der Heiligen-Neurose könnte ich mir genügen lassen. Doch will ich noch eine weitere hinzu-

---

1) S. zB. Mrs. Oliphant, Laurence Oliphant 269; Evans, Shakers 121 (A. Lee). 2) Ursprüngl. Gesundheit wird zB selbst von den beiden Katharinen behauptet! Üb. Franz v. Assisi vgl. in diesem Zusammenhang Dr. Charbonnier, Maladies et facultés diverses des mystiques [Bruxelles 1874] 65ff. 252. 3) S. zB. Sollier I 514ff.; Binswanger 19; Féré 158f.; Richer 310. 4) So A. Besant, Theosophy and the new psychol. 46 (bei im übrigen dilettant. Einzeldeutung). Über Gesundheitsfestigung durch Yoga s. Keller, aaO. 16; Paul, aaO. 32. 35; Ramakrishna 45; Oman, aaO. 19 (nach Dr. Bhattarcharji); Mahanirvanatantram, ed. N. Dutt (Calcutta 1899) S. XIII. Ein Beispiel eines anscheinend kerngesunden indischen Mystikers von hohen Graden: F. Max Müller, Sri Agamya Guru Paramahamsa (Lond. 1902) II 414; Sri Brahma Dhárá, Shower from the highest (Lond. 1905) S. IV. V.

fügen. Ich möchte die Vermutung aussprechen, daß eine künftige, vollständigere Theorie der Psychoneurosen, vor allem der Hysterie, von selbst der hier angedeuteten Auffassung der Zusammenhänge wesentlich entgegenkommen werde. Ein Anknüpfungspunkt für diese Vermutung liegt in der früher aufgewiesenen Tatsache, daß auch die klinische Hysterieforschung zuweilen der Verlockung zu dualistischer Theoriebildung nicht recht zu widerstehen vermag,[1] womit sie einer metapsychischen Auffassung dieses Leidens offenbar besonders günstige Angriffsflächen verschafft. Ein zweiter Anknüpfungspunkt wird erkennbar, wenn wir jenes noch dunkle Gebiet ins Auge fassen, das man als das metaphysiologische bezeichnen kann. Von einer möglicherweise der Zukunft vorbehaltenen Metaphysiologie der Hysterie erspähe ich allerdings bisher nur flüchtige und unzusammenhängende Andeutungen, auf die bloß gröbster Dilettantismus schon jetzt auch nur den Versuch einer Theorie begründen könnte.

Ich verweise zB. auf den Begriff einer gleichsam im Körper verschiebbaren, mehr quantitativ als qualitativ gefaßten Nervenkraft, mit welchem anerkannte Neurologen zu spielen scheinen, fast ohne sich der vollen Tragweite des Begriffs bewußt zu sein.[2] Ein bedeutender Zukurzschuß an solcher Nervenkraft könnte asthenische, eine 'verschrobene' Verteilung derselben gewisse hysterische Krankheitserscheinungen erklären. Tatsächlich scheint zB. — ich drücke mich absichtlich so fragend wie möglich aus — die willkürliche Richtbarkeit einer solchen Nervenkraft vorausgesetzt in Solliers Begriff der 'Erweckung' einzelner Gehirnteile durch den Befehl zum Erwachen.[3] Die Ausdrücke, in denen die so 'Erweckten' ihre subjektiven Empfindungen dabei gelegentlich beschreiben, müßten einem gläubigen Fluidisten sehr willkommen sein, wenn sie die mindeste Beweiskraft hätten. Eine von Dr. Solliers Kranken sprach zB. geradezu von empfundenem 'Strömen einer kühlen Flüssigkeit', oder 'warmen Wassers'.[4]

Von dieser 'Nervenkraft' aus wäre für den kühnen Hypothesenbauer nur eine Anzahl kleiner Schritte bis in das weite Gebiet der körperlichen Ausströmungen, der Exteriorisationen, der Kraftausstrahlungen 'physikalischer' Medien und — ein letzter Schritt — der Materialisationen aus Mitteln des Mediums. Und es ist der Beachtung wert, daß auf allen diesen Schritten die hysteriologische Forschung uns begleitet.

Eine angebliche Beobachtung der Doktoren Puel und Dupouy an einer Kranken, die eben erst nach einem 'hysterischen Anfall' zu sich gekommen war, erinnert fast an alle jene Tatsachengebiete zugleich. 'Mme L. B. stand aufrecht, von meinen beiden Freunden unterstützt. Aus der epigastrischen Gegend und aus der Brust traten dicker und dicker werdende Dämpfe hervor, die um so sichtbarer wurden, je mehr man sich angelegen sein ließ, die Lichter auszulöschen. Diese Erscheinung dauerte über eine Viertelstunde, während welcher die Kranke lange und schmerz-

1) Vgl. o. S. 137. 267. 2) S. o. S. 139 Anm. 1 u. G.-L. Duprat, L'instabilité mentale (Par. 1899) 85. 3) Vgl. hierzu Maxwell 134. 4) Sollier, Autosc. 68. 72. Vgl. vielleicht auch die Beschreibung bei Dr. Fr. Fleischer in APN VIII 200ff.

liche Seufzer ausstieß. Infolge dieses Nervenanfalls verfiel Mme L. B. in einen Zustand besorgniserregender Nervenerschöpfung, der noch einen Monat später anhielt.'[1]

Auf abnorme Veränderungen körperlicher Strahlungen könnte zB. auch die Behauptung Luys' deuten, daß bei Hysterischen beiderlei Geschlechts die normale Färbung der Ausströmungen auf der rechten Seite vollständig verschwinde und durch eine violette Färbung ersetzt werde;[2] oder die andere Angabe, daß hypnogene Punkte — ihre Verwandtschaft mit hysterogenen vorausgesetzt — sich durch dunkle Flecken auf einer radiographischen Photographie der Kranken entdecken ließen.[3]

Ich verweise ferner auf die häufige Angabe, daß auch 'physikalische' Medien — also soz. Genies der nach außen verlegten Nervenkraft — hysterische Symptome dargeboten oder geradezu als Hysterische imponiert hätten.[4] Der Knabe im Pfarrhaus zu Cideville zB., zunächst offenbar gesund, wies während seiner medialen Inanspruchnahme durch den Schäfer Thorel u. a. 'Druck auf der Brust, Krampfanfälle und ekstatische Synkopen' auf.[5]

Im Bereich der Exteriorisationen könnte zB. auf Rochas' Angabe verwiesen werden, daß bei einer Hysterischen während der 'Krise' spontane Exteriorisation der Empfindung eingetreten sei. Wie ja überhaupt die Häufigkeit von Anästhesien bei Hysterischen uns daran erinnern muß, daß als e i n e Ursache dieses Symptoms die Hinausverlegung empfindender 'Schichten' oder gar des Doppelgängers behauptet wird.[6] Sollten aber frühere Andeutungen betreffend den Übergang exteriorisierter Schichten in Phantome[7] irgendwelche Bedeutung haben, so mag bemerkt werden, daß auch diese rätselhaftesten aller metaphysiologischen Vorgänge im Rahmen der Spaltungsneurose erwähnt werden. Ich verweise hierzu auf Dr. Solliers Angaben über eine Hysterische, Claudine B. . . ., die sich selber in der Nacht neben sich liegen sah: es schien ihr, sie sei aus Holz oder Stein (— ist dies eine Andeutung von Empfindungslosigkeit während Exteriorisation? —) und ihr Doppelgänger mache sich lustig über sie.[8]

Entsprechend sehen 'Psychasthenische' nicht selten sich selber neben sich, wobei das geschaute Phantom bezeichnenderweise auch in seiner seelischen Charakterisiertheit einem Teil-Ich gleichen kann. Eine Kranke Leroys, die ihr Phantom 3—4 m vor sich erscheinen sah, hatte sogar 'gleichzeitig den Eindruck, soz. aus ihrem wirklichen Körper hinausversetzt zu sein; es war ihr, als wohnte sie als bloße Beobachterin dem Ablauf ihrer eigenen Bewußtseinszustände bei, wie wenn diese einer Fremden angehörten'.[9] — Ich brauche bloß an die Vieldeutigkeit des Phantombegriffs, anderseits an Beobachtungen wie die des Falles Black oder von Henry W. Beecher zu erinnern,[10] um die problematische Fruchtbarkeit solcher Tatsachen empfinden zu lassen.

Mögen nun diese flüchtigen Andeutungen als Anregungen künftiger Forschung belangreich sein oder nicht: sie sollen uns jedenfalls daran er-

---

1) Dupouy 71. Vgl. o. S. 574—576. 2) Dr. Luys, das. 64f. 3) Vgl. o. S. 661. 4) S. zB. APS VI 277 (4); PS XIX 67 (Eusapia P.) 5) S. den interess. Fall bei Mirville. 6) Vgl. o. S. 415 f. über *couches*. 7) o. S. 577f. 8) Sollier, Autosc. 22; vgl. Richer 162. 9) B. Leroy in RPh 1898 II 161. Vgl. o. S. 768. 10) o. S. 771 ff. 767.

innern, daß die erweiterten anthropologischen Vorstellungen, zu denen wir oben unabhängig von aller Erforschung mystischer Jenseitigkeit gelangt sind, geradezu den Zwang enthalten, die Deutung auch dieser Jenseitigkeit versuchsweise ins Gebiet des Metaphysiologischen hinüberzuspielen. Es ist zwar von vornherein klar, daß die Aussichten eines solchen Vorgehens auf Bestimmtheit im Einzelnen zunächst noch viel geringer sind, als die von theoretischen Versuchen metapsychologischer Art; insofern nämlich die Tatsachen der Metaphysis einstweilen weitaus dunkler, verworrener und unverständlicher erscheinen, als die Tatsachen jener Gattung. Das kann uns aber von der Verpflichtung nicht entbinden, das Problem hier wenigstens aufzustellen, wo es sich um die rückgreifende Anwendung des Gewonnenen auf mystische Erfahrung handelt. Ist der Mensch in irgendwelchem Sinn auch objektiv-leiblich ein Bewohner unsichtbarer Welten, so ist mit einiger Sicherheit anzunehmen — auch wenn es gar nicht erweisbar wäre —, daß die Erweckung, die ja eben sein Verhältnis zur übersinnlichen Welt von Grund aus ändert, sich u. U. in seiner unsichtbaren Leiblichkeit auswirken werde.

In dies Problemgebiet führt uns übrigens eine der betrachteten erwecklichen Erfahrungen leidlich unmittelbar hinein. Das Ewigkeits- oder Unsterblichkeitsgefühl des Mystikers wurde oben mit seiner engeren Verwurzelung in der zeitlich-abnormen, bzw. unzeitlichen Geisteswelt in Zusammenhang gebracht. Dieser Gedanke umfaßt aber unstreitig nur einen Sinn des Begriffes 'ewigen Lebens', welcher vielmehr im religiösen Leben zumeist nicht nur dies Teilhaben an einer überzeitlichen Geisteswelt, sondern auch das Überleben der Einzelpersönlichkeit nach dem leiblichen Tode bezeichnet hat. Sofern hierzu der Fortbestand irgendwelchen Bewußtseinsträgers als 'Prinzips der Individuation' erforderlich sein sollte, könnte man nun vermuten wollen, das Unsterblichkeitsgefühl beruhe wenigstens zuweilen auch auf dem Bewußtsein von Veränderungen im Gebiete dessen, was dem Menschen etwa an metaphysiologischer Leiblichkeit zuzuschreiben wäre; etwa so, wie ein besonders gesunder physischer Leib sich seiner Fähigkeit zu fernerer Selbsterhaltung in der physischen Welt auch gleichsam 'instinktiv' bewußt ist. Man könnte also etwa vermuten, daß die Ausbildung oder Belebung des Phantoms-im-Menschen ein Begleitumstand gesteigerten geistlichen Lebens sei, vielleicht gar, daß sie es sei, was sich bei einigen Mystikern, auf Grund eines begreiflichen Irrtums, in der verrückt erscheinenden Behauptung der Unsterblichkeit ihres Leibes geäußert habe.[1] Ja beide Arten des Unsterblichkeitsgefühls könnten sogar miteinander in Zusammenhang stehen: wenn nämlich das Wachstum des Phantoms-im-Menschen zugleich die Annäherung des Einzelich an das Überich begünstigte, was uns nicht eben ungereimt

1) S. zB. Dixon I 219 über Prince und die Seinen.

zu erscheinen brauchte nach dem, was über die mystischen Vorteile der Exkursion gesagt worden ist.[1]

Die religiöse Überlieferung und Theoretik hat bekanntlich eine solche Metaphysiologie der 'Unsterblichkeit' vielfach, wenn nicht stets gelehrt.

Ich erinnere daran, daß sie mit Auszeichnung gerade dem Heiligen die Fähigkeit zum Erscheinen-nach-dem-Tode in einer wirkungsfähigen Leiblichkeit zuschreibt; von ähnlichen Erscheinungen während des Lebens zu schweigen.[2] Dem Verkünder des Satzes, daß wer glaube, leben solle, ob er gleich stürbe, schreibt sie bekanntlich nach seinem Hinscheiden einen phantomhaften Leib zu, dessen Beschreibung fast alle Probleme aufrührt, auf welche auch die heutigen Beobachtungen über Phantome hinführen. Die evangelischen Berichte behaupten von dem Auferstandenen nicht nur, daß er gesehen worden sei, sich bewegt habe, gegangen sei und zu den Seinen gesprochen habe,[3] was schließlich über die Art halluzinatorischer Phantome nicht hinausgehen würde; sondern auch, daß er körperliche Gegenstände gehandhabt, zB. Brot genommen und gebrochen, ja daß er selbst gegessen, daß er seine Jünger angeblasen, daß er seinen Leib habe anrühren lassen und doch imstande gewesen sei, verschlossene Türen zu durchschreiten und vor den Augen seiner Unterredner unsichtbar zu werden.[4] Es ist klar, daß hier, bei mancherlei anscheinenden Widersprüchen,[5] doch ungefähr die Eigentümlichkeiten bezeichnet sind, durch die ein objektives Phantom sich bestimmt, und man kann sich, beiläufig bemerkt, nur wundern über die Gleichgültigkeit, ja Feindseligkeit, mit der unsere gläubigen Theologen im allgemeinen Forschungen gegenüberstehen, die sie an entscheidender Stelle zu ihren Gunsten verwenden könnten.

Dies ist um so verwunderlicher, als kirchliche Lehre selbst vielfach die für jeden Gläubigen bestehende Notwendigkeit der Ausbildung eines 'Auferstehungsleibes' betont. Daß die gleiche Lehre in außerchristlichen Religionen von mystischer Reife ebenso zu Hause ist, wie in Sekten der christlichen Umwelt, die eine ältere Überlieferung oder eigene Erfahrung sich bewahrt haben, darf im allgemeinen als bekannt vorausgesetzt werden. Der Verfasser der hermetischen Schriften berichtet von sich, durch 'eine unsinnliche Schau habe er plötzlich in sich gesehen und sei durch Gottes Erbarmen durch den eigenen Leib hindurch entrückt worden in einen unsterblichen Leib, der nicht Farbe noch Maß hat oder sich berühren läßt'.[6] — Aus späterer Zeit erinnere ich zB. an Weigels Lehre, daß der Christ in der Wiedergeburt aus der Substanz des himmlischen Leibes Christi einen himmlischen Leib bekomme;[7] oder an die der Bourignon, daß der von Gott geschaffene Leib in uns in Ewigkeit lebe, auch jetzt noch nach dem Sündenfall, und daß nur die der Sünde verdankte Finsternis ihn uns unsichtbar mache, während sie als Erweckte ihn sehen könne.[8]

In neuester Zeit finden wir die Lehre von gewissen organischen Wandlungen in der Leiblichkeit des Erweckten zB. bei den Anhängern Harris',[9] und ein wenigstens verwandter Klang tönt in den Spekulationen gewisser naturwissenschaftlich geschulter Denker, wie Drummond oder McConnell, die für das Unsterblichwerden

1) S. o. S. 662. 668 ff. 680 f. 708 f. 724 f. 2) Vgl. o. S. 355 ff. 3) zB. Ev. Matth. 28, 9f. 18ff.; Luc. 24, 15. 17ff.; Joh. 20, 15ff. 4) Ev. Luc. 24, 30f. 39. 43. 51; Joh. 21, 13. 27. 5) Vgl. zB. Ev. Joh. 20, 17 mit Luc. 24, 39. 6) Reitzenstein 34. 7) Cordi III 314; vgl. das. 417 die merkwürdigen Erfahrungsäußerungen der J. Leade. 8) Das. 450. Buddhistisch: Beckh II 70 (Ausbildung durch Meditation). 9) S. zB. L. Oliphants Schriften Sympneumata und Scientific Religion.

des Menschen eine biologische Formel suchen. Danach soll das Individuum die längere Lebensdauer, wie auf allen vorhergegangenen Lebensstufen, so auch im geistlichen Leben durch eine neue Komplizierung ermöglichen, die ihm 'eine Beziehung mehr' und damit die Anpassung an eine neue, 'ewige', vollkommene Umwelt, nämlich die geistige oder Gott gewähre;[1] oder das Individuum erlange durch Steigerung seiner Bedeutung, durch Ausdehnung seiner geistigen Beziehungen (im biologischen Sinne) bis auf Gott bereits in diesem Leben jene größere Stabilität, die es instandsetze, seine bisherige Unterordnung unter das Leben der Gattung zu durchbrechen und — wieder unter Benutzung eines geistigen Leibes — den ewigen Kreislauf von Keim — Reife — Keim gleichsam 'in der Tangente' zu verlassen.[2]

Läßt man sich ernstlich auf solche Lehren ein, so könnte sich die schwierige Aufgabe ergeben, den ganzen mystischen Weg in allen seinen Stufen und Methoden zum mindesten auch als einen metaphysiologischen Wachstumsvorgang zu erweisen. Denn wenngleich dem 'natürlichen' Menschen ebenfalls ein metaphysiologisches Überdauern des Todes möglich wäre, so möchte ein solches dem Erweckten oder gar Vergotteten doch auf längere Zeit, oder in größerer Lebensfülle, oder in einer andern Umgebung gesichert sein, eben auf Grund der reiferen Entwicklung seines 'Unsterblichkeitsleibes'. Es entstände somit unter diesen (freilich fragwürdigen) Voraussetzungen die Aufgabe, in den Vorgängen des asketischen und erwecklichen Lebens — vor allem natürlich seinen Höchsterregungen — gewisse mögliche Andeutungen von Lebensregungen jenes Überleibes aufzuspüren.

Ich glaube nun freilich, daß das Gegebensein solcher Andeutungen einstweilen nur Gegenstand von Vermutungen, nicht von Behauptungen oder gar Beweisen sein kann. Es gibt typische Erfahrungen, deren Tatsächlichkeit keinem Zweifel unterliegt und die vielleicht dereinst in diesem Zusammenhang Bedeutung gewinnen werden, deren Theorie aber einstweilen zu dunkel oder vieldeutig ist, um diese Bedeutung schon jetzt erkennen zu lassen. Ich verzichte deshalb darauf, diese Tatsachen hier ausführlich zu besprechen, um in einem ohnehin an bloßen Hypothesen überreichen Buche mich nicht gänzlich in Vermutungen zu verlieren, und beschränke mich auf wenige Worte des Hinweises.

Die eine dieser Erfahrungen könnte man kurz als die des mystischen Atems bezeichnen, der gewisse Zustände erweckter Innerlichkeit oder ekstatischer Versenkung begleitet: eines mächtig strömenden Hauches, der das ganze Wesen zu schwellen und eine neue, 'innere', nie zuvor gekannte Art des Atmens einzuführen scheint.[3] Diese uralte und aus den verschiedensten Schulen belegbare Erfahrung wird von einzelnen Mystikern ausdrück-

---

1) Drummond, Das Naturgesetz in der Geisteswelt (deutsch, Lpz. 1886) zB. 178. 220. 332.
2) S. D. McConnell, The evolution of immortality 85. 89f. 93. 179 u. ö. 3) Die Belege sind zu zahlreich, um hier aufgeführt zu werden. Seltsamerweise sind diese Tatsachen noch nicht Gegenstand gesonderter Untersuchung gewesen. Sie fanden besondere Pflege in der Harrisschen Gemeinschaft; s. zB. Th. L. Harris, Gods breath in Man (Santa Rosa 1891) bes. 20ff.; Respiro 29f. 66ff. usw.; L. Oliphant, Sympneumata u. a.

lich auf Lebensregungen, wenn nicht geradezu auf das Einsetzen der Atmung einer verborgenen Leiblichkeit zurückgeführt, die sich erst im Erweckten erschließe.[1] Diese Deutung fände dann eine — natürlich gleichermaßen fragwürdige — Bestätigung in angeblichen Beobachtungen des Atmens von 'Geistern'[2] oder Behauptungen von solchen selbst über ihren eigenartigen 'ernährenden' Atem;[3] während die naturalistische Psychologie sich natürlich auf innere Parästhesien der Lunge oder anderer Körperteile berufen muß; — ein Widerstreit, der hier, wie gesagt, auf sich beruhen bleiben soll.

Eine zweite dieser Erfahrungen ist die der Levitation, d. i. der nichtmechanisch bewirkten Erhebung, Schwebenderhaltung und Flugbewegung des menschlichen Körpers.[4] Diese findet sich bezeichnenderweise ausschließlich bei Heiligen, Medien und gewissen wenigen Hysterischen, und ihre Bezeugung ist eine derartig starke, daß die Kritik — soweit sie die Urkunden wirklich kennt — durch die verzweifelte Lächerlichkeit ihrer letzten Ausflüchte sich selber richtet.[5] Die positive Theorie beruft sich zunächst auf die elektro-magnetische Deutung der Schwerkraft, auf Grund deren natürlich eine gegenseitige Abstoßung der Körper (also auch der Erde und des menschlichen Leibes) ebenso verständlich ist, als ihre gegenseitige Anziehung;[6] sucht aber sodann die Veränderung des elektro-magnetischen Zustands des levitierten Leibes auf die vorausgegangene Hinausversetzung von Odschichten oder gar des 'Astralleibes' zurückzuführen, die sie ihrerseits u. a. durch die vielfach beschriebenen Lichterscheinungen während der Levitation zu erweisen sucht.[7] — Diese Theorie reicht nun freilich gegenüber solchen Levitationen nicht völlig aus, bei denen zur Erhebung ein Bestandteil anscheinend willkürlicher, jedenfalls sinnvoller Ortsbewegung hinzutritt, wie beim 'ekstatischen Flug'[8] oder bei der 'Entrückung' über bedeutende Strecken hin.[9] Die Beobachtung, daß sich Phantome zuweilen ausdrücklich willkürlich 'erheben'[10] oder sonst bewegen, sowie die häufige Behauptung, daß die Geister im Jenseits ihren Ort nach Belieben wechseln,[11] könnte nun hier auf den Gedanken führen, daß in solchen Fällen komplizierter Levitation der magische Wille sich zunächst an das Phantom-im-Lebenden wende und den sichtbaren Leib nur gleichsam mitführe. Immerhin sind diese Zusammenhänge nicht nur

---

1) zB. Respiro 5. 13; M'Cully 62. 2) A. J. Davis, The Great Harmonia 169. 3) zB. Pr XI 88; Hare, Experimental investig. ... 116ff. 4) Auch hier kann nicht einmal eine Übersicht über die geradezu massenhaften Belege versucht werden. 5) Man sehe etwa Podmore, Spir. I 246, auch Anm.; II 255. 6) S. du Prel, Mag. I 125ff. Vgl. Dr. v. Gaj in PS XXV 114ff. 7) Du Prel, aaO. 158. 161. S. zB. Bacci I 341f. 344. Über Lichtphänomene bei Med. und Heiligen ließe sich sehr viel sagen. S. zB. Görres I 283. 309ff. 323ff. 331, und vgl. Ch. Féré, Auréoles névropathiques, in Rev. de Méd. XV (1905) 282ff. 8) Home, bei Podmore, Spir. II 255ff.; vgl. I 243; Görres II 522. 525. 540—8; 552. 9) Apgesch. 8, 26ff.; Vesme I 47; A. Loth, Le miracle en France ... (Par. 1894) 310. Unanfechtbare 'spiritist.' Beispiele s. o. S. 566. 10) Owen, Deb. L. 388. 395. 11) Vgl. zB. Pr XX 238. 249; XXI 254.

an sich viel zu fragwürdig, sondern auch in ihrer Bedeutung für eine Metaphysiologie der Erweckung viel zu dunkel, als daß es sich lohnte, hier mehr zu erstreben, als eben nur die flüchtige Bezeichnung eines möglichen Problems der Zukunft.

Auf eine dritte Erfahrung dagegen will ich in diesem Zusammenhang um ein geringes ausführlicher eingehen, weil damit wiederum ein Rückgriff auf früher Beschriebenes und damals anders Gedeutetes geschieht. Ich meine jene ekstatische Glücksempfindung, zuweilen bis zu einer Art von Wollust gesteigert, die so häufig den Eintritt der Erweckung und gewisse Augenblicke geistlicher Höchsterregung auszeichnet.[1] Ich habe früher durch Zusammenstellung von Beobachtungen darzutun gesucht, daß diese Erfahrung, wenn sie den religiösen Erhebungen auch vorzugsweise eigen ist, sich doch nicht auf sie beschränkt, sondern auch außerhalb ihrer in gewissen hypnoiden, transartigen Zuständen vorkommt.[2] Alle diese Zustände haben nun mit denen der religiösen Ekstase dies gemeinsam, daß sie psychologische Verwandte und Anfangszustände, wenn nicht hier und da geradezu Erscheinungsformen bzw. Maskierungen der Exkursion sind.[3] Die Häufigkeit der Ekstase im religiösen Leben und ihre Verwandtschaft mit der Exkursion könnte ja an sich schon einen Hinweis auf metaphysiologische Bestandteile der mystischen Erfahrung enthalten, insoweit nämlich die Exkursion zuweilen die Beteiligung eines 'objektiven' Bewußtseinsträgers zu verraten scheint.[4] Anderseits ist es — aus gleichen Gründen — die verhältnismäßig häufige Verknüpfung der Exkursion mit Erfahrungen ekstatischer Wonne, was einen möglichen Hinweis auf eine metaphysiologische Bedeutung dieser Wonne enthält: nämlich ihre Verwurzelung in jenem 'Leibe der Unsterblichkeit', dessen Ausbildung ein Teil des mystischen Weges wäre, dessen besondere Empfindungen daher wohl gewisse Augenblicke dieser Entwicklung bezeichnen könnten.

Leider sind in der Mehrzahl der hier zu buchenden Beispiele die Andeutungen wirklich gegebener Exkursion nur äußerst dürftige und würden sicherlich als solche keinerlei Beachtung verdienen, wenn uns die Tatsache der Exkursion an sich nicht schon sehr viel besser verbürgt wäre. Auch sind Fälle einer solchen Verknüpfung von angedeuteter Exkursion und Wonne großenteils wieder profaner Natur, vielleicht weil der profane Beobachter überhaupt zu ausführlicherer Beschreibung neigt und seine Angaben nicht von vornherein mit theologischen Begriffen verdeckt und damit verdirbt.[5] Dagegen sind mir 'religiöse' Beispiele ekstatischer Wonneerfahrung bei gleichzeitig angedeuteter Exkursion nur äußerst selten aufgestoßen.

So sprach Gichtel eines Tages im Geiste die Worte Römer 9, 3, als ihm ein 'sehr sanfter lieblicher Strahl in seine Seele einfiel'. Dann wurde ihm die Seele 'aus dem

1) Vgl. o. S. 23 ff. 228. 230 f. 255 ff. 2) Vgl. o. S. 233. 3) Vgl. hierzu o. S. 660 f. 4) Vgl. o. Kap. XLVIII ff. und LXII. 5) Vgl. zB. Sollier, Autosc. 23 f.; Janet, in Pr XV 393 f.; Ludlow 50; Mr. Wedgewood bei Davy 519; Dr. Jones in PR 1909 52; E. Carpenter. The art of creation 19.

gantzen Leibe und allen Gliedern zusamm gerollt und vor Gott den himmlischen Vater gestellet', den er als ein flammendes Auge anschaute, 'da dann seine Seele in eine runde, feurig-flammende Kugel verwandelt ward, wie sie J. Boehme ... beschreibet. Damit ward sie in dasselbe durchleuchtige licht-feurige oder gläserne Meer ... eingetauchet; darinnen die Seele geschwommen, daß die kleinen feurigen Wellen ... über sie hingespielet'. Dies geschah ihm fünfmal an aufeinanderfolgenden Tagen auf die Länge eines Vaterunser, während dessen er 'keinen Odem mehr holen konnte'. Unaussprechliche Süßigkeit und lieblicher Geschmack war damit verbunden, und 'sein Geist ward hiemit in eine gantz neue Gestalt verwandelt, daß er ein gantz neuer Mensch zu seyn schiene'.[1]

Ein zum Nachdenken anregender Bericht dieser Art ist auch der folgende aus der Feder von Prof. Flournoys 'moderner Mystikerin', wiewohl sich hier der Gefühlsanteil des Vorgangs den eigentlichen Wonneerlebnissen nur genähert zu haben scheint. Dagegen verbindet sich die Erfahrung in bedeutsamer Weise mit dem Gefühl einer führenden 'Anwesenheit' und einer unausweichlichen metapsychischen Deutung. 'Ich hatte mich', schreibt die Dame über ihre erste vollausgebildete Ekstase, 'eben zur Ruhe hingestreckt, als mir ... der Wunsch kam zu versuchen, mein 'besseres Ich' zum Kommen zu veranlassen. Ich konzentrierte Gedanken und Willen darauf ... und fühlte [schließlich] eine Art Schauer und Entspannung mich überkommen: ich vermochte meine Glieder nicht mehr zu rühren ... [Dann] fühlte ich 'den Freund' von der Tür her ins Zimmer an mein Bett herankommen. ... [Dabei] hatte ich den Eindruck, daß mein geistiges Wesen von den Banden befreit sei, die es an die Materie ketten, und in einem anderen Leibe hervortrete.[2] Ich habe nicht das Bewußtsein eines Zwiegesprächs oder auch nur eines wirklich gesprochenen Monologes gehabt, sondern einer Art von Befreiung, weil Er gekommen war und ich nicht länger das Bewußtsein meines beschränkten und von der Materie eingeschlossenen Ich hatte. ... Ich habe nichts gesehen, nichts gehört, ich war nicht eingeschlafen, noch in Ohnmacht, und doch war ich wo anders und eine andere ... Als ich in mein gewöhnliches Ichbewußtsein zurückkehrte, fühlte ich mich sehr schwach, gleichsam aus der Fassung gebracht durch eine sehr heftige Erregung. Aber der verbleibende Eindruck war eine Art schlechthinniger Gewißheit der Wirklichkeit Gottes.'[3]

Der Leser mag entscheiden, ob er eine Stützung dieser fragwürdigen Belege in folgenden Beobachtungen zu finden vermag, welche die Feststellung des Zusammenhangs von objektiver Exkursion und Wonnegefühl wenigstens teilweise einem unbeteiligten Zweiten zuschieben.

So glaubte Rochas durch seine Methode des Abtastens der 'exteriorisierten Empfindung' feststellen zu können, daß in einigen Ekstasen seiner Subjekte der 'Astralleib' in der Höhenlage des Subjekts verblieb, während er in anderen aufstieg; in diesem letzteren Falle sollte sich das Gefühl der Glückseligkeit einstellen.[4] In notdürftige Übereinstimmung damit ließen sich vielleicht die Angaben des Herrn Durville bringen, daß wenn Mireille ihren Leib in ihrer 'dritten Hülle' verließ und in einer über ihr schwebenden leuchtenden 'Glocke' Unterkunft fand, sie sich in

---

1) Gichtel, Leben 82. 83. Vgl. Theos. III 2425 (üb. diesen 'astralischen' Leib mit seinen 'Empfindungen und Bewegungen'). 2) (?) émergeait dans une autre économie. 3) Flournoy, Des Indes 61f. 4) APS IV 121.

einem 'herrlichen Zustande von Ruhe und Benommenheit' befand, eine gewisse Annäherung, wie es scheint, an den Zustand ekstatischer Wonne.[1]

Endlich ist hier auf die angeblich 'von drüben' kommende Behauptung hinzuweisen (die freilich unter Voraussetzung einer Wirklichkeit des eben Vorgebrachten erwartet werden müßte), daß auch körperlose Geister, also Wesen, die sich in dauernder Exkursion befinden, unter nicht leicht bestimmbaren Bedingungen den Rausch der ekstatischen Wonne vorübergehend oder dauernd erfahren, wodurch sie diesen als ein Erlebnis einer phantomatischen Leiblichkeit hinzustellen scheinen könnten.

Wir hören zB. von 'Wonnen', welche die vollkommene Vereinigung der Geschlechter in der Geisterwelt begleiten sollen und die hauptsächlich in 'geistigen und spirituellen Ekstasen' bestehen, einigermaßen ähnlich denen, die im irdischen Leben aus einer Harmonie von Tönen und Farben hervorgehen, nur verstärkt bis zu einem Grade, den wir uns hienieden nicht vorstellen können.[2] Und der Geist v. Güldenstubbes, der den Zustand nach dem Tode als ein reines Gedankenleben schildert, beschreibt gewisse 'Inspirationen, die gleichsam stromartig kommen und ungemeinen Genuß und Aufschwung im Geistesleben erzeugen' und uns für die Preisgabe der alten leiblichen Gewohnheiten entschädigen:[3] ein denkbares Seitenstück zu jenen wonnigen 'Wogen', die — wie wir wissen — den Erweckten zuzeiten überfluten.[4]

Es mag befremdlich erscheinen, daß eins dieser Zeugnisse (deren durchaus zweifelhafter Charakter natürlich zugestanden wird) die ekstatische Wonne an eine Vereinigung der — doch aller im engern Sinne geschlechtlichen Merkmale entkleideten — Geschlechter knüpft. Immerhin, der mystische Weg besteht, wie wir immer besser begreifen, in einer Introvertierung, von der die geltende Psychologie nur einen Teil uns sehen gelehrt hat. Wenn wir ihn auf diesen Blättern weiter verfolgten, so geschah es in der nicht unnatürlichen Erwartung, ihn auf allen Stufen in analogischen Formen verlaufen zu sehen. Die 'höhere Erotik' des Diesseitigen, welche die Vereinigung der Körper durch eine Vereinigung der Seelen ergänzt, ist selbst nur ein Schritt, und nicht der letzte, auf diesem Wege. Immer bleibt Hingabe an das Nichtich das Wesen der Liebe, eine Hingabe, deren 'sublimierteste' Form — die religiöse — nach der hier vertretenen Anschauung zur Hingabe an das Überich im metapsychischen Sinn und seine Symbole wird. Immer aber auch bleibt anscheinend 'Wollust', ekstatische Wonne, ein mögliches Merkmal und zugleich ein möglicher Anreiz dieser Vereinigung. Im Bereiche des Physischen erzwingt sie ja schließlich ebensogut die Hingabe an ein Allgemeines — nämlich die vom Zeugenden fortzupflanzende Gattung —, wie im Bereiche des Metapsychischen, wo sie das Höchsterlebnis der Vereinigung mit einem Überich bezeichnen

1) ÜW IV 172 Anm.** 2) (ed.) H. Snow, Visions of the Beyond... (Lond. u. Glasg. 1855) 98. 3) S. Perty, Spir. 87. Vgl. übrigens Grass 540: Zusammenfallen von Wonne und Levitation. 4) S. zB. Finney 18.

würde. Unter solchem Gesichtspunkt erscheint es nicht gerade überraschend, daß die *unio mystica* in ihren Seligkeiten sich bis zur Verwechselbarkeit — die aber dennoch Unterscheidbarkeit bleibt — der fleischlichen Vereinigung nähert; wie auch daß der metaphysische Instinkt des erfahrenen Mystikers die Lust jener *unio* in einer Befruchtung des Auferstehungskeims zum himmlischen Leibe durch Christi Gemeinschaft[1] oder in einer unmittelbaren Berührung mit dem Herrn des Weltalls[2] begründet glaubt; was wohl im Grunde auf eins herauskommt. Im stärksten Triebe des diesseitigen Menschen, den die Psychanalyse daher auch zum Urtyp aller Triebe macht, setzt naturgemäß die Umkehr nach dem Jenseits zu an. Sofern wir die mystische Wonne wenigstens teilweise in den Leib verlegen, hätten wir bereits hier eine erste Verallgemeinerung und Verinnerlichung der ursprünglich örtlich beschränkten Wollust.[3] Diese Verinnerlichung würde fortschreiten, wenn die Wonne sich in den 'Leib der Exkursion' zurückzöge, den fraglichen Träger eines überlebenden Sonderich. Aber in immer 'geistigerem' Sinne knüpft sich an die ekstatische Wonne der Trieb der Ichverlöschung und Selbsthingabe an das stetig vertiefte Außer- und Überich, und die Triebkraft der Lust verbleibt anscheinend der Liebe, bis diese an ihr Ziel im Abgrund der Wesen gelangt ist. —

LXXX.

Schlußwort.

Mit den letzten Andeutungen — unstreitig den fragwürdigsten des ganzen Buches — schließt sich der Kreis der Anwendungen, die von den vorläufigen Ergebnissen unserer neuen Anthropologie auf die Erfahrungen der mystischen Religiosität zu machen waren. Dabei brauche ich schließlich nicht zu betonen, daß die Probleme, die an diesen Begriff sich knüpfen, mit dem Vorstehenden bei weitem nicht erschöpft, oder auch nur alle berührt sind; vielmehr ist es klar, daß die praktisch erregendsten recht eigentlich erst jetzt beginnen. Wie ein seltsames Fragezeichen ragt dieser Jenseitige, den wir nicht länger bloß als sonderbar Kranken beiseite schieben können, in eine Welt, deren gewohnteste Neigungen er verneint. Zwar scheint er a u c h — wie vieles deutete nicht darauf hin! — in manchem Betracht ein Unterwertiger zu sein. Was aber ist dann sein genaues Verhältnis zu jenen Jenseitigen aus b l o ß e r Unterwertigkeit?[4] Und was der letzte Sinn seiner so häufigen 'Krankhaftigkeit', die doch — nach aller Völker Erfahrung und Glauben — so oft sich mit der Gabe zu 'heilen' verbindet? Worin liegt die Bedeutung seines Auftretens in der Sinnenwelt, die ihm fremd ist? Oder ist ihm Bedeutung bloß in Hinsicht der

1) Wie Kanne I 89 f. (Vgl. o. S. 746 f. üb. den 'mystischen Christus'.) 2) universe. — Ramakrishna 179. 3) Vgl. o. S. 228 f. üb. verinnerlichte Lokalisierungen. 4) o. S. 2 ff.

Überwelt beizulegen? Beweist, daß er durch Regungen des Über-Ich, des 'Geistes' in ihm zum Erweckten wird, daß jene Überwelt des Geistes und der Geister durchaus eine Welt des erweckten Wesens sei? Oder läßt sich eine Mannigfaltigkeit des Wesens, ein Gut und Böse, und somit eine Fortsetzung des 'mystischen Weges' auch in ihr noch unterscheiden? Oder gar bewegt sich solche Fortsetzung stets über Haltepunkte einer 'Wiederverkörperung' in der Sinnenwelt hinweg? Und welches wäre der letzte Sinn eines solchen mystischen Weges im Rahmen irdischer und kosmischer Entwicklungen überhaupt? Falls dem umfassenden psychischen Hintergrunde die Rollen des Erweckers der Seele und des Schöpfers von Leben gleichermaßen zugeschrieben werden sollen, wie verträgt sich die 'Heiligkeit' seines Wesens mit der 'Unheiligkeit' so vieler Äußerungen des Lebens? Wie soll sich (mit anderen Worten) die 'mystische Weltanschauung' mit den Fragen der herkömmlichen Theodizee auseinandersetzen? Und wie wäre schließlich — im Rahmen aller dieser Begriffsbeziehungen — der Jenseitige selbst zu werten? Nach welchen Gesichtspunkten könnte sich solche Wertung vollziehen? Oder darf von letzten Wertungen überhaupt nicht geredet werden? —

Dies sind einige der Fragen, die von dem hier erarbeiteten Kernbegriff nach allen Seiten hin ausstrahlen, deren Besprechung ich aber dem Leser dieses Bandes nicht mehr zumuten darf. Es muß mir einstweilen genügen, jenen Kernbegriff selbst in groben Umrissen glaubhaft gemacht zu haben: den Begriff eines jenseitigen Menschen, dessen Wesen nicht bloß auf Unterwertigkeit in der Anpassung an die Welt der Diesseitigen beruht. Dieser Begriff in allgemeinster Fassung besagt, daß es lebendige Hintergründe des Einzelbewußtseins gebe, die weit über das hinausreichen, was die herkömmliche Psychologie an 'unterbewußten' Vorgängen und physiologischer Erbschaft zugesteht, und daß die seelische Überwältigung durch diese Hintergründe die letzte Ursache der mystischen Erfahrung sei. Sollte es mir gelungen sein, durch 'Zusammenschau' mehrerer Tatsachengebiete diesen uralten Gedanken in einer neuen, dem Denken unserer Tage mehr entsprechenden Form darzubieten und damit dem Nachdenken künftiger Forscher zu empfehlen, so habe ich in meinen Augen nicht umsonst mich gemüht. Dann werden mir sicherlich auch die Fehler im Einzelnen willig verziehen werden, die dann am wenigsten zu vermeiden sind, wenn ein Einzelner vielerlei Forschung in eins zu verarbeiten strebt, die er nicht durchweg im gleichen Maß zu beherrschen vermag. Die nach mir kommen, werden es besser machen, und falls sie meine Arbeit nur dadurch veralten lassen, daß sie auf meinem Wege weiterschreiten, anstatt ihn als Sackgasse aufzugeben, so bin ich von Herzen bereit, mein Werk bald wieder vergessen zu sehen. Gleicht doch die Wahrheit oft genug einer Festung, die erst betreten werden kann, nachdem sich ihre Gräben mit Leichen Stürmender gefüllt.

Verzeichnis der in den Literaturnachweisen verwendeten Titel-Abkürzungen.

1. Zeitschriften und Sammelwerke.

AAC = Archives d'Anthropologie criminelle.
AGP = Archiv für die gesamte Psychologie.
AJI = American Journal of Insanity.
AJP = American Journal of Psychology.
AJRP = American Journal of Religious Psychology and Education.
AKA = Archiv für Kriminal-Anthropologie und Kriminalistik.
AMP = Annales médico-psychologiques.
AN = Archives de Neurologie.
ANPh = Annalen der Naturphilosophie.
AP = l'Année psychologique.
APN = Archiv für Psychiatrie und Nervenkrankheiten.
APS = Annals of Psychical Science.
APs = Archives de Psychologie.
AR = Archiv für Religionswissenschaft.
A. S. Boll. = Acta Sanctorum, ed. Bollandistae.
ASP = Annales des Sciences psychiques.
ATM = Archiv für den thierischen Magnetismus.
AZP = Allgemeine Zeitschrift für Psychiatrie.
BIGP = Bulletin de l'Institut général psychologique.
BIPI = Bulletin de l'Institut psychologique international.
BP = Blätter aus Prevorst.
CIP = VI. Congrès internat. de Psychologie. Rapp. et Comptes rendus.
ERE = Encyclopedia of Religion and Ethics, ed. Hastings.
HJ = The Hibbert Journal.
JM = Journal du magnétisme.
JMS = Journal of mental science.
JPN = Journal für Psychologie und Neurologie.
JPPF = Jahrbuch für psychanalytische und psychopathologische Forschungen.
JSPR = Journal of the Society for psychical research.
JSZ = Jahrbuch für sexuelle Zwischenstufen.
MES = Magazin für Erfahrungsseelenkunde, ed. Moritz.
MPN = Monatsschrift für Psychiatrie und Neurologie.
NC = Neurologisches Centralblatt.
NMR = Neue metaphysische Rundschau.
OR = The occult Review.
PM = Le progrès médical.
PNW = Psychiatrisch-neurologische Wochenschrift.
PR = Psychological Review.
Pr = Proceedings of the Society for psychical research.
PrAm = Proceedings of the American Society for psychical research.
PS = Psychische Studien.
RH = Revue de l'hypnotisme.
RHR = Revue de l'histoire des religions.
RPh = Revue philosophique.
RPJ = Religio-philosophical Journal.

RS = Revue scientifique.
SBE = Sacred Books of the East.
ÜW = Die übersinnliche Welt.
ZDMG = Zeitschrift der Deutschen Morgenländischen Gesellschaft.
ZH = Zeitschrift für Hypnotismus.
ZNP = Zentralblatt für Nervenheilkunde und Psychiatrie.
ZO = Zentralblatt für Okkultismus.
ZPA = Zentralblatt für Psychoanalyse.
ZPMP = Zeitschrift für Psychotherapie und medizinische Psychologie.
ZPPS = Zeitschrift für Psychologie und Physiologie der Sinnesorgane.
ZRP = Zeitschrift für Religionspsychologie.
ZS = Zeitschrift für Sexualwissenschaft.

2. Einzelwerke und -schriften.

Abercrombie = John Abercrombie, M. D., Inquiries concerning the intellectual powers and the investigation of truth. 6. Aufl. Edinb. 1836.

Acevedo = M. Otero Acevedo (doctor en medicina), Los Espiritus. Madrid 1895. T. II.

Aksakow, Démat. = A. Aksakow, Un cas de dématérialisation. Paris 1896.

Alphonse Rodriguez = Vie admirable de Saint Alphonse Rodriguez ... d'après les mémoirs écrits de sa main ... trad. de l'Espagnol ... Paris 1890.

Angela = The book of visions and instructions of blessed Angela of Foligno, as taken down from her own lips, by brother Arnold ... [transl.] by a secular priest. London 1871.

Anz = W. Anz, Zur Frage nach dem Ursprung des Gnostizismus. Ein religionsgeschichtlicher Versuch ... Leipzig 1897.

Arnold = G. Arnold, Unpartheyische Kirchen- und Ketzerhistorie, 2 Bde. ... Frankfurt 1699, 1700—15.

Asín = Asín y Palacios, La psicologia del éxtasis en dos grandes místicos musulmanes [Ghazzali und Abenarabi], in: Cultura Española [1906] núm. 1 p. 209ff.

Auger = A. Auger, Étude sur les mystiques des Pays-bas ... 1892.

Austin = Glimpses of the Unseen. A study of dreams, premonitions, prayer ... [ed.] Rev. Principal Austin, B. A., D. D. Toronto and Brantford.

Axon = Will. E. A. Axon, M. R. S. L., Biographical notice of Ann Lee ... Liverpool 1876.

Bacci = The Life of S. Philip Neri ... from the Italian of F. Bacci [ed.] F. J. Antrobus. London 1902.

Barrett = W. F. Barrett, F. R. S., On the threshold of a new world of thought. London 1908.

Barthélemy = Lettres de la sainte mère Jeanne-Françoise Frémyot baronne de Rabutin-Chantal ... publ. et annot. par Ed. de Barthélemy, 2 vols. Paris 1860.

Baxter = Rob. Baxter, Narrative of facts, characterizing the Supernatural manifestations, in Members of Mr. Irvings Congregation ... London 1833.

Beckh = Prof. Dr. H. Beckh, Buddhismus (Buddha und seine Lehre). 2. Aufl. Berlin u. Leipzig 1920. Bd. 2.

Bernheim = Dr. H. Bernheim, Die Suggestion und ihre Heilwirkung, deutsch von Dr. Sigm. Freud. Leipzig u. Wien 1888.

Bernières-Louvigni = Das verborgene Leben mit Christo in Gott. Aus den Schriften des gottsel. Johann von Bernieres Louvigni gesammelt ... Neue umgearb. Aufl. Regensburg 1906.

Binet = A. Binet, Alterations of personality, transl. by H. G. Baldwin, with notes and a pref. by J. M. Baldwin. London 1896.

Binswanger = O. Binswanger, Die Hysterie; in Nothnagels Spec. Pathologie u. Therapie XII, I, 2.

Bloch = Dr. I. Bloch, Das Sexualleben unserer Zeit in seinen Beziehungen zur modernen Kultur. 7. Aufl. Berlin 1909.

Bois = Prof. Henri Bois, Le réveil au pays de Galles. Toulouse [1905].

Boismont = A. Brierre de Boismont, M. D., On hallucinations: a history and explanation of apparitions, visions, dreams, extasy, magnetism, and somnambulism, transl ... by R. T. Hulme ... London 1859.

Bolton = G. Bolton, F. R. G. S., Psychic force, an experimental investigation of a little-known power. London 1904.

Bonwetsch = G. N. Bonwetsch, Zur Geschichte des Montanismus. Die Geschichtsquellen. Das Wesen des Montanismus. Dorpat 1881.
Borman = Dr. W. Bormann, Die Nornen. Forschungen über Fernsehen in Raum und Zeit. Leipzig 1909.
Bougaud = Mgr. Ém. Bougaud, Histoire de la Bienheureuse Marguerite-Marie [Alacoque]. 10. Aufl. Paris 1900.
Bourignon, Leben = Der Jungfrau Antoinette Bourignon innerliches und äußerliches Leben, aus ihren eigenen und des Herrn Peter Poirets Zeugnissen zusammengezogen. [Hamburg? o. J.]
Bramwell = J. Milne Bramwell, M. B., Hypnotism, its history, practice and theory. London 1903.
Breuer u. Freud = Dr. J. Breuer und Dr. S. Freud, Studien über Hysterie. Leipzig und Wien 1895.
Buchanan = Dr. J. R. Buchanan, Manual of psychometry. 4. Aufl. Boston 1893.
Bucke = Dr. R. M. Bucke, Cosmic Consciousness. A study in the evolution of the human mind. Philadelphia 1905.

Cahagnet, Heil. = L. A. Cahagnet, Das Heiligtum der Geisterwelt, d. i. Offenbarungen über die menschliche Seele und ihre Beziehungen zum Weltall, nach den Ergebnissen des Somnambulismus und der Ekstase [a. d. Französ.]. Grimma und Leipzig 1851.
Calmeil = L.-F. Calmeil, De la folie . . . 2 vols. Paris 1845.
Calmet = Aug. Calmet, The phantom world, or the philosophy of spirits, apparitions etc. Ed. . . . by the Rev. H. Christmas. 2 vols. London 1850.
Calmet, deutsche Übers. = Des Hochwürdigen Herrn Augustini Calmet . . . Gelehrte Verhandlung der Materi von Erscheinungen der Geistern . . . 2 Bde. Augsburg 1752.
Chapot = Histoire de la vénérable mère Marie de l'Incarnation . . . d'après Dom Claude Martin, son fils, par l'Abbé Léon Chapot. 2 vols. Paris 1892.
Chasle = Abbé Louis Chasle, Sister Mary of the Divine Heart Droste zu Vischering, Religious of the Good Shepherd 1863—1899. [Transl.] London 1906.
Claassen = Jakob Boehme. Sein Leben und seine theologischen Werke in geordnetem Auszuge . . . dargeboten durch Joh. Claassen. 3 Bde. Stuttgart 1885.
Clarke = Edw. H. Clarke, M. D., Visions: a study of false sight 5. Aufl. Boston 1885.
Clissold = Rev. Aug. Clissold, M. A., The prophetic spirit in its relation to wisdom and madness. London 1870.
Corrodi = H. Corrodi, Kritische Geschichte des Chiliasmus. I. II Zürich o. J. [auch Frankfurt u. Leipzig 1781 f.] III. IV Frankf. und Lpz. 1783.
Cort s. de Cort.
Crookes = William Crookes, F. R. S., Researches in the phenomena of spiritualism. Reprint. from Quart. Journ. of Science. London 1874.
Crowe = Cath. Crowe, The Night side of Nature: or, ghosts and ghost seers. New. ed. London o. J. [1. Aufl. 1848, 3. Aufl. 1852.]
Crowell = Eugene Crowell, M. D., The identity of primitive christianity and modern spiritualism. New York 1874.
Cutten = G. B. Cutten, Ph. D., The psychological phenomena of christianity. New York 1908.

Daumer = G. Fr. Daumer, Das Geisterreich in Glauben, Vorstellung, Sage und Wirklichkeit. 2 Bde. Dresden 1867.
Daumer, Reich = G. F. Daumer, Das Reich des Wunderbaren und Geheimnisvollen. 1872.
Davenport = F. M. Davenport, Primitive traits in religious revivals. New York 1906.
David = Das wunderbarliche Leben der H. Jungkfrawen Mariae Magdalenae de Pazzis . . . Nach V. Puccini von P. P. David. München 1670.
Davis, Staff = The magic staff; an autobiography of Andrew Jackson Davis, 13th ed. New York 1876.
Davy = H. Davy, Researches chemical and philosophical chiefly concerning nitrous oxide . . . London 1800.
Dazza = Histori von dem wunderbarlichen Leben, Wunderzaichen, Verzuckung und Offenbarungen der seligen Jungfrawen Joanna von dem Creutz . . . [v.] Antonio Dazza [= Daça], [aus d. Span. durch] Johannem . . . von Sumaran. München 1619.
de Cort = The Light of the World: a most true relation of a Pilgrimess, M. Antonia Bourignon . . . publ. by Mr. Christian de Cort . . . [Engl. transl.] London 1696, reprinted 1863.

de Ferriëm = Frau de Ferriëm, Mein geistiges Schauen in die Zukunft ... Berlin [1905].

Delacroix = Prof. H. Delacroix, Études d'histoire et de psychologie du mysticisme. Les grands mystiques chrétiens. Paris 1908.

Delanne = G. Delanne, Evidence for a future life [L'âme est immortelle]. Transl. and ed. by H. A. Dallas. London 1904.

Dendy = W. C. Dendy [Chefarzt des Kgl. Kinderspitals in London, Mitgl. d. Mediz. Ges.], The philosophy of mystery. London 1841.

d'Espérance = E. d'Espérance, Shadow Land, or Light from the other side. London [1897].

Despine = Dr. P. Despine [d. J.], Étude scientifique sur le somnambulisme ... Paris 1880.

Deutsche Theol. = Das Büchlein vom vollkommenen Leben. Eine deutsche Theologie. Hrsg. u. übertragen v. H. Büttner. Jena 1907.

Dieterich = A. Dieterich, Eine Mithrasliturgie ... Leipzig u. Berlin 1903.

Divine Cloud = The Divine Cloud ['composed, probably, in the early part of the 15th cent.'], with notes and pref. by F. Aug. Baker, ed. by Rev. Henry Collins. London 1871.

Dixon = W. H. Dixon, Seelenbräute. 2 Bde. Berlin 1868.

Documents = Documents sur Eusapia Palladino. Institut général psychologique. Paris [1909].

Doddridge = P. Doddridge, D. D., Life of Col. James Gardiner. [Neudruck] London o. J. (Rel. Tract Society).

Drane = Aug. Theod. Drane, The history of St. Catherine of Siena and her companions. 3. Aufl. 2 vols. London ... 1899.

Dupouy = Dr. E. Dupouy, Sciences occultes et physiologie psychique. Paris o. J.

du Prel, Entd. = Dr. C. du Prel, Die Entdeckung der Seele durch die Geheimwissenschaften. 2 Bde. Leipzig 1894.

—, Mag. = Dr. C. du Prel, Die Magie als Naturwissenschaft. 2 Bde. Jena 1899.

—, Mon. Seel. = Dr. C. du Prel, Die monistische Seelenlehre. Ein Beitrag zur Lösung des Menschenrätsels. Leipzig 1888.

—, Ph. d. M. = Dr. C. du Prel, Die Philosophie der Mystik. Leipzig 1885.

—, Stud. = Dr. C. du Prel, Studien aus dem Gebiete der Geheimwissenschaften. 2. Teil: Experimentalpsychologie und Experimentalmetaphysik. Leipzig 1891.

Dyer = Revival in India ... Compiled by H. S. Dyer. London 1907.

Eckartshausen = Hofr. von Eckartshausen, Sammlung der merkwürdigsten Visionen, Erscheinungen, Geister- und Gespenstergeschichten. München 1793.

Eckehart = Meister Eckeharts Schriften und Predigten ... übers. u. hrsg. v. H. Büttner, Bd. 1. Leipzig 1903.

Edwards = The life and character of the late Reverend Mr. Jonathan Edwards ... Boston 1765.

Edwards, Narrative = Revd. Mr. Edwards, A faithful narrative of the surprizing work of God in the conversion of many hundred souls ... London 1737.

Emmerich = C. E. Schmoeger, Leben der gottseligen Anna Katharina Emmerich. 2 Bde. 2. Aufl. Freiburg i. B. 1873. 1885.

Erbkam = H. W. Erbkam, Geschichte der protestantischen Sekten im Zeitalter der Reformation. Hamburg u. Gotha 1848.

Esdaile = James Esdaile, M. D., Natural and mesmeric clairvoyance ... London 1852.

Espérance s. d'Espérance.

Evans, Shakers = F. W. Evans, Shakers. Compendium of the origin, history ... and doctrines of the United society of believers in Christs second appearing. With biography of Ann Lee [and others]. New York 1859.

Falcomer = Prof. M. T. Falcomer, Was ich gesehen habe ... Deutsch von Feilgenhauer. Leipzig 1901.

Féré = Ch. Féré, La pathologie des émotions ... Paris 1892.

Ferriëm s. de Ferriëm.

Finney = Ch. G. Finney, an Autobiography. [Engl. ed.] London 1892.

Flammarion = Flammarion, L'Inconnu et les problèmes psychiques. Paris [1900].

Fletcher, Perfection = Christian Perfection; being an extract from the Rev. Fletcher's polemical essay ... ed. Th. Rutherford. Blackburn 1797.

Fliess = W. Fliess, Der Ablauf des Lebens. Grundlegung zur exakten Biologie. Leipzig und Wien 1906.

Flournoy, Des Indes = Th. Flournoy, Des Indes à la planète Mars. Étude sur un cas de somnambulisme avec glossolalie. 3. Aufl. Paris, Genève 1900.
—, M. M. = Th. Flournoy, Une mystique moderne ... (Sonderdruck der Arch. de Psychologie t. XV.) Genève 1915.
Fox, Autobiography = The autobiography of George Fox, from his Journal. Ed. by H. St. Newman. London [1886].
—, Lebensbeschreibung = Beschreibung des Lebens, der Reisen und Arbeiten am Evangelium von Georg Fox. London 1850.
Freud, Sex. = S. Freud, Drei Abhandlungen zur Sexualtheorie. 2. Aufl. Leipzig und Wien 1910.
—, s. auch Breuer und Freud.
Funk = J. K. Funk, The widow's mite and other psychic phenomena. New York and London 1904.
Fursac = J. R. de Fursac, Un mouvement mystique contemporain. Le réveil religieux du pays de Galles (1904—5). Paris 1907.

Gertrud = Leben und Offenbarungen der heiligen Gertrudis ... Aus dem Latein. des ehrw. P. Joh. Landsperg ... übers. v. Mich. Sintzel. 2 Bde. Regensburg 1875.
Gibier = P. Gibier, M. D., Psychism. Analysis of things existing. (Engl. transl.) New York o. J.
Gibson = Rev. W. Gibson, The year of grace: a history of the Ulster revival of 1859. Edinburgh 1860.
Gichtel, Leben = Der Wunder-volle und heilig-geführte Lebens-Lauf des ... Mannes Gottes Johann Georg Gichtel. [Mit besond. Seitenzählung angehängt dem VI. Bande des folg. Werkes.]
—, Theos. = Joh. Georg Gichtel: Theosophia Practica Halten und Kämpfen ob dem H. Glauben bis ans Ende ... Dritte Edition ... 6 Bde. Leyden 1722.
Görres = J. v. Görres, Die christliche Mystik. Neue Aufl. in 5 Bdn. Regensburg o. J.
Granger = [Prof. Dr.] F. Granger, The soul of a christian. A study in the religious experience. London 1900.
Grass = [Prof.] K. K. Grass, Die russischen Sekten. 1. Bd.: Die Gottesleute oder Chlüsten ... Leipzig 1907.
Gurney = E. Gurney, F. W. H. Myers and F. Podmore, Phantasms of the Living. 2 vols. London 1886.
Guyon, Opusc. = Les opuscules spirituels de Madame J. M. B. de la Mothe-Guyon. Nouv. éd. t. I. Paris 1790.
Darin u. a.: Moyen court et très-facile de faire oraison.
Les torrens spirituels.
—, Vie = La vie de Madame J. M. B. de la Mothe-Guyon, écrite par elle-même ... Nouv. éd. 3 vols. Paris 1791.

Hack Tuke = Dr. D. Hack Tuke, Sleep-walking and hypnotism. London 1884.
Haddock = J. W. Haddock, M. D., Somnolism and Psycheism: or the science of the soul and the phenomena of nervation ... 2. Aufl. London 1851.
Harrison = W. H. Harrison, Spirits before our eyes. London 1879.
v. Hartmann = E. v. Hartmann, Philosophie des Unbewußten. 5. Aufl. Berlin 1873.
Hastings = The guiding hand, or Providential direction illustrated by authentic instances. Record. and coll. by H. L. Hastings. London 1882.
Heiler = Fr. Heiler, Das Gebet. Eine ... Untersuchung. München 1921.
Hellpach = W. Hellpach, Grundlinien einer Psychologie der Hysterie. Leipzig 1904.
Hennings = [J. Chr. Hennings,] Von Geistern und Geistersehern. Leipzig 1780.
Heppe = Dr. H. Heppe, Geschichte der quietistischen Mystik in der katholischen Kirche. Berlin 1875.
Hesnard = Hesnard, Les troubles de la personnalité. Paris 1909.
Hildegard = Leben und Schriften der heiligen Hildegard ... [übers.] von L. Clarus. I. Regensburg 1854.
Hirschfeld = Dr. M. Hirschfeld, Naturgesetze der Liebe. Berlin 1912.
Home = Mme Home, D. D. Home, his life and mission. London 1888.
Home, Révél. = D. D. Home, Révélations sur ma vie surnaturelle. Paris 1863.
Horst, Deut. = G. C. Horst, Deuteroskopie oder Erscheinungen und Probleme aus dem Gebiete der Pneumatologie. 2 Bde. Frankfurt a. M. 1830.

Howitt = W. Howitt, The history of the Supernatural in all ages and nations. 2 vols. London 1863.
Hügel = Baron Fr. v. Hügel, The mystical element of religion, as studied in Saint Catherine of Genoa and her friends. 2 vols. London 1908.

Ideler = Dr. K. W. Ideler, Versuch einer Theorie des religiösen Wahnsinns. 2 Bde. Halle 1848. 1850.
Imbert = Dr. A. Imbert-Gourbeyre, La stigmatisation, l'extase divine et les miracles de Lourdes. 2 vols. Clermont-Ferrand u. Paris 1898.

Jacolliot = L. Jacolliot (Chief Justice of Chandenagua), Occult science in India and among the ancients ... London u. New York [1884].
James, Varieties = W. James, The varieties of religious experience ... 5. Aufl. London 1903.
Janet, Actes = Dr. Pierre Janet, Les actes inconscients et la mémoire pendant le somnambulisme, in Rev. Philos. XXV (1888) 238 ff.
—, Aut. = —, L'automatisme psychologique. 4. Aufl. Paris 1903.
—, État = —, L'état mental des hystériques. Paris 1893.
—, Névr. = —, Névroses et idées fixes I. 2. Aufl. Paris 1904.
—, Obs. = —, Les obsessions et la psychasthénie I. Paris 1903.
Jastrow = Prof. J. Jastrow, The subconscious. London [1906].
Jean, S. = Vie et oeuvres spirituelles de ... Saint Jean de la Croix ... trad. nouv. ... 4 vols. Paris u. Poitiers 1903.
Darin: Sub. = La montée du Carmel (Bd. II u. III).
N. O. = La nuit obscure de l'âme (Bd. III).
Joly = H. Joly, The psychology of the Saints. 2. Aufl. London 1902.
Jung, Dementia = C. G. Jung, Über die Psychologie der Dementia praecox. Halle 1907.
—, Libido = C. G. Jung, Wandlungen und Symbole der Libido; in Jahrb. f. psychoanal. u. psychopathol. Forschungen, 1. Teil: III, 1 120 ff.; 2. Teil: IV, 1 162 ff.
Jung, Theorie = Dr. J. H. Jung[-Stilling], Theorie der Geister-Kunde ... Nürnberg 1808.

Kanne = J. A. Kanne, Leben und aus dem Leben merkwürdiger und erweckter Christen der protestantischen Kirche. 2. Aufl. 2 Bde. Leipzig 1842.
Kappstein = Th. Kappstein, Psychologie der Frömmigkeit. Leipzig 1908.
Kerner, Ersch. = Dr. J. Kerner, Eine Erscheinung aus dem Nachtgebiete der Natur ... Stuttgart u. Tübingen 1836.
—, Gesch. = —, Geschichte zweier Somnambulen. Karlsruhe 1824.
—, Seherin = —, Die Seherin von Prevorst ... Leipzig o. J. (Reclams Univ.-Bibl.)
King = J. H. King, Man an organic community. 2 vols. London 1893.
Kingsford = E. Maitland, Anna Kingsford. 2 vols. London 1896.
Kluge = C. A. F. Kluge, Versuch einer Darstellung des animalischen Magnetismus ... Berlin 1815.
Kotik = Dr. N. Kotik, Die Emanation der psychophysischen Energie ... Wiesbaden 1908.
Kremer = A. v. Kremer, Geschichte der herrschenden Ideen des Islams. 1868.
Kreyher = J. Kreyher, Die mystischen Erscheinungen des Seelenlebens und die biblischen Wunder. 2 Bde. Stuttgart 1881.

Labis = Abrégé de la vie de la bienheureuse Marie des Anges, carmélite déchaussée [1661—1717], par M. le Chanoine Labis. Tournai 1867.
Laurent = Dr. E. Laurent, L'amour morbide. Étude de psychologie pathologique. Paris 1891.
Lechner = Leben und Schriften der heiligen Katharina von Genua. Deutsch bearb. von P. Peter Lechner. Regensburg 1859.
Leclerc = Vies intéressantes et édifiantes des Religieuses de Port-Royal ... o. O. 1750—1.
Leuba = J. H. Leuba, A psychological study of Religion, its origin, function and future. New York 1912.
Leuret = F. Leuret, Fragments psychologiques sur la folie. Paris 1834.
Loewenfeld = Dr. L. Loewenfeld, Die psychischen Zwangserscheinungen. Auf klinischer Grundlage dargestellt. Wiesbaden 1904.
Lombroso = C. Lombroso, Hypnotische und spiritistische Forschungen. Deutsch v. Grundig. Stuttg. [1910].
Lopez = The holy life of Gregory Lopez ... Done out of Spanish [by Losa] 2. Aufl. o. O. 1675.

Ludlow = Fitzhugh Ludlow, The hasheesh eater. [Neue Ausg.] New York 1903 [1. Aufl. das. 1857].
Ludwig = Dr. W. Ludwig [Pseud. für Prof. Ludw. Kuhlenbeck], Spaziergänge eines Wahrheitssuchers ins Reich der Mystik. 1890.
Luys = J. Luys, Les émotions dans l'état d'hypnotisme et l'action à distance de substances médicamenteuses ... 3. Aufl. Paris 1890.
Lyonnard = Le P. J. Lyonnard, S. J., L'apostolat de la souffrance ... 4. Aufl. Toulouse o. J. (Darin: Notice biographique.)

Mahan = Rev. Asa Mahan, D. D., Out of darkness into light, or The hidden life made manifest. London 1875.
Maitland = Edw. Maitland, The soul and how it found me.
Margar. Corton. = P. Lechner, Das mystische Leben der heiligen Margareta von Cortona. 2. Aufl. Regensburg 1890.
Maria de S. Ter. = Die Verklärung Jesu in seiner Braut ... der Seeligen Maria de la S. Therese, nebst einem herrlichen Auszug ihrer Briefe. Frankfurt 1734.
Marques = [Dr.] A. Marques, The human aura. A study. San Francisco [1896].
Martin = M. Martin, A description of the western islands of Scotland. 2. Aufl. London 1716, S. 300—353, deutsch in ATM VI, 3 (1820) 103 ff.
Mauroy = [Madeleine de Mauroy,] Le chrétien réel, t. II: La vie de la venerable mere Elisabet de l'Enfant Jesus ... Cologne 1702.
Maxwell = Dr. J. Maxwell, Metapsychical phenomena; methods and observations. [Sehr erweiterte engl. Ausgabe von: Les phén. metaps.] London 1905.
Mayo = Prof. Dr. H. Mayo, F. R. S., Wahrheiten im Volksaberglauben ... Deutsch von Dr. H. Hartmann. Leipzig 1854.
McCully = R. McCully, The brotherhood of the new life and Thomas Lake Harris ... Glasgow 1893.
McIlwaine = Ulster Revival: a retrospect, in JMS VI 178 ff.
Mirville = Js.-E. de Mirville, Pneumatologie. Des esprits et de leur manifestations fluidiques ... Paris 1854.
Misson = [M. Misson,] Le théatre sacré des Cevennes; ou Récit de diverses merveilles nouvellement opérées dans ... la province de Languedoc. 1e partie ... Londres 1707.
M'Nemar = R. M'Nemar, The Kentucky revival, or A short history of the late extraordinary outpouring of the spirit of God in the western states of America ... Cincinnati 1807.
Molinos = Michael de Molinos, Der geistliche Führer, welcher die Seele frei macht ... [zuerst 1699] Übers. ... von G. Priem. Leipzig o. J.
Moll = A. Moll, Der Hypnotismus ... 4. Aufl. Berlin 1907.
Montmorand = M. de Montmorand, Psychologie des mystiques catholiques orthodoxes. Paris 1920.
Moreau = Dr. P. Moreau (de Tours), Des aberrations du sens génésique. Paris 1883.
Muir = Sir Will. Muir, The life of Mahomet, from original sources. New ed. [abridged] 1877.
Müller = F. Max Müller, Theosophy, or Psychological religion. Gifford lectures ... New impress. London 1899.
Murisier = Prof. E. Murisier, Les maladies du sentiment religieux. 2. Aufl. Paris 1903.
Myers = F. W. H. Myers, Human personality and its survival of bodily death. 2 vols. New York, London 1903.
Mystère = [Douzetemps,] Le mystère de la croix ... de Jésus-Christ et de ses membres. [1732] Neudruck: London u. Edinburgh 1860.

Nordhoff = Ch. Nordhoff, The communistic societies of the United States; from personal visit and observation ... London 1875.

Ochorowicz = Prof. Dr. J. Ochorowicz, De la suggestion mentale. Paris 1887.
Occultistin = Wie ich mein Selbst fand. Äußere und innere Erlebnisse einer Occultistin. Berlin 1901.
Oesterreich = [Prof.] Dr. K. Oesterreich, Die Phänomenologie des Ich in ihren Grundproblemen. Bd. 1. Leipzig 1910.
Owen, Deb. L. = R. D. Owen, The debatable land between this world and the next. London 1871.
—, Footfalls = R. D. Owen, Footfalls on the boundary of another world. London 1860.

Palmer = E. H. Palmer, Oriental mysticism. Cambridge 1867.

Passavant = Dr. J. C. Passavant, Untersuchungen über den Lebensmagnetismus und das Hellsehen. 2. Aufl. Frankfurt a. M. 1837.

Patton = W. W. Patton, D. D., Prayer and its remarkable answers . . . Chicago 1876.

Perty, Blicke = [Prof.] M. Perty, Blicke in das verborgene Leben des Menschengeistes. Leipzig u. Heidelberg 1869.

—, Myst. Ersch. (M. E.) = Prof. Dr. M. Perty, Die mystischen Erscheinungen der menschlichen Natur. 2. Aufl. 2 Bde. Leipzig u. Heidelberg 1872.

—, Spir. = Prof. M. Perty, Der jetzige Spiritualismus. Das. 1877.

Petrowo-Solowowo = M. Petrowo-Solowowo, Priloženija k perewodu sočinenija F. Podmora „Spiritism". S.-Peterburg 1905.

Pfister = O. Pfister, Die Psychanalyse als wissenschaftliches Prinzip und seelsorgerliche Methode. In: Evangelische Freiheit, N. F. X, 1910.

Pfizmaier = A. Pfizmaier, Die neuere Lehre der russischen Gottesmenschen. Wien 1883. (Aus Sitz.-Ber. d. phil.-hist. Cl. d. Kais. Akad. d. Wiss. CIV, B, 1. Heft. 1883.)

Phillips = Dr. D. M. Phillips, Evan Roberts, the great Welsh revivalist and his work. London 1906.

Pillai = C. Thamotharam Pillai, The comparison of animal magnetism . . . with the Yoga system. Colombo 1897.

Podmore, App. = F. Podmore, Apparitions and thought-transference . . . London 1894.

—, Natur. = —, The Naturalisation of the Supernatural. New York and London 1908.

—, Spir. = —, Modern Spiritualism, a history and a criticism. 2 vols. London 1902.

—, Stud. = —, Studies in psychical research. London 1897.

Poulain = R. P. Aug. Poulain, S. J., Des graces d'oraison. Traité de théologie mystique. 5. Aufl. Paris 1906.

Pradel = Pradel, St. Vincent Ferrer: his life, spiritual teachings and practical devotions (tr. by Dixon). London 1875.

Pratt = Prof. Dr. J. B. Pratt, The psychology of religious belief. New York 1907.

Preger = Dr. W. Preger, Geschichte der deutschen Mystik im Mittelalter. 3 Bde. Leipzig 1874—93.

Prel s. du Prel.

Prince = Dr. M. Prince, The dissociation of a personality. A biographical study in abnormal psychology. New York etc. 1906.

Ramakrishna = F. Max Müller, Râmakṛishṇa, his life and sayings. London 1898.

Rambuteau = La Ctesse de Rambuteau, Sainte Françoise Romaine (1384—1440). 4. Aufl. Paris 1900.

Ratisbonne = Wunderbare Bekehrung des Israeliten Maria Alphons Ratisbonne . . . (a. d. Französ.) 2. Aufl. Regensburg 1881.

Recueil = Recueil de Divers Traitez de Theologie Mystique, qui entrent dans le celebre Dispute du Quietisme . . . Cologne 1699. [Darin p. 486 ff.: Pratique de l'Exercice de la Presence de Dieu; tirée des Lettres du F. Laurent.]

Reichenbach = K. Frhr. v. Reichenbach, Der sensitive Mensch und sein Verhalten zum Ode. 2 Bde. Stuttgart 1854.

Reitz = J. H. Reitz, Historie der Wiedergebohrnen . . . 4 Theile. Itzstein 1716.

Reitzenstein = R. Reitzenstein, Die hellenistischen Mysterienreligionen, ihre Grundgedanken und Wirkungen. Leipzig und Berlin 1910.

Remuzat = La propagatrice de la dévotion au sacré coeur de Jésus, la vénérable Anne-Madeleine Remuzat . . . 2. Aufl. Lyon 1894.

Respiro = The brotherhood of the new life. An epitome of the works and teachings of Th. L. Harris, by Respiro. I. 2. Aufl. London 1897.

Ribet = J. Ribet, La Mystique divine. 3 vols. Paris 1890.

Richer = P. Richer, Études cliniques sur l'hystéro-épilepsie. Paris 1881.

Richet = Prof. Ch. Richet, Grundriß der Parapsychologie und Parapsychophysik. (Deutsch v. R. Lambert.) Stuttgart, Berlin, Leipzig [1923]. (Verzichtet fast völlig auf Theoretik.)

Riley = J. W. Riley, Ph. D., The founder of Mormonism. A psychological study of Joseph Smith jr. London 1903.

Ripon = In answer to prayer, by the Rt. Rev. the Bishop of Ripon, the Rev. Dr. Cuylor [u. a.]. London 1904.

Rochas, États = A. Rochas, Les états profonds de l'hypnose. 5. Aufl. Paris 1904.
—, Extér. = —, L'extériorisation de la sensibilité. 5. Aufl. Paris 1902.
Roemer = Dr. H. Roemer, Die Bābī-Behā'ī. Die jüngste mohammedanische Sekte. Potsdam 1912.
Rogers = The experience and spiritual letters of Mrs. Hester Ann Rogers ... also an appendix, written by her husband. London 1857.
Rohde = E. Rohde, Psyche. Seelencult und Unsterblichkeitsglaube der Griechen. 3. Aufl. 2 Bde. Tübingen u. Leipzig 1908.
Rousselot = P. Rousselot, Les mystiques espagnols. Paris 1867.
Ruysbroeck = Die Zierde der geistlichen Hochzeit. Vom glänzenden Stein. Das Buch von der höchsten Wahrheit. Drei Schriften des Mystikers Joh. van Ruysbroeck, übers. von Fr. A. Lambert. Leipzig o. J.

Sabatier = Prof. Dr. A. Sabatier, Religionsphilosophie auf psychologischer und geschichtlicher Grundlage. (Übers. v. Dr. A. Baur.) Freiburg ... 1898.
S. Alphonse Rodriguez s. Alphonse Rodriguez.
Savage = M. J. Savage, Can telepathy explain? Results of psychical research. New York und London 1903.
Scaramelli = Scaramelli, S. J., Anleitung in der mystischen Theologie. Aus d. Italienischen. 3 Bde. Regensburg 1855—6.
Seed = T. A. Seed, John and Mary Fletcher ... London 1906.
Sidis u. Goodhart = Dr. B. Sidis and Dr. S. P. Goodhart, Multiple personality ... London 1905.
Sidis, Suggestion = Dr. B. Sidis, The psychology of suggestion ... New York 1901.
Silberer = H. Silberer, Probleme der Mystik und ihrer Symbolik. Wien u. Leipzig 1914.
S. Jean s. Jean.
Söderblom = N. Söderblom, La vie future d'après le Mazdéisme ... Étude d'eschatologie comparée. Angers 1901.
Sollier = Dr. P. Sollier, Génèse et nature de l'hystérie. 2 vols. Paris.
—, Autosc. = Dr. P. Sollier, Les phénomènes d'autoscopie. Paris 1903.
Splittgerber, Leben = F. Splittgerber, Aus dem inneren Leben. Erfahrungsbeweise ... 1884.
—, Schlaf = —, Schlaf und Tod. 2. Aufl. 2 Bde.
Sprenger = Dr. A. Sprenger, The life of Mohammad, from original sources. Allahabad 1851.
Starbuck = Prof. Dr. E. D. Starbuck, The psychology of religion. 2. Aufl. London 1901.
Staudenmaier = Prof. Dr. L. Staudenmaier, Die Magie als experimentelle Naturwissenschaft. Leipzig 1912.
Steinbeck = Dr. A. Steinbeck, Der Dichter ein Seher ... Leipzig 1836.
S. Teresa s. Teresa.
Stoll = Dr. O. Stoll, Suggestion und Hypnotismus in der Völkerpsychologie. 2. Aufl. Leipzig 1904.
Suso = Heinrich Susos, genannt Amandus, Leben und Schriften, her. v. M. Diepenbrock. 4. Aufl. Regensburg 1884.

Teresa, S. = Die sämtlichen Schriften der heiligen Theresia von Jesu, her. v. Gallus Schwab. 6 Bde. Sulzbach 1831—2. (Mehrfach nachgeprüft nach: Los libros de la santa madre Teresa de Jesus ... Madrid 1637.)
Tholuck = F. A. G. Tholuck, Blüthensammlung aus der Morgenländischen Mystik ... Berlin 1825.
Thomas Aquinas = R. B. Vaughan, O. S. B., The life and labours of S. Thomas of Aquino. 2 vols. London 1871.
Thorold = A. Thorold, An Essay in aid of the better appreciation of catholic mysticism, illustrated from the writings of blessed Angela of Foligno [Sorgfältige Übers. des lat. Textes S. 90—172]. London 1900.
Tir. Ekst. = [L. Clarus,] Die Tyroler ekstatischen Jungfrauen ... 2 Bde. Regensburg 1843.
Tsakni = N. Tsakni, La Russie sectaire (Sectes religieuses). Paris [1888].
Turtle Cooke = J. Turtle Cooke, An inquiry into the existence and nature of psychic and nervous forces. Dublin 1905.

Upham = Th. C. Upham, D. D., A treatise on divine union. London 1858.

Vacandard = L'abbé E. Vacandard, Dr. theol., Vie de Saint Bernard, abbé de Clairvaux. 3. Aufl. 2 vols. Paris 1902.
Vaughan = R. A. Vaughan, Hours with the Mystics. 5. Aufl. (London o. J.)
Vesme = C. de Vesme, Geschichte des Spiritismus. (A. d. Italien.) 3 Bde. Leipzig 1904.
Vianney = Das innere Leben des im Rufe der Heiligkeit verstorbenen J. M. Vianney, Pfarrers von Ars. 2. Aufl. (A. d. Französ.) Regensburg 1890.

v. Wasielewski = W. v. Wasielewski, Telepathie und Hellsehen ... 2. Aufl. Halle 1922.
Weber = [Beda Weber,] Giovanna Maria dalla Croce und ihre Zeit. Regensburg 1845.
Weinel = H. Weinel, Die Wirkungen des Geistes und der Geister im nachapostolischen Zeitalter bis auf Irenäus. Freiburg ... 1899.
Weir = Dr. J. Weir jr., The psychical correlation of religious emotion and sexual desire. 2. Aufl. Louisville, Ky. 1897.
Wells = Testimonies concerning the character and ministry of Mother Ann Lee ... [ed. by S. Y. Wells]. Albany 1827.
Werner = Dr. H. Werner, Die Schutzgeister ... nebst ... einer vergleichenden Übersicht aller bis jetzt beobachteten Erscheinungen des [Lebensmagnetismus]. Stuttgart und Tübingen 1839.
Wesley, Short account = A short account of the life and death of the Rev. John Fletcher, by the Rev. J. Wesley. London 1786.
Westermarck = Prof. Dr. E. Westermarck, The origin and development of the moral ideas. 2 vols. London 1908.
Wilkinson = J. J. G. Wilkinson, Emanuel Swedenborg, a biographical sketch. 2. Aufl. London 1886.
Winslow = Dr. Forbes Winslow, Obscure diseases of the nervous system. 2. Aufl.
Wretholm = Dr. C. J. Wretholm, Über die Predigtkrankheit und Leserei in Lappmarken. In: AZP XI 115ff.
Wundt = W. Wundt, Grundzüge der physiologischen Psychologie. 5. Aufl. 3 Bde. Leipzig 1902—3.
Wyld = Dr. G. Wyld, Christo-Theosophy, or Spiritual dynamics. 2. Aufl. London 1895.

Yandell = D. W. Yandell, Epidemic convulsions. In: Brain IV 339ff.

Zöckler = Prof. D. O. Zöckler, Askese und Mönchtum. 2. Aufl. Frankfurt a. M. 1897.
Zöllner = Prof. Dr. J. C. F. Zöllner, Wissenschaftliche Abhandlungen. 3 Bde. Leipzig 1878—9.
Zoepf = Dr. L. Zoepf, Das Heiligenleben im 10. Jahrhundert. Leipzig und Berlin 1908.
Zurbonsen = Prof. Dr. Fr. Zurbonsen, Das zweite Gesicht (die „Vorgeschichten") nach Wirklichkeit und Wesen. 2. Aufl. Köln [1908].

Namenverzeichnis.

(Anonyme sind nicht aufgeführt; Erwähnungen in den Fußnoten nur in den seltenen Fällen sachlicher Ausführlichkeit; von mehreren in Berichten über Versuche oder Erfahrungen Genannten meist nur die Hauptpersonen: also Versuchsleiter, Perzipienten u. dgl. — Namen religiöser Gemeinschaften sind im Sachverzeichnis aufzusuchen. Die kleinen Ziffern bezeichnen Fußnoten.)

Sachverzeichnis.